Martin Hahn

Webdesign

Das Handbuch zur Webgestaltung

Galileo Press

Liebe Leserin, lieber Leser,

150 Millisekunden – so viel Zeit haben Sie im Durchschnitt, einen Nutzer davon zu überzeugen, dass sich der Besuch Ihrer Website lohnt. Dieses Buch vermittelt die Designprinzipien, mit denen Sie diese Herausforderung annehmen können!

Martin Hahn führt Sie durch den gesamten Gestaltungsprozess moderner und attraktiver Websites: Von der Konzeption und dem perfekten Layout über passende Farben und Typografie bis hin zum Design von Grafiken, Bildern und Navigationsmenüs wird der gesamte Design-Workflow erklärt.

Er zeigt Ihnen dabei auch, welche technischen Aspekte Sie bei der Gestaltung berücksichtigen müssen und wie Sie ästhetische Ansprüche und Usability unter einen Hut bekommen. Responsive Webdesign, Content first oder Flat-Design sorgen aktuell für viel Gesprächsstoff und sind natürlich auch Thema in diesem Buch. Die vielen abwechslungsreichen Website-Beispiele, Link- und Tooltipps versorgen Sie dabei immer wieder mit frischen Inspirationen und Ideen. Abgerundet wird das Ganze durch die passenden Quellcode-Beispiele, die Sie auch auf der Buch-DVD finden. Dort liegen als weiteres Highlight über 1 Stunde Video-Lektionen zum modernen Webdesign für Sie bereit.

Abschließend ein Hinweis in eigener Sache: Dieses Buch wurde mit größter Sorgfalt geschrieben und hergestellt. Ich freue mich stets über Lob, aber auch über konstruktive Kritik, die hilft, dieses Buch noch weiter zu optimieren. Und nun wünsche ich Ihnen viel Erfolg dabei, das Internet zu einem schöneren Ort zu machen.

Ihre Ariane Börder
Lektorat Galileo Design
ariane.boerder@galileo-press.de

www.galileodesign.de
Galileo Press • Rheinwerkallee 4 • 53227 Bonn

Auf einen Blick

Inhalt

Every day
we're hustling

Contao
Contao
Barrierefreies Open Source Content Management System
NILS MÜLLER
Contao Open Source Content Management System

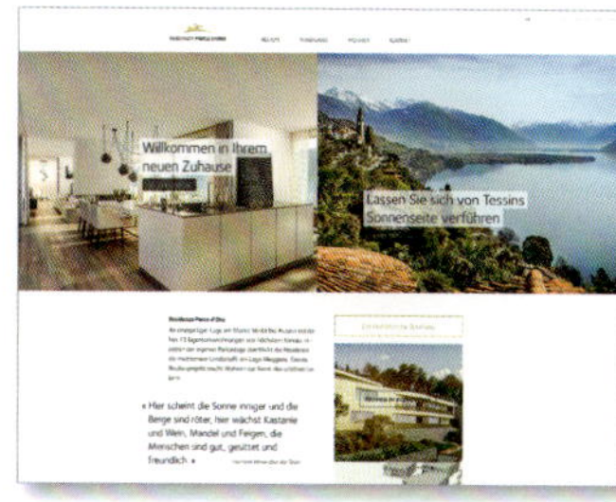

3 Konzeption und Strategie

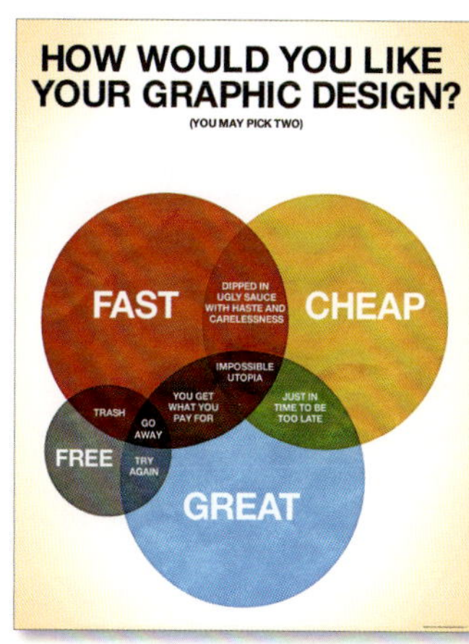

The summer of a lifetime.

WENN ES KRASS WERDEN MUSS.
WIR NEHMEN'S PERSÖNLICH.
REALISTISCH IST DAS UNMÖGLICHE.

4 Responsive Webdesign

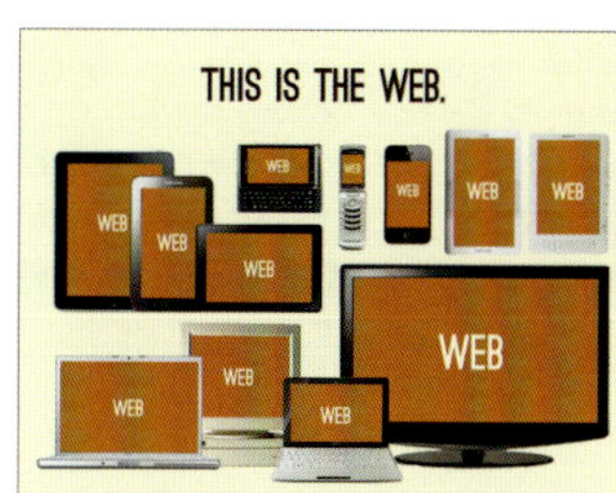

5 Informationsarchitektur

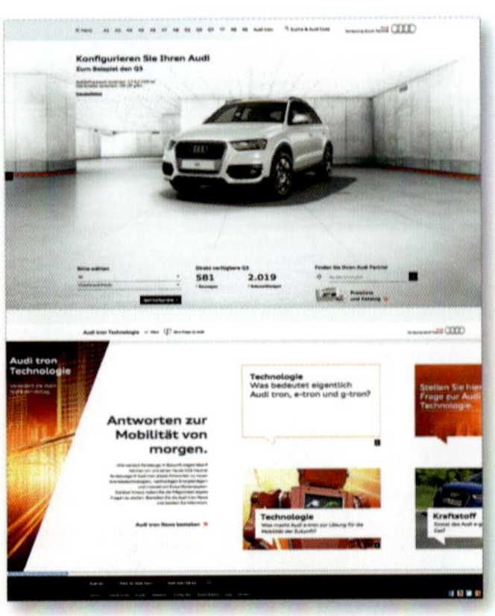

6 Gestaltungsgrundlagen

7 Screendesign

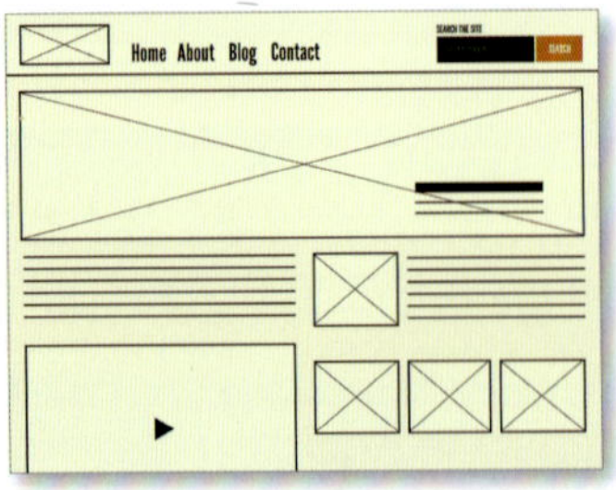
Home About Blog Contact

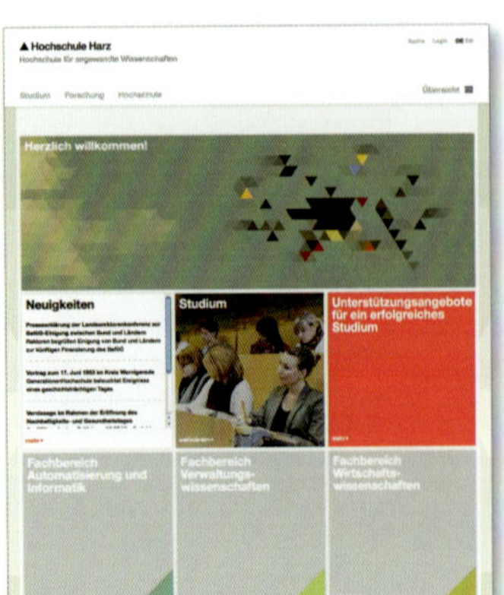
Hochschule Harz
Herzlich willkommen!
Neuigkeiten
Studium
Unterstützungsangebote für ein erfolgreiches Studium
Fachbereich Automatisierung und Informatik
Fachbereich Verwaltungswissenschaften
Fachbereich Wirtschaftswissenschaften

9 Farbe im Webdesign

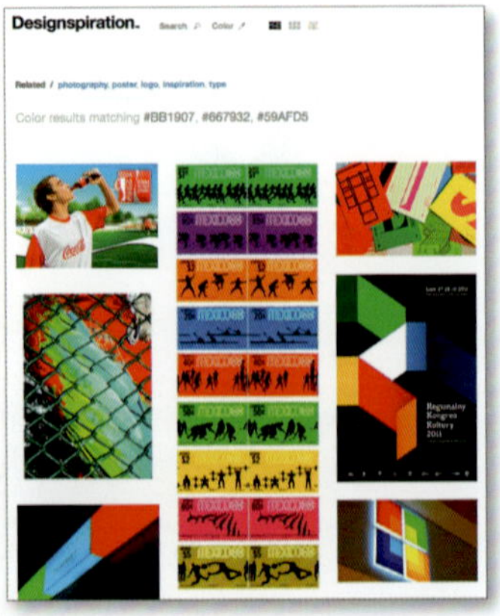

10 Typografie

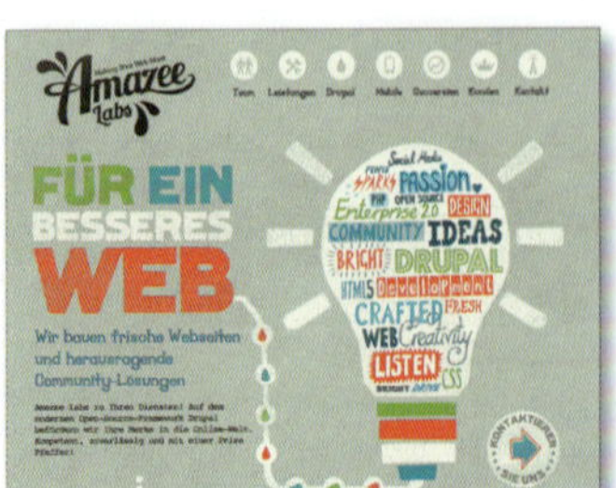

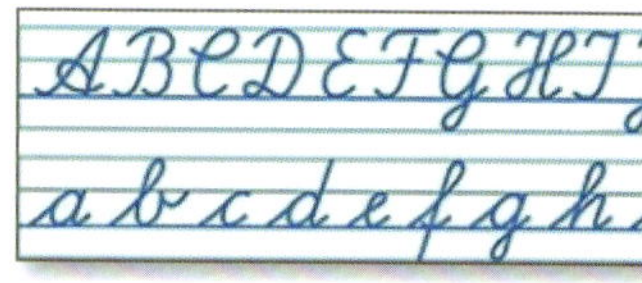

MAKE
VERTICAL RHYTHM
YOUR
B*!@#
YOU'VE
GOT THIS!
GRIDWAX
1
2
3

Carsonified
WE
LOVE
THE
WEB
TREEHOUSE

11 Bilder und Grafiken

12 Navigations- und Interaktionsdesign

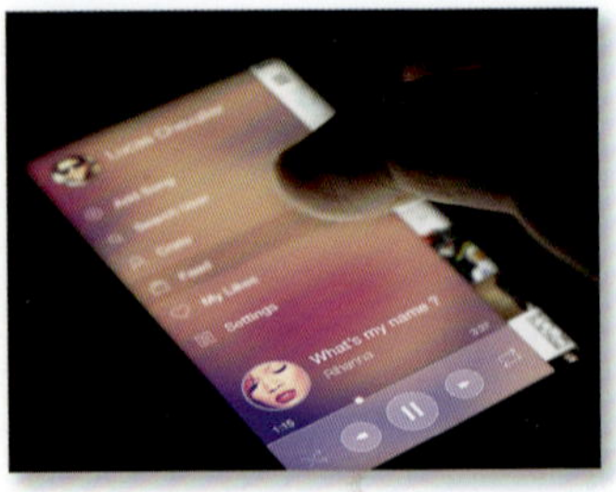

13 Webdesignstile und -trends

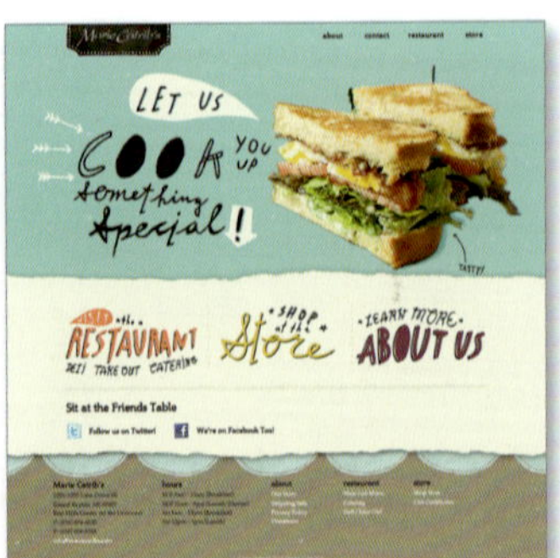

14 Animationen

15 Websitetypen

16 Tipps, Tricks und Tools

Vorwort

Ich freue mich. Ja, ich freue mich innerlich jedes Mal ein kleines bisschen, wenn ich auf eine Webseite stoße, die übersichtlich ist und ansprechend aussieht. Der man die Liebe (zum Detail) bei der Gestaltung und Umsetzung ansieht. Und genauso bin ich genervt. Manchmal sogar regelrecht frustriert. Wenn eine Seite zu lange lädt, ich die gesuchten Informationen nicht schnell genug finde oder die Seite einfach nur hässlich aussieht. Ab und an bekommt dann die Tastatur den Frust ab (weil der verantwortliche Webdesigner nicht in Reichweite sitzt).

Mag sein, dass ich Webseiten nicht neutral betrachten kann, sondern immer mit dem Auge des Webdesigners. Ich bekomme es aber auch immer wieder mit, wie auch Unbedarfte an schlechter Gestaltung verzweifeln können und sich an guter erfreuen. Und wenn ich dann sehe, in welche Lebenslagen das Internet vorgedrungen und noch lange nicht am Ende angekommen ist, dann weiß ich um die Bedeutung eines guten Webdesigns.

Es ist einige Jahre her, da war es mir zuerst, ehrlich gesagt, etwas unangenehm, zu sagen, ich sei »Webdesigner«. Das klang nach »Homepages bauen« und drückte – zumindest für mich – nicht wirklich aus, dass bei mir auch eine Ausbildung, ein Studium und jahrelange Berufserfahrung dahintersteckten (»und das alles nur für ein bisschen Webdesign«).

Das hat sich inzwischen grundlegend geändert. Der Job eines »Webdesigners« ohne umfassende (Aus)Bildung ist in meinen Augen gar nicht mehr ausübbar. Denn es geht schon lange nicht mehr darum, nur irgendwie »drin zu sein«. Weder für Unternehmen mit einer eigenen Webpräsenz noch für die Anwender mit ihren gestiegenen Anforderungen reicht das heute noch aus. Webdesign bedeutet, eine Webseite so umzusetzen, dass die gesuchten Informationen schnell gefunden werden, die Seite auf möglichst allen Endgeräten gut bedienbar und optisch ansprechend ist, möglichst schnell lädt, den Besucher durch die Seite führt, von den Suchmaschinen gut gefunden werden kann, die Inhalte, besser die Texte, gut lesbar sind und sich dazu beim Anwender ein angenehmes »Nutzungsgefühl« einstellt. Um so eine Webseite umsetzen zu können, sind mindestens gute Grundlagenkenntnisse in den Bereichen Screendesign, Usability, Informationsarchitektur, Gestaltungsprinzipien, Responsive Webdesign, Frontendentwicklung, Suchmaschinenoptimierung, Webstandards, Barrierefreiheit, User Experience, Kommunikations- und Wahrnehmungsprinzipien, Typografie, Farbwirkung und ein Gespür für aktuelle Webdesigntrends notwendig – also Kenntnisse in einem Umfang, den in vielen (großen) Agenturen viele Personen abdecken, die aber eben auch immer wieder in kleineren und mittleren Agenturen von wenigen Personen und bei selbstständigen Webdesignern oft auch nur von einer Person abgedeckt werden.

Dies sind alles Kenntnisse in einem Umfang und auch einer Qualität, die nicht einfach zu erwerben sind und die vor allem regelmäßig angepasst und erneuert werden müssen, weil sich die Branche, die Technik und die Bedürfnisse rasant verändern. Aber auch Kenntnisse, die mich meine Berufsbezeichnung »Webdesigner« inzwischen mit Zufriedenheit und manchmal auch Stolz erwähnen lassen. Eine spannendere und sinnvollere Arbeit, die so abwechslungsreich und vermutlich auch relativ zukunftssicher ist, gibt es kaum. Ohne gute Webdesigner wäre unsere digitale Welt um einiges ärmer.

Es war irgendwann im Sommer 2013, als der Verlag Galileo Press anfragte, ob ich jemanden kennen würde, der gerne ein Webdesign-Buch schreiben würde. Ehrlich gesagt, alle, die ich bisher dazu gesprochen habe, waren und sind nicht sehr erpicht darauf. Gut, dass in der E-Mail der Zusatz stand, ob ich es mir denn auch selbst vorstellen könnte. Ich konnte. Einige Monate (oder waren es schon Jahre) zuvor hatte ich selbst darüber nachgedacht, ein Buch zu schreiben. Mit Selbstvermarktung, wie man das heute so macht. Genug »Material« hatte ich gesammelt. Außerdem hatte ich das Gefühl, durch unzählige Schulungen mit Webdesign-Studenten auch ein gewisses didaktisches Know-how zu besitzen. Wie es aber bei eigenen Projekten auch oft ist, man fängt ohne den äußeren Druck dann doch nicht an. Und so bin ich fest davon überzeugt, dass die schriftliche Visualisierung des Wunsches und Zieles, ein Buch zu schreiben, zur Verwirklichung beigetragen hat.

Es sollte nun also ein Webdesign-Handbuch werden. Also keine Behandlung eines Spezialthemas, sondern ALLE wichtigen und notwendigen Aspekte einer modernen Webgestaltung sollten besprochen werden. Ungefähr zwölf Monate später, unglaublich viele Stunden vor Word-Dateien und Webseiten und einem Arbeits- und Schreibaufkommen, das jede »Work-Life-Balance«-Diskussion ad absurdum führt, ist dieses Buch nun fertig.

Ein Webdesign-Handbuch, das kein relevantes Thema auslässt. Gedacht für Einsteiger wie auch Fortgeschrittene. Gutes Webdesign muss viele Aspekte beachten (siehe oben). Ein guter Webdesigner muss viele Kenntnisse haben. Ein guter Webdesigner ist ein Hybrid aus Gestalter und Techniker. Design und Frontend gehen Hand in Hand in der modernen Webgestaltung. Daher versucht dieses Buch, die Brücke zu schlagen zwischen Design und Code. Das eine funktioniert nicht ohne das andere. Das Buch konzentriert sich daher nicht auf ein Thema, auf eine Technik oder ein Softwareprodukt. Mit diesem Buch versuche ich, die Gestaltung zeitgemäßer Webdesigns mit aktuellen Techniken und Workflows aufzuzeigen. Praxisnah mit vielen Beispielen von tollen Webseiten, hilfreichen Tutorials und Codebeispielen (die auch auf der DVD zu finden sind). Und mit einem theoretischen Unterbau an den Stellen, an denen er nötig ist (auch mal länger). Aktuelles Wissen also, das sich nicht in (unnötigen) Details verliert, sondern den Blick auf das Wesentliche lenkt und die Kompetenzen vermittelt, die ein moderner Webdesigner heutzutage haben muss.

Sie müssen das Buch nicht zwingend vorne nach hinten lesen. Jedes Kapitel ist in sich abgeschlossen, und daher sind ein Querlesen, Reinlesen, Herumstöbern und auch die gezielte Suche gut möglich. Das Durchlesen von Seite 1 bis 783 natürlich aber auch.

Alle notwendigen Themen werden behandelt. Von der Konzeption bis zum Raster, von Bildmotiven bis zu Webfonts, von RWD bis IA, von Toggle-Menüs bis zur User Experience, von Farbkombinationen bis zu Moodboards, von CSS3 bis zu Media Queries. Das ist eine ganze Menge Stoff für ein Buch, aber ein Webdesigner braucht auch eine Menge Wissen, und es sind nicht umsonst fast 800 Seiten. Aber Sie wollen ja auch viel lernen. Sollten Ihnen relevante Themen fehlen oder haben Sie sonstige Anregungen, dann schreiben Sie mir doch eine E-Mail: *martin@hahnsinn.de*.

Ansonsten finden Sie viele Infos, etwa eine Sammlung der zahlreichen im Buch erwähnten Tools und Ressourcen und eine Sammlung der deutschsprachigen Webseiten-Beispiele aus dem Buch, auch auf der Webseite *webdesign-journal.de*.

Bevor Sie loslegen, muss ich noch kurz Danke sagen. Danke an Galileo Press für die Möglichkeit, ein Buch zu schreiben (danke, Frau Sutter, und danke, Frau Börder). Danke an Jonas Hellwig für die hilfreichen Anmerkungen. Danke an all die zahlreichen Webdesigner da draußen, die mir täglich mit ihrer Arbeit Anregungen geben.

Und einen ganz großen Dank an meine Familie, die ein Jahr lang einen durchaus sehr gestressten Papa mit Würde ertragen hat, nur damit ich ein Buch mehr im Regal stehen habe. Ich liebe euch vier über alles. Und ich freue mich, dass ich mir selber bewiesen habe, dass ich doch ausreichend Geduld und Konstanz haben kann ...

Und zu guter Letzt Sie, lieber Leser. Danke, dass ich Sie ein Stück auf Ihren Webdesign-Wegen begleiten darf. Also auf geht's. Lassen Sie uns zusammen das Web zu einem besseren und schöneren Platz machen.

Kapitel 1

Prinzipien des modernen Webdesigns

Das Internet ist in einem steten Wandel und mit ihm das Webdesign. So sind beispielsweise Responsive Webdesign, »Content first« oder Flat-Design Begrifflichkeiten, die vor wenigen Jahren nur Insidern bekannt waren und aktuell für viel Gesprächsstoff sorgen. Diese drei stehen aber exemplarisch für die Ganzheitlichkeit, die eine moderne Webseite auszeichnet. Aspekte wie Design, Technik und Inhalte spielen zusammen, aber gerade die Optik, das Erscheinungsbild im Browser ist das, was den Betrachter ansprechen und überzeugen muss.

1.1 Aspekte modernen Webdesigns

Modernes Webdesign ist nicht immer einfach zu definieren. Viele Aspekte spielen eine Rolle, die je nach Projekt oder eigenen Vorstellungen auch unterschiedlich gewichtet sein können. Im folgenden ein erster Überblick über die Aspekte, die eine Webseite zu einer modernen machen.

1.1.1 Die Entwicklung des Webdesigns

In den gut 20 Jahren, die uns das Internet nun erfreut, hat sich einiges getan, nicht nur außerhalb des World Wide Web. Früher waren Tabellenlayouts mit 1×1-Pixel-Bildern, animierte Logo-Gifs, Flash-Intros und Web-2.0-Glossy-Buttons angesagt. Heute präsentiert sich das Web in einer vor wenigen Jahren noch ungeahnten Flexibilität und Mobilität, und ebenso die Webseiten in Bezug auf Design, Technik und Inhalte. Neue technische Möglichkeiten wie die Cascading Stylesheets, JavaScript Frameworks wie jQuery, dazu neue Geräte wie Smartphones und Tablets haben die technischen Anforderungen und Möglichkeiten in den letzten Jahren grundlegend verändert. Einzig HTML ist geblieben, während das früher auch sehr beliebte Flash in der reinen Webseitengestaltung nur noch selten eine Rolle mehr spielt.

▲ **Abbildung 1.1**
Wurde früher Flash für Animationen eingesetzt, so ist es heute jQuery wie bei *ok-studios.de*.

▲ Abbildung 1.2
Am Anfang war das Webdesign wüst und leer: Webseiten von BMW und Bündnis90/Die Grünen Mitte der 1990er Jahre.

In der Gestaltung sind Trends gekommen und gegangen, und heute haben wir ein buntes Potpourri an verschiedenen Stilen, die nebeneinander existieren können und oft auch kombiniert werden. Während bis vor wenigen Jahren Web-2.0-Designs angesagt waren und Elemente gar nicht haptisch genug aussehen konnten, ist inzwischen alles ganz flach geworden und nennt sich dementsprechend *Flat-Design*. Mehr zu den aktuellen Webdesignstilen und -trends lesen Sie Kapitel 13.

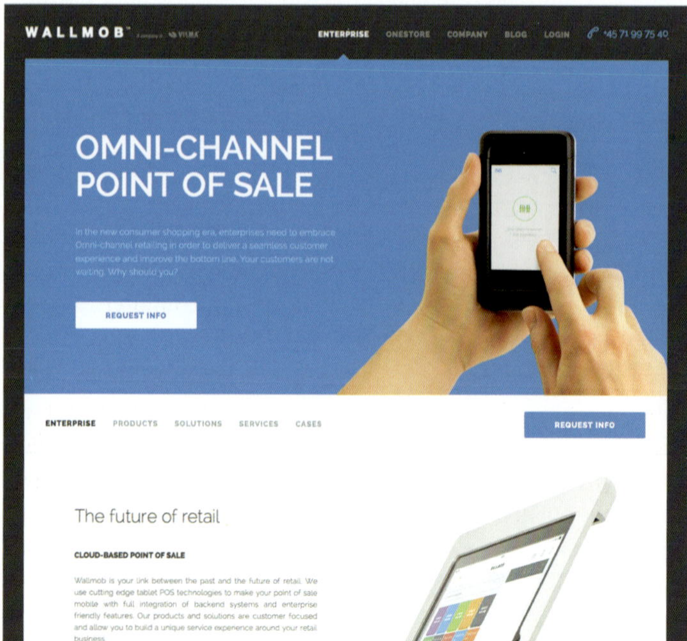

Abbildung 1.3 ▶
So flach wie bei *wallmob.com* sind Webseiten heutzutage häufig.

Auch die Konzeption einer Webseite hat endlich eine größere Bedeutung bekommen. Der Ansatz »Content first« zeigt, dass es nicht mehr reicht, die Texte der Imagebroschüre in die Webseite zu kopieren, sondern dass das Webtexten eine eigene Disziplin ist, die den Nutzer wie die Suchmaschinen glücklich machen soll. Apropos Nutzer: Dieser ist nun in den Mittelpunkt gerückt. Er ist nicht mehr nur Kunde, sondern hat Mitspracherecht und nutzt diese Macht auch fleißig in Form von Bewertungen, Austausch in sozialen Netzwerken und der Veröffentlichung seiner Gedanken und Meinungen auf eigenen Webseiten und Blogs. Dazu wird er inzwischen auch immer mehr in seinem Nutzungserlebnis umworben. Er soll richtige »Erfahrungen« machen beim Surfen. Die *User Experience* (siehe Abschnitt 3.12, »User Experience«) soll ihn glücklich machen, so dass er ein zufriedener Kunde wird, der gerne wiederkommt und der von seinen positiven Erlebnissen privat und auch öffentlich im Netz berichtet.

▼ Abbildung 1.4
Und so sehen Webseiten knapp 20 Jahre später aus: *bmw.de* und *gruene.de* im Jahr 2014.

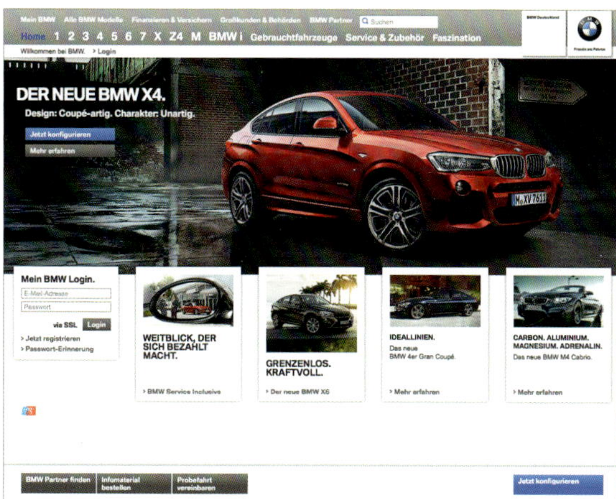

Und vor allem hat sich sein Nutzungsverhalten geändert. Der gemeine User sitzt nicht mehr abends am Schreibtisch vor einem grauen »Desktop«-PC und wartet erst einmal 2 Minuten, bis sein Betriebssystem startbereit ist. Der moderne User nutzt das Internet *immer* – und vor allem *überall*: mit dem Tablet auf dem Sofa, mit dem Smartphone in der Bahn, bei der Arbeit und, ja, auch immer noch zu Hause am Schreibtisch, aber dort vermutlich inzwischen mit einem Laptop. Mobil und flexibel ist das Internet geworden – kaum ein Lebensbereich, der davon nicht beeinflusst wird: Einkaufen, Partner finden, Musik hören, Fernsehen, Filme schauen und streamen, lernen, kommunizieren, informieren, amüsieren, ablenken … Das Internet hat sehr vieles geändert, und wird auch in Zukunft weitere Änderungen mit sich bringen.

Zeitmaschine
Wollen Sie auch einmal sehen, wie Webseiten früher aussahen? Die *Wayback Machine* hat alte Zustände von Webseiten abgespeichert: *web.archive.org*.

»A designer who does not write markup and css is not designing for the web, but drawing pictures.«

Webdesigner Andy Rutledge, andyrutledge.com

Und die Webdesigner? Die stecken irgendwie mittendrin und versuchen, den fast täglich neuen Entwicklungen zu folgen. RWD, SASS, dribble, Sketch, Off-Canvas, Storytelling, SVG, Git usw. heißen die aktuellen Entwicklungen, die man sicherlich nicht alle einsetzen muss, aber über die man zwangsläufig stolpert, wenn man sich einigermaßen aktiv mit der Webdesign-Branche beschäftigt. Moderne Webdesigner zeichnet aber vor allem eines aus: ein Gespür für gute Gestaltung, für die Benutzung der Webseite durch die Anwender und die Möglichkeiten der Frontend-Umsetzung mit HTML und CSS (und vielleicht sogar noch JavaScript).

Gehen wir also auf den nächsten 783 Seiten auf die spannende Suche, was modernes und attraktiv gestaltetes Webdesign auszeichnet und wie man es selber umsetzen kann.

1.1.2 Gute Seiten, schlechte Seiten

Es gibt da draußen in den Weiten des World Wide Web jede Menge Webseiten – gute Webseiten und schlechte Webseiten. Die Einteilung fällt vermutlich oft auf den ersten Blick, kann sich aber von Betrachter zu Betrachter unterscheiden.

Wonach trifft man aber eine fundierte Entscheidung, ob eine Webseite gut oder schlecht (oder irgendwas dazwischen) ist? Gibt es Qualitätsmerkmale, nach denen man eine Webseite beurteilen kann? Jeder mag die Qualitätsfrage anders beantworten. Für einen Onlineshop-Betreiber ist seine Seite gut, wenn er genügend darüber verkauft. Für den Webdesigner ist sein Portfolio gut, wenn es ihm neue Kunden verschafft. Dabei behilflich ist ein professionelles Design, das den »Wert« der Seite, der angebotenen Produkte oder Leistungen (re)präsentiert. Um zu einem professionellen Design zu kommen, gibt es beispielsweise einige grundlegende Gestaltungsaspekte zu beachten (siehe Kapitel 6, »Gestaltungsgrundlagen«) oder auch die Aufgaben und Elemente eines Screendesigns (siehe Kapitel 7, »Screendesign«).

Kriterien für eine gute Webseite
Im Laufe des Buches werden viele Aspekte der einzelnen Kriterien näher erläutert, mit praktischen Tipps versehen und hilfreiche Tools vorgestellt. Ab und an überschneiden sich die Punkte dabei. Denn so sorgt beispielsweise Text, der gut lesbar ist, häufig auch für eine gute Übersichtlichkeit der Inhalte.

Unabhängig von den individuellen Zielen lassen sich einige allgemeingültige Kriterien festlegen, was eine gute Webseite ausmacht, Kriterien, an denen sich sowohl der Webdesigner als auch der Webseitenbetreiber/Kunde orientieren können. Gute Webseiten ...

- ... haben validen und semantischen Code.
- ... haben lesbaren Text.
- ... sind schnell geladen.
- ... sind suchmaschinenoptimiert.
- ... sind ästhetisch ansprechend.

- ... sind auf unterschiedlichen Bildschirmauflösungen und Endgeräten gut bedienbar.
- ... setzen Technik nicht als Selbstzweck ein, sondern um die Funktionalität und die Bedienung zu erleichtern.
- ... haben einen Wiedererkennungswert.
- ... sind einfach zu bedienen.

Die Kriterien klingen alle selbstverständlich? Sind sie aber nicht! Das fängt schon damit an, dass einige Kriterien nicht zwangsläufig eindeutig sind. Wo beginnt Übersichtlichkeit genau, und ab wann ist eine Seite nicht mehr lesbar? Im folgenden Abschnitt werden die einzelnen Kriterien noch näher beleuchtet. Nicht alle müssen zwangsläufig bei jedem Projekt voll erfüllt sein, dies hängt auch von den zu Projektbeginn definierten Bedingungen ab (siehe Kapitel 3, »Konzeption und Strategie«). Es mag Projekte geben, da spielt beispielsweise die Suchmaschinenoptimierung keine so große Rolle.

Um die Kriterien weitgehend zu erfüllen, sind viele Aspekte zu beachten. Als Oberbegriffe lassen sich vier Punkte herausstellen, die grundlegend mit dafür sorgen, dass eine Webseite gut, also erfolgreich ist:

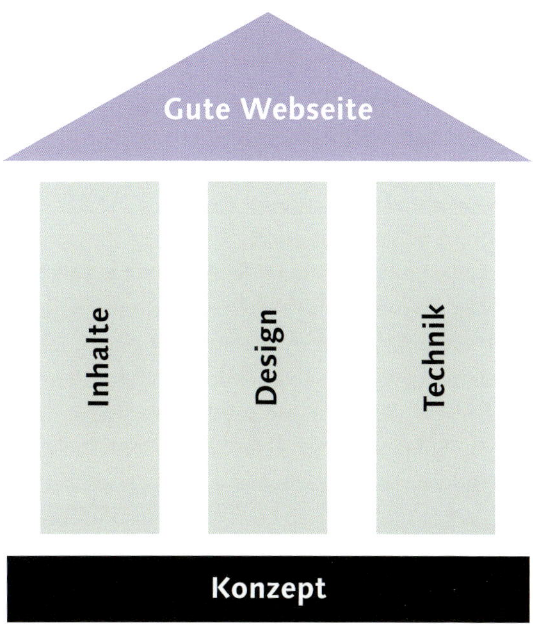

◂ **Abbildung 1.5**
Die Basis ist ein Konzept. Zusammen mit den drei Säulen Inhalte, Design und Technik schafft es die Voraussetzung für eine gute Webseite.

Ein Design-Buch
Der Schwerpunkt des Buches liegt eindeutig auf den Designaspekten bei der Umsetzung einer Webseite. Diese sind aber nie isoliert zu betrachten, sondern immer im Zusammenspiel mit Konzeption, Inhalten und Technik. Daher werden auch diese Aspekte immer wieder vorkommen.

Eine erfolgreiche Webseite beruht auf den drei Säulen Inhalte, Design und Technik. Die Inhalte sind der Grund, warum Anwender auf die Webseite kommen. Sie sollten also sowohl das Unternehmen, die Produkte oder Dienstleistungen präsentieren als auch den Erwartungen des Anwenders entsprechen. Das Design präsentiert die Inhalte visuell, sorgt für Übersicht und entfaltet eine emotionale Wirkung. Die technische Umsetzung sorgt dafür, dass die Webseite von möglichst allen Anwendern auf möglichst allen Endgeräten (technisch) gut bedienbar ist. Und das Konzept (siehe Kapitel 3, »Konzeption und Strategie«) sorgt dafür, dass überhaupt klar ist, wer mit dem Projekt erreicht werden soll. Es ist die Basis für die Umsetzung der Punkte Inhalte, Design und Technik.

1.1.3 Mehr als hübsch – das Design

Webseiten sind zuallererst ein optisches Medium. Das, was der Kunde sieht, ist das Design. Design ist hier aber nicht als rein ästhetische Verschönerung zu verstehen, sondern als Lösung eines Problems. Der Leitsatz »form follows function« trifft es sehr gut. Das Screendesign richtet sich nach dem Zweck, nach den Inhalten (siehe Abschnitt 3.9, »Anforderungen an die Inhalte«), den Anwendern (siehe Abschnitt 3.7, »Zielgruppenanalyse«) und den gewünschten Botschaften (siehe Abschnitt 3.6, »Ziele der Webseite«), die vermittelt werden sollen.

▲ **Abbildung 1.6**
Hübsches Design, das auch Elemente hervorhebt und Bedeutungen schafft – *overclothing.com*

Das Design soll dabei ästhetisch ansprechend sein, aber eben auch eine bestimmte Wirkung erzeugen und vor allem auch die Webseite bedienbar machen und den Anwender durch die Webseite führen. Das Design gibt den Elementen eine optische Bedeutung. Ein besonders wichtiger Button wird erst durch die visuelle Kennzeichnung dazu. Während HTML den Elementen eine inhaltliche Bedeutung zuweist, gibt das Design (CSS) ihnen die visuelle Bedeutung, die ihnen zusteht.

Design ist mehr, als alles ein »bisschen hübsch« zu machen. Design bedeutet, Informationen zu strukturieren und zu gestalten. Design heißt, den Anwender durch die Seite zu führen. Design gibt Orientierung. Design schafft Bedeutung. Wenn das nicht gelingt, handelt sich eben doch nur um Dekoration.

Diese vielfältigen Aufgaben und Aspekte, die ein Design zu erfüllen hat, werden in diesem Buch umfangreich behandelt. Das reicht vom Aufbau eines Rasters (Kapitel 8, »Layout und Raster«) bis zur Gestaltung von Icons (Kapitel 11, »Bilder und Grafiken«), von der Gestaltung und Platzierung der verschiedenen Navigationsarten (siehe Kapitel 12, »Navigations- und Interaktionsdesign«) bis zur Wahl der Schriftart (Kapitel 10, »Typografie«), vom gelungenen Einsatz von Animationseffekten (siehe Kapitel 14, »Animationen«) bis zur Auswahl passender Bildmotive. Die Aufzählung ließe sich noch lange fortführen. Die Bedeutung eines professionellen Designs ist für eine erfolgreiche Webseite kaum zu unterschätzen. Daher versteht sich dieses Buch auch als Web*design*-Buch.

1.1.4 Übersichtlich und lesbar

Eine Webseite sollte übersichtlich sein. Der Besucher sollte sich schnell zurechtfinden können. Er möchte nicht lange suchen, sondern schnell und einfach wissen, wo die Informationen sind, die er finden möchte. Neben einem übersichtlichen Seitenaufbau, der ihm ein kurzes Abscannen ermöglicht, gehört dazu eine einfach bedienbare Navigation, die leicht zu finden ist und deren Navigationspunkte verständlich sind (siehe Abschnitt 5.5.2, »Wording«).

▼ Abbildung 1.7
Großzügige Gestaltung, große Schrift, Reduktion auf die wichtigen Elemente – *martinauer.at* ist übersichtlich und gut lesbar.

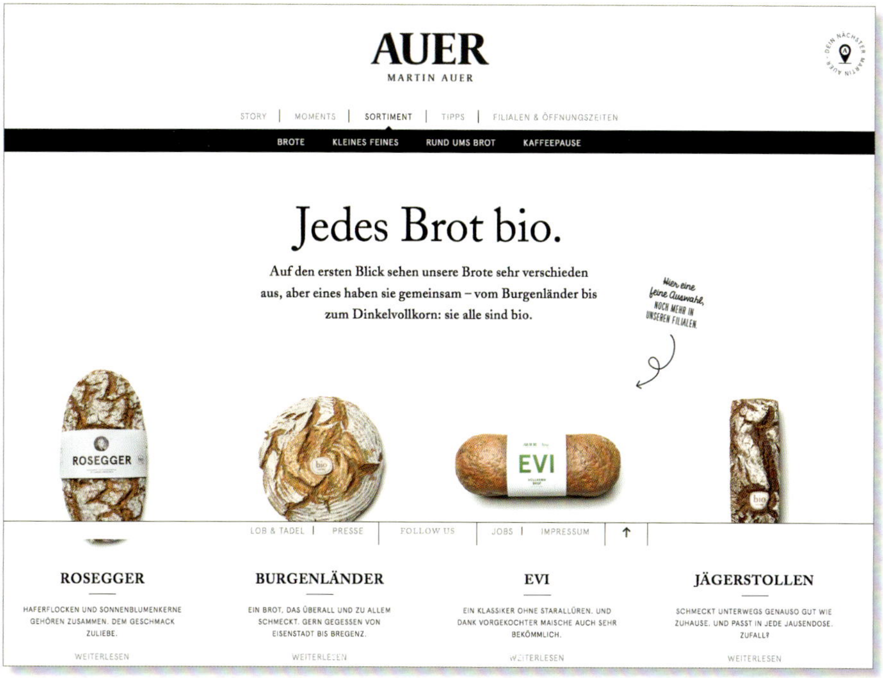

Fast alle Informationen, die wir auf Webseiten konsumieren, sind geschriebene Worte. Texte müssen auf jeder Webseite gelesen werden, daher kommt der Textgestaltung (Typografie) eine besondere Rolle zu. Texte müssen so gestaltet sein, dass sie gut lesbar sind, optisch und inhaltlich. Die gewählte Schrift muss gut lesbar und groß genug sein, die Textfarbe genug Kontrast zum Hintergrund haben, und die Sprache muss einfach und klar verständlich sein.

Zum Weiterlesen
Ausführliche Informationen zum Thema Typografie und Webfonts erhalten Sie in Kapitel 10, »Typografie«.

Mit der Möglichkeit, sogenannte Webfonts einzubinden, hat der typografische Gestaltungsspielraum zugenommen. Als

Webdesigner ist man nicht mehr auf wenige Systemschriften beschränkt, sondern hat eine für Webverhältnisse unglaubliche Auswahl an Schriftarten. Dies spiegelt sich in den vielen modernen Webseiten wider, die auf gute Typografie Wert legen. Typografische Gestaltung sorgt für eine gute Lesbarkeit der Texte, für eine übersichtliche Gliederung der Inhalte und sieht dabei auch noch ansprechend aus.

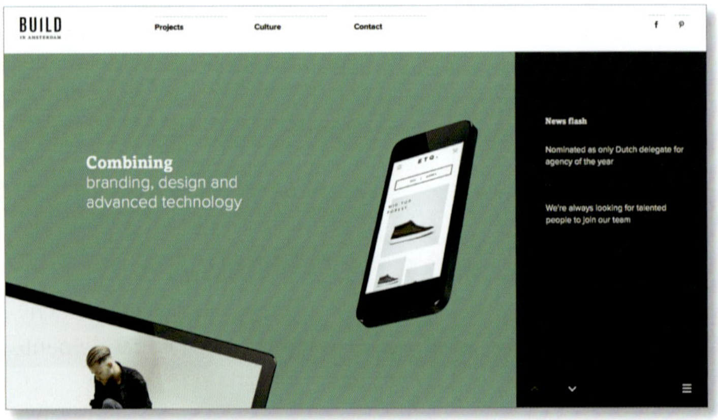

▲ **Abbildung 1.8**
Sehr modern: schöne Kombination von Webfonts, volle Bildschirmbreite ausgenutzt, dazu viel Leerraum, Chapeau! – *buildinamsterdam.com*

1.1.5 Struktur, Inhalte und Verhalten

Die technische Grundlage moderner Webseiten ist die Trennung von Inhalten und Struktur auf der einen Seite und dem Design auf der anderen. Der Inhalt wird mit HTML strukturiert und mit CSS formatiert, also gestaltet. Ergänzend kommt häufig noch JavaScript zum Einsatz, das bestimmte Funktionalitäten ausführen kann. Dieses Dreiergespann bildet das *Frontend*, also all das, was im Browser des Anwenders geschieht und angezeigt wird.

▲ **Abbildung 1.9**
Die Frontend-Technologien bauen aufeinander auf.

Mit HTML Struktur reinbringen | HTML ist DIE Sprache des Webs und die Grundlage (fast) aller Webseiten. HTML ist keine Programmiersprache, es ist eine Auszeichnungssprache. Es gibt den Inhalten eine Bedeutung, vergleichbar mit der Formatierung von Texten in einem Textverarbeitungsprogramm. Hier können einzelne Abschnitte mit einem Klick eine Formatierung als Überschrift oder Aufzählung bekommen, und einzelne Wörter lassen sich schnell fett oder kursiv setzen. In der Textverarbeitung bekommen die Wörter damit eine strukturelle Bedeutung und eine optische Kennzeichnung zugleich.

Bei Webseiten sorgt HTML für die Bedeutung. Die wichtigste Überschrift einer Seite sollte als solche gekennzeichnet werden:

Die Semantik
Semantik (auch Bedeutungslehre genannt) beschäftigt sich mit der Beziehung zwischen einem Zeichen und der Bedeutung dieses Zeichens. Übertragen auf HTML bedeutet es, dass die Elemente entsprechend ihrer inhaltlichen Bedeutung eingesetzt werden.

```
<h1>Die wichtigste Überschrift</h1>
```

▲ **Listing 1.1**
Kennzeichnung einer Überschrift in HTML

Rein theoretisch könnte man eine Überschrift auch als Absatz kennzeichnen und sie später per CSS entsprechend optisch gestalten, dass sie wie die bedeutendste Überschrift aussieht.

```
<p class="headline">Semantisch ein Absatz, der wie eine
Überschrift gestaltet ist</p>
```

▲ **Listing 1.2**
So eher nicht: eine Überschrift als Absatz auszeichnen

Ähnlich wie die Auswahl in einer Textverarbeitung, gibt es auch in HTML für jede mögliche Formatierung entsprechende Elemente, mit denen die Texte markiert werden können und sollten.

▲ **Abbildung 1.10**
Alle HTML5-Elemente in der Übersicht zum Download bietet *websitesetup.org/html5-cheat-sheet* an.

Das ist semantische Auszeichnung – die HTML-Elemente werden eingesetzt, um den Inhalten eine passende Bedeutung zu geben. Warum dies wichtig ist, ist Thema von Abschnitt 1.2, »Guter Quellcode – Webstandards«.

Nicht immer lässt sich korrekter semantischer Code einfach umsetzen. Je umfangreicher eine Seite, desto komplizierter kann es werden, denn nicht jede Seite besteht aus nur zwei, drei Überschriften plus etwas Fließtext. Gerade Startseiten mit einer Vielzahl an Teasern und dazugehörigen Überschriften und unterschiedlichen Gestaltungen bringen eine große Herausforderung

HTML-Standard
Der aktuelle Standard, HTML5, befindet sich noch in der Weiterentwicklung, kann aber trotzdem schon eingesetzt werden. Im Gegensatz zu früheren Versionen (wie z. B. XHTML) sind Elemente vereinfacht worden und einige neue dazugekommen, die gerade für ein semantisches Layout hilfreich sind.

mit sich. Ab und an heiligt dann der Zweck die Mittel, und der Code ist nicht 100 % semantisch, aber er funktioniert.

CSS3 im Einsatz
Die aktuelle Version von CSS ist die 3er. Kein abgeschlossener Standard, sondern eine Erweiterung von CSS 2.1. Zukünftig werden wohl weitere »Module« (also CSS-Eigenschaften) einfach dazukommen und die bisherigen ergänzen. Inwieweit welche CSS-Anweisungen mit welchen Browsern kompatibel sind, zeigt die Webseite *caniuse.com*.

Mit CSS gestalten | Werden Elemente per HTML ausgezeichnet, erscheinen sie in der Browserdarstellung schon entsprechend ihrer Bedeutung (siehe Abbildung 1.11). Die Browser-Stylesheets sorgen dafür, dass HTML-Elemente eine Art »Grundformatierung« haben. Sollte also beispielsweise einmal keine CSS-Datei geladen werden (aus welchen Gründen auch immer), dann ist zumindest ein Aussehen sichergestellt, das die semantische Bedeutung widerspiegelt. Mit eigenen Stylesheet-Anweisungen lassen sich dann die HTML-Elemente formatieren, dass es dem gewünschten Aussehen entspricht. Das »Design« der Seite wird also in eine eigene Datei geschrieben. Die sichert die Trennung von Inhalt/Struktur und Optik.

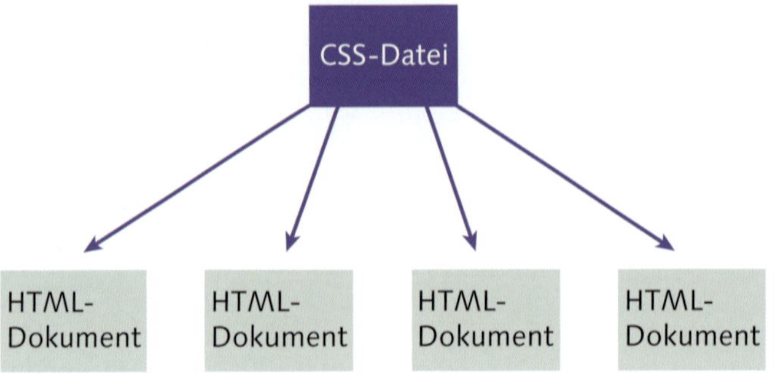

Abbildung 1.11 ▸
Eine CSS-Datei kann in beliebig vielen HTML-Dokumenten eingesetzt werden.

Die Quellcodes werden dadurch übersichtlicher, und optische Anpassungen lassen sich seitenübergreifend einfacher und schneller durchführen, weil sich eine Stylesheet-Datei in mehrere (theoretisch unendlich viele) HTML-Dokumente einbinden lässt.

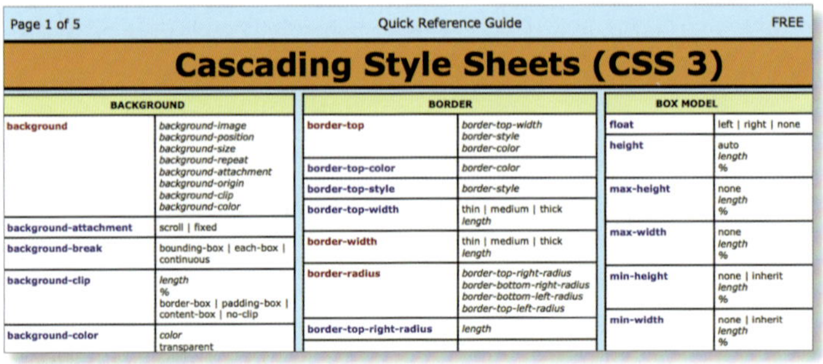

Page 1 of 5 — Quick Reference Guide — FREE

Cascading Style Sheets (CSS 3)

BACKGROUND	
background	*background-image background-position background-size background-repeat background-attachment background-origin background-clip background-color*
background-attachment	scroll | fixed
background-break	bounding-box | each-box | continuous
background-clip	*length* % border-box | padding-box | content-box | no-clip
background-color	*color* transparent

BORDER	
border-top	*border-top-width border-style border-color*
border-top-color	*border-color*
border-top-style	*border-style*
border-top-width	thin | medium | thick *length*
border-width	thin | medium | thick *length*
border-radius	*border-top-right-radius border-bottom-right-radius border-bottom-left-radius border-top-left-radius*
border-top-right-radius	*length*

BOX MODEL	
float	left | right | none
height	auto *length* %
max-height	none *length* %
max-width	none *length* %
min-height	none | inherit *length* %
min-width	none | inherit *length* %

▴ **Abbildung 1.12**
Nicht hübsch, aber hilfreich – Überblick der CSS-Eigenschaften, *coding.smashingmagazine.com/wp-content/uploads/images/css3-cheat-sheet/css3-cheat-sheet.pdf*

Mit JavaScript das Verhalten ändern | Mithilfe der Skriptsprache JavaScript lassen sich »Verhaltensänderungen« an HTML-Elementen erreichen. Fast alle modernen Webseiten setzen JavaScript-Effekte ein – für Animationen, eine Verbesserung der User Experience (siehe Abschnitt 3.12, »User Experience«), Inhalte oder um das Aussehen zu verändern oder auf Anwenderaktionen zu reagieren.

Von DHTML zu jQuery
Dynamisches HTML sorgte ab Mitte/Ende der 1990er Jahre für Effekte wie Newsticker, aufklappende Menüs usw. Die Dynamik kam durch JavaScript dazu und war eher von nervigen Animationen und sinnlosen Effekten geprägt. Viele Jahre lang war JavaScript auf Webseiten eher nebensächlich, bis es durch Frameworks wie jQuery, MooTools oder Script.aculo.us eine große Bandbreite an (neuen) Effekten zur Verfügung stellte, wobei es sich auch ohne große Programmierkenntnisse einfach einsetzen lässt. Dazu kommen jede Menge Plug-ins, die die Funktionalitäten der Frameworks erweitern. Inzwischen setzen sehr viele moderne Webseiten ein JavaScript-Framework ein.

▲ **Abbildung 1.13**
Die Webseite *webguerillas.com* ist voller Effekte und Animationen.

JavaScript erweitert die Möglichkeiten von HTML und CSS. Anders als Programmiersprachen, wie beispielsweise PHP, wird JavaScript aber erst im Browser des Anwenders ausgeführt. Der Anwender kann also bewusst das Ausführen von JavaScript verhindern. Dies ist sicherlich eher die Ausnahme, und der »normale« Anwender wird mit dem Begriff JavaScript nichts anfangen können und auch nicht wollen. Aber es sollte zumindest gewährleistet sein, dass die Webseite auch ohne JavaScript bedienbar ist und die Inhalte konsumierbar bleiben. Alles andere würde einige (wenige) Anwender unnötig ausschließen. Weitere Informationen zu JavaScript und Animationsmöglichkeiten folgen in Kapitel 14, »Animationen«.

JavaScript aktivieren
Wenn eine Webseite auf das korrekte Ausführen von JavaScript angewiesen ist, sollten »JavaScript-lose« Anwender einen kurzen Hinweis angezeigt bekommen, wie Sie JavaScript aktivieren können: *enable-javascript.com/de*

1.2 Guter Quellcode – Webstandards

Die Trennung von Inhalt und Design ist die Basis für einen guten Quellcode. Werden dazu noch die Webstandards eingehalten, ist man auf einem guten Weg. Webstandards sind technische Spezifikationen, die von Organisationen wie dem W3C (World Wide Web Consortium, *w3.org*) entwickelt werden. Ziel ist es, verbindliche Spezifikationen zu erreichen, die browserübergreifend implementiert werden, so dass eine standardkonforme Webseite

Lesetipps Webstandards
Eine ausführliche Antwort auf die Frage »Was sind Webstandards?« liefert ein Artikel der Webkrauts: *webkrauts.de/artikel/2011/was-sind-webstandards*

auf den verschiedenen Browsern einwandfrei funktioniert. Dies bringt eine Vielzahl an Vorteilen mit sich:

- **Mehr Anwender erreichen**: Mit validem Code sind die Inhalte für eine größere Anzahl an Endgeräten und damit für mehr Nutzer zugänglich. Sehbehinderte und motorisch eingeschränkte Anwender profitieren davon. Screenreadern, Suchmaschinen oder auch Druckern ermöglicht valider Code die sinnvolle Nutzung der Webseite. Valide Webseiten sind somit auch barrierearm (siehe Abschnitt 1.3, »Webseiten für alle – Zugänglichkeit und Barrierefreiheit«, auf der nächsten Seite).
- **Schnellere Ladezeit**: Webseiten werden zügiger geladen, wenn sie weniger und validen Code einsetzen. Die Ladezeit ist eines der größten Ärgernisse für Anwender. Je schneller sie ist, desto besser.
- **Zukunftssicherung**: Der Einsatz von Webstandards sichert die Zukunftsfähigkeit einer Webseite. Denn bei Einhaltung der Richtlinien kann man davon ausgehen, dass auch zukünftige Browsergenerationen diese verstehen werden.
- **Arbeitsoptimierung**: Der eigene Arbeitsablauf, ob alleine oder im Team, wird durch den Einsatz von Webstandards schneller und einfacher. Der konsistente Einsatz der entsprechenden Elemente und die strikte Trennung von Design und Inhalt ermöglichen schnelles Bearbeiten und einfachere Einarbeitung in fremden Quellcode.
- **Suchmaschinenoptimierung**: Sind die Inhalte semantisch richtig ausgezeichnet, freuen sich auch die Suchmaschinen. Eine Überschrift, die auch als solche in HTML gekennzeichnet ist, wird dann auch von den Suchmaschinen als solche indiziert. Valider Code sichert damit ein besseres Ranking als nicht valider.

Webstandard-Validatoren
Um Ihren (oder anderen) Quellcode in Bezug auf die Webstandards zu überprüfen, gibt es vom W3C die Validatoren. Diese melden bei falschem Code Fehler oder auch Warnungen.

- HTML Markup Validation Service: *validator.w3.org*
- CSS Validation Service: *jigsaw.w3.org/css-validator*

Guter Quellcode und Validatoren
Ein Quellcode kann als gut bezeichnet werden, wenn Webstandards (HTML für Struktur, CSS für Präsentation und JavaScript für Verhalten) eingesetzt und diese optimal angewendet werden (semantisch und valide). Die Validatoren sind dabei ein gutes Hilfsmittel, allerdings auch nicht der Weisheit letzter Schluss. Gerade modernere Technologien erzeugen Validierungsfehler, die aber nicht schlimm sind. So zeigt der CSS-Validator die sogenannten Vendor-Präfixe als Fehler an. Formal ist das zwar richtig, aber technisch kein Problem.

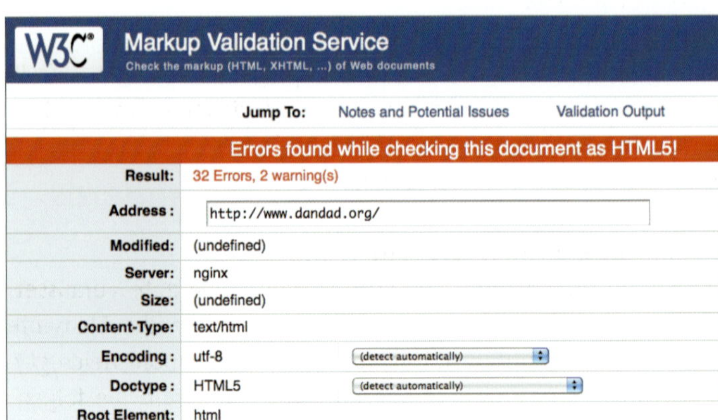

Abbildung 1.14 ▶
Darf bei keiner Webseitenentwicklung fehlen: der Markup-Check samt Fehlermeldungen – *validator.w3.org*.

- **Überprüfbarkeit**: Valider Quellcode zeugt von der Qualität der eigenen Arbeit. Mithilfe der Validierung lassen sich eigene Fehler aufspüren und aufzeigen – ein wichtiges Mittel der Qualitätssicherung, aber auch eine Möglichkeit, sich daran messen zu lassen.

1.3 Webseiten für alle – Zugänglichkeit und Barrierefreiheit

Gute Webseiten stehen einer möglichst großen Anwenderschar zur Verfügung. Was selbstverständlich klingt, ist es leider nicht. Für viele Menschen gibt es (unüberwindbare) Barrieren, die sie an der Nutzung einer Webseite hindern oder diese zumindest negativ beeinflussen. Als Beispiel werden häufig sehbehinderte Menschen genannt, die sich eine Webseite mittels eines Screenreaders vorlesen lassen. Eine Webseite sollte möglichst barrierefrei sein. Im Englischen nennt sich dies Accessibility, was sich im Deutschen besser mit Zugänglichkeit übersetzen lässt.

»Die Zugänglichkeit einer Webseite ist nicht nur eine technische Frage, sondern betrifft ebenso die Inhalte und das Design.«

Barrieren ergeben sich nicht nur durch körperliche Einschränkungen, sondern können sich auch durch eingeschränkte Sprachkenntnisse, benutzte Hard- und Software (z. B. Smartphone) oder durch die Umstände der Benutzung (zum Beispiel mit dem Smartphone nachts im Bus) ergeben und betreffen damit einen Großteil der Anwender. Zugänglichkeit ist daher kein Thema, dass nur eine kleine Randgruppe betrifft. Von Webseiten, die zugänglich sind, profitieren alle Nutzer. Beispiele für mögliche Barrieren:

- zu geringer Kontrast zwischen Textfarbe und Hintergrund
- keine Optimierung für bestimmte Browser
- zu kleine Schriftgrößen bzw. nicht flexibel anpassbar seitens des Anwenders
- Bilder haben keinen alternativen Text.
- Benutzung eines Touchscreen-Displays (Smartphone) (z. B. Probleme bei zu kleinen anklickbare Bereichen eines Links)
- mobile Nutzung mit eingeschränkter Datenverbindung
- Steuerung ausschließlich per Tastatur

1.3.1 Zugänglichkeit und Technik

Die Beachtung der Webstandards ist schon eine gute Voraussetzung für eine barrierearme Umsetzung. Werden die Elemente dann noch semantisch korrekt eingesetzt, ist schon vieles gut. Eine zugängliche Webseite beachtet unter anderem die folgenden technischen Aspekte:

Web Developer Toolbar
Mithilfe des Browser-Add-ons *Web Developer Toolbar* können Sie die CSS-Dateien einer Webseite ausschalten und sich so die reine HTML-Struktur anzeigen lassen: *addons.mozilla.org/de/firefox/addon/web-developer*

- Trennung von Inhalt und Design
- semantischer Quellcode
- Auch ohne CSS sollte die Seitenstruktur eindeutig sein.
- eindeutige, verständliche URL und Title-Tag einsetzen
- Alternativ-Texte für Bilder
- Sprache des HTML-Dokuments zu Beginn festlegen (`<html lang= "de">`)
- Bedienbarkeit bei unterschiedlichen Bildschirmauflösungen
- geringe Ladezeit (keine unnötigen Dateien laden, keine Skripte doppelt laden, Bilder optimieren)

1.3.2 Zugänglichkeit und Inhalte

Zum Weiterlesen

Weitere Informationen zu den Anforderungen an eine Navigationsstruktur finden Sie in Kapitel 5, »Informationsarchitektur«, und in Kapitel 12, »Navigations- und Interaktionsdesign«.

Auch eine einfache, nachvollziehbare Navigationsstruktur samt eindeutiger Benennung der Navigationspunkte gehört genauso dazu wie eine einfache, verständliche Sprache. Eine zugängliche Webseite beachtet unter anderem folgende inhaltliche Aspekte:

- klare, verständliche Navigationsstruktur
- selbsterklärende Benennung der Navigationspunkte und Links (also nicht »Hier klicken«)
- keine relevanten Inhalte nur durch Bilder, Grafiken oder Videos anzeigen bzw. alternativen Text bereitstellen
- keine Rechtschreibfehler
- einfache, verständliche Sprache
- Texte strukturieren (mit Zwischenüberschriften, Aufzählungen, Tabellen usw.) zum Überfliegen und zur besseren Aufnahme

1.3.3 Zugänglichkeit und Design

Zum Weiterlesen

Auf die Hürden, die bei der Farbwahrnehmung auftreten können, gehe ich in Abschnitt 9.9.1, »Hürden bei der Farbwahrnehmung«, ein.

Die optische Darstellung kann die Zugänglichkeit unterstützen oder aber sie behindern. Auf jeden Fall gibt es auch einige Gestaltungsaspekte zu beachten, die die Zugänglichkeit erleichtern. Dazu gehören unter anderem:

- klarer Kontrast zwischen Text- und Hintergrundfarbe
- nicht zu kleine Schriftgröße einsetzen
- Auch ohne Bilder/Grafiken sollte die Webseite bedienbar bleiben.
- Auch ohne CSS sollte die Seite bedienbar bleiben.
- keine zu grellen Farbkontraste einsetzen
- Farbblindheiten und -einschränkungen beachten.

Die Zugänglichkeit einer Webseite zu sichern, dient also allen Anwendern und sollte von Anfang an von allen Projektbeteiligten beachtet werden.

Accessibility-Richtlinien und -Checkliste

Es gibt eine *Web Accessibility Initiative* (WAI), eine Gruppierung innerhalb des W3Cs, die sich mit einem barrierefreien Internet auseinandersetzt. Diese hat unter anderem einen Standard entwickelt, die *Web Content Accessibility Guidelines* (WCAG 2.0), die klare Vorgaben bzgl. der Barrierefreiheit festlegen. Ist eine Webseite nach diesen Kriterien umgesetzt, kann dies als eine Art Qualitätssiegel angegeben werden.

- Die Richtlinien für barrierefreie Webinhalte (WCAG) 2.0: *w3.org/Translations/WCAG20-de*
- Ein Checkliste für die barrierefreie Umsetzung findet sich unter: *accessibility-checklist.ch*

1.4 Modernes Webdesign ist flexibel

Webseiten müssen heutzutage hohen Anforderungen entsprechen. Sie müssen flexibel, benutzerfreundlich sein und modernen Workflows entsprechen.

1.4.1 Flexibel und anpassungsfähige Webseiten

Webseiten sind von Haus aus flexibel. Sie passen sich dem Ausgabemedium an. Erst der Wunsch der Webdesigner und ihrer Kunden hat aus einem flexiblen Medium ein statisches gemacht: Webseiten, die für eine bestimmte Bildschirmauflösung optimiert sind – die Analogie zu Printmedien ist unübersehbar. Solche Webseiten muten an wie fein durchgestylte Printseiten, so wie *explore.calvinklein.com*, die Internetpräsenz von Calvin Klein (siehe Abbildung 1.15).

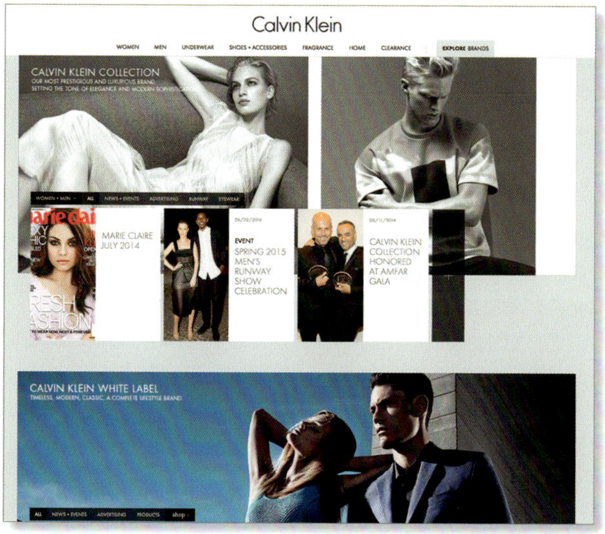

◂ **Abbildung 1.15**
Webseiten wie Gemälde: *explore.calvinklein.com* könnte auch als Printmagazin durchgehen.

Knapp 20 Jahre ging das so. Dann kam die mobile Entwicklung. Smartphones, Tablets verändern den Gebrauch des Internets und damit die Anforderungen an Webseiten. Statische »Gemälde« sind nicht mehr zeitgemäß, sondern Webseiten, die sich dem Ausgabemedium anpassen. Warum? Weil sie es können! Kein anderes Medium lässt sich flexibel handhaben, bei keinem anderen Medium kann der Anwender die Benutzung so beeinflussen und mitbestimmen wie beim World Wide Web. Diese Flexibilität heißt Kontrolle abgeben, Kontrolle an den Anwender übergeben. Das zeichnet eine flexible Webseite aus und ist kein Nachteil, sondern ein Qualitätskriterium.

Eine Webseite, die sich anpasst, ist modern. Anwender sollen die Webseite mit jedem Endgerät gut nutzen können. Gut heißt nicht, dass die Webseite überall gleich aussieht, sondern dass sie überall einfach bedienbar ist, alle relevanten Inhalte zur Verfügung stehen und mit den Ressourcen (zum Beispiel Datenmengen) schonend umgegangen wird. Egal, ob auf einem 30-Zoll-Bildschirm oder auf einem Smartphone mit 320 Pixeln Breite. Egal, ob ich die Seite ausdrucke, mir vorlesen lasse oder lieber die Schriftgröße selber anpasse. Eine flexible Webseite ermöglicht mir das alles. Vielleicht will ich die Inhalte einer Webseite auch gar nicht auf der Webseite selber lesen, sondern lieber in meinem RSS-Feedreader.

Abbildung 1.16 ▸
Auf dem Laptop, dem Smartphone und ausgedruckt, so flexibel sollte sich eine Webseite anpassen können – *zeit.de/zeit-magazin*.

»Genau genommen machen wir Webseiten nicht zugänglich oder responsiv. Sie sind quasi von Haus aus schon anpassungsfähig. Eigentlich bemühen wir uns nur, ihnen möglichst wenig davon zu nehmen.«

Responsive Webdesign ist das vorläufige Zwischenergebnis der anpassungsfähigen Entwicklung. Es ist im Grunde die Rückbesinnung auf die Flexibilität von HTML-Dokumenten, die erst durch entsprechende CSS-Anweisungen statisch gemacht wurden. Webseiten, die sich der Bildschirmgröße anpassen, sind inzwischen Standard bei Neugestaltungen. Und wie vor einigen Jahren Tabellenlayouts von einer flexibleren Gestaltung per CSS abgelöst wurden, so befinden wir uns seit wenigen Jahren in der Ablösung starrer, statischer hin zu flexiblen, anpassungsfähigen Webseiten. Mehr dazu in Kapitel 4, »Responsive Webdesign«.

1.4.2 Benutzerfreundlich und bedienbar

Technik, Design und Inhalte sind die drei Aspekte modernen Webdesigns. Fehlen nur noch diejenigen, für die wir Webdesigner das Ganze machen: die Anwender, die Besucher unserer Webseiten.

Um diesen das Surfen auf unseren Webseiten zu erleichtern und so angenehm wie möglich zu machen, gilt es, eine hohe *Usability* zu erreichen, also eine hohe Gebrauchstauglichkeit oder – besser ausgedrückt – eine hohe Benutzerfreundlichkeit. Der Anwender sollte bei der Webentwicklung im Mittelpunkt stehen. Seine Bedürfnisse, Erwartungen und Kenntnisse bestimmen die Umsetzung der Webseite. Er muss sich schnell orientieren und die gewünschten Informationen schnell finden können. Ihm sollte klar sein, was ein Link ist, worauf er also klicken kann, und was ihn nach dem Klick erwartet. Dahinter stecken viele Webkonventionen, die der Anwender erlernt hat, vom Aufbau einer typischen Webseite über das Aussehen eines typischen Links bis hin zur Benennung bestimmter Menüpunkte. Mehr zum Thema Usability folgt später in Abschnitt 3.11, »Usability im Webdesign«.

▲ **Abbildung 1.17**
Die Bedienbarkeit einer Seite hängt auch stark von der Navigation ab, wie etwa bei diesem Toggle-Menü auf einem Smartphone.

1.4.3 Moderne Workflows

Jeder Webdesigner, jede Agentur hat so ihren eigenen Arbeitsabläufe. Aufgrund von Erfahrungen und den eigenen Kenntnissen wurden – oft über Jahre – Workflows entwickelt, die eine schnelle und effektive Abwicklung im Rahmen des Budgets ermöglichten. Diese Abläufe glichen sich aber in den grundsätzlichen Rahmen durchaus sehr. Es hat sich aber einiges geändert in den letzten Jahren. Das mobile Internet verlangt geradezu nach neuen Workflows.

▼ **Abbildung 1.18**
So flexibel müssen Webseiten heute sein – *choiseul.info*.

Der alte Ablauf *PSD to HTML* (Photoshop zu HTML) ist in die Jahre gekommen. Statische Webseiten, die als eine Art »Gemälde« in einem Grafik- oder Bildbearbeitungsprogramm, wie beispielsweise Adobe Photoshop, gestaltet wurden, werden den heutigen Ansprüchen nicht mehr gerecht.

Ein festes Pixeldesign passt nicht (mehr) zu den Ansprüchen unterschiedlichster Endgeräte, Nutzungsszenarien und Monitorgrößen. Die verlangte Flexibilität lässt sich so nicht mehr darstellen. Den traditionellen Ablauf haben daher in den letzten Jahren flexiblere Workflows verdrängt, die die Anpassungsfähigkeit einer Webseite beachten, eine Anpassungsfähigkeit, die nicht alleine die technische Umsetzung, sondern auch die gestalterische und inhaltliche betrifft. Moderne Workflows bekommen dann so wohlklingende Namen wie »Mobile first« oder »Content first«, die aufzeigen, womit das Projekt bzw. die Umsetzung begonnen werden sollte. Diese fast schon grundlegende Veränderung bei der Webseiten-Erstellung wird gerne unter dem Begriff *Responsive Webdesign* subsummiert.

Ein- oder Vielheit?
Müssen Webseiten in jedem Browser gleich aussehen? Eine überraschende Antwort gibt: *dowebsitesneedtolookexactlythesameineverybrowser.com*

Egal, welcher Workflow schlussendlich eingesetzt wird, das Ziel ist immer, dass die Webseite in allen Geräten und Browsern gut funktioniert. Die Inhalte sollen also korrekt dargestellt werden und das Design den Möglichkeiten des verwendeten Browsers entsprechen. Auf die einzelnen (alten und neuen) Workflows im Webdesign und die Anforderungen an ein anpassungsfähiges Design wird später noch ausführlich in Kapitel 4, »Responsive Webdesign«, eingegangen.

1.5 Das Webdesign und sein Umfeld

Die Gesellschaft und damit auch die Marketing- und Werbewelt haben sich in den letzten Jahren entscheidend verändert. Globalisierung, Konsumismus, Schnelllebigkeit, Digitalisierung und Informationsgesellschaft sind die Schlagworte dieser Veränderung, und das Internet ist ihr digitaler Motor.

Webdesign und sein Ergebnis, also Webanwendungen aller Art, sind in einem größeren Rahmen zu sehen und kein isoliertes Betätigungsfeld. Webanwendungen sind in einem Unternehmen Teil einer größeren Marketing-Strategie (siehe Abschnitt 3.4.6, »Die Rolle des Webauftritts im Marketing-Mix«). Und Unternehmen arbeiten immer in einem Spannungsfeld zwischen Kunden, Interessenten, der allgemeinen Öffentlichkeit, Konkurrenzunternehmen und der gesellschaftlichen Entwicklung in den unterschiedlichsten Bereichen (Wirtschaft, Kultur, Politik usw.).

1.5.1 Die Märkte und der Wettbewerb

Ein (zwischenzeitliches) Resultat von Konsumgesellschaft und freier Marktwirtschaft ist, dass die Märkte gesättigt und Produkte und Dienstleistungen austauschbar geworden sind. Dies hat zur Folge, dass die Konsumenten (also wir alle) immer weniger an sachlichen Informationen interessiert sind. Gleichsam hat das Angebot an Produkten und Dienstleistungen stark zugenommen und ist zunehmend weniger transparent, was auch den Aufwand, sich mit allen Angeboten ausreichend auseinanderzusetzen, um dann eine rationale Entscheidung zu treffen, deutlich steigert. Bei vergleichbaren Produkten erfolgt eine Unterscheidung von Angeboten bei den Konsumenten im Wesentlichen nur noch über kommunikative Maßnahmen.

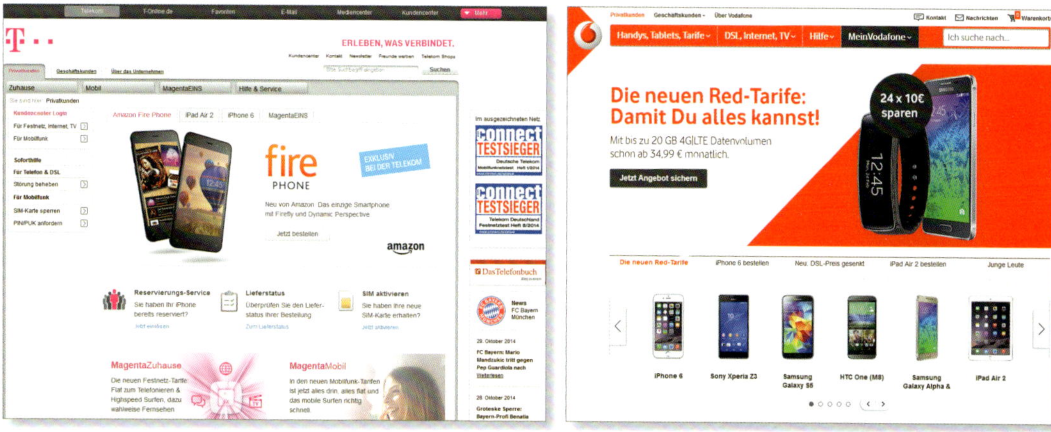

▲ **Abbildung 1.19**
Ein sprichwörtlicher Kommunikationswettbewerb: Telekom vs. Vodafone

Auf gesättigten Märkten wird die Kommunikation damit zu einem wesentlichen Erfolgsfaktor. Wer kann beispielsweise die Telekommunikationsanbieter noch auseinanderhalten bzw. deren konkrete Angebote? Meistens unterscheiden sich die Anbieter, und das ist auf viele andere Branchen übertragbar, nur in Feinheiten. Mal ist hier das eine Produkt etwas günstiger, dafür dort der Tarif, und der Dritte hat beim Service (kennt noch einer »Marcel Davis«?) leicht die Nase vorn – aber nächsten Monat kann das schon wieder ganz anders aussehen.

Daher stecken die Unternehmen sehr viel Geld in die Kommunikationsmaßnahmen, um überhaupt noch aufzufallen und zumindest kommunikativ, zum Beispiel durch Bilder und deren Aussage, eine Differenzierung zum Wettbewerb zu erreichen. So findet eine Veränderung vom Produktwettbewerb hin zum Kommunikationswettbewerb der Unternehmen statt. Webanwendungen sind Teil dieser Kommunikationsstrategie. Webdesign ist Kommunikation (siehe gleichnamiger Abschnitt 3.5).

1.5.2 Informationsüberflutung der Konsumenten

Durch den nun enorm gestiegenen Kommunikationsaufwand der Unternehmen und das ebenso gestiegene Medienaufgebot kommt es allerdings zu einer Reiz- und Informationsüberflutung der Konsumenten. Dadurch haben wir unser Informationsverhalten verändert und angepasst.

Die angebotenen Informationen werden flüchtiger und selektiver aufgenommen – eine Schutzreaktion, denn wir können gar nicht alle Informationen unserer Umwelt aufnehmen, nicht bei einem ruhigen Waldspaziergang und erst recht nicht in belebten Einkaufsstraßen deutscher Großstädte, genauso wenig wie beim täglichen Surfen durch unzählige Webseiten und Newsstreams sozialer Netzwerke. Durch die Informationsüberflutung wird es für Unternehmen immer schwieriger, für die gewünschte Aufmerksamkeit für sich und ihre Marken zu sorgen.

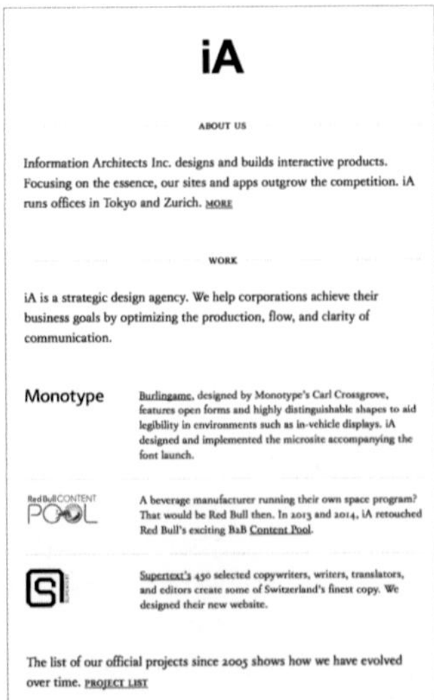

▲ Abbildung 1.20
Wohltuend klar strukturiert – minimalistisches Webdesign bei *ia.net*

Webseiten stehen nicht nur im Wettbewerb mit vielen anderen Webseiten, sondern müssen auch dieser Informationsflut Rechnung tragen. Die Inhalte einer Webseite sollten daher schnell erfassbar sein und leicht konsumierbar. Mehr dazu in Kapitel 5, »Informationsarchitektur«.

1.5.3 Werteveränderung in der Gesellschaft

Und dann kommt noch eine Werteveränderung in der Gesellschaft hinzu. Disziplin, Gehorsam, Selbstbeherrschung, Enthaltsamkeit und Geduld sind Werte, die nicht sehr zeitgemäß klingen. Heute zählen eher Genuss, Kreativität, Individualität, Selbstentfaltung und Gemeinschaftserlebnisse. Die Erlebnisorientierung steht an erster Stelle, und als Folge sind Emotionen bzw. deren Vermittlung sehr wichtig geworden. Ob diese Emotionen wirklich selbst gefühlte oder eher passiv wahrgenommene sind, ist dabei oft egal.

Kurze Infohäppchen
Das Bedürfnis nach schnell aufnehmbaren und vereinfachten Informationen zeigt sich in vielen Entwicklungen. Infografiken gehören dazu, der Minimalismus-Trend, aber auch soziale Netzwerke wie YouTube, Pinterest und Twitter. Die einen bieten statt langer Texte Videos und Bilder und Letzteres nur 140 Zeichen pro Nachricht.

Emotionen spielen daher auch im Webdesign eine immer größere Rolle. Mit Bildern und Farben lassen sich Emotionen erzeugen, aber auch mit Worten. Der Einsatz von Emotionen im Webdesign wird in Abschnitt 3.12.3, »Emotionen wirken«, und Kapitel 11, »Bilder und Grafiken«, noch ausführlicher dargestellt.

▲ **Abbildung 1.21**
Emotionen werden auch im Webdesign häufig durch großflächige Bilder oder Videos vermittelt, wie hier bei *praxis-alex-berlin.com* (links) und *purplerockscissors.com* (rechts).

1.6 Fazit: Webdesign ist Coden und Code ist Design

Webdesign ist mehr als die reine Ästhetik. Webdesign dreht sich um die Inhalte, um die Strukturierung der Inhalte, um Benutzerfreundlichkeit, um die Zugänglichkeit und die Anpassungsfähigkeit einer Webseite. Webdesigner haben die Inhalte im Blick, die Optik sowieso und ganz entscheidend auch die technische Umsetzung.

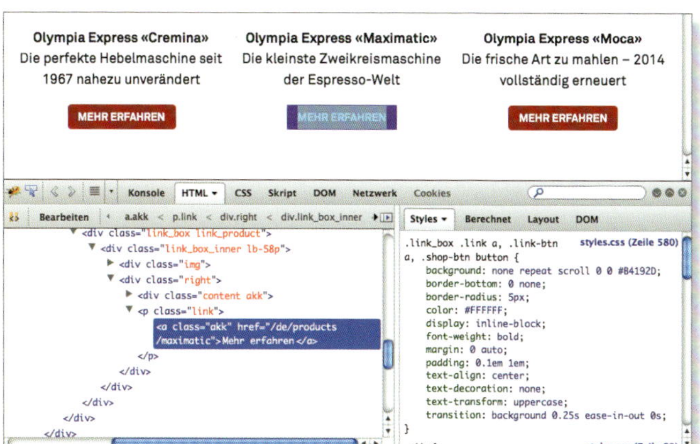

◂ **Abbildung 1.22**
Das Browser-Add-on *Firebug* ist eine große Hilfe bei der Gestaltung und Entwicklung direkt im Browser.

Erst das Zusammenspiel dieser Komponenten macht eine Webseite erfolgreich. Wer im Browser gestalten will, muss die Frontend-Technologie verstehen. Wer im Browser gestalten will, muss ein Verständnis von Designaspekten und deren Zusammenspiel haben.

▲ **Abbildung 1.23**
So sieht es aus: Webdesigner schreiben Code, *twitter.com/zeldman/status/4818978868*.

Der Begriff Webdesign geht also über die reine Ästhetik hinaus. Vielleicht bezeichnen sich auch daher manche lieber als Webentwickler oder auch Webdeveloper. Während Webdesign eher in die Richtung Gestaltung von Webseiten zielt, impliziert Webentwicklung eher technische Aufgaben. Bei spezialisierten Screendesignern und Frontend- (und erst recht Backend-) Entwicklern macht diese Trennung Sinn. Egal, ob Webdesigner oder Webentwickler, die Arbeitsgebiete verschmelzen immer mehr miteinander.

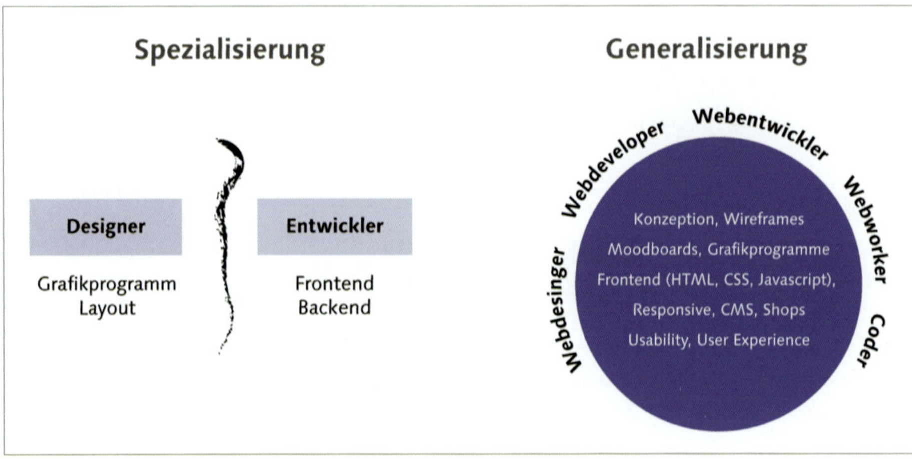

▲ **Abbildung 1.24**
Bei vielen Webdesignern und Agenturen gibt es keine klare Trennung (mehr) zwischen Design und Frontend-Entwicklung.

Die Webdesign-Branche
Im Grunde ist die Webdesign-Branche ein großer Marktplatz. Etwas weiter gefasst tummelt sich hier von der großen Interactive-Agentur bis zum Ein-Mann-Webdesign-Betrieb alles. Es gibt maßgeschneiderte Lösungen mit selbst programmierten Content-Management-Systemen bis hin zu Webseiten von der Stange bei einem Homepagebaukasten oder Template-Anbieter. Es gibt hochspezialisierte Experten wie Informationsarchitekten, Screendesigner oder Frontend-Entwickler und Generalisten, die (fast) alle Bereiche abdecken. Es gibt Agenturen mit weltweit Tausenden von Mitarbeitern, viele mittlere bis kleine Agenturen bis hin zu unzähligen Freelancern. Es gibt Unmengen an klassischen Webseiten-Aufträgen, E-Mail-Newslettern und Werbebannern zu gestalten und Web-Apps zu entwickeln.

Und genau deshalb liebe ich diese Branche so, für all die unterschiedlichen Webdesign-»Unternehmen« gibt es Kunden und Aufträge. Auf spezialisierte Webdesigner wartet genauso Arbeit, wie auch die – schon lange und häufig totgesagten – Generalisten Kunden finden. Es gibt kein besser oder schlechter, jeder muss seinen Weg finden. Dieses Buch hilft ein bisschen dabei.

Es gibt eben nicht *den* Webdesigner oder *den* Webentwickler. Die Ausrichtung, die Schwerpunkte und die Fähigkeiten sind ganz individuell. Das macht es manchmal schwer von außen nachvollziehbar, aber Webdesign ist nun einmal sehr vielschichtig und einem ständigen Wandel und ständiger Weiterentwicklung unterworfen.

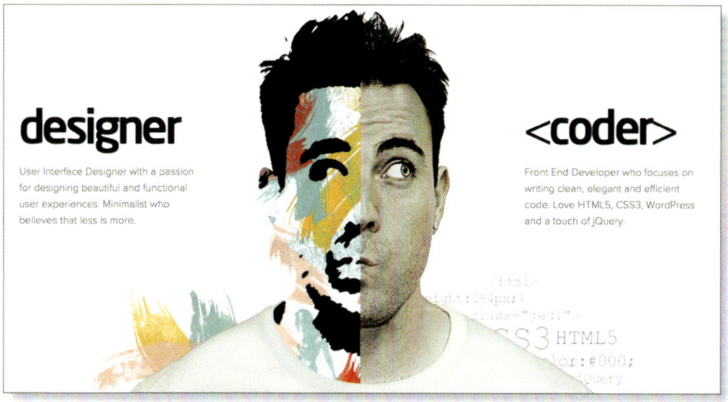

◂ **Abbildung 1.25**
»Zwei Seelen wohnen, ach! in meiner Brust« – so oder so ähnlich fühlt wohl mancher Webdesigner, genau wie *adhamdannaway.com*.

Schon 2005 fasste der bekannte Webdesigner Mark Boulton seine Gedanken bzgl. Webdesign zusammen, die auch für dieses Buch gelten:

> *»I think design covers so much more than the aesthetic. Design is fundamentally more. Design is usability. It is Information Architecture. It is Accessibility. This is all design.«*
>
> *markboulton.co.uk/journal/turning-the-corner-designing-for-web-2-0*

Kapitel 2
Projektmanagement

Immer wenn mehrere Menschen zusammenkommen und gemeinsam etwas umsetzen oder erreichen wollen, ist dies ohne Planung nur schwer möglich. Detaillierte Planung erhöht die Wahrscheinlichkeit, dass die Erreichung der Ziele erfolgreich sein wird. Dies gilt im besonderen Maße auch für Webdesign-Projekte.

2.1 Das Projekt

Die Thematik »Projektmanagement« gibt es wohl schon, seit Menschen größere Vorhaben gemeinschaftlich umsetzen. Ob das zu früheren Zeiten eine längere Seereise war, die Errichtung großer Tempel und Festungen oder militärische Feldzüge. Seit dem letzten Jahrhundert werden die Verfahren, Projektmanagement systematisch zu betreiben, wissenschaftlich aufbereitet, was unter anderem den Berufszweig des Projektmanagers hervorbrachte.

Die Kurzdefinition von Projekt
Ein Projekt ist eine einmalige komplexe Aufgabe, die innerhalb eines festen Zeitrahmens mit mehreren Personen erledigt werden soll.

Arbeit verläuft in unserer Wissens- und Informationsgesellschaft nur noch selten in traditioneller, linearer Form, sondern immer häufiger in Projektarbeit, und in vielen Branchen, so auch in der Online-Branche, fast ausnahmslos.

Es gibt den Spruch »Kein Projekt ist wie das andere«, der das entscheidende Merkmal und die Unterscheidung zu klassischen Arbeitsformen gut herausstellt. Jedes Webdesign-Projekt stellt unterschiedliche Anforderungen an die Vorbereitung und Durchführung. Trotzdem gibt es einige wesentliche Aspekte, die meistens ähnlich oder sogar gleich sind. Hierbei ist es erst einmal egal, welche Tools und Methoden zum Projekte Managen eingesetzt werden. Wichtiger ist das kontinuierliche und gewissenhafte Vorgehen.

2.1.1 Was macht ein Projekt zu einem Projekt?

Es gibt ein paar allgemeine Kriterien, die ein Projekt erfüllen muss, um als solches definiert zu werden, und die sich auch auf Webdesign-Projekte übertragen lassen:

- Es ist einzigartig und neu, zumindest in der Art, dass es nicht nur klassische Routineaufgaben beinhaltet.
- Ein klares Ziel wird angestrebt.
- Es gibt einen eindeutigen Start- und Endtermin bzw. eine eindeutige Dauer.
- Es gibt finanzielle und personelle Vorgaben bzw. Rahmenbedingungen.
- Es weist ein Mindestmaß an Komplexität auf.

DIN-Definition von Projektmanagement
Es gibt sogar eine DIN-Definition von Projektmanagement. Die bezeichnet es als die »*Gesamtheit von Führungsaufgaben, -organisation, -techniken und -mitteln für die Abwicklung eines Projektes*«.

Ein Projekt unterscheidet sich damit von Routineaufgaben, wodurch auch das Risiko steigt, dass es nicht erfolgreich wird. Deswegen gibt es das Projektmanagement, das dafür sorgen soll, dass das Projekt in Zeit, Qualität und Budget erfolgreich erledigt wird. Dazu muss die Komplexität des Projekts strukturiert und überschaubar gemacht werden und dafür gesorgt werden, dass die beteiligten Personen gut abgestimmt und effizient arbeiten können.

Die Projekt-Karikatur
Es gibt eine schöne Karikatur der einzelnen Phasen eines Projektablaufs:

- Phase 1: Begeisterung
- Phase 2: Verwirrung
- Phase 3: Ernüchterung
- Phase 4: Suche nach dem Schuldigen
- Phase 5: Bestrafung der Unschuldigen
- Phase 6: Auszeichnung der Nichtbeteiligten

Und wer schon Projekterfahrung gesammelt hat, weiß, dass in Karikaturen oftmals mehr als nur ein bisschen Wahrheit steckt ...

2.1.2 Die Online-Branche

Projektarbeit ist heutzutage keine Besonderheit mehr, die alleine in der Medienbranche von Kreativgeistern ausgeführt wird, sondern in so ziemlich allen Branchen zu Hause. Trotzdem gibt es einige Besonderheiten, die gerade die Medienbranche auszeichnet und die besondere Kennzeichen von Online-Anwendungen sind.

Schnelllebigkeit und Innovationen | Die Online-Branche entwickelt sich in einem ungeheuren Tempo. Neue Techniken, Geräte, Erfindungen, Software-Versionen sorgen für einen hohen Innovationsgrad, der eben auch immer neue Fähigkeiten und Kenntnisse der Projektmitarbeiter erfordert. So verlangt die aktuelle Entwicklung der vermehrten mobilen Nutzung des Internets nach Apps und mobilen Anwendungen. Anforderungen, die vor 5 oder gar 10 Jahren kaum oder noch gar nicht gefragt waren.

Diese Entwicklungsgeschwindigkeit bietet auch immer ein Betätigungsfeld für Freigeister, Freiberufler und hochmotivierte Autodidakten. Es entstehen viele Nischen, für die die »großen« Unternehmen und Agenturen zu träge sind oder die diesen nicht rentabel genug sind.

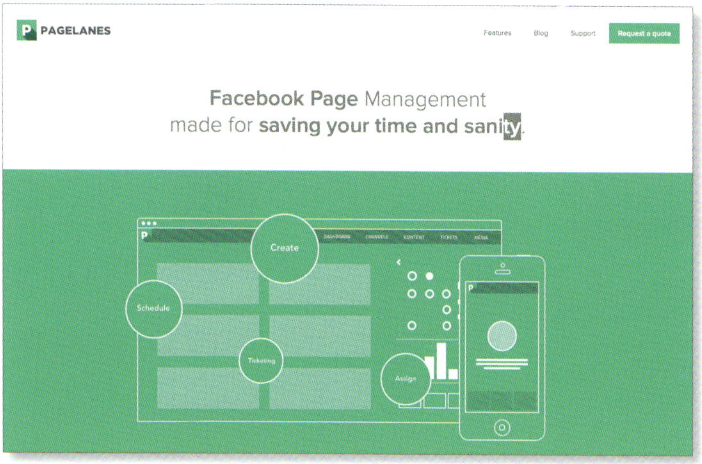

◂ **Abbildung 2.1**
Die vielen kleinen Apps, Plug-ins und Tools wie *pagelanes.com* stehen für die Schnelllebigkeit und Innovationsfreude der Branche.

Geringer Automatisierungsgrad | Durch die Schnelllebigkeit der Entwicklungen lassen sich wenige Arbeiten automatisieren. Durch Automatisierung steigt häufig die Effizienz, wie die industrielle Produktion beweist. Dadurch dass die Arbeiten individuell und manuell ausgeführt werden, steigt der »menschliche« Faktor mit all seinen positiven und negativen Auswirkungen. Dies erinnert ein Stück an die vorindustrielle Manufaktur.

Komplexität | Online-Projekte sind komplex. Mal eben einen Shop aufzusetzen, »nichts Großes, Wildes«, kann nur schiefgehen. Die Fehleinschätzung der Komplexität führt zwangsläufig zu Frustrationen, sowohl aufseiten des Auftraggebers als auch des Auftragnehmers. Daher gehören die Beratung und Konzeption zu den ganz entscheidenden Aspekten eines erfolgreichen Projekts. Auf beide dieser Punkte werde ich in Kapitel 3, »Konzeption und Strategie«, noch zu sprechen kommen.

Make-or-Buy-Entscheidung | Selber machen oder einkaufen – diese Überlegung gilt für das Personal wie für die einzusetzende Technik: Soll man das Content-Management-System (kurz CMS) oder den Shop oder sonstige benötigte Zusatzfunktionalitäten mit schon vorhandenen Systemen und Erweiterungen umsetzen oder besser selber programmieren? Können die vorhandenen Mitarbeiter die Webseite umsetzen, oder wird externe Hilfe in Form eines Freiberuflers oder anderer Agenturen benötigt?

Teilweise werden die benötigten Ressourcen nicht »inhouse« dazu geholt, sondern die zu erledigenden Arbeiten »outgesourct«. Programmierarbeiten, die nach Indien oder Osteuropa ausgelagert werden, sind keine Ausnahme mehr.

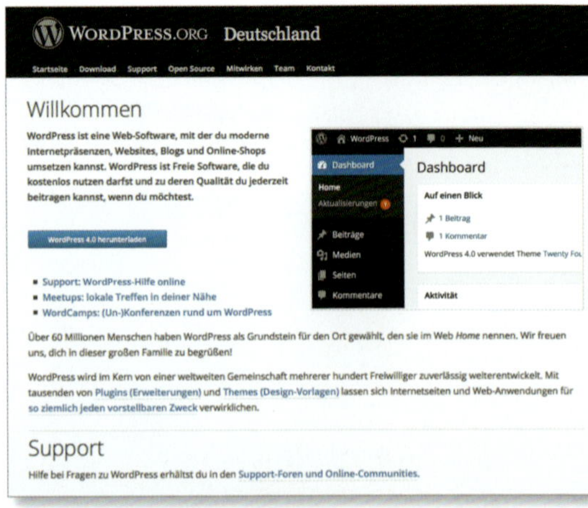

Abbildung 2.2 ▲
Zwei Open-Source-Content-Management-Systeme, *contao.org/de* und *de.wordpress.org*, die die eigene Arbeit enorm erleichtern können

Kooperative Strukturen, Interdisziplinarität | Der schöne Begriff »interdisziplinäre Teams« meint die Zusammenarbeit und den Austausch von Mitarbeitern unterschiedlicher Fachgebiete. In einem Webprojekt sitzen also gerne mal neben dem Projektmanager der Konzeptioner, der Designer, der Frontend-Entwickler, der Backend-Entwickler und der Online-Marketing-Stratege an einem Tisch – sozusagen das Gegenteil von linearen Arbeitsabläufen.

Häufig sitzen diese Mitarbeiter aber nur für das eine Projekt zusammen und sind beim nächsten Projekt schon wieder mit anderen Kollegen zusammen, da die Anforderungen von Projekt zu Projekt variieren. Auch die räumlich getrennte Zusammenarbeit hat zugenommen. Skype und die »Cloud« ermöglichen ein gemeinsames Arbeiten fernab von gemeinsamen Büros.

Projektarbeit am Fließband
Zum Teil hat sich in Unternehmen schon eine fließbandartige Projektarbeit entwickelt, da es immer wieder Tätigkeiten gibt, die sich in gleicher oder zumindest in ähnlicher Weise wiederholen. Durch eine Optimierung der Arbeitsabläufe, was ja aus betriebswirtschaftlicher Sicht sinnvoll ist, werden so einzelne Tätigkeiten zur Routine.

Beratungsintensiv | Wie schon zuvor im Abschnitt »Komplexität« auf der vorherigen Seite beschrieben, sind Online-Projekte beratungsintensiv. Ausführliche Gespräche mit dem Kunden über seine Ziele und eigentlichen Bedürfnisse sind die Grundvoraussetzung. Jede nachträgliche Korrektur kostet Zeit und damit Geld.

Da Kunden oft mit ungenauen Vorstellungen und Erwartungen kommen und häufig mangelnde Erfahrungen mit Online-Projekten haben, ist es Aufgabe des Webdesigners und der Webagentur, diese zurechtzurücken und für realistische Einschätzungen zu sorgen.

2.1.3 Das Projektdreieck

Es gibt drei Variablen bei jedem Projekt, die miteinander in Beziehung stehen: Zeit, Kosten und Qualität. Diese drei gilt es, in Balance zu halten, denn eine Veränderung an einer der drei Variablen beeinflusst auch automatisch die anderen beiden.

Was sich der Kunde wünscht, ist klar: *»Ich möchte Top-Qualität zum Top-Preis – möglichst schnell!«*. Das Projektdreieck zeigt, dass dies nicht umsetzbar ist, zumindest nicht wirtschaftlich für den Webdesigner.

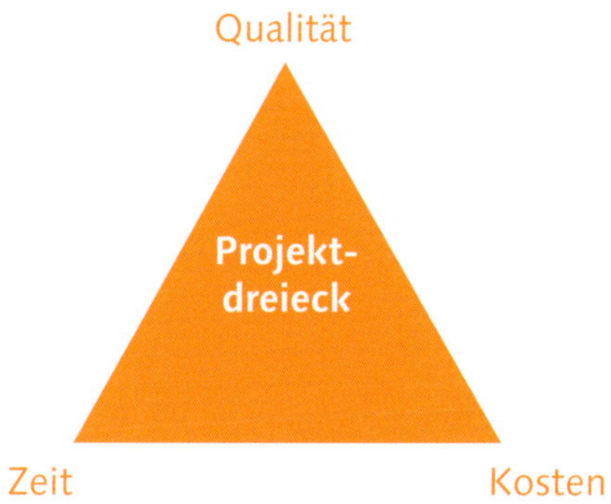

◂ **Abbildung 2.3**
Das Projektdreieck mit den drei Variablen Qualität, Zeit und Kosten, die voneinander abhängig sind

Mit der Zeit ist der Endtermin bzw. die Gesamtdauer des Projekts (und eventueller Meilensteine) gemeint. Mit Kosten ist das Budget des Projekts gemeint, also das Honorar, das mit dem Auftraggeber vereinbart wurde, bzw. das Budget, das dieser zur Verfügung stellen kann. Und die Qualität meint den Umfang des Projekts (auch den Nicht-Umfang, also das, was *nicht* mit umgesetzt werden soll) und die Qualität der Umsetzung. Diese ist nicht immer einfach zu definieren. Was ist beispielsweise ein gutes Screendesign oder was ein guter Quellcode? Dies gilt es aber, so eindeutig wie möglich zu beschreiben, um spätere Differenzen zu vermeiden.

»Wir können es gut, schnell oder billig machen. Suchen Sie sich zwei aus.«

Diese drei Größen werden im Auftrag auch verbindlich festgehalten. Kommt es zu einer Veränderung bei einer der Variablen (und es wird zu Veränderungen kommen), dann es ist es Aufgabe des Projektmanagers, die Prioritäten der Änderungen bei den beiden anderen Variablen zu bestimmen. Kommen etwa weitere Funktionalitäten dazu, die eine umfangreiche Programmierung verlangen, dann entstehen Zusatzkosten, und eventuell wird das Projekt sogar länger dauern. Möchte der Kunde mehr Designentwürfe und Korrekturrunden, als vereinbart, weil er sich intern nicht entscheiden kann (was häufig vorkommt), dann müssen automatisch die Variablen Kosten und Zeit angepasst werden. Im Einzelfall ist zu entscheiden, ob sich immer zwingend die Projektdauer verlängern wird oder die Zusatzwünsche noch im Zeitrahmen umsetzbar sind. Genauso muss nicht jede kleine Änderung Mehrkosten verursachen, sondern kann auch unter Kulanz laufen. Dies hängt sicherlich von der Projektgröße, vom Kunden, dem Gesamtbudget und der Projektdauer ab.

Ohne Absprache geht es nicht
Änderungen an den drei Variablen sollten immer eindeutig zwischen Auftraggeber und Auftragnehmer geklärt werden. Wobei es die Aufgabe des Projektmanagers ist, die Prioritäten der Änderungen bei den beiden anderen Variablen festzulegen und dabei die Auswirkungen auf den gesamten Projektverlauf im Auge zu behalten und klar zu kommunizieren.

Zu Beginn wird auch eine Prioritätenliste neben den drei Projektvariablen mit dem Auftraggeber geklärt. Muss das Projekt beispielsweise zu einem bestimmten Termin auf jeden Fall fertig sein oder müssen zuerst alle Funktionalitäten reibungslos funktionieren, bevor ein Launch erfolgen soll?

2.1.4 Die Aufgaben des Projektmanagers

Projektmanagement ist die Koordination von Informationen, Mitarbeitern und Ressourcen innerhalb eines Projekts.

Abbildung 2.4 ▸
Die vier Verantwortlichkeiten des Projektmanagers

Erfolgreiches Projektmanagement setzt einige Fähigkeiten voraus, die ich Ihnen einzeln vorstellen will.

Wissen | Ein Verständnis für die Branche und das Unternehmen des Kunden ist wichtig ebenso wie genaue Kenntnisse der eigenen Branche und des eigenen Unternehmens. Wie »ticken« der Kunde und seine Mitarbeiter, wie »ticken« die eigenen Mitarbeiter und Freiberufler? Wie kann man mit den einzelnen Personen kommunizieren? Welchen Sprachstil sollte man wählen?

Dazu kommen fachliche Grundkenntnisse der einzelnen Disziplinen. Kenntnisse der gestalterischen und technischen Umsetzung sind vonnöten, um den Kunden zu beraten und sich mit den Mitarbeitern zu verständigen.

Kommunikation | Alles ist Kommunikation. Der Kunde will wissen, wie weit sein Projekt ist und sich beim Auftragnehmer gut aufgehoben wissen. Mitarbeiter brauchen einen Ansprechpartner bei Problemen oder Fragen. Der Projektmanager ist der Mittler zwischen Kunde und den Mitarbeitern. Er brieft diese und gibt die relevanten Kundeninfos weiter.

Dokumentation | Alle wichtigen Informationen und Schritte sollten schriftlich festgehalten werden. Dazu gehören die Projektspezifikationen, die mit dem Kunden erarbeitet wurden, genauso wie Kontaktdaten, Zeitpläne und ein »Projektarchiv«, in dem E-Mails, Zwischenstände, wichtige Dateien etc. festgehalten werden.

Qualitätskontrolle | Bevor Daten an den Kunden gehen oder bevor auch das Projekt gelauncht wird, sollte eine ausführliche Qualitätskontrolle stattfinden. Dies muss nicht immer und auch nicht allein der Projektmanager machen, aber er sollte zumindest wissen, wer es wann macht.

Der reibungslose Projektablauf (okay, zumindest einer ohne allzu große Reibungen) ist die Grundlage für eine erfolgreiche Umsetzung. So kann das Design erst gestaltet werden, wenn möglichst genau klar ist, was sich der Kunde vorstellt. »Wir wollen ein seriöses, schlichtes Design« sieht für jeden eben anders aus. Um unnötige Designentwürfe und Zeitaufwände zu vermeiden, hilft nur eine gute Besprechung mit dem Kunden. Mehr dazu lesen Sie in Kapitel 7, »Screendesign«.

2.2 Projektphasen

Es gibt nicht zwangsläufig den einen Projektablauf, aber es gibt verschiedene Projektphasen, die in (fast) allen Projekten vorkommen:

▼ Abbildung 2.5
Die typischen Projektphasen, wie sie eigentlich von Projekt zu Projekt in unterschiedlicher Ausprägung immer vorkommen

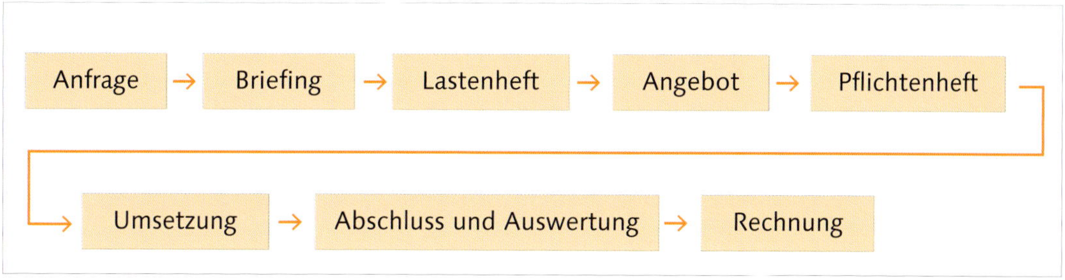

2.2.1 Der Projektstart

Hier steht – meistens auf Auftraggeberseite – die Idee, ein neues Webdesign-Projekt zu beginnen, zum Beispiel ein Relaunch der aktuellen Webseite. Der Projektinitiator überprüft die interne Realisierbarkeit des Projekts und die betrieblichen Voraussetzungen bzgl. Notwendigkeit, Finanzen und Ressourcen.

Den Prozess der Agentursuche lasse ich außen vor. Hat der Auftraggeber einen oder mehrere potenzielle Auftragnehmer gefunden, findet ein (oder auch mehrere) Treffen statt.

Das Briefing als Wegbereiter
Ein gutes Projekt setzt ein gutes Briefing voraus. Das bedeutet, der Auftraggeber liefert gründliche und umfassende Informationen. Das bedeutet auch, dass der Auftragnehmer, also der Webdesigner, unter Umständen viele Fragen stellt, um diese Informationen zu bekommen.

Das Briefing | Verantwortliche Vertreter des Kunden und der Auftragnehmer treffen sich, um gemeinsam die Projektidee zu entwickeln. Dazu gehört die Beratung seitens der Agentur und die Bereitstellung möglichst aller notwendigen Informationen seitens des Kunden. Der Kunde erzählt, was er gerne hätte. Nicht immer sind die Kundenvorstellungen realistisch und/oder sinnvoll. Ihre Aufgabe ist es, diese Vorstellung zu relativieren und in die richtigen Bahnen zu lenken. Dazu gehört auch, jede Menge Fragen zu stellen (die in Kapitel 3, »Konzeption und Strategie«, ausführlich besprochen werden) und aktiv zuzuhören. Der Kunde sollte über alle relevanten Fakten, Hintergründe und Meinungen informieren.

Gerade weil Kunden aber nicht immer wissen und auch nicht unbedingt wissen müssen, was das Beste für sie (oder das Projekt) ist, ist es wichtig, dies zu erfragen und gemeinsam herauszufinden. Hier gilt es, das »auch Wichtige« vom »wirklich Wichtigen« zu trennen.

Trotz aller guten Bemühungen von beiden Seiten liegt es in der Natur der menschlichen Kommunikation, dass beide Seiten denken, sie hätten sich verstanden, und doch etwas völlig Unterschiedliches im Sinn haben. Um die Missverständnisse nicht zu groß werden zu lassen, gibt es daher das Lastenheft (siehe der folgende Abschnitt) und das Pflichtenheft (siehe Abschnitt 2.2.6, »Das Pflichtenheft – der Plan des Auftragnehmers«).

2.2.2 Das Lastenheft – die Sicht des Auftraggebers

Was ist ein Lastenheft?
Das Lastenheft, manchmal auch als Grobkonzept bezeichnet, definiert das Was und das Wofür. Es listet all jene Details auf, die der Auftraggeber als Zielbestimmungen für das Projekt festlegt.

Der Auftraggeber hält schriftlich seine Anforderungen fest, daher wird das Lastenheft auch gerne Kundenspezifikation genannt. Es ist insofern hilfreich, als sich der Auftraggeber ausführlich mit seinem Vorhaben auseinandersetzen muss. Eine Aussage wie »Wir brauchen eine neue Webseite« reicht hier nicht mehr.

Soweit der Auftraggeber die Informationen hat, beschreibt er den aktuellen Ist-Zustand (besteht schon eine Webseite, welche Inhalte, also Texte, Grafiken, Bilder, sind schon vorhanden usw.) und den Soll-Zustand (Ziele und Anforderungen). Ein solches Lastenheft dient auch häufig als Grundlage, um Angebote einzuholen. Die Dienstleister können so ihre Angebote auf der gleichen Informationsgrundlage erstellen.

Das Lastenheft soll sicherstellen, dass beide Seiten auf gemeinsamer Basis das Projekt angehen, und es ist für die Abwägung der Realisierbarkeit und Kosten unabdingbar.

Im Lastenheft sind die Rahmenbedingungen definiert. Dazu gehören die Ziele des Projekts, Start- und Endtermine sowie eventuelle Meilensteine, die Projektverantwortlichen, Zielgruppen, der Umfang, besondere Funktionalitäten und technische Spezifikationen.

2.2.3 Das Angebot

Das Lastenheft ist daher auch die Basis eines Angebots. Denn erst, wenn ganz klar ist, was wie umgesetzt werden soll, lässt sich eine detaillierte Zeit- und Aufwandschätzung vornehmen und daraus ein genaues Angebot erstellen.

Ein Angebot abzugeben, hat nur dann Sinn, wenn Sie alle notwendigen Informationen besitzen, die Sie für die Erstellung eines Angebots brauchen, *und* das Projekt auch wirklich durchführen können. Letzteres klingt selbstverständlich, ist es aber nicht immer. Zu verlockend kann das Budget, die Aufgabenstellung oder die mögliche Referenz sein, so dass Projekte an Land gezogen werden, die man aufgrund der eigenen Kenntnisse oder der mangelnden Zeit gar nicht erfüllen kann. Also heißt es, kurz und ehrlich in sich hineinzuhorchen: Können und wollen Sie das Projekt wirklich durchführen? Wenn ja, überprüfen Sie, ob alle notwendigen Informationen vorliegen. Gibt es ein Briefing, ist das der Zeitpunkt, alle wichtigen Fragen (siehe Abschnitt 3.1, »Briefing und Recherche«) zu erörtern. Manchmal kommen Fragen auch erst später auf, dann sollten Sie keine Hemmungen haben, nachträglich nachzufragen. Lieber einmal mehr gefragt, als ein Angebot auf unsicherer Grundlage abzugeben.

Das Angebot als Chance
Angebote müssen nicht hässlich sein. Ein Angebot ist schließlich auch so etwas wie ein »erster Eindruck«. Und fragt Sie der potenzielle Kunde wegen des Redesigns seiner Webseite an, darf Ihr Angebot auch schon seinen Augen schmeicheln.

Das Angebot solle auch für Nicht-Fachleute verständlich formuliert sein. Der potenzielle Kunde soll nicht durch den Einsatz unverständlicher Fachbegriffe abgeschreckt werden und das Gefühl haben, dass er überhaupt nicht versteht, was Sie ihm da verkaufen wollen.

Der Gesamtumfang des Angebots richtet sich auch nach der Größe des Projekts. Ein Shop mit mehreren tausend Artikeln, mehrsprachig und umfangreichen Funktionalitäten wird mehr Seiten beanspruchen als das Redesigns des Friseurladens mit vier Unterseiten und statischen HTML-Seiten.

Nicht selten wird aus dem Angebot der Vertrag. Akzeptiert der Kunde also Ihr Angebot, sollten Sie es sich unbedingt schriftlich bestätigen lassen. Und haben Sie Ihr Angebot nur mündlich oder per E-Mail unterbreitet, sollten Sie nun einen Vertrag oder eine

Auftragsbestätigung aufsetzen, die mindestens die unten im Kasten beschriebenen Punkte eines Angebots enthält.

Checkliste: Bestandteile eines Angebots
Entscheiden Sie sich dafür, ein Angebot abzugeben, sollten mindestens folgende Punkte enthalten sein:

- ✓ Anschreiben mit Namen und Anschrift (von Ihnen *und* dem Kunden)
- ✓ eindeutiger Betreff
- ✓ kurze, eindeutige Projektbeschreibung
- ✓ Navigationsstruktur/Sitemap
- ✓ Beschreibung der Leistungen (inhaltlich, gestalterisch, technisch etc.)
- ✓ Kostenkalkulation
- ✓ Zeitplan
- ✓ Umgang mit späteren Änderungswünschen
- ✓ rechtliche Angaben (Urheber- und Nutzungsrechte, AGB)
- ✓ Unterschrift

Die Beschreibung der Leistungen sollte ausreichend detailliert sein, denn das ist später das entscheidende Kriterium, ob der Auftrag ausreichend erfüllt wurde oder nicht.

Vom Angebot zum Vertrag
Oft gilt: *Angebot = Vertrag*. Daher sollte das Angebot alle inhaltlichen und rechtlichen Aspekte berücksichtigen!

Rein mündliche Vereinbarungen machen Sie so lange, bis es irgendwann einmal richtig danebengeht. Auch bei »Bekannten« lohnt sich als Sicherheit für beide Seiten eine schriftliche Vereinbarung. Dies hat auch nichts mit Misstrauen zu tun, sondern ist ein Zeichen von Professionalität.

2.2.4 Alternative Leistungen

Oft können Kunden den Wert bzw. den Aufwand einer Online-Dienstleistung nicht richtig einschätzen. Homepagebaukästen und der Neffe des Nachbarn haben eventuell ihren Teil dazu beigetragen, dass die Kostenvorstellungen irreal sind. Dies bringt den Webdesigner nicht nur in Rechtfertigungsdruck, sondern auch in die schwierige Lage, eine Wertschätzung der eigenen Arbeit zu erreichen. Eine Lösung könnte sein, dem Kunden Alternativangebote zu präsentieren. Natürlich möchte der Kunde zuerst einmal das volle Paket haben, mit allen Features, die er auf anderen Seiten gesehen hat. Erfährt der Kunde aber, was ein individueller Konfigurator kostet, der extra programmiert werden muss, ist er vielleicht auch mit einer kleineren Variante glücklich.

Angebotsvielfalt
Bieten Sie dem Kunden alternative Leistungen an, zeigen Sie ihm damit auch, dass Sie mitdenken, aber natürlich realistisch bleiben. Der kleine Handwerker braucht keine eigens programmierte CMS-Lösung mit Special-Features.

Überlegen Sie sich also auch alternative Leistungen, die den Kunden überzeugen können. Nutzen Sie doch vielleicht einen klassischen »Verkäufertrick«, und bieten Sie eine günstige, eine mittlere und eine teure Variante an. Die meisten entscheiden sich für die goldene Mitte. Auf jeden Fall hat der Kunde genug Auswahl.

Beispiel für Alternativangebote
Der Interessent (ein »typischer« Mittelständler) möchte einen Relaunch seiner Webseite, mehrsprachig, responsiv, inklusive Kontaktformular sowie Bildergalerie und mit einem Content-Management-System umgesetzt.

1. Angebot – Sparversion:
Webseite mit Content-Management-System

2. Angebot – Normalversion:
wie 1 + Kontaktformular, Bildergalerie, responsiv

3. Angebot – Premiumversion:
wie 2 + Mehrsprachigkeit und Einpflegen aller Inhalte

Der potenzielle Kunde hat nun die freie Wahl.

2.2.5 Projekte kalkulieren

Kostenkalkulation im Webdesign ist eigentlich ein eigenes Buchthema. Einerseits müssen Sie ökonomisch arbeiten, das heißt, Sie sollten von Ihrer Arbeit leben können. Ihre Leistung sollte angemessen bezahlt werden (was schwierig zu definieren oder zu messen ist), und der Kunde sollte für sein Geld eine entsprechende Gegenleistung bekommen (oder zumindest das Gefühl haben, dass er diese bekommt). Man kann »Pi mal Daumen« kalkulieren, sich von Preisen inspirieren lassen, die im Netz herumschwirren (besser nicht), sich auf seine Erfahrungswerte aus früheren Projekten stützen (wenn man denn welche hat) oder versuchen, eine vernünftige Kalkulation auf die Beine zu stellen.

Neben ausgefeilten Techniken gibt es die einfach Methode, alle anstehenden Leistungen aufzulisten, eine Stundenschätzung danebenzuschreiben, multipliziert mit dem eigenen Stundenlohn und am Ende steht ein Betrag X. Da die Zeit für einzelne Leistungen, das dabei erbrachte Ergebnis und die Stundenlöhne sehr weit auseinandergehen, gibt es keine allgemeingültigen Preise für Webdesign-Leistungen. Und das ist auch gut so.

Jeder muss seinen eigenen (Kosten-)Weg finden. Und vielleicht bekommen Sie ja gerade Kunden, weil sie so günstig sind (oder vielleicht auch gerade, weil sie so teuer sind und dadurch unbewusst das Gefühl des Hochwertigen vermitteln).

Setzt man die Kosten zu niedrig an, läuft man Gefahr, sich unter Wert zu verkaufen und das ganze Projekt über das Gefühl zu haben, nicht ausreichend bezahlt zu werden bzw. nicht effektiv zu arbeiten. Setzt man die Kosten zu hoch an, bekommt man eventuell nicht den Zuschlag für sein Angebot. Die Preisspanne

Kostenkalkulation
Die eigene Kostenkalkulation kann von unterschiedlichen Faktoren abhängig gemacht werden:

- eigener Erfahrung und Know-how (Anfänger oder Senior)
- vorhandenen Referenzen
- der Branche des Kunden
- der Wirtschaftskraft des Kunden (Friseur oder Investmentbank)
- der Region und dem wirtschaftlichen Umfeld (Großraum München oder Niederlausitz)

Um die Kosten zu kalkulieren, wird keine aufwendige Software benötigt. Zettel und Stift, Excel oder Texteditor reichen dafür (in den meisten Fällen) völlig aus.

> **Keine Schätzung aus dem Bauch heraus**
> Lassen Sie sich nicht zu einer spontanen, unbedachten Einschätzung der Kosten hinreißen. Auch nicht, wenn der Kunde drängt, nach dem Motto: »Nennen Sie mir mal eine Hausnummer, nur ganz grob«. Dies kann nur danebengehen. Vermutlich werden Sie zu günstig ansetzen und sich hinterher ärgern, oder es wird dann schwerfallen, den Preis merklich anzuheben. Setzen Sie sich in Ruhe mit der Kostenkalkulation auseinander. Das sollte jeder Kunde verstehen. Wenn nicht, sollte es besser nicht Ihr Kunde werden …

zu finden, mit der man glücklich ist und effektiv arbeiten kann und die auch Kunden bereit sind, zu zahlen, ist gar nicht so einfach.

Bei den Kosten sollten nicht nur die reinen Umsetzungskosten kalkuliert werden. Projektmanagement, Kundengespräche, Recherche, CMS-Schulung sind weitere potenzielle Leistungen, die auch erbracht werden. Auch eventuelle Änderungsrunden sollten mit eingeplant werden. Und – ganz wichtig – Pufferzeit mit einkalkulieren, nicht nur im Zeitplan, sondern auch im Kostenplan. 10 %, besser 25 % sollten Sie oben draufgeben, so dass Sie keine allzu bösen Überraschungen erleben. Vielleicht haben Sie so im Idealfall am Ende sogar noch Zeit übrig und können dem Kunden ein bisschen mehr liefern oder müssen bei Korrekturwünschen außer der Reihe nicht gleich mit Nachzahlung drohen.

Eine Hilfe bei der Kostenkalkulation kann die Webseite *www.webkalkulator.com* sein. Nach eigener Aussage liefert diese einen Überblick über die Durchschnittspreise von über 22.000 Webprojekten aus dem deutschsprachigen Raum.

Projekte von / für	Einzelfirmen[1]	Kl.Firmen[2]	Unternehmen[3]
im Nebenerwerb	900 €	1200 €	
Freiberufler	1200 €	1800 €	3300 €
Kleine Agentur	1900 €	3400 €	8200 €
Grössere Agentur		7300 €	16300 €

Unterschiedliche Marktsegmente, andere Budgets: Neben dem "was" (siehe auch Kostenfaktoren), bestimmt das "wer" das Budget. Legende: [1] Umsatz bis 100 T, [2] Umsatz 100 T bis 1 Mio., [3] Umsatz 1 Mio. bis 10 Mio.

▲ **Abbildung 2.6**
Durchschnittswerte von Webbudgets bei *www.webkalkulator.com/marktuebersicht*

> **Der Projekt-Kalkulator**
> Ein nützliches Tool, um Webseitenkosten zu berechnen, ist der *Projekt-Kalkulator*. Zu finden unter: *www.webkalkulator.com/kostenrechner*

Die Übersicht in Abbildung 2.6 ist lediglich als Richtwert zu verstehen, gibt aber auf jeden Fall einen interessanten Einblick. Aus der Tabelle ist allerdings nicht ersichtlich, welcher Leistungsumfang dahintersteckt. Aus meiner eigenen Praxis: Ich trete vor allem als Freiberufler in Erscheinung, Webseiten für kleine Unternehmen sind in der Übersicht von webkalkulator.com mit 1.800 € angegeben. Ganz ehrlich: Für den Preis könnte ich nicht viel liefern. Aufwendige Designentwicklung und Umsetzung per

CMS mit weiteren Funktionalitäten ist zu dem Preis (zumindest bei mir) nicht möglich, wenn ich effizient arbeiten will und einen bestimmten Qualitätsanspruch habe.

Interessant ist noch der *Projekt-Kalkulator* auf der gleichen Webseite. Hier werden verschiedene Werte abgefragt, die die Kosten eines Projekts maßgeblich mitbestimmen und so einen besseren Vergleich anbieten können. Die hier erzielten Preisspannen vergleichbarer Projekte finde ich zwar auch zu niedrig angesetzt, aber sie sind auch nur als grober Vergleichswert zu sehen.

Viele Webdesigner schreiben die Stundenkalkulationen zu den einzelnen Leistungspunkten zusammen mit den Stundensätzen in ihre Angebote. Ich handhabe das meistens anders. Die Interessenten bekommen von mir einen Gesamtpreis genannt: Wie lange ich aber für die einzelne Leistung brauche, muss er gar nicht wissen. Nehmen wir das Beispiel der Gestaltung eines Screendesigns. Es kann sein, dass ich innerhalb eines halben Tages ein Design fertig ausgestaltet habe, das dem Kunden gefällt und das gleich umgesetzt werden kann. Es kann aber auch vorkommen, dass mich die Muse nicht gleich küsst und dass zusammen mit zwei, drei Entwürfen und Änderungswünschen mehrere Tage zusammenkommen, bis das Design fertiggestellt ist. Statt beim ersten Kunden weniger zu verlangen und beim zweiten mehr (was sich im Voraus ja gar nicht absehen lässt), wird die erbrachte Leistung bezahlt, also das Screendesign an sich und nicht die Anzahl der Arbeitsstunden. So habe ich eher Pauschalpreise, die sich natürlich an meinen durchschnittlichen Arbeitsstunden orientieren.

Klare Preisvorstellung
Viel Aufwand können Sie sich sparen, wenn Sie bei allgemeinen E-Mail-Anfragen, bei denen Sie davon ausgehen können, dass mindestens fünf andere Webdesigner und Agenturen auch angefragt wurden, erst einmal eine Preisspanne benennen. Dann bekommt der Kunde schon einmal einen Eindruck, was preislich auf ihn zukommt. Und wenn der Rahmen in Ordnung ist, kann man in die Detailbesprechung gehen. Wenn Ihre Preisvorstellung zu sehr von der des Kunden abweicht, werden Sie vermutlich nie wieder von ihm hören.

2.2.6 Das Pflichtenheft – der Plan des Auftragnehmers

Die Vorgaben und Wünsche des Kunden erfasst das Lastenheft. Auf dessen Basis kann der Auftragnehmer ein Pflichtenheft erstellen, in dem er beschreibt, wie und womit er das Projekt umsetzen will. Das Pflichtenheft ist damit die oft vertraglich bindende detaillierte Beschreibung der vom Auftragnehmer zu erbringenden Leistungen. Dies entspricht der Leistungsbeschreibung im Angebot, ohne dass dies explizit als Pflichtenheft ausgewiesen ist.

Das Pflichtenheft
Das Pflichtenheft, manchmal auch als Feinkonzept bezeichnet, definiert das Wie und das Womit.

Es gibt aber Projekte, bei denen lohnt sich die gründliche Erstellung eines eigenen Pflichtenhefts, zum Beispiel bei mehrsprachigen Shops mit besonderen Funktionalitäten sollten die genauen Leistungen ausführlicher beschrieben werden. Die Erstellung eines Pflichtenhefts kostet erst einmal mehr Zeit, die aber durch die detaillierte Planung im Projektverlauf wieder ein-

Die Projektrealität
»Kein Plan überlebt den ersten Kontakt mit der Realität« ist eine alte Projektmanagement-Weisheit. Ein einmal aufgestellter Plan muss nicht gnadenlos durchgezogen werden, sondern muss immer wieder mit dem tatsächlichen Fortschritt abgeglichen und entsprechend angepasst werden.

gespart wird, da es als Produktionsvorlage für Design und Technik eingesetzt werden kann.

Ein Pflichtenheft sorgfältig zu erstellen bedarf neben eines ersten Briefings seitens des Kunden durchaus weiterer Gespräche oder gar Workshops mit Auftraggeber und Auftragnehmer. Die für unseren oberen Beispiel-Shop extra programmierten Funktionalitäten sollten im Detail zwischen Kunde und Auftragnehmer geklärt werden. Zu oft gibt es unterschiedliche Vorstellungen und herrscht Unklarheit über die genaue Umsetzung, die selbst mit einem Pflichtenheft nicht immer geklärt werden.

Ganz allgemein lässt sich sagen: Je größer und umfangreicher das Projekt, desto eher ist ein eigenes Pflichtenheft auch ratsam.

2.2.7 Der Zeitplan

Sind die Wünsche und Vorstellungen geklärt, gilt es, das Projekt ausführlich zu planen. Was ist bis wann zu welchen Kosten zu erledigen. Eine präzise Planung sorgt für eine möglichst reibungslose und zeit- und kostensparende Durchführung.

Neben der oben besprochenen Kostenkalkulation gehört vor allem eine vernünftige Zeitkalkulation dazu. Der Kundenwunsch »bis gestern« ist sicherlich keine vernünftige Zeitkalkulation. Durch die Kostenkalkulation haben Sie eine ungefähre Einschätzung, wie lange die einzelnen Arbeitsschritte dauern. 16 Stunden Screendesign heißt aber natürlich nicht, dass zwei Tage am Stück kreativ Pixel geschoben werden. Unterbrechungen, Abstimmungen mit dem Kunden inklusive des Wartens auf Feedback gehören auch dazu. So kann der Designprozess auch schnell mehrere Wochen dauern.

Zeitpuffer einplanen
Als ausreichende und notwendige Pufferzeit werden gerne 25 % der Bearbeitungszeit aufgeschlagen.

Denken Sie daran: Nicht nur Sie werden diese Pufferzeit beanspruchen, auch Kunden nutzen diese gerne aus.

Ein Zeitplan muss auch Abhängigkeiten berücksichtigen und wie einzelne Arbeitsschritte zusammenhängen. Beispielweise kann die Frontend-Entwicklung erst losgehen, wenn das Screendesign vom Kunden abgesegnet wurde. Wenn also irgendwann, vielleicht sogar schon zu Beginn des Projekts, eine Verzögerung eintritt, wirkt sich das meistens auf alle folgenden Schritte aus. Auch wenn oft nicht der Webdesigner verantwortlich ist, ist es ungünstig, dem Kunden schon zu Beginn des Projekts E-Mails mit dem Hinweis zu schicken, dass sich das ganze Projekt nach hinten verschiebt, wenn er nicht rechtzeitig antwortet. Daher gilt es, ausreichend Pufferzeit einzuplanen.

Und hat der Kunde einen fixen Endtermin, der auf jeden Fall eingehalten werden muss, dann sollte er auch klare Termine bekommen, wann er was zu liefern hat. Dieses Vorgehen bietet sich auch bei nicht ganz so festen Endterminen an. Es lohnt sich, dem Kunden auch die Abhängigkeiten aufzuzeigen. Erst wenn die konkrete Navigationsstruktur vorliegt, können die Seiten im Content-Management-System eingerichtet werden. Erst wenn das Design endgültig abgesegnet wurde, kann mit der technischen Umsetzung begonnen werden. Klare Termine und ein Aufzeigen der Abhängigkeiten hilft dem Kunden, sich bei dem Projekt auch ernsthaft zu engagieren.

Meilensteine festlegen | Das Festlegen von Meilensteinen im Zeitplan ist hilfreich. So wissen alle Beteiligten, was bis zu welchem Zeitpunkt zu liefern und zu erledigen ist. Und allen ist klar, wenn der Meilenstein nicht eingehalten wird, muss der Plan angepasst werden. Das hat Konsequenzen für das gesamte Projekt:

- Nachfolgende Meilensteine und das Projektende werden nach hinten verschoben. Viele Projekte dauern länger, als gedacht, insofern ein häufiger Fall, wenn auch nicht erstrebenswert.
- Kommende Arbeitsschritte müssen schneller erledigt werden. Autsch! Nacht- und Sonderschichten wären das Ergebnis, oder ...
- ... es wird schlechtere Qualität geliefert und/oder weniger Umfang (Inhalte, Funktionalitäten).
- Es werden weitere Personen (intern, extern) für die Umsetzung hinzugezogen,was aber wieder der Abstimmung und Einarbeitung bedarf.

Abnahmefristen setzen
Wenn notwendig, enthält der Zeitplan (oder das Angebot) auch klare Abnahmetermine seitens des Kunden. Wenn Sie auf das Feedback angewiesen sind, um weiterarbeiten zu können, sollte dies dem Kunden bewusst sein. Klare Abnahmefristen verhindern ein unnötiges Verlängern des Projekts.

Eine ideale Lösung gibt es nicht. Es ist also ratsam, bereits im Vorfeld sorgfältig und eher großzügig zu planen, vorausschauend zu denken und zu arbeiten und den Kunden stets mit einzubeziehen (siehe Abschnitt 2.3, »Projektkommunikation – wie sag ich es dem Kunden?«).

2.2.8 Umsetzung

Stehen das Konzept und die Planung, kann es an die Umsetzung gehen. Die einzelnen Inhalte müssen erstellt und zusammengetragen werden, das Design entworfen und nicht zuletzt das Projekt technisch umgesetzt werden.

Die Projektmanagement-Aufgabe ist es, bei der Umsetzung regelmäßig eine Soll-Ist-Analyse zu machen. Wo stehen wir, und wo sollten wir stehen? Sind Abweichungen in Bezug auf Qualität, Zeit oder Kosten zu erkennen? Nur durch einen regelmäßigen Vergleich lassen sich frühzeitig Probleme identifizieren oder, noch besser, verhindern.

2.2.9 Spätere Änderungswünsche

Es gibt kaum ein Projekt, das genauso so umgesetzt wird, wie anfangs geplant. Technische Schwierigkeiten, neue Kundenwünsche oder sonstige Dinge, die vorher nicht absehbar waren oder einfach nicht bedacht wurden, führen unweigerlich zu Planänderungen. Vieles fängt zwar die eingeplante Pufferzeit auf, aber für Änderungswünsche des Kunden sollte es klare Regeln geben. Daher sollte schon im Angebot (Vertrag) festgehalten werden, wie viele Korrekturrunden möglich sind. Das ist natürlich auch sehr allgemein gehalten. Wie umfangreich kann ein Änderungswunsch dann sein? Beinhaltet dies ein komplett neues Screendesign oder nur kleine Anpassungen? Aber es ist allemal besser, auch psychologisch, eine feste Anzahl an Korrekturrunden festzuhalten, als Änderungswünschen Tür und Tor zu öffnen.

Klare Rahmenbedingungen
Änderungswünsche werden kommen. Daher sollten die Rahmenbedingungen dafür für alle Seiten von Anfang an klar sein.

Genauso sollten Sie im Voraus definieren, wie mit weiteren Korrekturen umgegangen wird. Ein Ansatz wie »haben wir so nicht besprochen, machen wir nicht« ist selten zielführend. Für weitere Änderungen ist es sinnvoll, eine Kostenpauschale (Stundensatz) zu erwähnen und sich die Option offenzuhalten, dass das Projekt durch den Mehraufwand dann später fertig wird. Der Kunde wird sich unter diesen Bedingungen wilde Änderungswünsche zweimal überlegen.

Nicht jeder Änderungswunsch muss natürlich nachberechnet werden, es gibt auch das schöne Wörtchen Kulanz. Viele (kleine) Änderungen lassen sich auch ohne großen Aufwand umsetzen. Und manchmal kann man mit kleinen Änderungen, die man »ausnahmsweise umsetzt«, den Kunden sehr glücklich machen. Und nicht immer muss der Kunde erfahren, dass manche Änderungen nur wenig Aufwand bedeuten. Zur Änderung einer Farbe müssen eventuell nur zwei, drei Hexadezimalcodes im CSS ausgetauscht werden. Dies muss Ihr Kunde aber nicht zwangsläufig erfahren (sonst kommt er noch auf die Idee, die Farbe öfter auszutauschen). Es gilt also, individuell abzuwägen, inwieweit man dem Kunden entgegenkommen kann und ab wann man Änderungen berechnen sollte.

2.2.10 Projektabschluss und Auswertung

Den Abschluss des Projekts bildet meistens die Online-Stellung der Website. Sorgen Sie für eine korrekte »Übergabe« des Projekts. Der Kunde hat den Abschluss und/oder die Online-Stellung am besten schriftlich (reicht im Normalfall per E-Mail) bestätigt. Alle projektrelevanten Leistungen wurden damit erbracht.

Der letzte Eindruck
Der letzte Eindruck bleibt, genau wie der erste, am intensivsten hängen. Also sorgen Sie dafür, dass es überhaupt einen letzten Eindruck gibt und dass dieser positiv ist.

Nachdem man die letzten Tage und Wochen mit dem Kunden und Mitarbeitern häufig in Kontakt war, bricht dieser gerne direkt nach Online-Stellung abrupt ab, weil ja auch alles erledigt ist. Ein Abschussgespräch bietet sich aber sowohl mit dem Kunden als mit eventuell beteiligten weiteren Mitarbeitern (freien und festen) an. Dies ist einerseits als eine Art »Qualitätsmanagement« zu sehen: Es ist hilfreich, zu erfahren, was die anderen während des Projektverlaufs gut fanden und was nicht so gut. Dies muss man nicht direkt nachfragen, sondern man kann es oft auch zwischen den Zeilen heraushören.

Auf der anderen Seite kann man sich dadurch auch bei dem Kunden für weitere Folgeaufträge ins Gespräch bringen. Das muss dabei ja ebenso wenig offensichtlich geschehen. Ein Dank Ihrerseits kann auch nicht schaden, zusammen mit einem Hinweis, dass Sie sich über Weiterempfehlungen freuen.

Und auch die Erfahrungen der am Projekt beteiligten Mitarbeiter sind hilfreich. Gerade die zwischenmenschlichen Töne kommen während des hektischen Projektgeschäfts oft zu kurz. Nach einem Projekt ist Zeit, nachzufragen und auch das Kundenwissen und die Erfahrungen für kommende Projekte nutzbar zu machen.

Gerade der Aspekt Wissenssicherung kommt oft viel zu kurz. Wie wurden bestimmte technische Schwierigkeiten gelöst? Wie wurde mit penetranten Kundenänderungswünschen umgegangen? Welches Plug-in hat sich als hilfreich erwiesen? Wissen, das in späteren Projekten viel Zeit und Stress sparen kann, das aber kaum irgendwo schriftlich festgehalten wird, sondern meistens »nur« in den Köpfen der beteiligten Mitarbeiter steckt. Ein Unternehmens-Wiki kann da beispielsweise hilfreich sein, um sich das Know-how zu sichern.

Am Ende steht das Ergebnis, was sich im nächsten Projekt alles besser machen lässt. Und es lässt sich ja immer einiges verbessern.

Die Evaluation des Projekts
Die Evaluation des Projekts ist von entscheidender Bedeutung für kommende Projekte. Mindestens die drei Projekteckpunkte sollten kurz ausgewertet werden:

- Zeit
- Kosten
- Qualität

Wo gab es Differenzen zu den zu Beginn des Projekts aufgestellten Kalkulationen? Ergänzend sollten Sie noch die Kundenkommunikation analysieren. Ein Unternehmens-Wiki oder Projekmanagement-Software kann hilfreich sein, um gesammeltes Know-how auch für künftige Projekte zu sichern. Eine Open-Source-Variante für ein eigenes Wiki finden Sie hier: *mediawiki.org*

2.2.11 Rechnung stellen

Je nach Projektbudget empfiehlt es sich, eine große Endrechnung zu stellen oder schon mehrere Teilzahlungen zu vereinbaren. Es ist sicherlich auch nicht verkehrt, Anzahlungen zu Projektbeginn zu vereinbaren. An- und Teilzahlungen verhindern auf jeden Fall, am Ende auf seinen Kosten sitzen zu bleiben.

Egal, wie viele Rechnungen Sie stellen, der Kunde sollte immer genau wissen, wofür er diese Rechnung gerade bezahlen soll. So bietet es sich beispielsweise an, nach Abnahme des Designs, diesen Part in Rechnung zu stellen. Die Rechnungen können sich am Zeitplan und Pflichtenheft orientieren.

Eine Rechnung kann nett gestaltet sein, muss aber auf jeden Fall bestimmte Angaben enthalten, die ich in dem Kasten »Checkliste: Pflichtangaben Rechnung« auf Seite 64 zusammengefasst habe.

Die Rechnung kommt
Ich hatte bisher fast nur »Glück« mit der Zahlungsmoral meiner Kunden. Dies ist aber nicht immer so. Es gibt ausreichend Beispiele von anderen Webdesignern und -agenturen, die monatelang auf ihr Geld gewartet haben, wenn sie es denn überhaupt bekommen haben. An- und Teilzahlungen verhindern ein zu großes Ärgernis nach dem Projekt.

Die Rechnungsnummer
Eine einfache fortlaufende Nummer wie 001, 002 usw. kann schnell ungünstig aussehen, wenn Sie im August eine Rechnung mit der Nummer »003« verschicken. Dies spricht nicht für Ihre Auslastung. Ihr Kunde muss die Rechnungsnummer aber nicht verstehen. Bauen Sie also eine Art Kundennummer oder das Jahr und Monat mit ein.

Checkliste: Pflichtangaben Rechnung

✓ Name und Anschrift des Rechnungsstellers (Sie)
✓ Name und Anschrift des Rechnungsempfängers (Kunde)
✓ Rechnungsdatum
✓ Rechnungsnummer (fortlaufend und einmalig)
✓ Termin/Zeitraum der Leistungslieferung
✓ Umfang und Art der Leistung
✓ Netto-Betrag
✓ eventuell Umsatzsteuer
✓ Brutto-Betrag
✓ Steuernummer/Umsatzsteuer-Identifikationsnummer

Ergänzend sollte die Bankverbindung erscheinen, und ein Zahlungsziel erweist sich häufig auch als hilfreich.

2.3 Projektkommunikation – wie sag ich es dem Kunden?

Kommunikative Weiterbildung
Die Thematik »Kundenkommunikation« ist eigentlich ein eigenes Buchthema wert. Literatur aus den Bereichen Rhetorik, Verkauf, Persönlichkeitsbildung etc. kann hilfreich sein, um sich nicht nur fachlich, sondern auch kommunikativ zu verbessern. Buch- und Blogempfehlungen dazu gebe ich in Kapitel 16, »Tipps, Tricks und Tools«.

Nicht alles ist Kommunikation, aber ohne verständliche Kommunikation ist alles nichts. Sie können fachlich noch so gut sein, Ihr Kunde das größte Budget haben, für das Sie je gearbeitet haben, wenn die Kommunikation zwischen Ihnen und dem Kunden misslingt, bringt das alles nichts.

Ein gewisser Grad an Empathie ist notwendig, um zu verstehen, was der Kunde meint, um sich in ihn hineinzuversetzen, um seine Sprache zu sprechen. Fachlich und menschlich müssen Sie sich auf den Kunden *einstellen* können. Das bedeutet nicht, dass Sie sich *verstellen* müssen, aber doch mit ihm auf Augenhöhe kommunizieren sollten.

2.3.1 Erwartungshaltung an den Kunden

Zu der Vorbereitung auf ein Projekt gehört vor allem die Vorbereitung auf den Kunden, auf seine Branche, sein Unternehmen und seine Kenntnisse bzgl. des Webs.

Es ist ein Unterschied, ob Ihnen die Sekretärin eines Kleinunternehmens gegenübersitzt oder der Online-Beauftragte eines Mittelständlers. Menschlich und fachlich erwarten Sie in den Gesprächen völlig andere Voraussetzungen. Während Sie bei dem einen Kunden mit Schlagworten wie »responsive« nur Achselzucken und große Augen hervorrufen, erwartet der andere, dass Sie mit konkreten technischen Lösungsansätzen für eine mobile Webseite aufwarten.

Gehen Sie nicht davon aus, dass Ihr Kunde fit in Sachen Internet ist, nur weil er jetzt eine neue Webseite haben will. Klären Sie dagegen ab, wie wissend er ist. Vielleicht ergibt sich das schon aus der Art der Anfrage oder dem ersten E-Mail- oder Telefonverkehr. Spätestens aber im persönlichen Gespräch wird es recht schnell deutlich. Neben Empathie ist hier die Flexibilität im Gespräch gefragt, die eigene Erwartungshaltung und die Anforderungen an den Kunden hoch- oder runterzuschrauben, also den Kenntnissen des Gegenübers anzupassen.

2.3.2 Erwartungshaltung des Kunden – Wünsche und Vorstellungen

Nicht selten kommt es vor, dass Kunden recht wenig Ahnung haben, was genau »in diesem Internet« möglich ist und was sie eigentlich am sinnigsten brauchen. Nicht weniger selten ist, dass Kunden dies zugeben. Wer gibt schon gerne zu, dass er keine Ahnung hat, vor allem wenn er die Befürchtung hat, dass sein Nicht-Wissen ausgenutzt werden könnte (zum Beispiel durch den Kauf überteuerter unnötiger Leistungen).

▼ Abbildung 2.7
Der Wunsch nach »etwas ganz Einfachem, Schlichtem« bedeutet durchaus viel Arbeit und Zeit in Sachen Konzeption, Design und technischer Umsetzung, wie etwa bei *residenza-parcodoro.ch*.

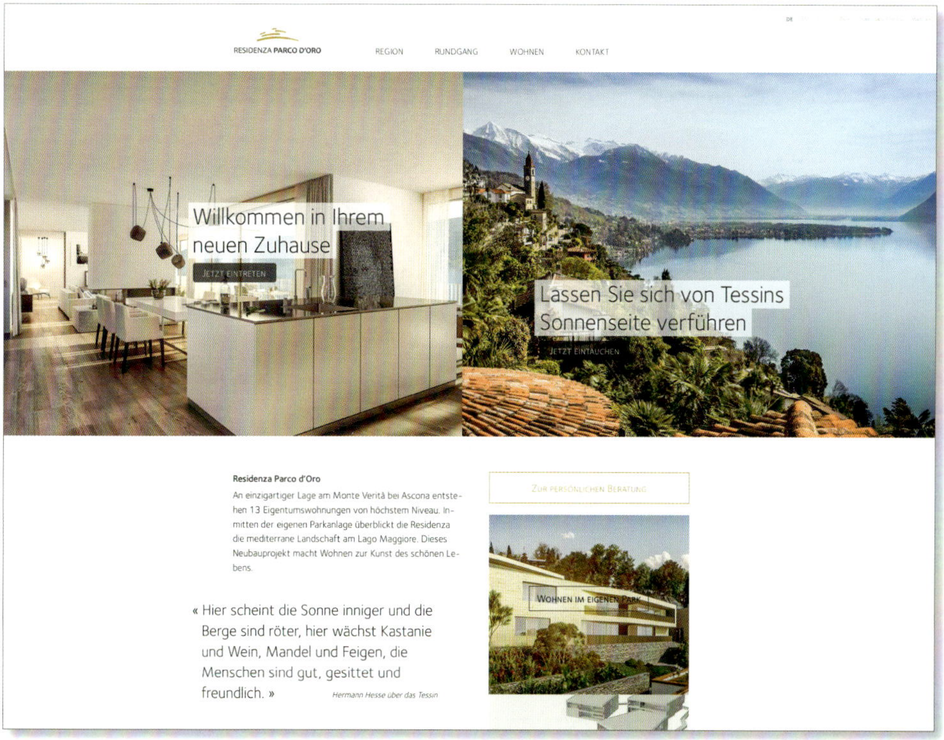

Kunden haben, unabhängig davon, wie webaffin sie sind, meistens eine Art Wunschvorstellung. Da sollte die Webseite, der

Shop alles können, und die/der schönste sollte es auch sein. Hier gilt es, die Erwartungen des Kunden herauszuhören und herauszufinden und sie gegebenenfalls zu relativieren. Ansprüche wie »etwas ganz Schlichtes, Einfaches will ich, nichts Aufwendiges« erweisen sich gerne einmal als mehrsprachiges CMS mit besonderen Funktionalitäten. Und auch die Apple-Webseite begeistert viele. Aber ist ein Design, das so schlicht ist, deswegen auch recht schnell umgesetzt?

Kunden wollen und brauchen auch meistens nicht nur einen »Erfüller« Ihrer Sonderwünsche, sondern einen Berater, einen, der Ihnen sprichwörtlich zeigt, wo es langgehen kann. Wenn Sie mit Ihrer Kompetenz und Erfahrung beraten, dann zeigen Sie dem Kunden auch, dass er sich mit Ihnen richtig entschieden hat. Diese Bestätigung möchte der Kunde auch haben. Wer mehrere tausend Euro für ein einziges Projekt ausgibt (und dann sogar noch für eine »schlichte, ganz einfache Homepage«), der möchte sein Geld schon in guten Händen wissen.

Professionalität ist also nicht nur in der fachlichen Umsetzung relevant, dort ist sie eigentlich selbstverständlich, sondern auch in der Kommunikation mit dem Kunden.

2.3.3 Erstkontakt – Beratung vs. Verkauf

Wenn Sie zum ersten Mal mit dem Kunden zusammentreffen (ob persönlich oder am Telefon), geht es darum, aktiv zuzuhören, nicht darum, einen Text herunterzuleiern, warum Webseiten heutzutage responsiv sein sollten und dass er auch unbedingt eine Facebook-Fanpage braucht. Vielmehr sollten Sie genau zuhören, was Ihr Kunde sagt, und nach- und hinterfragen, was genau er wirklich meint. Ergänzt um Ihre Anregungen und Erklärungen kann sich so eine Projektidee entwickeln, die den Kunden wirklich weiterbringt und Ihnen ein schönes Projekt beschert.

Als Dienstleister bewegt man sich damit auch immer im Spannungsfeld zwischen Beratung und Verkauf. Es wird sich auf Dauer negativ bemerkbar machen, wenn Sie nur auf den reinen Verkauf aus sind. Vor allem kommen die spannenderen Projekte zustande, wenn Sie auch beratend tätig sein können. Und wenn Sie irgendwann Beratung und Konzeption auch in Rechnung stellen (können), lohnt es sich auch finanziell (sogar mehr als die reine Umsetzung).

Die Angebotsphase | Nach einem Erstkontakt geben Sie Ihr Angebot ab. Wenn Sie eine Anfrage bekommen, sollten Sie sich zeitnah beim Interessenten melden. Gar keine Rückmeldung oder nach 2 Wochen ein ausführliches detailliertes Angebot zu einem Auftrag zu schicken, dessen Umfang Sie nur vage einschätzen können, macht keinen guten Eindruck. Innerhalb von 1, 2 Tagen sollten Sie dem Interessenten zumindest signalisieren, dass Sie seine Anfrage bekommen haben. Können Sie kein Angebot oder keinen Kostenrahmen nennen, dann teilen Sie ihm mit, wann dies möglich sein wird. Dann weiß der Kunde zumindest, dass Sie die Anfrage bekommen haben, und kann warten.

Zu dem Angebot kann es hilfreich sein, die einzelnen angebotenen Posten gesondert genauer zu erläutern, zum Beispiel was genau »nach Webstandards umgesetzt« bedeutet und warum dies wichtig ist.

Kommunikation während des Projekts | Sie haben das Projekt bekommen, gestalten fleißig bunte Designs, coden, was das Zeug hält, und stellen am vereinbarten Projektende die Seite online. Da fehlt doch was? Ja, zwischendurch mit dem Kunden zu reden, kann nicht schaden. Natürlich fallen ihm die tollsten Dinge erst ein, wenn er ein Design erst einmal sieht. Natürlich merkt er erst, wenn die Umsetzung fast fertig ist, dass in seinem extra bestellten Konfigurator doch noch weitere Punkte abgefragt werden müssen, und natürlich merken Sie kurz vor Projektende, wenn Sie endlich die Inhalte bekommen, dass diese doch einen ganz anderen Umfang haben, als zu Beginn des Projekts abgesprochen.

Nicht alles lässt sich verhindern, aber die Wahrscheinlichkeit für unangenehme Überraschungen zumindest stark verringern, wenn Sie mit dem Kunden reden. Ja, das beinhaltet, dass der Kunde immer wieder unterschiedliche Vorstellungen äußert und sich vielleicht auch öfter widerspricht. Aber alles besser, als das ganze Projekt über *nicht* miteinander zu reden und am Ende ein für beide Seiten böses Erwachen zu erleben.

Und da auch immer wieder Fragen oder Probleme auftauchen, ist es besser, diese frühzeitig gemeinsam abzuklären und zu lösen, als sie zu ignorieren. Verdrängte Probleme lösen sich nicht von alleine auf, sondern kommen irgendwann wieder hoch und die Konsequenzen sind dann meist viel gravierender.

Und versetzen Sie sich in den Kunden: Es ist doch schön, wenn er zwischendurch immer mal wieder über den Projektstand informiert wird, da er doch auch viel Geld investiert. Sie müssen dem Kunden dabei keine täglichen Status-Updates senden, aber dann und wann einen kurzen Hinweis über die nächsten Schritte und wann ungefähr er wieder von Ihnen hören wird, wären doch eine nette Geste.

Ruhig und sachlich
Unangenehme Gespräche zu führen, gehört bei Dienstleistern dazu. Dies macht niemand gern. Aber da ausweichen keine Lösung ist, sollten Sie Probleme immer ruhig und objektiv ansprechen. Generell ist es eine gute Idee, sachlich zu bleiben, auch wenn der Kunde einmal emotional reagiert. Lassen Sie sich davon nie anstecken, dass kann nur böse (zum Beispiel vor Gericht) enden.

2.3.4 Präsentation

Sie haben das schönste Screendesign aller Zeiten erstellt, aber wie präsentieren Sie es dem Kunden, damit er der gleichen Meinung ist? Sollten Sie einzelne JPGs per E-Mail schicken, zum Kunden fahren und es auf dem 13-Zoll-MacBook vorführen oder es besser per Beamer im nicht abgedunkelten Raum an die Bilderwand werfen?

Die beste Methode gibt es wohl nicht. Alles hat seine Vor- und Nachteile. Dem Kunden die Designs (oder auch sonstige technische Umsetzungen) persönlich zu präsentieren, hat den Vorteil, dass Sie direkt ein Feedback kassieren und vor allem genau erklären können, was Sie warum gemacht haben. Es kann aber auch hilfreich sein, wenn sich der Kunde Ihre Ergebnisse in Ruhe anschauen kann und Ihnen, im Idealfall, ein gefiltertes Feedback gibt. Spezielle Fälle wie mehrere Mitarbeiter, die sich dazu äußern, oder den tagenden Familienrat lasse ich einmal außen vor.

Screen Presenter
Screen Presenter ist ein nettes Tool, um Screendesigns, die als Bilddatei vorliegen, online zu präsentieren: *www.mademyday.de/screen-presenter-screen-desgins-praesentieren.html*

Schön ist es natürlich, wenn Sie die Ergebnisse da präsentieren, wo sie nachher auch sichtbar sind, im Browser. PDFs und JPGs haben das Problem, dass der Kunde skalieren kann und er das Design selten genau in der Größe anschaut, in der es später umgesetzt werden wird. Eine gute, wenn auch noch nicht optimale Lösung ist für mich der *Screen Presenter* (siehe nebenstehenden Kasten). Es ist ein Tool, um Screendesigns in Form einer Bilddatei zu präsentieren, die sich der Kunde in Originalgröße im Browser anschauen kann.

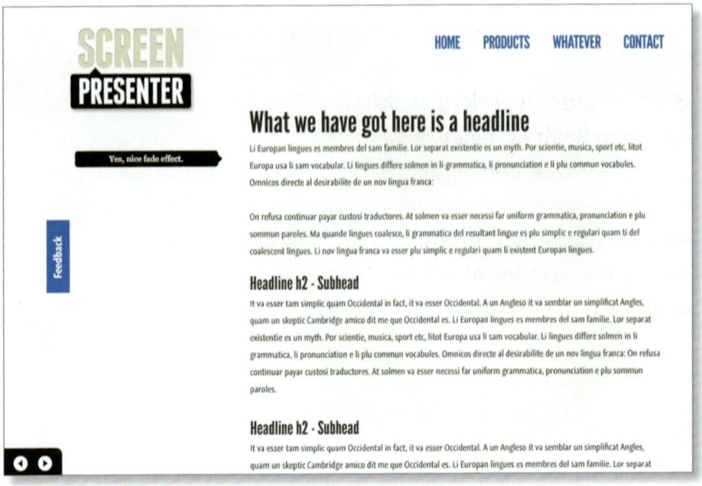

Abbildung 2.8 ▸
Screendesign-Entwürfe passend im Browser präsentieren: *mademyday.de/demo/screenpresenter*

Wenn es möglich ist, ist ein Klickdummy natürlich auch wunderbar. Und wenn Sie Ihren Kunden sogar dazu gebracht haben, dass zuerst Wireframes (siehe Abschnitt 8.2, »Wireframes erstellen«) und vielleicht ein Moodboard (siehe Abschnitt 7.2.2, »Moodboards«) erstellt werden, wenn Sie darauf die Frontend-Umsetzung machen können und dann live im Browser die Gestaltung, haben Sie schon gewonnen. Solch ein interaktiver Prototyp ist unser Ziel (siehe Abschnitt 8.4.5, »Interaktive Prototypen«). So weit sind aber viele Projekte noch lange nicht. Aber wir können daran arbeiten.

2.3.5 Externe/freie Mitarbeiter

Arbeiten Sie nicht alleine an einem Projekt, sondern mit weiteren Mitarbeitern aus der Agentur oder freien Kollegen zusammen, sollte klar kommuniziert werden, wann wer was zu dem Projekt beizusteuern hat. Selten wird einer das ganze Projekt Vollzeit begleiten. Und gerade freie Mitarbeiter sitzen parallel an mehreren Projekten, Ihres ist da nur eines von vielen. Informieren Sie die Kollegen also zeitnah und regelmäßig über Ihre Aufgaben und eventuelle Änderungen im Plan.

Bei Externen haben Sie meistens keinen Einblick in deren Auftragslage und Verfügbarkeit. Nicht selten kommt es vor, dass sich Freelancer selber mehr zumuten, als Ihnen gut tut. Und auf einmal erreichen Sie den Programmierer nicht mehr, vermutlich gerade dann, wenn Sie es besonders eilig haben.

Unzuverlässigkeit können Sie nicht verhindern, aber zumindest abmildern, indem der Zeitplan und die Bezahlung nicht zu eng geknüpft sind. Zwischendrin ein paar warme Worte (manche nennen es Lob) haben auch noch nie geschadet und können zur Motivation beitragen.

2.3.6 Der Projektabschluss

Am Ende heißt es, einen angenehmen Projektabschluss zu finden, auch wenn alle Beteiligten schon wieder mitten in den nächsten Projekten stecken (und vielleicht froh sind, dass dieses Projekt endlich vorbei ist). Warum eine kurze Unterredung Sinn macht, habe ich bereits in Abschnitt 2.2.10, »Projektabschluss und Auswertung«, beschrieben.

2.4 Erfolg oder Misserfolg

Wann genau ist ein Projekt erfolgreich oder nicht erfolgreich? Um dies zumindest ansatzweise zu überprüfen, müssen vorher klare Ziele definiert worden sein. Bei Webseiten, die der Imagepflege dienen und vor allem Informationen vermitteln sollen, ist das schwierig zu messen. Vielleicht ist das noch anhand der Besucherzahlen möglich, aber ob und wie viele Besucher kommen, liegt nicht in erste Linie am Design oder der technischen Umsetzung, sondern vor allem an der Suchmaschinenoptimierung und sonstigen Vermarktungsmaßnahmen.

Bei Onlineshops gelingt die Messung schon besser über die *Conversion Rate*, also aus wie vielen Besuchern Kunden werden, die auch wirklich einkaufen. Solche messbaren Ziele sind aber eher definiert, wenn (Online-Marketing-)Strategie und Konzeption Teil des Projekts sind. In vielen Fällen klassischer Webseiten-Projekte ist dies eher nicht der Fall.

Erfolg kann dann bedeuten, dass das Projekt in Qualität, Zeit und Kosten wie geplant fertiggestellt wurde. Dies ist schon ein Erfolg, denn nicht immer trifft das zu.

2.4.1 Erfolgsfaktoren

Es gibt viele unterschiedliche Einflussfaktoren für einen Projekterfolg. Aus Sicht des Projektmanagements sind dies vor allem:

- sorgfältige Planung (je besser die Planung, desto weniger Risiken sind vorhanden)
- gründliche Kostenkalkulation (nicht zu knapp ansetzen, eventuell noch Spielraum für Nachverhandlungen lassen und auch hier Puffer einrechnen)
- gründliche Zeitkalkulation (Meilensteine, ausreichend Pufferzeit und Abhängigkeiten beachten)
- regelmäßiger Austausch (Kommunizieren Sie regelmäßig mit dem Kunden und weiteren Projektbeteiligten. Dies verhindert Probleme im Voraus.)
- Ordnung (... ist das halbe Leben und spielt auch in Webprojekten eine entscheidene Rolle. Dies betrifft bei einem Projekt vor allem die Dokumente/Dateien. Ein zweckmäßiges Ablage- und Dateibenennungssystem sorgt für Übersicht. E-Mails, Meeting-Protokolle, Design- und Entwicklungsdateien, Verträge, Angebote müssen dokumentiert und sortiert werden.)
- Flexibilität zeigen (Probleme treten immer auf, und oft genug müssen daher die unterschiedlichsten Pläne angepasst werden.)
- Ausdauer beweisen (vor allem gegen Ende des Projekts wird es oft mühsam.)

Ob das Projekt dann am Ende wirklich erfolgreich wird, hängt natürlich vor allem mit der Aufgabenstellung und den Zielen zusammen. Hier spielen dann die Inhalte, das Design, die Benutzerführung, die Bedienbarkeit und einwandfreie Darstellung auf unterschiedlichen Geräten eine entscheidende Rolle. Ein gutes Projektmanagement legt aber die Grundlagen, dass die Umsetzung gut funktionieren kann.

2.4.2 Risikomanagement

Eine sorgfältige, verantwortliche Planung bedeutet auch, sich mit den Risiken auseinanderzusetzen. Überlegen Sie sich, was alles schiefgehen kann, und überlegen Sie sich alternative Pläne.

Zum Beispiel bezgl. der Technik: Wenn ein Rechner ausfällt, steht dann ein Ersatz parat, der schnell einsetzbar ist? Wenn die Festplatte oder der eigene Server crasht, gibt es dann ein aktuelles Backup? Wie häufig werden Backups gemacht?

Externe Daten treffen nicht rechtzeitig ein, das Projektende muss aber eingehalten werden. Wie lässt sich eine Verzögerung aufhalten? Mitarbeiter fallen wegen Krankheit aus oder Freelancer, die unzuverlässig sind. Wie lässt sich ein Ausfall auffangen?

Für solche Notfälle sollte mindestens ein Plan B bereitstehen und sich recht schnell umsetzen lassen.

2.4.3 Gründe für ein erfolgloses Webprojekt

Gründe, warum ein Webdesign-Projekt nicht erfolgreich war, gibt es wie Sand am Meer. Im Grunde muss ja nur einer der Erfolgsfaktoren missachtet werden. Darüber hinaus sind häufige Gründe:

- fehlende Strategie (Webseite als reine Präsenz umgesetzt, ohne klare Ziele)
- Konzentration auf Unwesentliches (technische Spielereien, zu viele unnütze Informationen etc.)
- Vernachlässigung des Kunden und/oder der Zielgruppe(n)
- Vernachlässigung von (Online-)Marketing-Erkenntnissen
- Fehlbesetzung des Projektteams
- schlechte Benutzerführung (Inhalte werden nicht gefunden durch uneindeutige Menüpunkte, schlechte Lesbarkeit des Fließtextes usw.)
- unprofessionelles Design (Anwender finden sich nicht zurecht, finden die Farbgebung nicht schön usw.)
- schlechte technische Umsetzung (Seite lädt sehr lange, wird auf manchen Geräten, Browsern falsch dargestellt und ist dadurch schlechter oder gar nicht bedienbar usw.)

Und denken Sie immer daran: Das Projekt ist nur so gut wie dessen Management.

Kapitel 3
Konzeption und Strategie

Ein erfolgreiches Webprojekt braucht eine gute Planung. Damit Design und Technik überhaupt wissen, was sie machen sollen, müssen die Konzeption und die Strategie des Projekts eindeutig definiert werden. Hier wird auch der Grundstein für eine gute Usability und eine gute User Experience gelegt.

3.1 Briefing und Recherche

Der konzeptionelle Part wird in Projekten gerne vernachlässigt, sei es aus Mangel an Wissen über die Wichtigkeit, sei es, weil endlich alle »richtig« loslegen wollen, sei es aus Bequemlichkeit. Was genau braucht der Kunde aber eigentlich, was unterscheidet ihn von seiner Konkurrenz, wer kommt nachher auf die Webseite und soll diese bedienen können und ansprechend finden, wann sollte das Screendesign fertig sein, damit für die Umsetzung ausreichend Zeit ist, welche Funktionalitäten sollen im Detail umgesetzt werden?

Fragen über Fragen, die im Laufe des Projekts zwangsläufig aufkommen werden. Besser, sie werden zu Beginn beantwortet oder zumindest die Grundlagen geschaffen, auf denen später Antworten schnell und übereinstimmend gefunden werden können. Die Konzeption sorgt dafür, dass nicht irgendwie »eine neue Webseite« entsteht, sondern die Chance genutzt wird, gemeinsam ein *erfolgreiches* Projekt umzusetzen. Was erfolgreich ist? Auch das sollte individuell festgelegt werden.

Erfolgreich ist es ein Web-Projekt nicht immer erst dann, wenn später viele neue Kunden durch und über die Webseite kommen. Auch eine responsive Webseite, die durch hilfreiche Inhalte, ein interessantes Design überzeugt und deren Quellcode und Inhalte durch die Suchmaschinen gut ausgelesen werden können, ist also erfolgreiches Projekt zu bewerten.

Abbildung 3.1 ▸
Der klassische Ablauf der Webseiten-Konzeption

3.1.1 Das Briefing

Der Begriff *Briefing* kommt ursprünglich aus dem Militärjargon und meint eine Art Lagebesprechung. Im moderneren Sinne handelt es sich um eine Kurzbesprechung *vor* einem wichtigen Ereignis. Im Briefing zu Beginn eines Webseitenprojekts liefert der Auftraggeber die aus seiner Sicht wichtigen Informationen, seine aktuelle Situation und seine Unternehmensstrategie – soweit die Wunschvorstellung.

»Wir brauchen eine neue Webseite, die jetzige Webseite ist veraltet. Wir müssen aktuellere Inhalte haben, einen News-Bereich zum Beispiel. Und das Design muss moderner sein, aber auch seriös. Eine mobile Seite wäre auch gut.« So oder ähnlich beginnt dagegen häufig ein Webdesign-Projekt. Der Kunde weiß, dass die jetzige Webseite nicht den aktuellen Anforderungen genügt, aber welche Ziele er mit welchen Mitteln realisieren möchte, ist ihm nicht ganz klar. Für den Webdesigner bedeutet das, dass er in Gesprächen zunächst versuchen muss, den Auftraggeber strategisch zu beraten.

Keine Seltenheit ist, dass der Auftraggeber gar nicht weiß, was er genau vom Webdesigner verlangt und welche Aufgaben dieser lösen soll. Oder er weiß alles schon viel besser und betrachtet den Webdesigner nur als Umsetzer seiner Ideen. Zwischen diesen beiden Polen verläuft der Webdesigner-/Agentur-Alltag. Und genau deshalb spielt das Briefing eine Schlüsselrolle, denn die Umsetzung kann nur so gut sein wie das Konzept, und das kann nur so gut sein wie das Briefing.

Wie schon in Kapitel 2, »Projektmanagement«, erläutert, verläuft jedes Projekt anders. Bei größeren, umfangreichen Projekten ist die Konzeption ein eigenständiger Auftragspart, den der Webdesigner bzw. die Agentur gesondert leistet. Bei eher kleineren Projekten ist entweder kein Budget vorhanden, um konzeptionelle Leistungen zu entlohnen und/oder die Notwendigkeit wird seitens des Auftraggebers nicht erkannt. Die konzeptionellen Fragestellungen (Ziele, Zielgruppen etc.) sind hier aber genauso wichtig und interessant, diese werden dann aber eher im Briefing-Gespräch, entsprechend stark verkürzt, abgehandelt.

Checklisten
In den Briefing-Gesprächen geht es auch darum, das *»auch Wichtige«* vom *»wirklich Wichtigen«* zu trennen. Hilfreich sind dafür Checklisten, die dem Briefing-Gespräch eine Struktur verleihen können und die sicherstellen, dass wichtige Punkte nicht vergessen werden. In den weiteren Kapiteln gibt es immer wieder Checklisten, die sich gut als Basis für die eigenen Kundengespräche und/oder für eigene Analysen nutzen lassen.

Briefing ist nicht gleich Briefing | Die auf den folgenden Seiten behandelten Aspekte werden daher in der Praxis sowohl in den Briefing-Gesprächen mit dem Kunden behandelt als auch bei konzeptionellen Leistungen vom Webdesigner erarbeitet. Die Qualität des Briefings unterscheidet sich sehr stark von Auftraggeber zu Auftraggeber. Die Gründe für ein unvollständiges Briefing können sehr unterschiedlich sein:

- Kunden sind selten Kommunikations- oder Marketing-Experten. Die Bedeutung eines Briefings ist ihnen daher selten bewusst, ebenso wie die Fähigkeit, kompetent und verständlich briefen zu können.
- Dem Kunden fehlen bestimmte Informationen, die er nicht weiß oder spontan nicht entscheiden kann.
- Der Kunde steht unter Zeitdruck. Stress und Unlust können auch zu einem mangelhaften Briefing führen. Das »bisschen Webseite« verlangt in seinen Augen keinen großen Briefing-Aufwand. Vielleicht hat er auch keine Lust, mehrere Agenturen umfangreich zu briefen.

Ein einziges Briefing seitens des Auftraggebers reicht oft nicht aus, um daraus ein stimmiges Konzept zu entwickeln. Eine zweite Briefing-Runde, um Rückfragen zu klären oder weitere Details zu erörtern, ist eher die Regel. Je nach Situation können diese Fragen und Details auch telefonisch geklärt werden und müssen nicht unbedingt in einem weiteren persönlichen Treffen erörtert werden.

3.1.2 Die Recherche

Schon vor dem Briefing mit dem Kunden sollte eine eigenständige Recherche erfolgen, eine Art »investigative Arbeit«, vergleichbar mit der Vorbereitung auf ein Vorstellungsgespräch. Die folgenden konzeptionellen Punkte können auch schon der Vorrecherche dienen:

- Was genau macht der potenzielle Kunde?
- Welche Historie hat er?
- Welche Geschäftsform?
- Wer sind potenzielle Konkurrenten? Welche Vermarktungsmaßnahmen betreibt er bisher?
- Und vor allem: Wie sieht sein bisheriger Webauftritt aus?

Auch persönliche Erfahrungsberichte sind gefragt
Vielleicht haben Sie auch Bekannte, die schon Erfahrungen mit dem Unternehmen gemacht haben oder die Ihnen gar die Anfrage verschafft haben. Erkundigen Sie sich auch hier über das Unternehmen. Hier bekommt man einen besseren »Inneneinblick«, wer was zu sagen hat, was das Unternehmen vielleicht wirklich will usw.

Die Recherchearbeit dient nicht nur dazu, gut vorbereitet in das Briefing zu gehen, sondern auch gezielter nachfragen zu können. Im Grunde könnte man es als »Hausaufgabenmachen« bezeichnen, wenn Sie sich mit dem Auftraggeber auseinandergesetzt haben. Müssen Sie im Gespräch selbstverständliche Dinge über den Kunden immer wieder nachfragen, zeugt das eher von Unprofessionalität.

Nutzen Sie zur Recherche natürlich das Internet. Aber nicht nur eine eventuell schon vorhandene Webseite des Kunden, sondern auch Meinungen, Artikel etc. über ihren Kunden auf anderen Webseiten, dies kann oft aufschlussreicher sein. Branchen-, Unternehmens- und Bewertungsportale können auch hilfreiche Informationen liefern. Die Suchmaschine ist dabei Ihr bester Freund ... Die Recherche dient dazu, wichtige Informationen aller Art über den Kunden zu sammeln, mit dem Ziel, die problemrelevanten Zusammenhänge im vorliegenden Webprojekt zu erkennen und zu verstehen.

3.1.3 Briefing und Angebot

Ein Briefing ist häufig auch die Grundlage für ein Angebot. Erst, wenn Sie wissen, was der Kunde genau will und braucht, können Sie ein detailliertes Angebot erstellen. Die typischen E-Mail-Anfragen, ein Angebot für die »Erstellung einer neuen Webseite« abzugeben, sind zwar im wahrsten Sinne des Wortes *brief* (englisch für knapp), aber nicht ausreichend. Viele für ein Angebot relevante Fragen lassen sich sicherlich per E-Mail oder Telefon gut klären. Auch eine erste grobe Kosteneinschätzung, um zu sehen, ob man in derselben Preisliga spielt, kann man so schnell erreichen. Welche Kriterien ein Angebot erfüllen sollte und wie es auszusehen hat, wurde bereits in Abschnitt 2.3.4, Präsentation«, ab Seite 68 erklärt.

3.1.4 Das Treffen mit dem Kunden

Decken sich die ersten Vorstellungen einigermaßen, ist ein persönliches Treffen, am besten beim Kunden vor Ort aus verschiedenen Gründen sehr hilfreich:

- Sie lernen das Unternehmen kennen. Erkunden Sie die Betriebsatmosphäre, achten Sie auf die Einrichtung, die Kleidung der Mitarbeiter, den Umgangston, die Begrüßungen etc. Hier lässt sich auch in kurzen Momenten schon jede Menge entdecken und über das Unternehmen erfahren.
- Sie lernen die Menschen kennen. Wer hat was zu sagen, welche Hierarchien herrschen, wie ist der persönliche Umgang zwischen den Mitarbeitern und zu Ihnen? Durch Small Talk lässt sich auch gut eine Beziehung zu einzelnen Mitarbeitern herstellen, mit denen Sie im Verlauf des weiteren Projekts immer wieder Kontakt haben werden.
- Sie lernen (hoffentlich) die Unternehmenspolitik kennen. Welche Mitarbeiter treffen die Entscheidungen, und welche sitzen nur dabei, haben aber eigentlich nichts zu sagen? Gibt es Mitarbeiter, die sich besonders profilieren wollen, oder arbeiten gar Mitarbeiter (oder auch Abteilungen) eher gegeneinander, als miteinander? Wenn Projekte scheitern, liegt es oft daran, und wenn es ganz schlecht läuft, sind Sie der Sündenbock, obwohl eigentlich die interne Kommunikation beim Kunden nicht funktioniert.
- Die eigene Kompetenz zeigen. Durch Ihre Fragen, Ihre Anregungen/Anmerkungen und Ihre Beratung können Sie Ihre eigene Kompetenz und Professionalität zeigen und dem Auftraggeber auch die Bestätigung liefern, dass er mit Ihnen den richtigen Dienstleister ausgesucht hat.
- Treffen in der eigenen Agentur: Auch ein Treffen bei Ihnen kann sinnvoll sein. Klar, ein Home-Office mag selten repräsentativ sein. Aber wenn Sie in einer, auch kleinen, Agentur arbeiten, lassen sich oft in den eigenen Räumlichkeiten die eigenen Qualitäten besser vermitteln.

Fragen über Fragen
»Wer nicht fragt, bleibt dumm« ist nicht nur das Motto einer berühmten Kindersendung, sondern sollten sich auch Dienstleister auf die Fahnen schreiben. Fragen kostet nichts, und lieber einmal mehr nachgefragt/nachgebohrt, als mit falschen Vorstellungen oder falsch verstandenen Informationen das Projekt umsetzen zu wollen.

3.1.5 Das Grobkonzept

Aus dem Kunden-Briefing ergibt sich eine Art Basiskonzept. Dies ist das erste und mit das wichtigste Dokument im Projektablauf. Hier werden die ersten Ziele und die Rahmenbedingungen definiert. Es beinhaltet die zu erbringenden Leistungen (noch nicht in allen Details) sowie den Zeit- und Budgetrahmen, also Eckfaktoren, die selten verändert werden können. Auch die Anforderungen an Inhalt, Design und Technik werden erarbeitet und definiert.

Zum Nachlesen

Mehr zu den schriftlichen Anforderungen eines Projekts steht in Abschnitt 2.2.2, »Das Lastenheft – die Sicht des Auftraggebers«.

Das Briefing/Grobkonzept sollte unbedingt schriftlich festgehalten werden. Nur damit ist sichergestellt, dass alle auf der gleichen Grundlage in die nächsten Gespräche gehen, dass das Angebot die richtigen Anforderungen berücksichtigt bzw. die Konzeption von den richtigen Voraussetzungen ausgeht.

3.1.6 Ziele und Strategie

Ziel der folgenden Analysepunkte ist es, eine Strategie zu entwickeln, die zu einem erfolgreichen Projekt führt. Nicht nur in dem Sinne erfolgreich, dass es in Zeit, Kosten und Qualität erledigt wird, sondern dass unterschiedliche Ziele, wie beispielweise Kundengewinnung, Imagesteigerung, auch nachhaltig erreicht werden.

Gute Webseiten werden täglich umgesetzt. Es wäre aber verschenktes Potenzial, wenn die Webseite einfach »nur« gut aussieht und technisch einwandfrei funktioniert. Schöner wäre es, wenn zudem ...

- ... die Webseite besser wäre als die der Konkurrenz.
- ... die Kunden problemlos und schnell die Informationen finden, die sie brauchen.
- ... die Kunden die Seite auch in Zukunft gerne wieder besuchen.

Zum Nachlesen

Aus Ihren Fragen und vor allem den Antworten ergeben sich klare Vereinbarungen. Mehr dazu in Abschnitt 2.2.6, »Das Pflichtenheft – der Plan des Auftragnehmers«.

Dies alles setzt eine gründliche Analyse und Konzeption voraus. Wenn der Auftraggeber sich wundert, warum Sie so viel wissen wollen und so viele Fragen stellen, dann erklären Sie ihm dies. Manchen Auftraggebern ist es unangenehm, wenn sie das Gefühl haben, ausgefragt zu werden.

3.2 Unternehmens- und Kundenanalyse

Ziel ist es, das Unternehmen besser kennenzulernen. Besser kennenzulernen als die üblichen Floskeln, die sich auf Webseiten zuhauf finden, wie »ein dynamisches Unternehmen« oder »flexible motivierte Mitarbeiter« oder gar »Bei uns steht der Kunde im Mittelpunkt« usw.

Der erste Schritt ist sicherlich die Analyse einer eventuell schon vorhandenen Webseite des Unternehmens. Wie stellt sich das Unternehmen selber dar? Inwieweit werden Informationen über die Geschichte, das Management, Mitarbeiter, die Philosophie des Unternehmens aufgeführt? Interessant ist die Selbstdarstellung im Internet mit der »Offline«-Sichtweise des Unternehmens im Briefing-Gespräch. Nicht selten, dass sich die Struktur, die

Denkweise, die Einstellung, die Leistungen des Unternehmens in den letzten Jahren verändert haben. Dies kommt aber, wenn überhaupt, nur im persönlichen Gespräch heraus.

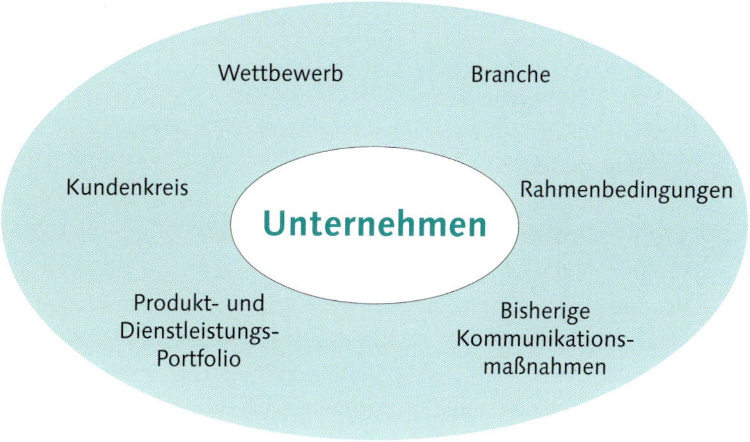

Abbildung 3.2 ▲
Das Unternehmen und seine Einflussfaktoren, mit denen sich der Webdesigner beschäftigen sollte

Das Unternehmen kennenlernen heißt im Marketing-Jargon eine *Ist-* bzw. *Situations-Analyse* zu machen:

- Wo steht das Unternehmen aktuell?
- Welche Produkte, Dienstleistungen stellt es her?
- Wie lange existiert es schon?
- Wie ist es strukturiert?
- Wie viele Mitarbeiter hat es?
- Worin unterscheidet es sich von Konkurrenz?
- Und dann kommen wir zu einem durchaus heiklen Punkt, der Stärken-Schwächen-Analyse: Können Sie aus dem Stand heraus Ihre Stärken und Schwächen aufzählen?

Eine gesunde Selbstanalyse ist gar nicht so einfach und hängt ja auch immer stark vom Betrachtungswinkel ab. Was Unternehmen oft noch gut liefern können, sind die positiven Eigenschaften, die Stärken, das, was das Unternehmen positiv auszeichnet. Da sind ja durchaus auch die Kriterien, die bei der Vermarktungsstrategie prominent platziert werden. Und über die positiven Seiten zu sprechen ist angenehmer, als über die nicht so positiven, die aber jedes Unternehmen natürlich auch hat.

Klar, kann man überlegen, ob Sie als Webdesigner/Agentur wirklich über die negativen Seiten des Auftraggebers ausführlich Bescheid wissen und hier intensiv nachfragen sollten. Dies kann eine angenehme Gesprächsatmosphäre auch schnell ins Gegenteil verkehren. Aber zumindest ist es nicht verkehrt, zu wissen, wo noch (Achtung Neudeutsch!) *Potenzial besteht*, wo die Konkurrenz besser ist bzw. in welchen Punkten sie dem Auftraggeber voraus ist.

Auf die genauere Konkurrenz-Analyse gehe ich noch in Abschnitt 3.2, »Konkurrenten und Vorbilder«, ein. Oft hilft diese auch dabei, den Auftraggeber besser kennenzulernen und einschätzen zu können.

3.2.1 Produkte und Dienstleistungen

Wenn Sie sich mit dem Unternehmen und seinem Angebot auseinandersetzen, sollten Sie unter anderem Antworten auf folgende Fragen bekommen: Welches Produkt- und/oder Dienstleistungsportfolio bietet das Unternehmen an? Welche Produkte oder Dienstleistungen stehen im Mittelpunkt und machen den Großteil des Umsatzes aus? Soll sich das Portfolio in den kommenden Jahren verändern durch den Wegfall bisheriger Produkte/Dienstleistungen, oder sollen neue hinzukommen?

3.2.2 Die Vermarktung

Gerade für ein klassisches Corporate-Website-Projekt sind die bisherigen Werbemaßnahmen interessant. Erfragen Sie, wie das Unternehmen bisher wirbt und Akquise betreibt und wie die Kunden bisher zum Unternehmen gekommen sind. Nicht immer sind die gezielten Akquisemaßnahmen auch die erfolgreichsten. Lassen Sie sich die Werbematerialien geben. Dazu gehören Visitenkarten, Briefbogen, Imagebroschüren, Flyer, Anzeigen und alles, was das Unternehmen sonst noch hat.

Die vorhandenen Werbematerialien liefern einen guten Eindruck, wie sich das Unternehmen bisher »verkauft« hat, und vermitteln auch den optischen Eindruck (Corporate Design) des Unternehmens (siehe Abschnitt 3.4.3, »Corporate Identity und Image«). Vermutlich muss die Webseite zum Corporate Design passen, was Vor- und Nachteile haben kann.

3.2.3 Der Kundenkreis

Der Auftraggeber sollte ihnen schon einen Überblick über die bisherigen Kunden geben können. Ich gehe Im Laufe dieses Kapitels noch ausführlich auf die Analyse der Zielgruppen ein, aber einen Ersteindruck der Kunden des Kunden sollte Ihnen eigentlich jeder Mitarbeiter des Unternehmens aus dem Stegreif nennen können.

Sitzen im Briefing mehrere Mitarbeiter des Auftraggebers dabei, hat oft jeder etwas andere hilfreiche Informationen. Versuchen Sie im Gespräch herauszufinden, wer welche Informationen liefern könnte.

3.2.4 Branche und Umfeld

Erkunden Sie auch die Branche und das Umfeld, in dem sich das Unternehmen bewegt. Wie hat sich die Branche in den letzten Jahren entwickelt und wie wird sie sich zukünftig entwickeln? Gibt es irgendwelche äußeren Rahmenbedingungen, die besonders sind und/oder sich in den kommenden Jahren verändern (Gesetze, technologische Entwicklungen etc.), die entscheidenden Einfluss auf das Unternehmen haben?

Checkliste Unternehmen

Eine Checkliste kann Ihnen beim Kundengespräch helfen, keine wichtigen Fragen zu vergessen. Entwickeln Sie Ihren eigenen Fragebogen, den Sie zu Kundengesprächen mitnehmen und abarbeiten. Ist es okay, arbeiten Sie diesen ruhig gemeinsam mit dem Kunden durch. Eventuell ist die Checkliste aber nur Ihr »Backup«, falls Sie beim Gespräch überprüfen wollen, ob Sie alles Wichtige nachgefragt haben. Sehen Sie daher die folgenden Fragen als Basis für Ihre eigene Checkliste:

Zum Unternehmen direkt:

- ✓ In welcher Branche ist das Unternehmen tätig?
- ✓ Welche Produkte und/oder Dienstleistungen werden angeboten?
- ✓ Wie ist die Unternehmenshistorie?
- ✓ Gibt es besondere Partnerschaften, Auszeichnungen, Referenzen?
- ✓ Wie viele Mitarbeiter hat das Unternehmen, und wie ist es strukturiert (Geschäftsform, Abteilungen etc.)?
- ✓ Gibt es eine schriftlich definierte »Unternehmensphilosophie«?
- ✓ Gibt es bestimmte Eigenschaften/Kriterien, mit denen das Unternehmen (von Seiten des Kunden, der Konkurrenz) assoziiert wird?

Zum Kundenkreis/zur Zielgruppe:

- ✓ Wie sieht der bisherige Kundenkreis aus?
- ✓ Gibt es Aspekte, Eigenschaften, Projekte etc., die auf keinen Fall an die Zielgruppe kommuniziert werden sollen?

Bisheriges Marketing:

- ✓ Welche Vermarktungsmaßnahmen wurden bisher gemacht?
- ✓ Wie sehen die bisherigen Werbematerialien aus?
- ✓ Welche kurz-, mittel- und langfristigen Ziele verfolgt das Unternehmen ganz allgemein?
- ✓ Wie entwickelt sich der Markt /die Branche?
- ✓ Welche Trends/Herausforderungen sind zu erwarten?

3.3 Konkurrenten und Vorbilder

Da sich Produkte und Dienstleistungen in fast allen Branchen immer weiter annähern und oft austauschbar sind, wird die Abgrenzung immer schwieriger. Dabei ist es wichtig, Unterschiede zu schaffen und zu kommunizieren. Warum soll der Interessent gerade bei diesem Unternehmen Kunde werden?

Um besser zu sein als der Wettbewerb, muss man ihn kennen. Schauen Sie sich die Internetauftritte der Konkurrenz an: Wie treten diese auf? Welche Inhalte bieten sie, und wie werden diese präsentiert? Welche Funktionalitäten bieten sie an? Wie sieht das Design aus? Wie ist die technische Umsetzung?

Einerseits dient die Konkurrenzanalyse dazu, die Schwerpunkte der Konkurrenz zu erkennen und diese zu übertreffen oder mit dem eigenen Projekt bewusst Gegensätze zu schaffen. Die Konkurrenzwebseiten können auch danach analysiert werden, was gut und was schlecht ist. Schlechte Aspekte (beispielsweise unklare Navigationspunkte, fehlerhafte Inhalte etc.) sollten einen erinnern, diese auf der eigenen Webseite zu verhindern. Und gute Aspekte können als Anregung dienen, es ähnlich – oder gar besser – zu machen.

3.3.1 Vorbilder

Der Blick sollte auch über den Tellerrand gehen. Suchen Sie Unternehmen, die nicht direkte Konkurrenten sind, aber aus der gleichen oder vergleichbaren Branchen kommen. Auch von deren Auftritten kann man eine Menge lernen bzw. fleißig Anregungen sammeln.

Dürfen Sie eine Zahnarzt-Webseite umsetzen, sind nicht nur die direkt konkurrierenden Zahnärzte aus der näheren Umgebung interessant, sondern vielleicht finden sich bei geografisch weiter entfernten Zahnarzt-Webseiten interessante Anregungen. Schauen Sie sich vielleicht auch die Webseiten von Orthopäden, Allgemeinmedizinern usw. an, also Unternehmen mit einer vergleichbaren Leistung. Auch hier finden sich oft Inspirationen. Suchen Sie nach vergleichbaren Unternehmen und Branchen, und analysieren Sie Vorbilder nach den Kriterien wie Inhalte, Design und (besondere) Funktionalitäten. Ziel sollte es dann sein, sich nicht nur mit technischen Highlights oder gestalterischen Akzenten abzugrenzen, sondern einen sinnvollen Mehrwert zu schaffen.

Checkliste Wettbewerb und Vorbilder

Finden Sie heraus, wer die Wettbewerber des Auftraggebers sind und wie sich diese präsentieren. Ebenso können Vorbilder aus anderen Branchen hilfreich sein. Folgende Fragen können dabei helfen:

- ✓ Wer sind die direkten Konkurrenten?
- ✓ Wie sehen deren Webauftritte aus?
- ✓ Welche Inhalte bieten die Konkurrenten auf ihrer Webseite an?
- ✓ Wie sieht deren Screendesign aus?
- ✓ Welche besonderen Funktionalitäten bieten sie an?

Suchen Sie Vorbilder in anderen Branchen:

- ✓ Welche Webseiten können inhaltlich ein Vorbild sein?
- ✓ Welche Webseiten können optisch ein Vorbild sein?
- ✓ Welche Webseiten können funktional ein Vorbild sein?

3.4 Eine Strategie fürs Webprojekt entwickeln

Wenn Sie das Unternehmen, deren Kunden und Konkurrenten kennengelernt haben, gilt es, eine Strategie zu entwickeln. Eine sinnvolle Strategie ist das, was vielen Webprojekten fehlt. Eine Webseite zu haben, »weil man halt eine Webseite haben muss«, ist genauso wenig eine Strategie wie »wir wollen jetzt auch was online verkaufen«.

Eine Webseite ohne Strategie ist im Grunde ein reines Glücksspiel. Wir setzen einfach mal auf eine Farbe und schauen, was am Ende dabei herauskommt. Für eine Webstrategie gibt es keine allgemeingültige Blaupause. Jedes Unternehmen, jedes Projekt benötigt seine eigene Strategie. Die Strategie definiert, was man erreichen möchte und wie man es erreichen möchte. Sie legt also Ziele und die dazu notwendigen Maßnahmen fest. Ein Unternehmen, das seine Webseite optimieren (oder gleich komplett neu umsetzen will), möchte beispielsweise bessere Suchmaschinenrankings haben.

3.4.1 Rahmenbedingungen für die strategische Ausrichtung

Um die strategische Ausrichtung festzulegen, müssen die Rahmenbedingungen bekannt sein. Die zur Verfügung stehenden Ressourcen, das Unternehmen des Auftraggebers und der Wettbewerb müssen berücksichtigt werden. Dies setzt eine Analyse des Marktes und der Stärken und Schwächen voraus. Davon ausgehend lassen sich dann Ziele definieren. Die erarbeitete Strategie und die definierten Ziele sind dabei kein Selbstzweck. Jede Maßnahme im Laufe des Projekts (und auch danach) lässt sich anhand der Strategiedefinition überprüfen und bewerten.

3.4.2 Mehr als Anfang und Ende

Zu Beginn eines Projekts sind alle motiviert bei der Sache. Dies ändert sich oft schnell, und häufig bleibt dann nur noch der Launch-Termin in Erinnerung. Was dazwischen passiert? Jeder arbeitet vor sich hin, trifft Entscheidungen nach Gutdünken, Kompromisse werden eingegangen usw.

Mithilfe einer Strategie gibt es keine oder zumindest weniger unbegründete Entscheidungen mehr, kein hilfloses Gestochere, keine Zufallsergebnisse. Es ist klar, wen die Webseite ansprechen will (durch entsprechende Zielgruppenanalyse), es ist klar, was sie erreichen will (verkaufen, überzeugen, informieren …), und es ist klar, welche inhaltliche und optische Botschaft vermittelt werden soll.

Ein *»Die Farbe gefällt mir nicht«* ist kein Maßstab mehr, wenn strategische Richtlinien aufgestellt sind. *»Der Farbkontrast ist für eine gute Lesbarkeit zu gering«* oder *»Der Button ist mehrdeutig beschriftet«* wirken da schon hilfreicher. Oder noch konkreter: *»Die Farbkombination erweckt falsche Erwartungen bei der Zielgruppe«* oder *»Das Icon versteht die Zielgruppe nicht«*. Die Strategie legt die Eckpfeiler des Projekts fest. Sie gibt allen Projektbeteiligten Anhaltspunkte und kann bei Diskussionen und Entscheidungen als Grundlage dienen.

3.4.3 Corporate Identity und Image

Jedes Unternehmen besitzt eine Art Unternehmensidentität, vergleichbar mit der Persönlichkeit eines Menschen. So wie wir unsere Mitmenschen wahrnehmen, erkennen wir auch Unternehmen – anhand der Kriterien Aussehen, Verhalten und Sprache. Diese *Corporate Identity* hat jedes Unternehmen, ob Selbstständiger oder Global Player, ob bewusst gesteuert oder nicht. Ziel ist es, durch die Corporate Identity ein positives Bild zu vermitteln. Ähnlich wie bei uns Menschen, die wir durch unsere Kleidung, unsere Sprache ein bestimmtes (meistens positives) Bild abgeben wollen. Ein positiv überzeugendes Bild erzeugt auch meistens ein positives Feedback. Je eher den Anwender die Corporate Identity anspricht und überzeugt, desto eher wird er im Onlineshop einkaufen, länger auf der Webseite bleiben oder mit dem Unternehmen in Kontakt treten.

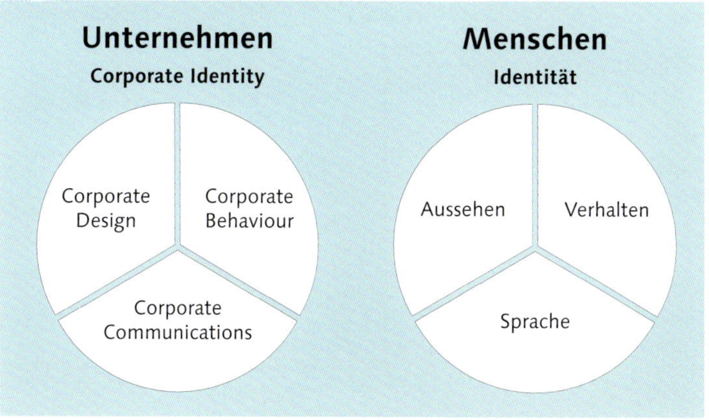

◂ **Abbildung 3.3**
Unternehmen und Menschen werden nach vergleichbaren Kriterien wahrgenommen.

In unserer onlinegeprägten Welt spielt die Webseite eine große Rolle für die Unternehmensidentität, da sich potenzielle Kunden vermehrt über die Corporate Website (siehe Abschnitt 15.1, »Corporate Website«) über ein Unternehmen informieren. Das Bild, das der Kunde/Anwender vom Unternehmen hat, nennt man *Image* (siehe die englische Bedeutung für Bild, Abbildung). Das Unternehmensimage entscheidet darüber, ob aus Menschen Interessenten werden und ob aus Interessenten Kunden werden. Ähnlich wie bei uns Menschen stimmen Selbstbild (Corporate Identity) und Fremdbild (Image) nicht immer überein. Es ist wichtig, das Image des Unternehmens zu kennen, um mit entsprechenden Maßnahmen darauf zu reagieren.

3.4.4 Positionierung

Jedes Unternehmen steht im Wettbewerb mit anderen Unternehmen. Um sich abzugrenzen und für eine erkennbare Differenzierung zu sorgen, gibt es die Methode der Positionierung. Die Stärken und Qualitäten des Unternehmens (oder einzelner Produkte/Dienstleistungen) werden herausgestellt, mit dem Ziel, sich von anderen Anbietern positiv zu unterscheiden.

Eine Positionierung hilft den Anwendern, die einzelnen Wettbewerber zu unterscheiden, es hilft aber auch den Unternehmen selbst, sich der eigenen Stärken bewusst zu werden und diese dann entsprechend zu kommunizieren. Die Positionierung kann anhand verschiedener selbst gewählter Kriterien erfolgen. Klassischerweise wird eine Matrix aus zwei Gegensatzpaaren gebildet (siehe Abbildung 3.4 auf Seite 86) und der Wettbewerber und das eigene Unternehmen eingetragen. So lässt sich gut erkennen, ob eine Differenzierung über bestimmte Eigenschaften möglich ist.

Positionierungsbeispiele
Großunternehmen dienen immer gut als Beispiel, weil sie jeder kennt. Deren Werbesprüche zeigen häufig die gewünschte Positionierung durch die Stärken und die Differenzierung zum Wettbewerb gut auf:

- »Der Duft, der Frauen provoziert.« (Axe)
- »Freude am Fahren« (BMW)
- »Die längste Praline der Welt« (Duplo)
- »Wir lieben Lebensmittel« (EDEKA)
- »Quadratisch, praktisch, gut« (Ritter Sport)

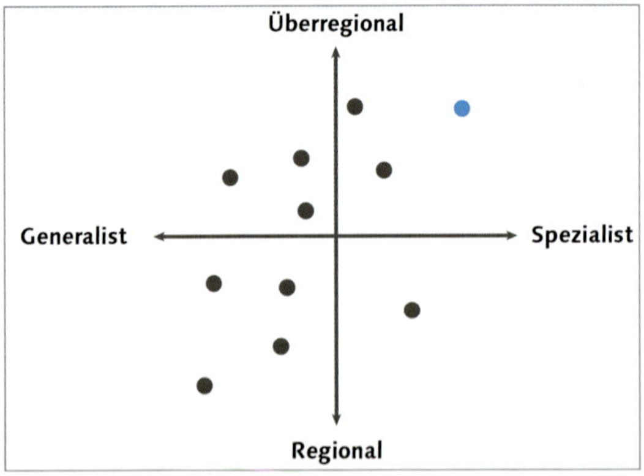

▲ **Abbildung 3.4**
Positionierung anhand selbst gewählter Kriterien. Sind die Leistungen generalistisch oder spezialistisch? Agiert man eher regional oder sind die Kunden überregional?

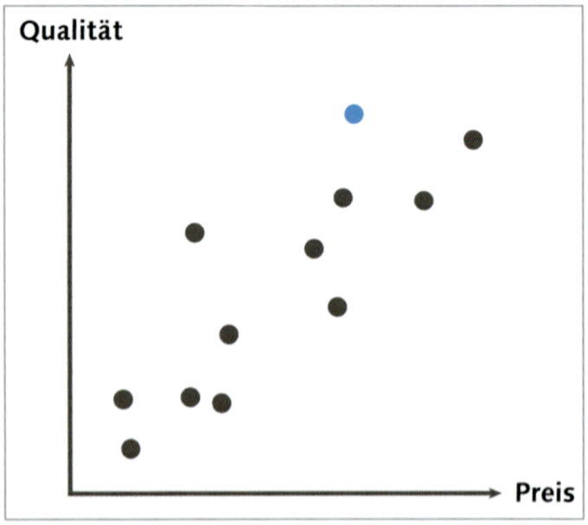

▲ **Abbildung 3.5**
Das klassische Positionierungsmodell anhand der Kriterien Preis und Qualität

Eine gute Positionierung kann ein entscheidender Erfolgsfaktor sein. Die Positionierung liefert Vorlagen für die Inhalte und das Webdesign, indem sie klar macht, wo das Unternehmen steht und welche Kriterien klar herausgestellt werden sollen.

3.4.5 Alleinstellungsmerkmal

Im Zusammenhang mit der Positionierung wird im Marketing gerne auch vom sogenannten Alleinstellungsmerkmal, der *Unique Selling Proposition* (englisch für »einzigartiges Verkaufsversprechen«, kurz USP) gesprochen. Hiermit ist ein besonders herausragendes Merkmal (technisch, optisch usw.) gemeint, wodurch sich das Unternehmen, die Dienstleistung oder das Produkt klar von der Konkurrenz abhebt. Das Alleinstellungsmerkmal beantwortet die Frage: Warum sollte der Interessent gerade bei diesem Unternehmen Kunde werden?

Selten sind noch Alleinstellungsmerkmale zu erreichen, die wirklich kein einziger anderer Wettbewerber hat. Aber zusammen mit der Positionierung, heißt es, die Stärken und Schwächen zu analysieren und die Stärken entsprechend zu vermarkten.

Mögliche Positionierungs- und Alleinstellungsmerkmale einer Webdesign-Agentur:

- große Anzahl an Referenzprojekten
- bestimmte Branchenerfahrung
- umfangreiche Kenntnisse mit einem bestimmten CMS-, Shop-System
- besonders spezialisierte Mitarbeiter
- besonderer Kundenservice, -beratung
- Spezial- oder Full-Service-Anbieter

- geografische Verfügbarkeit (regional oder auch international)
- besonders innovativ (durch Projekte wieder zu belegen)
- Auszeichnungen
- usw.

▲ **Abbildung 3.6**
d-mind.de stellt gleich mehrere Schwerpunkte/Stärken heraus: regional für Stuttgart und Spezialist in drei CM-Systemen.

▲ **Abbildung 3.7**
E-Commerce und Magento sind die Schwerpunkte von *itabs.de*.

Wichtig ist, diese Alleinstellungsmerkmale nicht nur zu behaupten, sondern auch zu belegen. Diese Begründung wird auch *Reason Why* genannt. »Umfangreiche Erfahrungen mit Kunden aus der Branche XY« klingt zwar gut, kann aber grundsätzlich jeder behaupten. Sie sind hier sozusagen in der Beweispflicht: Erst wenn Sie diese Projekte auch zeigen, liefern Sie dem Interessenten den Grund, auch Kunde zu werden.

Der Reason Why
Wie sich mögliche Begründungen umsetzen lassen:

- Projekte zeigen und erklären (Anzahl, Branche, System, Region, Leistungsumfang etc.)
- Mitarbeiter vorstellen
- Standorte vorstellen
- Serviceangebot beschreiben
- Testimonials, Kundenberichte

3.4.6 Die Rolle des Webauftritts im Marketing-Mix

Eine neue Webseite, ein neuer Onlineshop, eine neue Social-Media-Strategie sind in einem Unternehmen immer in einen größeren Marketing-Mix eingebunden. Reduzieren wir einmal das Unternehmens-Marketing auf die Unternehmens-Kommunikation (was umgangssprachlich meistens gemacht wird, obwohl Produkt, Preis- und Vertriebspolitik auch dazugehören). Neben den Online-Kommunikationsmaßnahmen gibt es (fast immer) weitere verschiedene Offline-Maßnahmen, wie Visitenkarte, Briefbogen, Flyer, Imagebroschüre, Plakate, Messestände, Powerpoint-Präsentationen, Autobeschriftungen, Werbegeschenke usw.

Hinter all diesen Offline-Maßnahmen steckt (hoffentlich) auch schon eine Strategie. Jede Kommunikations-Maßnahme ist Teil einer Kommunikationsstrategie, die Teil der Marketing-Strategie ist. In der Unternehmensanalyse gilt es, mehr über diese Marketing-Strategie zu erfahren. Es bringt nichts, wenn das neue Online-Projekt losgelöst von der Unternehmensstrategie geplant wird. In den letzten Jahren ist eine Veränderung der Kommunikationsstrategie bei vielen Unternehmen festzustellen. Die Online-Präsenz (dazu gehört nicht nur die Unternehmens-Webseite) rückt zwangsläufig immer mehr in den Mittelpunkt und weitere Offline-Maßnahmen bauen darauf auf.

Nicht selten, dass der Relaunch der Unternehmens-Webseite einen Neubeginn der Kommunikationsstrategie einläutet oder dass das neue Screendesign die Basis für die Gestaltung der weiteren Werbemittel ist. In diesen Fällen sind eine gründliche Analyse und eine gut ausgearbeitete Online-Strategie umso bedeutender.

Checkliste Strategie

Um sich einer möglichen Online-Strategie zu nähern, können unter anderem folgende Fragen an den Auftraggeber hilfreich sein:

- ✓ Welche Stärken und Schwächen hat das Unternehmen?
- ✓ Welche Schwerpunkte gibt es?
- ✓ Worin unterscheidet es sich von anderen Unternehmen?
- ✓ Wie positioniert sich das Unternehmen selbst?
- ✓ Gibt es ein vorhandenes Corporate Design?
- ✓ Welche Kommunikationsmaßnahmen wurden bisher umgesetzt?

3.4.7 Fazit: Warum eine Strategie so wichtig ist

Eine sinnvolle Strategie liefert die richtigen Antworten auf die Fragen der einzelnen Projektbereiche. Es geht nicht schon um die genaue Gestaltung eines tollen Designs, die Auswahl eines Content-Management-Systems oder fertig ausformulierte Texte. Es geht viel mehr um die Wünsche des Auftraggebers, um seine Stärken, um passende Ziele und vor allem auch um die Zielgruppe und deren Bedürfnisse, Vorstellungen und Gewohnheiten. Alles was im Erstellungsprozess passiert, kann an zwei Kriterien überprüft werden:

1. Was sind die unternehmerischen Ziele der Webseite?
2. Was sind die Bedürfnisse der Zielgruppen?

Aus dem Projektleben

Wie es so häufig vorkommt:

1. Der Designer wartet auf die Texte, damit er weiß, was er gestalten soll.
2. Der Texter wartet auf das Design, damit er weiß, wie viel Platz er hat.

Mit einer sinnvollen Konzeption und Strategie lässt sich das vermeiden.

Die Strategie gibt dem Designer, dem Entwickler, dem Texter und anderen Projektbeteiligten eine Art Fahrplan an die Hand. Jede Idee, jede Fragestellung kann mithilfe der Strategie überprüft und bewertet werden. Beliebige Entscheidungen (zum Beispiel unnötige Features) können so verhindert werden.

Die Strategie sorgt damit für den roten Faden, für die stimmige Eingliederung des Projekts in die Unternehmenskommunikation.

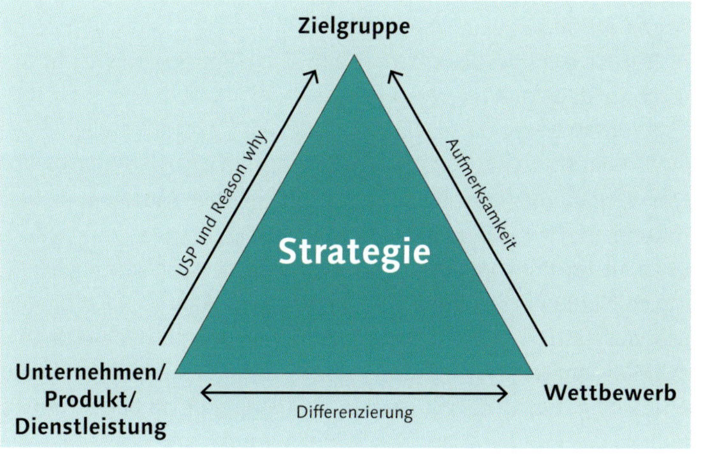

◂ **Abbildung 3.8**
Die Strategie in ihrem Spannungsfeld aus dem Unternehmen, dem Wettbewerb und der Zielgruppe

3.5 Webdesign ist Kommunikation

»Wir sehen nicht die Dinge, wie sie sind, sondern wir sehen sie, wie wir sind.«

Talmud (bedeutendes Schriftwerk des Judentums)

Unser Leben ist Kommunikation. Kommunikation ist so alltäglich und selbstverständlich, dass sie als unproblematisch hingenommen wird. Erst wenn Kommunikation misslingt, setzen wir uns mit ihr auseinander. Webdesigner sollten aber schon, bevor es zu einem Missverständnis oder gar Misserfolg kommt, die grundlegenden Kommunikationsprozesse verstehen, um diese gezielt für sich und ihre Designs nutzen zu können.

3.5.1 Das Kommunikationsmodell

Es gibt unterschiedliche Modelle zum Kommunikationsprozess, die in der zielgerichteten und zielgruppenorientierten Gestaltung genutzt werden können. Das einfachste Modell, das den Grundvorgang der zwischenmenschlichen Kommunikation beschreibt, ist schnell erklärt:

▴ **Abbildung 3.9**
Ein vereinfachtes Kommunikationsmodell mit Sender, Nachricht und Empfänger

Das Grundmodell geht von einem Informationsaustausch zwischen Sender und Empfänger aus, der sich in sieben Schritte unterteilen lässt:

1. Der Sender hat eine Absicht.
2. Er übersetzt/verschlüsselt sie in Worte.
3. Er sendet/spricht die Nachricht aus.

Kommunikationsstörungen
Kommunikation ist ein extrem störanfälliges Gebilde. Gründe, warum das so ist, hat der Verhaltensforscher und Nobelpreisträger Konrad Lorenz (1903–1989) pointiert zusammengefasst:
»gedacht« ist nicht gesagt …
»gesagt« ist nicht gehört …
»gehört« ist nicht verstanden …
»verstanden« ist nicht gewollt …
»gewollt« ist nicht gekonnt …
»gekonnt und gewollt« ist nicht getan …
»getan« ist nicht beibehalten …

4. Die Nachricht wird übermittelt.
5. Der Kommunikationspartner empfängt/hört die Nachricht.
6. Er entschlüsselt die Nachricht.
7. Er interpretiert die Nachricht.

Der Sender möchte (s)eine Botschaft an den Empfänger übermitteln. Dazu muss er die Botschaft codieren. Was zuerst nach einer absichtlichen nicht interpretierbaren Verschlüsselung klingt, meint vielmehr, dass jede Art der Kommunikation auf sehr *subjektive* Weise (zum Beispiel durch die Wahl der Worte, Gestik und Mimik) vermittelt wird. Die verschlüsselte Botschaft muss der Empfänger dann entschlüsseln und verstehen. Und spätestens da fangen die Probleme an. Verfügt der Empfänger nicht über die gleichen Verschlüsselungstechniken wie der Sender, misslingt die Kommunikation, und die Botschaft kommt nicht mit der beabsichtigten Wirkung an.

Jeder der sieben Schritte enthält potenzielle Fehlerquellen. Vieleicht drückt sich der Sender nicht klar genug aus, findet nicht die richtigen Worte. Vielleicht versteht der Empfänger den Sender akustisch nicht, oder er kennt die Bedeutung der Worte nicht. Ironie ist dafür ein klassisches Beispiel. Sender und Empfänger sind also in gleichem Maße an der Kommunikation beteiligt und verantwortlich, dass diese gelingt. Dieses Prinzip läuft in der alltäglichen menschlichen Kommunikation dauernd ab und würde dann weitergehen mit einer Reaktion des Empfängers.

Entscheidend für das Gelingen der Kommunikation ist deshalb die Codierung und Decodierung, die umso besser gelingt, je größer das gemeinsame Zeichenrepertoire von Sender und Empfänger ist.

Der »Empfänger« einer Webseite ist der Besucher, der Anwender oder in Marketing-Sprache, die Zielgruppe. Um die Nachricht verbal und visuell so zu »codieren«, dass diese sie entschlüsseln kann, muss man die Anwender kennen. Eine gründliche Analyse der Zielgruppe führt zu Erkenntnissen, über deren demografische und psychografische Merkmale und deren Erwartungen und Interessen. Darauf lässt sich dann die Umsetzung der Nachricht aufbauen. Mehr zur Zielgruppenanalyse folgt in Abschnitt 3.7, »Zielgruppenanalyse«).

Mögliche Ziele
Eine Webseite kann unterschiedliche Ziele verfolgen. Zum Beispiel kann sie …

- … der Imagepflege dienen.
- … die Vermarktung von Produkten oder Dienstleistungen verbessern.
- … Produkte verkaufen.
- … Serviceangebote liefern, wie FAQs oder ein Support-Forum.

Mehr zu den Zielen einer Webseite in Abschnitt 3.6, »Ziele der Webseite«.

3.5.2 Kommunikationsmodell für das Webdesign

Überträgt man dieses Kommunikationsmodell auf das Webdesign, könnte es folgendermaßen aussehen:

1. Der Webseitenbetreiber hat eine Absicht/ein Ziel.
2. Er übersetzt dieses in textliche und grafische Inhalte.

3. Er stellt seine Webseite online (und vermarktet diese).
4. Der Empfänger besucht die Webseite.
5. Er sieht/liest die Nachricht (oder eben auch nicht, er übersieht sie, betrachtet sie nicht, geht nicht auf die entsprechenden Unterseiten etc.).
6. Er übersetzt sie. (Was bedeuten die Farben? Was sagen die Bilder, der Text? – Das passiert fast ausschließlich unbewusst.)
7. Er interpretiert, besser er reagiert: Er klickt oder eben nicht oder verlässt sogar die Seite.

Dies gilt – wie in der menschlichen Kommunikation – für die großen Kommunikationsthemen (wie zum Beispiel den einführenden Claim/die Werbebotschaft auf der Startseite) wie auch für die kleinen (zum Beispiel einen Link auf die Startseite innerhalb eines Webauftritts).

Beispiel 1: Kommunikation über Headlines | Einen guten Vorführ- und Lerneffekt haben die ersten Headlines auf den Startseiten von Webauftritten. Hier präsentieren die Unternehmen ihre »großen« Absichten, den Grund ihrer Webseiten bzw. die Bedeutung ihres Unternehmens. Hier lässt sich der Schwerpunkt erkennen, den das Unternehmen mit seiner Webseite setzen will.

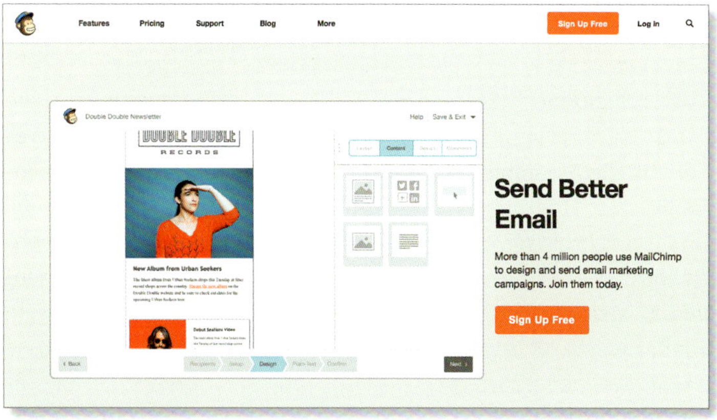

▲ Abbildung 3.10
»Send better Email« – der Nutzen der Webseite bzw. der angebotenen Dienstleistung wird kurz und knackig präsentiert, *mailchimp.com*.

Der Anwender kommt auf die Webseite, verschafft sich kurz einen Überblick, und je nach grafischer Ausgestaltung betrachtet er die Headlines. Er liest diese, und er interpretiert/reagiert. Im besten Fall fühlt er sich »abgeholt« und meint, auf der richtigen Seite zu sein, die das bietet, was er sucht.

Schwerpunkte setzen
Gestalten heißt, den Dingen eine Bedeutung geben.
Die erste Headline und ein dazugehöriges Bild wie in Abbildung 3.10 und Abbildung 3.11 sollten daher prominent und aufmerksamkeitsstark platziert sein. Dies passiert durch eine entsprechende Größe und durch ausreichend Platz um diese Gestaltungselemente. Mehr dazu im Abschnitt »Hierarchien« in Kapitel 6, »Gestaltungsgrundlagen«.

Die Headline ist hierbei Teil des ersten Eindrucks (mehr dazu im Abschnitt »Erster Eindruck« ab Seite 270), den der Besucher von der Webseite bekommt. Neben Logo, Hauptnavigation, erstem Teaserbild kommt der ersten Headline besondere Bedeutung zu. Häufig ist diese der erste Text, den der Besucher liest. Wie in Abbildung 3.10 und Abbildung 3.11 zu sehen, sollte die Überschrift prägnant gestaltet sein, damit sie die erste Botschaft auch einfach und eindeutig vermitteln kann. Dazu gehört eine entsprechend große Gestaltung. Die Textgröße überragt hier nicht selten alle anderen vorkommenden Schriftgrößen der Webseite. Über, neben oder manchmal auch unter dem Teaserbild ist sie mit das erste Inhaltselement und wird schon aufgrund des Leseflusses frühzeitig wahrgenommen. Durch farbliche Gestaltung und vor allem durch viel Freiraum um die Headline herum, kann sie ihre volle Wirkung entfalten.

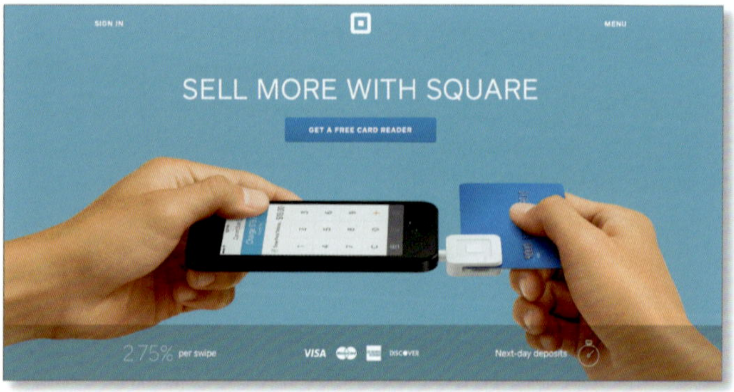

Abbildung 3.11 ▸
Auch *squareup.com* zeigt kurz und knapp den entscheidenden Vorteil auf. Und auch hier führt kein optischer Weg an der Headline vorbei.

Spricht die Headline (und auch die anderen Elemente, die für den ersten Eindruck wichtig sind) den Betrachter aber nicht an, bzw. vermittelt sie ihm nicht das Gefühl, auf dieser Seite fündig zu werden (wozu neben der Gestaltung ja auch noch der verbale Inhalt, also die textliche Botschaft kommt), dann ist er schnell wieder weg.

Der Weg zur Startseite
Es sind nicht wenige Nutzer, die immer wieder zur Startseite zurückkehren, um von dort aus die Webseite zu erkunden. Der Weg zur Startseite sollte ihnen also einfach gemacht werden.

Beispiel 2: Kommunikation über den Home-Link | Ein weiteres kleines Element, das im Webdesign eine wichtige Rolle in der Kundenkommunikation einnimmt, ist der Home-Link. Dabei handelt es sich um einen Link, der auf jeder Unterseite auftaucht und den Anwender zurück zur Startseite bringt. Der Webdesigner möchte dem Anwender die Möglichkeit geben, dass dieser von jeder Unterseite schnell zur Startseite kommen kann, um sich dort (wieder) einen Überblick zu verschaffen.

In der Regel hat der Anwender verschiedene Möglichkeiten, um von einer Unterseite wieder auf die Startseite zu gelangen.

Klassischerweise führt ein Klick auf das Logo zurück zur Startseite. Der Zurück-Button des Browsers ist eine weitere, gerne genommene Möglichkeit, die aber umständlicher wird, je mehr Seiten man inzwischen schon besucht hat. Ärgerlich ist das manuelle Abändern der Domain oder gar der Umweg über die Google-Suche. Diese benutzerunfreundlichen Varianten sollten natürlich vermieden werden.

Logo als Link
Es ist eine Art Design- und Navigationskonvention: Das Logo ist ein Link zur Startseite. Das kennt nicht jeder User, aber die, die es kennen, erwarten es auch.

▲ **Abbildung 3.12**
Ein Potpourri an Home-Buttons

Nicht jeder kennt den Weg über das Logo und soll trotzdem schnell zur Startseite gelangen können. In den meisten Fällen gestaltet der Webdesigner für diesen Zweck einen »Home«-Button als Ergänzung des Logo-Links. Sucht der Anwender einen Home-Link, dann schaut er an Stellen im Screendesign, an denen er diesen aufgrund seiner bisher gemachten Erfahrungen vermutet.

Dann schaut er zum Beispiel nach dem ersten Menüpunkt der Hauptnavigation oder oben rechts in der Metanavigation. Er erfasst den Link aufgrund seiner visuellen Eigenschaften (Farbe, Icon, Wortwahl etc.). Er deutet das grafische Element als den gesuchten Link und reagiert darauf, indem er auf diesen klickt.

Zum Weiterlesen
Auf Aspekte der Haupt- und Metanavigation wird ausführlich in Kapitel 12, »Navigations- und Interaktionsdesign«, eingegangen.

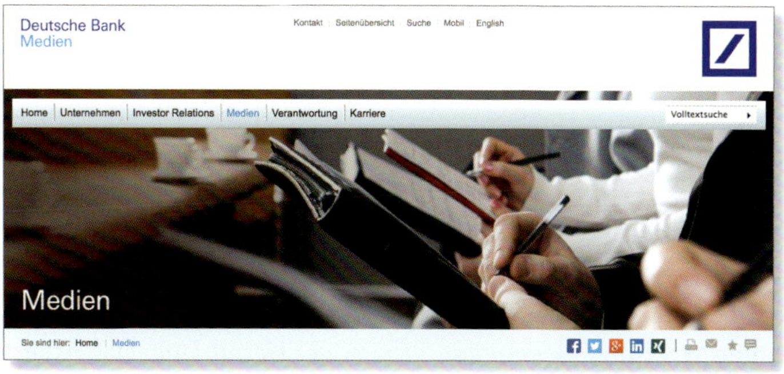

◂ **Abbildung 3.13**
Der Klassiker: Der Home-Link steht in der Hauptnavigation als erster Punkt, *deutsche-bank.de*.

Soweit die gelungene Kommunikation. Es kann dabei aber auch einiges schieflaufen. Vielleicht gibt es gar keinen extra Home-Link. Oder der Benutzer findet diesen nicht, weil er da platziert ist, wo er ihn nicht vermutet. Oder er sieht ihn zwar, versteht ihn aber nicht, weil die Wortwahl missverständlich ist. »Startseite« versteht vermutlich jeder, »Home« könnte schon für manche Anwender schwieriger verständlich sein, wird aber auch häufig eingesetzt. Andere Benennungen (siehe Abschnitt 5.5.2, »Wording«) kommen – zum Glück für die Verständlichkeit – nicht vor.

Kommunikation kann im Großen wie im Kleinen schiefgehen – verbale wie visuelle. Unser Sehen ist geprägt durch die Erziehung, übernommene Meinungen, Ansichten und Wertvorstellungen anderer Menschen. Wichtig ist es, sich seiner eigenen Ziele und Absichten genauso bewusst zu werden wie der Wünsche und Bedürfnisse des Gegenübers (also des Nutzers). Dies gilt auf Webseiten genauso wie im »richtigen« Leben.

3.6 Ziele der Webseite

Ohne konkrete Ziele ist das Projekt sprichwörtlich ziellos. *»Das Unternehmen Mayer will durch einen Onlineshop seine Produkte verkaufen«* ist kein ausreichend klar definiertes Ziel. Im Projektmanagement gibt es eindeutige Kriterien für die Definition von Zielen. Diese müssen *SMART* sein:

Tabelle 3.1 ▸
Smarte Projektziele

S	spezifisch	so präzise wie möglich
M	messbar	mit klaren Kriterien messbar
A	anspruchsvoll	nicht zu leicht zu erreichen
R	realistisch	nicht zu hoch angesetzt
T	terminiert	klare zeitliche Vorgabe

Bei Erfüllung dieser fünf Kriterien liegen eindeutige und überprüfbare Ziele vor. Ganz grundlegend lassen sich folgende Ziele verfolgen:

- **Imagepflege**: Kommt bei Corporate Websites am häufigsten vor. Hier geht es darum, die Corporate Identity des Unternehmens zu vermitteln und das Image des Unternehmens, also das Vorstellungsbild, das die Interessenten von ihm haben, zu beeinflussen.
- **Vermarktung**: Bestimmte Produkte und/oder Dienstleistungen sollen beworben werden. Informationen, Bilder, Videos etc. stellen die Vorzüge des Produkts heraus. Das Interesse des Kunden soll geweckt werden.
- **Presales**: Hier werden dem Kunden schon konkrete Produkt- oder Dienstleistungsbezogene Fragen beantwortet. Hier geht es nicht mehr darum, das Interesse zu wecken, sondern rationale und emotionale Begründungen zu liefern, Kunde zu

werden. Dazu können Produkteigenschaften, Preisfindungen, Anwendungsbeispiele usw. gehören.

- **Verkauf**: Der Interessant kann das Produkt erwerben, klassischerweise per Onlineshop.
- **Service**: Weiterführende Angebote, die über das normale Produkt und den Shop hinausgehen und den entscheidenden Mehrwert bzw. den entscheidenden Unterschied im Vergleich zur Konkurrenz liefern können.

3.6.1 Ziele formulieren

Aus der Analyse und Strategie werden dann realistische und strategische Ziele formuliert. Die Ziele kann man dann noch unterteilen in quantitative und qualitative Ziele, wobei in der endgültigen Zieldefinition beide Arten vorkommen sollten.

So lassen sich ganz allgemein unter anderem folgende Ziele formulieren und dann individuell genauere Ziele ableiten:

- **Ziele bzgl. des Kundendialogs**: Ansprache neuer Zielgruppen, zum Erstkontakt animieren, aus Interessenten Kunden machen, Neukundengewinnung, höhere Kundenbindung generieren, bestehende Kunden halten, Dialog starten und Kundenbeziehungen stärken, Feedback einholen, Spaß vermitteln/»entertainen«, Informationen vermitteln/aufklären usw.
- **Ziele bzgl. der Unternehmenspositionierung/-ausrichtung**: Vertrauen aufbauen, Image erzeugen und festigen, Erschließung neuer Geschäftsfelder, Expertenstatus aufbauen und untermauern, Transparenz und Authentizität vermitteln, klarere Abgrenzung zum Wettbewerb, Mitarbeiter finden und binden, Netzwerke auf- und ausbauen usw.
- **Ziele bzgl. (betriebswirtschaftlicher) Kennzahlen:** Umsatzsteigerungen, Kostensenkungen, Webseiten-Besucher und Kundendaten gewinnen, Anfragen generieren, Backlinks gewinnen usw.

Quantitative und qualitative Ziele

Quantitative Ziele betreffen den Gewinn, den Umsatz, die Kosten, den Marktanteil und das Wachstum.

Qualitative Ziele betreffen das Image, die Bekanntheit, die Kundenbindung, das Vertrauen.

3.6.2 Aus Zielvorgaben Maßnahmen ableiten

Aus den schriftlich formulierten Zielvorgaben lassen sich dann konkrete Maßnahmen für die einzelnen Bereiche ableiten. Die Ziele bestimmen entscheidend die Inhalte, das Webdesign und die Technik. Beispielhafte Maßnahmen zur Kundenbindung, die sich aus den Zielen ergeben könnten:

- Einrichtung eines Kundenbereichs mit exklusiven Inhalten und/oder Bestellübersicht
- erweiterte Service-Inhalte nach dem Kauf (Tutorials, Manuals, Tipps und Tricks, Foren, Blog usw.)
- E-Mail-Newsletter für spezielle Kundenangebote

Flexibel bleiben

Bei der Umsetzung können (gerade im technischen Bereich) immer wieder unvorhergesehene Probleme auftauchen oder veränderte Rahmenbedingungen für eine Anpassung der Maßnahmen sorgen. Sowohl Auftraggeber als auch Auftragnehmer sollten hier Flexibilität beweisen.

- regelmäßige Analyse und Auswertung des Besucherverhaltens auf der Webseite
- Vereinheitlichung der CRM-Software (internes Tool zur Kundenpflege, englisch *Customer Relationship Management*) und des Content-Management-Systems
- Gutscheine und Rabattaktionen speziell für bestehende Kunden

Checkliste Ziele
Um zu einer klaren Zieldefinition zu kommen, sind folgende Fragen hilfreich:

- ✓ In welchem Zeitrahmen soll das Projekt fertiggestellt werden?
- ✓ Gibt es einen fixen Endtermin, bis wann das Projekt auf jeden Fall fertig sein muss?
- ✓ Gibt es wichtige Meilensteine?
- ✓ Welche quantitativen und qualitativen Ziele werden verfolgt?

Die geplanten Maßnahmen müssen auf Ihr Kosten-Nutzen-Verhältnis überprüft und bewertet werden. Am Ende steht eine klare Strategie samt eindeutig formulierten Zielen.

Das eingangs auf Seite 94 sehr allgemein formulierte Ziel könnte nun genauer definiert folgendermaßen lauten:

»Das Unternehmen Mayer will seine Corporate Webseite durch einen Onlineshop ergänzen. Durch Informationen auf der Webseite soll der Shop bekannt gemacht, die Vorteile einer Online-Bestellung herausgehoben und Vertrauen in den Shop erzeugt werden. Die Telefon-Mitarbeiter sollen durch den Onlineshop spürbar entlastet werden. Bis zum 01.10.20XX soll der Shop einen Umsatz von XX.XXX Euro erzeugen. Der Shop soll spätestens am 01.01.20XX gelauncht werden.«

Sicher, an der ein oder anderen Stelle ließen sich die Ziele noch genauer definieren (»spürbar« ist relativ und nicht klar messbar), doch ist diese Zielvorgabe auf jeden Fall schon mehrere Schritte weiter, als die eingangs beschriebene Zielvorstellung.

3.6.3 Den Anwender nicht aus den Augen verlieren

Bei allen Zielvorgaben liegen die Wünsche des Auftraggebers im Vordergrund, die können sich aber von denen seiner Kunden, oberflächlich betrachtet, unterscheiden. Die Kundenbedürfnisse und Ansprüche sollten also nicht ignoriert werden. Am Beispiel einer Produktseite eines Onlineshops werden die unterschiedlichen Ziele des Webseitenbetreibers und des Anwenders deutlich:

Der Anwender möchte sich über das Produkt informieren, in diesem speziellen Fall über die Herstellung, Eigenschaften und den Preis. Passt dies mit seinen Vorstellungen zusammen, möchte er das Produkt kaufen, also in den Warenkorb legen und nach abgeschlossenem Einkauf den Bezahlvorgang anstoßen.

Der Webseitenbetreiber möchte das Produkt verkaufen, dazu gehört zuerst, dass möglichst viele, die das Produkt anschauen, es auch in den Warenkorb legen. Und er möchte auch für weitere Produkte werben, so dass der Kunde animiert wird, weitere Produkte zu erwerben. Im Marketing heißt dies *Cross-Selling* (Querverkauf), also den Verkauf von sich ergänzenden Produkten oder Dienstleistungen.

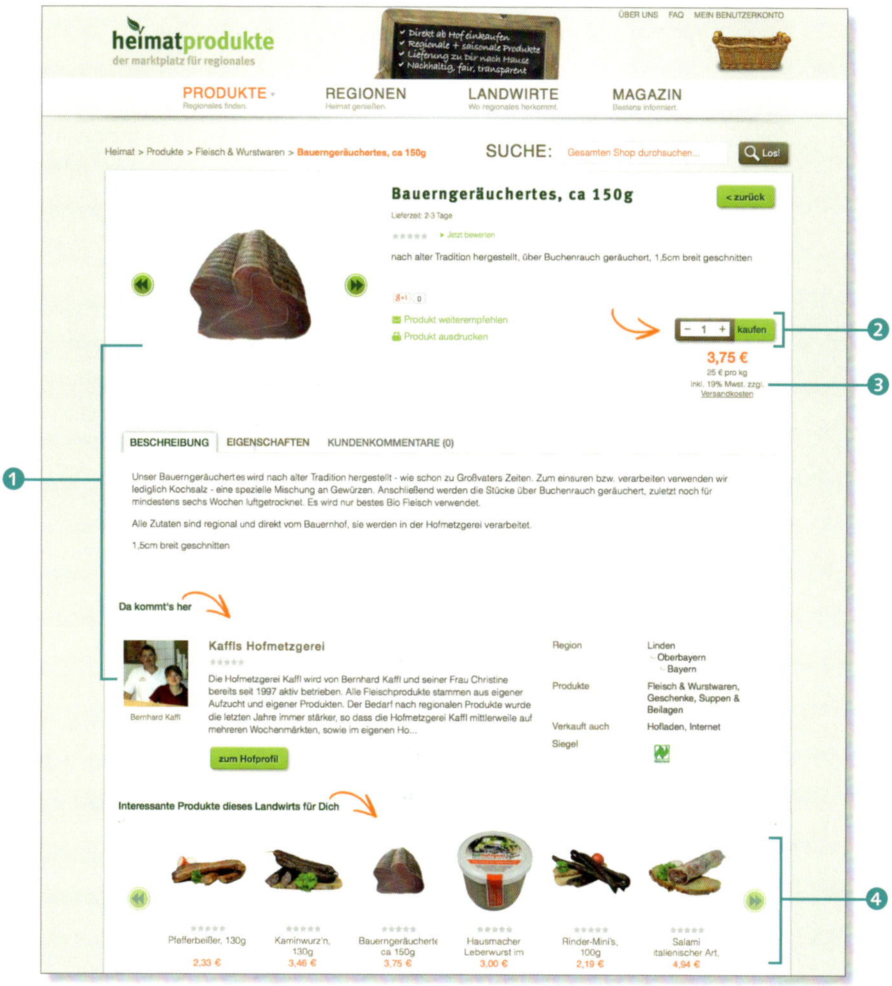

▲ Abbildung 3.14
Die Ziele des Kunden (Anwenders) und des Unternehmens sind vereinbar, *heimatprodukte.de/produkte/fleisch-1/bauerngeraeuchertes.html*

Der Onlineshop *heimatprodukte.de* hat dies geschickt gelöst und die Bedürfnisse beider Seiten – also die des Kunden und die des Unternehmens – gleichermaßen beachtet: Damit sich der Kunde informieren kann werden verschiedene Produktbilder (oft auch in Großansicht) und eine Beschreibung des Produkts samt Eigenschaften gezeigt ❶. Dazu werden die Erzeuger vorgestellt mit Bewertung und Link zur eigenen Profilseite. Dazu wird prominent der Kaufen-Button ❷ platziert mit der einfachen Auswahl der Kaufmenge.

Das Unternehmen möchte vor allem das Produkt verkaufen ❸ und für weitere Produkte werben ❹. Im Grunde sind die Kunden- und Unternehmensziele also keine, die sich gegenseitig ausschließen, sondern gut vereinen lassen. Erfüllt der Auftraggeber die Bedürfnisse des Kunden, werden dadurch auch seine Ziele erreicht.

3.7 Zielgruppenanalyse

Nur wenn man seine Zielgruppe kennt, kann man mit ihr gut kommunizieren. Auf den Kommunikationsprozess wurde ja bereits in Abschnitt 3.5, »Webdesign ist Kommunikation«, ausführlich eingegangen. Als Webseitenbetreiber und -ersteller sollte man den Besucher und seine Erwartungen gut kennen. Erst dann kann man seine Botschaften und Absichten auf diesen abstimmen.

Ein Unternehmen, das bereits länger am Markt existiert, sollte seine Zielgruppen kennen. Meistens sind mit Zielgruppen vor allem diejenigen gemeint, die die Produkte oder Dienstleistungen des Unternehmens kaufen sollen. Etwas weiter gefasst gehören zu den Zielgruppen aber auch (potenzielle) Mitarbeiter, Geschäftspartner, die Presse und die Öffentlichkeit an sich und nicht zu vergessen die *Influencer*, die Personen, die aufgrund ihrer Präsenz und ihres Ansehens einen Einfluss auf die potenzielle Kundschaft haben.

Der Kunde kann im Idealfall schon seine Zielgruppe mehr oder weniger genau definieren. Das geplante Webprojekt muss aber nicht unbedingt mit den bisherigen Zielgruppen bzw. deren Bedürfnissen und Vorstellungen übereinstimmen. Daher lohnt sich die Überlegung, ob durch das Projekt neue Zielgruppen dazukommen oder ob bei den vorhandenen neue Bedürfnisse geweckt werden (können). Der Kunde sollte den Webdesigner über seine Zielgruppe umfassend informieren können. Zumindest über seine »bisherige« Zielgruppe. Durch eine (neue) Webseite, Shop oder App kann es zu ganz neuen Zielgruppen kommen bzw. können die bisherigen erweitert werden. Je nach Fähigkeiten des Webdesigners und Wunsch des Auftraggebers können sich beide Seiten hierzu gemeinsam Gedanken machen und die (neuen) Zielgruppen erarbeiten.

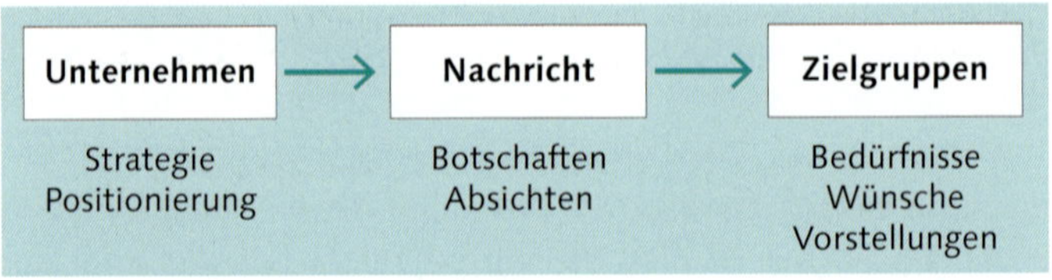

Abbildung 3.15 ▸
Das Kommunikationsmodell in der Unternehmenskommunikation

Im Idealfall kann man seine gewünschte Zielgruppe an der Entwicklung des Projekts mitwirken lassen. Usability-Tests können hier eine große Hilfe sein, siehe Abschnitt 3.11, »Usability im Webdesign«, um schon in der Entwicklung des Projekts festzustellen, ob man auf dem richtigen Weg ist bzw. wie weit man vom Ziel noch entfernt ist.

3.7.1 Zielgruppenanalyse mit Fingerspitzengefühl

In die Bedürfnisse, Wünsche und Vorstellungen der Zielgruppe »einzusteigen«, ist nicht einfach. Das menschliche Denken ist schwer fassbar und das Verhalten der Menschen als Konsumenten nicht einfach und selten logisch nachvollziehbar. Früher war das Marketing in diesem Punkt vermutlich einfacher. Viele Verkäufe fanden im direkten täglichen Austausch statt, während es heute eher selten einen unmittelbaren Kontakt zwischen Unternehmen und Konsument gibt. Und in der Online-Welt ist auch der Informations- und Kaufprozess ganz virtuell, Kontakt findet am ehesten über E-Mail, vielleicht noch über Telefon statt. Dies macht es nicht leichter, die komplexe Struktur des Konsumentenverhaltens zu analysieren und zu verstehen.

Bei der Analyse der Zielgruppen kann man ganz allgemein zwischen den Kunden als Endverbrauchern und Geschäftskunden unterscheiden. Endverbraucher sind die diejenigen, die das Produkt oder die Dienstleistung selbst konsumieren. *B2C* (*Business-to-Consumer*) wird diese Gruppe im Marketing-Jargon genannt. Geschäftskunden brauchen die Produkte oder Dienstleistungen, um damit wiederum ihre Arbeit verrichten zu können. *B2B* (*Business-to-Business*) nennt sich diese Gruppe.

Zielgruppenanalyse Business-to-Consumer (B2C)

Zielgruppen lassen sich nach verschiedenen Kriterien analysieren, die sich in Bereiche aufteilen lassen. Nicht für jede Analyse sind immer alle Merkmale wichtig, dies gilt es, individuell zu entscheiden.

Soziodemografische Merkmale: Alter, Geschlecht, Familienstand, Haushaltseinkommen, Wohnort, Beruf, Bildungsstand, Freizeitverhalten (Sport, Kultur, Lifestyle etc.), Kulturkreis (politische, geografische, ethnische, sprachliche Ausrichtung), soziale Schicht usw.

Psychografische Merkmale: Einstellungen und moralische Werte, Vorlieben, Gewohnheiten, Statusbewusstsein, Offenheit, ästhetisches Empfinden, Motivation usw.

Konsumverhalten: Preissensibilität, Markenbewusstsein, Häufigkeit usw.

Situativer Kontext: Aufenthaltsort, gegenwärtige Aktivität, Umfeld (Ruhe, Konzentration), Nutzungsbereich (Beruf, Privat, Schule), bevorzugte Informationstiefe, bevorzugte Darstellungsart (Text, Bild, Video, PDF etc.)

Technische Voraussetzungen: Internet-Erfahrung, Surfverhalten, technisches Interesse, Sicherheitsbedürfnis

◂ **Abbildung 3.16**
Zielgruppen und die verschiedenen Kriterien zu ihrer Analyse

Gerade die psychologischen Faktoren sind interessant. Welche Motivation treibt den Konsumenten an? Wonach sucht er in Wirklichkeit? Welches Bedürfnis möchte er befriedigen? Die psychologischen Motive unseres Handelns sind weitgehend unbewusst. Aber (fast) alle Entscheidungen, die wir treffen sind emotional gesteuert. Zusammen mit einer inhaltlichen Überlastung der Konsumenten durch die Informations- und Werbeflut und der zunehmenden Austauschbarkeit von Produkten und Dienstleistungen suchen immer mehr Unternehmen das Heil in einer emotionalen Zielgruppenansprache.

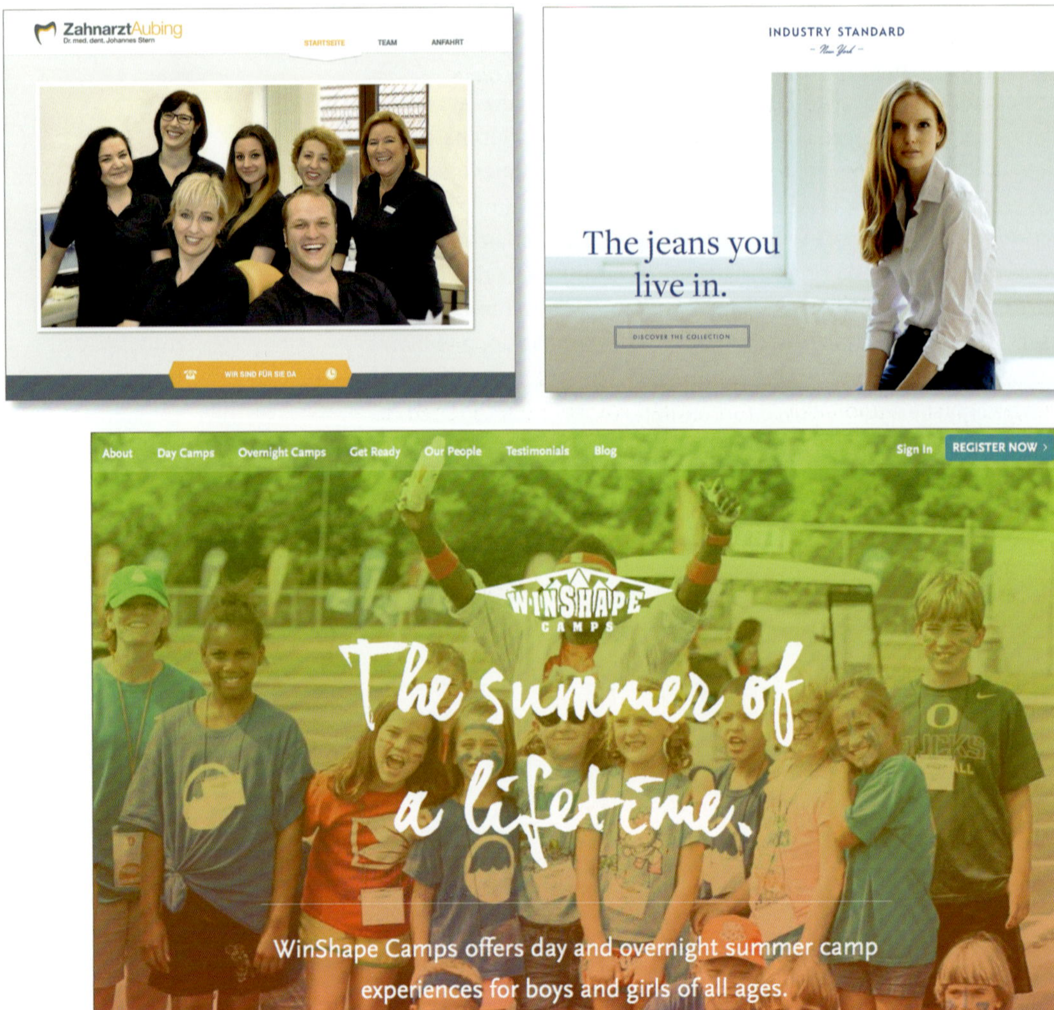

▲ Abbildung 3.17
Emotionalität im Webdesign passiert oft durch Bilder, dazu noch durch ergänzende Texte – *zahnarzt-aubing.de*, *shop.industrystandardny.com* und *winshape.org*.

Die Unterscheidung findet dann nicht mehr über sachlich-rationale Inhalte statt, sondern über Gefühlswelten, die vermittelt werden. Was in der Werbung schon lange üblich ist, findet sich auch immer häufiger bei Webauftritten. Um Anwender aber emotional gezielt ansprechen zu können, müssen Sie ihre Motivation, Einstellungen und Werte kennen.

Zielgruppenanalyse Business-to-Business (B2B)
Auch bei Geschäftskunden entscheiden am Ende echte Menschen, daher lassen sich die meisten Merkmale der B2C-Analyse auch für die Entscheider der B2B-Kunden verwenden. Zusätzlich können hier aber noch einige Kriterien mehr analysiert werden:

Organisatorische Merkmale:
Unternehmensgröße, Standort, Marktanteil, Finanzen, Liquidität

Kaufverhalten des Unternehmens:
Kaufentscheidungsprozess, Lieferantentreue, Kaufzeitpunkt

Personenbezogene Merkmale des Entscheidungsträgers:
Abteilung, Funktion und Verantwortlichkeit, Zeitdruck, Informationsbedürfnis

3.7.2 Sinus-Milieus

Es gibt Marktforschungsinstitute, die sich mit Zielgruppen und deren Bedürfnissen und Vorstellungen auseinandersetzen, Befragungen machen und analysieren. In den Nachrichten tauchen regelmäßig Institute wie GfK (Gesellschaft für Konsumforschung), TNS Infratest usw. auf. Das Sinus Institut entwickelt seit Beginn der 1980er Jahre die sogenannten Sinus-Milieus, eine Einordnung der deutschen Gesellschaft in einzelne Gruppen anhand Kriterien wie der sozialen Schicht und Werteorientierung.

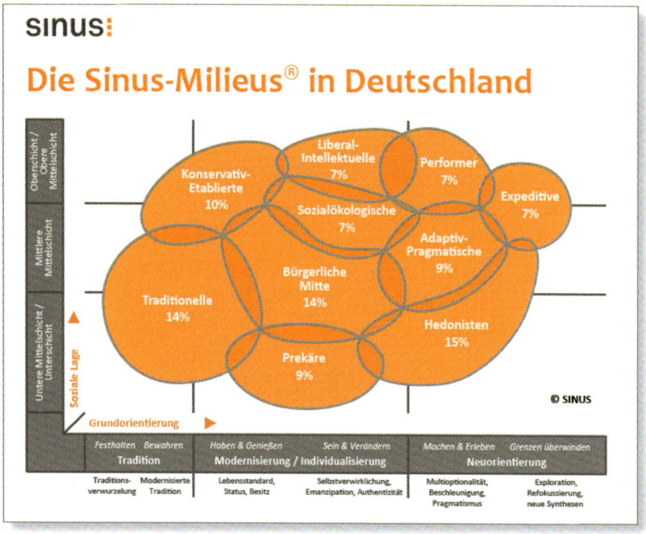

◂ **Abbildung 3.18**
Die Sinus-Milieus, die Menschen nach ihren Lebensauffassungen und Lebensweisen gruppieren

Die Sinus-Milieus werden gerne als Basis für die Zielgruppenanalyse genommen. Aus den Sinus-Milieus wurden auch die *Digital User Groups* entwickelt (siehe Abbildung 3.19), die den Zugang und die Umgangsweise der jeweiligen Milieus mit dem Internet beschreiben. Diese sind als erste Orientierung bei der Zielgruppenanalyse durchaus hilfreich.

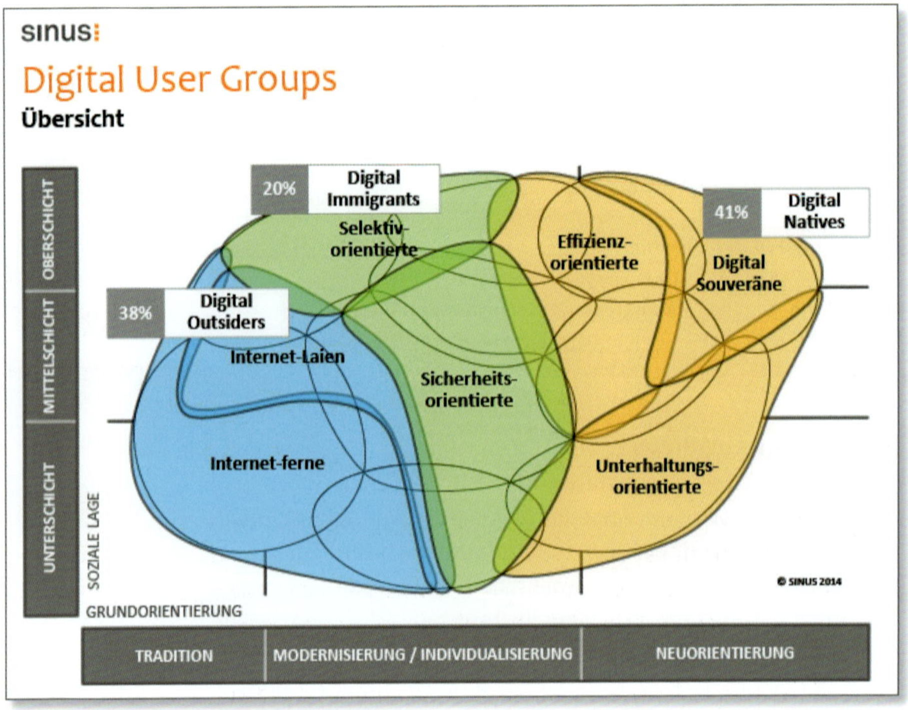

▲ **Abbildung 3.19**
Die Digital User Groups, die den Zugang und den Umgang von Bevölkerungsgruppen mit dem Internet beschreiben

3.7.3 Verschiedene Zielgruppen

Es gibt sehr selten nur »die eine« Zielgruppe. Meistens sind es mehrere, die sich nicht völlig, aber doch in einigen wichtigen Kriterien unterscheiden.

Nehmen wir als Beispiel einen Onlineshop. Hier gibt es verschiedene Besuchertypen, mit teilweise völlig unterschiedlichen Zielen, unterschiedlichen Shop-Erfahrungen und -Kenntnissen und unterschiedlichen Produktkenntnissen. Es gibt Besuchertypen, die möglichst schnell zu einem bestimmten Produkt gelangen wollen, weil sie schon genau wissen, was sie wollen. Dieser Zielkäufer mag keine langen Umwege oder umständliches Suchen. Auf diesen Zielkäufer sind viele Shops ausgelegt. *otto.de* ist für diese Art Onlineshop ein gutes Beispiel. Hier gelangt der Käufer durch Mega-Dropdown-Menüs, gelungene Produktkategorisierung etc. schnell zum gewünschten Produkt bzw. Produktbereich.

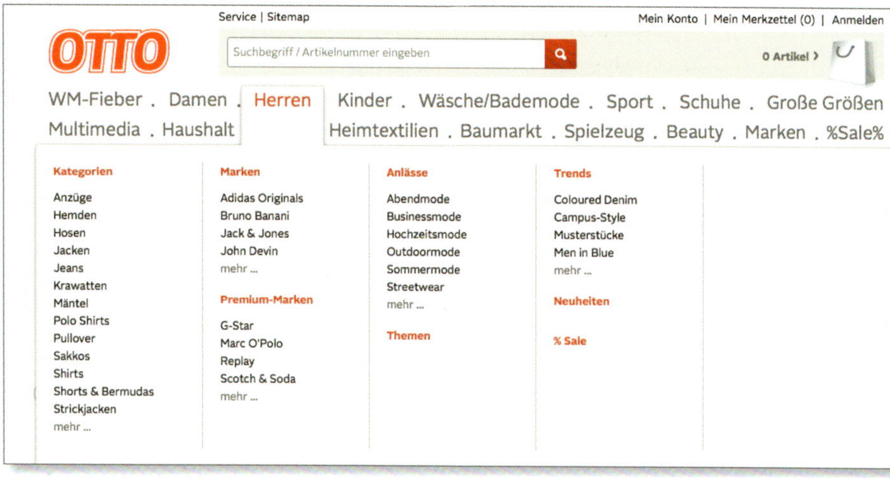

▲ **Abbildung 3.20**
Kein langes Suchen. Bei *otto.de* gibt es Mega-Dropdown-Menüs, die Produkte nach Kategorien, Marken, Anlässe usw. sortiert anbieten.

Es gibt aber inzwischen immer mehr Besucher, die shoppen wollen wie im »richtigen Leben«, also rumstöbern, Anregungen und Ideen bekommen, sich inspirieren lassen, Anwendungsbeispiele sehen usw. Teaser, emotionale Ansprachen und Banner sprechen diese Gruppe an. Auch für diese Besucher bietet *otto.de* passende Website-Elemente wie Teaser und schnellauffindbare Suchfelder an.

Oder der Schnäppchenjäger, der Markenfetischist, der unbedarft Suchende – sie alle wollen im Shop glücklich werden, auf ihre Art und Weise. Für einen Shopbetreiber bedeutet dies, die verschiedenen Besuchertypen zu identifizieren, sie möglichst genau zu analysieren und den Shop daraufhin zu optimieren. Es gibt also eine Vielzahl an verschiedenen Interessenten. Dazu können noch Bestandskunden, Bewerber, Investoren etc. kommen, die auch wieder ihre eigenen Ziele und Absichten mitbringen. Eine Zielgruppenanalyse bringt nicht unnötig Komplexität in das Projekt, sondern Klarheit für die folgenden Prozesse. Welche Inhalte und Funktionalitäten sind für welche Zielgruppe interessant? Welche Designelemente werden gewählt? Welche Inhalte bringen den unterschiedlichen Besuchern einen Mehrwert? Welche Produkt- oder Dienstleistung ergänzenden Inhalte könnten interessant sein? Um diese Fragen zu beantworten, ist die Zielgruppenanalyse da.

▲ **Abbildung 3.21**
Verschiedene Teaser und ein schnell auffindbares Suchfeld für die unterschiedlichen Käufertypen auf der Startseite von *otto.de*

3.7.4 Es menschelt – die Personas

Auf der DVD zum Buch finden Sie eine Template-Vorlage, um einfach eigene Personas zu erstellen. Die Datei »Persona-Template.pdf« liegt unter BEISPIELMATERIAL • KAPITEL_03.

So hilfreich die in Abschnitt 3.7.1, »Zielgruppenanalyse mit Fingerspitzengefühl«, beschriebenen Aspekte als Analyse-Methode auch sind, sie gehen doch immer mit einer Fixierung auf Daten einer anonymen Masse einher und bleiben abstrakt. Interessenten und Kunden sind aber keine sterile Gruppe, sondern »Menschen wie du und ich«, also mit ganz unterschiedlichen Gefühlen und Bedürfnissen, die oft untergehen, wenn sie verallgemeinert werden. Um die Zielgruppenbeschreibung aus der Anonymität herauszuholen, gibt es die Methode der *Personas*-Entwicklung. Eine Persona ist eine Art Prototyp der Zielgruppe, sie steht stellvertretend für einen großen Teil der späteren Anwender. Statt es also bei der Zielgruppendefinition *»weibliche Neukunden zwischen 20 und 35 Jahren«* zu belassen, wird eine fiktive Person entwickelt. Zum Beispiel »Hannah Hoffmann«, 28 Jahre mit ihren Zielen, Erwartungen, Bedürfnissen und persönlichen Eigenschaften.

Meistens werden mehrere Personas (bis zu vier) sehr anschaulich entworfen, die das Hineinversetzen in den Anwender erleichtern sollen. Diese Methodik ist gerade für Webprojekte gut geeignet als Ergänzung der Zielgruppenanalyse. Mehrere Personas bedeutet auch, dass diese jeweils gezielt angesprochen werden müssen und auf die entsprechenden Angebote gelenkt werden.

Personas werden in den verschiedenen Abschnitten des Projekts eingesetzt. Und damit alle Projektbeteiligte sprichwörtlich ein »Bild« der Persona haben, bekommen diese einen Namen und ein Gesicht. Entworfen werden Personas meistens von der Agentur bzw. dem Webdesigner, da es sich um eine Online-Zielgruppe handelt. Der Auftraggeber kann natürlich helfend zur Seite stehen, da er wiederum seine Kundschaft besser kennt.

Namensideen für Personas gesucht?
Eine Liste der beliebtesten Vornamen seit 1890: *beliebte-vornamen.de/3467-alle-spitzenreiter.htm*

Und eine Liste der häufigsten Familiennamen in Deutschland: *de.wikipedia.org/wiki/Liste_der_häufigsten_Familiennamen_in_Deutschland*

▲ **Abbildung 3.22**
Jede Menge Porträt-Vorlagen für den internen Einsatz finden sich bei Greg Peverill-Contis Serie »1000 faces«: *flickr.com/photos/gregpc/sets*

Die Grundlage für die Definition der Personas sind die demografischen Daten, die das Unternehmen über seine bisherigen Kunden hat. Dazu kommen Umfragen, persönliche Erfahrungen mit den Kunden, die Zielgruppenanalyse und eventuell sogar Workshops mit dem Auftraggeber, bei dem verschiedene Mitarbeiter dabei sind, die mit Kunden regelmäßig Kontakt haben. Daraus werden dann »Steckbriefe« entwickelt mit Namen, Geschlecht, Alter und Foto sowie persönlichen Daten. Der Beruf mit Aufgabengebiet und Verantwortlichkeiten, Wissensstand und Fähigkeiten sowie das private Umfeld ergänzen den demografischen Teil.

Dazu kommen die Ziele, die die Person erreichen will und ihre Erwartungen an das Produkt, aber auch an die Webseite. Ergänzend sind die Erfahrungen und die Motivation noch hilfreich. So entstehen Personen mit Lebensläufen, Fähigkeiten und Wünschen, die es so real nicht gibt, aber die es so geben könnte!

Abbildung 3.23 ▸
Beispielhafte Personas-Definition für einen Online-Sporthandel

Name	Andreas Agil	Susi Sportlich	Frauke Fit	Horst Häuslich
Alter	30 Jahre	22 Jahre	44 Jahre	65 Jahre
Familie, Beruf	Verheiratet, 1 Kind, selbständig	Ledig, Studentin	Verheiratet, 2 Kinder, Teilzeit Pflegekraft	Verheiratet, 2 Kinder, Rentner
Kaufvolumen	~ 200 €	~ 30 €	~ 120 €	~ 50 €
Produkte	Hochwertige Sportschuhe & Kleidung, Technik-Ausrüstung (Pulsmesser etc.)	Preiswerte Sportschuhe, einfache Kleidung	Bequeme Sportschuhe, einfache Kleidung	Einfache Sportschuhe, Kleidung
Motive	Joggen, Halbmarathon	Volleyball & Hochschulsport	Sportverein, Zumba	Seniorengymnastik, Nordic Walking

Andreas Agil – der Sportliche

Persönliche Daten:

Alter:
30 Jahre

Familienstand:
verheiratet, ein Sohn (2 Jahre)

Wohnort:
Großstadt in Bayern

Beruflicher Werdegang:
Abitur, kaufmännische Ausbildung, BWL-Studium, selbständig als Unternehmensberater

Netto-HH-Einkommen:
bis 3.500 Euro

Hobbys:
Familie, Freunde, Sport, Reisen

Interneterfahrung:
sehr hoch, beruflich und privat täglich online

Shoppingverhalten:

Bestellhäufigkeit:
3 x / Jahr

Durchschnittliche Ausgaben/Bestellung:
200 Euro

Kauft auch für:
Lebenspartner, Eltern

Andere Shops:
Amazon, SportScheck, Intersport, Tchibo

Informationsbedürfniss:
sehr hoch (Testergebnisse aus Fachzeitschriften & Kunenbewertungen)

3.7.5 Nutzungsszenarien für Personas

Aus den Personas-Definitionen lassen sich dann konkrete Ziele und Absichten definieren, mit der die Persona auf die Webseite kommt, man kann also typische Benutzungsszenarien durchspielen. Allen Projektbeteiligten fällt es nun leichter »durch die Brille« der Zielgruppe zu schauen: »Wo würde Hannah Hoffmann zuerst nach einem Produkt suchen?«, »Worauf würde Hannah Hoffmann klicken?«, »Welche Headline überzeugt Hannah Hoffmann, weiterzulesen?« oder auch »Wo sucht Hannah Hoffmann den Warenkorb?« etc.

Nutzungsszenarien (englisch *Use Cases*) sind beispielhafte Anwendersituationen, meistens das Lösen einer Aufgabe, wie beispielsweise das Finden eines bestimmten Produkts. Durch diese Szenarien können die Projektarbeiten priorisiert werden, Entscheidungen einfacher getroffen werden, und Diskussionen können anhand der Persona und Nutzungsszenarien geführt werden und nicht mithilfe irgendwelcher anonymer Besucher oder persönlicher Meinungen. Ein Beispiel für ein ausführliches Nutzungsszenario finden Sie unter *usability-toolkit.de/praxisbeispiel/online-shop-wearitfair/erste-ergebnisse-use-cases/use-case-1-gezielter-erwerb-eines-fairtrade-pullis*.

Sich Nutzerszenarien annähern
Man kann sich den Nutzungsszenarien auch nähern mit möglichen Fragen, die sich die Anwender stellen:

- »Wo ist die Telefonnummer?«
- »Wer ist der Ansprechpartner für Dienstleistung XY?«
- »Gibt es hier ein Jobangebot für mich?«
- »Wie viel kostet das Produkt 0815?«
- »Welche Bezahlmöglichkeiten gibt es?«

Mit Personas und Nutzungsszenarien kann man nun besser aus der konkreten Sicht der Zielgruppe an das Projekt herangehen. Welche Absichten hat diese, welche Fragen stellt sie sich? So wird das Projekt nicht nur aus der Sicht des Anbieters gestaltet, sondern auch aus der Sicht des Anwenders. Aufgrund der Ziele und Fragestellungen der Persona werden dann Antworten in den Inhalten, im Design und den Funktionalitäten gegeben, die die Bedürfnisse der Persona – und damit der realen Anwender – sehr gut treffen.

3.8 Anforderungen Design

Na klar, die Website soll »schön« aussehen. Aber daneben lassen sich noch einige andere konkretere Aspekte bzgl. des Designs definieren.

3.8.1 Design vs. Content

Was war zuerst da, das Design oder die Inhalte? Im Grunde ist zwar beides möglich, Inhalte zu erstellen, ohne zu wissen, wie das Layout aussehen wird, und das Screendesign zu gestalten, ohne zu wissen, welche Inhalte genau kommen werden. Natürlich hat beides aber auch seine Nachteile. Im Idealfall werden Inhalte und Design parallel und in Absprache erstellt.

Es ist aber kein seltener Fall, dass das Screendesign zuerst erstellt werden muss und die Inhalte später folgen. Etwa wenn der Kunde erst das Design sehen will, um dann zu wissen, »wofür« er Inhalte erstellen soll. Oben haben Sie gesehen, dass man mit einer Zielgruppenanalyse und Definition der Inhaltsanforderungen inklusive Sitemap dieser Problematik vorbeugen kann. Aber oft genug kommt es vor, dass der Kunde sich trotzdem unsicher ist und ihm ein Layout als Orientierung sehr behilflich sein kann. Umso wichtiger, dass der Webdesigner mitdenkt (was Sie ja sowieso machen). Mit Mitdenken meine ich, dass das eigentlich visuell kreative Screendesign (Kapitel 7, »Screendesign«) auch sehr konzeptionelle Anforderungen haben kann. Welche Inhalte kommen rein, und wo werden sie platziert? Manchmal, aber sicherlich nicht immer, wird dies mit Wireframes und konzeptioneller Vorarbeit schon vorgegeben, oft aber eben auch nicht. Dann ist der Screendesign-Entwurf Wireframe und Konzeption in einem.

Zuerst das Design, dann die Inhalte
Menschen können nicht sehr abstrakt denken. Wirefames und Navigationsstrukturen helfen ihnen bei Weitem nicht so sehr wie ein hübsch ausgearbeitetes Screendesign. Dies ist auch bei Kunden sehr oft der Fall. Natürlich ist es schöner, wenn die Inhalte zu Beginn der Screendesign-Erstellung schon vorliegen. Dass dies nicht immer so ist, mag im Einzelfall ungünstig sein, aber kein Beinbruch. Zeitschriften und Magazine werden auch oft ohne konkrete Inhalte gestaltet. Der Autor bekommt seine Buchstabenanzahl genannt, die er zu füllen hat. Zu dem Zeitpunkt ist das Layout häufig schon fertig.

Gemeinsam Webseiten anschauen
Das mit Kunden gemeinsame Betrachten und Bewerten von Webseiten ist eine sehr hilfreiche Methode in der Beratung und Konzeption, nicht nur für das Screendesign, sondern auch für die anderen Elemente, wie beispielsweise die Inhalte, Navigationsstrukturen, Funktionalitäten. Manche Fachbegriffe lassen sich an Webseiten besser und schneller erklären als durch viele Worte. Was ein responsives Webdesign ist, haben Sie dem Kunden am anschaulichsten und verständlichsten durch die Veränderung des Browserfensters erklärt.

Mögliche Eigenschaften und Attribute eines Look & Feels
Flexibel, mobil, minimalistisch, farbenfroh, individuell, originell, komplex, lebendig, aktiv, sportlich, urban, dynamisch, einfach, elegant, jung, eintönig, zurückhaltend, stilvoll, …

Technik, Personen, Natur, Typografie, Struktur, Spannung, Ordnung, Raster, Vernetzung, Digital, …

3.8.2 Look & Feel

Bevor aber ein komplettes Screendesign erstellt wird wird im Konzept festgehalten, in welche Richtung das Design gehen soll. Der Gesamteindruck, die Wirkung des Designs wird beschrieben.

Dieser Gesamteindruck wird gerne auch *Look & Feel* genannt, das Aussehen und die Anmutung. Anhand von Eigenschaften und Assoziationen lässt sich die gewünschte Richtung vorgeben. Es gibt einige »Klassiker«-Eigenschaften, wie seriös, dynamisch, modern usw., die von Kundenseite gerne genannt werden. Logisch, passen ja auch zu fast jedem Unternehmen. Für die Gestaltung sind diese Attribute allerdings nur bedingt hilfreich. Um noch ein bisschen tiefer gehende Eigenschaften zu erhalten, kann man mit dem Kunden zusammen »brainstormen« (siehe Abschnitt »Ideenfindung/Brainstorming« auf Seite 278), und auch das gemeinsame Begutachten von anderen Webseiten kann sehr hilf- und lehrreich sein (siehe Kasten »Gemeinsam Webseiten anschauen«).

Lassen Sie sich vom Kunden zeigen, welche Webseiten er besonders mag und vor allem warum. Schauen Sie sich Konkurrenzseiten an, und lassen Sie den Kunden diese beurteilen. Und Ihren Job als »Berater« sollten Sie auch ernst nehmen und dem Kunden Ihre Sicht auf die Webseiten darlegen.

Sagen Sie dem Kunden, was Sie gut oder nicht so gut an den betrachteten Seiten finden. Zeigen Sie dem Kunden Webseiten, die Sie gut finden, und vielleicht haben Sie auch schon welche, die als optische Vorbilder für das Kundenprojekt dienen können. Hier lässt sich schon viel Zündstoff aus dem Projekt nehmen. Wenn der Kunde hier schon manchen Zahn gezogen bekommt oder in die richtige Richtung gelenkt wird, entspannt das die spätere Diskussion über das erstellte Screendesign enorm.

Moodboard | Manchmal kann es auch hilfreich sein, vor dem Screendesign als Part der Konzeption ein Moodboard zu erstellen. Dies sind Collagen aus vielen Einzelbildern, Webseiten-Screenshots, Farbpaletten und sonstigen grafischen Elementen, die die gewünschte Stimmung wiedergeben sollen.

Anhand der Moodboards lassen sich recht schnell verschiedene Visualisierungen »antesten« und besprechen. Aufbauen auf dem ausgewählten Moodboard lässt sich dann das Screendesign erstellen und die Gefahr eines Fehlschusses ist nicht mehr so groß. Mehr zu Moodboards finden Sie in Abschnitt 3.8.3, »Moodboard«.

▲ **Abbildung 3.24**
Moodboards geben die gewünschte Stimmung wieder, ohne schon konkrete Gestaltungsvorschläge zu machen – *flickr.com/photos/dbloete/482651260*.

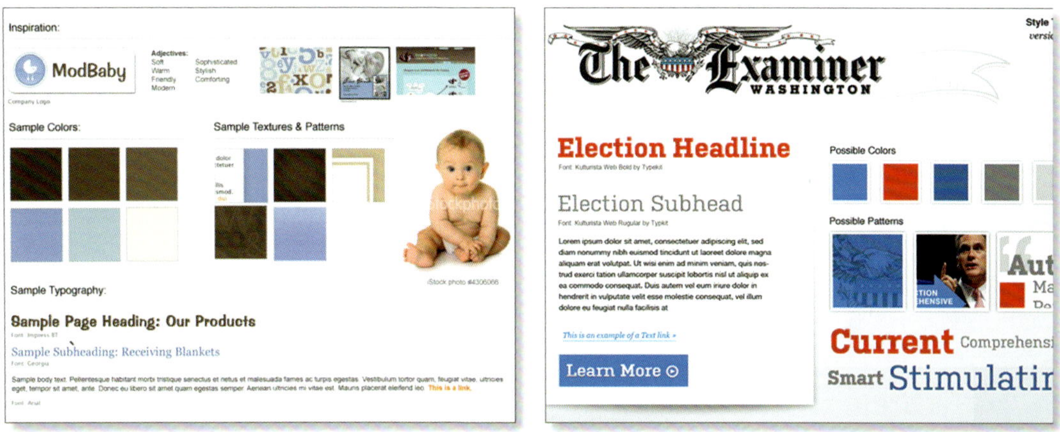

▲ **Abbildung 3.25**
Moodboards für das Webdesign sind schon wesentlich konkreter mit Gestaltungsansätzen für Typografie, Bildmotive, Struktur usw. – *webdesignerdepot.com/2008/12/why-mood-boards-matter* (links) und *styletil.es* (rechts).

Ein Moodboard kann auch schon in eine Art Styleguide übergehen. Farbwerte, Typografie, Bildauswahl können dann schon ziemlich konkret definiert werden. Je genauer die grafischen Elemente bereits festgelegt werden, desto klarer sind die Vorgaben für das Screendesign. Manche empfinden das als hilfreich, andere fühlen sich dadurch in ihrer »Kreativität« eingeschränkt. Mehr zur Erstellung eines Styleguides lesen Sie in Abschnitt 7.3.2, »Design-Styleguide«.

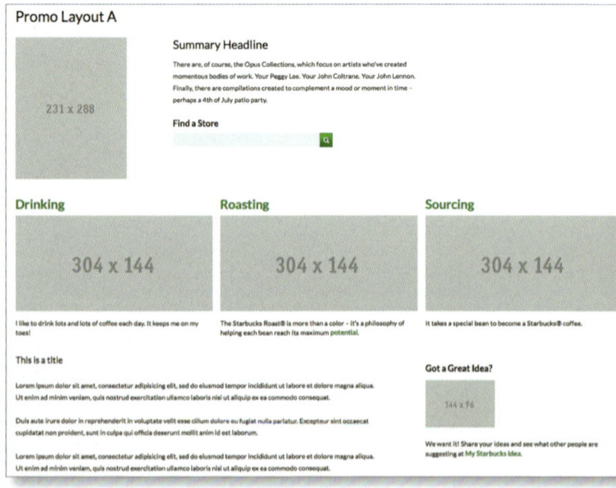

▲ **Abbildung 3.26**
Zwei Styleguides, die jeden Pixel genau vorgeben: *bbc.co.uk/gel* und *starbucks.com/static/reference/styleguide*

Corporate Design
Wenn es keine Neugründung ist, hat der Auftraggeber häufig schon eine Art »Unternehmensdesign«. Manchmal ist dieses schon sehr genau definiert (Design-Styleguide), häufig aber nicht, und entsprechend sind die bisherigen Werbematerialien eher ein Wildwuchs an grafischen Elementen. Hier gilt es abzuklären, welche grafischen Elemente fix sind und welche veränderbar. Auch nicht selten, dass Kunden »sich gerne überzeugen« lassen von »besseren, schöneren« grafischen Entwürfen.

Checkliste Design
Bevor man mit der Gestaltung beginnt, lassen sich noch einige Eckpunkte mit dem Auftraggeber abklären, zum Beispiel:

- ✓ Sind schon Werbemittel (Flyer, Imagebroschüren, Visitenkarten, Powerpoint-Präsentationen, Messestände usw.) vorhanden?
- ✓ Haben diese ein einheitliches Design?
- ✓ Gibt es bestimmte grafische Elemente (Farben, Bilder, Typografie usw.), die immer wieder auftauchen?
- ✓ Muss das Design beachtet werden, oder gibt es schon sonstige Designrichtlinien?
- ✓ Wie sieht das Corporate Design der Wettbewerber aus?
- ✓ Gibt es irgendwelche Designwünsche, Vorstellungen des Kunden?
- ✓ Welche Eigenschaften und Attribute passen zum Kunden und können als Vorlage für ein Moodboard dienen?
- ✓ Welche Farben/Farbkombinationen, Bilder, Typografie könnte zum Kunden passen?

3.9 Anforderungen an die Inhalte

Die Anwender kommen wegen der Inhalte, entweder weil sie irgendwo verlinkt wurden oder weil sie hoffen, dass die Webseite benötigte Informationen bereithält. Durch die Zielgruppenanalyse (und Personas) kann geklärt werden, welche Inhalte der Anwender sich wünscht. Je genauer die Zielgruppe bekannt ist, desto einfacher lassen sich Inhalte für sie definieren und erstellen.

Zu den Inhalten kommen noch die Informationen die das Unternehmen zur Verfügung stellen will, über sich, seine Produkte und Dienstleistungen. Neben den Inhalten spielt die Organisation der Inhalte eine große Rolle. Einmal müssen die Inhalte auf verschiedene Seiten aufgeteilt werden, und dann müssen sie innerhalb einer Seite strukturiert werden.

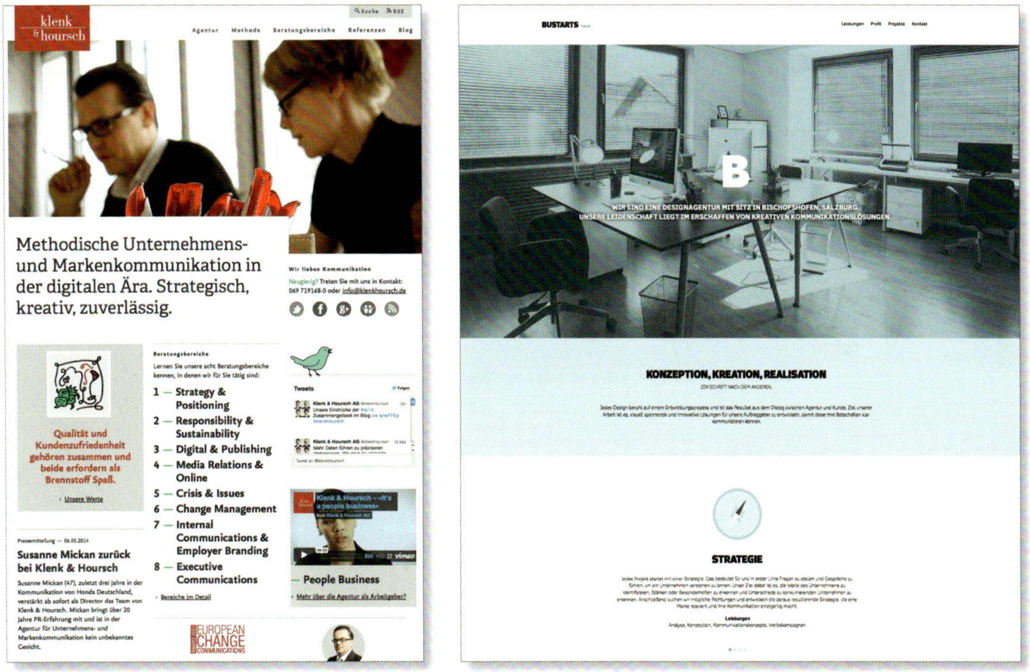

▲ **Abbildung 3.27**
Zwei unterschiedliche Arten der Strukturierung: Bei *klenkhoursch.de* ist die Startseite schon voller Infos und Teaser für die Unterseiten, während bei *bustarts.at* alle Inhalte auf eine einzige Seite (One-Pager) gelegt wurden.

Im Konzept sollte eine (vorläufige) Sitemap erstellt werden, die die einzelnen Unterseiten der Webseite samt Struktur (Haupt- und Unterpunkte) widerspiegelt. Auch wird bereits eine Navigationsstruktur festgelegt, die noch nicht zwangsläufig in Stein gemeißelt sein muss, aber mehr als die grobe Richtung vorgibt. Um eine Navigationsstruktur zu erstellen, müssen erst die Informationen zusammengetragen und strukturiert werden. Dies ist ein umfangreicherer Prozess und – wenn man sich die Bedeutung der Inhalte klarmacht – mit der wichtigste im Projekt. Deswegen gibt es inzwischen in vielen (großen) Agenturen den Job des Informationsarchitekten. In Kapitel 5, »Informationsarchitektur«, widmen wir uns dem Thema ausführlich.

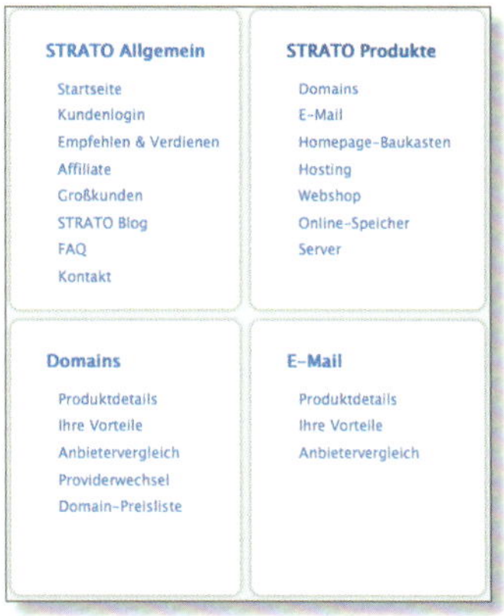

▲ **Abbildung 3.28**
Auszug der Sitemap von *strato.de/sitemap*.

3.9.1 Inhaltsarten: Texte, Bilder und Videos

Es gibt unterschiedliche Möglichkeiten, die gewünschten Informationen zu vermitteln. Texte kommen auf Webseiten am häufigsten vor und sind vor allem für Sachverhalte geeignet, die sich nicht bildlich vermitteln lassen, wie beispielsweise technische Produktinformationen, Lebensläufe von Mitarbeitern etc. Texte sprechen unser rationales Denken an und eignen sich daher gut für sachliche Argumente.

Abbildung 3.29 ▸
Bei *cm-fitness.de* ergänzen sich Text und Bild. Das Bild aktiviert emotional, der Text liefert rationale Argumente.

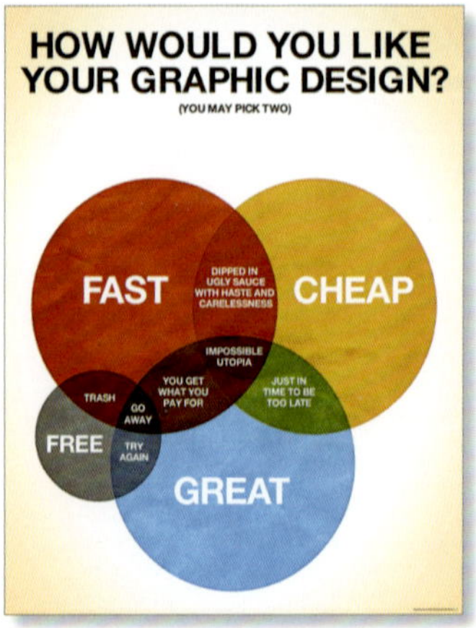

▴ Abbildung 3.30
Nicht emotional, aber informativ: Infografiken wie bei *colinharman.com/portfolio/how-would-you-like-your-graphic-design/*

Bilder dagegen sind emotional und werden unmittelbarer, direkter vom Betrachter aufgenommen. Neben Bildern als schmückendem Beiwerk (siehe Kapitel 11, »Bilder und Grafiken«) oder Layoutelement und ihrer Fähigkeit, bestimmte Emotionen zu wecken, können diese natürlich auch wichtige Inhalte vermitteln. Der Infografiken-Trend zeigt deutlich, wie kompakt sich viele Inhalte bildlich übersichtlich darstellen lassen.

Noch emotionaler sind Videos. Mit ihnen lassen sich Informationen oft noch schneller vermitteln. Kurze Info- oder Imagevideos beeinflussen den Betrachter noch viel stärker. Er kann sich entspannt zurücklehnen, muss nicht aktiv nachdenken und wird emotional geführt. Da sich durch die Smartphones auch ein Trend zu selbst gedrehten (und verwackelten) Videos entwickelt hat, muss es auch nicht immer das High-End-Imagevideo sein, dass auf der Webseite gezeigt wird. Das authentische Praktikantenvideo kann unter Umständen eine viel höhere Emotionalisierung und persönliche Bindung erreichen.

3.9.2 Inhaltserstellung

Zu Beginn des Projekts sollte auch geklärt werden, wer die Inhalte erstellt: Schreibt der Kunde die Texte, oder dürfen Sie diese scheiben bzw. sich um einen Texter kümmern? Es gibt Vor- und Nachteile, Texte selber zu schreiben. Als Webdesigner ist in den

meisten Fällen jedoch davon abzuraten (außer vielleicht für die eigene Portfolio-Seite). Wenn Sie nicht gerade sehr gute Text-Skills haben, konzentrieren Sie sich lieber auf Ihr Fachgebiet, Webseiten zu erstellen.
Wenn Kunden Texte selber schreiben, hat es den Vorteil, dass diese in der Fachmaterie stecken und ihre Kunden (hoffentlich) gut kennen. Wenn dann ein Mitarbeiter des Auftraggebers auch noch gute Schreibfähigkeiten hat, warum nicht? Die Gefahr liegt darin, dass der Kunde die Texte aus seiner fachlichen Elfenbeinturm-Sicht schreibt. Also vor allem über Inhalte schreibt, die ihm besonders am Herzen liegen (Verkaufen!) und nicht unbedingt die Bedürfnisse der Zielgruppe widerspiegeln. Dies lässt sich natürlich durch eine entsprechende Zielgruppen- und Personas-Definition samt Nutzungsszenarien abmildern.

Wenn Sie aber einen guten Webtexter (die Betonung liegt auf »Web«) an der Hand haben, empfehlen Sie diesen dem Kunden. Eine gute Schreibe aufseiten eines Mitarbeiters heißt noch lange nicht, dass er die Eigenschaften und Besonderheiten von guten Webtexten kennt. Neben der Beachtung der Anwenderbedürfnisse und -absichten, gibt es auch noch die Strukturierung von Texten (siehe Abschnitt 11.6.2, »Aufmerksamkeit steuern und Struktur geben«) und nicht zuletzt die Bedingungen für suchmaschinenoptimierte Texte zu berücksichtigen – im Grunde ein Spezialjob, deswegen gibt es Spezialisten dafür. Hier zu sparen wäre, als wenn der Neffe des Nachbarn die Webseite erstellt.

Und wer stellt das Bildmaterial? | Ähnlich ist die Thematik bei den Bildern. Stellt Ihr Kunde schon Bilder zur Verfügung, oder müssen noch welche erstellt oder gekauft werden? Und wenn Letzteres der Fall ist, über wen passiert das, über einen Fotografen oder über eine Bildagentur? Müssen Sie nach Bildern in Bildagenturen suchen, kostet das Zeit und je nach Anzahl und Motiven auch entsprechend Budget, was sich im Angebot unter Umständen widerspiegeln sollte.

In Kapitel 11, »Bilder und Grafiken«, beschäftigen wir uns intensiv mit den verschiedenen Möglichkeiten, an gute Bilder und Bildmotive zu kommen. Es sollte aber zu Beginn abgeklärt werden, ob und welche Bilder der Kunde liefern kann und welche Qualität diese haben. Nur weil der Kunde die Bilder in seinem Word-Dokument großziehen kann, heißt es nicht, dass diese wirklich in ausreichender Pixelzahl vorliegen.

Bei weiteren Inhalten wie Illustrationen oder gar Videos ist ebenso abzuklären, wer was liefern soll. Ein kurzes Imagevideo auf der Startseite mag eine tolle Wirkung haben, kostet aber auch mal eben einen vierstelligen Betrag. Wie bei allem müssen hier die Kosten und der Nutzen im Einzelfall abgewägt werden.

3.9.3 Der Qualitätsanspruch

Wie bei allen zu erbringenden Leistungen sollte die Art der Qualität, so gut es geht, definiert werden. Es gibt Leistungen, da geht das einfacher (optimiert für bestimmte Browserversionen oder nach Webstandards umgesetzt), und es gibt Leistungen, da geht das schwieriger (ein »modernes Screendesign« ist relativ und subjektiv). Da sich Inhalte wie Texte und Bilder in der Qualität aber stark unterscheiden können, sollte vorher geklärt werden, welche Qualität ausreichend ist. Eine Homöopathin hat vielleicht nicht den Bedarf und das Budget für einen professionellen Interieur-Fotografen, der ihre Räumlichkeiten ablichtet, während eine Zahnarztpraxis, die vor allem auf Privatpatienten abzielt, hier schon eine größere Notwendigkeit sieht (und auch das entsprechende Kleingeld dazu hat).

Abbildung 3.31 ▲
Der Unterschied ist in der Porträtfotografie sehr deutlich: *homoeopathiehaan.de* zeigt einen sympathischen selbst gemachten Schnappschuss, *workdiary.de* ist professionell fotografiert.

Eventuell reichen eben auch Texte, die ein Mitarbeiter schreibt und über die der Webdesigner mit seinem »kritischen Auge« drüberschaut. Bei Projekten, die vor allem auf eine Suchmaschinenoptimierung abzielen, muss dann aber eher doch der professionelle Webtexter ran.

Bedeutung der Inhalte | Inhalte sind nicht ein notwendiges Übel. Inhalte sind das, was die Zielgruppe einfordert. Die vielen Beispiele im Zuge von Social-Media-Strategien zeigen, dass gute Inhalte die Kundschaft anlocken.

Webdesigner, Agenturen und Kunden sollten Inhalte nicht als eine Art »Ware« sehen, sondern als Bausteine einer Webseite. Wie bei einem Haus, das aus Mauern, Fenstern, Türen, Dach, Schornstein usw. gebaut wird, entsteht eine Webseite durch die vielen unterschiedlichen Inhalte. Und ähnlich wie beim Hausbau muss die (Informations-)Architektur dafür sorgen, dass alles an seinen richtigen Platz kommt, damit sich der (Haus-)Besucher (blind) zurechtfindet. Und das Design muss dafür sorgen, dass wir uns im Haus wohlfühlen, dass die Einrichtung angenehm ist und sich Türen und Fenster einfach bedienen lassen.

Checkliste Inhalt
Die Besucher kommen wegen des Inhalts. Neben den ganzen optischen und technischen Aspekten sollten also zumindest folgende inhaltliche Fragen auch geklärt werden:

- ✓ Welche Inhalte werden gebraucht?
- ✓ Wie sollen die Inhalte strukturiert werden (Sitemap)?
- ✓ Gibt es schon Inhalte (Texte, Bilder usw.), die eingesetzt werden können?
- ✓ Müssen Inhalte umgeschrieben/angepasst werden?
- ✓ Wer erstellt die Inhalte?
- ✓ Müssen externe Texte, Fotografen usw. dazugeholt werden?
- ✓ Wer überprüft die Inhalte auf deren Qualität?
- ✓ Wer pflegt die Inhalte in die Seite ein (bei Umsetzungen mit einer CMS- oder Shop-Software relevant)?
- ✓ Wer aktualisiert die Inhalte (vor allem bei einem vorhandenen News- oder Blogbereich interessant)?

3.10 Anforderungen an Technik und Funktionalitäten

Im Konzept und Angebot/Vertrag sollten die technischen Eckdaten definiert werden. Die Inhalte und Ziele bestimmen die zu verwendeten Techniken. Und nicht umgekehrt.

3.10.1 Content-Management-Systeme

Es sind nur noch wenige neue Webseiten, die nicht mit einem CMS umgesetzt werden. Die Vorteile eines CMS liegen klar auf der Hand, Änderungen sowohl inhaltlicher als auch technischer Art sind schnell seitenübergreifend umgesetzt. Der Kunde kann die Seite selbstständig administrieren, und eventuelle Erweiterungen sind durch Plug-ins, die inzwischen jedes große CMS bietet, relativ schnell eingerichtet.

Ein Webprojekt, dass aus einzelnen statischen HTML-Seiten besteht, lohnt sich eigentlich nur bei sehr wenigen Einzelseiten (<10). Das muss aber im Einzelfall individuell entschieden werden.

Die Wahl des CMS hängt von mehreren Faktoren ab. Umfang und gewünschte Funktionalitäten spielen eine Rolle. Welches CMS kann durch schon eingebaute Funktionalitäten oder recht

CMS
Ein Content-Management-System (kurz CMS) ist eine Software, mit der sich Inhalte einer Webseite (leicht) verwalten lassen. Früher vor allem bei größeren Webprojekten im Einsatz, gibt es auch CM-Systeme, die für kleine und mittlere Webseiten geeignet sind. Änderungen an Inhalten, an Seitenstruktur und Design lassen sich mit einem CMS schneller seitenübergreifend umsetzen als bei statischen Webseiten. Dazu bieten die meisten Systeme noch Erweiterungen wie Kontaktformulare, Bildergalerien, Mehrsprachigkeit usw. an, die ansonsten aufwendig händisch eingebunden werden müssten.

einfach durch die Erweiterung mit Plug-ins den gewünschten Bedarf abdecken? Manche CMS liefern auch schon vorgefertigte Themes, die sich entweder komplett oder mit geringen Änderungen einsetzen lassen.

Anbieter	Leistungen	Wo zu finden?
WordPress	Einst als Blog-Software begonnen, ist WordPress inzwischen wohl das meistgenutzte CMS. Einfache Bedienung, große Community, gute Suchmaschinenoptimierung, sehr viele Plug-ins und Themes haben für den Aufstieg zu einem vollwertigen CMS gesorgt.	*www.wpde.org*
Contao	Hieß früher TYPOlight, hatte aber mit TYPO3 nichts zu tun. Contao ist ein einfach zu erlernendes CMS mit vielen Plug-ins und großer deutscher Community.	*www.contao.org/de*
TYPO3	Das Flaggschiff unter den CM-Systemen. Gerade bei sehr umfangreichen Webprojekten ist es aufgrund seiner Vielfältigkeit und Flexibilität dank eigener Skriptsprache (TypoScript) im Einsatz.	*www.typo3.org*
Joomla	Häufig im Einsatz, aber nicht nur beliebt. Großer Funktionsumfang, aber auch eine nicht sehr intuitive Bedienung	*www.joomla.de*
Drupal	Ist auch eher für große Projekte geeignet aufgrund der Funktionalitäten und Bedienung.	*www.drupal.de*
getKirby	Der Neuling. Ist ein »File-based« CMS, läuft ohne Datenbank und ist für kleine Projekte eine spannende Alternative.	*www.getkirby.com*

▲ **Tabelle 3.2**
Ein kleiner Überblick über die interessantesten Content-Management-Systeme für Webdesigner

Eventuell hat der Kunde auch einen CMS-Favoriten. Oder Mitarbeiter sind mit einem System schon vertraut, oder er hat vom Hörensagen die Vorteile eines bestimmten CMS kennengelernt. Und eventuell haben auch Sie als Webdesigner einen Favoriten. Nicht selten kommt es vor, dass man sich auf ein, zwei Systeme spezialisiert hat. Diese setzt man dann natürlich schon fast zwangsläufig für kommende Projekte ein. Es ist auch völlig normal bei Webprojekten nicht erst nach verschiedenen Kriterien alle vorhandenen CM-Systeme zu überprüfen, um dann individuell die beste Auswahl zu treffen. Was bringt es, wenn am Ende der Auswahl eigentlich TYPO3 steht, Sie aber Spezialist in Contao sind? Wenn Contao natürlich wichtige Kriterien nicht erfüllen kann, dann sollte man sich Alternativen überlegen. Aber in dem meisten Fällen entscheidet die Wahl des CMS nicht über Erfolg oder Misserfolg des Projekts.

Das Gleiche gilt natürlich auch für Shop-Systeme. Auch hier gibt es eine große Auswahl. Auch hier wird am Ende der Kompromiss aus gewünschten Inhalten und Funktionalitäten, eventuellen Kundenwünschen und eigenen Stärken gefunden.

3.10.2 Funktionalitäten

Neben den reinen Inhalten, wie Texten, Bildern usw., sind die Funktionalitäten, wie beispielsweise Kontaktformular oder ein Responsive Webdesign zu definieren, die die Inhalte strukturieren bzw. die Interaktion mit dem Anwender steuern.

Im Vertrag und Konzept werden die Funktionalitäten oft zuerst sehr rudimentär festgehalten. Durch Plug-ins erweisen sich beispielsweise Kontaktformulare samt Fehlerüberprüfung und E-Mail-Versendung als keine allzu große Herausforderung mehr. Anders kann das aber beispielsweise bei einem Produkt-Konfigurator aussehen. Zwischen der einfachen Auswahl aus drei, vier Produkten und der individuellen Anpassung mit Berechnung samt Staffelpreisen usw. können ganz schnell viele Arbeitsstunden und damit ein sehr unterschiedliches Budget liegen. Hier ist es hilfreich, die einzelnen Funktionen des Konfigurators entweder schon frühzeitig genau zu definieren oder eine Preisspanne festzulegen, die erst später konkretisiert wird.

Häufige Funktionalitäten
Ein kleiner Überblick über häufige Funktionalitäten, die keinen Anspruch auf Vollständigkeit erheben, die aber als Anregung dienen können bzw. als Vorschlag beim Kunden: Responsive Webdesign, Mehrsprachigkeit, E-Mail-Newsletter, Kontaktformular, Shop, Blog, Newsbereich, Downloads, Bildergalerie, Kundenbereich (Login), FAQs, Suche, Sitemap.

Nicht alle Funktionalitäten brauchen eine aufwendige Programmierung (zum Beispiel lassen sich Downloads standardmäßig in CM-Systemen integrieren), während andere eine sehr aufwendige Erweiterung sind (zum Beispiel ein Shop-System).

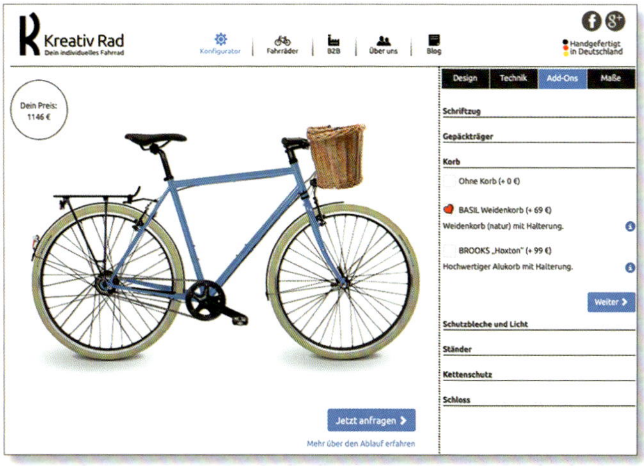

◂ **Abbildung 3.32**
Der Konfigurator von Kreativ Rad zeigt interaktiv die Auswahl wie z. B. »Korb« auch gleich an (*kreativrad.de/konfigurator*).

Checkliste Technik und Funktionalitäten
Um den Aufwand der technischen Umsetzung besser abschätzen zu können, sind folgende Fragen hilfreich:

- ✓ Welche Funktionalitäten sollen umgesetzt werden?
- ✓ Lassen sich diese gut mit Plug-ins umsetzen, oder müssen sie händisch programmiert werden?
- ✓ Gibt es technische Vorgaben?
- ✓ In welchen Browser(versionen) soll das Projekt laufen?
- ✓ Für welche Bildschirmgrößen soll das Projekt optimiert werden?
- ✓ Gibt es Vorgaben für das CMS?
- ✓ Welche Plug-ins kommen zum Einsatz?

3.11 Usability im Webdesign

Die Usability-Norm
Es gibt sogar eine internationale Norm, die die Richtlinien Mensch-Computer-Interaktion beschreibt. In dieser sind unter anderem die »sieben Grundsätze der Dialoggestaltung« dargelegt:

1. Aufgabenangemessenheit
2. Selbstbeschreibungsfähigkeit
3. Lernförderlichkeit
4. Steuerbarkeit
5. Erwartungskonformität
6. Individualisierbarkeit
7. Fehlertoleranz

Mehr dazu unter: *www.handbuch-usability.de/iso-9241.html*

Die Begrifflichkeit *Usability* ist sicherlich seit vielen Jahren eine der meistgenutzten im Bereich Webdesign und vermutlich auch eine der unklarsten. Jedem ist klar, dass Usability wichtig ist. Usability betrifft viele Bereiche des Webdesigns und sollte von Anfang an beachtet werden. Da Usability mit jedem Aspekt eines Projekts von der Konzeption über das Design bis hin zur technischen Umsetzung eine Rolle spielt, habe ich es in diesem Buch recht früh zum Kapitel »Konzeption und Strategie« hinzugenommen. Dies soll auch die hohe Bedeutung der Usability verdeutlichen. Denn es ist nichts, das später oder gar erst am Ende noch »dazu« kommt, sondern etwas, das von Anfang an bedacht werden sollte.

Der Begriff Usability ist so etwas wie ein Qualitätsmerkmal. Hat ein Produkt eine hohe Usability, ist es einfach zu bedienen. Es ist dann benutzerfreundlich oder, vielleicht besser ausgedrückt, gebrauchstauglich.

3.11.1 Don't make me think

Der Usability-Experte Steve Krug nennt es »Don't make me think!« (wie der Titel seines gleichnamigen Buches lautet). Als Anwender will ich bloß nicht nachdenken müssen. Wir wollen nicht nachdenken, wo die Hauptnavigation ist, was passiert, wenn wir auf den Button klicken, wie genau das Formular auszufüllen ist, wo die Produktinformation zu finden ist. Im Idealfall findet der Anwender dies alles intuitiv (zumindest ohne lange Überlegung), durch die Anordnung der Inhalte, durch die Gestaltung der Inhalte, durch die Wahl der Inhalte, durch die Strukturierung der Inhalte. Dies zeigt: Usability betrifft eigentlich ALLE Bereiche des Webdesign-Prozesses.

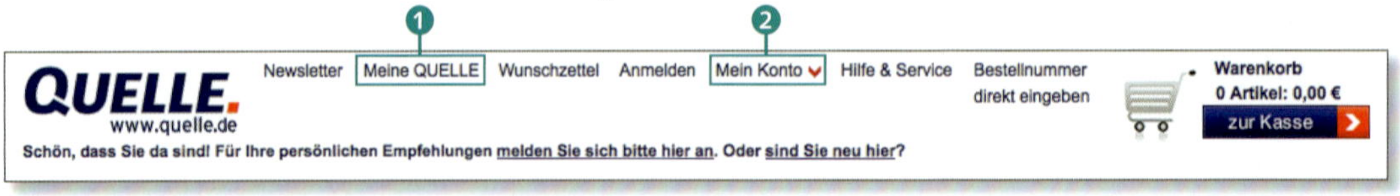

▲ **Abbildung 3.33**
Die Metanavigation von *quelle.de* – leicht überfrachtet. Allein der Unterschied zwischen MEINE QUELLE ❶ und MEIN KONTO ❷ dürfte wenigen klar sein.

Benutzer sind nicht, wie wir Webdesigner und die Webseitenbetreiber sie gerne hätten, interessierte, motivierte, hellwache Anwender, die es kaum erwarten können, die Webseite mitsamt all ihren Inhalten zu erforschen. Eher das Gegenteil ist der Fall.

Frei nach Steve Krug gibt es Surfweisheiten, die Sie als Webdesigner verinnerlicht haben sollten:

- Wir lesen keine Seiten, wir überfliegen sie.
- Wir treffen keine optimale Wahl (sondern die erstbeste).
- Wir befassen uns nicht damit, wie etwas funktioniert, sondern wurschteln uns durch.
- Wie sind ungeduldig und nicht tolerant.
- Wir schätzen Qualität und Glaubwürdigkeit.
- Wir sind eigennützig.

So schnell der Anwender auf eine Seite kommt, so schnell ist er auch wieder weg, wenn er meint, hier nicht fündig zu werden. Schaffen wir es, durch gutes Design, gute Struktur der Inhalte auf der Makro- (Informationsarchitektur) wie der Mikroebene (Aufteilung innerhalb einer Seite) und relevante, hochwertige Inhalte sein Interesse zu wecken, dann bleibt er vielleicht etwas länger auf unserer Seite, vielleicht.

3.11.2 Effektivität, Effizienz und Zufriedenheit

Anhand dreier Kriterien kann die Usability beschrieben werden, denn es geht darum, ob der Anwender sein Ziel erreicht oder nicht:

1. *Effektivität* bedeutet, dass der User sein Ziel wie geplant erreicht, also beispielsweise ein bestimmtes Produkt im Onlineshop findet. Das klingt als Mindestvoraussetzung banal, ist aber eben nicht immer gegeben.
2. *Effizienz* bedeutet, dass die Zielerreichung möglichst schnell und mit möglichst geringem Aufwand erfolgt. Für das Finden des Produkts im Shop braucht der User also wenig Zeit und wenige Klicks.
3. *Zufriedenheit* bedeutet, dass der User sein Ziel nicht nur vollständig und schnell erreicht, sondern dass dabei auch noch seine Erwartungen übertroffen wurden, zum Beispiel weil er das Produkt besonders schnell gefunden hat oder die Bedienung besonders intuitiv war.

Die drei Eigenschaften stehen in einem hierarchischen Verhältnis zueinander: Effektivität ist wichtiger als Effizienz, und Effizienz ist wichtiger als Zufriedenheit. Logisch, wenn der User das Produkt nicht findet, kann das Design noch so schön sein und die Funktionalitäten noch so besonders, weder Webseitenbetreiber noch User erreichen ihr Ziel.

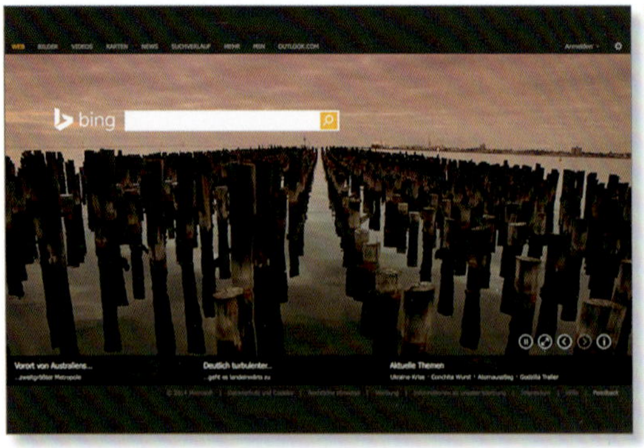

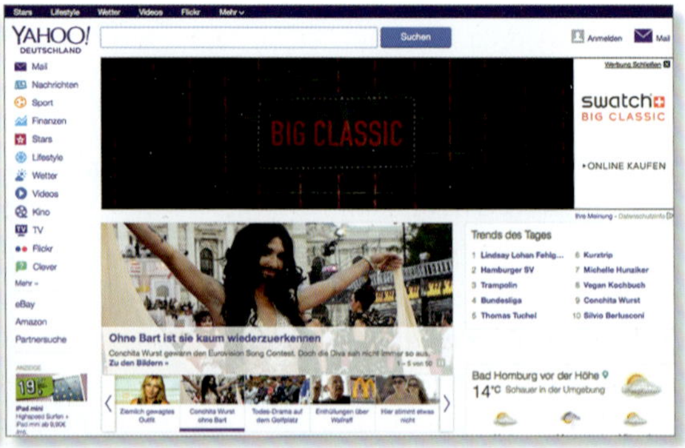

Abbildung 3.34 ▲▶
Drei Suchmaschinen bzw. das, was von Ihnen übrig blieb: *google.de* (unten rechts) machte den Zugang effektiv und effizient. Das sieht bei *bing.com* (oben links) schon anders aus und *de.yahoo.com* (oben rechts) wählte einen ganz anderen Weg.

Da die Eigenschaften Effektivität und Effizienz Grundbedingungen für eine erfolgreiche Webseite sind und sich durch entsprechend viel Usability-Aufklärung in den letzten Jahren die Gebrauchstauglichkeit von Webprojekten verbessert hat, wird inzwischen ein vergrößertes Augenmerk auf den letzten Punkt gelegt, die Zufriedenheit. Der Anwender soll ein positives Nutzungserlebnis haben, die Erledigung seiner Aufgabe soll ihm Freude bereiten und ihn zufrieden zurücklassen. Daraus hat sich das Modell der *User Experience* entwickelt (siehe Abschnitt 3.12, »User Experience«).

3.11.3 Usability in allen Bereichen

Was so einfach und nachvollziehbar klingt, Effektivität und Effizienz, hat in der Praxis Auswirkungen auf alle Bereiche des Webdesign-Prozesses:

- Die Inhalte müssen sinnvoll gegliedert und in eine nachvollziehbare Navigationsstruktur gelegt werden, deren Menüpunkte eine verständliche Benennung haben. Zu diesen Aspekten lesen Sie mehr in Kapitel 5, »Informationsarchitektur«.

- Die Inhalte müssen gezielt erstellt werden, um die Besucherziele erfüllen (und vielleicht sogar übertreffen) zu können (siehe Kapitel 5, »Informationsarchitektur«).
- Die Inhalte müssen auf den einzelnen Seiten so gegliedert werden, dass ein schnelles Scannen ermöglicht wird und die Inhalte leicht erfasst werden können (siehe Kapitel 10, »Typografie«).
- Das Design sollte eine eindeutige visuelle Hierarchie schaffen, damit der Anwender die Schwerpunkte schnell und einfach erfassen kann und sich die Inhaltsbereiche klar voneinander trennen (siehe Kapitel 6, »Gestaltungsgrundlagen«).
- Die technische Umsetzung sollte dafür sorgen, dass auf jedem Endgerät und unabhängig von der Software das Design und die Inhalte gut aussehen und zugänglich sind. Der Einsatz von Animationen sollte die Bedienung erleichtern und das Nutzungserlebnis erhöhen. Die Inhalte und das Design sollten Glaubwürdigkeit und Qualität vermitteln, um das Vertrauen zu steigern.

Sie sehen, Usability hat mit Konzeption, Design, Inhalten und Technik zu tun. Und um all die damit zusammenhängenden Punkte beachten zu können, sollte man die Zielgruppe, also den Anwender und seine Verhalten kennen. Wer mehr über Usability wissen will bzw. sich über den aktuellen Stand der Forschung informieren möchte, sollte diese drei Blogs lesen:

- *www.fit-fuer-usability.de*
- *www.usabilityblog.de*
- *www.einfach-fuer-alle.de*

3.11.4 Usabilty-Tests und -Tools

Eine gute Usability lässt sich erreichen, indem die bzgl. Inhalten, Design und Technik beschriebenen Aspekte beachtet werden. Klingt einfacher, als getan, und ist vor allem noch nicht erschöpfend. Es gibt aber Usability-Tests und -Tools, die einen bei der Kontrolle unterstützen können. Diese reichen von umfangeichen Forschungen im Labor mit mehreren Probanden bis hin zum Check des Quellcodes mit dem W3C-Validator.

Usability-Tests müssen aber nicht zwangsläufig zeitintensiv und teuer in irgendwelchen Laboren durchgeführt werden, was gerade bei kleineren und mittleren Webprojekten das Budget nicht hergibt. Es gibt eine Fülle unterstüzender Werkzeuge und Services, die auch erschwinglich sind (siehe Abbildung 3.35 und 3.36). Klassischerweise führen bei einem Usability-Test möglichst

Validatoren
Das World Wide Web Consortiums (W3C) stellt zwei sogenannte Validatoren zur Verfügung, mit denen sich der Quellcode von HTML und CSS überprüfen lässt: *validator.w3.org* und *jigsaw.w3.org/css-validator*

repräsentative Nutzer typische Aufgaben der Webseite aus, um Probleme, aber auch positive Aspekte aufzuzeigen. Teilweise werden die Tests aufgezeichnet, um sie hinterher zu besprechen. Bei wissenschaftlichen Tests wird – mit teilweise strengen Vorgaben – dafür gesorgt, dass die Nutzer unter gleichen Bedingungen den Test ausführen.

Abbildung 3.35 ▸ Silverback ist eine Software für Mac-User, mit der Surfsitzungen aufgezeichnet werden können (*silverbackapp.com*).

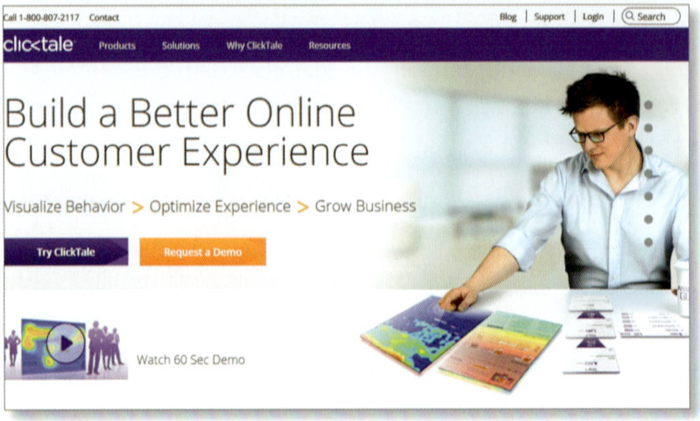

Abbildung 3.36 ▸ ClickTale ist ein nützliches Tool, um Mitschnitte von Seitenbesuche zu erstellen (*clicktale.com*).

Da Usability jeden Aspekt des Projektprozesses betrifft, sollten die Tests regelmäßig durchgeführt werden und nicht erst am Ende, wenn die Seite eigentlich schon fertig ist und nur darauf wartet, online zu gehen.

Usability-Schwachstellen finden | Usability-Tests heißt, in jedem Fall Externe dazu zu holen. Im Grunde könnten auch Sie als Webdesigner viele der Tests selbstständig ausführen, aber Sie wissen zu viel. Sie wissen zu viel über das Projekt und können es daher nicht mehr unbedarft und unvoreingenommen betrachten. Tests mit im Projekt nicht involvierten Personen offenbaren eher mögliche Schwachstellen und zeigen die Vorzüge auf. Steve Krug vergleicht das Testen mit dem Besuch von Freunden aus einer anderen Stadt. Während der Touristenrunde durch die Stadt sieht man Dinge, die einem gewöhnlich nicht auffallen, weil man sich schon an sie gewöhnt hat. Und es gibt Sachen, die man als selbstverständlich annimmt, die anderen aber nicht offensichtlich sind.

Selbst ein Test mit einer einzigen Person ist besser als gar kein Test. Überhaupt Tests zu machen, ist besser, als ewig und erfolglos nach für die Zielgruppe repräsentativen Probanden zu suchen. Auch Tests mit Ihrer Mutter, Ihrem Lebenspartner, Freunden und Nachbarn werden hilfreiche Erkenntnisse liefern können. Jeder, der einen Browser bedienen kann, ist ein geeigneter Tester. Die unterschiedlichen Erkenntnisse, die ein Internet-Anfänger und ein Webdesign-Kollege liefern, sind beide sehr wertvoll. Je nach Ausrichtung des Projekts gilt es dann, abzuwägen, inwiefern die Erkenntnisse in die Umsetzung einfließen

Der Blick auf die Usability lohnt sich
Es gibt verschiedene Studien, die an Onlineshops gezeigt haben, dass sich die Investition in Usability lohnt. Eine höhere Nutzerfreundlichkeit, Webseiten, die auf allen Geräten schnell laden und gut bedienbar sind, Inhalte, die sich einfach finden lassen und gut konsumierbar sind, sind immer von Vorteil.

Voraussetzungen für einfache Usability-Tests

- **Wie viele Personen?** 1 bis 5 User
- **Wer?** Im Idealfall annähernd die Zielgruppe, praktisch aber jeder, der einen Browser bedienen kann
- **Wo?** Egal, Hauptsache, die Hardware ist vorhanden. Vielleicht etwas Ruhe im Umfeld, um ungestört das Vorgehen besprechen zu können
- **Womit?** Hard- und Software, auf denen später das Projekt laufen soll, vom Smartphone mit iOS bis zum Desktop-PC mit Großbildschirm und Internet Explorer 9
- **Wie?** Testablauf festlegen. Bekommt der Nutzer eine bestimmte Aufgabe, oder soll er sich frei durch die Seite bewegen?
- **Wann und wie oft?** Regelmäßig, zumindest nach jedem größeren Projektabschnitt
- **Und dann?** Ergebnisse schriftlich festhalten, analysieren, Projekt verbessern und wieder testen

Bei den Tests sollten Sie als Webdesigner zugegen sein und die Ergebnisse schriftlich festhalten. Schauen wir uns mögliche einfache Testverfahren nun genauer an.

Lautes Denken | Der Proband äußert seine Gedanken (»Wo finde ich das Suchfeld?«, »Muss ich auf das Icon klicken?«). Da Sprechen nicht so schnell geht wie Denken und die Worte gefiltert sind, können logischerweise nicht alle Gedankengänge geäußert werden. Für unbewusste Wirkungen (wie zum Beispiel emotionale Ansprachen) ist lautes Denken eher ungeeignet, für bewusste Vorgänge wie das Navigieren durch die Seite schon eher.

Den Nutzern muss vorher klar gemacht werden, dass sie ihre Gedanken ungefiltert und offen äußern können und sollen.

Geschönte und wohl formulierte Aussagen helfen hier nicht weiter, sondern behindern den Testablauf eher.

Expertenanalyse | Mit Experten sind Webdesigner-Kollegen gemeint, egal, ob diese als selbstständige Webdesigner arbeiten, Konzepter, Screendesigner, Frontend- oder Backend-Entwickler, Projektmanager oder was auch immer sind. Jeder von ihnen kennt sich mit dem Prozess der Webseitenerstellung aus und kann wertvolle Hinweise liefern. Teilweise können Sie Dinge testen, die der »normale« Anwender nicht zu Gesicht bekommt, wie beispielsweise den Quellcode oder Alternativ-Texte für Bilder.

Prototyping | Ein Prototyp ist ein Modell der Webseite, das unterschiedlich detailliert sein kann. Prototypen können schon einfache Entwürfe auf Papier sein (siehe Abschnitt 8.2, »Wireframes erstellen«) bis hin zu interaktiven HTML-Seiten, den sogenannten Klick-Dummys.

Anhand der Prototypen lassen sich schon frühzeitig im Projektverlauf eventuelle Probleme oder Unklarheiten aufdecken. Meistens haben Prototypen ein reduziertes Design, da es gerade am Anfang des Projekts zumeist auf die Funktionalitäten, den Seitenaufbau und das Wording ankommt. Ein fein ausgearbeitetes Design kann hier eher hinderlich sein, das es Erwartungen an die Nutzung weckt, die ein Prototyp nicht halten kann.

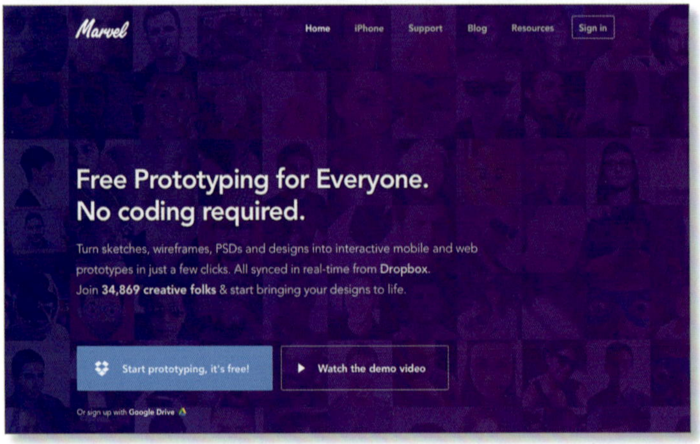

Abbildung 3.37 ▸
Schnell und intuitiv Prototypen aus Designvorlagen wie Photoshop-Dateien erstellen: *marvelapp.com*

Interaktive Prototypen lassen sich recht simpel mit Frameworks erstellen. In Zeiten, in denen der Prozessablauf nicht mehr zwangsläufig statische Grafiken vorsieht, sondern häufig schon recht früh mit der Frontend-Umsetzung begonnen wird, bietet es sich an, diese auch gleich zu testen. Der HTML-Prototyp läuft auch gleich im Browser und kann somit dort getestet werden, wo er auch später zum Einsatz kommt (auf verschiedenen Geräten und Browsern).

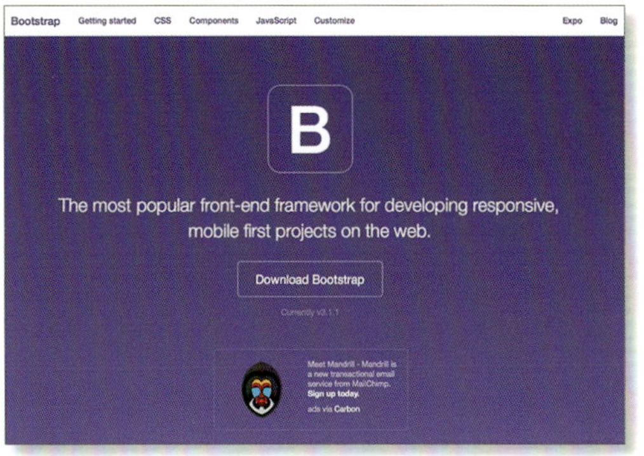

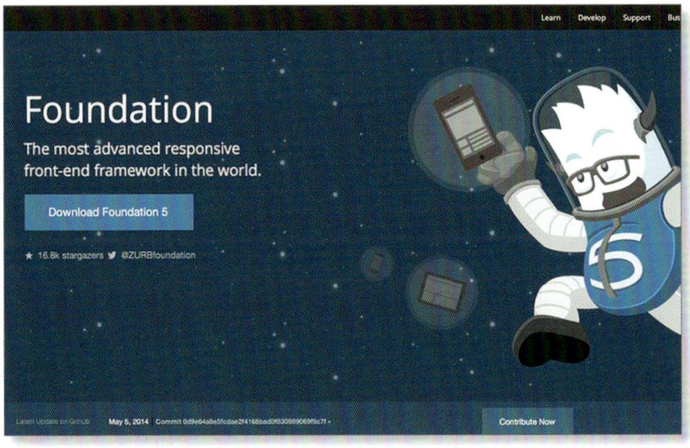

◂▴ Abbildung 3.38
Drei bekannte und beliebte Frameworks, die sich für Prototypen wie auch als Grundlage für ein Webseitenprojekt eignen: *yaml.de*, *getbootstrap.com* und *foundation.zurb.com*.

Interview | Unmittelbar nach der Benutzung des Produkts wird der Proband interviewt, um detailliertes Feedback zu geben. Durch gezieltes Nachfragen kann die Nutzung der Webseite besser nachvollzogen werden und eventuelle Unklarheiten sofort thematisiert werden.

Wichtig ist, wie bei den anderen Tests auch, dass dem Probanden immer klar ist, dass er seine Meinung frei äußern kann. Der Test-Durchführende sollte also neutral und vertrauenswürdig erscheinen. Wenn der Proband merkt, dass Ihr Herzblut in diesem Projekt steckt oder Sie gerne bestimmte Meinungen hören möchten, dann beeinflusst ihn das, und Sie werden weniger ein ehrliches Feedback erhalten.

5-Sekunden-/5-Dinge-Test | 5 Sekunden sind eine sehr kurze Zeit, für einen Webseiten-Besucher können sie aber sehr lang sein. 5 Sekunden ist oft höchstens die Dauer, die wir uns auf einer neu besuchten Webseite umschauen, bis wir entscheiden, ob wir bleiben oder gehen (oft für immer).

In 5 Sekunden sollte die Webseite dem Besucher Antworten auf folgende Fragen liefern:

- Wer sind Sie (Wer ist Ihr Kunde?)?
- Welche Produkte/Dienstleistungen bieten Sie (Ihr Kunde) an?
- Warum sollte ich bleiben (Was habe ich davon)?

Die 5-Sekunden-Tests liefern Antworten, ob der Proband seine Fragen beantwortet bekommt, und sie zeigen auf, welche grafischen Elemente besonders hervorstechen (fünf Dinge). Der Test liefert also Erkenntnisse über die visuelle Hierarchie (siehe Abschnitt »Hierarchien« auf Seite 239), über die »Scanbarkeit« der Webseite und über die Erkennbarkeit der Inhalte. In den Tests reicht es, ein Bild 5 Sekunden zu zeigen und danach Fragen zu stellen, wie gut sich der Proband an bestimmte Elemente erinnert, welchen Eindruck er gewonnen hat, was ihm im Gedächtnis geblieben ist.

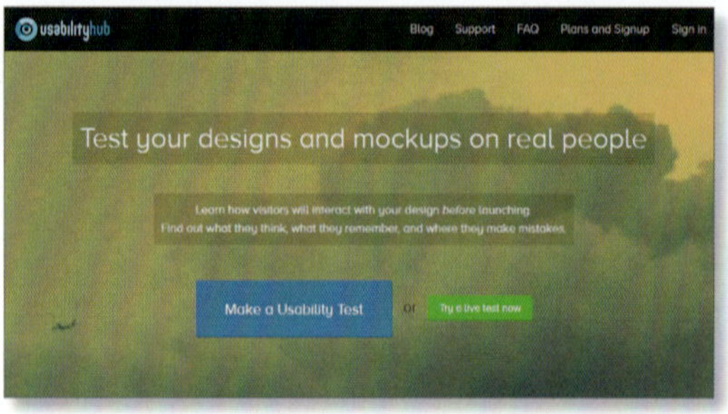

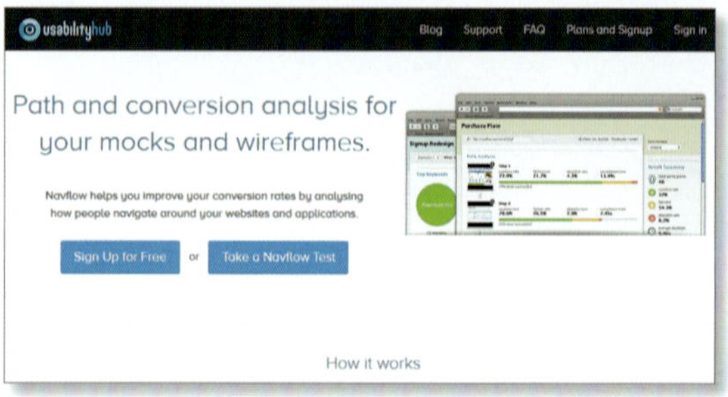

▼ Abbildung 3.39
Machen Sie den 5-Sekunden-Test, und schauen Sie, wie User Ihre Webseite wahrnehmen. Bei *usabilityhub.com* und *navflow.com* können Sie eigene und andere Websites testen.

3.11.5 Testaufgaben erstellen

Was soll eigentlich in den einzelnen Usability-Tests genau überprüft werden? Antwort: Am besten alles! Es sollte ein individueller Plan erstellt werden, in dem festgehalten wird, welche Tests wann durchgeführt werden und was genau überprüft werden soll. Für die Benutzer-Tests und Experten-Tests können genaue Aufgabenstellungen (*Use Cases*) definiert werden (»Finde das Produkt XY, informiere dich über Kosten und Lieferdauer.«) oder man lässt die Probanden einfach »frei Schnauze« durch die Seiten navigieren.

Themen wie die Navigationsstruktur, die Benennung der Menüpunkte lassen sich schon zu Beginn des Projekts überprüfen. Der 5-Sekunden-Test kann durchgeführt werden, sobald ein Wireframe und/oder das Screendesign stehen, die technische Analyse während und nach der Frontend-Umsetzung und die Analytics im laufenden Betrieb. Mit anderen Worten: Geprüft werden kann immer und überall. Oder wie es Steve Krug formulierte: »Testen funktioniert immer. Selbst mit dem schlechtesten Test mit dem falschen Benutzer finden Sie etwas heraus, wodurch Sie Ihre Site besser machen können.«

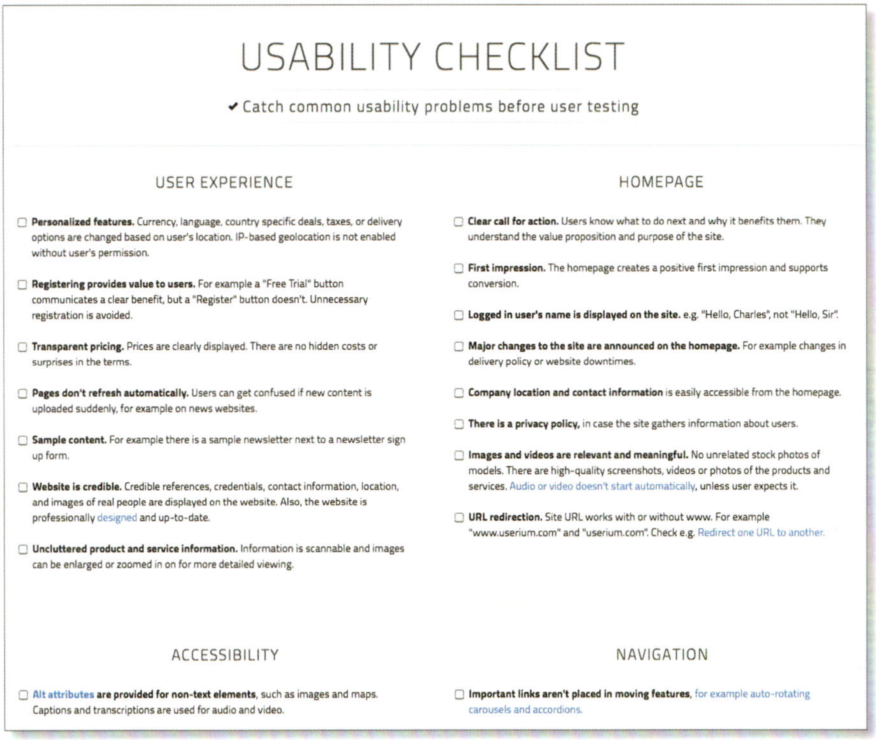

▲ **Abbildung 3.40**
userium.com liefert eine Usability-Checkliste.

Versuchen Sie, die Testergebnisse einzuordnen. Nicht alles, was Ihre Mutter nicht findet oder was Experten bemängeln, muss gleich behoben und korrigiert werden. Diese Einschätzung kann aber nur individuell erfolgen und kann Ihnen keiner abnehmen.

3.11.6 Technische Analyse

Die Technik spielt eine entscheidende Rolle bei der Usability, und für die ist vor allem der Webdesigner verantwortlich. Inhalte, die auf bestimmten Endgeräten oder Browsern nicht korrekt angezeigt werden, kosten den Auftraggeber unter Umständen Kunden. Für die technische Analyse der Webseite gibt es einige Tools, die verschiedene Punkte checken. Neben der Überprüfung des Quellcodes nach W3C-Standards gehören vor allem Suchmaschinen-Kriterien (Seitentitel, Keywords etc.), Backlinks und Ladezeit dazu. Einige Tools sind neben einer kostenpflichtigen in einer abgespeckten kostenfreien Version verfügbar. Es gibt unzählige Tools, mit denen sich Webseiten analysieren lassen. In Tabelle 3.3 finden Sie eine kleine Auswahl der spannendsten.

Tool	Beschreibung
google.com/webmasters	für Webseitenbetreiber mit jeder Menge hilfreicher Anwendungen wie Sitemaps und Definieren von Crawler-Eigenschaften
getfirebug.com	Browser-Add-on für die Webentwicklung. HTML,CSS in Echtzeit editieren, Performance checken usw.
validator.w3.org	der Quelltext-Validator vom W3C
browsershots.org	Macht Screenshots der Seite in allen erdenklichen Browsern und Browserversionen.
seitenreport.de	Untersucht die Seite vor allem nach SEO-Kriterien.
seitwert.de	Liefert ebenfalls jede Menge SEO-Überprüfungen.
opensiteexplorer.org	Untersucht die Backlinks, bis zu fünf Seiten lassen sich gleichzeitig überprüfen.

▲ **Tabelle 3.2**
Tools zur Technikanalyse

Datenschutz
In Deutschland gibt es beim Einsatz der Analytics-Tools gewisse Datenschutzrichtlinien zu beachten. Gerade das beliebte Google Analytics steht häufig in der Kritik. Mehr zu den Datenschutzmaßnahmen finden Sie bei *https://support.google.com/analytics/answer/6004245?hl=de*

Web Analytics: Benutzerverhalten auswerten | Es gibt verschiedene Analyse-Tools, mit denen sich das Besucherverhalten auswerten lässt. Das bekannteste ist sicherlich Google Analytics. Als Alternative bietet sich Piwik an, das ebenfalls kostenfrei als Open-Source-Tool daherkommt. Die Tools zeigen, woher die Besucher kommen (Land, Region), über welche Seite sie gekommen sind, welche Software (Browser, Betriebssystem) sie benutzen und wie oft und wie lange einzelne Unterseiten angesehen werden usw. Sie liefern damit während des Betriebs der Webseite nützliche Informationen über seine Besucher und die Grundlage, um die Seite weiter zu optimieren.

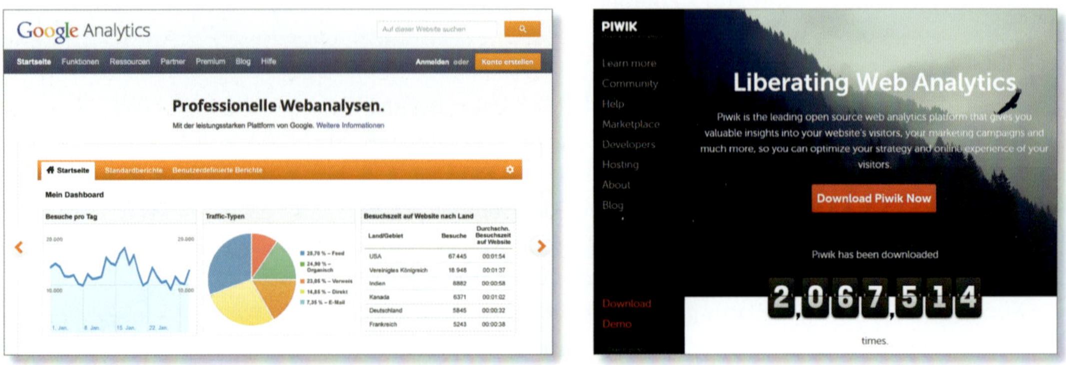

▲ **Abbildung 3.41**
Die beiden bekanntesten Analyse-Tools: *google.de/analytics* und *piwik.org*.

3.12 User Experience

Eine gute Usability bedeutet, dass der Anwender sein Ziel effektiv, effizient und zufriedenstellend erreicht. Das alleine reicht aber oft nicht mehr. In den klassischen Medien (zum Beispiel Fernsehen) konnten sich Unternehmen noch durch viel Geld Aufmerksamkeit erkaufen. In Zeiten, in denen Produkte, Dienstleistungen, Inhalte vor allem auch im Web untereinander ständig konkurrieren, entscheidet der Konsument (fast) alleine, wem er seine Zeit schenkt.

»Design ist not just what it looks and feels like. Design ist how it works.«

Steve Jobs

3.12.1 Die Website als Erlebnis

Dass eine gute Usability Grundvoraussetzung für einen Erfolg im Web ist, weiß inzwischen jeder. Eine zweckorientierte Zielerreichung reicht daher weder zur Differenzierung innerhalb des Wettbewerbs noch den Bedürfnissen der Kunden. Aufbauend auf einer guten Usability geht es immer mehr darum, für ein positives Erlebnis zu sorgen. Die Bedeutung der Emotion wird wichtiger.

Dazu gehört das Verständnis, dass der Nutzer nicht bloß passiver Konsument ist, sondern aktiver Teilnehmer. Es geht nicht mehr bloß um den reinen Kauf eines Produkts oder die Inanspruchnahme einer Dienstleistung. Ziel sind positive Nutzererlebnisse. Red Bull macht dies im großen Stil im Offline-Leben vor. Flugshows, Kitesurfen, Downhill-Moutainbiking oder Klippenspringen, zig Events wurden schon unter dem Red-Bull-Logo veranstaltet, die vor allem eines schaffen sollen: ein intensives Erlebnis und damit eine emotionale Bindung des Konsumenten an die Marke.

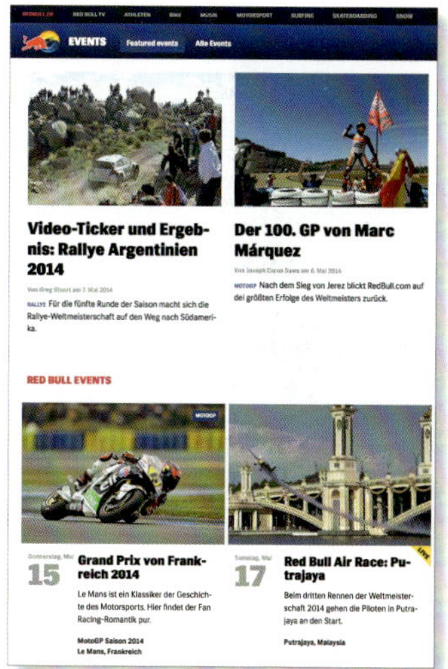

▲ **Abbildung 3.42**
Jede Menge Konsumenten-Erlebnisse bietet *redbull.com/de/de/events*.

Ähnlich wie eine gute Usability ist eine gute User Experience nicht bloß in einer Disziplin verortet. Auch User Experience beginnt schon bei der Konzeption eines Projekts und zieht sich über das Design und die Technik fort. Die gestalterische und technische Umsetzung beginnt aber eben auch schon mit einer gescheiten Planung, daher ist die User Experience schon ein Teil der Konzeption.

3.12.2 Look & Feel, Joy of Use und die Usability

Offline wie online sind Nutzer durch den *Information Overload* überlastet (siehe Abschnitt 1.5.2, »Informationsüberflutung der Konsumenten«), trotzdem oder vermutlich eher deswegen leben wir auch in einer Erlebnisökonomie. Im Web prägt jede Interaktion, sei sie auch noch so klein und banal, das Gesamterlebnis der Nutzer.

Das Nutzungserlebnis, die User Experience, ist das Zusammenspiel aus Usability, dem Aussehen der Seite (*Look & Feel*) und dem *Joy of Use*. Die Usability sorgt dafür, dass wir das Produkt intuitiv und ohne Einschränkungen benutzen können und unser Ziel ohne Hürden erreichen. Das *Look & Feel* der Seite sorgt für Vertrauen, Glaubwürdigkeit und ein ästhetisch ansprechendes Äußeres, der *Joy of Use* sorgt für Freude an der Benutzung.

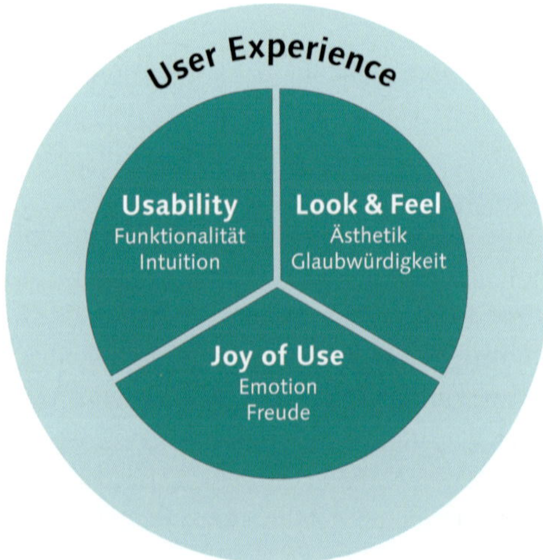

Abbildung 3.43 ▸
Usability + Look & Feel + Joy of Use = User Experience

Der Spaß an der Benutzung von Produkten wird zukünftig – nicht nur bei Webseiten – eine immer größere Rolle bei der Vermarktung spielen. Die Ästhetik und ein emotionales Design gehören hier dazu.

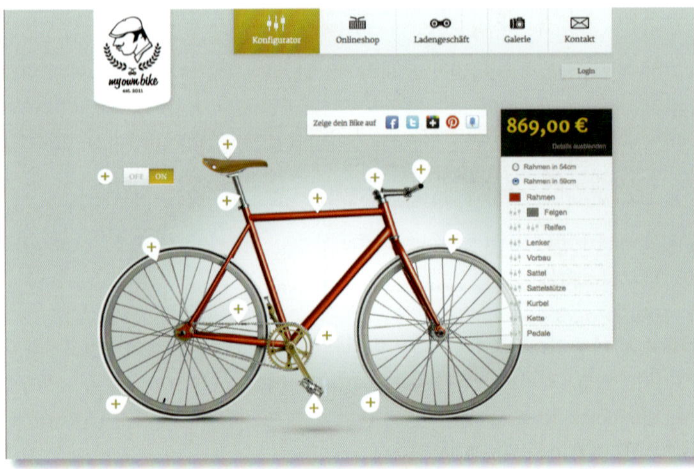

Abbildung 3.44 ▸
Noch ein Fahrrad-Konfigurator: intuitiv und einfach zu bedienen. Änderungen werden sofort am Produkt anzeigt. User Experience at ist best beim *myownbike.de/singlespeed-und-fixie-konfigurator*.

Um den Joy of Use zu verbessern, reicht es manchmal schon, kleine Maßnahmen mit aktuellen Technologien wie HTML5 (Videos), CSS3 (Transitions) oder JavaScript-/jQuery-Plug-ins (Animationen, besondere Funktionalitäten) umzusetzen.

◂ **Abbildung 3.45**
Oft sind es die kleinen Dinge, die die Bedienung angenehmer machen, wie diese wechselnden Schuhansichten in den Thumbnails bei *mirapodo.de*.

Die Technologien sollten aber mit Bedacht eingesetzt werden. Es gab einmal eine Zeit, da sorgte eine Technologie namens Flash für einen erhöhten Joy of Use, verkehrte sich aber schnell ins Gegenteil durch Überfrachtung mit (unnötigen) Effekten. Die Technologie sollte immer dem Anwender dienen und das Bedienen erleichtern. Denn eine gute User Experience heißt, dass der Anwender mit Leichtigkeit und Spaß zum Ziel kommt.

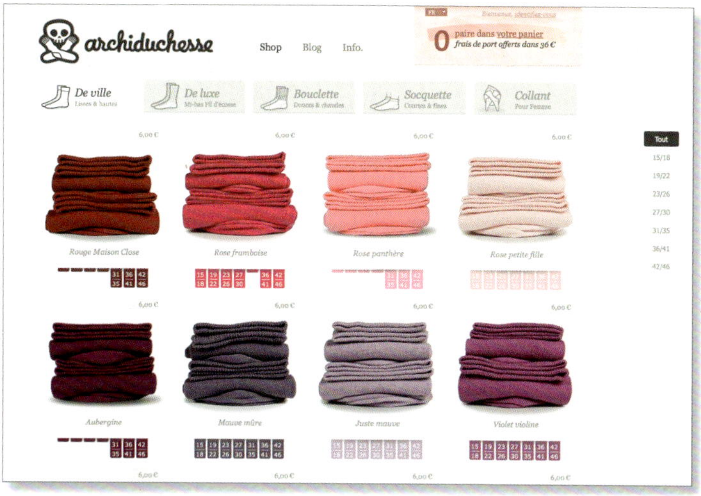

▴ **Abbildung 3.46**
Schränkt man die Auswahl bei *archiduchesse.com* ein, dann »smoothen« die Produkte aus und ein.

3.12.3 Emotionen wirken

Was hat Ihr Lieblingsrestaurant, Lieblingsladen, Ihr Lieblingspullover, Ihr Lieblingsverein so Besonderes? Es sind vermutlich weniger die rationalen Gründe, als die emotionale Beziehung, die Sie zu ihnen haben. Das Gleiche gilt für die Verbindungen zu Unternehmen, zu Produkten und zu Webseiten.

▲ **Abbildung 3.47**
Bilder und Texte wecken Emotionen, wie bei *systemsport.de*.

Eine emotionale Ansprache kann der Schlüssel zum Erfolg sein (»Words tell, emotion sells«). Emotionen sorgen dafür, dass sich der Anwender an Ihre Seite erinnert, und binden ihn damit. Es gibt dafür inzwischen einen neuen Industriezweig, das *Neuromarketing*. Unsere emotionalen, größtenteils unbewussten Gefühle siegen über unser rationales Denken. Neuromarketing macht sich dies zunutze und untersucht mithilfe der Hirnforschung, wo und inwieweit wir manipulierbar sind.

Wer es also schafft, positive Emotionen zu wecken, der hat schon so gut wie den Kunden gewonnen.

3.12.4 Glaubwürdigkeit und Vertrauen

Webseiten haben generell das Problem, dass sie immer noch weniger glaubwürdig erscheinen als gedruckte Kommunikationsmittel. Glaubwürdigkeit ist aber ein Erfolgsfaktor einer Webseite. Wer würde schon bei einem Onlineshop einkaufen, der nicht vertrauenswürdig erscheint. Glaubwürdige Seiten erwecken Vertrauen. Um die Glaubwürdigkeit zu steigern, gibt es verschiedene Maßnahmen.

- Zeigen Sie, dass ein reales Unternehmen oder eine reale Person für den Auftritt verantwortlich ist.
- einfache Interaktion zwischen dem Unternehmen und dem User (zum Beispiel leichte Kontaktaufnahme)
- leicht nachvollziehbare Navigation
- keine Vermischung von Inhalt und Werbung
- Testimonials, Fallstudien, Kundenbewertungen, Erfahrungsberichte
- aktuelle Inhalte
- professionelles Design

Abbildung 3.48 ▶
Stimmen von Kunden, der Medien und Logos der Referenzen sorgen immer für Glaubwürdigkeit und sind der Reason Why, wie bei *alexander-groth.de*.

Authentizität und Transparenz sind in dem Zusammenhang oft benutzte Schlagworte, die erreicht werden können, wenn das

Unternehmen einen Einblick gewährt. Wer ist es, wer arbeitet dort, wie arbeiten sie und was genau machen sie. Für Interessenten können die Antworten darauf den Unterschied ausmachen.

So kann zum Beispiel anhand von Bildern (insbesondere Mitarbeiterfotos), genauso wie durch ein Unternehmensblog, das aus dem Innenleben des Unternehmens berichtet, eine persönliche Verbindung vom Anwender zum Unternehmen hergestellt werden.

User-Experience-Blogs
Als weiterführende Literatur zum Thema User Experience empfehle ich den »UX Crash Course: 31 Fundamentals«: *thehipperelement.com/post/75476711614/ux-crash-course-31-fundamentals* und die »UX Mythen«: *uxmyths.com*

◂ **Abbildung 3.49**
User Experience ist nicht gleich User Interface, darüber klärt die Seite *uxisnotui.com* auf.

3.13 Fazit

Die Konzeption gilt als der entscheidende Faktor für den Erfolg eines Webprojekts. Was zu Beginn nicht oder falsch geplant wurde, wird hinterher draufgezahlt. Sei es durch überflüssige Korrekturen oder durch nicht erreichte Ziele, die sich erst lange nach dem Launch offenbaren. Auch ein Scheitern von Projekten, was leider immer wieder vorkommt, hat seine Hauptursache in schlechter Planung.

Sicher, es mag viele Projekte gerade im kleinen und mittleren Bereich geben, da werden klare Zielvorgaben nicht genau definiert und somit kann auch keine Erfolgskontrolle erfolgen. Das sollte aber keinen davon entbinden, nicht gründlich seine Hausaufgaben zu machen und sich über die in den letzten Abschnitten genannten einzelnen Analyse- und Strategiepunkte Gedanken zu machen. Ob das dann in wenigen Stunden nebenbei erfolgt oder in wochenlangen intensiven Sitzungen muss jeder für sich im Einzelfall entscheiden.

Ein durchdachtes Konzept mit einem Projektplan, klaren Vorgaben für Design und Entwicklung ist auf jeden Fall die Basis für eine strukturierte und erfolgreiche Umsetzung. Hat Ihr Projekt dann noch eine gute Usability und User Experience, dann haben Sie im Kampf um die Gunst der Anwender die besten Argumente.

Kapitel 4

Responsive Webdesign

Den Grundstein für eine neue Ära im Webdesign legte der amerikanische Webdesigner Ethan Marcotte im Jahr 2010 mit einem Artikel im Webmagazin »A List Apart«. Der Titel lautet: »Responsive Webdesign«. Er stellt in dem Artikel die Idee und Umsetzung einer sich der Bildschirmbreite anpassenden Webseite vor. Im Mittelpunkt steht dabei eine Technik namens Media Queries, mit deren Hilfe man unterschiedlichen Bildschirmgrößen eigene CSS-Definitionen zuweisen kann. Es war ein Artikel und ist eine Technik, die einiges revolutionieren sollten und immer noch revolutionieren.

4.1 Einleitung – und sie bewegen sich doch

960 Grid – das kennt wohl jeder Webdesigner, und viele, viele Jahre wurden und werden immer noch Webseiten für diese Pixelbreite angelegt. Das Ergebnis sind Webseiten, die sprichwörtlich statisch sind. Sie haben eine feste Breite, die sich nicht verändert. Viele Jahre war das auch in Ordnung so, denn die 960 Pixel ergaben sich aus dem kleinsten gemeinsamen Bildschirmnenner. 1.024 Pixel war die übliche Bildschirmgröße bzw. die kleinste Variante, auf der Webseiten noch gut aussehen sollten.

Zum Nachlesen
Den Artikel »Responsive Web Design« finden Sie bei bei A List Apart: *alistapart.com/article/responsive-web-design*

Die (Web)Designer hatten die aus dem Printbereich üblichen Gestaltungsabläufe übernommen. Da die Werkzeuge die gleichen oder zumindest sehr ähnliche waren, war die erste Tätigkeit, eine neue Datei zu öffnen mit festen Breiten und Höhen:

Aus heutiger Sicht würde man sagen, da hat der Fehler schon begonnen, aber dazu später mehr. Zuerst wurde also ein Screendesign in Photoshop mit festen Maßen gestaltet. Ein Segen für Designer, die ihre Kreativität innerhalb eines eindeutigen festen Rahmens auslassen konnten. Kunden konnten genau sehen, wie denn ihre Webseite (scheinbar) später aussehen wird. Und die Entwickler haben eine Vorlage bekommen, die sie 1 zu 1 umsetzen konnten. So lebten alle viele Jahre glücklich ...

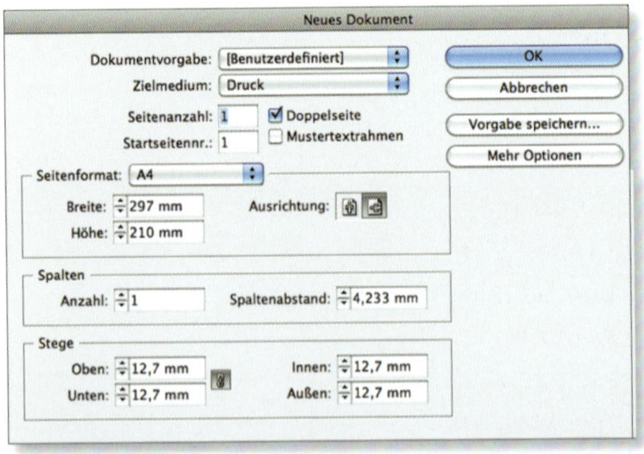

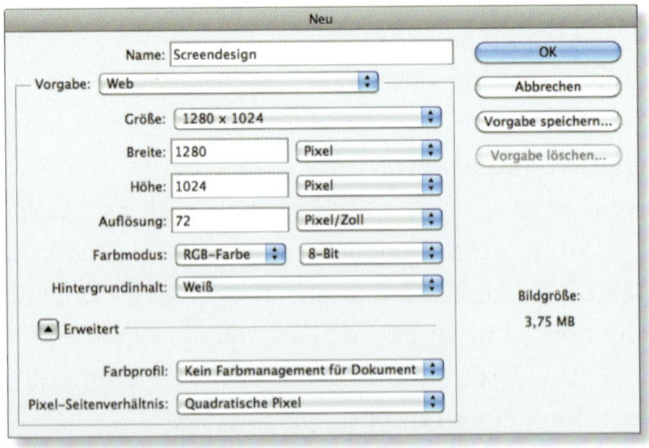

▲ Abbildung 4.1
Eine neue Datei bitte! Was im Printbereich die Millimeter-Angaben sind (linkes Bild, Adobe InDesign), waren im Webbereich lange die Pixel (rechtes Bild, Adobe Photoshop).

4.1.1 Neue Geräte und Bildschirmgrößen

Bis sich im Jahr 2007 eine Firma namens Apple anschickte, eine neue Art »Handy« zu veröffentlichen. Ich bin geneigt das erste iPhone als den Beginn einer neuen Zeitrechnung im Webdesign zu bezeichnen. Mit einem großen Touchscreen versehen und einem Webbrowser ausgestattet, erlaubte es mobiles Surfen. Heute eine Selbstverständlichkeit, war dies vor wenigen Jahren noch ein neuartiges Erlebnis.

In atemberaubender Geschwindigkeit entwickelten sich die Geräte weiter, neue Gerätetypen wie Tablets kamen auf den Markt, und die mobile Nutzung des Internets ist inzwischen größer als die stationäre. Smartphones und Tablets sind dabei aber wohl erst der Anfang. In den kommenden Jahren wird mit vielen weiteren Geräten gerechnet, die internettauglich sind, von der Uhr über das Auto, den Kühlschrank bis hin zur Heizungsanlage.

Abbildung 4.2 ▼
Das Web ist mobil geworden und die Geräte sehr vielfältig: *bradfrostweb.com/blog/web/responsive-web-design-missing-the-point.*

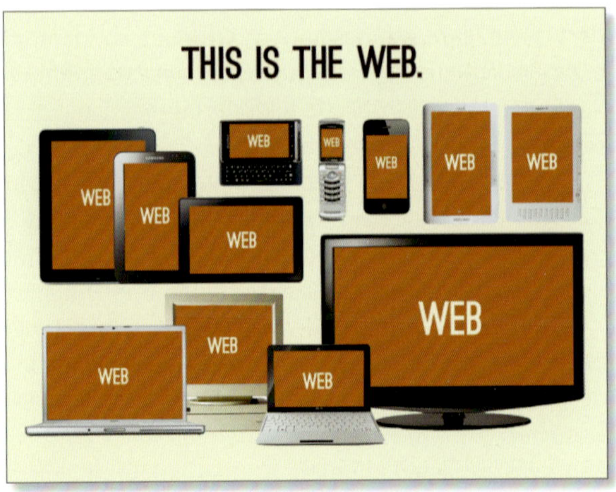

Mit den neuen Geräten kommen auch neue Anforderungen an Webseiten. Webseiten sollten nun keine starren Gebilde mehr sein, sondern sich flexibel dem Ausgabegerät anpassen können.

Die technische Grundlage dazu lieferten die Media Queries, aber auch konzeptionell wurde ein Umdenken angestoßen. Die bisherigen Workflows wurden den neuen Anforderungen nicht mehr gerecht (siehe Abschnitt 4.3, »Ein neuer Workflow«). Die Displays sind über die Jahre aber nicht nur kleiner geworden und »nur« per Touchscreen zu bedienen. Parallel stehen auch immer größere Monitore mit immer höheren Auflösungen auf den Schreibtischen. Und so gibt es Displays, die eine Auflösung von bis zu 3.840 × 2.160 Pixeln haben. Das bedeutet, dass Webseiten nicht nur für kleinere Auflösungen angepasst werden können, sondern ebenso auch größere Bildschirme bedacht werden müssen.

◂ **Abbildung 4.3**
Großer Bildschirm, kleine Webseite. Die Konzentration auf 960 Pixel Breite wirkt bei sehr großen Bildschirmen irgendwie verloren.

Die mobile Internet-Nutzung
Die mobile Nutzung des Internets ist in den letzten Jahren explodiert und noch lange kein Ende in Sicht. Immer mehr internettaugliche Geräte, vermehrt öffentlich frei verfügbare WLAN-Zugänge und immer schnellere Verbindungsgeschwindigkeiten tragen zu dieser Entwicklung bei. Dazu passend folgt eine Auswahl an Überschriften aktueller Studien (aus dem Jahr 2014) zur mobilen Nutzung:

- »2016 soll der mobile Umsatzanteil bereits mehr als die Hälfte (56 Prozent) des Online-Umsatzes ausmachen.«
- »81 Prozent der befragten Marketer planen in Zukunft höhere Ausgaben für mobile Marketing-Maßnahmen.«
- »Tablets überflügeln Smartphones in Sachen Traffic bereits in 3 Jahren.«
- »Danach nutzt jeder zweite Deutsche TV und Internet gleichzeitig.«
- »Mobile Werbung verdoppelt sich in Deutschland.«

Eine Sammlung an aktuellen Studien zu Mobile Marketing und Mobile Business finden Sie unter: *mobilbranche.de/category/studienfuehrer*

4.1.2 Zurück in die Zukunft – von flexibel zu statisch zu flexibel

World Wide Web

The WorldWideWeb (W3) is a wide-area hypermedia information retrieval initiative aiming to give universal access to a large universe of documents.

Everything there is online about W3 is linked directly or indirectly to this document, including an executive summary of the project, Mailing lists , Policy , November's W3 news , Frequently Asked Questions .

What's out there?
    Pointers to the world's online information, subjects , W3 servers, etc.
Help
    on the browser you are using
Software Products
    A list of W3 project components and their current state. (e.g. Line Mode ,X11 Viola , NeXTStep , Servers , Tools , Mail robot , Library)
Technical
    Details of protocols, formats, program internals etc
Bibliography
    Paper documentation on W3 and references.
People
    A list of some people involved in the project.
History
    A summary of the history of the project.
How can I help ?
    If you would like to support the web..
Getting code
    Getting the code by anonymous FTP , etc.

▲ Abbildung 4.4
Das war sie, die erste Webseite, und dabei voll flexibel: *w3.org/History/19921103-hypertext/hypertext/WWW/TheProject.html*

Webseiten sind von Haus aus flexibel und anpassungsfähig. HTML-Blockelemente erstrecken sich über die volle Bildschirmbreite und passen sich dem Viewport an. Bis der Webdesigner mit CSS kommt und dem Ganzen eine feste Breite zuweist. Und das aus nachvollziehbaren Gründen: Die Kontrolle über die optische Ausgabe gehört dazu, ebenso die geringe Lesbarkeit von Texten, die sich über eine sehr große Bildschirmbreite erstrecken. Auch die Unfähigkeit von Bildern, sich anzupassen, sind hier zu nennen, geschweige denn ganze Layouts mit vielen Grafiken. Solange die vorhandenen Monitorauflösungen überschaubar waren und mit einer festen Breite der Großteil erreicht werden konnte (ohne horizontalen Scrollbalken), mag dieses Vorgehen vertretbar gewesen sein.

Um der immer größer werdenden Schar an Endgeräten und unterschiedlichen Auflösungen einigermaßen beizukommen, werden Webseiten jetzt (endlich) wieder flexibel gemacht. Sie werden auf keine festen starren Breiten angelegt, sondern passen sich dem Ausgabemedium an.

Abbildung 4.5 ►
Ein Ausblick in die Zukunft: Jede Menge neue Geräte werden internetfähig sein, darunter vermutlich viele, von denen wir es noch nicht einmal ahnen – *bradfrostweb.com/blog/web/responsive-web-design-missing-the-point.*

Diese Flexibilität einer Webseite ist eigentlich kein nettes Feature, sondern Notwendigkeit und zwingende Voraussetzung für eine Zukunftsfähigkeit der Webseite.

» *»From now on, if it's not responsive, it's not web design.«*

Webdesigner Andrew Clarke auf twitter (twitter.com/Malarkey/status/113221032634093569)

4.1.3 Ganzheitliche Flexibilität – es betrifft alle

Der allgemein übliche, erlernte Webdesign-Workflow ist also im Wandel. Und er betrifft nicht nur die Designer, die sich ihres Lieblingsspielzeugs Photoshop entledigt sehen (was sie nicht sind). Ein responsiver Workflow betrifft alle am Projekt Beteiligten. Denn es geht nicht nur darum, Designs jetzt eben nicht mehr pixelgenau umzusetzen, sondern flexibel darzustellen, es geht viel mehr um das große Ganze. Ein responsiver Workflow beginnt schon mit der Konzeption. Zuerst sollten die Inhalte kommen (siehe Abschnitt 4.2, »Responsive Strategie – ›Mobile first‹ und ›Content first‹«). Welche Inhalte sollen wie auf welchem Medium und mit welcher Bildschirmgröße ausgegeben werden – ein Aspekt, der bislang zu oft alleine dem Designer überlassen wurde.

Im Idealfall arbeiten Entwickler, Designer und Konzepter von Anfang an zusammen. Eventuell vereinen sich die drei Tätigkeitsbereiche auch in einer Person. Umso wichtiger, dass diese dann über alle Aspekte einer responsiven Webseite Bescheid weiß.

Und dann war da ja noch der Kunde. Er wartet auch heute noch allzu oft auf bunte Photoshop-Designs im JPG-Format. Erklärung und Aufklärung ist da das Motto. Die Bedeutung responsiver Webseiten und veränderter Arbeitsabläufe müssen erklärt werden. Sicherlich nicht in allen Einzelheiten. Den Kunden interessieren keine Breakpoints, und er muss sie auch nicht kennen. Er muss die Bedeutung kennen für den Endkunden. Dieser soll die Seite hinterher nutzen (können), egal, wo und wie und mit welchem Gerät. Dafür ist responsives Webdesign gemacht, dem Endanwender die Nutzung der Webseite in jeder Situation zu ermöglichen und zu erleichtern.

Ein kritischer Blick auf Responsive Webdesgin
Zwei kritische und lesenswerte Artikel zum aktuellen Stand des responsiven Webdesigns finden Sie im Blog von Jens Grochtdreis:

- »Wer braucht eine responsive Website?«: *grochtdreis.de/weblog/2013/08/15/wer-braucht-eine-responsive-website*
- »Responsive Webdesign – Fragen an unser Selbstverständnis«: *grochtdreis.de/weblog/2013/08/16/responsive-webdesign-fragen-an-unser-selbstverstaendnis*

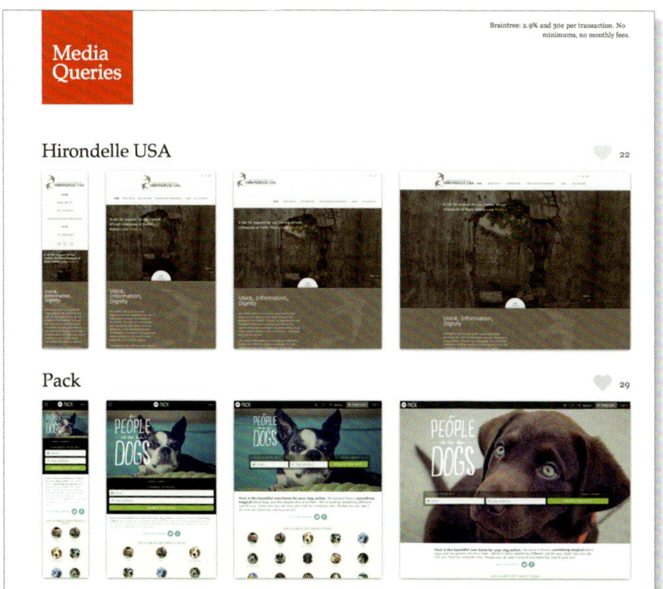

◂ Abbildung 4.6
Eine umfangreiche Sammlung an responsiven Webseiten bietet *mediaqueri.es*. Sie ist für die eigene Inspiration hilfreich, aber auch für die Aufklärung im Kundengespräch.

Zur Aufklärung gehört also, dem Kunden klarzumachen, dass die Inhalte das Wichtigste sind, dass diese am besten vor dem Design

Responsive Case Studies
Hilfreich bei der Aufklärung und Überzeugung des Kunden sind *Case Studies*. Zeigen Sie dem Kunden ausgewählte responsive Webseiten. Erklären Sie Veränderungen im Design, in der Technik und den Inhalten, damit der Kunde ein Gefühl für die Bedeutung bekommt. Anregungen für responsive Webseiten erhalten Sie auf: *webdesign-showcases.com/category/technical/responsive-mobile*

und der Umsetzung feststehen (nicht unbedingt alle Texte bis ins letzte ausformuliert, aber zumindest deren Art, Bedeutung, Umfang und benötigter Platz). Er muss auch nicht mehr auf Bilddateien warten, sondern kann recht früh im Browser die Entstehung der Webseite mitverfolgen. Dies legt den Schwerpunkt auch auf die Interaktion der Webseite, weg vom rein ästhetischen Empfinden einer Bilddatei. Durch einen veränderten Ablauf wird auch häufig der Kundenkontakt intensiver. Regelmäßigere Abstimmungen und weniger »böse« Überraschungen sind das Ergebnis, wenn der Kunde bei vielen Entscheidungen früher dabei ist und die Zwischenergebnisse verfolgen kann.

Nicht immer und überall ist ein neuer responsiver Workflow möglich. Aber wir können daran arbeiten, so dass sich zukünftig Webseiten flexibel »bewegen« lassen.

4.2 Responsive Strategie – »Mobile first« und »Content first«

Responsive Webdesign (abgekürzt gerne nur RWD genannt) ist also gekommen, um zu bleiben. Hinter diesem Kürzel stecken aber sehr unterschiedliche Vorgehensweisen und auch sehr unterschiedliche Vorstellungen, was denn responsiv überhaupt genau ist. Nicht jeder meint immer das Gleiche damit. Und vor allem das Ziel, eine responsive Webseite umzusetzen, kann sehr unterschiedliche Ergebnisse hervorbringen.

4.2.1 Adaptive Layout vs. Responsive Layout

Eine Webseite kann man ganz allgemein unterscheiden zwischen *responsiv* (reaktionsfähig) und *adaptiv* (anpassungsfähig). Meist wird von responsiven Webseiten gesprochen, aber was genau bedeutet dies? Die erste und immer noch allgemeingültige Definition stammt von Ethan Marcotte: *»Fluid grids, flexible images, and media queries are the three technical ingredients for responsive web design«* (*alistapart.com/article/responsive-web-design*).

Schwierigkeit adaptiver Layouts
Die Schwierigkeit eines adaptiven Layouts besteht im Finden fixer Bildschirmbreiten, nach denen man sich richtet. Die Geräteauswahl und -verbreitung ist inzwischen so groß, dass es diese »Richtgeräte« mit dazugehörigen Auflösungen nicht gibt. Apple-Produkte werden meistens nur aufgrund ihres wohlklingenden Namens genommen.

Responsive Webseiten setzen also auf ein flexibles Raster (oft auch *Fluid Grid* genannt, dazu später mehr). Im Zusammenhang mit Media Queries wird erreicht, dass der zur Verfügung stehende Platz optimal ausgenutzt wird, da sich das Layout über die volle Breite erstreckt. Einzige Ausnahme ist eine fixe Grenze bei sehr großen Auflösungen (`max-width`), so dass das Layout nicht zu breit wird.

Ein Umbruch des Layouts, also ein Breakpoint mit Media Queries, wird dann gesetzt, wenn das Design und die Inhalte danach verlangen. Die Hauptnavigation, wird also dann »versteckt«, wenn der Platz nicht mehr ausreicht (mehr dazu ab Seite 646).

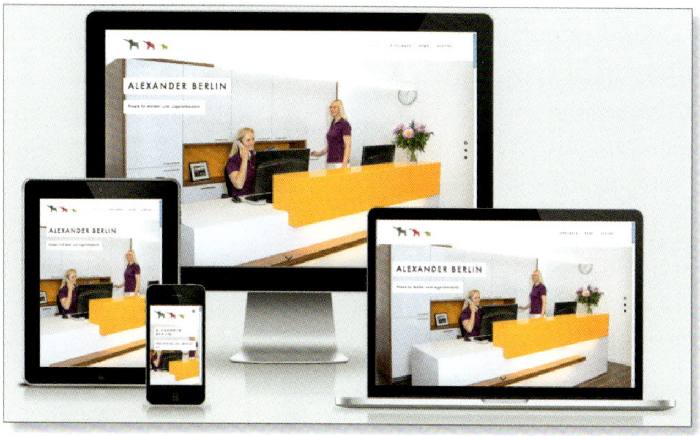

◂ **Abbildung 4.7**
Die Webseite *praxis-alex-berlin.com* passt sich stufenlos jeder Auflösung an. Getestet und mit Screenshot von *ami.responsivedesign.is*.

Adaptive Layouts und adaptives Design

Die Begriffsverwirrung (und -aufklärung) zeigt ein Beitrag von Aaron Gustafson auf. Er unterscheidet zwischen »Adaptive Layouts« und »Adaptive Design«. Letzteres ist noch viel weiter gefasst und meint einen ganzheitlichen Ansatz nach dem »Mobile first«-Prinzip, auf das ich noch zu sprechen komme. *blog.easy-designs.net/archives/on-adaptive-vs-responsive-web-design*

Ein adaptives Layout dagegen wird von Anfang an für bestimmte Bildschirmgrößen optimiert. Im Grunde sind es starre Gestaltungsraster wie früher mit dem 960-Pixel-Raster, nur jetzt eben mehrere für unterschiedliche Auflösungen. Spezifische Ausgabegeräte stehen im Mittelpunkt und nicht der Inhalt bzw. die Inhaltsdarstellung. Meistens sind es häufig genutzte und beliebte Geräte wie das iPhone und iPad, deren Auflösungen für Breakpoints herhalten müssen. Für diese Geräte ist die Darstellung dann optimiert, aber nicht für Geräte, die eine etwas größere oder kleinere Auflösung haben. So wird häufig Platz verschwendet, der gerade bei kleineren Auflösungen nicht so reichlich vorhanden ist.

Das adaptive Vorgehen wird gerne eingesetzt, da es leichter und schneller umzusetzen ist als eine »richtige« responsive Webseite und durch die starren Raster das Aussehen auch besser kontrollierbar ist. In der Praxis werden aber auch adaptive Webseiten gerne *responsiv* genannt, sei es aus Unwissenheit oder verkaufstaktischen Gründen.

▾ **Abbildung 4.8**
Das Raster des Frameworks *getskeleton.com* ist adaptiv und »springt« an den Breakpoints. So kann es passieren, dass bei einigen Auflösungen (viel) Platz verschenkt wird (rechter Screenshot).

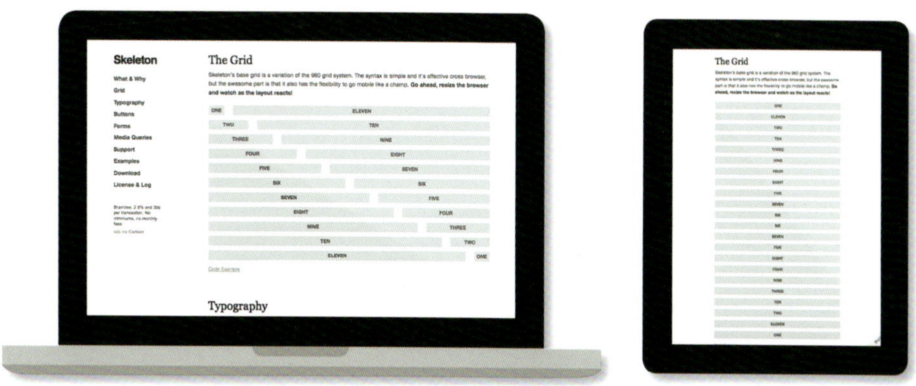

Während reaktionsfähige (responsive) Layouts also stufenlos auf jede Größenänderung des Browsers reagieren können, sind anpassungsfähige (adaptive) Layouts nicht so flexibel und reagieren nur an bestimmten Punkten (Breakpoints).

Mobile Webseite

Zu Beginn der mobilen Ära (um 2007) wurde den Unternehmen häufig eine eigene mobile Webseite parallel zur »normalen« Webseite verkauft. Dies ist heutzutage – auch dank responsiven Webdesigns – nur noch in seltenen und bestimmten Fällen wirklich notwendig. Ein Beispiel ist die Webseite des Öffentlichen Personennahverkehrs. Hier hat eine eigene mobile Webseite viel Sinn, denn die Anforderungen und Bedürfnisse der Anwender sind mobil ganz andere.

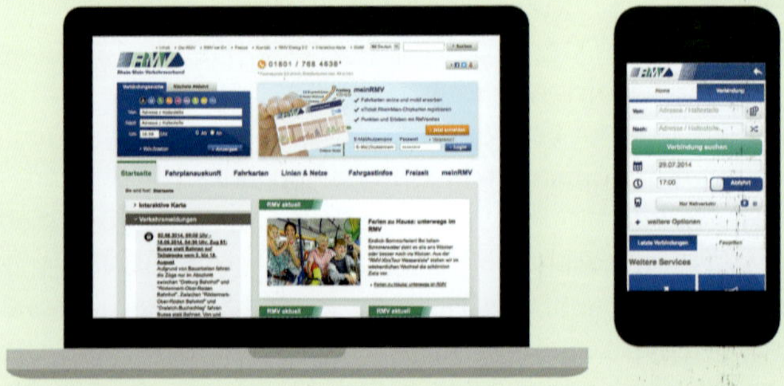

▲ **Abbildung 4.9**
Der *rmv.de* (mobile Variante: *m.rmv.de*) weiß, was die Besucher wünschen, wenn Sie »stationär« oder »mobil« die Webseite besuchen.

4.2.2 Mobile oder Content – wer ist der Erste?

Einhergehend mit dem responsiven Webdesign sind die Methoden des *Mobile first* und *Content first* aufgekommen. Mobile first bezeichnet ein Vorgehen, das von einer für Smartphone optimierten Darstellung ausgeht und dann nach und nach für die größeren Auflösungen anpasst (dazu gleich mehr). Daraus entwickelte sich ein Content first, weil man merkte, dass die Inhalte und deren Darstellung dabei relevant sind. Also zuerst müssen die Inhalte gefunden, sortiert und strukturiert werden (siehe Kapitel 5, »Informationsarchitektur«), bevor sie gestaltet und technisch umgesetzt werden können. Egal, wie man die Strategie nun nennt, eine Optimierung für kleine Auflösungen bringt folgende Fragestellungen mit sich:

- Was sind die Hauptbotschaften der Webseite?
- Welche zentralen Inhalte ergeben sich daraus?
- Welche Inhalte müssen auf allen Geräten und Auflösungen immer dargestellt werden und einwandfrei funktionieren?

Dies führt unweigerlich zu der Frage, was die Anwender eigentlich wollen (siehe Abschnitt 3.7, »Zielgruppenanalyse«). Daher könnte man dieses Vorgehen auch *Users first* nennen. Egal, wie es denn später genannt wird, entscheidend ist, die Inhalte zu erarbeiten, die immer präsent sein sollten, und sich dann zu fragen, ob größere Bildschirme auch zwingend (viel) mehr Inhalte brauchen. Eventuell reicht dieser kleinste gemeinsame Nenner, da er die richtigen Schwerpunkte legt und auf Überflüssiges verzichtet. »Was auch immer« first ist also ein strategischer Ansatz bei der Webseitenerstellung, der nicht alleine das Design oder die Technik betrifft, sondern den Kern einer Webseite: die Inhalte, ihre Darstellung und ihre Bedienbarkeit.

»Statt ›Content first‹ oder ›Mobile first‹ heißt es für viele Webdesigner am Morgen erst einmal ›Coffee first‹.«

4.2.3 Graceful Degradation vs. Progressive Enhancement

Bei der Erstellung einer responsiven Webseite gibt es im Grunde zwei Wege: von groß nach klein oder umgekehrt.

Graceful Degradation | Der typische Webdesigner entwickelt an einem modernen Arbeitsplatz mit großem Bildschirm und modernen Browser. Von diesen Voraussetzungen ausgehend, wird die neue Seite erstellt, optimiert und dann nach und nach für kleinere Auflösungen und auch ältere Browser angepasst. Dieses Vorgehen nennt sich *Graceful Degradation* (deutsch etwa »würdevolle Herabstufung«).

Desktop first
Die Methode Graceful Degradation könnte man auch als »Desktop first« bezeichnen.

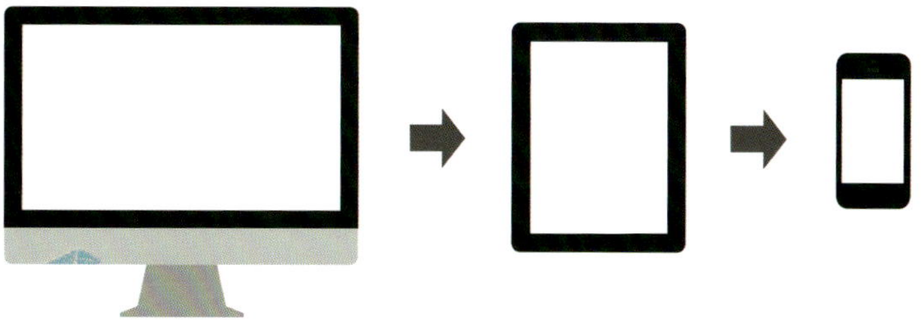

◂ Abbildung 4.10
Eine schematische Darstellung von Graceful Degradation. Zuerst wird für große Bildschirme und moderne Browser entwickelt.

Dieses Vorgehen mutet zuerst einmal logisch an. Die neuesten Technologien und Effekte werden eingesetzt, und das Design sieht bei viel Platz (also auf großen Bildschirmen) wunderbar aus. Je kleiner die Auflösung und je älter der Browser, desto eher kommt es zu Kompatibilitätsproblemen. Moderne Techniken werden nicht mehr oder nicht vollständig unterstützt (zum Beispiel bestimmte CSS3-Anweisungen), und auf kleineren Auflösungen funktioniert das Layout nicht mehr.

Modernizr
Um auf neuere Technologien in HTML5 und CSS3 nicht zu verzichten, gibt es die JavaScript-Bibliothek Modernizr. Mit ihrer Hilfe lässt sich feststellen, welche Anweisungen die einzelnen Browser verstehen, und der Code gezielt anpassen: *modernizr.com*

Entweder werden dann Inhalte ausgeblendet (mit der CSS-Eigenschaft `display:none`), per JavaScript funktionstüchtig gemacht, oder sie funktionieren ganz einfach gar nicht mehr. Inhalte und Funktionalitäten werden so allmählich »abgespeckt«. Für die Zugänglichkeit einer Webseite ist dieses Vorgehen denkbar schlecht. Ältere Browser (zum Beispiel Internet Explorer 7 und älter), kleine Bildschirme und langsame Geräte/Verbindungen werden bei diesem Vorgehen abgestraft (hör ich da etwa einen sagen, der IE zu Recht?).

Progressive Enhancement | Den umgekehrten Weg beschreitet die progressive Verbesserung (englisch *Progressive Enhancement*). Die Idee ist, eine Webseite auch für Endgeräte nutzbar zu machen, die nur über eingeschränkte Funktionalitäten verfügen (zum Beispiel keine vollständige Unterstützung von CSS3 oder JavaScript). Eine Webseite soll mit jedem Browser und jedem Gerät bedienbar und zugänglich sein. Das klingt schon so, als ob Progressive Enhancement die bessere Variante ist und damit auch die modernere.

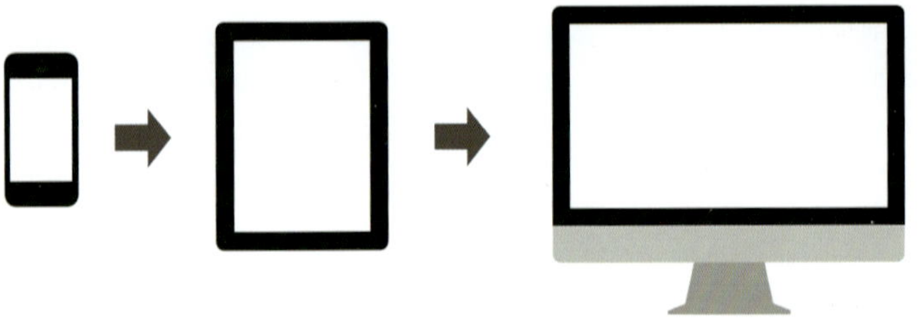

Abbildung 4.11 ▸
Eine schematische Darstellung von Progressive Enhancement. Von »Mobile first« wird die Seite nach und nach für größere und auch modernere Geräte erweitert.

Dabei wird meistens von einer möglichst kleinen Auflösung und einem »schwachen« System ausgegangen und die Seite hierfür optimiert. Dies klingt passenderweise sehr nach den Ansätzen »Mobile first« und »Content first«. Schrittweise wird die Seite dann für größere Auflösungen und »stärkere« Systeme erweitert. Hier können dann auch komplexere Technologien und Layouteigenschaften zum Einsatz kommen.

4.3 Ein neuer Workflow

Es hat sich die letzten Abschnitte schon gezeigt, Responsive Webdesign verändert den Ablauf der Webseitenerstellung. Zunächst allerdings ein Blick zurück auf den jahrelang üblichen Workflow, der nach wie vor bei einigen Agenturen und Webdesignern genau so immer noch passiert.

4.3.1 Der traditionelle Workflow

Im Mittelpunkt des traditionellen Workflows steht ein statisches Screendesign. Zuerst (meistens) als Photoshop-Datei und danach als statische Webseite mit einer festen Pixelbreite.

Nach einer Konzeption samt Inhaltsplanung ging es an die Gestaltung eines bis zum letzten Pixel ausgearbeiteten Screendesigns. Wenn es denn überhaupt eine detaillierte Planung vorher gab. Nicht selten, dass der Webdesigner nicht nur mit Platzhalter-Inhalten (sogenannten Blindtexten und -bildern) gearbeitet hat, sondern sich auch noch – während des Gestaltens – Gedanken machen musste über mögliche Inhalte. Viele Kunden woll(t)en erst einmal das Design sehen, um zu wissen, wofür sie Inhalte schreiben. (Finde den Fehler: Sie schreiben für das Design, nicht für die Benutzer.) Das Design wurde dann in mehreren Abstimmungsrunden »optimiert« – aber für was eigentlich, wenn nicht einmal die richtigen Inhalte vorhanden waren? Also wurde die Photoshop-Datei, vielleicht sogar mehrere Dateien, weil es ja mehrere Unterseiten gibt, und im Extremfall sogar JEDE Unterseite zuerst in Photoshop gestaltet. Als Ergebnis entstanden viele Screendesigns, die eher Gemälden glichen. Allesamt hübsch anzusehen, aber weit davon entfernt, innerhalb des Browsers in eine Interaktion mit einem Anwender zu treten. Dazu passt, dass Screendesigns sogar ausgedruckt wurden!

Diese Screendesigns wurden also pixelgenau gestaltet und waren die Vorlage für die Frontend-Umsetzung. Und sie wurden auch dankbar von den Entwicklern angenommen – genaue Vorgaben, die keinen großen Spielraum für Interpretationen lassen, was für eine schöne Welt. Genaue Vorgaben gab es übrigens auch zu Recht, haben Sie mal einen reinen Entwickler gestalten sehen? Nein, besser das Design ist schon genau vorgegeben.

Also wurde das Design pixelgenau mit HTML und CSS umgesetzt, und wehe, es sah nicht in jedem Browser pixelgenau gleich aus. Daher wurde fleißig getestet und eventuell noch ein spannender (JavaScript-)Effekt eingebunden.

Aus der Praxis
Und während ich diese Zeilen schreibe, sitze ich parallel an einem Screendesign-Projekt für eine Agentur. Der Workflow? Ich gestalte ein Screendesign, freue mich, dass die Inhalte zumindest schon einmal grob vorgegeben sind, und ärgere mich, dass jetzt (Pixel-)Details angepasst werden müssen.

Was ich dagegen mache? Aufklären! Der Projektmanagerin erklären, warum wir uns nicht ewig in Photoshop über einzelne kleine Details unterhalten sollten, sondern recht früh in die Umsetzung (macht dann wieder eine andere Agentur) gehen sollten. Denn, das zeigt ein anderes Projekt, an dem ich auch gerade sitze, sieht der Kunde die Webseite erst einmal im Browser, sind ganz schnell Feinheiten am Design vergessen oder unwichtig geworden. In diesem Fall zu meinem Ärgernis. Denn von meinem schön ausgearbeiteten Screendesign ist im Browser nicht mehr viel übrig geblieben (um nicht zu sagen, es ist hässlich geworden). Aber anscheinend stört das den Kunden nicht, der vorher mehrere Korrekturrunden am Screendesign gemacht hat. Kaum kann er scrollen und klicken, fallen visuelle Aspekte viel weniger auf. Daher: So früh wie möglich in den Browser wechseln!

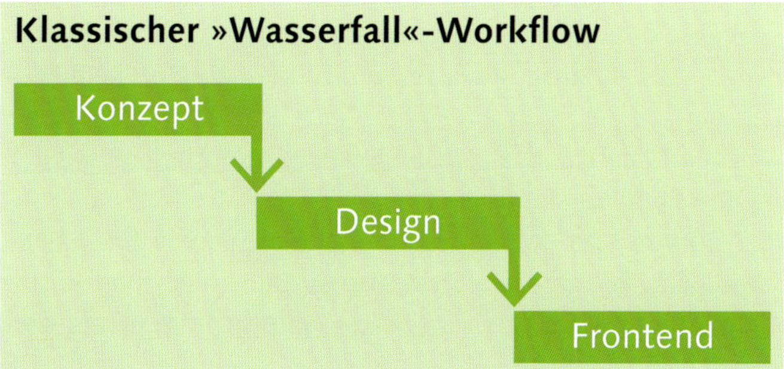

◂ **Abbildung 4.12**
Der »alte« Workflow: Die einzelnen Disziplinen werden nacheinander abgearbeitet.

Diesen Ablauf nennt man auch Wasserfall. Eine Tätigkeit folgt auf die andere, Berührungspunkte zwischen den Disziplinen gab es lediglich bei der Übergabe oder an der Kaffeemaschine.

Dieser Workflow, so viel sollten Sie aus den bisherigen Seiten dieses Kapitels schon mitgenommen haben, ist nicht ohne Grund als veraltet zu bezeichnen. Was aber nicht heißt, dass dieser in freier Wildbahn nicht mehr vorkommt. Teilweise aus alter Gewohnheit, aus Unwissenheit über die neuen Möglichkeiten oder Unkenntnis der genauen Techniken wird immer noch auf diesen Workflow gesetzt – sowohl auf Kunden- wie auf Agenturseite. Dazu kommt die Verständlichkeit der Prozessabläufe, die gut nachvollziehbar sind. Der lineare Ablauf mag auch vielen entgegenkommen, denn ein Zusammenarbeiten an einem Projekt verursacht auch immer vermehrt zwischenmenschliche Anforderungen.

Der traditionelle Workflow ist aber nicht mehr zeitgemäß. Er beachtet nicht die neuen Anforderungen an Webseiten durch unterschiedliche Geräte. Er kann Interaktionen, Effekte und Funktionalitäten nicht simulieren. Es findet kaum ein Miteinander der einzelnen Tätigkeitsbereiche statt (außer alle Aufgaben liegen in der Hand eines Einzelnen). Aber dies ist auch nicht verwunderlich, stammt er doch aus einer Zeit, als Desktop-Computer die Regel waren samt dazugehörigem externen Monitor.

4.3.2 Der responsive Workflow

Die heutige Internet-Nutzung sieht anders aus. Unterschiedliche Bildschirmauflösungen gibt es wie Sand am Meer. Endgeräte heißen inzwischen Tablets und Smartphones, Netbooks und Notebooks und bald vielleicht auch iSwatch und WebCar oder so ähnlich. Das Internet ist mobil geworden. Die Nutzung hat sich verändert. Auch die Nutzerschichten sind viel breiter geworden: von Jugendlichen mit dem Smartphone auf dem Schulhof bis hin zu Senioren mit dem Tablet auf dem Sofa und alle anderen irgendwo dazwischen.

Vorteile eines responsiven Workflows
Neben dem Ergebnis, einer responsiven Webseite, liegt der Vorteil vor allem in der Erstellung:

- (Konzeptionelle) Fehler bzw. mögliche Fehlerquellen können bei einem Prototyp frühzeitig erkannt und rechtzeitig angepasst werden, nicht erst in der fertigen Webseite wie beim klassischen Workflow.
- Das Design folgt der Funktion (den Inhalten und deren Bedeutung), nicht andersherum.
- Kompatibilitäten, Funktionalitäten, Animationen und Effekte lassen sich frühzeitig testen.

Für sie alle soll eine Webseite zugänglich sein (siehe Abschnitt 1.3, »Webseiten für alle – Zugänglichkeit und Barrierefreiheit«), bedienbar, gut nutzbar, alle relevanten Informationen bereithalten. Dabei soll sie noch eine gute Figur abgeben (also optisch ansprechend sein) und ein gelungenes Nutzungserlebnis durch Effekt und Funktionalitäten liefern.

Hier kommt das strategische Vorgehen *Content first* (siehe Abschnitt 4.2, »Responsive Strategie – ›Mobile first‹ und ›Content first‹«) ins Spiel. Auf den Workflow wirkt sich das so aus, dass es keinen typischen Wasserfall-Ablauf mehr gibt (oder geben sollte). Es entsteht vielmehr eine Art interdisziplinärer Kreislauf:

1. Konzeption
   (Rahmenbedingungen festlegen, Inhalte definieren usw.)
2. Inhalte und Wireframes erstellen
3. HTML-Protoypen erstellen
4. Testen/Korrekturschleifen
5. Look & Feel erarbeiten
6. zweiter HTML-Prototyp mit visuellen Effekten
7. Testen/Korrekturschleifen
8. (Einpflege ins CMS und) Launch

Dieser Ablauf läuft nicht zwangsläufig genauso ab. Aber die Vorgehensweise dürfte sich überall bei responsiven Workflows ähneln:

▼ Abbildung 4.13
Design und Technik (und Konzeption) arbeiten zusammen und entwickeln Prototypen, die regelmäßig getestet werden.

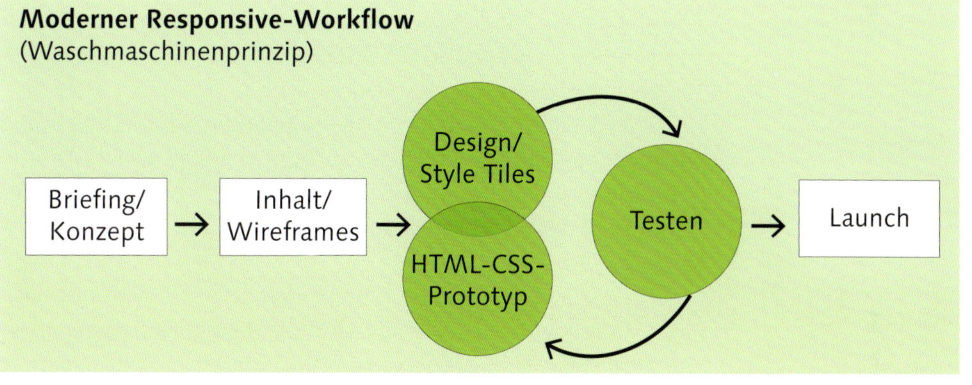

Der große Unterschied ist, dass bei diesem Ablauf die technische Umsetzung wesentlich früher erfolgt. Die konkrete Anwendung, die Interaktion des Anwenders kann so viel früher überprüft und angepasst werden, genauso eine Optimierung für unterschiedliche Geräte, Bildschirmauflösungen und Browser. Wird zu Beginn des ersten Prototyps sogar komplett auf eine visuelle Gestaltung verzichtet, liegt das Augenmerk vollständig auf den Inhalten und der Zugänglichkeit.

Das Design gestaltet jetzt keine genauen Screendesigns in Form von festen Seiten mehr, sondern eher einzelne Gestaltungselemente. *Moodboards* sind ein erstes hilfreiches Mittel, um das Look & Feel zu ermitteln. *Style Tiles* und *Design-Styleguides* legen die visuelle Richtung fest. Auf Moodboards, Style Tiles und Design-Styleguides gehe ich noch ausführlich in Kapitel 7, »Screendesign«, ein.

Prototypen
Dem Einsatz von Prototypen kommt eine besondere Bedeutung in der Entwicklung responsiver Webseiten zu. Mehr zu interaktiven Prototypen lesen Sie in Abschnitt 8.4.5, »Interaktive Prototypen«.

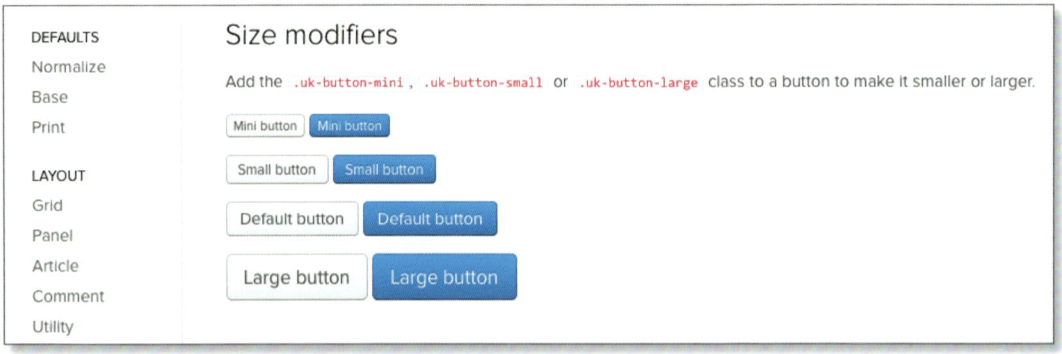

▲ **Abbildung 4.14**
Die verschiedenen Frameworks zeigen den Einsatz von Modulen exemplarisch auf, so wie hier *getuikit.com* mit verschiedenen Button-Größen. Ob man diese Vielfalt wirklich braucht, steht auf einem anderen Blatt.

Photoshop bleibt bei diesem Workflow nicht komplett außen vor, wird aber nur noch gezielt eingesetzt. Ein detailliert gestalteter Header mit vielen grafischen Einzelheiten, die sich nicht mehr mit CSS3 umsetzen lassen, wäre so ein Fall, in dem ein Bildbearbeitungsprogramm immer noch seine Bedeutung hat. Design und technische Umsetzung können so parallel erfolgen. Ein erhöhter Abstimmungsbedarf zwischen Screendesigner und Frontend-Entwickler ist die Folge. Sind beide Aufgabenbereiche in einer Person vereint, umso besser.

Design-Module
Beim responsiven Workflow werden Designmodule gestaltet und keine vollständigen Screendesigns mehr. Module können zum Beispiel Elemente wie die Navigationsleisten, Suchfelder, Buttons und Inhaltsblöcke sein. Diese Module lassen sich dann flexibel in der Seite einsetzen.

Die Herausforderungen, die der Wechsel zu einem responsiven Workflow mit sich bringt, sind nicht zu unterschätzen. Vermutlich auch ein Grund, warum sich dieser auch nach Jahren immer noch nicht flächendeckend durchgesetzt hat (wenn er es denn überhaupt jemals tun wird). Die Anforderungen an die Projektbeteiligten steigen. Der Kunde muss flexibler werden, mehr mitarbeiten, sich über Inhalte (und damit über die Ziele und Zielgruppen seiner Webseite frühzeitig Gedanken machen, was ja grundsätzlich nicht verkehrt ist.

Aber auch die Umsetzenden sind mehr gefordert. Webseitenerstellung wird immer mehr zur Teamarbeit (was es eigentlich schon immer war). Projektmanager, Konzepter, Designer und Entwickler müssen Hand in Hand arbeiten, sich einbringen und ergänzen. Sind sie alles in einer Person, dann besteht sicherlich kein Abstimmungsbedarf (außer nach wie vor mit dem Kunden), aber die Anforderungen sind für einen Einzelnen sicherlich größer.

Die Ergebnisse eines responsiven Workflows sprechen im Idealfall aber für sich, in Form einer Webseite, die ihre Anwender glücklicher macht, weil sie in allen erdenklichen Situationen zugänglich und gut bedienbar ist.

4.4 Bestandteile einer responsiven Webseite

Vor allem drei technische Aspekte kennzeichnen eine responsive Webseite:

1. flexibles Raster (Fluid Grid)
2. der Einsatz von Media Queries
3. flexible Medieninhalte (vor allem Bilder und Videos)

Schauen wir uns die Aspekte genauer an.

4.4.1 Flexible Raster

Traditionellerweise wurden die Webseitenmaße mit Pixeln definiert. Durch die veränderten Rahmenbedingungen genügen Pixelwerte aber nicht mehr den aktuellen Anforderungen. Responsive Webseiten werden mit relativen Einheiten wie Prozentwerten und nicht mit fixen Einheiten wie Pixeln umgesetzt. Eine Ausnahme stellen adaptive Layouts dar (siehe Abschnitt 4.2.1, »Adaptive Layout vs. Responsive Layout«). Hier werden mehrere Layouts mit fester Pixelbreite definiert, die je nach Bildschirmauflösung eingeblendet werden. Richtige responsive Webseiten sind aber flexibel.

Fast allen modernen Webseiten liegt ein Raster zugrunde (siehe auch Kapitel 8, »Layout und Raster«), das früher in CSS und heute noch zwangsläufig in Photoshop mit Pixeln definiert ist.

Der Quellcode des statischen Rasters befindet sich auch auf der Buch-DVD in der Datei »statisches-raster.html« unter BEISPIELMATERIAL • KAPITEL_04.

Betrachten wir die Entwicklung von einem statischen zu einem flexiblen Raster einmal an einem Beispiel: Die Gesamtbreite des Layouts beträgt 1.200 Pixel. Die einzelnen Spalten betragen 800 und 400 Pixel. Die statische Definition der Breiten würde demnach folgendermaßen aussehen:

```
#wrapper{ width: 1200px; }
#content{ width: 800px; }
#sidebar{ width: 400px; }
```

▲ **Listing 4.1**
Statische Rasterdefinition

Sollen die Spalten flexibel werden, müssen die Pixelwerte in Prozent umgerechnet werden. Dazu gibt es folgende Berechnungsformel, die im ersten Moment schlimmer aussieht, als sie eigentlich ist:

Zielgröße / Kontext × 100 = gesuchter Prozentwert

In unserem Fall des Inhaltscontainers ist die Zielgröße 800 Pixel, der Kontext ist die Gesamtbreite (also die 1.200 Pixel des

Wrappers). Dann wird mit 100 multipliziert, um Prozentwerte zu bekommen. Das sieht dann folgendermaßen aus:

800 / 1.200 × 100 = 66,666667 %

Abbildung 4.15 ►
Beispiellayout mit zwei fixen Spalten

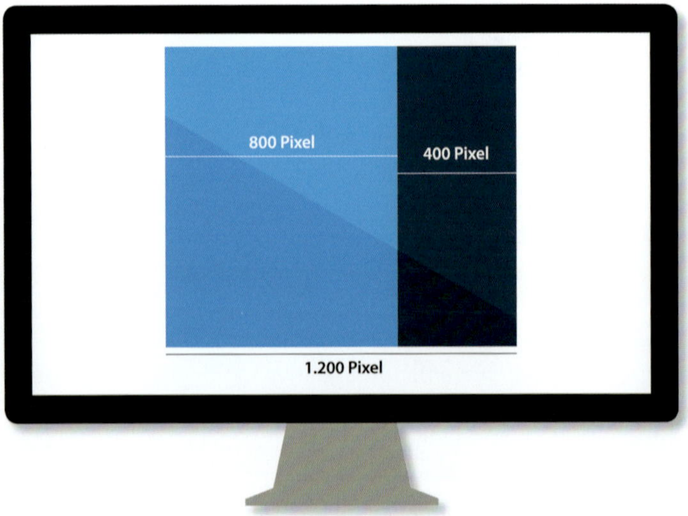

Meistens ergibt sich ein krummer Wert, der aber so in CSS übernommen werden kann. Ab- oder aufrunden ist hier nicht zu empfehlen, da so sehr schnell die Layouts nicht mehr passen. Würden wir zum Beispiel 67 % definieren, bräuchte die Spalte mehr Platz und würde den folgenden `sidebar`-Container in die nächste Reihe verschieben, mit anderen Worten: das Layout wäre zerschossen. Die gleiche Formel für den zweiten Container ergibt:

400 / 1.200 × 100 = 33,333333 %

In CSS könnten wir also definieren:

Listing 4.2 ►
Flexible Rasterdefinition

```
#wrapper{ width: 1200px; }
#content{ width: 66,666667%; }
#sidebar{ width: 33,333333%; }
```

Als Ergebnis ist im Browser kein Unterschied feststellbar. Logisch, wir haben die Pixelwerte in Prozentwerte umgerechnet, aber jegliche Flexibilität wird durch den `wrapper` mit einer festen Pixelbreite genommen. Bekommt dieser auch Prozentwerte, wird das komplette Layout flexibel und der Effekt der beiden Container sichtbar:

```
#wrapper { width: 90%; }
```

▲ Listing 4.3
Definition eines flexiblen Rahmens

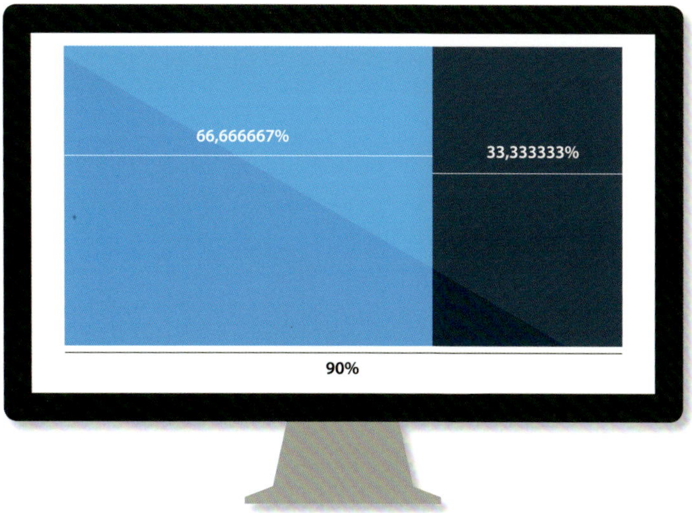

▲ **Abbildung 4.16**
Ein flexibles Layout mit Prozentwerten

Der Quellcode des flexiblen Rasters befindet sich auch auf der Buch-DVD unter BEISPIELMATERIAL • KAPITEL_04. Die Datei heißt »flexibles-raster.html«.

Eine Gesamtbreite des Layouts von 90% sorgt bei sehr großen Auflösungen eben auch für sehr breite Container. Zeilenlängen werden so schnell unlesbar. Daher hat sich in der Praxis etabliert, den `wrapper` nach oben zu begrenzen:

```
#wrapper { max-width: 1200px; }
```

▲ **Listing 4.4**
Definition einer Obergrenze der Layoutbreite

So breitet sich das Layout nur bis zu einer festen Breite aus, darunter ist das Layout flexibel.

Mit der Kontextformel lassen sich so alle Breiten und auch benötigte (Innen- und Außen-)Abstände berechnen. In Abschnitt 8.4, »Eigenes Raster anlegen«, wird ausführlich ein eigenes Raster in Photoshop angelegt und in HTML/CSS umgesetzt.

4.4.2 Media Queries

Das Layout ist recht einfach mit Prozentwerten flexibel geworden. Aber bei sehr kleinen Auflösungen sehen die Container nicht mehr gut aus (siehe Abbildung 4.17). Media Queries helfen, das Layout dort anzupassen, wo ein flexibles Raster an seine Grenzen stößt. Die Größenunterschiede heutiger Geräte sind so unterschiedlich, dass sich Layouts nicht ohne Ende ausdehnen und stauchen lassen. Mithilfe von Media Queries (einer Neuerung in CSS3) werden sogenannte *Breakpoints* definiert, also feste Umbruchpunkte, an denen andere CSS-Zuweisungen erfolgen.

▲ **Abbildung 4.17**
Bei geringeren Auflösungen werden die einzelnen Spalten aber entsprechend sehr klein.

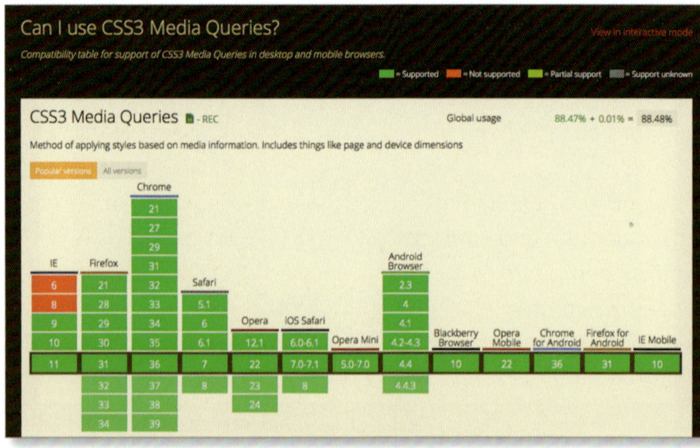

Abbildung 4.18 ▸
Media Queries lassen sich guten Gewissens einsetzen. Nur der IE8 und niedriger unterstützen sie nicht, *caniuse.com/css-mediaqueries*.

Der Quellcode des flexiblen Rasters mit Media Queries befindet sich auch auf der Buch-DVD unter BEISPIELMATERIAL • KAPITEL_04. Die Datei heißt »flexibles-raster-mediaqueries.html«.

Es gibt zwei Anweisungen, eine maximale Breite und eine minimale Breite, die sich jeweils auf die Größe des Browserfensters beziehen.

```
@media only screen and (max-width: 600px){
/* CSS für Browserbreiten < 600 Pixel */
}
```

▲ Listing 4.5
Media Queries für eine maximale Breite

Durch die Angabe `@media only screen` wird der folgende Quellcode nur von Bildschirmgeräten ausgeführt (eine andere Angabe ist `print`, siehe Kapitel 16, »Tipps, Tricks und Tools«). Innerhalb der geschweiften Klammern, steht dann der CSS-Code, der nur bis zu einer Bildschirmbreite von 600 Pixeln ausgeführt werden soll.

In unserem Beispiel könnte man damit also bei kleineren Bildschirmen die Container über die volle Breite laufen lassen:

```
@media only screen and (max-width: 600px){
#content, #sidebar { width: 100%; }
}
```

▲ Listing 4.6
Bei kleinen Auflösungen gehen die Container über die volle Breite (100 %)

▲ Abbildung 4.19
Lösung: Bei kleinen Auflösungen erstrecken sich die Spalten über die volle Breite.

CSS-Angaben, die bei einer Mindestbreite ausgeführt werden sollen, werden mit `min-width` umgesetzt. Diese Angabe wird bei der »Mobile first«-Strategie eingesetzt. Immer wenn eine Mindestbreite erreicht ist, kommen neue CSS-Angaben dazu.

Fixe vs. individuelle Breakpoints | Die Frage ist, bei welchen Werten die Breakpoints gesetzt werden. Gerne werden vordefinierte Breakpoints eingesetzt, die auch häufig in Tutorials zum Einsatz kommen. Vordefinierte Breakpoints sind dann hilfreich, wenn man allgemeingültige Layouts umsetzt, wie eben in Tutorials oder auch in Frameworks (siehe Abschnitt »Frameworks« ab Seite 295).

Irgendwo müssen Breakpoints gesetzt werden. Häufig orientiert man sich dabei an bestimmten Geräteauflösungen. Typische Auflösungen gibt es leider nicht, da die Geräte und deren Auflösungen zu unterschiedlich sind. Meistens müssen daher das iPad und das iPhone herhalten als repräsentative Vertreter der Geräte Smartphone und Tablet.

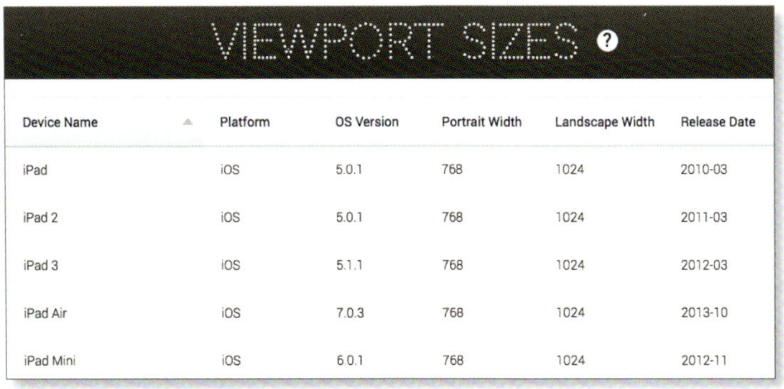
VIEWPORT SIZES

Device Name	Platform	OS Version	Portrait Width	Landscape Width	Release Date
iPad	iOS	5.0.1	768	1024	2010-03
iPad 2	iOS	5.0.1	768	1024	2011-03
iPad 3	iOS	5.1.1	768	1024	2012-03
iPad Air	iOS	7.0.3	768	1024	2013-10
iPad Mini	iOS	6.0.1	768	1024	2012-11

▲ **Abbildung 4.20**
Hier ist der Name Programm: Viewport Sizes liefert die Auflösungen von allerhand mobilen Geräten, *viewportsizes.com*.

Das beliebte Framework Bootstrap (*getbootstrap.com*) setzt folgende Breakpoints ein:

◄ **Listing 4.7**
Die Breakpoints des Frameworks Bootstrap

```
@media (min-width:768px){
/* CSS für kleinere Bildschirme (Smartphones) */
}
@media (min-width:992px){
/* CSS für mittlere Bildschirme (Tablets, Desktop) */
}
@media (min-width:1200px){
/* CSS für größere Bildschirme */
}
```

Verbreitete allgemeine Breakpoints sind:

- 320 Pixel – Smartphone Portrait
- 480 Pixel – Smartphone Landscape
- 786 Pixel – Tablet Portrait
- 1.024 Pixel – Tablet Landscape, Notebook, Desktop Monitore
- 1.200 Pixel – große Bildschirme

Ausführliche Media Queries
Ausführliche Media Queries für Standardgeräte liefert der Artikel »Media Queries for Standard Devices«: *css-tricks.com/snippets/css/media-queries-for-standard-devices*

Eine Orientierung an bestimmten Geräten mag nur in sehr seltenen Fällen hilfreich sein. Auch vordefinierte Breakpoints sind im konkreten Falle eher ungünstig. Besser ist es, individuell für das Projekt bzw. das Layout die Breakpoints festzulegen. Dazu wird überprüft, innerhalb welcher Breite ein Layout »funktioniert«, also gut aussieht.

Einhergehend mit dem »Mobile first«-Ansatz wird zuerst die Layoutvariante per CSS für kleine Bildschirme (und »schwache« Browser) erstellt. Nach und nach werden dann Breakpoints gesetzt für größere Bildschirme. Die passenden Breakpoints lassen sich durch Austesten finden. Einfach das Browserfenster größer ziehen und schauen, ab wann das Layout nicht mehr gut aussieht bzw. die Inhalte nicht mehr gut lesbar sind und ab wann bestimmte Designelemente das Layout ergänzen können. Hier ist es dann Zeit für einen neuen Breakpoint. Dieses Verfahren wird dann bis zur größten Layoutvariante durchgeführt.

Inhaltsorientierte Breakpoints
Breakpoints sollten sich nach den Inhalten richten, nicht nach bestimmten Geräten!

Dieses Vorgehen zusammen mit einem flexiblen Layout sichert, dass die Webseite jederzeit funktioniert. Während eine adaptive Webseite meist nur an den Breakpoints gut aussieht, sichert eine responsive Webseite auch das Aussehen zwischen den Breakpoints und funktioniert lückenlos einwandfrei.

Exemplarische Media Queries für einen »Mobile first«-Ansatz könnten folgendermaßen aussehen:

Listing 4.8 ▶
Media Queries für Breakpoints nach dem »Mobile first«-Ansatz

```
/* CSS für kleine Bildschirme (Smartphone) */
@media only screen and (min-width: 480px) {
/* CSS für Smartphones (Landscape) und kleine Tablets */
}
@media only screen and (min-width: 768px) {
/* CSS für Tablets (Portrait) */
}
@media only screen and (min-width: 1024px) {
/* CSS für Tablets (Landscape), Laptops */
}
@media only screen and (min-width: 1260px) {
/* CSS für 15' Laptops und Desktop Monitore */
}
```

Zuerst werden allgemeine CSS-Definitionen getroffen, die dann nach und nach ergänzt werden. Die Breakpoints können auch weiter eingegrenzt werden, wenn beispielsweise CSS-Zuweisungen nur innerhalb eines bestimmten Bereichs gelten sollen, so wie es der CSS-Code (Listing 4.9) auf der nächsten Seite zeigt.

```
@media only screen and (min-width: 768px) and (max-width:
1024px){
/* CSS nur für Browserbreiten zwischen 768 und 1024 Pixel */
}
```

◀ **Listing 4.9**
Einschränkung der Breakpoints

Mit den Mediaqueries lassen sich unterschiedliche Eigenschaften abfragen. Zu den wichtigsten gehören folgende:

Eigenschaft	Bedeutung	Beispiel

`width`	Breite des Anzeigebereichs/Platz innerhalb des Browserfensters (Viewport)	`@media (min-width: 30em) {`
		`/* Breite beträgt mindestens 30em */`
		`}`

`height`	Höhe des Anzeigebereichs/Platz innerhalb des Browserfensters (Viewport)	`@media (max-height: 600px) {`
		`/* Höhe beträgt höchstens 600 Pixel */`
		`}`

`device-width`	Breite des Ausgabegeräts/Bildschirmbreite	`@media (device-width: 800px) {`
		`/* Breite entspricht genau 800 Pixel */`
		`}`

`device-heigth`	Höge des Ausgabegeräts/Bildschirmhöhe	`@media (min-device-height: 800px) {`
		`/* Höhe beträgt mindestens 800 Pixel */`
		`}`

`orientation`	Seitenformat des Ausgabemediums. `landscape` (Querformat), wenn `width` höher als `height` ist. Ansonsten entspricht die Orientierung dem Wert `portait`.	`@media (orientation: portrait) {`
		`/* Formate für hochformatige Ausgabemedien (z.B. Tablets im Hochformat gehalten) */`
		`}`

▲ **Tabelle 4.1**
Eigenschaften, die von Media Queries abgefragt werden können

Mehr zu den Media Queries und der Abfrage der Bildschirmauflösungen gibt es in Abschnitt 11.4, »Retina-Displays.

Schritt für Schritt: Eine kleine »Mobile first«-Webseite

Ausgehend von den oberen Quellcodes setzen wir eine kleine »Mobile first«-Webseite um. Die Seite wird also zuerst für die kleine Ansicht (Smartphone) optimiert und dann nach und nach für größere Bildschirmauflösungen.

Der Quellcode der »Mobile first«-Webseite befindet sich auch auf der beiligenden Buch-DVD unter Beispielmaterial • Kapitel_04 und trägt den Dateinamen »mobile-first.html«.

1 Inhaltsanordnung skizzieren

Die Inhaltsbereiche bzw. deren Anordnung sollten vorher kurz skizziert werden, damit klar ist, welche Container/Elemente benötigt werden und in welcher Reihenfolge sie erscheinen sollen. Es soll ein übliches dreispaltiges Raster werden mit einer linken Subnavigationsleiste, dem großen Inhaltsbereich und einer rechten Seitenleiste.

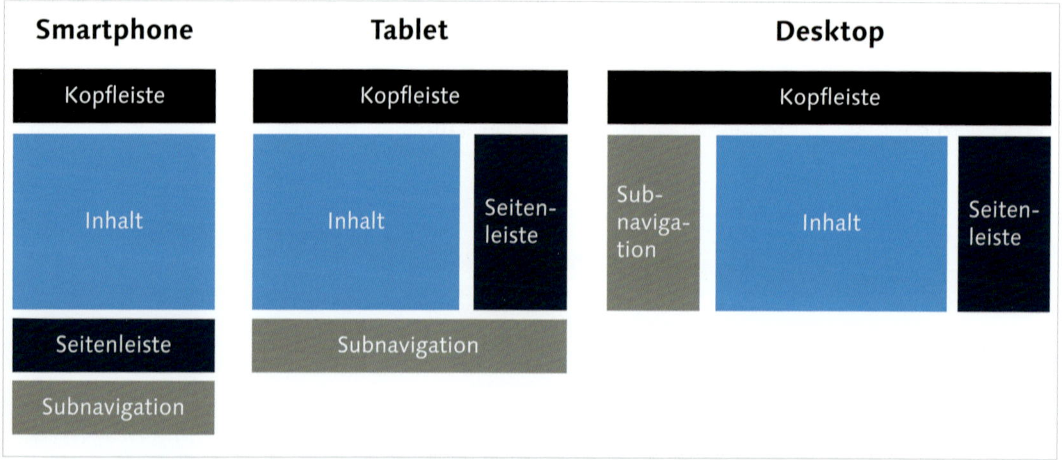

▲ **Abbildung 4.21**
Layoutanordnungen, ausgehend von »Mobile first«

Dank dieser Übersicht fallen die HTML-Struktur und später auch die CSS-Gestaltung der Elemente leicht.

2 HTML-Struktur anlegen

Zuerst wird die HTML-Struktur erzeugt. Eine Besonderheit ist hier, dass die drei mittleren Spalten (siehe Desktop-Ansicht) nicht in der Reihenfolge angelegt werden, wie auf dem Desktop ersichtlich (also Subnavigation, Inhalt, Seitenleiste), sondern in der Reihenfolge wie auf dem Smartphone (also Inhalt, Seitenleiste, Subnavigation). Der Hintergrund steht für die Bedeutung der Inhalte. Wer auf dem Smartphone die Webseite besucht, soll nicht gleich mit der Subnavigation konfrontiert werden, sondern zuerst die Inhalte lesen können. Die Subnavigation ist die unbedeutendste der drei Spalten, daher wird sie am Ende angezeigt. Bei der Desktop-Ansicht steht sie aber links. Auch weil die Anwender diese Anordnung von drei Spalten von vielen anderen Seiten her gewöhnt sind. Der HTML-Code ist so aufgebaut wie es Listing 4.10 zeigt.

Listing 4.10
HTML-Struktur der »Mobile first«-Webseite

```
<div id="wrapper">
<div id="header">Header</div>
<div id="content">Inhalt</div>
```

```
<div id="sidebar">Seitenleiste</div>
<div id="subnavigation">Sub-<br>navigation</div>
</div>
```

Das HTML umfasst einen umschließenden Container (#wrapper) und die vier Inhaltsblöcke.

3 CSS-Struktur anlegen »Mobile first«

In CSS wird dann die Anordnung und das Aussehen gestaltet:

◄ **Listing 4.11**
CSS-Code für »Mobile first«

```
#wrapper {
margin: 0 auto; /* Zentriert das Layout */
width: 100%; /* Definiert die maximale Gesamtbreite des
Layouts */
}
#header{
background: #222;
height: 100px; /* Nur zur Sichtbarkeit im Browser,
solange kein Inhalt vorhanden ist */
float: left;
width: 100%;
margin-bottom: 50px;
}
#subnavigation{
background: #999;
height: 250px;
float: left;
width: 100%;
}
#content{
background: #00a0db;
height: 500px;
float: left;
width: 100%;
margin-bottom: 50px;
}
#sidebar{
background: #00374f;
height: 250px; /* Nur zur Sichtbarkeit im Browser,
solange kein Inhalt vorhanden ist */
float: right;
width: 100%;
margin-bottom: 50px;
}
```

Hier sind vor allem die Angaben zur Breite (100 %) relevant. Alle Inhaltsbereiche stehen somit untereinander über die volle Browserbreite. Ansonsten folgen noch Angaben zur Höhe, Hintergrundfarbe und Abstände, die die Container besser unterscheidbar machen.

4 CSS-Code für Tablets

Bei der Tablet-Ansicht soll die Seitenleiste neben den Inhaltsbereich rutschen. Da die Gesamtbreite immer noch begrenzt ist, bleibt die Subnavigation unterhalb stehen.

Ergänzt wird also im CSS-Code eine Abfrage, ob der Viewport eine bestimmte Breite erreicht hat. Ist dies der Fall, sollen weitere CSS-Angaben ausgeführt werden:

Listing 4.12 ▸
CSS-Code-Erweiterung

```
@media only screen and (min-width: 768px) {
#content{
width: 75%;
}
#sidebar{
height: 500px;
width: 20%;
}
}
```

Bei einer Mindestbreite von 768 Pixeln rutscht die Seitenleiste also nach oben neben den Inhaltsbereich. Die Breiten der beiden Bereiche werden entsprechend angepasst.

5 CSS-Code für Desktop-Ansicht

Bei einem größeren Viewport sollen die drei Spalten nebeneinanderstehen. In HTML ist es so angelegt, dass zuerst der Inhaltsbereich erscheint, gefolgt von der Seitenleiste und der Subnavigation. Dies möchten wir ändern, was sich mit `margin` erreichen lässt:

Listing 4.13 ▸
CSS-Code für die Desktop-Ansicht

```
@media only screen and (min-width: 1024px) {
#wrapper {
max-width: 1200px;
}
#subnavigation{
height: 500px;
width: 20%;
margin-left: -75%;
}
```

```
#content{
height: 500px;
width: 50%;
margin left: 25%;
}
#sidebar{
height: 500px;
width: 20%;
}
}
```

Die einzelnen Spalten haben eine entsprechende Breite bekommen, und per `margin` wird die Anordnung angepasst. Die Subnavigation bekommt einen Minuswert bei `margin-left`. Dadurch wird sie um die Breite des Inhaltsbereichs und der Seitenleiste (50% Breite Inhalt + 20% Breite Seitenleiste + 5% Abstand = 75%) nach links verschoben. Der Inhaltsbereich dagegen wird um die Breite der Subnavigation plus Abstand (20% Breite + 5% Abstand = 25%) nach rechts geschoben. So passen die Elemente nebeneinander und die Anordnung ist angepasst.

Fertig ist eine kleine Seite samt Dreispalter nach dem »Mobile first«-Ansatz. Der dazugehörige Quellcode »mobile_first.html« befindet sich auch auf der dem Buch beiligenden DVD.

4.4.3 Flexible Bilder, Typografie und Weiteres

Nicht nur das Raster sollte bei einer responsiven Webseite flexibel gehalten sein, sondern auch die weiteren Inhaltselemente.

Flexible Bilder und Videos | Bilder müssen in einem Bildbearbeitungsprogramm in einer festen Pixelbreite abgespeichert werden. Dies kann dann problematisch werden, wenn die Inhaltsspalte, in der das Bild liegt, kleiner als die Bildbreite werden soll. Das Bild ragt dann über den Container hinaus. Um das zu verhindern, wird den Bildern per CSS eine maximale Weite mitgegeben:

Zum Nachlesen

Mehr zu hochauflösenden Bildern und Retina-Displays steht in Abschnitt 11.11.4, »Retina-Displays«.

```
img{
max-width:100%;
}
```

▲ **Listing 4.14**
CSS-Definition flexibler Bilder

Damit erstreckt sich das Bild maximal bis zur Weite des Containers, in dem es liegt. Mehr zu responsiven Bildern finden Sie in Abschnitt 11.11.3, »Responsive Bilder«.

Auch für andere Medien, etwa Videos, lässt sich dieser »Trick« anwenden:

```
Embed, object, video{
max-width:100%;
}
```

▲ **Listing 4.15**
CSS-Definition flexibler Medien

Responsive Videos
»FitVid.js« macht von außen eingebundene Videos responsiv: *fitvidsjs.com*.

Dies funktioniert, solange Videos selber gehostet und per HTML5-Video-Element eingebunden werden. Videos von Drittanbietern wie Vimeo oder YouTube setzen allerdings auf einen iFrame, und dieser passt sich nicht mehr an. Die Lösung ist ein jQuery-Plug-in namens FitVids.js. Das Download-Skript findet sich auf der Plug-in-Webseite *fitvidsjs.com*. Mehr zum Einsatz von Videos und responsiven Videos lesen Sie in Kapitel 14, »Animationen«.

▲ **Abbildung 4.22**
Da kann ja keiner mehr etwas lesen! Webseiten in voller Pracht bei kleinen Auflösungen.

Responsive Typografie | Um auch die Texte responsiv zu machen, sollte man hier, genau wie bei den Rasterbreiten, keine Pixelwerte mehr einsetzen, sondern relative Einheiten wie `em`, `rem` oder auch Prozentwerte.

Statt `font-size: 16px` wird dann beispielsweise `font-size: 1rem` eingesetzt. Mehr zur responsiven Typografie erfahren Sie später in Abschnitt »Responsive Schriftgrößen« ab Seite 485.

Mobiler Viewport | Ein kurzer Blick in die mobilen Anfänge: Als das erste Smartphone (iPhone) auf den Markt kam, gab es dafür quasi keine optimierten Webseiten. Die mobilen Browser zeigten Webseiten vollständig an, quetschten sie dafür aber in einen kleinen Bildschirm (siehe Abbildung 4.22).

So hat Mobile Safari hat einen Viewport von 980 Pixeln. Auf diese Größe werden Webseiten gerendert und anschließend auf die 320 Pixel Bildschirmbreite verkleinert.

Um dieses Verhalten bei responsiven Webseiten zu verhindern, muss den Browsern mitgeteilt werden, dass sie die Webseiten nicht größer als die zur Verfügung stehende Bildschirmbreite rendern sollen und so die Media Queries greifen können. Dazu gibt es eine Meta-Eigenschaft namens `viewport`. Mit ihr kann der Viewport auf die Größe des Bildschirms eingestellt werden:

```
<meta name="viewport" content="width=device-width">
```

▲ **Listing 4.16**
Viewport-Angabe für responsive Webseiten

Einst von Apple eingeführt, wird die viewport-Zusatzinformation mittlerweile auch von den anderen Herstellern unterstützt und kann als Quasi-Standard angesehen werden. Die viewport-Angabe sollte im head-Bereich des HTML-Dokuments stehen.

Und sonst? | Es gibt noch einige andere Techniken, die für responsive Webseiten interessant sind, zum Beispiel die Icon-Fonts, die sich beliebig skalieren lassen und das Einbinden von Bildern überflüssig machen (also zumindest für entsprechende Icons). Mehr dazu finden Sie in Abschnitt 11.7, »Icon-Fonts«.

Oder auch der Einsatz von SVG-Grafiken ist interessant, mit denen lassen sich Vektorgrafiken darstellen, die sich im Gegensatz zu Pixelgrafiken beliebig skalieren lassen und die daher für illustrative Bildelemente gut geeignet sind. Mehr zu SVG-Grafiken lesen Sie in Abschnitt »SVG« auf Seite 594.

Und ein nicht zu unterschätzender Punkt ist die Navigation. Auch diese muss sich kleineren Auflösungen anpassen. Oft wird sie hinter einem Icon »versteckt«. Die verschiedenen Möglichkeiten der Umsetzung stehen in Abschnitt 12.5 »Navigation auf mobilen Endgeräten – responsive Navigation«.

Skalieren
Passen sich Webseiten dem Bildschirm an, müssen sie häufig nicht mehr skaliert werden, weil die Inhalte groß genug dargestellt werden.

Mit einer Ergänzung der Viewport-Anweisung kann dem User sogar bewusst die Möglichkeit des Zoomens genommen werden:

```
<meta name="viewport" content="width=device-width, user-scalable=no">
```

Diese Möglichkeit sollte auf Webseiten aber nur selten eingesetzt werden, entmündigt sie doch den User. Vor allem in Web-Apps kommt diese Anweisung daher vor.

4.5 Tipps zur Umsetzung

Dank der Media Queries ist das Grundgerüst einer responsiven Webseite recht schnell umgesetzt. Je nach Komplexität des Layouts und der Inhalte ist die Anpassung hin zu einer auf allen möglichen Geräten und Bildschirmen gut bedienbaren und zugänglichen Webseite aber oft gar nicht so einfach.

4.5.1 HTML-Prototpying

Ein wesentlicher Aspekt eines responsiven Workflows ist der schnelle Wechsel in den Browser. Anhand eines HTML-Prototyps kann so frühzeitig die Entwicklung der Webseite besprochen werden, sozusagen »am lebenden Objekt«. Mögliche Fehlerquellen, Ungereimtheiten und Unklarheiten können so schon früh im Projekt erkannt und behoben werden.

Der Weg zu einem HTML-Prototyp ist sehr unterschiedlich. Der spezifischste ist wohl die Erstellung eines individuellen HTML-Dokuments von null an. Dies hat den Vorteil, dass der Quellcode genau zum Projekt passt und keinerlei überflüssige Zeilen enthält (wenn er denn gut gecodet ist). Dafür dürfte dies auch die zeitaufwendigste Variante sein.

Adobe Edge Reflow
Zu den neueren Tools gehört von Adobe der Edge Reflow (*creative.adobe.com/products/reflow*). Eine Art Mischung aus Illustrator, Fireworks und Dreamweaver, aber mit begrenzterem Funktionsumfang. Recht simpel und intuitiv lassen sich Elemente platzieren und auch Breakpoints setzen. Reflow ist aber mehr ein Design- als ein Entwicklungstool. Es lohnt sich aber, die Weiterentwicklung zu beobachten.

Der Einsatz von HTML-Frameworks ist beim Prototyping ebenfalls sehr beliebt. Hier steht schon ein Grundgerüst in Form eines flexiblen Rasters zur Verfügung und dazu kommt eine Art »Handwerkskasten« mit vielfältigen Elemente wie Navigationsleisten, Buttons, Tabs usw. Diese Frameworks können einem jede Menge Arbeit abnehmen und man kann recht schnell ansehnliche Ergebnisse erreichen.

Allerdings hat es zu häufig etwas von »mit Kanonen auf Spatzen schießen«. Der Funktionsumfang drückt sich eben auch durch einen sehr umfangreichen Quellcode aus. Viel zu überladen für die meisten Webseiten, die nur einen Bruchteil der integrierten Elemente benötigen. Mehr zum Einsatz von Frameworks lesen Sie in Kapitel 8, »Layout und Raster«.

Und dann gibt es noch Tools, mit denen sich flexible Grundgerüste zusammenstellen lassen. Neben dem noch recht neuen Tool Adobe Edge Reflow (siehe Info-Kasten) lohnt sich besonders ein Blick auf Thinkin' Tags, ein Rapid-Prototyping-Tool des freien Webentwicklers Dirk Jesse, der auch schon für das beliebte CSS-Framework YAML (*yaml.de*) verantwortlich zeichnete.

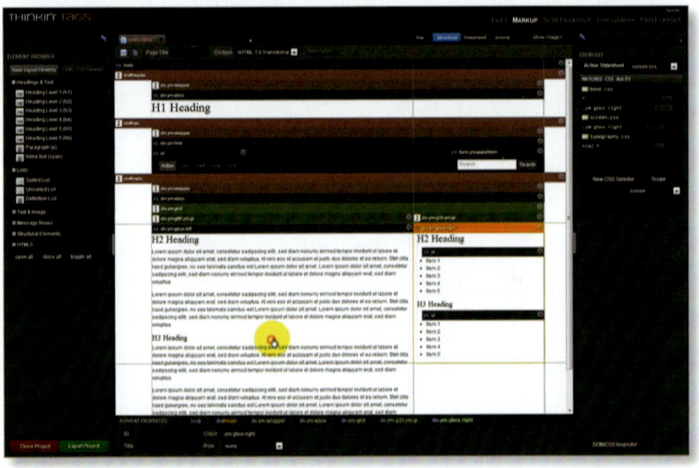

Abbildung 4.23 ▸
Das Prototyping-Tool Thinkin' Tags liefert gute Ergebnisse und Video-Tutorials zum Erlernen: *thinkintags.com*.

Das Tool bietet die Möglichkeit, per Drag & Drop seine Webseite visuell zu »prototypen«. Eine Responsive View bietet die Option, den Prototyp gleich in unterschiedlichen Viewport-Breiten zu testen. Und das Wichtigste: Der generierte Quellcode ist produktionsfähig, also übernehmbar. Wie passend, dass sich der Code einfach downloaden lässt. Das Tool ist noch in der Entwicklung, aber schon einsetzbar samt kostenfreiem Zugang für Webdesigner: *thinkintags.com*.

4.5.2 Testen

Die Webseite so wie früh wie möglich im Browser zu entwickeln, heißt auch, sie so früh wie möglich zu testen. Das typische Verkleinern des Browserfensters am großen Webdesigner-Bildschirm, um unterschiedliche Breakpoints auszuprobieren, ist das eine. Das andere ist, die Webseite auf möglichst vielen Geräten anzuschauen, sozusagen im Live-Betrieb. Die Ansicht und vor allem Bedienung auf einem Smartphone im Hochformat (Portrait-Modus) lässt sich eben auf einem 30 Zoll Monitor nicht simulieren.

Open Devics Labs
Eine tolle Einrichtung sind die *Open Devics Labs*, die unterschiedliche mobile Endgeräte zum »echten« Testen zur Verfügung stellen. Eine Übersicht liefert: *opendevicelab.com*
Die Labs nehmen übrigens auch gerne Altgeräte entgegen!

Viewport-Tests
Für die Überprüfung der Darstellung des Inhalts und des Layouts gibt es verschiedene Möglichkeiten neben dem eigenhändigen Verkleinern des Browserfensters:

- **Screenfly** zeigt eine gewünschte Webseite in verschiedenen Abmessungen an. Dazu lassen sich verschiedene verbreitete Geräte auswählen (siehe Abbildung 4.24): *quirktools.com/screenfly*
- **Alternativen für Screenfly**: *responsinator.com* und *responsivepx.com*
- **Web Developer Toolbar**: Das Browser-Plug-in *Web Developer Toolbar* hat einen Reiter GRÖSSE ÄNDERN. Neben einigen voreingestellten Maßen, kann man hier auch eigene Pixelwerte eingeben, und das Browserfenster passt sich entsprechend an (*chrispederick.com/work/web-developer*).
- **Alternative für den Chrome**: *dimensionstoolkit.com*, Online-Alternative: *resizemybrowser.com*

▲ **Abbildung 4.24**
Die eigene Webseite in unterschiedlichen Auflösungen bekannter Geräte zu testen, geht schnell mit *quirktools.com/screenfly*.

Adobe Edge Inspect (*creative.adobe.com/products/inspect*) und Ghostlab (*vanamco.com/ghostlab*) bieten die Möglichkeit, die Webseite direkt auf verfügbaren Endgeräten zu testen und zu debuggen (Fehler aufzuspüren).

Emulatoren
Als (nicht vollwertiger) Ersatz für mobile Testgeräte gibt es sogenannte Emulatoren. Eine umfangreiche Auflistung bietet: *mobilexweb.com/emulators*

Im Idealfall kann man die Webseite auf allen möglichen Geräten und Betriebssystemen testen. Im Normalfall stehen diese aber nicht ausreichend zur Verfügung. Eine Alternative stellen die Tools dar, die Screenshots einer Webseite auf verschiedenen Betriebssystemen und Browser(versionen) machen, wie beispielsweise *browserstack.com/screenshots* oder *browsershots.org*.

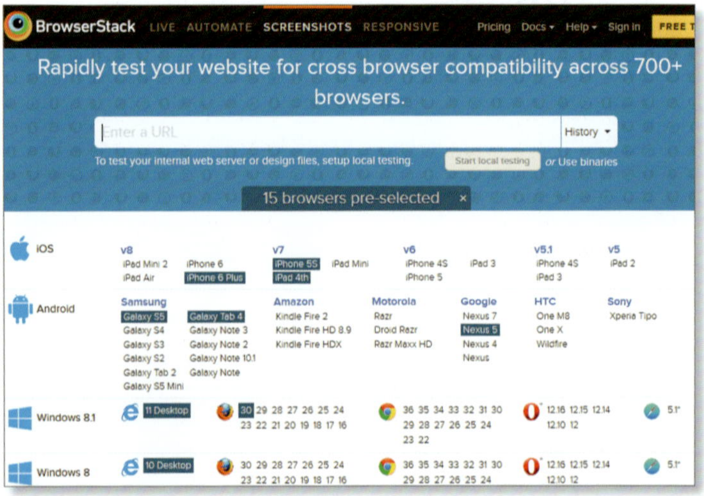

▲ **Abbildung 4.25**
Breite Auswahl an Betriebssystemen und Browsern zum Testen bietet *browserstack.com/screenshots*.

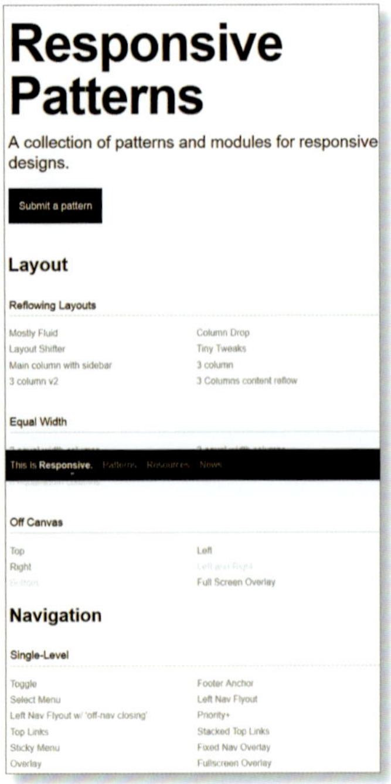

▲ **Abbildung 4.26**
Verdammt viel Auswahl an responsiven Quellen finden Sie hier: *bradfrost.github.io/this-is-responsive*.

Nicht nur das Layout und die passende Anordnung der Inhalte sollten bei einer responsiven Webseite getestet werden, sondern auch die Funktionen und die Performance (zum Beispiel die Ladegeschwindigkeit) in den verschiedenen Browsern, Geräten und Auflösungen.

Und wer immer noch nicht genug Input hat von Responsive Webdesigns, dem sei die Sammlung »Responsive Resources« wärmstens empfohlen. Hier bleibt eigentlich keine Frage offen: *bradfrost.github.io/this-is-responsive/resources.html*. Und ebenfalls von Brad Frost ist die wunderbare Sammlung an »Responsive Patterns«, die für jeden Fall eine Code-Antwort parat hat: *bradfrost.github.io/this-is-responsive/patterns.html*

Kapitel 5
Informationsarchitektur

Was ist Ihre Lieblings-Webseite? Welche Seite besuchen Sie täglich, vielleicht sogar mehrmals täglich? Und warum besuchen Sie diese Seite? Ist es wegen des schicken Headerbildchens oder wegen der spannenden Anzeigen? Oder wegen der besonderen Art der Navigation? Okay, ernsthaft: Content ist das, was zählt. Sie kommen wegen der Inhalte.

5.1 Einführung

Damit liegen Sie genau im Trend: »Content is king«, »Content first«, Content Marketing, Mobile Content, Storytelling – gefühlt alle Trends der letzten Jahre, die nicht Responsive oder Flat hießen, hatten mit den Inhalten zu tun. Webseitenbetreiber und Agenturen haben die Inhalte entdeckt. Klingt komisch, dass dies anscheinend erst nach vielen Jahren des Internets passiert, vielleicht ist es aber auch nur die logische Weiterentwicklung.

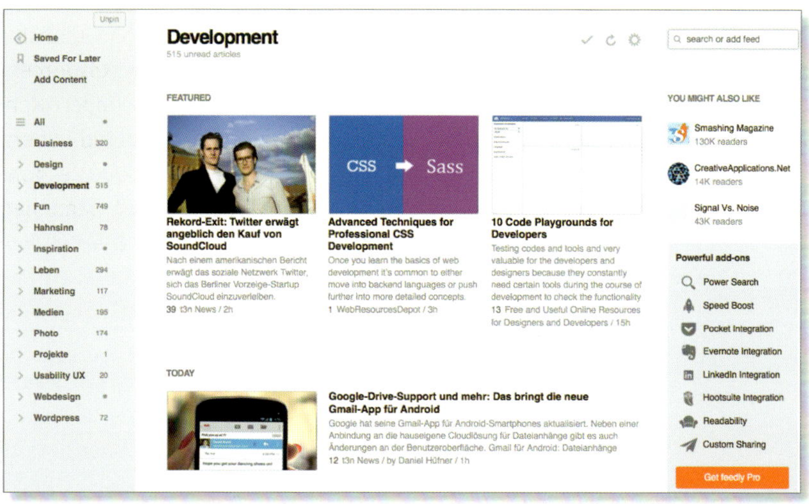

▼ Abbildung 5.1
Inhalte sind das Einzige, was hier zählt: Sammlung an RSS- und Newsfeeds, *feedly.com*.

Einerseits haben wir den Informationsüberfluss, dem wir uns alle tagtäglich ausgesetzt sehen, auf der anderen Seite wurde und wird der Content auf Webseiten zu oft noch stiefmütterlich behandelt. Es ging um hübsche Designs, Suchmaschinen-Optimierung, Social-Media-Profile und Follower, aber bei den Inhalten wurden die ewig gleichen alten Texte und Bilder immer und immer wieder übernommen oder doch die gute alte Imagebroschüre ins CMS kopiert. Vielleicht durfte noch die Sekretärin ein paar Zeilen schreiben, weil sie ja am ehesten Zeit hat für »so etwas« …

Das Ergebnis: hochoptimierte Webseiten bzgl. Design, SEO und Technik. Aber war da nicht noch was? Richtig, der sogenannte User. Der kommt auf die Webseite um nur eines zu machen: vor allem Inhalte zu konsumieren. Ein ansprechendes Design hilft ihm natürlich dabei, die Technik ermöglicht und vereinfacht die Benutzung, und SEO sorgt dafür, dass er die Webseite überhaupt findet – also auch alles sehr wichtig. Aber die Inhalte sind nicht selten das Einzige, was ihn wirklich interessiert.

5.1.1 Ein Alltagsbeispiel und sein Webseiten-Pendant

Stellen Sie sich vor, das Lebensmittelgeschäft, bei dem Sie regelmäßig einkaufen gehen, wurde renoviert. Es wurde erweitert, um das Sortiment zu vergrößern, und die Inneneinrichtung wurde verschönert. Sie gehen zum ersten Mal in den neu gestalteten Laden und suchen Ihre Lieblingsschokolade. Sie erkennen, dass wirklich alles neu gestaltet wurde. Die Gänge sind anders aufgestellt, also schauen Sie nach den Zeichen und Beschreibungen, die oberhalb der Gänge hängen. Sie können aber nur die Beschreibungen erkennen, vor denen Sie direkt stehen. Sie wissen aus anderen Märkten, dass die Süßigkeiten meistens eher am Ende des Marktes zu finden sind. Also gehen Sie in diese Richtung. Sie schauen in verschiedene Gänge hinein. Konserven, Badartikel, Gummibärchen, hier muss es sein. Sie schauen sich die vielen Artikel in den Regalen an. Sie sehen die Schokoladentafeln. Gefühlte hundert unterschiedliche Varianten. Sie suchen die Reihen ab, und irgendwann haben Sie das letzte Exemplar Ihrer Lieblingsschokolade gefunden. Beim nächsten Mal wissen Sie gleich, wo Sie schauen müssen. Vielleicht fragen Sie auch bei der nächsten Suche nach anderen Artikeln das Personal, wenn Sie welches finden.

So ähnlich verläuft die Suche auch auf Webseiten. Wir kommen auf eine Webseite, die wir nicht kennen oder die vielleicht einen Relaunch erhalten hat, und müssen uns zuerst orientieren.

Wir suchen eine bestimmte Information. Wir verschaffen uns erst einen Überblick, wie die Regale aufgebaut bzw. angeordnet sind, also über die Navigationsstruktur. Die Benennung der Regale (Navigationspunkte) hilft uns dabei. Vielleicht ahnen Sie auch schon, wo Sie genau schauen müssen, weil Sie es von anderen Webseiten her gewohnt sind (Schokoladen eher am Ende des Marktes). Oder Sie fragen gleich das Personal, weil Sie eben nicht erst lange die Regale absuchen (also durchklicken) wollen. Wo ist denn hier Personal, also das Suchfeld?

◂ **Abbildung 5.2**
Viel Spaß beim Suchen; dürfte nicht ganz so intuitiv laufen wie im Lebensmittelmarkt: *lebensmittel.de*.

Der große Unterschied zwischen Supermarkt und Webseite? Im Supermarkt werden wir recht hartnäckig suchen, bis wir die Schokolade gefunden haben. Ist die Bedienung unfreundlich, hat sie keine Ahnung oder ist die Anordnung der Regale auch noch so verwirrend, wir werden wohl nicht aufgeben. Denn die Alternative hieße, den nächsten Supermarkt aufzusuchen (mit den gleichen Problemen) oder auf die gewünschte Schokolade zu verzichten. Der Aufwand wäre ungleich größer, bzw. frustrierender. Und im Web? Ein Klick und wir sind auf der nächsten Seite. Im anderen Browser-Tab ist sowieso noch die Google-Suche offen. Also auf zur nächsten Webseite, die uns hoffentlich einfacher zur gesuchten Informationen bringt.

»Frage dich nicht, was der Besucher für dich tun kann, frage dich, was du für den Besucher tun kannst!«

User Experience-Weisheit

5.1.2 Darum geht es

Egal, ob im Supermarkt, auf Webseiten oder auch im öffentlichen Nahverkehr, auf Wanderrouten im Gebirge, am Flughafen – der Nutzer/Kunde/Anwender sucht etwas und braucht Informationen, um das Gesuchte zu finden.

Abbildung 5.3 ▸
Wo bin ich, wo kann ich hin, und wie komme ich dahin? Die Navigationsstruktur (Schienennetzplan) des *rmv.de*.

Die Informationsarchitektur hilft ihm dabei. Es geht dabei um drei Dinge:

- die Organisation der Inhalte oder Objekte
- ihre Beschreibung
- die Möglichkeit, diese zu erreichen

Die Informationsarchitektur legt fest, wie ein Nutzer mit einem Informationssystem interagieren kann.

5.2 Die Bedeutung der Informationsarchitektur

Informationsarchitektur sieht in vielen, gerade kleineren Projekten so aus, dass es gar keine gibt, zumindest keine, die bewusst geplant wird. Die Informationen werden gesammelt, in Gruppen aufgeteilt, die dann sowohl die Navigationsstruktur vorgeben als auch die Beschriftung der Menüpunkte – fertig. Oder die Informationsarchitektur wird von der alten Webseite übernommen, ohne sie zu hinterfragen. Oder es wird die gleiche Aufteilung wie in der Imagebroschüre genommen. Wie passend, da stehen ja auch gleich Inhalte (Achtung: Ironie). Am anderen Ende des Spektrums gibt es in großen Agenturen schon seit vielen Jahren den Job des Informationsarchitekten, also ein eigenes Tätigkeitsfeld, um Informationen zu sortieren und zu strukturieren. Das Credo eines Informationsarchitekten könnte lauten: *»Der Benutzer hat immer Recht«*, dort wo er sucht, sollten die Inhalte sein. Natürlich lassen sich seine Suche und sein Weg steuern.

5.2.1 Die drei Aspekte – Inhalte, Nutzer, Kontext

Drei Punkte müssen beachtet und analysiert werden, um eine Informationsarchitektur aufzubauen, die wirklich funktioniert:

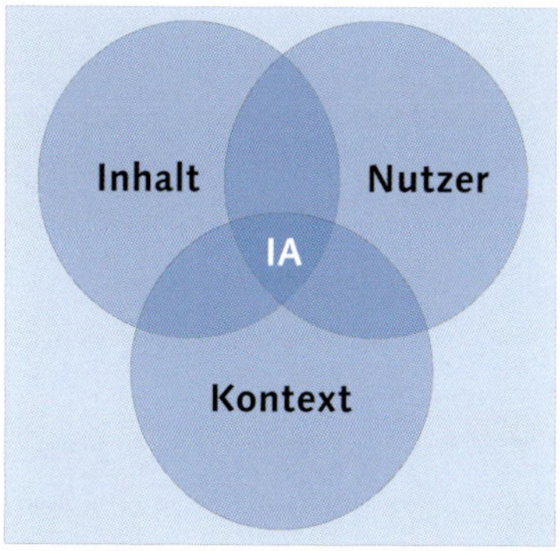

◂ Abbildung 5.4
Die drei Aspekte der Informationsarchitektur (IA): die Inhalte, die Benutzer und der Nutzungskontext

1. Zum einen die Anwender: Wer sind sie, was denken sie, und was wissen sie bereits? Hier spielen all die Punkte der Zielgruppenanalyse eine Rolle, die in Abschnitt 3.7, »Zielgruppenanalyse«, ausführlich besprochen werden.
2. Dann die Inhalte: Was für Inhalte stehen zur Verfügung, welche Inhalte werden gebraucht? Hier spielen die Inhalte eine Rolle, die das Unternehmen gerne vermitteln möchte, aber auch die Inhalte, die der Anwender erwartet und sucht.
3. Und der Kontext: Welches sind die geschäftlichen Ziele der Webseite (Verkauf, Kundenbindung etc.)? In welchem Zusammenhang benutzt der Anwender die Webseite? Was sucht er genau, was sind seine Ziele?

Zum Nachlesen
Auf alle in diesen drei Punkten genannten Aspekte wird ausführlich in Kapitel 3, »Konzeption und Strategie«, eingegangen.

Das Zusammenspiel aus diesen drei Faktoren bestimmt die Informationsarchitektur. Es macht einen Unterschied, ob beispielsweise ein Blog über Smartphones und Apps für technologiebegeisterte Digital Natives umgesetzt wird oder für Senioren, die langsam an die Materie herangeführt werden wollen. Die Art der Informationen, ihre Aufbereitung, die Aufteilung in Rubriken, einzelne Seiten, deren Benennung und die Aufteilung der Inhalte innerhalb der einzelnen Seiten wird in beiden Fällen höchst unterschiedlich ausfallen.

Es geht also um die Organisation der Inhalte und den Weg des Anwenders auf der Webseite. Das Ziel der Informationsarchitektur ist es dabei, die Wünsche der Anwender mit den Marketing-Zielen des Webseitenbetreibers zu vereinen.

Abbildung 5.5 ▸
Die Schwenninger Krankenkasse stellte einen so großen Bedarf an Informationen rund um Geburt, Schwangerschaft und Babywunsch fest, dass sie eine eigene umfangreiche Webseite (*babyharmonie.de*) dazu erstellte.

5.2.2 User first

Es gibt, wie eingangs in diesem Kapitel erwähnt, bei Online-Projekten den Ansatz »Mobile first«. Er kam im Zusammenhang mit der Veränderung der Arbeitsabläufe vor allem durch die mobilen Endgeräte und die mobile Internet-Nutzung auf.

Dann stellte man fest, dass es eigentlich zweitrangig ist, ob »Mobile« oder »Desktop« zuerst betrachtet wird, die Inhalte sind wohl das Entscheidende. Also hieß es »Content first«. Wenn man die Ansätze, die dahinterstecken, aber konsequent zu Ende denkt, muss es eigentlich »User first« heißen. Um den Anwender geht es. Wenn Sie die Kapitel bis hierhin gelesen haben, ist das nichts Neues für Sie. *Der Anwender und seine Bedürfnisse sind das Wichtigste.* Die Inhalte werden für sie erstellt. Inhalte, die keine Leser oder Betrachter haben, sind nutz- und bedeutungslos. Sie sind eher schlecht für den Webseitenbetreiber, denn sie scheinen die Ziele der Nutzer nicht zu beachten, die sich so ignoriert fühlen. Und unnütze behindern nützliche Inhalte, indem sie die Navigationsstruktur unnötig aufblähen, die Aufmerksamkeit stören und von den nützlichen Inhalten ablenken.

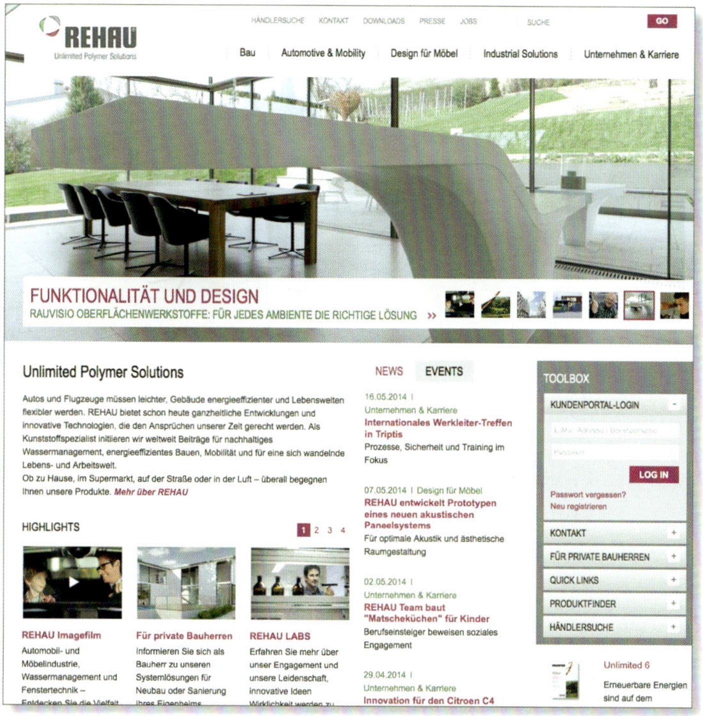

◂ **Abbildung 5.6**
Dass hier »User first« im Vordergrund stand, darf bezweifelt werden: nicht sehr intuitiver Slider, Überfrachtung mit News, Highlights und Events, dazu eine Toolbox, die nicht selbsterklärend ist – *rehau.de*.

»User first« klingt so logisch und nachvollziehbar, und doch wird wenig so konsequent missachtet. User Interfaces werden überladen mit grafischen Elementen, sind kompliziert zu bedienen, Webseiten quellen vor Inhalten über, die vor allem der Webseitenbetreiber gerne hat, die aber kein Anwender braucht. Texte erinnern mehr an Werbebroschüren als an für die Besonderheiten des Webs aufbereitete Informationen, was zur Folge hat, dass sich die Inhalte dem User eher entziehen und untergehen.

Es gibt sicherlich einige gute Entwicklungen in die richtige Richtung: Flat-Design, das die Optik und die Bedienbarkeit in vielen Fällen vereinfacht; Minimalismus, der auf ein simples User Interface und auf wenige, einfach zu konsumierende Informationen setzt; One-Pager, die alle Informationen auf einer einzigen Webseite bündeln und auf das Wesentliche reduzieren. Auf die genannten Webtrends werde ich noch genauer in Kapitel 13, »Webdesignstile und -trends«, eingehen.

Alles ist wichtig
Zu häufig sind Webseiten überladen mit Inhalten und grafischen Elementen. Der Kunde will möglichst viel an Informationen vermitteln. Irgendwie ist das ja auch verständlich – aus seiner Sicht. Er möchte die Vorzüge seiner Produkte anpreisen, die Geschichte seines Unternehmens erzählen, alle seine Projekte und Referenzen auflisten und noch vieles mehr. Für ihn ist alles wichtig, für den Anwender aber nicht.

5.2.3 Pageflow

Die Inhalte zu strukturieren betrifft nicht nur die Aufteilung in einzelne Seiten, sondern auch die Aufteilung innerhalb der Seiten. Die Inhalte sollten hier so strukturiert sein, dass der Anwender sie schnell überfliegen, »scannen« kann:

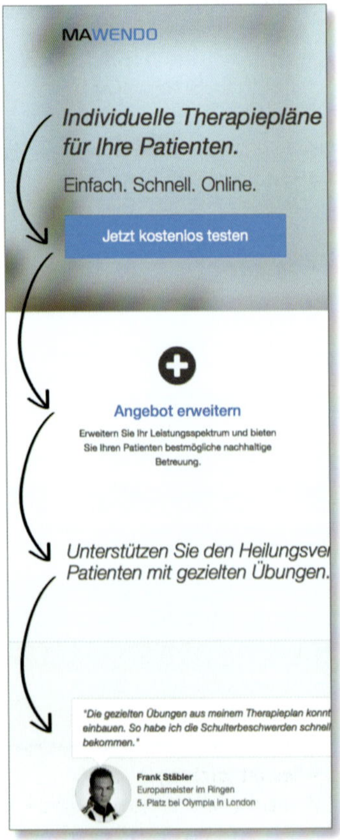

▲ **Abbildung 5.7**
Alles im Flow. Bei *mawendo.de* lässt sich die Seite schnell scannen.

- verschiedene Überschriften, Listen, Zitate, Bilder als Sprunganker einsetzen, um das Scannen zu erleichtern
- einfache Sprache in kurzen Sätzen, damit die Texte am Bildschirm gut zu lesen sind
- Überschriften sollten einen Hinweis auf den Textinhalt geben und nicht, wie bei Printpublikationen üblich, in erster Linie Aufmerksamkeit erzeugen.
- keine zu lange Zeilen und nicht zu wenig Zeilenabstand
- keine zu kleine Schriftgröße
- Links im Text zu weiterführenden Informationen

Mehr Informationen dazu erhalten Sie in Kapitel 10, »Typografie«.

5.2.4 Findability – vom Suchen und Finden von Informationen

Fast immer geht es auf Webseiten um Suchen und Finden. Usability-Experte Jakob Nielsen nennt es *»Findability«*. Dazu gehören für ihn die vier Bereiche Informationsarchitektur, Kategorienamen, Navigation und Links. Zusammen mit der Suchfunktion sind diese Kriterien die häufigste Ursache für Usability-Probleme, also für Probleme bei der Bedienung der Webseite. Erst weit abgeschlagen folgt das Screendesign als Verursacher von Usability-Problemen.

Die Benutzerfreundlichkeit einer Webseite hängt vor allem von der Informationsarchitektur ab. Das Seitendesign kann zwar für Freude oder Ärgernis sorgen, aber für die Benutzbarkeit sind andere Punkte entscheidender.

»Findability«-Probleme
Folgend eine lose Sammlung an typischen »Findability«-Problemen auf Webseiten:

- Es ist nicht eindeutig, welche Informationen sich hinter den einzelnen Navigationspunkten verbergen.
- Die Navigationspunkte haben keine eindeutigen Benennungen.
- missverständliche Icons in der Hauptnavigation
- Es ist nicht eindeutig, auf welcher Unterseite man sich befindet.
- Links im Fließtext sind nicht eindeutig als solche erkennbar.
- Neben einem Suche-Formular ist die Navigation die einzige Möglichkeit des Anwenders, sich durch die Seite zu bewegen. Steht er hier also vor Schwierigkeiten, ist die Wahrscheinlichkeit hoch, dass er die Webseite verlässt.

Die Aufzählung ließe sich noch endlos fortsetzen. Aber für das Verständnis und als Einblick sollte dies reichen. Die »Lösungen« für all diese »Findability«-Probleme folgen übrigens im Laufe des Buches.

5.3 Die Bedeutung der Navigation

Eine gute Informationsarchitektur hat viel mit Usability zu tun, mit effektiver und effizienter Zielerreichung. Ein ganz entscheidender Punkt ist dabei die Navigation.

Zum Nachlesen:
Mehr zur Usability steht in Abschnitt 3.11, »Usability im Webdesign«.

Die Informationsarchitektur legt eine Navigationsstruktur fest. Informationen werden gesammelt, sortiert, priorisiert und in Einheiten zusammengefasst. Dem Anwender soll es so ermöglicht werden, zwischen für ihn relevanten und irrelevanten Bereichen zu unterscheiden und eine einfache Auswahl zu treffen. Denken Sie an den zu Beginn des Kapitels gebrachten Vergleich mit dem Supermarkt. Es gibt einen großen Unterschied zwischen einer Webseite und einem Supermarkt, die räumliche Orientierung ist nicht gegeben. Wir haben kein Gefühl für die Größe, den Umfang einer Webseite, sehr kleine Webseiten vielleicht einmal ausgenommen. Aber auch nach intensiver Benutzung können wir bei den meisten Webseiten den Umfang kaum einschätzen, da Anwender selten (eigentlich nie) die komplette Navigationsstruktur durchgehen und alle Seiten anschauen. Bei der Suche nach der Schokolade können wir abschätzen, wann der Supermarkt zu Ende ist. Bei der Suche nach Informationen auf einer Webseite können wir das nicht. Wir wissen auch nach langer Suche nicht zweifelsfrei, ob die Information nicht doch noch irgendwo auf einer Unterseite versteckt sein könnte.

5.3.1 Aufgaben einer gelungenen Navigation

Der Mangel an Räumlichkeit sorgt auch dafür, dass wir keine Abkürzungen nehmen können. Wollen wir bei einem zweiten Besuch zu der gleichen Information, nehmen wir den Weg vom ersten Mal. Im Supermarkt würden das nächste Mal direkt zum Schoko-Regal laufen. Wir kennen im Web keine Abkürzungen. Dadurch gewinnen Lesezeichen und der »Zurück«-Button an Bedeutung. Und auch die Startseite hat ihren Namen daher, weil die (erneute) Suche von hier *startet*.

Und daher brauchen wir auch eine Navigation auf Webseiten. Eine Supermarktnavigation gibt es dagegen nicht. Die Navigation zeigt uns, wo wir uns befinden und wie wir an einen anderen Ort kommen können. Usability-Experte Steve Krug nennt es in seinem Buch »Don't make me think!« folgendermaßen: *»Die Navigation ist nicht einfach ein Feature einer Website, sie ist die Website …«* Eine gute Navigation beantwortet dem Anwender folgende Fragen:

- Wo bin ich?
- Wohin kann ich gehen?

Link zur Startseite
Ich hatte es bereits einmal erwähnt, aber es ist so wichtig, dass ich es noch einmal wiederholen möchte: Das Logo sollte immer als Link zur Startseite definiert sein. Nicht alle kennen diese Definition. Aber diejenigen, die sie kennen, erwarten sie auch.

- Wie kann ich dorthin kommen?
- Wie kann ich dahin zurückgehen, wo ich herkomme?

Abbildung 5.8 ▸
So einfach und eindeutig kann Navigation sein. Bei *zeichenundwunder.de* ist klar zu erkennen, wo bin ich und wo kann ich hin.

Eine Webnavigation sollte sich einfach bedienen lassen. Der Anwender weiß, wo er sie findet, und muss sie nicht neu erlernen. Er hat die Navigation und ihre Bedienung durch unzählige andere Webseiten kennengelernt. Ihre Aufgabe besteht vor allem darin, ihn schnell zu seinem Ziel zu führen. Navigationen müssen daher nicht besonders innovativ oder pfiffig sein. Im Gegenteil, dies führt eher zu einer langsameren Zielerreichung. Es mag Ausnahmen geben (die die Regel bestätigen), aber bei klassischen Webprojekten sollte die Kreativität woanders ausgelebt werden als an der Navigation.

▲ Abbildung 5.9
Zwei typische One-Pager: *holsteinmedia.com* (links) setzt auf Icons am linken Rand, die aber leider nicht selbsterklärend sind. Die *dietaikonauten.com* (rechts) haben dagegen eine fast schon langweilige, aber dafür sehr verständliche Navigation.

Konventionen sind daher in der Navigationsgestaltung wichtig. Der User sucht sie nicht nur an bestimmten Stellen, er erwartet auch bestimmte Begrifflichkeiten (siehe Abschnitt 5.5.2, »Wording«), unterschiedliche Arten an Navigationen und bestimmte Inhalte. Nur mit triftigem Grund sollte man daher von diesen Konventionen abweichen. Denn Abweichungen irritieren, können aber sicherlich auch anregend und belebend wirken.

Beispiel-Konvention
Seiten und Links wie »Impressum«, »Startseite«, »Kontakt« oder auch ein Suchfeld oder Sprachwechsler sucht der Anwender meistens in einer Metanavigation oben rechts im Design. Das heißt nicht, dass diese Seiten dort immer zwangsläufig auftauchen müssen. Wenn aber nicht, sollte es zumindest gut überlegt sein.

Die Navigation sollte über die Unterseiten hinweg auch konsistent sein. Verändert sich die Navigation, muss der Anwender sich neu orientieren, und seine Aufmerksamkeit wird von der Nutzung und den Inhalten der Seite abgelenkt – eine eher unangenehme Nutzungserfahrung. Dies kommt gerade bei sehr großen Unternehmenswebseiten vor, die viele Produkte und Angebote präsentieren wollen. Bestimmte Themen bekommen dann eine eigene Präsenz mit eigenem Look & Feel und womöglich eigener Navigation. Jede dieser Seiten agiert dann in einem gewissen Rahmen unabhängig.

Wachstum
Die Navigation sollte so angelegt sein, dass sie wachsen kann. Eine Webseite ist nie fertig, Inhalte verändern sich, und neue kommen dazu. Die Navigation muss dieser Weiterentwicklung Rechnung tragen, optisch und inhaltlich. Stellen Sie sich darauf ein, dass Seiten dazukommen und Platz brauchen.

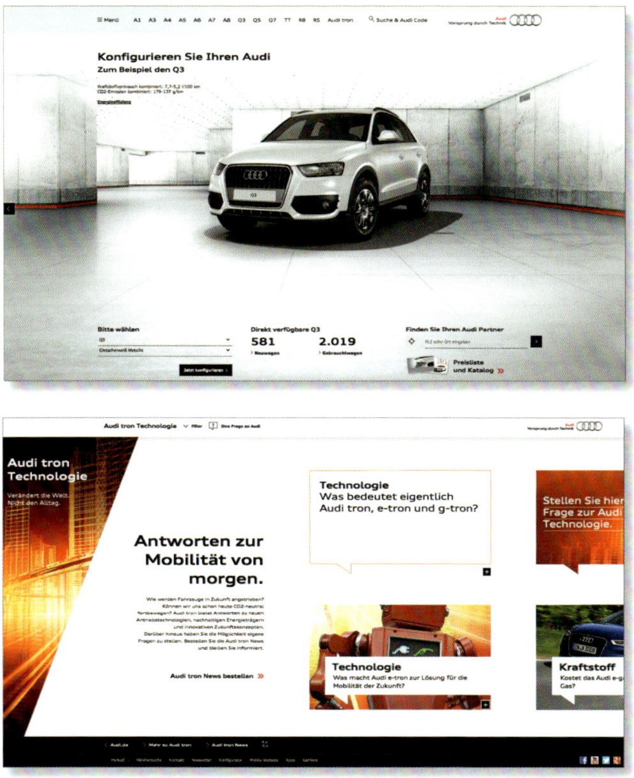

◂ Abbildung 5.10
Zwei unterschiedliche Webseiten? Nein, die Seite *audi.de* zeigt vielmehr die Problematik auf sehr großen Webseiten, die unterschiedlichen Produkten und Angeboten gerecht werden müssen.

Die Navigation bestimmt also die Benutzbarkeit einer Webseite entscheidend mit. Sie bietet dem Anwender den roten Faden durch die Seite.

5.4 Content-Strategie

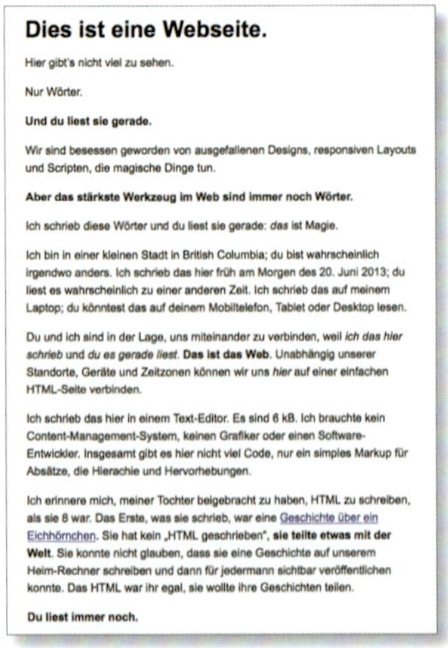

▲ **Abbildung 5.11**
Der Inhalt macht's. Dies führt die kleine Seite von *justinjackson.ca/words_de.html* beispielhaft vor.

Um die Inhalte eines Webprojekts zu definieren, geht es darum, zwei Aspekte unter einen Hut zu bringen:

- Was sind die unternehmerischen Ziele der Webseite?
- Was sind die Bedürfnisse der Anwender?

Häufig wird vor allem der erste Aspekt beachtet. Das Unternehmen möchte sich und seine Produkte/Dienstleistungen in einem guten Licht darstellen, sein gutes Recht. Es wird viel Zeit und Arbeit hineingesteckt, wohlklingende Sätze zu formulieren, die Produkte von allen Seiten zu beleuchten, ausführlich über Projekte zu erzählen, das Unternehmen von allen Seiten vorzustellen. Manchmal werden aber auch einfach nur schon vorhandene Texte übernommen, weil keiner da ist, der die Texte überarbeiten bzw. neu schreiben kann oder will.

Die schlechte Nachricht für Unternehmen: Niemand wartet auf ihre Texte und möchte ihre Webseite und Markenbotschaften konsumieren. Die Kunden sind übersättigt von Informationen. Und jetzt kommt noch die »Content is king«-Entwicklung dazu, die jedem Unternehmen rät, zu Content-Schleudern zu werden. Dadurch wird die Nichtbeachtung von Inhalten nicht besser.

5.4.1 Guter Content

Inhalte sind eigentlich nicht das, was am Ende kurz vor dem Launch schnell noch in die Webseite kopiert werden soll, nachdem das Design und die Umsetzung schon lange stehen. Im schlimmsten Falle werden die Texte per Copy und Paste aus Printpublikationen oder alten Webseiten übernommen. Genau wie das Design, genau wie die technische Umsetzung müssen die Inhalte geschaffen werden. Handwerkliche Arbeit könnte man es nennen. Und das braucht auch seine Zeit.

Und dabei sollte nicht alleine das Unternehmen in schönen Worten dargestellt werden, sondern der Leser berücksichtigt werden. Über die Strategie »User first« haben wir weiter oben schon einmal gesprochen. Der Besucher der Webseite und SEINE Ziele und Bedürfnisse sollen die Inhalte berücksichtigen und erfüllen. Denn werden die Ziele des Anwenders erfüllt, erfüllen Sie damit auch die Ziele des Webseitenbetreibers.

»Context ist the true king. It's simply powered by content.«

Daniel Eizans

Die Relevanz und der Kontext sind wichtig. Der Anwender möchte nicht die Texte lesen, von denen das Unternehmen gerne hätte, dass er sie liest. Er möchte die Texte lesen, die ihm bei seinem ganz persönlichen, individuellen Bedürfnis weiterhelfen.

Zielgruppenanalyse, Personas, Use Cases helfen, die Erwartungen zu analysieren. Das ist keine Arbeit, die »mal eben so nebenbei« passieren kann. Der Auftraggeber sollte seine Kunden ein Stück weit kennen. Was treibt sie an? Welche Fragen beschäftigen sie? Welche Fragen werden regelmäßig per E-Mail oder Telefon gestellt? Nach welchen Kriterien entscheiden die Interessenten, bevor sie zu Kunden werden?

Relevante Inhalte sind kein Selbstläufer. Sie müssen gut geplant und aufbereitet werden, damit sie der Leser wahrnimmt. Je besser die Leser und deren Erwartungshaltung bekannt sind, desto eher lassen sich passende Inhalte erstellen, die die gewünschte Wirkung haben. Leser suchen Informationen und keine Werbung. Alles, was zu sehr nach Werbesprache aussieht, wird mit Missachtung gestraft. Einfache Sprache, leicht scannbare Inhalte, klare Fakten – das wollen die Leser.

Kunden-Umfrage
Warum nicht die Kunden selber fragen? Auf der Facebook-Fanpage, am Ende eines Blogeintrags, bei den Produkten im Shop kann man den Kunden fragen, worüber er noch informiert werden will oder über welche Themen er gerne mehr erfahren will. Mit etwas Fingerspitzengefühl zeigen solche Umfragen Interesse an dem Leser. Die Umfragen-Popups auf manchen Unternehmensseiten meine ich damit allerdings nicht.

5.4.2 Guter Content und die Rolle des Webdesigners

Guter Content ist elementar für den Erfolg einer Webseite. Guter Content ist nichts, was erst am Ende des Projekts »hinzugefügt«, sondern von Beginn an geplant und produziert werden sollte. Die Inhalte, deren Formate, deren Aufbau und Umfang sind eigentlich unabdingbar, um das Design zu erstellen.

Ich weiß, dass dies in der Praxis nicht immer so läuft, sondern dass der Designer erst einmal anfängt und dann nach und nach geschaut wird, welche Inhalte da so kommen mögen oder welche Inhalte in das Design passen könnten. Das heißt aber nicht, dass man diesen Ablauf immer so hinnehmen muss bzw. nicht versuchen kann, ihn zu ändern. Oder wie Webdesign Jeffrey Zeldman es nennt: *»Content precedes design. Design in the absence of content is not design, it's decoration.«*

Als Webdesigner kann man von Beginn an auf das Thema Content-Strategie aufmerksam machen und aufklären. So dass die Inhaltsplanung und -erstellung auch frühzeitig im Projekt beginnt. Als Webdesigner kann man auch ein bisschen Content-»Berater« sein. Wir haben einerseits den Blick von außen auf den Kunden und sein Unternehmen, den er vermutlich nicht mehr hat (was nachvollziehbar ist). Und wir haben Projekterfahrung aus dem Zusammenspiel von Design und Content und können beraten, was sich eher gut und was sich nicht so gut eignet. Und zu guter Letzt sind wir selber aufmerksame User. Wir nutzen das Internet beruflich und privat intensiv. Wissen also aus eigener »User-Erfahrung«, welche Inhalte und welche Inhaltspräsentation uns reizt, wo wir hängenbleiben und was in Erinnerung bleibt.

Vier Fragen zur Content-Strategie
Zur Überprüfung einer Content-Strategie können folgende Fragen dienen:

- **Findet der Besucher die Inhalte leicht?** Dazu gehört die semantisch korrekte Auszeichnung und Suchmaschinenoptimierung (nur ein h1-Element etc.) wie auch eine sinnvolle interne Verlinkung und Navigationsstruktur.
- **Kann der Besucher die Inhalte problemlos lesen?** Das beinhaltet einen sinnvollen Textaufbau, eine übersichtliche Gliederung und Struktur, typografische Lesbarkeit, Sanbarkeit.
- **Versteht der Besucher die Inhalte gut?** Ist der Sprachstil einfach, klar und verständlich? In welchem Kontext stehen die Informationen?
- **Wird der Besucher aktiv werden?** Gibt es Handlungsaufforderungen (Call-to-Action)? Was soll der Besucher als Nächstes machen? Kann er die Inhalte kommentieren oder teilen? Gibt es Links zu weiteren relevanten Inhalten?

Die Fragen hat Ahava Leibtag (»Web content strategist and writer«) entwickelt: *contentmarketinginstitute.com/wp-content/uploads/2011/04/leibtag_content_checklist.pdf*

Auch der moderne Webdesign-Workflow hilft bei der Content-Erstellung. Ein Screendesign kann ich auch mit »Lorem Ipsum« und ohne richtigen Content hübsch machen, während der Kunde in Word gar nicht weiß, was und wofür er da eigentlich schreiben soll. Ist die Seite schon frühzeitig in der Umsetzungsphase, können im Browser am »lebenden Objekt« Content, Design und Technik parallel und zusammen abgestimmt werden. Und das alles, bevor das Design bis auf den letzten Pixel genau sitzt.

Hat der Kunde die Bedeutung von guten Inhalten verstanden, sollte die Planung trotzdem realistisch bleiben. Ein verkümmerter News-Bereich, der zum Launch groß angekündigt wurde, dann aber aufgrund fehlender Ressourcen nicht kontinuierlich gepflegt wird, wirkt sich negativ aus. Und wie wäre es zum Ende des Projekts mit einem gemeinsamen Treffen zwischen Kunde und Webdesigner (Designer und Developer), bei dem Inhalte, Design, Funktionalitäten und vielleicht sogar der Quellcode analysiert und letzte Korrekturen besprochen werden?

5.4.3 Sammeln und strukturieren

Content ist im Grunde alles, was Unternehmen im Web zur Verfügung stellen. Also nicht nur Texte, sondern auch Bilder, Videos usw. Zu Beginn einer Content-Strategie steht eine Bestandsaufnahme an. Alle vorhandenen Inhalte werden gesammelt, gesichtet, sortiert und bewertet. Das betrifft vor allem die Inhalte einer (oder vielleicht auch mehrerer) schon existierender Webseiten, aber auch Inhalte aus anderen Medien (Printpublikationen, Präsentationen etc.), die für die Webseite in Frage kommen könnten.

Ideen für Content-Formate
Textliche Inhalte sind das häufigste Content-Format. Die Möglichkeiten der inhaltlichen Gestaltung Ihrer Botschaften (oder der Ihres Kunden) sind aber viel größer. Folgend eine lose Sammlung an Ideen, um für Inhalte eine passende Umsetzung zu finden:

Fachartikel, E-Books, Whitepapers, E-Mail-Newsletter, Infografiken, Bildergalerien/-slideshows, Videos, Präsentationen, Podcasts, Downloads, Zitate, Case Studies, Gastartikel, FAQs, Reviews, Guided Tours, Member-Bereich, Spiele, Animationen, Newsstreams, Feeds, Screencasts, Tutorials, Interviews, Testimonials usw.

Die gesammelten Inhalte sollten dann strukturiert werden nach Oberthemen. So entwickelt sich langsam ein Überblick, für welche Themen ausreichend Material vorhanden ist und wo noch Bedarf besteht. Einen eventuellen Bedarf an weiteren Inhalten ermitteln Sie aus der Zielgruppenanalyse und den Use Cases. Welche Inhalte erwartet der Besucher, und welche Inhalte braucht er, damit seine Bedürfnisse befriedigt werden? Ein Blick bei der Konkurrenz kann ebenso helfen. Welche Inhalte bieten diese an, wie wird dieser präsentiert und welche Formate setzen sie ein? Von guten Beispielen kann man lernen und diese übernehmen bzw. kann sie für das eigene Projekt entsprechend anpassen.

Content-Benchmarks
Welche Inhalte präsentieren die Wettbewerber? Zeigen alle im Grunde die gleichen Arten an Inhalten, kann dies ein Hinweis darauf sein, dass sich diese bewährt haben. Präsentieren Sie dann auch die gleichen Inhalte, können Sie vermutlich nicht viel verkehrt machen. Gehen Sie aber einen anderen Weg, können Sie sich vielleicht besser vom Wettbewerb differenzieren. Lassen Sie sich von Konkurrenz-Inhalten inspirieren. Besser gut »geklaut« (also fremde Inhalte in eigenen Worten wiedergeben), als schlecht selber gemacht.

Je nach Projektanforderung und Verhältnis zum Kunden haben Sie mit den Inhalten und deren Erstellung und Einpflege in die Webseite überhaupt nichts zu tun. Eventuell kann es aber auch sein, dass Sie die Inhalte mit dem Kunden beratend durchgehen und besprechen. Dann können folgende Fragen Ihnen und Ihren Kunden dabei helfen, die vorhandenen Inhalte besser zu beurteilen:

- Welche Inhalte und Inhaltsformate sind vorhanden?
- Sind die Inhalte aktuell genug?
- Werden die Fragen der Zielgruppe beantwortet und deren Bedürfnisse mit den Inhalten befriedigt?
- Kommen Inhalte doppelt vor und können gestrichen, gekürzt oder zusammengefasst werden?
- Sind die Inhalte verständlich, oder müssen sie anders (webtauglicher) formuliert werden?
- Sind die Inhaltsformate für das Web und die Zielgruppe passend, oder sollten bestimmte Inhalte anders dargestellt werden?
- Unterstreichen die Inhalte Ihr Alleinstellungsmerkmal (das Ihres Kunden) ausreichend?

- Können Inhalte gestrichen werden, weil sie irrelevant für das Webprojekt (Unternehmensziele und Zielgruppenbedürfnisse) sind?
- Sind die Inhalte aus SEO-Sicht tauglich?
- Reicht die Qualität der Inhalte aus?
- Und vor allem: Müssen noch Inhalte produziert werden, weil wichtige Informationen fehlen bzw. nicht ausreichend erklärt werden?

Der letzte Punkt ist ganz wichtig! Aus Bequemlichkeit, Zeit- und Budgetmangel wird dieser gerne vernachlässigt. Aber wenn man sich schon Gedanken über die Unternehmensziele, Benutzerbedürfnisse und Inhalte macht, dann sollte man auch nicht die Augen davor verschließen, dass eventuell noch Inhalte erstellt werden müssen.

Das Angebot von *Veloplus.ch* (Abbildung 5.12) könnte man z. B. unter dem Motto »Erlebniswelt Fahrrad« zusammenfassen. Neben den üblichen Shop-Produkt-Präsentationen gibt es ein Blog, eine Reisepartnerbörse, Tipps für Touren und ein Spiel fürs Smartphone. Dazu werden Touren und Webseiten von Kunden genauso vorgestellt wie Verkaufsläden und deren Mitarbeiter. Man erhält also einen ausführlichen Einblick.

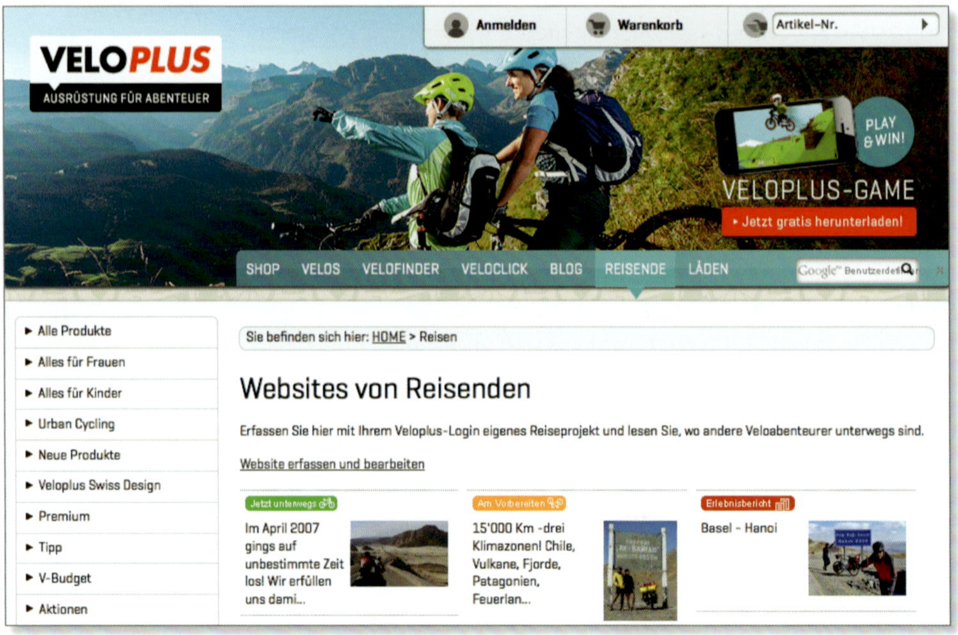

▲ Abbildung 5.12
Unter dem Motto »Erlebniswelt Fahrrad« könnte man das Angebot von *veloplus.ch* zusammenfassen.

Content und der USP

Es gibt immer einen Aspekt (manchmal auch mehrere), der ein Unternehmen von anderen unterscheidet bzw. den sie besser machen. Das Alleinstellungsmerkmal (USP) sollte durch die Inhalte entsprechend herausgearbeitet und vermittelt werden. Webdesignern und Webagenturen könnten folgende Fragen helfen:

- Sind Sie auf ein CMS spezialisiert? Dann zeigen Sie es entsprechend durch Referenzen, Fachartikel, Links etc.
- Sie können nicht nur Webseiten bauen, sondern auch Social-Media-Präsenzen gestalten? Zeigen Sie diesen Mehrwert auch Ihren Kunden.
- Ihre Mitarbeiter sind auf Ihrem Gebiet alles Spezialisten mit umfangreicher Erfahrung? Wie erfährt der Leser davon?
- Sie haben umfangreiche Erfahrungen mit bestimmten Branchen? Zeigen Sie, warum das so ist.

5.4.4 Produktion und Aktualität

Oft müssen Inhalte noch produziert werden, weil die vorhandenen nicht ausreichen. Egal, ob Texte, Bilder oder sonstige Medien, die Frage lautet dann meistens: inhouse oder extern? Jede dieser beiden Vorgehensarten hat ihre Vor- und Nachteile. Interne Mitarbeiter, die Content produzieren sollen (also zum Beispiel Texte schreiben), kennen sich mit der Materie schon aus und brauchen keine Einarbeitungszeit. Externe Texter oder Text-Agenturen sind dafür meistens spezialisierter und kennen sich mit den Anforderungen von guten Texten und Inhalten für das Web besser aus. Das Gleiche gilt auch für Bilder, die von Mitarbeitern oder externen Fotografen produziert oder bei Bildagenturen eingekauft werden können. Abhängig vom Budget und der gewünschten Qualität muss hier eine Option gewählt werden.

Eines sollte man auf keinen Fall: den Aufwand unterschätzen, der für die Erstellung von guten Inhalten notwendig ist. Zeit und Budget sollten hier nicht zu knapp bemessen sein.

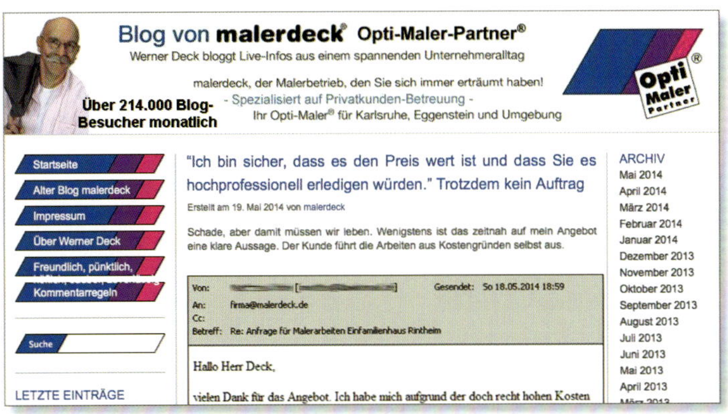

◂ **Abbildung 5.13**
Regemäßig frische Inhalte wollen die Leser, auch wenn es manchmal nur Informationshäppchen mit Unterhaltungswert sind, wie beim Maler Deck: *malerdeck.de/blog*.

Zeitaufwand Inhaltserstellung
Miriam Löffler zeigt in ihrem Buch »Think Content!« ein kleines Rechenbeispiel bzgl. der Texterstellung auf:

Für ein Relaunch-Webprojekt mit 40 neuen Seiten und 60 bestehenden Seiten, die überarbeitet werden sollen, bei einem Wortumfang von ca. 350 Wörtern pro Seite kalkuliert sie für die textliche Komplettbearbeitung (vom Schreiben bis zum Einpflegen) knapp 40 Arbeitstage à 8 Stunden. Also einen achtwöchigen Vollzeit-Einsatz eines Textredakteurs. Das ist mal eine Ansage. Die meisten würden wohl mit wesentlich weniger rechnen/kalkulieren …

Die präsentierten Inhalte sollen aktuell sein, zumindest aktuell genug, um die Ziele nicht negativ zu beeinflussen. Wer einen News- oder Blogbereich (wie z. B. in Abbildung 5.13) haben will, sollte auch regelmäßig frische Inhalte produzieren (können). Alles andere würde nach hinten losgehen. Und selbst ohne diese Bereiche sollte regelmäßig Zeit für die Überarbeitung einkalkuliert werden. Eine Webseite sollte »leben«, also sich ständig weiterentwickeln. Dies beinhaltet eben auch, dass Inhalte angepasst, entfernt und neue erstellt werden müssen. Dies wird aber meistens nicht gemacht, da zu aufwendig, sprich teuer. Ist die Webseite erst einmal fertig, bleibt sie im ungünstigsten, aber durchaus häufig vorkommenden Fall die nächsten Jahre unberührt stehen.

Wir Anwender »hungern« ja nach neuen Informationen. Was für die alten Medien gilt (»Nichts ist so alt, wie die Zeitung von gestern«), gilt erst recht für die neuen. Nichts ist so alt, wie der Newsstream der letzten Stunde. Anwender wollen nicht ewig die gleichen Informationen nur neu verpackt vorgesetzt bekommen. Neue interessante, spannende, verlockende Inhalte wollen die Leser. Je länger diese auf der Webseite sind, desto eher werden sie ein Geschäft mit der Webseite abschließen (also beispielsweise einkaufen).

5.4.5 Storytelling

Diese Entwicklung nimmt der Storytelling-Trend auf. Das Erzählen von Geschichten ist eine der ältesten Ausdrucks- und Kunstformen der Menschheit. Von Märchen bis zu modernen Kinofilmen sind wir von Geschichten fasziniert. Die sozialen Netzwerke nehmen diese Entwicklung auf, indem jetzt jeder seine Geschichte, ob per 140 Zeichen Tweet oder per Instagram-Schnappschuss, präsentieren kann.

Abbildung 5.14 ▸
Eine kleine Geschichte erzählen Vorher-Nachher-Bilder, wie bei *schoener-wohnen.de*.

Online-Marketer empfehlen Unternehmen daher, Geschichten zu erzählen, nicht allein durch harte Fakten und Zahlen zu informieren, die von unserem Gehirn schwer zu verarbeiten sind (siehe Abschnitt 6.1, »Webdesign und die menschliche Wahrnehmung«). Geschichten sprechen uns emotional an, und wenn sie uns unterhalten und begeistern, dann erinnern wir uns an sie (und die Marke, die dahintersteckt), dann teilen wir sie (per Facebook, Twitter etc.) und erzählen sie weiter (»Hast du schon das Video XYZ gesehen?«).

◂ **Abbildung 5.15**
Apple erzählt aufwendige multimediale Geschichten seiner Produkte im Einsatz und nimmt den Leser so mit auf Reisen. Eine informative und vor allem emotionale Einbindung der Leser: *apple.com/de/your-verse*.

Natürlich taugt nicht jedes Unternehmen, Produkt, jede Dienstleistung zum Geschichtenerzählen. Und bevor man sich zwanghaft eine wilde Geschichte aus den Fingern saugt, bleibt man lieber bei reiner Faktenvermittlung. Findet man aber eine besondere Geschichte rund um sein Unternehmen, kann man darum die Inhalte und auch weitere (Online-)Kommunikationsmaßnahmen aufbauen.

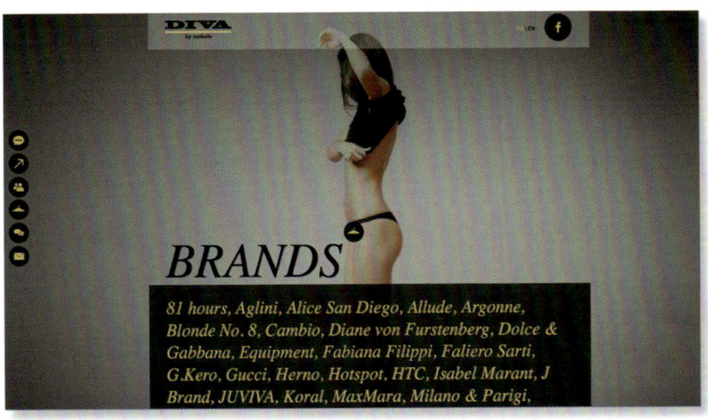

◂ **Abbildung 5.16**
Geschichten sollten vor allem visuell erzählt werden. One-Pager wie bei *divabymakole.at* eignen sich dafür wunderbar. Die Dame im Hintergrund ist ein Hingucker und erzählt eine »Auszieh«-Geschichte.

5.5 Inhaltsstruktur entwickeln

Wenn die Inhalte gefunden und definiert wurden, müssen diese strukturiert werden. Die Inhalte müssen auf einzelne Seiten aufgeteilt werden, und diese Seiten müssen in eine Hierarchie gebracht werden mit Haupt- und Unterpunkten. Hier wird es immer mehr als eine Möglichkeit der Organisation geben. Die beste Struktur gibt es dabei nicht, sondern unterschiedliche Wege, die zum Ziel führen (im doppelten Sinne).

Ebenso wie bei der Inhaltsauswahl und -erstellung, muss auch die Struktur die Bedürfnisse der Anwender beachten. Welche Informationen erwarten diese, und wo erwarten sie diese? Danach richtet sich die Aufteilung. Die Inhaltstruktur (oft auch Navigationsstruktur genannt) leitet den Anwender durch die Webseite, ähnlich einem Stadtplan oder einem Liniennetzplan des öffentlichen Nahverkehrs (siehe Abbildung 5.3 auf Seite 168).

Zum Nachlesen
Auf Aufbau und Struktur der Navigation wird ausführlich in Kapitel 12, »Navigations- und Interaktionsdesign«, eingegangen.

Die Struktur sollte dem Blick des Benutzers entsprechen. Zu oft wird aber vom Unternehmen her gedacht, und dann werden bekannte Strukturen/Muster eingesetzt. Die Sortierung nach Produkten, Marken oder dem Unternehmens-Organigramm mag intern nachvollziehbar und intuitiv sein, aber für den Anwender ist sie es nicht zwangsläufig auch. Sind ihm die Produkte oder Produktnamen unbekannt, wird er mit ihnen auch in der Navigation nichts anfangen können. Eine Aufteilung und Benennung nach anderen Kriterien (wie Leistungsmerkmale, Einsatzgebiete etc.) ist dann vermutlich einfacher zu bedienen.

▲ **Abbildung 5.17**
Während *tozen.de* (links) auf Nummer sicher geht und die klassische Navigation wählt, ist *lessingtiede.de* (rechts) etwas mutiger und setzt auf Verben. Aus »Über uns« wird »ist«, aus »Leistungen« wird »macht«, aus »Referenzen« wird »zeigt« und aus »Jobs« wird »sucht«. Sicherlich kreativer, erfordert aber auch einen Moment des Nachdenkens.

Ganz besondere Bedeutung kommt dabei der Hauptnavigation zu. Diese ist mit das erste, was der Anwender wahrnimmt, und meistens wird der Einstieg in die Seite und die Suche nach den gewünschten Informationen über sie erfolgen. Die Hauptnavigation zeigt die Inhalte der Webseite und macht sie für den Anwender strukturiert zugänglich. Sie soll ihm einen Überblick geben und gleichzeitig zeigen, wo er sich befindet. Sie ist also meistens das wichtigste Element auf der Webseite.

Anhand der Hauptpunkte weiß der Anwender nicht, wie »tief« die Struktur der Webseite geht. Erst eine Subnavigation und/oder ein Dropdown-Menü lassen ihn die Tiefe der Struktur erahnen. Ganz allgemein kann man zwischen flachen und tiefen Strukturen unterscheiden:

- Eine flache Struktur enthält wenige Gliederungsebenen, dafür mehr Auswahlmöglichkeiten (siehe Abbildung 5.18). Der Anwender braucht also nur wenige Klicks, um zu einer Unterseite zu kommen, muss aber vorher länger suchen, weil die Auswahl größer ist.
- Eine tiefe Struktur enthält weniger Auswahlmöglichkeiten, hat aber viele Gliederungsebenen. Hier ist eine Auswahl schneller getroffen, dafür sind häufig mehr Klicks notwendig, um ans Ziel zu gelangen (was sich durch den Einsatz von Dropdown-Menüs aber auch reduzieren lässt).

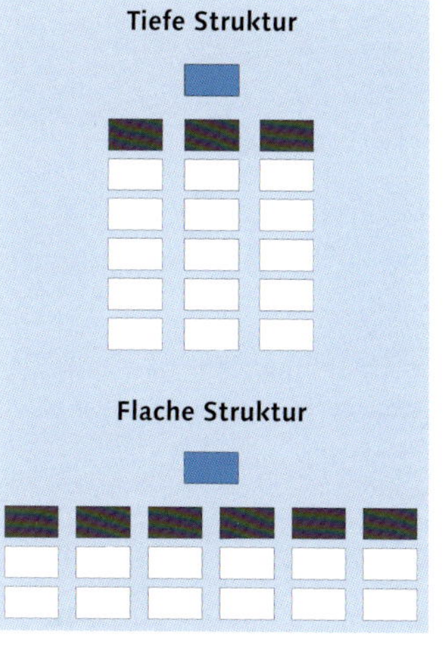

▲ **Abbildung 5.18**
Tiefe und flache Struktur im Vergleich

Es gibt einige Richtlinien (vgl. Kapitel 1, »Prinzipien des modernen Webdesigns«), wie umfangreich, wie tief oder flach eine Struktur sein sollte. Das Wichtigste ist aber unabhängig davon, dass der Anwender den Überblick behält. Das er das Gefühl bekommt, seine gewünschten Informationen zu erreichen. Dazu gehört vor allem auch die Benennung der Menüpunkte.

5.5.1 Methoden und Tools

Um für die Inhalte bzw. deren Einzelseiten eine sinnvolle Struktur zu finden, gibt es unterschiedliche Wege. Zuerst gilt es, sich einen Überblick zu verschaffen und nicht gleich eine Sitemap zu zeichnen, um sich nicht zu früh festzulegen.

Mindmaps | Mit Stift und Papier bewaffnet, lässt sich ein Thema visuell darstellen. Ein zentraler Begriff wird in die Mitte (zum Beispiel den Webseitennamen) eines großen leeren Blattes geschrieben. Um diesen Begriff werden alle anderen Begriffe (Inhalte) angeordnet. Das sollte gedanklich recht frei passieren, denn eine Mindmap wird keine in Stein gemeißelte Navigationsstruktur werden. Die verschiedenen Begriffe können Unterbegriffe bekommen und zwischen verschiedenen Strängen können auch Querverbindungen hergestellt werden.

Mindmaps
Mindmaps werden häufig bei Brainstormings benutzt und lassen sich sowohl einzeln als auch in der Gruppe gut einsetzen. Abhängigkeiten und Schwerpunkte lassen sich damit sehr schön visualisieren. Zettel und Stift reichen eigentlich völlig aus, wer aber lieber digital arbeiten oder mit mehreren an einer Mindmap arbeiten möchte, findet unter *www.mindmeister.com/de* ein hilfreiches Tool.

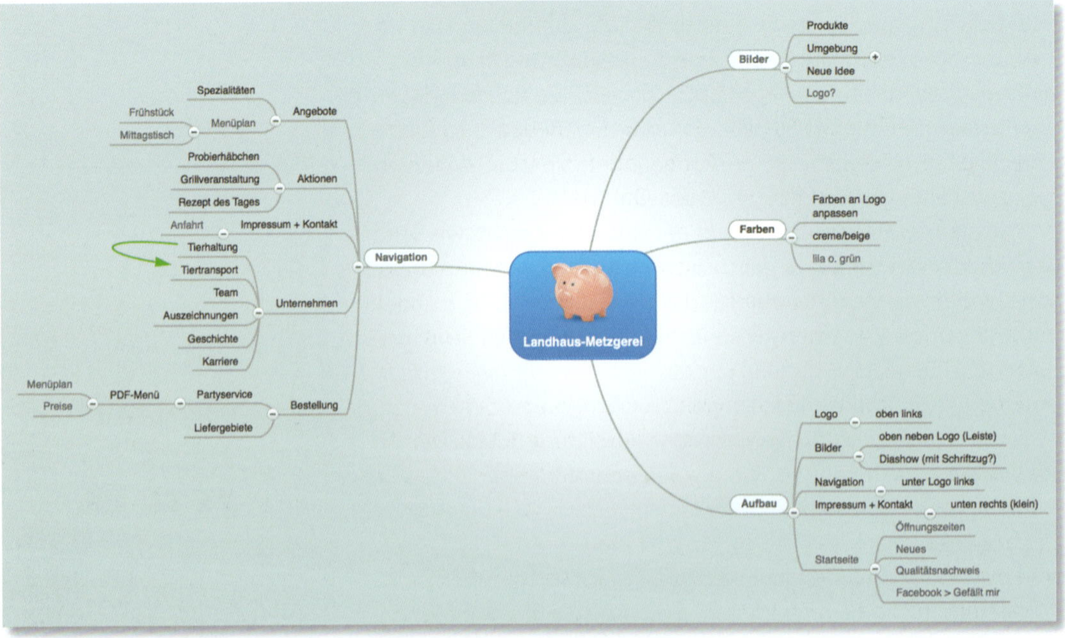

▲ **Abbildung 5.19**
Auch zu Beginn eines Relaunch-Projekts lassen sich Mindmaps einsetzen, um einen Überblick zu bekommen: *mindmeister.com/de/121194446/landhaus-metzgerei*.

Card Sorting | Stehen die Einzelseiten schon klar fest, ist das Card Sorting (zu Deutsch »Karten legen«) eine hilfreiche Methode. Alleine, mit dem Auftraggeber oder vielleicht sogar mit fremden Personen (der Zielgruppe?) wird versucht, herauszufinden, wo der Anwender einzelne Informationen suchen würde. Dazu wird auf (Kartei)Karten jeweils ein Begriff geschrieben, zum Beispiel der Name der Seite oder des Inhalts. Post-Its eignen sich dazu auch sehr gut. Jede Karte/jeder Zettel stellt eine Seite dar.

Es gibt dann verschiedene Tests (siehe Abschnitt 3.11.4, »Usability-Tests und -Tools«), die man mit den Probanden durchführen kann.

Abbildung 5.20 ▸
Karten sortieren und gruppieren, um zu einer Navigationsstruktur zu kommen: *flickr.com/photos/yandle/907991950* (Bild von Benutzer Yandle).

Die Teilnehmer können die Karten offen sortieren, in logische Gruppen zusammenfassen und diesen Gruppen dann einen Kategorienamen geben. Hieraus lässt sich viel über die Denkweisen und Gewohnheiten der Probanden erfahren. Stehen die Kategorien (also die Hauptpunkte der Navigation) schon fest, dann können die Teilnehmer die Karten diesen Gruppen zuordnen.

Hat man schon eine mögliche Inhaltsstruktur gefunden, kann man den Testpersonen kleine Aufgaben geben, also im Grunde verschiedene Nutzungsszenarien (siehe Abschnitt 3.7.5, »Nutzungsszenarien für Personas«) mit ihnen durchspielen. Zum Beispiel: *»Sie müssen zum Zahnarzt und wollen einen Termin vereinbaren«* oder *»Sie wollen wissen, welche Vorteile eine Pellet-Heizung für Sie hat«*. Die Teilnehmer sollen dann erklären, auf welche Punkte sie klicken würden und wo sie dann die gesuchten Informationen erwarten würden. So ergeben sich verschiedene Navigationswege, die Verständlichkeit der Namen wird aufgezeigt, und insgesamt wird deutlich, wie intuitiv und einfach die Navigationsstruktur zu bedienen ist.

Die Tests lassen sich auch schon durchführen, bevor die konkreten Inhalte feststehen, so dass man frühzeitig Probleme oder Unklarheiten erkennen kann. Führt man diese Tests mit mehreren Personen durch, ergeben sich langsam bestimmte Muster. Die lassen sich als Leitfaden, als Orientierung einsetzen, um daraus zusammen mit den Personas, Nutzungsszenarien und Zielen der Webseite die Navigationsstruktur festzulegen.

Nicht alle Inhalte müssen zwangsläufig in einer Navigation untergebracht werden. Neben der Hauptnavigation gibt es noch weitere Navigationsformen (siehe Kapitel 12, »Navigations- und Interaktionsdesign«), in denen auch Inhalte erscheinen können.

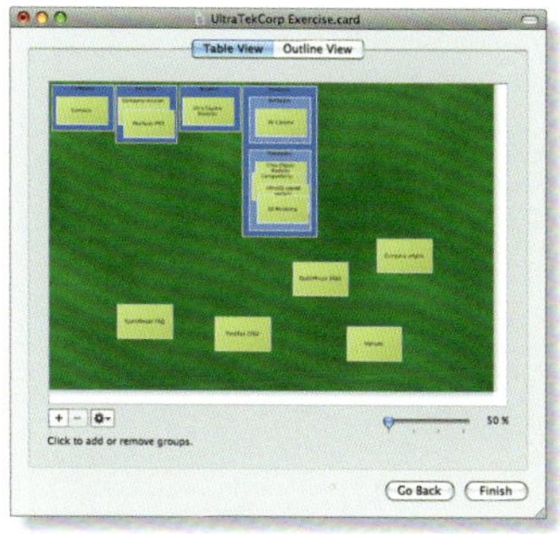

▲ **Abbildung 5.21**
XSort ist ein kleines kostenfreies Tool für den Mac, um Karten zu sortieren: *xsortapp.com*.

Gliederung | Steht die Aufteilung in Haupt- und Unterseiten, sollten diese in eine logische Reihenfolge geordnet werden. Dazu könnte man Ansätze wie eine alphabetische, chronologische oder zielgruppenspezifische Ordnung nehmen.

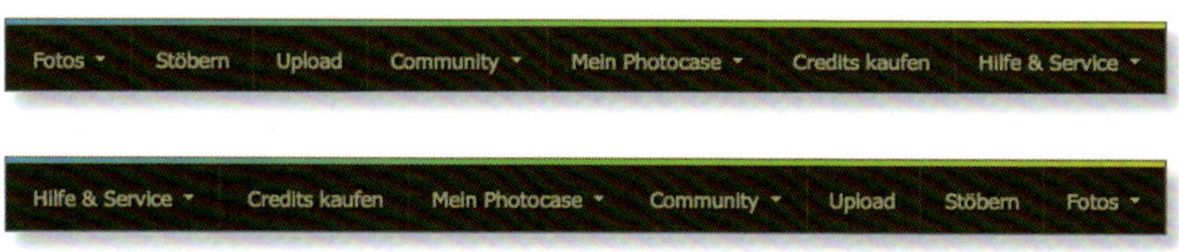

▲ **Abbildung 5.22**
Oben die Original-Navigation, nach Bedeutung sortiert. Unten die umgedrehte, die bei den meisten Benutzern ein längeres Suchen erfordern würde: *photocase.de*

Eine intuitive Sortierung könnte die nach der Bedeutung der einzelnen Punkte und deren Häufigkeit des Anklickens sein. Was am meisten gesucht wird, befindet sich gleich zu Beginn der Navigation, so dass die meisten Anwender nicht lange weitersuchen müssen.

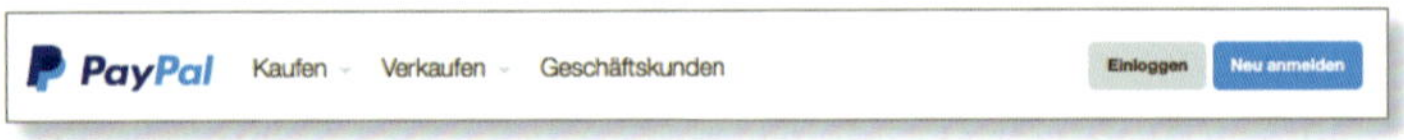

▲ **Abbildung 5.23**
Stark vereinfacht: Kaufen oder verkaufen, welches Bedürfnis hat der Endkunde? Oder doch Geschäftskunde, dann woanders lang. (*paypal.de*)

5.5.2 Wording

Neben einer übersichtlichen und nachvollziehbaren Struktur entscheidet die Benennung der Navigationspunkte über die Bedienbarkeit der Navigation. Klarheit und Einheitlichkeit gehen vor Innovation und Kreativität. Die einzelnen Namen sollten möglichst kurz, prägnant und verständlich sein und einheitlich in Bezug auf Länge und Stil. »Wer wir sind« und »Was wir machen« sind zwar relativ lang, passen aber zusammen. »Über« und »Leistungen« wäre das übliche Pendant dazu. Nur eine Mischung aus den beiden Stilen wäre merkwürdig und inkonsistent.

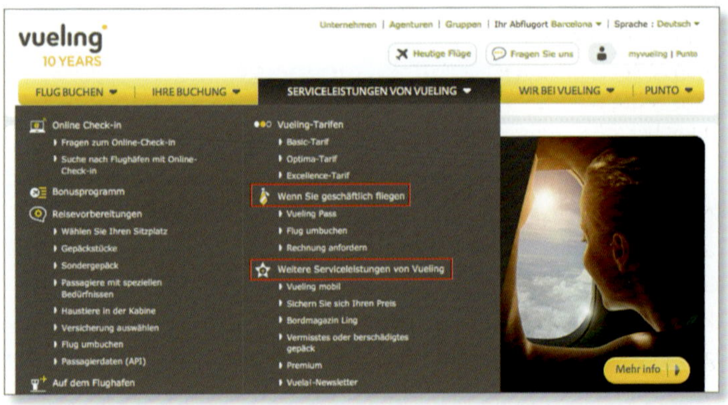

Abbildung 5.24 ▶
Hier wird's kompliziert: »Wenn Sie geschäftlich fliegen« oder »Weitere Serviceleistungen von Vueling« (*vueling.com/de*).

Es gibt Inhaltspunkte, für die haben sich bestimmte Begrifflichkeiten eingeprägt, die auch vorzuziehen sind vor kreativen Eigenlösungen. Also statt »Suche« einen Navigationspunkt »Finden« zu nennen, was ja eigentlich passender wäre, würde wohl eher für Verwirrung sorgen. Wenn es keine gängigen Begriffe gibt, gilt es, eigene zu entwerfen, die aber eben vor allem für die Zielgruppe nachvollziehbar sein sollten. Diese möchte klare Hinweise und nicht interpretieren. Das Beispiel in Abbildung 5.24 zeigt die Schwierigkeiten: »Wenn Sie geschäftlich fliegen« oder »Weitere

Serviceleistungen von Vueling« passen zwar platztechnisch in das Dropdown-Menü, sind aber zu umständlich. Halbe Sätze in der Navigation durchzulesen, erfordert (zu) viel kognitive Arbeit des Anwenders.

Unabhängig davon, wie man zu »Denglisch« steht, bestimmte englische Begriffe wie »News« oder »Sitemap« haben sich auch im deutschen eingebürgert. »Nachrichten« oder »Seitenstruktur« findet man dagegen kaum bis nie als Navigationspunkte. »Guided Tours« und »FAQ« findet man recht häufig, wobei aber bei Weitem nicht allen Anwendern klar ist, was sich dahinter verbirgt. »Geführte Tour« und »Häufig gestellte Fragen« sind eindeutiger, aber natürlich auch länger und »sperriger« im Klang. »Startseite« klingt dagegen besser als »Homepage«.

»Über uns«
Es ist manchmal gar nicht so einfach, passende eindeutige Navigationsnamen zu finden. Das Beispiel einer typischen Seite, die das Unternehmen beschreibt, verdeutlicht dies. »Über uns« ist ein geläufiger Name. Auf manchen Seiten heißt es auch nur »Über«, wer es internationaler mag, nennt es »About« oder in Langform »About us«. Etwas zu traditionell klingt »Unternehmen« oder »Das Unternehmen«. Da wirkt der Firmenname als Navigationspunkt schon passender, hängt aber auch stark vom Namen ab. »Über hurra.com« passt, während die Akademie für Kommunikation e. V. dann besser »Über die Akademie« wählt. Richtig oder falsch gibt es hier selten, eher passender oder weniger passend, nämlich passend zur Struktur, zu den anderen Namen, zur gewünschten Wirkung.

▲ **Abbildung 5.25**
»Kids« ist angekommen in der deutschen Sprache, aber »just arrived Girls & Boys« noch (lange) nicht. Vielleicht hilft die Navigationsbenennung bei *soliver.de* ja nach.

Navigationspunkte sollten leicht zu verstehen sein und dem Leser anzeigen, was er dahinter erwarten kann. Dies betrifft auch Links, die im Inhaltstext vorkommen. Ein einfaches »mehr« oder »Hier klicken« hat keine richtige Aussage. Stattdessen sollte der Leser gelockt werden, indem verraten wird, wovon er mehr bekommt. »Mehr Infos zu XYZ« oder »Erfahren Sie alles über 0815« sind da hilfreicher, verlockender. Bei der Benennung geht also Verständlichkeit vor Kreativität.

5.5.3 Case Studies

Die Struktur der Inhalte sorgt entscheidend mit für den Eindruck der Webseite beim Betrachter. Inhalte lassen sich unterschiedlich strukturieren, so dass zwar am Ende insgesamt jeweils die gleichen Inhalte vorhanden sind, aber in einer völlig anderen Struktur und damit in einer anderen Wahrnehmung und einem anderen Nutzungserlebnis.

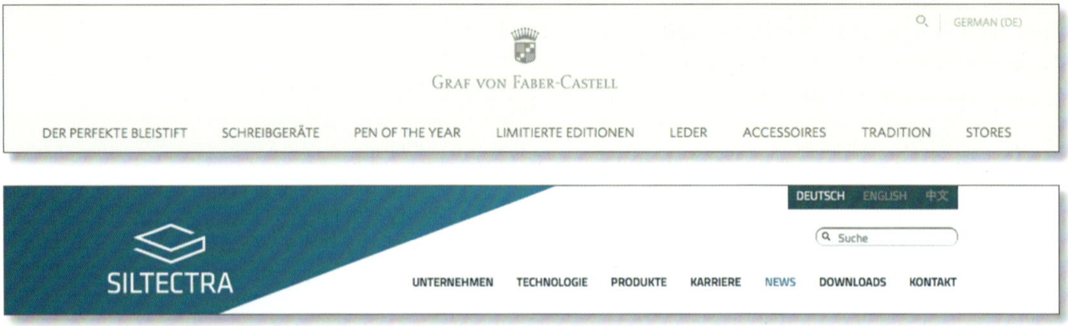

▲ **Abbildung 5.26**
Die Struktur von *graf-von-faber-castell.de* (oben) ist eindeutig produktfixiert, während bei *siltectra.com* (unten) das Unternehmen als solches im Mittelpunkt steht.

An einem Beispiel der Navigationsstruktur für eine Bausparkasse wird dies sehr deutlich. Im Beispiel 1 (siehe Abbildung 5.27) steht die Unternehmensstruktur im Mittelpunkt. Neben dem Produktangebot werden das Unternehmen und Serviceangebote hervorgehoben, ergänzt durch Presseinhalte. Eine klassische Struktur wie sie von zig Webseiten benutzt wird, egal, ob Bausparkasse, Agentur oder Mittelständler. Mit dieser Struktur mach man wohl keinen großen Fehler, allerdings fällt man damit auch nicht besonders positiv auf, und für ein freudiges Nutzungserlebnis (siehe Abschnitt 3.12, »User Experience«) ist sie wohl auch nicht so sehr geeignet.

Sitemap
Viele Webseiten haben eine Sitemap, auf der alle Unterseiten strukturiert aufgelistet sind. Hier bekommt man einen guten und schnellen Überblick über die Struktur und die einzelnen Punkte der Seite. Dies ist für Suchmaschinen gut, die so schnell alle Seiten indizieren können, der »normale« Anwender bekommt so einen schnellen Überblick und Webdesignern dient eine Sitemap der Inspiration.

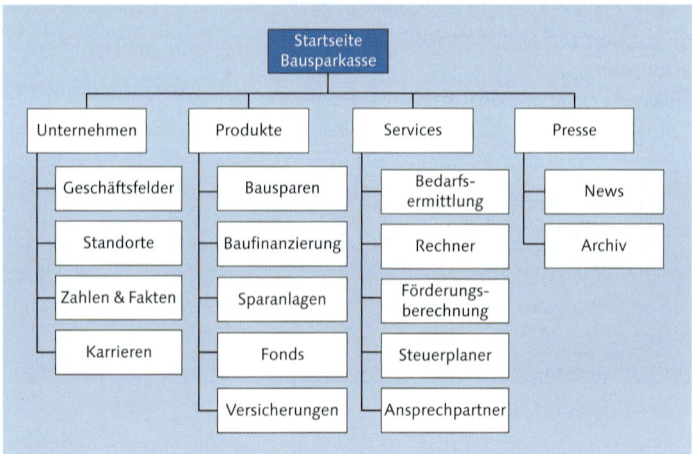

Abbildung 5.27 ▶
Beispiel 1: die Unternehmensstruktur im Mittelpunkt der Navigation

Struktur-Beispiel 2 sortiert die Inhalte nach thematischen Schwerpunkten und rückt einzelne Produktgruppen in den Mittelpunkt. Andere wichtige Punkte wie die Unternehmensvorstellung rutschen in eine Metanavigation, die man ja auch einsetzen kann. Der Anwender bekommt so einen schnellen Überblick und Zugriff auf alle angebotenen Produkte.

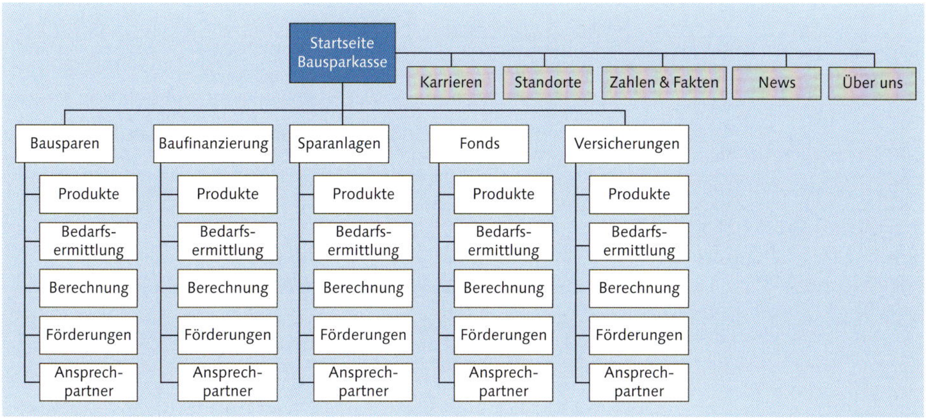

▲ **Abbildung 5.28**
Beispiel 2: die Produkte im Mittelpunkt der Navigationsstruktur

Im Beispiel 3 orientiert sich die Struktur an der Bedarfssituation der Anwender. Nicht die Produkte stehen im Vordergrund, sondern die aktuelle Situation der Zielgruppe und deren Anlass, die Webseite zu besuchen. Die Inhalte werden dann zu diesen drei Bedürfnissen zusammengefasst.

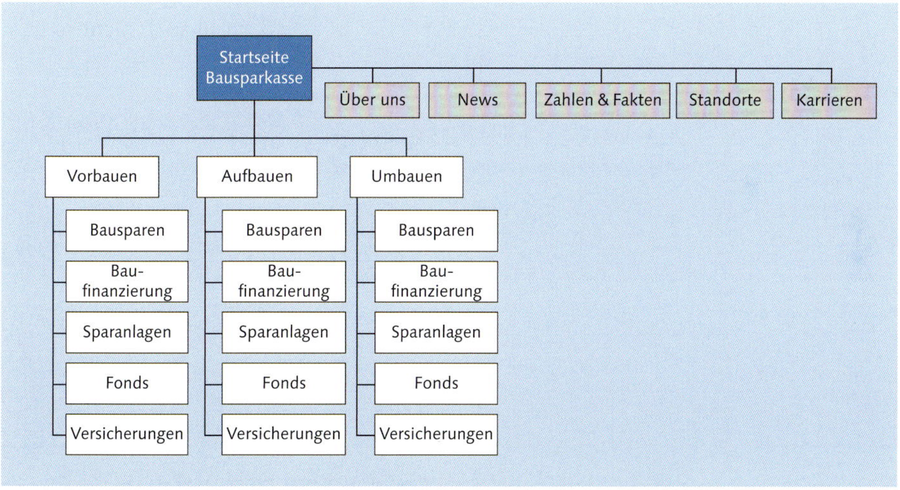

▲ **Abbildung 5.29**
Beispiel 3: die Bedürfnisse der Zielgruppen im Mittelpunkt der Navigationsstruktur

Die drei Strukturen eröffnen völlig andere Sichtweisen für den Nutzer. Die inhaltlichen Schwerpunkte und damit auch die Wahrnehmung des Anwenders werden anders gesetzt.

Ein anderes Beispiel ist ein Projekt für ein Tonstudio. Die erste Überlegung ist eine klassische Struktur, die sich in den Punkten »Unternehmen«, »Leistungen«, »Referenzen« und »Kontakt« widerspiegelt. Da das Studio aber drei sehr unterschiedliche Zielgruppen anspricht (Musiker, Nachwuchsmusiker und Geschäftskunden), ist es problematisch, diese inhaltlich in der klassischen Struktur gleichermaßen anzusprechen. Bei jedem Punkt haben die drei Gruppen unterschiedliche Erwartungen und Vorstellungen. Alle in einem »abzufertigen«, würde eher alle verschrecken, als gezielt anzusprechen. Daher wurde die erste Navigationsebene aufgeteilt in die drei Zielgruppenbereiche (Abbildung 5.30). Unter den Begriffen Musicians, Talents und Business werden für die einzelnen Gruppen abgestimmte Inhalte präsentiert.

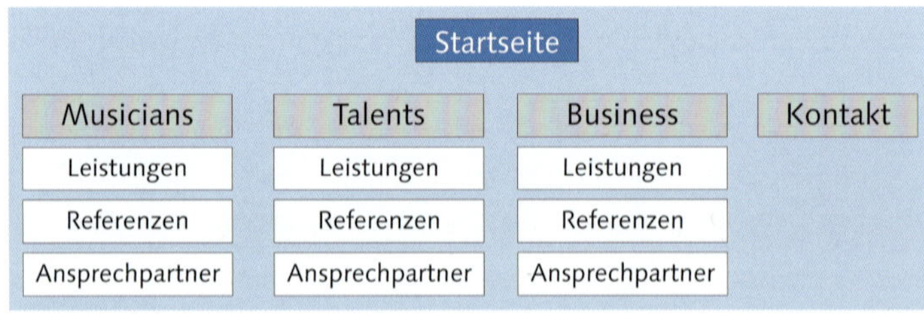

Abbildung 5.30 ▸
Die Zielgruppen im Mittelpunkt bei *soundmore.de*.

Navigationsstrukturen von Online-Agenturen
Zum Vergleich sind von einigen kleinen und mittleren Online-Agenturen exemplarisch die ersten Navigationsebenen aufgelistet:

- **gruenstreifen-design.de**: Über uns, Leistungen, Projekte, Illustration, Blog, Kontakt
- **bustarts.at**: Leistungen, Profil, Projekte, Kontakt
- **ellijot.de**: Portfolio, Team, Leistungen, Kontakt
- **swipe.de**: Arbeiten, Über uns, Leistungen, Kunden, Kontakt
- **zeros.ones.de**: Über uns, Kompetenzen, Referenzen, Jobs, Team, Kontakt
- **oliverbrux.de**: Kontakt, About, Portfolio, Blog

In den meisten Fällen gibt es keine zweite Hierarchieebene. Was auffällt, ist, dass die meisten Punkte bei jedem Beispiel vorkommen und auch die gleiche Benennung haben. Obwohl viele der Beispiele sich durch sehr individuelles Webdesign auszeichnen, gehen sie beim Wording klassische Wege.

5.5.4 Navigations-Prinzipien – den Erwartungen entsprechen

Es gibt einige grundlegende Aspekte bei der Erstellung der Navigationsstruktur, die man zumindest im Hinterkopf behalten sollte. Grundsätzlich sollten Navigationselemente auf allen (Unter)Seiten gleich verwendet werden. Gestalterische oder inhaltliche Veränderungen würden unnötig für Verwirrung sorgen, weil der Anwender sich neu orientieren muss.

Zurück-Button
Der »Zurück«-Button ist ein beliebtes Navigationsinstrument, das der Browser zur Verfügung stellt. Frames und durch AJAX dazu geladene Inhalte können dessen hilfreichen Einsatz verhindern und den Anwender so frustrieren. Beide Techniken sollten Sie also sehr zurückhaltend einsetzen.

Dazu gibt es bestimmte Positionen, an denen der User die einzelnen Navigationen erwartet (auf die Positionierungserwartungen komme ich noch in Kapitel 8, »Layout und Raster«, zu sprechen). Ganz allgemein sollten Ihre Navigationen auch dort auftauchen. Es kann natürlich spannender sein, diese an anderen »Orten« zu platzieren, aber auch immer daran denken, dass sich User schnell orientieren und einen Überblick verschaffen wollen.

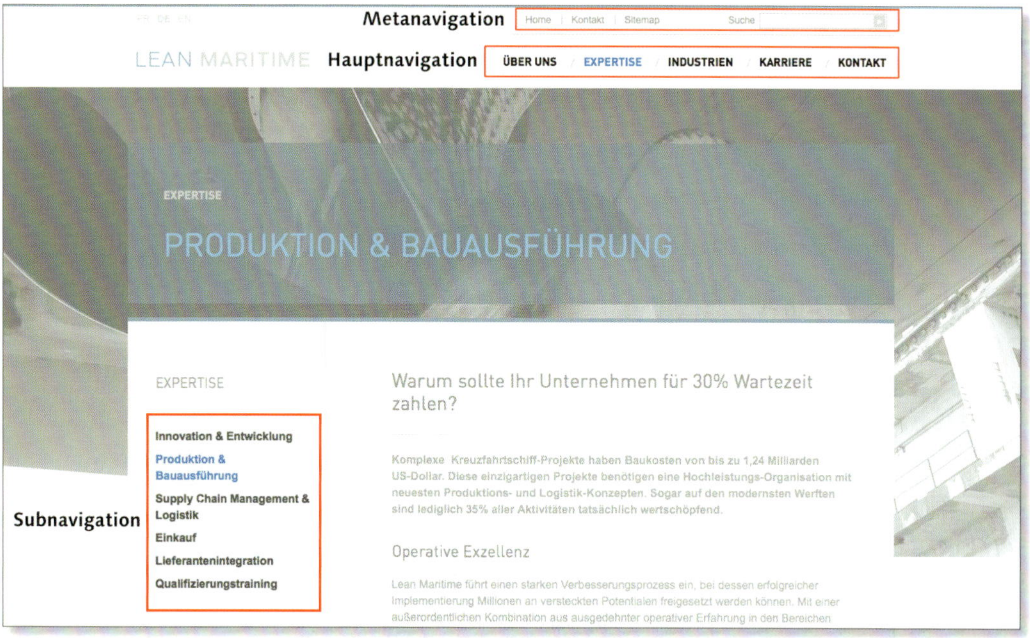

▲ **Abbildung 5.31**
Die klassische Navigations-Positionierung, wie hier bei *lean-maritime.de*

Überblick geben | In der Tiefe sollte eine Navigation nur aus guten Gründen mehr als drei Navigationsebenen haben. Ansonsten verlieren Anwender zu schnell den Überblick, weil die Struktur nicht mehr überschaubar ist. Für den Überblick ist es auch hilfreich, wenn die Unterseite, auf der man sich befindet, in der Navigationsstruktur kenntlich gemacht wird und der Seitenname zu Beginn des Inhalts auftaucht. Der Anwender weiß damit schnell, dass er am richtigen Ort ist.

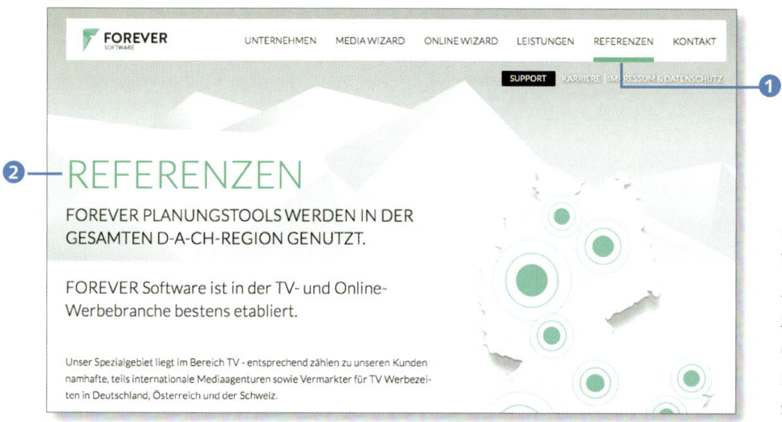

◂ **Abbildung 5.32**
Wo befinde ich mich nochmal? Ah, in den REFERENZEN, *forever-soft.de* zeigt es sehr deutlich in der Navigation ❶ UND mit dem Seitennamen als wichtigster Überschrift ❷.

Die Sieben-plus/minus-zwei-Regel | Eigentlich ist es eine der irreführendsten Regeln im Webdesign. Das menschliche Gehirn kann wohl nur sieben +/- zwei Informationseinheiten gleichzeitig erfassen. Bei einer Studie eines gewissen George A. Miller (daher wird dies auch die millersche Zahl genannt) wurde das Kurzzeitgedächtnis getestet. In der Zwischenzeit haben viele andere Studien aufgezeigt, dass die Wahrnehmung und Erinnerung von vielen Faktoren abhängig ist (zum Beispiel Länge, Umfang und Dauer der Wahrnehmung der Informationseinheiten), so dass diese Regel eigentlich nicht eins zu eins auf das Webdesign übertragbar ist. Trotzdem wird sie immer wieder genannt im Zusammenhang mit der Navigationsstruktur. Nicht mehr als sieben plus/minus zwei Navigationspunkte sollte diese beinhalten, damit der Betrachter sie erfassen kann.

Abbildung 5.33 ▸
Drei große Menüpunkte in der Hauptnavigation sind kein Problem. Die sieben Punkte in der Metanavigation sind dann nur noch gerade so überschaubar: *casinotheater.ch*.

Abbildung 5.34 ▾
Vierzehn Punkte widersprechen der Sieben-plus/minus-zwei-Regel – zu Recht, bevor Punkte wie SCHULE, REISE, GESUNDHEIT oder WISSENSCHAFT in einen Oberpunkt »Sonstiges« zusammengefasst werden: *spiegel.de*.

Die Regel ist also mehr als Empfehlung zu verstehen, zwischen fünf bis neun Hauptpunkte zu haben. Weniger dürfte in einer Navigation etwas dürftig aussehen. Viel mehr dürfte etwas überladen wirken. Dies bezieht sich aber immer nur auf einen Navigationsbereich. Hauptmenü und Metnavigation sind getrennt zu betrachten.

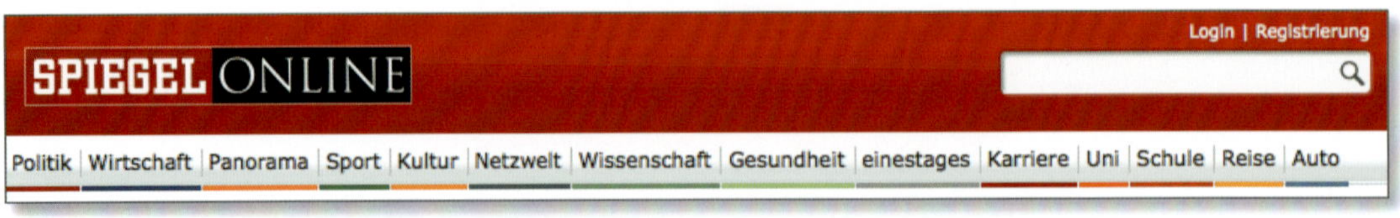

Es kann sogar der gegenteilige Effekt eintreten, wenn Menüpunkte reduziert werden. Denn damit wird die Hierarchie automatisch tiefer und damit die strukturelle Komplexität erhöht. Was uns direkt zum nächsten Punkt bringt.

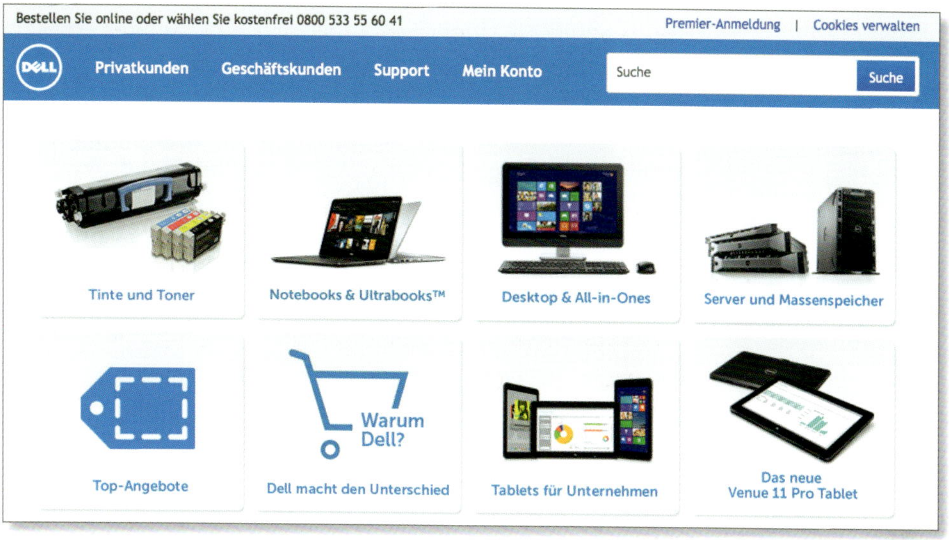

▲ **Abbildung 5.35**
Simple erste Navigationsebene, die eine Unterteilung in Privat- oder Geschäftskunden vornimmt. Danach wird die Auswahl dann aber wesentlich komplexer bei *dell.de*.

Die 3-Klick-Regel | Diese Regel besagt, dass alle Informationen in einer Webseite innerhalb von drei Klicks erreichbar sein sollten. Was im ersten Moment nachvollziehbar klingt, dass der Anwender schnell an sein Ziel kommt, hat sich in verschiedenen Studien als haltlos erwiesen. Solange der Anwender das Gefühl hat, »auf dem richtigen Weg« zu sein, ist die Anzahl an Klicks egal. Man kann die Regel aber natürlich auch als Empfehlung betrachten, die Komplexität der Navigationsstruktur möglichst einfach zu halten. Mehrere einfache Klicks auf offensichtliche Links, gehen dem Anwender leichter von der Hand, als wenige Klicks, bei denen er lange überlegen muss. Bei kleineren Webseiten lässt sich die 3-Klick-Regel sicher noch gut umsetzen, weil sie auch eher für eine flache Navigationsstruktur spricht. Bei größeren, umfangreicheren Webseiten oder Shops hat es keinen Sinn, die Inhalte so zurechtzustutzen. Dies führt meist zu überladener und unübersichtlicher Navigation.

▼ **Abbildung 5.36**
Kann verwirren, macht es auch und spricht nicht für eine durchdachte Navigationsstruktur: Viele Produkte finden sich sowohl bei PRODUKTE & LÖSUNGEN ❶ als auch bei CONSUMER ❷. Ist zwar nachvollziehbar, bläht aber die Navigation auf bei *canon.de*.

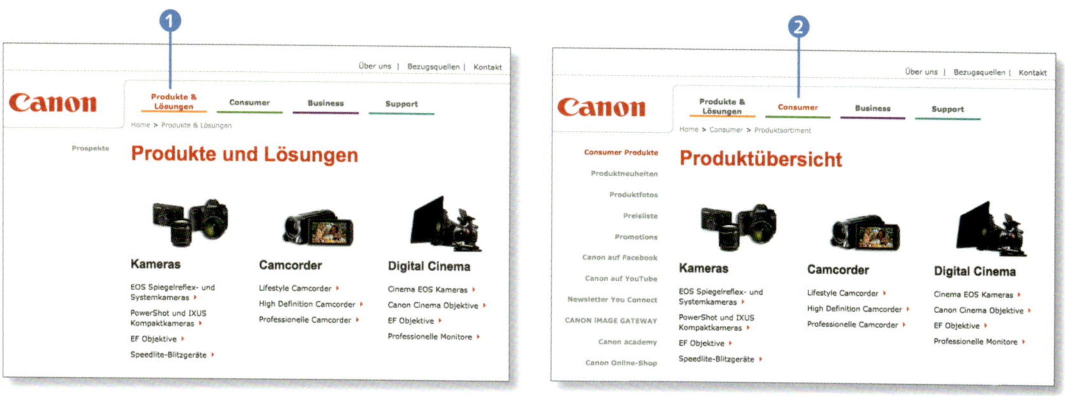

Hier ist es wie bei jedem anderen Design auch: Je mehr (Navigations-)Punkte um Aufmerksamkeit buhlen, desto weniger wird der einzelne wahrgenommen und verliert insgesamt an Bedeutung. Eine Reduzierung der visuellen Komplexität, also zum Beispiel durch weniger Navigationspunkte, um das Design ansprechender zu gestalten und den Überblick zu verbessern, führt meist eben auch zu einer höheren strukturellen Komplexität, durch tiefere Navigationsstrukturen. Einfachheit in der Darstellung und Komplexität in der Struktur sollten sich die Waage halten.

5.6 Durch Inhalte navigieren

Zum Weiterlesen
Umfassende Informationen zur Gestaltung der hier angesprochenen Haupt-, Meta- und Foot-Navigation sowie zu den Dropdown- und Mega-Dropdown-Menüs erwarten Sie in Kapitel 12, »Navigations- und Interaktionsdesign«.

Die Navigation ermöglicht es dem Anwender, sich zwischen verschiedenen Bereichen der Inhalte zu bewegen, sozusagen den sprichwörtlichen Weg zwischen Inhalten und zu bestimmten Inhalten zu finden. Die einzelnen Seiten einer Webseite lassen sich auf mehrere Navigationen aufteilen.

5.6.1 Navigationsmenüs

Es gibt mehrere mögliche Navigationsmenüs, nicht nur die Hauptnavigation. Sie ist zwar, wie der Name schon sagt, die wichtigste Navigation, aber regelmäßig kommen auch eine Metanavigation und eine Footer-Navigation zum Einsatz.

Hauptnavigation | Die Hauptnavigation enthält alle wichtigen Seiten, abhängig vom Ziel der Webseite (des Webseitenbetreibers) und den Zielen der Benutzer. Die bedeutendsten Punkte sollten in der ersten Hierarchieebene erscheinen, so dass sie gleich sichtbar sind.

▼ Abbildung 5.37
Die Hauptnavigation bietet bei *siltectra.com* leider kein Dropdown-Menü an. Der Anwender weiß also nicht, ob und welche Seiten sich »dahinter« verbergen, ob es sich also lohnt, zu klicken. Erst auf den Unterseiten (rechter Screenshot) erscheint die Subnavigation ❷.

Die weiteren Gliederungsebenen erscheinen dann in einer Subnavigation, die erst auf den Unterseiten der Gruppe angezeigt werden. Um schon gleich einen Zugriff auf tiefere Ebenen zu ermöglichen, werden häufig Dropdown-Menüs eingesetzt. Beim Mouseover über einen Hauptpunkt erscheint die Subnavigation, und so bekommt der Anwender schneller einen Überblick über die Tiefe der Struktur und weitere Inhalte. Er kann so gleich tiefer in die Seiten einsteigen. Die Anwender erwarten Dropdown-Menüs. Erscheint keines, gehen sie davon aus, dass keine weiteren Unterseiten vorhanden sind.

◂ **Abbildung 5.38**
Da klappt sich schon ein ordentliches Dropdown-Menü auf bei *hurra-wir-bauen.de*, an der Grenze der guten Bedienbarkeit.

Hat die Struktur mehr als drei Hierarchieebenen wird es für den Anwender schwierig diese nachzuvollziehen. Die Überlegung ist dann auch, inwieweit diese in einem Dropdown-Menü und in der *Subnavigation* angezeigt werden. Weitere Gliederungsebenen, die sich im Dropdown-Menü immer weiter öffnen sind meistens schwierig zu bedienen. Und eine Subnavigation, die alle Unterpunkte der einzelnen Ebenen anzeigt, wird schnell sehr lang. Die Anzeige sollte hier vom Umfang der Unterseiten abhängig gemacht werden.

◂ **Abbildung 5.39**
Typische Subnavigation ❸, die auch deutlich anzeigt, wo man sich befindet: *sam-antriebstechnik.de*.

Sowohl in der Hauptnavigation, im Dropdown-Menü als auch in der Subnavigation sollte der Anwender erkennen, auf welcher Seite er sich befindet. Eine dezente Einfärbung des Linktextes reicht meistens. Für die gedankliche Einordnung seiner Position innerhalb der Webseitenstruktur ist dies aber sehr hilfreich.

Metanavigation | Fast jede Webseite hat inzwischen eine Metanavigation. Eine gesonderte Navigationsleiste, die meistens im Kopfbereich einer Seite (oben rechts) zu finden ist. Die Inhalte der Metanavigation werden oft als Serviceinhalte bezeichnet und betreffen nicht unmittelbar den »eigentlichen« Inhalt der Webseite, der (wie in Abschnitt 5.5, »Inhaltsstruktur entwickeln«, ausgeführt) für die Zielerreichung der Anwender und des Webseitenbetreibers maßgeblich ist.

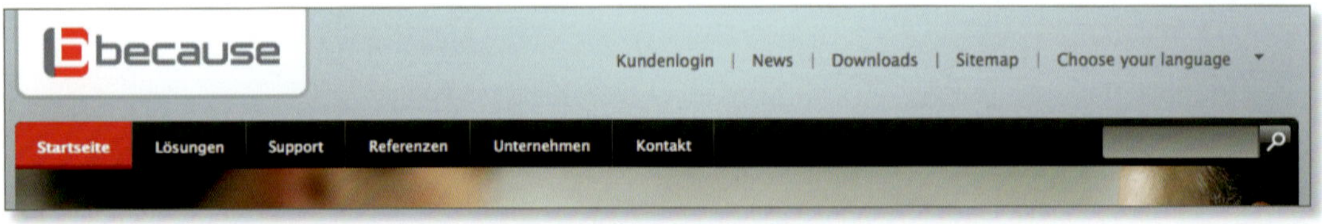

▲ **Abbildung 5.40**
So sieht die typische Metanavigation aus. Rechts oben mit ein paar ergänzenden Inhalten, wie bei *because-software.com*.

Metadaten
Metadaten sind Informationen über Merkmale anderer Daten, etwa die Metadaten im Kopfbereich eines HTML-Dokuments wie Seitenbeschreibung, Seitentitel, Autor oder Erstellungsdatum. Vergleichbar ist die Metanavigation, die Informationen über die Webseite bereithält, nicht aber die Inhalte der Seite selbst.

Durch eine Metanavigation können Inhalte, die zwar nicht den eigentlichen Inhalt betreffen, aber auch wichtig sind und nicht fehlen dürfen, getrennt von der Hauptnavigation platziert werden. Dadurch wird die Hauptnavigation entschlackt und übersichtlicher. Inzwischen sind Metanavigationen so selbstverständlich, dass viele Anwender ihren Gebrauch kennen und bestimmte Inhalte dort auch vermuten.

Die permanente Sichtbarkeit und Erreichbarkeit der Metanavigation am oberen Rand sichert dem Anwender eine Grundorientierung.

Footer-Navigation | Die Footer-Navigation befindet sich am Ende der Webseite, der Footer schließt diese quasi ab. Während bis vor einigen Jahren häufig nur ein zaghafter Copyright-Hinweis der Inhalt dieses Bereichs war, hat sich inzwischen eine Footer-Navigation etabliert. Teilweise sind diese schon sehr umfangreich. Der Einsatz bzw. die Inhalte der Footer-Navigation variiert sehr stark, so dass sie für verschiedene Einsatzzwecke geeignet ist:

- Auflistung der Hauptnavigation. Alle Hauptpunkte werden noch einmal aufgelistet (meistens dann ohne die Unterpunkte).
- Wichtige Inhalte (der Hauptnavigation) werden aufgelistet, unabhängig davon, wo sie innerhalb der Hierarchie stehen.

- Die Metanavigation wird aufgelistet, entweder noch einmal ergänzend zur oberen Metanavigation im Kopfbereich oder alleine, weil sie oben nicht vorkommt.
- Eine Art zweite Metanavigation ist hier platziert, mit Inhalten, die in der oberen Metanavigation oder der Hauptnavigation nicht vorkommen.

Gerne werden auch gemischte Varianten der oberen Beispiele genommen. Die Footer-Navigation wird dann häufig noch ergänzt durch andere Inhalte, wie Kontaktdaten etc.

▼ Abbildung 5.41
Jede Menge weitere Inhalte finden sich in der Footer-Navigation bei *pfeffersackundsoehne.de*, während die Hauptnavigation bewusst schlicht gehalten wurde.

In der Footer-Navigation sollten keine sehr wichtigen Inhalte versteckt sein, die sonst nicht zu erreichen sind. Sie ist eher als »Ergänzung« zu betrachten für Anwender, die bis zum Ende der Seite gelangt sind und jetzt nicht erst wieder hochscrollen müssen bis zur Haupt- oder Subnavigation. Daneben hat die Footer-Navigation noch eine optische Bedeutung, da sie den Abschluss der Webseite bildet und das Screendesign damit sozusagen »rund macht«.

Footer und Footer-Navigationen werden auf einigen Webseiten inzwischen sehr groß und umfangreich gestaltet. Bei sehr umfangreichen Webseiten ist dies auch in Ordnung. Bei kleineren Webseiten mag es etwas komisch wirken, wenn die Fußleiste einen großen Teil des Designs einnimmt und die Footer-Navigation genauso groß oder sogar größer ist als die Hauptnavigation.

Typische Metanavigationen
Metanavigationen stehen nicht nur auf jeder Webseite an der gleichen Stellen (oben rechts), sie haben auch immer sehr vergleichbare Inhalte. Die häufigsten Metathemen sind in loser Reihenfolge: Home, Kontakt, Service, Impressum, Haftungsausschluss, Drucken, Suche, Login/Anmelden, Registrieren, Warenkorb, Sitemap, AGB, Sprachwähler, Newsletter, Karriere, Downloads, Presse.

5.6.2 Alternative Navigationswege

Neben den »großen« Navigationsmenüs (Haupt-, Meta-, Subnavigation und Dropdown-Menü) gibt es auf einer Webseite noch viele »kleinere« Navigationswege. Sie werden oft nicht so gründlich geplant, können aber einen großen Mehrwert während der Bedienung der Webseite darstellen. Daher folgen jetzt in freier Reihenfolge einige alternative Navigationswege, die dem

Anwender das Navigieren erleichtern und das Nutzungserlebnis erhöhen können.

Neues Fenster öffnen
Eine typische Überlegung ist, ob Links in einem neuen Fenster (oder Tab) geöffnet werden sollen oder im selben, in dem sich die aktuelle Seite befindet. Interne Verlinkungen sollten sich immer auf der aktuellen Seite öffnen. Ansonsten hat der Anwender nach längerem Surfen am Ende unzählige Fenster der gleichen Webseite offen. Bei externen Links kann ein neues Fenster hilfreich sein, weil man die aktuelle Seite dann beim Überwechseln nicht »verliert«. Auch Kunden mögen dies gerne, weil natürlich jeder möchte, dass der Besucher möglichst lange auf der eigenen Seite bleibt. Möchte man also ein neues Fenster öffnen, geht dies mit dem `target`-Attribut in der Linkdefinition:

```
<a href="http://www.vgsd.de/" target="_blank">Webseite VGSD</a>
```

Querverlinkungen | Die Inhalte der einzelnen Seiten sollten nicht nur über die Hauptnavigation verlinkt sein, sondern auch über die Inhalte selber. Wenn auf der einen Seite über spannende Inhalte gesprochen wird, die auf einer anderen Seite ausführlicher dargestellt sind, dann sollte an der Stelle ein Link stehen, und zwar ein Link, der optisch klar als solcher erkennbar ist und der klarmacht, wohin er führt.

Neben der optischen Erkennbarkeit als Link sollte der Linktext klarmachen, wohin die Reise führt. Ein eindeutiger Linktext vereinfacht die Bedienung nicht nur dem Nutzer, sondern ist auch für die Suchmaschinenoptimierung hilfreich. In HTML mit einem `title`-Attribut ergänzt, bekommt der Anwender schon beim Überfahren mit der Maus einen kleinen Hinweistext angezeigt, der den Linktext sinnvoll ergänzen kann:

```
<a href="http://www.vgsd.de/" title="Verband der Gründer
und Selbständigen e.V.">Webseite VGSD</a>
```

▲ **Listing 5.1**
Linkdefinition

Gerade also, wenn der Linktext nicht eindeutig genug ist, kann das `title`-Attribut für den Anwender eine kleine Hilfe sein. Es gibt auch verschiedene Linkzustände, zum Beispiel den überaus hilfreichen Hover-Zustand beim Überfahren mit der Maus, mit dem sich der Link optisch anpassen lässt. Der Anwender bekommt so signalisiert, dass dies ein Link ist und er sich mit der Maus exakt über diesem befindet. Mehr zur optischen Linkgestaltung finden Sie in Abschnitt 10.7.4, »Links«.

Links innerhalb des Fließtextes haben aber auch ihre Tücken. Sind sie attraktiv (und das sollten sie sein, ansonsten braucht es an der Stelle keinen Link), klickt ihn der Anwender und ist zwar auf der neuen Seite, liest die alte aber nicht mehr weiter. Ist das ein Vor- oder Nachteil? Schwer zu sagen.

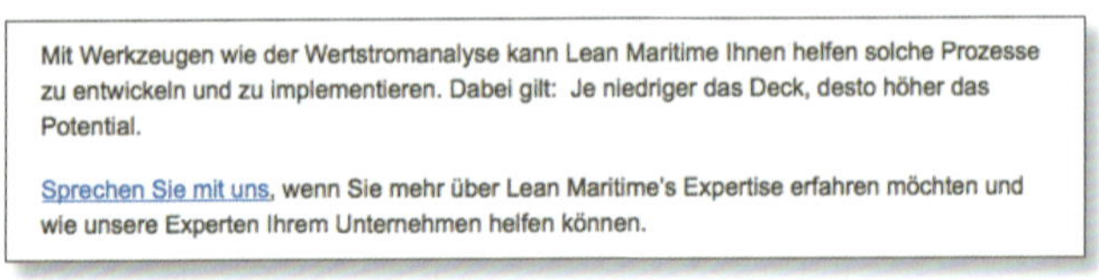

Abbildung 5.42 ▸
Zumindest eine kleine Aufforderung, Kontakt aufzunehmen, findet der Anwender am Ende einer Seite bei *lean-maritime.de*.

Immer häufiger finden sich daher sogenannte Kontext-Links am Ende einer Seite oder eines Beitrags. Hier werden thematisch verwandte oder weiterführende Seiten verlinkt. Der Anwender wird also nicht allein gelassen, nach dem Motto: *»Geh zurück zur Navigation und schau, wo du jetzt hinwillst«*, sondern er wird geführt. Ein gelungenes Beispiel zeigt die Abbildung 5.43. Hier bekommt der Anwender am Ende einer Produktseite zwei Call-to-Action-Buttons angezeigt, die ihm klar vorgeben, was jetzt zu tun ist. Er wird also nicht allein gelassen, sondern zur Handlung aufgefordert, die ihm aber gleichzeitig einen Mehrwert bietet.

▲ Abbildung 5.43
Auch gut: Am Ende einer Produktseite bekommt der Anwender bei *dps-software.de* zwei Call-to-Action-Buttons, die ihm klar vorgeben, was jetzt zu tun ist.

Kontext-Links
Kontextbezogene Links bieten dem Leser weitere Seiten an, die inhaltlich zur aktuellen Seite passen. Dazu gehören zum Beispiel die Empfehlung weiterer Beiträge oder weiterer Produkte (Zubehör etc.), meistbesuchte Seiten, Kaufempfehlung anderer Leser (»Kunden, die das kauften, kauften auch«), Linklisten am Ende einer Seite, kürzlich angesehene Seiten oder Artikel, meistkommentierte Seiten, bestbewertete Produkte usw.

Querverlinkungen sind ein hilfreiches Mittel, um den Anwender auf der eigenen Seite zu halten und ihm einen Mehrwert zu bieten. Werden sie gezielt eingesetzt, wird dem Anwender Arbeit abgenommen, so dass er sich nicht in der Navigationsstruktur orientieren und auswählen muss.

Breadcrumbs | Bei umfangreichen Webseiten mit mehreren Gliederungsebenen ist eine »Brotkrümelnavigation« ein hilfreiches Tool. Dezent zwischen Hauptnavigation und Inhaltsbereich platziert, zeigt sie dem User seine aktuelle Position innerhalb der Seite an.

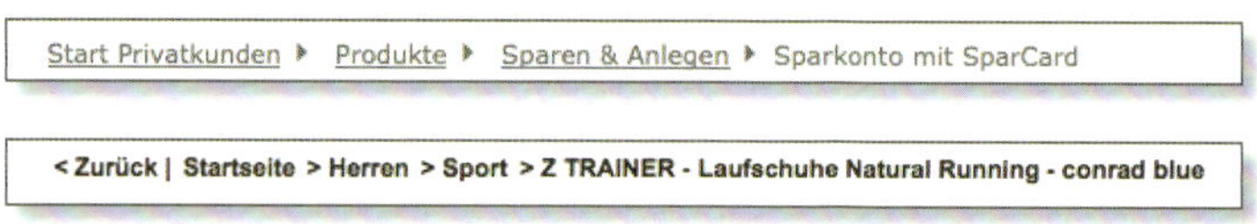

◂ Abbildung 5.44
So sehen Breadcrumbs aus, wie bei *commerzbank.de* (oben) und *zalando.de* (unten). Wo man sich gerade befindet, könnte allerdings bei beiden Beispielen noch deutlicher angezeigt werden.

Gleichzeitig erleichtert sie ihm das Navigieren zu den höheren Gliederungsebenen.

Gerade in Shops wird eine Breadcrumb-Navigation sehr gerne eingesetzt. Als Faustregel für den Einsatz gilt: Lassen sich alle Punkte einer Breadcrumb-Navigation auch ohne diese mit nur einem Klick erreichen, dann ist sie überflüssig.

▲ **Abbildung 5.45**
apple.de zeigt eine andere Variante: Breadcrumbs im Footer.

Suche | Bei umfangreichen Webseiten bietet sich eine Suchfunktion an. In Onlineshops sind sie beispielsweise ein selbstverständliches und wesentliches Tool. Viele Anwender wollen sich in umfangreichen Seiten oder Portalen nicht erst mühsam durch eine Navigationsstruktur kämpfen und gehen gleich zur Suchfunktion über. Wie bei den Breadcrumbs macht eine Suche aber nur bei entsprechend viel Content Sinn. Im Webdesigner-Portfolio mit vier Unterseiten würde ein Suchfeld irgendwie merkwürdig aussehen. Ein Suchfeld drückt auch immer aus, dass es sehr viel zu durchsuchen gibt. Ist das nicht der Fall und der Anwender bekommt keine oder nur sehr wenige Suchtreffer geliefert, sollte lieber auf die Funktion verzichtet werden.

▲ **Abbildung 5.46**
Bei *iconmonstr.com* spielt die Suche eine bedeutende Rolle. Dementsprechend prominent ist sie platziert und liefert gleich Vorschläge bei der Eingabe.

▲ **Abbildung 5.47**
Gleiches Prinzip bei *thenounproject.com*. Die Vorschläge sind aber teilweise andere.

Alle modernen CM- und Shop-Systeme haben eine Suchfunktion integriert, die meistens auch sinnvolle Ergebnisse liefert. Alternativ lässt sich die Google-Suche einbinden, die nur Suchtreffer der eigenen Webseite anzeigt. Ein besonderes Feature ist die Autovervollständigung der eingegebenen Buchstaben im Suchfeld. Durch eine Dropdown-Liste werden mögliche Texte angezeigt, ähnlich wie man das von der Google-Suche her kennt. Dies erhöht die User Experience enorm, weil der Nutzer so gleich passende Vorschläge erhält und weniger tippen muss.

▼ **Abbildung 5.48**
So wie bei *good.is* sehen Suchfelder immer häufiger aus. Zuerst nur ein Icon (hier: Lupe ①) und bei Klick (manchmal auch Mouseover) öffnet sich ein großes Suchfeld.

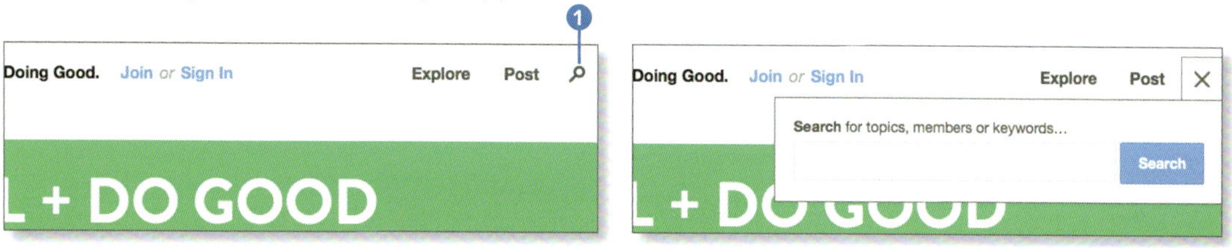

Sitemap | Viele Webseiten bieten eine Sitemap an, also eine Übersicht über alle Unterseiten der Webseite an einem Ort. Manchmal ist sie noch grafisch ansprechend aufbereitet, oft aber auch nur eine Aufzählungsliste. Suchmaschinen mögen diesen Überblick, weil sie so schnell alle Seiten samt Verlinkungen bekommen und indizieren können. Und für Anwender kann es eine weitere Möglichkeit des Navigierens bieten, aber auch, wenn optisch kenntlich gemacht, anzeigen, welche Seiten schon besucht wurden. Dazu muss natürlich die CSS-Pseudoklasse `a:visited` gestaltet worden sein.

Google-Suche
Wie bei allen Google-Produkten geht die Einbindung einfach und kostenlos (die Bezahlung mit den User-Daten lasse ich einmal außen vor). Googles benutzerdefinierte Suchmaschine: *www.google.com/cse/?hl=de*

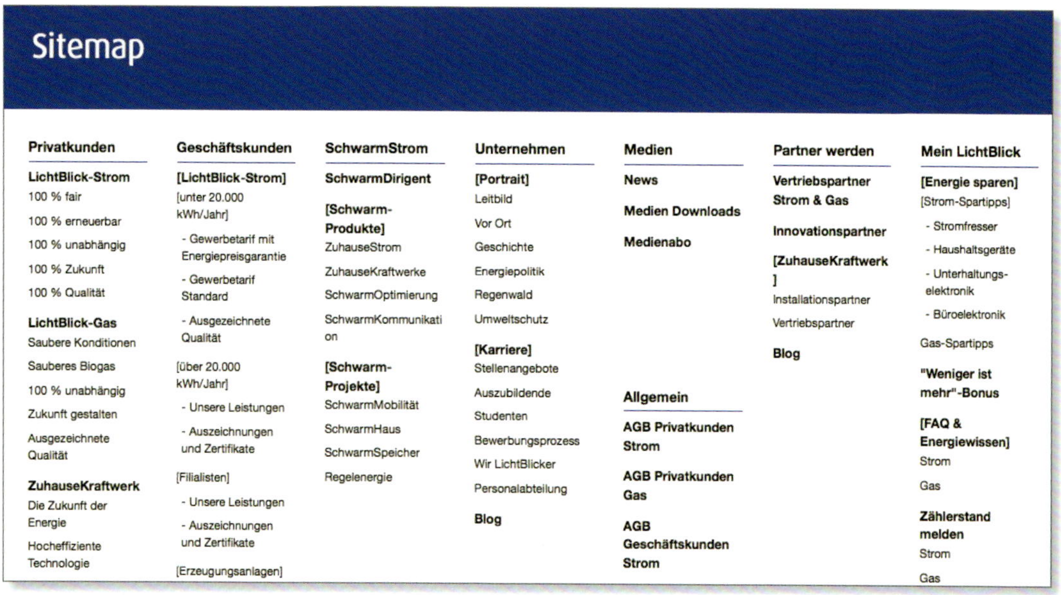

▲ **Abbildung 5.49**
Bei *lichtblick.de* kommen einige Seiten zusammen. Die Sitemap listet alle auf (hier ein Auszug).

Schlagwortlisten und Tag Clouds | Damit Inhalte im Web gut gefunden werden können, ist eine Kategorisierung wichtig. Man kennt das vielleicht von den Urlaubsfotos. Tools wie Adobe Bridge oder iPhoto bieten die Möglichkeit, große Mengen an Bildern komfortabel zu verwalten. Dazu können den Bildern Schlagwörter hinzugefügt werden. Bekommt ein Foto dann die Kategorien »Ibiza«, »Strand«, »Sonnenuntergang«, »2014« lässt es sich später wesentlich einfacher finden, als wenn man nur grob das Erstellungsdatum weiß.

▲ **Abbildung 5.50**
Ein typischer Blogpost mit der Angabe von Kategorien und Schlagwörtern, wie bei *socialmediastatistik.de*

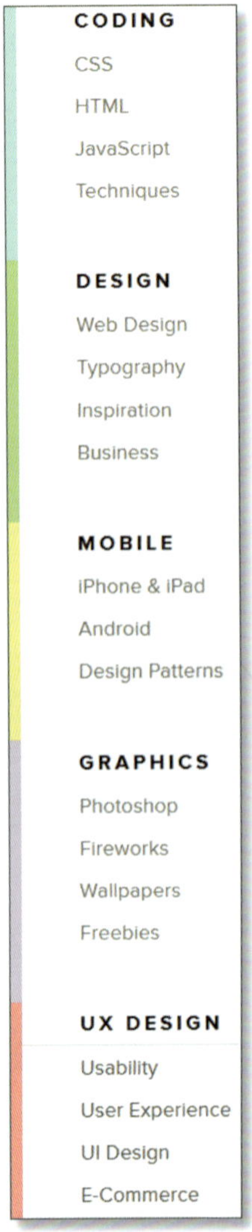

▲ **Abbildung 5.51**
Die Kategorien beim *smashingmagazine.com* bieten nicht nur schnelle Einstiegsmöglichkeiten, sie sind quasi die Navigation und bieten einen schnellen Überblick über die Themen des Blogs.

Weitere Navigationsformen
Neben den vorgestellten gibt es noch weitere Arten der Navigation, die vor allem innerhalb des Inhaltsbereichs einer Seite eingesetzt werden können. Die Navigationsarten *Tabs*, *Accordion* und *Content-Slider* werden in Abschnitt 14.3, »Interaktive Elemente«, ausführlicher vorgestellt.

Dazu gibt es noch Möglichkeiten wie eine *Pagination*. Der Inhalt wird dann in mehrere Seiten aufgeteilt und am Ende der Seite stehen die Seitennummerierung, so dass man auf weitere Seiten springen kann. Gerade in Blogs wird diese Methode angewandt. So werden beispielsweise auf einer Seite immer zehn Artikel präsentiert, und weitere Artikel erreicht man über die Pagination. Auf Online-Newsseiten werden manchmal auch sehr lange Artikel aufgeteilt in mehrere Einzelseiten, die sich dann auch über eine Seitennummerierung erreichen lassen. Statt oder ergänzend zur Pagination gibt es häufig auch das Blättern. Meistens mit Links- und Rechts-Pfeilen visualisiert, kommt diese Methode zum Beispiel bei Bildergalerien häufig zum Einsatz.

Und als letzte Methode das *Sortieren* und *Filtern*. Bei Informationen, die sich nach bestimmten Kriterien anzeigen lassen können (zum Beispiel Ferienhäuser), ist eine Sortier- (zum Beispiel nach Entfernung, Größe oder Preis) und Filtermöglichkeit (zum Beispiel nach »Haustiere erlaubt«, Strandnähe) sinnvoll.

Bei Webblogs ist das Prinzip der Verschlagwortung schon immer vorhanden. Die Kategorien sind dabei als Oberbegriffe zu verstehen und präsentieren auch die thematischen Schwerpunkte einer Seite, daher sollten sie gut und mit Bedacht gewählt sein. Die Tags (englisch für Schlagwörter) sind dagegen etwas detaillierter und spezifischer als Kategorien. So könnte ein typischer Blogpost in einem Webdesign-Blog zu der Kategorie »CSS« gehören und passende Schlagwörter könnten dann »CSS3«, »Animation« und »transitions« sein – also wesentlich detaillierter.

Wären die Schlagwörter auch Kategorien, würde das diese verwässern und gerade in Blogs, wo die Kategorien häufig die Hauptnavigation sind, zu umfangreich werden.

▼ Abbildung 5.52
Ausschnitte verschiedener Navigationsmöglichkeiten: Sortieren, Filtern, Paginieren und Blättern

5.7 Fazit

Die Anwender können nur die Inhalte konsumieren, die sie finden, und nur die Produkte kaufen, die sie finden. Das Navigationssystem, das den User durch die Seite leitet, beeinflusst entscheidend die Benutzbarkeit der Webseite. Informationsarchitektur geht damit Hand in Hand mit der Usability und dem Design. Viele Punkte spielen dabei eine Rolle: In welche und wie viele Seiten sind die Inhalte aufgeteilt, in welche Gruppen sind die Inhalte eingeteilt und wie heißen diese Gruppen und Seiten?

Die Navigation ist ein äußerst sensibler Bereich, auf den ich speziell noch in Kapitel 12, »Navigations- und Interaktionsdesign«, zu sprechen kommen werde. Die Nutzer haben sich an bestimmte Muster gewöhnt, und erst der Einsatz dieser Muster macht die Navigation intuitiv bedienbar. Also muss ein Konsens gefunden werden, zwischen Gewohnheiten der Bedienung und einer individuellen Struktur, die die eigenen Ziele und die Bedürfnisse der Anwender aufnimmt. Für wilde kreative Experimente ist die Navigation selten tauglich. Alle Regeln lassen sich am besten mit Steve Krug zusammenfassen *»Don't let me think!«*

Kapitel 6

Gestaltungsgrundlagen

Jedes Webdesign verfolgt ein Ziel. Daher sollte der Webdesign-Gestaltungsprozess sinnvoll analysiert, geplant und realisiert werden. Dazu sind Kenntnisse über Formen, Farben und deren visuelle Wirkung unverzichtbar. Um ein effektives Webdesign zu gestalten, muss der Webdesigner in der Lage sein, die Ziele, die gewünschten Botschaften klar zu kommunizieren, ansonsten verliert er die Aufmerksamkeit des Betrachters. Die Basis dafür sind die in diesem Kapitel folgenden Kenntnisse über die menschliche Wahrnehmung und die Gestaltungsgrundlagen.

Machen Sie sich bereit für einen kleinen, einfachen Wahrnehmungstest, der die Grundlagen der Gestaltung und unsere Wahrnehmung gut aufzeigt: Was sehen Sie auf Abbildung 6.1? Einfach nur zwei Kreise? Vermutlich eher einen großen roten Kreis und einen kleinen grünen Kreis. Erst die Eigenschaften erlauben es, zwischen Objekten zu unterscheiden und ihnen damit besondere Bedeutungen zu geben.

»Alle Menschen sind Gestalter. Fast alles, was wir tun, ist Design, ist Gestaltung, denn das ist die Grundlage jeder menschlichen Tätigkeit.«

Victor Papanek in seinem 1970 erschienenen Buch »Design for the Real World«

▲ Abbildung 6.1
Farbliche Unterschiede wie hier erlauben uns, zwischen Objekten unterscheiden zu können.

Je höher die Anzahl der Objekte ist, desto stärker ist die Komplexität, die Sie erzeugen. Dies veranschaulicht Abbildung 6.2 sehr gut. Wir reagieren mit dem Bedürfnis darauf, die Objekte noch stärker zu klassifizieren und zu unterteilen: So erkennen wir Beziehungen, stellen Unterschiede in Farbe, Form, Größe und Lage fest. Einige Objekte erscheinen dominanter, andere näher.

»Die Umwelt, so wie wir sie wahrnehmen, ist unsere Erfindung.«

Heinz von Foerster (österreichischer Physiker, 1911–2002)

▲ **Abbildung 6.2**
Eine große Anzahl an Objekten erweckt in uns das Bedürfnis, diese noch stärker zu klassifizieren.

6.1 Webdesign und die menschliche Wahrnehmung

Um zu verstehen, wie wir Menschen unsere Umwelt wahrnehmen, hilft ein Blick in unseren Kopf: Das menschliche Gehirn ist ja durchaus sehr komplex, grob lässt es sich aber aufteilen in eine linke und rechte Hälfte. Der linken Seite werden Funktionen wie logisches, analytisches Denken und Sprache zugeordnet, der rechten Seite Kreativität, Emotionalität und räumliches Vorstellungsvermögen. Die rechte Seite bearbeitet alle Sinneseindrücke, sie denkt in Bildern. Bilder werden also da aufgenommen, wo auch unsere Emotionen sitzen, während Texte meist sachlich verarbeitet werden, also vor allem in der linken Hälfte.

Der Mensch produziert in jeder Situation einen Vergleich zwischen dem inneren Gedächtnisbild und dem äußeren Wahrnehmungsbild – *»Ich nehme wahr, ich habe ein Bild«*. Dieser Bildvergleich ist ein Prozess, der nicht bewusst abstellbar ist.

6.1.1 Sehen statt Lesen

Das Informationsverhalten der Menschen hat sich in den letzten Jahren/Jahrzehnten geändert: Die Konsumenten bevorzugen solche Informationen, die sich auf den ersten Blick aus der Informationsflut abheben und besonders schnell aufgenommen und gedanklich verarbeitet werden können. Das sind in erster Linie Bildinformationen. Und der Kreislauf wird durch die bevorzugte Bildkommunikation in den Medien weiter angetrieben: Wir *sehen* mehr, als dass wir *lesen*. In der Werbung wird nur noch selten sprachlich argumentiert, vielmehr werden die Produkte bildlich und unterhaltsam in Szene gesetzt.

Kommunikation über Bilder
Wir sind vor allem emotionale Wesen. Daher kommt der Kommunikation über und mit Bildern eine besondere Bedeutung im Marketing und auch im Webdesign zu. Mehr zur Wirkung von Bildern und deren gezielten Einsatz finden Sie in Kapitel 11, »Bilder und Grafiken«.

▲ Abbildung 6.3
Das prägnante Bild weckt sofort unsere Aufmerksamkeit und der Text ergänzt die Bildaussage (*wwf.de/bonobos-retten*).

Die Sprache übernimmt in zunehmendem Maße nur noch Hilfsfunktionen. Diese Vorherrschaft der Bildkommunikation wirkt sich auch auf die sprachliche Informationsvermittlung aus. Diese ist entsprechend den Strickmustern der Bildkommunikation in kleinen und handlichen Brocken darzubieten, aufreizend und unterhaltsam verpackt, schnell und leicht verständlich. Grundsätzlich werden medienübergreifend Bilder bevorzugt, sowohl von wenig als auch von stark involvierten Konsumenten.

Die führt auch zur Veränderungen in der Webgestaltung. Inhalte, und größtenteils sind dies Texte, sollten und werden auch immer häufiger als kleine Informationshäppchen serviert. Lange Fließtexte schrecken die Betrachter eher ab. Gut strukturierte Texte mit Zwischenüberschriften, Aufzählungen, Tabellen und zwischendrin mal einem Bild oder Zitat als Eyecatcher kommen unserem Informationsverhalten in Zeiten eingeschränkter Aufnahmekapazitäten viel eher entgegen.

Unser Wahrnehmungsprozess durchläuft drei Stufen:

1. empfinden/empfangen
2. orientieren/organisieren
3. identifizieren/einordnen/interpretieren

▲ Abbildung 6.4
So sieht eine übersichtliche Gestaltung aus, die das Auge lenkt und immer wieder optische Anhaltspunkte liefert, *olympia-express.ch*.

Wenn Sie zum Beispiel diesen Text hier lesen, nehmen Sie die Buchstaben mit Ihren Augen wahr (oder besser gesagt Sie nehmen Wortbilder wahr). Die Informationen werden über Nerven an das Gehirn weitergeleitet, wo die Buchstaben und Wortbilder zusammengesetzt werden zu einem größeren Zusammenhang.

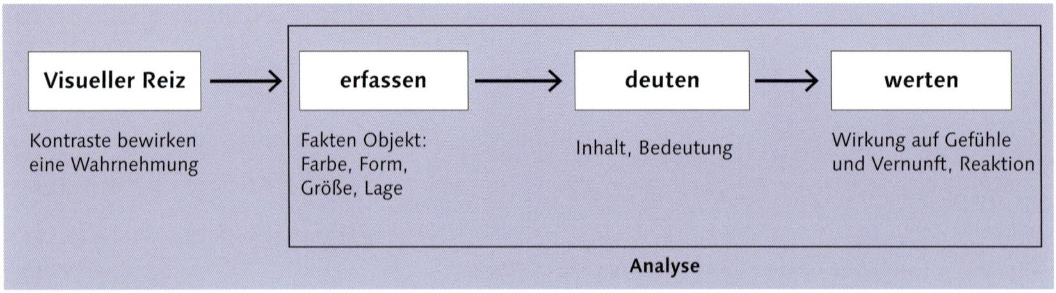

▲ **Abbildung 6.5**
Der Prozess der optischen Wahrnehmung

Aufgrund vorheriger Erfahrungen (dies ist vermutlich nicht der erste Text, den Sie anschauen) ergeben die Einzelinformationen einen sinnhaften Zusammenhang. Daher ist Wahrnehmung auch entscheidend kulturell geprägt. Andere Kulturen könnten mit den Buchstaben oder mit deren Reihenfolge nicht so viel anfangen. Um ein schnelles Zurechtfinden zu ermöglichen, ist es also hilfreich, wenn Objekte *wiedererkannt* werden.

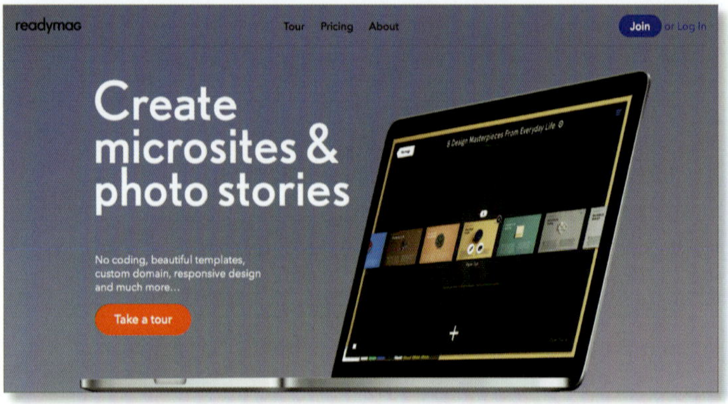

▲ **Abbildung 6.6**
Die Buttons sind bei *readymag.com* unverkennbar.

Der Button in Abbildung 6.6 löst einen visuellen Reiz aus. Aufgrund seiner Größe und Farbe erkennen wir ihn vor den meisten anderen Gestaltungselementen. Wir nehmen seine Farbe, Größe, Form und Positionierung wahr und erkennen, dass er etwas Wichtiges mitteilen will. Wir deuten seine Gestaltung und auch seinen Inhalt, also die Wortwahl des Buttontextes. Wir gehen davon aus, dass der Webdesigner und Webseitenbetreiber mit diesem Button auch etwas Wichtiges mitteilen wollte (sonst wäre er vermutlich nicht so prägnant gestaltet). Je nachdem, wie sehr uns der Button überzeugt hat, klicken wir diesen eventuell an. Wir bewerten also ganz individuell für uns, ob er uns so sehr beeinflusst, dass er uns zu einer Reaktion verführt.

Auf die Gestaltung von Buttons werde ich noch später ausführlich in Abschnitt 12.6.3, »Buttons«, zu sprechen kommen.

6.1.2 Zwei Personen, zwei Meinungen

Die Wahrnehmung unterscheidet sich von Mensch zu Mensch. Zwei Personen, die dieselbe Motivation haben und sich in derselben Situation befinden, können sich ganz unterschiedlich verhalten, weil sie die Situation ganz unterschiedlich *wahr*nehmen. So kann eine Webseite von zwei Personen völlig unterschiedlich beurteilt werden. Während die eine die Übersichtlichkeit und Schlichtheit der Webseite mag, empfindet die andere Person diese als zu dürftig und sparsam und hätte gerne ein größeres Angebot. Reize und Informationen empfängt, organisiert und interpretiert eben jeder anders.

So mag ein Kunde einen schnell und laut sprechenden Verkäufer als aufdringlich und unsympathisch wahrnehmen. Ein anderer Kunde dagegen mag den gleichen Verkäufer als besonders sachkundig und hilfsbereit empfinden. Mehr zur Analyse der Vorlieben und Bedürfnisse der Kunden steht in Abschnitt 3.7, »Zielgruppenanalyse«.

▲ **Abbildung 6.7**
Einfach und schlicht: *hardgraft.com.* Für den einen übersichtlich, für den anderen viel zu wenig!

▲ **Abbildung 6.8**
Blumen, Blumen, und nochmals Blumen. Für den einen ist *floraprima.de* unübersichtlich, für den anderen bietet es genau die richtige Auswahl.

6.1.3 Selektive Wahrnehmung

Eine der größten Herausforderungen der Kommunikationspolitik von Unternehmen ist die Vielfalt an Werbebotschaften, mit denen die Menschen tagtäglich auch im Web konfrontiert sind. Schätzungen sprechen von bis zu 2.000 Werbebotschaften, der eine Durchschnittsperson täglich in Deutschland ausgesetzt ist. *Informationsüberflutung* (*Information Overload*) heißt das dann.

▲ **Abbildung 6.9**
Da ist der »Information Overload« nicht mehr weit: *bild.de*.

Aus dieser Masse an Reizen sucht sich der Mensch, die für ihn subjektiv relevanten Informationen heraus, abhängig von seinen Erfahrungen, Bewertungen und Einstellungen. Dieses Phänomen nennt man *selektive Wahrnehmung*. Die meisten Informationen werden ausgeblendet, weil wir auch gar nicht in der Lage sind, diese aufzunehmen. Für Werbetreibende ist es daher schwierig, die Beachtung der Konsumenten zu erlangen. Die meisten Werbebotschaften gehen bei den Konsumenten meist ganz verloren. Außer eine sticht aus der Vielzahl durch bestimmte Merkmale hervor.

Dies gilt natürlich auch für Webseitenbetreiber. Der Anwender sucht bestimmte Informationen, und dabei geht er nicht jede Information (Text, Bild, Grafiken etc.) der Webseite im Detail durch, sondern sucht an bestimmten Stellen, an denen er die gewünschten Informationen vermutet.

Abbildung 6.10 ▸
So wie bei *wein-depot.de* sehen die meisten Shops aus: Logo links, Warenkorb rechts, Hauptnavigation über die ganze Breite, dazu einige Häkchen mit den wichtigen Eigenschaften, großes Teaserbild (oder besser Slider) und eine Vorschau ausgewählter Produkte.

Mit einer Webseite verhält es sich für den Anwender am liebsten wie mit den eigenen vier Wänden: Man weiß, wo das Geschirr steht, wo die Pullover im Schrank liegen und wo das neue Duschgel zu finden ist. Will sich der Besucher auf einer Webseite erst einmal orientieren, schaut er sich vermutlich zuerst das Logo, die Hauptnavigation, die erste Headline und das erste Teaserbild an. Sucht er dagegen gleich einen Kontakt-Link oder ein Suchfeld, dann vermutet er diese schon an bestimmten Orten (mehr dazu in Kapitel 8, »Layout und Raster«). Dies sind wieder sogenannte Design-Konventionen, die sich bei den Anwendern durch die Erfahrungen von vielen Webseiten-Besuchen eingeprägt haben. Je eher diese Konventionen eingehalten werden, desto eher wird sich der Anwender auf der Seite zurechtfinden und schnell orientieren können. Die selektive Wahrnehmung ist im Grunde eine Stärke unseres Gehirns, Wichtiges von Unwichtigem zu unterscheiden. Wir schauen nach bekannten Mustern und ordnen neue Informationen diesen zu. Ohne diesen Schutzmechanismus könnten wir die Informationsfülle gar nicht verarbeiten und würden verrückt werden. Gutes Webdesign heißt also, diese Muster zu erkennen und einzusetzen, um die Bedienung zu erleichtern.

Wahrnehmung bedeutet immer die Auswahl, Organisation und Interpretation von Informationen, um sich ein sinnvolles Bild von der Situation (zum Beispiel einer Webseite) zu machen. Wir sind jedoch nicht in der Lage, eine unendliche Menge an Informationen aufzunehmen. Unsere Aufmerksamkeit richtet sich auf die für unser Ziel wichtigsten Aspekte. Das hat auch Konsequenzen für gutes Webdesign. Die selektive Wahrnehmung, die Fülle an Informationen in unserer Umwelt samt dem Überfluss an Werbe- und Kommunikationsmaßnahmen erschweren es, die Konsumenten zu erreichen. Speziell im Webdesign erschweren sie es, den Anwender zu den (für ihn) richtigen Informationen zu leiten und die vom Unternehmen gewünschten Botschaften zu verbreiten.

Banner-Blindheit
Die selektive Wahrnehmung ist auch ein Grund, warum sich die sogenannte *Banner-Blindheit* entwickelt hat. Der Besucher weiß aus Erfahrung, dass große bunte Bilder in der rechten Seitenleiste »nur« Werbung sind und damit für ihn irrelevant.

Zum Weiterlesen
Die Trends im Webdesign wie minimalistische Designs oder das Flat-Design beruhen auch mit auf den Erkenntnissen zur menschlichen Wahrnehmung. Dazu mehr in Kapitel 13, »Webdesignstile und -trends«.

▲ **Abbildung 6.11**
Trend zum Minimalismus: Weniger ist mehr. Störende, ablenkende Details werden weggelassen wie bei *wootten.ca*.

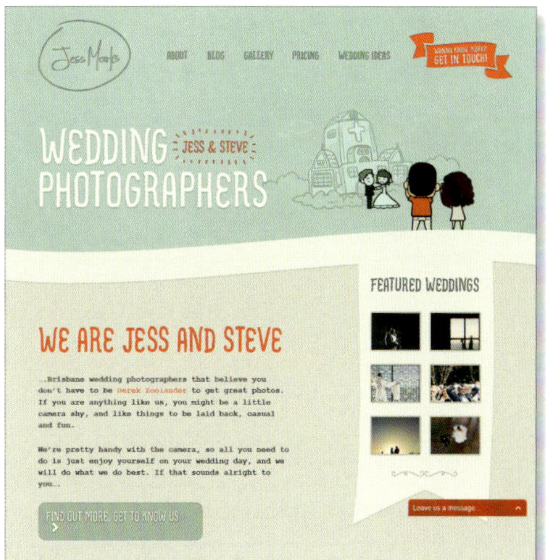

▲ **Abbildung 6.12**
Minimalismus kann auch verspielt und bunt sein wie bei *jessmarksphotography.com.au*. Unwichtige Informationen werden weggelassen und der Aufmerksamkeitsfokus auf die wichtigsten Aspekte gelenkt.

Während die Konsumenten besorgt sind, durch zu viele Werbebotschaften (unbewusst) beeinflusst zu werden, haben die Marketing-Experten (wie auch Webdesigner und Webseitenbetreiber) Bedenken, dass Ihre Botschaften überhaupt nicht beim Konsumenten ankommen.

6.2 Die äußere Form

Um die Aufmerksamkeit des Webseitenbesuchers zu bekommen und dessen Wahrnehmung in die gewünschte Richtung zu leiten, gibt es einige Wahrnehmungsabläufe zu beachten. Denn die menschliche Wahrnehmung folgt bestimmten Regeln. Gutes Webdesign kennt und nutzt diese Erkenntnisse über die visuelle Gestaltung und leitet die Wahrnehmung des Betrachters so, dass die gewünschte Botschaft vermittelt werden kann.

6.2.1 Das Format

Das Format ist die Ausgangsbasis jeder Gestaltung, die sprichwörtliche Grundlage. In der Malerei definiert die Leinwand das Format. In der Printgestaltung werden meistens die Formate der DIN-A-Reihe eingesetzt. Und im Internet bestimmen die Bildschirmgrößen das Gestaltungsformat.

Das Format, die Bildschirmgröße, schränkt im Webdesign einerseits ein, weil es festlegt ist und den Rahmen vorgibt. In Pixeln wird ein Maß definiert, an dem sich Webdesigner orientieren müssen. Und gleichzeitig erleichtert es die Arbeit, da es eine der grundlegenden Definitionen schon vorgibt.

Im Vergleich zu Malern und oft auch Printdesignern sind die Bedingungen im Webdesign etwas anders. Der Anwender gibt im Grunde das Format vor und nicht der Designer oder der Kunde (der Webseitenbetreiber). Der Bildschirm des Anwenders definiert die Gestaltungsgröße oder besser gesagt die Bildschirmgrößen. Und diese Bildschirmgrößen weichen stark voneinander ab, von kleinen Smartphone-Displays bis hin zu extragroßen Bildschirmen.

Ein responsives Webdesign sorgt dafür, dass sich die Gestaltung der Größe (besser der Breite) des Bildschirms anpasst (siehe dazu auch Kapitel 4, »Responsive Webdesign«). Tabelle 6.1, die Sie auf Seite 215 sehen, zeigt nur einen kleinen exemplarischen Ausschnitt aus der Masse an Geräten mit unterschiedlichen Bildschirmgrößen.

◂ **Tabelle 6.1**
Überblick über unterschiedliche Bildschirmbreiten, Daten aus *screensiz.es*

Gerät	Breite des Bildschirms in Pixeln
iPhone 5	320
Galaxy Nexus	360
iPad 4	768
Microsoft Surface	1.366
MacBook Pro 15 Zoll (Retina)	1.440
Dell UltraSharp U3011 30" Monitor	2.560

Alle diese Geräte und noch viele mehr wollen mit der Webgestaltung abgedeckt werden. Dies lässt sich heutzutage nur noch mit einem Design realisieren, das sich der Breite anpasst.

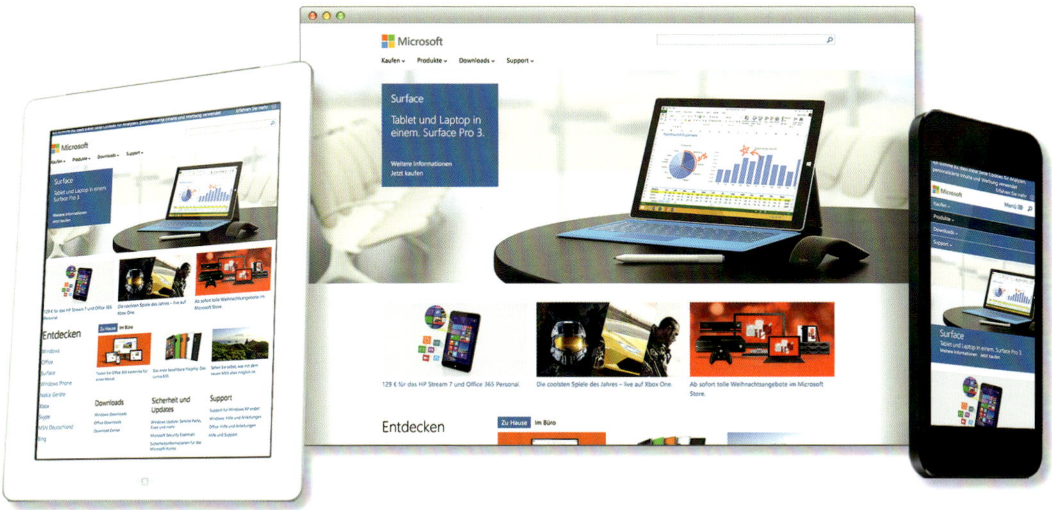

▴ **Abbildung 6.13**
So flexibel muss eine Webseite heute sein und sich verschiedensten Formaten anpassen können, *mediaqueri.es*.

Und ein weiteres Merkmal des Webseiten*formats* im Vergleich zu anderen Designformaten: Der sichtbare Bereich lässt sich durch *Scrollen* verändern. Ein Gemälde, eine Imagebroschüre sind statisch. Die Inhalte lassen sich nicht vom Betrachter flexibel verändern. Aber es gibt kaum eine Webseite, bei der die Inhalte nicht flexibel sind, sei es durch Scrollen, sonstige Effekte oder auch Animationen.

So können wir beim Webdesign von zwei Formaten sprechen:

1. dem sichtbaren Bereich, also der Bildschirmauflösung des Betrachters,
2. der tatsächlichen Größe der Webseite

▲ **Abbildung 6.14**
Sichtbares Format und tatsächliches Webseitenformat bei *pfeffersackundsoehne.de*

Für Webdesigner ist die Auseinandersetzung mit dem sichtbaren Bereich daher essenziell, während sich die tatsächliche Größe fast immer nach dem Umfang der Inhalte richtet. Die ganz wichtigen Inhalte sollten daher sofort im sichtbaren Bereich liegen und nicht erst durch Scrollen erreichbar sein. »Above the Fold« (zu Deutsch: »Über dem Falz«) nennt man das, mehr dazu in Abschnitt 8.5.4, »Above the Fold«. Ob im Web oder im Print, das (sichtbare) Format gibt vor, welcher Raum dem Designer für die Gestaltung zur Verfügung steht.

6.2.2 Formen

Das wesentlichste Element einer Gestalt ist die Form. Man kann zwischen einfachen Grundformen und komplizierten Formen unterscheiden. Die klassischen Grundformen sind Kreis, Quadrat und Dreieck.

Meistens erscheinen die Formen zweidimensional als Fläche. So können Sie dafür sorgen, dass verschiedene Elemente zu einer Einheit zusammengefasst werden, wie auch später noch beim Gesetz der Geschlossenheit zu sehen sein wird (Abschnitt 6.3.2, »Das Gesetz der Geschlossenheit«). Auch wenn im Webdesign der Klassiker das Rechteck ist, lohnt sich das Experimentieren mit anderen Formen. Oft mag es reichen, einen Kreis oder ein Dreieck als Spannungs- oder Aufmerksamkeitselement in das Design einzubauen.

Das Rechteck und Quadrat | Am häufigsten trifft man im Webdesign auf eine rechteckige Form. Das liegt schon in der technischen Natur der Sache. Bildschirme sind eckig, HTML-Container ebenfalls, und die meisten Werkzeuge in den Grafikprogrammen erzeugen Rechtecke. Rechtecke wirken stabil und sicher, aber auch schwer, breit und träge. Aufgestellte Rechtecke erscheinen dagegen aktiver und leichter, weniger stabil.

Das Quadrat ist eine besondere Art des Rechtecks, da alle Seiten gleich lang sind. Es wirkt stabil, statisch und ruhig, ausgeglichen. Die Grundformen sind auch in der Logogestaltung sehr beliebt. Das Quadrat zum Beispiel wird gern als Zeichen für Stabilität und Wertigkeit eingesetzt (siehe Abbildung 6.15).

▲ **Abbildung 6.15**
Bei der Deutschen Bank hat man sich für ein Quadrat als Grundform entschieden. Es vermittelt Stabilität und Wertigkeit.

Eine Rechteckform lässt sich häufig am einfachsten umsetzen und eignet sich auch für alle Inhalte. Kommen mehrere Rechteckformen im Design vor, gibt es dem Design eine Struktur, wie man auch gut auf *modafamilia.com* sehen kann. Durch die Verwendung von rechteckigen Formen wirkt die Seite sehr aufgeräumt.

Eine Rechteckform ist dafür aber auch nicht besonders originell oder spannend.

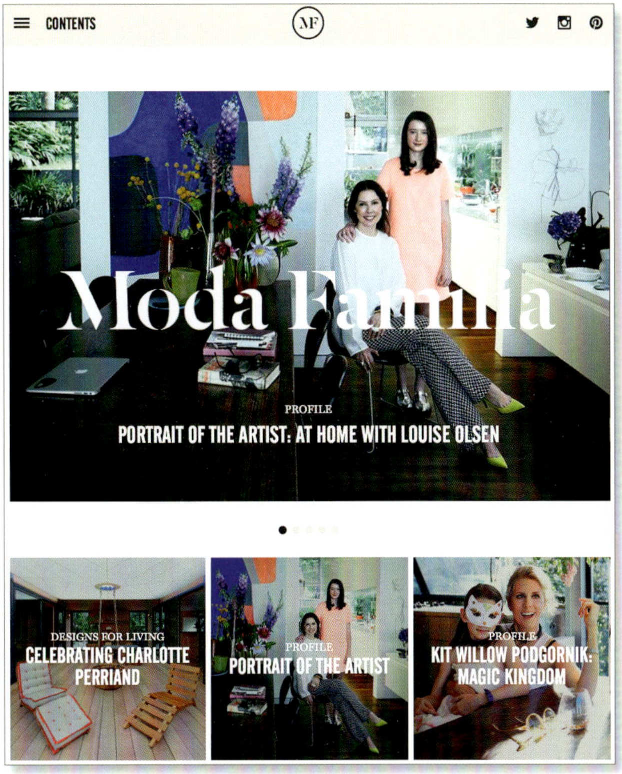

◂ **Abbildung 6.16**
Auf ein Rechteck folgen jede Menge quadratische Teaser bei *modafamilia.com*.

Der Kreis | Kreise wirken harmonisch und vollkommen, ebenso wie aktiv und dynamisch. Der Kreis ist eine schöne Form, um einer Gestaltung Spannung hinzuzufügen.

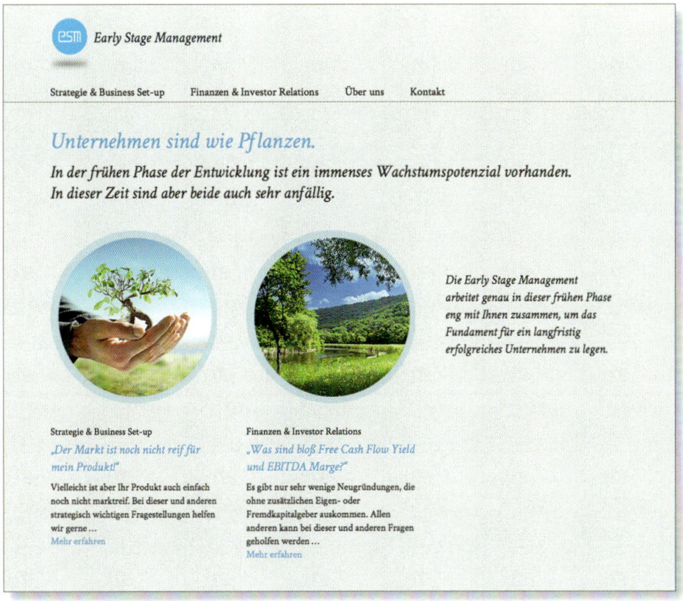

◂ **Abbildung 6.17**
Kreise lockern die Gestaltung auf, wie bei *early-stage-management.de*.

Im Vergleich zu Rechtecken wirken runde Formen weicher (manchmal sogar emotionaler). Kreisformen können dazu eingesetzt werden, eine recht strenge Gestaltung »weich« aufzubrechen. Textinhalte sind häufig nur schwer in kreisrunde Formen zu pressen, aber für Bildausschnitte eignen sie sich gut und können damit auch einen schönen Kontrast zum natürlichen Raster einer Webseite bilden, das zwangsläufig aus horizontalen und vertikalen Linien aufgebaut ist.

Um nicht gleich komplett von Rechtecken auf Kreise umzusteigen, bietet sich auch die Möglichkeit an, mit abgerundeten Ecken das Design etwas »weicher« zu machen. Mit der CSS-Eigenschaft `border-radius` lassen sich bei beliebigen Objekten die Ecken abrunden.

Das Dreieck | Dreiecke wirken dynamisch und aggressiv. Zeigt die Spitze nach oben, wirkt es noch aufstrebend und stabil. Mit aufgestellter Spitze wirkt es sehr instabil.

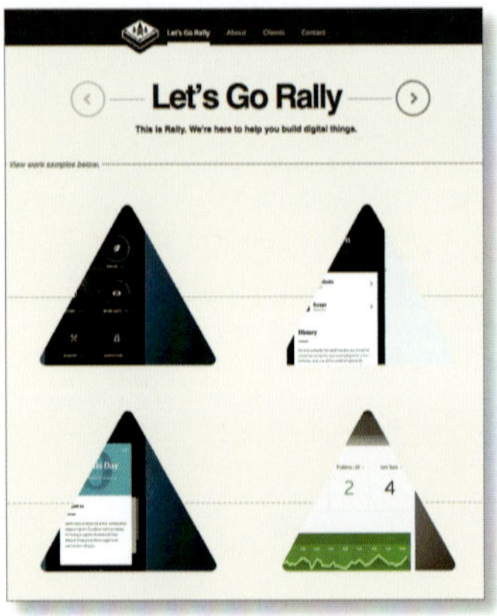

Abbildung 6.18 ▲▶
Dreiecke sind in Screendesigns eher selten anzutreffen. Bei *rallyinteractive.com* (links) werden die Referenzbilder in Dreiecken präsentiert. Bei *case-3d.com* (rechts) werden damit coole Parallaxe-Effekte erzeugt.

Mit Dreieckformen wird Spannung im Design erzeugt, weil die Linien nicht mehr entsprechend der »normalen« Sehgewohnheit horizontal und vertikal verlaufen. Eine solche Form durchbricht also das klassische Raster und erzeugt somit Aufmerksamkeit, wie bei Abbildung 6.18 zu sehen. Auf der Webseite *case-3d.com* wechseln sich rechteckige und Dreiecksformen ab. Die geraden Linien bringen Struktur und Stabilität in das Design, die vertikalen Linien brechen dieses gezielt an einzelnen Stellen auf. Abwechslung im Rhythmus könnte man es nennen. Dreiecke sorgen für Unruhe, daher eignen sie sich eher für innovativere Anwendungsbereiche und weniger für das klassische Design. Sie brechen die klassische Struktur auf und können somit gezielt Aufmerksamkeit erzeugen.

Abstände oder Trennlinien
Wenn das Design die Möglichkeit hergibt, dann würde ich die optische Trennung durch ausreichende Abstände der Trennung durch Linien vorziehen.
Es gibt aber Designs, die inhaltlich sehr »voll« sind und wo Platz rar gesät ist. Hier kann schon eine einfache Trennlinie für klare Verhältnisse sorgen.

Die Linie | Die Linie ist eine besondere Form, da sie nur eindimensional ist. Je nach Richtung vermitteln Linien Stabilität und Dynamik. Abstände und (Weiß)räume sind die besten Gliederungselemente.

Steht allerdings nicht so viel Platz zur Verfügung sind Linien ein nützliches Trennelement. Gerade Linien, ob vertikal oder horizontal, bringen Ruhe, Struktur und Stabilität in das Design. Elemente lassen sich mit ihnen gut ordnen und in Gruppen gliedern.

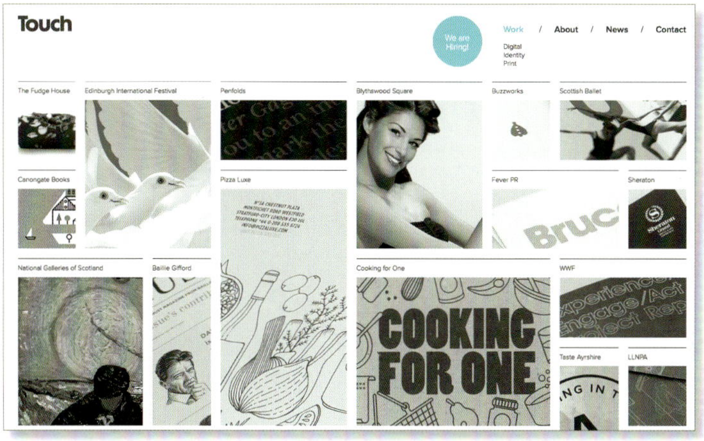

◂ **Abbildung 6.19**
Linien trennen die einzelnen Projekte voneinander ab, *thetouchagency.co.uk*.

Vertikale Linien verhalten sich ähnlich wie die Dreiecksform. Sie erzeugen Spannung und brechen das klassische Raster auf. Entsprechend unserer Leserichtung nehmen wir Linien als auf- (von links unten nach rechts oben) oder absteigend (von links oben nach rechts unten) wahr. Und wie im Beispiel in Abbildung 6.20 sorgt die aufsteigende Linie dafür, dass das linke Bild dynamischer wird, weil der rechte obere Bereich »übersteht«.

◂ **Abbildung 6.20**
Bei *lacca.com.br/lacca* sorgt die vertikale Linie für Schwung.

Linien lassen sich auch als Rahmen einsetzen. Dann begrenzen sie einen Bereich und trennen unterschiedliche Elemente. Gerade da, wo die Trennung nicht durch entsprechend viel Leerraum erfolgen kann, sind Rahmen ein nützliches Mittel. Zusätzliche Rahmen können Elemente auch besonders hervorheben.

▲ **Abbildung 6.21**
Dünne Rahmenlinien und Farbflächen begrenzen inhaltliche Einheiten bei *food.de*.

▲ **Abbildung 6.22**
good.is setzt unterschiedlich dicke Linien ein.

Auch die Dicke, Farbe und Art der Linie ist relevant für ihre Wirkung. Dickere Linien trennen Bereiche stärker voneinander ab. Dies wird in Abbildung 6.22 gut deutlich. Bei *good.is* sind »kleinere« Bereich durch dünne Linien getrennt, aber der Header mit Logo und Hauptnavigation ist vom Inhaltsbereich mit einer sehr dicken Linie abgetrennt. Dies verdeutlicht den inhaltlichen Unterschied der beiden Bereiche.

Meistens werden durchgezogene Linien eingesetzt, die sehr klar wirken, aber es gibt auch die Möglichkeit, zum Beispiel gepunktete oder gestrichelte Linien zu nehmen. Diese wirken dann sprichwörtlich etwas offener und die Trennung nicht so krass.

Und mit der Farbe der Linie lässt sich deren Dominanz steuern. Schwarze Trennlinien wirken immer sehr markant und trennen Bereiche sehr stark voneinander ab. Mit kräftigen Farben lässt sich viel Aufmerksamkeit auf die Linie erzeugen. Ist der Kontrast zwischen Linien- und Hintergrundfarbe nicht so stark, wirkt die Trennung auch nicht so markant. Dies lässt sich, wie auch die nicht durchgezogenen Linien gut einsetzen, wenn man Bereiche nur »leicht« optisch trennen will.

Formenvielfalt
Form ist nicht gleich Form: Es gibt lineare, flächige, räumliche (körperhafte), konstruierte, geometrische, naturbezogene und freie Formen.

Freie Formen | Organische oder mehreckige Formen kommen im Webdesign seltener vor, können aber starke Akzente setzen.

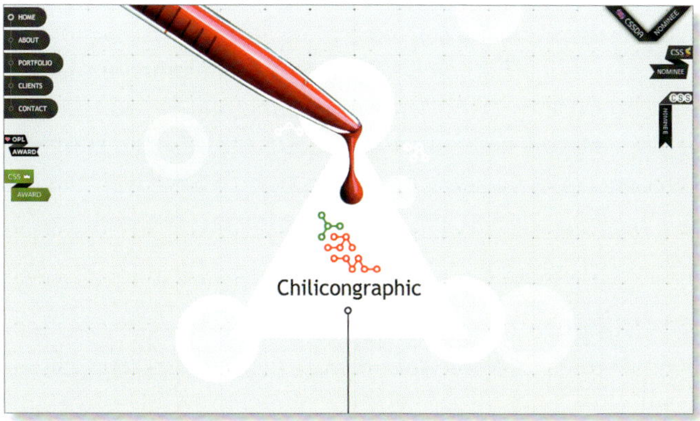

◀ **Abbildung 6.23**
Mit einem Dreieck fängt alles an, zumindest bei *chilicongraphic.com*. Es folgt eine ganze Reihe an unterschiedlichsten Formen.

Organische Formen wirken natürlicher, menschlicher und emotionaler als beispielsweise rechteckige Formen. Soll das Design also eine natürliche, emotionale Wirkung bekommen, sind organische Formen eine spannende Alternative. Im Vergleich zu Rechteck- oder auch Kreisformen können sie allerdings nicht per CSS erzeugt werden, sondern müssen als Bilddateien eingefügt werden.

Mehreckige Formen sind nicht nur komplexer zu erzeugen, sie wirken auch so. Von einfach, klar und strukturiert kann hier keine Rede mehr sein. Auffällig, gezielt komplex und manchmal sogar durcheinander wirken sie. Bei Designs, die also anders sein wollen, bewusst die klassischen Gestaltung aufbrechen wollen, sind sie gut eingesetzt.

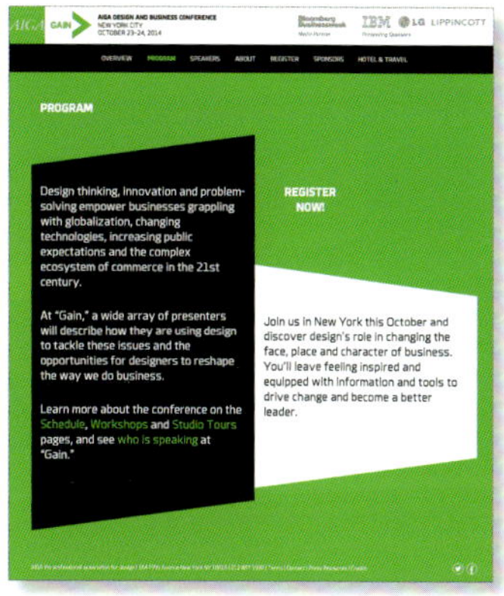

▲ **Abbildung 6.24**
Unterschiedliche Schrägen bei *gainconference.aiga.org*

Räumliche Formen | Webseiten sind technisch bedingt zweidimensional. Aber seit jeher wird durch grafische Ausgestaltung versucht, eine Räumlichkeit zu erzeugen. Neben seitlichen Flächen an einer Form werden häufig Schatteneffekte und Verläufe eingesetzt.

◀ **Abbildung 6.25**
tobiaspersson.nu zeigt eine enorme räumliche Wirkung alleine durch Schatten und Verläufe.

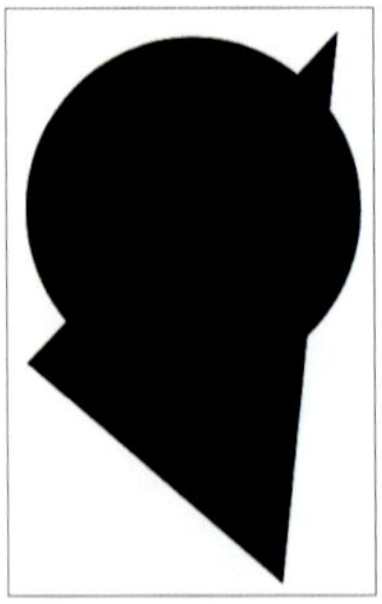

▲ **Abbildung 6.26**
Was erkennen Sie? Einen überlappenden Kreis und ein Dreieck oder eine abstrakte Form? Vermutlich Ersteres – die *gute Gestalt*.

Das Gefühl der Räumlichkeit vermittelt eine Haptik, die digitalen Benutzeroberflächen natürlich fehlt. Mit der gefühlten Haptik geht ein besonderes Gefühl der Benutzung und Nutzungserfahrung einher. Es gibt sogar einen Webdesignstil, der sich komplett der Erzeugung eines räumlichen, haptischen Erlebnisses hingibt, *Skeuomorphismus* nennt sich das und wird in Abschnitt 13.1.2, »Skeuomorphismus«, beschrieben.

6.2.3 Die gute Gestalt

Unsere menschliche Wahrnehmung versucht in optischen Reizen möglichst einfache Formen (wieder) zu erkennen. Dies wird das *Gesetz der guten Gestalt* oder *Gesetz der Prägnanz* genannt.

Gute Gestalt meint hier, eine möglichst einfache, regelmäßige, symmetrische, geschlossene Figur. Dazu gehören Quadrate, Kreise, Dreiecke. Gutes Design nimmt Rücksicht auf unser Bedürfnis nach Einfachheit, Symmetrie und Kontinuität. Daher sollte gutes Webdesign über einfache Strukturen und ein symmetrisches Layout verfügen. Dieser Stil ermöglicht die Konzentration auf die wesentlichen Inhalte.

Zum Weiterlesen
Mehr zur Layoutgestaltung erfahren Sie in Kapitel 8, »Layout und Raster«.

Abbildung 6.27 ▶
Logos weltbekannter Marken, die alle auf einfache prägnante Formen und Reduktion setzen

Prägnante Formen können aber auch Gesichter und einfache Gegenstände sein, also Formen, die allgemein geläufig sind und erkannt werden können. Einige Autoren sagen, dass das Gesetz der guten Gestalt das einzige Gestaltungsgesetz ist, während die anderen alle lediglich auf Teilaspekte dieses Gesetzes eingehen. Das Prinzip der guten Gestalt ist im Grunde die Zusammenwirkung aller Gestaltgesetze, es hilft uns, Sinn in dem zu erkennen, was wir sehen und wahrnehmen.

Das Gesetz der Prägnanz spielt auch in der Layoutgestaltung und damit auch im Webdesign eine Rolle. Ein Layout sollte schlicht, einfach und prägnant sein und somit einprägsam. Um die Prägnanz eines Layouts zu visualisieren, kann man dieses in seine geometrischen Bestandteile zerlegen:

Sinneinheiten
Unser Suchen nach klaren, eindeutigen Formen hängt damit zusammen, dass wir in allem einen Sinn suchen. Für uns gibt es nicht nur irgendwelche sinnlosen Striche, Flächen und Punkte – alles wird zu Objekten, zu (Sinn)Einheiten. In unserer Umwelt nehmen wir meistens nur Teile eines Objekts wahr, den Rest müssen wir uns denken. Häuser, Autos, Menschen, Straßen – wir sehen nur einen Teil, wissen, dass da noch mehr ist und dieser Teil zu einem Ganzen gehört.

▲ **Abbildung 6.28**
Die Apple-Webseite, zerlegt in graue Flächen, um die geometrischen Bestandteile zu verdeutlichen. Eine einfache, klare, übersichtliche Struktur ist das Ergebnis, *apple.com/de*.

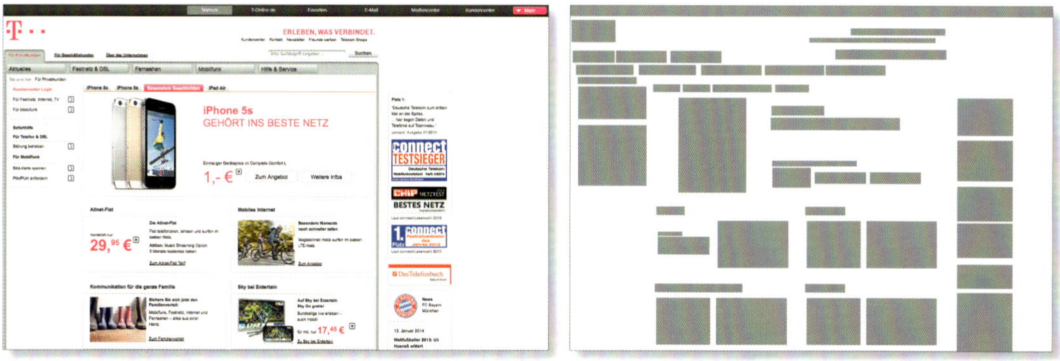

▲ **Abbildung 6.29**
Die Telekom-Webseite und ihre Bestandteile. Den Ansatz von Chaos könnte man es nennen. Ohne Farben und Bilder wirkt die Seite wie eine undefinierte Ansammlung an Elementen.

6.2.4 Texturen

Jedes Objekt, jede Form hat eine Oberfläche. Klassischerweise ist diese im Screendesign einfarbig. Um Elementen mehr Räumlichkeit zu geben, kann man diesen eine Schraffur verleihen. Die Oberflächenbeschaffenheit wird häufig auch Textur genannt. Meistens ist diese ein unregelmäßiges Muster, das Assoziationen mit bekannten Oberflächen erzeugt. Texturen sind ein Mittel, um Räumlichkeit zu erzeugen und das Design insgesamt oder einzelne Objekte haptischer zu machen.

◄ **Abbildung 6.30**
Interessante Wirkung durch sehr viel Textur bei *bigdaddyweave.com*

> **Texturen-Sammlung**
> Freie Texturen für das nächste Webdesign-Projekt: *subtlepatterns.com*

Mit Texturen lassen sich auch individuelle Screendesignstile – gerne z. B. als Retro- oder Vintage-Webseite (mehr dazu in Kapitel 13) – wunderbar umsetzen. Sie sind ein tolles Gestaltungsmittel, um Designs einen besonderen Look zu geben.

6.2.5 Proportionen

Proportionen sind ein wesentlicher Teil der Gestaltung. Proportionen bestimmen die Verhältnisse zwischen unterschiedlichen Elementen durch Größen. Durch die Festlegung der Proportionen werden Gewichtungen festgelegt, Schwerpunkte gesetzt und die Aufmerksamkeit gelenkt.

▲ **Abbildung 6.31**
Links das Original, ein Landing-Page-Template. Rechts mit veränderten Elementgrößen und damit veränderter Bedeutung der einzelnen Elemente (*demos.rafalborowski.com/ebookie/index.html*)

Ganz allgemein kann man sagen, je größer ein Element ist, desto wichtiger ist es. Oder andersherum formuliert: Je gewichtiger ein Element inhaltlich ist, desto größer sollte es auch gestaltet werden. Die Größe eines Elements sollte sich nach seiner relativen Bedeutung und nach den umgebenden Elementen richten. Dazu gibt es keine festen Richtlinien, sondern das hängt jeweils vom Gesamtlayout ab. Überschriften können einmal mit 20 Pixeln Schriftgröße die gleiche Bedeutung haben wie in einem anderen Screendesign mit 50 Pixeln.

6.3 Anordnung und Gewichtung

So wichtig es ist, sich der Gestaltung der einzelnen Objekte zu widmen und sich über deren Form Gedanken zu machen, so spannend ist die Frage, wie aus vielen Einzelelementen ein *großes Ganzes* wird. Die Anordnung der Einzelelemente könnte man auch als *komponieren* bezeichnen. Ähnlich wie in der Musik aus vielen Einzelnoten erst durch stimmige Anordnung ein gutes Lied wird, macht erst die gelungene Komposition der einzelnen grafischen Elemente ein gelungenes (Web-)Design aus.

Und ähnlich wie in der Musik gibt es auch in der Gestaltung gute und weniger gute Kompositionen und Komponisten. Ein guter Komponist kennt die gestalterischen Grundregeln, um schöne oder gar einzigartige Kompositionen zu kreieren. Dabei kommt es hauptsächlich auf die Formen, ansprechende Proportionen, Abstand und Lage der Elemente zueinander an. Wer die Gestaltungsregeln kennt und verinnerlicht hat, kann diese auf alle gestalterischen und bildnerischen Prozesse übertragen und anwenden. Denn ob Malerei, Fotografie, Architektur, Produkt-, Grafik- oder Webdesign – die menschliche Wahrnehmung und die grundlegenden Gestaltungsregeln sind die gleichen.

6.3.1 Das Gesetz der Nähe

Elemente, die nahe beieinanderliegen, werden von unserer Wahrnehmung als zusammengehörig interpretiert. Entfernt liegende Elemente werden hingegen als unabhängig voneinander wahrgenommen. Diese Besonderheit unserer Wahrnehmung wird als das *Gesetz der Nähe* beschrieben.

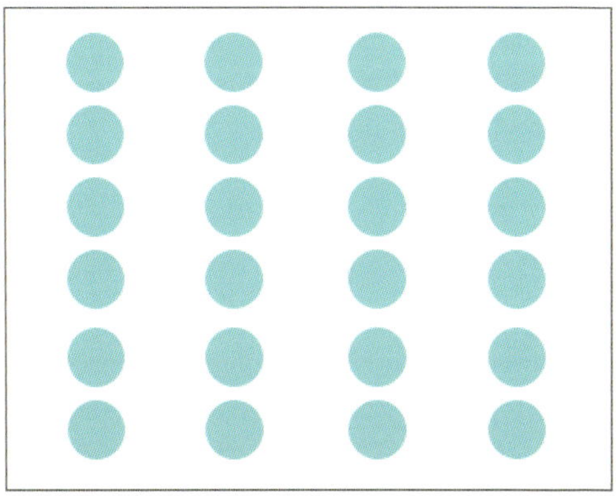

▲ **Abbildung 6.32**
Hier erkennen wir vier Spalten von Kreisen. Aufgrund der Nähe der Elemente in der Vertikalen sehen wir keine Zeilen, sondern Spalten.

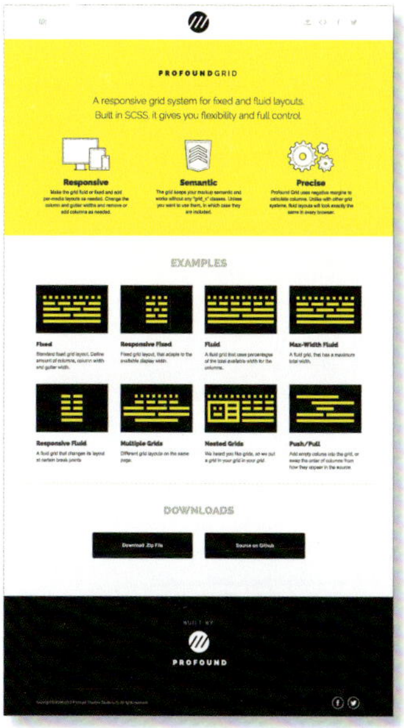

▲ **Abbildung 6.33**
Navigations-, Teaser-, Inhalts- und Fußbereich sind durch Farbflächen bei *profoundgrid.com* klar voneinander getrennt.

Der Raum zwischen den Elementen – oft auch als *Weißraum* beschrieben – spielt hierbei eine bedeutende Rolle. Dieser ist keine Platzverschwendung, sondern fördert die Ordnung und Orientierung. Elemente, die inhaltlich zusammengehören, sollten auch nahe beieinander platziert werden. Auf Webseiten werden so zum einen oft die großen Bereiche wie Navigations-, Inhalts- und Fußbereich optisch getrennt. Oder andersherum: Die Elemente, die zusammengehören, liegen im besten Fall nahe beieinander.

Auch in der feineren Ausarbeitung eines Screendesigns zeigt sich, dass eine Missachtung des Gesetzes ungünstige Auswirkungen auf die Verständlichkeit hat. Das folgende Beispiel der Google-Suchergebnisse demonstriert sehr anschaulich, wie wichtig auch nur ein bisschen Weißraum zwischen Elementen sein kann, um zusammenhängende Informationen gebündelt zu erfassen und um sich orientieren zu können:

Abbildung 6.34 ▲
Links das Original-Google-Suchergebnis und rechts die Wirkung ohne Weißraum zwischen den einzelnen Treffern. Wenige weiße Pixel können so eine große (Übersichts-)Wirkung haben.

Leere, also der Weißraum, ist in der Gestaltung demnach alles andere als einfach »ungenutzte« Gestaltungsfläche. Er ist vielmehr ein wichtiges Gestaltungsmittel, das hilft, Informationen sinnvoll zu ordnen und verständlich zu machen. Auf die Besonderheiten des Weißraums, und wie man diesen am besten in der Webgestaltung einsetzt, werde ich noch später in Abschnitt 8.5.3, »Weißraum«, eingehen.

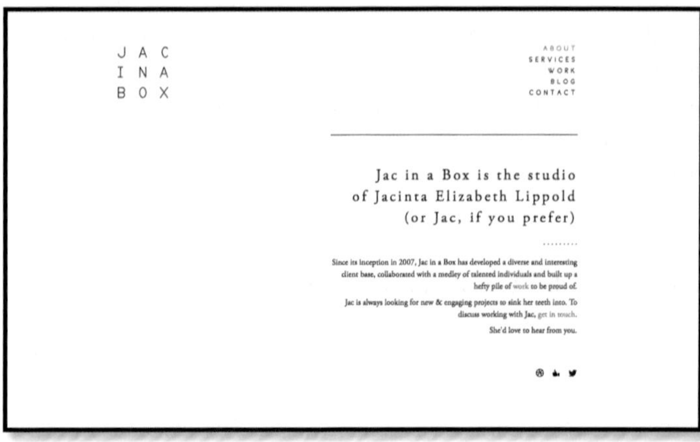

Abbildung 6.35 ▶
Platzverschwendung? Nein, einfach mal Weiß wirken lassen!
jacinabox.com.au

Das Gesetz der Nähe zeigt auch, dass es wenig sinnvoll ist, möglichst viele Inhalte auf möglichst kleinem Raum unterzubringen, ein Anspruch den Kunden gerne haben, da sie viel mitteilen wollen, der Platz dafür aber oft begrenzt ist. Mit dem Gesetz der Nähe gibt es gute gestalterische Argumente dagegen.

Nähe ist eine der stärksten Methoden, um Zusammengehörigkeit von Elementen zu visualisieren, oft sogar stärker als visuelle Mittel, wie zum Beispiel optische Ähnlichkeit. Was zusammengehört, sollte auch zusammen angeordnet werden.

»Es steht zusammen, was zusammengehört.«

(Frei nach Willy Brandt)

6.3.2 Das Gesetz der Geschlossenheit

Der Mensch neigt dazu, in geometrischen Mustern diejenigen Strukturen als Figur wahrzunehmen, die geschlossen wirken. Diese Neigung ist so stark ausgeprägt, dass er bei Bedarf optische Lücken in Konturen ergänzt, um das Muster zu vervollständigen. Ein Kreis der mehrmals unterbrochen wird, wird trotzdem zuerst als Kreis und nicht als einzelne Linien erkannt.

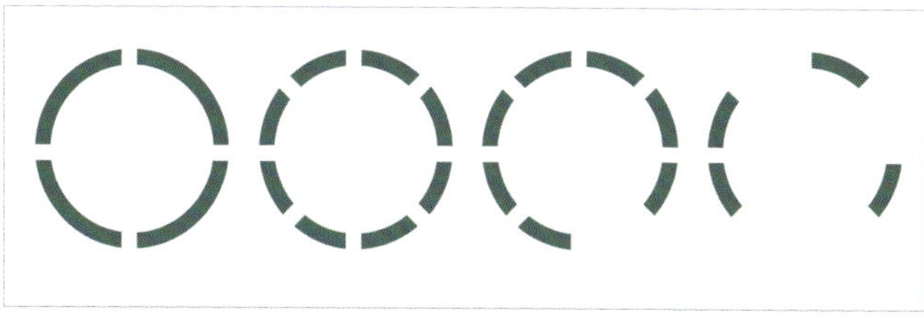

◂ **Abbildung 6.36**
Das »Muster«, dass wir zuerst Kreise sehen und dann erst die einzelnen Elemente, ist bei uns stark ausgeprägt.

Informationen werden automatisch und unbewusst von uns auf diese Weise wahrgenommen und ergänzt. Aufgrund dessen ziehen wir auch eher einfache Sachverhalte den komplexen vor und versuchen zufällige Dinge in ein Muster zu zwingen.

Das *Gesetz der Geschlossenheit* kommt vor allem dann vor, wenn Elemente einfach erkennbaren Mustern ähneln, dies sind vor allem geometrische Formen, und wenn sie nahe beieinanderliegen. Dabei ist das Gesetz der Geschlossenheit ein wichtiges Instrument, mit dem die Orientierung erleichtert, Zusammenhänge deutlich gemacht und Informationen geordnet werden können. Daher spielt es auch im Webdesign eine entscheidende Rolle.

Das Gesetz der Geschlossenheit im Webdesign | Das Gesetz der Geschlossenheit trifft auch auf Elemente zu, die von einem Rahmen oder einer Fläche umschlossen werden. Diese werden so als Einheit wahrgenommen. Jeder Kasten, jeder Button wird durch das Gesetz der Geschlossenheit als Einheit erkannt. Auch in den Seitenleisten vieler Webseiten kommt dieses Prinzip zum Einsatz, dass sich auch durch farbige Flächen umsetzen lässt. Mit dem Gesetz der Geschlossenheit lassen sich Informationen ord-

▴ **Abbildung 6.37**
Klar zu erkennen: Dies ist ein Button!

nen und Zusammenhänge deutlich machen, die somit die Orientierung erleichtern. Elemente, die inhaltlich zusammengehören, sollten auch optisch als zusammengehörig zu erkennen sein. Dies geht durch Nähe. Dies geht aber auch durch eine gleichartige Gestaltung. Oder auch durch eine Art »Umrandung« der Elemente durch Linien oder einen Kasten. Abbildung 6.38 von der Startseite *lufthansa.com*, zeigt den Einsatz des Gesetzes der Geschlossenheit gut auf.

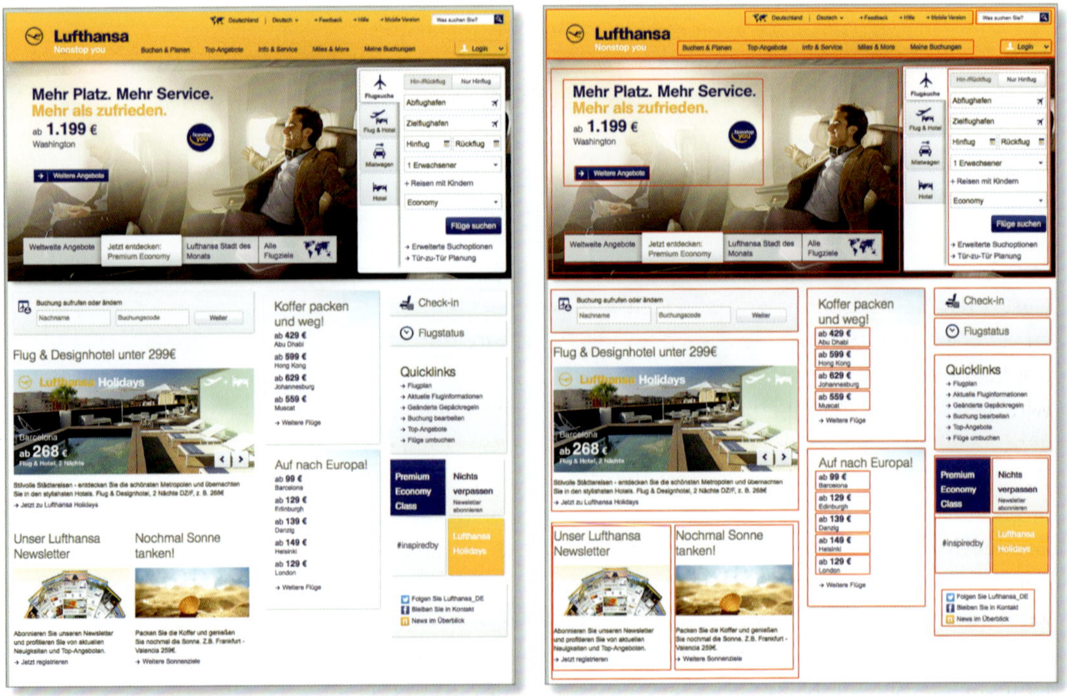

▲ **Abbildung 6.38**
Die Startseite der Lufthansa und das Gesetz der Geschlossenheit, *lufthansa.com*

Links sehen Sie den Original-Screenshot, und rechts sind die Elemente rot umrandet, die optisch zu einer Einheit zusammengefasst sind, mal größere Bereiche, mal nur ganz kleine. Mal wird mit Abstand bzw. Nähe gearbeitet, mal mit farbigen Kästen oder Bildern, mal mit dezenten Umrandungen. Trotz der Vielfalt an Informationen und der Dichte an Elementen im Design, sind die zusammengehörigen Bereiche klar erkennbar. Würde man diese visuellen Informationen weglassen, das Gesetz der Geschlossenheit also nicht beachten, wäre die Struktur der Seite nicht mehr so klar, Inhaltsbereiche nicht mehr so gut getrennt und insgesamt die Informationen nicht mehr so leicht aufnehmbar. Abbildung 6.39 führt dies einmal exemplarisch vor.

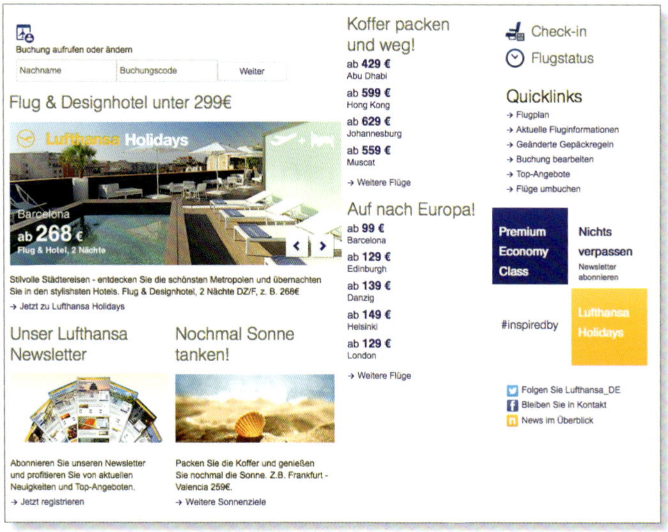

◂ **Abbildung 6.39**
Das Gesetz der Geschlossenheit missachtet: Zusammengehörige Bereiche sind in der von mir veränderten Version viel schwerer zu erkennen.

Das Zusammenspiel zwischen dem Gesetz der Nähe und dem Gesetz der Geschlossenheit ist ein ideales Stilmittel, um Ordnung zu schaffen und dem Benutzer ganz zwanglos die Struktur oder die Logik der Informationen anzuzeigen. Was einander fern ist, wird getrennt wahrgenommen und somit als nicht zusammengehörig empfunden. Linien und Farbflächen verstärken dabei die Zusammengehörigkeit, sie vermitteln Geschlossenheit.

Logodesign | Auch im Logodesign macht man sich das Gesetz der Geschlossenheit gerne zunutze. Die Anzahl der Elemente kann bei Logos dadurch soweit reduziert werden, dass die wichtigen Informationen noch organisiert und kommuniziert werden können. Die Reduktion der Elemente macht ein Logo nicht nur einfacher, sondern auch interessanter. Der Betrachter nimmt so unbewusst an der Vervollständigung des Logos teil.

Das Gesetz der Geschlossenheit kann Designs weniger komplex und interessanter machen. Besteht das Design aus einfachen Mustern, können einzelne Elemente, die vom Betrachter ergänzt werden können, entfernt werden.

▴ **Abbildung 6.40**
Symmetrische Logos wirken harmonisch und ästhetisch ansprechend.

6.3.3 Symmetrie und Asymmetrie

Symmetrische Objekte empfinden wir als schön und harmonisch. Das liegt vor allem an den vielen symmetrischen Erscheinungen, die uns in der Natur begegnen bei Pflanzen, Tieren und auch beim Menschen (zwei Augen, zwei Ohren, zwei Arme, zwei Beine). Daher sind uns symmetrische Formen sehr geläufig, und sie werden meistens als ästhetisch empfunden. So werden symmetrische Gesichter als attraktiver empfunden als asymmetrische.

Serienbilder und Comics
Auch in Comics wird das Gesetz der Geschlossenheit angewandt. Der Leser sieht nur einzelne Szenen und muss ergänzen, was dazwischen passiert ist. Die Handlung ist das Zusammenspiel aus Informationen vom Erzähler und den Informationen, die vom Leser kommen. Bei Serienbildern ergänzt der Betrachter die Informationen dazwischen und nimmt so Bewegung wahr.

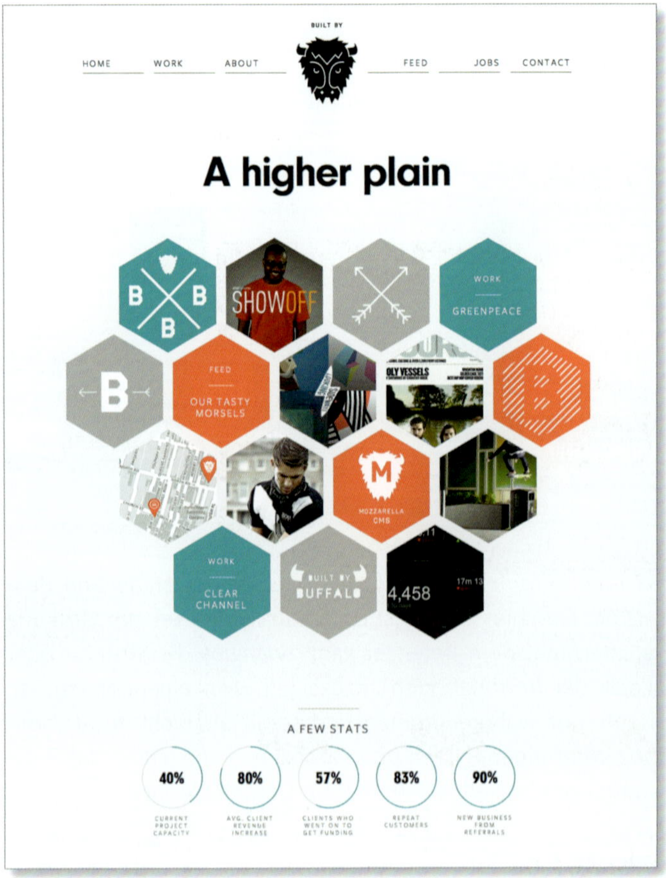

▲ **Abbildung 6.41**
builtbybuffalo.com setzt auf ein symmetrisches Design.

Symmetrische Formen sind meistens auch einfacher aufgebaut als asymmetrische Formen und prägen sich somit leichter ein. Sie vermitteln Harmonie und Stabilität, sorgen für Ordnung und Balance – auch auf Webseiten.

Sind die einzelnen Objekte entlang einer vertikalen – gedachten – Linie ausgerichtet, empfindet der Betrachter die Webseite harmonisch, und das Erscheinungsbild wirkt sauber und dadurch meistens professioneller. Eine symmetrische Anordnung unterstützt auch die klare Gliederung von Inhalten.

Symmetrie kann aber auch langweilig wirken, während asymmetrische Anordnungen Dynamik und Spannung erzeugen können. Gezielt eingesetzt, erzeugt es Interesse, zu viel Asymmetrie erzeugt Unordnung.

Ein vollständiges symmetrisches Design zu gestalten, dürfte bei den meisten Themen und Inhalten schwierig werden. Schließlich müssten die Inhalte dann auch immer genau so passen, dass man

▲ **Abbildung 6.42**
Asymmetrische Logos wirken spannungsvoller und interessanter.

diese an einer gedachten vertikalen Mittelachse spiegeln könnte. Asymmetrie entsteht da schon eher automatisch. Viele Designs werden aber gerade dadurch interessant und abwechslungsreich, dass sich symmetrische und asymmetrische Bereiche abwechseln.

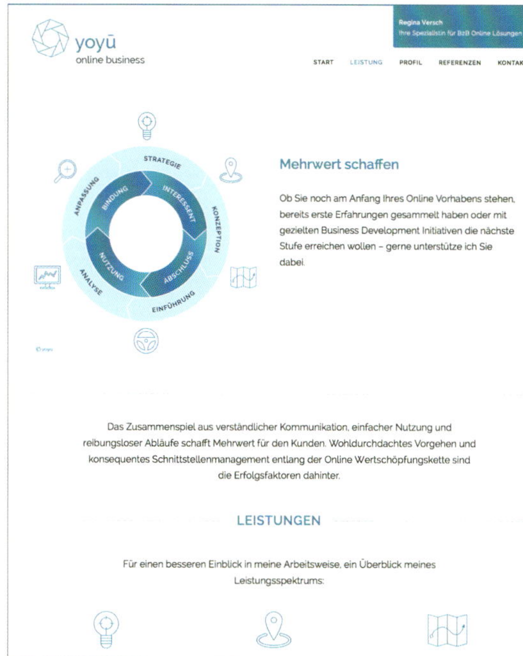

▲ **Abbildung 6.43**
Zwei Beispiele für den abwechslungsreichen Wechsel zwischen Symmetrie und Asymmetrie im Screendesign (links, *esmewinter.co.uk* und rechts, *yoyu.de*)

Die Screenshots in Abbildung 6.43 zeigen dieses Wechselspiel. So entsteht auch ein Rhythmus über die gesamte Seite hinweg (siehe dazu auch Abschnitt 6.3.6, »Der Rhythmus«). Die Seite bleibt so lebendig und interessant, während eben zu viel Symmetrie langweilig und zu viel Asymmetrie unstrukturiert wirken kann.

Das Teilungsverhältnis beim Goldenen Schnitt
Beim Goldenen Schnitt entspricht das Verhältnis der kürzen zur längeren Strecke, der längeren Strecke zur Gesamtstrecke. Das Verhältnis der Strecken beträgt dabei 1 : 1,618.

a + b	
a	b
ca. 61,8 %	ca. 38,2 %

$$\frac{a}{b} = \frac{a+b}{a}$$

6.3.4 Goldener Schnitt

Zentrale Positionierungen, wie bei der Symmetrie, wirken oft auch statisch und langweilig. Um einen spannenderen Bild- oder Layoutaufbau zu finden, gibt es zum Beispiel eine der bekanntesten gestalterischen Regeln: den Goldenen Schnitt. Er beschreibt die harmonische Aufteilung einer Fläche. Er findet sich in der Natur, so zum Beispiel beim menschlichen Körper, wie auch in der Architektur, Kunst, Fotografie und im Grafikdesign.

Piet Mondrian und Leonardo da Vinci bauten den Goldenen Schnitt in ihre Bilder ein. Die große Pyramide von Gizeh und die Kathedrale von Chartres weisen den Goldenen Schnitt auf.

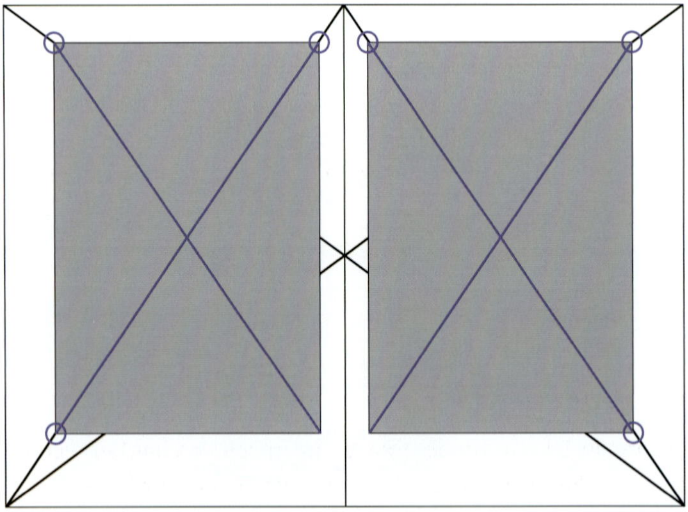

Abbildung 6.44 ▸
Auch im Printdesign wird der Goldene Schnitt gerne zur harmonischen Ausrichtung des Satzspiegels genutzt.

Die Aufteilung nach dem Goldenen Schnitt gilt als harmonisch und ästhetisch ansprechend. Überall da, wo eine Strecke oder ein Objekt in zwei Teile aufgeteilt werden muss, sollte man den Goldenen Schnitt in Erwägung ziehen.

Teilungen in diesem Verhältnis sind eigentlich immer harmonisch, oft aber auch etwas langweilig. Anders ausgedrückt: Will man Spannung erzeugen, ist die Teilung nach dem Goldenen Schnitt eher unangebracht.

▴ Abbildung 6.45
Aufteilung eines Bildes nach dem Goldenen Schnitt erzeugt eine harmonische Wirkung.

Foto: © Diogo Tavares – unsplash.com

▴ Abbildung 6.46
Mehr Spannung kommt allerdings in ein Bild, wenn die wichtigen Elemente NICHT nach dem Goldenen Schnitt platziert werden.

Eine Aufteilung nach dem Goldenen Schnitt sollte nicht zwangsläufig erstes Ziel sein, doch wenn er sich aufgrund der anderen Gestaltungsaspekte ergibt bzw. gut umzusetzen ist, ist er sicher zu empfehlen. Nicht nur in der Aufteilung von Bildmotiven und -ausschnitten lässt sich der Goldene Schnitt anwenden. Auch im Webdesign ließe sich diese Regel anwenden, zum Beispiel in der Aufteilung des Inhaltsbereichs und einer Seitenleiste. Eine Aufteilung nach dem Goldenen Schnitt lässt sich aber nicht immer einfach durchführen bzw. ergibt meistens unrunde Zahlen. Daher wird in der Praxis gerne auf die Drittel-Regel zurückzugriffen.

Vorliebe oder Gewohnheit?
Es ist unklar, ob der Goldene Schnitt eine angeborene ästhetische Vorliebe oder lediglich ein früh entstandenes Designverfahren ist, an das wir uns inzwischen so gewöhnt haben. Unabhängig davon hat er einen großen Einfluss auf die verschiedensten Designdisziplinen.

Schritt für Schritt: Goldener Schnitt in Photoshop

1 Freistellungswerkzeug

Wenn ein Bild in Adobe Photoshop zurechtgeschnitten werden soll, zum Beispiel weil der Ausschnitt verändert werden soll, eignet sich am besten das Freistellungswerkzeug.

2 Freistellungsoptionen

Ist dieses ausgewählt, gibt es in der Menüleiste das Icon zur Auswahl mit dem schönen Namen Überlagerungsoptionen für das Freistellungswerkzeug festlegen (1). Hier lassen sich unter anderem die Drittel-Regel und Goldener Schnitt auswählen.

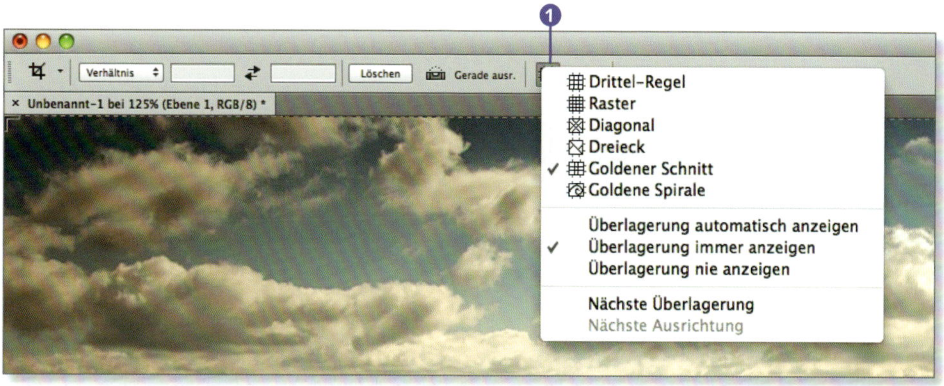

▲ **Abbildung 6.47**
Überlagerungsoptionen für das Freistellungswerkzeug in Photoshop

3 Bild freistellen

Mit gedrückter Maustaste lässt sich dann ein Bereich im Bild auswählen, der freigestellt werden soll (also um den alles außen herum abgeschnitten werden soll). Je nachdem, welche Überlagerungsoption Sie wählen, erscheinen eine Art Beschneidungshilfslinien, die Sie darin unterstützen, den richtigen Bildausschnitt zu finden.

Abbildung 6.48 ▸
»Hilfslinien« beim Beschneidungswerkzeug unterstützen Sie beim Freistellen, hier mit dem Raster GOLDENER SCHNITT.

Danach müssen Sie ihre Auswahl nur noch mit [Enter] bestätigen. Diese Überlagerungsoptionen können einem die Arbeit enorm erleichtern, einen harmonischen Ausschnitt zu finden bzw. markante Bildobjekte sinnvoll im Bildausschnitt zu positionieren.

6.3.5 Die Drittel-Regel

Eine Vereinfachung des Goldenen Schnitts ist die sogenannte Drittel-Regel. Nach ihr wird eine Strecke in drei gleich große Abschnitte geteilt. Die sich daraus ergebende Aufteilung 2:1 wirkt harmonisch und wirkt, ähnlich wie eine symmetrische Anordnung, stabil.

In der Anwendung wird das Format in ein (unsichtbares) Raster aus drei horizontalen und drei vertikalen Felder geteilt. An den sich ergebenden Schnittpunkten können dann Designelemente platziert werden, die besondere Bedeutung haben sollen. Die sich daraus ergebende Asymmetrie empfindet der Betrachter als interessant und ästhetisch ansprechend.

Das Teilungsverhältnis bei der Drittel-Regel
Die Drittel-Regel entspricht nicht ganz dem Goldenen Schnitt, kommt dessen Teilung aber sehr nahe:

Das Verhältnis bei der Drittel-Regel ist 1 : 0,666, beim Goldenen Schnitt 1 : 0,618.

Durch die einfachere Anwendung wird die Drittel-Regel öfter eingesetzt.

Abbildung 6.49 ▸
Teilung eines Bildes nach der Drittel-Regel

Auch im Webdesign lässt sich dieses Prinzip anwenden. Viele Webseiten, Weblogs und Portale sind nach der Drittel-Regel aufgebaut. Der Hauptinhalt umfasst dann zwei Drittel und die Seitenleiste ein Drittel der Fläche.

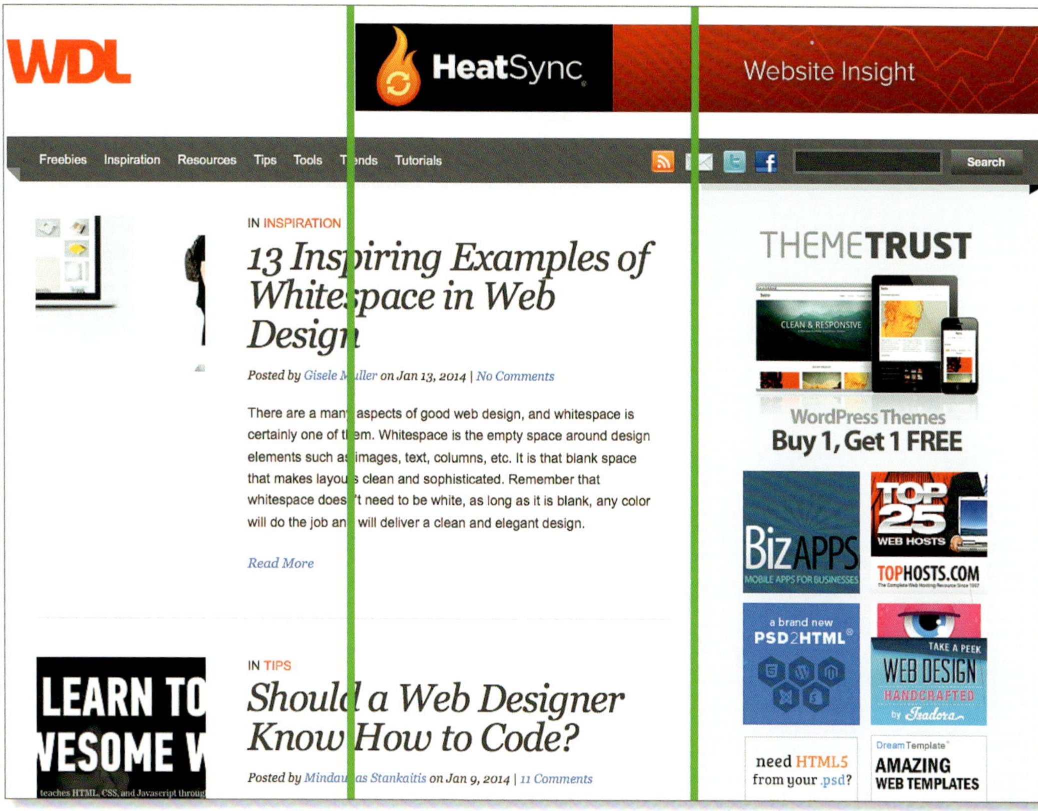

▲ **Abbildung 6.50**
Klassische Aufteilung eines Blogs: zwei Drittel Inhaltsbereich, ein Drittel Sidebar, wie bei *webdesignledger.com*

Der Goldene Schnitt und die Drittel-Regel sind hilfreiche Mittel, um harmonische Aufteilungen zu finden. Durch die Drittel-Regel lässt sich eine Aufteilung auch schnell finden. Aufgrund der einfacheren Umsetzung wird die Drittel-Regel häufig dem Goldenen Schnitt vorgezogen.

6.3.6 Der Rhythmus

Die einzelnen Elemente eines Layouts stehen in Beziehung zueinander, wie auch schon in Abschnitt 6.3.3, »Symmetrie und Asymmetrie«, gezeigt. Diese Beziehung der Elemente zueinander nimmt der Betrachter als visuellen Rhythmus wahr. Der Rhythmus wird meistens durch den Blickverlauf vorgegeben oder bei

Webseiten durch die Scrollbewegung nach unten. Er ergibt sich aus der Anordnung der Elemente und deren visueller Gewichtung durch Größe, Farbe, Form oder Position (dazu später in Abschnitt 6.3.8, »Visuelles Gewicht und Kontrast«, mehr).

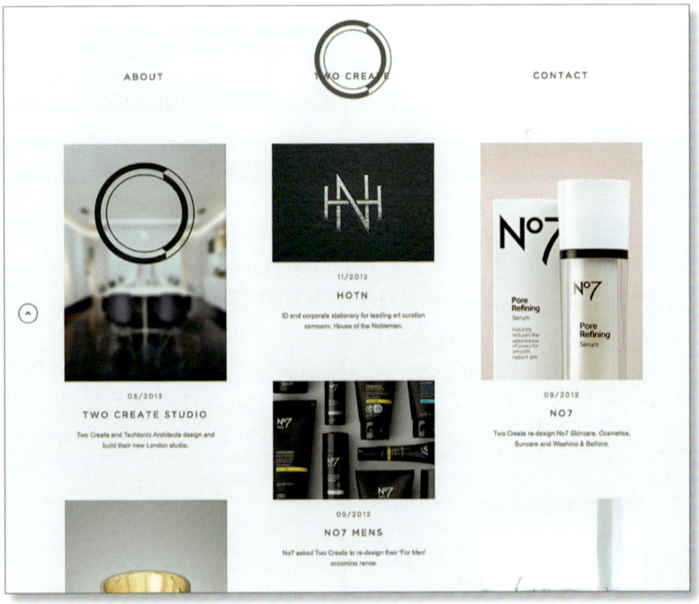

▲ **Abbildung 6.51**
Ein regelmäßiger Rhythmus, wo man mit muss bei *twocreate.co.uk*

Der Rhythmus kann regelmäßig sein, ähnlich der Symmetrie. Die Elemente sind von ähnlichem oder gleichen optischen Gewicht oder wiederholen sich, so dass das Gesamtlayout eher ruhig und statisch wirkt. So ein Rhythmus lässt sich gut auf Abbildung 6.51 erkennen, auf der die Webseite *twocreate.co.uk* zu sehen ist.

Rhythmus-Brüche
Ein Rhythmus sorgt für Struktur, Orientierung und Wiedererkennung. Ein Bruch sorgt wiederum für die nötige Spannung im Design. Schön ist es, wenn im Layout symmetrische und asymmetrische Abschnitte vorkommen. Dies bringt die nötige »Lockerheit« ins Design.

Ein Rhythmus kann aber auch unregelmäßig sein, wie zum Beispiel bei *blackestate.co.nz* (siehe Abbildung 6.53). Hier sind die Elemente stark unterschiedlich gewichtet, und ihre Verteilung ist eher asymmetrisch. Das Design wirkt dadurch insgesamt dynamisch, lebendig und interessant. Ein zu gleichmäßiger Rhythmus kann zu uninteressant wirken, gezielt eingesetzte *Rhythmusstörungen* (wie hier zu sehen) können dem entgegenwirken.

Oft lässt sich ein Rhythmus gerade auf Startseiten schon gut fast von alleine durch die Inhalte erreichen. Zwei, drei- oder auch vierspaltige Layouts, die die gleiche oder eine sehr ähnliche Gestaltung haben (Bild, Headline, Fließtext), wirken nebeneinander schon automatisch harmonisch und symmetrisch. Ein schönes Beispiel dafür zeigt Abbildung 6.52.

▲ Abbildung 6.52
Ein Klassiker: Drei Teaser nebeneinander, dazu noch zentrierter Text ergibt eine symmetrische Wirkung.

▲ Abbildung 6.53
Unregelmäßiger Rhythmus bei *blackestate.co.nz*

Würden alle Inhaltsbereiche eine solche symmetrische Wirkung erzeugen, würde das Design deutlich langweiliger bzw. monotoner wirken. Abwechslung lockert hier das Design auf und bringt Spannung rein. Im Fall der Webseite *katarina-witt-stiftung.de* gelingt dies über asymmetrische Bereiche.

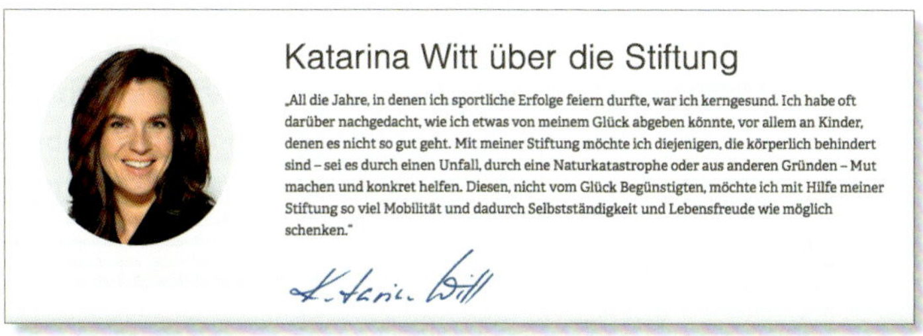

▲ Abbildung 6.54
Ein asymmetrischer Abschnitt. Die Aufteilung entspricht ungefähr der Drittel-Regel, *katarina-witt-stiftung.de*.

6.3.7 Die Leserichtung

In unserer westlichen Kultur führt die Leserichtung von links nach rechts – eine Sehgewohnheit, die sich im Laufe unseres Lebens durch die Praxis des Lesens tief in uns eingeprägt hat und die die Wahrnehmung nachhaltig beeinflusst. Die Leserichtung lenkt nicht nur den Blick beim Lesen, sondern beeinflusst auch die Aufmerksamkeit beim Betrachten von Layouts oder Bildern.

Aufgrund der Leserichtung bekommen diese eine ganz bestimmte Aussage. Würde man die Leserichtung umkehren, könnte sich die Wirkung verändern.

Ganz pauschal bedeutet das für Webseiten, dass der Betrachter auch diese von links nach rechts betrachtet. Die Leserichtung sorgt dafür, in welcher Reihenfolge wir Elemente wahrnehmen. Dies können wir uns zunutze machen, indem wir die Elemente, die zuerst wahrgenommen werden sollen, eher links anordnen.

HTML und Hierarchien
Gutes HTML gibt die (visuelle) Hierarchie im Grunde vor. Mit HTML sollten die Inhalte strukturiert werden. Die wichtigste Überschrift wird als `h1` ausgezeichnet, die zweitwichtigste als `h2` usw. Die visuelle Umsetzung kann sich daran orientieren. Per CSS wird die `h1` dann stärker betont als die `h2` (zum Beispiel durch größere Schrift). So sollte schon vor der technischen Umsetzung und auch schon vor dem Screendesign klar sein, welche Bedeutung die einzelnen Elemente haben (siehe Kapitel 3, »Konzeption und Strategie«)!

ihrer inhaltlichen Bedeutung entsprechend auch visuell gestaltet werden.

Werkzeuge | Um eine visuelle Hierarchie zu schaffen, stehen dem Designer verschiedene Werkzeuge zur Verfügung. Ein Element kann betont werden durch eine andere Helligkeit, eine andere Farbe, Form, Struktur, Größe oder Ausrichtung. Auch Leerraum kann Bedeutung schaffen. Bei Texten gibt es verschiedene Hervorhebungsmöglichkeiten (siehe Kapitel 10, »Typografie«), wie Schriftart, Schriftschnitt und Schriftfarbe.

Größe | Je größer ein Objekt, desto wichtiger ist es für die Gesamtgestaltung. Je kleiner, desto unwichtiger. Die relative Größe im Vergleich zu den anderen Elementen ist dabei entscheidend. Mit Größenunterschieden zu arbeiten, ist ein effektives Mittel, um den Blickverlauf des Betrachters zu steuern. Die Größe eines Elements sollte mit seiner inhaltlichen Bedeutung übereinstimmen.

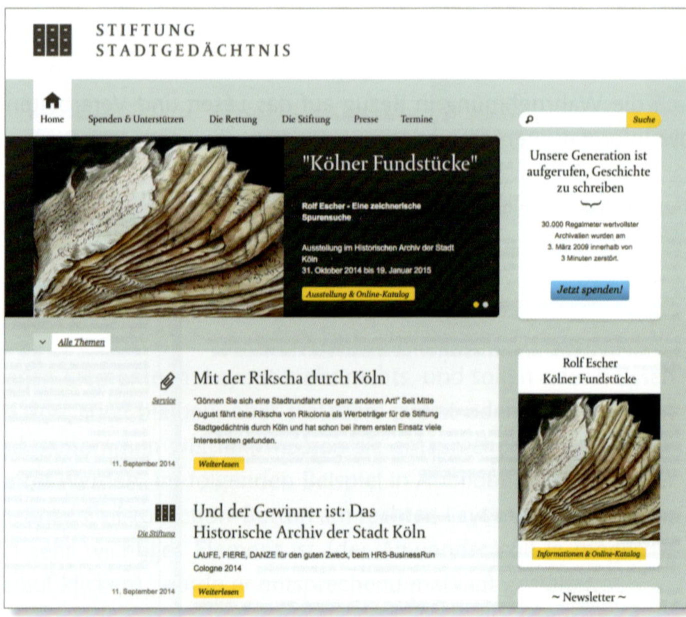

▲ **Abbildung 6.59**
Knapp zusammengefasst: Je größer der Text, desto wichtiger ist er, hier bei *stiftung-stadtgedaechtnis.de*.

Über die Unterseiten hinweg sollten gleiche Elemente die gleichen Größen behalten, um ein einheitliches Aussehen zu gewährleisten und den Anwender nicht zu verwirren. Extreme Größenunterschiede können einem Design Spannung geben. Zu geringe Größenunterschiede können langweilig wirken.

Helligkeit und Farbe | Ganz allgemein wirken dunkle Flächen gewichtiger als helle Elemente. Dieser Effekt kann sich auf einem eher dunklen Hintergrund umkehren.

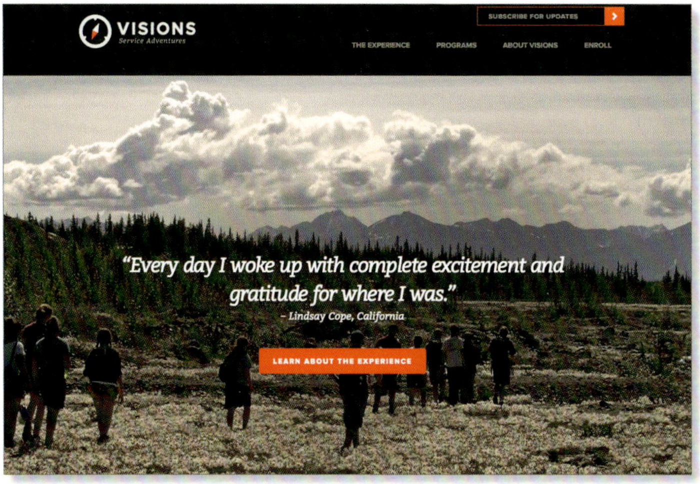

▲ **Abbildung 6.60**
Ein roter Button fällt auf bei *visionsserviceadventures.com*.

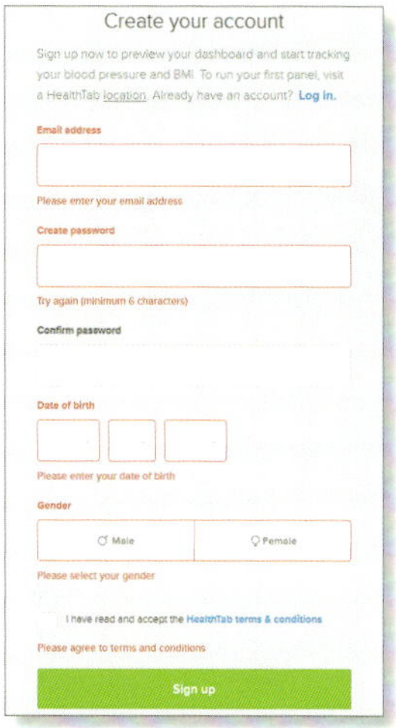

▲ **Abbildung 6.61**
Farblich gekennzeichnete Fehlermeldungen zeigen dem Anwender schnell, wo er agieren muss, wie bei *healthtab.com/en/users*.

Warme Farben (siehe Abschnitt 9.5.1, »Warme Farben«) wie Rot, Orange oder Gelb wirken bedeutender als kalte Farben wie Blau oder Türkis. Intensiv leuchtende Farben sind gewichtiger als zarte oder blasse Farben.

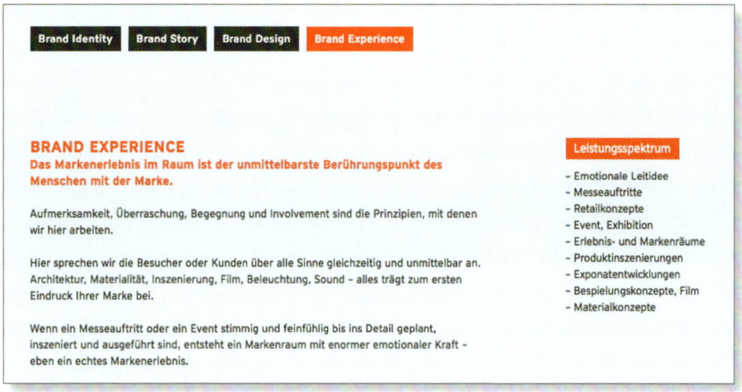

▲ **Abbildung 6.62**
Das kräftige Rot tritt in den Vordergrund, das dunkle Grau folgt ihm nach, das Hellblau des Hintergrunds tritt damit in eben diesen, bei *zeichenundwunder.de*.

Mit Farben lassen sich sowohl Hierarchien definieren als auch Stimmungen erzeugen und Emotionen vermitteln. Und Farben dienen dazu, einzelnen Elementen eine besondere Bedeutung zu geben, sei es als Link oder sei es, ganze Kategorien farblich zu markieren. Mehr zu Farben, ihrer Wirkung und ihrem gezielten Einsatz steht in Kapitel 9, »Farbe im Webdesign«.

Zwischen Harmonie und Spannung
Eine Gestaltung bewegt sich immer zwischen den beiden Polen Harmonie und Spannung. Kontraste sorgen dafür, die richtige Balance zwischen diesen beiden Polen zu finden. Je nach gewünschter Wirkung soll mal das eine, mal das andere überwiegen.

Lage und Ausrichtung | Die Lage und Ausrichtung der einzelnen Elemente stellt Ordnung und Beziehung zwischen ihnen her. Dies kann so eindeutig sein, wie die Trennung zwischen dem Inhaltsbereich und der Seitenleiste (Sidebar) einer Webseite, aber auch wesentlich komplexer.

Die Elemente haben, je nach Lage, eine visuelle Gewichtung und Wirkung. Objekte, die weiter oben stehen, wirken zum Beispiel leichter und spannungsvoller als weiter unten stehende Objekte. Elemente, die weiter links stehen, wirken »leichter« und dynamischer. Rechts stehende wirken eher ruhiger und stabiler.

▲ **Abbildung 6.63**
Typische Anordnung: Der linke Text wirkt dynamisch und unruhig, da er in der Luft »hängt« und führt das Auge zum »stabilen« Bild hin, *audienceentertainment.com*.

Und dann gibt es noch »Orte« mit besonderer Bedeutung (siehe dazu auch Abschnitt 8.1, »Anatomie einer Webseite«), zum Beispiel die rechte obere Ecke des Screendesigns. Hier steht meistens die Metanavigation mit den häufigen Punkten wie Kontakt, Impressum, News, Login, Suche etc. Die Lage und Ausrichtung der Webseiten-Elemente sollten also einerseits der Erwartungshaltung der Anwender entsprechen und im Idealfall auch gleichzeitig für die benötigte Harmonie und Spannung sorgen.

◂ **Abbildung 6.64**
Klassische Anordnung: oben links das Logo, darunter die Hauptnavigation und rechts oben die Metanavigation, *moszeik.com*

Form | In einem Screendesign finden sich viele Formen wieder, vor allem rechteckige. Runde Formen wirken dynamischer und auch »leichter« als eckige Formen.

Texte, die besonders hervorgehoben werden sollen, kann man auch gut in »Form bringen«, also zum Beispiel in ein Rechteck oder einen Kreis setzen. Hat diese Form dann noch eine markante Hintergrundfarbe, bekommt die Form und damit auch der Inhalt, also der Text, eine entsprechend hohe visuelle und damit inhaltliche Bedeutung.

▴ **Abbildung 6.65**
Viele Kästen geben einer Seite Struktur. Besonders auffällig ist aber der farbige Kasten »191 Kunden« bei *fischerappelt.de*.

Kontrast | Kontraste wecken Interesse und bringen Spannung in eine Gestaltung. Je größer der Kontrast, beispielsweise in der Farbe oder der Textgröße, desto spannungsreicher und aufmerksamkeitsstärker ist das Design. Interessantes Design ist meistens sehr kontrastreich.

Kontraste entstehen durch starke Gegensätze, durch auffallende Gestaltungsunterschiede. Zum Beispiel der Wechsel von einer hellen zu einer sehr dunklen Farbe oder starke Änderungen in der Schriftgröße. Kontraste wirken als Signale. Sie erzeugen Aufmerksamkeit und zeigen eine inhaltliche Bedeutung an. Die Webseite *commplot.nl* arbeitet z. B. mit einer großen Füller an Kontrasten: farbiger Text auf weißem Hintergrund, weißer Text auf farbigem Hintergrund, inhaltliche Bereiche mit Farbflächen getrennt und unterschiedliche Elementgrößen.

Abbildung 6.66 ▸
Vielfältige Kontraste bei *commplot.nl*

Ein ansprechendes Screendesign sollte eine Balance aus Kontrast und Konsistenz haben. Das Design sollte also dynamisch genug sein, um das Interesse des Lesers zu fesseln, und gleichzeitig konsistent genug, um der Seite eine starke Identität zu verleihen. So kann der kontrastreiche Wechsel von einer hellen Hintergrundfarbe zu einer dunklen den Hauptinhalt einer Webseite von dem Fußbereich trennen.

Übung visuelle Hierarchie

- Schreiben Sie die wichtigsten Informationen (ca. 5–10) auf, nach denen der Anwender auf Ihrer Website suchen wird.
- Geben Sie den Informationen Werte (1–10) nach ihrer Bedeutung für den durchschnittlichen Besucher (1 = weniger wichtig, 10 = sehr wichtig).
- Schauen Sie sich das Screendesign an: Weisen Sie den Elementen Werte zu (1–10) nach der tatsächlichen Bedeutung im Design.
- Inwiefern decken sich die Erwartungen des Besuchers mit der tatsächlichen Bedeutung?

Auswertung:
Im Idealfall deckt sich die inhaltliche Gewichtung mit der visualisierten Gewichtung, was aber selten eins zu eins der Fall sein wird.

Sind die Unterschiede aber in einzelnen Bereichen zu groß (ab ca. ⅔ Punkten Differenz), dann sollten Sie überlegen, ob und wie Sie das Design anpassen können.

Ist der inhaltliche Wert größer als der visuelle Wert, dann sollte das Element gestalterisch weiter/besser hervorgehoben werden. Ist der inhaltliche Wert kleiner als der visuelle, dann können Sie es in der Gestaltung weiter zurücknehmen.

Nach einer eventuellen Überarbeitung könnte man die Übung erneut durchführen, um zu überprüfen, ob sich inhaltliche und visuelle Bedeutung nun besser decken. Dies lohnt sich vor allem bei größeren optischen »Umbaumaßnahmen«. Sind es eher kleinere Anpassungen ist das nicht zwingend notwendig.

6.4 Wahrnehmung und Gestaltung

Die Wahrnehmung visueller Reize erfolgt nach bestimmten Mustern im Gehirn. Diese werden häufig *Wahrnehmungsgesetze* oder auch *Gestaltgesetze* genannt.

In vorherigen Abschnitt 6.3, »Anordnung und Gewichtung«, wurden schon das *Gesetz der Nähe* und das *Gesetz der Geschlossenheit*. Es gibt noch einige *Wahrnehmungsgesetze* und Gestaltungsregeln mehr. Diese beruhen auf visuellen Erfahrungen, die jeder Mensch macht. Ihrer Bedeutung und Wirkung sollte sich jeder Screendesigner bewusst sein.

6.4.1 Gesetz der Ähnlichkeit

Elemente, die sich in Farbe, Form oder Größe ähneln, werden von unserer Wahrnehmung als zusammengehörig aufgefasst. Die Ähnlichkeit kann sich auch auf andere Faktoren wie Helligkeit, Material/Textur, Position, Bewegungsrichtung oder Geschwindigkeit beziehen.

Abbildung 6.67 ▸
Ähnliche aussehende Elemente werden als zusammengehörig betrachtet. Die Ähnlichkeit kann sich auf Helligkeit, Farbe, Orientierung, Größe oder Form beziehen.

Je mehr Gemeinsamkeiten zwei Elemente aufweisen, desto stärker ist die Wahrnehmung als Einheit.

Konsistenz | Im Webdesign spielt dieses Prinzip der Ähnlichkeit eine große Rolle. Elemente, die die gleiche Bedeutung und/oder Funktionalität haben, sollten auch gleich, oder zumindest ähnlich, aussehen.

▴ **Abbildung 6.68**
Die Konsistenz einer Benutzeroberfläche erleichtert dem Anwender das Bedienen – auf Webseiten wie auf Touchscreens: *bjoernrichter-design.de/home/db-fahrkartenautomat-interface.*

▴ **Abbildung 6.69**
Bei *hundeland.de* sehen die Buttons immer gleich aus, weiße Schrift auf grünem Hintergrund. Durch die Konsistenz gewöhnt sich der Anwender daran.

Die Buttons wie in Abbildung 6.69 sind, trotz der relativ großen Distanz zwischen ihnen, als ähnlich wahrnehmbar. Sie werden vom Betrachter zu einer funktionellen Gruppe zusammengefasst. Es ist schnell klar, dass diese Elemente etwas gemeinsam und eine ähnliche Funktionalität haben. Worin diese Bedeutung im Detail besteht, lässt sich aufgrund der Gestaltung nicht unbedingt gleich erkennen.

Wiedererkennung | Durch das *Gesetz der Ähnlichkeit* lässt sich im Webdesign eine Konsistenz über alle Unterseiten hinweg erreichen. Konsistenz führt dann zu einem einheitlichen Stil. Und Stil bezeichnet die Handhabung immer wiederkehrender Elemente.

Das Gesetz der Ähnlichkeit und die Konsistenz sind eine Frage des Details. Erst die ausgearbeiteten Details sorgen für die Wiedererkennung. Deshalb sollte eine einzelne Webseite nicht nur in sich geschlossen sein, sondern auch zum gesamten Webauftritt mit all seinen Unterseiten passen.

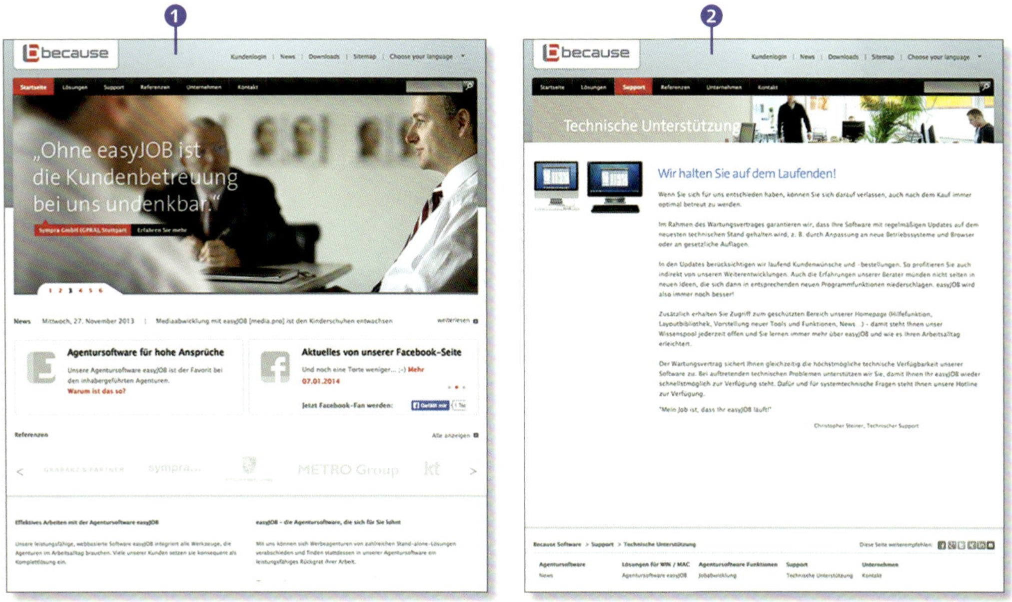

Die Herausforderung besteht darin, die richtige Mischung aus Konsistenz und Abwechslung zu finden. Die einzelnen Seiten eines Webauftritts sollen konsistent, aber nicht langweilig erscheinen. Langeweile tritt ein, sobald eine Seite vorhersehbar und gleichförmig ist.

▲ **Abbildung 6.70**
Startseite ❶ und Unterseiten ❷ können sich zwar klar unterscheiden, sollten aber insgesamt als zusammengehörig erkennbar sein, wie hier bei *because-software.com*.

Elemente, die zusammengehören oder die gleiche Funktion haben, sollten also ähnlich gestaltet sein. Den schwächsten Effekt erzielt eine Wiedererkennung aufgrund der Form. Dann kommt die Ähnlichkeit in Bezug auf die Größe und den stärksten Effekt hat die Farbe. Am besten wirkt die Kombination mit Farbe und Größe. Grundsätzlich gilt, je mehr Gemeinsamkeiten zwei Objekte aufweisen, desto stärker ist die Gruppierungstendenz in unserer Wahrnehmung.

6.4.2 Gesetz der Erfahrung

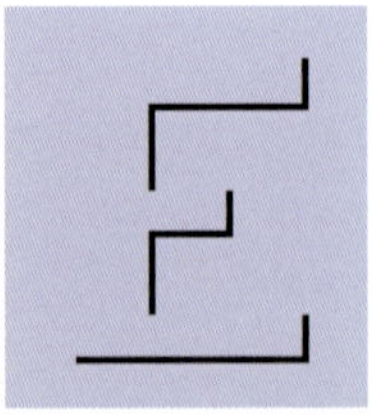

▲ **Abbildung 6.71**
Ein paar wenige Linien, und schon erkennen wir klar einen Buchstaben. Ein Analphabet würde die obere Form vermutlich nicht so leicht erkennen.

Uns bekannte Formen, Zeichen und Strukturen erkennen wir wieder, selbst wenn diese Elemente nicht vollständig zu sehen sind. Denn Elemente, denen wir oft begegnen, haben sich eingeprägt.

Unser Wahrnehmungsvermögen hält bei der Betrachtung von Objekten ständig nach bereits bekannten Mustern, Zusammenhängen und Bildern Ausschau. Das Gehirn stützt sich also auf bereits gemachte Erfahrungen.

Das *Gesetz der Erfahrung* lässt sich sehr gut beim Einsatz von Icons beobachten.

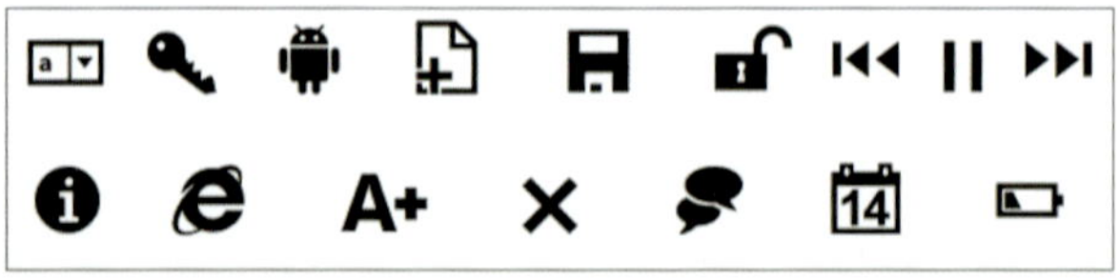

▲ **Abbildung 6.72**
Viele der oberen Symbole sind uns schon so häufig begegnet, dass wir ihre Bedeutung kennen, manche andere sind uns weniger geläufig.

Mit dem Gesetz der Erfahrung lassen sich Gewohnheiten der Anwender bestätigen. Neben dem Beispiel der Icons kann das im Screendesign auch die Positionierung von bestimmten Elementen sein. Das Logo ist meistens oben links platziert und die Hauptnavigation unterhalb des Logos oder oben rechts. Bekannte Elemente erleichtern es dem Anwender, sich schnell zurechtzufinden und den einzelnen Elemente die richtige Bedeutung zuzuordnen.

Die Beachtung dieser Regel hilft dem Anwender, sich schneller zu orientieren und sich auf die Inhalte zu konzentrieren. Allerdings kann aber auch gerade der Bruch dieser bekannten Seh- und Surfgewohnheiten Spannung und Aufmerksamkeit bringen, wie das Navigationsbeispiel aus Abbildung 6.73 zeigt.

Abbildung 6.73 ►
Gerade der Bruch mit der klassischen Navigationserfahrung macht *marianne-brandt-wettbewerb.de* so spannend.

Ein solch markanter »Erfahrungsbruch« sollte aber wohlüberlegt sein. Es wirkt sicherlich innovativ und grenzt sich damit gut von anderen Seiten ab. Es besteht aber auch die Gefahr, dass Anwender verwirrt und im Extremfall frustriert werden, da sie die Seite nicht, oder zumindest nicht so einfach, bedienen können, wie gewohnt und gewollt.

Wie im Fall der Navigation kann das große Konsequenzen auf die Bedienbarkeit haben, während es im Fall eines Icons als Symbol für einen Link zur »Startseite« überschaubar sein mag. Hier hilft auch ein Blick auf die Zielgruppe und die eigenen Ziele bzw. das eigene (gewünschte) Image. Erlauben es diese beiden, innovative gestalterische Lösungen zu wählen, weil die Anwender sehr internetaffin sind, vielleicht sogar Spaß an solchen neuen »Erfahrungen« haben und weil man sich selber auch gerne etwas abheben will vom Rest? Oder ist es eher ein traditionelles Thema mit einer ebensolchen Zielgruppe und vielleicht sogar noch einem Onlineshop, bei dem jede Änderung an Gewohnheiten zu Umsatzeinbußen führen kann?

6.4.3 Gesetz der Kontinuität

Elemente, die auf einer gedachten Linie angeordnet sind, werden als zusammengehörig empfunden. Die gedachten Linien können sowohl gerade als auch gekrümmt sein. Dies wird oft als *Gesetz der Kontinuität* bzw. als *Gesetz der guten Fortsetzung* bezeichnet.

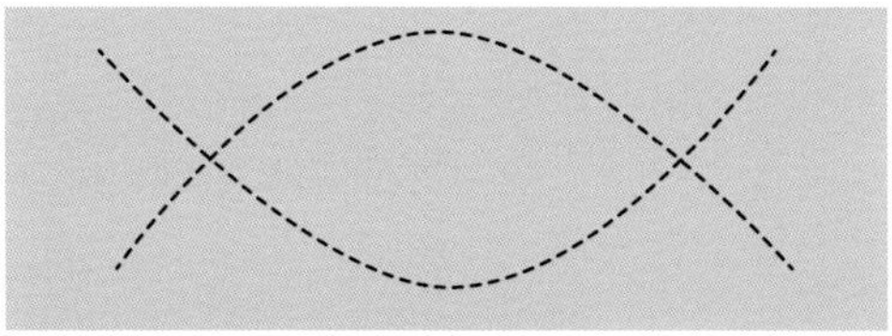

◂ **Abbildung 6.74**
Zwei durchgängige Linien? Oder sechs einzelne, die sich treffen?

◂ **Abbildung 6.75**
Die Markierungen auf einem Tacho werden als eine Einheit wahrgenommen, da sie entlang einer kreisförmigen Linie angeordnet sind.

Lücken oder Ungenauigkeiten werden ähnlich wie beim *Gesetz der Geschlossenheit* unbewusst ergänzt. Die von uns wahrgenommenen Linien folgen dem einfachsten Weg und behalten ihre Richtung bei.

Im Webdesign lassen sich mit dem Gesetz der Kontinuität Sinnzusammenhänge herstellen. Ein gutes Beispiel hierfür sind die in einer Zeile angeordneten verlinkten Seitenzahlen am Ende einer Suchmaschinen-Ergebnisseite.

▲ **Abbildung 6.76**
Die Seitenzahlen bei *webdesignerdepot.com* zeigen das Gesetz der Kontinuität. Die »fehlenden« Seitenzahlen vervollständigt der Anwender selbstständig.

6.4.4 Figur-Umfeld-Beziehung

Ein grafisches Objekt befindet sich immer in einem Umfeld und wird nie isoliert betrachtet. Das Objekt setzt sich dabei durch die Merkmale Kontrast, Farbe, Kontur, Textur und Bewegung vom Hintergrund ab.

Abbildung 6.77 ▸
Die beiden mittleren Quadrate sind gleich groß. Das Linke wirkt aber größer, weil die umgebenden Quadrate deutlich kleiner sind.

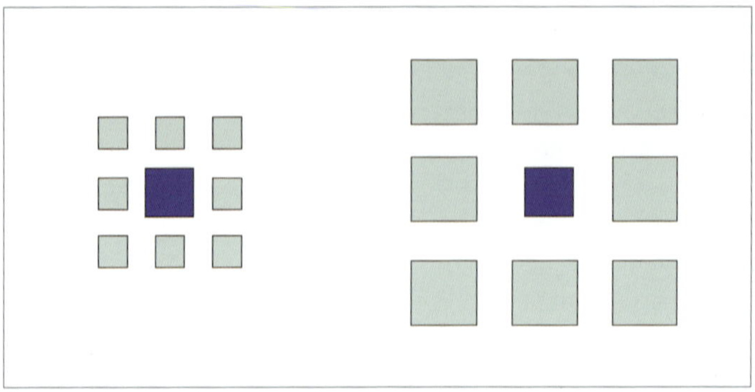

▲ **Abbildung 6.78**
Der Klassiker – die rubinsche Vase. Entweder man nimmt eine weiße Vase auf schwarzem Grund oder zwei schwarze sich ansehende Gesichter auf weißem Hintergrund wahr.

Abbildung 6.77 zeigt, wie sehr die Wahrnehmung eines Elements vom Umfeld abhängig ist. Die *Figur-Umfeld-Beziehung* ist elementar. Denn durch die Unterscheidung vom Hintergrund nehmen wir eine Figur überhaupt erst als eigenständiges Objekt wahr. Die Figur (mit wichtigen Informationen) setzt sich vom Hintergrund ab. Die Figur ist dabei von einem geschlossenen Umriss umgeben und unterscheidet sich meistens durch Farbe oder Helligkeit.

Der Mensch nimmt visuelle Reize entweder als Figurelemente oder als (Hinter)Grundelemente wahr. Sind in einer Komposition Figur und Grund klar zu erkennen, ist die Beziehung stabil. Figurelemente bilden Blickpunkte, sie stehen sprichwörtlich im Vordergrund, erhalten mehr Aufmerksamkeit und prägen sich besser ein. Grundelemente dagegen bilden einen undifferenziert wahrgenommenen Hintergrund.

▲ **Abbildung 6.79**
Spannendes Spiel zwischen Figuren- und Hintergrundelementen bei *proclaim.se*

▲ **Abbildung 6.80**
putzengel.at überzeugt mit einem sehr individuellen Gesamtlayout.

Die wichtigsten Merkmale einer stabilen Figur-Umfeld-Beziehung sind:

- Die Figur hat eine eindeutige Form, der Hintergrund ist formlos.
- Der Grund setzt sich hinter der Figur fort.
- Die Figur erscheint näher und hat eine genaue Position, während der Hintergrund weiter weg und postionslos erscheint.

Bei unklaren Figur-Grund-Konstellationen ist die Beziehung nicht eindeutig geklärt und die Interpretation kann zweideutig ausfallen wie bei der rubinschen Vase. Die Website *putzengel.at* (Abbildung 6.80) zeigt ein sehr individuelles Layout. Daraus, dass Figur und Hintergrund hier nicht immer ganz eindeutig geklärt sind, bezieht das Gesamtlayout seinen Reiz.

Spannungsvolle Flächenaufteilung | Jedes grafische Element verhält sich in bestimmter Weise zur Grundfläche, auf der es sich befindet. Ein Kreis lässt einen anderen Hintergrund übrig als ein Quadrat. Ein Designer muss sich immer bewusst sein, dass die Form des Hintergrunds gleichberechtigt am Layout beteiligt ist.

◂ **Abbildung 6.81**
Hintergrund und die Figurenelemente im reizvollen Wechsel bei *hakuna.com.ar*

Der Hintergrund bildet selbst eine Form. Wenn die Figur verändert wird, wird auch der Hintergrund verändert. Ziel sollte deshalb sein, die Figur und die Hintergrundfläche möglichst spannungsreich aufzuteilen.

Designs, grafische Kompositionen sollten eine stabile Figur-Umfeld-Beziehung haben, um beim Betrachter Irritationen zu vermeiden. Schlüsselelemente sollten daher zu Figuren in einer Komposition werden.

6.4.5 Schwerkraft

Die Schwerkraft zieht alles nach unten, eines der Naturgesetze, das wir von klein auf praktisch erlernt haben. Dies hat auch Auswirkungen auf das Design. Denn alles, was weiter oben platziert ist, wirkt dynamischer.

Abbildung 6.82 veranschaulicht das Phänomen der Schwerkraft gut: Das Quadrat im ersten Kasten bewegt sich nach unten, bzw. in unserer Vorstellung, geprägt von der Schwerkraft, bewegt es sich nach unten. Es ist labiler als ein Element, das weiter unten platziert ist, wie es zum Beispiel bei der mittleren Grafik der Fall ist. Hier kann sich das Quadrat nicht mehr so weit bewegen, denn es ist schon fast unten angekommen. Anders verhält es sich bei einem Objekt, das auf einer unteren Linie aufliegt (Kasten drei). Ein solches Objekt erscheint uns stabil, unbewegt, ruhig.

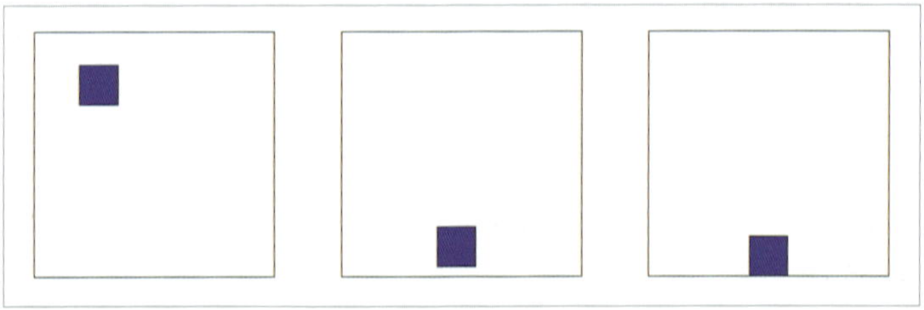

▲ **Abbildung 6.82**
Dynamisch oder unbewegt und ruhig – die Platzierung eines Elements hat Einfluss auf die Wirkung eines Designs.

Bei der Platzierung von Website-Elementen sollten man sich immer die Schwerkraft vor Augen halten. Dynamik und Ruhe liegen manchmal gar nicht weit auseinander.

6.4.6 Gesetz der Gleichzeitigkeit

Elemente, die sich gleichzeitig verändern oder bewegen, werden als zusammengehörig wahrgenommen. Dieses Prinzip spielt bei Animationen eine große Rolle.

▲ **Abbildung 6.83**
Alle Elemente, die zu den einzelnen Slides gehören, werden bei *webcontact.de* gleichzeitig aus- und eingeblendet und so als zusammengehörig wahrgenommen.

6.5 Gute Webgestaltung

Die vorgestellten Gestaltgesetze und -prinzipien sind die wichtigsten, es gibt aber noch einige mehr. Oft sind die Gesetze und ihre Bedeutung offensichtlich und manchmal gar trivial. Elemente, die in einem Kasten stehen, als zusammengehörig wahrzunehmen, klingt nicht gerade nach einer großen Erkenntnis. Und trotzdem, oder vielleicht auch gerade wegen ihrer Einfachheit, werden diese Gesetze oft – auch auf Webseiten – vernachlässigt. Keine klare Layoutstruktur, unpassende Abstände, schlecht platzierte Trennlinien, gleiche Elemente mit unterschiedlichen Farben sind dann das Ergebnis.

Allerdings sollte man die Gestaltgesetze nicht einzeln für sich betrachten, denn – wie bei einigen Beispielen oben gesehen – wirken sie gleichzeitig und zusammen. Und somit nimmt auch die Trivialität schnell ab.

Screendesign ist also ein bisschen wie ein visuelles Puzzlespiel. Aus vielen Einzelteilen muss ein Gesamtbild zusammengesetzt werden. Kein einziges Puzzleteil sollte dabei von den anderen isoliert sein, damit alles miteinander harmoniert.

» *Der Wahrnehmungseindruck ist mehr als die Summe der einzelnen Gestaltgesetze.*

Für die Praxis der Gestaltung und Bewertung von Webseiten sind die Gesetze wie ein kleines Einmaleins. Und dieses sollte ein Webdesigner beherrschen.

Das Zusammenspiel der Prinzipien
Kennt man die Gestaltungregeln, kann man einige Gestaltungsfehler umgehen bzw. kommt man schneller zu ansehnlichen und wirkungsvollen Ergebnissen. Die Prinzipien sind aber nie isoliert zu betrachten, und erst das sinnvolle Zusammenspiel der einzelnen Regeln ergibt eine gute Gestaltung.

Einfachheit vs. Komplexität | Als eine Erkenntnis der Wahrnehmungs- und Gestaltungsregeln lässt sich zusammenfassen, dass gutes, wahrnehmungsfreundliches Design visuell einfach und eindeutig sein sollte.

Die Einfachheit hat aber ihre Grenzen. Die Reduzierung der visuellen Komplexität, um das Design optisch angenehmer zu gestalten, führt oft auch zu einer höheren strukturellen Komplexität. Inhalte, die einer optischen Reduktion zum Opfer fallen, können zum Beispiel zu einer komplexeren Navigationsstruktur führen. Für den Nutzer würde es somit schwieriger werden, die Seite zu verstehen und zu navigieren. Der Effekt würde also verkehrt.

Und Uneindeutiges fordert das Denken heraus, komplexe Dinge ziehen die Aufmerksamkeit an. So können manchmal auch visuell komplexere Layouts sinnvoll sein.

6.5.1 Einheit

»Das Ganze ist mehr als die Summe seiner Teile.«

Aristoteles (384 v. Chr.–322 v. Chr).

Einheitlichkeit im Design bedeutet, ein gestalterisches Konzept konsequent anzuwenden. Dadurch werden indifferente und beliebige grafische Elemente vermieden. Und die einzelnen Elemente werden so gestaltet, dass sie einen Bezug zueinander haben und als Einheit wirken und nicht nur als einzelne, getrennte grafische Elemente. Dies kann zum Beispiel über das Ausrichten anhand eines Gestaltungsrasters (siehe Kapitel 8, »Layout und Raster«) geschehen oder durch die Wiederholung bestimmter Elemente innerhalb einer Seite oder über mehrere Seiten hinweg. Diese dienen dann als visuelle Anker und sorgen für Wiederkennung. Anders ausgedrückt: Fehlt die Einheit im Webdesign, wirken das Design und damit die ganze Seite verwirrend, zusammenhangslos und inkonsistent – sie fallen sprichwörtlich optisch auseinander.

Einheitlichkeit im Webdesign ist auch ein wichtiges Mittel, um ein Corporate Design umzusetzen und damit die Unternehmens- bzw. Markenidentität zu stärken. Wiederkehrende optische Elemente sorgen für Vertrauen beim Betrachter. Er muss nicht jedes Mal, wenn er ein Element sieht, dieses neu verarbeiten und bewerten. Dadurch verbessert sich die User Experience, da er sich auf neue Elemente konzentrieren kann, über schon »gelernte« Elemente, wie beispielweise die Navigation, schneller »hinwegfliegen« kann und die Bedeutung der einzelnen Elemente schon kennt.

Die Metapher des Hauses ist auch hier passend. Ein Haus besteht aus einem Haufen Ziegelsteine (oder Betonplatten), Fenstern, Türen, Dachziegeln usw. Wir leben aber in einem Haus und nicht in einem Haufen Ziegelsteine. Die einzelnen Teile haben eine Verbindung und eine bestimmte Beziehung zueinander und vereinen sich so in unserer Wahrnehmung zu einem Haus.

Recht ähnlich ist es bei einer Webseite: Wir betrachten nicht ein Logo, eine Navigationsleiste, einige Textblöcke und ein paar Buttons, sondern eine *Webseite*, eine Webseite als Ganzes.

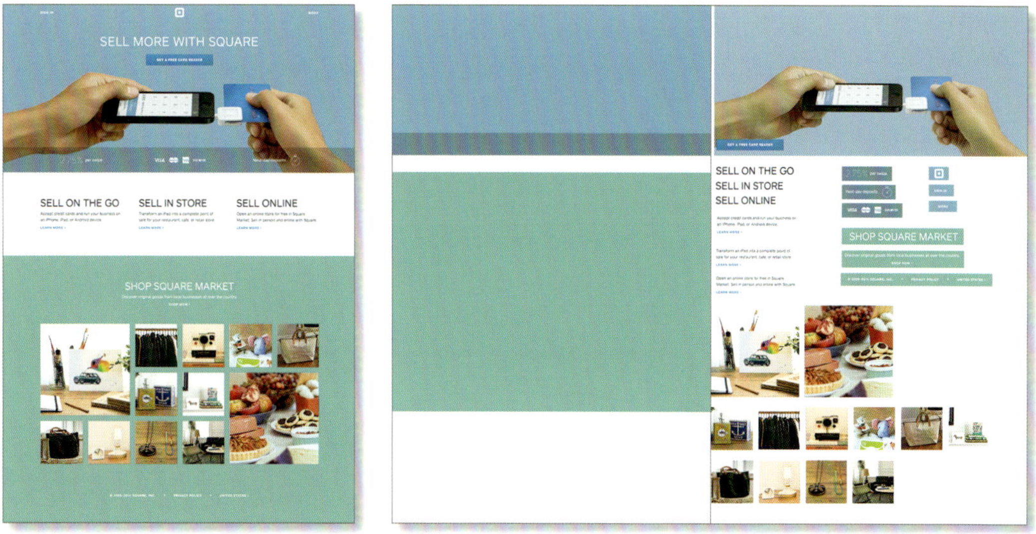

▲ **Abbildung 6.84**
Aus vielen kleinen Einzelteilen wird ein großes Ganzes, wie hier bei *squareup.com*.

6.5.2 Angemessenheit

Ziehen wir wieder einen Vergleich zur Musik: Da gibt es keine richtigen oder falschen Noten, sondern nur angemessene oder unangemessene. Ähnlich in der Gestaltung: Es gibt kein Richtig oder Falsch bei grafischen Elementen, aber jedes sollte eine bestimmte Funktion haben. Ein Design möchte eine Botschaft vermitteln. Die Aufgabe des Webdesigners ist es, sicherzustellen, dass die Botschaft für die gewünschte Zielgruppe geeignet ist. Deswegen sieht eine Webseite eines Zahnarztes anders aus als die Website eines Heilpraktikers.

Jedes Gestaltungselement sollte danach beurteilt werden, inwiefern es zum besseren Verständnis der gewünschten Botschaft beiträgt. So kann es auch vorkommen, dass man nach ausführlicher Gestaltungszeit feststellt, dass das Design zwar ansprechend aussieht, aber nicht zu dem Projekt und der Zielgruppe passt. Die Möglichkeit, einen bunten Farbverlauf schnell und simpel umzusetzen, heißt nicht, diesen auf jeden Fall auch einzusetzen. Gutes Design bedeutet oft Einfachheit und Klarheit. Apple hat dies mit seinen Produkten jahrelang vorgemacht.

Die richtige Fragestellung entwickeln
Fragen Sie sich nicht, was Sie tun *könnten* – die Antwort wäre von Projekt zu Projekt dieselbe. Fragen Sie sich stattdessen, was Sie tun *sollten*! Welche Elemente sollten Sie einsetzen, um die gewünschte Botschaft zu vermitteln?

Nur weil die gestalterischen und technischen Möglichkeiten und Funktionen zur Verfügung stehen, heißt dies nicht, diese auch zwingend einzusetzen.

6.5.3 Einfachheit

Auf das Wesentliche reduziert
»Weniger ist mehr« – die Reduzierung auf das Wesentliche führt oft eher zum Erfolg, als die Überfrachtung mit unbedeutenden grafischen Elementen. Die einfachsten Lösungen sind oft die besten.

Durch die Bildbearbeitungsprogramme und die technischen Möglichkeiten mit CSS(3) besitzt jeder Webdesigner schnell eine unglaubliche Anzahl an Gestaltungsmöglichkeiten, Möglichkeiten, die keine jahrelange Erfahrung oder eine teure technische Ausstattung voraussetzen. *Zurückhaltung* ist daher wahrscheinlich mit das schwierigste Prinzip, das sich konsequent durchsetzen lässt. Die Fülle der Möglichkeiten lässt schnell vergessen, wie wichtig Unkompliziertheit für das Webdesign ist. Eine einfache Bedienung, bei der die grafischen Elemente »unsichtbar« bleiben, bevorzugt der Anwender im Allgemeinen.

Abbildung 6.85 ▸
Einfach, schlicht und übersichtlich, die Seite von *chilli.be/en*

Reduktion bedeutet, sich auf wenige, sorgfältig ausgewählte Schriftarten und Farben zu beschränken. Reduktion bedeutet, grafische Elemente gezielt auszuwählen und einzusetzen.

Wenn jedes Element auf der Seite förmlich nach Aufmerksamkeit des Betrachters schreit, hat das den Effekt, dass nichts wirklich betont wird. Überspannte Akzente können einer Seite jegliche Wirkung nehmen. Jedes Element sollte in einem Design seine Bedeutung haben. Das, was Sie in Ihrem Design entfernen können, ist genauso wichtig, wie das, was Sie hinzufügen können. Dadurch entsteht weniger Unordnung im Design und die wirklich wichtigen Elemente kommen besser zur Geltung. Nur weil noch Platz zur Verfügung steht für mehr Elemente, bedeutet dies nicht zwangsläufig, diesen Raum auch zu füllen.

Die menschliche Wahrnehmung versucht, visuelle Eindrücke zu vereinfachen. Das *Gesetz der Einfachheit* folgt diesem Mechanismus, der gut funktioniert, wenn die grafische Botschaft einfach gehalten wird. Optisch überladene Webdesigns wirken kontraproduktiv.

Foto: © Braun

▲ **Abbildung 6.86**
Ein Design-Klassiker: Der Braun-Tachenrechner besticht durch Reduktion und einfache Bedienung.

Keep it simple, stupid | Das KISS-Prinzip (*Keep it simple, stupid,* zu Deutsch sinngemäß »Mach's so einfach wie möglich«) beschreibt dieses Prinzip der Einfachheit, das für das Layout von Webseiten gilt. Ein Webdesign sollte dem Leser rasche Orientierung ermöglichen, die Blickbewegung steuern, Wichtiges klar zu erkennen geben und Einheiten/Gruppierungen erkennen lassen. Dies gilt sowohl für den sichtbaren Ausschnitt der Webseite als auch für die gesamte Seitenlänge und weitere Unterseiten.

Ob einzelne grafische Elemente oder das ganze Design eher der Flat-Design-Entwicklung oder dem Skeuormorphismus folgen, ist zwar nicht nebensächlich, aber sagt noch nichts über die Einfachheit des Designs aus. Ein klares Raster, konsistente Nutzung der grafischen Elemente, eindeutige visuelle Hierarchie, Einheiten und Übersichtlichkeit machen ein Webdesign harmonisch und einfach, *einfach zu bedienen*. Und das sollte mit die oberste Maxime sein!

Weniger ist mehr
Abwandlungen und Parodien von »Weniger ist mehr«:

1. »Mache die Dinge so einfach wie möglich – aber nicht einfacher.«
2. »Weniger ist langweilig.«
3. »Perfektion ist nicht dann erreicht, wenn man nichts mehr hinzufügen, sondern wenn man nichts mehr weglassen kann«
4. »Mehr ist nicht weniger.«
5. »Das Einfache ist nicht immer das Beste. Aber das Beste ist immer einfach.«
6. »Reduce to the max.«
7. »Weniger ist besser.«

6.5.4 Die Liebe zum Detail

»Der Teufel steckt im Detail.« Diese Redensart lässt sich auch auf das Webdesign übertragen. Erfolgreiches Webdesign zeigt sich in der Liebe zum Detail. Rechtschreibfehler, Anordnungsfehler durch schlechten Quellcode, Links farblich nicht gekennzeichnet – kleine unpassende Details können den ansonsten ansprechenden Gesamteindruck eines Designs nachhaltig zerstören.

Dazu passt das sogenannte Pareto-Prinzip, auch 80-20-Regel genannt, die besagt, dass 80% der Ergebnisse durch 20% des Einsatzes verursacht werden.

Übertragen auf das Webdesign bedeutet dies, dass in 20% der Zeit 80% des Ergebnisses steht. Also in einem relativ kurzen Zeitrahmen der Großteil des Webdesigns fertig ist. Aber gerade diese letzten 20% der Arbeit, die unter Umständen eben einen recht großen Zeitrahmen beanspruchen, sind oft lästig und unangenehm. Aber gerade bei diesen (letzten) Details unterscheiden sich häufig die guten von sehr guten Designs. Details, die dem Betrachter nicht bewusst, die nicht offensichtlich sind, nimmt er aber sehr wohl durch eine verbesserte User Experience wahr (siehe Abschnitt 3.12, »User Experience«).

Abbildung 6.87 ▼
Mit Liebe zum Detail: *topp-kreativ.de* zeigt viele kleine grafische Ausarbeitungen.

So wichtig der Blick auf das große Ganze ist (was ja mehr ist als die Summe seiner Teile), so wichtig ist auch der Blick aufs Detail.

Kapitel 7

Screendesign

Ein Screendesign zu erstellen ist eine vielfältige Aufgabe. Es stehen die unterschiedlichsten Gestaltungselemente zur Verfügung, um die gewünschten Inhalte zu präsentieren. In diesem Kapitel werden die Aufgaben und die Elemente eines Screendesigns vorgestellt. Dazu kommen Erläuterungen über den kreativen Gestaltungsprozess und wie es vom Screendesign zur Frontend-Umsetzung kommt.

7.1 Grundlagen Screendesign

»Beim Screendesign geht es um eine schöne Webseite!« Dies mag für viele Menschen der Hauptzeck eines Screendesigns sein. Das ist sicherlich nicht ganz falsch, aber viel zu kurz gefasst. Screendesign ist mehr als reine Dekoration oder das Bestreben, eine Webseite optisch ansprechend zu machen. Ein gutes Screendesign sorgt entscheidend mit dafür, dass eine Webseite ihre Ziele erreicht.

7.1.1 Aufgaben eines Screendesigns

Screendesign beschäftigt sich mit der *Form* und der *Funktion*. Es wird gestaltet, um Inhalte und Elemente bedienbar zu machen. Man könnte auch sagen, ein Screendesign soll die Probleme der Anwender lösen, indem diese identifiziert werden und die beste Lösung gesucht wird.

»Design ist nicht in erster Linie dazu gedacht zu unterhalten oder hübsch zu sein oder ästhetisch zu gefallen. Es soll funktionieren.«

Oliver Reichenstein (ia.net)

Die Anwender können mit ganz unterschiedlichen »Problemen«, Bedürfnissen auf die Webseite kommen:

- Was kostet das Produkt XY?
- Bietet das Unternehmen genau die Leistung, die ich suche?
- Welche Qualität haben die Leistungen?
- Wo finde ich einen Ansprechpartner?

Was ist Schönheit?
Schönheit (und der Gegensatz Hässlichkeit) ist ein abstrakter Begriff und liegt – wie es so schön heißt – im Auge des Betrachters. Schönheit wird also subjektiv unterschiedlich bewertet. Das Schönheitsempfinden unterscheidet sich von Person zu Person, aber auch von Kultur zu Kultur. Als »schön« empfinden wir meistens etwas, das einen besonders angenehmen Eindruck hinterlässt, wie ein Musikstück, einen Körper oder eine Fotografie. Schönheit hat dabei viel mit Harmonie und Symmetrie zu tun (siehe Kapitel 6, »Gestaltungsgrundlagen«). Die Welt, die »Konsumprodukte« werden immer schöner. Dieser »Schönheitswahn« macht auch vor uns Menschen nicht halt, siehe die steigende Nachfrage nach Schönheitschirurgie.

In der Konzeption werden diese Bedürfnisse herausgearbeitet, und das Design (im Zusammenspiel mit den Inhalten) findet dafür Lösungen:

- Preise werden prominent dargestellt.
- Die Leistungen werden ausführlich aufgezeigt.
- Die Eigenschaften, Testergebnisse usw. werden prominent platziert.
- Die Kontaktdaten sind offensichtlich und von überall gut zu erreichen.

Ästhetik | Schöne Dinge sprechen uns an. Schönheit vermittelt positive Emotionen. Wir benutzen lieber schöne Produkte, als nicht so schöne. In der Werbung tauchen fast ausschließlich hübsche Menschen auf.

Ansprechendes Design ist nicht mehr auf hochwertige Produkte bzw. auf deren Hersteller, wie beispielsweise Rolf Benz oder Porsche, beschränkt. Der breite Erfolg von IKEA oder H&M und deren günstige Produkte zeigen, dass gutes Design keine Frage des Preises (mehr) ist. Sie haben erkannt, dass Design ein Verkaufsfaktor ist. Dinge, die hübsch aussehen, konsumieren wir im Normallfall eher.

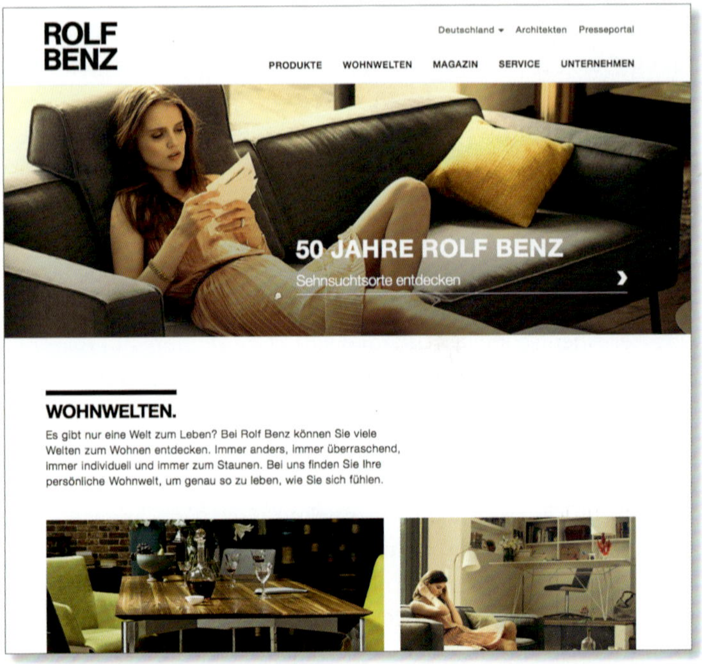

▲ **Abbildung 7.1**
Eine ästhetisch ansprechende Webseite (*rolf-benz.com*): schöne Bilder, angenehm gestaltete Typografie und viel Weißraum

Dies betrifft auch Webseiten. Auf Webseiten, die schön aussehen, halten wir uns lieber auf. Sie sind angenehmer zu bedienen. Das Design kommuniziert mit uns dabei schon, bevor wir die ersten Inhalte konsumieren. Die Farben, die visuelle Hierarchie, die Anordnung der Elemente, Bilder nehmen wir sehr schnell unbewusst auf. Frei nach dem Kommunikationswissenschaftler Paul Watzlawick könnte man sagen: *Eine Webseite kann nicht nicht kommunizieren*. Das Screendesign sendet immer eine Botschaft aus. Besser ist es, wir sind uns dieser bewusst und steuern diese.

Denn das Screendesign prägt entscheidend das Image eines Unternehmens mit, also die Wahrnehmung, die Besucher, Interessenten und Kunden von dem Unternehmen haben. Diese wird beeinflusst durch beispielsweise die Wahl der Farben und Bilder, die genauso wie die Nutzungserfahrung (User Experience) Emotionen wie Frust oder Freude beim Bedienen auslösen können.

◂ Abbildung 7.2
50 Jahre McKinsey – Zeit, etwas fürs Image zu machen. Die Jubiläumsseite ist nichts anderes als eine Image-Seite, *mck50.de*.

Orientieren und Leiten | Ein gutes Screendesign bietet dem Betrachter einen schnellen Überblick: Wo bin ich hier, und wo kann ich hin? Es lässt ihn nicht alleine mit Unmengen an Informationen, sondern es selektiert diese vor. Es selektiert diese durch eine klare visuelle Struktur. Es hebt besonders wichtige Inhalte optisch hervor und nimmt im ersten Moment unbedeutendere Elemente optisch zurück. Es schafft eine visuelle Hierarchie.

»Design ist der Plan, Elemente so anzuordnen, dass man eine bestimmte Aufgabe durchführen kann.«

Charles Eames (Designer und Architekt)

Dank dieser Hierarchie kann sich der Betrachter auf der Seite orientieren. Dazu kommen die Navigationselemente mit deren Hilfe er sich durch die Seite bewegen kann. Das Screendesign zeigt ihm klar, was Navigationsblöcke sind und was Links sind, indem sie sich optisch abheben von den restlichen Inhaltselementen. Ein gutes Screendesign bietet dem Betrachter Orientierung und leitet ihn durch die Seite.

Orientierung bieten
Überschriften, Buttons, Aufzählungslisten, Navigationsblöcke, Bilder sind alles Elemente, die dem Anwender Orientierung geben können.

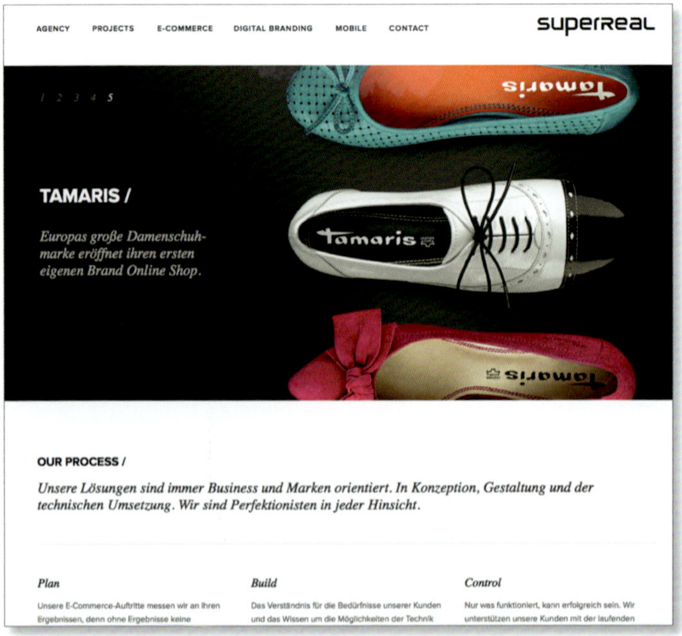

Abbildung 7.3 ▸
Eine deutliche Navigation und die Aufteilung der Seite zeigt eine angenehm wahrnehmbare visuelle Hierarchie auf, die das Auge durch die Seite leitet (*superreal.de*).

Motivation | Ein Screendesign sollte den Anwender auch motivieren. Es sollte Anreize setzen, bestimmte Links oder Buttons zu klicken, bestimmte Inhalte zu lesen bzw. generell lange auf der Webseite zu verweilen. Die Motivation kann durch grafische Elemente wie Farben und Bilder genauso erfolgen wie durch Funktionalitäten oder inhaltliche Elemente, etwa bestimmte Textformulierungen.

Abbildung 7.4 ▾
Hier kann man nicht nur einfach eine Tasche kaufen: Bei *timbuk2.com* lässt sich intuitiv, spielerisch ein individuelles Produkt erstellen.

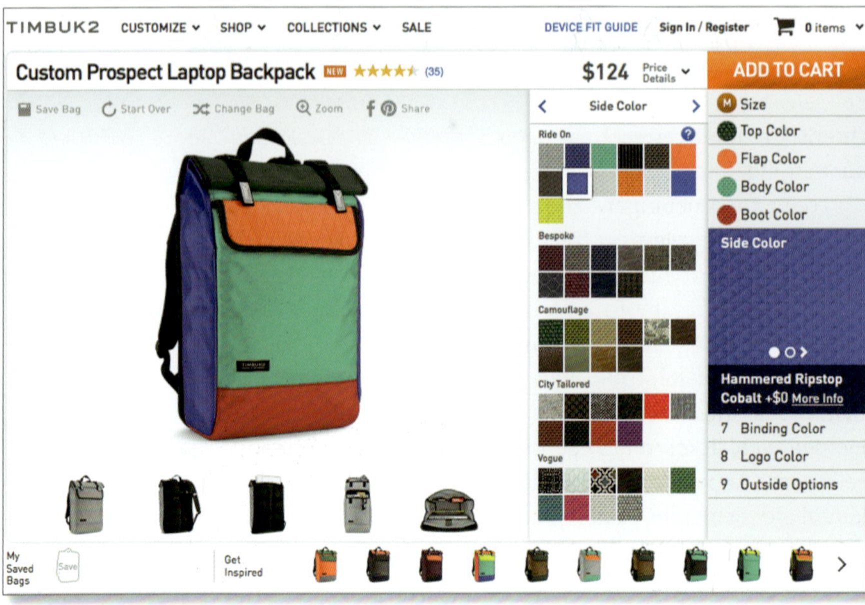

Unsere Motivationen

Was treibt uns eigentlich an? Seit Jahrtausenden haben sich die Beweggründe kaum geändert, die uns zum Handeln bewegen. Für Webdesigner und Webseitenbetreiber sind die menschlichen Motivationen interessant, um die Inhalte und das Design darauf abzustimmen, sich also zu überlegen, wie sich diese für die eigenen Ziele nutzen lassen.

Warum handeln Menschen? Eine Übersicht:

- Neugier (Neuheit, Lust auf Abwechslung)
- Leistung (Erfolg, Misserfolg vermeiden, Wettbewerb)
- Bequemlichkeit (Vermeidung von Anstrengung, Zeitersparnis)
- Kontakt (Dialogbereitschaft, Ausbau bestehender und Aufbau neuer Beziehungen)
- Sicherheit (Vermeidung von Risiko, Krankheit, Schmerz, aller negativen Gefühle)
- Macht/Kontrolle (Dominanz, Führung, Kontrolle über andere)
- Gewinn (Geld verdienen, Sparen, günstige Geschäfte)
- Prestige (Anerkennung durch andere reale oder fiktive Personen erlangen)
- Sex (reale oder fantasierte sexuelle Anregung oder Aktivität)
- Emotion (Gefühle erleben, Aufregung, Vermeidung negativer Gefühle, Aktivierung positiver Gefühle)
- Rückzug (Ruhe, Erholung)
- Hilfe (Fürsorge und Unterstützung bekommen oder leisten)
- Autonomie (Selbstbestimmung, Individualität, Freiheit, Unabhängigkeit)
- Spiel (Unterhaltung, Ablenkung, Zerstreuung, Abwechslung)
- Ordnung (Überschaubarkeit und Vereinfachung)

Was treibt den Anwender an? Welche Motivation bewegt ihn? Bei der Analyse der Zielgruppe kann die Beantwortung dieser Fragen helfen, im Design die richtigen Schwerpunkte zu setzen. Wie können inhaltlich und optisch vorhandene Motivationen befriedigt oder auch neue geweckt werden? Vielleicht reicht es auch, herauszufinden, wie neue Anreize im Screendesign gesetzt werden können.

Interaktion | Ein Screendesign ist kein passives Medium wie eine Printpublikation. Kennzeichen eines Screendesigns ist die Interaktivität. Der Anwender kann mit der Webseite agieren, bestimmte Elemente anklicken und Feedback bekommen. Das Screendesign sollte dem Anwender die Interaktivität erleichtern. Ihm eindeutig kenntlich machen, welche Elemente er wie bedienen kann und was dabei passiert bzw. welche Reaktion er damit auslöst.

Wertige Produkte
Ein professionelles Design, das beispielsweise auf ein dezentes Farbschema und viel Weißraum setzt, vermittelt auch das Gefühl des »Teuren«.

Zum Nachlesen
Weiteres zum Thema lesen Sie in Kapitel 3.12.4, »Glaubwürdigkeit und Vertrauen«.

Qualität und Professionalität | Aufgrund des Designs wird auf die Qualität des Produkts oder der Dienstleistung geschlossen. Design und Qualität müssen nicht zwangsläufig zusammenhängen, wie wir alle aus eigener Erfahrung mit unterschiedlichsten Produkten wissen. Aber in der Konsumentenwahrnehmung gibt es diesen Zusammenhang. Design erzeugt nicht nur ein bestimmtes Image, sondern vermittelt auch ein bestimmtes Qualitätsniveau. Je ästhetisch ansprechender das Design, je positiver das vermittelte Image, je leichter die Bedienung, je besser die Orientierung, desto professioneller ist der Eindruck, den die Seite auf uns macht.

Abbildung 7.5 ▸
Der Webshop von *baby-walz.de* wirkt sehr bunt und voll. Man erwartet ein günstiges Preisniveau.

Abbildung 7.6 ▸
Grovemade.com setzt sprichwörtlich auf Qualität, die durch ein großes Bild und die schlichte, aber prägnante Typo erzeugt wird.

Glaubwürdigkeit | Die Qualität und Professionalität geht nahtlos über in die Glaubwürdigkeit. Ein ästhetisch ansprechendes Design, unterstützt durch entsprechende Inhalte, sorgt für eine hohe Glaubwürdigkeit – ein hohes Gut bei einem unpersönlichen Medium mit einer großen Wettbewerbsdichte. Wir kaufen nur bei Unternehmen und deren Webseiten ein, die glaubwürdig erscheinen. Keiner würde bei einem Onlineshop bestellen, dem er nicht vertraut.

◂ Abbildung 7.7
mediherz.de hat ein klares, übersichtliches Design. Die Siegel und Logos oberhalb und neben der Navigation erzeugen Vertrauen.

Online-Medien haben im Vergleich zu Print- oder elektronischen Medien den Nachteil, dass sie per se weniger glaubwürdig erscheinen, ganz nach dem Motto »im Internet kann ja jeder alles schreiben«. Dies wirkt sich auch auf Unternehmens-Webseiten aus, die sich daher besonders darum bemühen sollten, glaubwürdig zu erscheinen. Glaubwürdigkeit entsteht durch eine einfache, konsistente Navigation, durch eine leichte Interaktion und durch professionelles Design. Das Design ist maßgeblich verantwortlich für die Glaubwürdigkeit einer Webseite, noch vor der Struktur der Inhalte und deren Nützlichkeit.

◂ Abbildung 7.8
Ergebnisse einer Studie von Consumer WebWatch, die die Bedeutung des Screendesigns für die Glaubwürdigkeit aufzeigt

Nicht unterschätzen sollte man dabei den Faktor »Weniger ist mehr«. Design, das sich zurückhält und durch genügend Weißraum/Leerraum die einzelnen Elemente besser wirken lässt, erscheint professioneller und glaubwürdiger. Webseiten, die »zugemüllt« sind voller Inhalte, bewirken eher das Gegenteil.

7.1.2 Elemente eines Screendesigns

Die einzelnen Gestaltungselemente eines Screendesigns lassen sich in verschiedene Gruppen gliedern. Nicht immer lassen sich die Elemente dabei einer einzelnen Funktion zuordnen, sondern sie erfüllen mehrere Funktionen gleichzeitig. Jedes Element sollte dabei so eingesetzt werden, dass es den Anwender bei der Bedienung der Seite unterstützt. Das Zusammenspiel der einzelnen Bereiche macht die Seite intuitiv und effektiv nutzbar.

Abbildung 7.9 ▸ Überblick über die einzelnen Elemente eines Screendesigns am Beispiel *webcontact.de*

Orientierungselemente | Um innerhalb eines Webauftritts nicht den Überblick zu verlieren, braucht der Anwender Elemente, an denen er sich orientieren kann, ähnlich wie in einem großen Gebäude. Eine Internetseite wird eher als eine Art »Raum« wahrgenommen und weniger als Ansammlung von Dokumenten. Je größer ein Webauftritt ist, desto eher kann das Gefühl der Orientierungslosigkeit entstehen. Wir können die Komplexität nicht erfassen, da wir immer nur eine einzelne Seite auf dem Bildschirm sehen können. So wie in einem großen Gebäude markante Leit- und Orientierungszeichen zur Verfügung stehen (sollten), sollte auch ein Screendesign Zeichen haben, an denen sich die Anwender orientieren können.

▼ Abbildung 7.10
Bietet doppelt Orientierung: Bei *baby-walz.de* ist der aktive Hauptpunkt optisch hervorgehoben, und die Breadcrumb-Navigation zeigt die aktuelle Position innerhalb der Seite an.

Der Anwender möchte erfahren, in welchem »Raum« er sich befindet und wo innerhalb des ganzen Komplexes dieser Raum liegt. Dazu sollte also die aktuelle Seite und deren Name kenntlich gemacht werden, zum Beispiel indem Sie den Seitennamen als Seitentitel im Browser und als Überschrift einsetzen und in der Navigation den aktiven Punkt klar hervorheben. Bei größeren Seiten kann der Einsatz einer Breadcrumb-Navigation hilfreich sein. Um für eine Orientierung zu sorgen, muss der Anwender die Orientierungshilfen auch verstehen und nachvollziehen können.

Zum Nachlesen
Mehr Informationen zu Breadcrumbs finden Sie im Abschnitt »Breadcrumbs« in Abschnitt 5.6.2, »Alternative Navigationswege«, auf Seite 201.

Navigationselemente | Diese helfen dem Anwender, sich innerhalb des »Gebäudes« Webseite zu bewegen, ohne die Kontrolle über die eigene Position zu verlieren. Im Gegensatz zu einem realen Gebäude kann der Anwender schnell und direkt in einzelne Räume springen, ohne lange Wege verfolgen zu müssen. Eine hilfreiche, gar intuitive Navigation zu erstellen, ist aber kein Kinderspiel. Effektiv ist sie, wenn der Anwender versteht, in welche Räume (Seiten) er gehen kann und was ihn dort vermutlich erwartet.

◀ Abbildung 7.11
Haupt-, Sub- und Metanavigation der *postbank.de* auf einen Blick

Die Navigation selbst sollte sich dort befinden, wo der Anwender diese auch vermutet, die Navigationspunkte sollten verständlich formuliert sein, und die Navigation sollte sich klar von den anderen Elementen abheben. Ausnahme sind die Orientierungselemente. Diese tauchen oft in den Navigationselementen auf, zusammen sind sie besonders effektiv.

Inhaltselemente | Inhaltselemente sind die Texte, Bilder, Grafiken, Animationen etc., die die eigentlichen Inhalte vermitteln. Sie sollten leicht konsumierbar und gut strukturiert sein. Der Anwender soll sie schnell scannen können, um festzustellen, ob für ihn Interessantes dabei ist. Und sie sollten auf jeder Bildschirmgröße gut lesbar sein.

Mehr als tausend Worte
»Ein Bild sagt mehr als tausend Worte« heißt es. Außer wenn es das nicht macht. Dann sollte man ein Bild auch nicht einsetzen. Dies sieht man bei den austauschbaren Bilderwelten (häufig Stockfotos genannt). Die ewig gleichen Bilder, die man schon auf unsäglich vielen anderen Webseiten gesehen hat, erzählen keine tausend Worte mehr und sollten besser weggelassen werden. Mehr dazu lesen Sie in Kapitel 11, »Bilder und Grafiken«.

Layoutelemente | Diese Elemente haben keine spezielle inhaltliche Bedeutung, sondern dienen der Organisation und Struktur der anderen Inhalte und der visuellen Ästhetik. Zu den Layout-Elementen lässt sich ein dem Design zugrunde liegendes Raster zählen, genauso wie grafische Elemente wie Farbflächen, Schatten, Linien, welche die Inhalts- und Navigations-Elemente zu Einheiten zusammenfassen. Layout-Elemente klingen also zuerst nach überflüssiger Dekoration, sind aber für die Strukturierung der Seite unerlässlich.

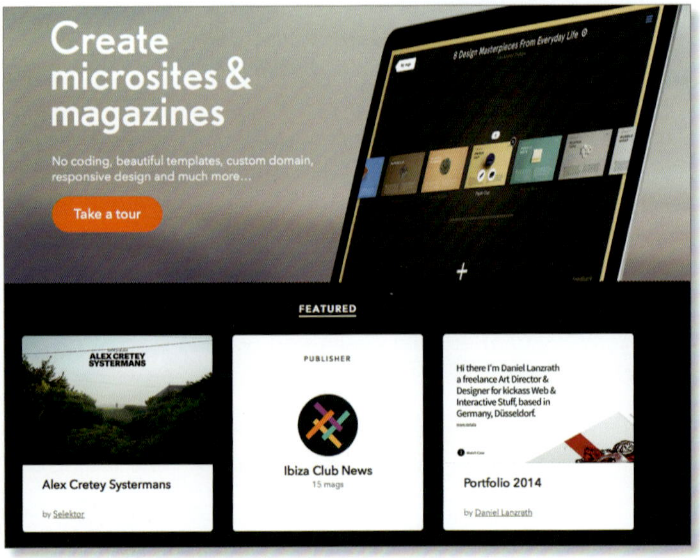

Abbildung 7.12 ▸
Der farbige Hintergrund und die schwarze und die weißen Farbflächen organisieren die Inhalte bei *readymag.com*.

Unterschieden werden muss dabei zwischen dekorativen Elementen (Schmuckbildern) und das Layout unterstützenden Elementen. Grafische Zierelemente stören häufig die Benutzung einer Webseite eher, als dass sie das Surferlebnis unterstützen. Elemente, die rein der Verzierung dienen und keine nützlichen Informationen enthalten, sollten mit Bedacht eingesetzt werden. Die Anwender nehmen diese häufig gar nicht wahr. Ähnlich wie Werbebanner werden diese geistig ausgeblendet. Schlimmstenfalls sorgen diese Schmuckbilder eher für Frustration, weil sie vom eigentlich relevanten Inhalt ablenken und die Aufmerksamkeit stören.

Emotionale Elemente | Wir sind emotionale Wesen und der »Joy of Use« spielt eine immer größere Rolle. Emotionale Elemente motivieren uns, bestimmte Dinge zu machen. Vor allem Farben und Bilder wirken auf uns emotional. Aber auch textliche Aussagen können motivierend sein und zum Beispiel unsere Neugierde wecken oder bestimmte Bedürfnisse hervorrufen.

Wichtig ist zu wissen, dass wir fast ausschließlich emotionale Entscheidungen treffen, die wir (vor uns und anderen) rational begründen. Eine Webseite, auch die eines »rationalen« Unternehmens, darf also auch Elemente beinhalten, die unsere Gefühlsebene ansprechen.

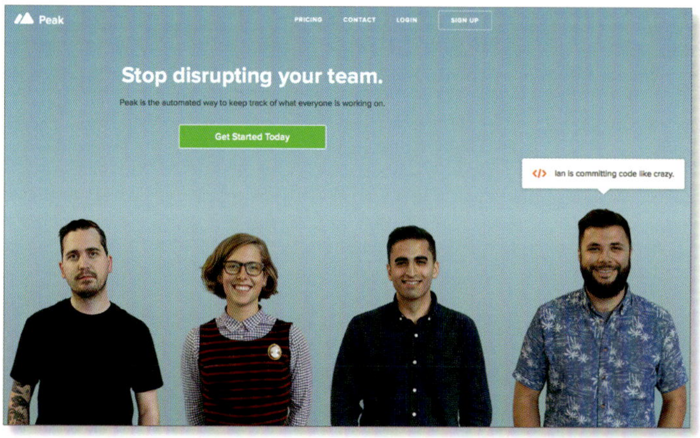

◀ Abbildung 7.13
Menschen und vor allem Gesichter sprechen uns immer emotional an. Nette Idee, vor allem da das Thema »Arbeitserfassung« eher sachlich und langweilig klingt, *usepeak.com*.

Interaktionselemente | Der Anwender kann mit einer Webseite agieren. Auch die Navigation oder Links sind interaktive Elemente. Etwas spezifischer sind aber vor allem Dialogelemente gemeint, wie Formulare. Der Anwender kann Sachen auswählen, Texte eingeben und eine Aktion ausführen, wie das Klicken eines Buttons.

Nach jeder Interaktion erwartet der Anwender eine Reaktion. Sei es das Laden einer neuen Seite oder die Bestätigung, dass die E-Mail verschickt wurde. Um den Anwender nicht zu verunsichern, sollte diese Reaktion möglichst schnell erfolgen. Auch

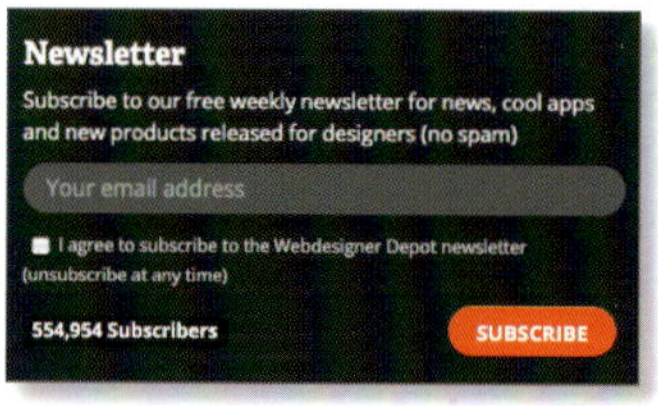

▲ Abbildung 7.14
Das Newsletterfeld bei *webdesignerdepot.com* – ein typisches Interaktionselement

eventuelle (Fehler-)Meldungen sollten möglichst eindeutig erfolgen und dem Anwender klarmachen, warum es zum Fehler kam und was er zu tun hat, um fehlerfrei weiterzukommen.

7.1.3 Screendesign-Prinzipien

Zum Nachlesen
Die Gestaltungsregeln und -prinzipien finden Sie in Kapitel 6, »Gestaltungsgrundlagen«.

Ein Screendesign ist ein komplexes Gebilde aus verschiedenen grafischen Elementen, die alle ihre spezielle Bedeutung haben. Gestaltungsregeln und -prinzipien sorgen für eine spezifische Bedeutung der Elemente, wie auch für eine gegenseitige Beeinflussung. Screendesign ist also ein bisschen wie ein visuelles Puzzlespiel. Aus vielen Einzelteilen muss ein Gesamtbild zusammengesetzt werden. Kein einziges Puzzleteil sollte dabei von den anderen isoliert sein, damit alles miteinander harmoniert.

Dieter Rams – zehn Thesen für gutes Design
Der deutsche Industriedesigner Dieter Rams, der vor allem durch seine Arbeiten für den Elektrogeräte-Hersteller Braun berühmt wurde, formulierte einmal zehn Thesen für gutes Design. Diese lassen sich auch auf gutes Webdesign übertragen:

- Gutes Design ist innovativ.
- Gutes Design macht ein Produkt verständlich.
- Gutes Design ist ästhetisch.
- Gutes Design macht ein Produkt brauchbar.
- Gutes Design ist unaufdringlich.
- Gutes Design ist ehrlich.
- Gutes Design ist langlebig.
- Gutes Design ist konsequent bis ins letzte Detail.
- Gutes Design ist umweltfreundlich.
- Gutes Design ist so wenig Design wie möglich.

Erster Eindruck
Der erste Eindruck zählt – bei persönlichen Begegnungen wie bei Webseiten. Da das Look & Feel sehr prägend für den Gesamteindruck ist, sollte die Farbgebung angenehm und die Auswahl der Bilder/Grafiken passend zum Thema der Seite und zu den Erwartungen der Betrachter sein. Zu den Elementen, die beim ersten Eindruck wahrgenommen werden, gehören unter anderem das Logo, die Farbpalette, (große) Bilder, Leerraum und große Typografie.

Erster Eindruck | Was für die Begegnung zwischen Menschen gilt, gilt auch für die Interaktion Mensch-Webseite. Innerhalb weniger Sekunden treffen wir eine Einschätzung über Sympathie oder Antipathie des Gegenübers. Dieser erste Eindruck wirkt sich auf die weitere Interaktion aus.

Das ist ein Phänomen, das jeder von der ersten Begegnung mit anderen Menschen her kennt. Lernen wir einen für uns neuen Menschen kennen, haben wir schnell einen ersten Eindruck gewonnen, der eben auch (fast immer) nur optischer Natur ist. Wir ordnen ihn aber sofort in von uns gelernte Kategorien ein (als Metapher wäre »Schubladen« passend). Der erste Eindruck sitzt sofort, sympathisch oder unsympathisch. Und so sind wir von diesem ersten Sympathie-Eindruck stark beeinflusst beim weiteren Kennenlernen der Person. Je nachdem, wie festgefügt die Schublade ist, also wie aufgeschlossen oder verschlossen wir insgesamt sind, wird es der Person mehr oder weniger leichtfallen, dieser Kategorie wieder zu entkommen. Auch der erste Eindruck einer Webseite ist ein allein ästhetisches Urteil, denn – logischerweise – werden konkrete Inhalte in dieser kurzen Zeitspanne noch nicht aufgenommen. Es ist aber ein ästhetischer Eindruck, der die weiteren Eindrücke, wie Struktur/Aufbau der Seite, Inhalte etc., entscheidend mit beeinflusst. Je positiver der erste Eindruck ist, desto aufgeschlossener und positiver steht der Anwender den weiteren Eindrücken gegenüber.

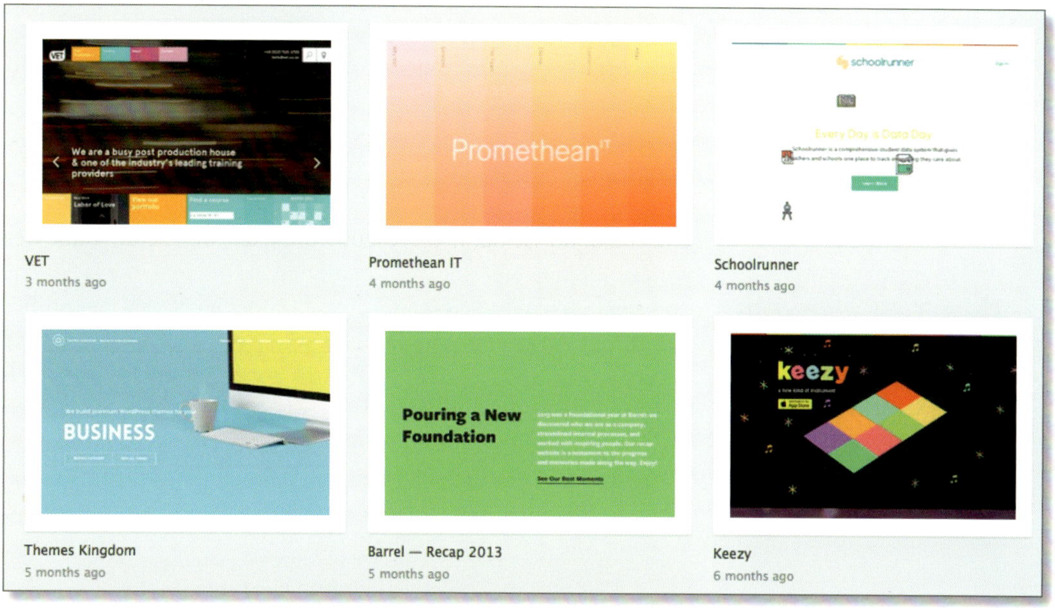

▲ **Abbildung 7.15**
Kleine Screenshots zeigen die Wirkung des ersten Eindrucks gut auf, da sie zu klein sind, um Inhalte wahrzunehmen, *siteinspire.com*.

Dieser erste Webseiten-Eindruck ändert sich während des weiteren Surfens nur geringfügig. Sitzt der Eindruck erst einmal, ist es schwer, diesen noch zu beeinflussen, zu verändern. Dies zeigt, wie wichtig eine optisch ansprechende, harmonische Webseitengestaltung ist. Das Design oder besser das *Look & Feel* muss auch unabhängig von der Benutzbarkeit der Webseite wirken, und das alles, bevor der Nutzer überhaupt erste Details gesehen, geschweige denn gelesen hat. Der erste Eindruck entscheidet allerdings nicht darüber, wie lange der User auf der Webseite bleibt und ob und wie viel Inhalt er aufnimmt. Innerhalb der ersten Millisekunden kann der Anwender zum Glück noch kein Browserfenster wieder schließen. Für die weiteren Eindrücke und daraus folgende Entscheidungen nimmt er sich zum Glück etwas mehr Zeit.

Die Unterseiten
Der erste Eindruck ist nicht für die Startseite wichtig. Viele Besucher kommen über Links oder die Suchmaschine und landen dann oft zuerst überhaupt nicht auf der Startseite, sondern direkt auf einer Unterseite. Diese prägt dann den ersten Eindruck, den der Besucher von der Webseite hat. Bei der Gestaltung sollten Sie also nicht nur auf die Startseite achten, sondern auch die Unterseiten sorgsam ausarbeiten.

Zweiter Eindruck | Um den Anwender von sich oder seinen Produkten/Leistungen zu überzeugen, bleiben einer Webseite meistens nur wenige Sekunden. Dieser zweite Eindruck entscheidet, ob der Anwender weiter auf der Webseite bleibt oder sie verlässt. Je nach Literatur/Studie und je nachdem, wie eng man den zweiten Eindruck fasst, kann man hier von ca. 2 bis gar zu 10 Sekunden ausgehen. In diesen ersten Sekunden also will der Anwender unbewusst folgende Fragen beantwortet bekommen:

- Wo bin ich hier?
- Wo kann ich hin?
- Wo finde ich die Information, die ich suche?

Ergänzt durch die unbewussten Überlegungen, ob die Webseite seriös genug ist und ob ihr zuzutrauen ist, seine Bedürfnisse und Erwartungen zu stillen.

Der Anwender möchte seinen ersten – hoffentlich schon positiven – Eindruck bestätigt bekommen, da wir unbewusst immer noch nach der Bestätigung unserer Erwartungen suchen. Entscheidend ist dann die Glaubwürdigkeit der Seite. Traut der Nutzer ihr zu, hier die Informationen zu finden, die er sucht und auch schnell zu ihr zu kommen? In den ersten Sekunden scannt der Anwender die Seite zuerst ab, er überfliegt sie. Hier nimmt er dann aber auch schon erste konkrete Inhalte wahr, die optisch besonders hervorstechen. Das sind meistens das Logo, die Hauptnavigation und da eventuell schon erste Menüpunkte, die ersten Headlines, Headerbilder, Werbebanner, erste Teaserbilder und Call-to-Action-Buttons.

Ladezeit
Auch die Ladezeit der Seite bzw. einzelner Inhalte beeinflusst die Wahrnehmung des Anwenders. Grundsätzlich lässt sich sagen, dass der Anwender der Seite gegenüber umso positiver ist gestimmt ist, je schneller die Inhalte geladen werden.

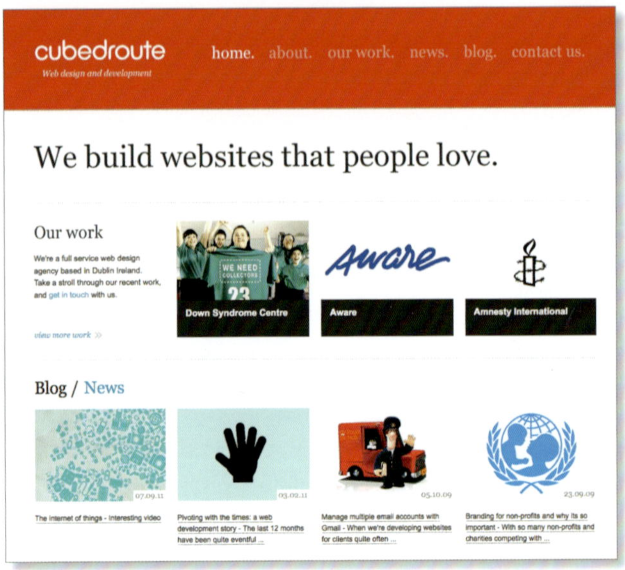

Abbildung 7.16 ▸
Logo und Navigation im roten Balken mit viel Platz, klar abgetrennt vom Inhalt. Eine große Headline, kurz und aussagekräftig, dann zwei Reihen Headline und Teaserbilder – perfekt für den zweiten Eindruck bei *cubedroute.com*.

Um die Seite leicht scannbar zu machen, sollten die Inhalte übersichtlich gestaltet sein und optische Schwerpunkte gesetzt werden. Mit Farbkontrasten und Größenunterschieden können gezielt Highlights gesetzt werden. Ergänzt mit dem Einsatz von Leerraum lässt sich so die Aufmerksamkeit des Betrachters lenken.

Werden dann noch Design-Konventionen beachtet, wie beispielsweise die Platzierung des Logos und der Hauptnavigation an den Stellen, wo es der Betrachter erwartet, kann dieser die Seite mühelos, sprich intuitiv, überfliegen. Der Anwender wird auch schon erste Inhalte lesen, so dass die Hauptnavigation kurze klare Menüpunkte beinhalten sollte. Zu lange Namen bzw. eine uneindeutige Benennung lassen sich nicht schnell aufnehmen und verwirren eher.

Menschliche Faktoren
Denken Sie auch an die »menschlichen« Faktoren: Der Anwender entscheidet oft schnell, unbewusst und ohne nachzudenken. Er hat nicht viel bzw. nimmt sich nicht viel Zeit, um die Seite erst einmal ausgiebig zu studieren, sondern trifft meistens die erstbeste Entscheidung!

Die ersten Headlines sollten ebenso prägnant und verständlich sein, eventuell ergänzt um passende Bilder. Bilder sind für eine schnelle Aufnahme sowieso am besten geeignet. Sie sollten aber auch schon eine klare Botschaft vermitteln und nicht nur Selbstzweck sein, also entweder entscheidend zum Look & Feel beitragen oder die Aufmerksamkeit des Lesers gezielt lenken und dann spannende Inhalte vermitteln.

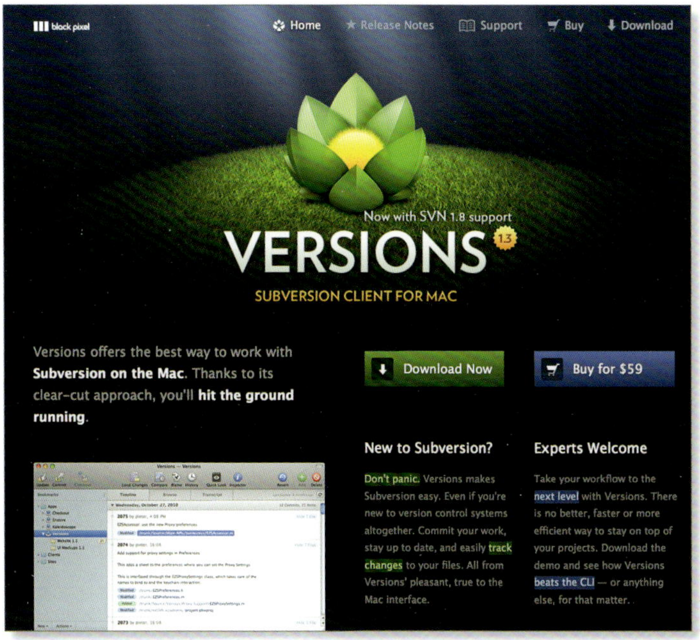

◂ **Abbildung 7.17**
Navigation oben, ein riesiges Logo samt kurzer selbsterklärender Wortmarke, dazu zwei Call-to-Action-Buttons – fertig ist alles für einen schnellen zweiten Eindruck bei *versionsapp.com*.

Der zweite Eindruck entscheidet, ob sich der Anwender weiter auf der Seite aufhält oder zur nächsten Seite weitergeht, die nur einen Klick entfernt ist. Daher ist seine Bedeutung nicht zu unterschätzen. Denn bevor der Anwender überhaupt zum »Con-

Call-to-Action-Buttons
Call-to-Action-Buttons fallen nicht nur im Vergleich zu »normalen Links« besser auf, sie beinhalten auch gleich eine eindeutige Handlungsaufforderung, was für den Anwender sehr angenehm ist.

Gutes Screendesign
Gutes Screendesign erfüllt folgende Anforderungen:

- Wichtige Elemente sollten deutlich zu sehen sein.
- Wichtiges sollte im Vergleich zu Unwichtigem klar hervorgehoben sein.
- nicht zu viele Elemente gleichzeitig hervorheben
- Ablenkungen reduzieren: Es sollte nicht »Nichts« hervorgehoben sein.
- klare, eindeutige Informationen bereitstellen
- klare Hierarchie, die mit den Anwenderbedürfnissen übereinstimmt
- Elemente sollten einen sinnvollen Zusammenhang haben.
- stimmiger erster Eindruck

tent is king« kommt, muss er erstmal überzeugt werden, dass da »königliche« Inhalte auf ihn warten könnten! Dies geht in erster Linie über optische Gestaltungsmittel, ergänzt durch erste redaktionelle Inhalte (Navigationspunkte, Headlines, Bildauswahl etc.).

7.1.4 Die Design-Prinzipien der »Großen«

Die meisten (Groß-)Unternehmen sind sich der Bedeutung guter Gestaltung und ihrer Wirkung bewusst. Exemplarisch zu beobachten ist das an den Gestaltungsregeln, die Großkonzerne für ihre Unternehmenskommunikation entwickelt haben. Es folgt ein kurzer Überblick der interessanten Design-Prinzipien dreier großer Internet-Konzerne.

Design-Prinzipien von Facebook | Facebook arbeitet mit prägnanten Schlagwörtern, um seine Design-Prinzipien zu erklären:

- universell
- menschlich
- klar
- nützlich
- konsistent
- schnell
- transparent

Die kompletten Prinzipien samt Erklärung finden Sie unter *facebook.com/note.php?note_id=118951047792*.

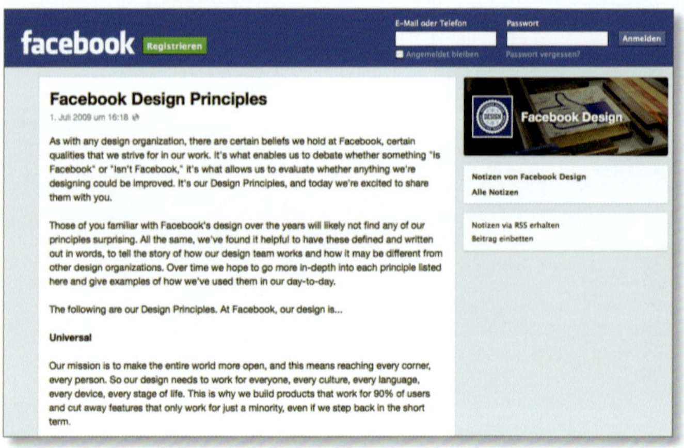

Abbildung 7.18 ▸
Die Erklärung der Facebook-Design-Prinzipien

Design-Prinzipien von Windows | Ausschnitte der Windows-User-Experience-Design-Prinzipien:

- Einfache Konzepte erhöhen das Vertrauen.
- Details sind wichtig und entscheidend.
- Ablenkungen reduzieren
- Die User Experience kommt vor der Gestaltung.
- Die Benutzererfahrung beachten
- Schnelligkeit zählt.

Mehr zu den Windows-Regeln finden Sie unter *msdn.microsoft.com/en-us/library/windows/desktop/dn742491.aspx*.

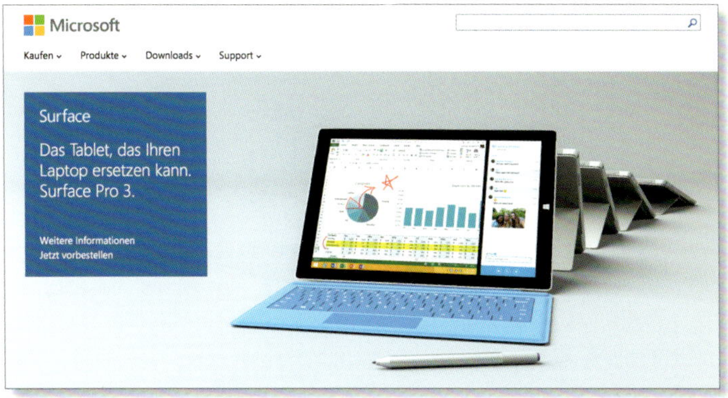

◀ **Abbildung 7.19**
Die Microsoft-Design-Prinzipien im Einsatz, *microsoft.com*

Design-Prinzipien von Android | Von und für das Android-User-Experience-Team wurden Design-Prinzipien entwickelt, um die Nutzer-Interessen im Auge zu behalten:

- Überraschen Sie den Nutzer.
- Bilder sind schneller als Worte.
- Halten Sie sich kurz.
- Individualisierung ermöglichen
- Arbeit abnehmen, aber die letzte Entscheidung liegt beim Nutzer.
- Der Nutzer muss immer wissen, wo er ist.
- Was gleich aussieht, sollte die gleiche Funktionalität haben.

Mehr zu diesen Richtlinien finden Sie unter: *developer.android.com/design/get-started/principles.html*.

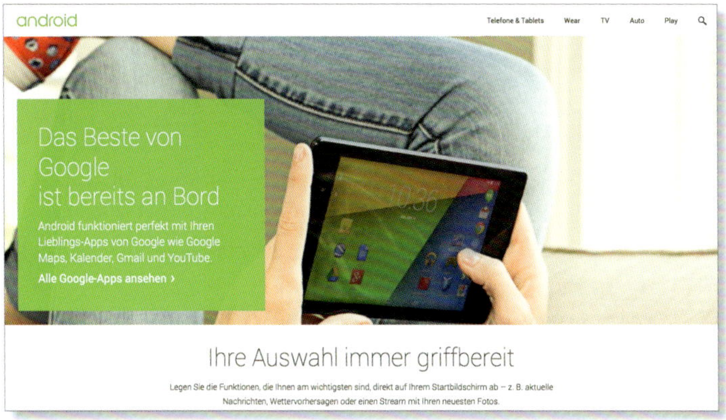

▲ **Abbildung 7.20**
Die Android-Design-Prinzipien im Einsatz, *android.com*

Designprozess Corporate Design
Die Designerin Veerle Pieters beschreibt in einem Artikel »The design process of Jolena« schön bebildert einen Designprozess zur Findung eines Corporate Designs samt Screendesign: *veerle.duoh.com/design/article/the_design_process_of_jolena*

Die Ausschnitte der oberen Unternehmens-Design-Prinzipien spiegeln die Gestaltungsgrundsätze – wenn auch nicht vollständig – gut wider. Die Wahrnehmungs- und Gestaltungsgrundlagen sind das Einmaleins des Webdesigners und die Basis für ein gelungenes Screendesign.

7.2 Der Gestaltungsprozess

Der Prozess der Gestaltung ist meistens ein nichtlinearer. Das Finden der »richtigen« Gestaltungselemente (sofern es diese überhaupt so gibt) ist schwer planbar und kaum optimierbar. Der kreative Prozess hat sozusagen seine eigenen Wege.

7.2.1 Der kreative Prozess

Es gibt nicht »den« kreativen Prozess. Jeder Designer hat seine eigenen Wege, um zu kreativen Ergebnissen zu kommen. Und bei jedem Designer wird das Ergebnis anders aussehen. Es gibt nämlich selten nur ein »richtiges« Ergebnis. Es gibt fast immer mehrere Lösungen, die zum Ziel führen können, also mehrere Designs, die dazu beitragen können, dass eine Webseite erfolgreich ist.

Kreativität und unser Gehirn
Kreativität entsteht in unserer rechten Gehirnhälfte. In unserer eher rationalen Gesellschaft wird aber vor allem die linke Gehirnhälfte gefördert, die für logisches Denken, Zahlen und die verbale Sprache zuständig ist. So sollen in der Schule gestellte Aufgaben möglichst korrekt und nicht kreativ gelöst werden. Das Ergebnis ist, dass sich viele nicht für kreativ halten und es deswegen erst gar nicht probieren. Ein Teufelskreis.

Kreativität | Was ist eigentlich Kreativität? Es gibt ja Menschen, denen wird nachgesagt, sie seinen »besonders kreativ«. Damit sind oft diejenigen gemeint, die ungewohnte Zusammenhänge herstellen, die experimentieren, die neue Dinge ausprobieren. Kreativität geht einher mit Fantasie. Wer Kinder beim Spielen beobachtet, sieht, welche Fantasie alleine aus ihrer Vorstellungskraft entsteht. Je älter wir werden, desto eher wird uns die »Eigenschaft« abtrainiert. Im Bildungswesen und auch in den meisten Berufen ist Fantasie weniger gefragt. Kreativität hat mit Loslassen zu tun, damit, neue Wege zu denken und auszuprobieren.

Bei der Gestaltung eines Designs bedeutet Kreativität nicht zwingend, eine Lösung zu finden, die noch nie vorher dagewesen ist. Dies wäre vermutlich auch eher hinderlich. Wie sollte ein Screendesign aussehen, das es so noch nie gab? Und würden sich die Anwender in diesem zurechtfinden? Wäre eine sehr kreative Navigation überhaupt intuitiv bedienbar? Siehe dazu auch den Abschnitt »Konventionen vs. Innovationen« auf Seite 345.

Kreativität heißt hier vielmehr, für das aktuelle Problem eine gestalterische Lösung zu finden. Die muss dann nicht so neu sein, dass sie noch kein anderer hatte. Sie sollte vor allem zur Webseite passen, zum Unternehmen passen, zur Zielgruppe passen.

Sie sollte nicht »geklaut« sein, also nicht genauso aussehen wie das Screendesign der Konkurrenz.

▲ **Abbildung 7.21**
Das ist wohl eine Umsetzung, die man kreativ oder innovativ nennen kann. »Out of the Box« ist die Webseite der *webguerillas.com* auf jeden Fall.

Kreativ sein heißt, sich der Gestaltungsgrundlagen bewusst zu sein. Kreativ sein heißt, zu wissen, wie Farben wirken und wie sich harmonische, passende Farbkombinationen finden lassen. Kreativ sein heißt, zu wissen, wie die einzelnen gestalterischen Elemente angeordnet sein sollten, damit die Anwender sich auf der Webseite zurechtfinden. Kreativ sein heißt, zu wissen, was die Anwender überhaupt auf der Seite wollen. Kreativität heißt hier, weniger künstlerisch aktiv zu sein, sondern vielmehr innerhalb klarer Vorgaben (Ziele, Zielgruppen, Unternehmen etc.) und bestimmter Wirkungsmechanismen (Wahrnehmungsgesetze, Farbwirkungen, visuelle Hierarchien etc.) passende Lösungen, sprich Screendesigns zu gestalten.

Es gibt dabei aber eben nicht nur die eine Lösung. Sonst sähen Webseiten, die ähnliche Produkte oder Dienstleistungen bewerben, auch immer gleich oder zumindest sehr ähnlich aus. In vielen Aspekten sind sie auch gleich, wie beispielsweise die Positionierung der Hauptnavigation, was aber auch durchaus sinnvoll ist.

Zum Nachlesen
Auf die Gestaltungsgrundlagen komme ich in Kapitel 6, »Gestaltungsgrundlagen«, zu sprechen, und in Kapitel 9, »Farben im Webdesign«, dreht sich alles um das Thema Farbe.

Artikel zu Thema Kreativität
»Creatives« ist ein kurzer, aber sehr lesenswerter Artikel von Brad Frost über Kreativität: *bradfrostweb.com/blog/web/creatives*

▲ **Abbildung 7.22**
Zwei Webseiten mit der gleichen Intention, und doch sehen die Portfolios von *davidhellmann.com* und *derpixelist.de* ganz anders aus.

Wie viel anders darf's denn sein?
Natürlich will sich jedes Unternehmen vom Wettbewerb abgrenzen, auch optisch. Bei klassischen Unternehmen hat die visuelle Differenzierung aber Grenzen. Suchen Sie sich ein, zwei Gestaltungselemente aus, die bewusst anders sind, als bei den meisten Konkurrenz-Webseiten. Das reicht in den meisten Fällen, um sich abzugrenzen. Wenn Sie also mit einer markanten Farbkombination aufwarten, sollte das Layout eher klassisch sein. Zu viel visuelle Abgrenzung kann eben auch verwirren.

Kreative Sammelmappe
Wer eine neue Sammelmappe anlegt, hat das Problem, das diese erst einmal leer ist. Was also soll rein? Alles! Screenshots von Webseiten, typografische Gestaltungen, Fotografien, Illustrationen, Texte, Gedichte, Zitate, Überschriften, Farbkombinationen usw. Alles, was man irgendwie interessant findet!

Research | Als Vorbereitung des kreativen Gestaltungsprozesses sollte ein Research erfolgen. »Erforschen« Sie alle relevanten Fakten, die Sie brauchen. Die Checklisten in Kapitel 3, »Konzeption und Strategie«, helfen Ihnen dabei. Wer ist das Unternehmen? Welche Ziele verfolgt es? Was soll mit der Webseite erreicht werden? Welche Zielgruppe soll die Webseite besuchen? Welche Erwartungen haben die Anwender? Diese Fragen sollten Sie beantwortet haben, bevor Sie sich an die Gestaltung setzen.

Dazu sollten Sie sich auch Webseiten der Konkurrenten anschauen. Welche Farben, Bilder, Formen, Layouts sind in der Branche üblich? So bekommen Sie ein Gefühl für den Kunden und die Zielgruppen. Hier werden Sie bestimmte Gestaltungsmuster erkennen, zum Beispiel Farben, die in der Branche häufig zum Einsatz kommen. In Ihrer Kreativität liegt es dann, diese Farben ähnlich auch einzusetzen, dass die Anwender mit diesen vertraut sind oder bewusst gegensätzliche einzusetzen, um sich gezielt abzuheben. Beides kann gut funktionieren und erfolgreich sein.

Setzen Sie sich auch mit den aktuellen Gestaltungstrends auseinander. Wie sehen moderne Webseiten heutzutage aus? Welche gestalterischen Mittel werden gerne eingesetzt? Es geht nicht darum, den Trends blind hinterherzulaufen, sondern ein Bewusstsein zu erlangen, was gerade angesagt ist, um es bei Bedarf dann gezielt einsetzen zu können. Die vielen Webseiten-Galerien bieten eine gute Plattform, um über aktuelle Entwicklungen auf dem Laufenden zu bleiben, eine Auflistung über verschiedene Inspirationsquellen finden Sie hier im Buch in Kapitel 9 ab Seite 442. Auf aktuelle Webdesign- und Gestaltungstrends gehe ich in Kapitel 13, »Webdesignstile und -trends«, ein.

Ideenfindung/Brainstorming | Um Ideen und Anregungen für die eigene Gestaltung zu finden, gibt es viele Möglichkeiten. Designer schwärmen ja gerne von den »Inspirationen«, die sie überall finden und erhalten. Manche bekommen kreative Impulse durch Bahnfahren, andere beim Blättern durch Magazine, andere durch das Fotografieren etc. Jeder lässt sich durch andere Dinge anregen und »inspirieren«. Hilfreich ist es, seine Inspiration zu sammeln – auf welche Art auch immer. Ob so eine »Inspirationsmappe« digital oder analog erstellt wird, ist egal – vielleicht ja sogar beide Varianten.

Solche Mappen können projektspezifisch erstellt werden, aber auch projektunabhängig. So entstehen dann im Laufe der Zeit (Jahre) spannende Sammlungen, in die man immer wieder reinschauen kann, um sich anregen zu lassen. Als digitales Sammelalbum eignen sich Dienste wie *pinterest.com*, bei dem sich Bilder in verschiedenen sogenannten »Pinnwänden« speichern lassen. Exemplarisch ist das Profil von Damien Laureaux, der rund um Mobile und User Interface eine große Sammlung angelegt hat: *pinterest.com/timoa*. Mithilfe der Suchfunktion lassen sich Bilder (und damit visuelle Anregungen) zu fast allen Themen finden. Mit dem Tool Evernote (*evernote.com/intl/de/evernote*) lassen sich auch Screenshots und Bilder sammeln und zusätzlich noch Informationen ergänzen und mit anderen online zusammenarbeiten.

Analoge Inspirationen
Für digitale Inspirationen hat vermutlich jeder Webdesigner genug Quellen (in dem Buch werden ja auch noch jede Menge genannt). Aber auch analog finden sich viele Anregungen für die eigene Webdesign-Arbeit, vor allem bei anderen Designprodukten wie CD-Covern, Magazinen, Zeitungen, Fotografien, Buch-Covern, Plakaten, Flyern, Visitenkarten, Broschüren usw. Ich selbst habe einen Sammelordner, in dem alle möglichen Printpublikationen landen, die ich für gestalterisch sehr gelungen halte und vor allem zukünftig für hilfreich erachte.

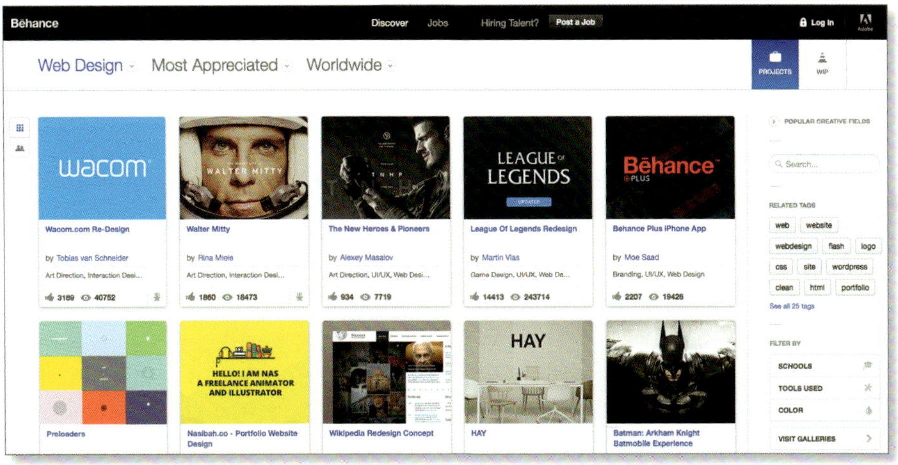

▲ **Abbildung 7.23**
Jede Menge Inspirationen aus allen möglichen Design-Gebieten bietet *behance.net*.

flickr.com und *behance.net* sind zwei weitere große Webseiten mit vielen unterschiedlichen grafischen Arbeiten. Auch Screenshots von Webseiten sind für einen Webdesigner immer eine gute Inspiration. Die Webdesign-Galerien bieten da natürlich viel Futter, es lohnt sich aber auch, eigene Screenshot-Sammlungen anzulegen. Von ganzen Webseiten, vielleicht aber auch nur von einzelnen Elementen. Die Seite *patterntap.com* bietet eine breite Auswahl an einzelnen Gestaltungselementen von Webseiten an.

Designmethodenfinder
Eine umfangreiche Sammlung an Methoden zur Lösung eines Kommunikations- oder Designproblems listet das Tool *designmethodenfinder.de* auf. Es bietet eine hilfreiche interaktive Suche.

Brainstorming-Methoden
Neben der Sammlung von Inspirationen aller Art gibt es verschiedene Kreativitätstechniken, um gezielt zu Ideen und Ansätzen zu gelangen:

Brainstorming: Der Klassiker, der am besten mit mehreren Personen durchgeführt wird. Alle Gedanken und Ideen zum Thema werden notiert ohne gleichzeitige Bewertung. Auch unrealistische Ideen sind gewünscht, und die Gedanken der anderen regen wieder zu neuen Ideen an. Erst am Ende werden die Ideen dann sortiert und unrealistische aussortiert.

Mindmaps: Die grafische Form des Brainstormings. Auf einem großen Blatt wird in die Mitte das zentrale Thema geschrieben. Jede Idee scheibt man um dieses Hauptthema und verbindet es mit einem Strich (Ast). Fallen einem zu einer Idee weitere ein, entstehen weitere Abzweigungen. Mindmaps sind strukturierter, manchmal auch erst nach einer Neusortierung. Als Online-Tool bietet sich der MindMeister an (*mindmeister.com*).

Ideenbuch: Ein kreatives Ideen- und Skizzenbuch sollte jeder Webdesigner besitzen. Ein Notizbuch, in dem alle Ideen zu den verschiedensten Problemen und Projekten festgehalten werden. Auch wenn die Ideen nicht alle zum Einsatz kommen, im Laufe der Zeit entwickelt sich so ein riesiges Ideenarchiv, das hilfreiche Denkanstöße für aktuelle Probleme geben kann.

Umkehrmethode: Stellen Sie das Problem auf den Kopf. Ziel ist, darüber nachzudenken, was man unterlassen oder unternehmen muss, um genau das Gegenteil zu erreichen. Statt zu überlegen, wie man die Besucher dazu bringt im Onlineshop einzukaufen, überlegt man sich, wie man sie davon abhält. Also zum Beispiel Warenkorb nicht auffindbar, keine Preise bei den Produkten, keine Produktfotos usw. Im nächsten Schritt werden diese Ideen wieder in ihr Gegenteil umgewandelt und betrachtet: Warenkorb muss schnell auffindbar sein, Preise deutlich erkennbar, Produkt mit ausreichend großen Fotos präsentieren usw. So entdeckt man einerseits neue Ansätze, sieht aber auch, was vielleicht schon gut läuft, aber als selbstverständlich hingenommen wird.

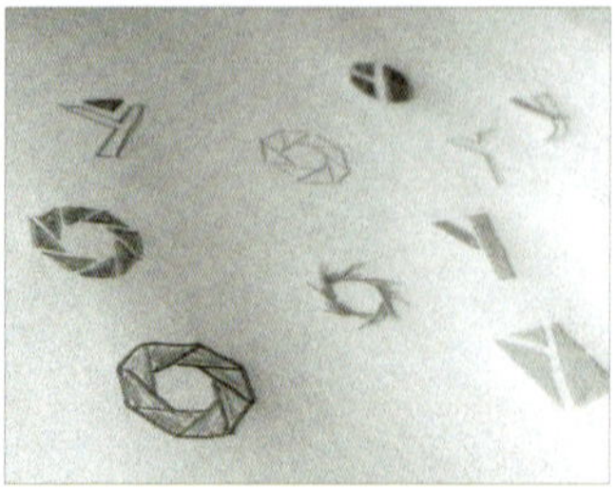

▲ **Abbildung 7.24**
Erste Logoideen skizziert

Skizzieren | Eine tolle Möglichkeit, zu ersten Ideen zu kommen, ist zu zeichnen. Erste grobe Entwürfe lassen sich am besten mit Zettel und Stift umsetzen. Nein, ein großer Zeichner muss man dabei nicht sein. Es muss kein zeichnerisches Meisterwerk entstehen. Eine flüchtige Skizze reicht völlig aus. Viel wichtiger ist das Experimentieren, verschiedene Sachen auszuprobieren. Und man kann schnell zum nächsten Blatt wechseln, falls es doch einmal danebenging oder um einfach weitere Varianten auszuprobieren.

Das Skizzieren ist ein tolles Mittel, um sogenannte Wireframes zu erstellen. Wireframes sind einfache Entwürfe der Webseite. Es geht dabei nur um die Anordnung und Platzierung der Elemente und nicht um gestalterische oder funktionale Aspekte wie Farben, Typografie oder Animationen.

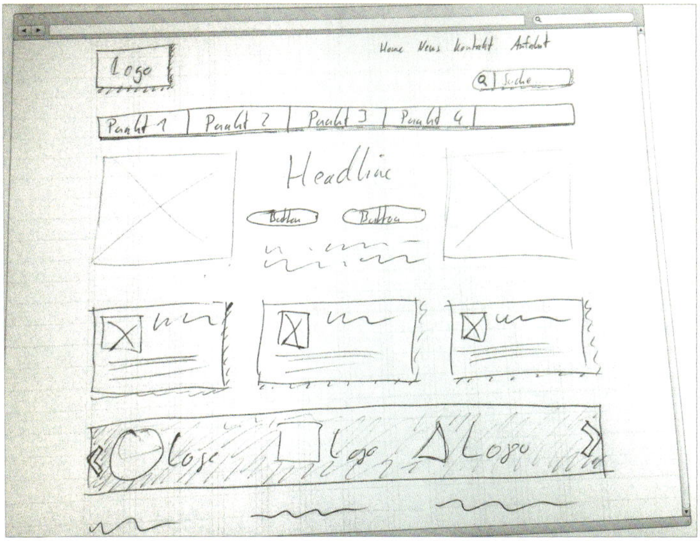

◂ **Abbildung 7.25**
Handgezeichnete Wireframes eignen sich dazu, schnell verschiedene Anordnungen auszuprobieren.

Zum Nachlesen
Mehr zur Bedeutung, dem Einsatz und der Erstellung von Wireframes finden Sie in Abschnitt 8.2, »Wireframes erstellen«.

Dokumentieren | Eine hilfreiche Methode ist dazu noch, die Skizzen zu kommentieren, also die Ideen zu verschriftlichen. Nicht jede Idee muss in einer Skizze enden, Worte können Ideen oft besser beschreiben. Dokumentieren Sie Ihre Gedanken. Gerade zu Beginn eines Projekts sind diese noch sehr vielfältig und werden mit fortschreitendem Projekt beengter. Sicher, die meisten so gesammelten Ideen werden wohl nicht umgesetzt werden im aktuellen Projekt, aber sie können wieder als Anregung für spätere Projekte dienen. Dazu kommt, dass man Gedanken, die man schriftlich notiert hat, besser im Gedächtnis behält. Gedanken, die notiert werden, werden klarer, strukturierter und stehen vor allem auch zukünftig zur Verfügung. Papier vergisst nicht.

7.2.2 Moodboards

Um grafische Ideen für das aktuelle Projekt zu sammeln, hat sich die Umsetzung eines Moodboards bewährt. Ein Moodboards ist eine Art Collage aus unterschiedlichen grafischen Elementen/Schnipseln wie Farben, Bildern, Illustrationen, Screenshots, Typografien usw. Ähnlich wie beim Sammeln von Inspirationen lassen sich Moodboards analog und digital erstellen. Analoge Moodboards entsprechend meistens losen Collagen, bei denen die Elemente frei angeordnet sind. Die allgemeine Wirkung ist hier am wichtigsten.

Ein Moodboard lässt sich für die unterschiedlichsten Gestaltungszwecke einsetzen. Mit ihm soll die Richtung des Designs entwickelt werden, die Stimmung, die das Design erzeugen soll. Bevor es an die konkrete Umsetzung eines Designs geht, kann so

Warum Moodboards?
Wo Worte nicht weiterhelfen oder missverständlich sein können, sagt ein Bild oder eine Collage mehr aus. Beschreibungen wie »modern« oder »minimalistisch« können grafisch sehr unterschiedlich interpretiert werden. Eine Collage, die früh im Designprozess erstellt wird, kann als Diskussionsgrundlage dienen und viel Arbeit ersparen. Bei der Analyse eines Moodboards wird sich nicht in nebensächlichen Details verloren, und gestalterische Korrekturen sind unkompliziert umzusetzen. Verschiedene Stile und Richtungen können ausprobiert werden, statt dem Kunden unterschiedliche, fertig ausgearbeitete Screendesign-Varianten zu präsentieren. So kann mit einem Moodboard früh im Gestaltungsprozess die Richtung festgelegt werden.

die Wirkung erarbeitet und abgestimmt werden. Diesen Eindruck nennt man auch Look & Feel.

Abbildung 7.26 ▸
Breanna Rose zeigt in Ihrem Blog selbst erstellte digitale Moodboards (*blog.imbreannarose.com/tag/moodboard*).

Im Konzept, spätestens aber zu Beginn des Designprozesses, muss sich über die gewünschte Wirkung des Screendesigns Gedanken gemacht werden. Hilfreich sind dann Eigenschaften und Attribute, die die Wirkung beschreiben (siehe Info-Kasten) – je genauer, desto besser.

▲ Abbildung 7.27
Ein konkreteres Moodboard mit allerlei gestalterischen Elementen

Zu diesen Attributen lassen sich dann verschiedene grafische Elemente sammeln und Collagen erstellen. Im Vergleich zu Screendesigns sind Moodboards recht schnell erstellt, und verschiedene Richtungen und Wirkungen können so ausprobiert werden, ohne zu viel Arbeit in die konkrete Ausgestaltung zu stecken.

Was in ein Moodboard gehört | Es gibt natürlich keine festen Vorgaben, was ein Moodboard enthalten sollte. Ein paar bestimmte grafische Elemente gehören aber schon dazu:

- **Farbkombinationen**: Farben haben eine enorme Aussagekraft und sind für Moodboards unerlässlich. Inspirationen für harmonische Farbkombination zu den unterschiedlichsten Schlagworten finden Sie bei *colorschemer.com/schemes* und *design-seeds.com*. Tools, um eigene Farbkombinationen zu erstellen, sind der *kuler.adobe.com* und *colorblender.com*.
- **Fotos/Grafiken/Illustrationen**: Bilder können Eigenschaften schnell und einfach vermitteln. Anregungen gibt es natürlich in Massen bei der Google-Bildersuche (*google.de/imghp*). Da diese Bilder später aus rechtlichen Gründen selten zu verwenden sind, bietet sich auch gleich die Suche in den Bildagenturen wir *fotolia.de* oder *istock.com* an.
- **Typografie**: Der typografischen Gestaltung kommt auf Webseiten eine besondere Bedeutung zu. Die Auswahl verschiedener Schriftarten kann schon einen Vorgeschmack auf die Gestaltung von Überschriften und Fließtexten geben. Eine breite Auswahl an Schriftarten finden Sie bei *fontsquirrel.com* und bei *google.com/fonts*.

Speziell für Webdesign-Moodboards lassen sich ergänzend folgende grafische Elemente noch gut einsetzen:

- **Screenshots**: Screenshots anderer Webseiten können schon gut die gewünschte Richtung vorgeben, also eine Art »Vorbild« sein. Dies können Screenshots kompletter Webseiten sein oder auch nur Ausschnitte bestimmter Bereiche der Webseite. Jede Menge Webseiten zur Inspiration gibt es bei *siteinspire.com* und bei *webdesign-inspiration.com*.
- **Muster/Texturen**: Texturen werden in Screendesigns gerne für größere Flächen im Hintergrund eingesetzt. Eine breite Auswahl an Texturen finden Sie bei *textureking.com* und dezente Muster bei *subtlepatterns.com*.
- **Icons**: Icons werden gerne in Screendesigns eingesetzt. Bei *findicons.com* und *iconfinder.com* gibt es eine große Auswahl.

Ist ein Moodboard ausgewählt und damit eine gestalterische Richtung, kann das Screendesign entwickelt werden. Dieses lässt sich dann einfacher, schneller gestalten, da die Richtung und schon einzelne Elemente, wie beispielsweise die Farben, feststehen. Für Webprojekte lohnt sich eigentlich immer die digitale Variante, da Sie Farben, Screenshots anderer Webseiten, Schriften usw. schon gleich passend für das Medium Bildschirm auswählen können.

Mögliche Eigenschaften und Attribute eines Look & Feels
Das gewünschte Look & Feel sollte am besten mit Adjektiven beschrieben werden. Ergänzend können gegenständliche Attribute dazukommen. Als Anregung:

- flexibel, mobil, minimalistisch, farbenfroh, individuell, originell, komplex, lebendig, aktiv, sportlich, urban, dynamisch, einfach, elegant, jung, eintönig, zurückhaltend, stilvoll, konservativ, aggressiv …
- Technik, Personen, Natur, Typografie, Struktur, Spannung, Ordnung, Raster, Vernetzung, digital, …

Tipp
Es ist nicht nur interessant, was alles in ein Moodboard kommt, sondern auch, was NICHT reinkommt. Lassen Sie sich nicht dazu verleiten, möglichst viel mit reinzunehmen, nur weil es möglich ist und ein Moodboard noch nicht so spezifisch ist. Statt zehn Bilder, die sehr ähnlich sind, reicht es, vielleicht nur zwei davon zu nehmen. Suchen Sie die einzelnen Elemente bewusst aus.

Die Elemente können auch lose angeordnet sein oder eine Art Moodboard-Template benutzen. Hier sind die Elemente in einer festen Struktur und einzelne Elemente/Details lassen sich besser besprechen. Auch mehrere Moodboard-Varianten lassen sich auf die Art besser vergleichen.

7.2.3 Style Tiles

Auf der Buch-DVD finden Sie die Style-Tile-Vorlage »Style-Tile-Template.psd« unter BEISPIELMATERIAL • KAPITEL_07.

Eine schöne Weiterentwicklung der Moodboards für Webdesigns ist das Konzept der *Style Tiles* (*styletil.es*). Die Designerin Samantha Warren, die für Twitter arbeitet, hat diese Methode entwickelt, da ihr Moodboards noch nicht konkret genug waren. Gleichzeitig kosten ausgearbeitete Screendesigns viel Zeit, und fein ausgearbeitete Details sind dabei unwichtig oder müssen später aufwendig überarbeitet werden. Ein Style Tile soll der Ausgangspunkt sein, von dem aus das Screendesign gestaltet wird.

Mood vs. Style
Da der Begriff Mood (englisch für »Stimmung«) sehr allgemein ist und eher auf das Corporate Design verweist, zeigt das Wort Style die Nähe zu den *Cascading Stylesheets* (CSS) auf und damit zum Webdesign.

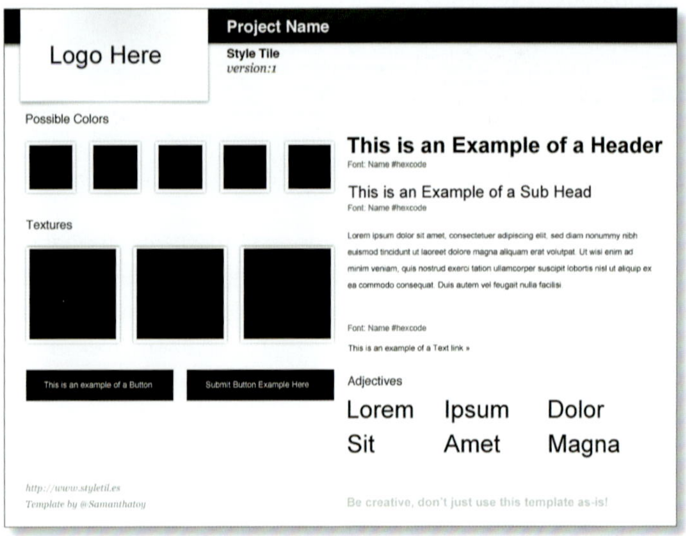

Abbildung 7.28 ►
So sieht das Blanko Style-Tile-Template aus – bereit, kreativ ausgefüllt zu werden (*styletil.es*).

Die visuelle Sprache wird deutlich, ohne dass sie sich in Details verliert. Genau wie bei Moodboards ist der Vorteil, dass nicht zuerst ausgereifte Screendesigns entwickelt werden müssen. Style Tiles sind aber schon wesentlich konkreter als Moodboards, doch bei Weitem noch nicht so fein wie ein Screendesign. In einem Style Tile werden schon konkrete Vorschläge für das Design einzelner Elemente wie Überschriften, Fließtest, Links und Buttons gemacht. Ergänzend kommen eine Farbpalette und typografisch gestaltete Attribute dazu.

Sytle Tiles und Wireframes
Wenn Sie zu Beginn eines Projekts Style Tiles gestalten und Wireframes erstellen, dann haben Sie die beste Basis, um danach recht schnell ein Screendesign zu entwickeln. Gerade bei responsiven Projekten, bei denen ein fein ausgearbeitetes Screendesign im Bildbearbeitungsprogramm an Bedeutung verliert, ist die Kombination aus Style Tiles und Wireframes Gold wert.

Mithilfe der Style Tiles kann mit Kunden schon frühzeitig ein grobes Design des User Interfaces besprochen werden. Und mit unterschiedlichen Style Tiles hat dieser die Möglichkeit, zu kombinieren. Keiner verliert sich in unnötigen Details, allein die grundlegende Designsprache wird diskutiert.

▲ Abbildung 7.29
Verschiedene Entwürfe mit Style Tiles: So bekommt man einen guten Überblick über verschiedene Varianten samt Look & Feel und ersten Anwendungsbeispielen (*samanthatoy.com/georgia-gov*).

Auch für Kunden, die schon ein Corporate Design besitzen, ist ein Style Tile im Vergleich zu einem Moodboard zielführender. Letzteres signalisiert, dass das Unternehmensdesign erst noch gefunden werden muss oder neu entwickelt werden soll. Wenn aber ein vorhandenes Corporate Design »nur« in das Medium Web übertragen werden soll, sind Style Tiles hilfreicher.

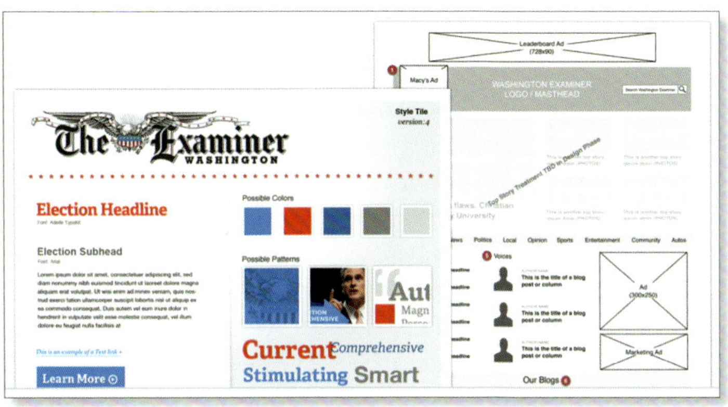

◀ Abbildung 7.30
Style Tiles und Wireframes sind eine tolle Basis für die Abstimmung mit dem Kunden und die folgende Umsetzung der Webseite (*samanthatoy.com/washington-examiner*).

Style Tiles sind eine gute Methode, um sich nach und nach von Screendesigns mit festen Pixelbreiten zu verabschieden. Ein flexibles Layout, das sich unterschiedlichen Bildschirmauflösungen anpasst, braucht nicht mehr den einen Screendesign-Entwurf. Besser ist es hier, ein Designschema zu entwerfen, das nicht fix ist, sondern die Grundzüge des Designs flexibel vorgibt, so wie die Style Tiles.

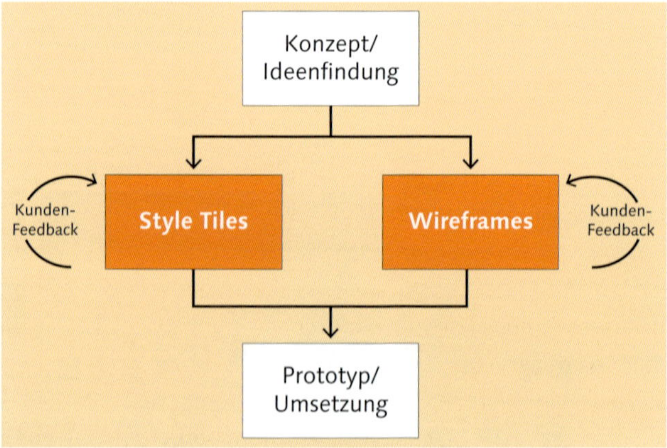

Abbildung 7.31 ▸
Ein modularer Ablauf, bei dem statt eines fein ausgearbeiteten Screendesigns Style Tiles und Wireframes entwickelt werden

7.2.4 Die Arbeit mit Designprogrammen

Jahrelang sah so der übliche Ablauf eines Webdesign-Prozesses aus: Konzeption, Erstellen eines pixelgenauen Screendesigns mit Photoshop (oder einem anderen Grafikprogramm), Umsetzung der Designvorlage mit HTML und CSS. Dieser Ablauf ist durch die geforderte Responsivität einer Webseite mehr als ins Wanken geraten. Es gibt nicht mehr »den einen« Ablauf. Immer häufiger kommen flexible, agile Prozesses zum Einsatz. Ganz allgemein geht die Entwicklung weg von der pixelgenauen Erstellung eines Screendesigns in einem Grafikprogramm.

Aufgrund der statischen Darstellung eines Designs sind Grafikprogramme nicht geeignet, um die Flexibilität eines modernen Webdesigns in Bezug auf unterschiedliche Auflösungen, Schriftgrößen, Animationen, Hover-Effekte usw. darzustellen. Und durch die Möglichkeiten mit CSS3, wie Schatten, Verläufe usw., sind für viele grafische Effekte keine Bilder mehr notwendig. Style Tiles, wie im vorigen Abschnitt beschrieben, und der Einsatz von Frontend-Styleguides (dazu später mehr) führen zu einer schnelleren und flexibleren Umsetzung. Ganz allgemein könnte man sagen: Je früher im Browser entwickelt wird, desto besser.

Grafikprogramme haben aber nach wie vor ihre Bedeutung. Eine Collage, eine Bildbearbeitung, die Erstellung individueller Icons lassen sich eben nur mit ihnen lösen. Und nach wie vor gibt es genug Webdesigner und Agenturen, die auf den alten Ablauf setzen und komplette Screendesigns im Grafikprogramm erstellen. Der Webdesign-Prozess ist eben sehr individuell.

Grafikprogramme für Screendesigns
Erste Wahl ist bei den meisten Webdesignern und Agenturen Adobe Photoshop. Gerne genommen werden auch die anderen Grafikprogramme der Adobe-Palette, wie Illustrator und Fireworks (trotz Stopp der Weiterentwicklung). Es soll sogar vorkommen, dass mit dem DTP-Programm Adobe InDesign Screendesigns entworfen werden. Seit einiger Zeit ist Sketch (*bohemiancoding.com/sketch*) eine kostengünstige Alternative, die sich mit tollen Funktionen speziell für die Gestaltung von Screendesigns auszeichnet.

Photoshop | Das häufigste Programm für die Arbeit an Screendesigns ist Adobe Photoshop – ein Bildbearbeitungsprogramm. Vermutlich aufgrund seiner allgemeinen Beliebtheit ist es auch für Screendesigns gerne eingesetzt worden, obwohl Adobe jahrelang mit Fireworks ein Programm im Angebot hatte, das sich besser eignet, deren Weiterentwicklung Adobe allerdings im Jahr 2013 eingestellt hat. Die Arbeit mit Photoshop bietet sich also vor allem an, um digitale Moodboards, Style Tiles und Wireframes zu gestalten. Auch für Header-Collagen, klassische Bildbearbeitungen, Bildeffekte, Texturen, Muster kommt man nicht um die Arbeit mit Photoshop herum.

Und oft genug ist es eben doch das pixelfein ausgearbeitete Screendesign mit Photoshop. Teils sind die Abläufe in Agenturen noch so eingefahren, dass ein anderer Weg undenkbar scheint, und häufig wünschen auch Kunden zuerst das Screendesign als Bilddatei zu sehen, bevor es umgesetzt wird. Sicherlich kann man hier Aufklärungsarbeit betreiben und versuchen, seine eigenen Abläufe umzustellen und die Kunden und Agenturen über die »neuen« Möglichkeiten zu beraten.

Aber gerade für kleinere und mittlere Projekte mag das klassische Vorgehen auch nicht das schlechteste sein – man muss sich aber bewusst machen, dass dieser klassische Workflow in der Regel länger dauert und daher teurer ist. Bei mir selber ist es von dem Kunden und dem konkreten Auftrag, der Aufgabenstellung abhängig. Für Agenturen entwickle ich häufig noch komplette Screendesigns in Photoshop – bis sie ihren Ablauf umgestellt haben. Ich würde aber eher auf Jahre, denn auf Monate tippen, bis es soweit ist. Für eigene Kunden ist es unterschiedlich. Häufig setze ich eine Art »Mischform« ein. So gestalte ich »nur« die Startseite in Photoshop, setze diese dann mit HTML und CSS um und folgende Design-Korrekturen werden dann am »lebenden Objekt« ausgeführt. Die Kunden sind glücklich, da sie zuerst ein Design als Bilddatei gesehen haben. Weitere Details und Änderungswünsche sind dann aber besser direkt im Browser zu besprechen.

Schwierig, sprich aufwendig, wird die Arbeit mit Photoshop aber vor allem, wenn nicht ein oder zwei Unterseiten erstellt werden sollen, sondern zehn oder zwanzig oder gar noch mehr. So etwas kommt durchaus vor. Änderungswünsche – und sind sie manchmal auch noch so klein – ziehen sich durch viele einzelne Ebenen oder gar unterschiedliche Photoshop-Dateien. Spätestens hier ist der Aufwand unwirtschaftlich und die Umsetzung/Anpassung im Browser sinnvoller, denn da wäre es oft nur die kleine Änderung an einer CSS-Datei.

Nachteile von Photoshop
So beliebt Photoshop auch ist, es hat eben auch Nachteile, damit zu arbeiten, um Screendesign zu entwerfen:

- doppelte Arbeit, da die Photoshop-Screendesigns »Wegwerfprodukte« sind
- Abweichungen in der Darstellung
- bei der Umsetzung vieler Einzelseiten unübersichtlich und aufwendig
- Genauso sind unterschiedliche Bildschirmauflösungen nur sehr aufwendig darstellbar.
- Änderungen wie Farben und Schriften sind aufwendig.

Design in Photoshop
Nicht immer reichen Wireframes und Moodboards oder Style Tiles aus. Auch Designer müssen manchmal ihr Design erst komplett in Photoshop erstellen, um die Kontrolle zu bewahren. Nicht immer ist der schnelle Wechsel in das Frontend für Designer angenehm. Das Gesamtzusammenspiel aus den verschiedenen Elementen ist für viele doch in Photoshop besser zu erstellen und nachzuvollziehen.

Photoshop-Etiquette
Photoshop ist nur bedingt für Webdesigns gemacht. Trotzdem arbeiten viele Webdesigner und Agenturen mit dem Bildbearbeitungsprogramm. Um die eigene Arbeit zu optimieren, gibt die Webseite *photoshopetiquette.com* jede Menge hilfreiche Tipps.

▲ **Abbildung 7.32**
Photoshop Etiquette

Die Arbeit mit Photoshop wird noch längere Zeit wichtiger Bestandteil der Arbeit der meisten Webdesignern sein. Auch da immer wieder Funktionen ergänzt werden, die das Programm für Webdesigner spannend hält. So kamen in den letzten Versionen unter anderem der Echtzeit-Export von Bilddateien (Bild-Assets), Export von SVG-Grafiken, Retina-Auflösung, Einsatz von Absatz- und Zeichenformaten (ähnlich CSS-Schriftdefinitionen) und System-Schriftenglättung dazu.

Photoshop-Plug-ins
Photoshop ist schon von Haus aus ein sehr mächtiges Programm mit einem riesigen Funktionsumfang. Trotzdem gibt es noch einige Erweiterungen, die gerade für Webdesigner sehr spannend sind. Folgend eine Übersicht an hilfreichen Plug-ins:
GuideGuide: Schnell, einfach und kostenfrei Hilfslinien erzeugen, um sein eigenes Raster zu erstellen (*guideguide.me*).
CSS3Ps: Generiert aus einzelnen Ebenen den passenden CSS3-Code. Gerade bei Objekten mit Verläufen, abgerundeten Ecken, Schatten und sonstigen Effekten ist das sehr hilfreich und kostenfrei (*css3ps.com*).
BlendMe.in: Bietet Zugriff auf Tausende von Icons, die sich so schnell in das eigene Design einfügen lassen, und das kostenfrei (*blendme.in*).
Web Font Plug-in: Schnell und einfach aus Photoshop auf die Schriftenbibliothek der Google Fonts zugreifen (*extensis.com/font-management/de/web-font-plug-in*).
Subtle Patterns: Die dezenten Hintergründe von Subtle Patterns machen sich in fast jedem Screendesign gut. Für knapp 12 US$ gibt es das passende Photoshop-Plug-in, so dass man die Patterns nicht mehr händisch herunterladen und installieren muss (*plugin.subtlepatterns.com*).
WebZap: Für diejenigen, die schnell Layouts erstellen wollen oder müssen. Mit wenigen Mausklicks lassen sich umfangreiche Designs mit allen möglichen Elementen erzeugen. Kosten: 19 US$ (*webzap.uiparade.com*).

7.2.5 Design-Feedback

Feedback von Kollegen
Bevor ich ein Design dem Kunden präsentiere, hole ich mir externes Feedback. Im Idealfall von Fachkollegen, aber auch von »normalen« Anwendern. Hier gilt es, zu unterscheiden zwischen Lobhudelei, weil man einem Bekannten nichts Schlechtes sagen will, und unwichtigen kritischen Anmerkungen. Auch wenn keiner gerne negative Kritik hört, schaden kann ein externes Feedback auf keinen Fall.

Eine der kniffligsten Stellen im Projekt ist für Webdesigner die Abstimmung des Designs mit dem Kunden. Eventuell hat man mit Moodboards, Style Tiles und/oder Wireframes schon gut vorgearbeitet, eventuell aber auch nicht und der Kunde bekommt einen fein ausgearbeiteten Screendesign-Entwurf präsentiert. Das Feedback des Kunden hat schon so manchen Webdesigner-Traum von der kreativen Selbstverwirklichung zerplatzen lassen. So weit muss es aber nicht kommen.

Zuerst ist Design eine Dienstleistung. Sie haben einen klaren Auftrag (hoffentlich) mit einer klaren Zielsetzung, Zielgruppe und eine Vorstellung vom Unternehmen und Produkt bekommen. Dazu haben Sie zumindest gute Grundkenntnisse der Gestaltung von Webseiten (Sie haben ja dieses Buch!). Dies beides zusammen lässt Sie Screendesigns gestalten, die nicht bloß Ihrem persönlichen Designgeschmack entsprechen, sondern durchdacht und im Idealfall auch gut begründbar sind. Und dann kommt der Kunde. Hier gibt es meistens mehrere Personen, die über das Design ab-/bestimmen wollen oder müssen, und dann können da sehr unterschiedliche Vorstellungen aufeinandertreffen. Egal, wie klar, die Vorgaben vorher auch waren, jeder hat seine ganz eigene Meinung.

Im ungünstigen Fall wird das Design durch zu viele Meinungen zerrissen und, um es jedem Recht zu machen, auf einen kleinsten gemeinsamen Nenner gebracht, der von der Ursprungsidee weit entfernt ist und eher langweilig, denn individuell aussieht. Oft hängen dann noch unzählige Korrekturschleifen dran, weil immer wieder jemandem etwas auffällt. Es allen Recht zu machen, funktioniert nicht. Dies kann auch ein Problem von fehlender Hierarchie, Kompetenz oder Autorität aufseiten des Kunden sein. So muss man sich nie richtig festlegen, und vielleicht gibt es gar keinen festen Entscheider, der eine klare Aussage treffen kann.

Im günstigen Fall ist das Feedback mehrerer Personen produktiv. Es werden weitere kleine (oder auch große) Punkte gefunden, die sich noch verbessern lassen (siehe Abschnitt 3.11.4, »Usability-Tests und -Tools«). Leider tritt aber häufiger der ungünstige Fall ein.

So oder so, Kundenaussagen zum Design sollten vom Webdesigner gut abgewogen werden in Bezug auf ihre Nützlichkeit. Sie sind der Webdesigner, also der Fachmann, der aufgrund seiner Fähigkeiten und Kompetenzen beauftragt wurde, das Design zu erstellen. Sie sollten also einerseits in der Lage sein, Designentscheidungen begründen zu können und spontan und flexibel auf Kundenmeinungen zu reagieren. Sachlich zu reagieren und nicht emotional, weil jemand Ihr Erzeugnis kritisiert. Als Dienstleister sollte der Webdesigner seine Meinung offen und selbstbewusst vertreten. Letzten Endes ist der Kunde aber König, na ja, zumindest Auftraggeber, und daher sollten seine Wünsche umgesetzt werden. Egal, wie unpassend es Ihnen erscheint. Ein Grundkonzept und das gemeinsame Besprechen der Ziele hilft aber bei der Argumentation bei Designentscheidungen.

Design by Committee
Wenn viele Personen über das Design entscheiden sollen (unabhängig davon, ob Designer oder nicht), dann spricht man vom »Design by Comittee«. Daraus entstehen oft ungünstige Abläufe. Abstimmungs- und Änderungsprozesse zögern sich hinaus – vor allem, wenn nicht direkt im Projekt involvierte Personen Feedback geben.

Feste Vorgaben
Um von Anfang klare Verhältnisse zu haben, sollte schon zu Beginn geklärt werden, wie Feedback und Korrekturen ablaufen. Dazu gehört das schriftliche Festhalten von Änderungswünschen und ein klarer Ansprechpartner beim Kunden. Im Idealfall ist dieser auch der Entscheider über die Designfragen. Fristen und Meilensteine festlegen – auch für das Feedback. Ansonsten verzögert sich die Arbeit, oder der Webdesigner muss die Zeit wieder aufholen.

Und der Webdesigner sollte fähig sein, das Design zu begründen und zu verteidigen, bzw. auch zu merken, wann er intervenieren oder wann er nachgeben sollte.

7.3 Vom Design zur Umsetzung

Screendesign mit Photoshop zu erstellen ist sehr populär und war lange Jahre auch der normale Weg. So langsam, aber sicher ändert sich dieser Ablauf, vor allem durch die Anforderungen einer responsiven Webseite. Hier wird es zu komplex, Webseiten erst vollständig detailliert für alle möglichen Bildschirmauflösungen in Photoshop zu erstellen. Dazu kommen noch die Unterschiede in der Darstellung zwischen dem Bildbearbeitungsprogramm und den Browsern sowie die Unfähigkeit, Interaktionen und Animationen zu simulieren.

7.3.1 Modulares Design

> *»We're not designing pages, we're designing systems of components.«*
>
> *Stephen Hay*

Die Lösung kann nicht sein, auf Design zu verzichten. Die Herangehensweise muss sich ändern. Das Design einer Webseite sollte nicht mehr als Sammlung einzelner Seiten, die pixelgenau ausgestaltet wurden, verstanden werden. Vielmehr geht es um die Gestaltung eines *Designsystems*. Ein Designsystem legt die Gestaltung der einzelnen Komponenten fest, wie die Farben für unterschiedliche Elemente (Überschriften, Fließtexte, Zitate, Hintergründe, Navigation usw.), die Typografie (Schriftgrößen, Zeilenabstände usw.), das Raster usw. Neben diesen gestalterischen Elementen könnte man noch Inhaltselemente nehmen, wie die verschiedenen Navigationen, Sidebar-Blöcke, Footer, Teaser usw.

Atomic Design
Den ausführlichen Artikel von Brad Frost zum Thema »Atomic Design« finden Sie unter: *bradfrostweb.com/blog/post/atomic-web-design*. Die Screenshots von den Abbildungen 7.33–7.38 stammen aus diesem Artikel.

Eine interessante Methode hat der Webdesigner Brad Frost entwickelt, die er »Atomic Design« nennt. Er vergleicht sein Designsystem mit Materie, die aus einzelnen Atomen besteht. Diese Atome verbinden sich zu Molekülen, aus denen wiederum komplexere Organismen entstehen und so alle Materie in unserem Universum bilden.

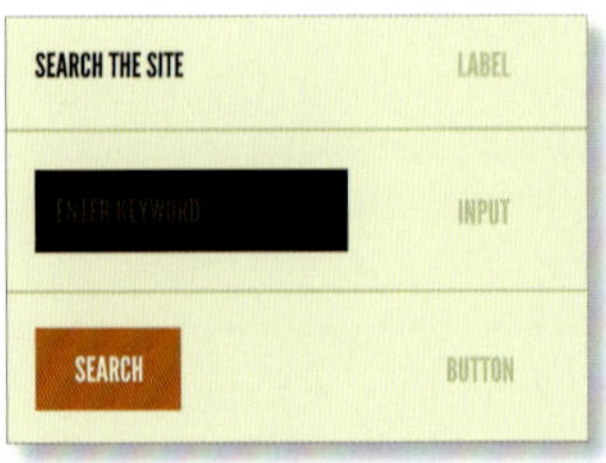

▲ **Abbildung 7.33**
Drei »Atome«: ein Label, ein Inputfeld und ein Button

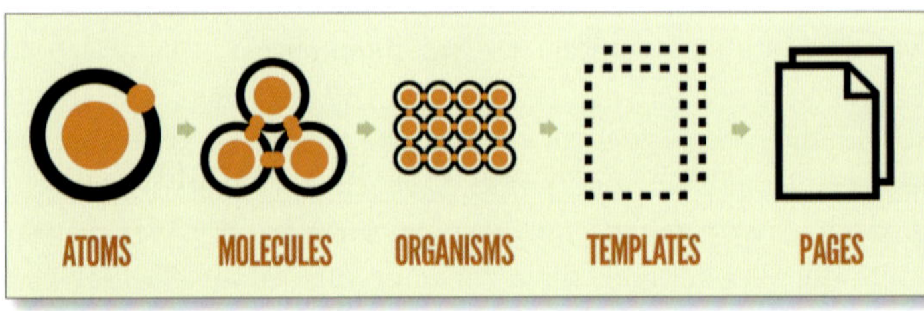

▲ **Abbildung 7.34**
Die Module des »Atomic Designs«

Atome | Atome sind die Grundbausteine. Sie entsprechen einzelnen HTML-Elementen wie Überschriften, Listen oder Buttons. Dazu kommen noch allgemeine Elemente wie eine Farbpalette, Schriftarten oder Animationen. Wie in der Natur kommen Atome selten alleine vor, eignen sich aber als Übersicht in einem Design-Styleguide.

Moleküle | Moleküle sind eine Ansammlung von Atomen und die kleinste Einheit einer Verbindung. Sie haben ihre eigenen Eigenschaften und sind sozusagen das Rückgrat eines Designsystems. Ein Inputfeld, eine Textbeschreibung (`label`) und ein Button alleine haben noch wenig Bedeutung. Zusammen ergeben sie aber ein Formular und damit Sinn. Moleküle können zwar komplex sein, sollten aber einfache Kombinationen sein, die sich gut wiederverwenden lassen.

▲ **Abbildung 7.35**
Aus den drei einzelnen Atomen wird ein »Molekül«, erst zusammen ergeben sie einen Sinn.

Organismen | Aus der Kombination verschiedener Moleküle lassen sich Organismen bilden. Diese sind relativ komplex und ein eigener Teil des User Interfaces.

▲ **Abbildung 7.36**
Aus mehreren Molekülen wird ein »Organismus«, so wie hier ein Header mit Logo, Hauptnavigation und Suchfeld.

Das Design wird nun immer konkreter. Während für Kunden Atome und Moleküle uninteressant sein dürften, bilden Organismen das finale Aussehen ab. Sie sind eigenständige, wiederverwendbare Verbindungen.

Aus der Praxis 1
Auch wenn es in der Praxis wohl selten/nie als »Atomic Design« bezeichnet wird, kommt diese Methode gerade bei größeren Projekten häufig zum Einsatz. Eher wird es schon »modulares Design« genannt. Statt fertiger Seiten werden einzelne Module wie Formularfelder, Navigationen, Seitenleistenblöcke, Teaser usw. gestaltet. Damit lassen sich dann alle notwendigen Varianten an Seiten zusammenstellen.

Templates | Templates bestehen aus mehreren Organismen, die sich verbinden und zu einer »ganzen« Seite werden, also zu dem, was wir eigentlich klassisch Screendesign nennen.

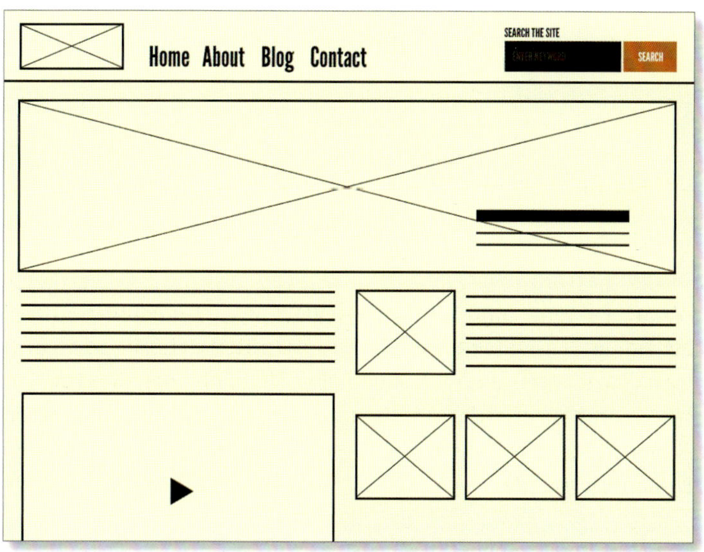

◂ **Abbildung 7.37**
Mehrere Organismen ergeben ein Template, also eine Seitenstruktur, bei der das »fertige« Layout erkennbar wird.

Aus der Praxis 2
Es gibt aber auch noch den Ablauf, dass statt einzelner Komponenten komplette Seiten in Photoshop erstellt werden – und zwar JEDE Unterseite. Dies ist nicht besonders effektiv, aber kommt eben immer noch vor.

Templates sind sehr konkret, da sie schon das fertige Layout zeigen. Hier ist auch die Verbindung zu Wireframes, die das Grundgerüst vorgeben. Eventuell lässt sich das Design jetzt auch in ein HTML-CSS-Mockup überführen.

Seiten | Seiten sind konkrete Templates. Sie enthalten keine Platzhaltertexte und -bilder mehr, sondern die richtigen Inhalte. So stellen sie genau dar, was der Anwender später auch sehen wird.

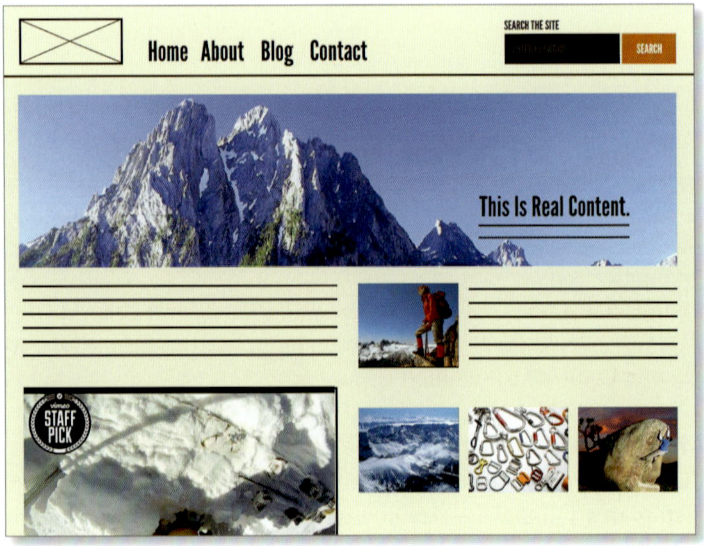

Abbildung 7.38 ▸
Mit konkreten Inhalten wird aus einem Template eine »Page«, also das Layout, das der Anwender später auch sieht.

Seiten sind dem späteren Screendesign am nächsten. Hierein wird normalerweise auch die meiste Zeit der Gestaltung investiert, und hierüber wird am längsten diskutiert. Auf den Seiten zeigt sich auch erst die Effektivität des Designsystems. Sieht man alle Elemente im Zusammenhang, kann man wieder Schritte zurückgehen und einzelne Moleküle, Organismen und Vorlagen anpassen, um die Wirkung des Designs zu erhöhen.

Pattern-Links
Die einzelnen Module werden auch gerne *Design Patterns* genannt, also Designmuster oder Designvorlagen. Die Webseite *ui-patterns.com* zeigt einen schönen Überblick über die verschiedenen Patterns, die auf Webseiten vorkommen können. Und – ebenfalls von Brad Frost – gibt es die Webseite Responsive Patterns, die viele Vorlagen/Module für eine responsive Webseite bereithält: *bradfrost.github.io/this-is-responsive/patterns.html*

Design Pattern | Mit diesem System lassen sich die Designs einzelner Seiten flexibler zusammenstellen. Je größer ein Webauftritt wird und je mehr unterschiedliche Seitentypen zusammenkommen, desto hilfreicher ist ein solches Designsystem. Es gibt ein Tool namens *Pattern Lab*, mit dem sich solch ein Designsystem umsetzen lässt. Es steht zum Download bei GitHub zur Verfügung: *github.com/pattern-lab/patternlab-php*.

Jedes Design lässt sich auf die einzelnen Gestaltungselemente herunterbrechen, wobei erst das »Gesamtbild« ein Design ergibt.

Ein Design-»Atom« alleine ergibt keinen Sinn, sondern erst im Kontext mit anderen Elementen auf einer Seite. Ein solches Designsystem sichert ein seitenübergreifend konsistentes Aussehen und kann jede Menge Arbeit sparen.

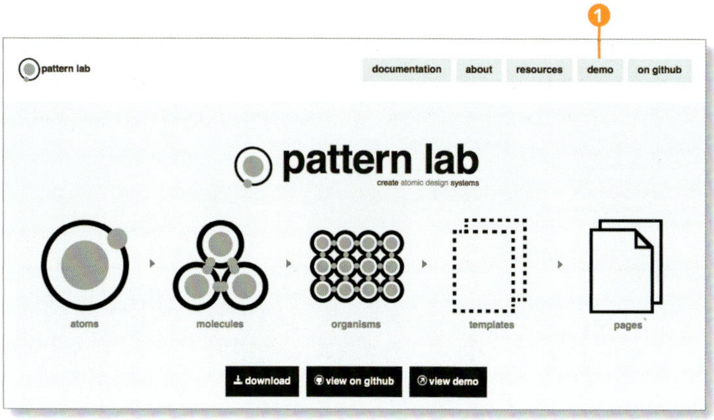

◂ **Abbildung 7.39**
Auf *patternlab.io* wird das Atomic-Design im Detail vorgestellt.

Bei *patternlab.io* wird das »Atomic-Design«-System noch einmal vorgestellt und steht als Demo und Download bereit. Mit der Demo ① lassen sich die einzelnen Atome und Moleküle den eigenen Layout-Bedürfnissen anpassen.

7.3.2 Design-Styleguide

Um die einzelnen Elemente und Module verbindlich festzulegen, ist es ratsam, einen Styleguide zu definieren. Ein Styleguide (zu Deutsch: Gestaltungsrichtlinie) beschreibt, wie die einzelnen Elemente auszusehen haben. Dies sichert ein konsistentes Aussehen über alle Unterseiten hinweg. Gleichzeitig spart es Arbeit ein, da man sich nicht auf jeder Unterseite neu über die Gestaltung Gedanken machen muss. Gerade auch bei späteren inhaltlichen Anpassungen gibt es eine gestalterische Leitlinie, an der man sich orientieren kann.

Die Inhalte und der Umfang eines Styleguides unterscheiden sich stark. Meistens ist so, je größer das Unternehmen, desto umfangreicher ist der Styleguide, und je größer die Webseite, desto umfangreicher ist der Styleguide. Es gibt Styleguides, die definieren lediglich die elementarsten »Atome«, wie Überschriften, Listen, Buttons usw. Und es gibt Styleguides die auch für einzelne Unterseiten (Templates) genau die Abstände usw. angeben. Da gilt es, im Einzelfall abzuwägen, wie umfangreich ein Styleguide sein sollte.

Style Tiles, Design Patterns, Wireframes, Mockups, Prototypen liefern schon jede Meine Input für einen Styleguide. Dieser legt verbindlich die Formatierung der einzelnen Elemente fest. Dieser

Styleguide-Links
Eine umfangreiche Liste an Styleguides und UI-Guidelines gibt es unter:
theuxbookmark.com/2010/08/interaction-design/a-monster-list-of-ui-guidelines-style-guides
Das Tool *Stylify Me* generiert aus Webseiten einen kleinen Styleguide, der sich auch als PDF-Datei downloaden lässt:
stylifyme.com

Styleguide steht allen Projektbeteiligten zur Verfügung und dient als Nachschlage-Referenz und auch als Vorlage für die Frontend-Umsetzung.

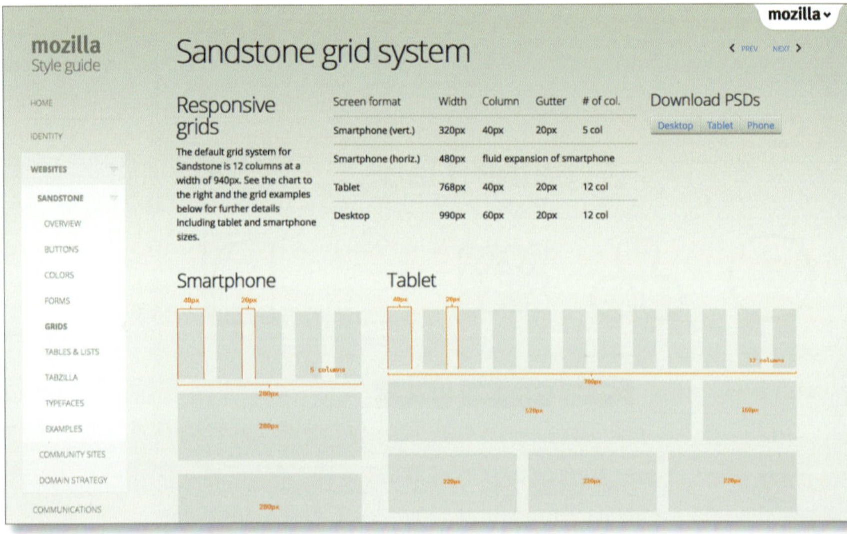

▲ **Abbildung 7.40**
Der Mozilla-Styleguide definiert alle möglichen Elemente, so wie hier das Raster (*mozilla.org/en-US/styleguide/websites/sandstone/grids*). Die Pixelmaße sind genau vorgegeben, und sogar eine Photoshop-Datei wird zum Download angeboten.

Vorteile eines Frontend-Styleguides
Ein Frontend-Styleguide, zumindest ein kleiner, bringt einige Vorteile mit sich:

- Es ist einfacher zu erkennen, wo das Design funktioniert und wo nicht. Wie verhalten sich die Elemente zueinander und bei unterschiedlichen Bildschirm-Auflösungen?
- Design-Elemente passen nicht nur zu einer Seite, sondern werden seitenübergreifend gestaltet.
- Es besteht ein eindeutiges Vokabular für die einzelnen Komponenten wie Buttons, Navigation usw.
- Als Referenz und Nachschlagewerk für alle Projektbeteiligten, vor allem für Designer und Entwickler sichert es Konsistenz.

Die klassischen Design-Styleguides konzentrieren sich – logischerweise – auf die visuelle Identität. So waren (und in manchen Unternehmen und Agenturen sind sie es bis heute) pixelgenaue Styleguides, die im Grafikprogramm erzeugt wurden, die Vorlage für die Frontend-Umsetzung.

Frontend-Styleguide | Die Gestaltung des kompletten Screendesigns verschiebt sich ja mehr und mehr aus den Grafikprogrammen in Richtung Browser. Die Weiterführung eines Design-Styleguides ist ein sogenannter Frontend-Styleguide, der dieses visuelle System in den Browser überträgt. Ein Frontend-Styleguide definiert und sichert das Aussehen der einzelnen Elemente (von »Atomen« bis zu »Organismen«) im Browser.

Ein Frontend-Styleguide sichert auch, dass jedes Element formatiert wurde und nicht nur die, die aktuell auf den Webseiten vorkommen. Eine ungeordnete Liste (`ul`) mag auf den momentanen Seiten nicht vorkommen, und so kann es schnell passieren, dass diese auch nicht visuell gestaltet wurde. Schlecht wäre es, wenn dies erst auffällt, wenn später eine ungeordnete Liste zum

Einsatz kommt und das Ergebnis im Browser später nicht zum restlichen Design passt. Um unter anderem solche Fälle zu vermeiden, gibt es die Styleguides, die sichern, dass alle möglichen Elemente durchdekliniert werden.

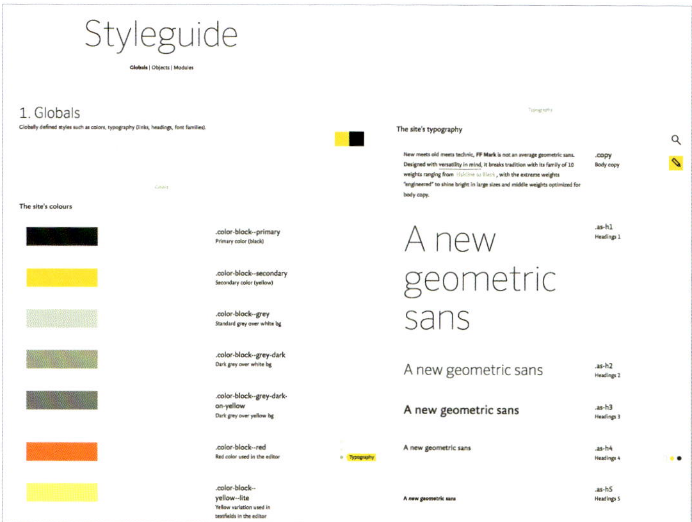

◂ **Abbildung 7.41**
Der Styleguide von *next.fontshop.com/styleguide/globals* zeigt die CSS-Klassennamen und die Einsatzgebiete der Elemente auf.

Frameworks | Webseiten, die mit Frameworks umgesetzt werden, haben schon jede Menge vordefinierte Elemente. Häufig mehr als meistens überhaupt gebraucht werden. Verschiedene Button-Variationen in klein, mittel und groß, dazu noch in mehreren Farbkombinationen, braucht fast keine Webseite. Das Ergebnis sind hier oft Quellcodes, die völlig überladen sind für die meisten Projekte. Und wenn die Formatierung nicht noch angepasst wird, sehen die Ergebnisse, also die späteren Webseiten, oft noch gleich aus.

Zu einem Frontend-Styleguide gehören neben der visuellen Formatierung per CSS noch Überlegungen zu den Namenskonventionen. Als Beispiel ist die Definition eines Buttons gemeint. Normalerweise innerhalb eines Linkelements (`a`) platziert, sollte man ihm aber noch eine Klasse zuweisen, um nicht alle Links zu formatieren (dies wird separat gemacht). Eine Klasse namens `.button` bietet sich an. Da die CSS-Klassen und IDs frei wählbar sind, wäre auch jede andere Variante denkbar. Klar, eine sinnvolle und nachvollziehbare Benennung ist immer vorzuziehen. Aber auch eine Button-Klasse namens `.btn` ist schon gesehen worden. Damit für kommende Entwicklungen und Entwickler klar ist, wie bestehende Formatierungen lauten, sollten auch diese in einem Frontend-Styleguide auftauchen. Ansonsten kommen später gleiche Definitionen mehrmals vor, was nicht nur mehr Quellcode verursacht, sondern auch mehr Arbeit.

▴ **Abbildung 7.42**
Links zu den Styleguides der großen Internetfirmen gibt es bei *guidelinecolour.com*.

Eine kleine exemplarische Frontend-Styleguide-Vorlage mit allen möglichen gestalterischen und typografischen HTML-Elementen finden Sie auf der DVD unter BEISPIELMATERIAL • KAPITEL_07 • FRONTEND-STYLEGUIDE. Die Datei heißt »frontend-styleguide.html«.

Abbildung 7.43 ▸
Auszug verschiedener Elemente des Frameworks Bootstrap. (Fast) alle möglichen Layout-Elemente und -Varianten sind vordefiniert (*getbootstrap.com*).

Ein einfacher Frontend-Styleguide ist eine HTML-Datei, die zumindest schon einmal alle möglichen HTML-Elemente beinhaltet, zumindest die Textauszeichnungselemente, wie beispielsweise die Überschriften, Listen und Tabellen.

Solch eine einfache HTML-Vorlage lässt sich in jede Webseite als eigene Unterseite einpflegen, und so lassen sich die einzelnen Elemente stylen bzw. überprüfen. Je nach Projektumfang ist dann zu überlegen, ob dieser einfache Styleguide ausgebaut wird und welche Elemente dazukommen. Die Links und Screenshots aus diesem Kapitel bieten dazu genug Anregungen.

Ein weiteres nützliches Tool ist *blindgenerator.de/snippets*. Mit diesem Tool lassen sich eigene HTML-Snippets zusammenklicken und für das eigene Projekt zum Testen kopieren.

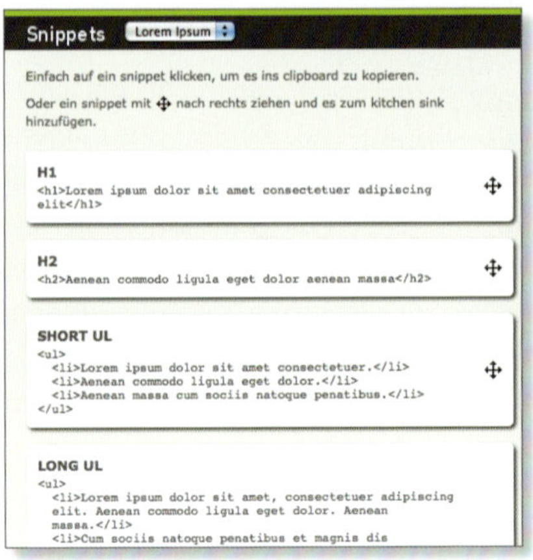

Abbildung 7.44 ▸
Hier lassen sich eigene HTML-Snippets zusammenklicken und für das eigene Projekt zum Testen kopieren: *blindtextgenerator.de/snippets*.

Kapitel 8

Layout und Raster

Farben, Bilder und Typografie bestimmen die Wirkung und Bedienbarkeit eines Designs. Zusammen mit der Navigation und den Inhalten sind sie die Bestandteile einer Webseite. Aber zusammengehalten wird alles durch das Raster oder allgemeiner: das Layout. Es gibt dem Ganzen eine Struktur. Es macht aus vielen Einzelteilen ein großes Ganzes.

8.1 Anatomie einer Webseite

Natürlich sieht jede Seite – zumindest teilweise – anders aus, aber es gibt eine Reihe von Gemeinsamkeiten, die sich auf (fast) jeder Webseite wiederfinden. Diese Gemeinsamkeiten sorgen dafür, dass Webseiten einfacher und angenehmer zu bedienen sind. Das Verständnis dieser Gemeinsamkeiten hilft zu verstehen, warum wir manche Webseite eher mögen und andere nicht. Man kann dabei von der *Anatomie* einer Webseite sprechen, also dem Aufbau des Webseiten-»Organismus«. Abbildung 8.1 verdeutlicht die einzelnen »Körper«-Teile:

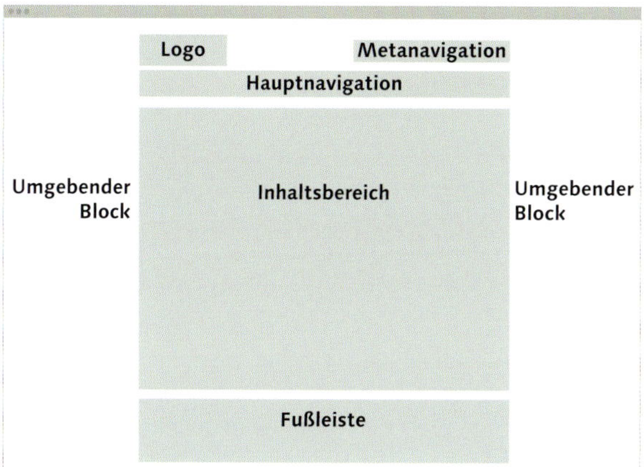

◀ **Abbildung 8.1**
Die Anatomie einer Webseite – Positionierung der üblichen Webseiten-Bereiche

Diese Elemente tauchen auf jeder Webseite auf – häufig sogar so angeordnet wie in der Abbildung. Man könnte sie als *Grundgerüst* bezeichnen. Dazu kommen dann natürlich noch jede Menge einzelner Elemente, denken Sie nur an den Inhaltsbereich bei großen Webseiten oder Portalen. Zunächst werfen wir nun einen kurzen Blick auf die in Abbildung 8.1 gezeigten Elemente, um anschließend von den einzelnen »anatomischen« Bestandteilen auf das große Ganze – also die verschiedenen Layout- und Rastersysteme – zu schließen.

8.1.1 Der Header-Bereich

Der obere Bereich einer Website, der Logo, Haupt- und Metanavigation umfasst, wird häufig auch Kopfbereich, Kopfleiste oder *Header* genannt. Verwechseln Sie diesen Bereich jedoch nicht mit dem head-Bereich eines HTML-Dokuments, in dem die Metadaten einer Webseiten stehen.

Abbildung 8.2 ▸
Der Header einer Webseite mit Logo, Haupt- und Metanavigation

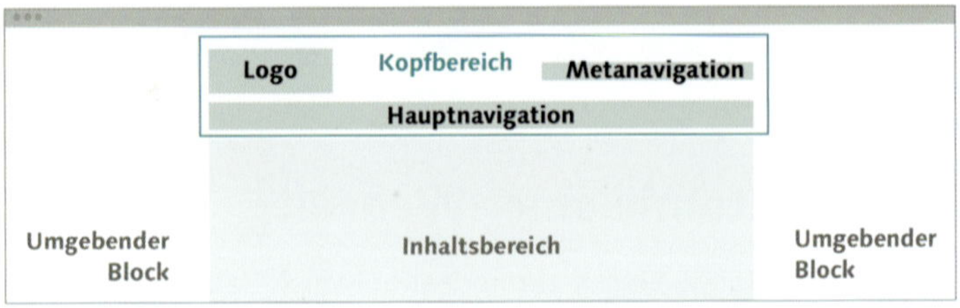

Dem Logo Platz geben
Auch ohne Design-Styleguide sollte das Logo genug Platz zum Wirken haben. Andere Inhalts- und Gestaltungselemente sollten nicht zu dicht am Logo stehen.

Das Logo | Das Logo ist im Header-Bereich *das* Wiedererkennungs- und Differenzierungsmerkmal. Das Logo steht für das Unternehmen. Es ist das wichtigste Designelement, da es einerseits Assoziationen zum Unternehmen, zu den Produkten oder Dienstleistungen erzeugen soll und andererseits durch seine Farbgebung und Formensprache für eine Wiedererkennung sorgt.

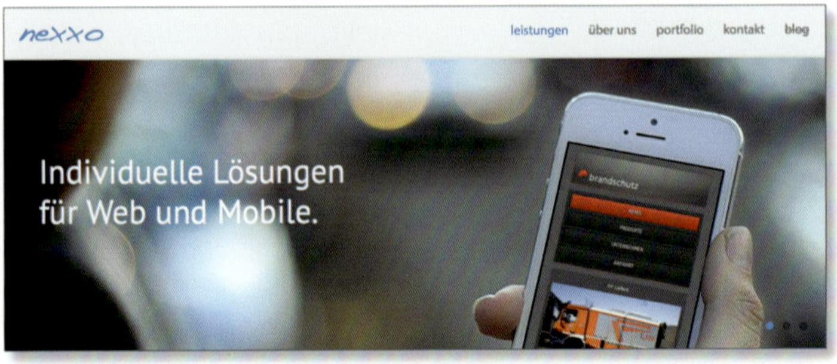

▲ Abbildung 8.3
Die typische Logo-Platzierung oben links, wie bei *nexxo.me*. Das Logo ist nicht sehr dominant in der Gestaltung oder Größe, aber durch seine Platzierung und den Leerraum ausreichend erkennbar und wirkungsvoll.

Das Logo sollte immer im oberen Bereich der Webseite stehen. Meistens ist es als erstes Element oben links platziert, manchmal oben rechts oder seltener auch in der Mitte. Da unsere Leserichtung von links nach rechts verläuft, wird bei einem links platzierten Logo dieses als Erstes wahrgenommen. Durch die prominente Positionierung beantwortet es gleich eine der wichtigsten Fragen für den Besucher: *Wo bin ich hier?* Das Logo schafft Übersicht und bei Bekanntheit auch Vertrauen. Dies gilt für die vielen Fälle, in denen ein halbwegs professionelles Logo vorhanden ist. Es gibt jedoch sicherlich auch Webseiten, auf denen das Logo keinerlei (positive) Assoziation zum Unternehmen weckt.

Logo-Platzierung
In den meisten Fällen ist das Logo das visuelle Aushängeschild – auch auf einer Webseite, daher sollte es auch entsprechend prominent platziert sein. Mit einem oben links platzierten Logo machen Sie nie etwas falsch. Wenn es die weiteren Inhalte erlauben, können Sie auch eine Platzierung in der Mitte oder rechts ausprobieren.

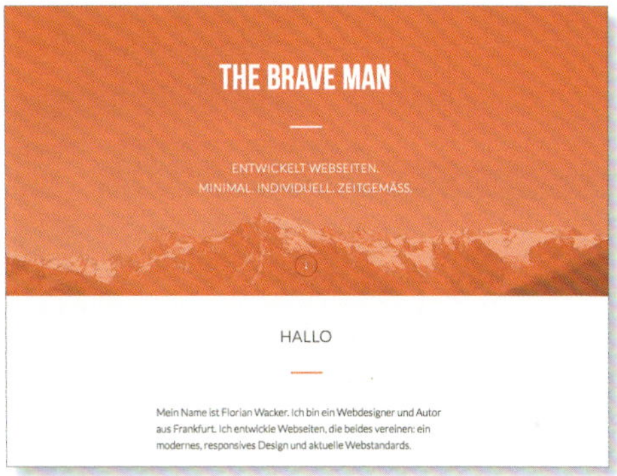

▲ **Abbildung 8.4**
Bei *thebraveman.de* besteht das Logo »nur« aus einem einfachen Schriftzug, es wird aber prominent in der Mitte mit viel Leerraum präsentiert.

▲ **Abbildung 8.5**
In das Screendesign mit den dunklen Farbflächen hätte das Logo nicht wirklich gepasst. Lösung: eine weiße Fläche als eigener Hintergrund (*eve-and-friends.com*).

Das Logo sollte sich eindeutig von seinem Umfeld abheben, um als solches erkannt werden zu können. Bei Unternehmen, die Designrichtlinien schriftlich festgelegt haben, wird meistens ein minimaler Abstand vom Logo zu anderen Gestaltungselementen definiert. Dadurch wird sichergestellt, dass das Logo in seiner Wirkung nicht durch andere Elemente beeinträchtigt wird und entsprechend wirken kann.

Neben einem minimalen Abstand zwischen dem Logo und anderen Elementen wird das Logo bei farbigen Hintergründen gerne mit einer weißen Fläche hinterlegt.

▲ **Abbildung 8.6**
In Designhandbüchern werden die Leerräume um Logos (auch Schutzzone genannt) verbindlich festgelegt – so wie bei der ARD: *ard-design.de/cont_ARD/logoanwendungen.html*.

Die Navigationen | Vor allem zwei Navigationsformen dürfen auf keiner Webseite fehlen und sind quasi immer im Header-Bereich zu finden: die *Hauptnavigation* und die *Metanavigation*.

Die Hauptnavigation sorgt dafür, dass der Besucher einen schnellen Überblick darüber bekommt, welche Inhalte angeboten werden, und macht sie ihm strukturiert zugänglich. Sie ist das wichtigste Navigationselement und wird daher auch mehrfach in diesem Buch thematisiert. Um ihrer Bedeutung gerecht zu werden, ist die Hauptnavigation – wie auch in der schematischen Abbildung 8.1 auf Seite 297 zu sehen ist – fast immer prominent im oberen Bereich platziert – entweder linksbündig direkt unterhalb des Logos oder rechts daneben.

Ergänzend wird häufig eine Metanavigation eingesetzt. Diese gesonderte Navigationsleiste steht eigentlich immer rechts oben in der Ecke und ist visuell etwas dezenter gestaltet.

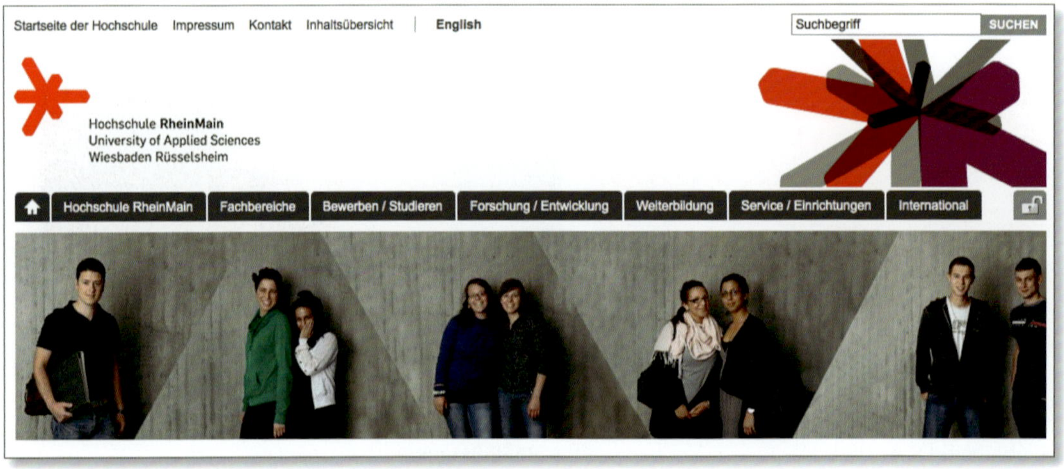

▲ **Abbildung 8.7**
Geht auch: die Metanavigation oben links bei *hs-rm.de* – dezente Gestaltung in kleiner Schriftgröße

Ja zur Metanavigation
Eigentlich gibt es keine Webseite mehr, die keine Metanavigation hat. Das früher lästige Suchen eines sinnvollen Platzes in der Hauptnavigation für Seiten wie beispielsweise das Impressum hat damit ein Ende. Alles, was wichtig ist, aber keinen geeigneten Platz in der Hauptnavigation hat, kommt in die Metanavigation.

Die in der Metanavigation verlinkten ergänzenden Inhalte, oft auch als *Serviceinhalte* bezeichnet, sind zwar wichtig, müssen aber nicht in der Hauptnavigation vorkommen. Die Anwender kennen inzwischen diese Art der Navigation und deren Positionierung. Der Kopfbereich braucht in der Höhe nicht viel Platz, so werden die relevanten Inhalte schneller sichtbar. Er verändert sich auch nicht, die Elemente, deren Gestaltung und Platzierung bleiben über die einzelnen Unterseiten einer Webseite gleich. Veränderungen würden hier nur irritieren, und die Besucher müssten sich neu orientieren. Eine Ausnahme ist die Kennzeichnung der aktuellen Seite in der Navigation.

8.1.2 Der Inhaltsbereich

Der Inhaltsbereich wird direkt unter dem Kopfbereich platziert. Die wichtigsten Inhalte stehen weiter oben und beginnen oft mit einem großen Teaser-Bild und/oder einer markanten Headline.

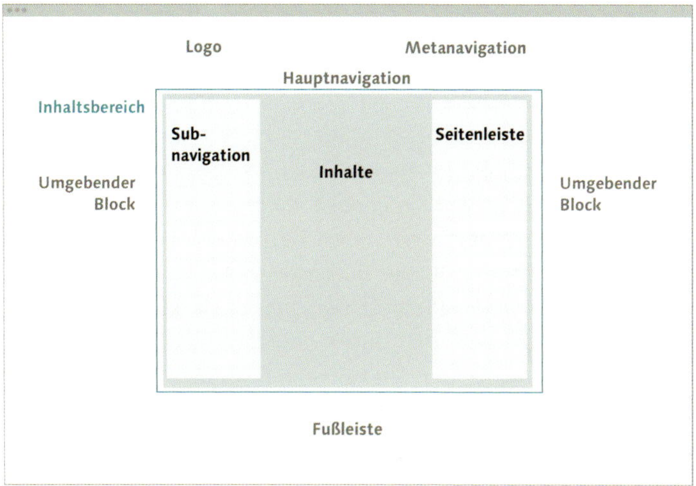

◂ **Abbildung 8.8**
Der Inhaltsbereich ist oftmals noch unterteilt in weitere Bereiche – etwa eine Subnavigation oder eine Seitenleiste.

Häufig ist der Inhaltsbereich noch unterteilt in verschiedene Seitenleisten. Dies kann entweder die Subnavigation (siehe Kapitel 12, »Navigations- und Interaktionsdesign«) sein, die meistens am linken Rand oder direkt unter der Hauptnavigation steht. Es kann aber auch eine Seitenleiste, manchmal auch *Sidebar* genannt, mit ergänzenden Inhalten sein, die am rechten Rand zu finden ist. Der eigentliche Inhalt steht dann zwischen den Seitenleisten und ist manchmal auch noch in Spalten aufgeteilt. Je nach Umfang ist der Inhalt der Seite unterschiedlich lang.

▾ **Abbildung 8.9**
Ein typischer Inhaltsbereich bei *hs-rm.de*. Links sehen Sie die Subnavigation, rechts eine Seitenleiste mit Zusatzinfos und in der Mitte die eigentlichen Inhalte.

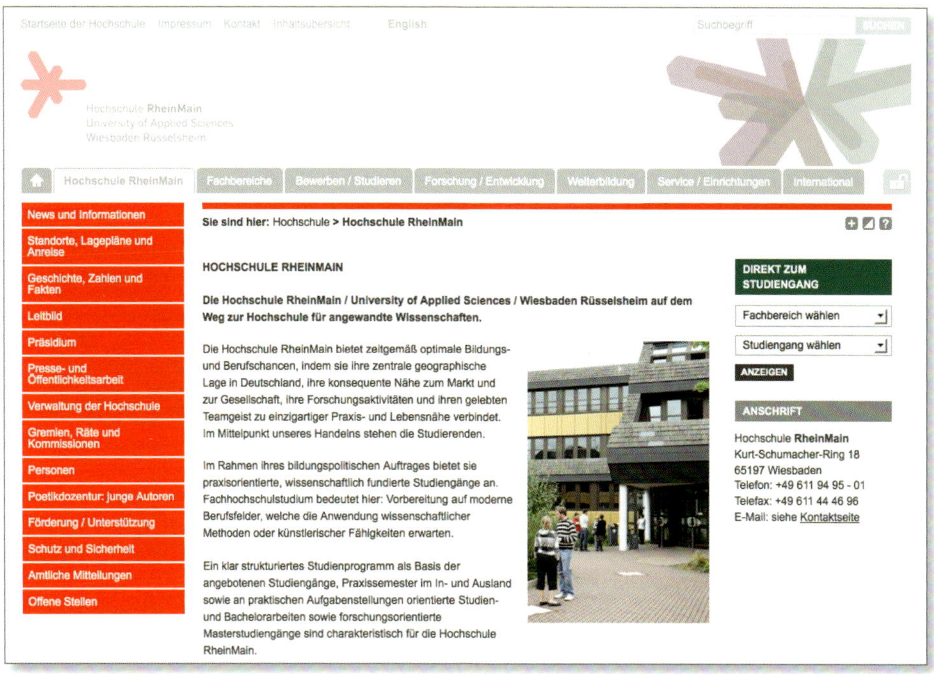

Schöner Abschluss
Inhaltlich und optisch bildet der Footer den Abschluss. Aber bevor der untere Browserrand kommt, kann er noch jede Menge inhaltliche und gestalterische Akzente setzen. Hier ist Raum für Kreativität, für die vorher vielleicht nicht so viel Platz war. Ungewöhnliche Fakten, Testimonials oder Logos von Referenzprojekten wären doch Möglichkeiten, die Sie beim nächsten Projekt einmal ausprobieren könnten.
Bedarf an Footer-Inspirationen? *patterntap.com/?type=49*

8.1.3 Die Fußleiste

Den inhaltlichen und gestalterischen Abschluss der Webseite bildet die Fußleiste, oft auch *Footer* genannt. Inhaltlich ist die Fußleiste inzwischen bei Weitem nicht mehr so unbedeutend wie noch vor einigen Jahren. Hier werden gerne ergänzende Inhalte oder weitere Navigationsmöglichkeiten präsentiert. Gestalterisch wird hier das Screendesign »abgerundet«. Die eigentlichen Inhalte sind zu Ende, und die Fußleiste bildet einen visuell passenden Abschluss – manchmal nur durch Leerraum oder Linien getrennt, häufig aber auch durch prägnante Farbflächen (siehe Kapitel 12, »Navigations- und Interaktionsdesign«). Die Fußleiste ist wie die Kopfleiste üblicherweise über alle Unterseiten hinweg gleich.

▲ **Abbildung 8.10**
Die Seite bei *brandeins.de* schließt mit einem dicken grünen Rahmen ab.

8.1.4 Der umgebende Block

Das, was »außen herum« ist, gehört auch zum Screendesign. Gerade bei Webseiten mit festen Breiten ist je nach Monitorgröße und Auflösung links und rechts von den Inhalten noch jede Menge zu sehen. Meistens sind dies einfarbige Flächen, manchmal auch Muster oder gar formatfüllende Bilder. Der umgebende Block hat aber eine nicht zu unterschätzende Wirkung auf den Betrachter. Bei sehr großen Auflösungen nimmt dieser manchmal mehr Platz ein als der Inhaltsbereich.

Abbildung 8.11 ▼
Die Wirkung des umgebenden Blocks

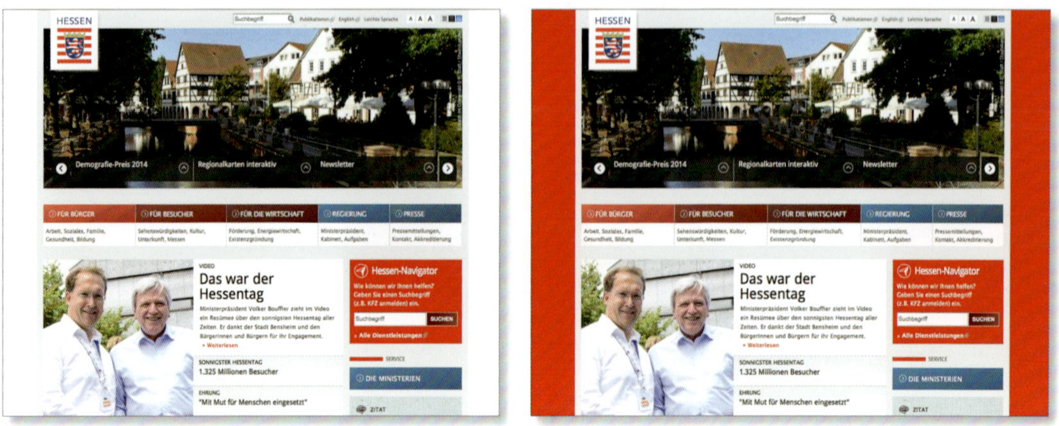

8.2 Wireframes erstellen

Ein Wireframe ist ein sehr früher konzeptioneller Entwurf der Webseite. Dabei geht es vor allem um die Anordnung und Positionierung der oben aufgeführten Elemente und noch nicht um die konkrete visuelle Gestaltung und die Funktionalität. Wireframes werden häufig schon in der Konzeptionsphase eingesetzt. Mit ihnen lässt sich die Inhaltsstruktur einer Einzelseite visualisieren.

◂ **Abbildung 8.12**
Ein einfaches Wireframe, das die Anordnung der Elemente visualisiert

Da grafische Elemente wie Farben, Formen, Bilder oder Typografie hier noch keinerlei Rolle spielen, liegt der Fokus auf den Inhalten und deren Anordnung. Bevor also über einzelne Designentscheidungen diskutiert wird (»Das Rot passt nicht«), können die entscheidenden inhaltlichen Aspekte besprochen werden.

Gerade bei Seiten mit einem hohen Interaktionsgrad wie Shops, Landing Pages oder Startseiten sind Wireframes eine hilfreiche Technik. Sie erlauben, dass sich Kunde und Webdesigner auf die Inhalte und Funktionen konzentrieren: Welche Inhalte kommen auf die Seite? Wo werden diese platziert? Welche Funktionen (Buttons etc.) sollen zur Verfügung stehen? Frei von visuellen Einflüssen kann so die Struktur der einzelnen Seiten erarbeitet werden.

Sind Wireframes erstellt, hat der Designer eine Vorlage, anhand derer er das Design erstellen kann. Dieser Ablauf kann jede Menge Zeit einsparen. Wird anstelle eines Wireframes gleich ein ausgearbeitetes Screendesign erstellt, wird bei der Beurteilung vor allem auf die Optik und weniger auf die Inhalte geachtet. Und wenn die Inhalte dann doch beurteilt und eventuell angepasst werden müssen, ist der Aufwand bei einem fein ausgearbeiteten Screendesign größer als bei einem Wireframe. Es gibt

Kunden und Wireframes
Vor allem Kunden, die bisher mit Online-Projekten noch nicht so viel Erfahrung haben, müssen Sie die Bedeutung von Wireframes oft erst genau erklären. Fragen wie »Warum ist das Design so grau?« können Sie mit einer solchen Aufklärung verhindern.

unterschiedliche Methoden, Wireframes zu erstellen, und auch der Detaillierungsgrad kann sich unterscheiden.

8.2.1 Papier-Wireframes

Die Arbeit mit Bleistift und Papier sollte kein Webdesigner scheuen. Trotz all der digitalen Tools sind die analogen Werkzeuge ein einfaches und effektives Hilfsmittel. Erste Anordnungen können schnell und iterativ ausprobiert werden. Teilweise haben sie sogar Vorteile gegenüber digital erstellten Wireframes, da sie unfertiger und unverbindlicher wirken. Es wird so deutlich, dass es sich »nur« um einen Prototypen handelt, der sich noch in einem frühen Stadium befindet und bei dem Änderungen daher einfach umzusetzen sind. Er wirkt anregender, und Kommentare und Diskussionen sind dadurch meistens offener.

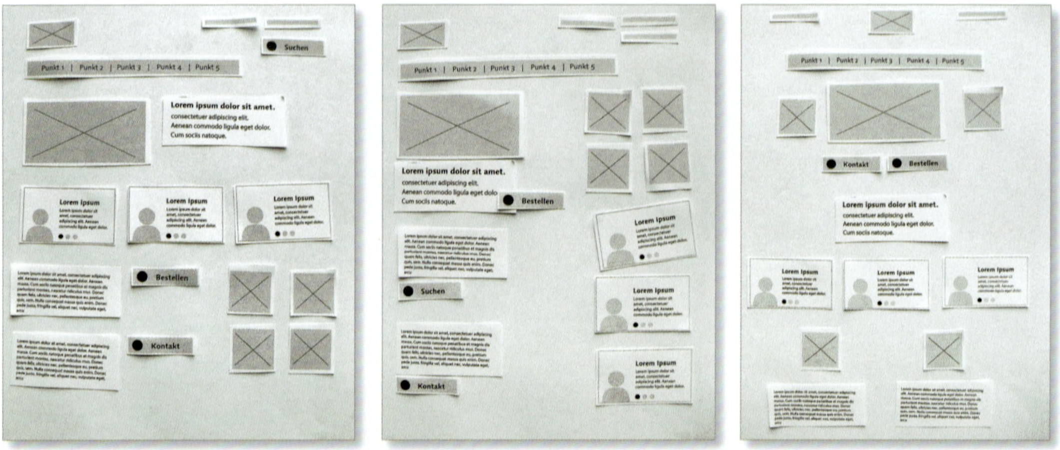

▲ **Abbildung 8.13**
Mit Papierschnipseln lassen sich Wireframes flexibler umsetzen.

8.2.2 Gezeichnete Wireframes

Für einen Webdesigner mag die Umsetzung mit Stift und Papier hilfreich sein, sich nicht schon auf konkrete Details der Gestaltung oder die feine Ausarbeitung wie passende Abstände oder Bündigkeiten zu konzentrieren. Ein solcher Perfektionismus wäre an dieser Stelle noch viel zu früh. Papier-Wireframes können sehr grob und einfach gehalten sein und nach und nach immer feiner ausgearbeitet werden. Gerade bei ersten sehr einfachen Skizzen sind so schnell verschiedene Varianten ausprobiert – schneller, als sie sich digital erstellen ließen. Gerade die Anordnungen bei unterschiedlichen Bildschirmbreiten (Schlagwort: Responsive Webdesign) lassen sich auf diese Weise gut umsetzen.

Zeichentalent
Die Ausrede, um keine Wireframes zu machen, heißt oft: »Ich kann nicht zeichnen.« Das müssen Sie gar nicht. Sie sollen ein paar Kästen skizzieren und kein künstlerisches Gemälde. Perfektionismus wäre hier sowieso fehl am Platz. Wer einen Stift halten kann, kann auch Wireframes zeichnen.

Wireframe-Übung

Ich gebe es zu, für Anfänger ist es nicht ganz einfach, mit Wireframes vertraut zu werden und auch die »Hürde« vor dem weißen Blatt Papier zu nehmen. Daher folgender Übungsvorschlag zum »Warmwerden«:

- Suchen Sie sich unterschiedliche Webseiten aus, und skizzieren Sie die Inhaltsbereiche nach. Zunächst grob nur mit Linien die Hauptbereiche, dann etwas detaillierter mit Texten.
- Machen Sie das ruhig mit drei, vier, fünf unterschiedlichen Seiten.
- Überlegen Sie sich dann neue Anordnungen der Inhalte der einzelnen Seiten, und skizzieren Sie diese. Jetzt wird die Umsetzung schon etwas freier, weil es nicht mehr um das reine »Nachskizzieren« geht.
- Innerhalb kurzer Zeit erstellen Sie auf diese Weise mehrere Blätter voller Wireframes. Der Anfang ist also schon mal gemacht …

Wenn Sie Webseiten als Vorlage brauchen, dann können Sie sich hier zum Beispiel welche aussuchen: *webdesign-journal.de*.

▲ **Abbildung 8.14**
Wireframes müssen nicht zwangsläufig schön oder detailliert sein.

Das Zeichnen auf einem völlig weißen Blatt Papier kann zu Beginn ungewohnt und irritierend sein. Es gibt Papiervorlagen, die eine Art »Rahmen« in Form eines stilisierten Webbrowsers und teilweise auch mit Smartphone-Rahmen anbieten. Diese Form eines Rahmens kann beim Zeichnen Halt geben und Ihnen den Einstieg vereinfachen. Teilweise sind auch Rasterlinien vorhanden, was sehr hilfreich sein kann. Bei *raincreativelab.com/paperbrowser* gibt es beispielsweise verschiedene Varianten solcher Vorlagen, die Sie selbst ausdrucken oder bestellen können.

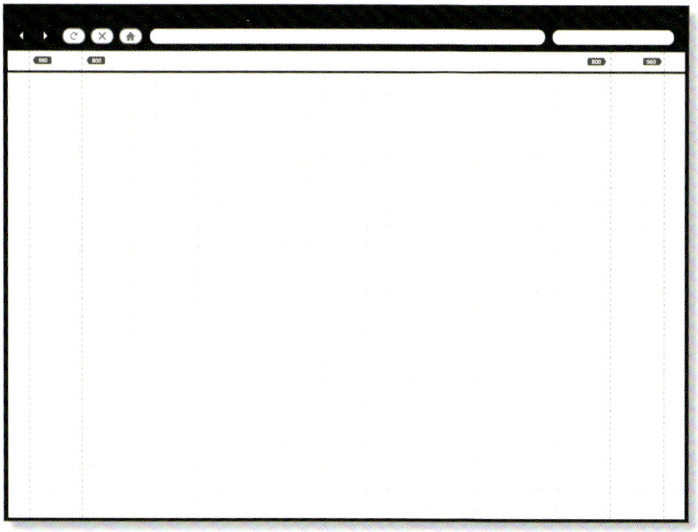

▲ **Abbildung 8.16**
Solche Vorlagen vereinfachen die Arbeit. Weitere Varianten gibt es bei *sneakpeekit.com*.

▲ **Abbildung 8.15**
Natürlich kann man alles auch kaufen: Vorlagen für Wireframes gibt es bei *uistencils.com*.

8.2.3 Digitale Wireframes

Wireframes können natürlich auch digital erstellt werden. Entweder als Erweiterung/Vertiefung des Papier-Wireframes oder natürlich auch gleich zu Beginn. Im Vergleich zu händischen Varianten lassen sich diese natürlich sorgfältiger und auch eindeutiger umsetzen. Auch hier ist von schlichten bis zu sehr detaillierten Varianten alles möglich. Eventuelle kleinere Anpassungen lassen sich schneller durchführen, weil dann häufig nur die einzelnen Elemente verschoben oder abgeändert werden müssen, während bei Papier-Wireframes unter Umständen die komplette Skizze neu erstellt werden muss. In Abbildung 8.17 sehen Sie *twitter.com* als einfaches digitales Wireframe.

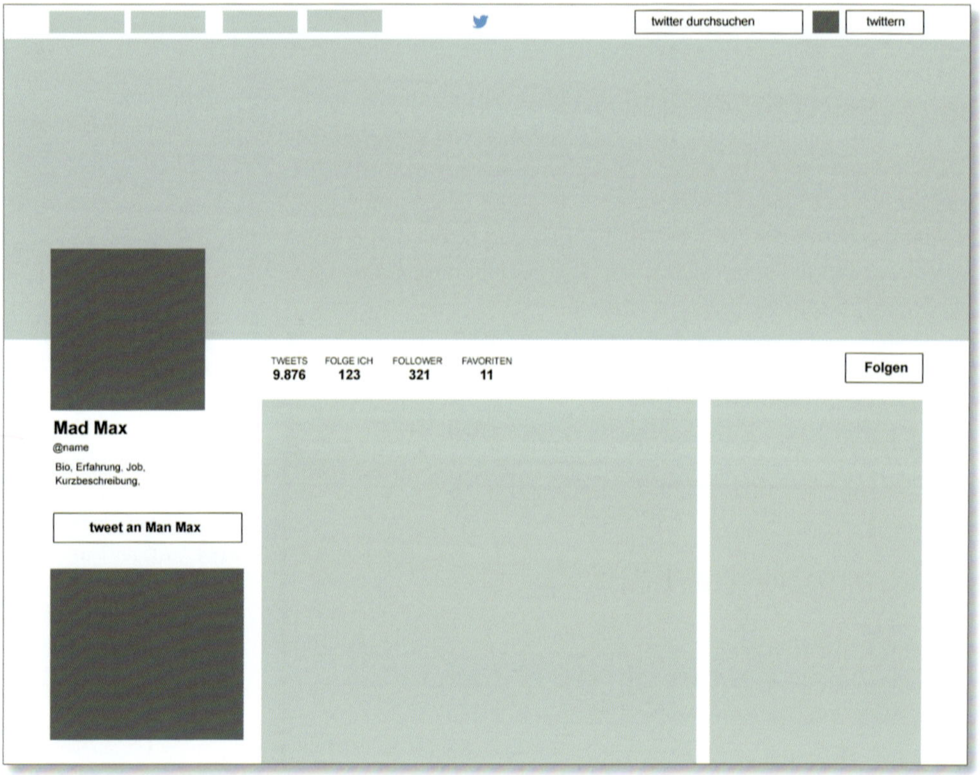

▲ **Abbildung 8.17**
twitter.com als einfaches digitales Wireframe

Für quasi alle Webseiten-Elemente wie Navigationen, Buttons, Bilder etc. gibt es jede Menge vorgefertigte Grafiken, aus denen sich schnell ein Wireframe zusammensetzen lässt. So leidet das Wireframe dann nicht an unleserlichen Skizzen. Für Kundenpräsentationen sieht ein digitales Wireframe professioneller aus, was aber eben nicht immer von Vorteil sein muss. Zu schnell kann es wie ein fertiger (Design-)Entwurf wirken bzw. wie nicht mehr diskutabel. Steht das Wireframe allerdings als fertiger Entwurf fest, so kann eine digitale Variante als Vorlage für das Design oder auch zur Freigabe mit dem Kunden verständlicher sein.

Wireframe-Software und -Tools
Um Wireframes digital zu erzeugen, haben Sie unterschiedliche Möglichkeiten. Hier gibt es kein »besser« oder »schlechter«. Mit allen Varianten lassen sich Wireframes erstellen:

- **Wireframe-Software**: Es gibt spezielle Wireframe-Software, wie etwa Balsamiq Mockup (*balsamiq.com/products/mockups*), Omnigraffle (*omnigroup.com/omniGraffle*) oder Axure (*axure.com*), die umfangreiche Funktionen eben speziell für Wireframes anbieten.
- **Grafik-Software**: Auch Grafik-Software eignet sich für die Erstellung. Diese hat zwar nicht unbedingt die Funktionen wie spezielle Wireframe-Anwendungen, aber Webdesignern ist der Umgang mit ihnen meist besser vertraut. Und die typischen Wireframe-Elemente gibt es als Vorlage auf vielen Webseiten (siehe Seitenspalte). Zu den Grafikprogrammen, mit denen sich auch gut Wireframes erstellen lassen, gehören beispielsweise die Adobe-Programme Illustrator, Photoshop, Fireworks und InDesign. Alternativ bietet sich Sketch (*bohemiancoding.com/sketch*) an.
- **Office-Programme**: Manchmal werden auch die sogenannten *Office-Programme* eingesetzt. Gerade auf Kundenseite erfreuen sie sich großer Beliebtheit, weil die Kunden damit täglich arbeiten. So lassen sich Wireframes auch mit Microsoft Word oder PowerPoint oder auch mit Apples Keynote erstellen.
- **Online-Tools**: Natürlich gibt es auch Online-Applikationen für die Wireframe-Erstellung. Ganz vorne dabei: RWD Wireframes (*lifeishao.com/rwdwire*), ein Tool, um responsive Wireframes zu erstellen. Erwähnenswert sind auch wireframe.cc (*wireframe.cc*) und Moqups (*moqups.com*).

Digitale Wirfeframes im Netz
Im Netz gibt es genug Auswahl an vorgefertigten Elementen für digitale Wireframes, zum Beispiel bei *rafaltomal.com/free-photoshop-wireframe-kit* oder *theycallmecrowe.com/advice/crowe-wireframekit.html*

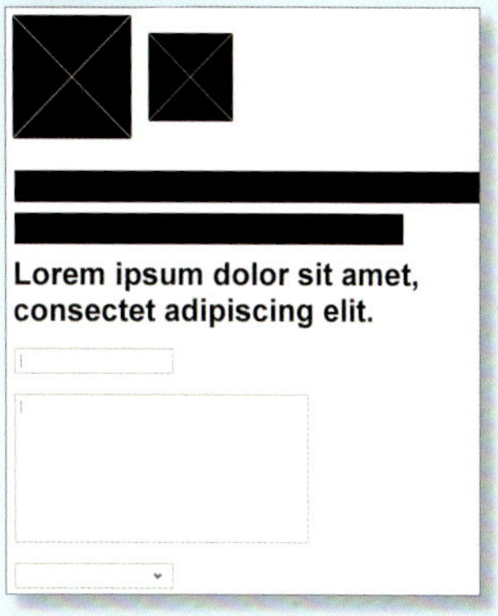

▲ **Abbildung 8.18**
Ein Wireframe

8.2.4 Die Graue-Boxen-Methode

Die meisten Wireframes sind, wie auch aus Abbildung 8.18 hervorgeht, einfarbig. Es sind schwarzweiße Diagramme, die die einzelnen Inhaltselemente darstellen. Als optimierte Methode hat der bekannte Designer Jason Santa Maria die *Grey Box Methodology* entwickelt. Einfache graue Kästen stellen die Inhaltsbereiche dar. Meistens werden die grauen Kästen allgemeiner gehalten als bei klassischen Wireframes. So wird der Arbeit des Designers wieder mehr Spielraum gegeben.

Als Weiterentwicklung lassen sich mit den Kästen auch Schwerpunkte durch unterschiedliche Graustufen setzen. Je dunkler der Grauton eines Elements, desto eher fällt er dem Betrachter auf, umso gewichtiger ist dieser also. Dadurch nähert sich das Wireframe langsam dem späteren Design, denn auch hier müssen Schwerpunkte gesetzt werden. Stellen Sie sich ein großes

Die Graue-Boxen-Methode
Einen sehr lesenswerten Blog-Artikel zur *Grey Box Methodology* finden Sie unter: *http://v3.jasonsantamaria.com/archive/2004/05/24/grey_box_method.php*.

▲ **Abbildung 8.19**
Die »Grey-Box-Method« lässt sich sogar mit Papierschnipseln umsetzen, *clarelisbeth.wordpress.com/2011/06/28/why-wireframe-well*.

Weitere Wireframes-Inspiration
Das Blog »I ♥ wireframes« bietet jede Menge Wireframe-Inspirationen: *wireframes.tumblr.com*.

emotionales Teaser-Bild neben drei Absätzen Fließtext vor. In einem »normalen« Wireframe würden beide Inhaltselemente in der gleichen grauen Farbe und vielleicht einer ähnlichen Größe abgebildet. Dies entspricht aber nicht ihrer visuellen Bedeutung. Bekommt der »Bild«-Kasten ein Dunkelgrau und der Absatz ein helleres Grau, wird die visuelle Hierarchie deutlicher.

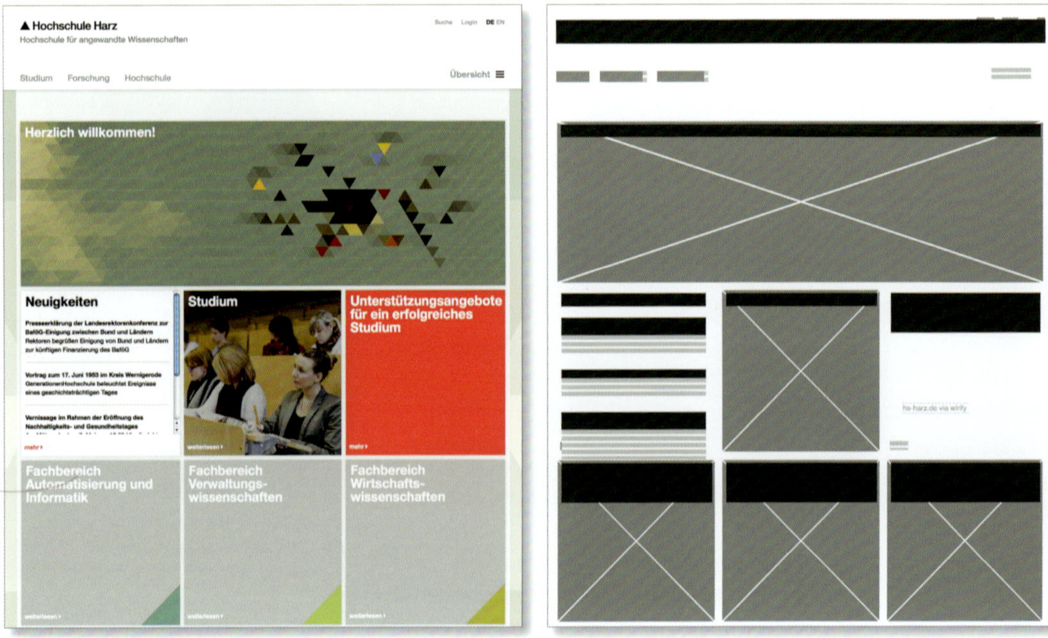

▲ **Abbildung 8.20**
Ein detailliert ausgearbeitetes Wireframe mit der Grauen-Box-Methode

8.2.5 Vorteile und Grenzen von Wireframes

Zuerst die Inhalte und Funktionen, dann das Design. Diesen Prozess unterstützen Wireframes. Im Vergleich zu einem ausgearbeiteten Design geht die Erstellung eines Wireframes sehr schnell. Eventuelle Fehlplanungen und unnütze Arbeit können durch Wireframes schon frühzeitig vermieden werden. Zwischen der Konzeption der Webseite samt Zielen, Zielgruppen und Inhalten und dem ausgearbeiteten Design entsteht dann kein Leerraum, der mit der Präsentation des fertigen Designentwurfs abgeschlossen wird. Unterschiedlich detailliert ausgearbeitete und abgestimmte Wireframes verhindern eine böse Überraschung bei der Beurteilung des Designs. So können Zeit und Kosten eingespart werden.

Mit den neu aufkommenden Abläufen unter anderem durch das Responsive Webdesign sind Wireframes nicht mehr zwangsläufig ein hilfreiches Mittel. Durch den schnellen Einstieg in die Frontend-Umsetzung sind sie immer seltener notwendig – vielleicht noch als einfache Variante, die die grobe Aufteilung vor der Umsetzung vorgibt. Auch bei Interaktivitäten und sehr umfang-

Die Grenzen von Wireframes
Die Grenzen von Wireframes werden in dem wireframe-kritischen Artikel »Web 3.0« von Jeffrey Zeldmann aufgezeigt: *alistapart.com/article/web-3point0*.

reichen Inhalten sind sie kaum dienlich, da sie diese nicht oder nur schwer veranschaulichen können. Dies ist auch bei Screendesign-Bilddateien so. Je nach eigenem Arbeitsprozess ist der Einsatz von Wireframes also unterschiedlich sinnvoll. Bei manchen Webdesignern mögen das umfangreiche und detailliert ausgearbeitete Wireframes sein, bei anderen gar keine, weil sie direkt im Browser anfangen.

Wenn die richtigen Inhalte zur Verfügung stehen, können diese auch schon in ein Wireframe eingebaut werden. So lässt sich relativ gut beurteilen, ob der eingeplante Platz ausreicht. Allerdings wird dann der Aufwand, Wireframes zu erstellen, wieder sehr groß – unter Umständen so groß, dass sich der Aufwand nicht mehr lohnt, sondern die direkte Umsetzung im Frontend effizienter ist.

Handskizze > digitales Wireframe > Screendesign > Frontend

Handskizze > Screendesign > Frontend

Handskizze > Frontend

Handskizze > Interaktive Prototyp > Frontend

◂ **Abbildung 8.21**
Verschiedene Webdesignabläufe. Bei jedem lassen sich Wireframes einbauen.

Es gibt nicht Wenige, die aus den genannten Gründen bereits vom Ende der Wireframes sprechen. Das ist vermutlich etwas weit gegriffen, aber für einen agilen Entwicklungsprozess sind Wireframes tatsächlich nur bedingt hilfreich. Interaktive Prototypen sind in einem flexiblen Prozess, bei dem eben zu Beginn noch nicht genau die einzelnen Inhalte, Anordnungen und Funktionen festgelegt werden können, meistens effektiver. Dazu erfahren Sie in Abschnitt 8.4.5, »Interaktive Prototypen«, mehr. Zumindest ein erstes Skizzieren, also ein einfaches Wireframe, ist aber in der Praxis nach wie vor sinnvoll.

Agile Entwicklungsmethoden und Wireframes
Den spannenden Blog-Artikel »Wireframes are dead, long live rapid prototyping« über Wireframes und agile Entwicklungsmethoden finden Sie unter *http://www.uxforthemasses.com/rapid-prototyping/*.

8.3 Raster – Grundlagen

Ein Raster hilft Ihnen, Dinge zu strukturieren, wenn es etwas zu gliedern gibt. Bei der ersten Ideenfindung, auch bei den (ersten) Wireframes kann ein Raster hinderlich und noch zu früh sein. Zuerst sollte eine Grundvorstellung des Layouts vorhanden sein, dann folgt das Raster.

8.3.1 Bedeutung

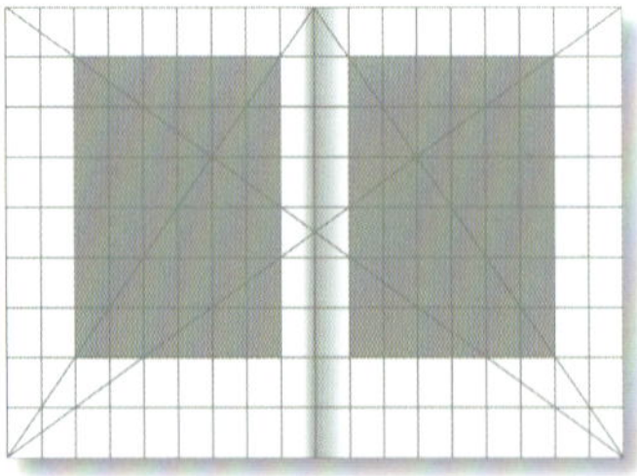

▲ **Abbildung 8.22**
Rasterkonstruktion im Printdesign

Ein Raster stellt in gewisser Weise den Übergang vom Entwurf in die Umsetzung dar. Aus groben Skizzen wird ein Layout entwickelt, die vorgegebenen Elemente werden in eine klare Struktur gebracht.

Raster gibt es in der Architektur und Kunst, um die zu gestaltenden Elemente sinnvoll zueinander anzuordnen. Prinzipien wie der Goldene Schnitt (siehe Abschnitt 6.3.4, »Goldener Schnitt«) helfen dabei, Unterteilungen zu finden. Im Printbereich ist die Entwicklung eines Gestaltungsrasters eine Wissenschaft für sich. Mit verschiedene Systemen und Berechnungsweisen lassen sich hier Raster entwickeln. Im Zusammenspiel mit dem Papierformat wird so ein Raster geschaffen, mit dem sich die Elemente (harmonisch) anordnen lassen. Gerade bei mehrseitigen Printprodukten sorgt ein Raster für eine bessere Handhabung und für eine einheitliche Erscheinung über die einzelnen Seiten hinweg. Selbst wenn sich die Gestaltungselemente verändern, die gleichbleibende Struktur bzw. Anordnung sorgt für Konsistenz.

Im Screendesign ist es sehr ähnlich. Ein Raster bietet über die einzelnen Unterseiten hinweg einerseits eine Hilfestellung bei der Platzierung der Elemente und gibt dem Betrachter andererseits das gute Gefühl der Orientierung und Wiedererkennung. In Abbildung 8.23 sehen Sie zwei Webseiten, bei denen das dahinterliegende Raster offensichtlich ist.

▼ **Abbildung 8.23**
Auf *underconsideration.com/quipsologies* (links) und *iconwerk.de* (rechts) ist das Gestaltungsraster deutlich zu erkennen.

Gestaltungsraster helfen dem Designer, klar und nützlich zu arbeiten. Schriften, Farben und Bilder erwecken Aufmerksamkeit und lenken den Blickverlauf. Ein durchdachtes Layout hält die Dinge zusammen, macht sie sozusagen zu einem »großen Ganzen«. Selbst bei Webseiten, die nur aus einer einzigen Seite bestehen, wie die modernen One Pager, sorgen Rastersysteme für Ordnung. Grundsätzlich muss nicht jede Webseite zwangsläufig ein Raster bekommen, aber es erleichtert die Arbeit des Webdesigners durchaus enorm. Ein Raster kann bei der Anordnung vieler Inhaltselemente und/oder vieler Einzelseiten eine großartige Hilfestellung sein und Inhalte in eine Hierarchie bringen und Überblick verschaffen. Bei eher freien künstlerischen Layouts kann ein Gestaltungsraster aber auch einengen und die Kreativität einschränken.

Ein Raster ist dem Betrachter nicht immer offensichtlich. Eigentlich könnte man fast sagen, dass es eher unsichtbar sein soll und der Betrachter höchstens die harmonische, ausgeglichene Anordnung der Elemente wahrnehmen soll. Abbildung 8.24 zeigt ein gelungenes Beispiel für ein sehr dezentes Raster, das auf den ersten Blick kaum sichtbar ist, aber die Inhalte der Website *loyselstoy.com* harmonisch ordnet.

Linktipp Raster- und Grid-Systeme
Mit »*The ultimate resource in grid systems*« ist hier nicht zu viel versprochen: *thegridsystem.org* bietet eine umfangreiche Linksammlung rund um Raster und Grid-Systeme.

▼ Abbildung 8.24
Ein dezentes Raster, das auf den ersten Blick kaum sichtbar ist: *loyselstoy.com*

8.3.2 Layout-Grundlagen

Raster ist nicht gleich Raster. Bevor Sie ein Raster für eine Webseite entwickeln, sollten Sie sich mit gängigen Auflösungen und unterschiedlichen Möglichkeiten der Rasterdarstellung vertraut zu machen.

Bildschirmauflösungen | Bei Printpublikationen wird das Raster in Bezug zum Papierformat erstellt. Dieses gibt eine Art »Rahmen« vor, innerhalb dessen das Raster erstellt werden kann. Im Screendesign gibt es kein festes Format, denn das Format ist hier die Bildschirmauflösung, und diese ist bei jedem Anwender anders. Um die breite Masse der Anwender anzusprechen, wurde lange Zeit für den kleinsten gemeinsamen Nenner entwickelt. Der kleinste gemeinsame Nenner ist hier eine Bildschirmauflösung, bei der die Webseiten bei den meisten (fast allen) Betrachtern gut aussehen. Und gut aussehen heißt, dass keine horizontalen Scrollbalken erscheinen, also alle Inhalte in der Breite sichtbar sind. 1.024 mal 768 Pixel hieß lange Zeit dieser kleinste gemeinsame Nenner. In den Anfangsjahren des Internets lag dieser noch bei 800 × 600 Pixeln. Inzwischen bieten die meisten Monitore eine viel höhere Auflösung an, aber parallel hat in den letzten Jahren die Verbreitung von Geräten wie Smartphones, Tablets, Net- und Notebooks zugenommen, die wiederum größtenteils eine geringere Auflösung haben. Der Markt an Bildschirmauflösungen ist also wesentlich unübersichtlicher und heterogener geworden.

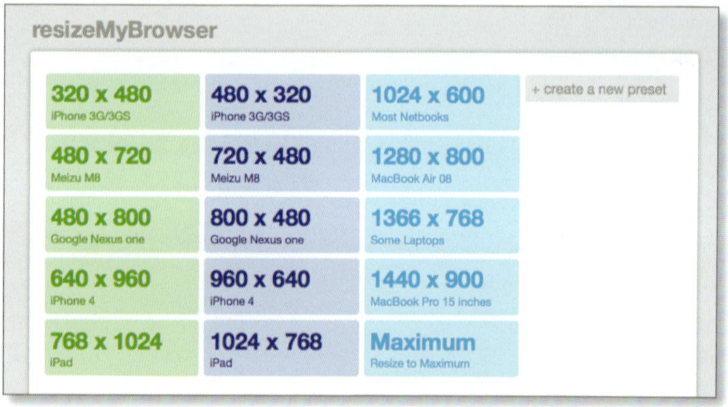

Abbildung 8.25 ▸
Nur ein kleiner Überblick über gängige Auflösungen. *resizemybrowser.com* zeigt verschiedene Viewports und passt bei Auswahl das Browserfenster an.

Es ist damit schwieriger geworden, eine Auflösung zu wählen, mit der sich der Großteil der Nutzer bedienen lässt. Dynamische – also anpassungsfähige – Layouts sind hier die Lösung – also Layouts, die nicht nur für eine feste Breite bestimmt sind, sondern sich der individuellen Auflösung anpassen können.

Es ist daher inzwischen nicht selten, dass bei der Neugestaltung einer Webseite gleich für eine Auflösung zwischen 1.100 und 1.200 Pixeln optimiert wird. Die Browser Display Statistics (*w3schools.com/browsers/browsers_display.asp*) zeigen auch, dass 99 % der Bildschirmauflösungen 1.024 Pixel oder größer sind.

Statische Layouts
Statische Layouts passen immer weniger zu den heutiges Arbeitsabläufen und vor allem Bedürfnissen der Anwender. Diese surfen mit unterschiedlichsten Endgeräten und unterschiedlichsten Bildschirmauflösungen. *Responsive Webdesign* ist die moderne Lösung (siehe Kapitel 4, »Responsive Webdesign«).

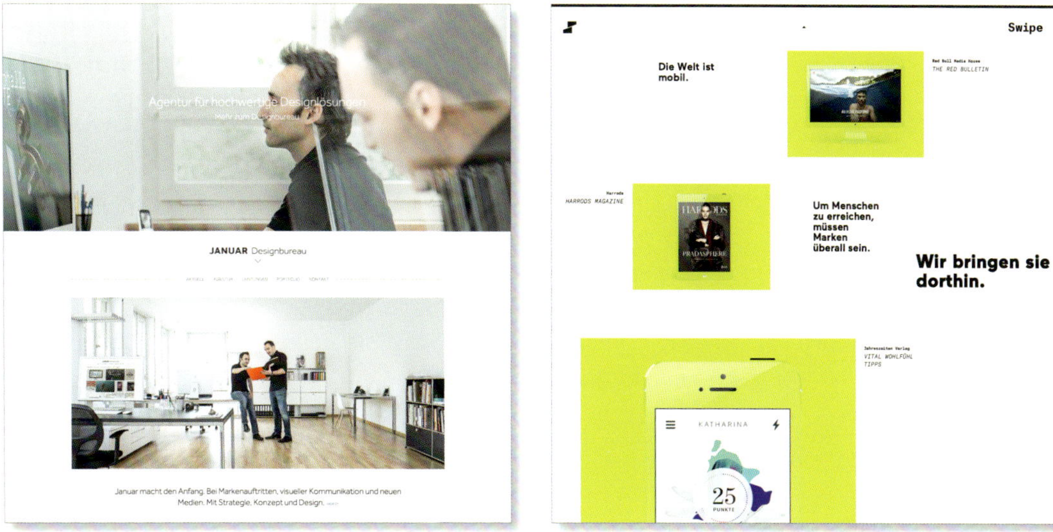

▲ **Abbildung 8.26**
So breit sind Webseiten heute: Bei *januar.ch* ist der Inhaltsbereich bis zu 1.400 Pixel breit (links), und bei *swipe.de* füllt er die komplette Browserbreite aus (rechts).

Layout-Typen | Bestimmte Auflösungsbreiten werden nur zum Problem, wenn das Layout fix ist, wenn es also eine feste Breite bekommt, die sich nicht verändern lässt. Und diese feste Breite haben viele Jahre so gut wie alle Webseiten bekommen. Eine feste Breite passte zum traditionellen Ablauf der Erstellung einer Webseite: Ein Layout wird in einem Grafikprogramm (meistens Photoshop) erstellt, mit dem Kunden besprochen und dann mit HTML und CSS umgesetzt. In der erstellten Grafikdatei war die komplette Gestaltung (samt Raster) schon vorhanden. Alle visuellen Details konnten so schon besprochen und geklärt werden. Ein Screendesign als Bilddatei bringt aber mit sich, dass dieses statisch ist. Es ist zwangsläufig für eine feste Breite angelegt. Es lassen sich zwar für unterschiedliche Breiten unterschiedliche Designs anlegen, aber der Aufwand wächst dann unverhältnismäßig. Ein festes Design mit einer festen Breite ist auch ein Vorgehen, das viele Designer und Kunden aus dem Printbereich kennen und schätzen gelernt haben. Das spätere Ergebnis ist (mit kleinen Abweichungen) schon im Grafikprogramm sichtbar. Man könnte es unter »die Kontrolle haben« zusammenfassen.

Die volle Kontrolle über das Design und die Gestaltung der Inhalte zu haben ist natürlich für den Designer und auch den Kunden angenehm. Ein Design, das im Grafikprogramm 900 Pixel breit ist, lässt sich mit CSS auch genauso umsetzen und ist dann bei jedem Anwender auch 900 Pixel breit – so einfach kann die Welt manchmal sein. Die Welt dreht sich aber – gefühlt – immer schneller, und diese starren Layouts passen immer weniger in die heutige Zeit.

▲ **Abbildung 8.27**
So sieht das Design in Photoshop aus. Hilfslinien und Raster helfen bei der pixelgenauen Platzierung.

Fixe Layouts | Responsive Webdesign ist die Lösung für die heutige Auflösungsvielfalt. Das Web ist von Natur nämlich flexibel und nicht starr. Die Möglichkeiten, flexible Layouts umzusetzen, waren schon immer vorhanden. Fast immer wurde aber ein starres Layout bevorzugt. Und das hat(te) seine Gründe.

Ein starres Raster, gerne auch »fixed« genannt, wird mit festen Pixelwerten umgesetzt. Dadurch nimmt es einen festen Platz in der Breite ein – egal, wie breit das Browserfenster ist. Da eine Art Papierformat wie im Printdesign als Vorgabe fehlt, wird meistens ein Container definiert, der die Seite umschließt, deren Breite vorgibt und mittig platziert ist:

Der Rahmen
Der die Inhaltselemente umschließende Container wird meistens »Wrapper« genannt (engl: *to wrap* = umhüllen).

Listing 8.1 ▸
Typische Definition einer fixen Seitenbreite

```
.wrapper{
width:960px; /* Feste Breite in Pixeln */
margin: 0 auto; /* Horizontale Zentrierung der Inhalte */
}
```

Innerhalb dieses selbst definierten Rahmens werden dann die Inhalte platziert und gestaltet. Natürlich auch mit festen Pixelwerten. Ist das Browserfenster groß genug, wird die Seite vollständig angezeigt, links und rechts erscheint dann der umgebende Block. Bei sehr großen Auflösungen ist dieser dann entsprechend umfangreich. Wird das Browserfenster kleiner als die fixe Pixelbreite, dann erscheinen horizontale Scrollbalken ❶ (siehe Abbildung 8.29). Diese sollten Sie unter Usability- und User-Experience-Aspekten unbedingt vermeiden (es sei denn, die Webseite ist als horizontal scrollende ausgelegt – Ausnahmen bestätigen hier die Regel [siehe Abschnitt »Horizontales Scrollen« auf Seite 692]).

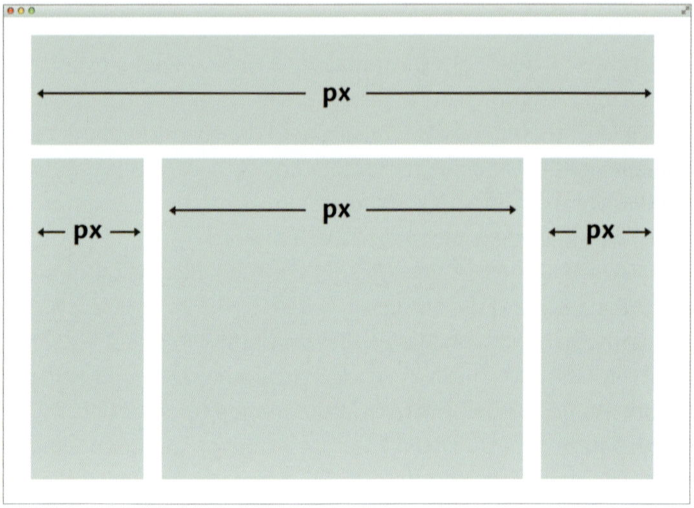

Abbildung 8.28 ▸
Ein fixes Layout basiert auf Pixelwerten für die Breitenangaben.

Die Umsetzung mit Pixelwerten erleichtert die Arbeit erheblich. Wie oben beschrieben, wird die Abstimmung mit dem Kunden vereinfacht. Der Designer hat die volle Kontrolle bei der Gestaltung, und bei der technischen Umsetzung muss eben einfach »nur« pixelgenau das Screendesign 1:1 umgesetzt werden. So angenehm ein fixes Layout bei der Erstellung auch sein kann, es entspricht einfach nicht mehr den heutigen Anforderungen an eine moderne Webseite. Es wird für eine bestimmte Breite geplant und umgesetzt und ist damit eben im wörtlichen Sinne starr und fix. Bei großen Auflösungen wird Platz verschenkt, bei kleineren wird die Seite nicht vollständig angezeigt.

▲ **Abbildung 8.29**
Die Nachteile eines fixen Layouts. Bei kleineren Auflösungen taucht der horizontale Scrollbalken ❶ auf (*alteoper.de*).

Flexibles Layout | Ein Layout, das sich den jeweiligen Gegebenheiten anpasst, wird meistens mit Prozentwerten umgesetzt (oder inzwischen auch gerne mit (r)em-Werten). Ein solches Layout ist flexibel und wird daher auch als *fluid* (also flüssiges Layout) bezeichnet. Auf größeren Monitoren können die Inhalte so mehr Platz einnehmen, und auf kleineren werden sie nicht abgeschnitten.

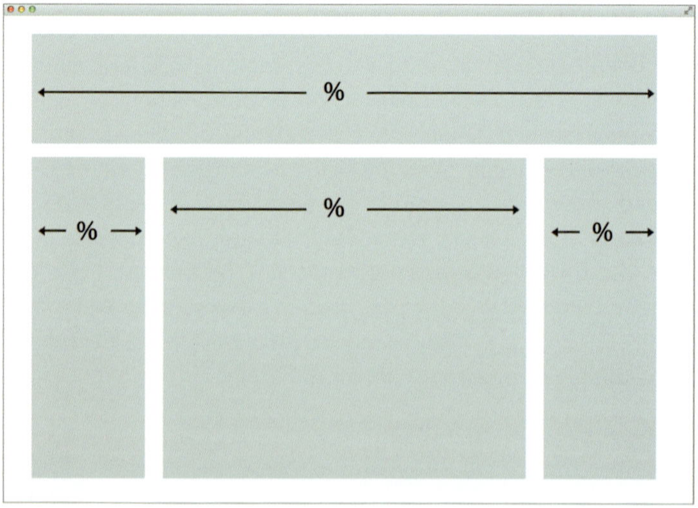

Abbildung 8.30 ▸
Ein flexibles Layout basiert auf Prozentwerten.

em und rem
Während Pixel eine feste Einheit sind, richten sich Prozentangaben nach der Browserbreite oder dem Elternelement. Die Einheit `em` richtet sich nach der Schriftgröße des Elternelements. `rem` (= root em) richtet sich dagegen immer an der Schriftgröße des Root-Elements (also `html` oder `body`) aus. Bei den meisten Browsern ist diese auf 16 Pixel eingestellt. 1 rem entspricht dann also 16 Pixeln.

Bei der Umsetzung ist ein flexibles Layout etwas komplexer. Grafikprogramme können nicht mit Prozentwerten arbeiten. Die einzelnen Gestaltungselemente müssen ja auch flexibel sein. Während Texte einfach anders umbrechen können, ist es bei Bildern schon schwieriger. Diese müssen in festen Pixelwerten angelegt und abgespeichert werden. Dazu braucht es also doch wieder eine fixe Größe. Hinzu kommt, dass das Layout nicht immer vorhersehbar ist. Was auf einem großen Monitor noch gut aussieht, mag vielleicht auf kleineren nicht mehr so sehr passen. Webdesigner und Kunde müssen sich also auf unterschiedliche Varianten der Webseite einstellen (können). Es gibt nicht mehr »das eine« Layout, das eben schon im Grafikprogramm erstellt wurde und nun in jedem Browser gleich aussieht. Auch bei den Ansichten und Erwartungen ist hier eben Flexibilität gefragt. Um das Layout flexibel zu machen, werden anstelle von Pixelwerten also Prozentwerte eingesetzt:

Listing 8.2 ▸
Definition einer flexiblen Seitenbreite

```
.wrapper{
width:90%; /* Flexible Breite, die sich nach der Browser-
breite richtet */
margin: 0 auto; /* Horizontale Zentrierung der Inhalte */
}
```

Gerade bei Webseiten mit umfangreichen Datenmengen wie bei vielen Shops, Portalen oder Foren bieten sich flexible Layouts an, da der zur Verfügung stehende Browserplatz optimal ausgenutzt wird. Fluide Layouts sind auch die Basis eines responsiven Webdesigns, wie Sie gleich sehen werden.

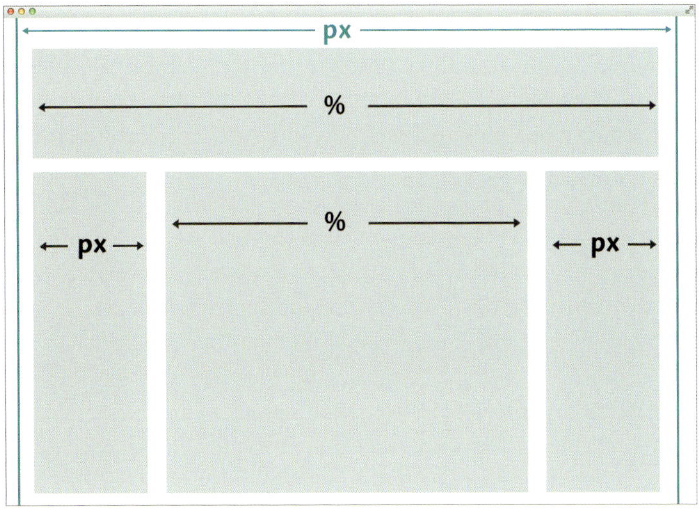

◀ Abbildung 8.31
Eine maximale Gesamtbreite wird in Pixeln festgelegt. Die Inhaltsbereiche werden mal in Pixeln, mal in Prozent angegeben.

Nicht selten wird eine Art Mischform aus fixem und flexiblem Layout eingesetzt. Denn klassische Unternehmenswebseiten, die sich über die volle Browserbreite ausdehnen, sehen irgendwann nicht mehr gut aus, bzw. die Texte – oder besser – Zeilenlängen sind irgendwann nicht mehr gut lesbar. Um dies zu verhindern, lässt sich per CSS die maximale Breite des Layouts festlegen:

```
.wrapper{
max-width:1200px; /* Maximale Breite des Layouts */
margin: 0 auto; /* Horizontale Zentrierung der Inhalte */
}
```

◀ Listing 8.3
Festlegung einer maximalen Breite

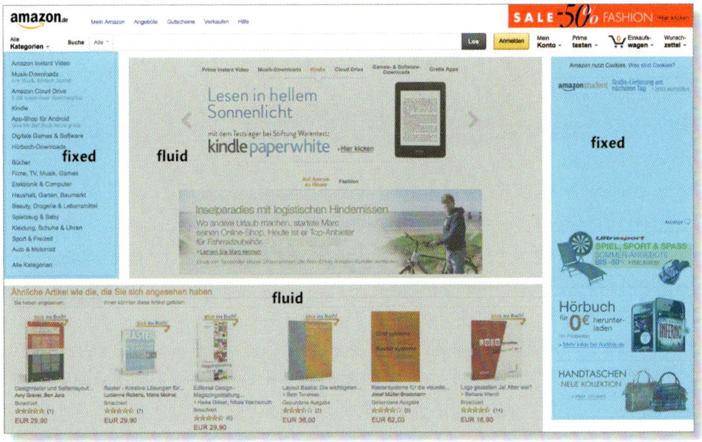

◀ Abbildung 8.32
amazon.de setzt auf eine Mischform aus fixem und fluidem Layout. So wird der Platz optimal ausgenutzt.

So wird das Gesamt-Layout nicht zu breit. Ist das Browserfenster dann kleiner als der Maximalwert, passen sich die Elemente entsprechend den weiteren Vorgaben an. So ist das Layout in der Ausdehnung ab einem gewissen Punkt fix, unterhalb dieses Punkts ist es flexibel. Ein Vorgehen, das in der Praxis sehr häufig angewandt wird, denn bei aller Unsicherheit und Flexibilität bezüglich der Gestaltung sichert es doch zumindest ein angenehmes Aussehen. Und wer nicht gleich vollständig auf die Gestaltung im Grafikprogramm verzichten kann oder will, gestaltet dann das »Maximal-Layout« (so wie im oberen Quellcode-Beispiel von 1.200 Pixeln), und die flexiblen Veränderungen bei kleineren Auflösungen werden dann im Browser definiert und ausgestaltet.

Zum Weiterlesen
Dem Thema Responsive Webdesign ist in diesem Buch ein eigenes Kapitel gewidmet: Kapitel 4 ab Seite 135.

Elastische Layouts | Ein elastisches Layout füllt die Bildschirmbreite vollständig aus – und zwar in der Breite UND in der Höhe. Dazu müssen alle eingesetzten Inhalte flexibel sein, was die Umsetzung dieses Layout-Typs schwierig macht. Denn bei einer Veränderung des Viewports in der Höhe oder der Breite passen sich die Inhalte an, sodass kein Scrollbalken erscheint. Für umfangreiche Inhalte ist dieser Typ weniger geeignet. Bei Webseiten, die auf großformatige Bilder oder Videos setzen wollen und nicht allzu viele Inhalte präsentieren (müssen), kann das elastische Layout aber seine Stärken ausspielen und den zur Verfügung stehenden (Browser)platz vollständig ausnutzen.

Abbildung 8.33 ▸
convoyinteractive.com nutzt den Raum optimal aus, ein typisches elastisches Layout.

Responsive Layouts | Ein fluides Layout ist die Basis eines responsiven Webdesigns. Denn responsiv bedeutet, dass sich die Webseite unter anderem der Viewport-Breite anpasst. Anstelle von responsiv wird auch gerne von *reaktionsfähig* gesprochen. Die Webseite, bzw. in diesem Falle das Layout, reagiert auf die »äußeren« Gegebenheiten. Ein Layout mit Prozentwerten passt sich immer der Browserbreite an, selbst ohne Media Queries.

Ausgehend von einem »Mobile-first«-Ansatz, werden diese dann gebraucht, wenn die Spalten oder Inhaltsbereiche zu groß oder zu breit (zum Beispiel die Zeilenlänge des Textes) geworden sind. Mithilfe von Media Queries bekommen die Spalten dann einen anderen, kleineren Wert, sodass sie wieder gut lesbar/erkennbar sind:

```
.column{
width:100%; /* Mobile-first-Ansatz: Die Inhaltsspalte erstreckt sich über den kompletten Viewport */
}
@media (min-width: 640px) { /* Bei größeren Auflösungen ... */
.column{
width:50%; /* ... wird die Spalte halbiert, sodass zwei Spalten nebeneinander passen können. */
}
}
```

◂ **Listing 8.4**
Anpassung der Spaltenbreite bei größeren Auflösungen

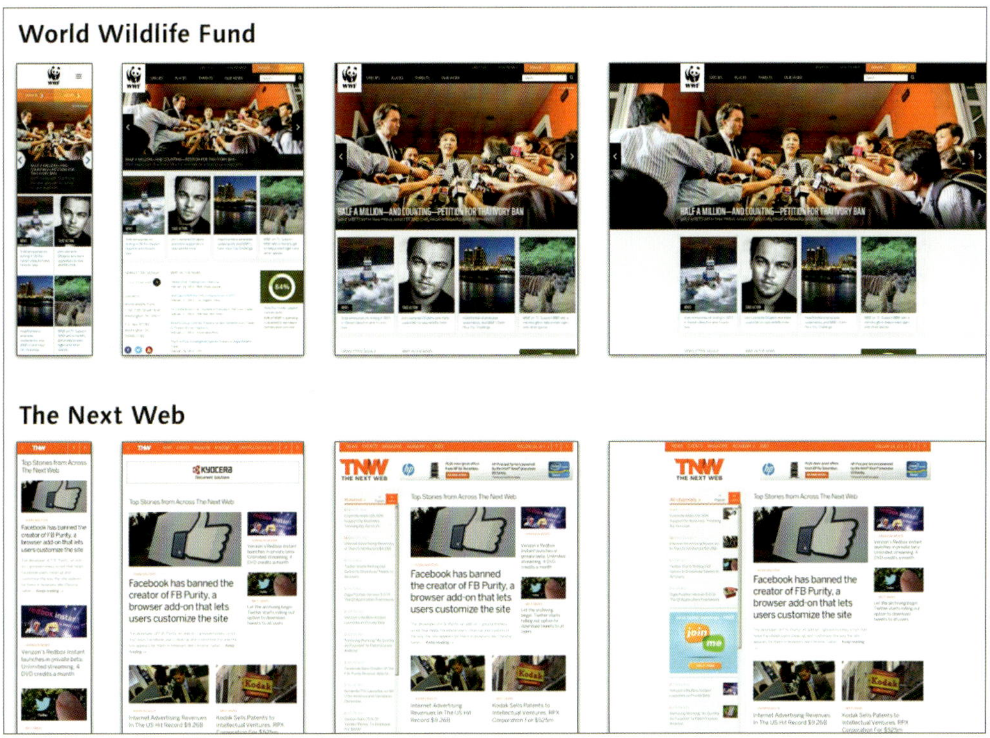

▴ **Abbildung 8.34**
So sehen fluide Layouts aus. *mediaqueri.es* präsentiert jede Menge responsive Webdesigns.

Responsive Layouts sind absolut flexibel bezüglich der Ausgabebreite. Umso komplexer sind sie aber in der Umsetzung. Wie will man jede mögliche Browserbreite samt Anpassung in Prozenten vorher durchdeklinieren und dem Kunden veranschaulichen? Das geht nicht. Zumindest nicht im Grafikprogramm. Auch die Anpassung der Inhalte und des Designs erfordert mehr Arbeit in der Gestaltung und der Umsetzung. Der frühzeitige Wechsel in den Browser hilft, bei der Umsetzung das Ergebnis besser beurteilen zu können. Und vor allem sind keinerlei Einschränkungen durch Geräte oder Bildschirmauflösungen zu erwarten. Diesen Ansatz bezeichnet man als *zukunftsfähig*.

Adaptive Layouts | Neben der Ideallösung eines responsiven Layouts mit einem fluiden Raster gibt es die Umsetzung mit fixen Pixelwerten, die aber mit Media Queries für unterschiedliche Breiten verändert werden. Die Webseite besitzt sozusagen mehrere fixe Layouts, die je nach Browserbreite angezeigt werden. Da mit fixen Rastern gearbeitet wird, lassen sich die einzelnen Layout-Varianten wieder gut im Grafikprogramm simulieren. Und durch die starren Raster ist auch der Gestaltungsspielraum wieder größer bzw. das Ergebnis besser vorhersehbar.

Fixe Layouts bedeuten aber eben auch wieder nur die Optimierung für bestimmte Größen, auch wenn es mehrere sind. Es müssen also bestimmte Breiten abgefragt werden, bei denen sich das Layout ändert. Dieses Verhalten nennt man *adaptiv*, was so viel wie *anpassungsfähig* bedeutet. Der entscheidende Unterschied zu responsiven Layouts liegt darin, dass diese auf *jede* mögliche Bildschirmgröße reagieren können, während adaptive Layouts nur auf *bestimmte* Größen reagieren und dafür verschiedene fixe Layouts entwickelt wurden.

Adaptive Layouts
Adaptive Layouts orientieren sich an festen Größen. Ist der Viewport des Anwenders nur etwas kleiner als die optimierte Version, bekommt er die nächstkleinere angezeigt, wodurch viel Platz verschenkt wird.

Meistens werden bei adaptiven Layouts standardmäßig die Auflösungen der Apple-Geräte (iPhone, iPad) als Vorlage für die Media Queries eingesetzt. Dies entspricht aber mehr dem Folgen eines vermeintlichen Trends und betrachtet weniger die Viewports der tatsächlichen Nutzer, was natürlich hilfreicher wäre.

Es gibt keine allgemeingültige Antwort auf die Frage, ob ein responsives oder adaptives Layout verwendet werden sollte. Die Hauptsache ist erst einmal, dass sich das Layout überhaupt unterschiedlichen Browserbreiten anpassen kann. Ein responsives Layout ist sicherlich am aufwendigsten in der Umsetzung und für Kunden, die noch keine Erfahrung damit haben, am schwierigsten nachzuvollziehen. Der frühe Wechsel vom Grafikprogramm in den Browser sorgt für eine optimierte Umsetzung ohne zu viele Reibungsverluste. Der Nutzen eines responsiven Layouts ist aufgrund der optimalen Platzausnutzung und der Beachtung aller möglichen aktuellen und zukünftigen Bildschirmbreiten am größten.

8.3.3 Rastersysteme

Ein dem Layout zugrunde liegendes Raster hilft sowohl bei der Arbeit in einem Grafikprogramm bei der Gestaltung eines Screendesigns als auch bei der technischem Umsetzung mithilfe von CSS. Neben den visuellen Vorteilen/Effekten einer einheitlichen Struktur kann die Erstellung eines Rasters Ihnen auch viel Arbeit abnehmen bzw. sie vereinfachen.

Vorüberlegungen | Bevor Sie ein Raster für Ihr eigenes Projekt erstellen, sollten Sie sich einige Gedanken machen. Der Einsatz von Gestaltungsrastern im Webdesign bringt jede Menge Fragen mit sich: Wie groß sind die einzelnen Spalten? Wie viele Spalten sollen es sein? Welche Maßeinheiten zur Spaltenbreite werden benutzt? Wie groß sollen die Abstände zwischen den Spalten sein? Werden die Abstände mit `margin` (Außenabstand) oder `padding` (Innenabstand) definiert? Oder nimmt man besser gleich ein vorgefertigtes Raster?

Grundlinienraster
In Printpublikationen ist ein Grundlinienraster (also ein horizontales Raster) selbstverständlich. Im Web hat sich dies nicht durchgesetzt, denn es ist letztlich zu kompliziert in der Umsetzung und auch nicht unbedingt notwendig. Wenn Sie sich damit aber weiter auseinandersetzen möchten, sollten Sie sich *fluidbaselinegrid.com* einmal anschauen.

Rasterkalkulatoren
Es gibt einige Online-Tools, mit denen sich Raster bequem berechnen und erstellen lassen. Zu den üblichen Einstellungsoptionen gehören die Anzahl der Spalten, die Seitenbreite, die Spaltenbreite und der Abstand zwischen den Spalten.
Die meisten bieten einen Download des erstellten Rasters an, teilweise als HTML- und CSS-Datei, manchmal auch als Bilddatei. Im Folgenden finden Sie eine kurze Sammlung an Grid-Kalkulatoren, die Sie sich anschauen sollten, wenn Sie ein Raster erstellen möchten:

- *gridcalculator.dk*
- *gridulator.com*
- *29digital.net/grid*

Inzwischen gibt es sogar Tools, mit denen sich responsive Raster erstellen lassen:

- *gridpak.com*

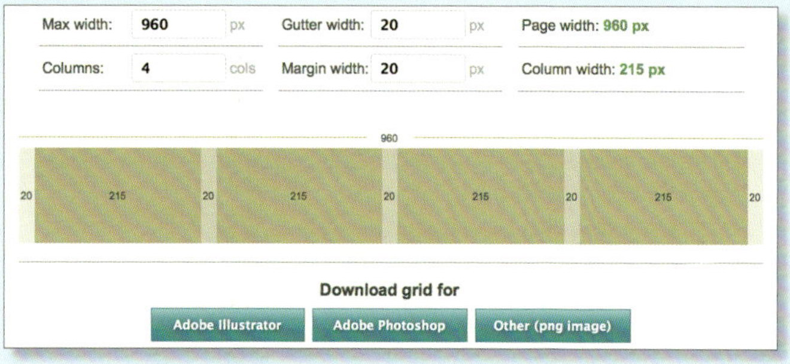

▲ **Abbildung 8.35**
So sieht ein typischer Rasterkalkulator aus. Sie finden verschiedene Einstellungsoptionen samt Download-Möglichkeit wie bei *gridcalculator.dk*.

Eigentlich müsste man gar kein eigenes Raster mehr aufbauen, so viele Rastersysteme (häufig auch *Grid-Systeme* genannt), wie es schon gibt. Solche vorgefertigten Systeme haben natürlich ihre Vor- und Nachteile. Sie können einem unglaublich viel Planungs- und Entwicklungsarbeit abnehmen. Teilweise werden Vorlagen für einzelne Grafikprogramme mit Hilfslinien bis zum fertigen HTML- und CSS-Code samt Media-Queries-Optimierung für unterschiedliche Viewports mitgeliefert.

Vorgefertigte Rastersysteme | Vorgefertigte Systeme bedürfen einer Einarbeitungszeit, die sicherlich mit jedem Einsatz des Systems geringer wird, aber nicht zu unterschätzen ist. Teilweise sind sie sehr umfangreich und manchmal gar komplex. Und wer löscht schon wirklich ungenutzten Code? So kommt am Ende im ungünstigsten Fall ein Grid-System zum Einsatz, das für den tatsächlichen Bedarf völlig überdimensioniert ist.

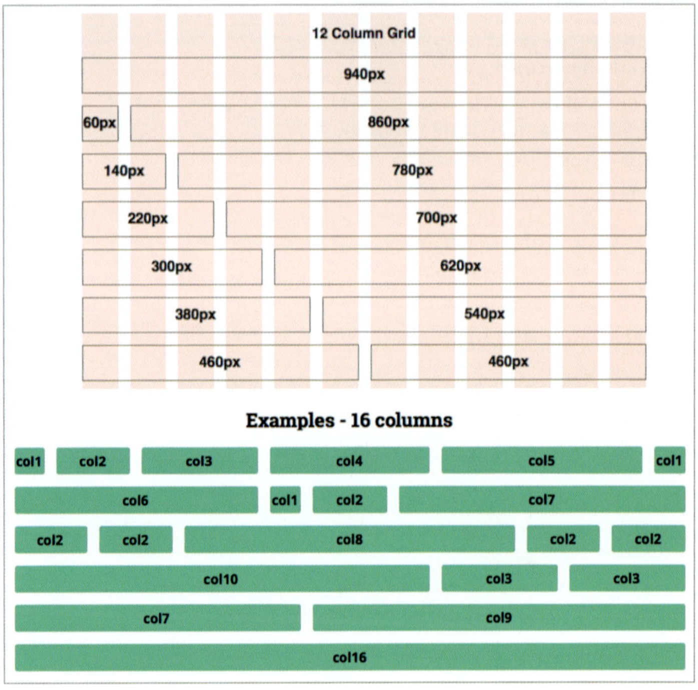

Abbildung 8.36 ▶
Zwölf Spalten oder 16 Spalten? 960 Pixel Breite oder 1.140 Pixel Breite? Die Auswahl an vorgefertigten Rastersystemen ist groß.

Grid-Systeme sind nicht immer individuell genau passend für die Bedürfnisse des aktuellen Projekts. Daher macht es oft Sinn, sein eigenes zu entwickeln – ohne umfangreiche Spaltendefinitionen, die dann doch nicht gebraucht werden. Vorgefertigte Systeme definieren immer eine bestimmte Anzahl an Spalten, die gleich groß sind. In der Praxis ist dies nicht immer so. Eine Subnavigation in der linken Spalte, eine Sidebar in der rechten Spalte können andere, vielleicht sogar krumme Werte bekommen, meistens ist das von den Inhalten abhängig. Vielleicht sind die Subnavigationspunkte sehr lang, oder auf die rechte Seite muss ein Werbebanner mit einer bestimmten Größe. Auch Schriftgröße und -art beeinflussen eine mögliche Spaltenbreite. Fallen diese sehr groß aus, braucht der Text mehr Platz. All das sind Aspekte, die sich erst beim Gestalten ergeben.

Beliebte Frameworks
Es stehen unzählige Frameworks zur Auswahl. Sie sind kostenlos und meist schon mit umfangreichen Komponenten ausgestattet, wie zum Beispiel einer Rasterlösung. Bei gut ausgearbeiteten Frameworks sind diese schon auf Browserkompatibilität getestet und mögliche Browser-Bugs behoben. Frameworks sind aber keine individuelle Lösung, sondern eher eine Sammlung an allgemeinen Lösungen. Der Quellcode ist daher oft aufgebläht und teilweise unübersichtlich bzw. bedarf zumindest einer gründlichen Einarbeitungszeit. Vielen Webseiten sieht man auch optisch an, dass sie auf Basis eines der großen Frameworks entstanden sind. Ein Framework kann Ihnen gerade bei größeren Projekten durch vorgefertigte Lösungen viel Arbeit abnehmen. Bei zu viel Code und Einarbeitung sind individuelle Lösungen aber häufig effektiver. Im Folgenden erhalten Sie einen Überblick über weitverbreitete und beliebte Frameworks:

- **960 Grid**: *960.gs*
- **YAML**: *yaml.de*
- **Skeleton**: *getskeleton.com*
- **Bootstrap**: *getbootstrap.com*
- **Foundation**: *foundation.zurb.com*
- **SimpleGrid**: *simplegrid.info*
- **uikit**: *getuikit.com*
- **Pure**: *purecss.io*

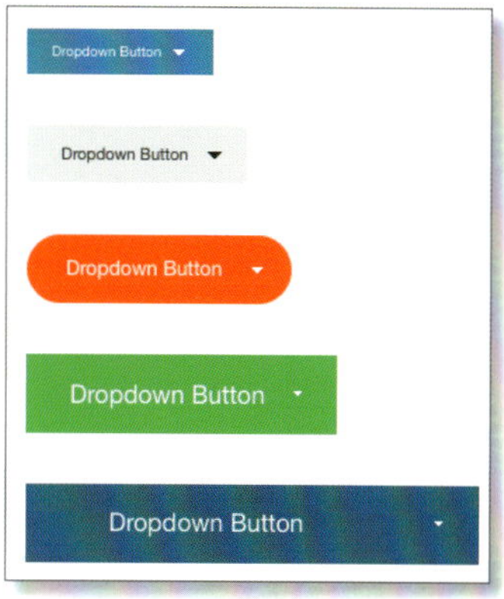

▲ **Abbildung 8.37**
Die großen Frameworks sind mit einer Unmenge an Komponenten ausgestattet, wie hier Buttons bei *foundation.zurb.com*.

8.4 Ein eigenes Raster anlegen

Im Folgenden soll ein eigenes kleines responsives Rastersystem anlegt werden. Es soll eine einfache Basis sein, um damit die Grundstruktur einer Webseite erstellen zu können. Es wird aber sicherlich keine allgemeingültige Lösung, genauso wenig wie die vorgefertigten Rastersysteme eine sind. Das Raster soll möglichst responsiv und nicht »nur« anpassungsfähig sein, daher werden wir Prozentwerte einsetzen. Damit das Raster und damit später die Webseite aber nicht zu breit werden, definieren wir eine Obergrenze von 1.200 Pixeln. So wird auf großen

Monitoren nicht zu viel Platz verschenkt, gleichzeitig werden die Spalten nicht zu breit. Bei kleineren Monitoren werden sich die Breiten dann aufgrund der Prozentangaben entsprechend anpassen bzw. verkleinern. Die Abstände zwischen den Spalten werden wir auch in Prozentwerten angeben. Alternativ wären Pixel- oder (r)em-Werte sinnvoll. (r)em-Werte richten sich nach der Standardschriftgröße (meistens 16 Pixel). Pixelwerte sind eben fix und werden daher gerne eingesetzt, da das Ergebnis klar vorhersehbar ist, widersprechen aber einem möglichst flexiblen Raster. Wir werden die Abstände daher auch in Prozentwerten angeben.

8.4.1 Spalten und Spaltenabstand

Das Raster soll insgesamt über sechs Spalten verfügen, damit nicht so umfangreich (und kompliziert) ist wie die meisten Rastersysteme mit zwölf oder gar 16 Spalten. Sechs Spalten bieten aber noch einigen Gestaltungsspielraum (siehe Kasten). Die einzelnen Spalten bekommen einen horizontalen Abstand. Links und rechts sollen die einzelnen Spalten jeweils 2% Abstand von der Gesamtgröße haben. Bei einer maximalen Weite von 1.200 Pixeln sind dies in der größten Darstellung also 24 Pixel (1.200 × 0,02 = 24).

Spaltenabstände
Wie breit die Abstände zwischen zwei Spalten sein sollten, ist vor allem vom späteren Inhalt abhängig. Stehen zwei Bilder nebeneinander, mögen wenige Pixel schon ausreichen, um diese als getrennte Elemente zu erkennen. Bei zwei Textblöcken sieht das anders aus. Der Abstand sollte so groß sein, dass der Leser nicht in Versuchung gerät, in der nächsten Spalte weiterzulesen, anstatt in die nächste Reihe zu wechseln. Typischerweise werden Abstände zwischen 20 und 50 Pixeln gewählt. Diese sollten aber immer im konkreten Fall individuell überprüft werden. Denn der notwendige Abstand hängt auch von der Schriftgröße und -art ab.

Auch die Prozentangaben lassen sich für die verschiedenen Auflösungen in Pixelwerte umrechnen. Dies hat zumindest dann Sinn, wenn Pixelangaben gebraucht werden, zum Beispiel bei der Umsetzung des Rasters in einem Grafikprogramm. Für jede denkbare Auflösung wäre es sicherlich unnötig und sehr viel Arbeit. Denn hier stoßen wir ja auch an die Grenzen einer responsiven Webseite und der Arbeit mit einem Grafikprogramm, das für flexible Raster und Webseiten nicht ausgelegt ist. Daher soll die klassische Desktop-Ansicht mit der maximalen Breite von 1.200 Pixeln als Vorlage angelegt werden. Dafür wird der Prozentwert bei einer Darstellung von 1.200 Pixeln in Pixelwerte umgerechnet. Sechs Spalten mit jeweils 2% Abstand links und rechts ergeben folgende Pixelwerte:

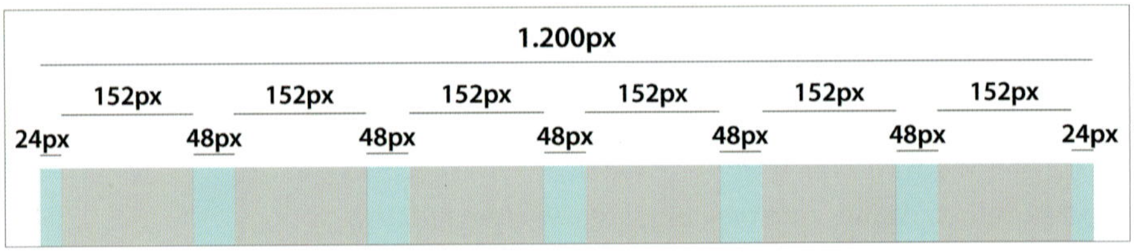

Abbildung 8.38 ▲
Sechs Spalten – aufgeteilt auf 1.200 Pixel

Zwischen den Spalten addieren sich die 2% Außenabstand zu insgesamt 4% Abstand. Dies sind 48 Pixel, ein angenehmer Abstand, wenn wir uns vorstellen, dass die Spalten mit Texten gefüllt sind. So wird später jede Spalte als eigene erkennbar sein, und die Texte in zwei Spalten werden nicht zu nahe beisammenstehen. Aus diesen sechs Spalten lassen sich dann verschiedene Varianten mit Containern umsetzen, die über mehrere Spalten gehen und deren Breiten sich nun mithilfe der oberen Pixelangaben ganz leicht ausrechnen lassen.

▲ **Abbildung 8.39**
Aus Containern, die sich über mehrere Spalten erstrecken (links), lassen sich dann individuelle Anordnungen erstellen (rechts).

8.4.2 Rastergestaltung in Photoshop

Das Raster soll zunächst in einem Grafikprogramm als Vorlage für künftige Screendesigns angelegt werden – in diesem Fall mit Adobe Photoshop. Als Voraussetzung ist Photoshop auf die Einheit Pixel eingestellt, sodass wir loslegen können:

Varianten eines Sechsspalters
Auch mit einem kleinen Raster, das auf sechs Spalten beruht, gibt es einige Gestaltungsvariationen.
1-1-1-1-1-1
2-2-2
4-2
3-3
1-5
1-4-1
1-3-2
Jede Zahl steht für die Breite eines Elements in Spalten. Schauen Sie sich dazu auch Abbildung 8.39.

Schritt für Schritt: Raster in Photoshop anlegen

1 Neues Dokument anlegen

Zuerst erstellen wir eine neue leere Photoshop-Datei über Datei • Neu. Die erste Überlegung wäre, als Breite der Bilddatei die Breite des Rasters, also 1.200 Pixel, zu nehmen. Die Bedeutung des umgebenden Blocks haben Sie ja bereits in diesem Kapitel kennengelernt. Dieser Bereich sollte in Photoshop schon eingeplant und gestaltet werden, um seine Wirkung auf das Gesamtdesign beurteilen zu können. Daher werden wir die Breite vergrößern und an beiden Seiten 200 Pixel hinzufügen, sodass die Gesamtbreite 1.600 Pixel ❶ (siehe Seite 326) beträgt. Die Höhe sollte so groß sein, dass man beim Gestalten nicht zu schnell an das untere Ende gelangt. Notfalls lässt sich die Höhe (wie auch die Breite) über das Menü Bild • Arbeitsfläche erweitern später noch anpassen. Wir wählen hier 1.200 Pixel ❷ für die Höhe.

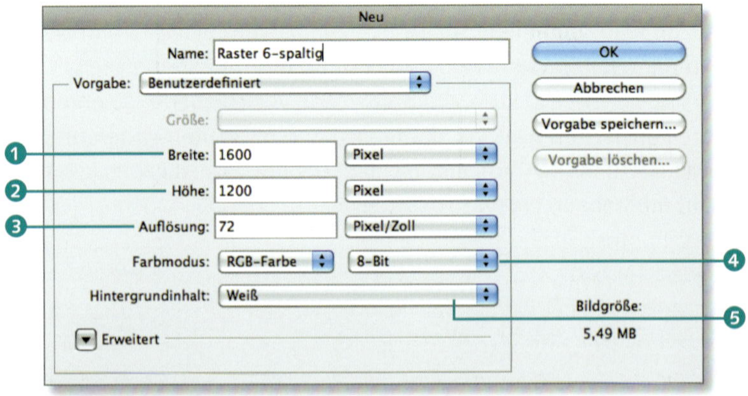

▲ **Abbildung 8.40**
In Photoshop wird ein neues Dokument angelegt, das als eigene Rastervorlage dienen soll. Der Name wird später der Vorschlag für den Dateinamen beim ersten Abspeichern.

Designvorlagen
Bei den vorgefertigten Frameworks sind meistens schon Designvorlagen für unterschiedlichste Programme vorhanden, unter anderem eine PSD-Datei. Bei vielen Grid-Kalkulatoren lassen sich zumindest PNG-Dateien als Vorlage herunterladen.

Die AUFLÖSUNG ❸ ist vor allem für Printdateien interessant und kann bei 72 PIXEL/ZOLL bleiben. Als FARBMODUS ist RGB (8 BIT) ❹ genau richtig. Und HINTERGRUNDINHALT ❺ definiert das Aussehen der vorhandenen ersten Ebene. WEISS ist hier nie verkehrt.

2 Hilfslinien fürs Raster anlegen

Um aus der Photoshop-Datei eine Rastervorlage zu machen, bietet sich die Arbeit mit Hilfslinien an. Diese lassen sich von Hand erstellen, indem sie aus den Linealen (ANSICHT • LINEALE) mit gedrückter linker Maustaste »herausgezogen« werden. Photoshop bietet auch die Möglichkeit, ein Raster über BEARBEITEN • VOREINSTELLUNGEN • HILFSLINIEN, RASTER UND SLICES zu erstellen. Über ANSICHT • ANZEIGEN • RASTER können Sie dieses ein- und ausblenden.

Photoshop-Raster
Das Photoshop-eigene Raster ist für die Gestaltung eines Screendesigns nur bedingt tauglich. Die Einstellungsmöglichkeiten sind viel zu gering, als dass man sinnvoll damit arbeiten könnte. Einzig um den vertikalen Abstand zu steuern, setze ich es manchmal gerne ein. Alle 20 Pixel eine Rasterlinie kann bei der Steuerung der vertikalen Abstände zwischen den Elementen behilflich sein.

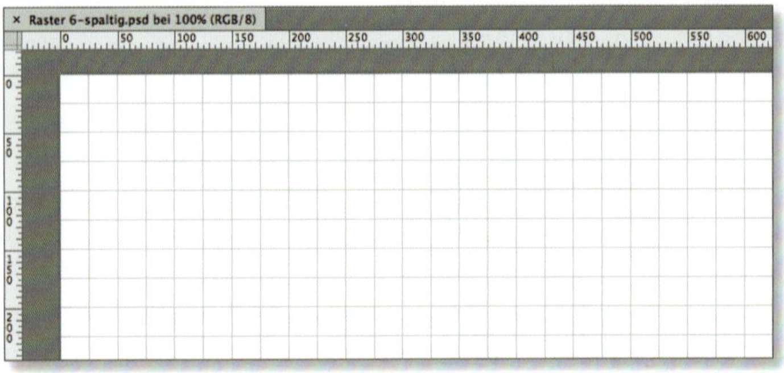

▲ **Abbildung 8.41**
Das Photoshop-Raster erzeugt graue Hilfslinien, die sich aber nicht einzeln anpassen lassen.

3 Raster-Plugin installieren

Das Photoshop-Raster ist aber wenig flexibel und bietet im Grunde nur die Möglichkeit, einen fixen Abstand zwischen den einzelnen Rasterlinien zu definieren – und das nur verbindlich für alle Abstände gleich. Um nicht alle benötigten Hilfslinien per Hand mühsam erzeugen zu müssen, gibt es ein hilfreiches kostenfreies Photoshop-Plugin mit dem passenden Namen *GuideGuide* (*guideguide.me*), das vielfältige Einstellungsoptionen bietet. Auf der Webseite finden Sie verschiedene Download-Varianten für die aktuellsten Photoshop-Versionen, inklusive einer Installationsanleitung. Wenn der Download und die Installation erfolgreich abgeschlossen wurden, lässt sich das Plugin über FENSTER • ERWEITERUNGEN • GUIDEGUIDE öffnen.

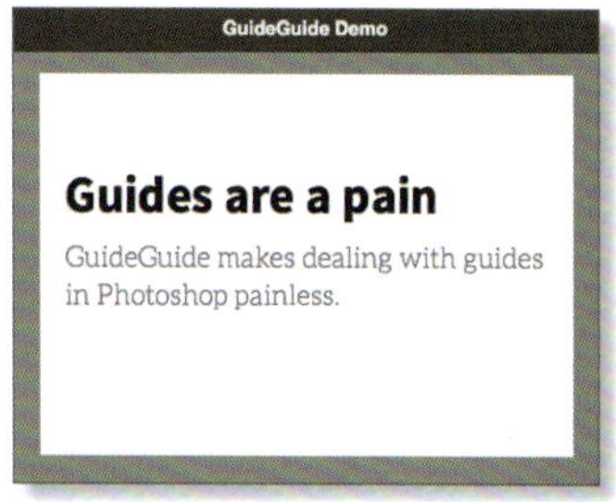

▲ **Abbildung 8.42**
Ohne *guideguide.me* ist die Rastererstellung in Photoshop mühselig.

4 Hilfslinienraster erstellen

Mit dem Plugin können wir nun genau unser Raster mit den benötigten Hilfslinien erstellen. Dazu gibt es folgende Einstellungsmöglichkeiten:

Die oberen vier Icons ❻ dienen dazu, die Außenabstände des Rasters zu definieren. Links und rechts sind das 24 Pixel, oben und unten brauchen wie keine Hilfslinien, also null Pixel. In der dritten Reihe ❼ wird die Anzahl der Spalten und Reihen angegeben. Wir wollen sechs Spalten haben, und zwei Reihen sind Minimum, damit das Raster erstellt wird. In der vierten Reihe ❽ werden die Breiten und Höhen der Spalten und Reihen eingegeben. In der Breite sollen die Spalten jeweils 152 Pixel sein. Reihen wollen wir keine haben, können also null Pixel einsetzen. Die letzte Reihe ❾ definiert die Abstände zwischen den Spalten und Reihen – also 48 Pixel (jeweils 24 Pixel links und rechts) horizontal, und die Reihen können wieder auf null gesetzt werden. Der Button MAKE GRID ❿ erzeugt dann unser Raster. Bevor wir diesen aber anklicken, sollte noch eine Kleinigkeit angepasst werden.

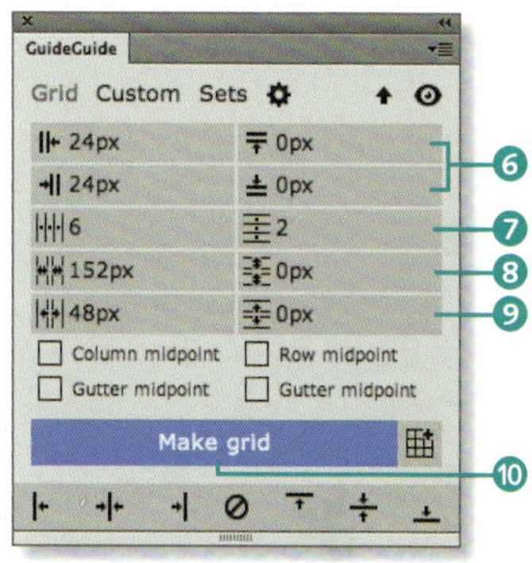

▲ **Abbildung 8.43**
Umfangreiche Einstellungsoptionen beim Photoshop-Plugin GuideGuide

5 Das Raster mittig ausrichten

In der Standardeinstellung wird das Raster immer links oben beginnend ausgerichtet. Dies wäre in Ordnung, wenn das Photoshop-Dokument genau der Breite des Rasters (also 1.200 Pixel) entsprechen würde. Da wir die Bilddatei aber breiter gemacht haben, sollte das Raster mittig ausgerichtet sein. Dazu wählen wir das Einstellungs-Icon ⓫ im Plugin-Fenster aus und wählen dann bei HORIZONTAL POSITION die Option CENTER ⓬. Jetzt kann das Raster über den Reiter GRID und den großen blauen Button erstellt werden. Als Ergebnis erhalten wir einen Sechsspalter in Photoshop, der uns Gestaltungsspielraum bietet.

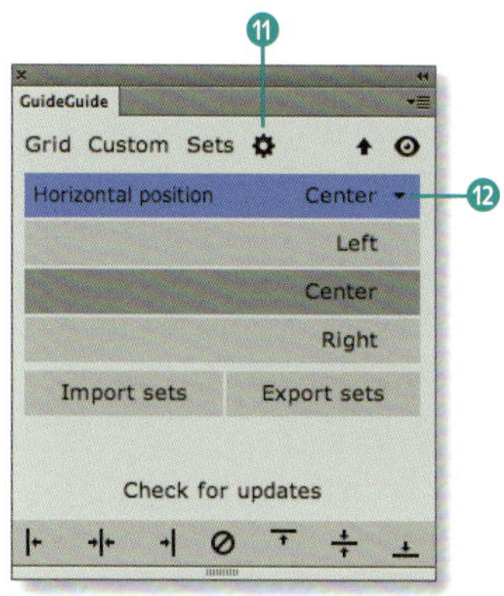

▲ **Abbildung 8.44**
Auswahl der Ausrichtung des Rasters.

Abbildung 8.45 ▸
Das mit GuideGuide erstellte Raster

6 Magnetische Hilfslinien

Die erzeugten Hilfslinien dienen dazu, die Gestaltungsarbeit in Photoshop zu verbessern, Elemente bündig auszurichten und bestimmte feste Breiten einzuhalten, die uns später auch die Umsetzung erleichtern. Damit wir mit dem Raster gut arbeiten können, gibt es die Möglichkeit, die Hilfslinien magnetisch zu machen. Elemente, die den Hilfslinien nahekommen, werden sozusagen magnetisch angezogen und richten sich dann exakt an diesen aus. Gerade beim pixelgenauen Arbeiten ist das eine sehr hilfreiche Eigenschaft. Unter Ansicht • Ausrichten an muss vor Hilfslinien ein Häkchen gesetzt sein, ebenso wie vor Ansicht • Ausrichten.

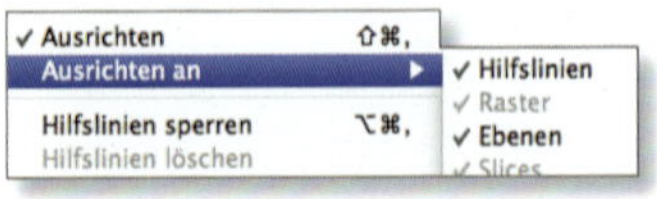

▲ Abbildung 8.46
Zwei Häkchen sorgen dafür, dass die Elemente von den Hilfslinien magnetisch angezogen werden.

7 Spaltenvorlagen erstellen

Für eine bessere Visualisierung des Rasters und als Vorlage für eine spätere Gestaltung können wir mit dem Rechteck-Werkzeug verschiedene Rechtecke erzeugen:

Die fertige Photoshop-Datei »Raster.psd« samt Hilfslinenraster und Rechtecken finden Sie auf der Buch-DVD unter Beispielmaterial • Kapitel_08.

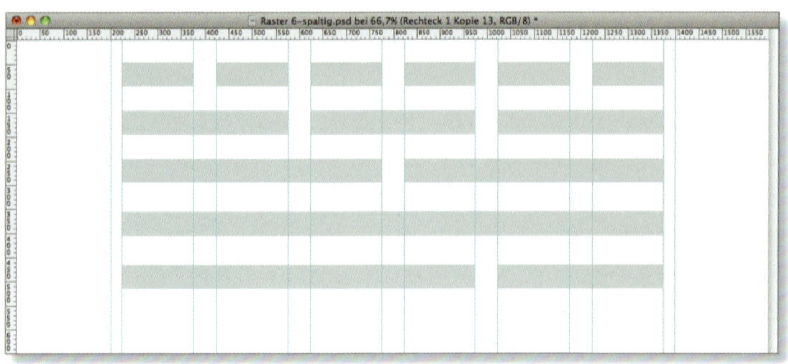

Abbildung 8.47 ▸
Verschiedene Rechtecke zeigen einzelne Spalten und Varianten.

So wird auch deutlich, welche Möglichkeiten das sechsspaltige Raster bietet. Die Gestaltungselemente können über ein, zwei, drei, vier, fünf oder sechs Spalten gehen. Die Möglichkeiten sind natürlich nicht so umfangreich wie bei einem 12-Spalter, aber auf jeden Fall übersichtlicher und für die meisten Webprojekte sicherlich auch ausreichend. In Kapitel 8, »Layout und Raster«, lernen Sie die Möglichkeiten eines solchen Rasters praxisnah kennen.

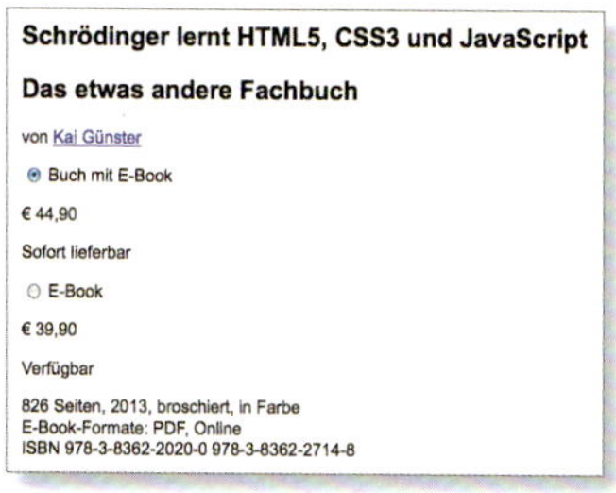

▲ Abbildung 8.48
So sieht eine Webseite ohne definierte Stylesheets aus. Die semantische Struktur ist dank Browser-Stylesheet trotzdem erkennbar (*galileo-press.de*).

8.4.3 Raster mit HTML und CSS umsetzen

Bevor es an die konkrete Umsetzung des Rasters samt Spalten geht, sollten Sie einige Vorüberlegungen und Voreinstellungen treffen.

CSS-Reset | Jeder Browser hat ein eigenes Browser-Stylesheet, das dafür sorgt, dass jedes HTML-Dokument eine »Grundformatierung« bekommt. In Fällen, in denen ein definiertes Stylesheet, aus welchen Gründen auch immer, nicht geladen wird, ist die semantische Struktur so auch visuell ersichtlich. Allerdings sind die Browser-Stylesheets von Browser zu Browser und teilweise sogar zwischen den Browserversion unterschiedlich.

Normalerweise werden die Angaben durch eigene CSS-Definitionen überschrieben, aber eben nicht immer und schon gar nicht alle. So hat es sich durchgesetzt, zu Beginn der eigenen Stylesheet-Angaben alle Browser-Styles zu *reseten*, das heißt, sie zurückzustellen. Ein Beispiel dafür sind die Abstände. Die Browser weisen den HTML-Elementen von sich aus Abstände zu, mit einem Reset werden diese auf null gesetzt, was sich schon mit wenig Quellcode erreichen lässt:

```
* {
margin: 0;
padding: 0;
}
```

▲ Listing 8.5
Die Abstände aller HTML-Elemente wurden auf null gesetzt.

CSS-Reset-Links
Das Reset-CSS von Eric Meyer finden Sie unter: *meyerweb.com/eric/tools/css/reset*

Eine Erweiterung ist das HTML5-Reset-Stylesheet samt Erklärung: *html5doctor.com/html-5-reset-stylesheet*

Dass Resets aber nicht nur Vorteile haben, zeigt folgender Blog-Artikel: *snook.ca/archives/html_and_css/no_css_reset*

Der Klassiker unter den Resets stammt von Eric Meyer, nennt sich passenderweise *reset.css* und ist umfangreicher. Hier werden wirklich alle Angaben zurückgesetzt, sodass im Browser alle Elemente erst einmal gleich aussehen, egal, ob `h1`-Überschrift oder Listenpunkt. Anstatt den Quellcode aber 1:1 in das eigene Stylesheet zu kopieren, sollte es eher als Grundlage für eigene Definitionen dienen. Möchten Sie also den Zeilenabstand auf 1.2 set-

CSS-Normalize-Links
Die *normalize.css* von Nicolas Gallagher liegt unter: *necolas.github.io/normalize.css*.
Eine Übersicht über die populärsten CSS-Reset-Skripte samt Download-Möglichkeit erhalten Sie bei *cssreset.com*.

zen, sollten Sie folgende Zeile in der Datei *reset.css* nicht einfach stehenlassen:

```
body { line-height: 1; }
```

Stattdessen können Sie sie gleich in den Reset-Anweisungen anpassen:

```
body { line-height: 1.2; }
```

CSS-Normalisierung | Eine Alternative zum traditionellen CSS-Reset ist die Datei *normalize.css*. Hier werden nicht alle Elemente zurückgesetzt, sondern sie werden genormt bzw. sinnvolle Eigenschaften wie die Abstände vor und nach den Elementen beibehalten. Daher ist dieses Skript effizienter, da Eigenschaften nicht doppelt formatiert werden (müssen).

Breite von Containern
Ein Container hat eine Breite von 200 Pixeln, dazu kommen ein Innenabstand nach allen Seiten von 20 Pixeln und ein Rahmen von einem Pixel. Im klassischen Box-Modell ergeben sich hier 242 Pixel Gesamtbreite (200 + 20 + 20 + 1 + 1). Diese Rechnerei ist wenig praxistauglich. Im neuen Box-Modell dagegen hat der Container einfach die Breite von 200 Pixeln, wie zugewiesen. Innenabstand und Rahmen werden dann nach innen berechnet.

Box-Modell | Das klassische Box-Modell (siehe Abbildung 8.49) war noch nie besonders intuitiv. Ein Element bekam eine feste Breite (`width`), dazu mussten aber noch der Innenabstand (`padding`), und der Rahmen (`border`) addiert werden, um die Gesamtbreite des Elements zu bestimmen. Dies sorgte für unnötiges Rechnen und war vor allem bei unterschiedlichen Einheiten für die Breite (zum Beispiel Prozent) und die Abstände (zum Beispiel Pixel) nicht mehr zuverlässig berechenbar. Seit einiger Zeit gibt es nun ein alternatives Box-Modell (siehe Abbildung 8.50). Hier sind dann `padding` und `border` in der Angabe von `width` bereits enthalten. Das Modell wird auch `border-box` genannt, weil sich die Breite des Elements (der Box) von `border` bis `border` erstreckt.

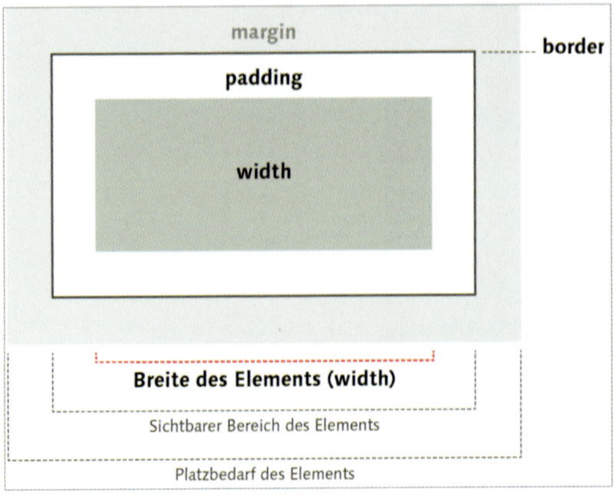

▲ Abbildung 8.49
Das klassische Box-Modell. Zur Weite werden noch der Innenabstand und der Rahmen addiert.

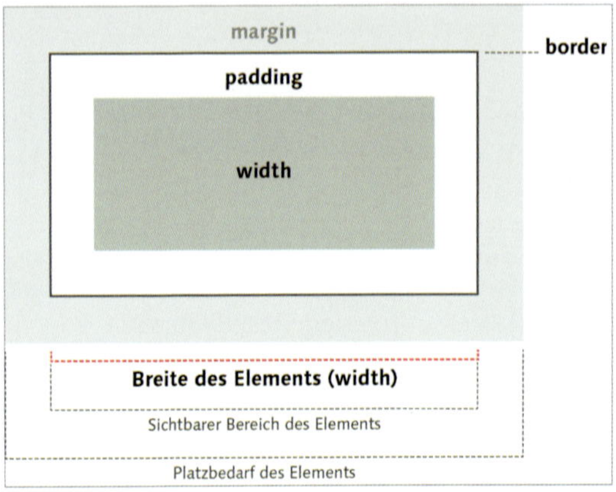

▲ Abbildung 8.50
Das neue Box-Modell: Die Weite enthält schon den Innenabstand und den Rahmen.

Beim alternativen Box-Modell ist es egal, wie viel Innenabstand ein Element bekommt, denn der Wert wird dann von der Breite abgezogen und nicht hinzugefügt. Um mit dem Box-Modell arbeiten zu können, muss folgende Style-Definition erfolgen:

```
*, *:before, *:after {
    -moz-box-sizing: border-box;
    -webkit-box-sizing: border-box;
    box-sizing: border-box;
}
```

◂ **Listing 8.6**
Definition des alternativen Box-Modells

Der sichtbare Bereich eines Elements entspricht jetzt genau der Weitenangabe (`width`). Fehlt noch der Außenabstand (`margin`). Der muss bei beiden Modellen jeweils noch dazugerechnet werden – das ist aber völlig normal, denn auf den sichtbaren Bereich eines Elements hat dieser keinen Einfluss.

Floats und Clearings | Fast alle modernen CSS-Layouts werden mit der CSS-Eigenschaft `float` umgesetzt, um die Elemente zu positionieren. Der normale Elementenfluss für Block-Elemente in HTML ist untereinander. Mit `float:left` oder `float:right` werden sie aus dem normalen Fluss herausgenommen und können so auch nebeneinander platziert werden. Das *Floaten* bringt aber ein paar Herausforderungen mit sich. So rutschen manchmal Elemente weiter nach oben, obwohl sie in einer neuen Reihe beginnen sollen. Oder wenn mehrere gefloatete Elemente in einem Elternelement stehen, dann *kollabiert* dieses. Das heißt, es umschließt nicht mehr die Kindelemente, was optisch meistens nicht gewollt ist.

Artikeltipp Floats
Den empfehlenswerten Artikel »Hilfreiche CSS-Tipps: So bekommst du Floats in den Griff« zum Thema Floats finden Sie unter *elmastudio.de/programmierung/css/hilfreiche-css-tipps-so-bekommst-du-floats-in-den-griff*.

Um das überflüssige Floating und das Kollabieren zu verhindern, gibt es unterschiedliche CSS-Ansätze. Eine häufig eingesetzte Methode besteht darin, ein leeres `div`-Element einzubauen, mit dem das Floating an einer bestimmten Stelle verhindert werden kann:

```
<div class="clear"></div>
```

▴ **Listing 8.7**
Definition eines clear-Containers in HTML

Und im CSS wird dann Folgendes definiert:

```
.clear {
  clear: both;
}
```

▴ **Listing 8.8**
Die CSS-Anweisung zum Clearen

Clearing-Methoden
Der Artikel »*Clearing Floats: An Overview of Different clearfix Methods*« von Sitepoint erklärt übersichtlich die verschiedenen Clearing-Methoden: *sitepoint.com/clearing-floats-overview-different-clearfix-methods*.

Die Lösung ist aber bei Weitem nicht optimal, allein schon, weil Struktur und Layout vermischt werden. Eine schöne Lösung stammt von Nicolas Gallagher (*nicolasgallagher.com/micro-clearfix-hack*), die sogenannte *Clearfix-Methode*:

```
.clearfix:before, .clearfix:after {
content: " ";
display: table;
}
.clearfix:after {
clear: both;
}
.clearfix {
*zoom: 1; /* Für IE6 und IE7 */
}
```

Listing 8.9 ▸
Die clearfix-Methode

Jetzt kann zum Beispiel ein Elternelement, das gefloatete Elemente enthält, diese aber nicht umschließt, die Klasse `.clearfix` zugewiesen bekommen:

```
<div class="footer clearfix">Footer-Inhalte mit gefloateten Containern<div>
```

▴ **Listing 8.10**
HTML-Element mit der Klasse »clearfix«

Bei dieser Methode müssen keine weiteren HTML-Elemente definiert werden.

Reihen und Zwischenräume | Um das ungewollte Floaten oder Kollabieren zu verhindern, werden die einzelnen Spalten in unserem Raster reihenweise in Containern zusammengefasst – eine Methode, die fast alle Rastersystem anwenden. Die »Reihen«-Container bekommen dann die Clearing-Methode – oder wie in unserem Fall – die oben beschriebene `.clearfix`-Klasse zugewiesen.

Abbildung 8.51 ▸
Die einzelnen Spalten sind in Reihen (`div`-Containern) zusammengefasst.

In HTML sieht das dann folgendermaßen aus:

```
<div class="row clearfix"> Spaltendefinitionen </div>
```

▲ **Listing 8.11**
Reihendefinition in HTML mit »clearfix«-Methode

Außerdem muss die Frage nach den Spaltenabständen geklärt werden. Soll `padding` oder `margin` oder gar ein Kindelement verwendet werden? Die erste Wahl ist der Außenabstand. Die Spalten bekommen einen `margin`-Wert, der den Abstand zwischen den Spalten festlegt. Es gibt hier keine allgemeingültige Lösung, sondern die Frage muss von Layout zu Layout unterschiedlich beantwortet werden. Wenn die Spalten eine Hintergrundfarbe bekommen sollen, eignet sich `padding` als Abstandsdefinition nicht, da die Spalten dann direkt aneinanderliegen und dies auch offensichtlich ist. Wird keine Hintergrundfarbe benötigt, ist `padding` eine hilfreiche Lösung. Denn mit dem Einsatz von `border-sizing` lassen sich so die Breiten der Spalten viel einfacher berechnen und definieren, da der Innenabstand schon in der Breite steckt. Gerade bei späteren responsiven Anpassungen erleichtert das die Arbeit.

Schritt für Schritt: Raster in HTML und CSS umsetzen

Im Folgenden werden wir das Raster, das wir auch schon in Photoshop (siehe Seite 325) aufgebaut haben, in HTML und CSS umsetzen.

Das vollständige Raster »index.html«, noch ausführlicher als im Buch dargestellt, finden Sie auf der beiliegenden Buch-DVD unter BEISPIELMATERIAL • KAPITEL_08 • RASTER.

1 HTML-Rasterstruktur

Wir werden verschiedene Reihen mit den unterschiedlichen Spaltenvarianten erstellen. Das komplette Layout wird innerhalb eines Wrappers liegen, also eines Containers, der die einzelnen HTML-Elemente beinhaltet und die Gesamtbreite definiert. Dann wird ein Container (`.row`) definiert, der als Reihe dient und die einzelnen Spalten umschließt. Schließlich kommen sechs einzelne Spalten:

```
<div class="wrapper">
<div class="row">
<div class="column span_1">
<span>.column .span_1</span>
</div>
<div class="column span_1">
<span>.column .span_1</span>
</div>
```

◀ **Listing 8.12**
Definition des Sechsspalters samt Wrapper und Reihen-Container

```
<div class="column span_1">
<span>.column .span_1</span>
</div>
<div class="column span_1">
<span>.column .span_1</span>
</div>
<div class="column span_1">
<span>.column .span_1</span>
</div>
<div class="column span_1">
<span>.column .span_1</span>
</div>
</div>
</div>
```

Schauen wir uns eine Spaltendefinition einmal genauer an:

```
<div class="column span_1">
<span>.column .span_1</span>
</div>
```

▲ Listing 8.13
Definition einer einzelnen Spalte

Der div-Container bekommt zwei Klassen. .column wird eine allgemeingültige für alle Spalten sein, und .span_1 ist die individuelle Klasse, die die Breite definiert. Das span-Element dient als Platzhalter für einen späteren Inhalt und durch noch zu definierende CSS-Eigenschaften zur Visualisierung der Spalte.

Abbildung 8.52 ▼
Die CSS-Klassennamen der einzelnen Elemente in unserem Raster

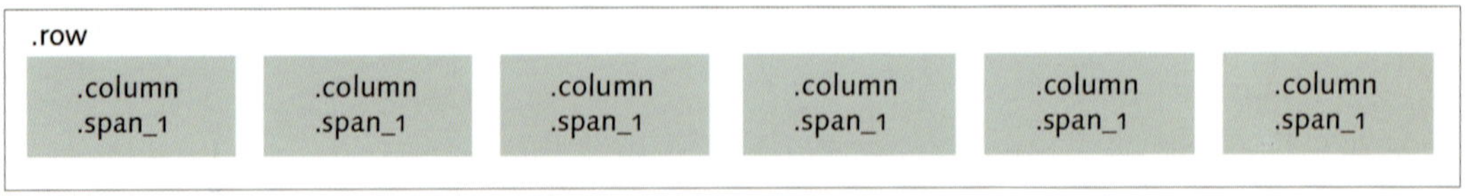

So lassen sich dann die weiteren exemplarischen Reihen definieren, die innerhalb des Wrappers stehen:

Listing 8.14 ►
Definition eines Dreispalters

```
<div class="row">
<div class="column span_2">
<span>.column .span_2</span>
</div>
<div class="column span_2">
<span>.column .span_2</span>
</div>
<div class="column span_2">
<span>.column .span_2</span>
```

```
</div>
</div>
```

Der obere Quellcode zeigt drei Container nebeneinander, die jeweils zwei Spalten umfassen. Zwei mal drei macht sechs Spalten – passt also.

▲ **Abbildung 8.53**
Die Klassennamen eines Dreispalters

Die weiteren Spaltendefinitionen finden Sie ebenfalls auf der beiliegenden DVD.

2 CSS-Grunddefinitionen

In der Stylesheet-Datei werden zuerst ein paar grundlegende Definitionen vorgenommen. Zuerst werden das alternative Box-Modell (siehe Abschnitt »Box-Modell«, Seite 330) und die Clearfix-Methode (siehe Abschnitt »Floats und Clearing«, Seite 331) aktiviert. Als Nächstes werden dann allgemeine Rastereinstellungen festgelegt:

Die Datei »styles.css« finden Sie auf der beiliegenden Buch-DVD unter Beispielmaterial • Kapitel_08 • Raster • CSS.

```
/* RASTER * * * * * * * * * */
.wrapper {
margin: 0 auto; /* Zentriert das Layout */
max-width: 1200px; /* Definiert die maximale Gesamtbreite
des Layouts */
text-align: center;
padding-top: 1rem;
}
.row {
background: #ddd;
margin-bottom: 25px;
}
.column{
float: left; /* Floaten der Spalten */
margin-bottom: 1rem;
/* horizontaler Abstand zwischen den Spalten: */
padding-left: 1%;
padding-right: 1%;
}
.column span{
background: #13b9f0;
```

◄ **Listing 8.15**
Die Grunddefinitionen des Rasters im CSS

Sprechende Klassennamen
Die Klassennamen sind ja frei wählbar, sollten aber möglichst selbsterklärend sein. `.span_1` bedeutet, dass die Spalte genau eine Spalte breit ist. Bei `.span_2` würde sich der Container über zwei Spalten »spannen« (erstrecken) etc.

```
display: block;
padding: 1rem;
color: #fff;
font-weight: bold;
}
```

Bei den wichtigsten Definitionen steht die Bedeutung als Kommentar dahinter. Die anderen haben vor allem optische Wirkung, damit die Spalten im Browser exemplarisch gut erkennbar sind. Wichtig ist die Angabe der maximalen Gesamtbreite im Wrapper und dass alle Spalten (`.column`) gefloatet werden und den horizontalen Abstand per `padding` zugewiesen bekommen.

3 Spaltenbreiten definieren

Während wir im Grafikprogramm aus bekannten Gründen auf Pixelwerte setzen mussten, können wir nun im CSS die zu Beginn auch angedachten Prozentwerte einsetzen. Zur Erinnerung: Eine Spalte sollte links und rechts einen Abstand von 2% der Gesamtbreite des Layouts bekommen. Zwischen zwei Spalten addiert sich dies zu 4% Abstand, an den äußeren Layout-Rändern bleiben es 2%. Bei einem sechsspaltigen Layout sind zusammen also 24% der Gesamtbreite für die Abstände reserviert (6 × 4 = 24). Die restlichen 76% müssen dann auf die sechs Spalten gleichmäßig aufgeteilt werden. 76/6 ergibt 12,6666667% Breite für eine Spalte.

Abbildung 8.54 ▼
Das Layout – aufgeteilt in sechs Spalten und Außenabstände mit Prozentwerten

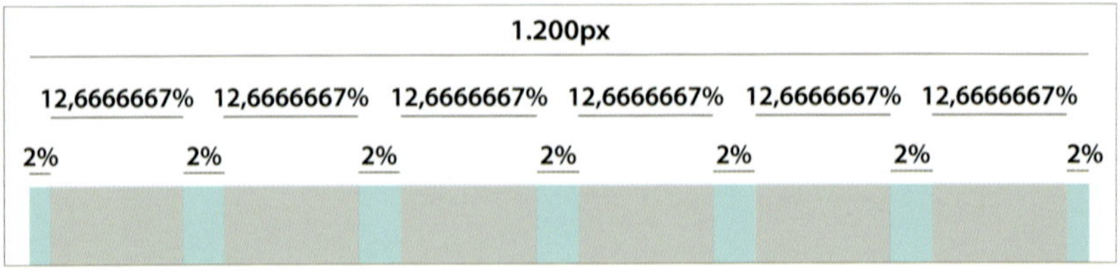

Diese Definition geht von einer Abstandsdefinition per `margin` aus. Dies ist unter Umständen gewohnter und mag sicherlich vorteilhaft sein, wenn die Spalten eine Hintergrundfarbe bekommen sollen. Flexibler für künftige Anpassungen ist allerdings `padding`. Dieses wird zur Gesamtbreite dazugezählt. Das heißt, wir können später `padding` beliebig anpassen, ohne dass sich unsere Spaltenbreiten verändern. Die Spaltendefinition sähe dann so aus, dass wir die 100% Gesamtbreite durch sechs Spalten teilen und die Breite einer einzelnen Spalte bekommen, also 100/6 = 16,6666667%. Genauso lassen sich dann auch die Prozentwerte für die anderen Spaltenvarianten errechnen:

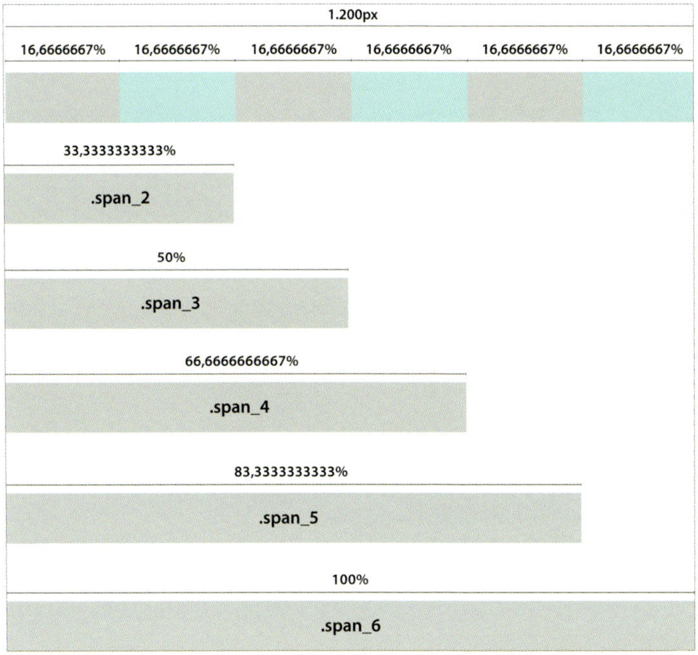

◂ **Abbildung 8.55**
Die Breiten der einzelnen Spaltenvarianten in Prozentwerten

Daraus ergibt sich dann die Definition der Spaltenbreiten im CSS:

```
/* SPALTEN **********/
.span_1 {
width:16.6666666667%;
}
.span_2 {
width:33.3333333333%;
}
.span_3 {
width:50.0%;
}
.span_4 {
width:66.6666666667%;
}
.span_5 {
width:83.3333333333%;
}
.span_6 {
width:100%;
}
```

◂ **Listing 8.16**
Die Spaltenbreiten im CSS

Damit steht das Grund-Layout. Ein eigenes Raster ist definiert, das mit seiner Sechsspaltigkeit genug Spielraum für unterschiedliche Gestaltungsvarianten lässt. Im Browser ist das Ergebnis dann gut

Zweidrittel-Regel
Unser Raster entspricht zwar nicht ganz dem Goldenen Schnitt (siehe Kapitel 6, »Gestaltungsgrundlagen«), aber die Zweidrittel-Regel ist auch nahe dran. Und diese lässt sich mit dem Raster gut umsetzen:

```
<div class="column span_4">
<span>.column .span_4
</span>
</div>
<div class="column span_2">
<span>.column .span_2
</span>
</div>
```

Ein Container, der über vier Spalten geht, und einer über zwei – fertig ist die Zweidrittel-Regel.

sichtbar, was vor allem an den Definitionen wie Hintergrundfarbe etc. und an den `span`-Elementen in den einzelnen Spalten liegt.

4 Raster responsiv machen

Im letzten Schritt der Rastervorlage wollen wir das Layout mit Media Queries responsiv machen. Es gibt ja ein paar typische Breakpoints, bei denen das Layout »umspringt«, also die einzelnen Spaltenbreiten angepasst werden. Im konkreten Fall eines Webseiten-Projekts sollten diese Breakpoints am besten individuell abgestimmt werden. Die Inhalte und das Design geben hier die Breakpoints vor.

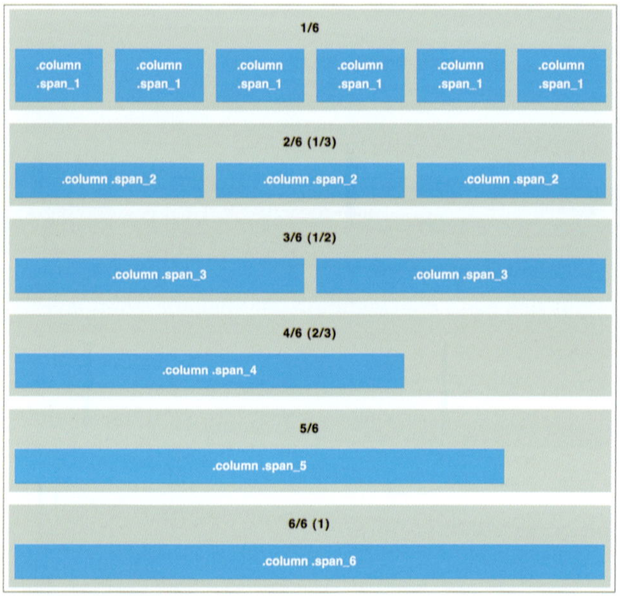

▲ **Abbildung 8.56**
Das sechsspaltige Raster im Browser

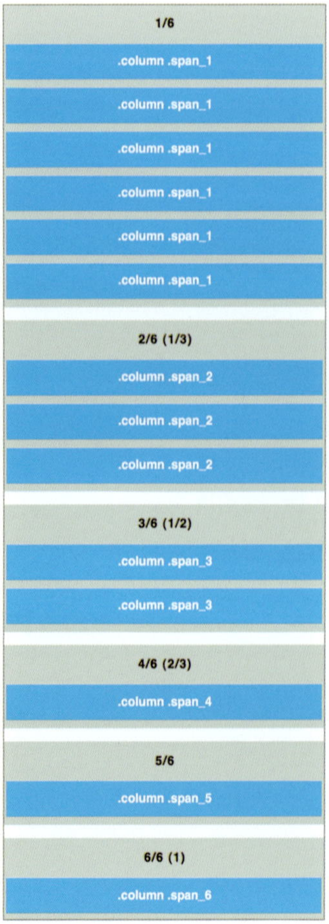

▲ **Abbildung 8.57**
Die Spalten bei kleinerer Auflösung

Verkleinern Sie das Browserfenster so lange, bis das Layout nicht mehr gut aussieht. Dann ist es Zeit, einen Breakpoint zu setzen.

Bei einer allgemeinen Rasterdefinition, wie wir sie gerade umsetzen, geht das nicht, da wir kein konkretes Layout haben. Daher wählen wir allgemeine Breakpoints. Für das Beispielraster wird daher exemplarisch ein Breakpoint bei 800 Pixeln gesetzt:

Listing 8.17 ▶
Mithilfe von Media Queries werden bei kleineren Auflösungen die Spalten breiter gemacht.

```
/* MEDIA QUERIES *********/
@media screen and (max-width: 800px){
.span_1, .span_2, .span_3, .span_4, .span_5, .span_6 {
width: 100%;
}
}
```

Mit den Media Queries wird abgefragt, wann die Gesamtbrowserbreite höchstens 800 Pixel beträgt. Ist die Auflösung entsprechend klein, bekommen alle Spalten eine Breite von 100%. Diese Abfrage ist natürlich sehr grob und sollte im konkreten Einzelfall zumindest gut überprüft und bei Bedarf entsprechend verfeinert werden. Mehr über Media Queries erfahren Sie in Kapitel 4, »Responsive Webdesign«.

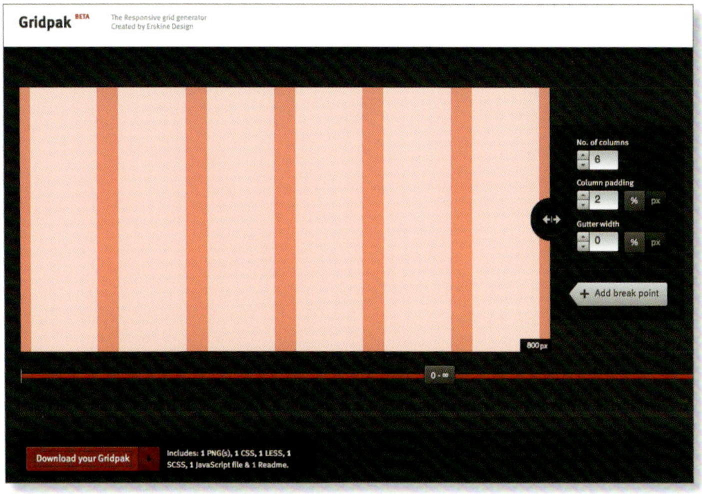

◂ **Abbildung 8.58**
Das Tool Gridpak für responsive Raster. Auch unser selbst erarbeitetes Raster wäre damit schnell erstellt (*gridpak.com*).

Insgesamt haben wir so ein kleines, aber feines eigenes Raster erstellt, das Sie gut als Grundlage Ihrer eigenen Webseiten-Projekte verwenden können. Der folgende Abschnitt zeigt exemplarisch einige Anwendungszwecke.

8.4.4 Eigene Webseiten-Layouts

Aus unserem kleinen Raster-Framework lassen sich einfache Webseiten-Layouts erstellen. Diese werden dann mit den neuen HTML5-Elementen für die Seitenstruktur umgesetzt. Bislang wurden quasi alle Layout-Elemente in HTML in eigene `div`-Container gepackt. Daraus entstanden Codestrukturen, die fast genauso unübersichtlich waren wie früher die Tabellen-Layouts. Diese exzessive Anwendung von `div`-Containern bezeichnet man gerne auch als *Divitis*.

HTML5-Layout-Elemente | Mit HTML5 soll mehr Semantik in die Quelltexte zurückkehren. Die häufig eingesetzten `div`-Container haben ja keine semantische Bedeutung. Sie werden vielmehr rein aus Designgründen eingesetzt, um Inhalte damit zu platzieren und zu gestalten. Zu den neuen Elementen gehören unter anderem fast selbsterklärende Elemente wie `header`, `footer`, `nav`

HTML5-Elemente
Kurzübersicht der neuen HTML5-Elemente: *w3schools.com/html/html5_new_elements.asp*

und article. Mit ihnen bekommen die einzelnen Inhaltsbereiche eine semantische Bedeutung. Die Umsetzung ist nicht anders als mit div-Containern. So wird aus <div class="navigation"> dann eben <nav class="navigation">.

Dieses Webseiten-Layout und die weiteren Vorlagen finden Sie auf der Buch-DVD unter BEISPIELMATERIAL • KAPITEL_08 • RASTER. Die Datei heißt »website-layouts.html«.

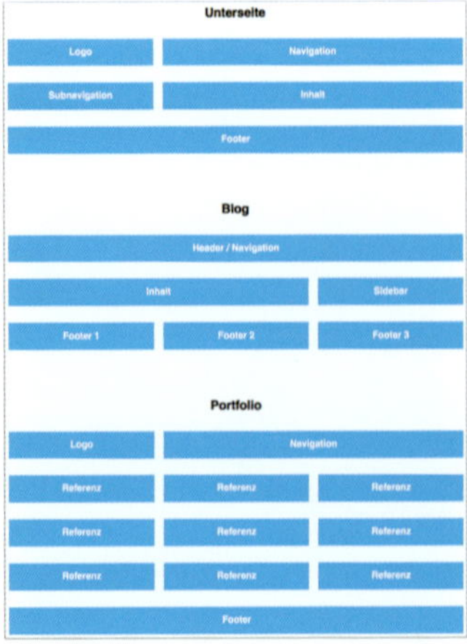

Abbildung 8.59 ▲
Weitere Layout-Varianten befinden sich auf der DVD.

Webseiten-Vorlagen erstellen | Mithilfe des sechsspaltigen Rasters lassen sich typische Webseiten-Anordnungen umsetzen. Als Beispiel sehen Sie hier das Grund-Layout einer typischen Startseite.

```
<!-- Startseite -->
<div class="wrapper example">
<header class="row">
<div class="column span_2">
<span>Logo</span>
</div>
<nav class="column span_4">
<span>Navigation</span>
</nav>
</header>
<section class="row">
<article class="column span_6">
<span>Teaser</span>
</article>
</section>
<section class="row">
<article class="column span_2">
<span>Teaser</span>
</article>
<article class="column span_2">
<span>Teaser</span>
</article>
<article class="column span_2">
<span>Teaser</span>
</article>
</section>
<footer class="row">
<section class="column span_6">
<span>Footer</span>
</section >
</footer>
</div> <!-- wrapper zu -->
```

▲ Listing 8.18
Das typische Layout einer Startseite

Ohne weitere Definitionen, allein durch unsere Stylesheet-Rasterdefinitionen, sehen wir auch gleich das optische Ergebnis:

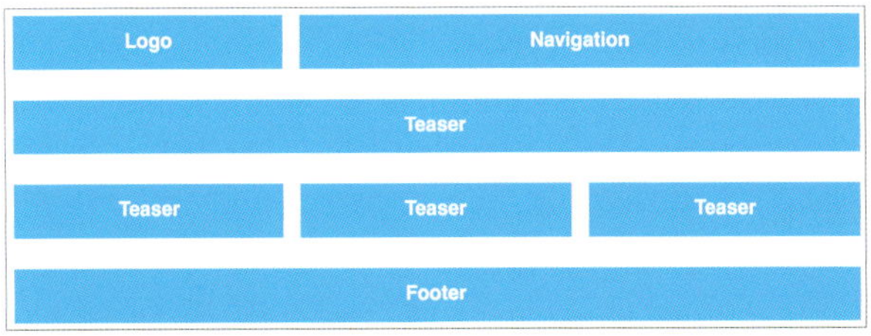

▲ **Abbildung 8.60**
Das typische Layout einer Startseite – umgesetzt mithilfe unseres Rasters

▲ **Abbildung 8.61**
So sieht es dann in der Praxis aus: die Startseite von *merz-benzing.de*.

Die Umsetzung eines eigenen Rasters ist gar nicht so schwer. Einige Punkte sollten Sie dabei allerdings beachten und ein paar Details frühzeitig klären. Selbst wenn solch ein eigenes Raster nicht bei jedem Projekt zum Einsatz kommt (was auch nicht zwingend das Ziel sein sollte), schult es doch Ihre eigenen Fähigkeiten, Kenntnisse und das Verständnis auch für andere Raster.

8.4.5 Interaktive Prototypen

Wireframes und Screendesigns sind hilfreich, um die Anordnung der Elemente und deren Gestaltung deutlich zu machen. Und ein Raster hilft bei der Umsetzung. Zuerst einmal sind sie aber alle statische Lösungen. Das Web aber ist interaktiv. Der Anwender sucht nach Informationen, und an diese gelangt er nur durch Klicken, indem er die Elemente findet, mit denen er navigieren kann. Wireframe, Screendesign, vorgefertigtes Raster können dies aber nicht ausreichend simulieren: *Wohin klickt der Anwender?*

Bedeutung
Interaktionen, Prozessabläufe und Navigationskonzepte lassen sich mit interaktiven Prototypen gut testen. Mit Wireframes und Screendesign, die als Bilddatei vorliegen, ist dies nicht so effektiv möglich. Aber genau darum geht es ja bei einer Webseite: um die Interaktivität, die Benutzung der Webseite durch den Anwender.

Man könnte sie auch als *Mockup* bezeichnen, also eine Art (mehr oder weniger umfangreiches) Modell der späteren Webseite. Dem gegenüber steht der *Prototyp*, ein funktionsfähiges Modell. Hier kann der Anwender schon klicken. Mit einem interaktiven Prototypen lässt sich die Benutzung einer Webseite simulieren und testen. Interaktive Prototypen können ganz simple Webseiten sein, bei denen nur die Grundstruktur der Elemente (ähnlich einem einfachen Wireframe) vorgegeben ist, aber auch bis zu einer detailliert ausgearbeiteten Webseite reichen, die dem späteren fertigen Produkt schon größtenteils gleicht.

Prototypen kommen der in Kapitel 1, »Prinzipien des modernen Webdesigns«, bereits angesprochenen Veränderung der Arbeitsabläufe im Webdesignprozess entgegen, möglichst früh in den Browser zu wechseln. Neben der Interaktivität lässt sich so auch schnell die Reaktionsfähigkeit der Webseite testen. Interaktive Prototypen sind also schon in HTML und CSS umgesetzt. Um die Arbeit zu vereinfachen, werden dafür gerne Frameworks wie das 960 Grid System (*960.gs*) eingesetzt. Deren Vor- und Nachteile und eine Auswahl an Frameworks sind in Kapitel 4, »Responsive Webdesign«, aufgelistet. Mit ihnen lässt sich aber recht schnell eine rudimentäre Webseite erstellen, da viele hilfreiche Komponenten wie horizontale Navigation, Raster, Buttons etc. schon zur Verfügung stehen und teilweise auch schon eine Art »Grundgestaltung« haben.

Arbeitsablauf
Die Veränderung des Webdesignprozesses weg von statischen Photoshop-Dateien hin zu einer frühen Umsetzung im Browser kommt den interaktiven Prototypen entgegen. Ob und wie diese allerdings eingesetzt werden, sollte schon gleich zu Beginn des Projekts entschieden werden – auch mit dem Kunden. Dieser mag unter Umständen enttäuscht werden, wenn er anstelle eines schönen bunten Screendesigns einen rudimentären »Klick-Dummy« vorgesetzt bekommt.

Rapid Prototyping wird diese Methode auch genannt, schnell und einfach einen Prototypen zu erzeugen. Diese Klick-Dummy sind »einfache« Webseiten, bei denen es noch nicht um die genaue visuelle Ausgestaltung geht. Durch sie kann viel Gestaltungs- und Entwicklungszeit gespart werden, weil eventuelle Unklarheiten in der Anordnung der Elemente oder in der Navigation offensichtlicher werden und dadurch frühzeitig angepasst werden können. Dies ermöglicht ein iteratives Vorgehen, bei dem nach und nach der Prototyp angepasst und verfeinert wird.

Layout-Zukunft

Drei technische Layout-Optionen gilt es für die Zukunft im Hinterkopf zu behalten, da sie aktuell bei Weitem noch nicht von allen gängigen Browserversionen unterstützt werden:

- **Multi-Column-Layout**: In CSS3 gibt es die Möglichkeit, Texte mehrspaltig zu machen. Mit den Eigenschaften `column-count` und `column-width` lassen sich die Anzahl und die Breite der Spalten definieren. Eine erste Einführung finden Sie bei *webdesignerdepot.com/2013/03/how-to-use-css3-columns*.
- **Grid-Layout**: Anstatt die Elemente klassisch per `float` zu positionieren, gibt es die Möglichkeit, direkt mit CSS ein Raster zu erzeugen. Ein Elternelement, das alle weiteren Rasterinhalte beinhaltet, erhält die Zuweisung `display:grid`, und per `grid-columns` und `grid-rows` wird die Anzahl der Rasterspalten und Reihen bestimmt. Die einzelnen Inhaltselemente werden dann denn einzelnen Rasterzellen zugewiesen. Ein sehr intuitives System, das aber bisher äußerst unzureichend unterstützt wird (Ausnahmsweise ist der IE hier mal Vorreiter). Eine ausführliche Erläuterung des Grid-Layouts samt Beispielen finden Sie bei *24ways.org/2012/css3-grid-layout*.
- **Flexbox-Modell**: Das »Flexible Box Layout« macht Layouts bzw. einzelne Elemente flexibel. Per `flex-direction:column` oder `flex-direction:row` lässt sich die Anordnung festlegen, und per `flex` wird die Flexibilität – oder besser: die Ausdehnung (Breite oder Höhe) – eines Elements bestimmt. Eine ausführliche Erklärung mit vielen Beispiele erhalten Sie unter: *blog.kulturbanause.de/2013/07/einfuhrung-in-das-flexbox-modell-von-css*

Es kann noch ein paar Jahre dauern, bis sich diese Optionen (wenn überhaupt) großflächig einsetzen lassen. Als Entscheidungshilfe, ob ein Element zum Einsatz kommen sollte oder nicht, können Sie die Browserkompatibilität unter *caniuse.com* überprüfen.

8.5 Layouts gestalten

Ein Raster ist die Grundlage, um die Inhaltselemente auf der Seite strukturiert zu verteilen und anzuordnen. Aber das Raster ist eben nur ein Mittel, wenn auch ein sehr wichtiges, um mit dem Layout dem Anwender die Bedienung zu erleichtern, seinen Blickverlauf zu lenken und ihn zu den gewünschten Informationen zu führen. Der Gestaltung der einzelnen Elemente kommt mindestens genauso viel Bedeutung zu.

8.5.1 Komposition und Hierarchie

In Kapitel 6, »Gestaltungsgrundlagen«, werden ausführlich die layoutrelevanten Aspekte wie Anordnung und Gewichtung besprochen. Die typische Webseiten-Anatomie zeigt, wie zu Beginn des Kapitels vorgestellt, wo die Anwender die üblichen Elemente

Kriterien guter Webgestaltung

In Kapitel 6, »Gestaltungsgrundlagen«, wurden als Quintessenz für gute Webgestaltung die folgenden vier Aspekte ausgemacht:

- Einheit
- Angemessenheit
- Einfachheit
- Liebe zum Detail

erwarten. Elemente stehen dabei nie allein, sondern immer im Wechselspiel mit den anderen Gestaltungselementen. Eine 30 Pixel große Headline kann in einem Layout groß und markant wirken und in einem anderen untergehen, alleine aufgrund der Gestaltung der anderen Elemente. Größe, Farbe, Helligkeit, Form, Positionierung und das Umfeld bestimmen die Wahrnehmung eines Elements.

Bei der Gestaltung eines Screendesigns geht es um die Gesamtwirkung. Passend zu Thema, Unternehmen, Zielen, Zielgruppen etc. muss ein Design entwickelt werden, das ansprechend wirkt und die gewünschte Intention visualisiert. Und innerhalb der Elemente muss eine Hierarchie entwickelt werden: Was ist wichtiger, was ist weniger wichtig?

8.5.2 Layout-Strukturen

Es gibt sicherlich so etwas wie ein typisches Webseiten-Layout. Bei der Anatomie einer Webseite haben wir schon die Grundelemente einer jeden Webseite und deren typische Positionierungen genauer analysiert. Dies lässt sich etwas weiter vertiefen.

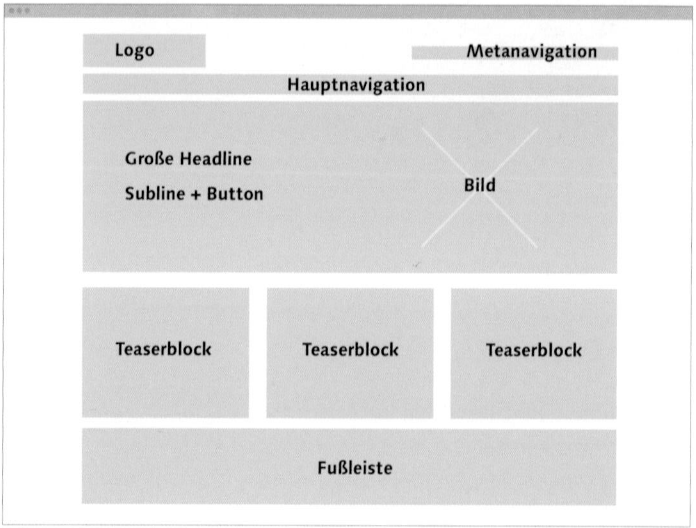

Abbildung 8.62 ▸ Typische Elemente und Anordnung einer Startseite

In Abbildung 8.62 ist die klassische Anordnung einer Startseite zu sehen. Solch ein typisches Layout scheint sich bewährt zu haben, haben es doch die meisten Unternehmen so oder zumindest sehr ähnlich im Einsatz. Dazu kommt natürlich irgendwann auch der Gewohnheitseffekt. Die Anwender sind mit dieser Art der Anordnung vertraut. Sie müssen sich also nicht groß neu orientieren, sondern können sich gleich den Inhalten widmen.

Konventionen vs. Innovationen | Die oben aufgeführten Inhaltsbereiche und deren übliche Position entsprechen den Konventionen. Das heißt, sie sind auf den meisten Webseiten so zu finden. Die Anwender finden sich dadurch schneller zurecht, sie sind es gewohnt, bestimmte Inhalte an bestimmtem Plätzen zu finden. Somit können sie sich schneller orientieren und sich eher auf andere Inhalte konzentrieren. Die Gestaltungsmöglichkeiten lassen ja trotzdem genug Spielraum, um eine konventionelle Anordnung individuell wirken zu lassen. Dazu ein Beispiel: Abbildung 8.63 zeigt die Website *employour.de*. Hier sind alle Website-Elemente an dem Platz, an dem man sie vermutet. Trotzdem sieht die Website alles andere als gewöhnlich aus.

◂ **Abbildung 8.63**
Bei *employour.de* werden Konventionen eingehalten, dennoch überzeugt die Website durch ihre individuelle Gestaltung.

Eine ungewohnte Anordnung zu wählen muss jedoch gut überlegt sein. Der Betrachter braucht dann länger, um sich zu orientieren und die üblichen Elemente wie Logo, Hauptnavigation etc. zu finden. Eine innovativere Anordnung kann zu positiver Anregung, weil die Elemente erst einmal neu gefunden werden müssen, über leichte Irritation bis zu hoher Frustration, weil die Elemente eben nicht gefunden werden, führen. Abbildung 8.64 (auf Seite 346) zeigt links die klassische Anordnung von *because-software.com*. Rechts sind die Inhalte beliebig neu platziert. Die Neuanordnung führt dazu, dass der Überblick und die visuelle Hierarchie verloren gehen.

Bei konservativen Unternehmenswebseiten und Onlineshops ist wohl immer die klassische Anordnung die bessere Wahl. Für Unternehmen, die eine gewisse Kreativität und/oder Innovationsfähigkeit für sich proklamieren, mag eine andere, individuelle Art der Anordnung Ausdruck ihres Selbstverständnisses sein. Die Anwender erwarten hier vielleicht auch einen »kreativen Ausdruck« bzw. akzeptieren diesen dann auch eher. Hier gilt es, das

Verhältnis abzuwägen zwischen einer weniger intuitiven Orientierung und dem »kreativen« Erlebnis. Diese Entscheidung kann nur im Einzelfall getroffen werden.

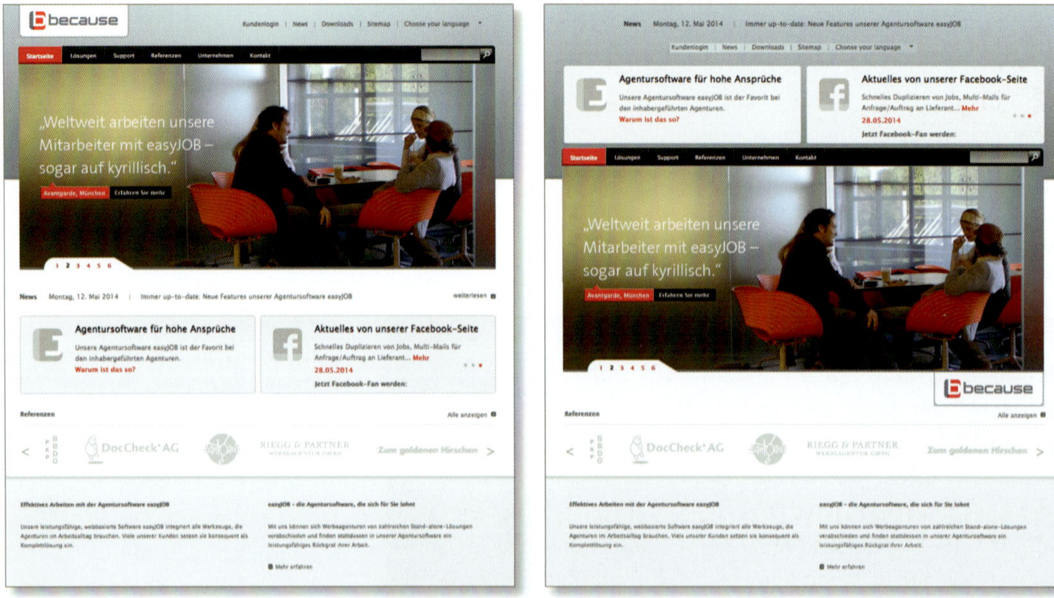

▲ **Abbildung 8.64**
Links die Original-Website von *because-software.com*, rechts die von mir umgestellte Website

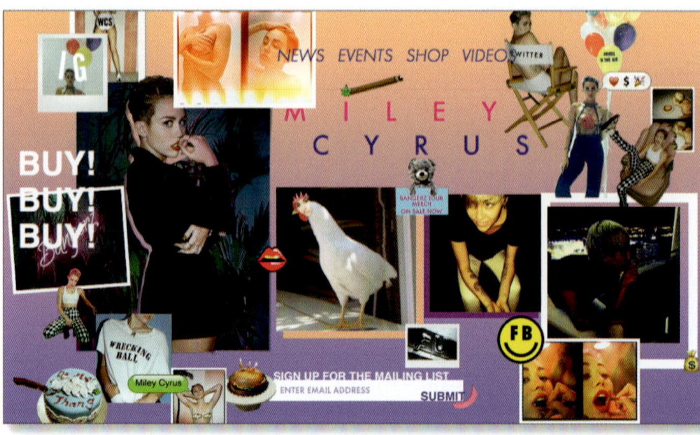

Abbildung 8.65 ▶
Bei *mileycyrus.com* soll wohl alles sehr innovativ sein, auf jeden Fall ist es keine klassische Webseite.

Die Einhaltung der Konventionen führt zu alltäglichen Layouts. Layouts also, die genauso auch auf Tausenden anderer Webseiten zu finden sind. Neben den oben beschriebenen klassischen Unternehmenswebseiten gibt es für Onlineshops, Blogs und Portfolios noch einige weitere Besonderheiten, die ausführlicher in Kapitel 15, »Websitetypen«, beschrieben werden.

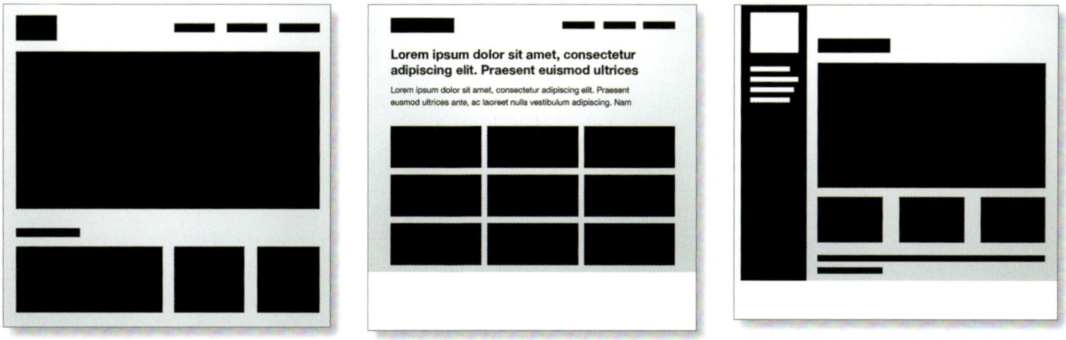

▲ **Abbildung 8.66**
Anregungen, Trends und Analysen finden Sie regelmäßig in den verschiedensten Webdesign-Blogs. So wie hier typische Portfolios-Layouts bei *designshack.net/articles/layouts/10-rock-solid-website-layout-examples*.

Seiten-Templates | In Abbildung 8.62 auf Seite 344 (typische Startseite) haben Sie die typische Startseite gesehen. Quasi jede Webseite hat dazu noch weitere Seiten mit unterschiedlichen Anordnungen. Man spricht dann von *Seiten-Templates*. Ein Template ist hier eine Art Designvorlage, die die Inhaltsstruktur einer Seite vorgibt. Die Startseite könnte ein Template sein, eine exemplarische Unterseite ein weiteres.

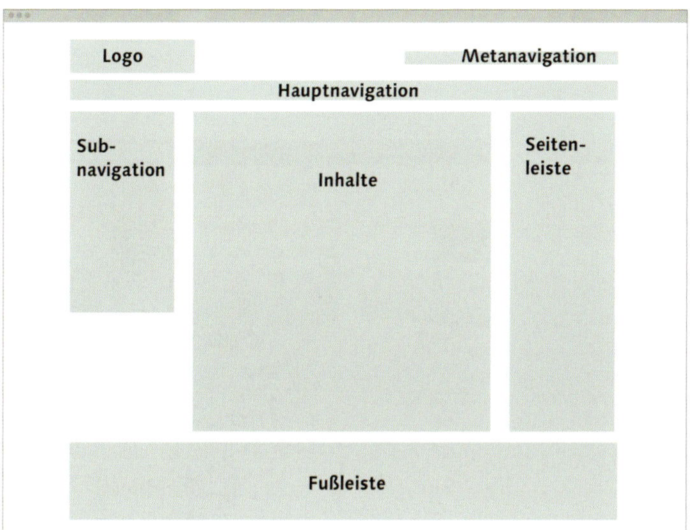

◂ **Abbildung 8.67**
Die typischen Elemente einer Unterseite und deren Positionierung

Diese beiden Templates hat eigentlich jede Webseite (One Pager einmal ausgenommen). Dazu können noch je nach Inhalten und Zielen der Webseite jede Menge weitere Templates kommen, wie zum Beispiel Produkt-Templates, auf denen einzelne Produkte vorgestellt werden und eine andere Art der Visualisierung benötigen als klassische Inhaltsseiten, die fast nur Text beinhalten. Für Hauptpunkte, die viele Unterpunkte/-seiten haben, können eigene Hauptseiten gestaltet werden, von denen ähnlich wie bei der eigentlichen Startseite Teaser auf die Unterseiten führen. Dazu kann es noch Artikelseiten, Kategorieseiten oder Formularseiten geben, genauso wie Seiten mit News-Übersichten, Bildergalerien etc. *Pfeffersackundsoehne.de* verwendet zum Beispiel verschiedene Seiten-Templates unter anderem für Produktseiten ❶ oder die Kontaktseite ❷.

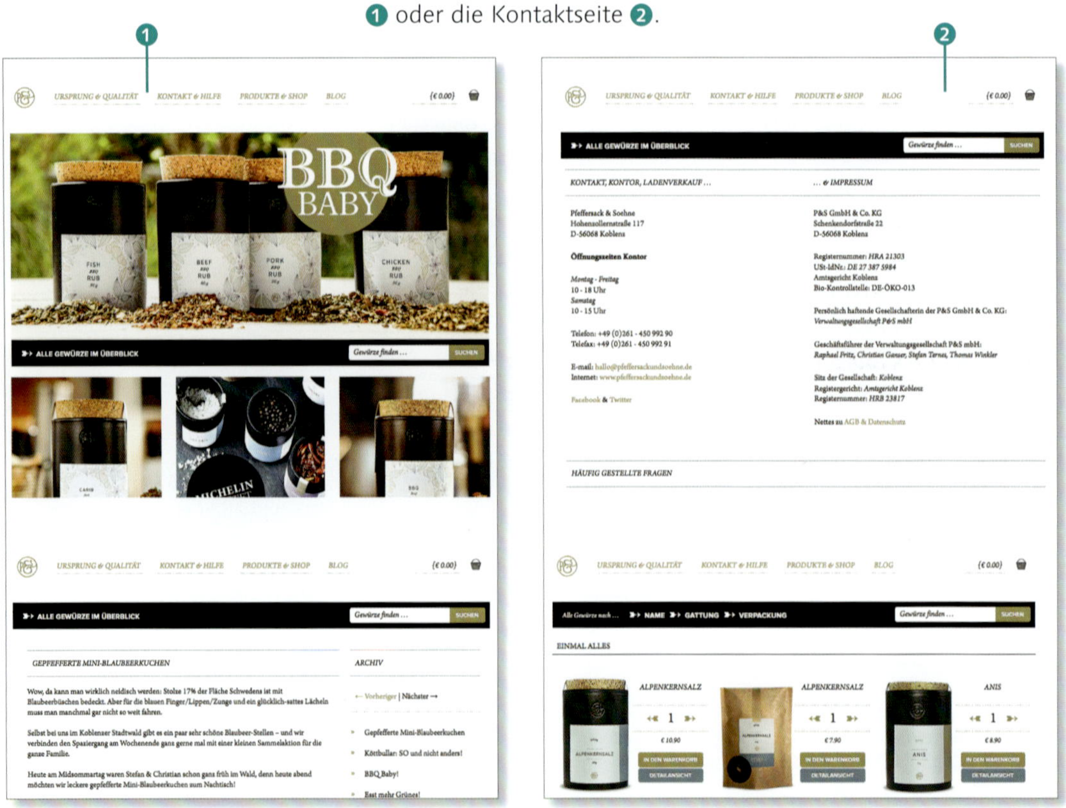

▲ **Abbildung 8.68**
Bei *pfeffersackundsoehne.de* gibt es mehrere unterschiedliche Seiten-Templates.

Die Inhalte und die damit erhofften Ziele bestimmen die Seiten-Templates und deren Anzahl. Daher ist es eben auch wichtig, dass VOR dem Design und der Umsetzung die Inhalte und deren Anordnung (innerhalb der Navigationsstruktur und innerhalb einer Seite) feststehen. Ein Unterseiten-Template zu entwickeln, das alle oben aufgeführten Inhalte und Ziele abdeckt, wird kaum funktionieren. Auch um den Aufwand für das Design und die Umsetzung einschätzen zu können, ist der Umfang an Seiten-Templates wichtig. Ob zwei oder zehn Templates gestaltet werden müssen, macht natürlich einen Unterschied.

Typische Unterseiten von Webseiten sind ja häufig nach dem Schema in Abbildung 8.67 (Seite 347) umgesetzt und in der Gestaltung recht einfach gehalten – also anders als die häufig viel aufmerksamkeitsstärkere Startseite. Es gibt Stimmen, die sagen, jede (Unter-)Seite sollte ein Ziel haben – und sollte auch dementsprechend gestaltet sein. Gerade bei Unternehmen, die eine sinnvolle Online-Marketing-Strategie einsetzen, ist für viele Besucher nicht mehr die Startseite die Einstiegsseite in den Unternehmensauftritt. Sie kommen über Suchmaschinentreffer, Werbebanner oder Links von anderen Webseiten und landen auf Unterseiten, auf Blog- oder News-Artikeln. Hier stehen dann schon genau die Inhalte, die der Anwender gerade gesucht und erwartet hat. Unter Umständen bekommt er die Startseite nie zu Gesicht. Dieses Beispiel verdeutlicht die Bedeutung von Unterseiten und soll dazu anregen, die Gestaltung der Unterseiten nicht als Template-Design zu betrachten, sondern sie in einem größeren (Online-Marketing-)Zusammenhang zu sehen.

Unterseiten
Häufig wird die Startseite detailliert ausgearbeitet. Dafür sehen dann die Unterseiten alle gleich (langweilig) aus. Das sind oft verpasste Chancen, denn nicht wenige Besucher steigen über eine Unterseite in die Webseite ein. Da wäre es doch schön, wenn diese visuell und inhaltlich ansprechende und anregende Unterseiten vorfinden würden …

Von F- und Z-Layouts | Es gibt verschiedene Layout-Muster, die im Zusammenhang mit Webdesigns immer wieder auftauchen und in Blog-Artikeln verarbeitet werden. Diese Layout- oder Design-Patterns (engl. für Muster, Schema) ergänzen bzw. bestätigen die klassischen Layout-Muster, die ich weiter oben beschrieben habe. Besonders interessant sind das F-Pattern und das Z-Pattern. Die beiden Layout-Muster beschreiben, wie die Anwender die Seite scannen bzw. lesen.

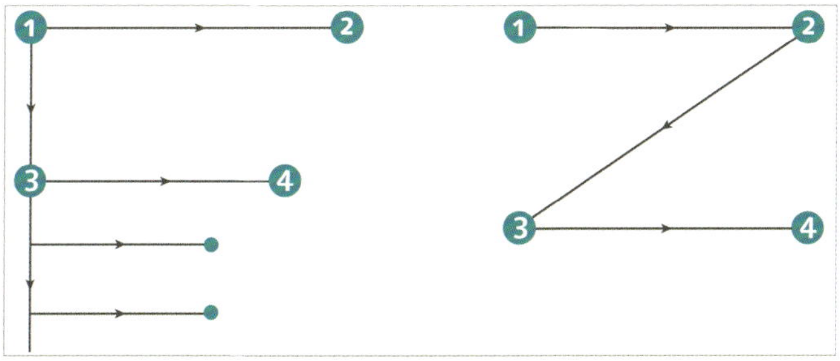

▲ **Abbildung 8.69**
Der Blickverlauf beim F-Layout (links) und beim Z-Layout (rechts)

Eyetracking
Eyetracking-Studien erforschen, wohin der Anwender beim Betrachten einer Webseite genau schaut. Mithilfe technischer Geräte lässt sich der Blickverlauf aufzeichnen. Dies kann wertvolle Informationen liefern, welche Elemente im Design genauer angeschaut und welche missachtet werden. Die Eyetracking-Bilder der berühmten Studie von Jakob Nielsen zeigen ein erkennbares F-Schema der Blickverläufe.

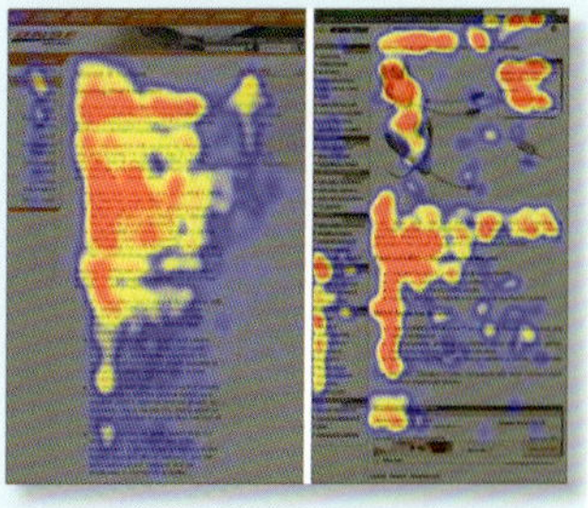

▲ **Abbildung 8.70**
Das F-Schema der Blickverläufe ist deutlich erkennbar (*nngroup.com/articles/f-shaped-pattern-reading-web-content*).

Bei sogenannten *Eyetracking-Studien* wurde das F-Layout »entdeckt«. Der Buchstabe »F« wurde gewählt, weil der Blickverlauf diesem ähnelt. Man könnte »F« auch als Abkürzung für »fast« (engl. für schnell) sehen, denn Anwender scannen die Inhalte schnell ab. Demnach startet der übliche Blickverlauf oben links, wandert dann nach rechts. Dann geht er eine Reihe (damit ist keine Textzeile gemeint) herunter bis zur nächsten markanten Inhalts-/Designreihe, startet wieder links und wandert wieder schnell nach rechts. So könnte es weitergehen, oft scannt der Anwender aber gar nicht weiter.

Fällt Ihnen etwas auf? Dies entspricht im Grunde nur unserer üblichen Leserichtung. Es ist also gar nicht so merkwürdig, dass wir Webseiten ähnlich betrachten. Und wenn wir ein übliches Design »dahinterlegen«, dann stellen wir fest, dass in diesem Blickverlauf auch die wichtigsten Elemente liegen: Logo, dann Hauptnavigation, erste Teaser-Überschrift, und schließlich das große Teaser-Bild. Ähnlich verhält es sich mit dem Z-Layout (siehe Abbildung 8.71). Der Blickverlauf ist hier leicht anders – und zwar beim Übergang von einer Reihe in die nächste: Elemente, die zwischen dem oberen rechten Ende und dem linken Anfang einer neuen Reihe liegen, werden bei diesem Schema auch betrachtet.

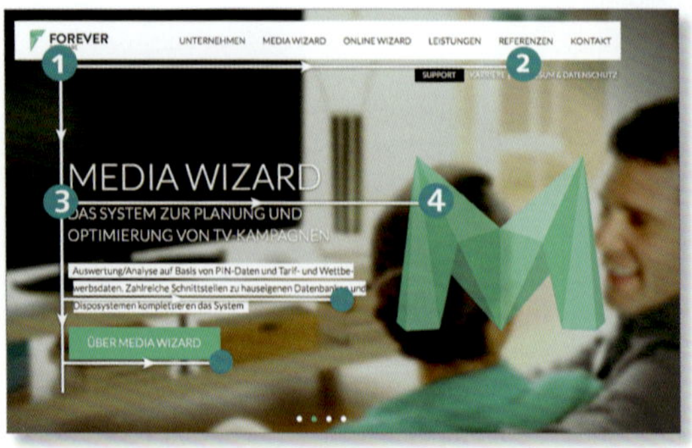

▲ **Abbildung 8.72**
Das F-Schema bei *forever-soft.de*

▲ **Abbildung 8.71**
Das Z-Schema bei *ludlowkingsley.com*

Haben wir diesen Blickverlauf, weil alle wichtigen Elemente auf den meisten Webseiten in dieser F-Struktur liegen? Oder sind die wichtigen Elemente meistens so platziert, gerade weil wir diese Leserichtung haben? Huhn oder Ei zuerst? Ist eigentlich auch egal. Die Erkenntnis ist, dass es bestimmte Plätze auf einer Webseite gibt, die mehr Beachtung der Anwender bekommen und daher auch mehr Beachtung des Designers bekommen sollten. Zusammen mit den Positionierungserwartungen ist damit ein Teil des Layouts schon vorgegeben.

Die Grundprinzipien des F- und Z-Layouts sind nicht neu und entsprechen den üblichen Layout-Strukturen. Diese bei der Gestaltung eines Screendesigns zu beachten ist also sinnvoll.

Aber: Diese Strukturen sind kein Allheilmittel und keine Pflicht. Durch eine ganz eigene visuelle Hierarchie (siehe Kapitel 6, »Gestaltungsgrundlagen«) kann ein Design einen ganz anderen Blickverlauf erzeugen und eine individuelle Note bekommen. Bei *moresleep.net* (Abbildung 8.74) wird zum Beispiel durch die zentrale Gestaltung und die Arbeit mit übergroßen Überschriften der typische Blickverlauf aufgebrochen. Der Webdesigner kann durch die besondere Gestaltung einzelner Elemente sprichwörtlich das Augenmerk auf diese legen, unabhängig vom »üblichen Blickverlauf«.

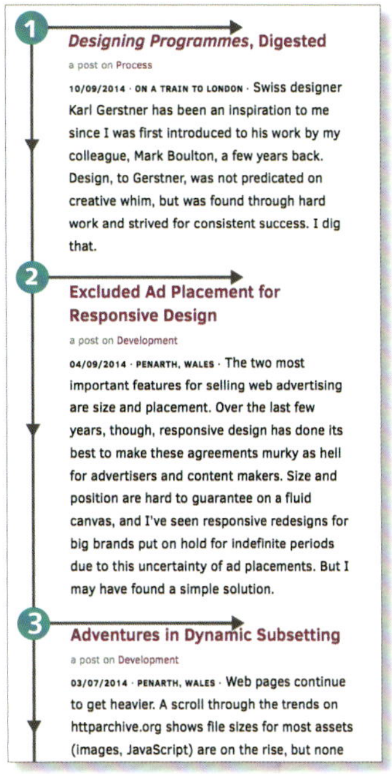

▲ **Abbildung 8.73**
Auch der Inhaltsbereich oder wie hier das Blog von *artequalswork.com* sind häufig nach dem F-Schema layoutet.

▲ **Abbildung 8.74**
Kein typischer Blickverlauf auf *moresleep.net*

8.5.3 Weißraum

Weißraum, oder vielleicht besser *Leerraum* genannt, denn er kann ja auch farbig sein oder eine Struktur haben, ist eines der wirkungsvollsten Gestaltungsmittel. Leerraum gibt den anderen Elementen mehr Wirkung, indem es ihnen Platz verschafft.

Mit Leerraum lässt sich sowohl die visuelle Hierarchie als auch die Bedeutung einzelner Elemente steuern. Mit Leerraum lassen sich auch Zusammenhänge herstellen. Leerraum kann sowohl Nähe als auch Distanz zwischen Elementen schaffen. Das Gesetz

F-Layout auch für Texte
Das F-Layout betrifft nicht nur das Gesamtdesign, sondern findet sich auch im Inhaltsbereich bei den Texten wieder. Es ist der Grund, warum Texte auch leicht scannbar gestaltet werden sollten. Der Einsatz von Überschriften, Zwischenüberschriften, Aufzählungslisten, Zitaten, kleinen Bildern etc. sorgt dafür, das Layout aufzulockern und dem Auge immer wieder Anhaltspunkte zu geben, um den Inhalt in F-Form zu scannen.

der Nähe (siehe Abschnitt 6.3.1, »Das Gesetz der Nähe«), das Elemente zu einer Einheit bündelt, lebt vom Leerraum rund um diese zusammengehörigen Elemente.

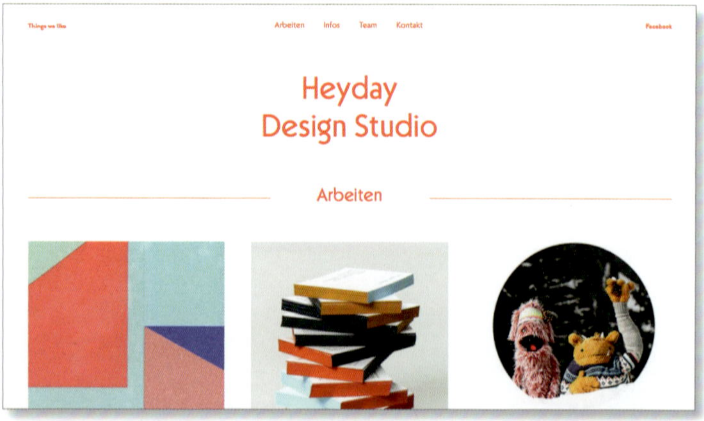

Abbildung 8.75 ▸
Großzügiger Weißraum rund um den Logo-Schriftzug bei *heyday.ch* lässt diesen besonders wirken.

Abbildung 8.76 ▸
Da oben rechts ist doch noch so viel Platz, kann da nicht noch was hin? Nein, *woodlake.de* hat extra Freiräume geschaffen.

Qualität und Quantität?
Vielleicht passt zum Thema Weißraum etwa der Vergleich zu einem Billig-Bekleidungsgeschäft und einem Nobel-Bekleidungsgeschäft: Während Ersteres voll gestopft ist mit Waren und sich kein freier Platz mehr finden lässt, kann bei Letzterem das Gefühl entstehen, dass das komplette Sortiment gar nicht ausgelegt wurde, so viel Freiraum ist vorhanden.

Etwas überspitzt formuliert: Leerraum ist nicht alles, aber ohne Leerraum ist alles nichts. Natürlich gibt es genug Seiten, auf denen sich kein einziger freier Platz mehr finden lässt. Die typischen Onlineshop-Designs sind voll gestopft mit Inhalten und grafischen Elementen. Und sicherlich funktioniert es bei diesen auch, und sie verkaufen ausreichend Produkte. In der Regel lässt viel Weißraum Produkte jedoch besser zur Entfaltung kommen, so wie bei *closed.com* (Abbildung 8.77). Das klassische Shop-Design wie bei *limango-outlet.de* wirkt dagegen gedrängt. Dafür werden hier mehr Produkte pro Fläche angezeigt.

Leerraum muss sich der Webseiten-Betreiber allerdings auch »leisten« können. Nicht nur visuell, sondern auch inhaltlich kommen mit Platz, hier wäre der Begriff *Pause* fast passender, die einzelnen Aussagen besser zur Geltung. Es ist wie in der Rhetorik.

Wer einen Vortrag hält und nach einer Aussage eine (kurze) Pause macht, unterstreicht seine Worte damit, indem er ihnen Raum zur Entfaltung und zum Wirken gibt.

▼ Abbildung 8.77
Viel Weißraum bei *closed.com* (links) und weniger Weißraum bei *limango-outlet.de* (rechts)

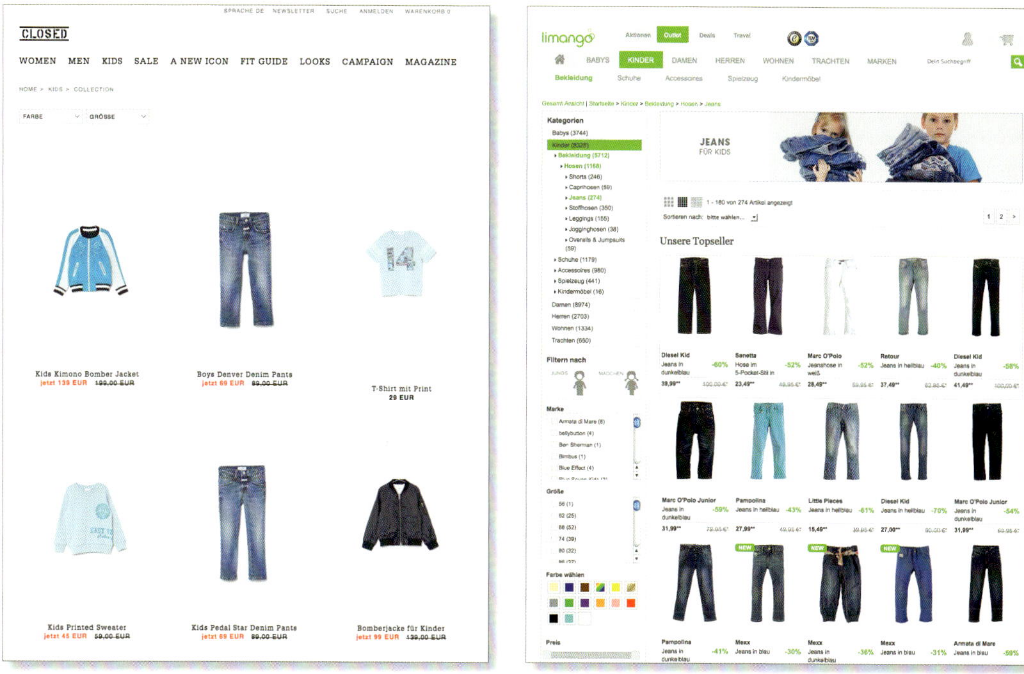

8.5.4 Above the Fold

Bei der Rastergestaltung haben wir uns ausführlich mit der Breite einer Webseite befasst. Aber wie hoch ist eine Webseite eigentlich – oder besser: Wie lang ist sie, und wie lang sollte sie sein? Zwei Aspekte spielen hier eine Rolle. Einerseits der Umfang des Inhalts, denn dadurch ergibt sich auch die Länge einer Webseite, und zum anderen die Höhe des Browserfensters, denn sie bestimmt den sichtbaren Bereich in der Vertikalen.

Der Reihe nach: Ist der Inhalt größer als das Browserfenster (der Viewport), muss der Anwender scrollen. Die Zeiten, in denen man das Scrollen auf jeden Fall vermeiden wollte, sind vorbei. Warum? Weil das Scrollen völlig normal ist und wir als Anwender daran gewöhnt sind. Auf dieses Thema werde ich etwas später in diesem Kapitel noch zu sprechen kommen.

Im Moment wollen wir uns auf den Bereich beschränken, den der Anwender sieht, wenn er auf die Webseite kommt, den sogenannten *Viewport*. Dieser entscheidet, *ob* der Anwender überhaupt scrollt oder auf einen Link klickt. Das, was er hier zu sehen bekommt, sollte ihn also direkt überzeugen.

Mut zum Leerraum

Ich liebe Weißraum! Warum? Diese Art des »Nichts« in der Gestaltung hat etwas Befreiendes, wenn es Stellen im Design gibt, die keine visuellen und/oder inhaltlichen Botschaften transportieren wollen. Das einzige Problem mit Leerraum sind die Kunden. »Da ist ja noch Platz, da können wir noch was einsetzen.« Kämpfen Sie um den Leerraum. Er ist kein verschenkter Raum, um noch mehr Inhalte unterzubringen, sondern ein wichtiges Designelement, um den wirklich wichtigen Inhalten auch gebührend Anerkennung zu verschaffen.

Above the fold heißt der obere Bereich einer Zeitung, der zu sehen ist, bevor diese komplett aufgeschlagen ist. Hier steht der »Aufhänger«, die Nachricht des Tages samt großem Bild. Dieses Prinzip hat sich auf das Webdesign übertragen, anstatt etwas aufzuschlagen, wird hier eben gescrollt. Im Deutschen wird dafür der Ausdruck »über dem Falz« verwendet.

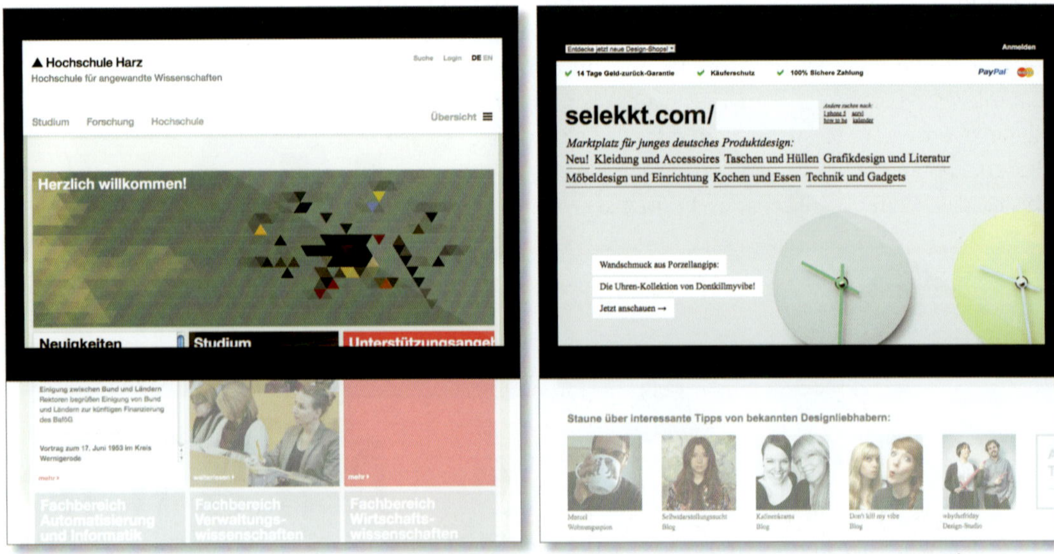

▲ Abbildung 8.78
Der sichtbare Bereich zeigt bei *hs-harz.de* (links) ein nett gemeintes Willkommen samt abstrakter Grafik. Bei *selekkt.com* (rechts) werden dagegen gleich die entscheidenden Informationen transportiert.

Die Bedeutung ist ähnlich wie bei einer Zeitung. Über dem Falz sollten die wichtigsten Inhalte stehen, sodass sie der Anwender sofort sehen kann. Logo und Hauptnavigation sowieso – so klein kann kaum ein Browserfenster sein, dass diese verdeckt werden. Spannender ist es bei den folgenden Elementen wie den ersten Überschriften, Teasern, Call-to-Action-Buttons und Bildern. Hier sollte gut überlegt werden, was mindestens zu sehen sein sollte. Die Bandbreite an unterschiedlichen Auflösungen, die durch den Smartphone- und Tablet-Boom dazugekommen sind, machen die Überlegungen nicht einfacher. Was beim Widescreen-Monitor noch alles sichtbar ist, ist auf einem Smartphone im Portrait-Modus nicht mehr zu erkennen. Gerade diese Vielfalt sollte als Aufforderung gesehen werden, sich gut mit dem Falz auseinanderzusetzen.

Es gibt Tipps, die anregen, *alle* wichtigen Elemente sollten über dem Falz erscheinen. Gerade wenn ein Call-to-Action-Button vorhanden ist, sollte dieser auf jeden Fall gleich zu sehen

Die Scroll-Bereitschaft
Auch wenn immer wieder die Bedeutung des oberen Bereichs hervorgehoben wird, relativieren inzwischen viele Studien dieses Prinzip, indem sie belegen, dass Anwender durchaus bereit sind zu scrollen. Wenn Sie eine der Studien nachlesen möchten, finden Sie unter *marketingexperiments.com/blog/marketing-insights/below-the-fold-boston-globe-test.html* mehr Informationen.

sein. Logisch, die Anwender sollen ja sofort draufklicken. Aber schon allein aus Platzgründen kann es auf den meisten Geräten sehr schwierig sein, alles Bedeutsame weit oben zu platzieren. Und es würde ja auch gegen den Wunsch nach mehr Weißraum (Abschnitt 8.5.3, »Weißraum«) sprechen. Als Essenz lässt sich feststellen: Natürlich hat der obere Bereich eine besondere Bedeutung. Er ist das Erste, was der Anwender von der Seite sieht. Hier sollte er gleich auf das Thema und die Inhalte der Seite eingestimmt werden. Das Design und die Inhalte sollten sein Interesse wecken und ihn motivieren, länger auf der Seite zu bleiben – entweder um zu scrollen oder um einen der Links anzuklicken. Der obere Seitenbereich entscheidet als Erstes darüber, ob sich das Weiterlesen/Scannen lohnt oder nicht.

◂ **Abbildung 8.79**
Die Webseite *whereisthefold.com* liefert einen visuellen Überblick über die gängigsten Bildschirmauflösungen samt Prozentzahl der Anwender, die diese Auflösung eingestellt haben.

Anwender schauen auch unterhalb des Falzes, allerdings nicht in dem Maße wie oberhalb. Wo genau der Falz sitzt, lässt sich nicht allgemeingültig sagen. Endgeräte und Größe des Browserfensters sind individuell verschieden. Und von der Bildschirmauflösung müssen noch der Browserrahmen und einige Menüleisten abgezogen werden. Für klassische Bildschirmauflösungen (Desktop-PCs, Notebooks) kann man dann als unterstem Wert von ungefähr 600 Pixeln Höhe ausgehen.

Alles, was sehr wichtig ist und gleich sichtbar sein soll, sollte innerhalb dieser 600 Pixel erscheinen. Bei mobilen Endgeräten schrumpft der Falz natürlich. Ein Smartphone im Landscape-Modus (also Querformat) hat dann vielleicht nur noch 320 Pixel. Hier wird es schwierig – ähnlich, wie auf breiteren Bildschirmen

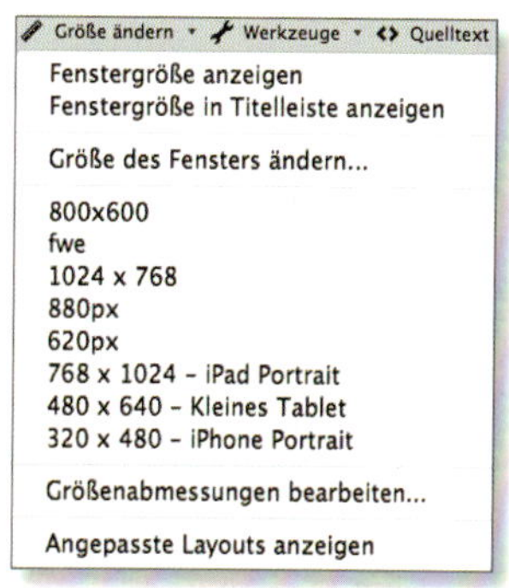

▴ **Abbildung 8.80**
In der *Web Developer Toolbar* lässt sich mit einem Klick der Browser in verschiedene Auflösungen verändern und die Wirkung des Falzes damit gut überprüfen.

Kontrolle ist besser
Web-Controlling ist wichtig. Daher sollte ein Analyse-Tool hinter jeder Webseite stecken. Neben allerhand Daten liefern diese auch die Auflösungen der Besucher und damit wichtige Erkenntnisse, welche Inhalte für die eigenen Besucher über oder unter dem Falz platziert werden sollten.

die bedeutendsten Infos unterzubringen. Das muss man aber auch nicht zwingend. Gerade bei mobilen Endgeräten sind es die Nutzer noch mehr gewohnt zu scrollen. Auf kleinen Smartphone-Bildschirmen erwartet kein Anwender, im sofort sichtbaren Bereich alle relevanten Infos zu sehen. Trotzdem sollte natürlich auch hier die Darstellung angepasst werden (siehe Kapitel 4, »Responsive Webdesign«).

8.5.5 Scrollen oder klicken – das ist hier die Frage

Den Mythos, dass niemand auf Webseiten scrollt, haben wir schon im letzten Abschnitt »Above the Fold« relativiert. Anders wäre der Trend zu One Pagern und ewig langen Webseiten auch nicht zu erklären

Unterhalb von 600 Pixeln
Dass es ein Leben unterhalb der 600 Pixel gibt, zeigt die Webseite *iampaddy.com/lifebelow600*.

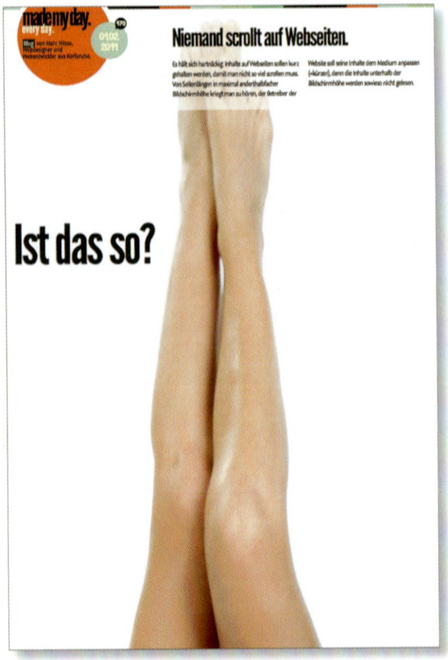

▲ **Abbildung 8.81**
Neugierig geworden? Eine augenzwinkernde Antwort auf die Behauptung, dass niemand auf Webseiten scrollt, liefert *mademyday.de/niemand-scrollt-auf-webseiten.html*.

Was wären die Alternativen zum Scrollen? Weniger Inhalte, sodass die Seite nicht so lang wird, oder die Inhalte werden auf mehrere Seiten aufgeteilt. Also klicken, anstatt zu scrollen. Die erste Variante mit weniger Inhalten ist nicht wirklich eine Option. Inhalte sollten sich nicht nach dem Viewport richten, sondern danach, was der Anwender erwartet und was der Webseiten-Betreiber mitteilen möchte.

Die Option *klicken, anstatt zu scrollen* ist aber einen genaueren Blick wert. Auf Unternehmenswebseiten sind die Inhalte oft über mehrere Unterseiten verteilt. Auf News-Portalen sind lange Artikel über mehrere Seiten verteilt. Dies dient vor allem der Übersicht. Die Alternative wäre, die Inhalte auf eine lange Seite zu packen. Der kognitive Aufwand ist beim Scrollen geringer als beim Klicken. Scrollen geschieht für die meisten Anwender unbewusst, und je vertrauter sie mit dem Medium sind, desto intuitiver. Der Klick auf einen Link ist aber eine bewusste Entscheidung. Der Anwender muss sich beim Klick *entscheiden*, ob es sich für ihn lohnen kann oder nicht. Er muss Aufwand und Ertrag in Relation setzen. Was erwartet mich hinter dem Link, sind mir die erhofften Informationen den Klick wert? Der kognitive Aufwand ist ungleich höher.

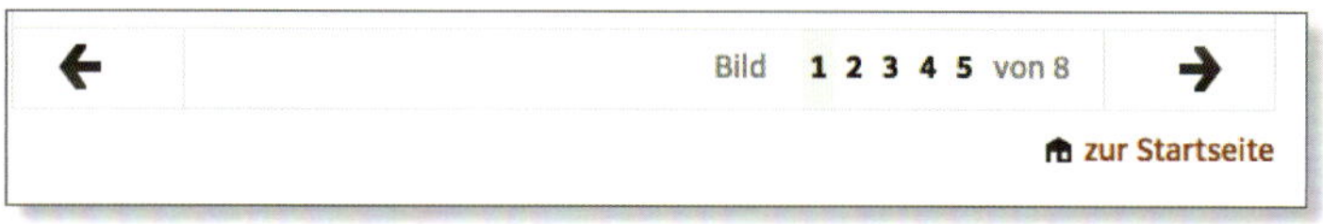

◂ **Abbildung 8.82**
Gerade auf Nachrichtenseiten und speziell bei Bilderstrecken sollen die Anwender klicken und nicht scrollen, um möglichst viel von den Werbebannern zu haben.

Vermutlich geht daher die Entwicklung seit wenigen Jahren zu eher langen Seiten, nicht nur bei den One Pagern, sondern auch auf »normalen« Unterseiten. Auch das Infinite Scrolling (siehe Abschnitt »Endless Scrolling« auf Seite 693), also das »unendliche Scrollen«, weil die Inhalte dynamisch nachgeladen werden, nimmt auf vielen Webseiten zu. Die Facebook-Timeline und der Twitter-Stream sind hier gute Beispiele. Wer möchte schon nach wenigen News auf einen »Nächste-Seite«-Link klicken.

Endlos lange Scroll-Seiten sind aber keine Standardlösung. Es hat seinen Grund, dass News-Portale lange Artikel auf mehrere Seiten aufteilen. Ein Scrollbalken, der signalisiert, dass es hier sehr viel zu lesen gibt, schreckt unter Umständen eher ab. Natürlich wollen wir auch News-Artikel lesen, aber zu lang sollen sie bitte nicht sein. Aufgeteilt auf zwei, drei Seiten, wirkt die Länge schon nicht mehr so abschreckend. Das Interesse der Unternehmen an mehr Werbebannereinblendungen bei gesplitteten Artikeln tut sein Übriges dazu.

Ewig lange Seiten haben auch ein wenig den Touch von: »Wir können wieder alles zeigen«. Ich habe ja schon öfter in diesem Buch von der Trennung des *wirklich Wichtigen* vom *auch Wichtigen* gesprochen. Diese Trennung lässt sich mit sehr langen Seiten wieder aufheben. Das freut die Webseiten-Betreiber, weil sie dann eben noch einen Inhaltsblock unten dranhängen können und dann noch einen und noch einen … Aber lange Seiten bedeuten eben nicht, dass wir Anwender auch immer lange

Ladezeiten
Lange Seiten mit vielen Inhalten, die dann eventuell auch noch animiert werden, verursachen natürlich auch viel Speicherplatz und damit Ladezeit. Aber wer will schon lange auf eine sich ladende Webseite warten? Hier zählt jede Sekunde. Mehr dazu erfahren Sie in Abschnitt 16.2.2, »Performance«.

scrollen wollen und werden. Zu schnell kann sich das Gefühl des »Verlorenseins« einstellen.

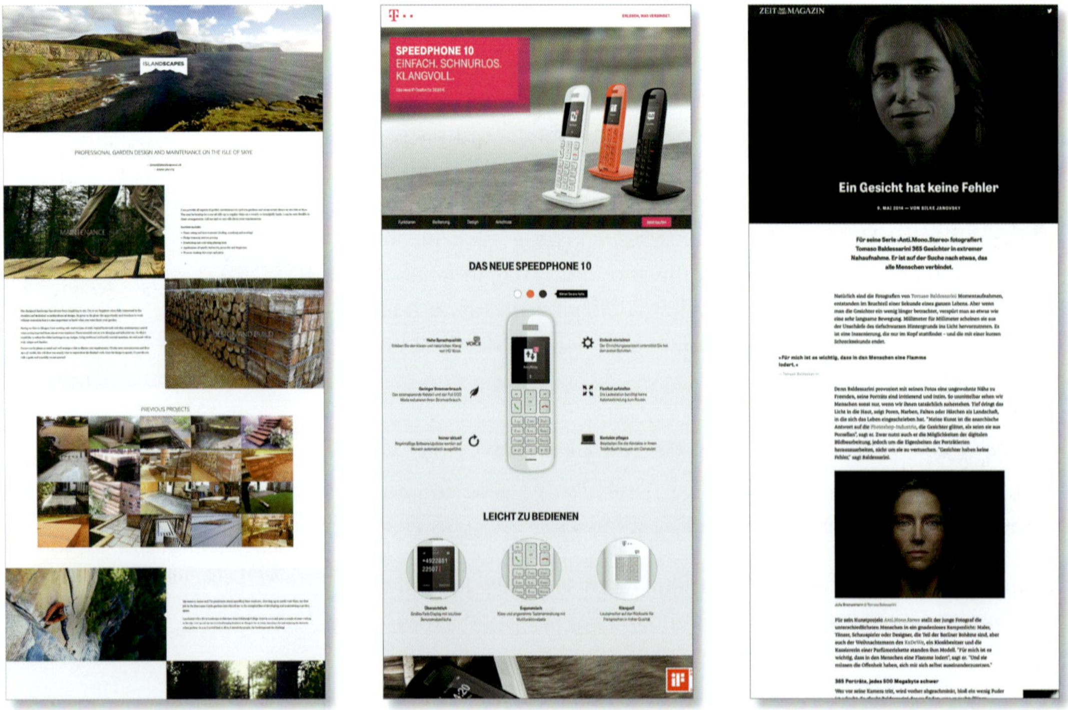

Abbildung 8.83 ▲▶
Drei unterschiedliche Webseiten, bei denen lange gescrollt werden kann. Von links nach rechts: ein One Pager bei *islandscape.co.uk*, eine Produktpräsentationsseite von *telekom.de* und ein multimedialer Artikel im ZEIT-Magazin, *zeit.de/zeit-magazin*.

Lange Scroll-Seiten können durchaus belebend wirken, und wenn die Inhalte motivierend und anregend sind, dann werden die Anwender auch scrollen. Die Gestaltung kann ihr Übriges dazu beitragen. Lange Seiten, die ein Produkt ausführlich und optisch ansprechend präsentieren, sind sicherlich gut umsetzbar. Viele Produktvorstellungen untereinander großzügig zu platzieren ist dagegen ungünstig. Hier erwartet der Anwender nicht zwingend weitere Produkte und scrollt daher vermutlich gar nicht viel weiter. Ob kurz oder lang, ob auf eine Seite oder auf mehreren Seiten – der Kontext bestimmt die Inhalte, deren Aufteilung und damit die Länge der Seite.

8.5.6 Das Raster brechen – out of the Box

Liegt der Webseite ein Raster zugrunde, ist dieses meistens offensichtlich. Einzelne HTML-Elemente und -Container sind per CSS ausgerichtet und haben die gleichen Breiten bzw. fangen auf der gleichen Höhe an. Diese Offensichtlichkeit ist insofern gewollt, dass die Elemente gleich ausgerichtet und bündig sind und damit harmonisch und nicht »unordentlich« wirken. Manche Webseiten nutzen dieses Raster extrem aus und präsentieren ihre Inhalte visuell »gerastert«. Die Inhalte werden dabei häufig in Kästen gerahmt, sodass der Rastereffekt besonders hervortritt:

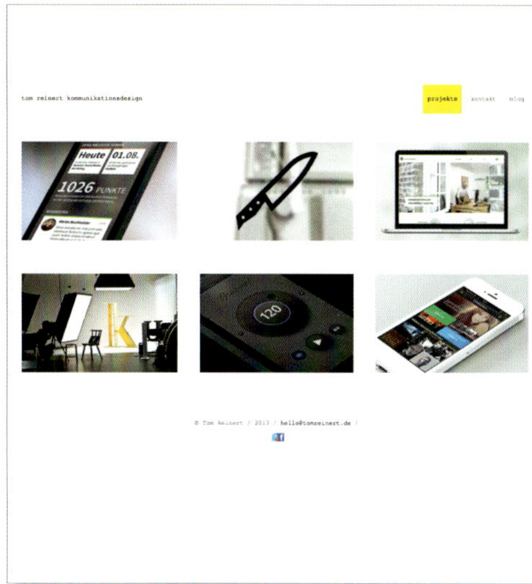

▲ Abbildung 8.84
Zwei offensichtliche Raster: im Blog von *mapltd.com* (links) und im Portfolio von *tomreinert.de* (rechts)

Zu viel offensichtliches Raster und damit auch schnell zu viel Bündigkeit und Harmonie können aber auch langweilig und uninteressant wirken. Daher ist es manchmal sinnvoll, dieses starre Raster bewusst optisch aufzubrechen. Das Gesamt-Layout bekommt so eine gewisse Spannung, und das einzelne Element, das das Raster aufbricht, beispielsweise ein freigestelltes Bild, wird aufmerksamkeitsstark hervorgehoben.

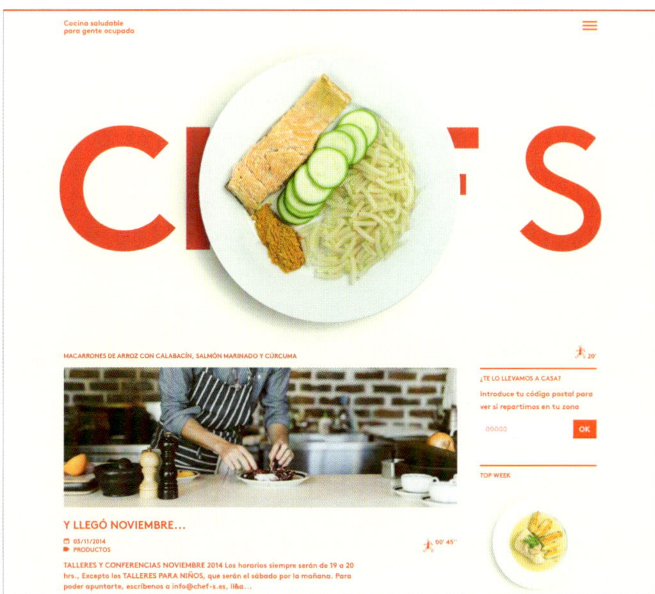

◂ Abbildung 8.85
Mit freigestellten Bildern lässt sich ein Raster wunderbar aufbrechen, wie bei *chef-s.es*.

▲ **Abbildung 8.86**
Das freigestellte Schaf bricht das Raster auf *figurenschneider.de* auf.

Erziehung
Es ist ein bisschen wie in der Erziehung. Kinder und Jugendliche müssen die Regeln erst kennen, um sie dann bewusst brechen zu können. Das nennt man Pubertät. Im Design ist dies anders. Das bewusste Brechen der Regeln finden hier auch Erwachsene spannend.

Gerade im oberen (Teaser-)Bereich einer Webseite wird gerne ein Element »out of the Box« platziert, um ihm besondere Gewichtung zu verleihen. Das Aufbrechen des Rasters sollte jedoch gezielt erfolgen. Werden zu viele Elemente oder die falschen (weil uninteressanten) Elemente herausgebrochen, verpufft die Wirkung.

8.5.7 Layout-Prinzipien

Gibt es so etwas wie allgemeingültige Layout-Regeln? Jein. In diesem Kapitel, wie im Buch überhaupt, sind viele Beispiele von Webseiten abgebildet – Screenshots, die die konventionellen Gestaltungsregeln aufzeigen, aber auch immer wieder Seiten, die diese brechen und unkonventionelle Layouts oder Designelemente haben. Zuerst muss man die Regeln und Prinzipien guter Gestaltung und guten Webdesigns kennen und anwenden, damit man sie dann auch bewusst brechen kann. Kapitel 6 zu den Gestaltungsgrundlagen und Kapitel 7 zum Screendesign zeigen schon viele Grundlagen der Gestaltung auf, wie die verschiedenen Gestaltungsgesetze oder die Elemente des Screendesigns. Ein Layout zu entwickeln heißt, die verschiedenen Elemente in einen Zusammenhang zu bringen, ihnen eine Hierarchie zu geben und sie einzeln detailliert zu gestalten, sodass sie ihre beabsichtigte Wirkung entfalten können. Kein Element kann für sich alleine betrachtet werden, sondern steht dabei immer im Zusammenhang mit den anderen.

Rhythmus und Gleichgewicht | Jedes Gestaltungselement eines Webdesigns hat ein bestimmtes visuelles Gewicht – abhängig von Größe, Platzierung und Farbton. Je größer das visuelle Gewicht, desto größer die Bedeutung. Durch die gleichmäßige Verteilung der besonders gewichtigen Elemente entsteht ein Rhythmus auf der Seite. Wenn alle hervorgehobenen Elemente dicht beieinanderstehen, entstehen Plätze von Reizüberflutung und Orte von Langeweile.

Hier gilt es, das Design als Ganzes im Auge zu behalten. Einerseits soll das Design abwechslungsreich sein, wie es sich oft im Header präsentiert. Beim Scrollen nach unten muss aber ein Gleichgewicht entstehen. Dies passiert häufig gerade dadurch, dass bestimmte Elemente wiederholt werden, allerdings mit Variationen. Überschriften, Absätze, Bilder, Aufzählungen, Trennlinien etc. sollten sich über eine Seite hinweg wiederholen – und zwar in der annähernd gleichen Gestaltung, um wiedererkannt zu werden. Allerdings können sich die Anordnung und einzelne Gestaltungsmerkmale wie etwa die Größe ändern, um Abwechslung und einen Rhythmus hineinzubringen.

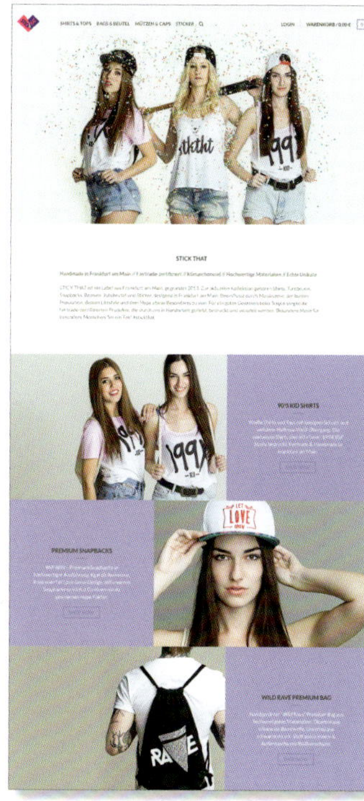

▲ **Abbildung 8.87**
Sowohl der Wechsel zwischen Textblock und Bild in einer Reihe als auch der Wechsel zwischen den Reihen gibt der Seite von *stick-that.de* einen harmonischen Rhythmus und sorgt für ein Gleichgewicht.

Betonungen schaffen | Elemente, die inhaltlich besonders wichtig sind, sollten betont werden – durch eine andere Farbe, einen anderen Tonwert, durch die Form, die Textur, die Größe, die Ausrichtung und/oder die Platzierung. Auch durch mehr Weißraum können Elemente hervorgehoben werden. Textelemente lassen sich zusätzlich durch typografische Auszeichnungen hervorheben, zum Beispiel durch fetten oder kursiven Schriftschnitt oder Versalien (siehe Kapitel 10, »Typografie«).

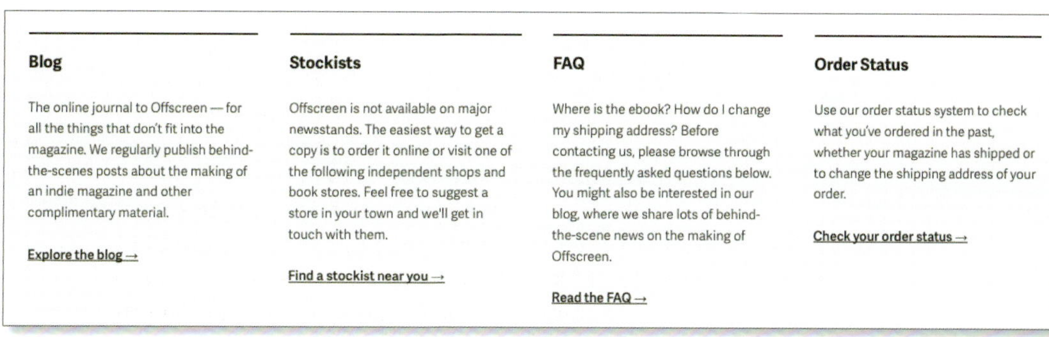

▲ **Abbildung 8.88**
Vier Blöcke, geschaffen durch eine Linie, Überschrift und Absatz. Jeweils als einzelner Block erkennbar und doch ein »großes Ganzes« (*offscreenmag.com*).

Wird kein Element hervorgehoben, kann ein Layout schnell langweilig wirken. Wird dagegen zu viel betont, entsteht schnell Desorientierung.

Einheitlichkeit und Gegensätzlichkeit | Durch die Betonung einzelner Elemente wird Gegensätzlichkeit geschaffen. Gegensätze ziehen sich ja bekanntlich an. Ein Design ohne gestalterische Gegensätze kann schnell zur Langeweile verkommen. Aber die Kontraste zwischen mehreren Elementen müssen gezielt geschaffen werden. Denn gleichzeitig müssen die Elemente erkennbar zusammengehören. Dies kann gut durch ein Gestaltungsraster, das Elemente bündelt, also gemeinsam ausrichtet und angleicht, realisiert werden.

Auf *ludlowkingsley.com* (siehe Abbildung 8.89) bildet der Inhaltsbereich durch den Textblock und den Icon-Block zunächst eine Gegensätzlichkeit, gleichzeitig wird aber durch die Nähe der Blöcke und die dezente Hintergrundfarbe die Trennung von den anderen Bereichen klar.

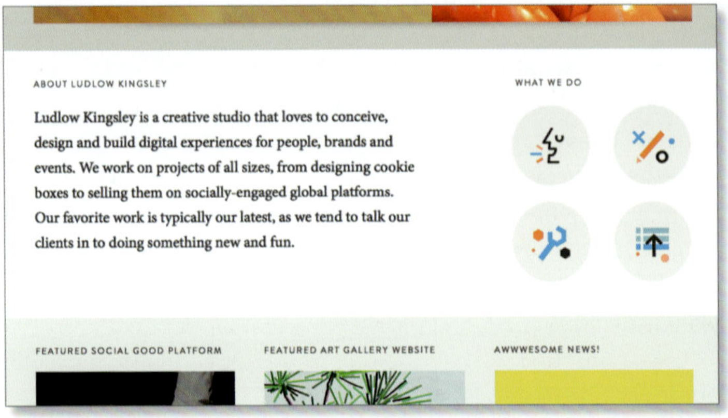

▲ **Abbildung 8.89**
Gegensätzlichkeit und Zusammengehörigkeit auf *ludlowkingsley.com*

Kapitel 9
Farbe im Webdesign

Was wäre unsere Welt ohne Farben, vermutlich trist und grau. Farben prägen unseren Alltag. Farben beeinflussen uns körperlich wie mental. Farben sind ein vielfältiges und spannendes Gestaltungselement, auch und gerade im Webdesign.

9.1 Welche Rolle spielt die Farbe?

Wir leben im sogenannten Informationszeitalter. Den Großteil der Informationen, die wir erhalten, nehmen wir visuell wahr. Daraus ergibt sich die Bedeutung der Farbenlehre, denn jegliche Art von visuellen Informationen wie Formen oder Text (was im Endeffekt auch Formen sind) nehmen wir nur durch einen Farbunterschied wahr. Auch schwarz auf weiß ist ein Farbunterschied.

Gestaltung und Farbe ist ein sehr vielfältiges, sprichwörtlich buntes Thema. Man könnte aber auch sagen, es ist ein komplexes und umfangreiches Thema. Dem Thema Farbe kann man sich aus vier sehr unterschiedlichen Blickwinkeln nähern:

- Physikalisch: Wie entsteht Farbe? Wie kann man Farben selbst erzeugen?
- Physiologisch: Wie nehmen wir Farbe wahr?
- Psychologisch: Welche Wirkung erzeugt Farbe in uns?
- Künstlerisch/Gestalterisch: Wie lässt sich Farbe gezielt einsetzen, um eine bestimmte Wirkung/Reaktion beim Betrachter zu erzeugen? Und wie kann der Webdesigner Farben einsetzen, um gute und passende Screendesigns zu gestalten?

Auf die oben aufgeführten Punkte wird im Laufe dieses Kapitels immer wieder eingegangen werden, denn das Wissen um all diese Aspekte trägt entscheidend dazu bei, in sich stimmige Farbkon-

Farbe im Alltag
Welche Bedeutung Farbe für uns Menschen hat, zeigt sich auch an Redensarten und Sprichwörtern wie »blaumachen«, »grauer Alltag«, »rotsehen«, »Morgenstund hat Gold im Mund«, »etwas durch eine rosarote Brille sehen«.

zepte für Webprojekte entwickeln zu können. In vielen Bereichen des Alltags wird Farbe als gestaltend ästhetisches und emotional wirkendes Element eingesetzt, das ist im Webdesign nicht anders. Auch Markierungs- und Leitsysteme im Verkehrswesen setzen Farben ein. In unserer Konsum- und Kommerzwelt wird Farbe im Marken- und Corporate Design eingesetzt, wo sie rationale Bedeutungen hat und emotionale Wirkungen hervorrufen soll.

▲ **Abbildung 9.1**
Kleines Farbspiel vorneweg? Erkennen Sie die Unternehmen, die hinter den Farben stecken?[1]

Farben dienen auch zur Identifikationshilfe. Neben Unternehmen verwenden sie auch Länder, Parteien, Sportvereine, Gruppierungen in allen möglichen Bereichen zur Wiedererkennung und Identifikation.

9.1.1 Farbe und Webdesign

Naturgemäß spielt die Farbwahl auch bei der Gestaltung von Webseiten eine besondere Rolle. Navigationen, Texte, Hintergründe, Bilder, Grafiken sind farbig gestaltet, selbst wenn diese gar nur schwarz-weiß sein sollten. Farben tragen entscheidend zum Gesamtbild einer Webseite bei, ähnlich wie es auch Bilder, Formen, Flächen, Schriftarten und das Logo tun. Die gewählte Farbgebung ist wesentlich für die vermittelte Atmosphäre einer Webseite.

1 Von links oben nach rechts unten: Telekom, IKEA, UPS, DHL, Milka, Marlboro

▲ **Abbildung 9.2**
Zwei Seiten, die durch ihre Farbgebung eine hohe Wiedererkennung haben, *counterpractice.com* (links) und *semplicelabs.com* (rechts).

Die richtigen Farben für sein Design auszuwählen ist dementsprechend gar nicht so einfach. Ästhetische Aspekte müssen genauso beachtet werden wie die Firmenidentität oder die Erwartungen der Zielgruppe und die Benutzerfreundlichkeit. Die Auswahl aus über 16 Millionen Farben macht die Sache für den Webdesigner nicht gerade leichter. Schließlich wartet eine unendliche Anzahl an Farbkombinationen nur darauf, endlich eingesetzt zu werden.

Wenigstens braucht der Webdesigner kein Farbmusterbuch mit sich herumzuschleppen: Alle möglichen Farben stehen Ihnen am Bildschirm zur Verfügung.

9.2 Farbe: eine Wissenschaft für sich

Um Farbe im (Screen-)Design gezielt einsetzen zu können, sind Kenntnisse der Entstehung, Wahrnehmung und Wirkung hilfreich. Verschiedene Wissenschaften beschäftigen sich mit dem Thema Farbe. Die Physik ist für die Farbenlehre das bedeutsamste Fachgebiet. Sie erklärt, wie Farbe überhaupt entsteht. Die Physiologie ist die Lehre der Lebensvorgänge. Sie behandelt die Farbwahrnehmung des Lichtes im menschlichen Auge. Die Psychologie versucht, die Wirkung der Farben und Farbkontraste auf die menschliche Psyche zu erklären.

Lesestoff zum Thema Farbe
Interessante kurzweilige Artikel rund um das breitgefächerte Thema Farbe finden sich bei *farbimpulse.de*.

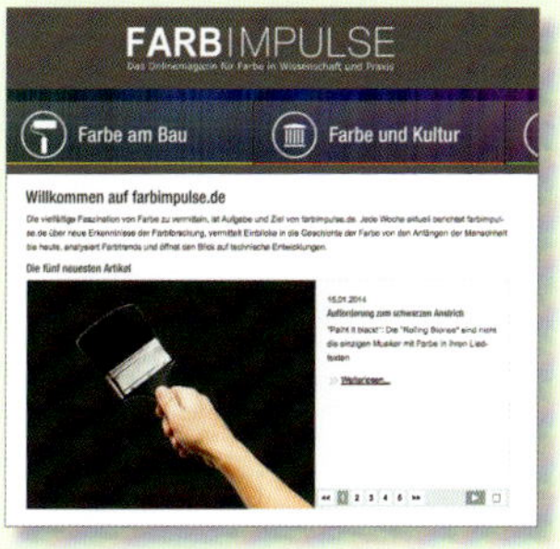

▲ **Abbildung 9.3**
Interessantes zum Thema Farbe findet sich auf *farbimpulse.de*

9.2.1 Licht und Farbe

Ohne Licht keine Farbe. Ohne Licht stehen wir sprichwörtlich im Dunkeln. Farbwahrnehmung braucht Licht. Licht ist ein Teil elektromagnetischer Strahlung, also Schwingungen mit bestimmter Wellenlänge, die sich im Raum ausbreiten.

Das menschliche Auge kann von den einfallenden Lichtstrahlen einen kleinen Bereich zwischen den Infrarot-Wärmestrahlen und den ultravioletten Strahlen wahrnehmen. Der sichtbare

Bereich beginnt bei Blauviolett (etwa 400 nm) und geht bis Rot (Wellenlänge von etwa 700 nm).

▲ **Abbildung 9.4**
Das Farbspektrum des sichtbaren Lichtes. Links folgt der ultraviolette, rechts der Infrarotbereich.

Die Reihenfolge der einzelnen Farbtöne des Spektrums sind aus dem Regenbogen bekannt, wenn »weißes« Licht gebrochen wird.

Damit wir überhaupt Dinge erkennen können, muss entweder eine Lichtquelle existieren, also ein Gegenstand selbst leuchten (z. B. Monitor), oder ein Gegenstand muss angestrahlt werden und das Licht zurückwerfen. Dabei werden meistens Teile des Lichtes verschluckt (absorbiert) oder reflektiert. Das reflektierte Licht ergibt dann den Farbeindruck.

9.2.2 Wie unsere Farbwahrnehmung funktioniert

Licht trifft auf einen Gegenstand und wird (zum Teil) von diesem reflektiert. Unterschiedlich lange Lichtwellen treffen anschließend auf unsere Augen und lösen in den Sehzellen unserer Netzhaut einen Reiz aus. Diese Sehzellen bestehen aus sogenannten Stäbchen und Zapfen. Mit Hilfe der Stäbchen lässt sich Hell und Dunkel unterscheiden, während die Zapfen für die Unterscheidung von Farben zuständig sind.

Der Lichtreiz wird von den Sehzellen an das Gehirn weitergegeben. Hier wird der Reiz interpretiert, und es entstehen Farb- und Formempfindungen.

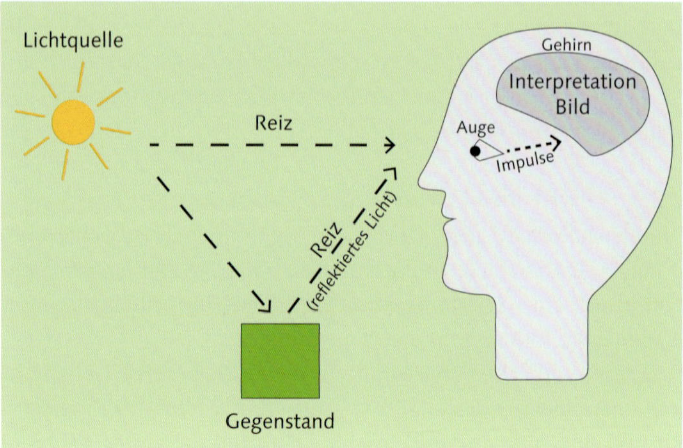

Abbildung 9.5 ▶
Der Sehvorgang

Das Auge nimmt jede einzelne Wellenlänge wahr. Dies zeigt sich z. B. bei den Regenbogen, wenn Regentropfen das weiße Tageslicht in der Luft zerlegen, so dass ein farbiger Regenbogen entsteht. Das Licht besteht also aus einer Mischung verschiedener Wellenlängen. Die unterschiedlichen Wellenlängen des normalen Tageslichtes erscheinen dem Auge zusammen weiß. Da die Farbwahrnehmung erst im Gehirn stattfindet, ist diese subjektiv, also individuell unterschiedlich, aufgrund der jeweiligen Beschaffenheit der Augen.

9.2.3 Farbpsychologie

Die Wahrnehmung einer Farbe ist eine Sinneswahrnehmung, die sich rein auf die optische Erscheinung bezieht. Man kann dabei unterscheiden zwischen bunten (chromatischen) Farben wie Gelb, Rot und Blau und unbunten (achromatischen) Farben wie Weiß, Grau und Schwarz.

▲ **Abbildung 9.6**
Achromatische und chromatische Farben

Unter verschiedenen Lichtquellen verändert sich die Farbe, genauso wie Farben zueinander in wechselseitiger Beziehung stehen. Deshalb besteht in der optischen Wahrnehmung oft ein Widerspruch zwischen physikalischer Wirklichkeit und psychischer Wirkung einer Farbe. Die Farbwahl sollte man als Webdesigner also nicht dem Zufall überlassen. Grundlegendes Wissen über Farben, ihre Bedeutung und Assoziationen helfen dabei, die richtige Farbgebung zu finden, und bewahren Sie davor, auf unpassende oder ausgediente Farbkombinationen zurückgreifen.

Farben wirken emotional und sind assoziativ | Die Wirkungen von Farben auf den Menschen sind sehr unterschiedlich, und doch lassen sich auch Gemeinsamkeiten finden. Farben können unterschiedliche Assoziationen, also Vorstellungen oder erlernte Erinnerungen, erzeugen und durch ihre spezifische Farbwirkung von individuellen Erfahrungen geprägte Gefühle auslösen.

Viele Empfindungen werden uns von klein auf durch unsere Kultur und die Erziehung eingeprägt. Unsere Wahrnehmung ist darüber hinaus geprägt durch Moden und Trends. Dazu kommt, dass wir Farbe so gut wie nie losgelöst von ihrer Umgebung betrachten, sondern diese immer in Wechselwirkung mit Formen und vor allem mit einer oder mehreren anderen Farben wahrnehmen. Sobald zwei oder mehr Farben nebeneinander- oder aufeinanderstehen, beeinflussen sie sich sofort gegenseitig in ihrer Wirkung (dazu später mehr in Abschnitt 9.6, »Farbkontraste«). Auf *orangina.eu* ergänzen sich so z. B. ein erfrischendes Blau und ein warmes Orange, um den Produktcharakter des Softgetränks stimmig zu unterstreichen.

Abbildung 9.7 ▼
Erfrischendes Blau und warmes Orange verstärken sich in ihrer Wirkung, *orangina.eu*.

Dass Farbe heute in der Gestaltung unserer Umwelt wie in der Werbung und Unternehmenskommunikation eine bedeutende Rolle spielt, ist nur die logische Fortsetzung einer langen Entwicklung. Schon in den frühen Kulturen wurden Farben gezielt von religiösen und königlichen Herrschern vereinnahmt, um Menschen damit zu beeinflussen. Künstler wie die Maler Franz Marc und Wassily Kandinsky oder der Schriftsteller Johann Wolfgang von Goethe haben versucht, durch Farben bestimmte Stimmungen und Gefühle hervorzurufen. Auf die emotionale Wirkung von Farben komme ich im Verlauf dieses Kapitels noch ausführlich zu sprechen.

9.3 Farbsysteme

Um die Komplexität von Farbtönen, ihren Zusammenhängen und Wechselwirkungen zu beschreiben, wurden verschiedene Farbordnungssysteme, kurz Farbsysteme genannt, entwickelt.

Es gibt nicht *die* eine Farbtheorie, die das Thema Farbe erschöpfend erklärt. Zum Glück könnte man sagen. Ansonsten wäre die Auseinandersetzung mit Farbe wohl nicht so spannend und vielfältig. Stattdessen gibt es viele verschiedene Ansätze, sich Farbe, Ihrer Wirkung und ihrem Zusammenspiel zu nähern. Einige sind eher physikalisch, andere eher künstlerisch-ästhetisch.

Diese Farbsysteme bzw. -modelle unterscheiden sich. Sie stammen aus unterschiedlichen Zeiten und nähern sich der Thematik mit unterschiedlichen Zielen. Daher stimmen sie auch nicht in allen Punkten überein.

▲ **Abbildung 9.8**
Der symmetrische Farbkreis basiert auf physikalischer Logik und ergibt sich aus dem Band der Spektralfarben.

9.3.1 Farbkreise

Viele Künstler und Wissenschaftler haben versucht, mit Farbkreisen die wahrnehmbaren Farben einzuordnen. So entstanden viele harmonische Farbkreise. Persönlichkeiten wie Goethe, Newton, da Vinci, Itten und Kandinsky haben sich intensiv mit Farben und ihrer Wirkung auseinandergesetzt und Farbtheorien aufgestellt.

Auch in anderen Kulturkreisen wurden Farbsysteme entworfen. In China gibt es die Feng-Shui-Philosophie mit einem eigenen Farbkonzept. Und die Chakra-Philosophie aus Indien hat ebenso ihre Farbregeln. Die Astrophysik könnte ohne die Theorie der Rotverschiebung gar nicht die Entwicklung des Weltalls ermessen.

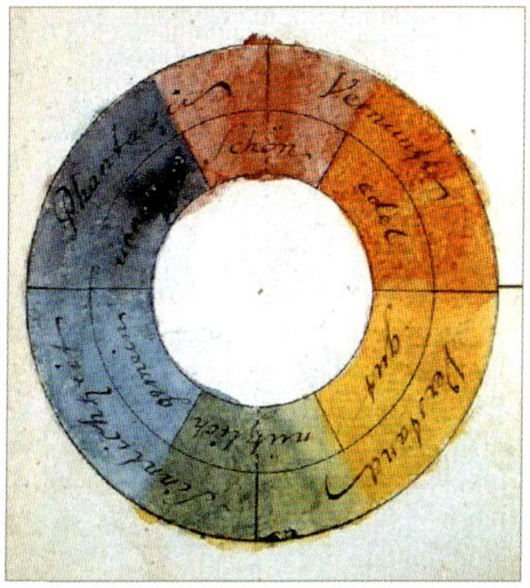

▲ **Abbildung 9.9**
Goethes Farbkreis

Goethes Farbkreis | Eine der bekanntesten Farbtheorien ist die Farbenlehre von Goethe, die jeder vermutlich aus der Schulzeit kennt. Goethes Farbenlehre setzte sich sehr mit der emotionalen Wirkung auseinander und lieferte die drei Grundfarben Gelb, Blau und Rot. Obwohl Goethes Farbenlehre in Teilen widerlegt ist (zumindest der physikalische Teil), beeinflusste er durch seine Arbeit die Farbenlehre nachhaltig.

Der Farbkreis von Itten | Aus den drei Grundfarben Gelb, Rot und Blau lassen sich in der Malerei alle anderen Farben zusammenmischen, wie im bekannten Farbkreis von Johannes Itten ersichtlich.

Johannes Itten
Johannes Itten (1888–1967), Maler und Kunstpädagoge, entwickelte während seiner Lehrtätigkeit von 1919 bis 1923 im Bauhaus Weimar die Grundlagen seiner Farbtheorie und den entsprechenden Farbkreis. Ittens interessante und hilfreiche Ansichten zu Farben und Farbkontrasten finden sich in seinem Buch *Kunst der Farbe* wieder.

Die drei Farben im inneren Dreieck sind laut Itten die Grundfarben Gelb, Rot und Blau. Aus der Mischung der Grundfarben ergeben sich die Sekundärfarben Grün (Gelb + Blau), Violett (Blau + Rot) und Orange (Rot + Gelb). Aus der Mischung von Primär- und Sekundärfarben ergeben sich die Tertiärfarben.

In vielen Schulen wird Ittens Farbkreis (siehe Abbildung 9.10 auf Seite 370) wie selbstverständlich gelehrt, allerdings ist auch dieses Farbsystem nicht unumstritten. Die Auswahl der Grundfarben sei rein subjektiv, und Erkenntnisse der Farbwissenschaften wurden nicht beachtet, sprich Ittens System sei veraltet.

Abbildung 9.10 ▸
Der Farbkreis von Johannes Itten

Harald Küppers
Harald Küppers ist ein deutscher Forscher, Dozent und Technologe im Mehrfarbendruck. Seine Farbenlehre, die er selbst als »übergeordnete Farbenlehre« bezeichnet, findet sich unter *www.kuepperscolor.de*.

Der Farbkreis von Küppers | Einer der Hauptkritiker von Ittens Farbenlehre ist Harald Küppers. Von ihm stammt auch einer der bekanntesten Farbkreise, der inzwischen auch in vielen (Hoch-) Schulen gelehrt wird. Dieser basiert auf der Wahrnehmung bzw. Interpretation der Farben und berücksichtigt die optischen Phänomene des menschlichen Auges. Damit steht er im Gegensatz zum symmetrischen Farbkreis, der nur auf physikalischer Logik basiert.

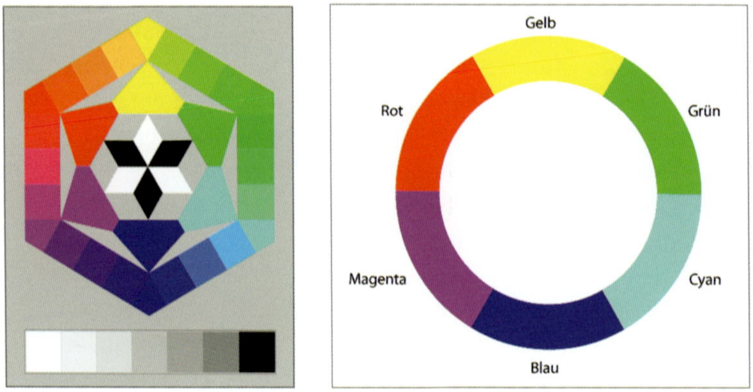

Abbildung 9.11 ▸
Links das Farbsechseck und rechts die sechs bunten Grundfarben nach Küppers

Küppers Farbenlehre geht von acht Grundfarben aus, den sechs bunten Farben Gelb, Grün, Cyan, Violett, Magenta und Orange sowie den zwei unbunten Farben Weiß und Schwarz.
Allerdings gibt es auch an seinem System Kritik. Welche Farben harmonieren, hängt zu sehr vom individuellen und kulturellen Hintergrund ab, ist also, vereinfacht gesagt, individuelle Geschmackssache.

Für gestalterische Entscheidungen und Hilfestellungen ist Küppers' Farbkreis am ehesten geeignet.

Der Auseinandersetzung mit Farben kann man sich, wie bereits gezeigt wurde, von grundsätzlich verschiedenen Seiten nähern: der physischen, der psychologischen und der gestalterischen. Die physischen Kenntnisse sind wichtig, um Bilder im richtigen Farbmodell und mit den richtigen Eigenschaften zu bearbeiten, abzuspeichern und darzustellen. In gestalterischer Hinsicht wird beispielsweise in Schulen Küppers' Farbkreis noch nicht so häufig gelehrt wie der Farbkreis von Johannes Itten. Küppers' Farbkreis enthält aber sowohl die CMYK- als auch die RGB-Farben. Daher wird er uns auch bei den Farbschemata (siehe Seite 425) wieder begegnen.

9.3.2 RGB – das additive Farbmodell

Die Farben in der Natur sind fast immer eine Mischung aus Licht verschiedener Wellenlängen. Der Mensch nimmt sie aber als eine Farbe wahr. Verschiedene Farbmodelle machen sich diese Tatsache zunutze, um Farbinformationen darzustellen. Zwei Farbmodelle eignen sich zur physikalischen Darstellung von Farben. Das eine (RGB-Farbmodell) ist zur Darstellung auf Bildschirmmedien geeignet und das andere, CMYK (siehe Abschnitt »CMYK – das subtraktive Farbmodell« auf der nächsten Seite) für den Druck.

Das RGB-Farbmodell ist das sogenannte *additive Farbmodell*, das durch die Mischung von farbigem Licht entsteht und direkt oder durch Reflexion ins menschliche Auge gelangt. Dieses Farbmodell kommt bei selbstleuchtenden Medien, wie beispielsweise Monitoren, Beamern, Fernsehern oder Displays, zum Einsatz. Die drei Grundfarben der additiven Farbmischung sind **R**ot, **G**rün und **B**lau. Dies sind die sogenannten **RGB**-Farben, benannt nach den Anfangsbuchstaben. Sie werden auch Lichtfarben genannt.

Aus diesen drei Grundfarben lassen sich alle weiteren Farben abbilden. Dazu vermischen sich die Grundfarben optisch. Dies passiert, wenn die drei Farben so klein dargestellt werden, dass das Auge diese nicht mehr einzeln auflösen kann. Das heißt, bei einem Monitor ist die Darstellung der drei Farbpunkte so klein, sprich so fein aufgelöst, dass diese mit dem bloßen Auge nicht mehr bzw. ab einem bestimmten Abstand nicht mehr zu erkennen ist. Strahlen die drei Grundfarben mit voller Helligkeit, ergibt sich als Mischung Weiß. Die Mischfarben aus den Grundfarben, auch Sekundärfarben genannt, sind Magenta (Purpur), Cyan (Türkis) und Gelb. Strahlt keine der drei Lichtfarben, ergibt sich Schwarz. Leuchtet der Monitor nicht, ist er dunkel.

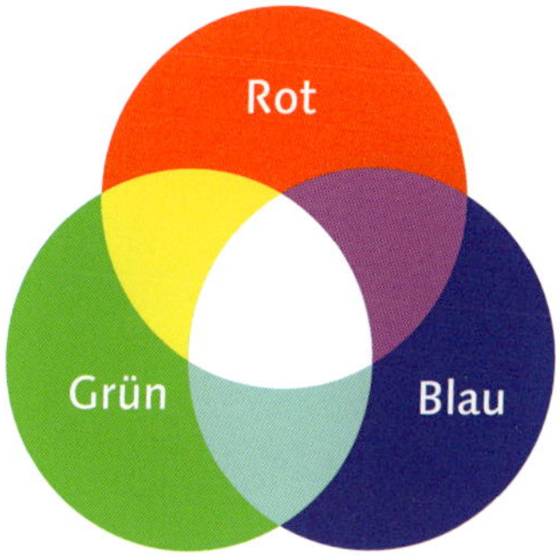

▲ Abbildung 9.12
Die Grundfarben des RGB-Farbmodells

Für Webdesigner ist das RGB-Farbmodell von Bedeutung, da Webseiten immer an Bildschirmen dargestellt werden, die eben mit RGB arbeiten. Mehr Details zum Farbmodell und den Einstellungen im Bildbearbeitungsprogramm in Abschnitt 9.4, »Das Web-Farbmanagement«.

9.3.3 CMYK – das subtraktive Farbmodell

»Das CMYK-Farbmodell kennt man vermutlich von seinem Drucker, wenn eine der vier Farben nachgefüllt werden muss.«

Für das Webdesign spielt dieses Farbmodell an sich keine Rolle – vollständigkeitshalber soll das subtraktive Farbmodell hier aber dennoch kurz erläutert werden. Die subtraktive Farbmischung ist für die meisten einfacher verständlich, da es unseren Erfahrungen mit dem Malkasten aus Schulzeiten (oder auch später) entspricht. Die subtraktive Farbmischung ergibt sich aus dem Vermischen von Farbstoffen (wie z. B. Wasserfarben, Buntstiften oder auch Druckfarben).

Werden diese Farben mit Licht beschienen (ohne Licht keine Farbwahrnehmung!), werden bestimmte Wellenlängen des Lichtes absorbiert (verschluckt) und andere reflektiert. Die reflektierten Lichtstrahlen treffen dann auf unser Auge, und wir haben eine Farbwahrnehmung. Je mehr Farbe dazukommt, umso mehr Licht wird subtrahiert, also abgezogen, verschluckt, umso dunkler erscheint uns die Farbe.

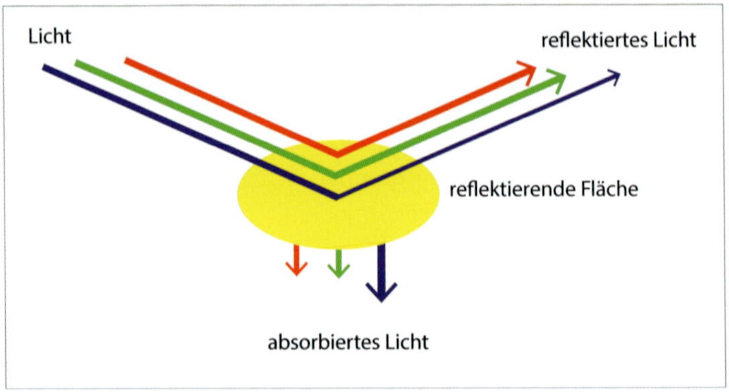

Abbildung 9.13 ▸
Das Prinzip des CMY-Farbmodells

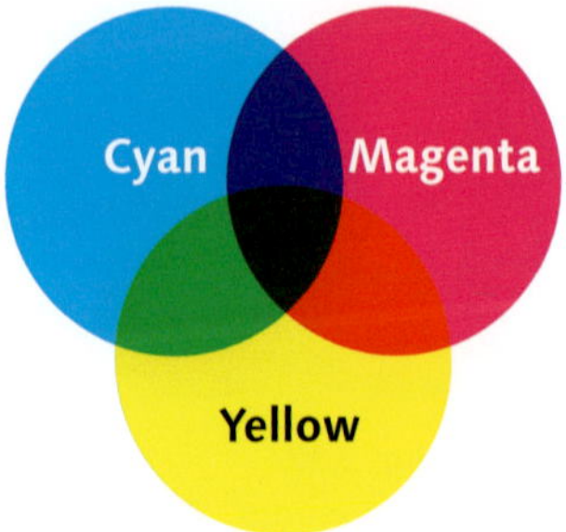

▴ Abbildung 9.14
Die Grundfarben des subtraktiven Farbmodells

Die Grundfarben der subtraktiven Farbmischung sind Cyan (Türkis), Magenta (Purpur) und Gelb, abgekürzt CMY entsprechend der englischen Anfangsbuchstaben von Cyan, Magenta und Yellow. Sie werden auch Körperfarben genannt. Werden Cyan, Magenta und Gelb übereinandergemischt, wird in der Schnittmenge alles Licht »verschluckt«, und es ergibt sich Schwarz. Dies ist in der Praxis allerdings kein »tiefes« (also richtig dunkles) Schwarz, sondern eher ein Dunkelbraun.

Um für den Druck reines Schwarz zu haben, wird bei diesem Modell die Farbe Schwarz ergänzt. Die Grundfarben des Druckens, egal ob zu Hause mit einem Billig-Farbdrucker oder professionell in der Druckerei, sind daher Cyan, Magenta, Gelb und

Schwarz. Man spricht dann vom CMYK-Farbmodell. Das letzte »K« kommt von »Key«, als »Schlüsselfarbe«.

So kann reines Schwarz gedruckt werden, ohne die drei anderen Farben mischen zu müssen. Dies ist ökonomischer, und gerade bei feinen Linien oder Texten ist dies auch »sauberer«. Beim Übereinanderdrucken von mehreren Farben kann der Text ansonsten schnell unscharf werden. Die CMY-Grundfarben sind die Komplementärfarben der drei RGB- Grundfarben. Komplementär heißt, dass sich die Farben im Farbkreis gegenüberliegen, dazu später mehr.

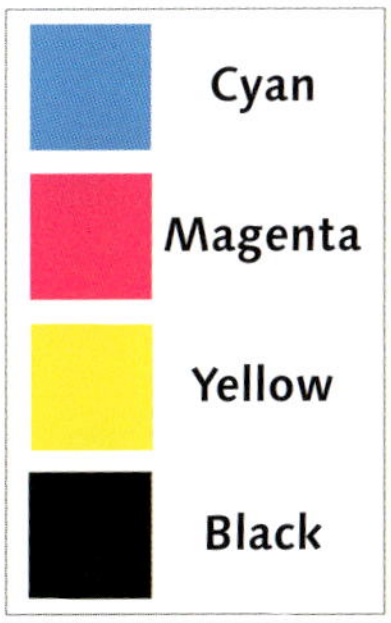

▲ **Abbildung 9.15**
Die vier klassischen Druckfarben

9.3.4 Farbtiefe

Um die technische Erzeugung von Farben, vor allem im RGB-Modell, besser zu verstehen, hilft das Prinzip der Farbtiefe. Diese gibt an, wie viele unterschiedliche Farbabstufungen ein System oder ein Bild gleichzeitig darstellen kann.

Die Zahl der Abstufungen wird in Bit (*Binary Digit*) angegeben. Je höher die Bit-Anzahl, umso mehr Farbabstufungen können dargestellt werden. Die Anzahl der Bits entspricht einem Exponenten der Zahl 2. Bei einer Farbtiefe von 4 Bit sind somit $4^2 = 16$ Farben darstellbar. Bei 8 Bit sind es $8^2 = 256$ Farben. Die modernen Betriebssysteme unterstützen inzwischen bis zu 64 Bit. Bei Bilddateien gibt Bit die Anzahl der darstellbaren Farben an.

Farbtiefe pro Pixel	Anzahl möglicher Farben
1 Bit	2 mögliche Farben (z. B. Schwarz oder Weiß)
4 Bit	16 mögliche Farben
8 Bit	265 mögliche Farben
24 Bit	16.777.216 mögliche Farben

▲ **Tabelle 9.1**
Die Farbtiefe pro Pixel und Anzahl möglicher Farben

CSS Prism
CSS Prism ist ein kleines nützliches Tool, um die einzelnen Farbwerte aus einer CSS-Datei zu generieren. Einfach den Ort der Datei angeben und das Tool zeigt eine schöne Übersicht über die einzelnen Farben und ihre Verwendung an: *www.cssprism.com*

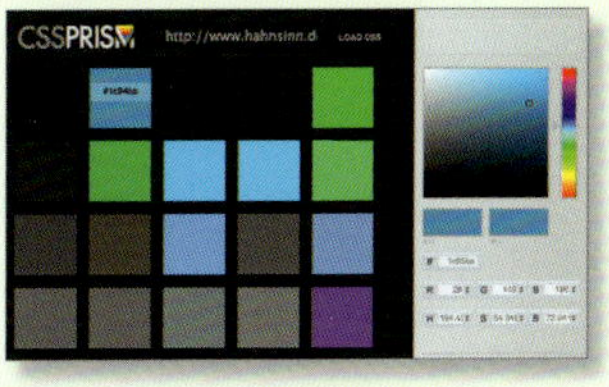

▲ **Abbildung 9.16**
CSS Prism

9.3.5 Farbdefinition

Da Webseiten auf Monitoren betrachtet werden, die mit RGB-Systemen arbeiten, werden Farben für das Internet nach dem RGB-Farbsystem definiert. Jede Farbe bekommt also Werte für Rot, Grün und Blau zugewiesen. Daraus ergibt sich dann die Mischfarbe. Die Farbzuweisung erfolgt mit einem 6-stelligen Hexadezimalcode. Die ersten beiden Zahlen stehen für Rot, die mittleren für Grün und die letzten beiden für Blau.

Rot | Grün | Blau

▲ **Abbildung 9.17**
Die Farbe Schwarz in Hexadezimal-Schreibweise

#000000

▲ **Abbildung 9.18**
Die RGB-Farben im Hexadezimalcode

What the Hex?
Für alle Nerds: Unter *www.yizzle.com/whatthehex* muss man Hexadezimalzahlen der richtigen Farbe zuordnen. Nichts für Anfänger!

▲ **Abbildung 9.19**
What the Hex?

Farben in Screendesigns werden klassischerweise mit einem Hexadezimalcode angegeben. Eine Ziffer im Hexadezimalcode kann 16 Zustände annehmen. Definiert werden diese durch die Ziffern 0 bis 9 und den Buchstaben A bis F, die den dezimalen Zahlen 10 bis 15 entsprechen. Hexadezimalcode- Definitionen für Webfarben beginnen immer mit einer Raute (»#«).

Jeder Farbwert der drei Grundfarben wird mit jeweils zwei Ziffern beschrieben. So ergeben sich pro Farbwert 16 × 16 = 265 Zustände, also 8 Bit pro Farbe.

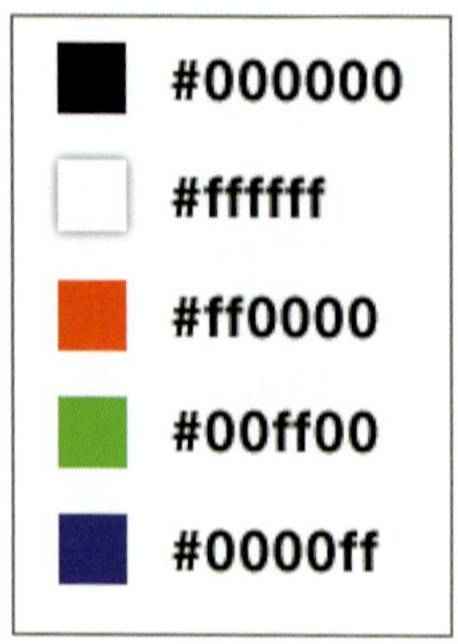

Abbildung 9.20 ▶
Die Grundfarben und ihre Hexadezimalcodes

Zusammen lassen sich also mit dem 6-stelligen Hexadezimalcode 265 × 265 × 265 = 16.777.216 mögliche Farben definieren. Kleine Zahl bedeutet wenig Licht, große Zahl viel Licht. *00* steht also für kein Licht und *ff* für volles Licht. Die Farbwerte lassen sich in CSS auch mit den genauen RGB-Werten definieren, die im Bildbearbeitungsprogramm abgelesen werden können:

```
color: rgb(rot,grün,blau);
```

▲ **Listing 9.1**
RGB-Farbwerte

Beispiel für eine rote Headline:

```
h1{
color: rgb(255,0,0);
}
```

▲ **Listing 9.2**
Rote Headline

Es lassen sich auch Prozentangaben verwenden. 100% steht dann für volles Farblicht.

```
h1{
color: rgb(100%,0%,25%);
}
```

▲ **Listing 9.3**
Volles Farblicht

9.3.6 Farbton, Sättigung, Helligkeit

Bei der Farbwahrnehmung kann der Mensch drei Eigenschaften unterscheiden: Farbton, Sättigung und Helligkeit, im englischen Hue, Saturation und Brightness. Jede Farbe kann in diese drei Bereiche eingeordnet werden, die sich unabhängig voneinander verändern lassen. Die folgenden Bilder zeigen, wie sich Änderungen am Beispiel der Farbe Rot auswirken.

▲ **Abbildung 9.21**
Der Farbkreis gibt den Farbton vor.

Farbton | Der Farbton meint den genauen Ton im Farbkreis, z. B. Gelb, Rot oder Blau, und dient der prinzipiellen Einordnung des Farbtons. Wenn der überwiegende Farbanteil Rot ist, spricht man von einem Rotton. Der Farbton ist auch das auffälligste Kennzeichen einer Farbe.

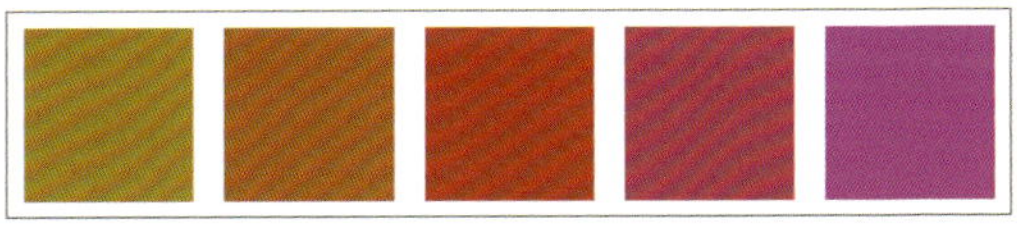

▲ **Abbildung 9.22**
Unterschiedliche Farbtöne

HKS und Hexadezimal
HKS-Farben sind knapp 100 vorgemischte Sonderfarben für den Druck. Unternehmen haben als Hausfarben oft HKS-Töne. Der Webdesigner benötigt dann die Hexadezimalcodes der entsprechenden Farben. Eine Übersicht über die HKS-Töne und die passenden CMYK- und Hexadezimalwerte finden sich unter *junglas.com/farben-in-der-produktion/hks-farbtabelle*.

Sättigung | Die Sättigung (z. B. getrübt, ungetrübt bzw. klar) bezeichnet die *Buntheit* einer Farbe. Die Sättigung der Farben im Farbkreis beträgt 100%. Die Sättigung lässt sich umgangssprachlich auch als Intensität oder Leuchtkraft einer Farbe bezeichnen. Intensive, klare Farben treten mehr in den Vordergrund als getrübte Farben. Wird Schwarz oder Weiß zu einer Farbe dazugemischt, wird diese immer trüber, also ungesättigter.

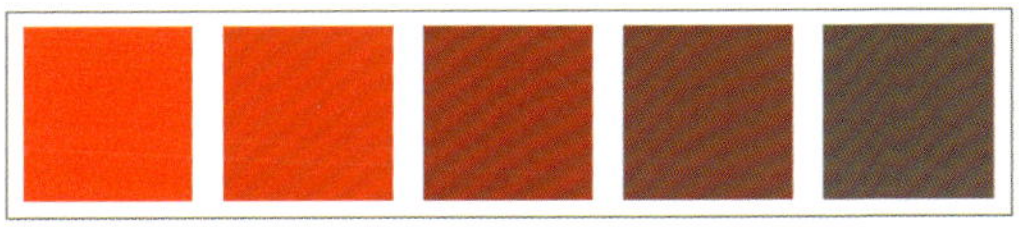

◂ **Abbildung 9.23**
Unterschiedliche Sättigungen der gleichen Farbe

Vom Sättigungsgrad einer Farbe ist es also abhängig, ob wir die Farbe als satt und kräftig oder matt und schwach empfinden. In der Abbildung 9.23 ist der Unterschied in der Wirkung gut zu

▼ **Abbildung 9.24**
Gesättigte vs. ungesättigte Farben. Beides hat seinen Reiz.

erkennen. Während die Farben bei *hybridconf.net* (linker Screenshot) kräftig, leuchtend und markant erscheinen, wirken die getrübten Farben bei *manuelsofia.me* (rechter Screenshot) dezent und zurückhaltend.

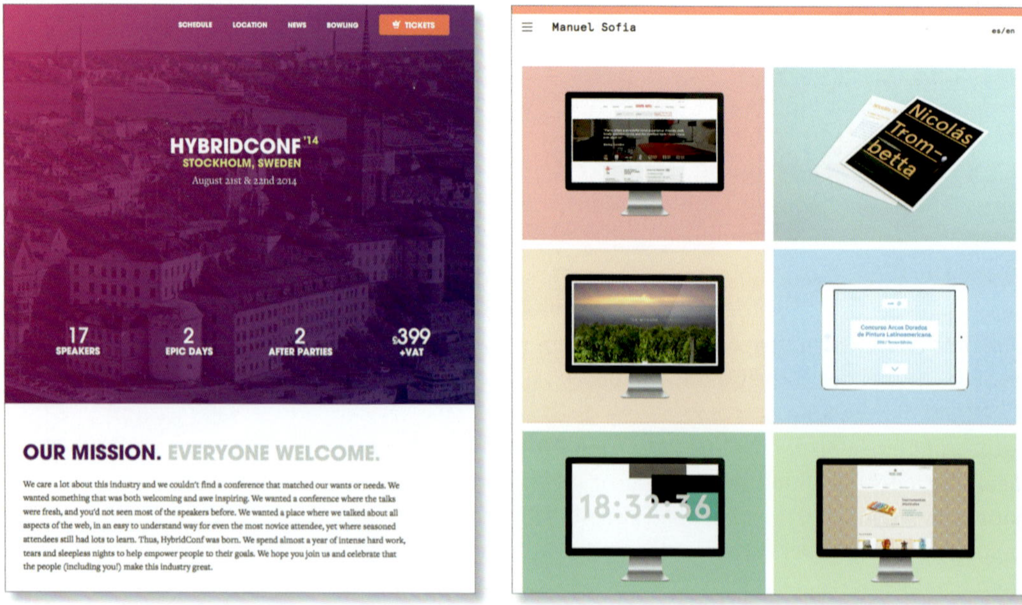

Helligkeit | Die Helligkeit (z. B. hell oder dunkel) liegt entweder an der Farbe selbst (z. B. wirkt Gelb heller als Violett) oder kann durch die Zugabe von Weiß erhöht oder durch Schwarz gesenkt werden. Besonders bei den unbunten Farben Schwarz, Weiß und Grau lassen sich Helligkeitsabstufungen gut unterscheiden.

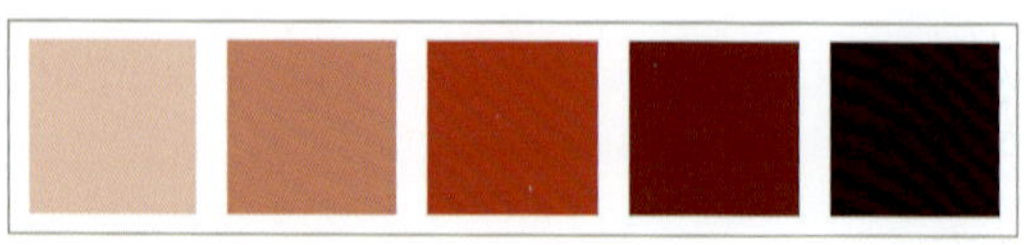

▲ **Abbildung 9.25**
Unterschiedliche Helligkeiten der gleichen Farbe

Color Name & Hue
Die Wechselwirkung aus Farbton, Sättigung und Helligkeit lässt sich mit dem Onlinetool *Color Name & Hue* auf einer Webseite über Farbenblindheit spielerisch austesten: *www.color-blindness.com/color-name-hue*

Ohne Helligkeitsunterschiede wären die meisten Elemente kaum oder schwer zu unterscheiden. Lesbarer Text lebt vor allem von einem ausreichenden Kontrast in der Helligkeit.

In einem Grafik- oder Bildbearbeitungsprogramm lassen sich die drei Werte Farbton, Sättigung, Helligkeit meistens auch gut einstellen bzw. auswählen. Im Folgenden soll dies am Beispiel Adobe Photoshop demonstriert werden.

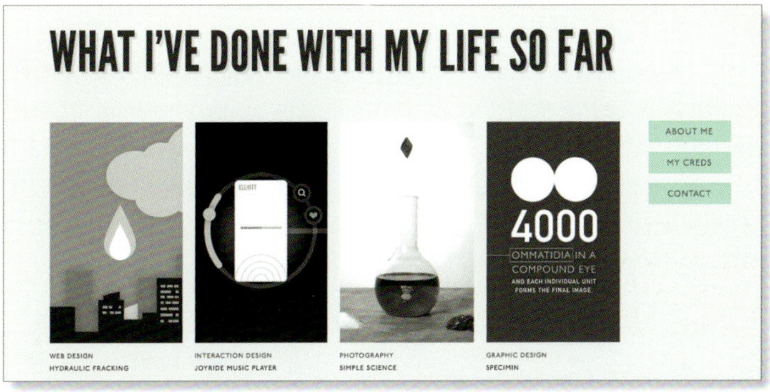

◂ **Abbildung 9.26**
Das Portfolio von *lindadong.com* arbeitet mit den Helligkeitskontrasten.

Schritt für Schritt: Farbton, Sättigung und Helligkeit in Photoshop

Die drei Farbeigenschaften lassen sich in einem Bildbearbeitungsprogramm wie Adobe Photoshop auch einzeln verändern und anpassen. Das kann gerade im Prozess der Farbfindung bei der Gestaltung eines Screendesigns hilfreich sein, z. B. wenn es um die Feineinstellung einer gewünschten Farbe geht oder von einer schon ausgewählten Farbe noch weitere Abstufungen erstellt werden sollen.

1 Farbeigenschaften in Photoshop verändern

Es gibt vor allem zwei Möglichkeiten, die Farbeigenschaften eines Elements in Photoshop zu verändern: direkt über den Farbwähler oder über die Einstellungsebene FARBTON/SÄTTIGUNG. Mit beiden lassen sich die drei Eigenschaften Farbton, Sättigung und Helligkeit anpassen, aber jeweils mit unterschiedlichen Werten.

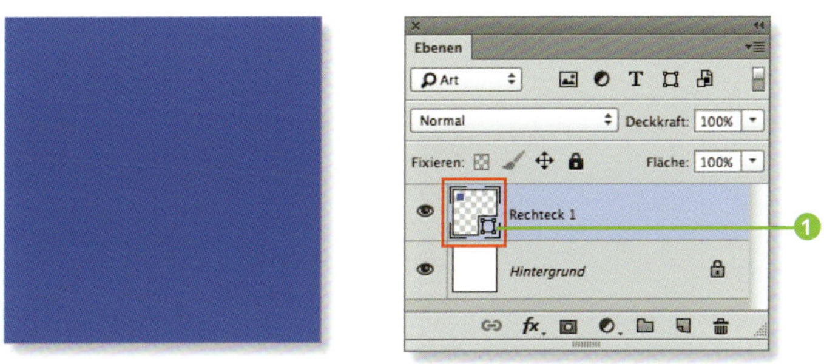

◂ **Abbildung 9.27**
Ein Rechteck-Pfad-Objekt und das Ebenen-Bedienfeld mit kleinem Vorschau-Icon

Exemplarisch habe ich ein Rechteck erstellt (siehe Abbildung 9.27). Mit einem Doppelklick auf das Icon ❶ im Ebenen-Bedienfeld öffnet sich der FARBWÄHLER. So lässt sich übrigens jederzeit bei einem Pfadobjekt die Farbe auch nachträglich noch verändern. Zu Demonstrationszwecken habe ich einen ganz ordinären Blauton ausgewählt.

2 Der Farbwähler

Der Farbwähler bietet allerhand Einstellungsmöglichkeiten (siehe Abbildung 9.28), u.a. die bekannten Farbmodelle RGB ❸ und CMYK ❷. Neben der freien Auswahl im Farbfeld lassen sich hier also genaue Farbwerte eingeben, was dann sehr hilfreich ist, wenn diese vorgegeben sind (z.B. vorgegebene Farben durch ein vorhandenes Corporate Design).

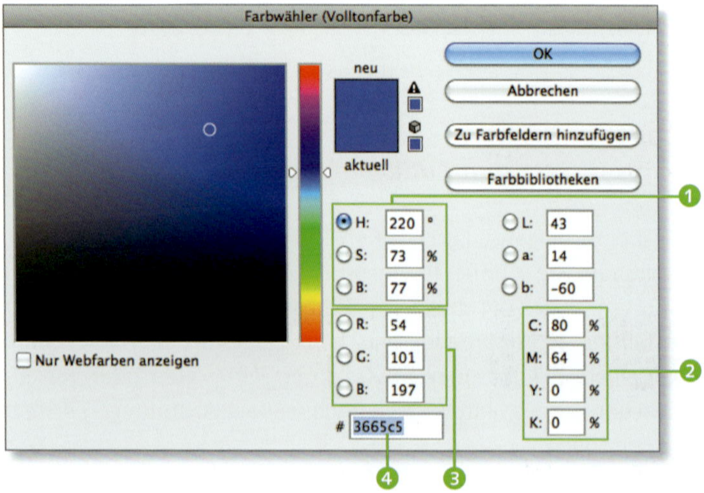

Abbildung 9.28 ▸
Der Farbwähler mit vielfältigen Einstellungsmöglichkeiten wie RGB und CMYK und die HSB-Optionen des Farbwählers.

Hier finden Sie auch die Auswahl HSB, was für die drei Farbeinstellungen **H**ue (Farbton), **S**aturation (Sättigung) und **B**rightness (Helligkeit) steht ❶. Hier lässt sich der Farbton auf einer Skala von 0° bis 360° einstellen. Die Sättigung und die Helligkeit lassen sich von 0% bis 100% verändern. 0% Sättigung bedeutet, die Farbe ist komplett entsättigt (also Graustufen), und 0% Helligkeit bedeutet, dass der Farbton Schwarz ist.

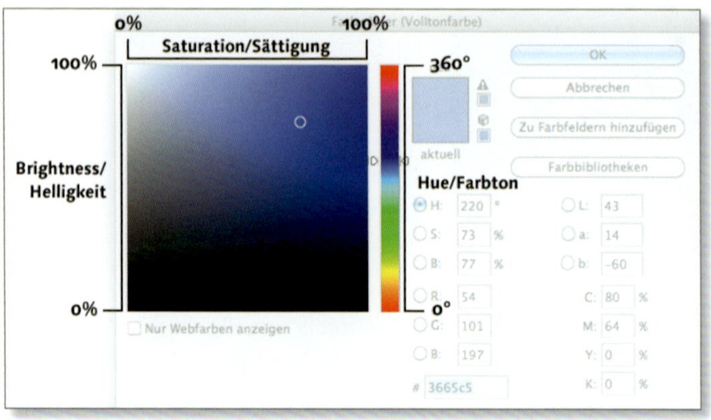

Abbildung 9.29 ▸
Die drei Farbeigenschaften und die Darstellung in der Farbenanzeige

Bei 100% Sättigung ist der Farbton sehr kräftig und bei 100% Helligkeit sehr leuchtend. Folgendes Bild gibt einen Überblick über unterschiedliche Werte und ihr Aussehen. Die Photoshop-Datei »HSB.psd« dieses Workshops finden Sie auch auf der dem Buch beiliegenden DVD.

Die Datei »HSB.psd« finden Sie auf der DVD unter BEISPIELMATERIAL • KAPITEL_09. Ergänzend finden Sie dort noch die Datei »farbton-saettigung-helligkeit.psd«.

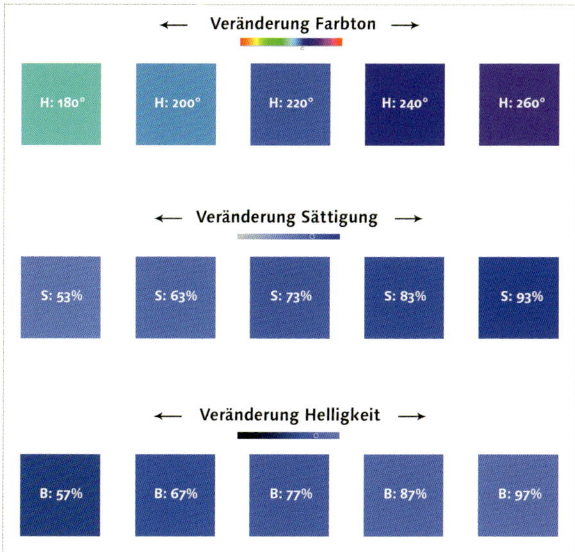

◂ **Abbildung 9.30**
Ein Überblick über die Anpassung der drei Eigenschaften und die Veränderung der Farbe

3 Die Einstellungsebene »Farbton/Sättigung«

Alternativ lässt sich eine Einstellungsebene über das mittlere Icon ❺ unten im Ebenen-Bedienfeld und die Auswahl FARBTON/SÄTTIGUNG ❻ in dem sich öffnenden Dialogfenster erzeugen.

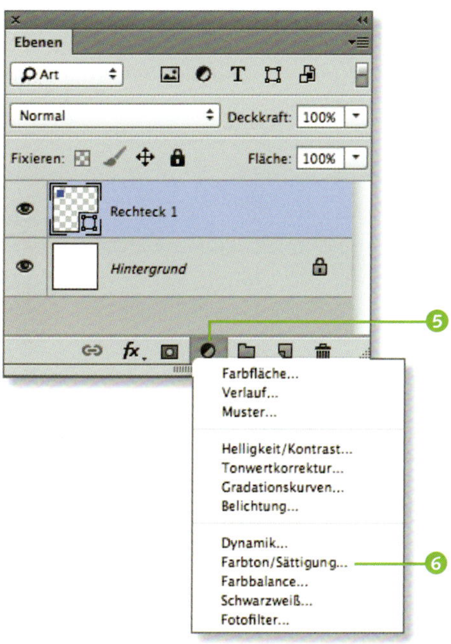

◂ **Abbildung 9.31**
Die Erzeugung einer Einstellungsebene

Es erscheint eine neue Ebene ❷, und mit einem Klick auf das vordere Icon ❶ öffnet sich die Eigenschaften-Palette. Auch hier lassen sich (neben einigen anderen Optionen) die drei Farbwerte ❸ anpassen.

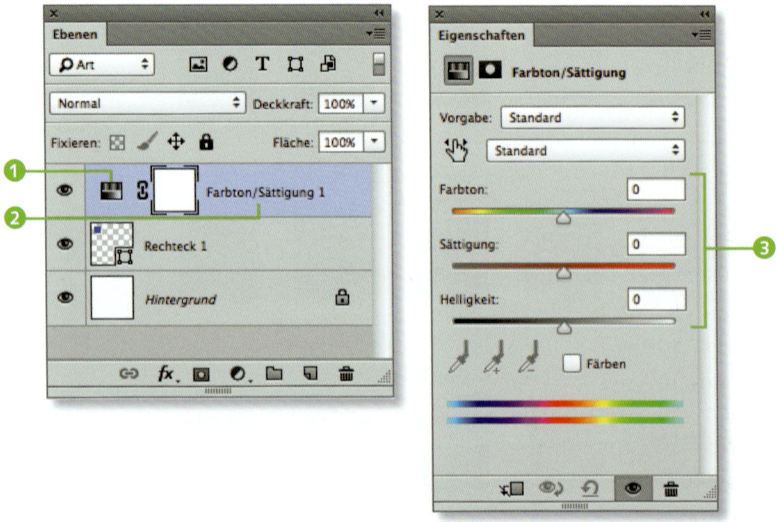

Abbildung 9.32 ▸
Die Einstellungsebene und drei Regler für den Farbton, die Sättigung und die Helligkeit

Der Farbton wird entsprechend dem Farbkreis im Winkel zwischen –180° und +180° (zusammen 360°) angegeben. Die Sättigung lässt sich zwischen –100 % (ungesättigt, grau) und +100 % (voll gesättigt) einstellen. Und die Helligkeit lässt sich auch zwischen –100 % (Schwarz) und +100 % (Weiß) einstellen.

Durch die Arbeit mit einer Einstellungsebene hat man die Möglichkeit, seine Einstellungen jederzeit wieder zu verändern. Es ist z. B. auch einfach möglich, die Ebene auszublenden oder gar zu löschen und so die darunter liegenden Ebenen wieder in ihren ursprünglichen Farben erscheinen zu lassen. Dies ist ein großer Vorteil gegenüber der destruktiven Bearbeitung über die Menüleiste Bild • Korrekturen • Farbton/Sättigung. Farbanpassungen über das Menü verändern die ausgewählte Ebene direkt.

4 Farbwerte finden

Mit diesen Einstellungsoptionen lassen sich zum einen konkrete Farbwerte eingeben und dann im eigenen Design einsetzen. Und im Gestaltungsprozess lassen sich recht angenehm verschiedene Farbvarianten ausprobieren. Hat man sich dann für einen Farbton entschieden, lässt sich im Farbwähler (siehe ❹ Abbildung 9.28 auf Seite 387) unten der entsprechende Hexadezimalcode auslesen und für seine CSS-Datei einsetzen (siehe Abschnitt 9.3.5, »Farbdefinition«, Seite 373).

9.4 Das Web-Farbmanagement

Wenn sich der Webdesigner schon so viel Mühe mit der Auswahl der Farben macht und es Farbmodelle gibt, die Farben exakt beschreiben können, dann wäre es doch schön, wenn diese Farben auch überall exakt angezeigt werden. So weit die *graue* Theorie. Aber Farbe ist nicht gleich Farbe.

In der Praxis sitzt jeder Anwender vor einem anderen Monitor (oder hält sein Display gar in der Hand) und nutzt unterschiedliche Browser. Und darin liegt die Problematik. Gleiche Farben sehen auf verschiedenen Bildschirmen nicht gleich aus. Der Ansatz des Farbmanagements versucht, diese Problematik zu lösen oder zumindest weitestgehend auszugleichen. So werden beispielsweise im Printbereich schon seit Jahrzehnten mit spezieller Software und Farbmessgeräten Monitore ausgemessen und kalibriert, um Farben am Bildschirm möglichst korrekt darzustellen und die Farbdarstellung des späteren Ausdrucks zu simulieren. Hier kommt dann ja noch die Herausforderung der Farbdarstellung durch Scanner und Drucker hinzu.

9.4.1 Mit Farbräumen & Farbprofilen arbeiten

Die Darstellung von Farben auf einem Monitor wird durch dessen Kontrast/Helligkeit (Gamma) und Farbraum (Gamut) bestimmt. Je nach Alter und Modell besitzen Monitore unterschiedliche Kontraste und Farbräume. Ein Farbraum ist die Summe aller Farben, die ein Gerät erfassen und anzeigen kann. Der Farbraum des Auges umfasst alle Farben, die wir sehen können. Der RGB-Farbraum ist kleiner als der Farbraum des menschlichen Auges, kann also nicht alle Farben darstellen, die wir sehen können. Und der CMYK-Farbraum ist wiederum nur eine Teilmenge des RGB-Farbraums. Dadurch sind einige Farben, die sich am Monitor darstellen lassen, nicht druckbar bzw. werden beim Ausdruck in mehr oder weniger ähnliche CMYK-Farben umgewandelt.

Farbtreue
Die Ähnlichkeit der Farben zwischen zwei Ausgaben (also z. B. unterschiedlichen Betriebssystemen, Browsern, Monitoren usw.) wird Farbtreue genannt. Ein Farbmanagement soll eine möglichst große Farbtreue sicherstellen, 100 % sind dabei aber nicht realistisch.

So wie jeder Mensch nicht exakt den gleichen Farbraum sieht (aufgrund der individuellen Beschaffenheit des Auges), können auch Geräte (leicht) unterschiedliche Farbräume haben. Diese Unterschiede werden im sogenannten *Farbprofil* festgehalten. Jedes Gerät besitzt ein Farbprofil, anhand dessen es kalibriert werden kann. So können beispielsweise Farbmessgeräte Bildschirme auf ihre exakten Farbräume untersuchen und eventuelle Ungleichheiten in der Darstellung aufzeigen. So kann der Bildschirm justiert werden, damit seine Darstellung der tatsächlichen Farbe entspricht.

Es gibt unterschiedliche Ansätze, um sicherzustellen, dass Webbilder möglichst einheitlich erscheinen. Wenn es denn überhaupt Überlegungen dazu gibt, denn bei vielen Webdesignern und Webagenturen wird das Thema Farbmanagement – auch aufgrund seiner Komplexität und der eigenen Unwissenheit – gerne vernachlässigt bzw. überhaupt nicht beachtet. Missachtet man allerdings die Farbeinstellungen, überlässt man dem Bildbearbeitungsprogramm und den Browsern die Darstellung – häufig mit Unterschieden in der Anzeige. Um im Webdesign sicherzustellen, dass Bilder in den verschiedenen Monitoren und Browsern möglichst gleich aussehen, sollte man Bilder mit einem Farbprofil abspeichern. Hier hat sich das sogenannte *sRGB*-Profil als Standard etabliert. Aufgrund seines recht kleinen Farbraums ist es allerdings auch nicht unumstritten.

Im Folgenden möchte ich einen möglichen Weg vorstellen, Web-Farbmanagement in Adobe Photoshop umzusetzen und zu einer möglichst gleichen Farbdarstellung von Bildern über die Browser hinweg zu gelangen.

Schritt für Schritt: Farbvoreinstellung in Photoshop anpassen

Mit folgenden Einstellungen lässt sich das Web-Farbmanagement in Photoshop handhaben.

1 Arbeitsfarbräume einstellen

Zuerst sollten die Farbvoreinstellungen von Photoshop optimiert werden. Diese finden sich im Menü Bearbeiten • Farbeinstellungen. Hier wird festgelegt, in welchem Farbprofil die Bilder in Photoshop angezeigt und bearbeitet werden.

Unter Arbeitsfarbräume sollte sRGB ① eingestellt werden. Die CMYK-Einstellung lassen wir hier außen vor, da wir uns auf die Ausgabe auf Monitoren und nicht für den Druck konzentrieren wollen. Farbräume wie Adobe RGB sind zwar größer, aber Browser wie Firefox, Safari, Internet Explorer und Chrome können eben mit sRGB umgehen. Dadurch, dass der Arbeitsfarbraum auf sRGB steht, werden alle neuen Bilder in diesem Profil angelegt. Dadurch arbeiten wir in dem Farbraum, in dem die Bilder auch später im Browser angezeigt werden.

2 Farbmanagement-Richtlinien

Bei den Farbmanagement-Richtlinien sollte RGB auf Aus ② stehen. Dadurch wird bei neuen oder neu geöffneten Dateien das Farbmanagement deaktiviert. Dateien, die schon in sRGB angelegt sind, behalten das Farbprofil. Anders als bei der hier auswählbaren Option In RGB-Arbeitsfarbraum konvertieren werden die Pixel des Bildes dadurch nicht unmittelbar verändert.

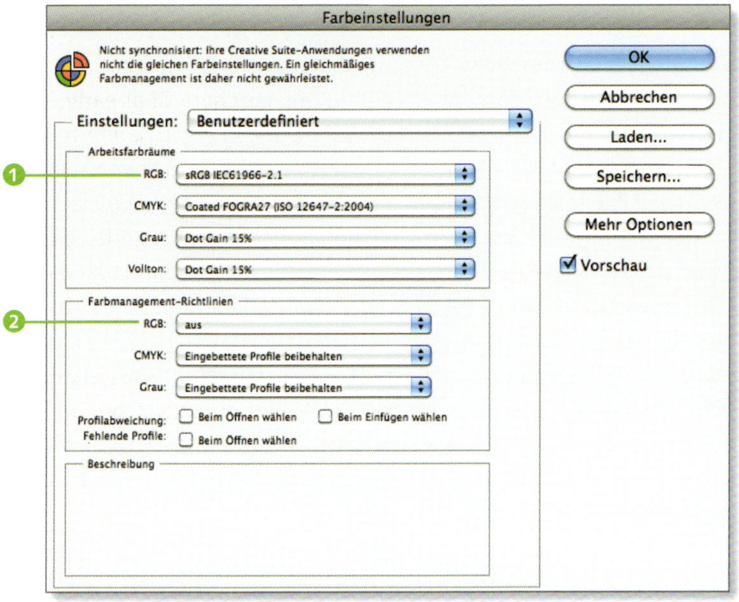

◂ **Abbildung 9.33**
Der Farbeinstellungen-Dialog in Photoshop

3 Eingebette Profile und Arbeitsfarbräume

Öffnet man in Photoshop Bilder, die ein anderes Farbprofil haben als dasjenige, das in den Voreinstellungen aktiviert ist, erscheint die Meldung von Abbildung 9.34.

Bei einem Klick auf OK wird das eingebettete Profil deaktiviert und mit dem Arbeitsfarbraum (sRGB) gearbeitet. Das Bild wird aber eben nicht in einen anderen Farbraum konvertiert. Dies ist bei der Bearbeitung von Bildern für das Web oder der Gestaltung von kompletten Screendesigns zu empfehlen.

Wenn man sich dann so viel Mühe mit dem Farbmanagement (und hoffentlich auch mit der kreativen Bildgestaltung) gemacht hat, gilt es die Bilder auch richtig abzuspeichern. Folgender Workshop erklärt, wie es funktioniert.

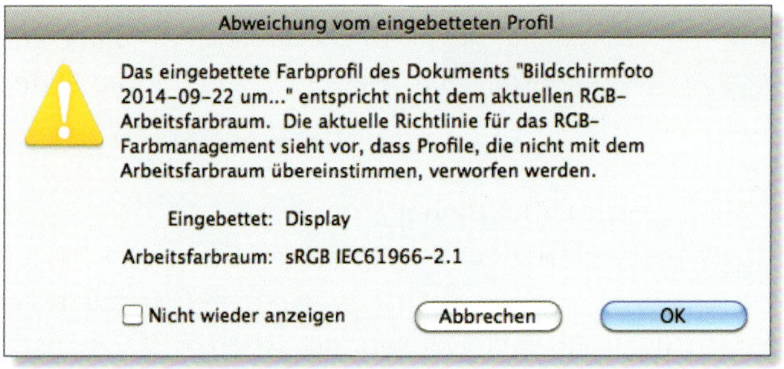

◂ **Abbildung 9.34**
Abweichung des eingebetteten Profils vom Arbeitsfarbraum

Schritt für Schritt: Bilder für den Webeinsatz abspeichern

Es gibt in Photoshop einen eigenen Web-speichern-Dialog, damit u. a. die Farbeinstellungen erhalten bleiben.

1 »Für Web speichern«-Dialog

Um Bilder für den Einsatz in Webseiten abzuspeichern, sollte grundsätzlich der Dialog Für Web speichern ([Alt] + [⇧] + [Strg] + [S]) und nicht Speichern unter gewählt werden. Dieser bietet viel mehr Einstellungsoptionen:

Als Dateiformat lassen sich u. a. JPEG, GIF und PNG wählen ②, mehr zu den Dateiformaten in Abschnitt 11.10, »Bildformate«. Je nach gewähltem Format lassen sich dann noch weitere Optionen, wie beim JPEG beispielsweise die Qualität und damit die Stärke der Komprimierung, einstellen. Die Vorschaubilder lassen sich anpassen ①, so können bis zu vier Bilder angezeigt werden. Hier lassen sich sehr gut unterschiedliche Einstellungen und ihre Auswirkungen auf das Bild (Dateigröße und Downloadgeschwindigkeit) miteinander vergleichen ⑥.

Abbildung 9.35 ▼
Der Dialog Für Web speichern in Photoshop bietet vielfältige Einstellungsmöglichkeiten.

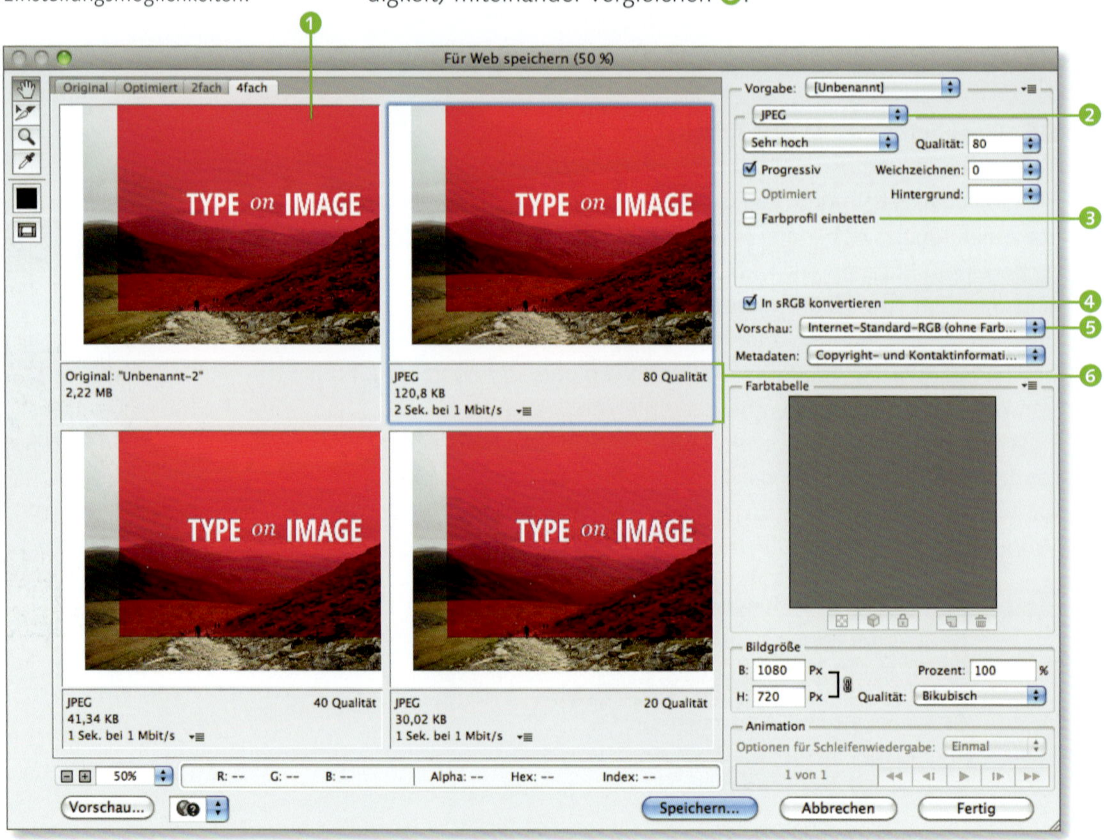

2 In den sRGB-Farbraum konvertieren

Der Punkt FARBPROFIL EINBETTEN sollte nicht aktiviert sein ③. Dies würde die Dateigröße nur unnötig erhöhen und ist irrelevant, da das Bild in sRGB umgewandelt wird. Dazu wird das Häkchen bei IN sRGB KONVERTIEREN aktiviert ④, so dass die Bilder dann auch auf jeden Fall das richtige Farbprofil eingebettet haben.

3 Vorschau mit Internet-Standard-RGB

Unter VORSCHAU ⑤ sollte noch INTERNET-STANDARD-RGB ausgewählt werden. Dadurch werden die kleinen Vorschaubilder in sRGB angezeigt. Das ermöglicht eine bessere Überprüfbarkeit, denn es wurde in sRGB gearbeitet und die Dateien sollen auch mit diesem Profil abgespeichert werden.

Fertig! Dieses Vorgehen stellt zumindest sicher, dass die Browser, die Farbmanagement unterstützen (fast alle modernen), das Bild annähernd gleich darstellen. sRGB ist so etwas wie der kleinste gemeinsame Farbnenner, den alle Browser und Monitore beherrschen (sollten). Was man aber wohl nie in den Griff bekommen wird, das sind die individuellen Monitoreinstellungen des Anwenders.

9.5 Farbwirkung

Ein Webdesign, das als erfolgreiches Marketing-Instrument agieren will, muss sensibel für die kulturellen und instinktiven Wirkungen und Bedeutungen der einzelnen grafischen Elemente sein. Farbe hat auf den Menschen eine enorme (unbewusste) emotionale Wirkung und beeinflusst unser Denken und Handeln.

Der menschliche Organismus reagiert unbewusst auf Farben, physiologisch (den Körper betreffend) und psychologisch (die Seele betreffend). Die Farbwirkung ist dabei eine sehr persönliche Sache. Sie beruht auf den Erfahrungen des Betrachters, die neben gemeinsamen kulturellen Erfahrungen und Werten auch sehr individuell sein können. In unterschiedlichen Kulturen gibt es teilweise vollkommen unterschiedliche Assoziationen und Interpretationen der Farben. Ein Farbton ruft also nicht nur eine einzige, bestimmte Reaktion hervor. Die beiden folgenden Beispiele verdeutlichen die unterschiedlichen Einsatzmöglichkeiten eines sehr ähnlichen Farbtons:

Eine Farbe, eine Wirkung?
Eine Farbe kann sowohl positive wie negative Assoziationen hervorrufen. Meistens hängt die Wirkung vom Kontext ab, in dem sie eingesetzt wird. Die Farbe Rot kann sowohl für Energie und Leidenschaft stehen als auch für Gefahr und Warnung. Es gibt auch teilweise kulturelle Unterschiede. Mehr dazu erfahren Sie in den Abschnitten zu den einzelnen Farben in diesem Kapitel.

Trotz aller Subjektivität gibt es einige theoretische Anhaltspunkte, um Farben gezielt auszuwählen, um damit eine bestimmte Wirkung zu erreichen und auch um die gewählte

Farbkombination begründen zu können. Kurz gefasst, um Farben auch objektiv auswählen zu können.

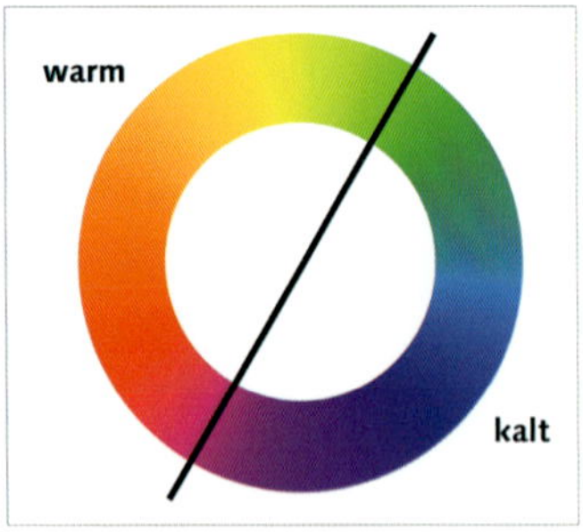

▲ **Abbildung 9.36**
Die Warm-Kalt-Empfindung der Farben.

Die Farbpsychologie ist ein großes Geschäft. Webseiten-Betreiber interessiert, welche Farbe der Button haben muss, damit die Kunden häufiger auf »Kaufen« klicken. Innenarchitekten wollen wissen, welche Farbe ein Schlafzimmer haben muss, um dem Schlafsuchenden Ruhe und Ausgeglichenheit zu vermitteln. Restaurantbesitzer wollen wissen, welche Farben die Wände und die Innenausstattung haben müssen, damit der Appetit angeregt und mehr bestellt wird.

Neben den drei Farbeigenschaften (Farbton, Sättigung und Helligkeit) ließe sich also als vierte die Farbtemperatur hinzunehmen. Man kann die Farbtemperatur auch physikalisch messen (mit der Maßeinheit Kelvin), uns geht es aber mehr um die optische Wirkung des Farbeindrucks. Jede Farbe löst eine gefühlte Temperaturempfindung aus, die eher in Richtung Warm oder Kalt geht. Die Wandfarbe von Räumen, in denen wir uns aufhalten, beeinflusst beispielsweise unser Wärmeempfinden. So werden Farben auch in warme und kalte Farben entsprechend ihrer Wärmewirkung unterteilt.

Unserer Wahrnehmung entspricht am besten der sechsteilige Farbkreis mit seinen Grund- und Mischfarben Rot (Magenta), Gelb (Yellow), Blau (Cyan), Orange, Grün, Violett, so wie am Farbkreis Küppers' (siehe Abbildung 9.11 auf Seite 370) gesehen. Diese sechs Farben, ergänzt durch die neutralen Farben Weiß, Schwarz, Grau und Braun, werden auf den kommenden Seiten genauer vorgestellt, wobei wichtige Assoziationen hervorgehoben werden.

9.5.1 Warme Farben

Alle Farben, die im Spektrum zwischen Gelb bis Violett erscheinen, werden als warme Farben bezeichnet. Sie stehen ganz allgemein für Sonne, Feuer sowie Bewegung. Sie wirken anregend, leidenschaftlich und positiv.

Abbildung 9.37 ▼
Warme Farben

Warme Farben wirken im Webdesign dominant und anregend. Mit ihnen lassen sich einzelne Elemente besonders hervorheben (zum Beispiel ein Button oder eine Überschrift), da sie optisch hervorstechen.

◂ **Abbildung 9.38**
Da wird einem ganz warm ums Herz bei so viel Orange, *mitoswimwear.com*.

Ein komplettes »warmes« Screendesign wirkt, wie Abbildung 9.38 zeigt, wohltuend anregend. Bei kräftigeren Tönen (z. B. Rot) kann es auch ordentlich »knallen« und sehr aufmerksamkeitsstark sein.

9.5.2 Rot

Was rot gestaltet ist, hat eine besondere Bedeutung und eine hohe Sichtbarkeit. Das reicht von den roten Teppichen bei besonderen Veranstaltungen über festliche Dekorationen bis zu Gefahrenhinweisen bei Warnschildern oder Ampeln. Rot hat Signalwirkung.

Assoziationen zu Rot
Rot weckt eine Vielzahl von Assoziationen: Blut, Liebe, »rotsehen«, Leidenschaft, Warnung, Stopp, Feuer, Aggression, Energie, Kraft, Gefahr, Wut, Zorn, Impulsivität, Hitze, Ferrari, Kommunismus, SPD, Die Linke, Sexualität, Erotik, Roter Teppich.
Positive Assoziationen:
Stark, mutig, leidenschaftlich, dynamisch, aktiv, verführerisch, warm, vital, stimulierend
Negative Assoziationen:
Gefährlich, aggressiv, dominant, arrogant, brutal, zornig, laut, (negativ) aufregend

◂ **Abbildung 9.39**
Der Name ist Programm: Rote Logos werden, na klar, in Rot präsentiert, *redlogoassociates.com*.

Rot ist eine der spannendsten und vielseitigsten Farben und zeigt gleich sehr anschaulich die unterschiedlichen, manchmal auch widersprüchlichen Wirkungen, die eine Farbe hervorrufen kann. Denn es ist schwierig, eine Bedeutung oder eine Stimmung mit einem bestimmten Rotton zu verbinden. Rot ist eine, wenn nicht sogar die emotionalste Farbe. Einerseits steht Rot für Liebe, Leidenschaft und Begeisterung und kann Willensstärke und Entschlossenheit zum Ausdruck bringen, aber genauso kann Rot für den Teufel, für Ärger oder Wut stehen.

▲ **Abbildung 9.40**
Von Energiegetränk bis zum Automobilhersteller – rote Logos sind gefragt.

Dabei ist Rot wohl die stärkste Farbe, um Stimmungen und Gefühle auszudrücken. Insgesamt ist Rot eine sehr aktive/aktivierende, lebendige Farbe. Nachweislich erhöht sie den menschlichen Stoffwechsel, die Atemfrequenz und den Blutdruck. Rot steht auch für das Leben. In der Natur ist Rot die Farbe der Fülle – reife Beeren, Tomaten, Rubin und Mohn. Und nicht zu vergessen, dass Rot die Farbe des Bluts ist und damit des Herzens und Feuers. Rote Farbe erinnert an starke Emotionen, denn Rot kann Amor wie Teufel sein …

Rot in der Gestaltung | Die Energie und die Leidenschaft der Farbe Rot machen sich auch viele Unternehmen zu eigen, die Rot als primäre Unternehmensfarbe einsetzen. Die Signalwirkung und Dynamik der Farbe überträgt sich auf die Unternehmen und die mit diesen assoziierten Eigenschaften. Ein bekanntes Beispiel ist Media Markt. Auch der Webauftritt des Elektronikfachhandels setzt auf die Farbe Rot (Abbildung 9.41).

Abbildung 9.41 ▲
Brüllen! *mediamarkt.de*, wie man ihn kennt. Rot unterstützt die »Lautstärke«.

Rot ist auch in der Gestaltung ein *Hingucker* und hat Signalwirkung. Daher wird es oft als markante Akzentfarbe eingesetzt. Wird es großflächig eingesetzt, hat es eine überwältigende Wirkung. Dabei gibt es nicht den einen Rotton, sondern viele verschiedene, die teilweise sehr unterschiedliche Wirkungen erzeugen können. Ein kräftiger klarer Rotton drückt Dynamik und Energie am intensivsten aus und erzeugt damit die größte Aufmerksamkeit. Er wird daher gerne bei Produktwerbung für Autos, Energie-Drinks, Spiele oder Sportartikeln eingesetzt.

Dunklere Rottöne vermitteln ein Gefühl von Wärme, Gemütlichkeit und Zuverlässigkeit, wie ein Kaminfeuer oder beispielsweise die roten Bühnenvorhänge und Sitze im Theater. Dunkelrot steht auch für Kostbarkeit, Eleganz, Vernunft und Kultiviertheit und manchmal auch für Arroganz und Boshaftigkeit. Erotische Gefühle werden durch rote Lippen, rote Nägel oder die »Lady in Red« hervorgerufen.

Je erdiger bzw. brauntöniger das Rot wird, umso eher wird Erdverbundenheit, Stabilität, Reife und Tradition damit verbunden. Ein hellerer Rotton geht schnell in Richtung Rosa und wirkt eher feminin, freundlicher, verspielter und passiver.

Rot in den Kulturen
Außerhalb der westlichen Welt hat Rot verschiedene Assoziationen. In China ist es die Farbe des Wohlstands und des Glücks, in Südafrika die Farbe der Trauer. Bei vielen Völkern gehört(e) das Tragen roter Bänder oder Tücher zu den Hochzeitsbräuchen. Im alten Ägypten kam das Schminken von Wangen, Lippen und Fingernägeln in Mode. Rot war eine kostbare Farbe, mit der sich die Pharaonen-Töchter schmückten.

◂ **Abbildung 9.42**
trufcreative.com präsentiert kleine Highlights der Seite in Rot.

Rot im Webdesign | In der traditionellen Farbtheorie ist Rot zusammen mit Blau und Gelb eine der drei Grundfarben. In der modernen Farbtheorie (RGB-Farbmodell) bildet Rot zusammen mit Grün und Blau die additiven Grundfarben. Reines Rot hat in RGB den Wert `255,0,0` (`#ff0000`). In CMYK ist dieser leuchtende Ton nicht ganz zu erreichen, der Farbwert 0, 100, 100, 0 käme ihm noch am nächsten.

Wie bereits erwähnt, kann Rot viele Stimmungen, Gefühle und Emotionen vermitteln. Dies gilt auch im Webdesign. Die Flexibilität der roten Farbe lässt sich vielseitig einsetzen. Ein bevorzugt rotes Farbschema ist laut, heftig und manchmal auch aggressiv, schreit aber auf jeden Fall nach Aufmerksamkeit. Auch *hurra.com* setzt auf die Farbe Rot (siehe Abbildung 9.43). Hier werden einzelne Bereiche durch die rote Gestaltung hervorgehoben (Überschrift, Anführungszeichen oder Icon) und damit einzelne Akzente gesetzt, die das Auge auch durch die Seite leiten bzw. immer wieder (linksbündige) Ankerpunkte bieten. Der großflächige rote Bereich teilt die Seite optisch in einen oberen und unteren Bereich und hebt die Leistungen innerhalb des roten Balkens entsprechend hervor.

▲ **Abbildung 9.43**
Knallt rein. Rot ist laut und auffällig, auch bei *hurra.com*.

Rot bringt Texte und Bilder in den Vordergrund. Daher wird es gerne als Akzentfarbe eingesetzt. Ein typisches Beispiel ist ein Call-to-Action-Button (siehe Abschnitt 12.6.3, »Buttons«). Dieser soll die Aufmerksamkeit des Betrachters erlangen und ihm lautstark zurufen: »*Klick mich!*«, oder: »*Kauf mich hier!*«, und, in Rot gestaltet, ihn letztlich davon überzeugen, es zu tun.

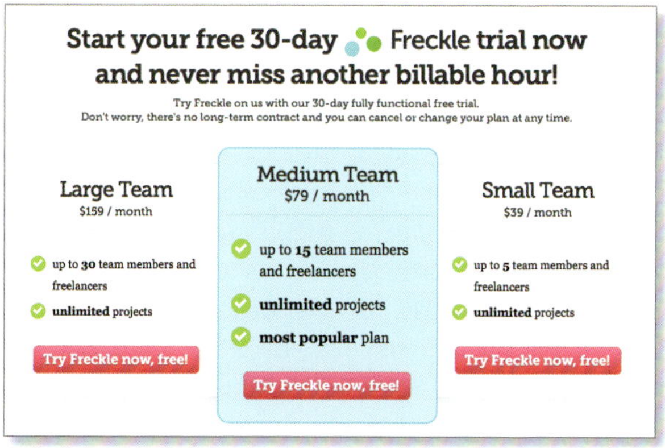

◂ **Abbildung 9.44**
Rot oder, besser, Magenta, als markante Buttonfarbe bei *letsfreckle.com*

Rot wird also häufig nicht als Hauptfarbe verwendet, sondern als Ergänzungsfarbe, um Akzente zu setzen und die Aufmerksamkeit zu lenken. Diese markante Wirkung ist ein guter Grund, Rot auch bei Portfolios als Hauptfarbe einzusetzen. Es gibt nicht wenige Agenturen und Webdesigner, die mit Hilfe der roten Farbe lautstark rufen: *»Hier sind wir, schaut auf unser Portfolio!«* Dabei muss Rot nicht immer flächig eingesetzt werden: *deutscheundjapaner.com* setzt Rot dezent in Form von Rahmen ein. *heikopaiko.com* setzt dagegen auf große rote Farbflächen. Beide Gestaltungsprinzipien funktionieren für sich.

▴ **Abbildung 9.45**
Dezent und doch auffällig: der rote Rahmen bei *deutscheundjapaner.com*

▴ **Abbildung 9.46**
Immer wieder gerne genommen: große Farbflächen in Rot, *heikopaiko.com*.

Tipps für den Einsatz von Rot im Webdesign | Rot zieht immer die Aufmerksamkeit auf sich. Dieser Vorteil sollte gezielt genutzt werden: Buttons, Banner, Ankündigungen und/oder andere wichtige Elemente können damit ihre Bedeutung verliehen bekommen.

Man muss bei roter Farbgestaltung jedoch stets aufpassen, nicht zu übertreiben: Rot sollte sehr bewusst eingesetzt werden. Zu viel Rot kann abstoßend und nervig sein und somit Bedeutungen ins Gegenteil verkehren. Viel hängt auch von dem Unternehmen und dem Ziel ab. Erlaubt ein klassisch seriöses Unternehmen den Einsatz einer so lauten Farbe, oder ist sie zu *»gewagt«*? Dabei kommt dem genauen Farbton viel Bedeutung zu. Denn der *rote* Unterschied zwischen Glück und Lebendigkeit oder Aggressivität und Zorn ist gering.

9.5.3 Orange

Orange ist eine Farbe der Freude und des Glücks und hat seinen Namen von der gleichnamigen Frucht. Es ist eine sehr warme, lebendige und energetische Farbe, wirkt dabei allerdings nicht so aggressiv und dominant wie Rot. In einer etwas gedämpfteren Form kann Orange auch mit Erde und Herbst assoziiert werden und assoziativ Veränderung und Bewegung darstellen.

Assoziationen zu Orange
Die Farbe Orange weckt eine Vielzahl von Assoziationen: Freude, Geborgenheit, Leben, Balance, Wärme, Herbst, Erde, Frucht, Kraft, Gesundheit, Geselligkeit, Optimismus, Buddhismus, Niederlande, Piratenpartei, Energie, Innovation, Künstlichkeit, Fanta, Sonne(nschein)
Positive Assoziationen:
Freundlich, warm, einladend, vital, jung, fröhlich
Negative Assoziationen:
Billig, unseriös, aufdringlich, laut, unruhig

Orange in der Gestaltung | Durch seine Wirkung und die Verbindung mit der gleichnamigen und gleichfarbigen Frucht wird Orange zwangsläufig mit Gesundheit und Vitalität assoziiert. Zusammen mit dem natürlichen Grün ist es eine beliebte Farbkombination bei allen möglichen Gesundheitsthemen. Auch sonst ist die Farbkombination Orange-Grün im Web nicht selten anzutreffen, da sie gleichsam sympathisch wie erfrischend wirkt. Gerade junge Unternehmen wie *schuimer.eu* setzen auf Orange kombiniert mit Grün. Die Website dieses Unternehmens wirkt frisch und einladend und macht sich die positive Assoziationskette, die mit Orange in Verbindung gebracht wird, für das eigene Firmenimage gekonnt zunutze.

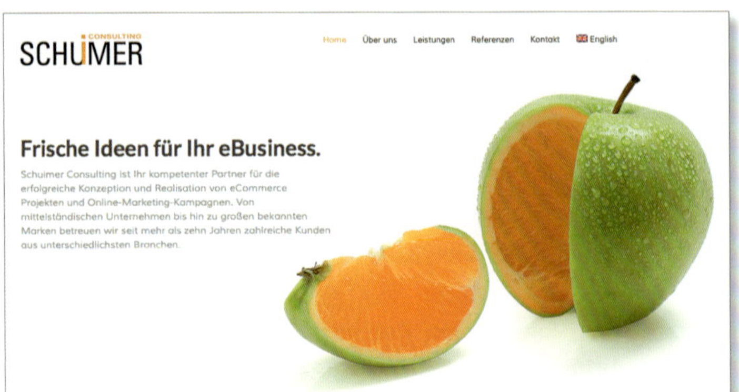

Abbildung 9.47 ▶
Kein Gesundheitsthema, aber trotzdem erfrischende Orange-Grün-Kombination bei *schuimer.eu*

Einerseits verspricht Orange Freude, Energie, Geselligkeit und Wärme. Diese freundliche, anregende Wirkung lässt (teure) Produkte günstig erscheinen. Gerade Unternehmen und Dienstleister, die mit preiswerten Produkten werben wollen, setzen daher auf Orange.

Orange hat aber auch eine große Sichtbarkeit und Fernwirkung. Daher sind Warnwesten und Katastrophenschutzmarkierungen häufig in dieser Farbe gehalten. Durch die Signalwirkung ist Orange für eine plakative Wirkung genauso geeignet wie für einzelne Akzente. Ähnlich wie mit Rot lässt sich Aufmerksamkeit erzeugen, ohne gleichzeitig so aufdringlich zu wirken. Es ist einladender und freundlicher und »knallt nicht so rein«.

Orange als Antidepressivum
Orange wird mit Energie und Sonnenschein verbunden und löst daher Emotionen wie Freude und Begeisterung aus. Orange Farbtöne fördern eine positive Atmosphäre und erhöhen das Selbstwertgefühl. Insgesamt hebt die Farbe Orange die Stimmung, man könnte es als Antidepressivum (der Farbpalette) bezeichnen.

Orange im Webdesign | Das klassische Web-Orange wird als `#ffa500` (RGB: `255, 165, 0`) definiert. Orange großflächig auf Webseiten einzusetzen muss schon sehr bewusst gewählt sein. Es wird zwar als warme, freundliche Farbe wahrgenommen und kann so einem Screendesign passende angenehme Akzente verleihen. Zu viel Orange allerdings kann – zumindest bei klassischen Unternehmenswebseiten – aufdringlich, billig und unseriös wirken. Dass dies nicht unbedingt so sein muss, zeigt *learndot.com*, wo großflächig auf Orange gesetzt wird.

▲ **Abbildung 9.48**
Auch als Logofarbe sehr beliebt: Orange

◂ **Abbildung 9.49**
Großflächig ähnlich markant wie Rot. *learndot.com*

Ähnlich wie mit Rot lässt sich das Nutzerverhalten beeinflussen und lassen sich markante Elemente wie ein Call-to-Action-Button effektiv aus der Masse hervorheben.

◂ **Abbildung 9.50**
Call-to-Action-Button in Orange bei *de.zendesk.com*

Auch in Portfolios ist Orange durch seine Lebendigkeit und Freundlichkeit eine beliebte Farbe; manchmal als dezente Highlight setzende Farbe und manchmal großflächig eingesetzt, was bei Portfolios eher geht als bei Corporate Websites, da die kreative Wirkung von Orange die »billige« Wirkung überlagert.

Abbildung 9.51 ▸
Ganz in Orange, das Portfolio von *bakeagency.it*

Tipps für den Einsatz von Orange | Wo es um Seriosität und Beständigkeit geht, ist Orange fehl am Platze. Um ein frisches, junges, kreatives Aussehen zu erreichen, kann Orange genau die richtige Wahl sein. Auch bei trendigen Themen kann es seine Stärke ausspielen.

Gezielt ein paar Prisen Orange füllen die Webseite mit Leben und Energie, besonders wenn es in Kombination mit einer kalten Farbe eingesetzt wird. Hier kann Orange seine ganze Wirkung ausspielen. Auf *freshnotcanned.com* (Abbildung 9.52) wird Orange als gelungener Kontrast zum kühlen Blau eingesetzt. Die orange Farbtupfer beleben die Website und unterstreichen den frischen Charakter des Unternehmens und seiner Produktpalette.

Abbildung 9.52 ▸
Ein schöner Kontrast zum kühlen Blau: dezente orange Farbtupfer. *freshnotcanned.com*

Wie bei jeder anderen warmen Farbe kann ein großflächiger Einsatz auf der Webseite zu erdrückend oder aggressiv wirken. Durch die hohe Sichtbarkeit lässt es sich gezielter einsetzen, um die wichtigsten Elemente des Designs zu markieren.

Und Vorsicht vor Orange als Textfarbe! So ästhetisch die Kombination auch wirken mag: Orange ist sowohl auf hellem als auch dunklem Hintergrund schwer zu lesen. Orange ist als Hintergrundfarbe (für Buttons etc.) besser eingesetzt.

9.5.4 Gelb

Gelb vermittelt wie auch Rot und Orange ein freundliches, glückliches Gefühl und wirkt lebendig, heiter und gemütlich. Die Symbolik ist wie bei den anderen Farben widersprüchlich. Auf der einen Seite steht Gelb für Glück und Freude, auf der anderen für Neid, Feigheit und Verrat. Und je nach genauem Farbton werden sehr unterschiedliche Assoziationen hervorgerufen. Gelb wird im Webdesign gerne mit Schwarz kombiniert. Diese kontrastreiche Farbkombination hebt sich bei *webspecies.co.uk* (siehe Abbildung 9.53) angenehm ab und wirkt spannungsreich.

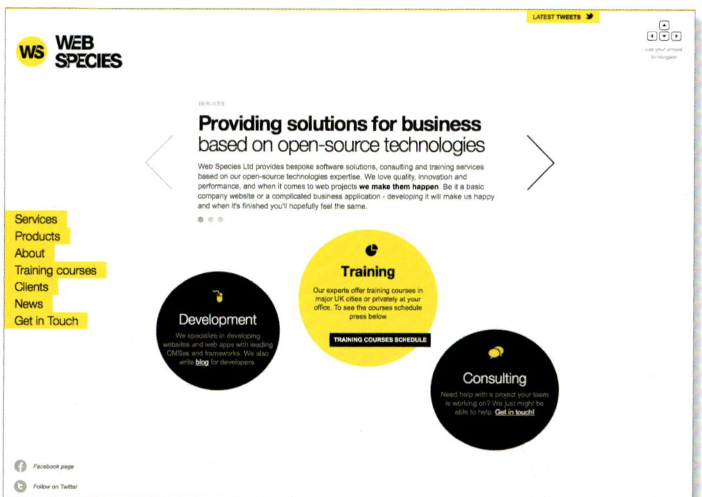

▲ **Abbildung 9.53**
Ein starker Kontrast: Gelb und Schwarz ansprechend kombiniert auf *webspecies.co.uk*

Genau wie die anderen warmen Farben regt Gelb unser Nervensystem und die Gehirnaktivitäten an und erzielt einen wärmenden Effekt. Ein warmes, sonniges Gelb vermittelt Sommer, Sonne und Unbeschwertheit, insgesamt eine heitere Gefühlsstimmung. Gelb kann aber auch – gerade wenn es sehr intensiv eingesetzt

Assoziationen zu Gelb
Gelb wird assoziiert mit Sonne, Licht, Wärme, Lebensfreude, Neid, Optimismus, Gift, Warnschilder, Weisheit, Eifersucht, Sauberkeit, Modernität, Gelber Strom, Gelber Journalismus, »das Gelbe vom Ei«, »gelb vor Neid«.
Positive Assoziationen: Freundlich, glücklich, optimistisch
Negative Assoziationen: Aufdringlich, giftig, feige, neidisch

Gelb in den Kulturen
In Ägypten steht Gelb für Trauer, in Japan für Mut und in Indien ist es die Farbe der Kaufleute. In China symbolisierte Gelb früher den chinesischen Kaiser, das Volk durfte keine gelbe Kleidung tragen. In England ist die gelbe Farbe mit Feigheit verbunden, und im Mittelalter bestimmte der Klerus Gelb zur Farbe der Dirnen. Gelb wurde zunehmend negativ besetzt. Unter den Nationalsozialisten gab es den gelben Judenstern.

▲ **Abbildung 9.54**
Warnzeichen Radioaktivität in der Kombination Schwarz-Gelb ist am auffälligsten.

wird – instabil und abstoßend wirken. Selten wird Gelb als Lieblingsfarbe genannt.

▲ **Abbildung 9.55**
Gelb und Schwarz machen sich auch gut in Logos.

»Einige Maler verwandeln die Sonne in einen gelben Fleck, andere verwandeln einen gelben Fleck in die Sonne.«

Pablo Picasso

Gelb in der Gestaltung | Für viele Warnzeichen wird Gelb oder gar die Kombination Schwarz-Gelb eingesetzt. Diese bilden den besten Kontrast im Vergleich zu jeder anderen Farbkombination. Daher umgibt Gelb auch oft ein Gefühl der Warnung und Vorsicht. Ein helles, reines Gelb ist auch ein Blickfang, aktiv und hervorstechend. Taxis in vielen Ländern nutzen dies aus.

Die Farbe Gelb vermittelt eine heitere, fröhliche Stimmung und steht für Lebendigkeit, Optimismus und Kraft. Wie gemacht für Unternehmen, sich diese Eigenschaften einzuverleiben. In vielen Unternehmenslogos weltweit bekannter Marken taucht Gelb auf (McDonald's, Ikea, Nikon, Shell etc.). Aber in den Webseiten dieser Unternehmen spiegelt sich das Gelb selten größer wider (Ausnahme siehe Abbildung 9.56).

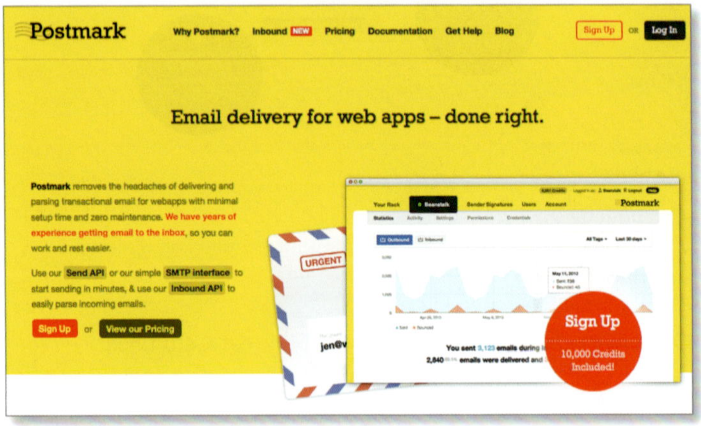

Abbildung 9.56 ▶
Okay, irgendwie hat »Post« immer mit Gelb (und Schwarz) zu tun: *postmarkapp.com*.

Durch den angenehm fröhlichen Charakter ist Gelb gut geeignet, um Kinder-, Freizeit- oder Unterhaltungsprodukte zu fördern.

Soll es aber seriös sein, ist Gelb selten die richtige Wahl. Gelb gilt zwar als Primärfarbe, aber in der Gestaltung funktioniert es am besten als Akzent zu anderen Farben und eignet sich wie Rot und Orange gut dazu, um Aufmerksamkeit zu erlangen und wichtige Elemente des Designs hervorzuheben. Zu viel oder zu wenig kann sich wie bei allem nachteilig auswirken – alles in Maßen. Zu viel Gelb überfordert und löst Unruhe aus. Auf Gelb als Textfarbe sollte verzichtet werden, da es sehr anstrengend zu lesen ist.

Gelb im Webdesign | Gelb ist eine Grundfarbe des Vierfarbendrucks (CMYK), und mit `#ffff00` wird im Web ein sehr grell leuchtendes Gelb erzeugt. Traditionell ist Violett die Komplementärfarbe zu Gelb. Im technischen Farbmodell ist es Blau.

Wegen der Fähigkeit, Aufmerksamkeit auf sich zu ziehen, wird Gelb gerne verwendet, um die wichtigsten Elemente zu markieren. Als großflächiger Hintergrund bedeutet Gelb wegen der hohen Menge an Licht, die die Farbe ausstrahlt, Stress für das Auge. Daher wird Gelb in der Regel mit dunkleren, kalten Farben wie Schwarz, Grau oder Dunkelblau kombiniert, um einen ausreichenden Kontrast zu schaffen. Dass ein bekannter Stromanbieter auch bei seinem Webauftritt großflächig auf Gelb setzt, zeugt davon, wie stark doch die assoziative Verbindung von Gelb mit Wärme ist.

Gelb und Violett – die Komplementärfarben
Gelb und Violett sind sogenannte Komplementärfarben, also Farben, die im Farbkreis gegenüberliegen und somit den größtmöglichen Abstand zueinander haben. Liegen diese Farben nebeneinander, verstärken sie sich in ihrer Wirkung. Mehr dazu in Abschnitt 9.6.4, »Komplementärkontrast«.

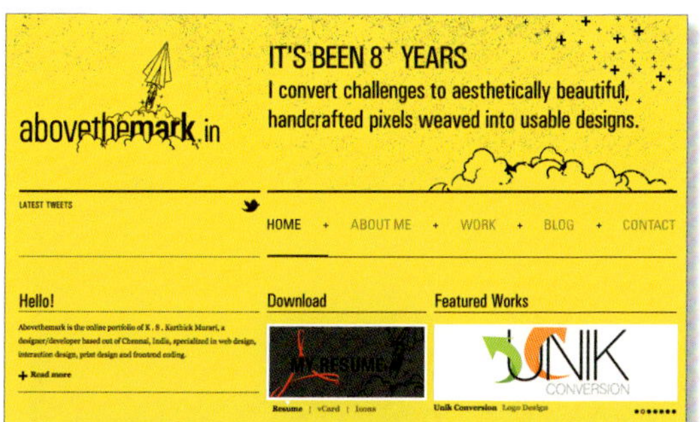

▲ **Abbildung 9.57**
Schwarz-Gelb knallt auch in Portfolios richtig rein, *abovethemark.in*.

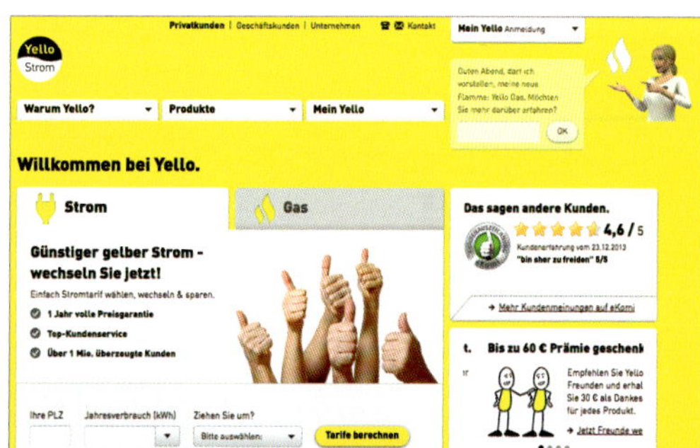

▲ **Abbildung 9.58**
Großflächiger Einsatz von Gelb auf *yellostrom.de*

Wer auffallen will mit seinem Portfolio, sollte Gelb nehmen. Dort kann es markant, individuell und kreativ wie auf *abovethemark.in* wirken. Aber Vorsicht: Wird Gelb in der Webgestaltung unachtsam und unausgewogen eingesetzt, kann das Webdesign wenig seriös wirken!

Unterschiedliche Gelbtöne
Je nach Farbton wechselt auch die Wirkung von Gelb. Ein helles Gelb wird mit Frische, Freude und Verstand verbunden. Ein dunkleres Gelb wirkt oft antik oder gar schmuddelig und schmutzig, kann aber einem Design den Ausdruck von Beständigkeit verleihen. Ein Goldgelb steht für Luxus, Wohlstand und Wärme. Am prägnantesten ist Gelb aber in seiner reinsten, hellsten Form (`#ffff00`).

Tipps für den Einsatz von Gelb im Webdesign | Wenn Rot und Orange zu markant sind, kann Gelb genau richtig sein – warm, freundlich, aufmerksamkeitsstark. Aber Achtung bei den Gelbtönen und Schattierungen! Zu schnell verliert Gelb seine Fröhlichkeit und Unschuld und wird visuell unattraktiv.

Es gibt in HTML die Möglichkeit, einzelne Wörter oder Textabschnitte mit dem `mark`-Element hervorzuheben. Die so markierten Texte werden standardmäßig von den Browsern in Gelb angezeigt. Gelb markiert hier also, dass es sich um etwas Besonderes handelt, und hebt es hervor.

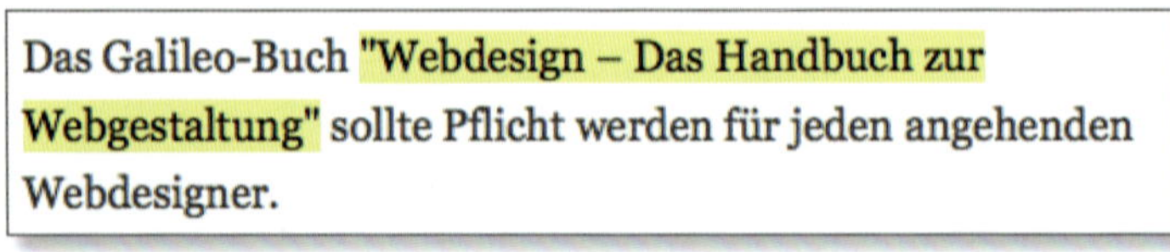

▲ **Abbildung 9.59**
Mit dem HTML-Element `mark` markierter Text wird in Gelb angezeigt.

Wie goldig
Eine besondere Abstufung von Gelb ist der Farbton Gold. Die Abstufungen reichen von einem sehr gelblichen Ton über Orange bis zu einem eher bräunlichen Einschlag. Generell wirkt Gold edel, elegant, erhaben und kostbar. Daher eignet sich die Farbe für Unternehmen und Produkte, die eher teure, exklusive und luxuriöse Produkte anbieten und dies auch im Webdesign ausdrücken wollen.

Zusammen mit Schwarz oder Dunkelgrau wird die »goldige« Wirkung noch besser herausgestellt. Ein ansprechender Goldton in Hexadezimalcode könnte `#ecc700` sein.

▲ **Abbildung 9.60**
»Jetzt bist du wieder da.« Gold und Schwarz wirken edel und machtvoll bei *johnniewalker.com*.

9.5.5 Kalte Farben

Kalte Farben reichen im Spektrum von Grün bis Blau und sind verhaltener als warme Farben. Sie wirken beruhigend, entspannend.

▲ **Abbildung 9.61**
Das Spektrum kalter Farben

In der Gestaltung treten kühle Farben eher zurück, daher eignen sie sich gut für Hintergründe oder größere Elemente. Sie vermitteln ein Gefühl der Ruhe und Professionalität. Auch im Webdesign sind kühle Farben vor allem im »klassischen« Business-Bereich gefragt. Nüchtern, zurückhaltend und rational wirken sie und eignen sich daher für alle (Gestaltungs-)Fälle, bei denen sich das Screendesign zurücknehmen und nicht zu markant auffällig sein soll.

◂ **Abbildung 9.62**
Ganz sachlich: *mybootcamp.at* setzt auf Blautöne.

9.5.6 Blau

Wir sind von der Farbe Blau umgeben. Vom blauen Himmel bis zum tiefen Blau des Ozeans ist sie eine Konstante in unserem Leben und steht auch für Weite, Ferne und räumliche Tiefe. Klassische blaue Eigenschaften sind Stabilität, Tiefe, Ruhe, Vertrauen, Loyalität und Wahrheit. Blau kann aber auch sehr kalt und deprimierend wirken.

»Blau ist die einzige Farbe, die in allen Abstufungen ihren eigenen Charakter behält.«

Raoul Dufy, französischer Maler, 1877–1953

Assoziationen zu Blau
Blau wird assoziiert mit Wasser, Himmel, Meer, Ferne, Unendlichkeit, Kälte, Stille, Sehnsucht, Wissenschaft, Stabilität, Klarheit, Harmonie, Freundlichkeit, Ruhe, Demokratie, Vernunft, Sympathie, blauer Brief, »Fahrt ins Blaue«, »mit einem blauen Auge davonkommen«, »sein blaues Wunder erleben«, »blau sein«, Distanz.
Positive Assoziationen:
Still, entspannend, vertrauensvoll, verlässlich, autoritär, stark
Negative Assoziationen:
Kalt, unpersönlich, depressiv, langweilig

Blau verlangsamt den menschlichen Stoffwechsel und erzeugt eine beruhigende Wirkung für Körper und Geist. Nicht überraschend also, dass Blau die Lieblingsfarbe der meisten Deutschen ist, wobei Männer noch eine stärkere Präferenz zu ihr haben. Und wohl auch ein Grund, warum Blau als Farbe auch von Unternehmen so gerne eingesetzt wird.

Blau in der Gestaltung | Blau vermittelt sehr subtil Vertrauen, Zuverlässigkeit und Stabilität, ohne dabei übermäßig ernst zu sein. Sie ist daher die geborene *Corporate-Farbe* für alle Arten von Unternehmen. Gerade in dunkleren Tönen wirkt sie ruhig, loyal, seriös, verbindlich und konservativ. So vermitteln auch dunkelblaue Uniformen ein Gefühl von Sachlichkeit, Vertrauen und Sicherheit. Gerade bei Produkten und Dienstleistungen, bei denen ein hohes Maß an Vertrauenswürdigkeit, Seriosität und Sicherheit vermittelt werden soll, bietet sich ein Blauton an.

▲ **Abbildung 9.63**
Blau ist sehr beliebt, auch im Logodesign.

Blau in den Kulturen
Blau ist mit Frieden verbunden und hat in vielen Kulturen religiöse und geistige Bedeutungen. So wird beispielsweise die Jungfrau Maria fast immer in blauen Kleidern dargestellt, und als Farbe des Wassers galt sie zudem als Symbol für den Heiligen Geist. In der englischen Sprache wird Blau oft mit Trauer verbunden.

So wird es eingesetzt, um Produkte und Dienstleistungen für Sauberkeit (z. B. Wasserreinigungsfilter, Reinigungsflüssigkeiten), Luft und Himmel (z. B. Fluggesellschaften, Flughäfen, Klimaanlagen), Wasser und Meer (z. B. Seereisen, Mineralwasser) oder auch Hightechprodukte zu fördern.

In der Werbung findet sich die blaue Symbolkraft bei Produkten wieder, die eine heilende, lindernde oder reinigende Wirkung versprechen. Hellere Blautöne sind besonders bei Wellness-, Gesundheits- und Entspannungsthemen angesagt, während dunklere Töne bei »seriöseren« Unternehmen wie Banken oder Anwaltskanzleien eingesetzt werden.

Im Einsatz mit warmen Farben wie Rot, Orange oder Gelb bildet Blau den Gegenpol und steht auch für den Verstand und die Sachlichkeit.

Blau im Webdesign | Blau ist eine der additiven Primärfarben (`#0000ff`). In der traditionellen Farblehre ist es die Komplementärfarbe zu Orange. Da Blau von vielen Unternehmen genutzt wird, erscheint es auch entsprechend häufig in Screendesigns in den unterschiedlichsten Abstufungen. Auch Facebook, das größte soziale Netzwerk, nutzt Blau als Hauptfarbe (siehe Abbildung 9.65). Somit nimmt sich das Screendesign angenehm zurück und lässt die Inhalte wirken (den Stream, die Bilder usw.). Bei einer markanteren Gestaltung mit mehr Farbtönen und/oder kräftigeren Farben würde bei dauerhafter Benutzung auch schnell die Gefahr der Überreizung bzw. Übersättigung eintreten. Denn anders als die meisten anderen Webseiten, die man ab und an mal besucht, ist ein Großteil der Kundschaft regelmäßig auf der Facebook-Seite. Das Blau ist so neutral und zurückhaltend, dass es nicht weiter stört, allerdings eben auch keine großen optischen Akzente setzt.

▲ **Abbildung 9.65**
Facebook in Blau. Ob das Netzwerk in Grün oder Orange den gleichen Erfolg gehabt hätte? *facebook.com*

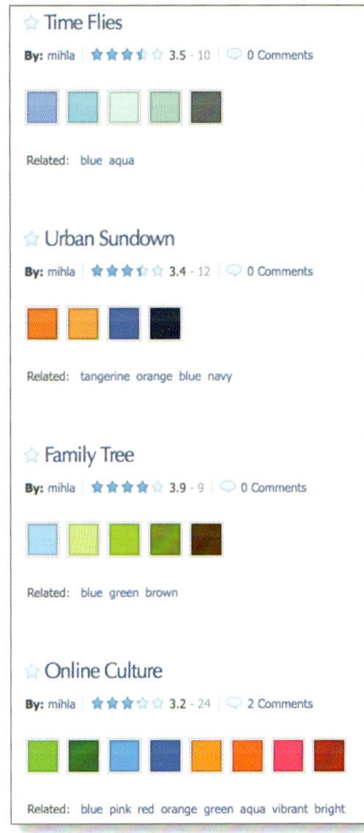

▲ **Abbildung 9.64**
Bedarf an blauen Farbschemata? *colorschemer.com* bietet jede Menge davon an, nach unterschiedlichen Kategorien sortiert.

Als Basisfarbe ist Blau auch bei neu geplanten Designs aufgrund seiner Eigenschaften bestens geeignet. Um sich von der Masse abzuheben und Individualität auszustrahlen, dementsprechend eher weniger. Denn Blau ist kein Eyecatcher. Blau nimmt sich zurück und erzeugt eine ruhige Stimmung und kann auch sehr langweilig wirken. Gerade Dunkelblau unterstreicht das seriöse Auftreten eines Unternehmens, wie *ssrecruitment.com* (Abbildung 9.66, Seite 402) zeigt. Helleres Blau wie auf *markfaseldesign.com* (Abbildung 9.67) wirkt weniger streng, vielmehr luftiger.

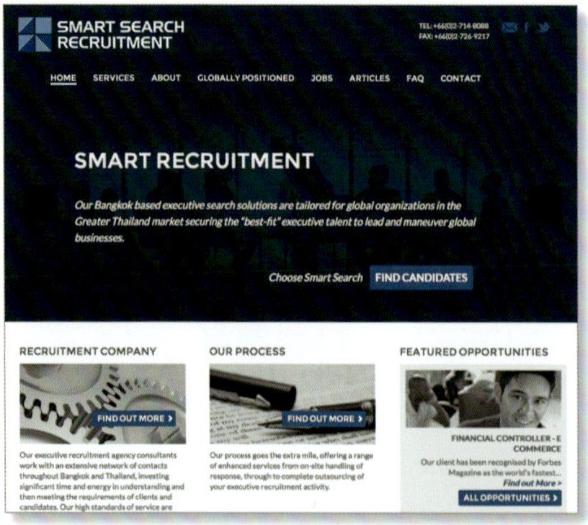

▲ **Abbildung 9.66**
Was für ein seriöses Dunkelblau bei *ssrecruitment.com*!

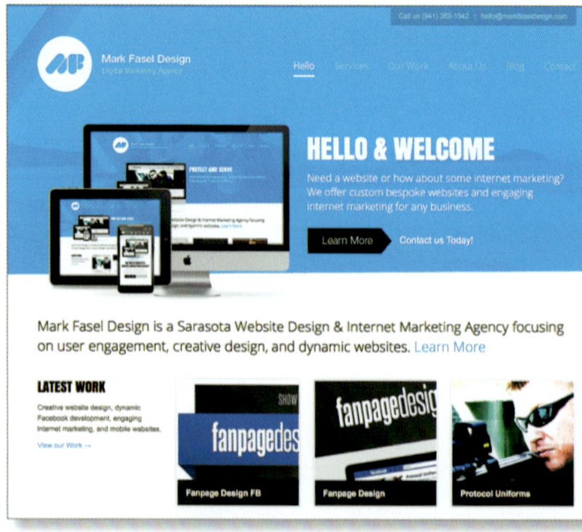

▲ **Abbildung 9.67**
Wesentlich luftiger und leichter wirkt das freundliche Blau bei *markfaseldesign.com*.

Unterschiedliche Blautöne
Die genaue Bedeutung ist vom gewählten Farbton abhängig. Ein Hellblau wirkt erfrischend und freundlich und steht für Gesundheit, Heilung, Ruhe und Weichheit. Dunklere Blautöne wirken eher zuverlässig und stabil und werden daher von Unternehmen gerne genutzt.

Tipps für den Einsatz von Blau im Webdesign | Mit Blau kann man eigentlich nicht viel falsch machen, vielleicht wird es daher so gerne eingesetzt. Die Lieblingsfarbe der Deutschen, sie »tut nicht weh«, weil sie keine allzu großen negativen Assoziationen zulässt, und sie ist so angenehm neutral. Mit anderen Worten: langweilig. Mit Blau setzt man eben auch nicht wirklich Akzente im Design. Als Farbe zur Differenzierung ist sie daher eher weniger geeignet. Überall da, wo Sachlichkeit und Nüchternheit im Vordergrund steht, ist und bleibt sie sicherlich erste Wahl.

9.5.7 Grün

Grün steht für Harmonie, Frische und Wachstum. Der beruhigende Aspekt der Farbe eignet sich, um Entspannung und Ruhe zu vermitteln. Grün teilt sich mit Blau viele Attribute, aber es enthält auch einen Teil der gelben Energie.

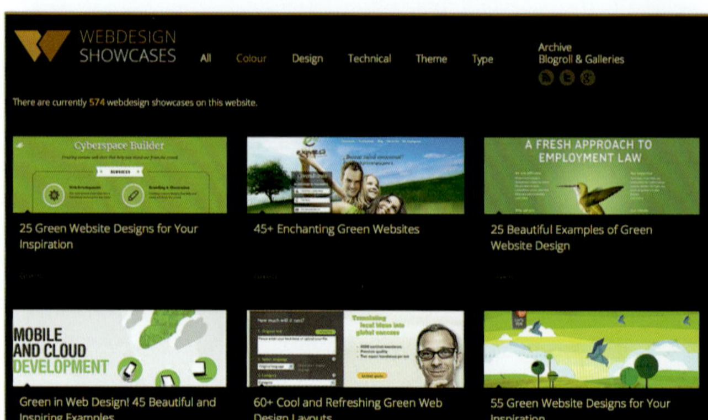

Abbildung 9.68 ▸
Jede Menge grüne Webseiten finden sich bei *webdesign-showcases.com*. Und auch jede andere Farbe ist dort vertreten.

Charakteristischerweise ist Grün die Farbe der Natur (Blätter, Wiesen, Gemüse, Pflanzen etc.) und Symbol für Leben und für die Hoffnung auf Überleben – wenn Grün aus der Erde sprießt, (über)lebt die Natur. Umwelt-, Umweltschutz- und Ökologiethemen werden am häufigsten mit Grün visualisiert. Anders als seine Komplementärfarbe Rot vermittelt Grün das Gefühl von Sicherheit und Vertrauen statt Gefahr. Manchmal, eher selten steht Grün auch für Eifersucht, Neid oder für Unerfahrenheit.

Assoziationen zu Grün
Grün wird assoziiert mit: Natur, Ökologie, Wiese, Pflanzen, Blätter, Wald, Gesundheit, Frische, Hoffnung, Leben, Umweltschutz, Die Grünen, »Grünes Licht«, Grüner Punkt, Grüne Oase, Erholung, Hoffnung, Frühling, Greenhorn, »alles im grünen Bereich«, Grüner Daumen, Greenback.
Positive Assoziationen:
Natürlich, entspannend, ruhig, positiv, harmonisch, erholsam
Negative Assoziationen:
Unreif, sauer, bitter, unerfahren

Grün in der Gestaltung | Bei Unternehmen rund um Natur, Umweltschutz, aber auch Gesundheit und (Bio-)Nahrungsmittel wird Grün gerne als Unternehmensfarbe eingesetzt. Grüne Designs wirken daher meistens frisch, vital, jung, lebendig und natürlich. Hinzu kommen Assoziationen wie Wachstum, Sicherheit und Wohlstand.

In letzter Zeit gibt es, aufgrund der allgemeinen Umweltzerstörung und Ressourcenausbeutung, den Trend bei Unternehmen, sich sprichwörtlich »grünzuwaschen«. Unternehmen versuchen, sich ein verantwortungsvolles und umweltfreundliches Image zu geben – mit der Farbe Grün als optischem Kennzeichen. Das geht dann sogar so weit, dass aus einer rot-gelben Fast-Food-Kette ein Vorbild für Nachhaltigkeit und Umweltschutz in Grün-Gelb wird (auch wenn hier, zugegeben, die Aussagekraft des Designs an ihre Grenzen stößt).

▲ **Abbildung 9.69**
Auch in Logos steht Grün für Hoffnung, Wachstum und Natürlichkeit.

Grün in den Kulturen
Für unterschiedliche Kulturen, Rassen und Religionen ist Grün das Zeichen der Hoffnung. Grün ist die Kultfarbe des Islam. In den Nationalflaggen der meisten Wüstenstaaten findet sich Grün. Das Überleben in den endlosen Wüsten war nur gesichert, wenn rechtzeitig eine *grüne Oase* erreicht wurde.
In unserer Kultur wird im Winter ein immergrüner Weihnachtsbaum in die Wohnzimmer geholt als Symbol der Hoffnung – das war schon so in der vorchristlichen, heidnischen Zeit. In Irland, der Grünen Insel, repräsentiert Grün den Katholizismus.

Helle Grüntöne sind lebendiger, reiner und anregender und bieten sich vor allem für Gesundheits-, Natur- und Umweltthemen an. Dunklere Töne kommen auf Corporate Websites eher vor und können neben Vertrauen und Stabilität auch Prestige und Substanz vermitteln. Grün wird, vor allem auch in den USA, gerne mit Wohlstand und Macht in Verbindung gebracht.

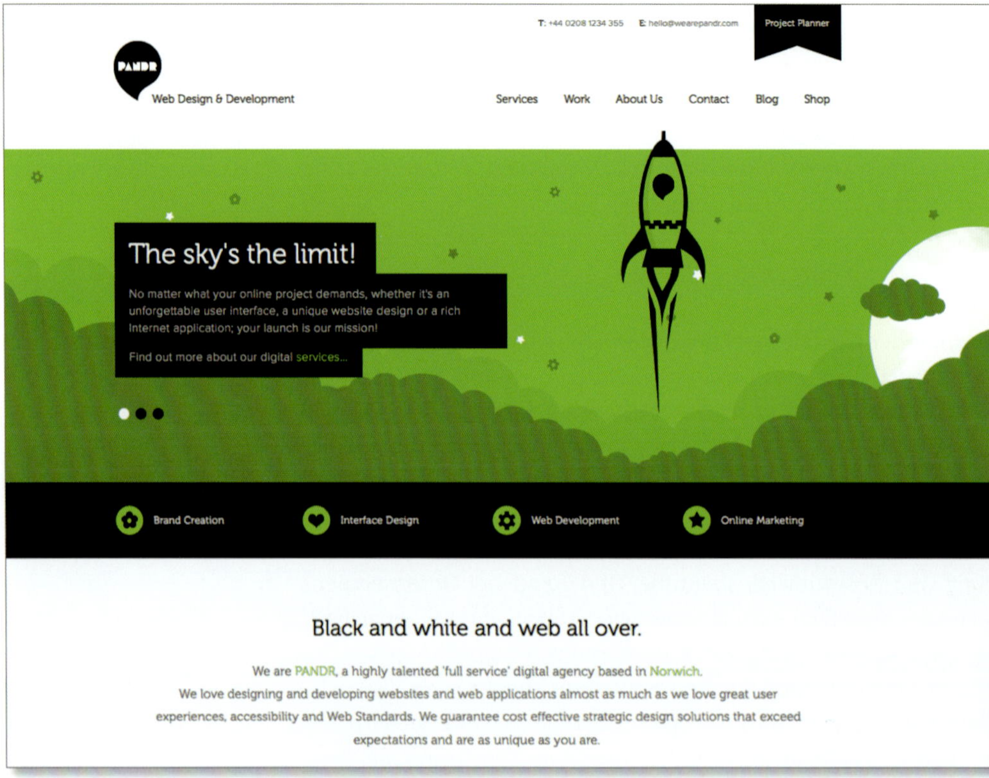

▲ **Abbildung 9.70**
Auch für Webdesign-Agenturen lässt sich Grün gut einsetzen, wie *wearepandr.com* beweist.

Je mehr der Farbton in Richtung Gelb geht, umso frischer und fruchtiger wirkt er. Für Gesundheits- und Non-Food-Themen ist das okay. Aber Vorsicht, denn solch ein Farbton kann auch mit Übelkeit und Krankheit verknüpft werden!

Olivgrün wirkt sehr angenehm, friedlich und natürlich, kann aber auch militärische Assoziationen auslösen.

»Ich seh halt nichts!«
Zu bedenken gibt es, gerade bei der Gestaltung mit Grün, eine Sehschwäche, die sich *Rot-Grün-Sehschwäche* nennt. Betroffene Menschen können manche Farben nicht korrekt unterscheiden, z. B. eben Rot und Grün. Was es deswegen zu beachten gilt, steht in Abschnitt 9.9.1, »Hürden bei der Farbwahrnehmung«.

Grün im Webdesign | In der subtraktiven Farbmischung wird Grün aus einer Mischung aus Gelb und Cyan erzeugt, in der additiven ist es eine Primärfarbe (`#00ff00`).

Grün ist in der Gestaltung eine sehr vielseitige Farbe. Es ist nicht nur prädestiniert für alle ökologischen, natürlichen Themen, sondern auch für alle Designs, die frisch und harmonisch wirken sollen. Grün kann Elementen auch ein technisches, gar steriles Aussehen verleihen, hier wird die Illusion von Sicherheit, Sauberkeit und Normalität erzeugt. Grüne Designs wirken auch stabil und ausgleichend. *garnierbody.com.br* (Abbildung 9.71) setzt auf Grün als Symbol der Natürlichkeit. Kombiniert mit den fließenden Formen und Tropfen, wird der natürliche und reinigende Produktcharakter weiter inszeniert.

◂ Abbildung 9.71
Grün als Symbol der Natürlichkeit. Bei einem Shampoo voller chemischer Zusätze glaubwürdig? Sicher, die Farben haben uns voll im Griff, wie bei *garnierbody.com.br*.

Im Webdesign hat sich bei verschiedenen Studien gezeigt, dass grün gestaltete Elemente mehr Aufmerksamkeit bekommen und häufiger angeklickt werden. Das macht die Farbe für alle wichtigen Elemente wie Buttons interessant. Gerade wenn Grün nicht eine der Hauptfarben im Design ist, lässt sich damit viel Aufmerksamkeit erzeugen.

▾ Abbildung 9.72
Ein grüner Call-to-Action-Button bei *pagelime.com*. Erzeugt auch Aufmerksamkeit, wirkt aber nicht so aufdringlich wie Rot, sondern eher positiv, angenehm auffordernd.

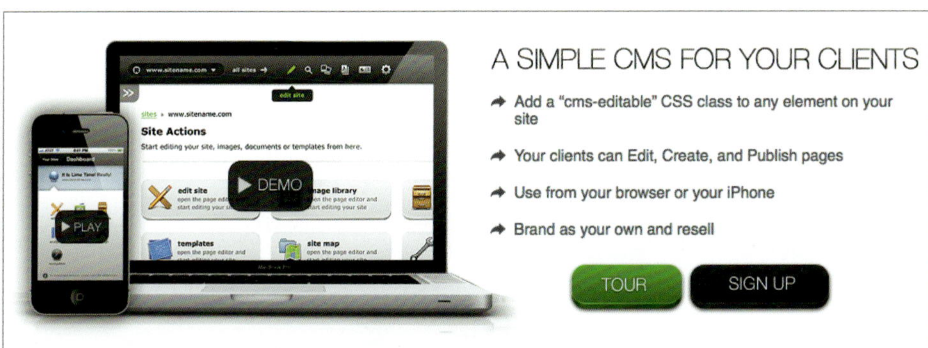

Tipps für den Einsatz von Grün im Webdesign | Grün ist eine größtenteils positiv belegte Farbe, die gerne eingesetzt wird. Jegliche Art von Natur-, Kosmetik- und Gesundheitsthemen setzt gerne auf Grün. Als seriöser Business-Alternativfarbton zu Blau ist es sicherlich eine Überlegung wert. Vorsicht nur im Hinblick auf die Rot-Grün-Sehschwäche, die man nicht unterschätzen sollte!

9.5.8 Violett/Lila

Violett ist eine Mischung aus warmem Rot und kühlem Blau und hat Eigenschaften von beiden Farben übernommen, daher vielleicht auch seine ambivalenten Wirkungen. Es kombiniert die Stabilität des Blaus und die Energie des Rots. Violett umgibt eine kreative, fantasievolle, magische Aura. Es ist die Farbe des Geistes und der Spiritualität. Violetttöne regen an und fördern Kreativität und Motivation.

Traditionell ist Violett eine königliche Farbe (violette Samtstoffe) und wird daher mit Reichtum, Macht und Luxus verbunden. Es kann aber auch für Unabhängigkeit, Geheimnis und Magie stehen. Violett ist manchmal extravagant, manchmal fromm und zurückgezogen, manchmal romantisch und vor allen anderen eine feminine Farbe. Es wird auch mit reifen Frauen (»Die letzte Versuchung«) assoziiert, während die hellere, »grellere« Version, Pink, eher für junge Frauen steht.

In der Natur findet sich Violett nicht so häufig. Am ehesten erinnert es noch an Frühling und blühende Veilchen, Krokusse und Salbei.

Assoziationen zu Violett
Violett wird assoziiert mit: Magie, Mystik, Religion, Geheimnis, Zweideutigkeit, Dekadenz, Meditation, Adel, König, Macht, Feminismus, Kirche, Reichtum, Luxus, Wohlstand, Edelsteine, Sonnenuntergang, Extravaganz, Macht, Feierlichkeit
Positive Assoziationen: Außergewöhnlich, magisch, fantasievoll, modisch, originell, kreativ
Negative Assoziationen: Unnatürlich, unsicher, unsachlich, künstlich, zweideutig

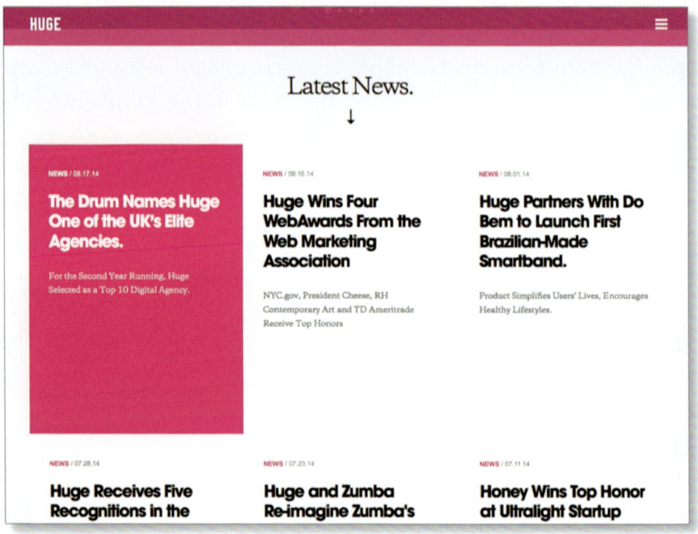

▲ **Abbildung 9.73**
Pink fällt auf, nicht nur als Mädchenfarbe, sondern auch wie hier bei der Agentur *hugeinc.com*.

Violett in den Kulturen
Im Altertum war Violett die Farbe der (königlichen) Herrscher und der Macht. Je zivilisierter und komplizierter die menschlichen Kulturen sind, umso unbeliebter ist die Farbe Violett. Vermutlich weil Violett für die Verbindung zwischen dem vertrauten weltlichen Körper (Rot) und der Welt des Geistes und Himmels (Blau) zu einem unbekannten, unheimlichen, aber auch faszinierenden Mysterium (Violett) steht. Violett ist die Farbe des Hinduismus und des Feminismus. Im Buddhismus finden sich neben Gelb und Orange viele violette Gewänder. In der christlichen Kirche repräsentiert es die Rangfarbe der Bischöfe und ist auch die Farbe der Buß- und Fastenzeit vor Ostern und Weihnachten.

Violett in der Gestaltung | Mystisch, spirituell und zweideutig sind nicht unbedingt die Eigenschaften, die ein klassisches Unternehmen mit sich assoziiert sehen will. In der kommerziellen Gestaltung ist Violett daher tendenziell eher selten anzutreffen.

Am ehesten wird Violett bei femininen Produkten und bei Kinderspielzeug eingesetzt. Ein heller Violettton wirkt romantisch, manchmal nostalgisch, geht aber auch schnell in Richtung Rosa und wirkt damit sehr mädchenhaft, leicht, manchmal auch kindlich verspielt.

◂ **Abbildung 9.74**
Violett wird in Logos seltener benutzt als die anderen Farben.

Dunklere Abstufungen können extravagant und edel oder teuer wirken, aber auch schwermütig und traurig. Ein Farbton in Richtung Magenta wirkt sehr anregend, ist aber auch durch ein großes Telekommunikationsunternehmen assoziativ besetzt. Da Violett auch in der Natur selten vorkommt, wirkt es oft künstlich.

Violett im Webdesign | Auch im Webdesign spielt Violett meist eine untergeordnete Rolle. Bei klassischen Unternehmen taugt es nicht als großflächige Hauptfarbe, wird jedoch schon mal als Akzentfarbe eingesetzt.

▴ **Abbildung 9.75**
Geschickt eingesetzt, eignet sich anscheinend jede Farbe für ein Portfolio, auch Violett wie bei *arunsfolio.com*.

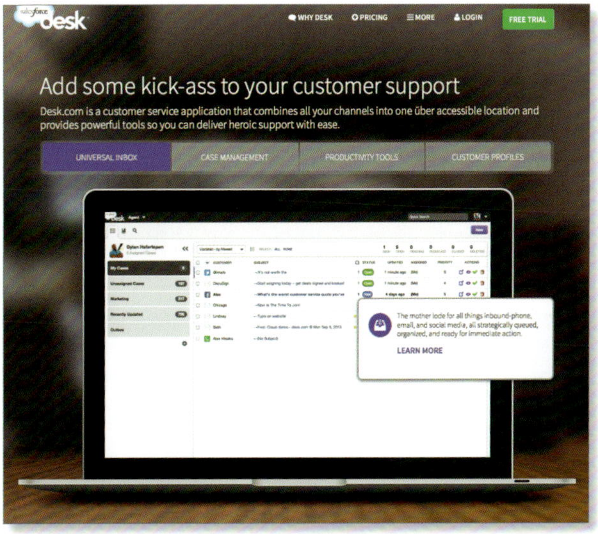

▴ **Abbildung 9.76**
Geht auch in Violett: kleine Highlights setzen wie bei *desk.com*

Will man aber individuell sein und ist auch ein bisschen mutig, lässt sich mit Violett ein markantes Erscheinungsbild (siehe Abbildung 9.75) erzeugen.

Tipps für den Einsatz von Violett | Dadurch, dass Violett oder Pink nur sehr selten in Webdesigns zum Einsatz kommen, könnte man hiermit natürlich eine große Wiedererkennung bei eigenen Designs erreichen. Für einen großflächigeren Einsatz sind die Assoziationen allerdings (leider) zu häufig negativ besetzt – sowohl von Kunden- als auch von Anwenderseite. Aber als dezent eingesetzte Highlight-Farbe sollte es öfters eine Überlegung wert sein.

9.5.9 Neutrale Farben

▲ **Abbildung 9.77**
So sieht unbunt aus: Schwarz, Grau, Weiß und Braun.

Neutrale Farben, auch unbunte Farben genannt, wirken wesentlich dezenter als die oben besprochenen warmen und kalten Farben. Sie dienen oft als Hintergrund im Design und werden häufig mit einer kräftigen Akzentfarbe kombiniert.

Es gibt aber auch gerade im Webdesign tolle Beispiele, wie nur neutrale Farben eingesetzt werden ohne eine Akzentfarbe. Die Website *dnco.com* setzt gelungen ganz auf Graustufen. Das Design wirkt edel, geordnet und hochwertig. Die auf der Website eingebundenen Bilder sorgen erst beim Überfahren mit der Maus für starke Farbakzente.

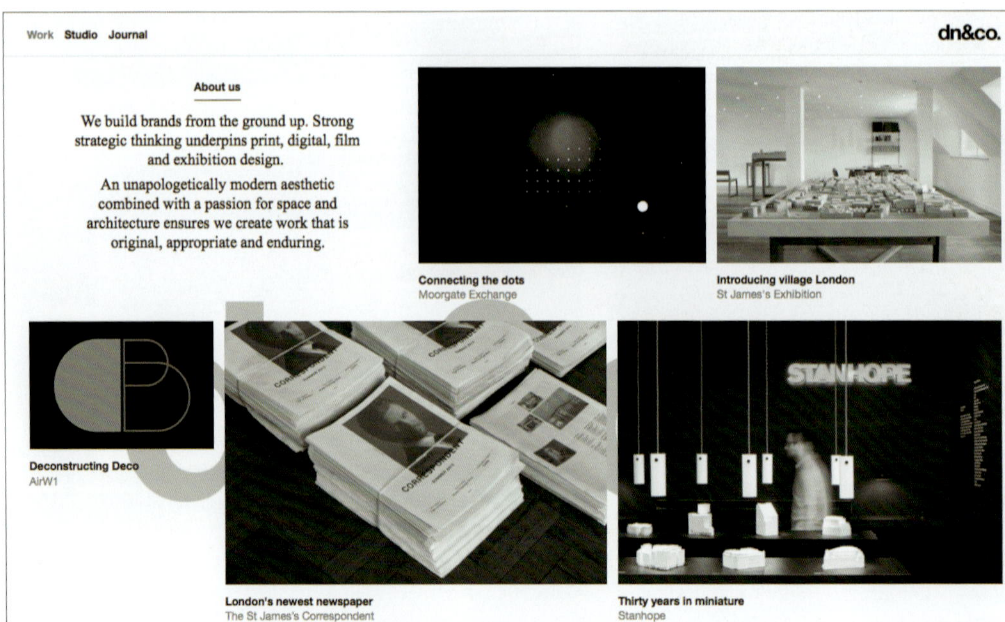

▲ **Abbildung 9.78**
Sehr unbunt: *dnco.com* setzt rein auf Graustufen.

Die genauen Bedeutungen und Wirkungen von neutralen Farben hängen sehr stark von den umgebenden warmen und kalten Farben ab.

Ein Beispiel für eine neutrale Farbe: Braun | Braun kann als warme neutrale Farbe bezeichnet werden, die auch gerne als Ersatz für Schwarz genommen wird, da es freundlicher und wärmer wirkt. Braun kann auch viele Abstufungen mit unterschiedlichen Wirkungen annehmen, wie z.B. Orangebraun, Schwarzbraun oder Rotbraun.

Braun hat dabei wie Grün eine natürliche Wirkung, es ist die Farbe des Holzes und der Erde. Es vermittelt Bodenständigkeit und »Verwurzeltsein«, Gemütlichkeit und Reife, Authentizität und Tradition, kann aber auch für Abenteuer stehen. Als Farbe diverser natürlicher Materialien kommt es bei vielen Möbeln und Einrichtungsgegenständen vor. Zudem werden eine Reihe von Genuss- und Lebensmitteln wie Kaffee, Zimt, Schokolade, Brot und Nüsse sowie alle Arten von naturbelassenen Produkten damit verbunden. Dass Braun sehr elegant wirken kann, zeigt *rullkoetter.de*.

Assoziationen zu Braun
Braun wird assoziiert mit: Erde, Holz, Wärme, Bodenständigkeit, Standhaftigkeit, Lehm, Kot, Bier, Nuss, Schokolade, Kaffee, Kakao, Rost, Tradition
Positive Assoziationen:
Warm, erdverbunden, natürlich, zuverlässig, traditionell, Geborgenheit, Gemütlichkeit
Negative Assoziationen:
Schwer, zurückgezogen, bequemlich, altmodisch, dreckig, traurig

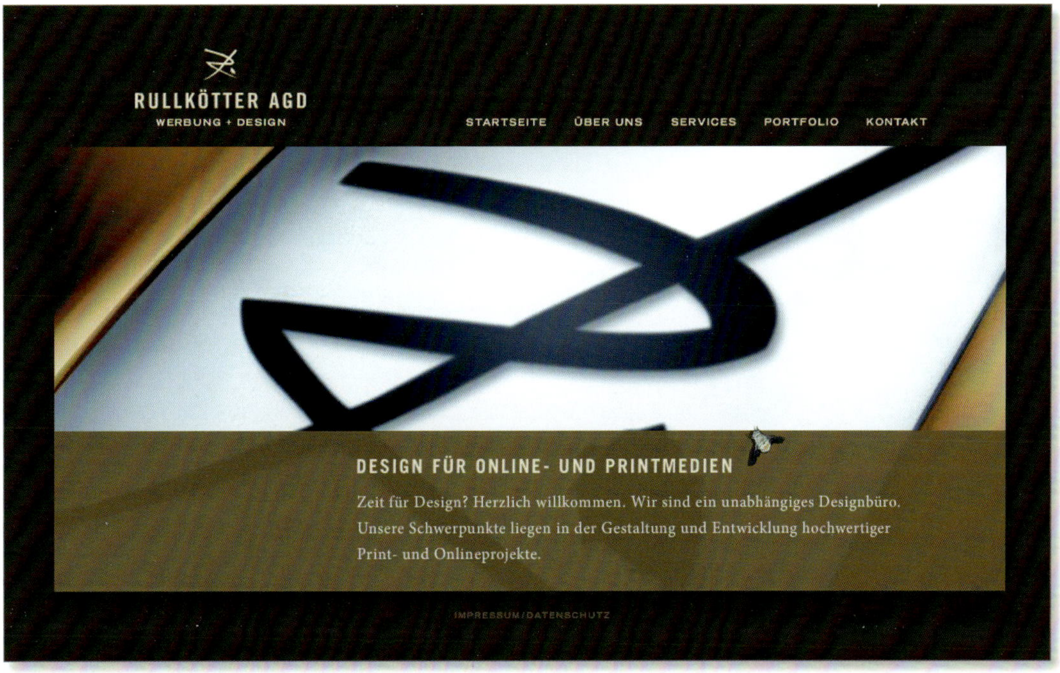

▲ **Abbildung 9.79**
Hat jetzt nichts direkt mit Natur und Erde zu tun, *rullkoetter.de* wirkt aber in Braun elegant.

In Umfragen zur Lieblingsfarbe landet Braun regelmäßig auf einem der letzten Plätze. Die negativen Assoziationen scheinen bei den meisten Menschen zu überwiegen.

Braun in der Gestaltung und im Webdesign | Braun kommt in der Gestaltung meistens nur bei Themen vor, bei denen es um Natur, Erde oder Holz geht. Oder wenn Assoziationen zu Tradition und Heimatverbundenheit hergestellt werden sollen. Bei anderen Themen eignet sich die Farbe auch nur bedingt u.a. aufgrund der Assoziationen *dreckig* und *altmodisch*.

Wenn Braun in Screendesigns zum Einsatz kommt, dann häufig als Hintergrundfarbe, z.B. in Form von braunen Holztexturen. Es vermittelt dann ein Gefühl von Wärme und Beständigkeit.

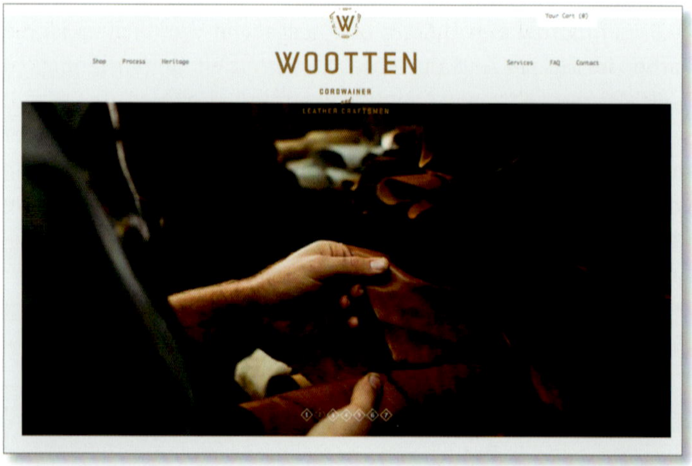

Abbildung 9.80 ▸
Braun passend zu handbearbeiteten Lederwaren, *wootten.com.au*

9.5.10 Schwarz

Erinnern Sie sich noch an Ihre Kindheit, wie Sie mit Farben und Buntstiften gemalt haben? Je mehr Farbe auf das Blatt kam, umso dunkler wurde es. Schwarz wird gerne als Nichtfarbe oder unbunte Farbe bezeichnet. Denn Schwarz ist dann da, wenn kein Licht das Auge erreicht – die Abwesenheit von Licht(farbe) oder die Absorption aller sichtbaren Lichtstrahlen. Schwarz ist also die Abwesenheit von Farbe oder vielleicht doch eher eine Überdosis an Farbe? Schließlich absorbiert Schwarz *alle* Farben des sichtbaren Spektrums.

Darauf beruht auch die extreme Wirkung, die Schwarz erzeugen kann: Einerseits steht es für die Leere, das Nichts, die Negation (»schwarzsehen«), Angst, das Unbekannte (schwarze Löcher) und den Tod. Auf der anderen Seite verleiht Schwarz Dingen aber oft auch Bedeutung, Würde, Achtung und wird gerne für qualitativ hochwertige Produkte eingesetzt. Schwarze Kleidung ist nüchtern, formell, seriös, elegant und manchmal geheimnisvoll (»das kleine Schwarze«).

Superhelden wie Batman, Zorro oder James Bond (schwarzer Anzug) sind ganz in Schwarz gekleidet und stehen auch für Stil,

Assoziationen zu Schwarz
Schwarz wird assoziiert mit: Kraft, Formalität, Tod, Trauer, Geheimnis, Böse, Macht, Stärke, Leere, konservativ, festlich, modisch, Einsamkeit, »schwarz fahren«, »schwarz auf weiß«, »schwarzes Schaf«, Blacklist, Blackout, Schwarzmarkt, Schwarzarbeit, »schwarzer Humor«, »ins Schwarze treffen«.
Positive Assoziationen: Seriös, elegant, klassisch, neutral, sachlich, modern, funktional
Negative Assoziationen: Düster, traurig, einsam

Geheimnis und Raffinesse. Schwarz kann also auch Stärke und Autorität bedeuten.

Schwarz in der Gestaltung | Schwarz schafft Eindruck und Bedeutung. Bei hochwertigen, prestigeträchtigen Produkten wird es gerne eingesetzt. Unternehmen schätzen die markante, professionelle, elegante Wirkung. Aufgrund seiner Vielseitigkeit und der Fähigkeit, mit (fast) jeder anderen Farbe zu harmonieren, wird Schwarz in der Gestaltung gerne eingesetzt. Schwarz kontrastiert gut mit hellen Farben. Fotografien und Malereien werden gerne auf einem schwarzen Hintergrund ausgestellt, damit die anderen Farben besser herausstehen.

Schwarz wird häufig in kantigen sowie in eleganten Designs verwendet. Je nach Gestaltung wirkt es dabei konservativ oder modern, traditionell oder unkonventionell, was auch abhängig von den anderen eingesetzten Farben ist. In Kombination mit Rot, Orange oder anderen kräftigen Farben ergibt sich ein markant aggressives Farbschema. Zusammen mit Gold oder Silber entsteht ein besonders edler Eindruck. Sehr häufig wird Schwarz für Texte und andere funktionale Elemente aufgrund seiner Neutralität eingesetzt. Durch den Kontrast zu einem weißen Hintergrund entsteht eine hohe Lesbarkeit. *Schwarz auf weiß* ist nicht nur gut lesbar, sondern wirkt auch sehr glaubwürdig – bei Drucksachen wie auf Webseiten.

▲ **Abbildung 9.81**
Schwarz-Weiß und auf das Minimalistischste beschränkt, *eng.charmerstudio.com*

▲ **Abbildung 9.82**
Große serifenlose Typo auf schwarzem Hintergrund. Markant! *blakeallendesign.com*

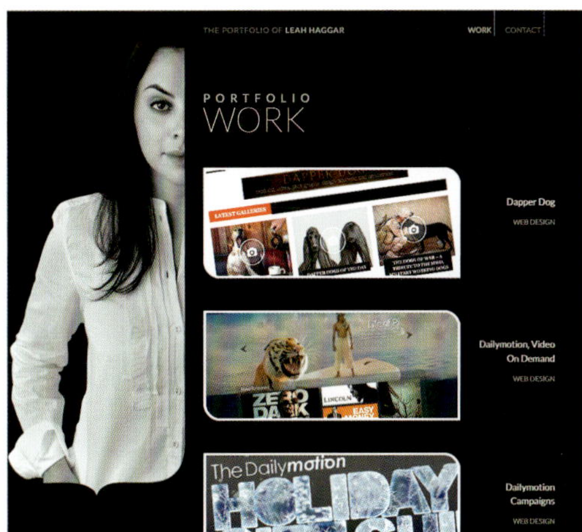

▲ **Abbildung 9.83**
leahhaggar.com zeigt die enorme Wirkung, die farbige Bilder auf schwarzem Hintergrund haben.

Schwarz ist als Basis eines Farbschemas eine gute Wahl, da es sich mit fast jeder anderen Farbe kombinieren lässt und gleichzeitig

Schwarz auf weiß
Was im Printdesign üblich ist, schwarzer Text auf weißem Hintergrund, ist im Webdesign mit Vorsicht zu genießen. Gerade bei modernen Displays, die hell leuchten, ist der Kontrast zu hoch und zum Lesen anstrengend. Dunkelgrau auf weiß oder schwarz auf hellgrau ist da die bessere Alternative, siehe dazu auch Abschnitt 9.9, »Farbe und Usability«.

Assoziationen zu Weiß
Weiß wird assoziiert mit: Reinheit, Sauberkeit, Tugend, Gesundheit (weißer Kittel), Salz, Zucker, Schnee, Hochzeitskleid, Unschuld, Leere, Hygiene, leicht, sachlich, Wissenschaft, Wahrheit, Bescheidenheit, »weiße Weste«, Weite, Präzision, Unschuld, »die weiße Fahne hissen«.
Positive Assoziationen:
Schlicht, neutral, sauber, rein
Negative Assoziationen:
Kalt, steril, leer

Stabilität und Neutralität vermitteln kann. Nur zu große schwarze Flächen sollte man mit Bedacht auswählen. Die Neigung, düster und depressiv zu wirken, ist dann gegeben.

Schwarz im Webdesign | Um Schwarz kommt man bei fast keinem Webdesign herum. Die universale Kombinierbarkeit macht es zu einer Allzweckwaffe. Ein markantes Farbschema lässt sich oft schon durch eine kräftige Farbe plus Schwarz erreichen – fertig!

Zudem ist Schwarz auf vielen Webseiten als Textfarbe präsent. Auch hier gilt: *Schwarz auf weiß* ist besser lesbar. Text, Trennlinien und Rahmen werden gerne in Schwarz gehalten aufgrund der Schlichtheit und Neutralität.

9.5.11 Weiß

Physikalisch gesehen, ist Weiß die Summe aller Farben. Wenn Rot, Grün und Blau in voller Stärke strahlen, entsteht Weiß. So gesehen, ist es die vollkommenste aller Farben. Weiß symbolisiert Licht.

Weiß verkörpert das Gute, die Unschuld und Reinheit, ist einladend und leicht. Es gilt als die Farbe der Vollkommenheit und ruft keine negativen Assoziationen hervor, es kann höchstens langweilig und nüchtern wirken. Ob in Form von Papier, Kleidung, Küchengeräten oder Möbeln – keine andere kommt wohl öfters zum Einsatz als Weiß.

Weiß in der Gestaltung | Weiß ist in der Gestaltung ein bedeutendes Element aufgrund seiner Schlichtheit und Neutralität. Bei Drucksachen ergibt sich Weiß als Hintergrund schon aufgrund der Papierfarbe.

Die Farbe Weiß ist sauber und rein und eignet sich daher natürlich gut für die Gesundheitsbranche, man denke an Ärzte oder Krankenhäuser, oder auch für Produkte, die Reinlichkeit und Sterilität versprechen wollen. Gerne wird dann noch Blau dazugenommen, um die Sauberkeit und Ehrlichkeit noch besser herauszustellen.

Weiß kann aber auch bei Hightechprodukten zum Einsatz kommen, gerade um deren Einfachheit (in der Bedienung) zu unterstreichen.

Zu Schwarz bildet Weiß den größtmöglichen Kontrast. Dabei lässt sich Weiß – ähnlich wie Schwarz – mit fast allen anderen Farben gut kombinieren. Bei Webseiten dient Weiß häufig als neutrale Hintergrundfarbe, auf der sich die anderen Farben gut absetzen. Gerade auch minimalistische Designs sind überwiegend in Weiß gehalten.

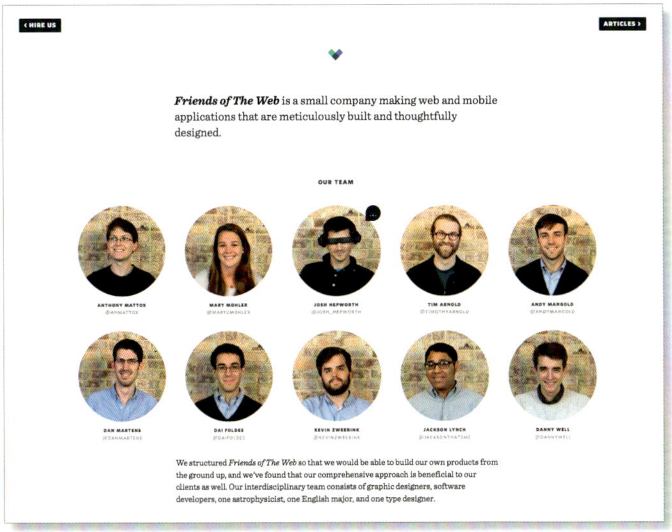

◂ **Abbildung 9.84**
Ein bisschen schwarzer Text, ein paar bunte Bilder und viel Weiß sehen auf *friendsoftheweb.com* gut aus!

Weiß ist aber nicht gleich Weiß. Ja, tatsächlich gibt es viele Weißabstufungen, die z. B. so schöne Namen haben wie Cremeweiß, Elfenbein, Antikweiß oder Schneeweiß, um nur einige zu nennen. Die unterschiedlichen Abtönungen verändern die Wirkung der Farbe.

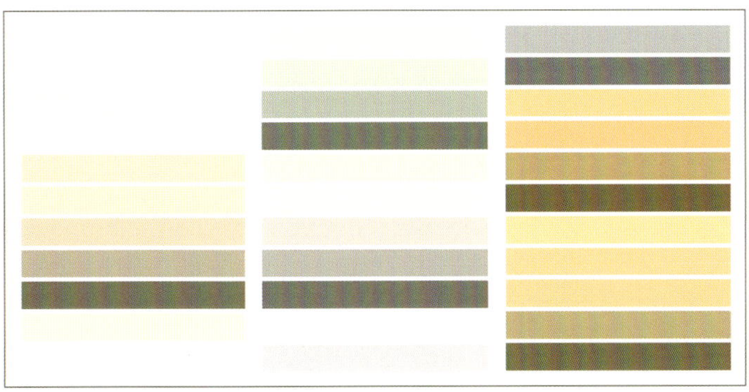

▴ **Abbildung 9.85**
Weiß ist gleich Weiß? Nicht ganz, einen Überblick über Weißtöne liefert *tabelle.info/farbtabelle.html*.

Weiß in den Kulturen
In der westlichen Kultur ist Weiß positiv assoziiert. Engel und Krankenschwestern sind weiß, Hochzeitskleider auch. Die weiße Perücke der Richter steht als Symbol für Gerechtigkeit und der »weiße Ritter« als Symbol der Erlösung. Im Christentum gilt es als Symbol des Glaubens und der Reinheit.
Im asiatischen Raum gilt Weiß aber eher als Trauerfarbe. Buddhisten tragen Weiß als Zeichen der Trauer. In China steht es für Alter und Hinterlist.

Weiß im Webdesign | Weiß ist auch eine perfekte Farbe für Corporate Websites. Groß als Hintergrund kommt es sowieso regelmäßig zum Einsatz, aber auch als strukturierendes Element ist Weiß unersetzlich. Webseiten, die viel Weiß enthalten, wirken dazu auch elegant und formal. Als großflächige Grundfarbe kontrastiert es, ähnlich wie Schwarz, gut mit anderen Farben. Auch bei Fotografien und Bildergalerien wird es daher gerne als Hintergrund eingesetzt.

Weiß ist klar und einfach, nimmt sich zurück und ermöglicht so den anderen Farben und Gestaltungselementen, sich besser zu präsentieren. Denn, klar ausgedrückt, Weiß hat oft wenig Bedeutung als Farbe im Webdesign, es sind eher die anderen Farben und Elemente, die Bedeutung und Emotionen schaffen.

Soll mit einer Farbfläche oder einem großflächigen Bild gearbeitet werden, bietet sich Weiß als Textfarbe an, wie auf *harbr.co* (Abbildung 9.86). Auch *builtthings.com* und *thehouseofeyewear.spellwood.fr schaffen* durch den Einsatz von Weiß (weißer Typo und weißen Website-Elementen) einen aufgeräumten und formvollendeten Auftritt.

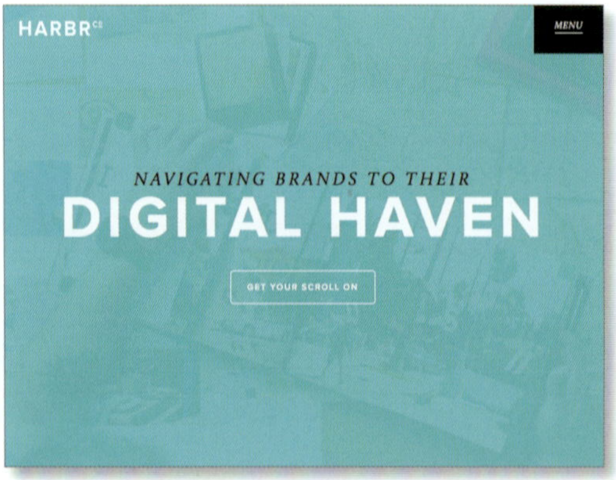

▲ **Abbildung 9.86**
Weiß als Textfarbe auf einem großflächigen Bild: *harbr.co*

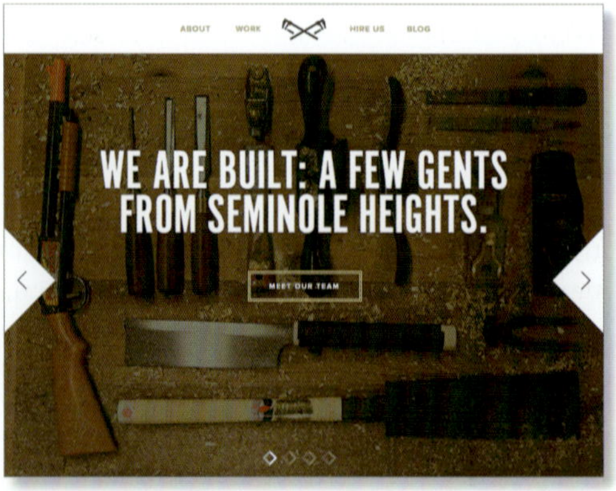

▲ **Abbildung 9.87**
So macht man das heute: großes Bild, weiße zentrierte Headline, auch bei *builtthings.com*.

Abbildung 9.88 ▶
Formvollendet: Bild und weiße Typo in wunderbarer Harmonie bei *thehouseofeyewear.spellwood.fr*

9.5.12 Grau

Grau wirkt nüchtern und emotionslos. Was Grau ist, bleibt im Hintergrund und soll nicht auffallen. Wo Nüchternheit und Kompetenz gefragt ist, ist Grau eine gute Wahl. Die Grenze zwischen unauffällig und deprimierend langweilig ist fließend. Grau erinnert an einen wolkenverhangenen trüben Tag.

Als konservative und formale Farbe ist es daher gefragt. Grau kann aber auch modern sein. Glänzend als Silber- oder Platinton wirkt es edel und elegant. Gleichzeitig wirkt es neutral und sachlich kompetent und ist daher z. B. für Hightechprodukte oder die Automobilindustrie interessant.

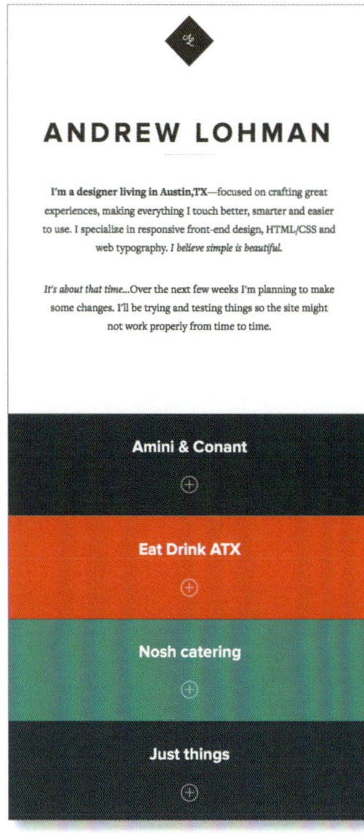

▲ **Abbildung 9.89**
Grau in Kombination mit bunten Farben ergibt ein harmonisches Erscheinungsbild wie bei *andrewlohman.com.*

Grau in der Gestaltung | In Designs, wo Formalität und Professionalität gefragt sind, kann Grau eine große (visuelle) Rolle spielen. In einer sehr hellen Variante kann es auch Ersatz für ein reines Weiß sein und ist dann nicht ganz so schlicht und zurückhaltend. Ein sehr dunkler Grauton kann Ersatz für ein Schwarz sein und ist dann nicht ganz so kräftig.

Ähnlich wie bei Schwarz wird Grau gerne als Ergänzung und Kontrast zu einem kräftigen Farbton eingesetzt. Ein metallfarbenes Grau dagegen erweckt den Eindruck des Hochwertigen. In der Werbung wird es besonders häufig im Zusammenhang mit technischen Produkten eingesetzt. Ein neutrales Grau ist unbunt und bringt daher andere Farbtöne verstärkt zum Leuchten. Häufig hat Grau aber auch einen leichten Farbton, z. B. Rot oder Blau, und dann tendiert die Wirkung in Richtung des Farbtons.

Grau im Webdesign | Gerade hochwertige und elegante Produkte werden gerne mit einer grau gehaltenen Farbgestaltung in Szene gesetzt wie bei *livingedge.com.au* (Abbildung 9.90). So können die auf der Website angebotenen Produkte (und ihre Farbtöne) in besonderer Form wirken. Auch bei *piatek.dk* (Abbildung 9.91, Seite 416) unterstreicht das Grau den besonderen Charakter des Unternehmens.

▲ **Abbildung 9.90**
Hochwertige, elegante Produkte mit Grau untermalt bei *livingedge.com.au*

Assoziationen zu Grau
Grau wird assoziiert mit: neutral, farblos, Bürokratie, Depression, Alter, »graue Maus«, kühl, sachlich, altmodisch, konservativ, grausam, »grauer Alltag«, Stein, Eisen, Asche, Metall, Silber, Futurismus.
Positive Assoziationen:
Sachlich, elegant, professionell, förmlich
Negative Assoziationen:
Langweilig, charakterlos, trist, deprimierend

Grau ist in der Regel konservativ und formal. Aufgrund der konservativen, professionellen, neutralen Wirkung wird Grau gerne als Unternehmensfarbe eingesetzt.

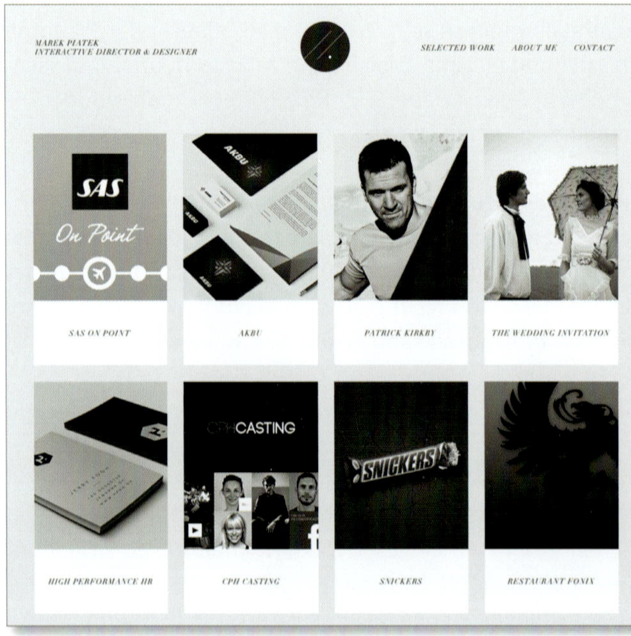

Abbildung 9.91 ▸
Neben Weiß und Schwarz bietet sich – logischerweise – auch Grau als dezente Hintergrundfarbe an, um sein Portfolio zu präsentieren, wie bei *piatek.dk*.

Ansonsten kann die Wirkung von Grau sehr unterschiedlich sein, je nachdem, ob Hell- oder Dunkelgrau und eventuell ein leichter Farbstich vorhanden ist.

9.5.13 Grell, greller, Neon

Wem all die vorgestellten Farbtöne nicht prägnant und auffällig genug sind, der sollte es mit Neonfarben probieren. Für das klassisch seriöse Unternehmen wohl weniger geeignet, können die Farben aber gerade bei »hippen«, innovativen, frischen Produkten/Unternehmen dem Design eine besondere Note verleihen.

Abbildung 9.92 ▸
art4web.sk/en setzt auf Neon und fällt damit auf.

Neonfarben haben eine hohe Leuchtkraft und eignen sich daher nur bedingt für Texte. Wenn, dann sind sie nur als Überschriften vorstellbar. Auch der großflächige Einsatz sollte gut überlegt sein, da das grelle Leuchten schnell anstrengend wirken kann. Wer ein paar Neon-Anregungen braucht, kann sich gerne bedienen:

Die Datei »neon.psd« liegt als Farbvorlage auch auf der beiliegenden Buch-DVD im Ordner BEISPIELMATERIAL • KAPITEL_09.

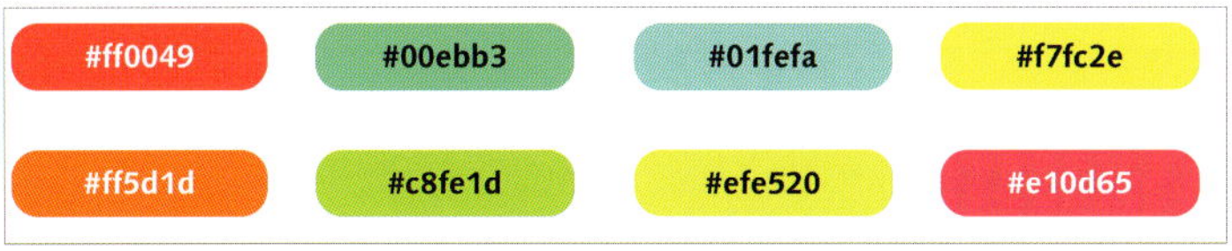

▲ **Abbildung 9.93**
Neonfarben mit entsprechendem Hexadezimalcode

Die Darstellung im Buch weicht zwangsläufig von der Bildschirmdarstellung ab (anderes Farbmodell – CMYK statt RGB)! Daher ist die Datei als Vorlage auch auf der DVD vorhanden!

9.5.14 Zusammenfassung Farbwirkung

Ein gutes Screendesign zu gestalten heißt auch, eine gute Farbwahl zu treffen. Die Wirkung eines Designs, der erste Eindruck, jede einzelne Klick-Entscheidung, jede Onlinebestellung hängt nicht zuletzt von der Auswahl der Farben für jedes einzelne Element ab. Die Kenntnisse der Wirkung der einzelnen Farben gehört daher zur Grundausstattung eines Webdesigners. Die gezeigten Beispiele haben gut verdeutlicht, wie unterschiedlich die Farben wirken können und welche Bedeutung damit ihrer Auswahl zukommt. Da eine Farbe nie allein vorkommt, ansonsten hätten wir ja nur einfarbige Flächen, ist die Wirkung einer Farbe immer im Zusammenhang mit mindestens einer weiteren, meistens mehreren Farben zu sehen. Daraus ergeben sich Farbkontraste und Farbschemata, die im Folgenden behandelt werden.

Literaturtipps
Ein Standardwerk der Farbenlehre ist Johannes Ittens Buch *Kunst der Farbe*. Mehr rund um Harald Küppers' Farbenlehre findet sich unter *uni-bielefeld.de/lili/kumu/farbenlehre-kueppers/de*.

9.6 Farbkontraste

Ein Design wird dann interessant und spannend, wenn Kontraste vorhanden sind. Ohne ausreichende Kontraste wirken Designs schnell langweilig und eintönig. Kontraste lassen sich durch Größenunterschiede, Positionierungen, Formen oder eben auch durch Farben erreichen. Wenn zwischen zwei oder mehreren nebeneinanderliegenden Farben deutlich erkennbare Unterschiede bestehen, ist ein Farbkontrast wahrnehmbar.

»Von Kontrast spricht man dann, wenn zwischen zwei zu vergleichenden Farbwirkungen deutliche Unterschiede oder Intervalle festzustellen sind.«

Johannes Itten

Je nach Umgebungsfarbe ist die Wahrnehmung einer Farbe in ihrem Farbton und ihrer Helligkeit unterschiedlich. So kann die

»Farbenlehre in Vergangenheit und Zukunft«
Ein spannender Überblick von Harald Küppers über den aktuellen Stand der Farbenlehre: *www.uni-bielefeld.de/lili/kumu/farbenlehre-kueppers/de/farbentheorie/farbenlehre_in_vergangenheit_und_zukunft.html*

Wirkung einer Farbe durch entsprechende Kontrastfarben gesteigert oder auch geschwächt werden. Man könnte also sagen, die Farbwahrnehmung ist relativ und einem stetigen Wandel unterzogen. Nach Johannes Itten gibt es verschiedene Farbkontraste, die im Folgenden ausführlicher dargestellt werden. Küppers benutzt hier lieber den Begriff *ästhetische Unterscheidungsmerkmale,* da unter Kontrast im Allgemeinen ein sehr deutlich wahrnehmbarer Unterschied verstanden wird und die Farbkontraste für ihn Gestaltungselemente sind und nicht zur Farbenlehre gehören.

9.6.1 Farbe-an-sich-Kontrast

»Der Farbe-an-sich-Kontrast ist der einfachste der sieben Kontraste. Er stellt an das Farben-Sehen keine großen Ansprüche, weil zu seiner Darstellung alle Farben ungetrübt in ihrer stärksten Leuchtkraft verwendet werden können.«

Johannes Itten

Der *Farbe-an-sich-Kontrast* beinhaltet an sich alle Unterschiede, die es bei Farben geben kann: Farbton, Helligkeit und Sättigung. Gemeint ist hier aber vor allem der Farbton bzw. genauer: die Buntheit. Durch die Kombination mehrerer (bunter) Farbtöne wird eine kontrastreiche Wirkung erzielt.

Durch den Einsatz mindestens drei klar voneinander unterscheidenden Farben entsteht eine laute, bunte, lebhafte, kraftvolle, vielseitige Wirkung.

▲ **Abbildung 9.94**
Der Farbe-an-sich-Kontrast

Der Farbe-an-sich-Kontrast ist einer der einfachsten Farbkontraste, da er leicht zu erkennen ist. Die Grundfarben haben beim Farbe-an-sich-Kontrast die stärkste Kontrastwirkung.

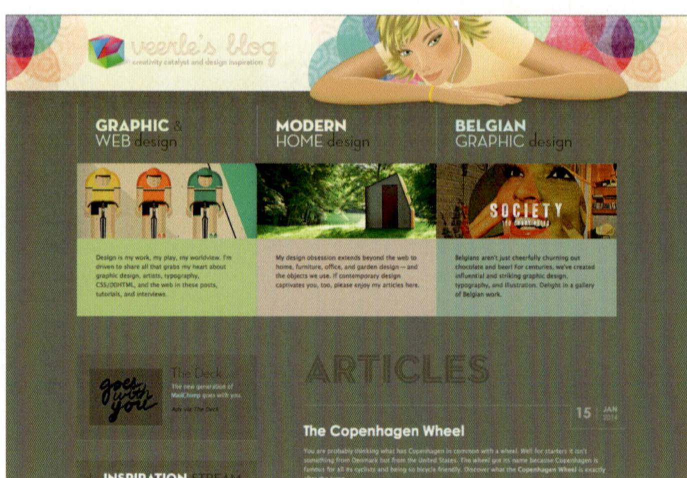

Abbildung 9.95 ▶
Viele Farben als Ausdruck der Kreativität bei *veerle.duoh.com*

◂ **Abbildung 9.96**
Viele Farben als Ausdruck der Lebhaftigkeit bei *gutshof-klostern.de*

Trennt man die Farbflächen mit schwarzen oder weißen Linien, erhöhen sich die Farbeigenschaften und die Buntheit, da die einzelnen Farben dadurch besser wahrgenommen werden können und so die gegenseitige Überstrahlung gebrochen wird. Jede Farbe erhält dadurch wieder ihre eigene ursprüngliche Wirkung zurück.

◂ **Abbildung 9.97**
Viele Farben als Ausdruck der Vielseitigkeit bei *fruux.com/de*

9.6.2 Hell-Dunkel-Kontrast

Der *Hell-Dunkel-Kontrast* ist eigentlich kein Farbkontrast, sondern ein Helligkeitskontrast. Schwarz und Weiß haben den stärksten Hell-Dunkel-Kontrast. Auch innerhalb der bunten Farben sind

»Licht und Finsternis, Hell und Dunkel, als polare Kontraste sind für das menschliche Leben und die ganze Natur von großer, grundlegender Bedeutung.«

Johannes Itten

hellere (Gelb) und dunklere (Violett) Farben unterscheidbar. Ein Hell-Dunkel-Kontrast herrscht aber nur dann, wenn die Farben in ihrer Helligkeit (deutlich) unterschiedlich sind.

▲ **Abbildung 9.98**
Der Hell-Dunkel-Kontrast

Neben dem Farbe-an-sich-Kontrast reagieren wir auf den Hell-Dunkel-Kontrast am stärksten, da er Licht und Dunkelheit widerspiegelt.

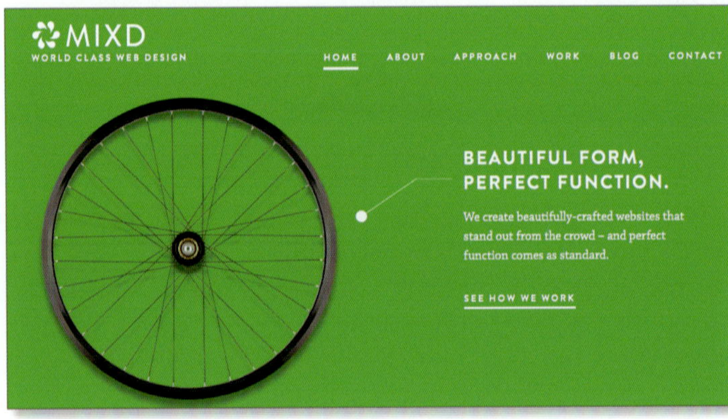

Abbildung 9.99 ▶
Weißer Text auf (relativ) dunkler Farbe ergibt einen Hell-Dunkel-Kontrast wie bei *mixd.co.uk*.

In der Gestaltung ist der Hell-Dunkel-Kontrast von sehr großer Bedeutung. Diesen Text würden Sie ohne ausreichende Helligkeitsunterschiede nicht lesen können. Texte auf Webseiten arbeiten mit dem Hell-Dunkel-Kontrast. Ohne ihn wären keine Textdetails auf einem Hintergrund erkennbar.

Der Kontrast fällt vor allem dann auf, wenn er nicht ausreichend berücksichtigt wurde, schlechte Usability ist die Folge. Dies betrifft nicht allein Menschen, die eine Seh- oder Farbschwäche haben. Ein zu schwacher, aber auch zu starker Hell-Dunkel-Kontrast ist sehr ermüdend für die Augen.

Zum Nachlesen
Der Kalt-Warm-Kontrast hängt mit der gefühlten Farbtemperatur zusammen. Mehr dazu in Abschnitt 9.5, »Farbwirkung«.

9.6.3 Kalt-Warm-Kontrast

Der Kalt-Warm-Kontrast gilt als der emotionalste und ausdrucksstärkste Kontrast. Unser Kälteempfinden hat seinen Ursprung in ganz elementaren Erlebnissen wie kalt = Wasser/Eis = Blau und heiß = Feuer = Rot.

Abbildung 9.100 ▶
Der Kalt-Warm-Kontrast

Mit dem Kalt-Warm-Kontrast lassen sich nicht nur markante, anregende Kontraste erzeugen, sondern Bedeutungen und Hierarchien klar definieren. Kalte Farben wirken eher fern, warme eher nah, wie in der Natur. Mit Hilfe des Kalt-Warm-Kontrastes kann so eine räumliche Wahrnehmung erzeugt werden und können Elemente oder Funktionen in den Vordergrund gerückt werden.

Assoziationen von Farbgebung
Nach Itten ruft eine Kalt-Warm-Farbgebung folgende Assoziationen hervor: schattig – sonnig

- durchsichtig – undurchsichtig
- beruhigend – erregend
- luftig – erdig
- fern – nah
- leicht – schwer

◂ Abbildung 9.101
Kalter blauer Hintergrund mit warmen orange Farbtupfern. Kalt-Warm-Kontrast bei *speedtexting.net*

9.6.4 Komplementärkontrast

Komplementär steht für gegensätzliche, aber sich ergänzende Eigenschaften. Komplementäre Farben liegen sich im Farbkreis als Gegensatz gegenüber. Wie oben gesehen, gibt es unterschiedliche Farbkreise und dadurch auch jeweils unterschiedliche komplementäre Farbpaare. So werden die konkreten Komplementärfarben oft unterschiedlich benannt. Häufig finden sich die Paare nach Itten: Gelb-Violett, Rot-Grün und Blau-Orange.

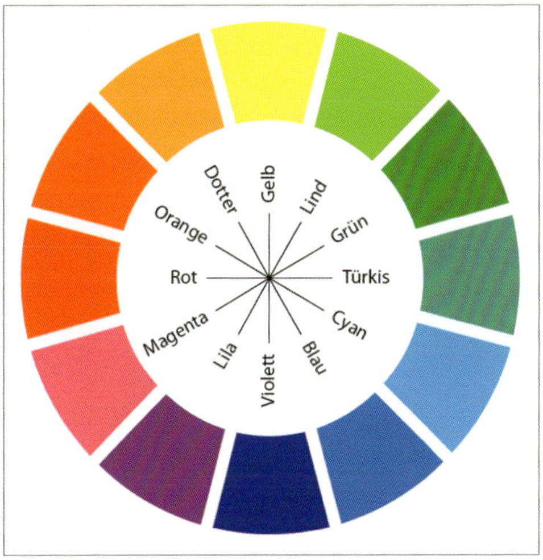

◂ Abbildung 9.102
Farbkreis nach Küppers. Die Komplementärfarben liegen jeweils gegenüber.

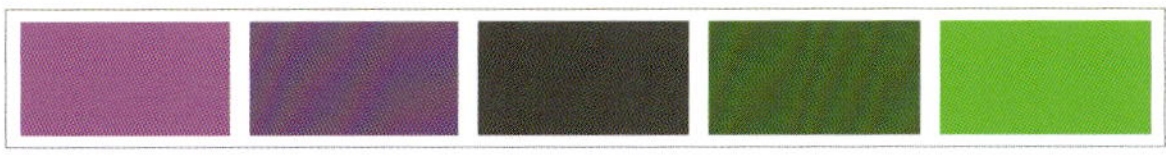

◂ Abbildung 9.103
Der Komplementärkontrast

Aber wie auch bei Küppers' Farbmodell gesehen, ist dieses für gestalterische Überlegungen besser geeignet. Nach Küppers ergeben sich folgende komplementäre Farbpaare: Gelb-Violett, Grün-Magenta, Cyan-Orange und Rot-Türkis. Dadurch, dass sie im Farbkreis gegenüberliegen, ergeben komplementäre Farben den stärksten Farbkontrast. Liegen sie nebeneinander, steigern sie sich durch ihre Gegensätzlichkeit zu höchster Leuchtkraft und Farbwirkung.

Komplementärkontraste wirken oft sehr bunt und lebhaft, bewegt. Sie erzeugen aber oft auch einen ästhetisch ansprechenden und vollständigen Eindruck.

Abbildung 9.104 ▸
Markanter Komplementärkontrast: orange auf blau bei *popcreative.net*

9.6.5 Quantitätskontrast

Farben kommen in der Natur wie in der Gestaltung selten im gleichen Ausmaß vor. Gerade durch unterschiedliche Mengen entstehen Spannung und Lebendigkeit.

Abbildung 9.105 ▸
Der Quantitätskontrast

Das Verhältnis der Farbenmenge ist daher wichtig für die Wirkung des Designs. Wie beim Kalt-Warm-Kontrast gesehen, dominieren warme und helle Farben gegenüber kalten und dunkleren. Durch größere Flächeninhalte der kalten Farben kann dies ausgeglichen werden. Auf *activatemedia.co.uk* (Abbildung 9.106) wird die große türkisfarbene Fläche von kleinen violetten Flächen ergänzt. Das Ergebnis ist ein interessanter und ausgewogener Quantitätskontrast, der in seiner Gestaltung überzeugt.

Der Quantitätskontrast betrifft die Flächengröße von zwei oder mehreren Farbflächen neben und zueinander als auch die Farbfläche in Bezug zur gesamten Farbfläche der Gestaltung. Proportionskontrast wäre auch ein passender Name. »Viel« und »wenig« bzw. »groß« und »klein« wären passende Beschreibungen.

Neben dem Farbton bestimmt die Flächengröße die Wirkungskraft einer Farbe. Ist die Verteilung der Farben in Menge und Intensität ungleichmäßig, entsteht ein Quantitätskontrast. Ist sie dagegen ausgewogen, kann die Gestaltung langweilig erscheinen.

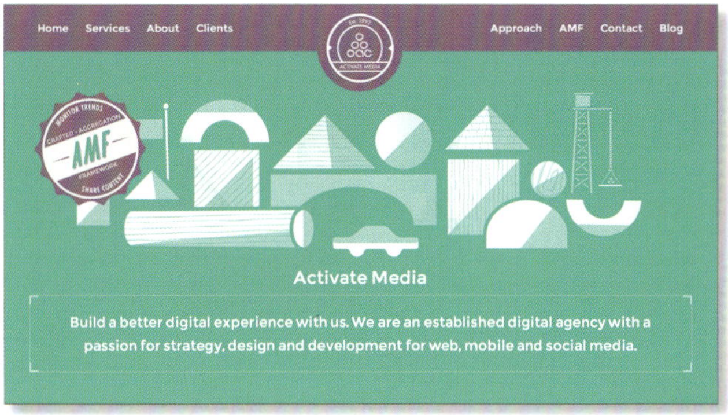

◂ **Abbildung 9.106**
Große türkise Fläche trifft auf kleine violette Fläche für einen Quantitätskontrast bei *activatemedia.co.uk*.

9.6.6 Qualitätskontrast

Eine Farbe kann sehr rein, aber auch sehr getrübt sein. Die Farbqualität bezieht sich auf die Intensität einer Farbe zwischen Reinheit und Trübung, also den Reinheits- bzw. Sättigungsgrad. Daher wird dieser Kontrast teilweise auch Sättigungskontrast genannt.

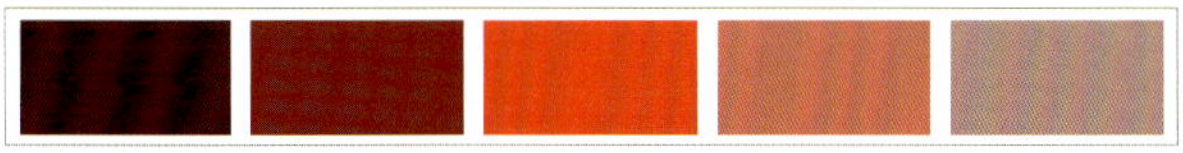

◂ **Abbildung 9.107**
Der Qualitätskontrast

Der Kontrast entsteht, wenn gesättigte, leuchtende Farben neben getrübten Farben stehen. Ein Farbton wirkt intensiver, wenn er von seinen eigenen hellen und/oder dunklen Tonwertstufen umgeben ist. Seine Bedeutung wird dadurch erhöht, ein Qualitätskontrast eben.

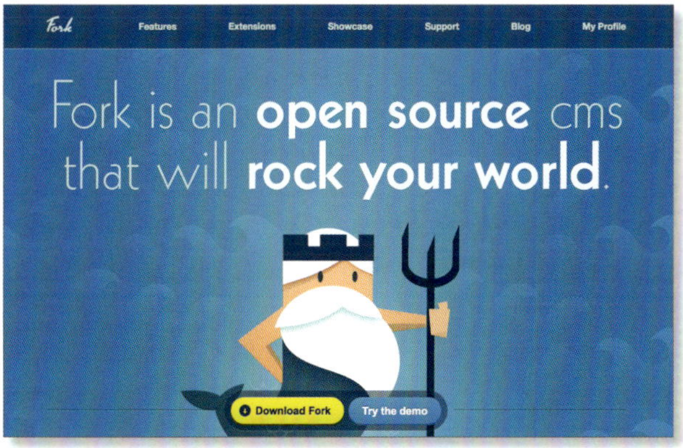

◂ **Abbildung 9.108**
Viele Blautöne in unterschiedlicher Sättigung bei *fork-cms.com*

Eine Trübung der reinen Farbe, also die Verminderung seiner Intensität, wird erreicht durch das Mischen mit Schwarz, Weiß oder Grau.

9.6.7 Simultankontrast

Wie bei den anderen Kontrasten schon gesehen, werden Farben grundsätzlich relativ zur Umgebung wahrgenommen. Die Umgebungsfarbe bzw. -farben beeinflussen den wahrgenommenen Farbton und die Helligkeit.

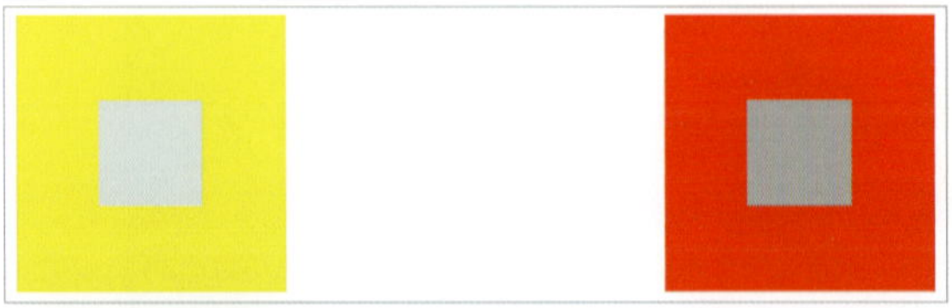

Abbildung 9.109 ▸
Beispiel eines Simultankontrastes: Die grauen Kästen leuchten in der zur umgebenden Farbe komplementären Farbe.

Abbildung 9.110 ▸
Beispiel eines Simultankontrastes: Die mittleren grauen Kästen sind eigentlich gleich hell. Im linken Beispiel wirkt der graue Kasten allerdings heller.

Dieselbe Farbe wirkt vor einem dunklen Hintergrund heller und vor einem hellen Hintergrund dunkler, auch der Farbton verändert sich. Ein heller Hintergrund lässt eine Farbe in den Vordergrund rücken, ein dunkler Hintergrund nimmt sie zurück. Ein Hintergrund in einer warmen Farbe lässt einen Farbton kühler wirken, ein kühler Hintergrund lässt den gleichen Farbton wärmer wirken etc.

9.6.8 Bunt-Unbunt-Kontrast

Als achten Kontrast kann man noch den Bunt-Unbunt-Kontrast als Mittel der Farbgestaltung ansehen. Dieser Kontrast entsteht zwischen bunten und unbunten, neutralen Farben (Schwarz, Weiß, Grau). Das ist eine sehr beliebte Kombination, gerade in Screendesigns und zusammen mit dem Quantitätskontrast sehr effektiv einzusetzen.

Abbildung 9.111 ▸
Der Bunt-Unbunt-Kontrast

Die bunte Farbe kann gut und gezielt Aufmerksamkeit erzeugen und lenken. Und große unbunte Flächen nehmen sich zurück, ohne unterzugehen.

Die Website *ournameismud.co.uk* (Abbildung 9.112) überzeugt gleich zweifach mit einem ausgeklügelten Bunt-Unbunt-Kontrast. Im Header dominiert die bunte Farbe, betritt der Website-Besucher jedoch den Inhaltsbereich der Website, wird das Farbverhältnis umgekehrt: Unbunte Farben werden großflächig eingesetzt und mit wenigen bunten Akzenten versehen.

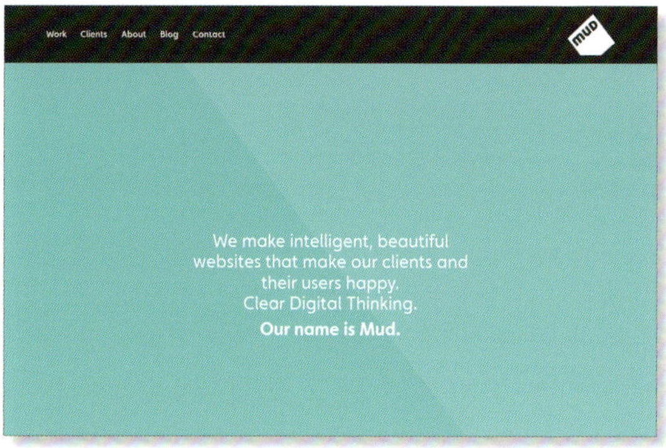

▲ **Abbildung 9.112**
Knackiger Bunt-Unbunt-Kontrast. Im Header hat die bunte Farbe das Obergewicht bei *ournameismud.co.uk*.

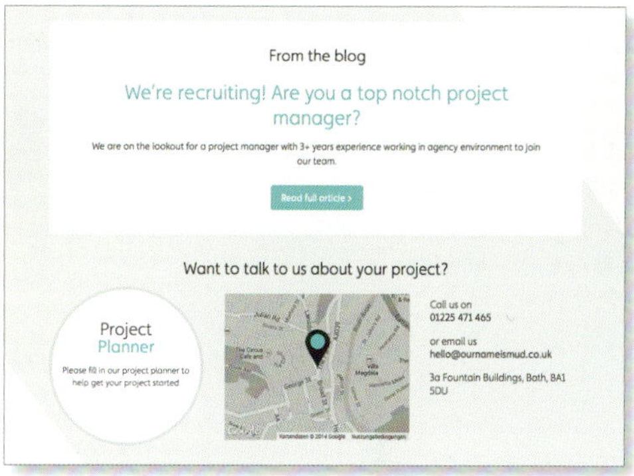

▲ **Abbildung 9.113**
Im restlichen Inhaltsbereich ist es umgekehrt. Die unbunte Farbe ist großflächig und mit den beiden rechten werden Akzente gesetzt.

9.7 Farbschemata

Farben können je nach Einsatzgebiet verschiedene Wirkungen haben und werden dazu von ihrem (farbigen) Umfeld beeinflusst. Bei der Farbauswahl gilt es also, nicht nur für sich passende Farben zu finden, sondern Farbkombinationen, die zueinander passen. Neben einem – fast unersetzlichen – geschulten grafischen Auge, das passende Farbkombinationen findet, gibt es als Hilfsmittel die sogenannten *Farbschemata*. Diese Art »Formeln« erzeugen interessante und meistens wirkungsvolle Farbkombinationen. Sie werden auch häufig *Farbharmonien* genannt.

Um Farbharmonien zu entwickeln, braucht es immer eine Ausgangsfarbe, aus der sich die anderen Farben ergeben. Diese Grundfarbe ist oftmals vorgegeben, da Unternehmen meistens schon eine Art »Hausfarbe« haben. Diese muss einem Webdesigner nicht immer gefallen, aber sie kann den Einstieg in die Farbwahl erleichtern.

Die unterschiedlichen Farbschemata können bei der Auswahl von Farben große Dienste leisten, sie sind aber eher als Hilfe, als Unterstützung gedacht und kein starres Regelwerk, an das sich der Designer stur halten sollte.

9.7.1 Monochromes Farbschema

Monochrom bedeutet einfarbig. Dieses Farbschema enthält nur eine einzige Basisfarbe und entsprechende Abstufungen dieser Farbe. Passende Abstufungen lassen sich durch Veränderungen der Sättigung und/oder der Helligkeit erreichen. Hier wird also der Qualitätskontrast angewandt. Und auch wenn nur eine einzige Farbe eingesetzt wird, lassen sich damit durchaus sehr interessante Screendesigns umsetzen.

Abbildung 9.114 ▸
Ein monochromes Farbschema. Die erste Farbe könnte für Headlines sein, die zweite für den Fließtext, die mittlere als Hintergrundfarbe eingesetzt werden und die beiden rechten für Akzente, Grafiken, Buttons, Links etc.

Ein monochromes Farbschema wirkt meistens harmonisch, einfach und manchmal auch elegant. Es ist aber zurückhaltend, wenig kraftvoll und kann schnell langweilig sein. Auch der Fokus auf bestimmte Elemente lässt sich mit einem monochromen Farbschema schwer lenken, da es insgesamt eben sprichwörtlich »eintönig« wirkt.

▴ Abbildung 9.115
Ein schönes monochromes Farbschema in Anwendung, wenn auch mit eingeschränkter Lesbarkeit: *blank.com.pt*

Monochrome Farbabstufungen
Ein schönes Onlinetool, um monochrome Farbabstufungen zu finden, ist *0to255*. Mit Hilfe eines einzugebenden Hexadezimalcodes werden unterschiedliche Helligkeitsabstufungen der gewählten Farbe angezeigt.

Nicht nur für ein monochromes Farbschema geeignet, sondern auch für Verläufe, Buttons, `borders`, `hover`-Zustände etc. (*0to255.com*).

9.7.2 Analoges Farbschema

Ein analoges Farbschema enthält Farben, die im Farbkreis nebeneinanderliegen. Für dieses Farbschema sollte eine Hauptfarbe dominiert eingesetzt werden und ergänzend zwei, drei weitere Farben, die Akzente setzen können. Verglichen mit dem monochromen Farbschema hat das analoge mehr Nuancen, leidet aber unter dem gleichen Mangel an Farbkontrast.

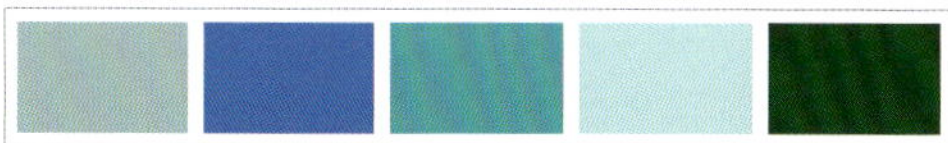

◂ **Abbildung 9.116**
Ein analoges Farbschema. Zwei, drei markante Farbtöne und Blau und Grün, dazu helle Abstufungen als Kontrast

Unterschiedliche Varianten lassen sich auch wie beim monochromen Schema mit unterschiedlichen Sättigungen und Helligkeiten der einzelnen Farben erreichen. Ungünstig ist beim analogen Farbschema meist die Mischung von kühlen und warmen Farben.

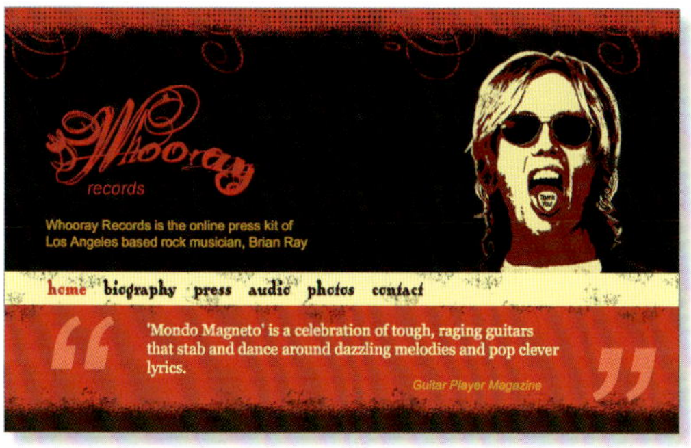

▴ **Abbildung 9.117**
Magentarot und Orangebraun bei *whoorayrecords.com*

▴ **Abbildung 9.118**
Braun, Orange und Grüntöne kann man als analoges Farbschema bezeichnen (*ecoki.com*)

9.7.3 Komplementäres Farbschema

Ein komplementäres Farbschema enthält zwei Farben, die sich im Farbkreis gegenüberliegen, z.B. Gelb und Violett oder Magenta und Grün. Diese Farbpaare haben den größtmöglichen Kontrast.

◂ **Abbildung 9.119**
Hoher Kontrast und markante Wirkung durch Orange und Cyan – Komplementärfarben bei *byronbayschoolies.com.au*

Durch den hohen Gegensatz der Farben lassen sich sehr kontrastreiche Designs erstellen. Aber Vorsicht: Es sollte auf jeden Fall vermieden werden, zwei Komplementärfarben übereinander oder zu nahe nebeneinander zu platzieren, also z. B. als Hintergrundfarbe und Textfarbe! Diese Kombination ist nur sehr schwer lesbar und erzeugt ein Flimmern.

Abbildung 9.120 ▸
Intensiv wirken Magentarot und Grün als Komplementärkontrast bei *naturestable.com*.

9.7.4 Teilkomplementäre, triadische und tetradische Farbschemata

Die teilkomplementären, triadischen und tetradischen Farbschemata klingen merkwürdig technisch, sind im Grunde aber nur Variationen des komplementären Farbschemas.

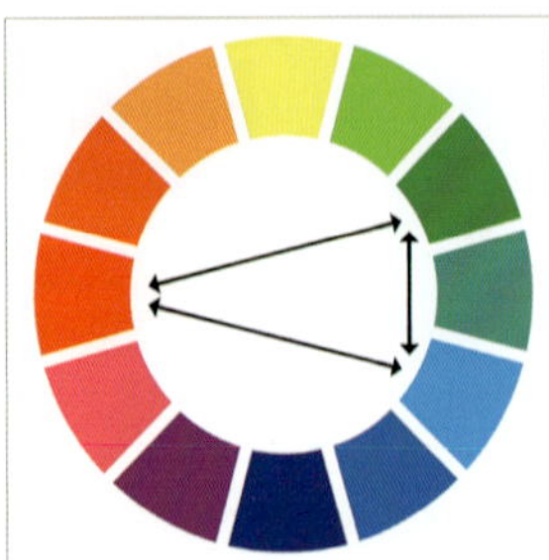

▴ **Abbildung 9.121**
Das teilkomplementäre Farbschema

Teilkomplementäres Farbschema | Wählt man zu einer Grundfarbe die jeweils links und rechts neben der Komplementärfarbe liegenden Farben aus, erhält man ein teilkomplementäres Farbschema.

Dieses Schema ist zwar markant, wirkt jedoch etwas weniger intensiv als das komplementäre, da der Farbgegensatz nicht ganz so hoch ist.

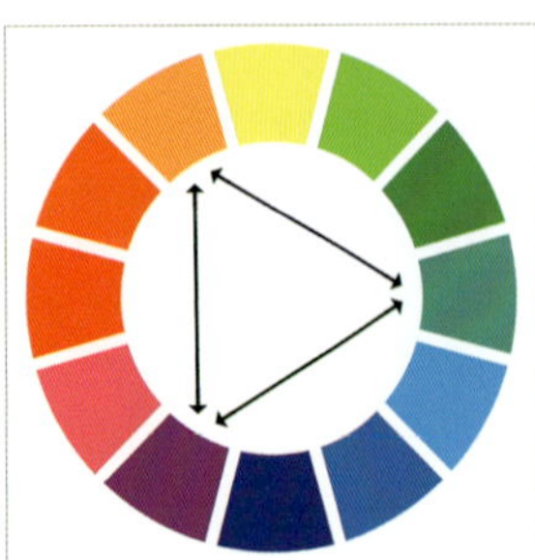

▴ **Abbildung 9.122**
Das triadische Farbschema

Triadisches Farbschema | Hier werden drei Farbtöne verwendet, die im Farbkreis den gleichen Abstand zueinander haben. Der Farbkreis wird sozusagen gedrittelt.

Dieses Schema wirkt sehr lebendig mit einem intensiven Kontrast, da drei Farben eingesetzt werden, die zueinander den größten Kontrast bilden können. Am geschicktesten eingesetzt, dominiert eine Farbe, und die beiden anderen setzen Akzente.

Tetradisches Farbschema | Hier wird ein komplementäres Farbschema mit einem anderen komplementären Farbschema kombiniert.

Hier dürfte es am schwierigsten werden, harmonierende Kombinationen zu finden. Vier Farben, dazu zweimal Komplementärkontraste, machen es schwierig, Akzente und Highlights zu setzen.

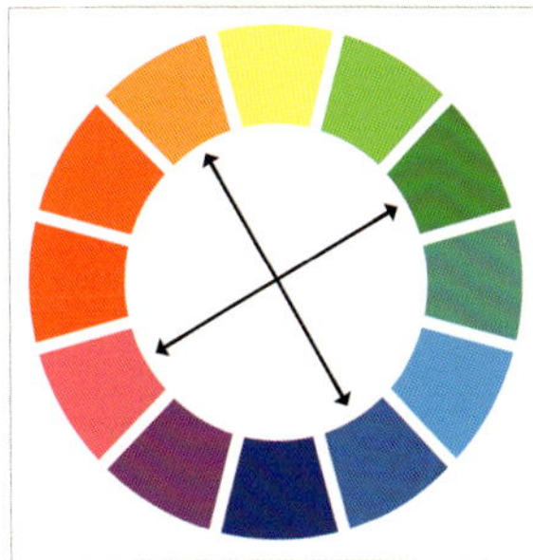

▲ **Abbildung 9.123**
Das tetradische Farbschema

9.7.5 Tool-Empfehlung: Unterstützung bei der Farbfindung

Die vorgestellten Farbschemata dienen als Anhaltspunkte, als erstes Hilfsmittel, um spannende, für das aktuelle Projekt passende Farbkombinationen zu finden. Gerade für den Einstieg sind die Farbschemata sehr hilfreich, auf jeden Fall besser, als einfach blind in den Farbkasten zu greifen und zu schauen, welche Farbe zufällig ausgewählt wurde ...

Selten passen die Farben, die sich aus den Schemata ergeben, gleich exakt für das Projekt bzw. das jeweilige Design, an dem man gerade sitzt. Daher heißt es, viel auszuprobieren, die Farben leicht zu verändern, mal heller, mal dunkler, mal kräftiger, mal trüber. Und manchmal auch alle Farben wieder zu verwerfen und von vorne anzufangen!

Im Folgenden empfehle ich zwei – von vielen – Farbtools, die bei der Erstellung eines Farbschemas sehr hilfreich sein können.

Der Color Scheme Designer | Ein intuitiv zu bedienendes Tool, mit dem sich schnell verschiedene Farbschemata austesten lassen, ist der *Color Scheme Designer*.

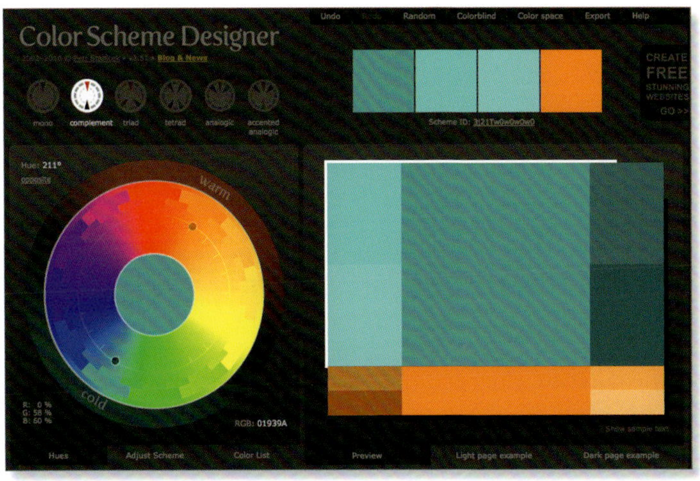

◀ **Abbildung 9.124**
Ein hilfreiches Farbtool, um Farbschemata zu bestimmen: *colorschemedesigner.com*

Als besondere Highlights kann man sich eine Webseiten-Vorschau in den ausgewählten Farben anzeigen lassen und die Farben auch in verschiedenen Formaten exportieren: *colorschemedesigner.com*.

▲ **Abbildung 9.126**
Das gewählte Farbschema in der Vorschau als dunkle Variante

▲ **Abbildung 9.125**
Das gewählte Farbschema in der Vorschau als helle Variante

Colourco.de | *Colourco* ist ein spielerisch intuitives Tool, bei dem die ganze Bildschirmfläche der Farbfindung dient. Auch hier lassen sich die verschiedenen Farbschemata ausprobieren und in vielen Formaten exportieren: *www.colourco.de.*

Abbildung 9.127 ▸
Farbfindung spielerisch per Mausbewegung: *colourco.de*

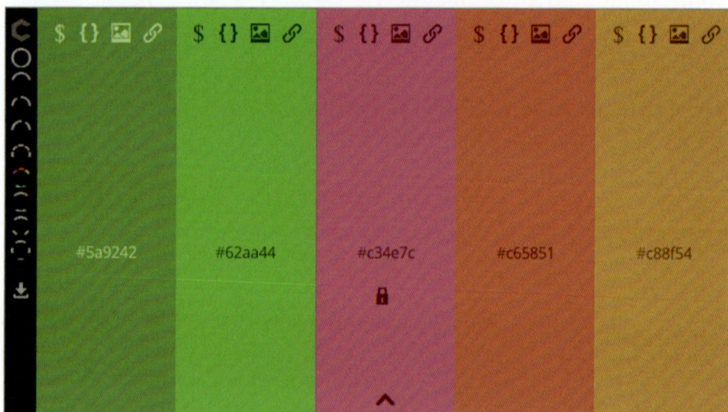

9.8 Gelungener Farbeinsatz im Webdesign

Farben haben eine enorme emotionale Wirkung. Sie können Aufmerksamkeit erzeugen, Inhalte vermitteln, Elemente visuell gruppieren und die Ästhetik verstärken. Farbe ist also ein wunderbares Gestaltungsmittel, das die gewünschte Aussage unmittelbar und unbewusst vermitteln kann. Unpassende Farben können allerdings inhaltliche Aussagen zerstören und den Betrachter verwirren.

Kein Screendesign kommt ohne Farbe aus. Der Webdesigner muss sich also der Farbwahl bewusst sein und sich aktiv Gedanken machen.

9.8.1 Farbe, Corporate Design & Identität

Farben spielen in der Unternehmenskommunikation eine bedeutende Rolle, unabhängig davon, ob es sich um einen Selbstständigen, ein Kleinunternehmen oder einen Großkonzern handelt. Wir haben oben die verschiedenen Farbwirkungen gesehen und schon Beispiele von Unternehmen, die sich die Eigenschaften einzelner Farben zunutze gemacht haben. Denn der optische Auftritt eines Unternehmens, das visuelle Erscheinungsbild, meistens *Corporate Design* genannt, ist wichtig für die Imagebildung des Unternehmens.

»Es heißt: Bilder sagen mehr als tausend Worte. Wenn man so will, ist eine Fläche mit einer Farbe bereits ein Bild, das unzählige Assoziationen erzeugt. Insofern trifft diese Redewendung vor allem auch auf Farben zu.«

Achim Schaffrinna, Diplom-Designer, designtagebuch.de

Welche Bedeutung Farben für die Markenbildung, die Wiedererkennung, die Identität eines Unternehmens haben, lässt sich immer gut an den »großen« Unternehmen demonstrieren: Das erst vor einigen Jahren gegründete Unternehmen *evonik.de* (Abbildung 9.128) erreichte rasch Bekanntheit, natürlich vor allem durch entsprechende Werbemaßnahmen. Zur Wiedererkennung des Unternehmens oder, besser, der Marke trug nicht unwesentlich die Wahl der Farbe Violett bei. Ein markantes Unterscheidungsmerkmal.

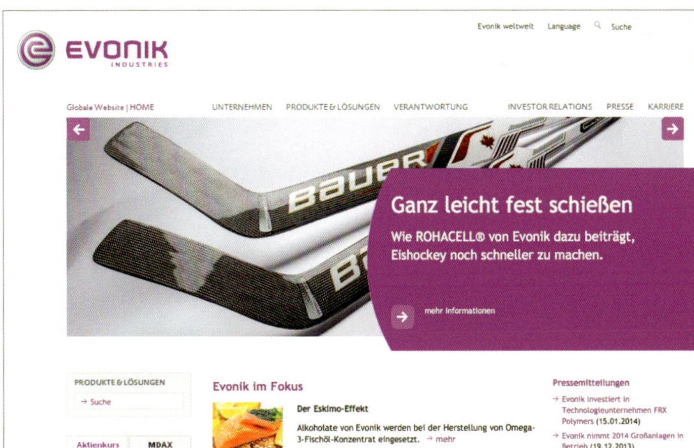

◂ Abbildung 9.128
evonik.de setzt zur Wiedererkennung auf ein starkes Farb- und markantes Unterscheidungsmerkmal: Violett.

Auch *congstar.de* (Abbildung 9.129 auf Seite 432) überließ die Farbwahl für sein Corporate Design nicht dem Zufall. Denn sich im Dschungel der Telekommunikationsanbieter (optisch) zu behaupten, ist alles andere als einfach. *congstar.de* gelingt es mit einem Farbe-an-sich-Kontrast zusammen mit tiefem Schwarz.

Abbildung 9.129 ▸
congstar.de überzeugt mit einem Farbe-an-sich-Kontrast zusammen mit tiefem Schwarz.

Farben und Firmenbranding
Mehr zu »Bedeutung der Farben für das Branding«: *www.designtagebuch.de/wiki/bedeutung-der-farben-fuer-das-branding*

Firmenidentität durch Optik | Jedes Unternehmen, ob bewusst gesteuert oder nicht, ob gewollt oder nicht, vermittelt (potenziellen) Kunden eine Art Identität, ähnlich wie Menschen durch ihr Äußeres zwangsläufig eine Wirkung beim Gegenüber hervorrufen. Und die optische Erscheinung ist auch im Normalfall das Erste, was wir beim Menschen wahrnehmen, lange bevor wir sein Verhalten oder seine Sprache wahrnehmen. Dieser Prozess ist auf unsere Begegnung mit Unternehmen übertragbar. Bevor wir mit Mitarbeitern des Unternehmens sprechen, deren Produkte genauer betrachten, nehmen wir das optische Erscheinungsbild wahr. Das kann alles Mögliche sein – von der Visitenkarte über eine Zeitungsanzeige, die Autobeschriftung, Mitarbeiterkleidung bis eben zur Webseite.

Die Farben, die in der Unternehmenskommunikation eingesetzt werden, vermitteln uns bestimmte Eigenschaften und Stimmungen. Unbewusst erzeugen sie damit auch ein Image. Nicht allein, dazu gehören selbstverständlich auch noch andere Gestaltungselemente, aber die Farbwirkung ist sehr bedeutend, vor allem für den ersten Eindruck.

Das Corporate Design | Wenn es sich nicht gerade um eine Existenzgründung – neudeutsch »Start-up« – handelt, ist ein Farbschema meistens bereits festgelegt und sollte entsprechend beachtet bzw. eingesetzt werden. Je nachdem, wie intensiv man sich damit schon im Unternehmen beschäftigt hat, gibt es eventuell schon Corporate-Design-Vorgaben. Hier sind dann u.a. schon exakte Farbwerte festgehalten. Denn diese Farben werden – oder, besser, sollten – konsequent in allen Marketing-Materialien benutzt, auch auf der unternehmenseigenen Webseite.

Anders sieht es bei Projekten für Existenzgründungen aus: Hier sind nur selten Unternehmensfarben vorgegeben. Umso wichtiger ist es, die Farben des Screendesigns sorgfältig auszuwählen. Nicht selten werden die Hauptfarben des Screendesigns dann nämlich zu den künftigen Unternehmensfarben gemacht.

Einheitlichkeit und Wiedererkennung | Durch den konsistenten Einsatz gleicher Farben in den verschiedenen Medien wird eine Wiedererkennung erreicht. Im Idealfall erkennt der Betrachter allein anhand der Farbe(n) das Unternehmen. Daraus entwickelt sich auch eine Art Vertrautheit. Was der Mensch (wieder)erkennt, findet er erst einmal angenehm. Er weiß, woran er ist, und muss sich nicht erst neu orientieren.

Je konsistenter ein Unternehmen sein Corporate Design umsetzt, umso eher kann es ein Image aufgrund des Corporate Designs vermitteln und aufbauen.

Neue Farbgestaltung mit Bedacht
Die Farben einer Website eben mal »etwas aufzufrischen«, nur damit einem unbestimmten (kundenseitigen) Veränderungswunsch Rechnung getragen wird, ist keine Lösung und schadet vor allem der Konsistenz der Werbematerialien und der Wiedererkennung. Das Design einer Webseite sollte zwar, genauso wie das Unternehmen an sich, wandel- und veränderbar sein. Aber bei Verlust eine visuelle Identität neu herzustellen, kann sehr langwierig sein.

Farben im Screendesign | Auch wenn schon Farbvorgaben etwa durch ein vorhandenes Corporate Design existieren, müssen diese oft noch mit weiteren Farben ergänzt werden. Denn Screendesigns kommen selten mit drei Farben aus. Elemente wie der Hintergrund, Texte, verschiedene Überschriften, mehrere Navigationen, Links, Buttons etc. wollen schließlich alle farbig gestaltet werden. Daher sollten nicht nur zwei, drei Farben gewählt werden, sondern, von Fall zu Fall natürlich unterschiedlich, weitere »Ergänzungsfarben« ausgesucht werden.

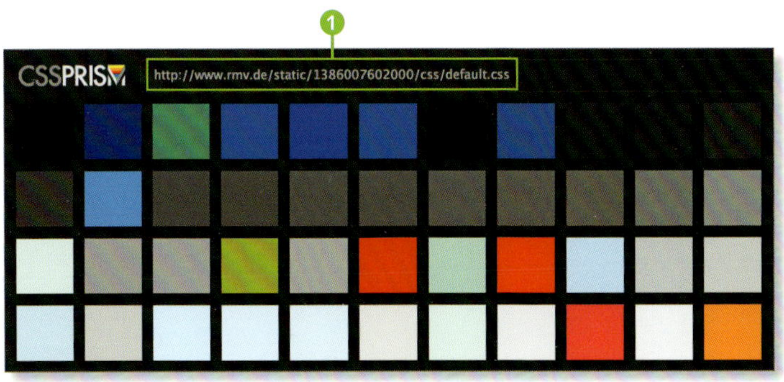

◂ **Abbildung 9.130**
Das Tool *cssprism.com* stellt die Farben einer CSS-Datei auf. Wie hier am Beispiel des Rhein-Main-Verkehrsverbundes, *rmv.de* 1, zeigt es anschaulich die Vielfalt an Farben, die bei einer umfangreicheren Website eingesetzt werden.

Redesigns | Es kann natürlich die Fälle geben, dass Kunden die bisherigen Farben nicht benutzen möchten oder der Webdesigner es dem Kunden aus irgendwelchen Gründen ausredet. Eine Neugestaltung eines Screendesigns samt neuer Farbfindung bringt, wie fast alles, Chancen und Risiken mit sich. Da Farben eines der wirkungsvollsten und prägendsten Designinstrumente sind, sollten sie mit großem Bedacht ausgewählt werden. Spätere Änderungen an den Farben sind kritisch zu sehen, wenn erst einmal entsprechende Kommunikationsmaßnahmen erfolgt sind. Anders als die Schriftarten oder auch die Bilder (die natürlich beide jeweils auch eine große Bedeutung haben), prägen Farben die Gesamtkommunikation entscheidend und nachhaltig.

9.8.2 Farbverläufe

Eine Besonderheit innerhalb der Farben sind die Farbverläufe. Es gab Zeiten, da waren Verläufe in Designs verpönt: »Hat der Grafiker nix drauf, macht er schnell einen Verlauf.« Spätestens seit dem typischen Web-2.0-Stil (siehe Kapitel 13, »Webdesignstile und -trends«), bei dem Logos und die Screendesigns mit Spiegelungen, Schatteneffekten und Verläufen versehen wurden, gehören Verläufe bei vielen Screendesigns dazu. Aber: Verlauf ist nicht gleich Verlauf!

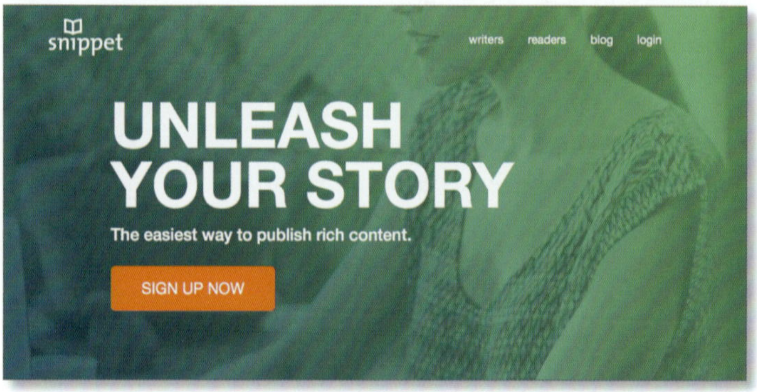

Abbildung 9.131 ▸
Auch eine kreative Möglichkeit für einen Farbverlauf: innerhalb eines Hintergrundbildes wie bei *thesnippetapp.com*

Was ist das Besondere an einem Farbverlauf? | Die Hauptwirkung eines Verlaufs liegt vor allem in der dadurch entstehenden räumlichen Tiefe. Neben Texturen und Bildern bieten Verläufe damit eine großartige und vor allem recht einfach einzusetzende grafische Möglichkeit, Webdesigns eine, wenn auch kleine Haptik zu geben. Und diese Haptik sorgt mitentscheidend für die Wirkung des Webdesigns auf den Betrachter.

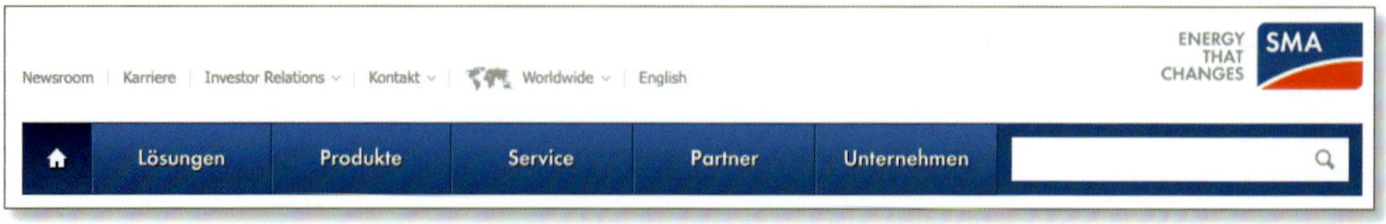

▴ Abbildung 9.132
Die Hauptnavigation wird durch einen dezenten Blauverlauf sprichwörtlich »runder«. Es entsteht ein minimaler haptischer Eindruck (*sma.de*).

Und dezente Verläufe finden sich auch in Navigationsleisten oder kleineren inhaltlichen Einheiten, die sich damit klarer von den anderen Inhalten abgrenzen können. Hier liegt die Verlaufsgestaltung im Detail, und gerade auf die Details kommt es ja oft an. Mit einem fast unmerklichen Einsatz von Verläufen, die sich zwischen zwei sehr ähnlichen Farbwerten vollziehen, lässt sich so eine dezente räumliche Tiefe erreichen. Das Webdesign wird so insgesamt etwas lebhafter, je nach Stärke des Verlaufs.

Farbverläufe lassen sich aber auch wesentlich markanter einsetzen, als Gestaltungsmittel, die das Design wesentlich prägen, als ästhetisch ansprechendes Stilmittel.

▲ **Abbildung 9.133**
Verläufe machen sich auch in Icons gut. Recht simpel entsteht so ein 3D-Effekt wie bei *culturedcode.com/things*.

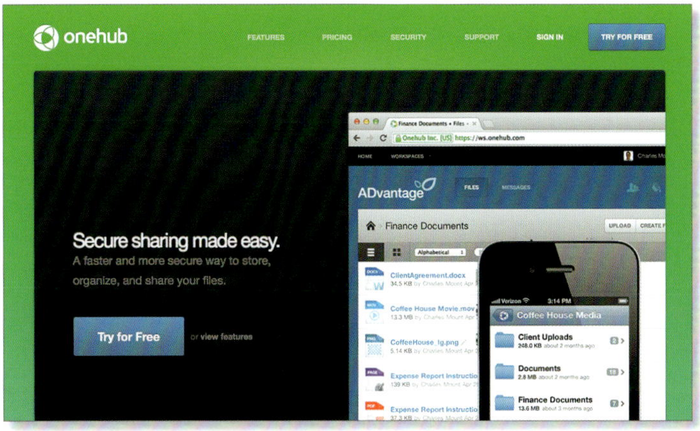

▲ **Abbildung 9.134**
Schmückendes Element: Ein kräftiger Farbverlauf »umrahmt« die Webseite aufmerksamkeitsstark bei *onehub.com*.

Leider verlaufen | Zwei Farben, die als Fläche nebeneinander harmonieren würden, müssen noch lange keinen schönen Verlauf ergeben! Sind die Verlaufsfarben zu weit auseinander im Farbton oder in der Helligkeit, entsteht ein markanter Verlauf, der im Gesamtdesign viel Aufmerksamkeit auf sich zieht. Oft zu viel und oft sieht der Verlauf dann auch ziemlich unharmonisch aus.

Verläufe in grafischen Elementen | Wenn es ein grafisches Element gibt, das seit Anbeginn des Internets von und mit Verläufen lebt, dann der Button! In den frühen Phasen des Screendesigns war dafür keine Farbkombination und Effekt zu viel. Diese Buttons haben vor einigen Jahren eine Art Renaissance erfahren, die auch durch den Flat-Trend nicht aufgehört hat. Verläufe mit entsprechenden Schatteneffekten sind allgegenwärtig. Gerade für die sogenannten Call-to-Action-Buttons ist diese Art der Gestaltung fast unverzichtbar.

▲ **Abbildung 9.135**
Sieht aus wie ein Verlaufsbutton aus den 90ern. Wie sich Design selbst bei so kleinen Dingen wie Buttons ändern kann …

Abbildung 9.136 ▸
Gar nicht so einfach, noch Buttons mit Verläufen zu finden, wo auf einmal alle »flat« sind. *uploadify.com/demos* bietet aber noch einige an.

Verläufe können ein hilfreiches Mittel bei der Gestaltung einzelner Elemente sein. Wie bei allen anderen Gestaltungsmitteln kommt es auf den gezielten Einsatz an.

▴ Abbildung 9.137
Ein einfacher Farbverlauf

Verläufe mit CSS3 | Jahrelang wurden Verläufe in Screendesigns mit oft nur 1 Pixel breiten Bildern umgesetzt. Diese wurden per `background-image` und einer `repeat`-x-Angabe definiert. Seit CSS3 gibt es nun die Möglichkeit, diese per `background-image: gradient()`-Angabe zu definieren. Mühseliges Ausschneiden der Bilder aus dem Bildbearbeitungsprogramm entfällt dadurch, und die Gestaltungsmöglichkeiten, gerade auch im Hinblick auf responsives Webdesign, steigen. Und die Ladezeit wird es auch danken, wenn auf (Verlaufs-)Bilder verzichtet wird.

Folgender Code erzeugt einen Verlauf wie in Abbildung 9.137:

```
background: linear-gradient(#6cf7a1, #2744c4);
```

▴ Listing 9.4
Farbverlauf wird erzeugt

Sie finden die Datei »verlauf.html« für den beschriebenen Farbverlauf auf der Buch-DVD unter Beispielmaterial • Kapitel_09.

Diese Angabe wird von den modernen Browsern (und ab IE > 9) unterstützt. Wer ältere Browser unterstützen will oder muss, sollte einige weitere Angaben hinzufügen, um einen Verlauf zu erzeugen:

```
/* Hintergrundfarbe, falls Verlauf nicht interpretiert
wird */
background: #2744c4;
/* Für WebKit-Browser (Safari, Chrome, etc.) */
background: -webkit-linear-gradient(top, #6cf7a1,
#2744c4);
/* Für Mozilla/Gecko-Browser (Firefox etc) */
background: -moz-linear-gradient(top, #6cf7a1,
#2744c4);
/* Für Presto-Browser (Opera etc) */
background: -o-linear-gradient(top, #6cf7a1, #2744c4);
```

```
/* Ab Internet Explorer 10 */
background: -ms-linear-gradient(top, #6cf7a1, #fff);
/* aktuelle W3C */
background: linear-gradient(#6cf7a1, #2744c4);
```

▲ **Listing 9.5**
Farbverlauf-Unterstützung älterer Browser

Viele (Prefix-)Angaben für einen einfachen Verlauf. Ob die neue Methode angewandt wird oder alle (älteren) Browser berücksichtigt werden, hängt sicher vom einzelnen Projekt ab. Die folgenden Beispiele zeigen weitere Möglichkeiten auf, sind aber der Übersichtlichkeit halber ohne Prefixe umgesetzt.

Nicht lineare Verläufe | Einen diagonalen Verlauf von links oben nach rechts unten erzeugt folgender Code:

```
background: linear-gradient(to bottom right, #6cf7a1 ,
#2744c4);
```

▲ **Listing 9.6**
Diagonaler Farbverlauf

Auch ein Verlauf mit mehreren Farben lässt sich einfach umsetzen:

```
background: linear-gradient(#6cf7a1, #fff, #2744c4,
#6cf7a1);
```

▲ **Listing 9.7**
Verlauf mit mehreren Farben

Auch Transparenzen lassen sich mit `rgba`-Angaben umsetzen:

```
background: linear-gradient(to right,
rgba(255,255,255,0), rgba(255,255,255,1));
```

Und als letztes Beispiel gibt es neben linearen Verläufen auch die Möglichkeit, kreisförmige mit der Angabe `circle` zu erzeugen:

```
background: radial-gradient(circle, #6cf7a1, #fff,
#2744c4);
```

▲ **Listing 9.8**
Kreisförmiger Verlauf

CSS-Farbverläufe automatisch generieren lassen | CSS3 bietet auch bei den Verläufen Webdesignern neue tolle Möglichkeiten. Verschiedene Verlaufsvarianten lassen sich so direkt am »lebenden Objekt« (der Webseite) austesten, ohne jedes Mal in ein Bildbearbeitungsprogramm zu wechseln.

Ein nützliches Tool, um sich Farbverläufe innerhalb weniger Sekunden erzeugen zu lassen, ist der *Ultimate CSS Gradient Generator*. Die Bedienung erinnert an Photoshop, und am Ende steht

CSS-Code, der sich natürlich kopieren lässt, aber vor allem auch einige Einstellungen bietet und die Prefixe für alle möglichen (alten) Browser anbietet. Wer Verläufe einsetzen will, sollte das Tool unbedingt bookmarken: *www.colorzilla.com/gradient-editor.*

9.9 Farbe und Usability

▲ **Abbildung 9.138**
Bei Apps wird es noch deutlicher als bei Webseiten. Eindeutige klare Farbgebung erleichtert die Bedienung von Interfaces. *inspirationmobile.tumblr.com*

Dem Thema Usability wird in diesem Buch ein eigener Abschnitt gewidmet, siehe Kapitel 3, »Konzeption und Strategie«. Aber bei der Farbgestaltung und speziell bei der Textfarbe spielt die Farbgebung eine so große Rolle, auch in puncto Barrierefreiheit, dass hier noch ein eigener Abschnitt erfolgen muss.

Die Farbgestaltung trägt nämlich einen nicht unerheblichen Teil zur Bedienbarkeit einer Webseite bei. So kann durch geschickte Farbwahl der Elemente die Orientierung erleichtert werden. Wichtige, elementare Inhalte wie beispielsweise die Hauptnavigation lassen sich u. a. durch entsprechende Farbwahl herausstellen. Inhaltlich gleiche Elemente sollten durchgehend in der gleichen Farbe dargestellt werden. Inhaltliche Unterschiede können durch klar unterscheidbare Farben betont werden.

Um Informationen aufzunehmen, ist vor allem die Lesbarkeit des Textes entscheidend. Hier kommt es auf den Kontrast zwischen Hintergrund- und Textfarbe an. Es sollte ein hoher Hell-Dunkel-Kontrast vorherrschen. Je geringer der Kontrast, umso unleserlicher wird der Text.

Abbildung 9.139 ▶
Das Farbschema ist gelungen, aber durch den kaum vorhandenen Hell-Dunkel-Kontrast ist der Text schwer zu lesen (*danto-invention.de*).

Schwarzer Text auf weißem Hintergrund als stärkster Hell-Dunkel-Kontrast ist allerdings auch nicht die beste Variante, zumindest auf Bildschirmen. Dieser Kontrast ist, gerade weil er so hoch ist, auf die Dauer unangenehm bzw. ermüdend für die Augen. Als mögliche Varianten lässt sich der Hintergrund leicht abdunkeln oder der Text leicht aufhellen, um eine bessere Lesbarkeit zu gewährleisten.

9.9.1 Hürden bei der Farbwahrnehmung

Zur Usability einer Webseite gehört auch die Farbwahrnehmung, denn ein nicht zu unterschätzender Prozentsatz der Bevölkerung hat eine zumindest eingeschränkte Farbwahrnehmung. Dies ist deshalb eine Herausforderung, da Webdesigner in der Regel nicht an einer Farbsehschwäche leiden.

Es gibt verschiedene Formen von Farbsehschwächen. Die vollständige Farbenblindheit, bei der die Betroffenen nur noch Grautöne sehen, ist sehr selten anzutreffen. Ein deutlicher Hell-Dunkel-Kontrast hilft dann, die verschiedenen Elemente wahrzunehmen.

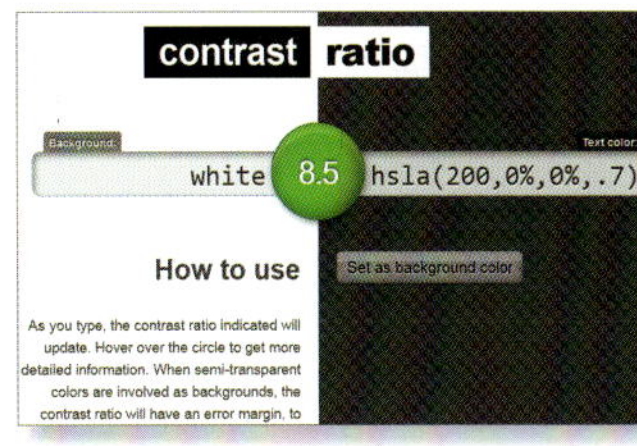

▲ **Abbildung 9.140**
Beim Onlinetool Contrast Ratio wird während der Eingabe der Farbwerte der Farbkontrast nach WCAG 2.0-Richtlinien bewertet. Sehr hilfreich! *http://leaverou.github.io/contrast-ratio/*

Die Rot-Grün-Sehschwäche | Wesentlich häufiger kommt die Rot-Grün-Sehschwäche vor, die auch oft als Rot-Grün-Blindheit bezeichnet wird. Ein Phänomen, das wohl vor allem Männer betrifft (8 % der Männer haben zumindest ein eingeschränktes Farbsehen). Die Betroffenen können Violett nicht von Blau unterscheiden und verwechseln Rot, Gelb, Braun und Grün miteinander.

Webseiten sollten natürlich im Idealfall so gestaltet sein, dass sie keine unnötigen Barrieren darstellen bzw. diese abbauen. Dazu gehört eben auch, dass möglichst viele Besucher die Farben und die Farbwirkung der Webseite wahrnehmen können. Schaut man sich seine Screendesigns mit den Augen eines Betroffenen mit einer Farbsehschwäche an, so kann man schnell enttäuscht sein. Denn möchte man nicht die Webseite nur in Schwarz-Weiß-Grau-Tönen erscheinen lassen, wird es immer für bestimmte (wenige) Personen Einschränkungen geben. So weit muss man aber nicht gehen. Benutzerunfreundlich wäre die Webseite erst, wenn mit den Farben bestimmte Bedeutungen oder Funktionen verknüpft sind, die Betroffene eben nicht erkennen können.

Einen roten Button auf grünem Hintergrund sollte man also aus zwei Gründen vermeiden: zum einen aus ästhetischen Gründen, denn direkt übereinander erzeugen Komplementärfarben ein Flimmern, und zum anderen, um Personen mit Farbsehschwächen nicht unnötig einzuschränken.

Sehtest
Verschiedene Sehtests, u. a. auch für die Rot-Grün-Sehschwäche, finden sich unter *sehtestbilder.de/sehtest.*

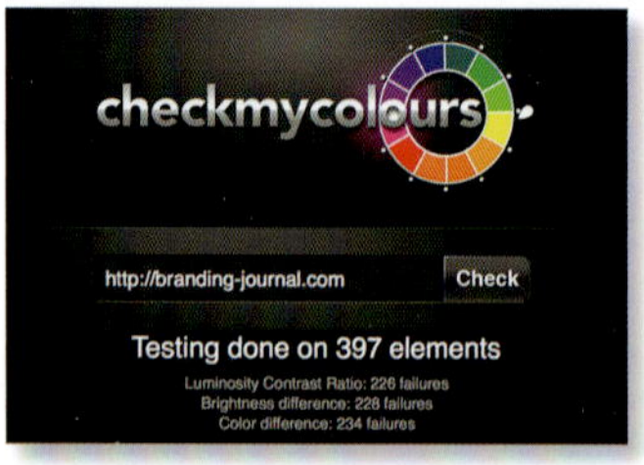

▲ **Abbildung 9.141**
Hilfreiches Tool: Check My Colours. URL eingeben und die Seite analysieren lassen, ob die Farbkontraste nach W3C-Richtlinie okay sind! *checkmycolours.com*

Für das Screendesign ist also Folgendes wichtig:

- Objekte oder Funktionen, die unbedingt unterschieden werden müssen, um z. B. die Seite zu bedienen (Navigation) oder eine bestimmte Aufgabe zu lösen, sollten sich nicht nur durch ihre Farbgebung unterscheiden. Neben einer Farbgebung sollte also im Idealfall mindestens ein weiteres Codierungsschema vorhanden sein, wie beispielsweise Rahmen, Größe, Platzierung etc.
- Ein klarer Hell-Dunkel-Kontrast hilft eigentlich immer – übrigens auch Anwendern, die nicht unter einer Farbsehschwäche leiden, aber vielleicht bei schlechtem Umgebungslicht lesen.
- Auch das Unterstreichen von Links kann dann wieder Bedeutung gewinnen, wenn sich für den Betroffenen die Linkfarbe von der Textfarbe nicht unterscheidet.

Also, ist die Farb-Usability für Menschen mit eingeschränktem Farbsehvermögen optimiert, dann erfreut dies auch alle anderen Anwender!

Um zu testen, ob die eigenen Farbkombinationen mit den *Web Content Accessibility Guidelines* übereinstimmen, gibt es beispielsweise den WCAG Contrast Checker: zwei Hexadezimalwerte eingeben und Ergebnisse anzeigen lassen (*contrastchecker.com*).

Abbildung 9.142 ▸
Hier ist der Name Programm: Zwei Hexadezimalwerte eingeben und Ergebnisse anzeigen lassen (*contrastchecker.com*).

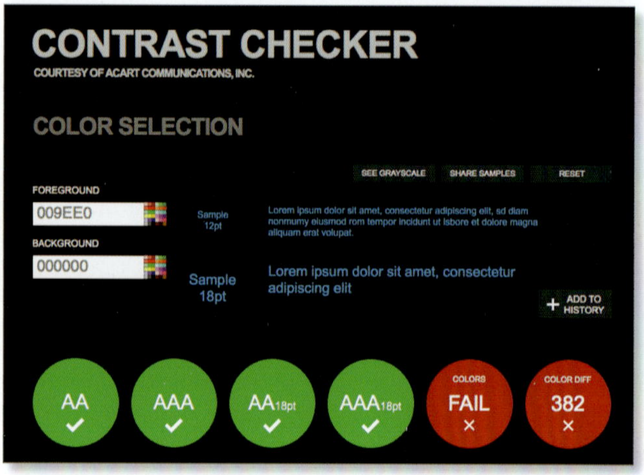

9.10 Ein eigenes Farbschema entwickeln

Es gibt einige hilfreiche Onlinetools, die einem bei der Farbsuche behilflich sein können. Dazu lohnt es sich, ein Grafikprogramm wie Adobe Photoshop oder Adobe Illustrator zu benutzen und in diesen mit den Farben zu experimentieren.

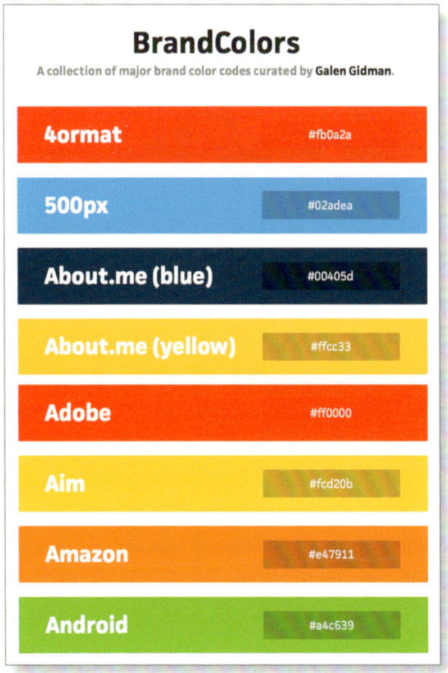

◂ **Abbildung 9.143**
Warum nicht mal als Ausgang für die Farbfindung eine Farbe der »Großen« nehmen? BrandColors stellt die Farben von Großunternehmen vor. Auch eine Möglichkeit, sich inspirieren zu lassen. *brandcolors.net*

9.10.1 Inspiration sammeln und Vorbilder finden

Ein Farbschema zu erstellen kann leicht und schwer zugleich sein. Ein paar »hübsche« Farben in Photoshop zusammenzuklicken bekommt (fast) jeder hin. Ein Farbschema zu entwickeln, das zum Thema, zur Zielgruppe passt, einem bei der Screendesign-Ausarbeitung auch genug Möglichkeiten und Variationen bietet und vielleicht auch noch individuell ist, erscheint schon wesentlich schwieriger, aber sicherlich nicht unmöglich!

Wie bei den Moodboards (siehe Kapitel 7, »Screendesign«) gesehen, ist es erst einmal hilfreich, sich nach Anregungen umzuschauen:

- Welche Farben benutzt die Konkurrenz?
- Welche Kombinationen setzen andere Webseiten-Vorbilder ein?
- Welche Farbschemata sind Mode und kommen in Werbeanzeigen und Magazinen zum Einsatz?

Eventuell gibt es dabei Farbschemata, die sich – zumindest ähnlich – übernehmen lassen.

Bei der Farbfindung gibt es auch viele Onlinetools, die einem helfen können, aber auch durch ihre Vielfalt leicht überfordern können oder zumindest verwirren. Zusammen mit den Inspirationen analoger und digitaler Vorbilder und den vorgesetzten Farben der unterschiedlichsten Tools stehen am Ende jede Menge mögliche Farben und Farbkombinationen. Aus diesen gilt es dann vier, fünf, sechs auszuwählen, die im Screendesign zum Einsatz kommen sollen.

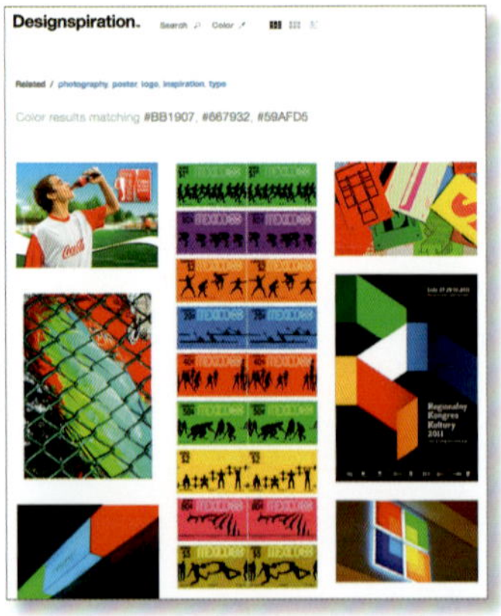

▲ **Abbildung 9.144**
Wie der Name schon sagt: Jede Menge Designinspirationen finden sich bei *designspiration.net*.

9.10.2 Farbtrends und Inspirationsquellen

Neben dem Wissen um die einzelnen Farbwirkungen, die Kombination von passenden Farbharmonien und die Unternehmensfarben ist es für Webdesigner auch wichtig zu wissen, welche Farben und Farbkombinationen gerade angesagt, »aktuell« sind – im Web und in der Offlinewelt. Nicht mit dem Ziel, den neuesten Trends hinterherzurennen, sondern eher, um sich inspirieren zu lassen und Designs zu gestalten, die zeitgemäß aussehen und nicht wie vor zehn Jahren erstellt.

Farbanregungen und -trends für Screendesigns lassen sich sehr gut auch offline, also außerhalb des Internets, finden, in der Natur, in Gemälden, in der Architektur etc. Um aktuelle Farbtrends zu verfolgen, bieten sich Magazine an, Plakate, Mode und so weiter.

Im Netz selbst wimmelt es nur so von Showcases und Galerien aller Art mit aktuellen Designs jeglicher Richtung. Vermutlich hat auch jeder Leser seine Lieblingsgalerien, die er oder sie regelmäßig besucht. Einige Webseiten für aktuelle Farbinspirationen werde ich aber trotzdem vorstellen, die subjektiv sind und durch jede Menge anderer toller Seiten ergänzt werden können:

Webdesign Showcases | Bei den *Webdesign Showcases* finden sich Sammlungen von Webseiten-Galerien. Diese sind nach unterschiedlichen Kategorien sortiert, u.a. auch nach Farben, so dass z.B. schnell Webseiten zur Farbe Rot gefunden werden können: *www.webdesign-showcases.com/category/colour/red*.

Webseiten nach Farbton sortiert | Webseiten-Galerien gibt es viele. Aber wohl nur bei *Colorgorize* lassen sich die Webseiten so schön nach Farbton, Sättigung und Helligkeit selektieren: *www.colorgorize.com*.

Corporate Designs | Das *Branding Journal* ist eine Sammlung zeitgemäßer moderner Corporate Designs: *branding-journal.com*.

Typografie & Bilder | Typografische Ergüsse sind als Inspirationen immer spannend, zusammen mit Bildern gleich doppelt, wie in dem tumblr-Blog *Type on Image*: *www.type-on-image.tumblr.com*.

Designinspiration und Farbensuche | Die Designportale *Behance* und *Designspiration* bieten neben tollen Designinspirationen aller Art auch die Möglichkeit, nach bestimmten Farben zu suchen: *designspiration.net* und *www.behance.net*.

Mobile/App | Zeitgemäße Farbharmonien liefern auch die vielen Beispiele von mobilen Anwendungen auf Smartphones – den sogenannten Apps. Der Blog *Mobile Design Inspiration* sammelt Screenshots von solchen Apps: *inspirationmobile.tumblr.com*.

◂ **Abbildung 9.145**
Farb-, Typo- und Bildinspirationen bei *type-on-image.tumblr.com*

Designs aller Art | Umfangreiche Galerien von Plakaten, Logos, Webseiten, 3D-Art, Icons, Fotografien etc. bietet u.a. *Creattica* an: *creattica.com*.

9.10.3 Tools, um Farbkombinationen zu erzeugen

Es gibt fast unzählige Onlinetools, die sich mit der Farbfindung beschäftigen. Neben den in diesem Kapitel bereits vorgestellten werde ich nur noch einige wenige aufgrund ihrer Funktionalitäten gesondert vorstellen.

ColorHexa | Ein umfangreiches Tool ist *ColorHexa*. Ausgehend von einer Basisfarbe, deren Hexadezimalcode eingegeben werden muss, zeigt das Tool alle möglichen Farbinformationen dazu an, u.a. die Farbkombinationen sechs verschiedener Farbschemata und verschiedene Helligkeitsabstufungen: *www.colorhexa.com*

Adobe Kuler | Der Klassiker unter den Farbtools ist *Adobe Kuler*. Recht spielerisch lassen sich hier die Farbregler anfassen und die gewählten Farben verändern: *www.kuler.adobe.com*

Hier werden auch umfangreiche vorgefertigte Schemata angeboten: *www.kuler.adobe.com/explore*

Web Colours Data | Das Tool *Web Colours Data* liefert die Farben einer einzugebenden Webadresse aus. Haben Sie also beispielsweise eine Webseite gefunden, deren Farbkombination Ihnen gefällt, dann bekommen Sie hier mit einem Klick die entsprechenden Farben angezeigt zusammen mit der Verteilung der Farben im Farbkreis und Seiten mit einem ähnlichen Farbschema. Hilfreich! *www.webcolourdata.com*

Color Hailpixel | Und noch eine kleine Spielerei: einfach mal die Maus hin und her bewegen und immer, wenn eine Farbe gefällt, klicken: *www.color.hailpixel.com*

Multicolr Search | Ein spannendes Tool ist *Multicolr Search*, das über 10 Millionen flickr-Bilder (Creative Commons) durchsucht. Bis zu fünf Farben lassen sich dabei auswählen: *www.labs.tineye.com/multicolr/*

Neben den Farbtools gibt es auch einige Webseiten, die schon vorgefertigte Farbschemata präsentieren. Bei diesen lassen sich auch wunderbar Inspirationen für das eigene Farbschema sammeln oder gar gleich ein komplettes übernehmen.

Colorschemer | Das Tool wurde weiter oben schon vorgestellt. Hier finden sich über 6.000 Farbschemata nach unterschiedlichen Kategorien sortiert, vor allem natürlich nach den Farbnamen, aber auch nach den Farbkontrasten und Begriffen wie *70's*, *Autumn* oder *Old Fashioned*. Ein schönes Werkzeug, um schon vorgefertigte und ansprechende Farbkombinationen zu finden: *www.colorschemer.com/schemes/tags.php*

Design Seeds | Hier werden aus Bildern harmonische Farbpaletten generiert. Die Suche ist zwar nicht so umfangreich, aber nach einzelnen Farben lässt sich suchen: *www.design-seeds.com*

Diese Tools sind alles nur Hilfsmittel. Selten passt ein vorgefertigtes oder durch irgendein Tool erstelltes Farbschema gleich auf Anhieb. Meistens legt der Webdesigner noch Hand an und verändert die Farben, fügt weitere hinzu oder löscht welche.

9.10.4 Praktische Umsetzung: Farbschemata selbst gestalten

Wie aus der unendlichen Masse an möglichen Farbkombinationen die richtige finden? Gut, die alleingültige »richtige« gibt es wohl nicht, sondern viele Kombinationen, die zum jeweiligen Projekt passen würden.

Im Folgenden kann ich (nur) demonstrativ zeigen, wie sich interessante Farbschemata erstellen lassen. Das Suchen, Gestalten und Auswählen wird bei jedem Projekt und vor allem von Webdesigner zu Webdesigner anders ablaufen. Daher zeige ich exemplarisch die Auswahl einiger harmonischer Farbschemata unabhängig von konkreten Projekten.

Farbfelder
Hat man sich für eine Farbauswahl entschieden (oder der Kunde), dann gibt es die Möglichkeit, diese in Photoshop der sogenannten FARBFELDER-Palette hinzuzufügen. So hat man die ausgewählten Farben die ganze Zeit zur Verfügung und muss nicht dauernd nach irgendwelchen Hexadezimalcodes suchen.

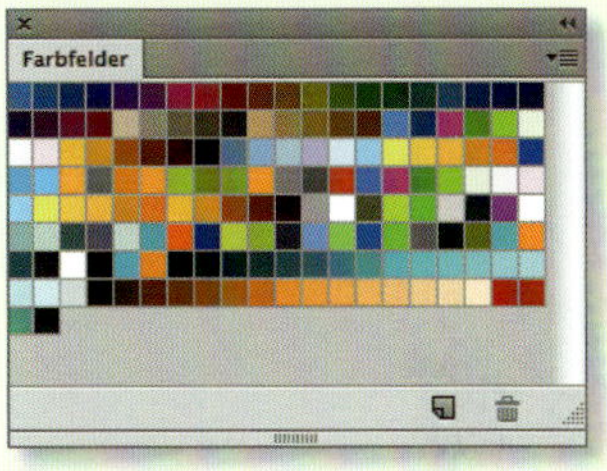

▲ **Abbildung 9.146**
Die FARBFELDER-Palette in Photoshop

Farbinspiration in einer Farbgalerie suchen | Im ersten Beispiel suche ich bei *Colorschemer* (*colorschemer.com/schemes*) nach einer interessanten Kombination und finde sie unter dem Namen *HappyChristmas*.

▲ **Abbildung 9.147**
Nennt sich *HappyChristmas* und schaut sehr farbenfroh aus.
colorschemer.com/schemes/viewscheme.php?id=10578

In einem Bildbearbeitungsprogramm (in meinem Fall Photoshop) lege ich fünf Farbflächen an und färbe sie mit den Farben des gewählten Farbschemas. So harmonisch die Farben in »klein« aussahen, so grell und leuchtend sind diese auf größeren Farbflächen. Die vier Farben (Weiß ausgenommen) sind fast reine Farben, die somit ähnliche Sättigungen haben. Dadurch wirkt die Kombination einerseits überwältigend, andererseits auch langweilig zugleich.

Würden wir die drei Farben so lassen, wäre das Ergebnis vermutlich ein qietschbuntes Design, das man sich nicht länger als wenige Sekunden anschauen kann, da es wegen der kräftig intensiven Farben anstrengend wäre. Also passe ich einzelne Farbtöne an.

Mal verändere ich die Helligkeiten, die Sättigung, den Farbton und manchmal auch alle drei. So können u. a. folgende zwei Farbkombinationen entstehen:

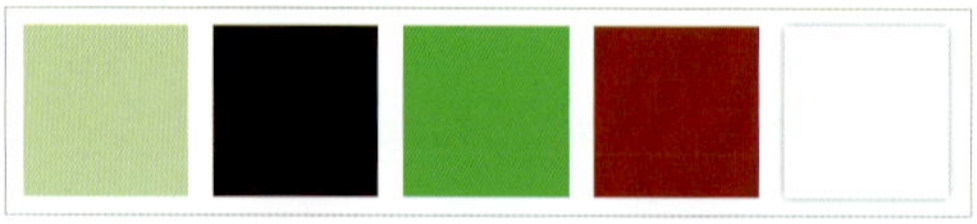

Abbildung 9.148 ▸
Das Grün setzt Akzente und das Dunkelbraun sorgt für einen starken Hell-Dunkel-Kontrast.

Abbildung 9.149 ▸
Bis auf das Rot wurden alle Farben entsättigt, womit gleichzeitig die Wirkung des Rots stärker hervorgehoben wird.

Durch Abänderung der Sättigungen und Helligkeiten der einzelnen Farbtöne lässt sich ein wesentlich interessanteres und ausgeglicheneres Farbschema erzeugen – für ein harmonisches Screendesign fast lebenswichtig.

Die beiden Beispiel-Farbkombinationen sind zwei von vielen weiteren möglichen, die sich aus dem vorgegebenen Schema gestalten lassen, je nach gewünschter Wirkung.

Ganz allgemein ist bei Screendesigns hilfreich, wenn es Farben gibt, die Akzente durch ihre Leuchtkraft und/oder Sättigung setzen können. Ergänzend sollte es hellere und dunklere Farbtöne geben, um einen deutlichen Hell-Dunkel-Kontrast erzeugen zu können, z. B. Text auf einem Hintergrund. Und weitere ein, zwei Auszeichnungsfarben sind nie verkehrt.

Ein Farbschema aus einer Bildvorlage finden | Aus meiner Lieblingsseite für freie Bilder (*unsplash.com*) habe ich eines herausgesucht und bei *kuler.adobe.com/create* hochgeladen. Adobe Kuler generiert aus Bildern Farbpaletten, die sich dann noch ganz intuitiv im Tool anpassen lassen.

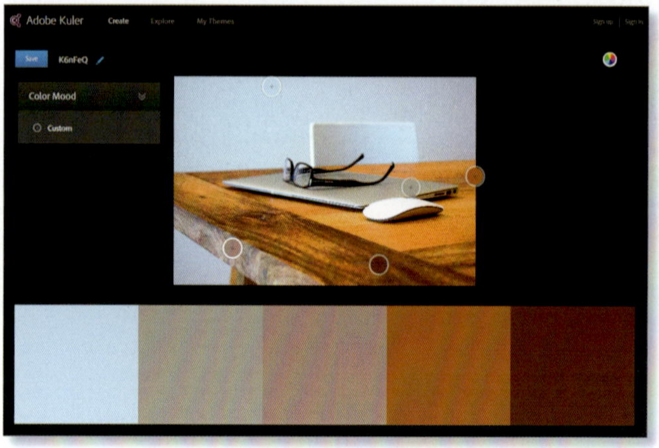

Foto: © Craig Garner – unsplash.com

Abbildung 9.150 ▸
Um aus Bildern Farbpaletten zu erstellen, gibt es einige Tools. *kuler.adobe.com/create/image* bietet noch die einfache Möglichkeit, die Farben direkt »im Bild« anzupassen.

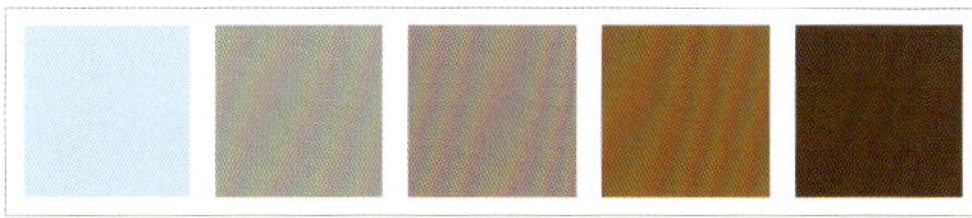

◄ **Abbildung 9.151**
Aus dem Bild erzeugte Farbkombination, harmonisch zurückhaltend, allerdings etwas wenig Kontrast

Aufgabe könnte es hier sein, dem Schema mehr Kontrast hinzuzufügen. Dies geht durch stärkere Unterschiede in der Sättigung und/oder Helligkeit:

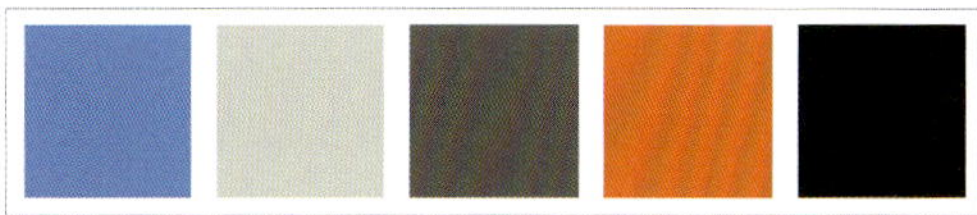

▲ **Abbildung 9.152**
Ein Braunton wesentlich dunkler, einer kräftiger und zwei leicht entsättigt, dazu dem Blau viel mehr Sättigung gegeben. Blau und Orange sind fast Komplementärfarben und bilden einen Warm-Kalt-Kontrast. Das Schema ist nun viel kontrastreicher.

Nimmt man nun noch den Blauton heraus, und erhöht bei den Brauntönen etwas den Hell-Dunkel- und Sättigungskontrast, entsteht ein ansprechendes monochromes Farbschema mit Qualitätskontrast.

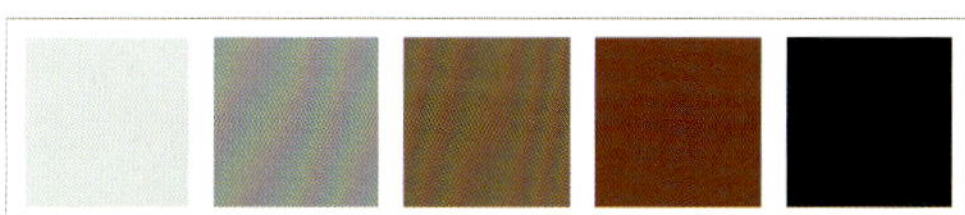

◄ **Abbildung 9.153**
Den Blauton herausgenommen, dafür bei den Brauntönen den Hell-Dunkel-Kontrast erhöht. Fertig ist ein monochromes Farbschema mit Qualitätskontrast.

Farbinspiration aus einer vorhandenen Webseite finden | Exemplarisch habe ich zwei schöne moderne Webseiten ausgesucht, um aus ihnen Farbschemata zu gewinnen.

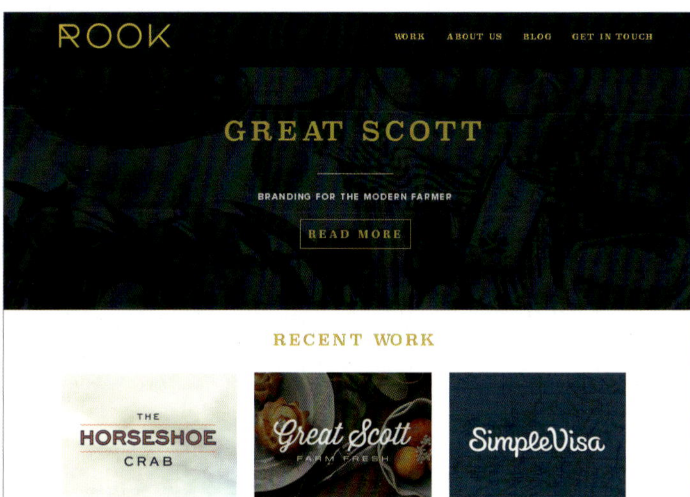

◄ **Abbildung 9.154**
Portfolio einer kleinen amerikanischen Agentur: *rook.is*

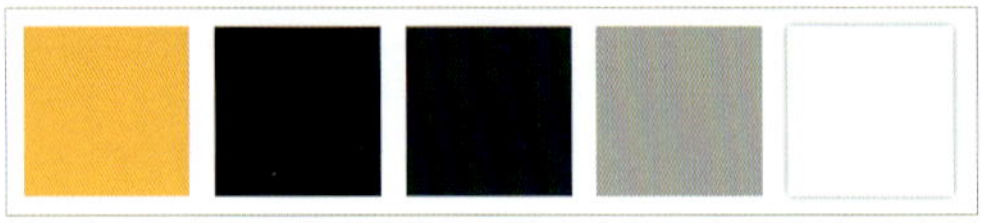

Abbildung 9.155 ▸
Schönes kontrastreiches Farbschema

Ein Warm-Kalt-Kontrast mit ausreichend Hell-Dunkel-Kontrast wirkt immer intensiv und spannungsreich. Was soll man da noch ändern? Nichts, könnte man gleich so für eigene Entwürfe nehmen …

Das zweite Webseiten-Beispiel ist eine Werbeseite für Wohntextilien. *artlekont.de* ist sehr minimalistisch aufgebaut:

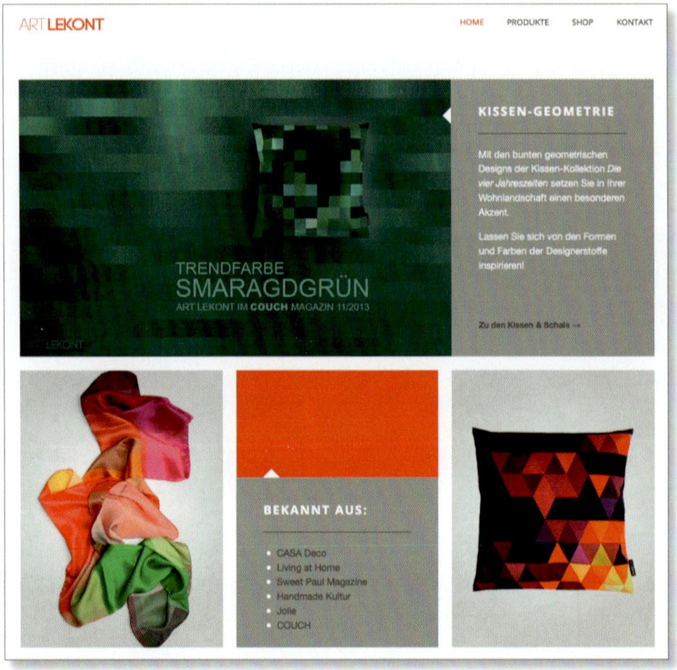

Abbildung 9.156 ▸
Die Webseite von *artlekont.de*

Aus dem Screendesign ergibt sich folgendes Farbschema:

Abbildung 9.157 ▸
Eine gelungene Vierer-Farbkombination, minimalistisch wie die Webseite selbst

So minimalistisch wie die Webseite wirkt, präsentiert sich auch die Farbauswahl: Vier Farben, davon einmal Weiß, zwei Grautöne und ein markantes Rot. Warum nicht! Eventuell könnte man noch einen dunkleren Grauton für einen stärkeren Kontrast hinzufügen.

Farbinspiration aus einer App | Aus Apps lassen sich auch sehr gut Farbschemata ableiten, denn diese haben im Grunde noch höhere Anforderungen an kontrastreiche Farben, da sie »intensivere« Interfaces sind als Webseiten.

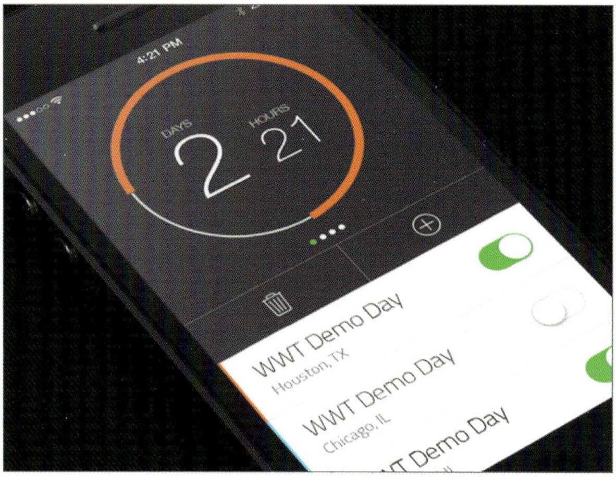

◂ **Abbildung 9.158**
Entwurf einer Kalender-App.
behance.net/gallery/Reminder/11009659

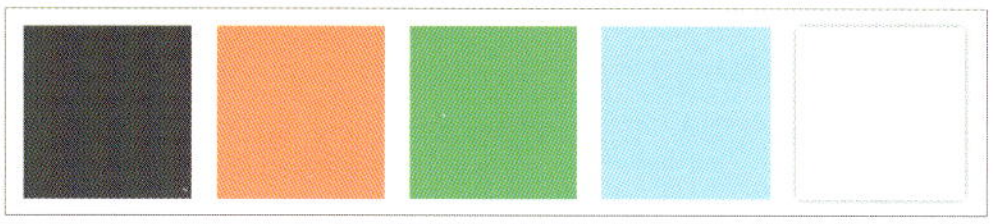

◂ **Abbildung 9.159**
Sehr hell und wenig Hell-Dunkel-Kontrast, für eine Webseite mit vielen Inhaltselementen vermutlich nicht ausreichend

Das Hellorange habe ich herausgenommen und dafür noch ein Dunkelgrau als Kontrast dazugenommen, das Blau dabei stärker gesättigt und das Grün entsättigt. So schafft das Blau mehr Spannung, und das Grün kann beruhigen. Genug Spielraum also für ein vielfältiges Screendesign.

◂ **Abbildung 9.160**
Ohne Orange passt es für eine Website doch schon viel besser.

Einen gelungenen Bunt-Unbunt-Kontrast finden | Was eigentlich immer recht schnell geht, ist, ein Bunt-Unbunt-Kontrast zu entwickeln. Klar, dieser mag nicht immer passend sein für das aktuelle Projekt, aber die Umsetzung ist recht schnell gemacht. Zwei, drei Grautöne, dazu ein Farbton mit zwei, drei Sättigungen:

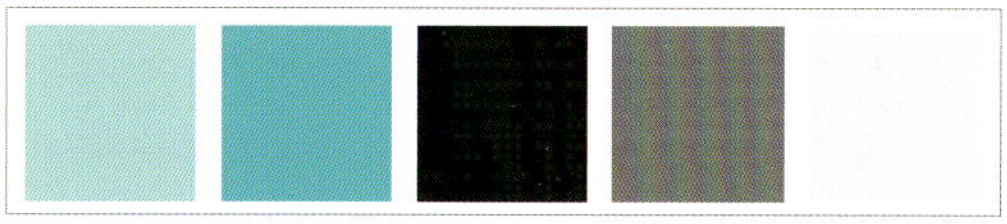

▴ **Abbildung 9.161**
Ein kräftiger Blauton, eine helle Abstufung und drei Grautöne. Fertig ist ein schönes Bunt-Unbunt-Schema.

Abbildung 9.162 ▸
Statt Blau- Grüntöne, statt der hellen eine extrem dunkle Abstufung. Fertig!

Der Bunt-Unbunt-Kontrast lässt sich vielfältig kombinieren. Und je nach gewähltem Farbton ließe er sich für (fast) jedes Webseiten-Thema einsetzen. Durch das Hinzufügen einer hellen Akzentfarbe zu einer neutralen Farbpalette ist es eines der einfachsten Farbschemata, aber auch eines der visuell auffälligsten.

Abbildung 9.163 ▸
Funktioniert auch mit Orange ...

Abbildung 9.164 ▸
... und auch mit Violett!

Die vier Paletten ließen sich durch weiteres Abstufen des Farbtons oder weitere Graustufen erweitern.

9.11 Fazit

Farben sind ein vielfältiges Thema. Mit Farben lassen sich Betrachter einnehmen und verzücken, mit Farben kann man aber genauso verschrecken und abstoßen. Manchmal liegen nur Nuancen zwischen einem passenden Farbton und einem unpassenden. Und wie so oft in der Gestaltung gibt es kein »Richtig« oder »Falsch«.

Farben sollten die Aussage eines Screendesigns genauso wie seine Bedienung unterstützen. Farbe kann leiten und informieren, die Aufmerksamkeit lenken und Emotionen erzeugen. Farbe kann Zusammenhänge herstellen und auch differenzieren. Dabei muss man bedenken, dass Farben nie allein auftreten. Jede Farbe steht in Wechselwirkung mit anderen Farben und kann so unterschiedliche Wirkungen verursachen. Die Kenntnisse der wissenschaftlichen und gestalterischen Grundlagen sind die Voraussetzung, um harmonische und passende Farbkombinationen zu wählen und um so letztlich mit seinem Webdesign erfolgreich zu sein.

Kapitel 10

Typografie

Webseiten, das sind vor allem Inhalte. Inhalte, das sind vor allem Texte. Und um Texte lesbar zu machen und passend zur Gestaltung, dafür gibt es die Typografie. Und die Typografie bietet jede Menge Möglichkeiten, Texte zu formatieren. Nicht alles, was geht, sollte man machen. Aber um effektiv Texte zu gestalten, sollte man die Optionen kennen.

10.1 Typografie im Web

In den letzten Jahren erlebt das Web zwei Entwicklungen, die auf den ersten Blick gegensätzlich erscheinen:

1. Bilder- und Video-Plattformen wie Instagram, YouTube, Vimeo, flickr expandieren in hohem Maße. Noch nie war es so einfach, Bilder und Videos zu erstellen und zu teilen. Andererseits entsprechen visuell akustische Informationen unserem Bedürfnis nach einer schnellen unkomplizierten (und vielleicht bequemen) Informationsaufnahme.
2. Gleichzeitig nehmen der Bedarf und das Bedürfnis nach qualitativ hochwertigen Inhalten stetig zu. Unter dem Motto »Content is King« wird diese Entwicklung zusammengefasst. Damit einhergehend wird sicherlich auch wieder die Produktion von Bildern und Videos unterstützt, aber eben auch die Beachtung einer besseren Gestaltung von Textinformationen.

Designer Oliver Reichenstein teilte schon 2006 in einem Blogpost mit, dass 95% der Informationen im Netz geschriebenes Wort sind. Während jahrelang aus verschiedenen Gründen der Textgestaltung wenig Beachtung im Vergleich zu den anderen Gestaltungsmitteln geschenkt wurde, ändert sich dies langsam, aber stetig. Gute Typografie heißt also auch, sich mit den Inhalten auseinanderzusetzen und deren Bedeutung und Ziele zu verstehen.

Definition Typografie
Als allgemeine und moderne Definition kann man unter Typografie die Lehre von der Schrift, der Schriftgestaltung und der Lesbarkeit verstehen.

Die Bedeutung von Typografie im Webdesign
»Web Design is 95 % Typography.« Diese Kernaussage von Oliver Reichenstein bringt die Bedeutung der Typografie auf den Punkt: *http://ia.net/blog/the-web-is-all-about-typography-period/*.

10.1.1 Neue Möglichkeiten

Im Webdesign fristete die Typografie lange ein Mauerblümchen-Dasein. Die Beschränkung auf wenige Systemschriften, niedrig aufgelöste Bildschirme und verpixelte Textdarstellung sorgten für fleißige Nichtbeachtung. Webfonts und CSS3-, sowie JavaScript-Technologien ermöglichen neue Spielräume in der Textgestaltung, die so langsam, aber sicher dafür sorgen, dass Typografie den Raum in der Gestaltung bekommt, den es aufgrund seiner Bedeutung verdient.

Es überrascht also nicht, dass die Gestaltung mit Schrift im Webdesign seit einigen Jahren einen unglaublichen Aufwind erfährt. Waren früher vor allem Farben, Bilder und das Layout die Haupt-Gestaltungselemente, so ist die Wichtigkeit einer guten Typografie inzwischen allgemein bekannt und akzeptiert. Die Wahl der Schriftart und die feine Ausgestaltung des Textes sind nicht mehr ein nötiges Übel, sondern werden von Anfang an in den Gestaltungsprozess mit einbezogen.

Die 100 besten Schriften
Auf *100besteschriften.de* werden die 100 besten Schriften aller Zeiten von einer fachkompetenten Jury ausgewählt. Zu jeder Schrift erfährt man Wissenswertes.

▲ **Abbildung 10.1**
100besteschriften.de ist für Typo-Liebhaber eine wahre Fundgrube.

▲ **Abbildung 10.2**
Interessantes Bild, aber erst die web-typografische Gestaltung macht den Unterschied, *union.co*.

▲ **Abbildung 10.3**
Wirkt wie ein hochwertiges Printpodukt, die Webtypografie bei *partnersandspade.com*

Eine schöne Gestaltung ist nicht reduziert auf Farben und Bilder, vor allem Buchstaben und Wörter vermitteln die entscheidenden Informationen, ganz egal ob Corporate Website, Onlineshop oder Werbebanner. Der Content ist zwar King, aber erst *gute Typografie* sorgt dafür, dass dieser überhaupt aufgenommen wird!

10.1.2 Und was ist gute Typografie?

Ein guter Webdesigner muss sich intensiv mit der Gestaltung von schriftlichen Informationen auseinandersetzen, also mit der sogenannten Typografie. Gute Typografie sorgt für eine gute Lesbarkeit. Der Leser kann sich auf den Inhalt konzentrieren und nicht auf die Formatierung. Gute Typografie wirkt aber auch emotional. Sie beeinflusst, wie Inhalte verstanden und wahrgenommen werden. Sie unterstützt den Inhalt in seiner Aussage. Im Idealfall trifft sie den richtigen »Schrift«-Ton.

Dabei ist Typografie ein Handwerk mit dem Ziel, Sprache sichtbar zu machen. Meistens dreht es sich aber mehr darum, was geschrieben wird, als darum, wie es geschrieben wird. Und, was eigentlich am wichtigsten ist, wie es andere lesen. Text lässt sich dabei im Grunde wie ein User-Interface betrachten (siehe den zu Beginn erwähnten Blogbeitrag von Reichenstein).

Typografie dient dem Leser, nicht dem Schreiber.

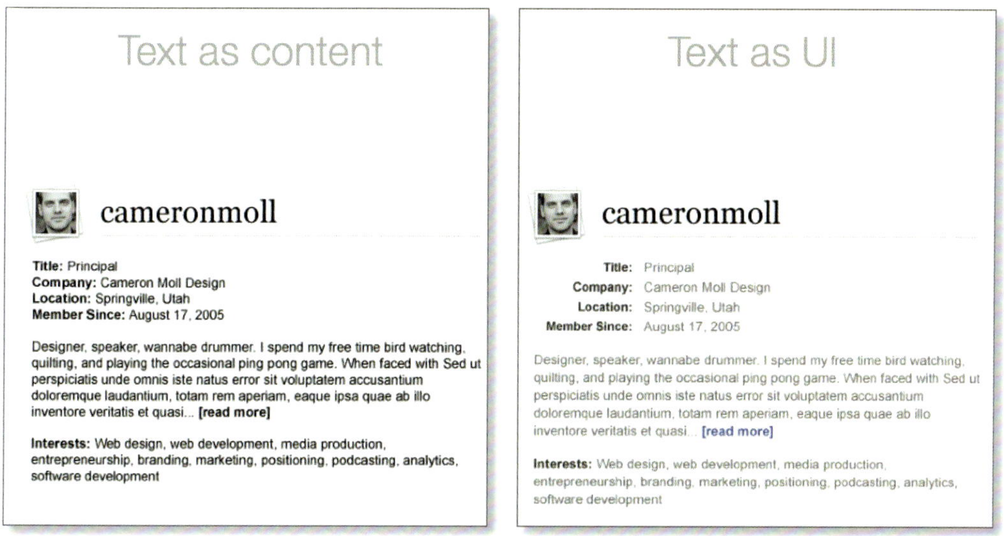

▲ **Abbildung 10.4**
Text als reiner Inhalt und Text als User-Interface, der für eine gute Übersicht und gute Lesbarkeit sorgt (*http://www.cameronmoll.com/speaking/2006/webjam/essential_web_skills.pdf*).

Texte sollten so gestaltet sein, dass sie den Blickverlauf lenken, Aufmerksamkeit an der richtigen Stelle erzeugen und die Informationen schnell aufgenommen werden können. Typografie geht also über die Auswahl passender Schriftarten weit hinaus. Schriftgröße, -farbe, Zeilenlänge, -abstand spielen ebenso eine Rolle wie die Strukturierung des Textes in Überschriften, Absätze, Auszählungen und so weiter. Text fungiert also als Benutzerschnittstelle zwischen dem Anwender, der ein Bedürfnis befriedigen möchte, und dem Webseiten-Betreiber, der ein Ziel verfolgt.

Ebenso wie ein Logo, die Farben oder Bilderwelten unterstützt Typografie die Wiedererkennung eines Unternehmens. Die Identität, das gewünschte Image eines Unternehmens kann und sollte auch mit Typografie ausgedrückt werden. Vergleichen Sie folgende Headlines der Webseiten von deutschen Automobilherstellern. Erkennen Sie die Unternehmen wieder? Und was für eine visuelle Aussage bzw. welches Image wird vermittelt?

▲ **Abbildung 10.5**
Vier unterschiedliche typografische Gestaltungen von Automobilherstellern. Farbwahl und Inhalt ergänzen die Wirkung, und zusammen sorgen sie für eine hohe Wiedererkennung der einzelnen Marken (welche Schrift zu wem gehört siehe [1]).

Feste Regeln für gute Typografie gibt es nicht. Allein die Definition »gut« ist schwierig. Typografie ist kein mathematisches Problem mit nur einer Antwortmöglichkeit. Nicht jeder Leser wird den Text auf die gleiche Weise interpretieren. So gibt es immer verschiedene »Lösungen«. Immerhin existieren Richtlinien und Best Practices, an denen man sich durchaus orientieren kann. Gute Typografie heißt also auch, sich mit den Inhalten auseinanderzusetzen und deren Bedeutung und Ziele zu verstehen.

10.2 Leseverhalten im Web

▲ **Abbildung 10.6**
Hier steht die typografische Gestaltung im Mittelpunkt, *co-create.fontyou.com*.

Da draußen findet ein Kampf um Aufmerksamkeit statt. Geführt von uns allen auf Schauplätzen wie Facebook und Google genauso wie im Fernsehen, in Zeitungen und auf Smartphones. Wir wollen Informationen, jetzt und am liebsten in leicht verdaulichen Formaten. Gleichzeitig senden alle Informationen ab in Form von Tweets, Status-Updates, Chatnachrichten usw.

Tl;dr ist das abgekürzte Eingeständnis, dass wir den Kampf eigentlich verloren haben: »Too long; didn't read« – wir wollen stattdessen knappe Informationshäppchen, wenn nicht, sind wir schon wieder bei der nächsten Information, auf der nächsten Webseite, im nächsten Netzwerk. Warum zehn Seiten lesen, wenn es auch in einer halben zusammenzufassen geht.

Unser Leseverhalten hat sich diesem Prozess angepasst, und die Typografie sollte/muss sich auf dieses veränderte Verhalten einstellen. Gute Typografie sorgt auch dafür, die Inhalte so zu organisieren, dass der Leser eine gute Chance hat, das zu finden, was für ihn von Interesse ist. Man kann hier also durchaus auch von *Informationsdesign* sprechen.

---

1 Die vier typografischen Gestaltungen gehören von links nach rechts und oben nach unten: BMW, Mercedes, Audi und Opel.

▲ **Abbildung 10.7**
Typografie organisiert, lenkt, strukturiert und schafft Schwerpunkte, so wie bei *yoyu.de*.

Typografie dreht sich um eine Optimierung der Lesbarkeit, der Zugänglichkeit und der Benutzerfreundlichkeit.

10.2.1 Prozess des Lesens

Das Lesen ist im Grunde die Aufnahme und Verarbeitung visueller Reize. Ein erlernter, sehr aktiver Prozess, bei dem auf der Basis unseres Sprachwissens, inhaltlicher Vorkenntnisse und unseres Allgemeinwissens Textinhalte analysiert und eingeordnet werden. Wir erfassen also nicht nur Textinformationen, wir erschaffen auch sofort weitere Informationen dazu, um diese in einen Sinnzusammenhang zu bringen. Beim Lesen kommen also zwei Aspekte zusammen: die objektive Textinformation (visuell, semantisch und strukturell) und die subjektive Verarbeitung (geprägt durch Vorwissen, Erwartungen, Einstellungen).

Informationsdesign
Die verständliche Aufbereitung von Informationen, um eine effektive und effiziente Nutzung zu ermöglichen, ist auch eine *Designaufgabe*. Dabei hat die gelungene Schriftgestaltung neben ästhetischen Gesichtspunkten nicht zuletzt auch mit Usability-Aspekten zu tun.

Aufnahme und Verarbeitung visueller Reize | Zuerst ist der Leseprozess das Erkennen von grafischen Gebilden. Beim Lesen erfassen wir Texte, aber selten Buchstabe für Buchstabe, sondern wir erkennen sogenannte Wortbilder. Unsere Augen bewegen sich dabei spontan über den Text und verbleiben Sekundenbruchteile an einzelnen Stellen. Die willkürlichen und zielgerichteten Augenbewegungen (Sprünge) werden *Sakkaden* genannt, die Haltepunkte *Fixationen*. Sakkaden werden ausgeführt, um Wortbilder zu identifizieren.

Fremde Texte
Das Lesen von fremdsprachlichen Texten oder Texten mit vielen neuen (Fach-)Begriffen dauert entsprechend länger, weil diese viele Wortbilder enthalten, die erst noch gelernt werden müssen.

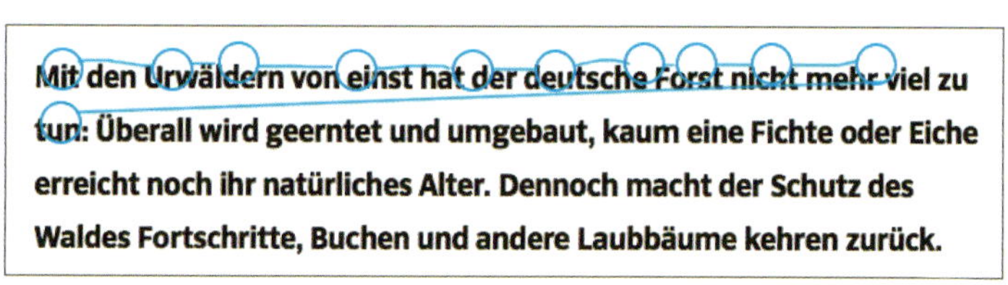

◂ **Abbildung 10.8**
Das Auge springt von Wort zu Wort, überspringt kurze Füllwörter, springt bei nicht so geläufigen Wörtern wieder zurück und bleibt an manchen Punkten stehen.

Ungeduldige Anwender
Der Anwender muss davon überzeugt sein, dass sich die Investition seiner Zeit für eine Website auch lohnt. Warum sich lange auf einer einzigen Seite aufhalten (und viel Text lesen), wenn auf den unendlich vielen anderen Webseiten noch interessantere Informationen auf einen warten könnten? Seine Erfahrung hat ihn nämlich auch gelehrt, dass zu viele Webseiten mit nichtssagenden oder zumindest für ihn uninteressanten Textinformationen aufwarten.

Die Augen springen im Text auch zurück, wenn Wortbilder beispielsweise nicht sofort erkannt wurden. Das Zurückspringen nennt man *Regression*. Je schwieriger ein Text für den Leser ist, umso häufiger erfolgt das Hin- und Herspringen. Durch die Sakkaden und Regression erfassen wir den Text, aber erst in der Fixation, wenn das Auge für einen Moment ruht, können wir die inhaltliche Information erfassen und verstehen. Daher machen die Augenblicke der Fixation den größten Teil des Lesens aus.

Das bedeutet, dass wir uns beim Lesen mit verständlichen Wörtern und einer gut lesbaren Schriftart viel leichter tun. Klingt logisch, ist es in der Praxis aber nicht bzw. zu selten. Statt komplizierter hochtrabend klingender Wörter sollten wir auf Webseiten eine einfache Sprache bevorzugen. Statt extrovertierte Schriftarten lieber eine klassische Schriftart nehmen, mag sie auch noch so oft schon im Einsatz gewesen sein.

10.2.2 Lesen am Bildschirm

Lesen am Bildschirm ist anstrengend und wird unbewusst vermieden – so ein gängiges Vorurteil, das sicherlich nicht ganz unberechtigt ist. Statt zu lesen, scannen die Anwender die Seite lieber. Bildschirme sind hier Fluch und Segen zugleich: Auf einer Fläche von wenigen Zentimetern (oder sollte ich besser »Pixel« schreiben?) ganze Webseiten-Artikel zu lesen beansprucht stark die Augen. Oft passen nur wenige Wörter in eine Zeile und nur wenige Zeilen auf einen Bildschirm. Einen schnellen Überblick bekommen oder »mal eben schnell« einen Artikel lesen ist nur erschwert möglich. Gerade das Lesen langer Textabschnitte erfordert vom Anwender Geduld und auch eine fürs Web ungewohnte Passivität. Das widerspricht dem Naturell vieler User, die lieber aktiv sein und sich durch Websites und ihre Inhalte klicken wollen.

Typografie auf kleinem Bildschirm
Das mobile Lesen ist schwieriger. Auf einem kleinen Smartphone-Display unterwegs einen langen Artikel zu lesen ist anstrengend. Ein kleines Display ermöglicht auch kaum ein Scannen der Webseite wie bei größeren Bildschirmen üblich.

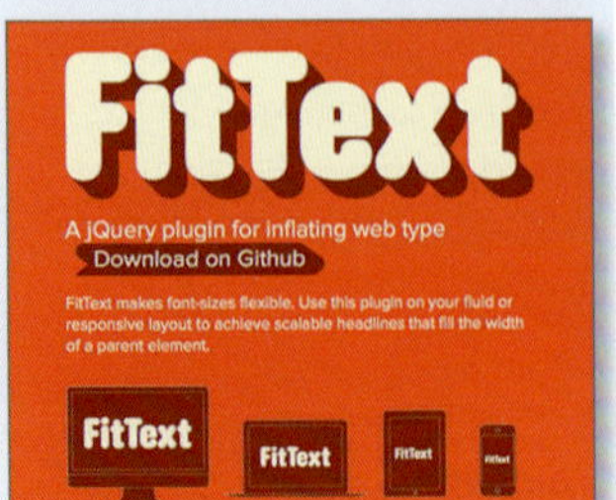

▲ **Abbildung 10.9**
Mit fittextjs.com wird die Schriftgröße automatisch angepasst.

In den letzten Jahren haben sich die technischen Rahmenbedingungen auch fürs »Schnell-Lesen« verbessert. Schärfere Monitore und höhere Auflösungen sorgen für ein angenehmeres Lesen. Gerade im Vergleich zum gedruckten Wort wartet das Medium Web mit weiteren Vorteilen auf: Die Größe der Schrift einer Website lässt sich genauso anpassen wie die Helligkeit des Bildschirms. Sogar Farbkontraste und Farben lassen sich (mit entsprechenden Tools) verändern und den gewünschten Anforderungen anpassen. Keine gedruckte Zeitung, kein Buch oder Flyer kann diese Flexibilität aufweisen.

Um für eine möglichst gute Lesbarkeit zu sorgen, ist die Auswahl der (richtigen) Schriftart und Schriftgröße entscheidend. Es gibt Schriftarten, die – vor allem am Bildschirm – besser lesbar sind als andere. Mehr dazu im folgenden Abschnitt »Schriftarten«.

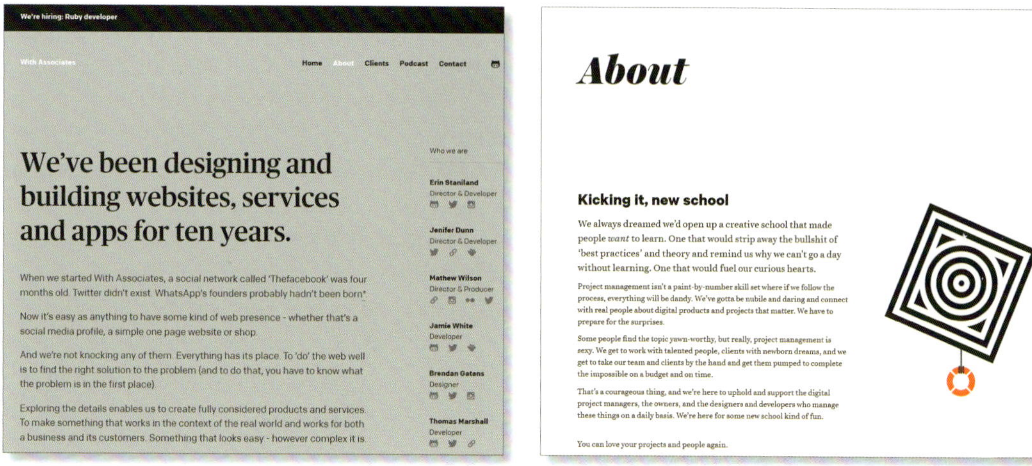

▲ **Abbildung 10.10**
withassociates.com (links) und *louderthanten.com* (rechts) setzen auf große, gute lesbare Gestaltung samt interessanter Schriftartenmischung.

Und auch die Schriftgröße ist sowohl gestalterisches Element, das Schwerpunkte setzen kann, aber auch für Lesbarkeit sorgt bzw. vor allem bei zu kleiner Schrift für »Unlesbarkeit« verantwortlich ist. Mehr zur Wahl der richtigen Schriftgrößen folgt in Abschnitt 10.5.3, »Schriftgröße«. Zwei hilfreiche Tools, die die Schriftgröße automatisch an die Elementenbreite anpassen, sind *simple-focus.com/flowtype* und *fittextjs.com*.

10.3 Schriftarten

Ein Blick in einschlägige Programme der Textverarbeitung reicht, um zu sehen, wie viele Schriften heutzutage schon auf den Computern vorinstalliert sind. Und dies ist nur eine kleine Auswahl der vorhandenen Schriften. Es werden wohl (Zig)tausende sein, die uns zur Verfügung stehen.

Aufgrund von gewissen Ähnlichkeiten lassen sich Schriften zu Schriftgruppen zusammenfassen. Dazu gibt es in Deutschland sogar eine DIN-Norm (DIN 16518), die das Klassifizierungssystem festlegt. Die Einordnung erfolgt nach Stilmerkmalen und nicht, was aufgrund der Benennung zu vermuten wäre, nach der Entstehungszeit.

Die Unterschiede zwischen den einzelnen Gruppen (siehe nebenstehender Kasten) sind manchmal nur sehr gering und für Laien oft gar nicht so einfach zu erkennen. Aufgrund der Anzahl der Gruppen ist dieses System sehr aufgeblasen.

Die elf Schriftgruppen der DIN 16518

1. Venezianische Renaissance-Antiqua
2. Französische Renaissance-Antiqua
3. Barock-Antiqua
4. Klassizistische Antiqua
5. Serifenbetonte Linear-Antiqua
6. Serifenlose Linear- Antiqua
7. Antiqua-Varianten
8. Schreibschriften
9. Handschriftliche Antiqua
10. Gebrochene Schriften
11. Fremde Schriften

Welche Schriftart für welche Webseite?
Der Frage, welche Schriftarten sich fürs eigene Webdesign eignen und wie man diese passend gestaltet, wird in Kapitel 10.7, »Gelungene Webtypografie – Textformatierungen und Gestaltungstipps«, nachgegangen.

Für Webdesigner empfielt sich eine Einteilung in diese Gruppen:

1. Serifenschriften, wobei man diese noch mal in vier weitere Gruppen unterteilen kann (siehe Abschnitt 10.3.1)
2. serifenlose Schriften
3. andere Schriften (wie z.B. Schreibschriften und dekorative Schriften)

10.3.1 Serifenschriften

Mit Serifen sind die feinen (manchmal auch dicken) Striche/häkchenartigen Erweiterungen am Buchstabenende gemeint. Serifenschriften werden auch als *Antiqua* oder *Antiqua-Schriften* bezeichnet.

Abbildung 10.11 ▸
So sieht eine Serife aus: hier ein kleiner Abstrich am Fuße des kleinen »r« (Webfont: Sentinel).

Der Ursprung der Serifen stammt vermutlich aus Zeiten des Römischen Reiches, als mit Hammer und Meißel die Buchstaben in Stein gehauen wurden. Serifenschriften haben oftmals auch unterschiedliche Strichstärken innerhalb eines Buchstabens.

Allgemein wird Serifenschriften eine bessere Lesbarkeit gegenüber Nicht-Serifenschriften nachgesagt. Die These wird unterstützt durch die häufige Verwendung von Serifenschriften für Fließtexte in Zeitungen, Magazinen und Büchern. Dies gilt sicherlich nicht pauschal, sondern ist neben der genauen Serifenschriftart auch von der Schriftgröße und der Art des Mediums abhängig. Dazu aber später mehr. Zwischen den einzelnen Serifenschriften gibt es aber Unterschiede, manchmal feine, manchmal große, so dass man diese noch einmal unterteilen kann.

Klassische Serifenschriften | Klassische Serifenschriften, auch *Old-Style* genannt, wirken alt oder, positiv formuliert, historisch und traditionell. Am Übergang zwischen den dünnen und dicken Strichen haben die Serifen abgerundete Ecken.

Abbildung 10.12 ▸
Bei der Garamond gut zu erkennen: die abgerundeten Serifen

Vermutlich die bekannteste Old-Style-Serifenschrift ist die *Garamond*. Das Haupteinsatzgebiet für klassische Serifenschriften sind sicherlich Printerzeugnisse, aber auch für Screendesigns lassen sich diese einsetzen. Der klassisch traditionelle Charme kann auch modernen Webdesigns Stil einhauchen.

Garamond
Garamond ist eigentlich keine bestimmte Schriftart, sondern meint eine Gruppe von Schriftarten. Eine davon (wenn auch nicht die schönste) steht auch bei den Google Webfonts zur Auswahl: *http://www.google.com/fonts/specimen/EB+Garamond*.

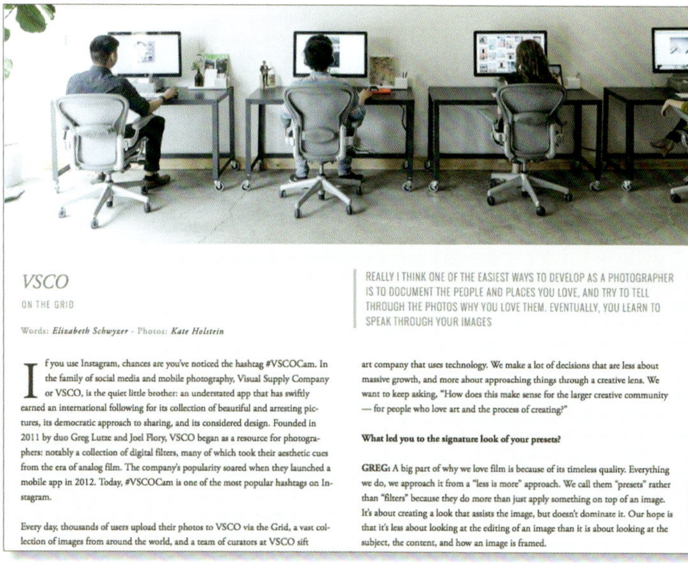

VSCO

ON THE GRID

Words: ***Elizabeth Schwyzer*** - Photos: ***Kate Holstein***

If you use Instagram, chances are you've noticed the hashtag #VSCOCam. In the family of social media and mobile photography, Visual Supply Company or VSCO, is the quiet little brother: an understated app that has swiftly earned an international following for its collection of beautiful and arresting pictures, its democratic approach to sharing, and its considered design. Founded in 2011 by duo Greg Lutze and Joel Flory, VSCO began as a resource for photographers: notably a collection of digital filters, many of which took their aesthetic cues from the era of analog film. The company's popularity soared when they launched a mobile app in 2012. Today, #VSCOCam is one of the most popular hashtags on Instagram.

Every day, thousands of users upload their photos to VSCO via the Grid, a vast collection of images from around the world, and a team of curators at VSCO sift

REALLY I THINK ONE OF THE EASIEST WAYS TO DEVELOP AS A PHOTOGRAPHER IS TO DOCUMENT THE PEOPLE AND PLACES YOU LOVE, AND TRY TO TELL THROUGH THE PHOTOS WHY YOU LOVE THEM. EVENTUALLY, YOU LEARN TO SPEAK THROUGH YOUR IMAGES

art company that uses technology. We make a lot of decisions that are less about massive growth, and more about approaching things through a creative lens. We want to keep asking, "How does this make sense for the larger creative community — for people who love art and the process of creating?"

What led you to the signature look of your presets?

GREG: A big part of why we love film is because of its timeless quality. Everything we do, we approach it from a "less is more" approach. We call them "presets" rather than "filters" because they do more than just apply something on top of an image. It's about creating a look that assists the image, but doesn't dominate it. Our hope is that it's less about looking at the editing of an image than it is about looking at the subject, the content, and how an image is framed.

◂ **Abbildung 10.13**
Bei *readcereal.com* erzeugt die Garamond einen klassischen Charme.

Zumindest in Überschriften können sie ihre Wirkung entfalten. Vorsichtig sollte man bei kleinen Schriftgrößen sein, da diese am Bildschirm schlechter lesbar sind, umso kleiner sie sind. Weitere klassische Serifenschriften sind beispielsweise *Palatino*, *Goudy Old Style*, *Sabon*, *Caslon* oder *Centaur*.

Transitional Serifenschriften | Transitional Serifenschriften stehen für den Übergang zwischen klassischen und modernen Serifenschriften. Die Unterschiede zwischen den dicken und dünnen Strichen sind stärker ausgeprägt als bei den klassischen Serifenschriften. Die Enden der Serifen sind hier eckig.

◂ **Abbildung 10.14**
Bei den transitional Schriften sind die Enden der Serifen eckig so wie hier bei der Times New Roman.

Zu den bekanntesten transitional Serifen gehören die *Times New Roman*, *Baskerville*, *Georgia* und *Century*. Diese Schriftarten wirken etwas moderner und leicht mechanisch. Da ihr Schriftbild weniger antiquiert anmutet, als es z. B. bei einigen klassischen Serifenschriften der Fall ist, werden sie häufiger eingesetzt. Dies liegt auch an der etwas besseren Lesbarkeit auf Bildschirmen, da die feinen Rundungen der Buchstaben hier nicht so ausgeprägt sind, und sicherlich auch nicht zuletzt daran, dass Times New Roman und die Georgia schon seit jeher zu den typischen Systemschriften gehören, die jeder User auf seinem Betriebssystem installiert hat. Auch in der Webgestaltung werden diese beiden Schriften aufgrund der genannten Vorzüge gerne eingesetzt. Gerade wenn Traditionsbewusstsein und Modernität eines Unternehmens oder Produkts unterstrichen werden sollen, sind transitional Serifenschriften eine gute Wahl.

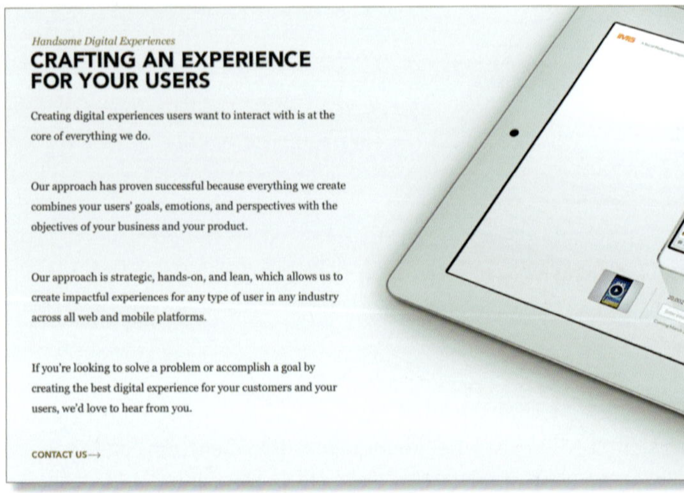

Abbildung 10.15 ▸
Die Seite von *handsome.is* wirkt klassisch und modern zugleich, auch dank der Georgia im Fließtext.

Moderne Serifenschriften | Moderne Serifenschriften haben einen starken Kontrast zwischen dünnen und dicken Strichstärken. Die Serifen haben keinen abgerundeten Übergang, sondern sind eckig und dünn.

Aufgrund des Strichstärken-Kontrastes sind diese Schriften weniger lesbar als transitional oder klassische Serifenschriften und daher im Webdesign eigentlich nur für Überschriften geeignet. Sie wirken elegant und stilvoll, drücken eher Zeitlosigkeit denn Aktualität aus, daher werden sie auch gerne für Modethemen eingesetzt. *Bodoni*, *Didot* und *Walbaum* sind bekannte moderne Serifenschriften.

Abbildung 10.16 ▸
Die Didot: ein starker Kontrast zwischen den feinen und den dicken Linien und die Serifen ohne Kehlung

Slab Serifen | *Slab Serifenschriften*, auch serifenbetonte Linear-Antiqua genannt, haben meistens wenig oder gar keinen Kontrast zwischen den dünnen und dicken Linien. Die Serifen sind so dick wie die Strichstärken und wirken daher sehr betont.

▲ **Abbildung 10.17**
Bei der Rockwell liegt die Betonung eindeutig auf den eckigen Serifen.

Sie haben ein mutiges, markantes, rechteckiges Aussehen und eignen sich daher für alle Fälle, wo Aufmerksamkeit erzeugt werden soll, sind für Fließtexte aber nur bedingt geeignet. Für große Überschriften, die sehr prägnant und lautstark erscheinen sollen, sind Slab Serifen ideal.

Neben Überschriften findet man sie oft in Logos wegen der starken, kraftvollen Wirkung und des technischen Aussehens. Bekannte Slab Serifenschriften sind die *Rockwell* und *Clarendon*.

◂ **Abbildung 10.18**
Der Webfont Clarendon wirkt als fette Überschrift sehr prägnant, *hellomonday.com*.

10.3.2 Serifenlose Schriften

Serifenlose Schriften besitzen – wer hätte das gedacht! – keine Serifen, und die Strichstärken sind nahezu gleich. Alternative Namen sind Sans Serif, Linear-Antiqua- oder Grotesk-Schriften. In früheren Zeiten, als die ersten serifenlosen Schriften aufkamen, war das Weglassen der Serifen ungewohnt, weswegen der Begriff *Grotesk* aufkam – ungewöhnlich, aber irgendwie doch reizvoll.

Abbildung 10.19 ▸
Wie grotesk: Die Helvetica kommt ganz ohne Serifen aus.

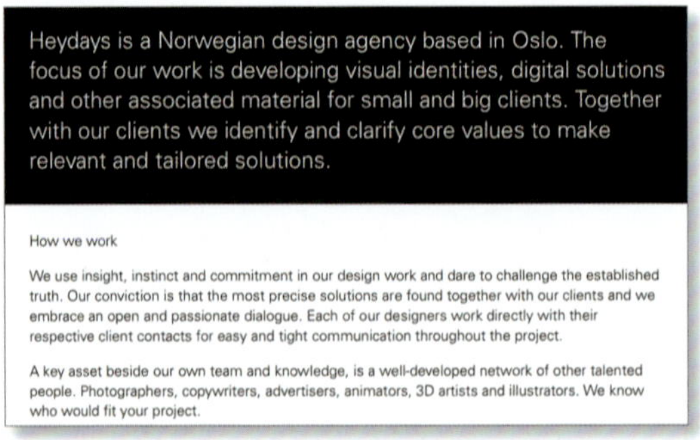

Heydays is a Norwegian design agency based in Oslo. The focus of our work is developing visual identities, digital solutions and other associated material for small and big clients. Together with our clients we identify and clarify core values to make relevant and tailored solutions.

How we work

We use insight, instinct and commitment in our design work and dare to challenge the established truth. Our conviction is that the most precise solutions are found together with our clients and we embrace an open and passionate dialogue. Each of our designers work directly with their respective client contacts for easy and tight communication throughout the project.

A key asset beside our own team and knowledge, is a well-developed network of other talented people. Photographers, copywriters, advertisers, animators, 3D artists and illustrators. We know who would fit your project.

Abbildung 10.20 ▸
Die Schriftart Univers wirkt modern und klar wie hier bei *heydays.no*.

Serifenlose Schriften wirken modern, klar und zeitgemäß und werden daher häufig eingesetzt. Im Screendesign kommt die oft geringe Bildschirmauflösung hinzu, die dafür sorgt, dass serifenlose Schriften (zumindest in kleineren Größen) besser lesbar sind (siehe Abschnitt 10.4.1, »Fontrendering – das Runde muss ins Eckige«). Abbildung 10.21 demonstriert den Unterschied bei der Lesbarkeit. Hier ist zu erahnen, ist die serifenlose Arial hier besser lesbar als die Serifenschrift Georgia, zumindest wie hier bei einem Fließtext von 12 Pixeln. Je größer die Schrift wird, umso geringer werden die Unterschiede bezüglich der Lesbarkeit.

Serifenlose Schriften funktionieren daher in kleinen Größen für Fließtext ebenso gut wie groß und markant als Überschrift. Ganz allgemein gelten sie als etwas schlechter lesbar als Serifenschriften. Aber wie oben schon gesehen, kommt dies auf die genaue Schriftart, das Medium und die Größe an. Gerade in Fachbüchern werden daher gerne serifenlose Schriften eingesetzt. Denn anders als bei Romanen soll der Leser nicht (zu) schnell durch den Text kommen, sondern jedes Wort gut aufnehmen.

Die Schrift des Buches
Das Buch, das Sie gerade in den Händen halten, wurde übrigens auch mit einer serifenlosen Schrift gesetzt, der Linotype Syntax.

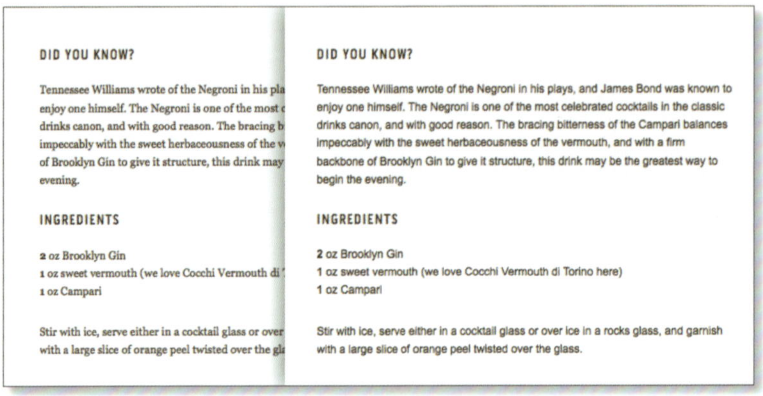

DID YOU KNOW?

Tennessee Williams wrote of the Negroni in his pla
enjoy one himself. The Negroni is one of the most c
drinks canon, and with good reason. The bracing b
impeccably with the sweet herbaceousness of the v
of Brooklyn Gin to give it structure, this drink may
evening.

INGREDIENTS

2 oz Brooklyn Gin
1 oz sweet vermouth (we love Cocchi Vermouth di
1 oz Campari

Stir with ice, serve either in a cocktail glass or over
with a large slice of orange peel twisted over the gl

DID YOU KNOW?

Tennessee Williams wrote of the Negroni in his plays, and James Bond was known to enjoy one himself. The Negroni is one of the most celebrated cocktails in the classic drinks canon, and with good reason. The bracing bitterness of the Campari balances impeccably with the sweet herbaceousness of the vermouth, and with a firm backbone of Brooklyn Gin to give it structure, this drink may be the greatest way to begin the evening.

INGREDIENTS

2 oz Brooklyn Gin
1 oz sweet vermouth (we love Cocchi Vermouth di Torino here)
1 oz Campari

Stir with ice, serve either in a cocktail glass or over ice in a rocks glass, and garnish with a large slice of orange peel twisted over the glass.

Abbildung 10.21 ▸
Georgia (links) vs. Arial (rechts) in 12-Pixel-Schriftgröße, *brooklyngin.com*

10.3.3 Andere Schriften

Neben den Serifen und serifenlosen Schriften gibt es noch einige andere Schriftarten wie die Schreibschriften, die dekorativen Schriften und die Schriften mit gleicher Zeichenbreite. Für Fließtexte eher ungeeignet, lassen sich mit ihnen eher gestalterische Akzente setzen.

Schreibschriften | Schreibschriften vermitteln einen persönlichen und authentischen Charakter. Die Auswahl reicht von eleganten bis zu verschnörkelten und verspielten Handschriften. Wie bei Handschriften aber eben so üblich, sind diese unterschiedlich gut lesbar.

▲ **Abbildung 10.22**
Große Auswahl an Schreibschriften bietet u. a. *fontsquirrel.com*. Dort finden sich auch diese vier.

Auf *poorremy.com* sorgt die verwendete Schreibschrift für eine persönliche Atmosphäre. Für größere Texte sind Schreibschriften meistens eher ungeeignet aufgrund schlechter Lesbarkeit, was bei kurzen Texten in Überschriften nicht so sehr ins Gewicht fällt.

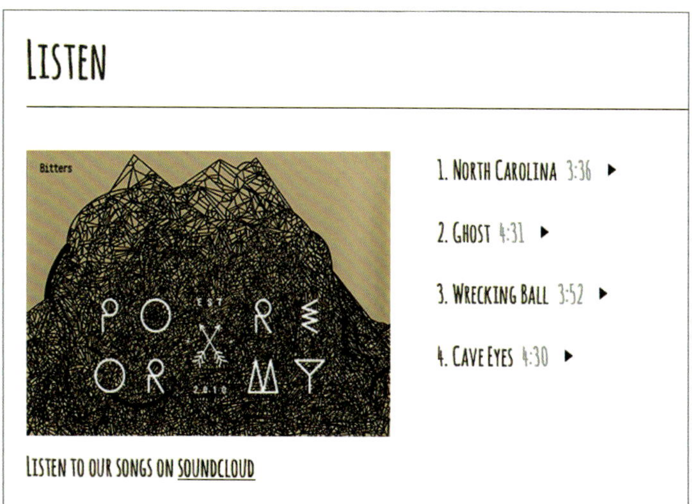

◂ **Abbildung 10.23**
Handschriften gehen auch mal für Fließtext, wie hier bei *poorremy.com*.

Dekorative Schriften | Das Spektrum der dekorativen Schriften reicht von blumenverzierten Buchstaben über Westernstile bis technisch angehauchten Filmschriften (wie von »Aliens« oder »Star Wars«). Also ist eigentlich für jeden etwas dabei. So aufmerksamkeitsstark die Schriften auch sein mögen, so gering ist meistens auch die Lesbarkeit. Aber ein gezielter sparsamer Einsatz kann dem Design einer Website Flair und Persönlichkeit, also das gewisse Etwas verleihen.

Abbildung 10.24 ▸
Markant ja, aber eher nur dosiert zu gebrauchen – die dekorativen Schriften. Mehr davon gibt es bei *fontsquirrel.com*.

Schriften mit gleicher Zeichenbreite | Schriften mit gleicher Zeichenbreite werden auch gerne nichtproportionale Schriften (engl.: Monospace) genannt. Hier nehmen alle Buchstaben den gleichen Raum ein. Ein kleines »i« hat dann genauso viel Platz zur Verfügung wie ein großes »M«.

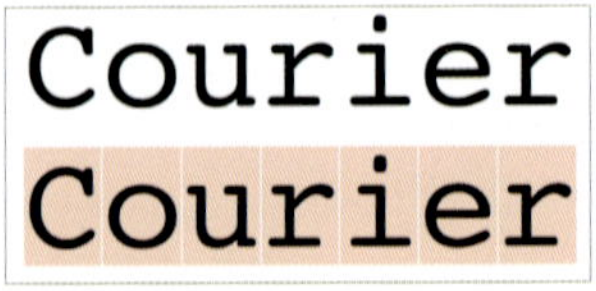

Abbildung 10.25 ▸
Die Courier ist eine typische Monospace-Schrift, bei der alle Buchstaben die gleiche Breite haben.

Einst für den Einsatz in Schreibmaschinen sinnvoll, finden die Schriftarten mit gleicher Zeichenbreite z. B. bei Programmierern ihren Einsatz. Quellcode, bei dem die Zeichen exakt untereinander stehen, wird so übersichtlicher.

```
<!DOCTYPE html>
<html lang="de">
<head>
<meta charset="utf-8">
<title>Textschatten</title>
<style type="text/css">

h1{
    color: #444;
    font-size: 100px;
    text-align: center;
    margin-bottom: 100px;
    text-transform: uppercase;
}
```

Abbildung 10.26 ▸
Typischer Quellcode – Zeichen für Zeichen untereinander. Monospace-Schriften sorgen für den Überblick.

Die bekannteste Monospace-Schrift ist wohl die *Courier*. Weitere sind die *Andale Mono*, *Monaco* und *Lucida Console*.

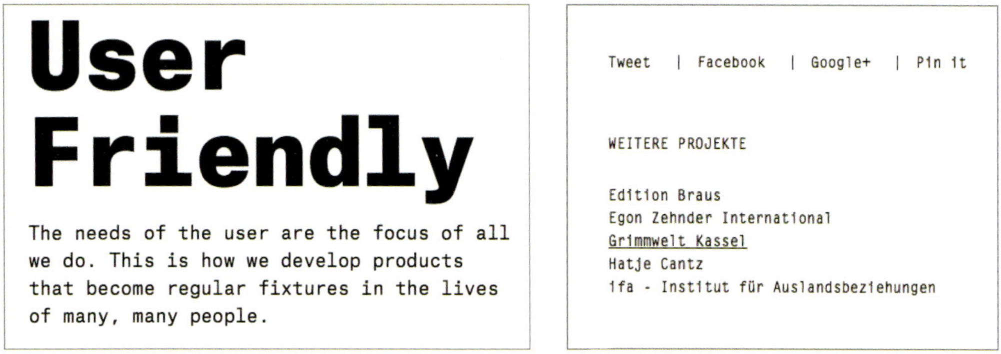

▲ **Abbildung 10.27**
Lange missachtet, werden die Monospace-Schriften gerade in Zeiten der Webfonts wieder häufiger eingesetzt. Gezielt genutzt, haben sie auch durchaus ihren Reiz, wie bei *dasselundwagner.com* (links) und *hlz.de* (rechts).

10.4 Schriftdarstellung im Web

Die Auswahl der Schriften ist im Web etwas anders als im Printbereich, »eingeschränkter« könnte man es nennen. Zum einen stehen die sogenannten websicheren Schriften zur Verfügung, zum anderen kommen seit wenigen Jahren – zum Glück – die Webfonts dazu, die die Auswahl enorm erweitern.

Lesetipp Fontrendering
Wer tiefer in die Thematik Fontrendering einsteigen will, kommt um folgenden Artikel des *Smashing Magazine* nicht herum: *www.smashingmagazine.com/2012/04/24/a-closer-look-at-font-rendering*.

10.4.1 Fontrendering – das Runde muss ins Eckige

Schriftarten werden in Form von digitalen Vektordateien erstellt. Dadurch sind diese einfach zu bearbeiten und vor allem beliebig skalierbar im Vergleich zu Bilddateien, die, aus Pixeln bestehend, eine feste Auflösung haben.

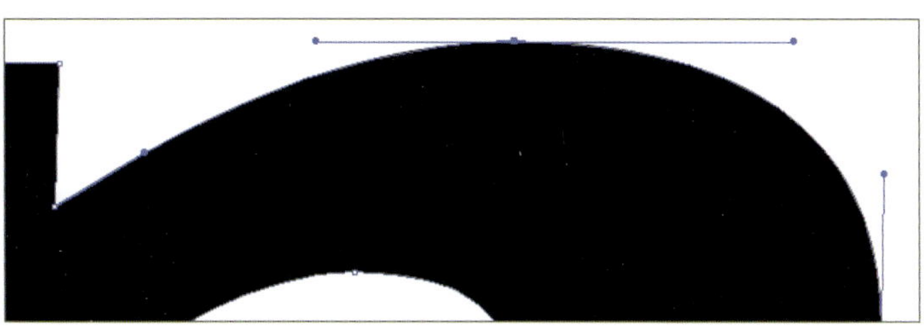

▲ **Abbildung 10.28**
Kurven und Geraden mit klaren Konturen, so sehen Pfade bzw. Vektorgrafiken aus.

Vektorgrafiken
Vektorgrafiken sind mathematisch exakt definierte Linien und Kurven. Bildschirme können zwar nur Pixel anzeigen, aber Dateien, die Vektorgrafiken enthalten, sind kleiner als vergleichbare Dateien mit Pixelgrafiken. Mehr zu Vektorgrafiken im Webdesign steht in Abschnitt »SVG«, auf Seite 594.

Bildschirme arbeiten mit Pixeln als kleiner rechteckiger Anzeigeeinheit. So weit, so einfach. Die feinen Vektorkurven müssen nun zur Darstellung am Screen in ein Pixelkorsett gepresst werden. Und hier fangen die Herausforderungen an. Der Bildschirm muss die Kurven in eine Pixelmatrix umwandeln, was auch *Rastern* genannt wird. Für das Rastern sind das Betriebssystem und der Browser verantwortlich.

Die meisten Bildschirme besitzen eine grobe Pixelauflösung (was sich aktuell ja zum Teil ändert – Stichwort Retina-Displays, mehr zu diesen hochauflösenden Displays ab Seite 603), d.h., dass die Umwandlung nur sehr grob erfolgen kann. Eine »harte« Umwandlung eines schwarzen Textes auf Basis einer reinen Schwarz-Weiß-Darstellung (1-Bit) hätte folgendes Ergebnis:

Abbildung 10.29 ►
Pixel schwarz oder Pixel weiß – dies sind die beiden Optionen, auch bekannt unter dem Begriff »Pixelschrift«.

Was bei kleinen Schriftgrößen und bestimmten Schriftarten noch funktionieren mag, sorgt in den meisten Anwendungsfällen für geringe Lesbarkeit. Es gibt daher die sogenannte *Kantenglätttung*, auch *Antialiasing* genannt. Diese sorgt dafür, dass kein »Treppeneffekt« entsteht, sondern versucht, die Kanten zu glätten, so dass das Schriftbild optisch ausgewogener erscheint. Hierzu werden weitere Pixel erzeugt in der abgeschwächten Schriftfarbe, die in die Hintergrundfarbe übergeht. Dadurch erscheinen die Ränder optisch glatter und sorgen für eine bessere Lesbarkeit, teilweise aber auch auf Kosten der Schärfe.

▲ **Abbildung 10.30**
Beim Antialiasing werden graue Pixel ergänzt, um die einzelnen Buchstaben erkennbarer (also lesbarer) zu machen, aber einhergehend mit einer größeren Unschärfe.

▲ **Abbildung 10.31**
Im Browser erfolgt das Antialiasing auch durch farbige Pixel, um die Kantenglättung und die Schärfe optisch zu optimieren.

Um die Schriftglättung noch feiner umzusetzen, werden keine grauen Pixel eingesetzt, sondern farbige. Das Schriftbild wirkt dadurch besser lesbar und etwas schärfer. Dieses Vorgehen, auch *Rendering* genannt, unterscheidet sich aber eben von Browser zu Browser und vor allem auch in der Darstellung im Grafikprogramm. Mit anderen Worten: Eine 12 Pixel große Arial sieht in Photoshop anders aus als später in den einzelnen Browsern. Wie genau die Schriften gerastert werden, hängt vom Betriebssystem, dem Browser und sogar dem Format der Schriftdatei ab. Dies führt dazu, dass die gleiche Schriftart in der gleichen Größe und Farbe auf unterschiedlichen Systemen leicht unterschiedlich aussehen kann. Eben weil sie unterschiedlich gerendert wird.

Bilddatei ist nicht gleich Browser
Wenn Kunden ein Screendesign als Bilddatei bekommen, sollte ein Hinweis erfolgen, dass die Schriften später anders aussehen werden. Eine genaue Beurteilung der Lesbarkeit und Schärfe kann also nicht wirklich anhand einer Pixelgrafik erfolgen.

Schriftbild Mac und Windows
Ganz allgemein lässt sich sagen, dass Schriften auf Windows-Systemen eher etwas »verpixelter« und dünner wirken, während sie auf Mac-Systemen eher etwas kräftiger und leicht unscharf erscheinen.

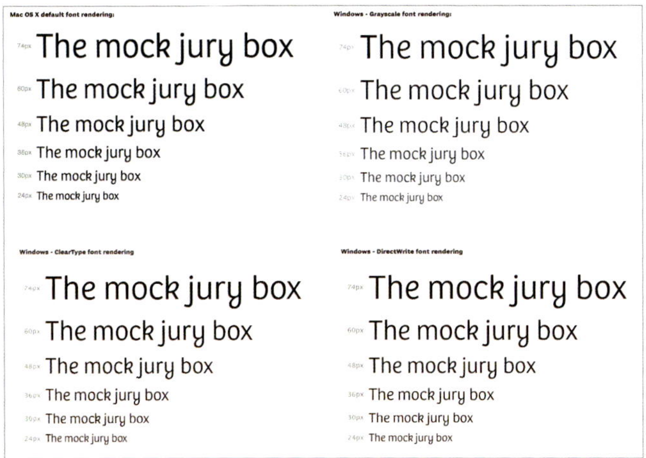

◂ **Abbildung 10.32**
Die unterschiedlichen Fontrendering-Methoden, siehe dazu auch *webtype.com/info/articles/web-font-quality*

Hochauflösende Displays | Als typische Auflösungsgröße bei Bildschirmen wird gerne »72 dpi« genannt. Und es gab wohl früher auch Zeiten, als 72 Pixel wirklich genau ein Inch (= 2,54 cm) auf dem Bildschirm waren. Die Bildschirmauflösungen sind gestiegen, so dass diese Richtlinie schon lange nicht mehr gilt. Je mehr Pixel auf eine Fläche passen, umso größer die ppi-Auflösung und umso kleiner wird das einzelne Pixel damit auch. Text in 12 Pixel sieht auf einem Monitor mit einer hohen Auflösung kleiner aus, einfach weil das einzelne Pixel kleiner ist.

◂ **Abbildung 10.33**
Gleiche Monitorgröße, unterschiedliche Auflösung. Steigt die Pixeldichte, wird das einzelne Pixel kleiner (rechts).

Fließtexte
Eine Folge der immer größer werdenden Bildschirmauflösungen ist, dass Fließtexte im Webdesign im Schnitt nicht mehr irgendwo zwischen 10 und 12 Pixeln liegen, sondern inzwischen eher bei 14 bis 16 Pixeln. Für eine bessere Lesbarkeit ist diese Größe für den Fließtext auch mindestens zu empfehlen.

Retina-Displays
Bei Retina-Displays ist die Pixeldichte so hoch, dass das menschliche Auge das einzelne Pixel nicht mehr erkennen soll. Mit anderen Worten: viel höher als bei »normalen« Bildschirmen. Der Begriff »Retina« ist übrigens ein reiner Marketingname aus dem Hause Apple.

Und dann kam Apple und führte mal eben so das sogenannte *Retina-Display* ein, das eine besonders hohe Pixeldichte vorzuweisen hat. Das einzelne Pixel ist hier nun nicht mehr zu erkennen. Die neueren Apple-Geräte haben eine Auflösung bis zu 326 Pixel pro Inch. Doch statt dass der 12-Pixel-Text jetzt entsprechend sehr klein dargestellt wird, verdoppeln Retina-Displays die Darstellungsgröße. Aus einer 12-Pixel-Schrift wird eine 24-Pixel-Schrift, die damit den gleichen Platzbedarf wie auf »normalen« Bildschirmen hat, nur mit dem entscheidenden Unterschied, dass diese nun gestochen scharf und detailliert ist. Da die Umrechnung automatisch stattfindet, muss der Webdesigner bei der Textdarstellung nichts tun. Lediglich bei Bildern wird die größere Auflösung interessant. Da diese Pixelgrafiken sind, lassen sie sich nicht einfach in doppelter Auflösung darstellen ohne entsprechenden Qualitätsverlust.

Eine genaue Beurteilung der Schriftart kann also kaum im Grafikprogramm stattfinden, sondern sollte da erfolgen, wo diese auch später zu sehen ist: in den verschiedenen Browsern. Auch ein Grund, so früh wie möglich im Gestaltungsprozess vom Grafikprogramm in den Browser zu wechseln.

10.4.2 Websichere Schriften

Mit *Systemschriften* sind diejenigen Schriften gemeint, die standardmäßig bei der Erstinstallation im Betriebssystem vorhanden sind. Jahrelang (fast jahrzehntelang) waren Webdesigner mehr oder weniger gezwungen, allein auf diese Systemschriften zurückzugreifen. Denn Text wurde (und wird) in HTML direkt im Browser erzeugt und für die Darstellung braucht(e) es eine lokal installierte Schriftart.

Die Nutzung von Systemschriften hat den Vorteil, dass keine Schriftart mit der Webseite mitgeliefert werden muss und somit Datenspeicher eingespart wird. Um die Systemschriften sinnvoll zu nutzen, ist es hilfreich, Schriftarten auszuwählen, die auf möglichst allen Systemen installiert sind. Und das war schon immer die Krux. Denn auch wenn auf modernen Betriebssystemen schon zig Schriften vorinstalliert sind, geht es darum, einen »gemeinsamen Nenner« zu finden. Doch es sind gar nicht so viele Schriftarten, die auf möglichst vielen Systemen installiert sind. Der »gemeinsame Nenner« wird dann sprichwörtlich zum »kleinsten gemeinsamen Nenner« – die oft genannten »websicheren Schriften«. Also die Schriftarten, die so ziemlich jeder Anwender auf seinem System installiert hat, bzw. diejenigen, die diese Schriftarten nicht haben, sind zu vernachlässigen.

◂ **Abbildung 10.34**
Der kleinste gemeinsame Nenner an Systemschriften

Lange, lange Zeit war dies (siehe Abbildung 10.34) der Supermarkt der Schriftarten für Webdesigner. So gering die Auswahl auch ist, so gut lassen sich diese Schriftarten für Screens einsetzen, zumindest fast alle. Die websicheren Schriften haben eine einfache Formensprache und optimierte Darstellung am Bildschirm. Gerade bei kleinen Texten, auf Webseiten wie im Betriebssystem, kommt diese Eigenschaft daher besonders zum Tragen.

Ein unschlagbarer Vorteil ist das auch gegenüber vielen der neuen Webfonts. Und auch wenn die Auswahl eingeschränkt ist, lassen sich die websicheren Schriften vielfältig, kreativ UND gut lesbar einsetzen.

Systemschriften
Einen Überblick über die Systemschriften verschiedener Betriebssysteme finden Sie auf *http://www.typolexikon.de/s/systemschriften.html*.

Fallback Fonts | Für jede Schriftart, die man einsetzen möchte, sollte man mindestens eine Alternative definieren, einen sogenannten Fallback. Dies sieht dann ungefähr folgendermaßen aus:

```
font-family: Arial, "Helvetica Neue", Helvetica, sans-serif;
```

▴ **Listing 10.1**
Fallback definieren

Zuerst soll die Arial eingesetzt werden, ist diese nicht auf dem jeweiligen System vorhanden (eigentlich kaum vorstellbar), dann soll die Schriftart Helvetica Neue genommen werden. Ist diese auch nicht installiert, dann eine andere serifenlose Schrift (irgendeine wird ja wohl installiert sein). In CSS gibt es verschiedene vordefinierte generische Fallback-Schriftarten: `serif` (Serifenschrift), `sans-serif` (serifenlose Schrift), `cursive` (Schreibschrift), `fantasy` (ungewöhnliche Schrift) und `monospace` (Schrift mit gleicher Zeichenbreite). Gebräuchlich sind vor allem die ersten beiden Fallback-Angaben.

▴ **Abbildung 10.35**
Das Bookmarklet FFFFALLBACK hilft bei der Suche nach den richtigen Fallback-Fonts: *ffffallback.com*

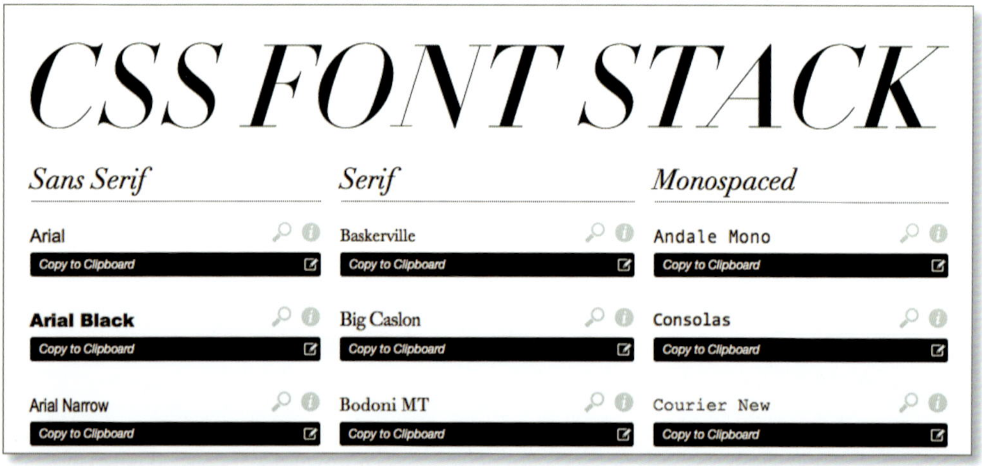

Abbildung 10.36 ▲
CSS Font Stack liefert eine Übersicht über erweiterte websichere Schriften, die Verbreitung auf den Betriebssystemen Mac und PC sowie passende Fallback-Angaben. *cssfontstack.com*

Die Auswahl an websicheren Schriften ist durchaus ernüchternd klein, gerade wenn man die Auswahl im Printdesign kennengelernt hat. Nichtsdestotrotz haben es viele Webdesigner geschafft, auch mit dieser geringen Schriftauswahl individuelle und gut lesbare Designs zu erstellen.

10.4.3 Webfonts

Dinge ändern sich, auch und gerade in der Webtypografie. Nach unterschiedlichen Experimenten u.a. mit Flash und JavaScript (z.B. *sIFR*), die aber selten für die breite Masse tauglich waren, erfreuen sich seit ein paar Jahren die sogenannten Webfonts allgemeiner Beliebtheit.

Voraussetzung für den Durchbruch war einerseits die CSS-Eigenschaft `@font-face`, mit der sich externe Schriftarten einbinden lassen. Die Eigenschaft gibt es zwar schon viele Jahre, aber lange kein Schriftformat, das von allen Browsern ausreichend unterstützt wird. Dieses wurde erst 2009 mit dem *Web Open Font Format* (WOFF) definiert.
Um Webfonts einzusetzen, gibt es zwei Möglichkeiten: die Schriften selbst zu hosten oder einen der inzwischen zahlreichen Webfonts-Anbieter zu wählen.

Mehr Gestaltungsmöglichkeiten durch Webfonts
Dank Webfonts können Webdesigner Schriftarten einsetzen, die nicht auf den Computern der Anwender installiert sind. Die Möglichkeiten der typografischen Gestaltung sind damit enorm gestiegen.

Selbst hosten | Wer die volle Kontrolle haben will, sollte die Schriften auf dem eigenen Server ablegen. Hier ist man unabhängig von eventuellen Auslieferungsproblemen der Fremdanbieter.

Ein hilfreiches Tool ist der *Webfont Generator* von *fontsquirrel.com*. Hier lässt sich aus beliebigen Schriftarten ein Webfont inklusive vielfältiger Einstellungsmöglichkeiten erzeugen.

Das Ergebnis ist ein CSS-Code ähnlich dem folgenden, der die Anforderungen verschiedener (auch älterer) Browser abdeckt:

Nutzungsbedingungen bei selbst generierten Webfonts
Zu beachten sind bei den selbst generierten Webfonts immer die Nutzungsbedingungen (EULA) der Schriftart.

```
@font-face {
  font-family: 'myFont';
  src: url('myFont.eot'); /* IE9 */
  src: url('myFont.eot?#iefix') format('embedded-open-
type'), /* IE6 - IE8 */
     url('myFont.woff') format('woff'), /* Normale Brow-
ser */
     url('myFont.ttf') format('truetype'), /* Safari,
Andoird, iOS */
     url('myFont.svg#myFont) format('svg'); /* alte iOS
*/
  font-weight: normal;
  font-style: normal;
}
```

◂ **Listing 10.2**
Quellcode zur Einbindung eigener Schriften

Beim Anwender muss die Schriftart also nicht mehr installiert sein, sondern wird nach Bedarf hinzugeladen. Klar, die verschiedenen Schrift-Dateiformate für die unterschiedlichen Browserbedürfnisse müssen entsprechend auf dem Server abgelegt werden, damit sie von dort geladen werden können.

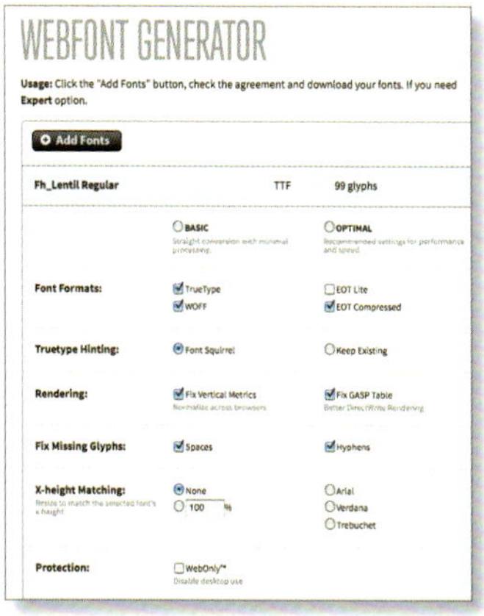

▴ **Abbildung 10.37**
Der Webfont Generator von fontsquirrel mit seinen vielfältigen Einstellungsmöglichkeiten: *fontsquirrel.com/tools/webfont-generator*

Webfonts-Anbieter nutzen | Gerade die Problematik mit verschiedenen Schriftformaten für unterschiedliche Browser lässt sich umgehen mit der Wahl eines externen Anbieters (auf die verschiedenen Anbieter gehe ich gleich noch ein). Dieser stellt die Schriften für den Einsatz zur Verfügung. Auch lassen sich bei den Anbietern verschiedene Schriftarten austesten. Man muss also nicht zuerst eine Schriftart kaufen, um sie dann einsetzen zu können in der Hoffnung, dass sie auch wirklich wie gewünscht passt. Dafür hat man die Schriftarten sozusagen nur gemietet und zahlt eine Art Leihgebühr.

Ladeverhalten | Müssen die Schriftarten erst von einem externen Server hinzugeladen werden, kann dies einen kleinen Moment dauern. Und selbst wenn es wirklich nur ein kleiner Moment ist, kann es bedeuten, dass der Text geladen und im Browser angezeigt wird, aber der Webfont noch nicht zur Verfügung steht. Der Text wird dann bei den meisten Browsern während des Ladevorgangs mit der Fallback-Schriftart dargestellt. Ist der Webfont geladen, switcht die Darstellung um. Dieser Wechsel sieht nicht schön aus und ist unangenehm für den Betrachter bzw. für dessen User-Experience. Passende Fallback-Schriften sollten also auch beim Einsatz von Webfonts definiert werden.

Webfonts-Anbieter Überblick

Web font hosting services – An Overview heißt die Webseite, die einen umfangreichen Überblick und Vergleich einzelner Webfonts-Anbieter bietet: *sprungmarker.de/wp-content/uploads/webfont-services*.

10.4.4 Webfonts-Anbieter

Seit die Webfonts im Jahre 2009 ihren Siegeszug antraten, sind jede Menge Anbieter auf den Markt gekommen. Von Google bis zu traditionsreichen Schriftanbietern sind viele dabei. Im Folgenden ein Überblick über die bekanntesten Webfonts-Anbieter, der bei Weitem keinen Anspruch auf Vollständigkeit hat:

Typekit | 2009 als Start-up gegründet, gehört es inzwischen zu Adobe und bietet jede Menge qualitätsvolle Webfonts an. Es ist ein reiner Hostingdienst mit Abonnementmodell. Man zahlt einen Jahresbeitrag (zwischen 25 und 100 $), und je nach Paket hat man dann eine bestimmte Anzahl an Schriften, Projekten und monatlichen Seitenaufrufen zur Verfügung. Zum Austesten gibt es auch eine kostenfreie Variante mit Einschränkungen der Schriftbibliothek und Einblendung eines Werbebanners.

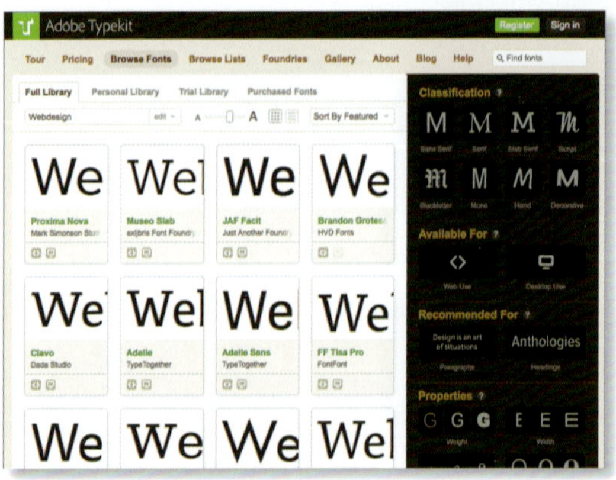

▲ **Abbildung 10.38**
Die Fontauswahl bei *typekit.com*

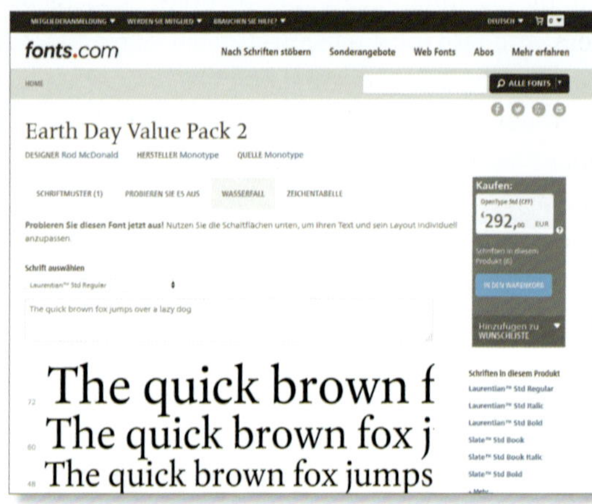

▲ **Abbildung 10.39**
Umfangreiche Auswahl bietet *fonts.com*.

fonts.com | Der Anbieter mit dem größten Sortiment – über 20.000 Schriftschnitte. Hier finden sich vor allem auch die Schriftklassiker wie Frutiger, Rotis oder Univers, die gerne Hausschriften etablierter Unternehmen sind. Diese gibt es oft noch in einer *Next*-Variante, also extra für die Darstellung am Screen optimiert. Die Monatsraten gehen von 10 bis knapp 100 $ pro Monat.

Fontdeck | Kleine anspruchsvolle Auswahl, bei der pro eingesetztem Schriftschnitt abgerechnet wird. Durchschnittlicher Preis ist 7,50 $ pro Jahr/Schriftschnitt. Vor dem Kauf lassen sich alle Schriften erst einmal austesten. Für den gezielten Einsatz sicherlich gut, wer aber viel Schriften im Einsatz hat, für den mag ein flatrate-orientierter Service besser geeignet sein.

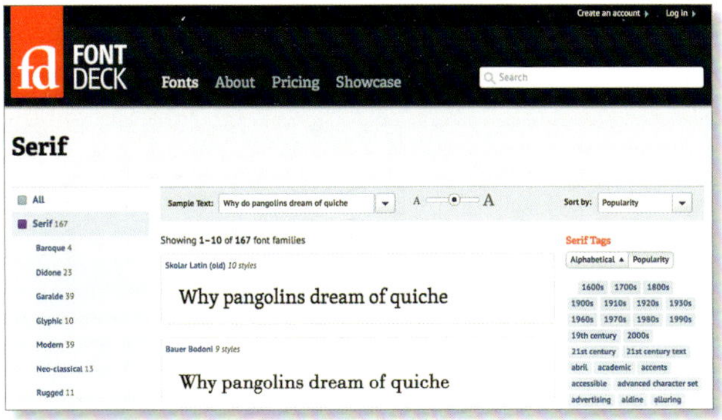

◂ **Abbildung 10.40**
Fontauswahl bei *fontdeck.com*

Google Fonts | Kostenlos, wohl das größte Argument der Google Fonts im Vergleich mit den anderen Anbietern. Über 500 Schriftarten, teilweise mit mehreren Schriftschnitten, stehen unbegrenzt zur freien Verfügung. Kostenlos kann das Angebot nur sein, da die Schriften unter Open-Source-Lizenz stehen. Größtenteils sind es daher frische, oftmals unbekannte Schriftarten von Nachwuchs-Schriftentwicklern, zwischendrin ein paar Klassiker (z. B. eine Garamond). Daher ist insgesamt viel Ausschuss dabei, aber es gibt auch durchaus einige Perlen unter ihnen. Wie bei Google-Produkten üblich, sind die Auswahl und das Einbinden der Schriftarten schnell und unkompliziert. Als kostenfreier Service unschlagbar, bei der Auswahl kommt man mit Google Fonts allerdings schnell an die Grenzen.

Google Fonts herunterladen
Die Google Fonts lassen sich auch größtenteils kostenlos herunterladen und so beispielsweise für Printpublikationen nutzen. Wer alle Google Fonts auf einmal downloaden möchte zum lokalen Einsatz in seinen Screendesigns, der sollte diese Seite besuchen: *code.google.com/p/googlefontdirectory*.

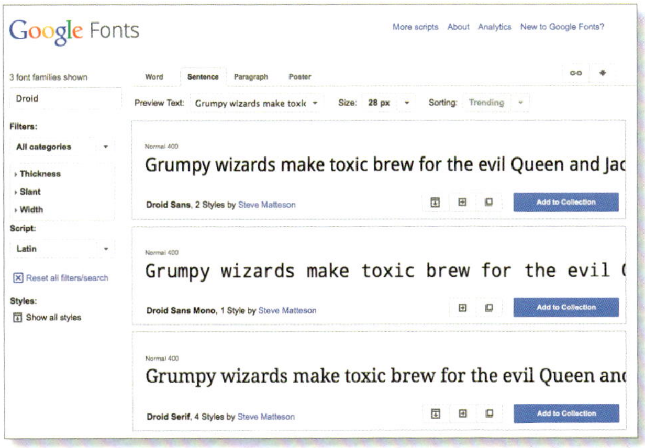

◂ **Abbildung 10.41**
Kostenlos und beliebt – die Google Fonts, *google.com/fonts*

FontSquirrel | Der zweite kostenlose Anbieter neben Google Fonts mit über 800 Schriftarten. Die Schriften lassen sich kostenfrei herunterladen und dann selbst hosten. FontSquirrel stellt dabei ein vollständiges `@font-face`-Paket zusammen, welches sich dann unkompliziert auf der eigenen Webseite einbinden lässt. Ähnlich wie bei Google sind die meisten Schriftarten in ihrer Qua-

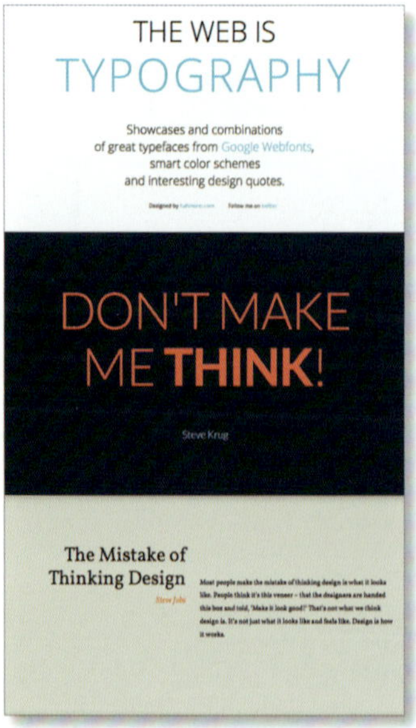

▲ **Abbildung 10.42**
Eine nette Auswahl an Google Fonts und typografischer Gestaltung zeigen meine Webfonts-Showcases: *hahnsinn.com/webfonts*.

lität eingeschränkt. Dazu kommt, wie oben gesehen, ein Konvertierungstool, um vorhandene Schriftarten in Webfonts umzuwandeln.

▲ **Abbildung 10.43**
Viele kostenfreie Schriften bei *fontsquirrel.com*

Schritt für Schritt: Google-Webfonts einbinden

Webfonts in das eigene Projekt einzubinden ist recht schnell gemacht und wird im Folgenden am Beispiel von Google Fonts demonstriert.

1 Schriftart aussuchen

Zuerst heißt es eine Schriftart aus der Google-Fonts-Bibliothek suchen und auswählen. Je nach Schriftart stehen mehrere Schnitte zur Verfügung. Aktivieren sie die gewünschten mit einem Häkchen. Achtung: Nur die Schnitte einbinden, die später wirklich eingesetzt werden, ansonsten werden unnötige Daten geladen.

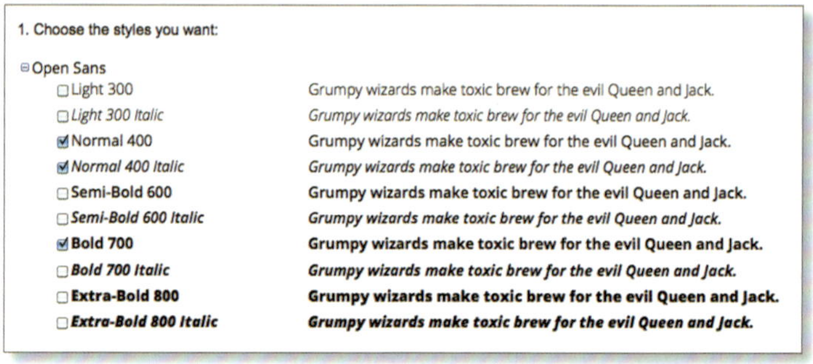

Abbildung 10.44 ▶
Der Font Open Sans steht in zehn unterschiedlichen Schnitten zur Verfügung.

2 Einbindungsvariante auswählen

Wählen Sie aus den drei Einbindungsvarianten (HTML, CSS oder Javascript) aus.

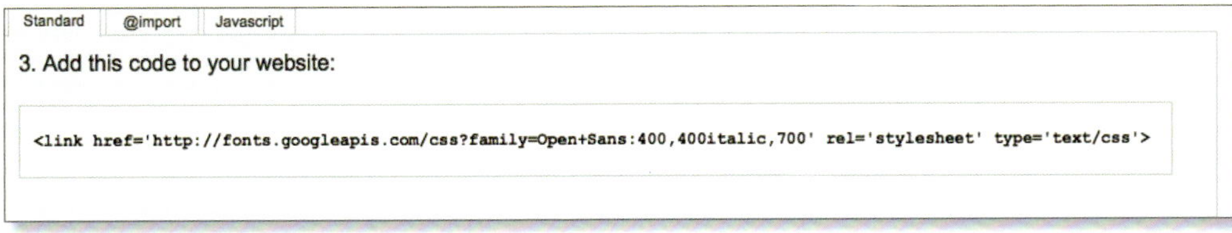

▲ **Abbildung 10.45**
Der fertige Code zum Einbinden

3 Die »font-family« und gegebenenfalls Schriftschnitte definieren

Ist die Schriftart eingebunden, steht einer Nutzung in CSS nichts mehr im Wege. Zuletzt müssen nur noch die `font-family` und eventuelle Schnitte mit `font-weight` definiert werden:

```
font-family: "Open Sans", Arial, sans-serif;
font-weight: 300;
```

▲ **Listing 10.3**
Definition der Schriftart und des Schriftschnitts

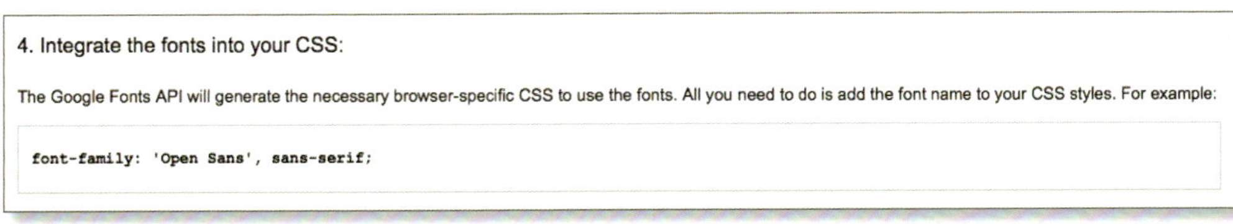

▲ **Abbildung 10.46**
Google Fonts zeigt sogar den Quelltext zur Schriftdefinition an.

Fazit | Wer die Wahl hat, hat die Qual, aber es lohnt sich zu vergleichen. Geduld ist bei der Suche und Auswahl des passenden Webfonts auf jeden Fall gefragt. Für den Einstieg ist sicherlich Google Fonts günstig (im doppelten Sinne). Die Frage nach dem besten Anbieter kann nicht pauschal beantwortet werden. Jeder muss für sich bzw. das jeweilige Projekt den passenden Anbieter auswählen. Die Unterschiede in Schriftauswahl, Preis(modellen) und Nutzungsbedingungen sind teilweise erheblich. Aber bei allen Anbietern gestaltet sich das Einbinden der Fonts unkompliziert. Fast alle modernen Webseiten bauen auf Webfonts. Nicht jedem Trend muss man hinterherrennen, aber diese Entwicklung wird bleiben. Die Möglichkeiten und der kreative Gestaltungsspielraum erhöhen sich um ein Vielfaches.

Weitere Webfonts-Anbieter
Weitere Webfonts-Services, die einen Blick lohnen:

- *myfonts.com*
- *fontshop.com*
- *webink.com*
- *fontspring.com*
- *webtype.com*
- *typotheque.com/webfonts*

10.4.5 Text als Bild

Dank Webfonts und den neuen Gestaltungsmöglichkeiten mit CSS3 (Schatten, Verläufen etc.) ist es nur noch sehr selten notwendig, Texte als Bilder abzuspeichern. Was »früher« regelmäßig passierte, machen die neuen Technologien größtenteils überflüssig. Text als Bild abzuspeichern und in die Webseite einzubinden wird meistens dann gemacht, wenn Effekte auf dem Text liegen und/oder eine besondere Schriftart genommen werden muss, die auch bei den Webfonts nicht zur Verfügung steht. Das trifft z. B. auf ausgefallene dekorative Schriften zu, bei denen die einzelnen Buchstaben besonders angeordnet sind und die sich mit HTML und CSS nicht oder nur beschwerlich umsetzen ließen.

Abbildung 10.47 ▼
Fehlt in keinem Typografie-Showcase, die Überschrift (»Für ein besseres Web«) musste allerdings dann doch als Bild erstellt werden bei *amazeelabs.com/de*.

Auch Buttons oder besonders gestaltete Navigationspunkte waren klassische Beispiele, wo Text als Bild eingesetzt wurde. Nachteile waren schon immer zum einen die Pflegbarkeit der Inhalte, da jedes Mal ein Bild geändert, neu abgespeichert und hochgeladen werden musste. Und der Datenspeicher erhöht sich mit jedem Bild natürlich auch.

Logos sind fast die einzig verbliebenen Elemente, wo Text als Bild noch wirklich Sinn hat. Heute wie früher sollte ansonsten gut überlegt sein, ob man einen Text wirklich als Bild abspeichern muss oder es nicht doch mit den zur Verfügung stehenden HTML- und CSS-Möglichkeiten umzusetzen geht.

◂ **Abbildung 10.48**
Das Logo als Bild *bei mgk-siegen.de*. Der Schriftzug hätte sogar per HTML und CSS dargestellt werden können, das Bildzeichen aber nicht.

10.5 Makrotypografie

Die Typografie ist Teil des Gestaltungsprozesses mit Schriften, Bildern, Flächen, Linien und Farben. Sie beschränkt sich aber nicht nur auf die Auswahl einer oder mehrerer Schriftarten, sondern umfasst Aspekte, die für die Wirkung der Gestaltung elementar sind. Die Typografie lässt sich in zwei große Bereiche einteilen.

1. **Makrotypografie**: Bei der Makrotypografie geht es um die Gesamtgestaltung mit Typografie.
2. **Mikrotypografie**: Bei der Mikrotypografie geht es um die Feinheiten, etwa den Aufbau einzelner Buchstaben.

Die Makrotypografie setzt sich mit der gesamten Konstruktion der typografischen Gestaltung auseinander. Dies beginnt schon mit der Auswahl des Formats (siehe Kapitel 6, »Gestaltungsgrundlagen«). Dazu kommen die Zeilenlänge, Seitenaufteilung, Textgliederung, Schriftart, -größe, -farbe, Textausrichtung und sonstige Auszeichnungselemente und redaktionellen Informationsbereiche (Überschriften, Fließtexte, Listen, Infokästen, Fußnoten etc.). Diese Elemente prägen den Gesamteindruck der Webseite entscheidend mit. Diese Elemente sorgen dafür, wie »attraktiv« der Text erscheint. Macht sich der Betrachter die Mühe, diesen lesen zu wollen? Und wenn ja, wie gut kann er diesen dann auch lesen? Es geht um das *Arrangement* aller typografischen Elemente, daher hat Makrotypografie auch viel mit dem zu tun, was man auch Layout nennt (siehe Kapitel 8, »Layout und Raster«). Gerade News-Seiten sind ein schönes Beschäftigungs- und Erkundungsfeld für die makrotypografische Gestaltung, so wie *faz.net* und *sueddeutsche.de* es auf Abbildung 10.49 auf Seite 478 zeigen.

▲ **Abbildung 10.49**
Die Makrotypografie ist für den ersten Eindruck mitentscheidend, den der Anwender von einer Webseite bekommt (von links nach rechts: *faz.net* und *sueddeutsche.de*).

Die Aufteilung einzelner typografischer Komponenten erfolgt in der Literatur nicht immer ganz eindeutig in die Bereiche Makro- oder Mikrotypografie. Die folgenden Abschnitte könnten also zum Teil auch in den jeweils anderen Bereich passen. Wichtiger aber als die konkrete Unterteilung in einen der beiden Abschnitte ist das Verständnis der einzelnen Gestaltungselemente.

10.5.1 Liniensystem

Vielleicht kennen Sie es noch aus Ihrer Schulzeit: schreiben lernen anhand von Linien. Genauso lassen sich digitale Buchstaben in ein Liniensystem bringen. Mehrere horizontale Linien kennzeichnen einzelne Bereiche der Buchstaben.

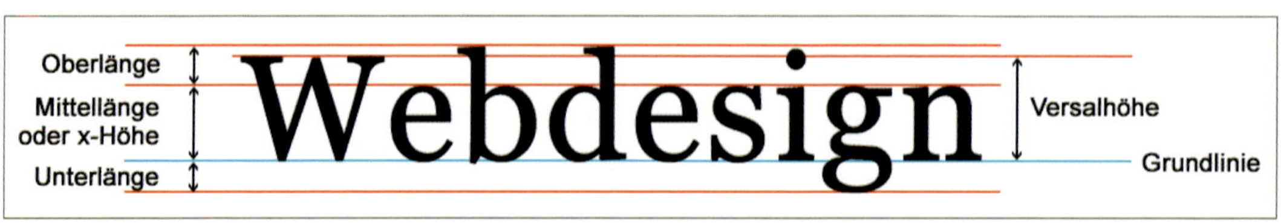

▲ **Abbildung 10.50**
Das Liniensystem der Typografie

Die Basis bildet die Grundlinie, manchmal auch Schriftlinie genannt, auf der die Buchstaben stehen. Das nächste wichtige Maß nach oben ist die Mittellänge. Sie gibt die Höhe der Kleinbuchstaben an und wird auch x-Höhe genannt, weil sie nach der Höhe das kleinen »x« bestimmt wird. Es folgt die Versalhöhe (Versalien

= Großbuchstaben), die durch die Größe der Großbuchstaben bestimmt wird. In vielen Schriften ragen einige Kleinbuchstaben (z. B. »h« und »l«) über die Versalhöhe hinaus. Dies wird als Oberlänge bezeichnet.

Unterhalb der Grundlinie gibt es dann noch die Unterlänge, die durch Kleinbuchstaben wie »g«, »p« und »q« bestimmt wird. Die Schriftgröße setzt sich aus der Ober-, Mittel- und Unterlänge plus einem kleinen Zuschlag zusammen. Die Schriftgröße, oft auch Schriftgrad genannt, ist also immer etwas größer als die Buchstabengröße.

▲ **Abbildung 10.51**
Schreiben lernen mit Hilfe von Linien

10.5.2 Schriftschnitte

Ein Schriftschnitt bezeichnet eine Variation einer Schriftart. Dabei kann die Schriftstärke, die Schriftbreite (Laufweite) oder die Schriftlage verändert werden. Die verschiedenen Schnitte ergeben zusammen eine Schriftfamilie. Standardmäßig hat fast jede Familie einen fetten und einen kursiven Schriftschnitt.

Mit Schriftschnitten lassen sich Inhalte einerseits semantisch kennzeichnen, aber vor allem auch optisch hervorheben. Unterschiedliche Schnitte sind oft besser geeignet, Abwechslung in die typografische Gestaltung zu bringen, als beispielsweise andere Schriftarten, -farben oder -größen. Denn die verschiedenen Schnitte einer Schriftfamilie sind aufeinander abgestimmt, wirken harmonisch zusammen und bringen oft nur einen dezenten Unterschied in die Gestaltung.

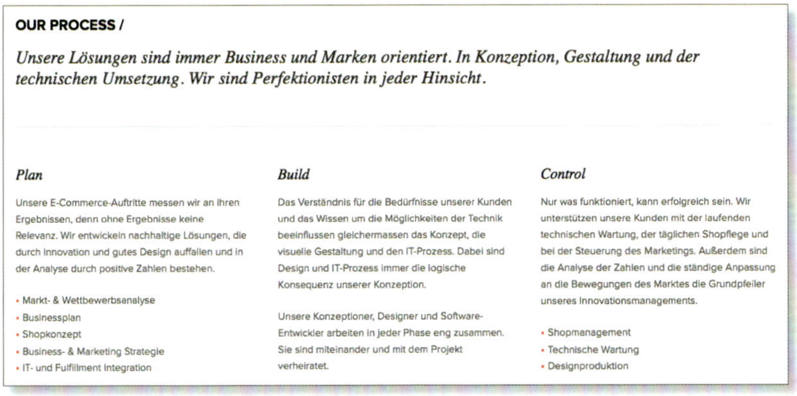

◂ **Abbildung 10.52**
Gelungenes Spiel aus zwei Schriftarten und verschiedenen Schnitten, *superreal.de*

Mit der bewussten Auswahl verschiedener Schriftschnitte lässt sich ein Webdesign aber auch sehr abwechslungsreich gestalten. *ronaldvarney.com* (Abbildung 10.53 auf Seite 480) verwendet zwar nur eine Schriftart (die Brandon Grotesque), durch die Variation verschiedener Schnitte gelingt aber dennoch eine abwechslungsreiche typografische Gestaltung,

Deutsch	Englisch
Normal	Regular
Kursiv	Italic, Oblique, Slanted

▲ **Tabelle 10.1**
Schriftstärke

Deutsch	Englisch
Ultraleicht	Ultralight
Extraleicht	Extralight
Leicht	Light
Normal	Roman, Book, Regular
Halbfett	Semibold, Medium
Fett	Bold, Heavy
Extrafett	Extrabold, Heavy, Black
Ultrafett	Black

▲ **Tabelle 10.2**
Schriftschnitte

▲ **Abbildung 10.53**
Eine Schriftart, verschiedene Schriftschnitte und eine insgesamt überzeugende typografische Gestaltung: *ronaldvarney.com*

Es gibt Schriftfamilien, die sich aus über hundert Schnitten zusammensetzen. Dies ist sicherlich die Ausnahme, und gerade bei Schriftfamilien fürs Web sind, wenn überhaupt, wenige Schnitte die Regel. Für die Bezeichnung der Schnitte gibt es deutsche und englische Bezeichnungen und manchmal auch noch weitere Synonyme. Die Tabellen 10.1–10.3 geben einen Überblick über die Bezeichnung der Schriftschnitte.

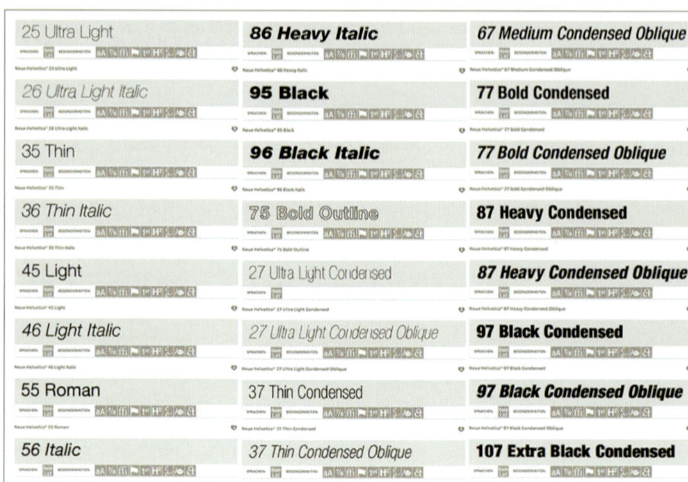

▲ **Abbildung 10.54**
Sehr viele Schnitte: die *Neue Helvetica* bei Linotype. *linotype.com/de/1266/NeueHelvetica-schriftfamilie.html*

Fett und kursiv | Neben dem »normalen« Schnitt werden am häufigsten kursiver und fetter Schnitt eingesetzt. Ein Grund dafür mag in den Textverarbeitungsprogrammen liegen, die es mit einem Klick ermöglichen, Text fett oder eben kursiv zu machen.

In HTML gibt es für die Umsetzung dieser beiden Schnitte jeweils zwei Möglichkeiten: `strong` und `b` sowie `em` und `i`. Die Unterschiede liegen jeweils in der Semantik, logisch, denn HTML ist ja semantisches Auszeichnen. Das `i`-Element soll laut W3C-HTML5-Richtlinie für besondere Fachausdrücke oder taxonomische Bezeichnungen eingesetzt werden, das `em`-Element dagegen, um Textpassagen besonders zu betonen. Die optische Wirkung ist bei beiden erst einmal die gleiche, ließe sich aber mit CSS verändern.

Ähnlich verhält es sich mit `strong` und `b`. Mit dem `b`-Element sollen Schlüsselwörter oder Eigennamen hervorgehoben werden. Mit dem `strong`-Element soll besonders wichtiger Inhalt markiert werden. Auch hier ist die optische Umsetzung im Browser gleich.

Zu unterscheiden sind beispielsweise echte kursive Schriftschnitte von elektronisch schräg gestellten Schriften. Echte kursive sind eigens entworfene Schriftschnitte. Bei elektronisch erzeugten werden die normalen Schriftschnitte schräg gestellt, was für ein leicht verzerrtes Schriftbild sorgt:

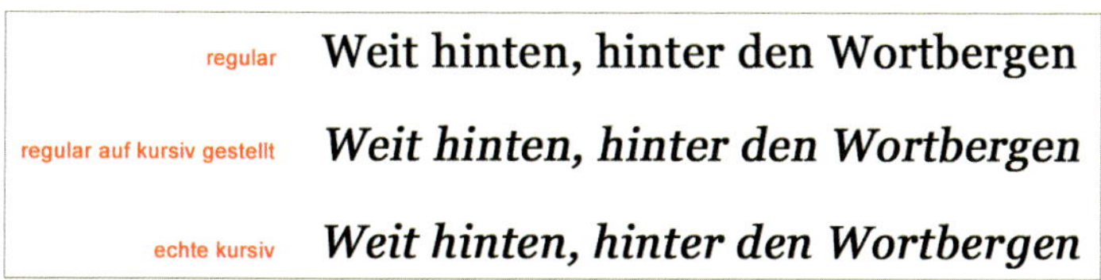

▲ **Abbildung 10.55**
Der Unterschied ist offensichtlich zwischen einem echten kursiven und einem schräg gestellten normalen Schriftschnitt.

Schriftschnitte in HTML & CSS | Wer aus dem Printbereich kommt, ist durch die breite Auswahl an Schriftschnitten verwöhnt. Bei den Systemschriften sind die Arial und Arial Black fast schon das Höchste der Gefühle. Die Webfonts bieten da häufig schon eine größere Auswahl an. Als Beispiel sei hier die *Exo 2* der Google Fonts erwähnt. Diese steht in 18 unterschiedlichen Schnitten zur Verfügung, wodurch der Webdesigner ausreichend typografischen Gestaltungsspielraum hat.

Die Schriftlage lässt sich per CSS mit der Eigenschaft `font-style` verändern. Mögliche Werte sind `normal`, `italic` oder `oblique`. `italic` stellt die Schrift in einem kursiven Schnitt dar,

Deutsch	Englisch
Extraschmal	Extra Condensed, Thin
Schmal	Condensed, Compressed, Narrow
Normal	Normal, Regular
Breit	Extended
Extrabreit	Extra Extended

▲ **Tabelle 10.3**
Schriftbreiten

während `oblique` den Browser veranlasst, den Text schräg zu stellen. Und `normal` ist die Voreinstellung und stellt die Zeichen aufrecht dar bzw. bringt Text wieder in den normalen Schnitt, wenn vorangegangene Deklarationen diesen kursiv setzten. So werden Überschriften vom Browser automatisch fett dargestellt. Mit der Anweisung `font-weight: normal;` kann die Überschrift wieder »normal« aussehen.

Um die Schriftstärke zu verändern, gibt es die CSS-Eigenschaft `font-weight`. Neben den Werten `normal`, `bold`, `bolder`, `light` und `lighter` kann man auch Zahlenwerte in Hunderterschritten von `100` bis `900` eingeben – sofern die entsprechenden Schriftschnitte existieren. Je größer der Zahlenwert, umso fetter der Text. `400` entspricht `normal` und `700 bold`.

Eine exemplarische Schriftdefinition könnte also folgendermaßen aussehen:

Listing 10.4 ▶
Schriftdefinition einer Google-Fonts-Schriftart

```
font-family: 'Exo 2', sans-serif;
font-style:italic;
font-weight: 200;
```

Als typografisches Gestaltungsmittel eignen sich Schriftschnitte besonders gut. Bei der Auswahl geeigneter Webfonts heißt es also auch, darauf zu achten, ob diese in verschiedenen Schnitten vorliegt. Je mehr Schnitte eingesetzt werden, umso mehr Daten müssen allerdings auch geladen werden. Daher sollten immer nur die Schnitte eingebunden werden, die später auch wirklich eingesetzt werden. Die Anweisungen per `font-style` oder `font-weight` sind rein optischer Natur. Soll das Element auch semantisch hervorgehoben werden, muss es mit den HTML-Elementen (wie `em` oder `strong`) ausgezeichnet werden.

10.5.3 Schriftgröße

Die Schriftgröße gibt die Höhe der Schrift an, und zwar gemessen von der Ober- bis zur Unterlänge.

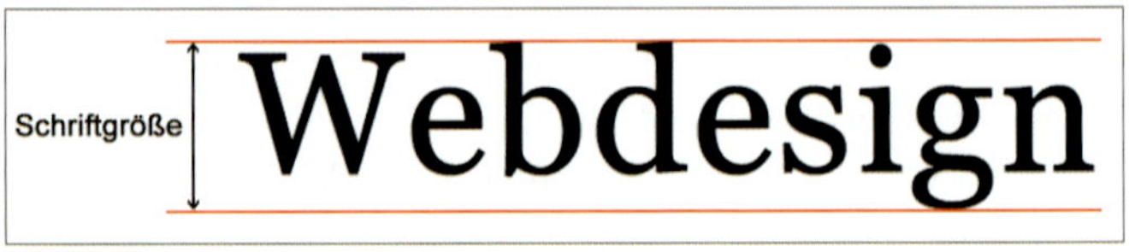

Abbildung 10.56 ▶
Die Schriftgröße umfasst die Ober-, Mittel- und Unterlänge.

Vor allem im klassischen DTP-Bereich gibt es die Unterscheidung zwischen Schriftgröße und Schriftgrad. Umgangssprachlich werden die beiden Begriffe oft gleichgesetzt, und daher verzichte ich hier darauf, die feinen Unterschiede zu erwähnen.

Die Schriftgröße sagt aber noch nichts über den optischen Eindruck der Höhe aus. Zwei Schriftarten mit der gleichen Schriftgröße können unterschiedlich groß wirken.

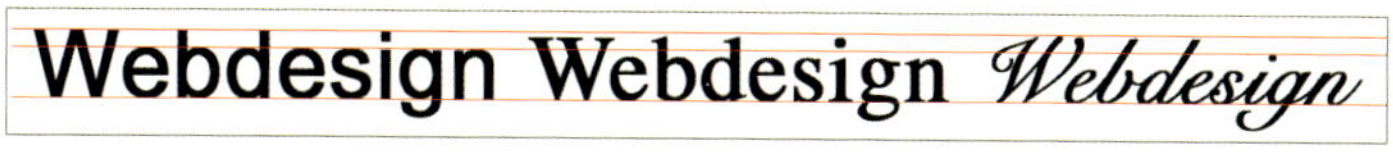

◂ **Abbildung 10.57**
Drei Schriftarten, gleiche Schriftgröße, aber unterschiedliche Größenwirkung

Die Wahl der Schriftgrößen ist also unmittelbar von der gewählten Schriftart abhängig. Auf Standardgrößen kann man daher nur bedingt zurückgreifen.

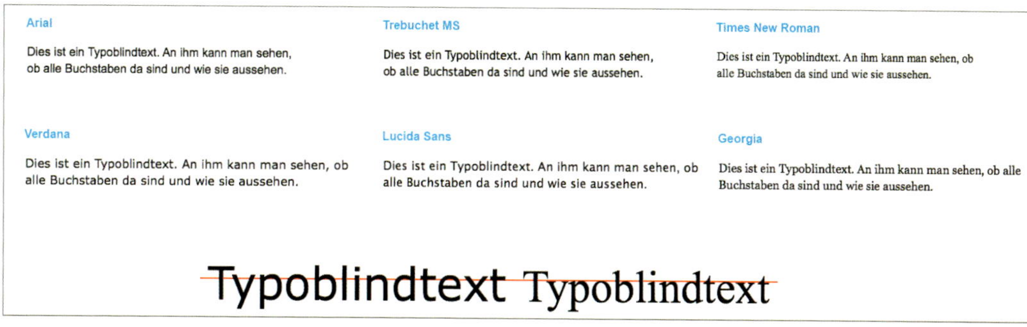

▴ **Abbildung 10.58**
Systemschriften mit jeweils 16-Pixel-Schriftgröße im Vergleich. Besonders auffällig ist der Unterschied der x-Höhe zwischen der Verdana und der Times New Roman.

Die richtige Schriftgröße finden | Es gibt keine goldene Regel für die richtige Schriftgröße. Die Lesbarkeit sollte sicherlich immer an erster Stelle stehen. Diese ist aber von vielen Faktoren abhängig, nicht zuletzt von der gewählten Schriftart selbst (siehe Unterschied x-Höhe in Abbildung 10.58). Als ungefähre Richtwerte, die aber individuell bei jedem Projekt ausprobiert werden müssen, kann man mit folgenden Größen beginnen:

- Fließtexte (Absätze, Aufzählungen usw.) zwischen 14 und 16 Pixel.
- Überschriften 36 bis 40 Pixel groß (`h1`). Dies wird dann immer entsprechend kleiner bis zur `h6`, die dann kaum größer als der Fließtext sein dürfte.

Anders als in Grafikprogrammen, wo sich für jeden Textabschnitt die Größe frei einstellen lässt, sorgt die Arbeit mit Stylesheets dafür, dass Texte auch seitenübergreifend die gleiche Schriftgröße haben. Ein Absatz auf der Startseite ist dann meistens genauso groß wie auf jeder anderen Unterseite auch. Das betrifft auch alle anderen Elemente und ist auch gut so für ein konsistentes Aussehen im ganzen Projekt. Dies lässt sich durch den Einsatz von CSS-IDs und -Klassen ändern, sollte dann aber nur gezielt erfolgen. Unterschiede gibt es eher mit Texten in der Seitenleiste oder in der Fußleiste, die dann schon eher einmal etwas kleiner

Groß, größer ...
Die neu gewonnene Freiheit der Schriftauswahl inspiriert viele Webdesigner zur »großen« typografischen Gestaltung. *Bold Typo* ist mehr als ein Trend und eine Alternative zur Bilddominanz in vielen Designs. Mehr dazu im Abschnitt 10.8.2, »Bold Typo«.

dargestellt sind und somit in deren Bedeutung auch etwas zurückgenommen werden. Mehr zu den einzelnen Textelementen in den jeweiligen Abschnitten von 10.7, »Gelungene Webtypografie – Textformatierungen und Gestaltungstipps«.

Schriftgrößendefinition | Schriftgrößen werden häufig über Pixel definiert. Es gibt aber noch einige bessere Alternativen, um die genaue Schriftgröße zu bestimmen. Klar, Pixel machen das Webdesign-Leben (vermeintlich) einfacher. Schriftgrößen lassen sich im Grafikprogramm auch so schön in Pixelwerten einstellen, so dass der Übertrag in CSS reibungslos funktionieren kann.

Lange Zeit war der Traum eines jeden Webdesigners, das Design pixelgenau festzulegen. Das Problem dabei ist, dass ein CSS-Pixel nicht zwangsläufig gleich ein Hardware-Pixel ist. Auf einem Retina-Display würde dies zu sehr kleinen Schriften führen. Um die Größen flexibel zu halten für unterschiedliche technische Anforderungen und Benutzereinstellungen, werden als Alternative zu Pixelwerten gerne die Einheiten `%` oder `em` eingesetzt. Diese beiden Einheiten sind relativ und entsprechen damit auch den Accessibility-Vorgaben. Diese setzen die Schriftgröße relativ zur Browser-Standardvoreinstellung (meistens 16 Pixel). Allerdings werden die Schriftgrößen auch vererbt, bzw. die Angaben sind relativ zum Eltern-Element, und damit beginnt die Schwierigkeit. Bei entsprechend vielen Verschachtelungen mit `font-size`-Angaben hat man irgendwann den Überblick verloren, welche Schriftgröße am Ende herauskommt.

Schriftgrößen mischen
Die Anzahl der verwendeten Schriftgrößen ergibt sich schon aus dem Einsatz von semantischen HTML-Elementen. Kommen drei unterschiedliche Überschriftendefinitionen (`h1`, `h2` und `h3`) sowie Absätze (`p`) und Zitate (`blockquote`) zum Einsatz, entstehen dadurch schon automatisch fünf unterschiedliche Größen. Das klingt nach viel und ist es in den meisten Fällen auch, wird aber eben auch gebraucht, um die semantische Bedeutung der Elemente in Form der Größe widerzuspiegeln. Nur auf weitere Größen durch eigene CSS-ID oder -Klassen-Definitionen sollte dann in den meisten Fällen besser verzichtet werden.

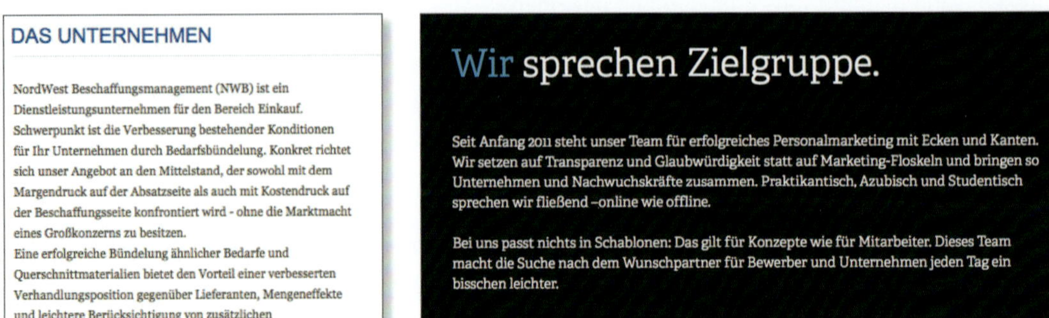

▲ **Abbildung 10.59**
Wirkt ein bisschen wie altes Webdesign gegen neues Webdesign. Ist aber vor allem der Unterschied zwischen 11-Pixel- und 22-Pixel-Schriftgröße für den Fließtext. Die Lesbarkeitsunterschiede sind offensichtlich. *nordwest-beschaffung.de* und *employour.de*

Responsive Schriftgrößen | Als Lösung für alle flexiblen und relativen Fälle präsentiert sich die CSS3-Schriftgrößeneinheit `rem`. Die Einheit ist ebenso flexibel wie `%` oder `em`, aber ohne die Vererbungsproblematik. `rem` bezieht sich immer auf das Root-Element (`html`). Die Berechnung der Schriftgrößen ist in `rem` wesentlich einfacher, da die Größen nicht mehr im Verhältnis zur Schriftgröße des Eltern-Elements berechnet werden müssen.

Geht man von 16 Pixel Browser-Standardschriftgröße aus, muss man die `font-size` des Root-Elements auf 100 % setzen. `1 rem` entspricht dann umgerechnet 16 Pixel. Um andere Pixelwerte in `rem` zu übertragen, muss man den Pixelwert durch 16 teilen. Eine Schriftgrößendefinition könnte also exemplarisch folgendermaßen aussehen:

Hilfreiche Tools
Drei hilfreiche Tools, die eine große Unterstützung bei der responsiven Schriftgestaltung sind:

- Mit *pxtoem.com* wird Pixel in `em` umrechnen einfach gemacht.
- Sowohl *simplefocus.com/flowtype* als auch *fittextjs.com* helfen dabei, die Schriftgröße automatisch an die Elementenbreite anzupassen.

```
html { font-size: 100%; } /* Default Font Size, 16px */
h1 { font-size: 2rem; } /* 32/16 = 2 */
h2 { font-size: 1.625rem; } /* 26/16 = 1.625 */
h3 { font-size: 1.25rem; } /* 20/16 = 1.25 */
p { font-size: 0.875rem; } /* 14/16 = 0.875 */
```

◀ **Listing 10.5**
Schriftgrößenangaben mit `rem`

Im Gegensatz zu `em` ist diese Berechnung wesentlich angenehmer (und einfacher).

Da es eine CSS3-Eigenschaft ist, wird sie natürlich nicht von allen (älteren) Browsern unterstützt, wie beispielsweise IE 8 und niedriger. Als Fallback-Lösung sollten daher auch Pixelwerte definiert werden, die **vor** den `rem`-Werten definiert werden:

```
html { font-size: 100%; }
h1 {
font-size: 32px;
font-size: 2rem;
}
h2 {
font-size: 26px;
font-size: 1.625rem;
}
h3 {
font-size: 20px;
font-size: 1.25rem;
}
p {
font-size: 14px;
font-size: 0.875rem;
}
```

◀ **Listing 10.5**
Schriftgrößenangaben mit Pixel und `rem`

Moderne Browser erkennen die `rem`-Definition und überschreiben somit die Pixelanweisungen. Ältere nehmen die Pixel und ignorieren die `rem`-Anweisungen.

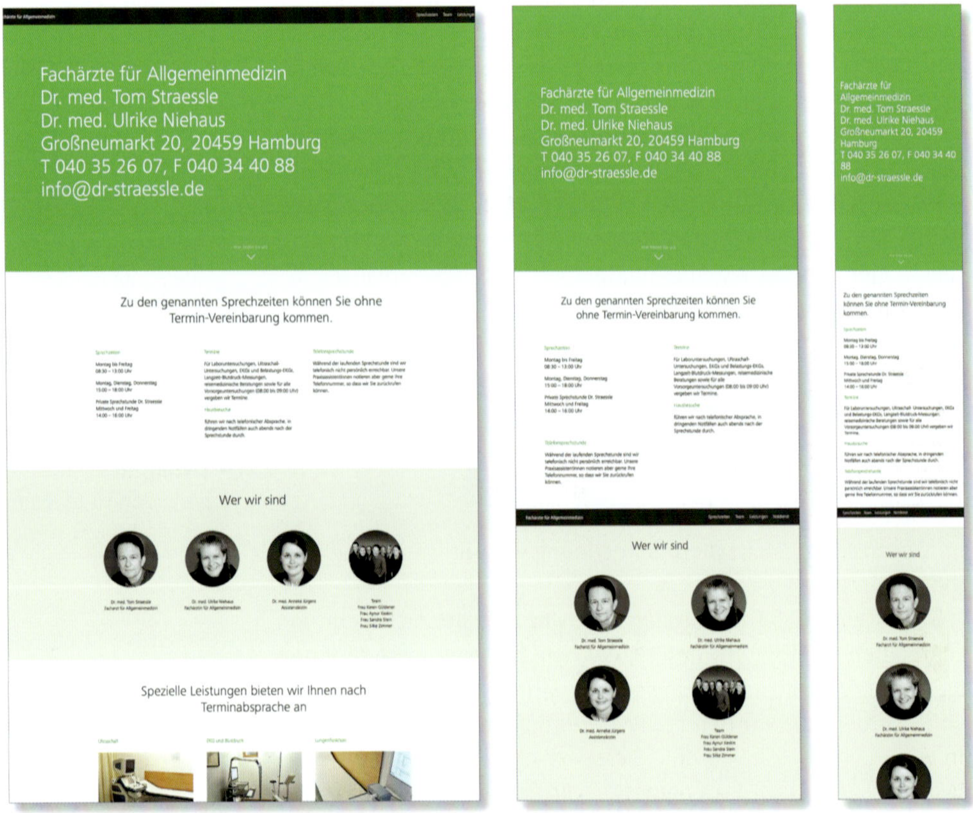

Abbildung 10.60 ▼
dr-straessle.de ist ein schönes Beispiel für gelungene Typografie auf unterschiedlichen Endgeräten.

10.5.4 Zeilenabstand

Der Zeilenabstand hat für die Lesbarkeit und die Gesamtwirkung des Textes eine große Bedeutung. Und doch gibt es wohl kaum ein typografisches Mittel, das im Gestaltungsprozess eines Webdesigns so vernachlässigt wird.

Der Zeilenabstand bezeichnet den Abstand zwischen zwei untereinander stehenden Zeilen, die zu einem HTML-Element gehören. Während im Printbereich der Zeilenabstand von Grundlinie zu Grundlinie gemessen wird, ist dies im Web (leider) etwas anders. Mit der CSS-Eigenschaft `line-height` werden gleichmäßig über und unter der Textzeile die Abstände definiert.

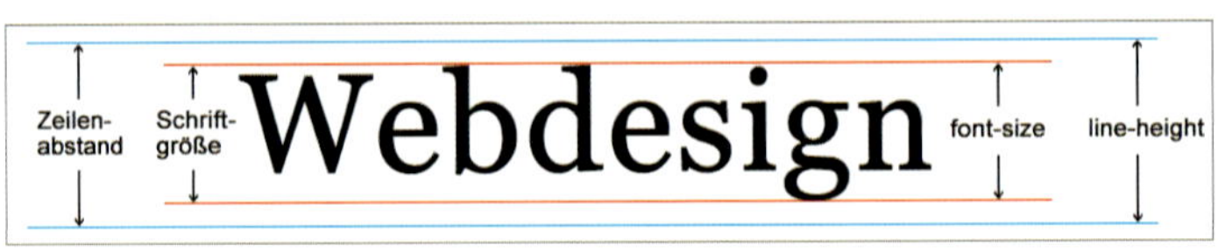

Abbildung 10.61 ►
Der Zeilenabstand wird mit `line-height` nach oben und unten gleichmäßig vergrößert.

Entspricht der Zeilenabstand genau der Schriftgröße, berühren sich Unterlänge der oberen Textzeile und die Oberlänge der unteren Textzeile. Ist der Zeilenabstand zu gering, was er auf den meisten Webseiten ist, ist der Text schlechter lesbar. Zu eng gesetzte Zeilen beeinflussen das Lesetempo, weil die Buchstaben der oberen und unteren Zeile zu dicht beieinanderstehen und der Leser Mühe hat, den Anschluss an die nächste Zeile zu finden. Zu viel Zeilenabstand ist ebenso ungünstig, weil die Zeilen schnell wie voneinander getrennte Textabschnitte wahrgenommen werden können. Siehe dazu auch Abschnitt 6.3.1, »Das Gesetz der Nähe«.

Zeilenabstand im Printdesign
Im Printbereich wird oft automatisch ein Zeilenabstand von 120 % der Schriftgröße voreingestellt. Dies ist eher als Mindestwert anzusehen und meistens deutlich zu gering.

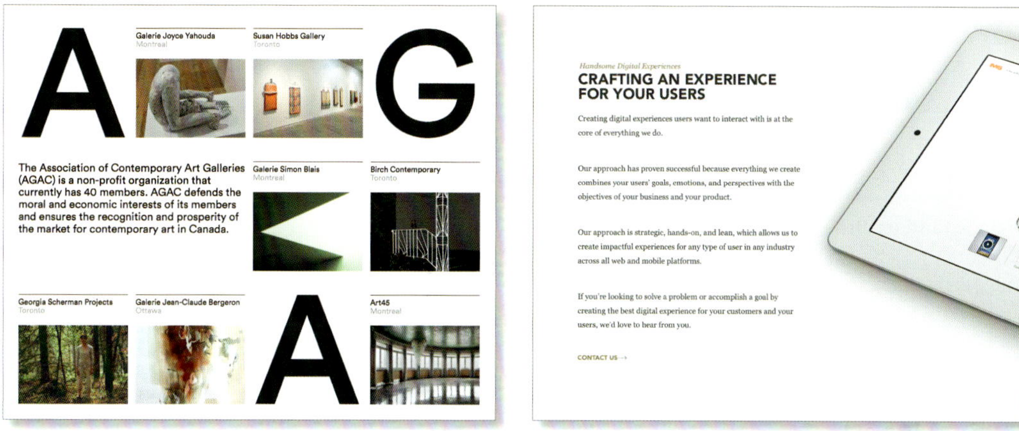

▲ **Abbildung 10.62**
Unterschiedliche Zeilenabstände, unterschiedliche Wirkung, *agac.qc.ca* und *handsome.is*

In Abbildung 10.62 werden die unterschiedliche gestalterische Wirkung und das Zusammenspiel verschiedener typografischer Gestaltungskomponenten gut deutlich. Auf *agac.qc.ca* (linke Abbildung) ist eine serifenlose Schrift mit relativ wenig Zeilenabstand und tiefem Schwarz auf weißem Hintergrund zu sehen. Dies wirkt sehr massiv und präsent. Der Textblock stellt so ein Gegengewicht zu den vielen unterschiedlichen farbigen Abbildungen dar, eben auch durch den geringen Zeilenabstand. Auf *handsome.is* (rechte Abbildung) sorgen die Serifenschrift, eine graue Textfarbe und großzügiger Zeilenabstand für eine gewisse Luftig- und Leichtigkeit. Dezent und elegant wird die ebenfalls hell und »sanft« wirkende Abbildung ergänzt.

Beide Webseiten zeigen ein schönes Zusammenspiel aus typografischer Gestaltung und deren passender Einordnung in das Gesamtlayout mit den anderen Gestaltungselementen. Dies wird besonders deutlich, wenn wir die Fließtext-Blöcke einmal auf den Websites miteinander tauschen wie es die Abbildung 10.63 auf Seite 488 zeigt.

▲ **Abbildung 10.63**
Die Fließtexte von Abbildung 10.62 einmal ausgetauscht. Jetzt passen sie nicht mehr zur Gesamtgestaltung.

Zeilenabstand im Browser bestimmen
In der Praxis ist der Zeilenabstand oft zu klein gewählt. Dabei reichen oft wenige Pixel mehr, um ein wesentlich besseres Leseerlebnis zu schaffen. Am geschicktesten ist es, den genauen Zeilenabstand direkt im Browser zu bestimmen. Feste Regeln gibt es nicht, allein das typografisch geschulte Auge, um den visuellen Eindruck zu beurteilen.

Im linken Beispiel geht der Fließtext in seiner Helligkeit völlig unter, und im rechten Beispiel dominiert er viel zu stark.

Genaue oder ideale Werte für den Zeilenabstand vorzugeben ist nicht möglich. Zu unterschiedlich sind die individuellen Bedingungen. Der Zeilenabstand ist abhängig von der Schriftart. Schriftarten mit einer großen x-Höhe sollten eher mehr Abstand bekommen. Je länger die Zeilenlänge, umso größer sollte der Abstand sein. Je höher die Schriftgröße, umso geringer (im Verhältnis) kann der Abstand sein. Serifenlose Schriften benötigen meistens mehr Abstand als Serifenschriften. Je größer die Schriftart, umso weniger Zeilenabstand wird meistens benötigt.

Zeilenabstand in HTML & CSS | Der Zeilenabstand sollte für jeden Fall individuell betrachtet und festgelegt werden. Als Ausgangsbasis kann man mit ca. 30 bis 40 Prozent der Schriftgröße beginnen. Oder, wer nicht rechnen mag, fängt mit mindestens `1.5em` an. Anders als bei der Schriftgröße ist die Arbeit beim Zeilenabstand mit der Einheit `rem` eher ungünstig. Denn `rem` berechnet sich relativ zur Standardbrowsergröße. Hier ist aber eine Abhängigkeit von der jeweiligen `font-size` besser, daher sollte der Zeilenabstand ohne Einheit (oder alternativ mit `em`) angegeben werden. Vererbungsprobleme können so vermieden werden.

Folgende Angaben haben den gleichen Effekt:

Listing 10.7 ▶
Die unterschiedlichen CSS-Definitionen des Zeilenabstandes

```
line-height: 1.5;
line-height: 1.5em;
line-height: 150%;
```

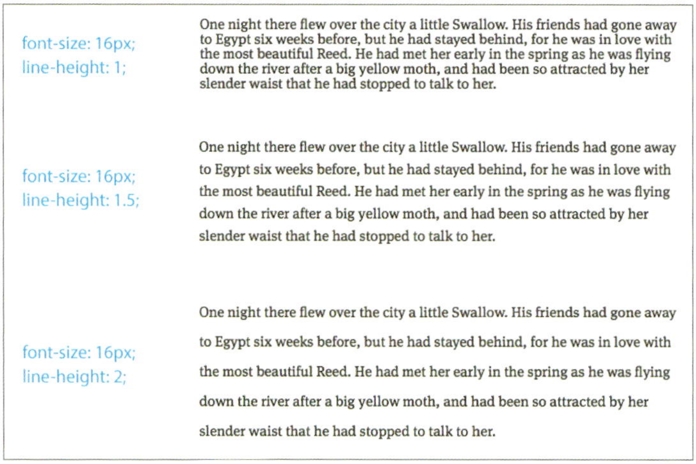

▲ **Abbildung 10.64**
Von oben nach unten: zu wenig Zeilenabstand, genau richtig, zu viel Zeilenabstand

Die Datei »Zeilenabstand.html« finden Sie auf der Buch-DVD unter BEISPIELMATERIAL • KAPITEL_10.

Die Schriftgrößen aus dem Listing 10.7 erweitert mit Zeilenabstandsangaben könnten dann folgendermaßen aussehen:

◀ **Listing 10.8**
Schriftgrößen und passende Zeilenabstände

```
h1 {
font-size: 32px;
font-size: 2rem;
line-height: 1.25;
}
h2 {
font-size: 26px;
font-size: 1.625rem;
line-height: 1.35;
}
h3 {
font-size: 1.25rem;
font-size: 20px;
line-height: 1.4;
}
p {
font-size: 14px;
font-size: 0.875rem;
line-height: 1.5;
}
```

Wichtig ist, den Gesamteindruck der Webseite zu beachten und den Zeilenabstand auf die umliegenden Elemente mit abzustimmen. Nicht dass auf einmal der Zeilenabstand innerhalb eines Absatzes größer ist als der Abstand zwischen zwei Absätzen.

Abbildung 10.65 ▸
Beispiel von Seite 489 mit angepassten Zeilenabständen. Gerade bei den Überschriften wäre `line-height: 1.5;` zu viel gewesen!

Die Datei »Schriftdefinitionen.html« liegt auf der Buch-DVD unter BEISPIELMATERIAL • KAPITEL_10.

10.5.5 Schriftfarbe – Text- & Hintergrundkontrast

Der Kontrast zwischen der Textfarbe und der Hintergrundfarbe sorgt nicht unerheblich für die Lesbarkeit wie auch die Anmutung des Textes. Es sollte ein deutlicher Hell-Dunkel-Kontrast erkennbar sein (siehe Abschnitt 9.6.2, »Hell-Dunkel-Kontrast«). Je geringer der Kontrast wird, umso schwerer ist der Text zu lesen.

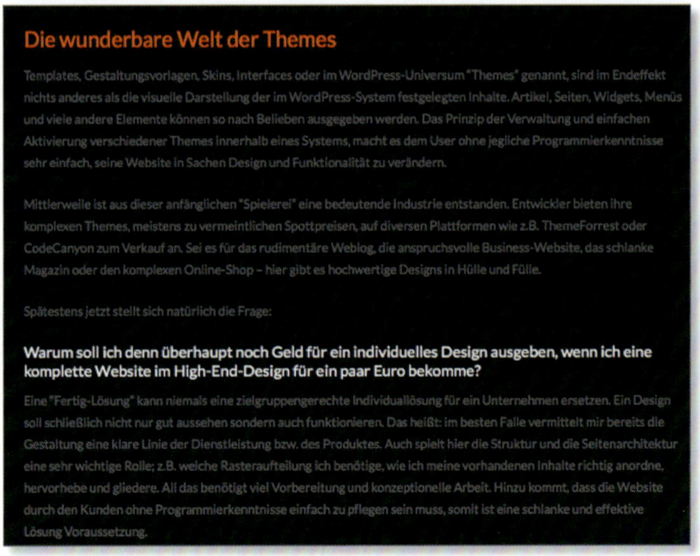

Abbildung 10.66 ▸
So eher nicht: Hier sind die Text-Hintergrundkontraste (viel) zu schwach. Ästhetik sollte nicht vor Lesbarkeit gehen.

Der klassische Text-Hintergrundkontrast ist schwarzer Text auf weißem Hintergrund. Was »schwarz auf weiß« geschrieben steht, wirkt auf den Betrachter unbewusst glaubwürdig. Dieser stärkste Hell-Dunkel-Kontrast mit `#000000`-Text auf `#ffffff`-Hintergrund wird auch auf Webseiten am liebsten eingesetzt.

Allerdings ist der stärkste Kontrast nicht automatisch am besten lesbar. Eine etwas abgemilderte Variante ist für die Augen angenehmer. Also eher ein dunkelgrauer Text auf weiß oder schwarzer Text auf einem dezent abgedunkelten Hintergrund.

Das Beispiel für die Schriftfarbe finden Sie auf der Buch-DVD unter BEISPIELMATERIAL • KAPITEL_10. Die Datei heißt »Schriftfarbe.html«.

▲ **Abbildung 10.67**
Links steht der Text schwarz auf weiß, rechts oben dunkelgrau auf weiß und unten schwarz auf hellgrauem Hintergrund. Am Bildschirm sind die beiden rechten Varianten lesefreundlicher.

Es gibt natürlich auch die Varianten mit farbigen Texten und/oder farbigen Hintergründen, was für viele Layouts durchaus passender sein mag als grau auf weiß. Was visuell aber besser in die Gesamtgestaltung passt, muss noch lange nicht besser lesbar sein. Im Gegenteil, die Gefahr, dass gerade Menschen mit Farbsehschwächen oder bei ungünstigen Bedingungen (Außenlicht etc.) die Texte schwerer zu erkennen sind, steigt. Als Hilfestellung gibt es die *Web Content Accessibility Guidelines (WCAG) 2.0*, die genau festlegen, wie groß der Farbunterschied sein sollte, um eine größtmögliche Zugänglichkeit zu gewährleisten. Bereits in Kapitel 1, »Prinzipien des modernen Webdesigns«, bin ich im Abschnitt zur Barrierefreiheit auf dieses Thema zu Sprechen gekommen.

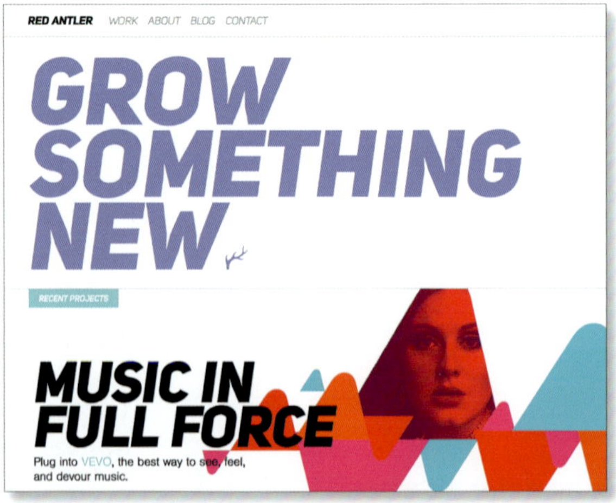

Abbildung 10.68 ▸
Farbiger Text und/oder farbige Hintergründe passen oft ästhetisch besser zur Gesamtgestaltung, sind aber oft schlechter lesbar, *redantler.com*.

Inverse Schrift | Helle Schrift auf dunklem Hintergrund kommt im Webdesign selten vor. Aus berechtigten Gründen? Ja, auch wenn der Kontrast genauso hoch sein kann wie bei dunkler Schrift auf hellem Hintergrund, die Lesbarkeit leidet fast jedes Mal. Für große Mengen an Fließtext ist diese Variante eher nicht zu empfehlen. Manchmal geht aber die Wirkung des Gesamtlayouts vor, und dann muss es ein dunkler Hintergrund sein. Um die Lesbarkeit aber nicht zu weit einzuschränken, sollte man inverse Schrift auf Überschriften oder wenig Text beschränken. Denn hier kann diese Gestaltungsvariante ein Highlight setzen und sich vom Rest abheben. Inverser Text kann beispielsweise in Überschriften Akzente setzen, und wenn Text über einem Bild liegt, sorgt er für Lesbarkeit wie bei *thinkmoto.de* und *ciaobau.com*.

Abbildung 10.69 ▸
Auf *thinkmoto.de* (oben) und *ciaobau.com* (unten) ist der Einsatz von inversem Text gelungen.

10.5.6 Zeilenlänge

Oft ist die Spaltenbreite im Gesamtlayout schon vorgegeben, im Inhaltsbereich, in eventuell vorhandenen Seitenleisten oder in der Fußleiste. Manchmal besteht noch die Möglichkeit, in einem breiteren Inhaltsbereich den Text auf mehrere Spalten aufzuteilen. Für eine optimale Lesbarkeit lassen sich auch hier keine Regeln angeben. Zu stark ist eine geeignete Zeilenlänge von der Schriftart und der Schriftgröße abhängig. Meistens sind sieben bis zehn Wörter für eine optimale Lesbarkeit geeignet. Dies hängt natürlich auch vom Text selbst ab. Bei Fachartikeln mit langen Fachbegriffen sind eher weniger Wörter sinnvoll. So kann man sich auch an den Anschlägen orientieren. Mit Anschlägen sind die Anzahl der Zeichen inklusive Leerzeichen gemeint. Zwischen 70 bis 90 Anschläge haben sich in vielen Fällen als geeignet herausgestellt.

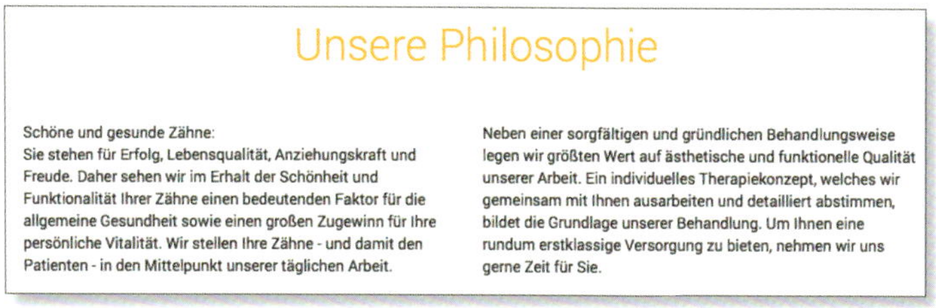

▲ **Abbildung 10.70**
Man kann den Text einfach mal zweispaltig machen wie bei *zahnarzt-aubing.de*.

Achtung: Ist eine Zeile zu lang, kann es für den Betrachter zu Schwierigkeiten beim Wechsel zur nächsten Zeile kommen! Außerdem wirken sehr lange Textzeilen auf den Betrachter eher abschreckend. Bei zu kurzen Zeilen wird der Lesefluss durch den häufigen Zeilenwechsel gestört, und das Schriftbild als Ganzes wirkt eher unruhig.

Zeilenlänge in responsiven Layouts | Bei fixen Layouts mit fixen Spaltenbreiten ist die Abmessung der Zeilenlänge noch gut umzusetzen. Richtig interessant wird es aber bei flexiblen und responsiven Layouts, bei denen sich die Breite dynamisch verändert. Hier sollte man aufpassen, dass bei sehr breiten Layouts für große Bildschirmauflösungen die Zeilenlängen nicht zu groß werden. Die Gefahr droht auch bei kleineren Auflösungen, wenn beispielsweise die Seitenleiste nach unten rutscht und der Text über die volle Breite geht und die Zeilenlänge auf einmal sehr groß wird.

Responsive Layouts achten also nicht nur auf die Positionierung der Inhalte, sondern auch auf die Zeilenlänge. Notfalls gilt es, die Textspalte(n) mit einer CSS-Weitenangabe (`width`) bewusst klein und damit lesbar zu halten.

10.5.7 Grundlinienraster

In Printpublikationen ist es üblich, dass die Textzeilen – auch seitenübergreifend – auf einem fiktiven Raster stehen, damit alle Zeilen in allen Spalten auf gleicher Höhe stehen. Dieses Grundlinienraster sorgt mit für ein harmonisches Gesamterscheinungsbild, gerade bei dünnem Zeitungspapier hat es aber auch ganz pragmatische Eigenschaften. Der Text der Rückseite schimmert nicht unangenehm zwischen den Zeilen durch, wenn dieser auf dem Grundlinienraster liegt.

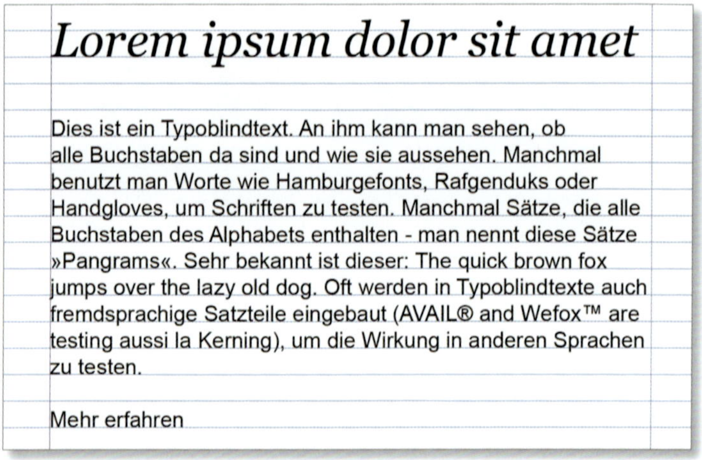

Abbildung 10.71 ▸
Im DTP-Programm sitzt der Text mit einem Klick auf der Grundlinie.

Was sich im Printbereich durch die Layoutprogramme noch recht simpel (durch einen einzigen Knopfdruck) umsetzen lässt, wurde und wird im Webdesign fast völlig vernachlässigt. Der Grund ist einfach nachzuvollziehen: Das Potpourri aus Schriftgrößen, Zeilen-, Innen- und Außenabständen für jeden einzelnen Texttyp, dazu noch Höhen und Abstände von Containern und Bildern so zu definieren und kontrollieren, dass sich bei beliebiger Anordnung der Elemente ein Grundlinienraster ergibt … fast unmöglich.

Es stellt sich auch die Frage nach der Notwendigkeit eines solchen Grundlinienrasters. Im Gegensatz zu Zeitungen und Magazinen, wo bei der Betrachtung von Doppelseiten ein Grundlinienraster für ein ausgeglichenes Gesamtbild sorgt, wird immer lediglich ein Ausschnitt einer Webseite betrachtet. So fällt es kaum ins Gewicht, wenn Textelemente vom Header bis in die letzte Zeile der Fußleiste nicht aufeinander abgestimmt sind. Aber man muss ja nicht zwangsläufig gleich ein Grundlinienraster implementieren. Das Tool *Gridwax* legt (per Lesezeichen aktiviert) ein Grundlinienraster über die aktuelle Webseite und verdeutlicht so vertikale Ausrichtungen.

Framework Gundlinienraster
Wer sich mit dem Prinzip Grundlinienraster weiter auseinandersetzen will, sollte sich das Framework *baselincecss.com* genauer ansehen.

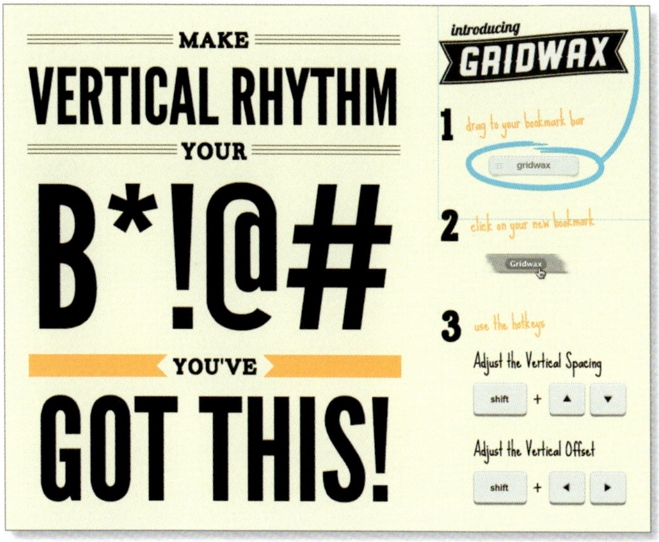

▲ **Abbildung 10.72**
gridwax.gs ist nicht nur selbst ansprechend typografisch gestaltet, sondern legt (per Lesezeichen aktiviert) ein Grundlinienraster über die aktuelle Webseite.

10.5.8 Textausrichtung & Silbentrennung

Texte im Webdesign sind immer innerhalb des Blocks, in dem sie stehen, ausgerichtet. Entweder stehen sie am linken Rand bündig, am rechten, am linken und rechten, oder sie sind zentriert, d. h. weder links noch rechts bündig. Die Definition der Ausrichtung erfolgt in CSS mit der Eigenschaft `text-align`.

- **Linksbündiger Text**: Da wir in unserer Kultur von links nach rechts lesen, sind die meisten Texte linksbündig, damit das Auge schnell und einfach den Einstieg in die nächste Zeile schafft. Die häufigste im Webdesign anzutreffende Variante ist daher linksbündiger Text, der rechts »flattert«. Dies kann zwar auch zu unschönen »Treppen«-Effekten führen, ist aber meistens trotzdem noch am besten lesbar. Die Standardeinstellung für Texte im Browser ist linksbündig. Möchte man diese Einstellung beibehalten, muss man nichts weiter machen. Möchte man diese Einstellung aber doch definieren (beispielsweise weil man eine vorherige Definition überschreiben möchte), dann geht dies in CSS durch die Anweisung `text-align:left`.

Abbildung 10.73 ▸
Der Klassiker und (fast) immer erste Wahl, linksbündiger Text wie bei *madebycourse.com*

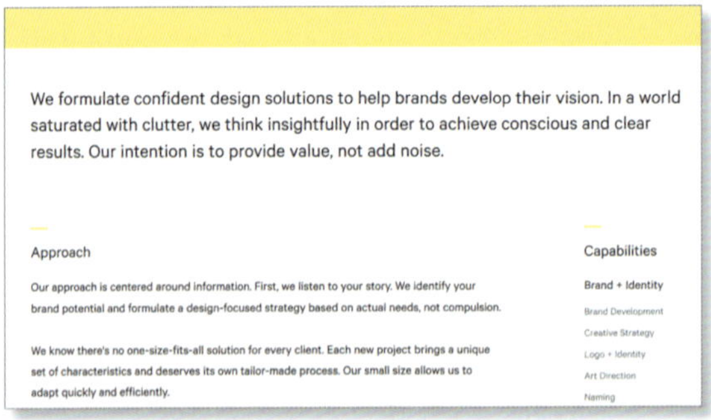

Schlechte Lesbarkeit bei Blocksatz
Ich hatte genügend Kunden, die gerne alle Texte auf Blocksatz haben wollten. »Weil es so schön ausgeglichen aussieht« – mag zwar sein, aber darunter leidet im Webdesign meistens die Lesbarkeit!

- **Blocksatz**: In Printpublikationen wird meistens Blocksatz eingesetzt, also Text, der links- und rechtsbündig ist. Durch Blocksatz entsteht eine ruhige, ausgeglichene Wirkung, da alle Zeilen gleich lang sind. Im Printerzeugnissen wird ansprechender Blocksatz nur durch passende Silbentrennungen erreicht, die meistens manuell gesetzt werden. Im Web gab es – bis vor Kurzem – keine sinnige Möglichkeit der Silbentrennung. Und nein, das `br`-Tag ist keine denkbare Möglichkeit! Wörter im Web werden normalerweise nicht getrennt. Bei auf Blocksatz gestellten Texten ergeben sich damit recht häufig unschöne »Lücken« im Text. Die Wortabstände müssen unter Umständen weit vergrößert werden, damit der Text bündig ist. Blocksatz funktioniert daher, zumindest ansatzweise, nur bei relativ großen Zeilenlängen. Um Blocksatz zu erzeugen, braucht das entsprechende Textelement die Anweisung `text-align:-justify`.

Abbildung 10.74 ▸
Blocksatz ist auf Webseiten meistens eher ungeeignet. Bei *lukas-schweizer.ch* funktioniert es, aber die Zeilen sind auch sehr lang.

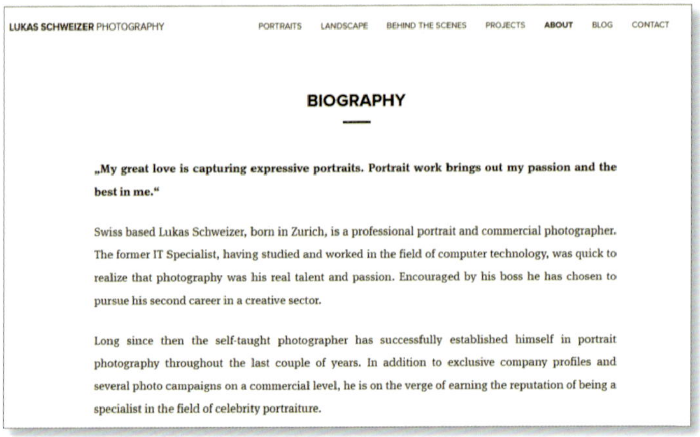

- **Zentrierter Text**: Zentrierter Text sollte nur sehr bewusst, z. B. für längere Zitate, Gedichte, Überschriften oder Ähnliches eingesetzt werden. Werden Fließtexte zentriert dargestellt, verlieren sie häufig an Lesbarkeit, weil das Auge am linken

Rand schwerer wieder den Einstieg in die nächste Zeile findet. Die CSS-Definition lautet `text-align:center`. Bei relativ kurzen Teasertexten ist zentrierter Text eine Alternative. Die Symmetrie des Designs wird dadurch schön betont wie bei *thebatterysf.com*.

◂ **Abbildung 10.75**
Die Symmetrie des Designs wird durch den zentrierten Text schön betont: *thebatterysf.com*.

- **Rechtsbündiger Text**: Rechtsbündigen Text kann ich mir lediglich als »Kunstgriff« vorstellen, um einem Design eine sehr besonders kreative Individualität zu verleihen. Und auch hier höchstens für einzelne Wörter und Texte von geringem Umfang. Fließtexte rechtsbündig setzen, na ja ... Ich will Sie nicht auf dumme Ideen bringen. Sinnvoll kann es aber da sein, wo (wenig) Text rechts ausgerichtet werden soll, um das ästhetisch gestalterische Gleichgewicht zu erhalten. Die Anweisung dafür lautet dann `text-align:right`.

Silbentrennung | Der Browser trennt Texte standardmäßig nicht. Und gezielte Trennungen eigenhändig an bestimmten Stellen fix zu erzeugen ist bei einem flexiblen Medium wie dem Web Schwachsinn. Trennstriche haben also im Quellcode nichts verloren.

Mit CSS3 wurde die Eigenschaft `hyphens` (auf Deutsch: Trennungsstriche) realisiert, die die automatische Silbentrennung regelt. Zuerst sollte im HTML-Tag die Sprache eingestellt werden (`<html lang="de">`), damit die Browser, die die Eigenschaft unterstützen, auch an den richtigen Stellen trennen.

Und mit der Zuweisung `hyphens:auto` trennt der Browser die Wörter automatisch. Die aktuellen Browser sollten die Trennungen eigentlich alle beherrschen, aber viele noch nicht allzu lange. Unterstützt ein Browser die Zuweisung nicht, dann trennt er eben keine Wörter. Insofern ist der Einsatz unbedenklich.

Die Zuweisung sollte dann folgendermaßen aussehen:

Listing 10.9 ▸
Code zur Aktivierung der automatischen Silbentrennung

```
body {
-webkit-hyphens: auto;
-moz-hyphens: auto;
-ms-hyphens: auto;
hyphens: auto;
}
```

Die Browser und die Silbentrennung
Einen guten Überblick über die Browserunterstützung von hyphens liefert *caniuse.com/css-hyphens*.

Am besten hyphens einfach mal ausprobieren und sich die Ergebnisse in verschiedenen Browsern anschauen und entscheiden, ob es zum aktuellen Projekt passt. Denn die Trennungen mögen zwar korrekt gesetzt sein, aber nicht immer wirken sie passend.

10.5.9 Abstände & Leerraum

Abstände, nehmt mehr Abstände – denn Abstände helfen fast immer! Im Kapitel zu den Gestaltungsgrundlagen haben Sie bereits das Gesetz der Nähe kennengelernt. Elemente, die nahe beieinanderliegen, werden als zusammengehörig wahrgenommen. Das ist eines der wichtigsten Gestaltungsgesetze. Erst diese Wahrnehmung ermöglicht uns, einzelne inhaltliche Elemente als ein größeres Ganzes zu identifizieren. Denken Sie an Navigationspunkte, Seitenleisten usw. Erst die Nähe der einzelnen Elemente zueinander sorgt dafür, dass sie als zusammengehörig wahrgenommen werden. Hinzu kommt der Aspekt, dass fast immer allen Elementen Freiraum guttut – wenn die Elemente nicht zu gedrängt beieinanderstehen, sondern ausreichend Abstand zueinander haben und so jedes Elemente für sich auch wirken kann.

Abbildung 10.76 ▾
Erst durch die Nähe der »Einzelteile« zueinander und durch die Abstände zu anderen Elementen entstehen optische und damit auch inhaltliche Einheiten so wie bei *hellohappy.org*.

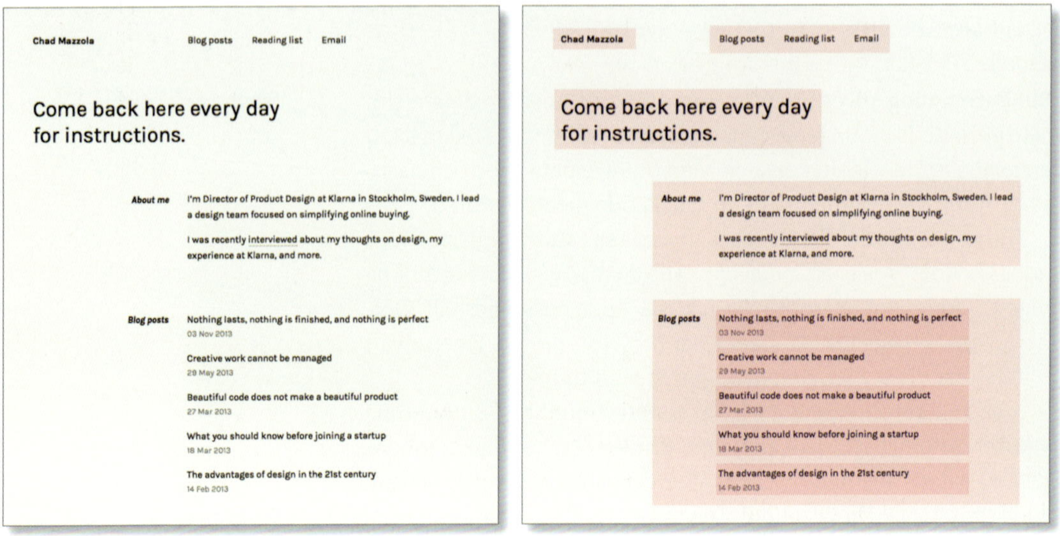

Ein oft begangener Gestaltungsfehler besteht darin, dieses Gesetz zu missachten: also inhaltlich zusammengehörige Elemente entweder zu weit auseinander zu platzieren, so dass diese eben nicht als zusammengehörig erkannt werden, oder inhaltlich nicht zusammengehörige Elemente zu dicht beieinander zu positionieren, so dass sie als zusammengehörig wahrgenommen werden. Übertragen auf die technische Umsetzung heißt dies: An `padding` und `margin` bitte nicht sparen! Denn gerade die Leerräume sorgen oft dafür, dass eine Gestaltung Spannung und Lebendigkeit bekommt.

Striche & Rahmen
Striche und Rahmen können eine Gestaltung gliedern und die Elemente optisch klarer trennen, gerade dann, wenn nicht so viel Platz vorhanden ist, um mit ausreichend Leerraum zu agieren.

▲ **Abbildung 10.77**
Sehr große Typo und viel Freiraum bei *tozen.de*

Die Parole »Mehr Abstand!« gilt dabei nicht nur für inhaltlich unterschiedliche Elemente, sondern es sollten beispielsweise auch zwei aufeinanderfolgende Absätze optisch klar voneinander getrennt sein. Und zwar nicht durch eine Leerzeile, sondern durch definierten Abstand nach unten, der von der Schriftgröße abhängt – als Richtlinie ca. 50 bis 100 % der Schriftgröße.

Gliedern
Striche helfen, die Inhalte zu gliedern, gerade bei News-Seiten oder Blogs ein sehr hilfreiches Mittel. Auch die Strichstärke kann Inhaltsbereiche klarer kennzeichnen und trennen.

```
p{
font-size: 14px;
font-size: 0.875rem;
margin-bottom: 1rem;
}
```

▲ **Listing 10.10**
Absatzdefinition mit Abstand am Ende zum nächsten Element

Das p-Tag hat zwar eigentlich schon einen automatischen Abstand nach unten, aber dieser wird meistens durch CSS-Reset-Anweisungen wieder zurückgenommen, und es ist besser, diesen individuell auf das eigene Layout anzupassen.

10.5.10 Schriftdefinition mit CSS

In den bisherigen Typografie-Abschnitten kamen immer wieder einzelne CSS-Schriftzuweisungen vor. Es gibt eine Kurzform, mit der sich die einzelnen Angaben zusammenfassen lassen: `font`.

Mit ihr lassen sich die sechs Eigenschaften für Schriftgröße (`font-size`), Zeilenabstand (`line-height`), Schriftgewicht (`font-weight`), Schriftstil (`font-style`), Groß- oder Kleinschreibung (`font-variant`) und Schriftarten (`font-family`) definieren.

Die Reihenfolge lautet:

```
font: [font-style] [font-variant] [font-weight]
[font-size]/[line-height] [font-family];
```

Aus einer langen Deklaration:

```
p{
font-style: italic;
font-variant:small-caps;
font-weight:bold;
font-size:0.875rem;
line-height:1.5;
font-family:Georgia, serif;
}
```

▲ **Listing 10.11**
Alle Angabe zur Schrift ausgeschrieben

... wird somit die Kurzschreibweise:

```
p {
font: italic small-caps bold 0.875rem/1.5 Georgia,
Times,serif;
}
```

▲ **Listing 10.12**
Kurzschreibweise zur Schriftdefinition mit allen möglichen Angaben

Die Reihenfolge muss so eingehalten werden. Schriftgröße und Schriftart müssen definiert werden, die anderen Werte sind optional. Die Werte, die beibehalten werden sollen von vorherigen Definitionen oder den Standardwert behalten sollen, können also weggelassen werden. Daher sieht die `font`-Zuweisung häufig ähnlich folgendermaßen aus:

```
p {
font: 0.875rem/1.5 Georgia,Times,serif;
}
```

▲ **Listing 10.13**
Häufigste Angaben zur Schriftdefinition

10.6 Mikrotypografie

Die Mikrotypografie wird auch als Detailtypografie bezeichnet. Diese dreht sich mehr um die einzelnen Buchstaben, Wörter und Satzzeichen als um das große Ganze, mit dem Ziel, die Inhalte lesefreundlich zu gestalten. Zur Mikrotypografie wird auch die Wahl der Schriftart gezählt. Auf die verschiedenen Schriftarten bin ich bereits in Abschnitt 10.3 eingegangen.

Typografielexikon
Eine umfangreiche Sammlung und Erklärung aller möglichen typografischen Fachbegriffe finden sich im *typolexikon.de* vom international bekannten Grafiker und Typografen Wolfgang Beinert.

10.6.1 Buchstaben- & Wortabstand

In der Printtypografie wird gerne und fleißig spationiert und gesperrt. Das heißt, der horizontale Abstand der Buchstaben und Wörter wird für eine bessere Lesbarkeit angepasst. Durch das sogenannte *Kerning* wird der Abstand zwischen bestimmten Buchstabenpaaren so ausgeglichen, dass er optisch gleichmäßiger erscheint. Diese Technik wird vor allem bei professionellen Printproduktionen eingesetzt.

Im Web ist diese Anpassung größtenteils nicht möglich, zumindest nicht in den Feinheiten und wenn, dann nur sehr aufwendig. Hier lässt sich aber die Laufweite verändern, also der Abstand zwischen allen Zeichen eines Textblocks. Dieser lässt sich verkleinern, so dass die Buchstaben näher beieinanderstehen, oder eben vergrößern.

Mit der CSS-Eigenschaft `letter-spacing` lässt sich der Zwischenraum aufeinanderfolgender Buchstaben verändern, die sogenannte *Laufweite*. Dies sollte nur bewusst und gezielt erfolgen und kann in beide Richtungen passieren: Ein positiver Wert vergrößert den Abstand, ein negativer verringert diesen. Je kleiner die Buchstaben, umso mehr Abstand können sie gebrauchen. Und bei Überschriften wird `letter-spacing` gerne eingesetzt, um ihnen die nötige Kompaktheit durch negative Werte zu geben (auch *Unterschneidung* genannt).

Überschriften und die Laufweite
Große Schriften können durchaus »unterschnitten« werden, siehe Abbildung 10.78. Die Buchstaben der Überschrift rücken mit einem negativen `letter-spacing`-Wert näher zusammen und wirken so kompakter. Der rechte Fließtext hat dagegen etwas mehr Laufweite (positiver Wert) bekommen, was aber mit großer Vorsicht angewandt werden sollte, denn es sorgt hier nicht für eine bessere Lesbarkeit.

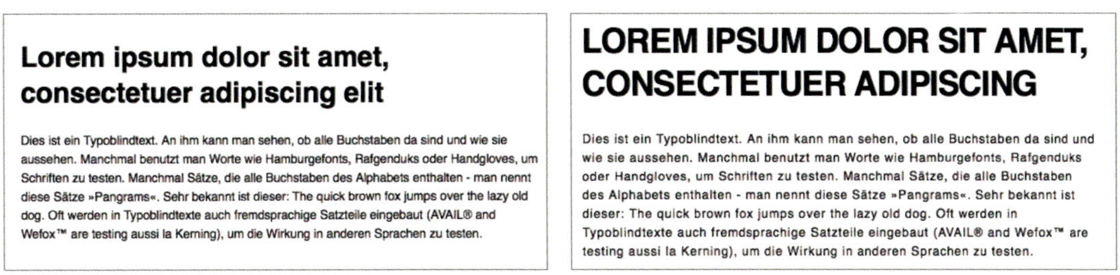

▲ **Abbildung 10.78**
Links der normale Satz, rechts die Headline mit negativer Laufweite

Das Beispiel »Laufweite.html« finden Sie auf der Buch-DVD unter BEISPIELMATERIAL • KAPITEL_10.

Relative Werte sorgen dafür, dass sich der Abstand einer Veränderung der Schriftgröße anpasst:

```
letter-spacing: 0.1em;
```

▲ **Listing 10.14**
Definition der Laufweite

Und der Vollständigkeit halber gibt es noch die Eigenschaft `word-spacing`, zum Verändern der Abstände zwischen Wörtern.

10.6.2 Anführungszeichen

Typografisch korrekte Anführungszeichen
Nicht immer besteht die Notwendigkeit, typografisch korrekte Anführungszeichen einzusetzen. In einem Facebook-Status-Update ist es nicht unbedingt notwendig. Je größer der Anspruch aber an die Webseite ist, umso eher sollten auch die korrekten Anführungszeichen eingesetzt werden.

Die Anführungszeichen auf Webseiten treiben den meisten Typografen Tränen in die Augen. Zu verlockend ist aber auch die Tastaturkombination [⇧] + [2], welche das Zollzeichen (") erzeugt und kein typografisch korrektes Anführungszeichen. Die verbreitetste der beiden korrekten Varianten lässt sich mit 99 und 66 gut merken. Nennen wir sie die »klassische« Variante oder umgangssprachlich Gänsefüßchen. Sie sehen aus wie eine kleine 99 und eine hochgestellte 66. Als zweite Variante gibt es die Winkelform, die *deutschen Guillemets*

Abbildung 10.79 ▶
Falsche und richtige Anführungszeichen im Deutschen

Folgende Tabelle gibt einen Überblick über die üblichen Anführungszeichen und deren Möglichkeiten der Erzeugung:

▼ **Tabelle 10.4**
Anführungszeichen und deren Erzeugungsreferenz

	Name	HTML	Windows (Zahlen auf Nummernblock)	Mac
„	Anführungszeichen unten	„	[Alt] + [0132]	[Alt] + [^]
“	Anführungszeichen oben	“	[Alt] + [0147]	[Alt] + [⇧]
‚	Einfaches Anführungszeichen unten	‚	[Alt] + [0130]	[Alt] + [s]
‘	Einfaches Anführungszeichen oben	‘	[Alt] + [0145]	[Alt] + [t]
«	Guillement	«	[Alt] + [0171]	[Alt] + [q]
»	Guillement	»	[Alt] + [0187]	[Alt] + [⇧] + [q]

10.6.3 Trenn- und Gedankenstriche

Es gibt verschiedene Arten von waagerechten Strichen. Zwei werden aber im Alltagsgebrauch besonders unterschieden und sollten auch für den typografischen Webdesigner-Alltag ausreichen:

- Der kurze Trennstrich (-), auch Bindestrich genannt, kommt bei Silbentrennungen oder zusammengesetzten Wörtern (Sachsen-Anhalt, 100-jährig, Vor- und Nachteile) zum Einsatz.
- Der Gedankenstrich (–) wird für Einschübe, als Minuszeichen und als bis-Strich (1960–2010, 3–4 Uhr, € 19,–) eingesetzt. Er ist etwas länger als der Bindestrich.

10.6.4 Einrückungen Texteinzug

In Magazinen und Zeitungen ist es oft zu sehen, dass die erste Zeile eines Absatzes etwas nach rechts eingezogen ist. Dies dient der Gestaltung und soll die Übersicht über die verschiedenen Absätze erleichtern. Als Gestaltungselement kann dieses Vorgehen eine gute Alternative zu Absätzen mit Abstand nach unten sein. Der erste Absatz nach einer Überschrift wird allerdings nicht eingerückt.

Die Umsetzung könnte dann folgendermaßen aussehen:

```
p {
text-indent: 20px;
margin: 0;
}
h1 + p {
text-indent: 0;
}
```

◂ **Listing 10.15**
Absätze werden leicht eingerückt, nur der erste nach einer Überschrift nicht.

Das Beispiel »Testeinzug.html« finden Sie auf der Buch-DVD unter Beispielmaterial • Kapitel_10.

Lorem ipsum dolor sit amet, consectetuer adipiscing elit

Dies ist ein Typoblindtext. An ihm kann man sehen, ob alle Buchstaben da sind und wie sie aussehen. Manchmal benutzt man Worte wie Hamburgefonts, Rafgenduks oder Handgloves, um Schriften zu testen. Manchmal Sätze, die alle Buchstaben des Alphabets enthalten - man nennt diese Sätze »Pangrams«. Sehr bekannt ist dieser: The quick brown fox jumps over the lazy old dog. Oft werden in Typoblindtexte auch fremdsprachige Satzteile eingebaut (AVAIL® and Wefox™ are testing aussi la Kerning), um die Wirkung in anderen Sprachen zu testen.

Dies ist ein Typoblindtext. An ihm kann man sehen, ob alle Buchstaben da sind und wie sie aussehen. Manchmal benutzt man Worte wie Hamburgefonts, Rafgenduks oder Handgloves, um Schriften zu testen. Manchmal Sätze, die alle Buchstaben des Alphabets enthalten - man nennt diese Sätze »Pangrams«. Sehr bekannt ist dieser: The quick brown fox jumps over the lazy old dog. Oft werden in Typoblindtexte auch fremdsprachige Satzteile eingebaut (AVAIL® and Wefox™ are testing aussi la Kerning), um die Wirkung in anderen Sprachen zu testen.

▴ **Abbildung 10.80**
Der zweite Absatz ist etwas eingerückt, damit er auch als solcher erkennbar ist. Gerade wenn kein Abstand zwischen Absätzen vorhanden ist, ist die Texteinrückung hilfreich.

10.6.5 Versalien & Kapitälchen

Um komplette Textpassagen in Groß- oder Kleinbuchstaben umzuwandeln, gibt es die CSS-Eigenschaft `text-transform`.

Listing 10.16 ▶
Großbuchstaben per CSS definieren

```
h1 {
text-transform: uppercase;
}
```

Der Wert `lowercase` wandelt alle Buchstaben in Kleinbuchstaben um. Und dann gibt es noch die sogenannten *Kapitälchen*, also Großbuchstaben, die aber bis auf den Anfangsbuchstaben in der Höhe der Kleinbuchstaben dargestellt werden. Diese lassen sich mit `font-variant: small-caps` erzeugen.

Das Beispiel »Versalien-Kapitaelchen.html« finden Sie auf der Buch-DVD unter BEISPIELMATERIAL • KAPITEL_10.

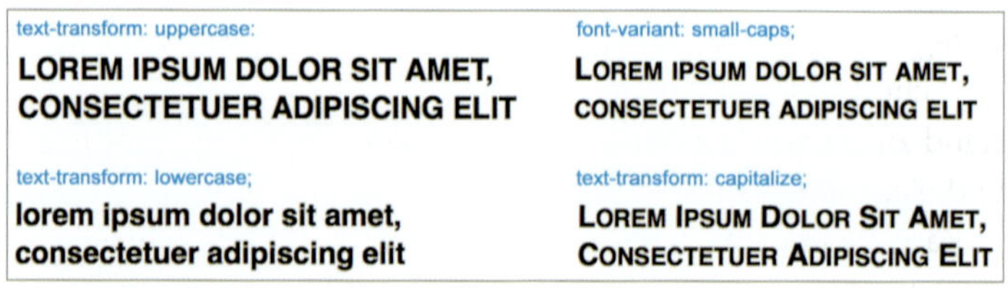

▲ **Abbildung 10.81**
Die verschiedenen Groß- und Kleinbuchstabenvarianten im Überblick

Die Lesbarkeit wird durch keines der Möglichkeiten verbessert, denn die bekannten Wortbilder verschwinden. Statt der typischen Mischung aus Groß- und Kleinbuchstaben sind alle Buchstaben großgeschrieben oder wie bei den Kapitälchen nur der erste Buchstabe, was aber eben für keine Wiedererkennung sorgen kann. Für längere Texte sind die Auszeichnungen daher ungeeignet.

▲ **Abbildung 10.82**
Unterschiedliche Wirkungen von Versalien: auffällig laut (*poptip.com*) oder eher elegant (*duffy.com*).

Versalien und Kapitälchen sind vor allem als Gestaltungselement zu sehen, um einzelne Textabschnitte hervorzuheben. Überschriften können damit einen besonderen Akzent bekommen. Kapitälchen fallen etwas weniger auf als Versalien, die eher eine »laute«, »schwere« Bedeutung vermitteln. Versalien brechen aufgrund der gleichmäßigen Oberlängen das typografische Erscheinungsbild. Ihre Wirkung und Einsatzmöglichkeiten sind breit gefächert, wie auch in Abbildung 10.82 zu sehen ist. Dabei ist das Zusammenspiel mit anderen typografischen Gestaltungselementen entscheidend. Bei *poptip.com* erscheint die Überschrift nicht nur in Versalien, sondern auch in einem fetten Schriftschnitt und ist leicht gesperrt (Buchstaben stehen näher zusammen). Die Überschrift wirkt dadurch sehr dominant und laut. Bei *duffy.com* dagegen sind die Versalien in einem eher dünnen Schriftschnitt, die Schriftgröße ist kleiner, und die Buchstaben haben mehr Abstand zueinander bekommen. Schon wirkt das Ganze eher leicht und elegant.

Kapitälchen sind nicht ganz so prägnant wie Versalien durch ihr Auf und Ab der Oberlängen. Ihre Wirkung ist edel, elegant. Ihr Einsatz eignet sich für einzelne Wörter (wie beispielsweise Namen von Persönlichkeiten) oder sehr kurze Abschnitte (z. B. kurzes Zitat). Sie werden daher auch recht selten in Webdesigns eingesetzt.

10.6.6 Zahlengliederung

Zahlen sollten so formatiert sein, dass sie sich schnell erfassen lassen. Das gilt besonders bei Zahlenangaben, die man abtippen muss, wie beispielsweise Telefonnummern oder Bankverbindungen. Es gibt Vorgaben (teilweise sogar DIN), wie längere Zahlenketten gegliedert werden sollten, um besser lesbar zu sein.

Telefon- und Faxnummern | Traditionell werden diese von rechts nach links in Zweierblöcken geteilt. Nach der DIN 5008 (Schreib- und Gestaltungsregeln) werden nur die Länder- und die Ortsvorwahl mit einem Leerzeichen getrennt. Ansonsten findet keine Aufteilung statt.

- +49 (0)69 12 34 56
- +49 (0)69 123456
- 069 123456

Egal, welche Varianten eingesetzt werden, wichtig ist, dass die Zahlen für den Betrachter schnell und einfach zu erfassen sind. Da HTML und CSS ja bei Weitem nicht die Möglichkeiten der typografischen Feinjustierung wie klassische DTP-Programme

Die Bankverbindung

Der Bank Identifier Code (BIC) besteht aus acht oder elf Zeichen und wird nicht gegliedert:

COBADEHD
COBADEHD001

Die International Banking Account Number (IBAN) hat in Deutschland 22 Stellen. Sie wird von rechts an in fünf Vierergruppen und eine Zweiergruppe gegliedert:

DE00 1111 2222 3333 4444 55

anbieten, gibt es eigentlich zwei Möglichkeiten, um diese Zahlen-»Trennungen« umzusetzen: entweder mit einfachem Leerzeichen oder mit Hilfe eines nicht umbrechenden Leerzeichens ` `, welches einen ungewollten automatischen Zeilenumbruch an der Stelle verhindert.

▲ **Abbildung 10.83**
Links die Kundenhotline von *dak.de*. Mit drei kleinen Änderungen von Größe, Farbe und Trennungen (rechte Seite) wird es zum Kinderspiel, diese Nummer abzutippen.

Datum und Uhrzeit | Es gibt in Deutschland unterschiedliche Gliederungen von Datumsangaben. Immer gilt aber Tag, Monat, Jahr:

- 1.1.2015
- 1. Januar 2015 (DIN 5008)
- Donnerstag, 1. Januar 2015
- Donnerstag, 1.11.2015

Eine Auffüllung mit einer vorangestellten Null (01.01.2015) sollte eher vermieden werden genauso wie Abkürzungen (1. Jan. 2015 oder 1.1.15).

Die Uhrzeit sollte im deutschsprachigen Raum immer in 24-stündiger Zählweise geschrieben werden. Die Stundenangaben werden nicht mit einer Null ergänzt. Die Minutenangaben dagegen schon. Als Gliederungszeichen kann sowohl der Punkt als auch der Doppelpunkt eingesetzt werden:

- 3.15 Uhr
- 15.05 Uhr
- 1:55 Uhr
- 13:05 Uhr

E-Mail
Genau wie eine Domain kann eine E-Mail-Adresse groß- und kleingeschrieben werden. Kleinbuchstaben sind aber die Regel. Und gerade bei Unbedarften führen Großbuchstaben zu Irritationen. Daher sollen E-Mail-Adressen immer kleingeschrieben werden.

Domain | Können sowohl in Groß- wie auch Kleinbuchstaben geschrieben werden, allerdings hat sich die Kleinschreibweise durchgesetzt. Die Angabe *http://* wird inzwischen zum Glück meistens schon weggelassen. Und auch die *www*-Angabe brauchen die Browser auch nicht, ist aber manchmal noch hilfreich, um zu verdeutlichen, dass es sich um eine Domain handelt.

- *http://www.hahnsinn.de*
- *www.hahnsinn.de*
- hahnsinn.de

10.6.7 Sonderzeichen

In früheren Zeiten mussten (deutsche) Sonderzeichen codiert werden, damit diese im Browser richtig dargestellt wurden. Aus einem »ä« wurde so ein `ä`. Konnte ein Browser die nicht codierten Sonderzeichen nicht korrekt darstellen, sah das Ergebnis etwas nach Hieroglyphen aus, und mit der Lesbarkeit war es vorbei.

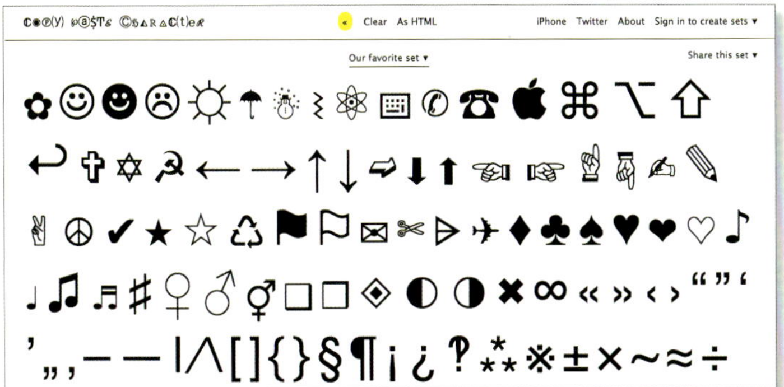

◂ **Abbildung 10.84**
Wer auf der Suche nach Sonderzeichen ist, der wird bestimmt bei *copypastecharacter.com* fündig.

Heute hat sich UTF-8 als Zeichensatzstandard etabliert und erspart Webdesignern die mühselige Codierung von Sonderzeichen. Daher sollte im `head`-Bereich des HTML5-Dokuments das angenehm kurze Meta-Tag für die Zeichencodierung formuliert werden:

```
<meta charset="utf-8" >
```

▴ **Listing 10.17**
Die Definition der Zeichencodierung in HTML.

10.7 Gelungene Webtypografie – Textformatierungen und Gestaltungstipps

Die Grundlagen der Makro- und Mikrotypografie sind die Voraussetzung, um typografische anspruchsvolle Webseiten zu gestalten. Diese beiden Bereiche haben Sie bereits in den vorangegangenen Abschnitten kennengelernt. Im Folgenden geht es nun um einzelne inhaltliche Elemente und deren typografische Ausgestaltung. Die Formatierungsvorschläge bzw. Richtwerte beziehen sich vor allem auf Bildschirmgrößen ab 960 Pixel aufwärts. Bei kleineren Screens müssen diese entsprechend ausgetestet und angepasst werden.

Zum Weiterlesen
Typografische Inspiration können Sie sich in Abschnitt 10.8 holen – dort stelle ich eine breite Auswahl von Webseiten mit gelungener typografischer Gestaltung vor.

10.7.1 Die Schriftauswahl

So viele typografische Hinweise, Ratschläge, Beispiele und Möglichkeiten enden oder – je nachdem, wie man es sieht – beginnen mit der Frage: »Welche Schriftart nehme ich jetzt?«

Auf den Kontext kommt es an
Der Kontext bestimmt, ob die Schriftart richtig ausgewählt wurde. Welche Wirkung soll erreicht werden durch den Textinhalt UND die typografische Gestaltung?

Und die Antwort ist vermutlich klar: Es gibt keine erfüllende oder korrekte Antwort. Ein »Kommt drauf an« passt am ehesten. Vereinfacht gesprochen, kommt es auf zwei Faktoren an, die Lesbarkeit und die ästhetisch emotionale Wirkung. Vor allem Letzteres sollte das entscheidende Kriterium sein. Denn ich behaupte mal, für jede gewünschte Wirkung wird man auch eine passende Schriftart finden. Welche Wirkung soll das Design und die Typografie also vermitteln:

Soll es klassisch oder modern wirken? Elegant oder technisch? Verspielt oder zurückhaltend? Seriös oder unbekümmert? Dynamisch oder statisch? Laut und aggressiv oder eher anmutig?

Abbildung 10.85 ▸
Die Schriftart sollte die Aussage unterstützen. Die sehr plakativen Beispiele zeigen links einen Widerspruch und rechts eine übliche Assoziation.

Schriften nach ihrer Emotionalität auszuwählen ist Gefühlssache. Sie sollten die inhaltliche Aussage des Textes unterstreichen. Man wird aber kaum *die eine Schriftart* finden, die alle gewünschten Eigenschaften eindeutig vermittelt. Es ist wohl eher so, dass mehrere unterschiedliche Schriftarten passen würden, es somit dann eher auf den Einsatz und die genaue Ausgestaltung ankommt.

Lesetipp zur gefühlten Lesbarkeit
»Die vermeintlich ›harten‹ typografischen Stellschrauben sind rarer als vermutet. Typografie funktioniert offenbar weit weniger nach Rezept als oft behauptet. […] Typografie ist weit mehr Emotion als schierer Bedeutungsträger.« Aus dem lesenswerten Artikel »Die gefühlte Lesbarkeit«, *designtagebuch.de/wiki/die-gefuehlte-lesbarkeit/*

Wichtig ist, dass Schriftarten, die nicht nur als schmückendes Element eingesetzt werden sollen, sondern vor allem für den Fließtext verwendet werden, gut lesbar sind. Um eine gute Lesbarkeit zu erreichen, ist aber die Schriftart weniger bedeutend als gedacht. Vielmehr kommt es auf die Schriftgröße und den Zeilenabstand (dazu mehr in Abschnitt 10.5.4) an. Diese beiden Faktoren hängen dann natürlich von der Schriftart ab und sollten daher mit Bedacht individuell gestaltet werden.

Mit oder ohne Serifen | Es hält sich die hartnäckige Meinung, dass sich für den Bildschirm serifenlose Schriften besser eignen als Schriften mit Serifen. Dies gilt, wenn überhaupt, vor allem für kleinen Text. 12-Pixel-Fließtext wird in der Verdana sicherlich besser lesbar sein als in Times New Roman. Mit größer werdender Schriftgröße wird der Unterschied aber immer kleiner.

Mit Serifen wirken Schriften eher anmutig und klassisch, während serifenlose eine eher technische Wirkung vermitteln. So gibt es immer wieder die klassische Auswahl: eine serifenlose für den Fließtext und eine Serifenschrift für die Überschriften.

Testen testen, testen
Testen Sie Ihre typografische Gestaltung im Browser. Probieren Sie unterschiedliche Werte für die Schriftgrößen, -farbe, Zeilenabstand und sonstige Formatierungen (Versalien, Zeilenlänge etc.) aus, bis Sie die richtigen Werte gefunden haben.

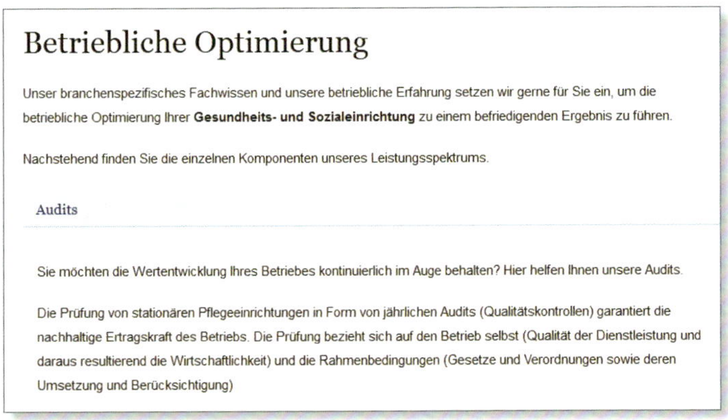

◂ **Abbildung 10.86**
Überschriften mit Serifen, Fließtext serifenlos, so wie bei *avivre-consult.eu* wird es häufig gemacht. Es geht aber auch andersherum.

Anzahl der Schriftarten | Braucht es überhaupt mehrere Schriftarten? Eigentlich nicht, wenn die erste Wahl gut war. Hat man eine Schrift gefunden, die vielseitig einsetzbar ist, also in einer geringen Größe genauso gut funktioniert wie im Titel und vielleicht auch noch in verschiedenen Schnitten (mehr zu den verschiedene Schriftschnitten in Abschnitt 10.5.2) daherkommt, Glückwunsch! Dann braucht man eigentlich keine weitere Schriftart mehr.

Hilfe bei der Schriftauswahl
Ein eher spielerischer Ansatz findet sich bei *type-finder.com*. Hier bekommt man anhand vorheriger Fragen verschiedene Schriften angezeigt, die zu den Antworten passen.

▴ **Abbildung 10.87**
Verschiedene Schnitte der Google-Fonts-Schrift *Open Sans* ermöglichen ein breites Spektrum an Formatierungen.

»Genauso ist das beim Schriftentwerfen: 95 % einer Schrift müssen sein wie alle anderen Schriften auch, sonst wirkt sie störend (ich rede natürlich nur von Textschriften).«

Eric Spiekermann, deutscher Typograf

Für Abwechslung und unterschiedliche gestalterische Anforderungen kann es aber auch hilfreich sein, mehr als eine Schriftart einzusetzen, also zwei! Denn mehr als zwei Schriftarten sollten schon sehr, sehr gut überlegt und begründet sein. Mehr als eine Schrift bringt die Herausforderung mit sich, dass die Schriftarten später nicht nur die gewünschte Wirkung transportieren, sondern vor allem auch miteinander harmonieren sollen. Zwei sehr markante Schriftarten schließen sich schon fast gegenseitig aus. Gerne wird daher eine auffälligere, »lautere« Schriftart für die Überschriften gewählt und eine klarere, dezentere für die Fließtexte.

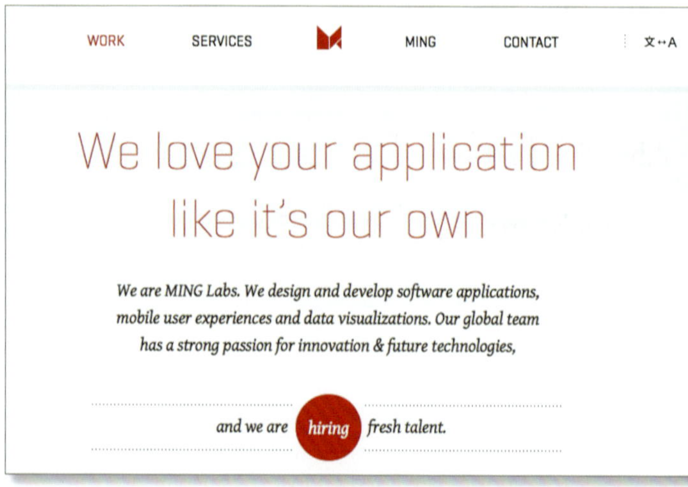

Abbildung 10.88 ▸
Schönes Zusammenspiel aus unterschiedlichen Schriftarten, *minglabs.com*

Trial and Error– ein Ansatz, um passende Schriftmischungen zu finden

Schriftarten miteinander kombinieren | Wenn Sie eine passende Schriftart finden, die über mehrere Schriftschnitte verfügt, besteht eigentlich keine Notwendigkeit, noch weitere Schriftarten dazuzunehmen. Mit der Größe und verschiedenen Schnitten besteht meistens genug Gestaltungsspielraum. Sollen doch zwei Schriftarten gemischt werden, dann bieten sich Serifen- und serifenlose Schriften aus der gleichen Familie an. Diese sind aufeinander abgestimmt und harmonieren sehr gut.

Grumpy wizards make toxic	THE FIVE BOXING WIZARDS
Grumpy wizards make toxic	THE FIVE BOXING WIZARDS

▴ Abbildung 10.89
Zweimal gleiche Schriftfamilien: links die *Droid Sans* und *Droid Serif* der Google Fonts; rechts die *FF Meta* und *FF Meta Serif* von typekit

Wollen Sie doch zwei (oder gar mehr) ganz unterschiedliche Schriften mischen, dann gibt es verschiedene Wege. Sie können die Schriftarten aufgrund des Kontrastes und der Vielfalt auswählen. Zwei Schriftarten auszuwählen, die sich zu ähnlich sind, also z. B. aus der gleichen Schriftgruppe stammen, wirkt im Design eher störend. Abbildung 10.90 verdeutlicht dies: Eine Serifenschrift wie die Times New Roman kombiniert mit einer Nichtserifenschrift wie die Open Sans kann funktionieren. Bei zwei ähnlichen Serifenschriften (hier: Times New Roman und Georgia) wird es schon schwieriger, das Schriftbild wirkt nicht harmonisch.

Webfonts testen
Mit *typewonder.com* lässt sich auf jeder Webseite die Schriftart ändern, so lassen sich ganz einfach verschiedene Webfonts austesten. Klar, dass dies nur lokal ist! Auch der *webfonter.fontshop.com* bietet die Möglichkeit, auf beliebigen Webseiten andere Webfonts auszuprobieren.

◂ **Abbildung 10.90**
Eine Serifen- mit einer Nichtserifenschrift kombiniert kann durchaus harmonisch wirken. Bei zwei ähnlichen Serifenschriften (unteres Beispiel) wird es schon schwieriger.

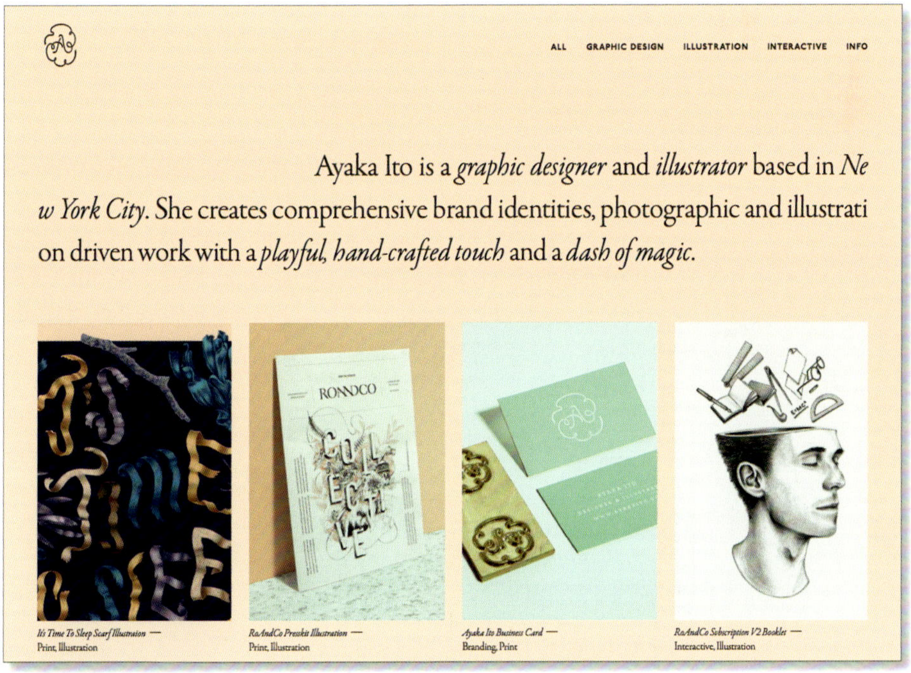

▴ **Abbildung 10.91**
Auch spannend: *ayakaito.com* mischt die Schriftarten innerhalb des Überschriftentextes.

CSS und Styleguide
Mit *typecast.com* lassen sich direkt im Browser typografische Feineinstellungen vornehmen und als CSS und Styleguide ausgeben.

Systemschriften vs. Webfonts | Sicher, warum sollte man in Zeiten der breiten Webfonts-Auswahl überhaupt noch auf Systemschriften zurückgreifen? Na ja, es gibt zwei verdammt gute Argumente:

1. Systemschriften sind einfach für Schriftgrößen bis ca. 16 Pixel für die Bildschirmdarstellung optimiert, was man bei Weitem nicht von allen Webfonts behaupten kann. Also für Fließtext sind Systemschriften (sicher nicht alle) eine gute Wahl.
2. Und die Systemschriften müssen nicht extra geladen werden. Wer mehrere Webfonts mit mehreren Schnitten einsetzt, lädt ordentlich Datenmengen dazu und verursacht einige HTTP-Requests. Es sollte also gut überlegt sein.

Schriften-Klassiker wie Helvetica oder Times New Roman sind durch ihre extrem häufige Verwendung sicherlich abgegriffen und langweilig, und die meisten möchten lieber auf sie verzichten. Andererseits hat sich der gemeine Leser gerade an diese Schriften gewöhnt. Durch diese Gewöhnung kann er sie besonders gut lesen, gerade weil er sie so gut kennt. Dies sollte mit bedacht werden, bevor man die Standardschriften kategorisch ausschließt.

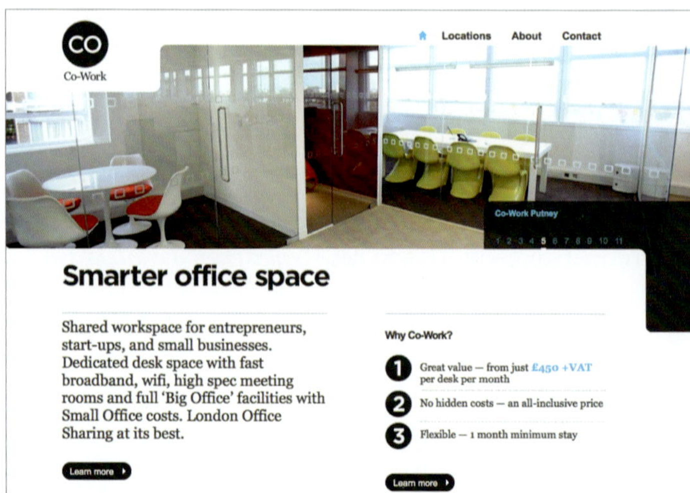

▲ **Abbildung 10.92**
Systemschriften müssen nicht langweilig sein, wie *co-work.co* mit Arial und Georgia beweist.

Die typografischen Möglichkeiten sind mit den Webfonts aber auch extrem gestiegen: die Auswahl als auch die Gestaltungsoptionen durch teilweise mehrere Schriftschnitte. Als Anregung für den eigenen Webfonts-Einsatz bieten sich u. a. die beiden folgenden Webseiten an:

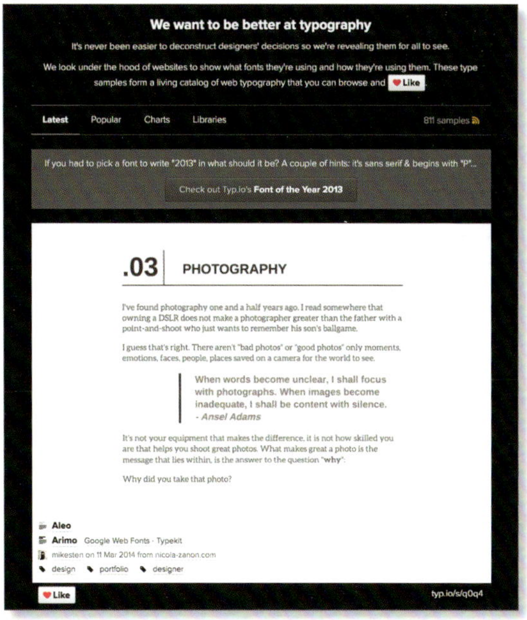

▲ **Abbildung 10.93**
typ.io listet Webseiten und deren eingesetzten Webfonts auf. Hilfreich sind dazu die Links zu den Webfonts bei entsprechenden Anbietern.

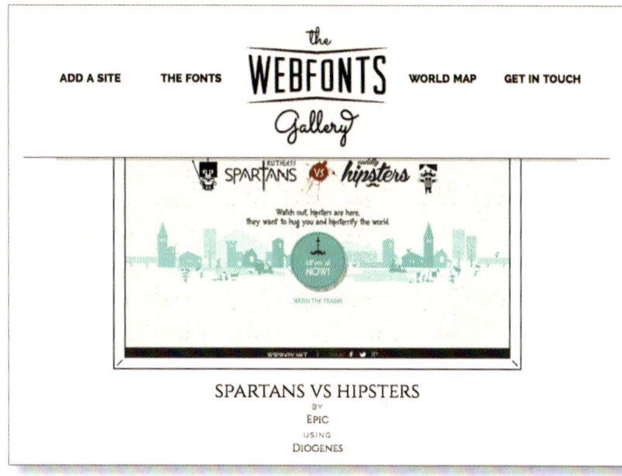

▲ **Abbildung 10.94**
Auch *webfontsgallery.com* ist ein Showcase von Webseiten und deren eingesetzten Webfonts. Nicht ganz so umfangreich wie die linke Galerie, aber für Anregungen trotzdem hilfreich.

10.7.2 Die Gestaltung von Überschriften

Überschrift ist nicht gleich Überschrift. Technisch gesehen, gibt es sechs Hierarchiestufen (`h1` bis `h6`). Und inhaltlich sind zwar keine Grenzen gesetzt, ich breche es aber trotzdem auf zwei Varianten herunter:

1. die Überschrift auf der Startseite als Titel/Motto der Webseite
2. die einzelnen Überschriftendefinitionen im »normalen« Inhaltsbereich

Der Titel der Webseite | Der Titel einer Webseite empfängt den Besucher. Oft stellt der Titel kurz und knackig das Unternehmen vor, oder er bietet dem Besucher Lösungen zu seinen Bedürfnissen, oder er weckt Interesse, die Webseite weiter zu erkunden, oder er ist eine Art Werbespruch. Manchmal ist er auch eine Mischung der verschiedenen Varianten. Der Titel ist entsprechend markant auf der Startseite platziert, gerne auch mal sehr groß. Er wirkt auch durch ausreichend viel Leerraum drumherum und/oder durch den Einsatz einer besonderen Schriftart oder -farbe.

Achtung
Mit dem Titel ist hier nicht das `title`-Tag gemeint!

Die Website *starte-einen-blog.co* (siehe Abbildung 10.95 auf Seite 514) setzt auf einen markanten, großen Titel, der klar und ohne Umschweife den Nutzen der Website auf den Punkt bringt.

Abbildung 10.95 ▸
Was für ein markanter Titel auf *starte-einen-blog.co*!

Überschriften
Überschriften können neugierig machen (ohne die ganze Geschichte zu erzählen). Überschriften können informieren. Überschriften können Fragen stellen. Nur langweilen sollten sie besser nicht. Mit den Gestaltungsmitteln Größe, Raum und Kontrast ziehen sie auch optisch die Aufmerksamkeit auf sich.

h1 bis h6 | Die Überschriften im Inhaltsbereich sind meistens schon nicht mehr so markant gestaltet, aber immer noch auffällig genug, um auch als Überschrift entsprechend wahrgenommen zu werden. Die klassische Auszeichnungsvariante als Überschrift ist durch die Schriftgröße, ausgehend von der `h1` als größter Überschrift bis zur `h6` als kleinster. Die konkrete `font-size`-Definition ist meistens vom Fließtext abhängig (auf diesen komme ich gleich noch zu Sprechen). Denn um der Semantik Rechnung zu tragen, sind alle Überschriften größer als der Fließtext. Dies kann herausfordernd sein, da die Überschriften nicht nur größer sein sollten als der Fließtext, sondern die Hierarchie innerhalb der Überschriften sollte auch klar erkennbar sein, wobei die größte Überschrift vielleicht ein bestimmtes Maß nicht überschreiten sollte.

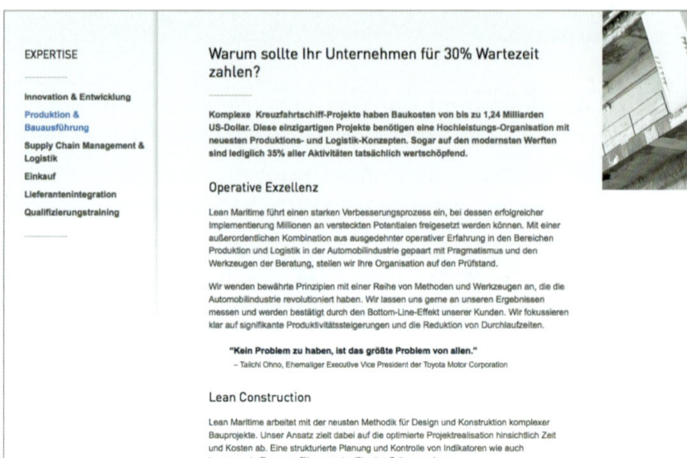

Abbildung 10.96 ▸
Zwei Überschriftengrößen (`h1` und `h2`) zusammen mit anderen Auszeichnungselementen (Einleitung, Zitat) sind oft schon ausreichend wie hier bei *lean-maritime.de*.

Da eine h1 wesentlich öfters definiert wird als eine h6 (die nur wirklich sehr selten im Einsatz ist), sollte auch mit der h1-Größendefinition begonnen werden. Übliche Größen liegen irgendwo zwischen 20 und 35 Pixel, was aber nur als Richtwert dienen kann, da dies zu sehr vom Gesamtlayout abhängig ist.

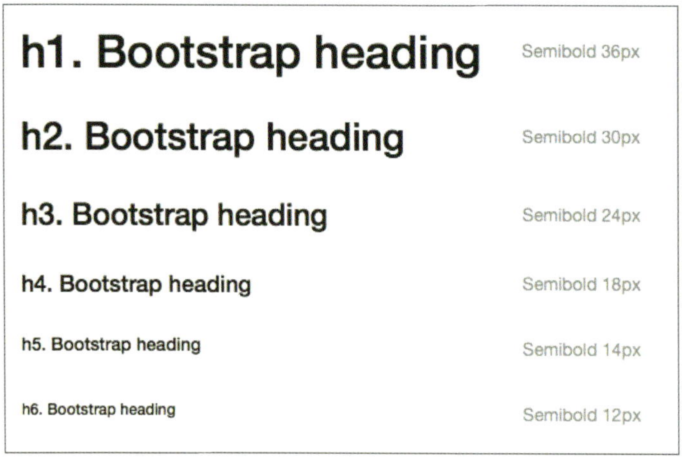

◂ **Abbildung 10.97**
Die Standardgrößen der Überschriften im beliebten Framework Bootstrap. *getbootstrap.com/css/#type*

Selten wird die ganze Überschriftenhierarchie bis zur h6 auf Webseiten eingesetzt. Meistens reichen die ersten drei völlig aus. Nichtsdestotrotz sollten alle sechs Varianten definiert werden. Denn gerade dann, wenn der Webdesigner dies nicht gemacht hat, kommt ein schlauer Fuchs (im Zweifel der Kunde) und möchte später unbedingt eine h6 einsetzen (Murphys Gesetz). Eine Möglichkeit ist es, die Varianten h3 bis h6 optisch gleich zu definieren, dies sollte aber die Ausnahme bleiben.

◂ **Abbildung 10.98**
Eine Überschrift, gefolgt von einem kurzen Abstract und zwei Teasern, die zu weiteren Inhalten verlinken, und das Ganze optisch ansprechend verpackt. *siltectra.com/produkte/branchen*

Blindtextgenerator
Der Blindtextgenerator ist die Hilfe in der Not, wenn der Kunde noch keinerlei Texte zur Verfügung stellen kann. Neben dem Lorem-Ipsum-Klassiker gibt es auch einige deutsche Textvarianten, die – wenn auch nicht perfekt – sich aber zumindest besser eignen, *blindtextgenerator.de*.

Blindtexte | Zu oft wird die typografische Gestaltung mit Blindtexten gemacht. Die Lesbarkeit eines *Lorem Ipsum*-Textes zu bewerten dürfte aber schwierig werden. Wenn man erst gar nicht versucht, den Text weiterzulesen, dann fällt einem auch nicht auf, dass er eventuell unleserlich sein könnte. Je früher der richtige Text zur Verfügung steht und eingesetzt wird, umso besser. Steht der richtige Text noch nicht zur Verfügung, sollte statt pseudolateinischen Wörtern wenigstens vergleichbarer Text genommen werden, sofern es diesen gibt. Eventuell gibt es eine alte Webseite, deren Texte man erst einmal einsetzen kann.

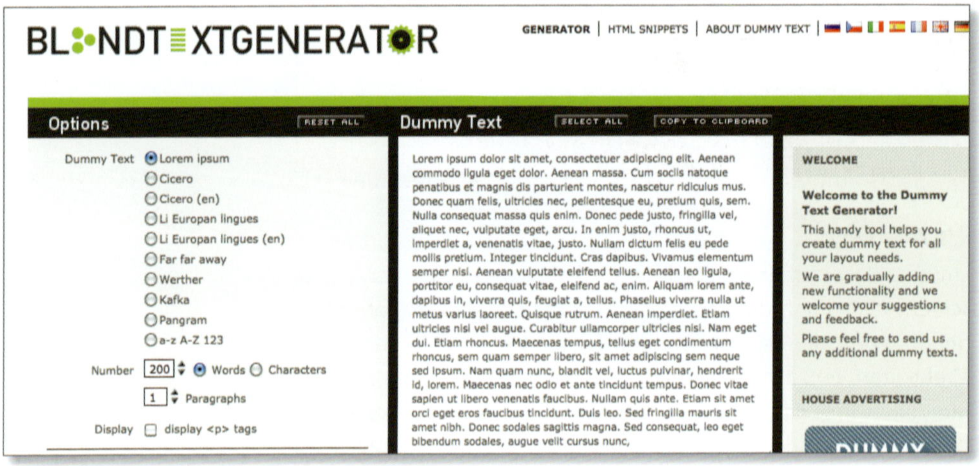

▲ **Abbildung 10.99**
Helfer in der Not: Wenn kein Text vorhanden ist, kann man auf Blindtextgeneratoren wie *blindtextgenerator.de* zurückgreifen.

10.7.3 Fließtext

Content Usability
Die Lesbarkeit eines Textes wird im Internetsprech auch gerne Readability genannt. Etwas weiter gefasst ist es die Content Usability, die Benutzerfreundlichkeit des Inhalts. Dazu gehören neben der typografischen Gestaltung eine einfache, verständliche Sprache, eine Suchmaschinenoptimierung, eine klare Struktur des Textes und der Einsatz von sinnvollen Querverlinkungen.

Fließtexte, auch gerne Copy genannt, sind das eigentliche Herzstück der meisten Webseiten. Hier stehen die Informationen, nach denen der Anwender dürstet (so bilden es sich zumindest die Webseiten-Betreiber ein). Bei den meisten Webseiten gibt es mehr Fließtexte als irgendwelche anderen inhaltlichen Elemente. Die aus dem Print üblichen 9 bis 12 Punkt galten auch lange im Web als Standard. Dies hat sich in den letzten Jahren – zum Glück für die Lesbarkeit – nach oben korrigiert. Übliche Schriftgrößen für Fließtexte liegen inzwischen irgendwo zwischen 14 bis 16 Pixel, was eben wieder von der Schriftart, der Textmenge und der gewünschten Gestaltungswirkung abhängig ist.

Um für die einzelnen Textelemente aber Schriftgrößen zu finden, bietet es sich an, mit dem Fließtext zu beginnen. Sobald dieser gut lesbar ist und sich gut in das Gesamtdesign eingliedert, können die anderen Textelemente angepasst werden.

Die Systemschriften wurden vor allem für kleinere Schriftgrößen am Bildschirm entworfen. Wer Fließtexte um die 16 Pixel und größer definieren möchte, sollte sich einen passenden Webfont aussuchen und auf die Systemschriften eher verzichten.

◂ **Abbildung 10.100**
Das Beispiel zeigt schön auf, wie eine markante Schriftart in der Überschrift funktioniert, für den Fließtext aber kaum zu gebrauchen ist, *martin-walker.de*.

10.7.4 Links

Links sollten immer als solche zu erkennen sein. Manchmal geschieht dies durch die besondere Positionierung (Navigation), oft durch farbliche Hervorhebungen und/oder Unterstreichen (im Fließtext). Womit man nie etwas verkehrt machen kann, ist, wenn man Links unterstreicht. Der Anwender hat gelernt, dass alle unterstrichenen Texte Links sind, aber nicht alle Links unterstrichen sind.

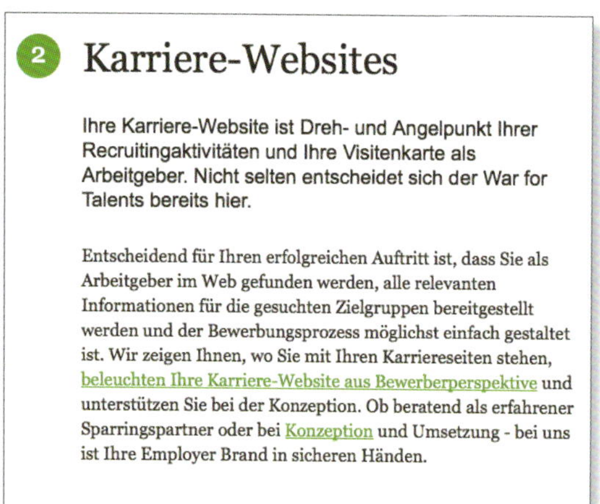

▴ **Abbildung 10.101**
Klare Linkgestaltung: einmal farblich und unterstrichen, *knabenreich-consult.de* (links), und einmal mit individuellem Unterstrich, *akademie-frankfurt.de* (rechts)

Link-Alternative | Wer nicht auf den typischen Unterstrich setzen möchte, der muss sich passende Alternativen überlegen. Eine interessante Variante ist es, den Unterstrich zu verändern. Die klassische Definition `text-decoration:underline` erzeugt einen Unterstrich, der die Unterlängen der Buchstaben anschneidet, was typografisch nicht so schön ist.

Ein alternativer Unterstrich lässt sich durch die `border`-Eigenschaft erzeugen. Siehe dazu auch Abschnitt 12.6.2, »Individuelle Linkunterstriche«, Seite 651. Hier wird das Vorgehen exemplarisch erklärt.

Es gibt noch weitere Gestaltungsvarianten, wenn man nicht auf den Unterstrich setzen möchte. Dabei gibt es sowohl die Variante, eine sehr markante andere Farbe zu nehmen als die Farbe des restlichen Texts oder nur eine dezent andere, was auch von der Gesamtgestaltung abhängig ist. Klar ist aber, je auffälliger der Link, um so mehr wird er als solcher erkannt.

Varianten zum Ausprobieren wären auch eine farbliche Hinterlegung des Textlinks, ein anderer Schriftschnitt (z. B. kursiv), eine andere Schriftart oder ein Icon vor dem Text.

Achtung
Vorsicht bei `hover`-Zuständen, wenn es um Tablets und Smartphones geht: Hier gibt es kein `hover`. Der Anwender berührt ein Element bzw. tippt darauf, aber es gibt kein Überfahren mit der Maus. Wichtige Aktionen oder gar besondere Inhalte sollten sich also nicht hinter einem `hover` verstecken, wenn die Webseite für mobile Endgeräte optimiert sein soll!

Pseudoklassen | Auch der `:hover`-Zustand sollte definiert werden, um dem Anwender auch beim Überfahren mit der Maus optisch klarzumachen, dass dies ein Link ist.

Während die Pseudoklasse `:active` kaum eine Rolle spielt, wird `:visited` zumindest ab und an mal eingesetzt. Eigentlich ist es ja ein hilfreiches Mittel, um zu sehen, welche Seiten man schon besucht hat und welche nicht, aber selten praxistauglich umgesetzt. Der Anwender verschafft sich in Sekundenbruchteilen einen Überblick über die Webseite und lernt die spezifischen Gestaltungsformatierungen und Farbgebungen. Zusätzlich dann auch noch besuchte Links von all den anderen (Link-)Formatierungen zu unterscheiden missglückt oft.

Daher sehen `:active` und `:visited` genauso aus wie die normale Linkdefinition (`:link`).

10.7.5 Listen

Listen gehören zu den am meisten unterschätzten HTML-Elementen. Innerhalb des Fließtextes sind sie eine tolle Möglichkeit, einen schnellen Überblick zu liefern, und bieten dem Auge einen Anhaltspunkt. Für die Erstellung einer Navigation (siehe Kapitel 12, »Navigations- und Interaktionsdesign«) werden sie gerne genutzt genauso wie für jede Art von Aufzählungen und Besonderheiten wie Preislisten oder Portfolioübersichten.

Eine Liste muss dabei nicht nur eine eingerückte Aufzählung mit jeweils einem schwarzen Punkt davor sein. Die folgenden Beispiele zeigen, wie sich mit Weißraum, Icons und typografischer Gestaltung individuelle und lesbare Listen gestalten lassen.

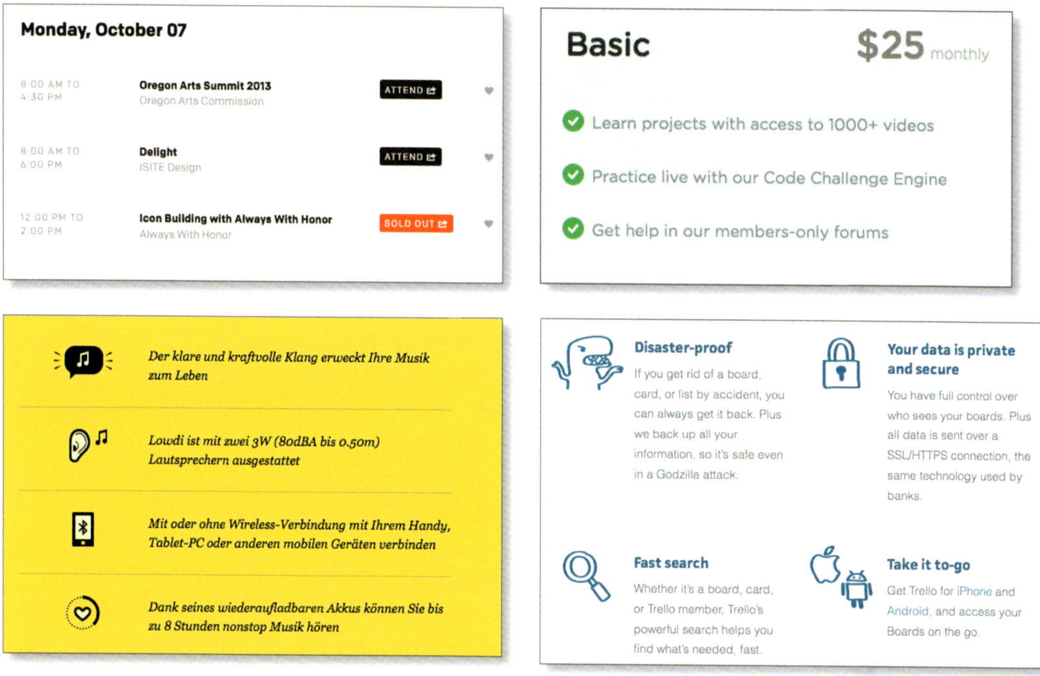

▲ **Abbildung 10.102**
Vier Listen in unterschiedlichen Ausgestaltungen von *designweekportland.com*, *teamtreehouse.com*, *lowdi.com* und *trello.com*

10.7.6 Tabellen

Nein, Tabellen müssen nicht hässlich sein und nach Excel aussehen. Mit ein bisschen Einsatz lassen sie sich vielmehr in richtige Augenschmankerl verwandeln. Die HTML-Standardtabelle ist grau und langweilig. Selten schadet es den Inhalten, wenn sie mehr Platz bekommen. Also den Innenabstand vergrößern, so dass zwischen Text und Rahmen mehr Freiraum besteht und die Inhalte besser zu erfassen sind. Mit einem fetten Schriftschnitt oder größerer Schrift lassen sich Schwerpunkte setzen, also z. B. die Reihen- oder Zeilenüberschriften hervorheben. Auch farbiger Text oder farbige Hintergründe sind dafür gut geeignet. Dezente horizontale Striche bilden eine schöne optische Trennung zwischen den Reihen.

Verein	Meistertitel
Bayern München	23
Gladbach	5
BVB	5
Werder	4
HSV	3
VfB	3

▲ **Abbildung 10.103**
Eine übliche HTML-Tabelle

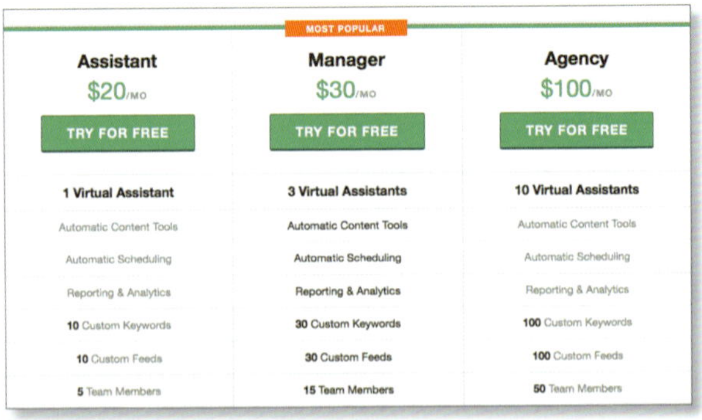

Abbildung 10.104 ▲
So übersichtlich und ansprechend können Tabellen aussehen, *billomat.com* und *beatrixapp.com*.

Responsive Tables
Tabellen responsiv zu machen ist wirklich kein Vergnügen. Eine hilfreiche CSS-/JavaScript-Lösung gibt es bei *zurb.com/playground/responsive-tables*.

Reihen oder Spalten, die besonders hervorgehoben werden sollen (wie in Abbildung 10.104 links), werden gerne farblich hinterlegt, oder manchmal werden die Inhalte auch größer dargestellt. Bei der Gestaltung einer Tabelle ist es wichtig, sich zu fragen, welche Inhalte transportiert werden sollen. Was soll der Betrachter vor allem erfassen können? Und dann darauf achten, dass diese Inhalte entsprechend hervorgehoben werden. Fetter Schriftschnitt, farbiger oder größerer Text, farbiger Hintergrund oder dickere Trennlinien sind alles geeignete Mittel, um einzelne Spalten oder Reihen oder auch nur einzelne Tabellenzellen optisch zu markieren.

10.7.7 Zitate

In HTML gibt es zwei Möglichkeiten, Zitate zu kennzeichnen. Das `blockquote`-Tag ist für längere Zitate gedacht und rückt das Zitat automatisch links und rechts (Außenabstand) etwas ein. Das `cite`-Tag sollte für kürzere Zitate oder auch Quellenangaben eingesetzt werden. Zitate sind eine schöne Möglichkeit, den Fließtext aufzulockern und größere gestalterische Highlights zu setzen, als dies mit dem Fließtext möglich ist.

Abbildung 10.105 ►
Zitate können die Gestaltung auflockern oder auch als Titel dienen: *jasonsantamaria.com/articles/deadlines*

Ein kleines Beispiel verdeutlicht, wie mit reinem CSS Zitate typografisch ansprechend gestaltet werden können.

Der HTML-Code ist übersichtlich, innerhalb des `blockquote`-Tags steht ein `cite`-Tag mit der Quellenangabe.

Der Beispielcode »blockquote.html« für die Zitat-Formatierung finden Sie auch auf der beiliegenden DVD unter BEISPIELMATERIAL • KAPITEL_10.

```
<blockquote> Es gibt im Moment in diese Mannschaft, oh,
einige Spieler vergessen ihnen Profi was sie sind. Ich lese
nicht sehr viele Zeitungen, aber ich habe gehört viele Si-
tuationen. Erstens: wir haben nicht offensiv gespielt.
<cite>Giovanni Trapattoni</cite>
</blockquote>
```

◂ **Listing 10.19**
Zitat-Definition in HTML

Per CSS-Code wird das Zitat formatiert:

```
blockquote {
width: 450px;
margin: 2em auto;
padding: 0.5em 35px;
font: italic 18px/1.5 Georgia, serif;
color: #666;
position: relative;
}
blockquote:before {
color: #bfdbad;
content: "\201D";
font-size: 80px;
position: absolute;
left: -12px;
top: -8px;
}
blockquote cite {
font: italic 13px/1.5 Arial, sans-serif;
color: #999999;
display: block;
margin-top: 8px;
}
blockquote cite:before {
content: "\2014 \2009";
}
```

◂ **Listing 10.19**
Zitat-Formatierung per CSS

Mit Hilfe der Pseudoklasse `:before` wird ein Anführungszeichen (`content: "\201D"`) vor dem Zitat erzeugt, sicherheitshalber, damit es auch in allen Browsern korrekt angezeigt wird, als Unicodezeichen. Dieses wird dann entsprechend positioniert und gestaltet. So hat man mit wenigen Kniffen ein individuelles Zitat erstellt, rein mit CSS.

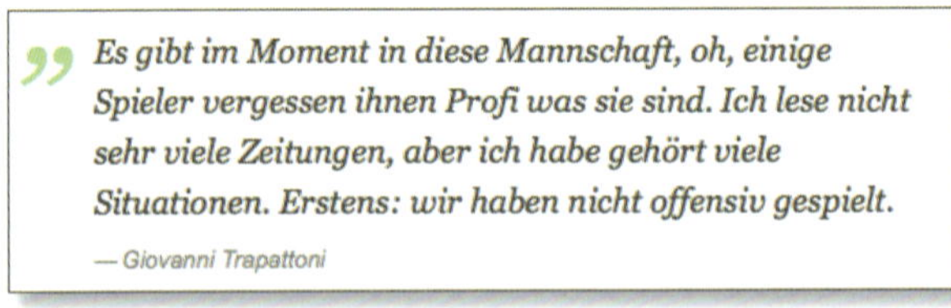

Abbildung 10.106 ▸
Mit etwas CSS-Formatierung sieht das Zitat gleich ansprechend aus.

10.7.8 Kaufmanns-Und

Was gibt es im Deutschen teilweise für schreckliche Namen: Kaufmanns-Und. Klingt schon so, als ob es sich ein Beamter ausgedacht hat. Der englische Begriff *Ampersand* wird dem ästhetischen Ausdruck des Zeichens da schon gerechter. Manchmal wird das &-Zeichen auch et-Zeichen oder Und-Zeichen genannt. Aufgrund seiner Eleganz und Schönheit (zumindest in vielen Schriftarten) hat sich geradezu ein Hype um dieses &-Zeichen entwickelt. Vom T-Shirt bis zum Agenturnamen wird es allzu gerne eingesetzt und in allen möglichen Varianten verun…gestaltet.

Normalerweise wird das &-Zeichen im Browser ganz normal wie alle anderen Zeichen erzeugt, wer aber typografisch ein bisschen aus der Masse hervorstechen will, der lässt das &-Zeichen nicht einfach von jeder x-beliebigen Schrift darstellen. Gerade in Überschriften kann es spannend sein, das &-Zeichen gesondert zu formatieren. Folgendes Beispiel verdeutlicht dies:

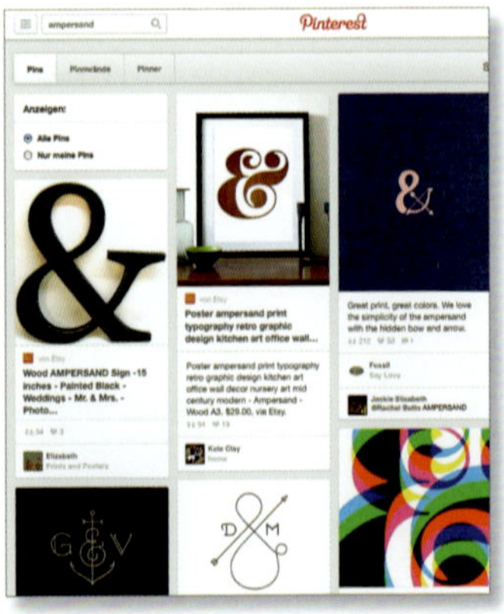

▴ Abbildung 10.107
Pinterest liefert eine schöne Auswahl an unterschiedlich gestalteten Ampersands: *pinterest.com/search/pins/?q=ampersand*.

```
<h1>Sodom <span class="amp">&amp;</span> Gomorra</h1>
```

▴ Listing 10.21
HTML-Kennzeichnung des Kaufmanns-Und

Den Beispielcode für das besondere Kaufmanns-Und finden Sie auch auf der beiliegenden Buch-DVD. Die Datei heißt »Kaufmanns_Und.html« und ist unter BEISPIELMATERIAL • KAPITEL_10 zu finden.

In HTML bekommt das &-Zeichen eine eigene Klasse zugewiesen. Und per CSS wird diese dann entsprechend formatiert:

```
h1{
  color: #444;
  font-size: 50px;
}

span.amp {
  font-family: "Goudy Old Style", "Palatino",
"Book Antiqua", serif;
  font-style: italic;
  font-size:110%;
  color: #7f8c77;
}
```

▴ Listing 10.21
CSS-Formatierung des Kaufmanns-Und

▴ Abbildung 10.108
In Überschriften und Titeln sind eigens gestaltete Ampersands ein schönes Designelement.

10.7.9 Text-shadow

CSS3 bietet ja einige hilfreiche Neuerungen, so u.a. die Eigenschaft `text-shadow`. Textschatten vererben sich auch an die Kind-Element weiter. Durch ihren gezielten Einsatz können Webdesigner dafür sorgen, dass Texte besser lesbar sind. Die Eigenschaft bietet aber auch ganz neue Gestaltungsmöglichkeiten, das Aussehen von Texten völlig ohne Bildbearbeitungsprogramme zu verändern. Was in Photoshop die Ebenenstile *Schlagschatten*, *Kontur* und *Schein nach außen* sind, ist in CSS3 der `text-shadow`.

Browserübergreifende Textschatten
Die Eigenschaft `text-shadow` kommt völlig ohne Präfixe aus. Alle modernen Browser verstehen diese Angabe!

▲ **Abbildung 10.109**
Der Aufbau der `text-shadow`-Eigenschaft

Eine beispielhafte Syntax sieht dann so aus:

```
text-shadow: 1px 1px 1px #000;
```

▲ **Listing 10.22**
Textschatten-Definition in CSS

Es lassen sich auch negative Werte für die Abstände einsetzen, und mehrere Schatten auf ein Element angewandt werden mit Kommata getrennt. Mit einem leichten Schlagschatten lässt sich die Lesbarkeit von Texten verbessern, die einen nicht sehr großen Hell-Dunkel-Kontrast zum Hintergrund aufweisen. Ansonsten sind die Gestaltungsmöglichkeiten eher für Überschriften geeignet und sollten nicht aus Selbstzweck eingesetzt werden, sondern dann, wenn sie das Design bereichern. Die folgenden Varianten zeigen eher die Möglichkeiten auf, als dass diese eins zu eins übernommen werden sollten.

Alle folgenden `text-shadow`-Beispiele finden Sie unter BEISPIELMATERIAL • KAPITEL_10 auf der beiliegenden Buch-DVD. Die Datei heißt »Textschatten.html«.

```
#one{
  color: #0eaa8e;
  text-shadow: 2px 4px 3px #ccc;
}
```

▲ **Listing 10.23**
Einfache Textschatten-Definition in CSS

```
#two{
  padding: 50px 0;
  background: #0eaa8e;
  color: #d9efeb;
  text-shadow:-1px -1px 1px #333, 0px 1px 1px #fff;
}
```

▲ **Listing 10.24**
CSS-Definition für eingedrückte Buchstaben

```
#three{
   text-shadow: 3px 3px 0px #fff, 5px 5px 0px #999;
}
```

▲ **Listing 10.25**
CSS-Definition für einen versetzten Schatten

```
#four{
   color: #055446;
   text-shadow: -10px 10px 0px #35c0a8, -20px 20px 0px
#6cd1bf, -30px 30px 0px #b2e5dc;
}
```

▲ **Listing 10.26**
CSS-Definition für mehrere versetzte Schatten

```
#five{
   color: #fff;
   text-shadow: 0 0 30px #0EA086, 0 0 30px #0EA086, 0 0 30px
#0EA086;
}
```

▲ **Listing 10.27**
CSS-Definition für einen weichen Schatten/Glüheffekt

```
#six{
color: rgba(14, 170, 142, 0.5);
   text-shadow: 5px 5px 0 rgba(214, 37, 108, 0.5);
}
```

▲ **Listing 10.28**
CSS-Definition für einen Anaglyph-Effekt

```
#seven{
   padding: 50px 0;
   background: #0eaa8e;
   color: #fff;
   text-shadow: 0px 1px 0px #999, 0px 2px 0px #888, 0px 3px
0px #777, 0px 4px 0px #666, 0px 5px 0px #555, 0px 6px 0px
#444, 0px 7px 0px #333, 0px 8px 7px #001135;
}
```

▲ **Listing 10.29**
CSS-Definition für einen 3D-Schatten-Effekt

10.7.10 Typografische HTML-Elemente

Im Screendesign und auch bei der typografischen Gestaltung im Browser wird man zuerst immer nur die Elemente formatieren, die vorliegen. Kommt also keine Tabelle im Layout vor, wird diese nicht gestaltet. Kommt keine `h6` vor, wird diese nicht gestaltet. Die Gefahr liegt darin, dass diese auch später nicht gestaltet werden und es erst auffällt, wenn diese Elemente irgendwann doch einmal auf der Webseite zum Einsatz kommen – was einen Anruf beim Webdesigner zur Folge hat.

So sollten alle möglichen HTML-Elemente formatiert werden, um später keine Design-Überraschungen zu erleben. Um kein Element zu vergessen, lohnt es sich, eine Art *typografie.html*-Datei anzulegen, die alle Elemente beinhaltet.

Auf beiliegender DVD ist eine solche HTML-Datei enthalten, die sich auch gut in jedes CMS als eigene »Typografie-Seite« einfügen lässt.

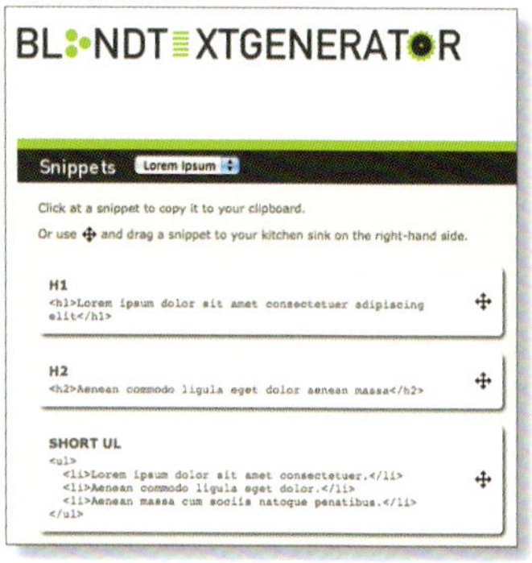

▲ **Abbildung 10.110**
Schon wieder der Blindtextgenerator, diesmal bietet er aber eine Vorlage mit HTML-Elementen an, fertig zur typografischen Ausgestaltung. *blindtextgenerator.com/snippets*

10.8 Typografische Inspiration: Best Cases

Die Schriftauswahl und die typografische Gestaltung müssen bei jedem Projekt individuell erfolgen. Zu unterschiedlich sind die Zielsetzungen, Inhalte und Erwartungen. Klare Vorgaben sind daher kaum möglich. Es gibt aber einige Designs, die als Vorbild oder als Inspiration dienen können aufgrund ihrer Gesamtkomposition, ihrer Schriftkombination, ihrer Makro- und Mikrotypografie.

Auf der Buch-DVD finden Sie unter Beispielmaterial • Kapitel_10 die HTML-Datei »HTML-Snippets«, die exemplarisch die wichtigsten HTML-Elemente enthält.

10.8.1 Minimalistisch

Ein minimalistisches Design, das größtenteils auf Typografie beruht, ergänzt durch Illustrationen und Referenzbilder, ist immer ein Hingucker. Abbildung 10.111 auf Seite 526 zeigt als gelungenes Beispiel die Seite *superreal.de*. Fast nur auf Graustufen beruhend, setzen hier lediglich ein paar kleinere Farbtupfer Highlights. Die Systemschrift *Times* ergänzt sich gut mit dem Webfont *Proxima Nova*. Viel Weißraum und eine feine typografische Gestaltung der einzelnen Textelemente machen diese Seite zu einem echten Hingucker.

»Typographie ist Umweltschutz der Augen […]«

Kurt Weidemann (1922–2011), deutscher Grafikdesigner und Typograf

Eine ästhetisch ansprechende Kombination aus Typografie und farbigen Rechtecken stellt *choiseul.info* zur Schau. Obwohl drei Webfonts (*Soleil*, *Kepler* & *Leitura*) und drei kräftige Farben zum Einsatz kommen, wirkt das Design nicht überladen, sondern gekonnt inszeniert. Auch die beiden Serifenschriften stören nicht, sondern ergänzen sich wunderbar.

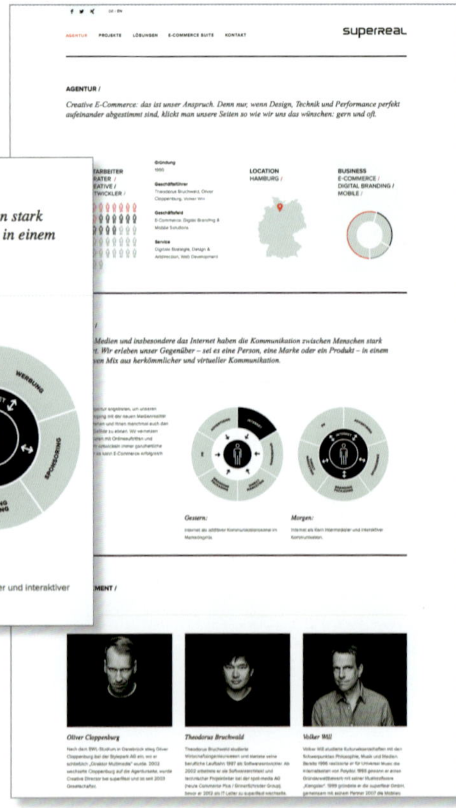

Abbildung 10.111 ▲▶
Die Seite *superreal.de überzeugt mit ihrem minimalistischen Design.*

Abbildung 10.112 ▼▶
Kräftige Farben kombiniert mit Rechtecken und drei unterschiedlichen Webfonts machen die Seite *choiseul.info* zu einem Hingucker.

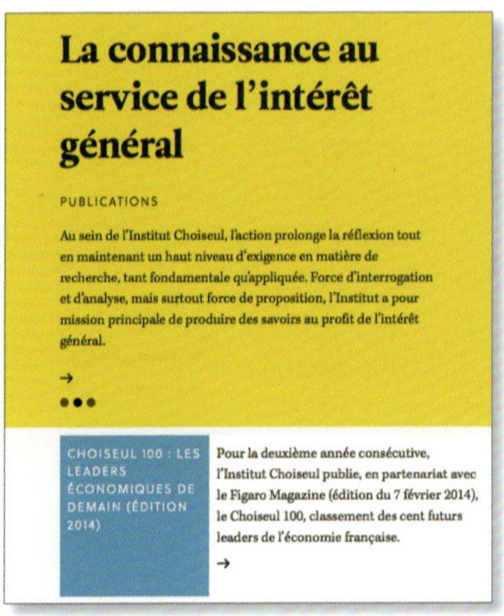

Typografische Gestaltung zeichnet sich auch gerade durch die Feinheiten aus, also dann, wenn auch die Mikrotypografie beachtet und gestaltet wird, so wie bei *udg.de*.

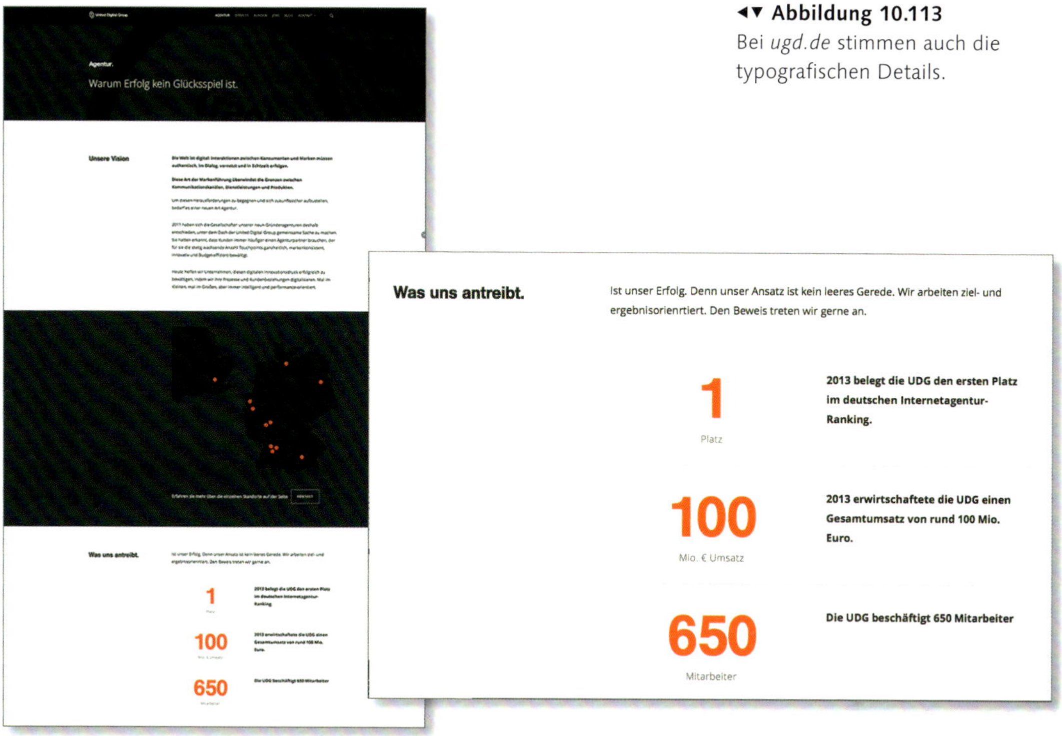

◂▾ Abbildung 10.113
Bei *ugd.de* stimmen auch die typografischen Details.

graf-von-faber-castell.de (Abbildung 10.114) überzeugt vor allem mit einem gelungenen Zusammenspiel aus Typografie und Produkt. Das Produkt wird sehr individuell in Szene gesetzt. Hier gewinnt die Produktinszenierung durch die Auswahl passender typografischer Elemente.

◂ Abbildung 10.114
Was für ein Zusammenspiel aus Typografie und Produkt: *graf-von-faber-castell.de*!

10.8.2 Bold Typo

Seit einigen Jahren geht die Entwicklung unverkennbar zu großen Schriften. Die in Abbildung 10.115 gezeigten Beispiele verdeutlichen die enorme Wirkung, die groß gesetzte Überschriften entfalten können.

Bold Typo zeugt im Grunde von einem neuen (Selbst-)Bewusstsein der Typografie im Web. Als Gestaltungsmittel lange Zeit kaum geeignet aufgrund der Einschränkung der wenigen Systemschriften, hat sich die Webtypografie emanzipiert und steht gleichberechtigt als Gestaltungsmittel neben Farben und Bildern. Typografie erweitert nun den Gestaltungsspielraum, und manche Webseiten nutzen dies, um mit typografischen Mitteln sehr laut und präsent zu sein.

Zwar sind die Schriftgrößen im Schnitt schon größer geworden (siehe auch Abschnitt 10.5.3, »Schriftgröße«), trotzdem setzen viele Webseiten noch auf kleinere Schriftgrößen, die zumindest gerade so lesbar sind. Wer hier mutig ist und die Texte – manchmal sogar radikal – vergrößert, der fällt auf. Der will auffallen. Große Schriften wirken selbstbewusst. »Wir haben etwas zu sagen«, drücken sie aus und zeigen dies auch in groß.

Abbildung 10.115 ▼
Kein Problem mit Größe haben *ableton.com* und *adaptivepath.com*.

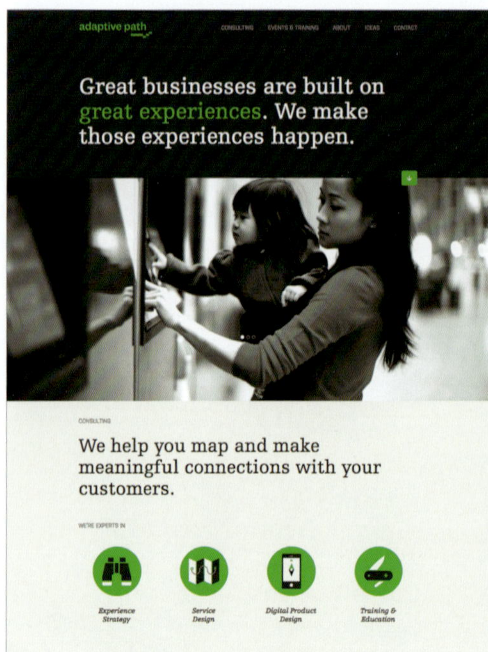

Durch die Größe wird die Wirkung der gewählten Schriftart noch unterstrichen bzw. noch stärker herausgestellt. Was schon in kleiner Schrift edel aussah, wird durch die Größe noch verstärkt, was in klein schon markant und laut war, wird eben noch auffälliger. Nur Text, der vorher bescheiden und leise auftrat, wird dies in größerer Darstellung wohl nicht mehr machen.

10.8.3 Verspielt

Typografie lässt sich nur einsetzen, um eine möglichst gute Lesbarkeit des Textes zu erreichen. Typografie ist ja auch Teil der Gesamtgestaltung. Und manchmal kann Typografie auch künstlerisch eingesetzt werden. Also nicht nur um Lesbarkeit zu erreichen, sondern um gestalterisch Akzente zu setzen, um viel mehr noch das prägende Layoutelement zu sein. Mit Hilfe von eher extrovertierten Schriften, wie beispielsweise einer dekorativen Schrift, oder besonders innovativer Gestaltung kann Typografie dann auch einfach nur verspielt sein. Abbildung 10.116 und 10.117 zeigt zwei Seiten, die Typografie kreativ, verspielt einsetzen, und zwar jede auf ihre Weise. *ijb.ca* kommt recht spartanisch daher und spielt vor allem mit Überlagerungen. Mal liegt die große dominante Hauptüberschrift oben, mal die Artikelteaser mit Bild und Fließtext. Dazu liegt die Überschrift auch beim Scrollen immer in der Mitte der Seite. Durch einen einfachen Wechsel der Überlagerung beim Mouseover ergibt sich so ein Spiel zwischen Vorder- und Hintergrund, zwischen Inhalten und Gestaltungselementen. Dass der Fließtext hier ab und an durch die Überlagerung unleserlicher wird, ist akzeptiert. Problematisch würde es erst werden, wenn die Lesbarkeit gar nicht mehr oder zumindest zu stark eingeschränkt würde.

◂ **Abbildung 10.116**
Typografie kreativ eingesetzt auf *ijb.ca*

Dagegen wirkt *carsonified.com* sehr illustrativ. Die Schriftart wirkt lockerer, und dazu gibt es einige kleinere Illustrationen.

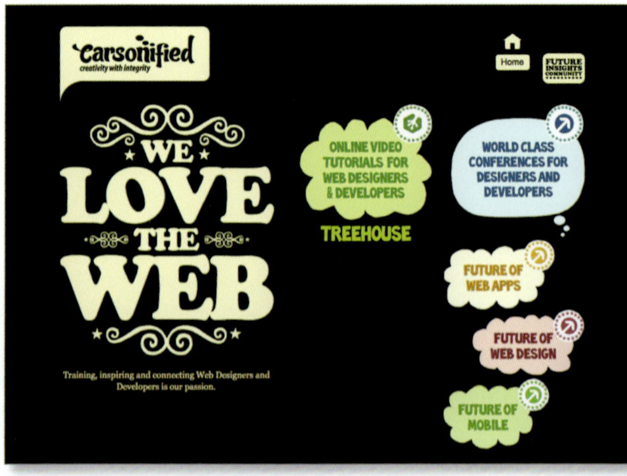

Abbildung 10.117 ▸
Kreativer und verspielter Einsatz von Typo auf *carsonified.com*

Bei beiden Beispielen sind vor allem die Überschriften prägnant gestaltet. Mal überlagern sie die Inhalte, mal wurde mit unterschiedlichen Schriftgrößen und ergänzenden kleinen Grafiken gearbeitet. Die weiteren Texte nehmen sich davon fast aus. Zumindest die Fließtexte wirken ganz »normal«, also hauptsächlich gut lesbar. Anders kann auch ein verspielter Stil nicht effektiv sein. Der Stil wirkt innovativer, frischer, einfach anders. Wenn aber die Detailinhalte nicht lesbar wären, wäre dies nutzlos.

Abbildung 10.118 ▸
mariecatribs.com setzt auf einen bunten Mix aus dekorativen Schriften.

Mit einer – oder auch mal mehreren – Überschriften kann man also gut arbeiten und sich vielleicht kreativ austoben. Die Fließtexte sollte man aber mit Bedacht behandeln. Und die Beispiele zeigen auch, dass ein eher spielerischer Umgang mit Typografie mit so ziemlich jeder Schriftart möglich ist, ob serifenlos oder dekorativ. Setzt das Design auf solch eine verspielte Typografie, dann sollte allerdings besonders auf deren korrekte Darstellung in verschiedenen Bildschirmgrößen geachtet werden.

Kapitel 11
Bilder und Grafiken

Bilder sind seit jeher ein essenzielles Kommunikationsmittel der Menschen – von den Höhlenmalereien vor zigtausend Jahren bis zu den Billionen Fotos, die bei flickr, Instagram oder Facebook in den letzten Jahren hochgeladen wurden. Und auch im Webdesign lässt es sich mit Bildern effektiv kommunizieren.

11.1 Einführung: Die Macht der Bilder

Zwischen einem Bild und der Realität besteht eine *magische Verwandtschaft*. Bilder können die Wirklichkeit sehr genau und objektiv wiedergeben, sprichwörtlich ein Abbild der Wirklichkeit schaffen. Der Mensch denkt, träumt, redet und erinnert sich in Bildern. Bilder schaffen eine »zweite, fiktive Wirklichkeit«. Durch sie erschließen wir uns die Welt. Ohne Bilder haben wir keine Vorstellung von Objekten, Erlebnissen oder Orten, die wir nicht real erfahren haben.

»Bilder sind schnelle Schüsse ins Gehirn!«

Professor Dr. Werner Kroeber-Riel

Die *Bilderwelt*, in der wir leben, spiegelt sich auch in Onlineplattformen wie *Pinterest.com* wider, eine Sammelstelle für unzählige Bildmotive aller Arten. Bilder sind auch in der Webgestaltung ein unverzichtbares Mittel: Packende Teaserbilder, erklärende Produktfotos, Infografiken, verzierende Hintergründe sind nicht umsonst tragender gestalterischer Bestandteil vieler Webdesigns. Professionalität im Webdesign drückt sich daher auch in der Motivwahl und Bildbearbeitung aus. Klischeehafte Bilder aus Fotoagenturen oder unprofessionelle Self-Made-Fotografien können ein ganzes Design abwerten.

Um Bilder effektiv im Webdesign einzusetzen, gibt es jedoch einige theoretische, gestalterische und technische Aspekte zu beachten, die im Folgenden vorgestellt werden.

Abbildung 11.1 ▶
Lust auf ein Bad? *eldoradostone.com* arbeitet mit großformatigen Bildern.

11.1.1 Eigenschaften von Bildern

Als Folge unserer Wahrnehmung besitzen Bilder folgende Eigenschaften für uns:

- **Hohe Kommunikationsgeschwindigkeit**: Bilder sind das Erste, was wir – beispielweise bei einer Werbeanzeige – wahrnehmen. In Bruchteilen von Sekunden haben wir Bildinhalte erfasst und sie für uns eingeordnet. Dagegen müssen Texte erst gelesen und verstanden werden.
- **Hohe Anschaulichkeit & Verständlichkeit**: *»Ein Bild sagt mehr als tausend Worte.«* Bilder wirken als Ganzes und werden im Gehirn parallel verarbeitet. Sie gelten als eine Form analoger Kommunikation. Dagegen läuft die Verarbeitung sprachlicher Informationen sequenziell ab. Hier wird die Botschaft linear vermittelt, und erst mit ihrem Abschluss fügen sich die Elemente zu einem Ganzen. Daher wirken Bilder im Vergleich zu Text sehr anschaulich und verständlich.
- **Hohe Erinnerungsrate**: An einmal gesehene Bilder erinnern wir uns oft noch Jahre später. Aufgrund ihrer emotionalen Wirkung bleiben sie im Vergleich zu Texten länger und besser im Gedächtnis haften. Daher besitzt die Bildkommunikation gerade auch in der Konsumgüterwerbung eine hohe Dominanz und Wirksamkeit. Zu beobachten ist dies in der Fernseh- und Anzeigenwerbung. Dadurch ist auch zu erklären, warum die Konsumenten Produkte kaufen, deren Werbung sie unter Einschaltung ihres Verstandes nicht ansprechend finden. Durch Bilder am Verkaufsort werden die unbewusst abgespeicherten Bilder wieder – ebenso unbewusst – erinnert und aktiviert.
- **Subtile Übermittlung von Einstellungen & Gefühlen**: Bilder können automatisch und unkontrollierbar emotionale Haltungen hervorrufen. Bilder eignen sich somit besser als Texte zur

Vermittlung emotionaler Erlebnisse. Die Anschaulichkeit eines Bildes kann im Extremfall so weit gehen, dass ein Erlebnis vermittelt werden kann, dessen Intensität fast so stark ist wie das Originalerlebnis. Sprachliche Informationen haben hier gegenüber bildlichen Eindrücken kaum eine Chance, wahrgenommen zu werden. Bilder eignen sich somit besser als Texte zur Vermittlung emotionaler Erlebnisse.

◂ **Abbildung 11.2**
Anschaulich und glaubwürdig – die Zwillinge in der Gesundheitswerbung bei *ratiopharm.de*

- **Hohe Glaubwürdigkeit**: Bilder erscheinen als besonders objektiv und manipulationsunverdächtig, insbesondere dann, wenn sie nur flüchtig wahrgenommen werden. Sie sind selbstverständlicher und somit auch glaubwürdiger als der leicht zu manipulierende Text. Natürlich sind Bilder in Zeiten der digitalen Bildbearbeitung genauso veränderbar. Aber die Unschuldsvermutung bezüglich des Wahrheitsgehaltes eines Bildes bleibt erst einmal.
- **Keine Sprachgrenzen**: Bilder sind in der internationalen Kommunikation, unabhängig von Muttersprache und Kultur, gut verständlich, wenn der Zusammenhang, in dem die Abbildung steht, klar ist.

Kampagne »Print wirkt«
Bilder sprechen uns an. Sie sind emotional und aufmerksamkeitsstark. Die Werbeindustrie lebt von ihnen. Die Kampagne *Print wirkt* des Verbandes Deutscher Zeitschriftenverleger führte vor einigen Jahren vor, wie einprägsam markante Bilder sein können. In den Beispielanzeigen wurden weder Produkte noch Markenlogos noch Texte noch Originalfotos verwendet oder abgebildet. Trotzdem sind die Anzeigen sofort erkennbar und können Unternehmen zugeordnet werden. Mehr Infos zu aktuellen Kampagnen finden Sie unter *printwirkt.de*.

11.1.2 Konsequenzen für die Auswahl von Bildern

Was bedeutet das gerade Gesagte nun für die Auswahl der Bilder für die Webgestaltung? Austauschbare Produkte und Dienstleistungen, Informationsüberflutung und Emotionalisierung sind alles Gründe, welche die Bedeutung von Bildern als Teil der Unternehmenskommunikation begünstigen bzw. geradezu verlangen. Die Eigenschaften von Bildern, uns schnell und emotional anzusprechen, tun ihr Übriges.

Für Unternehmen bedeutet dies, dass sich die angebotenen Produkte und Leistungen nicht mehr hauptsächlich aufgrund von objektiven Eigenschaften auseinanderhalten lassen, sondern die Konsumenten sich sprichwörtlich *ein Bild* machen. Aufgrund der Emotionalität und ihrer hohen Erinnerungsrate sind Bilder bestens dafür geeignet, die Unternehmensidentität zu vermitteln und das Image zu beeinflussen. Die durch die Kommunikation entstandenen inneren Marken- und Unternehmensbilder sorgen vermehrt für die Angebotsdifferenzierung.

(Groß)unternehmen müssen also Bilder(welten) finden, die durchgängig in allen Medien konsistent eingesetzt werden, um für eine hohe Wiedererkennung zu sorgen, wichtige emotionale Inhalte schnell zu transportieren und das Vorstellungsbild der Zielgruppen entsprechend zu beeinflussen. Gelungene Beispiele sind der rauchende Cowboy, das Segelschiff mit den grünen Segeln oder die lila Kuh. Ohne die Namen oder die Logos zu sehen, wissen wir (durch jahrelanges »Werbetraining«), welche Firmen dahinterstecken.

Abbildung 11.3 ▸
Menschlichkeit ist immer emotional – sogar beim Zahnarzt! *zahnarzt-kyber.de*

Bei klein- und mittelständischen Unternehmen, die nicht eine solch penetrante Werbestrategie einsetzen (können), sind passende Bilder aber auch ein wichtiges Element der Unternehmenskommunikation.

Abbildung 11.4 ▸
Garten- und Landschaftsbau individuell in Szene gesetzt: *andreasfretz.de*

Auch sie haben die Herausforderung, mit Informationen überlastete Konsumenten anzusprechen, und – ich pauschalisiere mal bewusst – auch für sie wird es wichtiger, eine Gefühlswelt aufzubauen und zu entwickeln, die mit dem Unternehmen verbunden wird. Diese Gefühlswelt stellt sich zunehmend als vielleicht nicht einziges, aber zumindest mitentscheidendes Unterscheidungskriterium und damit entscheidender Wettbewerbsfaktor heraus.

Betonung der Gefühlswelt auch in der Finanzwirtschaft
Selbst in der Investitionsgüterindustrie, in der bisher fast immer Informationen entscheidend waren, wird die Beachtung der Gefühlswelt der Beteiligten immer wichtiger.

Die Allgegenwart von Smartphones und Tablets mit Internetanschluss und integrierter hochauflösender Fotokamera führt dazu, dass eine enorme Menge an Bildern in immer besserer Qualität vorhanden ist. Instagram steht exemplarisch für diese Entwicklung, für dieses Bedürfnis nach visueller Kommunikation. Dadurch gewöhnen sich die Menschen auch immer mehr an eine Fülle von Bildern, und die Ansprüche an die Bildqualität steigen zwangsläufig. Nicht nur im technischen Sinne, sondern auch im künstlerisch-inhaltlichen Sinne. Um aus der Masse der visuellen Eindrücke herauszuragen, werden Unternehmen in Qualität und Kreativität von Bildern und Bilderwelten investieren müssen.

▲ **Abbildung 11.5**
Ein typisches Instagram-Bild: Allerweltsmotiv mit Filter versehen, um eine »alte« Wirkung zu erzeugen. Der Instagram-Hype steht exemplarisch für die Bilderwelt, in der wir leben.

Beim Screendesign gilt es also, die Herausforderung zu meistern, dem *Bildumfeld*, in dem wir uns bewegen, gerecht zu werden. Dies kann dadurch passieren, dass auf die Auswahl und Gestaltung der Bilder entsprechend viel Wert gelegt wird; tolle Beispiele folgen noch in diesem Kapitel. Oder – auch das ist möglich – gerade entgegen der allgemeinen Entwicklung auf den Einsatz von Bildern zu verzichten und bewusst andere grafische Elemente wie Farben und Typografie stärker einzusetzen.

11.1.3 Bilder im Einsatz

Auch wenn es sicherlich möglich ist, mit Sprache Gefühle zu transportieren und mit Bildern sachliche Informationen zu äußern, so ist doch von der vorrangigen Koppelung *Sprache – rational argumentieren* und *Bild – emotional beeindrucken* auszugehen. Gut zu sehen in fast allen Werbeanzeigen: Mit einem Bild wird an die Gefühle und Bedürfnisse der Empfänger appelliert, und der Text liefert Informationen über die Eignung des angebotenen Produkts, die bildlich angesprochenen Gefühle und Bedürfnisse zu befriedigen. Selten kommt es zu einer Umkehrung dieses Musters.

Die Wirkung und Wahrnehmung eines Bildes hängt daher – besonders in der Werbekommunikation– vom parallelen und ergänzenden Einsatz von verbalen Informationen ab. Sprachliche Ergänzungen können die Mehrdeutigkeit eines Bildes einschränken und die Betrachtung von wichtigen Bildelementen verstärken und absichern.

Abbildung 11.6 ►
Wirkt fast wie ein Werbeplakat: *lamassu.is* mit großem Bild und großer Headline.

Bei kurzen Kontakten mit wenig involvierten Empfängern – wie oft auch bei Webseiten üblich – ist es also zweckmäßig, dass Bild- und Textverständnis sich gegenseitig stützen.

Webseiten-Besucher wollen sich schnell zurechtfinden und schnell die gesuchten Informationen bekommen. Der Webseiten-Betreiber will demgegenüber natürlich seine »Message« verkünden. Nicht nur bei Werbeanzeigen, auch auf Webseiten ist die Wirkung von Bildern im Kontext mit sprachlichen Informationen stärker. Die Verwendung von bezugslosen Bildern erschwert dagegen das Verständnis der (Werbe)botschaft und führt zu einer schlechteren und ungenaueren Erinnerung an das Bild und die Botschaft.

Abbildung 11.7 ►
Hat schon Werbeanzeigencharakter: nettes Produktbild, das erst durch den Text ein echter Hingucker wird. *sma.de*

Neben sprachlichen Informationen können Bilder im Zusammenhang mit den Elementen Form und Farbe die unterschiedlichsten Effekte erzielen. In der Werbekommunikation erscheinen Bilder meist mit einem Markennamen oder -zeichen. Erscheint ein Bild oft mit bestimmten Elementen (z. B. Logo), prägen sich diese zusammen ein.

Vorteile von Bildern | Zusammengefasst lassen sich folgende allgemeine Vorteile und Aufgaben von Bildern festhalten:

- hohe Kommunikationsgeschwindigkeit
- wird in der Regel zuerst fixiert
- höhere Glaubwürdigkeit
- höhere Anschaulichkeit
- platzsparende Informationen (viel spezifische Information auf wenig Raum)
- allgemeine Verständlichkeit (auch für Lese- und Sprachunkundige)
- Räumliche Vorstellungen lassen sich gut vermitteln.
- Einstellungen und Gefühle können subtiler vermittelt werden.
- Erweckung von Interesse
- im Text Geäußertes verdeutlichen, belegen bzw. »beweisen«
- Vertrautmachen mit dem Produkt bzw. dem Aussehen des Produkts
- Produktnutzen vorführen und dramatisieren
- Einstellung zu dem Produkt verbessern, die Botschaft verschönern

Bilder bzw. alle gestalterischen Möglichkeiten sollten nicht deswegen eingesetzt werden, weil es sie gibt oder weil sie nach eigenem Empfinden schön aussehen, sondern weil sie im Idealfall eine bessere Bedienbarkeit zur Folge haben. So hat der Einsatz von Bildern auch entscheidenden Einfluss auf die User-Experience einer Website. Durch das eingesetzte Bildmaterial kann die Aufmerksamkeit des Website-Besuchers gesteuert und können zudem Emotionen angesprochen bzw. geweckt werden. Der *Joy of Use* wird gesteigert, je mehr eigene emotionale Bedürfnisse in dem Onlineangebot angesprochen und (wieder-)erkannt werden. Diese Emotionen lassen sich somit umso einfacher gezielt einsetzen, um sie beispielsweise für den Verkauf von Produkten im Onlineshop zu nutzen.

11.2 Bilder im Web

Das Internet unterscheidet sich von anderen klassischen Medien. Es ist ein sogenanntes *Pull-Medium*, d. h., im Vergleich zum Fernsehen (*Push-Medium*) sucht der Anwender (mehr oder weniger) gezielt Informationen bzw. muss mit einer bewussten Entscheidung eine von ihm gewählte Seite aufrufen. Der Informationsfluss wird vom Anwender gesteuert. Ein passives Wahrnehmen und Erleben ist im Internet so gut wie gar nicht gegeben. Das

Webdesign muss dem Benutzer also die Möglichkeit geben, sich schnell einen Überblick zu verschaffen, es muss seinen Blickverlauf steuern, und es soll ihm ein gutes Gefühl vermitteln. Bilder sind dazu prädestiniert, denn sie können verschiedene Aufgaben im Webdesign erfüllen:

11.2.1 Bilder als Layoutelemente

Bilder können als Layoutelemente eingesetzt werden, um dem Screendesign sein Look & Feel, seine Anmutung, zu geben. Diese Bildelemente schaffen in erster Linie Stimmungen. Klassische Beispiele für solche reinen Layoutbilder sind Webseitenhintergründe oder -muster wie folgende Beispiele:

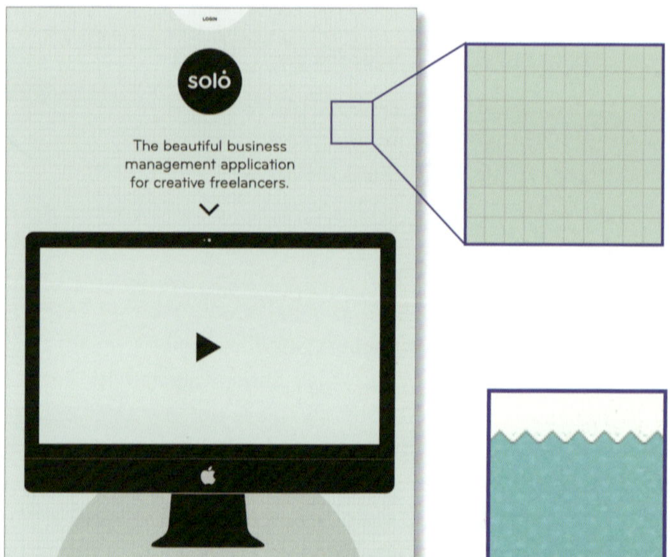

Abbildung 11.8 ▸
Dezentes Kästchenpapier im Hintergrund bei *thrivesolo.com*

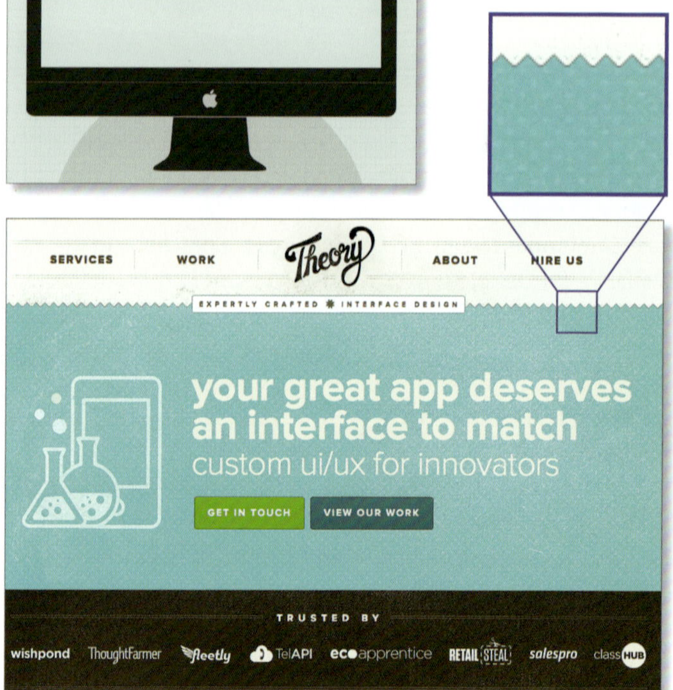

Abbildung 11.9 ▸
Die Seite von *theorydesign.ca* setzt großflächig auf Texturen im Hintergrund.

Würden diese Grafiken fehlen, wären die Webseiten immer noch genauso gut bedienbar. Inhaltlich würde nichts fehlen. Für die visuelle Stimmung sind sie aber unentbehrlich.

Headerbilder | Etwas anders sieht es beim sogenannten *Header* aus, also dem Kopfbereich des Screendesigns. Dieser ist der wichtigste Bereich einer Webseite, da der User optisch und inhaltlich abgeholt bzw. überzeugt werden muss, dass er auf dieser Seite richtig ist. Headerbilder sind also nicht nur reine Layoutelemente, sondern meistens auch sehr bedeutende Inhaltselemente. Folgende Beispiele zeigen schön die inhaltliche und optische Bedeutung von Headerbildern:

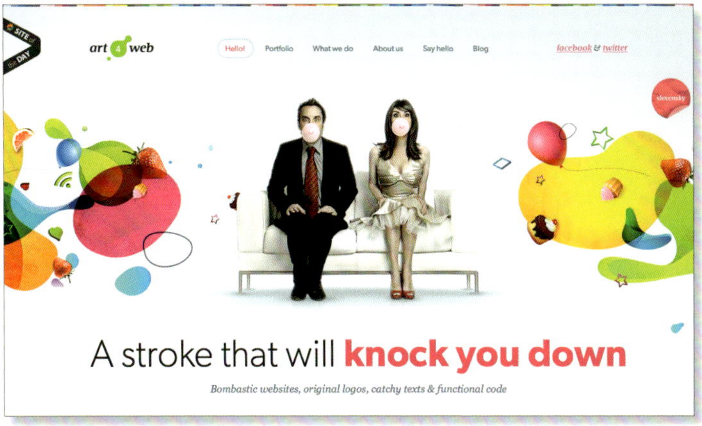

◂ **Abbildung 11.10**
Headerbild und Headline ergänzen sich inhaltlich und optisch wunderbar bei *art4web.sk/en*.

11.2.2 Bilder als Orientierungselemente

Der Anwender scannt erst eine Webseite, bevor er sich Inhalten detaillierter zuwendet. Da Bilder unsere Aufmerksamkeit auf sich ziehen, sind sie ein gutes Mittel, um diesen »Scanablauf« zu unterstützen oder zu beeinflussen. Sie können hier als Informationsanker dienen und die Übersichtlichkeit der Webseite erhöhen.

Gerade auf News-Seiten und Blogs werden Bilder gerne als Informationsanker eingesetzt. Sie markieren hier den Beginn einer neuen Informationseinheit, wie beispielsweise einen neuen Blogeintrag, und erleichtern dem Anwender so das schnelle Überfliegen der Seite.

Und auch den *Lockerheitsfaktor* sollte man nicht unterschätzen. Reine Textseiten – vor allem sehr lange – schrecken den Leser eher ab. Bilder lockern auf und nehmen den Schrecken vor der Bleiwüste. Abbildung 11.11 auf Seite 540 zeigt dies anschaulich: Die drei verwendeten Bilder lockern das Layout der Website auf. Allein stehend würden die Bilder keinerlei Assoziation mit den entsprechenden Themen zulassen. Im Zusammenspiel mit dem Text sind sie allerdings als wichtige Orientierungselemente hilfreich.

▲ **Abbildung 11.11**
Auf *hurra.com* lockern drei Bilder das Layout auf und dienen als Orientierungselemente.

▲ **Abbildung 11.12**
Bilder als Orientierungselement auf News-Seiten wie *spiegel.de*

Weitere Orientierungselemente sind beispielsweise ausgestaltete Trennstriche oder Listenpunkte, die dadurch oft markanter sind, als es durch reine CSS-Formatierung möglich wäre.

Abbildung 11.13 ▶
forefathersgroup.com trennt einzelne Bereiche durch markant ausgestaltete Trennstriche.

11.2.3 Bilder als Inhaltselemente

Bilder sind oft genug aber auch als Informationsträger unersetzlich. Mal ergänzen sie inhaltlich den Artikel oder zeigen, was mit vielen Wörtern nicht ausreichend beschrieben werden könnte. Denn was würde beispielsweise besser funktionieren, ein Produkt vorzustellen, als das selbige fotografisch in Szene zu setzen? *relogik.com* macht dies gekonnt.

▲ **Abbildung 11.14**
Das Produkt fotografisch in Szene gesetzt. Das Bild auf *relogik.com* ist eindeutig ein Inhaltselement.

11.2.4 Bilder als emotionale Elemente

Bilder sind vor allem eins: emotional! Also ideal dafür geeignet, Stimmungen zu schaffen, Gefühle hervorzurufen, eine Webseite interessant, markant, unverwechselbar zu machen und so für eine hohe Wiedererkennbarkeit zu sorgen. Folgendes Beispiel demonstriert die hohe Emotionalität, die Bilder auf Webseiten erzeugen können ganz gut:

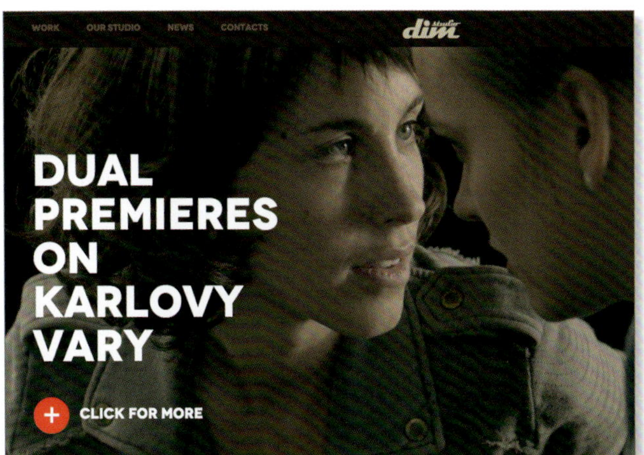

◂ **Abbildung 11.15**
Liebe ist auch bei *dim.hr* emotional.

11.3 Bilderquellen

Woher nehmen, wenn nicht stehlen? Dieses Vorgehen sollte NIE eine Alternative sein. Dagegen taucht die Frage, wo man Fotos, Illustrationen und Icons mit guter Qualität bekommen kann, zwangsläufig am Anfang eines Webprojekts auf.

Passende Bilder für die Website zu finden hängt vor allem von zwei Faktoren ab: vom gewünschten Objekt und vom Geldbeutel. Blumen, schöne Landschaften, nette Menschen im Anzug werden Sie schnell in Massen bei den Fotoagenturen finden. Soll es etwas spezifischer sein, kann die Suche hier schon schwieriger werden und vor allem länger dauern.

Welche der Möglichkeiten im einzelnen Projekt gewählt wird, hängt vom Budget und von Ihren Bedürfnissen und Vorstellungen bzw. von denen des Kunden ab.

11.3.1 Urheberrecht

Egal, ob Sie die Bilder vom Kunden bekommen oder sich selbst um Bildmaterial kümmern, das Thema Bildrechte ist ein heikles und bietet leider einige Stolperfallen, die im ungünstigsten Falle mit einer saftigen Abmahnung für den Webdesigner enden.

Grundsätzlich gilt, wenn Sie ein fremdes Foto verwenden möchten: Fragen Sie den Urheber bzw. den Rechteinhaber vorher ausdrücklich um Erlaubnis. Erst wenn Sie diese schriftlich haben, sind Sie auf der sicheren Seite. Denn prinzipiell müssen Sie davon ausgehen, dass jede Fotografie (und auch jede Illustration) dem Urheberrecht unterliegt. Meistens kommt zur Erlaubnis der Nutzung noch die Pflicht zur Namensnennung des Urhebers dazu.

So groß die Versuchung, durch *Copy & Paste* mal eben schnell ein Bild in die Webseite einzubauen, auch ist, Zurückhaltung und Vorsicht sind an dieser Stelle nie verkehrt.

Bilderklau | Nein, lassen Sie es gleich! Google Images oder flickr, um nur mal zwei zu nennen, bieten natürlich eine große Auswahl an (schönen) Bildern. Aber nutzen Sie diese Webseiten lediglich zur Recherche oder Inspirationsquelle. Sie müssen bei diesen Bildern davon ausgehen, dass sie dem Urheberrecht unterliegen und nicht frei genutzt werden können. Sie können versuchen, die Erlaubnis des Urhebers zu bekommen, was in den meisten Fällen schwierig werden dürfte (sowohl den Urheber ausfindig zu machen als auch noch die Nutzungsrechte zu bekommen).

Kostenlose Bilder | Vorsicht auch vor Webseiten, die mit kostenlosen Fotos werben. Ohne irgendwem etwas unterstellen zu wollen, aber bevor es ein böses Erwachen gibt, lieber gut rückversichern, ob die Nutzung wirklich kostenfrei ist und der Anbieter überhaupt das Urheberrecht besitzt, um Ihnen die kostenlose Nutzung zu erlauben.

Immer hilfreich und zu empfehlen ist es, unter JEDES Bild ein Copyright und einen Quellenhinweis zu setzen, auch bei den Bildern, die es nicht zwingend fordern. Nur eine Erwähnung im Impressum ist oft nicht ausreichend. Schreiben Sie genauso bei Ihren eigenen Bildern den Urheber dazu. Dies zeigt anderen Nutzern, dass sie diese nicht einfach übernehmen können, sondern nennt gleich einen konkreten Ansprechpartner.

11.3.2 Creative-Commons-Bilder

Dem veränderten Nutzungsverhalten im Internet, vorangetrieben vor allem durch die sozialen Netzwerke, Bilder, Musik oder Videos vielfach zu teilen, wird das Urheberrecht nicht gerecht. Eine Art »Zwischenlösung« stellt die *Creative Commons-Lizenz* dar. Sechs verschiedene CC-Lizenzen ermöglichen die Nutzung von Werken, ohne den Urheber um Erlaubnis zu fragen oder Verträge abzuschließen. Die Urheber geben ihre Werke zur Nutzung frei.

Lizenzfreie Bilder finden
Eine schöne Auflistung von Webseiten mit lizenzfreien Bildern findet sich auf *www.schallgrenzen.de/lizenzfreie-creative-commons-bilder-finden*.

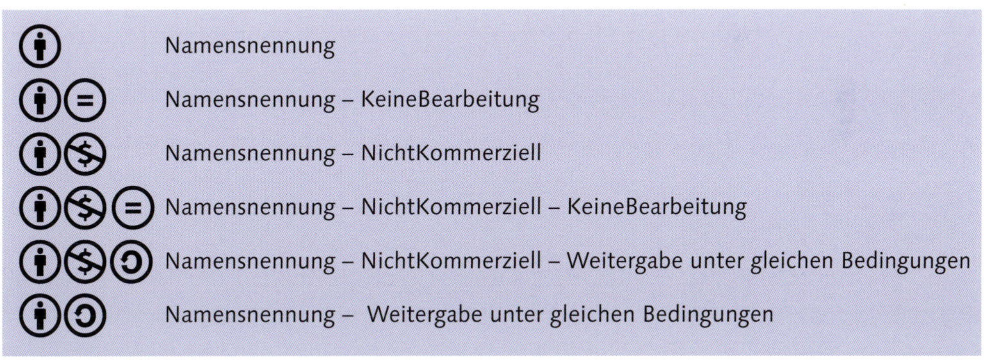

▲ **Abbildung 11.16**
Auflistung der verschiedenen CC-Lizenzen. Mehr Details unter *de.creativecommons.org/was-ist-cc*

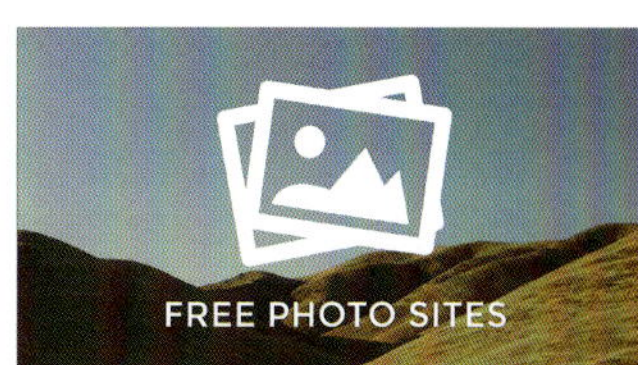

▲ **Abbildung 11.17**
Acht Webseiten mit hochwertigen Bildern, die zur freien Verfügung stehen, stellt wefunction vor: *wefunction.com/8-unique-places-to-find-quality-free-photos*.

Allerdings gilt auch hier, dass Urheber und die Lizenz genannt werden müssen. Und je nach Lizenz gilt diese für eine kommerzielle Nutzung oder nur für einen nicht kommerziellen Einsatz. Der Urheber muss jedenfalls immer genannt werden und profitiert durch das Weiterkopieren und das Bekanntwerden des Werkes und die Namensnennung.

Mehr zu den einzelnen Lizenzen finden Sie auf der Webseite der dahinter stehenden Organisation Creative Commons: *http://creativecommons.org/licenses/?lang=de*.

Unsplash – unschlagbare Bilder
Ein tolles Projekt ist unter *unsplash.com* zu finden. Alle zehn Tage werden hier zehn Fotos veröffentlicht. Die meisten Bilder sind Landschafts- und Naturaufnahmen, manchmal in der Totalen, manchmal Detailaufnahmen. Die Bilder sind als Stimmungsbilder für Hintergründe oder Ähnliches wunderbar einzusetzen. Das Besondere an den Aufnahmen ist aber: Bei den Fotos wird auf alle *»urheberrechtlichen und verwandten Schutzrechte«* verzichtet. Laut Creative Commons dürfen Sie *»das Werk/den Inhalt kopieren, verändern, verbreiten und aufführen, sogar zu kommerziellen Zwecken verwenden, ohne um weitere Erlaubnis bitten zu müssen.«* (*http://creativecommons.org/publicdomain/zero/1.0/deed.de*)

▲ **Abbildung 11.18**
Typische *unsplash.com*-Motive

11.3.3 Bilder vom Kunden

Ein bisschen träumen muss erlaubt sein: Im Idealfall liefert Ihnen Ihr Kunde hochwertiges Bildmaterial in ausreichender Auflösung! Was bei Produktabbildungen durchaus noch üblich sein kann, gerät bei Fotos von Mitarbeitern, Gebäuden, Räumlichkeiten oder sonstigen Bildern eher zur Ausnahme.

Geht es um konkrete Produkte, hat der Kunde von diesen oft schon qualitativ hochwertiges Bildmaterial für den Einsatz in Printpublikationen. Dieses lässt sich meistens auch wunderbar für Webseiten einsetzen. Möchte man allerdings auch Stimmungsbilder oder Produkte im konkreten Einsatz haben oder bietet der Kunde eine Dienstleistung an, die sprichwörtlich nicht greifbar ist, dann können die wenigsten Kunden Bildmaterial liefern. Hier heißt es dann, sich über die alternativen Bildquellen Gedanken zu machen.

11.3.4 Fotos und Grafiken selbst erstellen

Fotos mit einer geeigneten Fotokamera selbst zu machen oder eigene Illustrationen (auch das sind ja Bilder) zu zeichnen, sind eine gute Möglichkeit, den Auftrag zu erweitern, weil man dadurch mehr (hoffentlich bezahlte) Arbeit hat.

Zudem ist diese Option auch günstiger, als externe Fotografen oder Illustratoren dazuzubuchen, was dann auch den Auftraggeber wieder freut. Und Sie als Webdesigner können passend zu Ihrem Screendesign Fotos, Illustrationen oder Collagen erstellen und müssen keinem Externen erst die Aufgabenstellung erklären.

Aber seien Sie ehrlich gegen sich selbst: Übersteigen die Bildanforderungen Ihre Fähigkeiten, dann sollten Sie nach Alternativen Ausschau halten. Kaum ein Webdesigner kann mal eben ein qualitativ hochwertiges, gut ausgeleuchtetes Gruppenfoto der Unternehmensbelegschaft machen, welches später großformatig auf die Startseite soll. Allein schon das benötigte Equipment dafür dürfte kaum einer im Schrank stehen haben. Es gibt aber auch Situationen, da reicht ein besserer *Schnappschuss*. Denken wir an den Hype um Smartphones und die Instagram-Nutzung, dann kann es zeitgemäß sein, leicht unscharfe Bilder mit einem Retro-Filter zu versehen und einzusetzen. Ist eine ganze Seite z. B. im Vintage-Stil, dann wirken unscharfe, alt aussehende Bilder passend wie bei *thethomasoliverband.com*.

◂ **Abbildung 11.19**
Zum Vintage-Stil passen hier auch die unscharf und alt aussehenden Bilder, *thethomasoliverband.com*.

Aber auch hier gilt Vorsicht: Sie können auch mit eigenen Fotografien die Rechte Dritter verletzen und dafür zur Rechenschaft gezogen werden. Es gibt z. B. das »Recht am eigenen Bild«. Ganz allgemein formuliert bedeutet dies, dass jede Person, die auf einem Bild eindeutig zu erkennen ist, vor der Veröffentlichung um Erlaubnis gefragt werden muss. Auf der sicheren Seite ist man hier nur mit einer schriftlichen Erklärung.

Auch Fotografien von Gebäuden, öffentlichen Einrichtungen und sogar Tieren im Zoo sind nicht immer ohne Bedenken kommerziell zu nutzen. Im Zweifelsfall lieber vorher rechtlichen Rat einholen und sich gut erkundigen. Letztlich entscheiden die gewünschten Motive und die Bildqualität mit darüber, ob Sie die Bilder selbst machen können oder nach alternativen Möglichkeiten der Bildbeschaffung Ausschau halten sollten.

Fotofallen
Der Artikel »Juristische Klippen bei der Veröffentlichung von Bildern im Web« zeigt juristische Fallstricke und gibt Tipps, um Bilder ruhigeren Gewissens einzusetzen:
http://www.heise.de/ct/artikel/Fotofallen-1711494.html

11.3.5 Fotoagenturen

Eine kostengünstige Alternative zum Selbermachen sind die sogenannten Stockfoto-Agenturen, die einen riesigen Fundus an vorproduzierten Fotografien, Illustrationen, Icons, Vektorgrafiken und manchmal sogar Videos anbieten. Teilweise für wenige Eu-

»to have a stock«
zu Deutsch: »auf Lager haben«

ros lassen sich Bilder oder, besser formuliert, die Nutzungsrechte an Bildern erwerben. Diese wurden nicht für einen bestimmten Kunden oder ein bestimmtes Projekt erstellt, sondern sind zum allgemeinen Gebrauch (siehe Abschnitt 11.4.1, »Austauschbare Bilderwelten«). Je nach Fotoagentur kann man Bilder mit unterschiedlichen Rechten erwerben. In der Regel wird zwischen lizenzpflichtigen und lizenzfreien Bildern unterschieden.

Mehr zum Thema Recht
Das Portal *www.e-recht24.de* veröffentlicht regelmäßig interessante Artikel rund um Recht und Internet. So werden z. B. Themen behandelt, welche rechtlichen Angaben ein Onlineshop und die Unternehmensprofile in den sozialen Netzwerken haben müssen, wie man Google Analytics rechtssicher einsetzt oder was es beim E-Mail-Marketing zu beachten gibt.

Lizenzpflichtige vs. lizenzfreie Bilder | *Lizenzfrei* ist eine Begrifflichkeit, die immer wieder zu Missverständnissen führt. Denn grundsätzlich werden alle gekauften Bilder lizenziert. Der Unterschied steckt in der Art der Lizenz. Im letzten Jahrhundert war das übliche Vorgehen beim Kauf eines Bildes, einen bestimmten *Nutzungspreis* zu zahlen. Kaufte man also Bilder bei Fotoagenturen, richtete sich der Bildpreis nach der Art der Nutzung. Der Preis richtete sich u. a. nach der Art des Mediums, in dem das Bild eingesetzt werden sollte, nach der Auflagenhöhe, nach der Nutzungsdauer und dem Verbreitungsgebiet, ein Prozedere, das vor allem für Werbeanzeigenmotive in Printpublikationen Sinn hat. Diese Bilder waren somit *lizenzpflichtig* bzw., im Englischen, *rights managed*.

Anfang der 1990er-Jahre gab es dann Foto-CDs mit verschiedenen Motiven zum Einheitspreis. Mit diesen Bildern konnte man (fast) alles machen, denn die Bilder auf diesen CDs waren *lizenzfrei* bzw. *royalty free*. Man musste also keine Extralizenz erwerben. Lizenzfrei bedeutet aber nicht, dass diese Bilder kostenfrei wären. Während bei lizenzpflichtigen Bildern pro Nutzung bezahlt werden muss (also z. B. für Flyer, Webseite, Dauer), haben lizenzfreie Bilder (meistens) ein unbeschränktes Nutzungsrecht. Das heißt, die Bilder dürfen zeitlich und örtlich uneingeschränkt und unabhängig von der Anzahl der Verwendungen benutzt werden. Das Wort lizenzfrei ist also etwas unpassend, denn man erwirbt eine *Nutzungslizenz*. Korrekter wäre daher die Bezeichnung »lizenzkostenfrei« oder »lizenzgebührenfrei«.

Seit 2000 werden lizenzfreie Bilder hauptsächlich über sogenannte Microstock-Agenturen vertrieben. Diese Agenturen bieten lizenzfreie Stockfotografien zu günstigen Konditionen über das Internet an. Eine der ersten Agenturen am Markt war istockPhoto (inzwischen nur noch iStock genannt).

Bei den Stockagenturen bieten professionelle Fotografen ihre Bilder an, und die Agenturen vergeben Unterlizenzen an die Käufer, wodurch diese berechtigt werden, das Foto zu nutzen. Diese Nutzungslizenzen sind dabei aber dann doch oft an bestimmte Bedingungen gebunden, wie beispielsweise den Einsatzzweck oder die Nennung des Urhebers. Diese Lizenzauflagen sollten auf jeden Fall eingehalten werden. Manche verlangen die Nennung der Agentur und des Urhebers direkt beim Bild, anderen reicht die Nennung im Impressum. Von einigen wird auch die Setzung eines Links verlangt, von anderen wiederum nicht. Jede Fotoagentur hat ihre eigenen Lizenzbedingungen, die teilweise weit auseinandergehen. Die Bedingungen können sich auch jederzeit wieder ändern. Vor dem Einsatz eines Fotos sollten diese daher unbedingt genauestens gelesen werden.

Überblick über Microstock-Agenturen | Es gibt viele Fotoagenturen, die hochwertige Medieninhalte bereitstellen. Die folgende Auflistung soll einen ersten Überblick liefern, um später die beste Wahl für sich selbst und sein Projekt zu treffen.

- **Fotolia**: Über 24 Millionen Bilder, Vektoren und Videos bietet Fotolia an. Eine gute deutsche Verschlagwortung der Bilder hilft beim Suchen. Die kleinste Menge sind 10 Credits, die 14 € kosten, also 1,40 € pro Credit. Kauft man entsprechend viele Credits (ungefähr über 5.000) kostet der einzelne dann nur noch 0,74 €. Fotolia bietet auch Abonnements an. Für einen monatlichen Beitrag gibt es eine bestimmte Anzahl an Downloads.
- **iStock**: Gegründet im Jahre 2000 als die erste Microstock-Agentur. Später von Getty Images, der weltweit größten Bildagentur-Gruppe, übernommen. Pakete gibt es ab 30 Credits für knapp 50 $, entspricht 1,76 $ pro Credit.
- **123RF**: Über 22 Millionen Bilder warten bei 123RF auf Sie. Die Credits starten bei 10 Stück für 12,50 €. Ebenso werden verschiedene Abonnement-Möglichkeiten angeboten.
- **Photocase**: Bietet Motive an, die frischer, kreativer und ungewöhnlicher sind (sein möchten) als die Bilder anderer Agenturen, beginnend ab 6 Credits für 12 €.
- **Shutterstock**: Bietet mehr als 40 Millionen Stockfotos, Vektorgrafiken, Videos und Musiktitel an. Es lassen sich Bildpakete ab knapp 40 € einkaufen, die dann bis zu 12 Bilddownloads enthalten.

Die Bildersuche | Die Fotoagenturen bieten teilweise sehr umfangreiche Suchfilter an, was bei Millionen von Bildern auch notwendig ist und die Benutzbarkeit der Bilderkataloge auch entscheidend beeinflusst. Übliche Suchkriterien sind die Art (Foto, Illustration, Video, Audio, Flash), die Größe (Auflösung), Farbe, Ausrichtung (Hoch-, Querformat) und die Suche nach Schlagworten und Kategorien.

▲ **Abbildung 11.20**
Logo *de.fotolia.com*

▲ **Abbildung 11.21**
Logo *www.istockphoto.com*

▲ **Abbildung 11.22**
Logo *de.123rf.com*

▲ **Abbildung 11.23**
Logo *www.photocase.de*

▲ **Abbildung 11.24**
Logo *www.shutterstock.com*

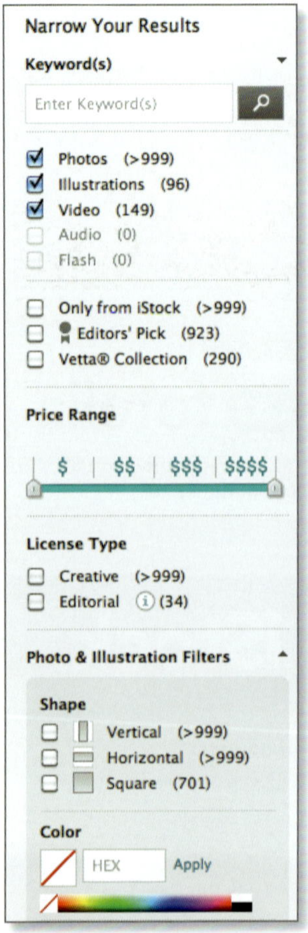

▲ **Abbildung 11.25**
Vielfältige Suchkriterien bei *istockphoto.com*: vom Preis über die Farbe bis zum Format

> **Bildauflösungen**
> Dank der sogenannten Retina-Disyplays reichen schnell die bisherigen Bildauflösungen beim Kauf nicht mehr aus, sondern die doppelte Größe ist gefragt. Das wirkt sich dann natürlich auch unmittelbar auf den Preis aus. Mehr zu Retina-Bildern erfahren Sie in Abschnitt 11.11.4.

Für die eigene Suche sollten verschiedene Suchbegriffe definiert werden, Synonyme und auch englischsprachige Bezeichnungen liefern oft noch andere – manchmal hilfreichere –Ergebnisse.

Bilder über eine Fotoagentur kaufen | Bei den meisten Fotoagenturen läuft der Bezahlungsprozess der Bilder über sogenannte *Credits*. Zu Beginn muss eine Mindestmenge an Credits erworben werden (meistens mindestens 10). Je mehr Credits auf einmal gekauft werden, umso günstiger ist der einzelne Credit. Die Bilder gibt es dann meistens in verschiedenen Größen (Auflösungen). Je größer ein Bild, umso teurer ist es, sprich je mehr Credits kostet es.

Die erworbenen Credits müssen meistens innerhalb eines Jahres verbraucht werden, ansonsten verfallen sie. Rest-Credits können nicht wieder gegen Bargeld eingetauscht werden. Beim Kauf also gut überlegen, wie viele Credits man im Laufe des kommenden Jahres ungefähr brauchen wird. Je mehr man kauft, umso günstiger ist es ja. Allerdings bringt es auch nichts, wenn diese nach einem Jahr verfallen, dann ist der Preisvorteil auch hinüber.

Layoutbilder | In der Regel bieten alle Fotoagenturen den Download von sogenannten Layoutbildern an. Möchten Sie also ein bestimmtes Bild in Ihrem Screendesign einsetzen und es dem Kunden erst einmal präsentieren, dann müssen nicht gleich die entsprechenden Bildlizenzen erworben werden, sondern es kann ein niedrig aufgelöstes Bild mit Wasserzeichen heruntergeladen werden. Die Qualität ist bei den Layoutbildern leider (logischerweise) bescheiden, was vor allem bei Bildern ungünstig ist, die großformatig im Screendesign eingesetzt werden sollen. Den Kunden sollten Sie notfalls diesen Sachverhalt kurz erklären oder eventuell sogar das Bild kaufen. Der Effekt eines großformatigen Bildes in Topqualität statt eines in schlechter Layoutqualität mit Wasserzeichen kann die Wirkung und die Beurteilung eines Screendesigns entscheidend beeinflussen.

Und wer zahlt für die Bilder? | Wenn Bilder über eine Stockagentur gekauft werden, fallen Kosten an. Doch wer muss diese tragen? Wann zahlt der Webdesigner (bzw. die Webagentur) und wann der Kunde? Ein häufiger Fall aus der Praxis: Sie gestalten für Ihren Kunden ein Screendesign und wollen dafür ein Bild einer Fotoagentur einsetzen. Klassischerweise gibt es dafür zwei Szenarien:

1. Der Kunde kauft das Bild, und der Webdesigner benutzt es in seiner Rolle als »Erfüllungsgehilfe«. Die Nutzungsrechte am Bild liegen beim Kunden, so kann er das Bild unter Umständen später auch für andere Zwecke einsetzen (hängt im Detail von den genauen individuellen Nutzungsrechten ab).
2. Der Webdesigner kauft das Bild und erstellt damit eine Website. Er verkauft dann die Nutzungsrechte an der Website an den Kunden. Möchte der Kunde später das Bild für andere Zwecke benutzen, muss er entweder den Webdesigner beauftragen oder die Bildlizenz selbst kaufen. Soll für einen anderen Kunden das gleiche Motiv eingesetzt werden, muss die Lizenz noch einmal gekauft werden. Die Bildkosten dürfen nicht an den Kunden explizit weiterberechnet werden. Der Webdesigner kann eine Materialpauschale verlangen oder den Bildpreis in die Designleistung mit einberechnen. Bei den teilweise sehr günstigen Bildkosten kann vielleicht sogar darauf verzichtet werden.

▲ **Abbildung 11.26**
Und in der Mitte prangt das Wasserzeichen. Für einen ersten Screendesignentwurf ist das noch okay. *http://de.fotolia.com/id/50916410*

11.3.6 Fotografen beauftragen

Bei hochwertigen Bildern vom Firmengebäude, den Mitarbeitern, Produktionsmaschinen oder sonstigen individuellen Bildern kommen Sie um einen professionellen Fotografen nicht herum. Versuche mit semiprofessionellem Equipment von Ihnen oder einem Mitarbeiter sollten Sie besser bleiben lassen.

Es gibt da draußen genug Fotografen, die auf Arbeit warten und gute Arbeit verrichten. Sollte das Ihrem Kunden zu teuer sein, sind wir wieder bei den Fotoagenturen – und damit nicht mehr bei einzigartig und individuell.

11.4 Motive & Bildstimmung

Es ist gar nicht so einfach, passende Bilder zu finden, die optisch ansprechend, bezahlbar und möglichst auch individuell sind. Und manchmal muss nicht nur das ein oder andere Bild ausgewählt, sondern eine ganze Bilderwelt gestaltet werden. Also gleich eine ganze Reihe von Bildern, die sich ähneln, beispielsweise einen offensichtlichen Zusammenhang haben – und das inhaltlich wie optisch über die ganze Webseite hinweg.

Kleinere und mittlere Unternehmen haben oft nicht das Budget der Großunternehmen für Werbefotografen und individuelle Fotografien. Für den Einsatz von Bildern (nur) auf Webseiten braucht es diese aber nicht zwangsläufig. Gefragt sind hier eher Kreativität und Originalität.

11.4.1 Austauschbare Bilderwelten

Der Normalfall ist leider nicht die gelungene Umsetzung von individuellen Bildern, sondern eher die sogenannten *austauschbaren Bilderwelten*. Fluch und Segen der Fotoagenturen offenbaren sich hier. Für geringe Kosten können professionelle Fotos eingekauft werden ohne gravierend eingeschränkte Nutzungsrechte, ein Segen.

Als Folge tauchen die Bilder dann aber nicht nur auf der eigenen Webseite auf, sondern gleich auf mehreren. Viele Unternehmen scheinen z. B. die Idee und Vorstellung von Bildern zu haben mit *»jungen, fröhlichen gut aussehenden Menschen, die nett zusammen vor einem Laptop sitzen und gemeinsam surfen oder ein entspanntes Meeting halten«*. Würde man die Unternehmen einmal besuchen, würde sich sehr wahrscheinlich herausstellen, dass diese Vorstellung fernab jeglicher Realität ist. Aber egal, hier werden die Bildkataloge zum Fluch, denn mit Eigenständigkeit und Wiedererkennungseffekt haben diese Bilder wenig zu tun. Die Gefahr, durch die Verwendung von Stock-Bildmaterial austauschbare Bilderwelten zu erschaffen, ist groß und kommt in der Praxis nicht selten vor, wie die folgenden Beispiele zeigen sollen.

Tipp
Die Fotoagenturen zeigen bei den einzelnen Bildern die Anzahl der bisherigen Downloads an. Dies sagt nichts darüber aus, wo und wie oft das Bild zum Einsatz kam, vermittelt aber ein bisschen ein Gefühl, welche Bilder gefragt sind und welche nicht so sehr.

▲ **Abbildung 11.27**
Über 2.600 Downloads – das ist eine Ansage!

Die Bank an Ihrer Fotoagentur-Seite | Großkonzerne brauchen für ihre Unternehmenswebsite oft unzählige Bilder. Die Verlockung ist groß, diese aus dem Fotoagenturpool auszuwählen, und so habe ich exemplarisch die Commerzbank ausgewählt (und nicht, weil sie mit unseren Steuergeldern gerettet wurde!). Surft man hier einfach mal ein paar Seiten ab, ergibt sich ein Potpourri an Stockbildern:

Abbildung 11.28 ▼
Die bunte Stock-Fotowelt der Commerzbank, mehr auf: *commerzbank.com*

Fairerweise muss man sagen, man könnte statt der Commerzbank genauso gut jede andere Bankwebsite oder sonstiges Großunternehmen heranziehen. Die Bilder ließen sich meistens – leider – bedenkenlos gegeneinander austauschen.

Schrecklich nette Menschen | Natürlich wirken Bilder von freundlichen, sympathischen, attraktiven Menschen auf uns anziehend. Aber zu oft ist allzu offensichtlich, dass diese Menschen NICHT in diesem Unternehmen arbeiten. Und zu sehr ähneln sich diese »netten« Gesichter. Vielleicht mag der positive Effekt, freundliche Menschen abzubilden, schwerer wiegen, als austauschbare Bilder zu nehmen. Vielleicht lassen sich zukünftig öfters nette und ECHTE Mitarbeiterfotos machen – dass das geht, zeige ich später noch in Abschnitt 11.4, »Motive & Bildstimmung«.

◂ **Abbildung 11.29**
Ob das wirklich Mitarbeiter von *mcs-siegrist.ch* sind?

Sie nannten ihn »Scribbler« | Ja, der Effekt ist schon originell. Da schreibt oder malt oder scribbelt eine nette Person quasi von innen an den Bildschirm. Das fällt auf, vor allem wenn das Gescribbelte noch inhaltlich passend ist. Blöd nur, dass der Effekt nicht besser wird, je öfter er wiederholt wird. Eigentlich wie mit allem, irgendwann kann man es nicht mehr sehen, zumindest ist es dann nicht mehr originell!

◂▾ **Abbildung 11.30**
Es können komplexe Strukturen gescribbelt werden wie auf *docxells.com*. Auch Werbeagenturen wie *blickgerecht.com* nutzen den Scribbler.

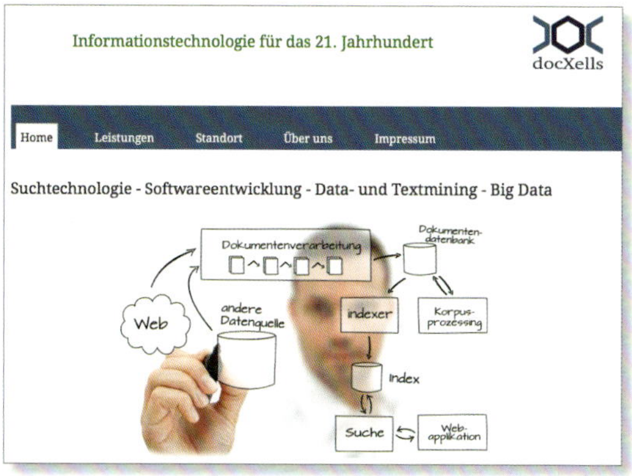

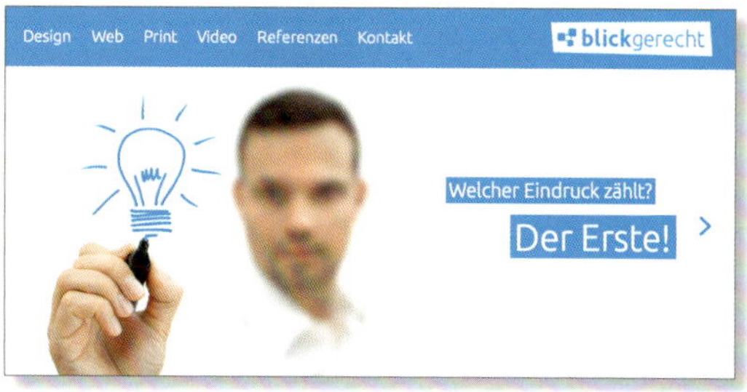

Geständnis eines Webdesigners
Ja, ich habe den *Scribbler* (siehe vorherige Seite) auch schon einmal in einem Screendesign für einen Kunden eingesetzt ... Die Verlockung auf austauschbare Bilderwelten zurückzugreifen ist groß, da sie in den Fotoagenturen entsprechend häufig vertreten sind!

Ole, ein Businessman wie jeder andere? | Sind Sie schon mal in die Verlegenheit gekommen, bei den Fotoagenturen nach »Geschäftsmann« – oder neudeutsch: »Businessman« – zu suchen? Irgendwann vor einigen Jahren, als der »Trend« mit den Internet-Fotoagenturen gerade so richtig aufkam, wunderte ich mich, immer dem gleichen Herrn zu begegnen. Nach ein bisschen Recherche stellte sich heraus, dass der gute Mann *Ole* heißt:

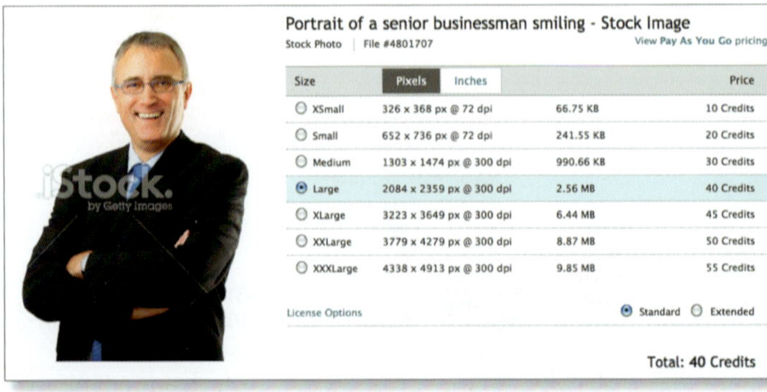

▲ **Abbildung 11.31**
Und Ole hat seinen Preis, in kleinster Auflösung kostet er gut 15 €. Dafür ist er allerdings auch schon über 12.000 Mal heruntergeladen worden. *http://www.istockphoto.com/stock-photo-4801707-portrait-of-a-senior-businessman-smiling.php*

Abbildung 11.32 ▶
Ole wird universell eingesetzt, hier als Geschäftskunde der Stadtwerke Leipzig. *http://swl.de*

Die Wahrscheinlichkeit ist hoch, dass Sie ihm auch schon einmal begegnet sind, und falls Sie diese Begegnung vergessen haben, würde es mich auch nicht wundern. Ist dieser adrette ältere Herr doch irgendwie austauschbar oder, in seinem Fall besser ausgedrückt, universell. Er ist einsetzbar als Arzt, als Consulter, als Experte für Schwimmbadtechnik, als ...

- Ole als Experte für moderne Wundversorgung: *draco.de/service/serviceinstrumente/kalkulation-richtgroessenvolumen/*
- noch einmal derselbe Ole als Fachmann für Schwimmbadtechnik: *http://www.ospa-schwimmbadtechnik.de/erfolgsgeheimnisse/rundumbetreuung/leistungen/planung.html*
- Ole als Testimonial: *offerten24.ch*

Fehlende Bedeutung | Bilder erfassen wir als Erstes, sie sprechen uns emotional an und sagen mehr als tausend Worte – das haben wir alles schon im Verlauf dieses Kapitels gesehen. Was aber, wenn die Bilder, die wir als Erstes wahrnehmen, gar keine richtige Aussage haben? Oder in keinem für uns bzw. den Betrachter offensichtlichen Zusammenhang mit den Inhalten oder dem Webseiten-Betreiber stehen?

◂ **Abbildung 11.33**
Die Milch macht's? Mit der Peperoni wird es nicht viel klarer: Impulse für die Agrar- und Ernährungswirtschaft! *afc.net*

Im besten Fall haben diese Bilder dann einfach *nur* Platz verschenkt, der mit passenden Inhalten oder thematisch relevanten Bildern hätte gefüllt werden können. Im ungünstigeren Fall verwirren sie, verkehren die Aussage, vermitteln falsche Emotionen und so weiter. Dies sollte auf jeden Fall vermieden werden. Wählen Sie für Ihr Webdesign Bilder aus, die eine Bedeutung haben und in Verbindung mit den Inhalten der Website stehen.

Fazit | Gut und günstig sind die Bilder der Fotoagenturen meistens. Die Gefahr, bei austauschbaren Bildern zu landen, ist aber groß. Individuelle Bilder finden sich hier selten.

Unterscheiden sollte man das Einsatzgebiet dieser austauschbaren Bilderwelten. Im Header als Erkennungsmerkmal sind solche Bilder eher deplatziert. Hier sind sie oft mehr Fluch als Segen: Zwar kann sicher je nach Motiv eine hohe Emotionalisierung erreicht werden, aber eben keine hohe Wiedererkennung oder Differenzierung. Etwas anders sieht das bei den austauschbaren Bilderwelten als Orientierungselementen aus. Als kleine Teaser für Unterseiten und Artikel oder als Ergänzung bei viel Fließtext haben sie durchaus ihre Berechtigung, um den Anwender durch das Angebot zu leiten. Der Aufwand, für ein 60 × 60 Pixel »großes« Teaserbild jedes Mal die Stockagenturen zu durchsuchen, steht selten in einem gescheiten Verhältnis zum Ertrag.

▴ **Abbildung 11.34**
Die Teaserbilder bei *studieren-im-netz.org* sind zwar austauschbare Bilder, sie erfüllen aber ihren Zweck.

11.4.2 Räumlichkeiten

Einen *Einblick* in das Unternehmen geben anhand von Bildern der Räumlichkeiten & Büros – gerade Unternehmen, die eine Dienstleistung anbieten und kein greifbares Produkt, und speziell Agenturen nutzen diese Möglichkeit. Bilder der Räumlichkeiten heißt eigentlich auch so gut wie immer, dass Personen, mal mehr, mal weniger detailliert, vorkommen.

▲ **Abbildung 11.35**
Echte Menschen in echten Büros: authentisch statt klischeehaft hübsch und gestellt. *aldeiaco.com.br*

▲ **Abbildung 11.36**
»Our Office« – treffender könnte man es nicht formulieren. Was für ein umfangreicher Einblick bei *parall.ax/about*!

Mit Bürobildern lassen sich z. B. mehrere Fliegen mit einer Klappe schlagen:

- Innenraumaufnahmen sind immer individuell, da jedes Unternehmen, jedes Büro anders aussieht.
- Die Abbildungen von Personen erzeugen Menschlichkeit und Nähe.
- Potenzielle Kunden, aber auch potenzielle Mitarbeiter bekommen den sprichwörtlichen *Einblick* in das Unternehmen.

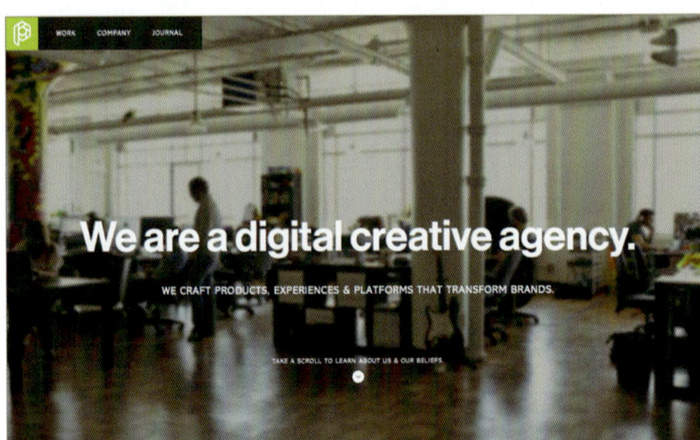

Abbildung 11.37 ▶
Schaut nach Großraumbüro aus. Und ist in Großagenturen gerne auch mal so: *playgroundinc.com*

11.4.3 Menschen, Mitarbeiter und das Team

Bilder von Menschen erzeugen beim Betrachter immer eine emotionale Reaktion. Unser Gehirn unterscheidet nicht zwischen der Realität und einem Bild auf einer Webseite: »Ist mir die dargestellte Person sympathisch, dann ist mir auch die Webseite sympathisch.«

◂ **Abbildung 11.38**
Alle Mitarbeiter auf einer Seite und dann noch kreativ umgesetzt: *lateral-inc.com/about-us/team*

Durch Bilder von Menschen lässt sich Nähe herstellen und unter Umständen auch Persönlichkeit schaffen. Dabei ist es auch erst einmal egal, ob die abgebildete Person wirklich in oder für dieses Unternehmen arbeitet. Hauptsache, sie spricht uns emotional an. Womit wir auch den Einsatz der »schrecklich netten Menschen« (siehe gleichnamigen Abschnitt auf Seite 551) erklären können. Wichtig sind auch die Augen. Schaut uns die Person an, fühlen wir uns angesprochen – es wird Blick*kontakt* aufgenommen. Der erste Schritt für eine angenehme sympathische Kontaktaufnahme.

Schaut uns die Person nicht an, gibt sie die Richtung für unseren Blickverlauf vor. Wo andere hinschauen oder auch hindeuten, da schauen wir auch hin. So lässt sich Aufmerksamkeit auch steuern. Nutzer folgen unweigerlich der Blickrichtung einer Person. Unternehmen können durch echte Mitarbeiterporträts, also nicht nur Menschenbilder aus Fotoagenturen, viel Persönlichkeit und Individualität vermitteln.

Inspiration Mitarbeiterpräsentation
Der Webdesign-Blog *speckyboy* hat noch jede Menge weiterer toller Beispiele von Mitarbeiterpräsentationen zusammengetragen:
speckyboy.com/2014/01/13/50-webpage-layouts-showcasing-company-teams-employees

▲ Abbildung 11.39
Die beiden Chefs lächeln angenehm und wirken trotz verschränkter Arme sehr sympathisch. Gerne mehr davon! Siehe *inutec.de/ueber_uns*.

▲ Abbildung 11.40
Hey, crazy people bei *thesum.ca/about.html*

Auf die Austauschbarkeit von Produkten und Dienstleistungen bin ich ja bereits eben zu sprechen gekommen. Mit der Vermittlung der Personen hinter den Produkten, dem Einblick in die Menschen, die die Dienstleistungen verrichten, bekommt der User einen Einblick in das Unternehmen. Er fühlt sich menschlich, sprich emotional, angesprochen. Viel mehr (optische) Authentizität geht nicht. Etwas, wonach sich der User in Zeiten der großen Werbe- und Marketingbilder sehnt. Diese Entwicklung spiegelt sich in den »Über uns«-Seiten mit Teamvorstellung wider. Etwas, was nicht nur das Vorstellungs*bild* der Anwender entscheidend prägen kann, sondern inzwischen schon fast ein Muss: *»Wer steckt eigentlich dahinter?«*

parall.ax wurde ja bereits lobend im Abschnitt zu den Räumlichkeiten erwähnt. Auch auf der *About*-Seite macht die Website alles richtig (siehe Abbildung 11.41). *p-e-r.com* setzt seine Mitarbeiter ebenfalls in Kreisform gelungen und sympathisch in Szene, hier allerdings in Schwarz-Weiß.

Abbildung 11.41 ▼
Wer seine Räumlichkeiten so schön vorstellt, der macht das auch mit seinen Mitarbeitern (links, *parall.ax/about*)! *p-e-r.com/team* setzt auf pfiffige Schwarz-Weiß-Bilder der Mitarbeiter (rechts).

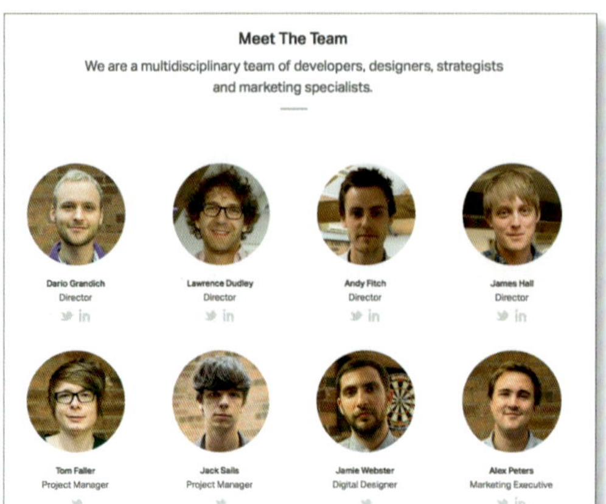

Auch wer Mitarbeiter businesslike in Szene setzen möchte, muss nicht langweilen. *ac-tischendorf.com* zeigt, wie es geht: ordentlich freigestellt, mit einen angenehmen Verlauf, und auch die darauf folgenden Einzelporträts wirken selbstbewusst und individuell.

◂ **Abbildung 11.42**
Businesslike in Szene gesetzt, ordentlich freigestellt, ein angenehmer Verlauf. Diese Rechtsanwälte machen einiges richtig: *ac-tischendorf.com/de/personalities*.

Bei manchen Firmen werden einzelne oder alle Mitarbeiter auch ausführlicher vorgestellt. Lebenslauf, zwei, drei nette Sätze ergänzt durch die konkreten Kontaktdaten. Dies ist für Besucher häufig besonders interessant. Der (potenzielle) Kunde muss nicht mehr an eine anonyme *info@*-E-Mail-Adresse schreiben, sondern hat die konkrete Adresse seines gewünschten Ansprechpartners. Allein die Veröffentlichung der Adressen zeugt von Offenheit. Bei Internetagenturen kann es empfehlenswert sein, noch die Social-Media-Profile der Mitarbeiter (wie auch auf Abbildung 11.44 zu sehen ist) zu verlinken. Ein Zeichen an den Kunden, wie sehr die Mitarbeiter ihr Onlinemetier verstehen.

▴ **Abbildung 11.43**
Wenn es was zu erzählen gibt, werden die einzelnen Mitarbeiter gerne auch ausführlicher vorgestellt, wie bei *aberdare.com/people/partners/darren-hite*.

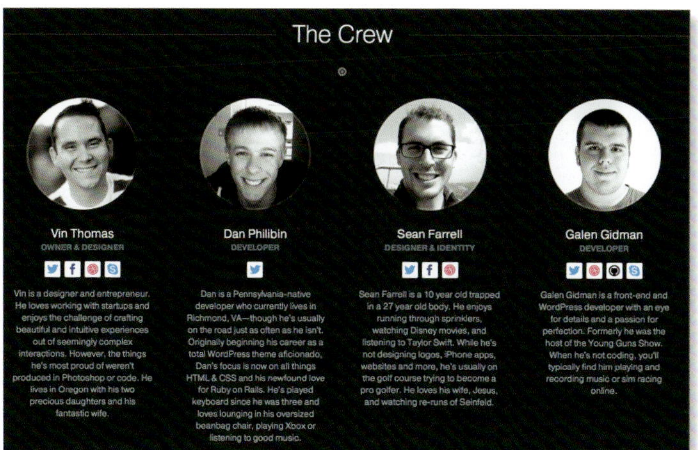

◂ **Abbildung 11.44**
Klassischer Fall: zu den Porträts die Social-Media-Profile, kurze Beschreibung der Person und in diesem Fall bei *wearefixel.com* besser Schnappschussbilder

Und dann gibt es ja noch die Agenturen, die auch gerne mal mit witzigen Porträts ihre Kreativität ausdrücken wollen. Originell und gut gemacht, dann spricht nichts dagegen. Im Gegenteil: Der individuelle Charakter des Unternehmens wird so deutlich unterstrichen.

▲ **Abbildung 11.45**
Ja, wo schauen die Jungs von *viens-la.com* denn hin? Auf jeden Fall der Maus hinterher …

▲ **Abbildung 11.46**
Da steckt Grips und viel Arbeit dahinter: Porträts als Spielfiguren bei *atlassian.com/company/about/people*.

11.4.4 Porträts

Für Selbstständige haben Porträts eine ganz wichtige Bedeutung, sie sind noch entscheidender als die Mitarbeiterporträts aus dem vorherigen Abschnitt. Bei Selbstständigen und Freiberuflern IST die eigene Persönlichkeit das Unternehmen. Durch eine gelungene Porträtaufnahme bietet sich eine gute Möglichkeit, eine individuelle Wirkung zu erzielen und die Persönlichkeit zu visualisieren. Porträts sind hier sprichwörtlich ein Ab*bild* eines Menschen. Auch hier gibt es verschiedene Spielarten: *jimramsden.com* hat sein Porträt freigestellt und individuell mit dem Umriss gearbeitet (Abbildung 11.47). Rich & Drew haben sich gleich zweifach, und zwar mit Foto und Bewegtbild, in Szene gesetzt. So wird Dienstleistung und individuelle Präsentation perfekt visualisiert (Abbildung 11.48).

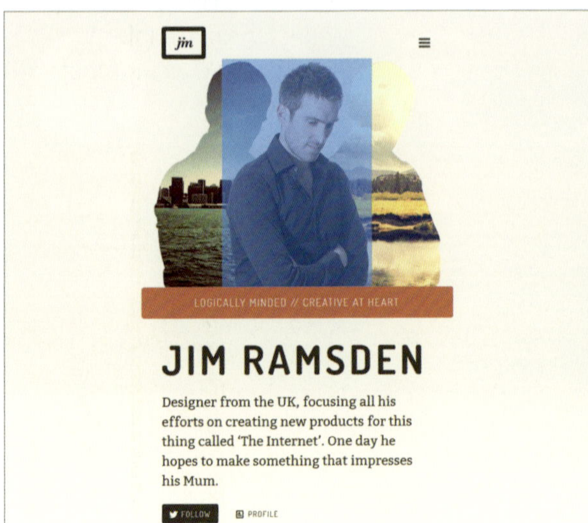

Abbildung 11.47 ▶
Das Porträt freigestellt und mit dem Umriss gearbeitet hat *jimramsden.com*.

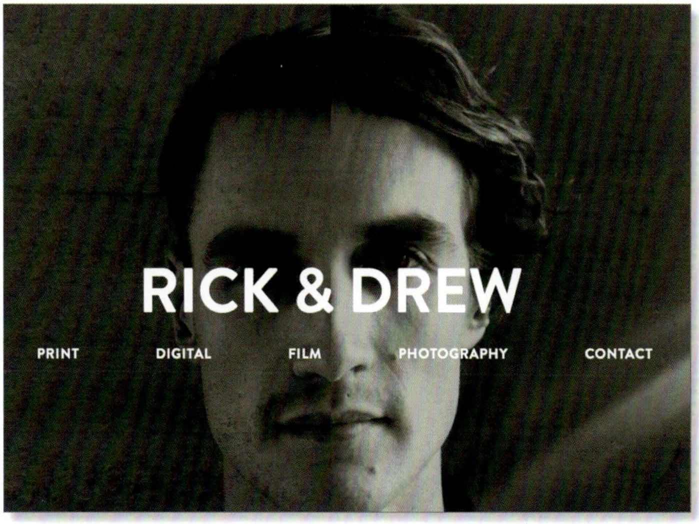

▲ **Abbildung 11.48**
Aus zwei mach eins: Rick & Drew vereint und dann noch als Bewegtbild. Dienstleistung und individuelle Präsentation perfekt visualisiert von *rickanddrew.com*

▲ **Abbildung 11.49**
Daniel zeigt sich in voller Größe. Nette Idee: einfach mal nach unten scrollen. *danieleckler.com*

Auch bei Porträts ist die Frage, welches nehmen bzw. woher bekommen. Ein Selbstporträt mit der Smartphone-Kamera vor dem Spiegel habe ich zum Glück bisher bei keinem Portfolio gefunden. Aber vom Schnappschussbild bis zur Studioaufnahme beim Fotografen war alles dabei. Hier ist prinzipiell auch alles erlaubt! Achten Sie jedoch auf die ausreichende Qualität der Fotos. Bessere Schnappschussbilder sind vor allem von Webworkern gerne genommen. Spiegeln sie doch das ungezwungene, freie (Arbeits)leben so schön wider. Soll es seriöser wirken, können Hintergrund und Text auf das Porträt abgestimmt werden. Die folgenden Abbildungen zeigen, wie vielfältig Porträts im Webdesign eingesetzt werden, und dienen der Inspiration:

◂ **Abbildung 11.50**
Sehr schöne Kombination aus Hintergrundbild, Zitat und Porträt bei *psychotherapie-adler.de*

Abbildung 11.51 ▸
Respekt, sympathisches Porträt abgestimmt mit den Farben des Screendesigns bei *rat-fuer-ruhm-und-ehre.de/das-ist-der-rat*

> **Porträtqualität**
> Während beispielsweise bei Landschaftsaufnahmen eine leichte Unschärfe oft nicht so auffällt, ist dies bei Bildern mit entsprechend vielen Details anders. Je schärfer ein Porträtbild, als umso hochwertiger wird es wahrgenommen und damit auch der Gesamteindruck der Webseite. Meistens liefert diese Qualität nur der professionelle Fotograf. Bilder mit dem eigenen – oft semiprofessionellen – Equipment mag für einige Einsatzzwecke ausreichen, für ein gestochen scharfes Porträtfoto aber eher selten.

Die in diesem Abschnitt gezeigten Bilder verdeutlichen die Vielfalt an individuellen Porträtbildern. Der Begriff *Authentizität* mag zwar inzwischen schon fast wieder etwas verbraucht sein, aber hier trifft er zu. Im Idealfall spiegelt ein Porträt den Charakter der Person wider. Dazu muss der Fotografierte im Moment der Aufnahme auch er selbst sein (können). Wir alle kennen aber die Situation, wenn eine Kamera auf uns gerichtet ist, zu oft spielen wir dann etwas vor (den Clown, den Coolen, den Ernsten, den Lustigen usw.). Selten schauen wir dann »ganz natürlich«. Und im Grunde muss ich dann auch noch einmal eine Lanze für Berufsfotografen brechen. Es ist deren Aufgabe, uns authentisch wahrzunehmen und dies in einem Foto festzuhalten. Die Porträts vom Therapeuten Adler (Abbildung 11.50, Seite 559) und dem Rat für Ruhm und Ehre (Abbildung 11.51) zeigen dies. Zwei wunderbar natürliche Porträts, die dazu noch offen und freundlich wirken. Mit diesen Personen möchte man vermutlich gerne arbeiten. Und da diese auch sehr persönliche Dienstleistungen anbieten oder zumindest Dienstleistungen, bei denen es sehr auf das Miteinander ankommt, ist diese Art der Porträtfotografie hilfreich. Kaum ein Laie würde diese Porträts so hinbekommen.

Abbildung 11.52 ▸
Postpubertäre Phase: Mister Cool auf *bokche.com*

Das Beispiel von *bokche.com* (Abbildung 11.52) zeigt aber auch die Inszenierung in der Porträtfotografie. Auch bewusst cool, ernst, lustig oder streng können Porträts wirken, wenn man es denn so möchte bzw. es zur gewünschten Aussage passt. Im Hinterkopf dabei sollte aber die Zielgruppe sein. Nicht alles, was man selbst cool findet, mag auch beim klassisch seriösen Kunden so ankommen (wenn er denn überhaupt weiß, was gerade cool ist).

◂ **Abbildung 11.53**
Im Einsatz während eines Seminars, *knabenreich-consult.de*

Auch eine Idee der Porträtfotografie. Sich selbst im Einsatz zeigen, im Ausführen der Tätigkeit, die man selbst anbietet. Herr Knabenreich bietet u. a. Seminare an, das Porträt (Abbildung 11.53) sieht aus, als wäre es während eines solchen entstanden. Vielleicht ein bisschen unscharf und grisselig, aber eben irgendwie auch »voll in Action«. Statt auch hier auf die klassische Porträtfotografie zu setzen, wird hier lieber ein wirklich individuelles Bild gemacht, das auch einen direkten Bezug zur Dienstleistung hat.

▴ **Abbildung 11.54**
Ausschnitt aus dem Social Media Management Tool Hootsuite. Profilbilder eines Newsstreams. *hootsuite.com*

11.4.5 Profilbilder

Eine spezielle Art von Porträt sind die Profilbilder, die für die sozialen Netzwerke eingesetzt werden. Anfangs hochformatig wie klassische Bewerbungsporträtbilder, wurden diese in den letzten Jahren aufgrund der Anforderungen verschiedener Dienste teilweise kleiner und oft auch quadratisch. Ein gutes Profilbild funktioniert fast wie ein Icon. Wiedererkennbar sollte es sein, und im Idealfall unterscheidet es sich von anderen und wird dadurch unverwechselbar.

Das stereotype freundliche Passbildporträt aus früheren Zeiten wirkt in digitalen Anwendungen nur sehr beschränkt. Profilbilder sollen keine biometrischen Vorgaben erfüllen, sondern sind ein Teil der ganz eigenen digitalen Identität, die sich auch damit selbst steuern lässt. Profilbilder müssen relativ groß wirken,

z. B. in XING-Profilen, aber auch winzig klein wie in Social-News-streams (wieder)erkennbar sein. Ein Profilbild sollte daher konsistent durch alle Kanäle eingesetzt werden, um die Wiedererkennung zu erreichen.

Bei der Gestaltung des Profilbildes sind die Möglichkeiten ähnlich denen bei der Gestaltung einer Bilderwelt für Webseiten. Schon allein die Wahl des Ausschnitts kann eine große Wirkung erzielen. Mit der Farbgestaltung spielen, Teile vom Hintergrund freistellen, mit illustrativen Elementen versehen … Möglichkeiten gibt es einige, um eine kreative und individuell passende Umsetzung zu finden. Ein Profilbild ist immer schnell ausgetauscht. Für die Häufigkeit gibt es allerdings keine Richtlinie. Kontinuität kann sich hier genauso auszahlen wie ein regelmäßiger Wechsel, um immer wieder Aufmerksamkeit zu erzeugen.

Abbildung 11.55 ▸
Die Profilbilder können Ausdruck der Kreativität sein wie bei *facebook.com/kayintveen*.

11.4.6 Inszenierung von Produktfotos

Geht es bei der Webseite um die Präsentation und/oder Verkauf eines konkreten Produktes, dann sollte dieses entsprechend hochwertig präsentiert werden. Ein Vorbild ist bekanntermaßen Apple mit seinen Produktpräsentationen.

Inspiration Produktinszenierung
Mehr Beispiele von tollen Produktinszenierungen finden sich bei: *www.onextrapixel.com/2013/10/04/30-beautiful-and-attractive-product-showcase-websites*

Abbildung 11.56 ▸
Vorreiter in Sachen Funktionalität, Ästhetik und minimalistisches Webdesign: *apple.com/de* zeigt, wie Produktpräsentationen aussehen können, wobei Produktinszenierungen wohl der passendere Begriff wäre.

Klar, nicht jeder kann sich eine hochwertige Produktfotografie bzw. aus einem 3D-Programm makellos gerenderte Produktbilder leisten. Aber je hochwertiger die Bilder inszeniert werden, umso attraktiver sind sie, umso größer das Vertrauen in das Produkt und das Unternehmen und umso eher entsteht das Gefühl des »Habenwollens« beim Betrachter.

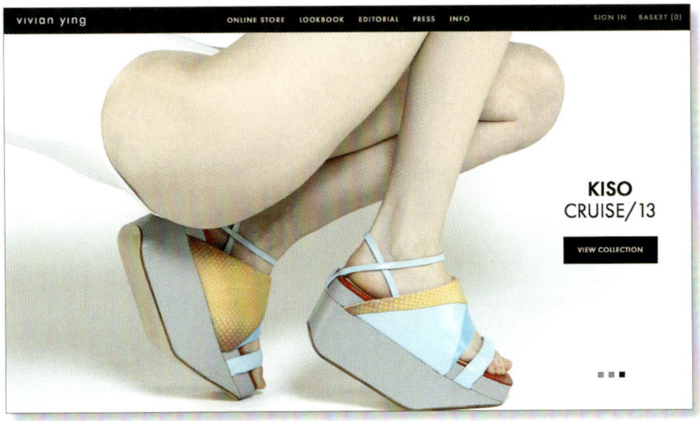

◂ **Abbildung 11.57**
Schuhe bei *vivianying.co.uk*

Unterstützt werden kann die Inszenierung der Produkte noch durch die Darstellung von Menschen, um die Emotionalisierung noch stärker zu machen. Menschen, welche die Produkte bedienen, sie halten oder, im Falle von Bildschirmen, auf ihnen abgebildet sind.

◂▾ **Abbildung 11.58**
Ein sprichwörtlicher Aufhänger – macht oft auch was her wie bei *greatsbrand.com* und *eastworksleather.com*

Und was machen diejenigen, die kein gegenständliches Produkt anbieten, sondern eine Software oder eine Dienstleistung und damit kein direktes Fotomotiv haben? Kreativ sein! Zum Beispiel Menschen zeigen, die die Dienstleitung ausführen, oder Mitarbeiter mit dem Produkt in Szene setzen oder Verpackungen.

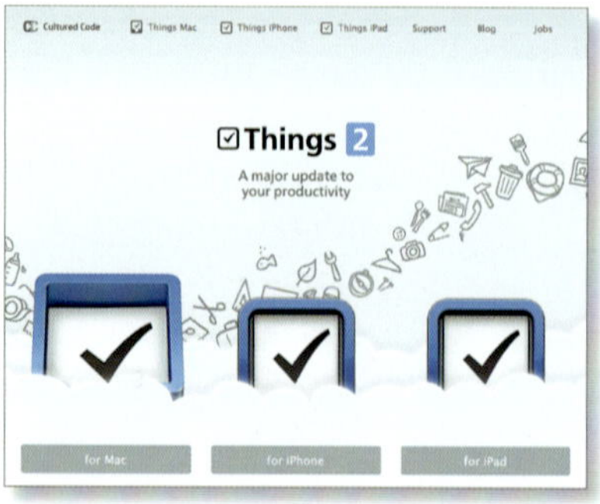

▲ **Abbildung 11.59**
Eine Software und (zufälligerweise) auch ein Haken. Mit *culturedcode.com* wird man produktiver und ein virtuelles Produkt optisch ansprechend präsentiert.

▲ **Abbildung 11.60**
Steuererklärungen. Riecht muffig, kann aber auch frisch! Bei *smartsteuer.de* sind das Thema, das Dienstleister-Logo und der »Erledigt«-Haken schön in Szene gesetzt.

11.5 Bildgestaltung

▲ **Abbildung 11.61**
Jens Lehmann freigestellt: *www.jenslehmann.com*

Bilder sollten bewusst ausgewählt und eingesetzt werden. Der Webdesigner (zusammen mit dem Kunden) sollte immer hinterfragen, welchen Zweck das Bild erfüllen soll. Drei Fragen können dabei helfen:

1. Ist es relevant?
2. Ist es interessant?
3. Ist es ansprechend?

Neben der inhaltlichen Relevanzfrage kann der Webdesigner vor allem bei den anderen Punkten mithelfen. Denn neben den Motiven sind auch beispielsweise der Ausschnitt, die Farbgebung und das Format für die Bildwirkung entscheidend.

11.5.1 Der Bildausschnitt

Die Wirkung eines Bildes ist nicht unerheblich vom Bildausschnitt abhängig. In der journalistischen Foto-Berichterstattung wird nicht selten diskutiert, ob ein begrenzter Bildausschnitt den Betrachter manipuliert oder die Konzentration aufs Wesentliche unterstützt. Aber auch bei Alltagsmotiven können unterschiedliche Wirkungen erzielt werden, wenn der Ausschnitt verändert wird. Während ein Ganzkörperbild den Fokus auf die Körpersprache und die Interaktion mit der Umwelt hat, wirkt ein Porträt dagegen viel emotionaler.

Bilder, die Sie vom Kunden gestellt bekommen, die in Bildagenturen eingekauft werden oder die ein Fotograf erstellt hat, müssen nicht zwangsläufig in voller Breite eingesetzt werden. Allein mit ungewöhnlichen Ausschnitten lässt sich mit überschaubarem Aufwand viel Aufmerksamkeit erzeugen. So muss z. B. nicht immer ein Porträt in voller Gänze dargestellt werden. Ein Motiv wird oft gerade dann interessant, wenn es angeschnitten dargestellt wird.

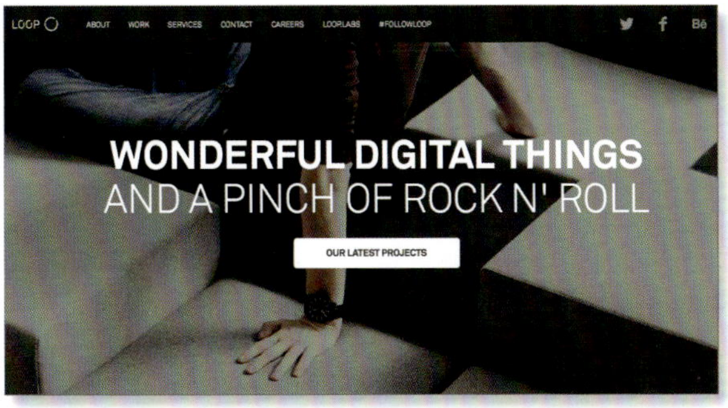

◂ **Abbildung 11.62**
Wunderbare digitale Dinge brauchen manchmal gar keinen Kopf: *agentur-loop.com*.

◂ **Abbildung 11.63**
Detailaufnahme, bei der der Kopf ordentlich angeschnitten ist: *blindbarber.com*

»Out of the Box« | Bilder sind rechteckig. Die Kamera, die Bildbearbeitungsprogramme und das HTML-Tag `img` geben dieses Format vor. Manchmal kann es aber spannend sein, Bilder optisch aus ihrem rechteckigen Rahmen herauszunehmen. Die Bilddatei ist dann zwar immer noch rechteckig. Das Motiv ist aber (teilweise) freigestellt, also vom Hintergrund ausgeschnitten, und wirkt so wesentlich interessanter und lebendiger.

11.5.2 »Unrechteckige« Formate

Um nicht immer den üblichen rechteckigen Rahmen einzusetzen, kann man, neben der Möglichkeit, Bilder freizustellen, das Bildformat ändern. Kreis-, Kreuz- oder Dreieckform sind nur mögliche Alternativen. Einige Webseiten setzen diese Formatvarianten als markantes Layoutelement gezielt ein.

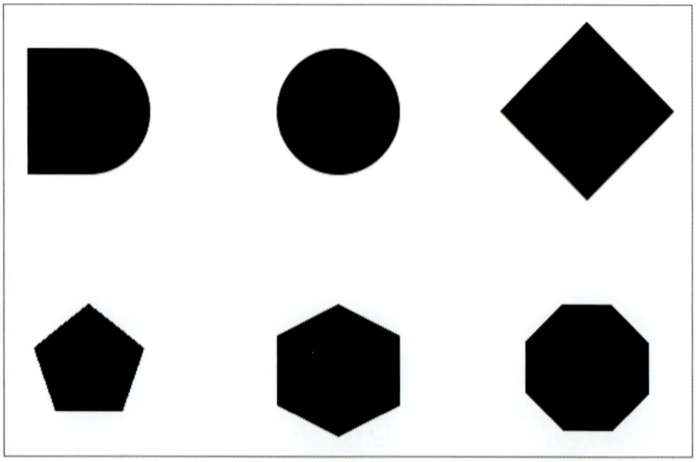

Abbildung 11.64 ▸
Viele Alternativen zur Rechteckform. *cssshapes.com* zeigt, wie diese mit CSS umgesetzt werden können.

Zum Nachlesen
Wenn Sie sich in Erinnerung rufen wollen, welche Wirkung die verschiedenen Formen auf ein Webdesign haben können, schauen Sie doch noch mal in Kapitel 6, »Gestaltungsgrundlagen«, nach.

Gerade Bilder in Kreisform können ein Webdesign beleben und Spannung erzeugen. Auffallen tut dieses für Bilder ungewohnte Format allemal.

Abbildung 11.65 ▸
Der Name ist Programm: Kreise bei *lifeinthebubble.com*.

Schritt für Schritt: Eine runde Sache

Die Photoshop-Datei »Schnittmaske.psd« befindet sich als Vorlage auf der Buch-DVD. Sie finden diese Datei unter Beispielmaterial • Kapitel_11.

Um runde Bilder in Photoshop schnell zu erzeugen und trotzdem flexibel bzw. nicht destruktiv zu arbeiten, verwenden Sie am besten sogenannte Schnittmasken.

1 Eine Kreis-Ebene anlegen

Als Ausgang erstellen Sie eine 400 × 400 Pixel große Photoshop-Datei. Als Basisebene (in Abbildung 11.67 Ellipse 1 genannt) dient ein Kreis, den Sie mit dem Ellipse-Werkzeug erstellen. Halten Sie beim Aufziehen des Kreises am besten die [⇧]-Taste gedrückt, damit Höhe und Breite gleich sind und ein Kreis entsteht und keine Ellipse.

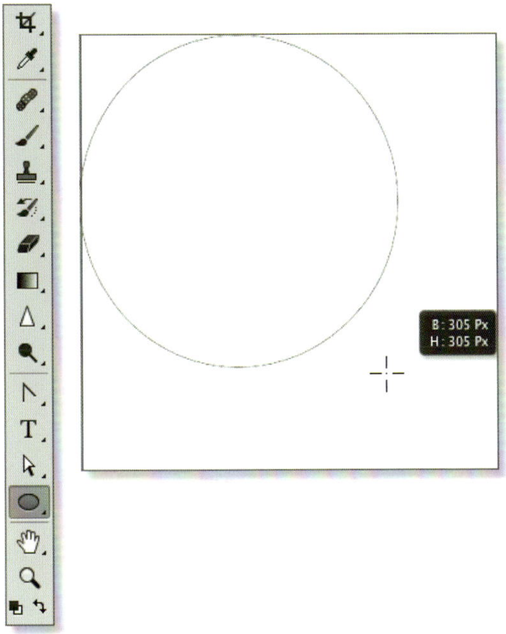

◂ **Abbildung 11.66**
Mit Hilfe des Ellipsen-Werkzeugs und der ⇧-Taste wird ein Kreis erzeugt.

Als Nächstes kopieren Sie ein Bild aus einer anderen Datei in diese als oberste Ebene (in Abbildung 11.70 EBENE 1). Diese oberste Ebene ist dann das Bild bzw. das Motiv, das kreisförmig dargestellt werden soll.

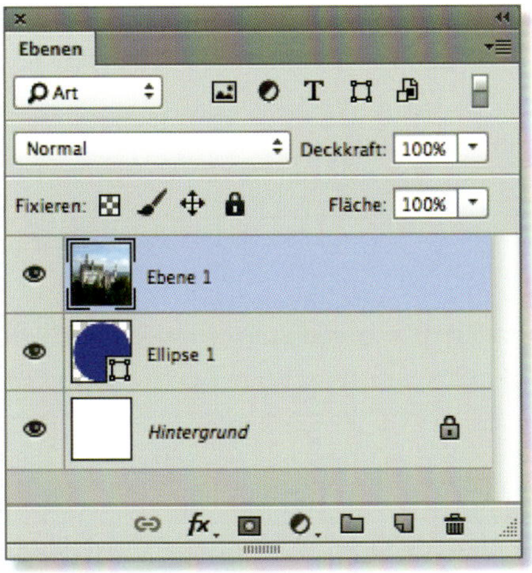

◂ **Abbildung 11.67**
Die Ebenenanordnung in Photoshop

2 Eine Schnittmaske erstellen

Bewegen Sie nun den Mauscursor zwischen die Bild- und die Basisebene, und halten Sie dabei die Alt-Taste gedrückt. Der Cursor ❶ (siehe Seite 568) verändert sich daraufhin. Wenn Sie jetzt die Maustaste drücken, rückt die Bildebene etwas ein und bekommt das Schnittmaskensymbol ❷.

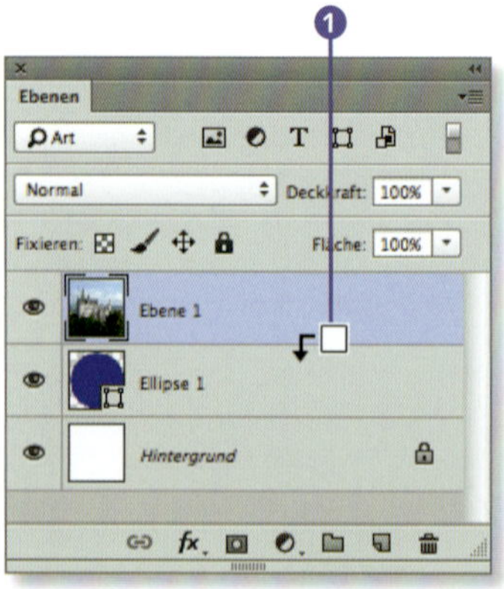

Abbildung 11.68 ▸
Der Mauszeiger zwischen den Ebenen bei gedrückter [Alt]-Taste

Abbildung 11.69 ▸▸
Schnittmaske mit zwei Ebenen. Es lassen sich auch noch beliebig weitere Ebenen der Basisebene unterordnen.

3 Den Bildausschnitt anpassen (optional)

Fertig ist die Schnittmaske und das Bild kreisförmig. Die Pixel des Bildmotivs bleiben somit unverändert, und die Schnittmaske lässt sich beliebig anpassen, ohne die Bildinhalte zu verändern, sondern jeweils nur deren Ausschnitt. Eine Schnittmaske lässt sich auch mit jeder anderen Form und auch mit Text umsetzen:

▲ Abbildung 11.70
Runde Bilder in Photoshop nicht destruktiv umgesetzt.

▲ Abbildung 11.71
Als Basisebene dient ein Sechseck ...

▲ Abbildung 11.72
... und eine Textebene als Basis.

Die Beispieldatei mit runden CSS-Bildern finden Sie auf der Buch-DVD unter BEISPIELMATERIAL • KAPITEL_11 • RUNDER_BILDAUSSCHNITT. Die Datei heißt »rund.html«.

Kreisförmige Bilder lassen sich aber inzwischen auch schnell per CSS3 erzeugen:

HTML-Code:

```
<div class="circular"></div>
```

CSS-Code:

```
.circular {
width: 200px;
height: 200px;
border-radius: 50%;
background: url(image.jpg) no-repeat;
}
```

Listing 11.1 ▸
Kreisrunde Bilder mit `border-radius`

Mit `border-radius` lassen sich die Ecken verändern bzw. abrunden. Wird `border-radius` in CSS auf 50% gesetzt, dann wird bei quadratischen Bildern automatisch ein Kreis erzeugt. Ist das Bild rechteckig, entsteht eine Ellipse. Es lassen sich auch genaue Pixelwerte eingeben. In dem Fall würde der CSS-Code dann folgendermaßen aussehen:

```
.circular {
width: 200px;
height: 200px;
border-radius: 100px;
background: url(image.jpg) no-repeat;
}
```

◂ **Listing 11.2**
`border-radius` mit Pixelwerten

◂ **Abbildung 11.73**
Bei dieser verspielten Seite würden rechteckige Bilder so gar nicht reinpassen. *spielzeug-museum-ilmenau.de*

Hexagon | Wenn vier Ecken nicht reichen, wie wäre es mit sechs? Hexagone können für entsprechende Aufmerksamkeit sorgen.

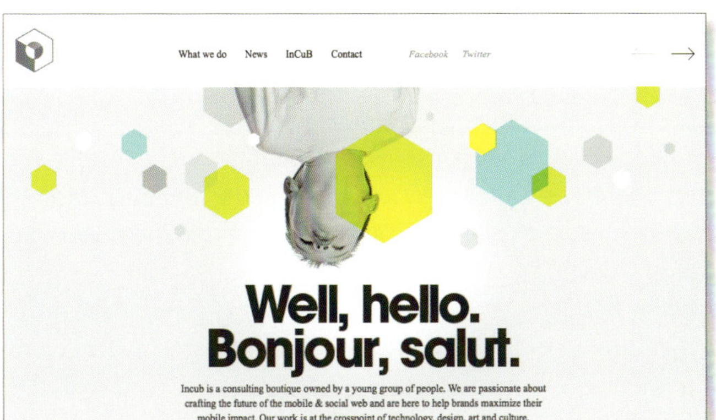

◂ **Abbildung 11.74**
Hexagone, Neonfarben und ein auf den Kopf gedrehtes freigestelltes Bild. Viel origineller geht es fast nicht (*incub.ro*).

Abbildung 11.75 ▸
Nicht nur Kreise, auch Hexagone können Referenzbildern das gewisse Etwas verleihen wie bei *gorohov.name*.

Inspiration
Weitere Beispiele für geometrische Formen aller Arten auf Webseiten finden sich bei den Showcases von *http://webdesign-showcases.com/category/design/shapes/* und die CSS-Umsetzungsmöglichkeiten bei *csss-hapes.com/*.

Ein Sechseck ist eine kompliziertere Form als ein Rechteck oder ein Kreis. Das heißt, sie erzeugen mehr Aufmerksamkeit, sind aber auch etwas schwieriger vom Betrachter aufzunehmen. Die Referenzbilder in Abbildung 11.75 wirken sehr komplex und fast schon verwirrend. Auf jeden Fall nicht wirklich übersichtlich. Etwas dezenter, weil weniger Hexagone und in helleren Farben, ist die Wirkung in Abbildung 11.74 auf Seite 569. Hier sind sie nicht so dominant, sondern wirken spielerischer und lockern das Gesamtlayout auf.

Aufgrund der komplexen Form sollten Hexagone mit Vorsicht eingesetzt werden. Einzeln oder aufgrund der Farbgebung, Größe oder Bildinhalte dezenter, können sie einem Layout einen Schuss Individualität verleihen.

11.5.3 Graustufen/Duplexfarben

Farbige Bilder einzufärben oder in Graustufen umzuwandeln sind Varianten, die recht einfach umzusetzen sind. Bei Graustufenbildern besteht natürlich die Gefahr, dass diese zu leblos/farblos wirken. Andererseits lenken sie gerade dadurch nicht zu sehr von anderen wichtigen Elementen ab. Denn Bilder ziehen zuerst die Aufmerksamkeit auf sich. Mit Graustufen lässt sich diese Wirkung reduzieren.

Einzelne Bereiche eines Bildes oder gar das ganze Bild einzufärben ist eine Verfremdung, die nur dann erfolgen sollte, wenn nicht unbedingt ein fotorealistisches Bild erwartet wird (wie z. B. Produktfotografien in einem Mode-Onlineshop).

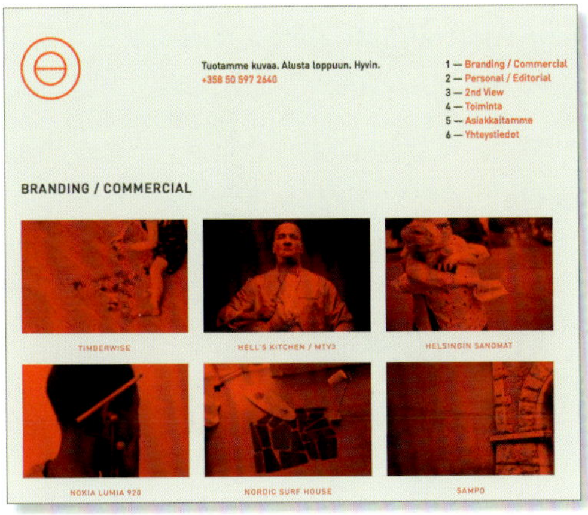

▲ **Abbildung 11.76**
Die Projektbilder in rotem Ton, passend zur Highlightfarbe bei *duotone.fi*

▲ **Abbildung 11.77**
Graustufenbilder mit gelbem Akzent. Originell und passend zum Corporate Design von *skidata.com*

Ein Duplexeffekt kann, je nach Farbton und Sättigung des Tons, sehr markant wirken. Auf jeden Fall haben Duplexbilder einen starken Wiedererkennungswert. Der Rotton in Abbildung 11.76 wirkt sehr dominant und auffällig. Hier werden die Bildfarben bewusst verfälscht, und die erzeugte Wirkung steht im Vordergrund. Dagegen kommen bei *skidata.com* (Abbildung 11.77) der graue und gelbe Farbton gezielt bei einigen wenigen Bildbereichen zum Einsatz. Der Fotorealismus bleibt somit erhalten, und trotzdem bekommen die Bilder somit eine Eigenständigkeit, die sie sonst so nicht hätten.

Der Duplexeffekt, gerne mit Rot, Blau oder auch Gelb als Akzentfarbe umgesetzt, kann tragender Bestandteil eines sehr individuellen Webdesigns sein. Gerade auch, wenn eher die klassischen Bildmotive zur Verfügung stehen, lässt sich damit einfach und gut eine Individualität erzeugen.

Schritt für Schritt: Ein Bild mit einem Duplexeffekt versehen

Es gibt – wie so häufig – verschiedene Wege, die zum Ziel führen. Zwar gibt es in Photoshop den Bildmodus Duplex (Bild • Modus • Duplex), allerdings eignet sich dieser nicht wirklich für Screendesigns, da die komplette Bilddatei eingefärbt werden würde. Für einen Duplexeffekt, der sich nur partiell auf eine Bildebene auswirken soll, wähle ich in Photoshop klassischerweise folgenden Weg. In diesem Workshop dient das Bildmaterial aus dem Workshop »Eine runde Sache« (Seite 566) als Ausgangsmaterial.

Die Photoshop-Datei mit dem Namen »Duplexfarben.psd« finden Sie auf der Buch-DVD unter Beispielmaterial • Kapitel_11.

▲ **Abbildung 11.78**
Da wollen wir hin: das Ergebnis dieses Workshops.

1 Einstellungsebene Farbton/Sättigung zuweisen

Oberhalb der Bildebene, die den Duplexeffekt erhalten soll, wird zunächst eine Einstellungsebene Farbton/Sättigung erstellt.

2 Sättigung anpassen

In dieser Einstellungsebene wird die Sättigung auf –100 ❶ eingestellt, somit wird das Bild in Graustufen umgewandelt. Die oberste Ebene wird dann die »Duplexebene«.

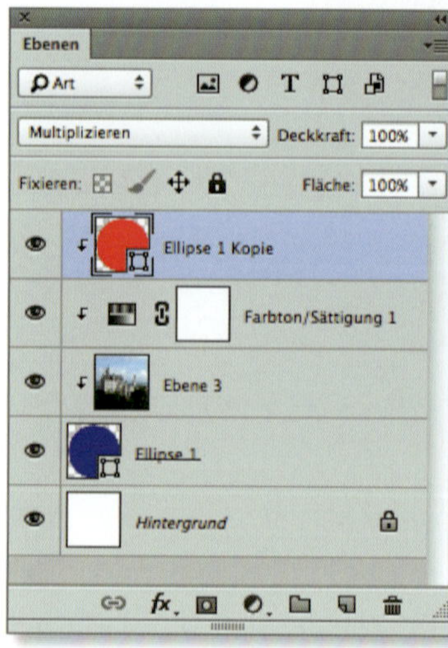

Abbildung 11.79 ▸
Die Ebenenanordnung für den Duplexeffekt

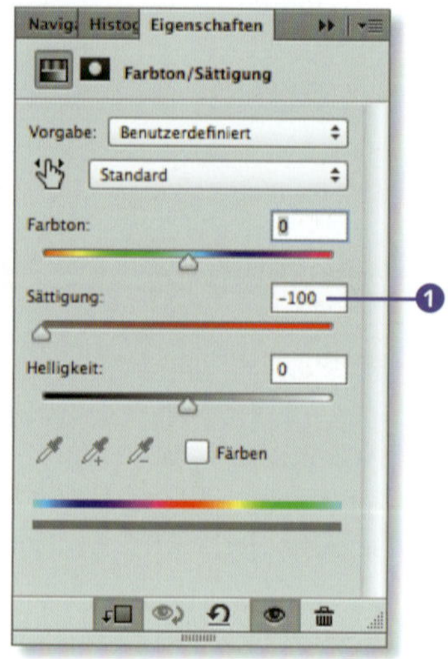

Abbildung 11.80 ▸▸
Die Sättigung wird auf –100 eingestellt.

3 Ebene duplizieren und Ebenenmodus zuweisen

Im Beispiel habe ich die Ellipsenebene dupliziert und nach oben geschoben. Diese bekommt den Mischmodus Multiplizieren ❷. Je nach Farbe der oberen Ellipsenebene erscheint entsprechend der Duplexton. Und das Praktische ist: Mit einem Klick lässt sich die Farbe der Ebene anpassen:

▼ **Abbildung 11.81**
Links die Duplexebene in Blau und rechts in Grün.

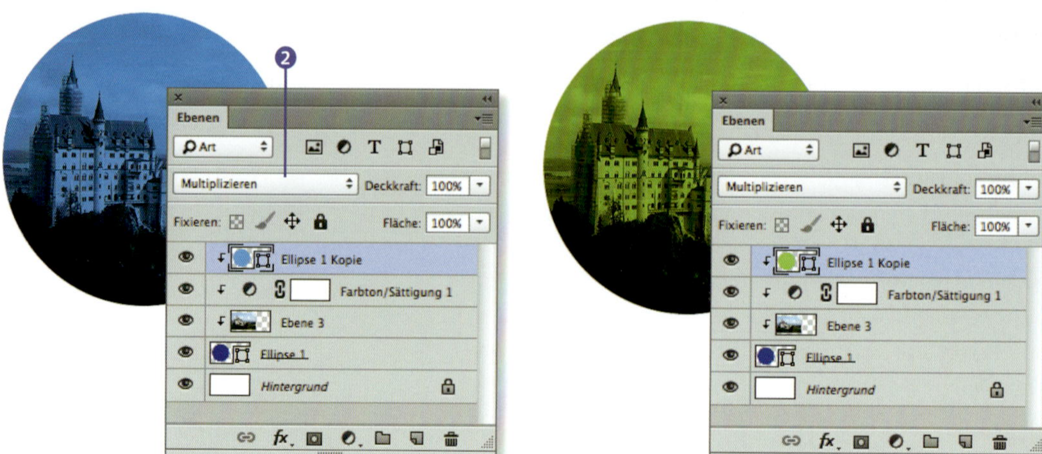

11.5.4 Montagen/Collagen

Findet sich kein passendes Bild oder lässt sich das gewünschte Motiv nicht so einfach umsetzen, dann gibt es die Variante, eine eigene Fotomontage, die aussieht wie fotografiert, aus mehreren Bildern zu gestalten. Mit solchen Collagen lässt sich z. B. gut die Vielfalt von Produkten oder Leistungen aufzeigen. Oder wie bei *theheadsofstate.com* ein Ausschnitt der kreativen Arbeit und Werkzeuge geben. Collagen wirken meistens spielerisch und zeigen ein (kreatives) »Durcheinander«.

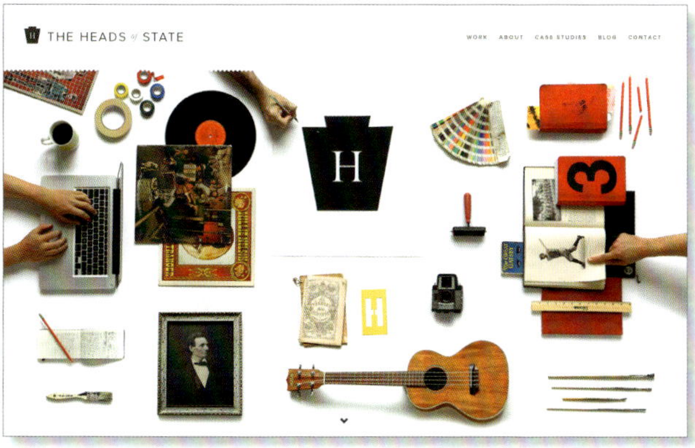

◂ Abbildung 11.82
Viele kleine Gegenstände ergeben ein Gesamtkunstwerk – Voll und irgendwie doch minimalistisch, *theheadsofstate.com*.

Oder man setzt mehrere Bilder zu einer Art Collage zusammen, bei der klar ist, dass diese aus vielen einzelnen Bildern besteht, die zusammengesetzt wurden. So oder so entsteht immer ein »wilderer« Charakter als bei einem Einzelbild. Würde ein Einzelbild oder die Darstellung eines einzelnen Gegenstandes aber die gewünschte Vielfalt nicht ausreichend repräsentieren, sind Collagen ein geeignetes Mittel.

Bei *2create.bg* wurde aus vielen kleinen unterschiedlichen Bildern eine große Collage angefertigt, die ihre Künstlichkeit und illustrativen Charakter auch nicht verbirgt.

◂ Abbildung 11.83
Illustrative Collage *bei 2create.bg*

Collagen wirken kreativ, und die Umsetzungsmöglichkeiten sind fast grenzenlos, gleichzeitig erzeugen sie aber durch die Anzahl der unterschiedlichen Elemente auch schnell Unruhe.

11.5.5 Großformatige Bilder/Hintergrundbilder

Mit Bildern lässt sich eine Emotionalisierung erreichen. Mit großen Bildern eine noch höhere, so könnte die einfache Formel sein und erklären, warum sich großformatige Hintergrundbilder inzwischen so häufig auf allen Arten von Webseiten wiederfinden. Manchmal sind diese lediglich schmückendes Element, manchmal sind sie auch Teil des Inhalts.

▲ Abbildung 11.84
Formatfüllende Bilder, die gleich Teil des Inhalts sind. So einen Einblick gewährt *porte-sainte-claire.com*.

▲ Abbildung 11.85
Formatfüllende Bilder werden gerne bei Restaurant-Webseiten eingesetzt: *aupetitpanisse.fr*.

Was vorher nur aus Printanzeigen oder logischerweise dem Fernsehen bekannt war, lässt sich nun auch als Gestaltungselement im Web einsetzen. Die emotionale Wirkung ist enorm, die Wiedererkennung und Prägnanz auch.

Abbildung 11.86 ▶
Parallax-Webseiten und große Bilder gehören irgendwie zusammen: *inze.it*.

Die großflächige Nutzung von Bildern geht auch mit der Verbreitung von DSL einher. Große Bilder in hoher Qualität bedeuten auch große Datenmengen und damit je nach Verbindung eine nicht unerhebliche Zeit des Wartens. Mit einer schnellen Verbindung kein Thema, wer aber beispielsweise mobil unterwegs ist, für den sind großformatige Hintergrundbilder oft doppelt ärgerlich. Sie kosten Zeit bzw. Datenvolumen und können auf kleineren Screens selten ihre volle Wirkung entfalten.

11.5.6 Bildtrends

Trends kommen und gehen, manche bleiben als eine weitere Alternative bestehen. So gibt es auch immer wieder verschiedene Bildtrends im Webdesign.

Slider | Seit einiger Zeit ist es ein Trend, große Bilder-Slider im Header der Startseite einzusetzen. Dies hat den Vorteil, dass man sich nicht auf ein Thema bzw. ein Bild beschränken muss, sondern mit mehreren Bildern für Abwechslung sorgen und dem Betrachter gleich mehrere Themen präsentieren kann.

◂ Abbildung 11.87
Was für ein Slider: große Pfeile, großes Bild, Schatteneffekt, »Thumbnail«-Kreise. Alles drin, was es braucht … *cavagrill.com*

Genau darin besteht allerdings auch die Gefahr, dass inhaltliche Aussagen verwaschen werden durch Quantität. Slider haben oft auch etwas von »Sich nicht festlegen können« auf die Kernaussage und stattdessen, viele Aussagen zu treffen. Soll der User sich doch dann für eine entscheiden. Genau das will der User aber nicht wirklich. Ein Slider muss schon wahnsinnig interessant und spannend sein, dass der User die weiteren Bilder abwartet bzw. durchklickt. Interessiert das erste Bild nicht, werden selten die weiteren Bilder abgewartet. Ist das erste Bild aber schon reizvoll, wird dieses oft schon angeklickt. Beides spricht nicht dafür, dass der User sich erst einmal in Ruhe vier, fünf, sechs Slides anschaut, um dann eine Entscheidung zu treffen. Der User ist ungeduldig und will nicht warten auf Unbekanntes, von dem er nicht weiß, ob es ihn interessieren wird.

Abbildung 11.88 ▸
Sieht nett aus, aber warum sollte ich auf die nächsten Bilder warten? *heathwaller.com*

Umsetzung von Slidern | Der Aufbau der Slider ist fast immer der gleiche: Rechteckige Bilder, die meistens über die ganze Inhaltsspalte gehen, fahren nach links oder rechts raus, und der nächste Content kommt rein. Meistens stehen noch Links-/Rechts-Pfeile zur Verfügung.

Abbildung 11.89 ▸
Hier funktioniert der Slider schon besser. Die Produktanzahl ist überschaubar, und der Slider stellt eine Alternative zur Navigation dar, *jaxvineyards.com/index2.html*.

Es steht inzwischen eine riesige Anzahl an Slider-Plug-ins zur Verfügung: Foto-Slider, Bild-Text-Slider, Parallax-Slider, Responsive Slider, größtenteils kostenfrei, manche kostenpflichtig usw.

Muss oder will man einen Slider einsetzen, ist die Herausforderung, »den richtigen« für seine Anforderungen zu finden. Welche Inhalte sollen »geslidet« werden? Nur Bilder, nur Texte, Bild und Text? Reicht der typische horizontale Slide-Effekt, oder sollen einzelne Elemente noch auf andere Weise »eingeflogen« kommen? Gibt es nur Pfeile und kleine Kreise, die die Anzahl der Slides anzeigen, oder sollen gar kleine Vorschaubildchen der weiteren Slides zu sehen sein? Und was ist mit der Anpassungsfähigkeit an kleinere Bildschirme? Viele Fragen, die bei der Suche nach Slidern helfen können.

Aber egal, welche Slider es dann sein können: Bitte vorher immer gut überlegen, ob es überhaupt einen braucht! Einen Slider einzusetzen, weil man sich bei den Header-Inhalten nicht konkret festlegen wollte, und irgendwie eben »alles wichtig« ist, ist ungünstig. Lieber Schwerpunkte setzen und diese auch zeigen. Nur wenn es wirklich mehrere Schwerpunkte gibt, ist der Einsatz von Slidern sinnvoll. Mehr zu Slidern finden Sie in Kapitel 14, »Animationen«.

Landschaften | Bilder von schönen Landschaften sind ansprechend und schön anzusehen. Großformatige Landschaftsbilder in Headern von Webdesigns sieht man immer häufiger, seit Webseiten auch für sehr große Bildschirmbreiten optimiert werden. Responsive Webdesign heißt ja nicht nur, dass es auf dem Smartphone gut aussehen soll. Auch auf einem 30-Zoll-Bildschirm darf ein Header einmal seine volle Wirkung entfalten. Und ein schönes Landschaftsbild wirkt ja eigentlich erst in groß so richtig.

Und wer dann kein anderes Bildmotiv zur Hand hat, sei es, weil seine Dienstleistung kein konkretes Motiv hergibt, oder vielleicht auch nur aus Faulheit, sich über passende Motive Gedanken zu machen, findet in Landschaften eben schöne Motive. Viel mehr als schön sind diese dann aber auch meistens nicht, zumindest nicht in den Zusammenhängen, in denen sie wie bei den folgenden Beispielen eingesetzt werden.

▼ **Abbildung 11.90**
Bildet eine neue Symbiose: Landschaftsbilder und Webdesigner, zu sehen u.a. bei: *jaysonbrown.ca* (links) und *paulineosmont.com* (rechts)

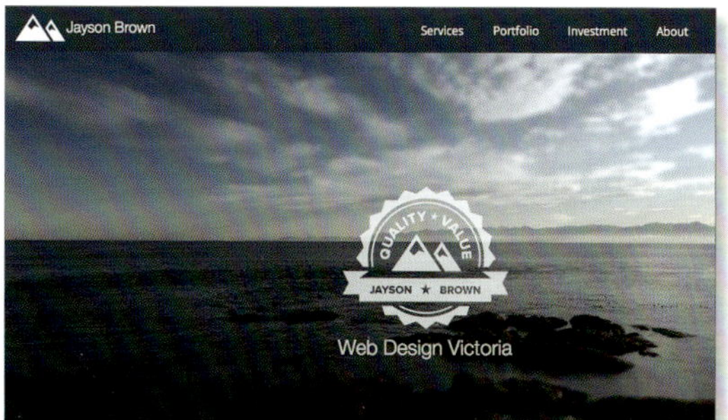

Trotzdem, oder vielleicht auch gerade deswegen, haben sich Landschaftsbilder auch bei »landschaftsfernen« Dienstleistern etabliert.

Arbeitsplatz-Schau
Noch mehr Arbeitsplätze gefällig? *http://line25.com/articles/showcase-of-web-designs-based-on-a-desk-top-view*

Arbeitsplatz/-utensilien | Ein weiterer Trend, der in den letzten Jahren Wellen schlug: der persönliche Blick auf den Arbeitsplatz. Diese Art der Fotografie hat enorm viel mit Selbstinszenierung zu tun. Die so erzeugte persönliche Atmosphäre gibt dem User das Gefühl von Authentizität und Transparenz.

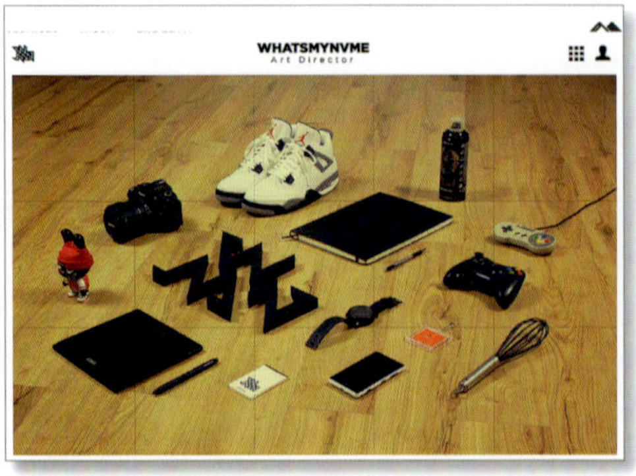

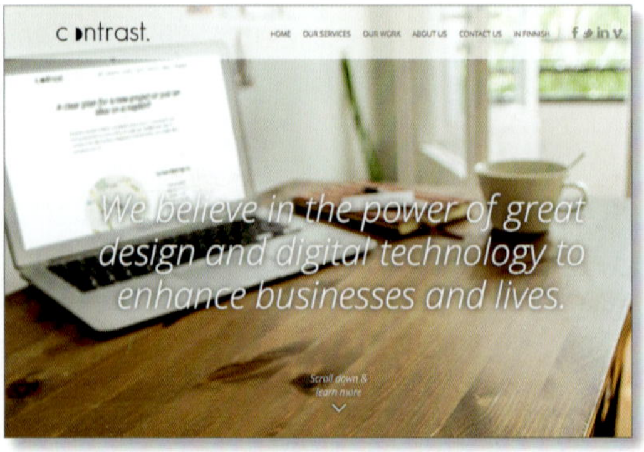

Abbildung 11.91 ▲▶
Vom Turnschuh bis zum Flat-Lineal: *whatsmynvme.com*, *contrast.fi* und *applove.se*

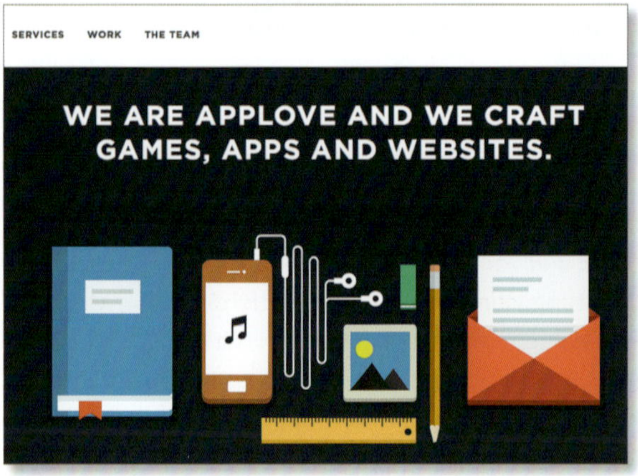

11.6 Icons

Icons sind eine spezielle Form von Bildern. Im Grunde sind sie Symbole, die sich in vielen Bereichen des täglichen Lebens finden lassen – von der Tastatur über Computerprogramme und Straßenschilder bis hin zu Küchengeräten. Durch die vereinfachte Darstellungsform helfen uns Icons, etwas einfacher, besser und schneller zu verstehen. Icons unterstützen somit das Verständnis der Inhalte bzw. die Bedienbarkeit eines Produktes.

Im Header einer Website können Icons z. B. statt eines fotorealistischen Bildes sehr markant und individuell wirken. Dabei kann die Umsetzung der Icons sehr unterschiedlich ausgestaltet werden, wie Abbildung 11.92 zeigt.

▲ **Abbildung 11.92**
Icons im Header bei *theorydesign.ca* (links) und *lorenzoverzini.com* (rechts)

Piktogramme des Alltags
Piktogramme sind stilisierte Bilder, die Informationen, Aktionen oder Objekte visualisieren. Durch die vereinfachte grafische Darstellung sind diese leichter zu finden, zu erkennen, zu lernen und zu merken.

11.6.1 Icons bringen Inhalte auf den Punkt

Ein Icon kann mehr als tausend Worte sagen! Symbole können schnell zusammenfassen, was die Inhalte im Text sagen. Ist das Symbol bekannt und treffend, reichen manchmal gar Icons aus und machen das Lesen somit überflüssig. Die Bedeutung eines Icons ist vom User aufgrund seiner Erfahrung gelernt. Weichen Icons allerdings von den Standard-Icons (Pfeil, Häkchen, Pluszeichen …) ab oder gibt es für den gewünschten Inhalt noch keinen allgemeinen Standard, muss der User das Icon erst interpretieren, was immer Spielraum für ungenaue Deutungen lässt.

Icons können aufgrund ihrer Inhaltsaussagekraft z. B. gut in der Navigation eingesetzt werden, wie es *myownbike.de* vormacht (Abbildung 11.94 auf Seite 580). Gleichzeitig zeigt dieses Beispiel auch die Herausforderung beim Einsatz von Icons: Einige Icons sind selbsterklärend (Konfigurator), andere rufen unterschiedliche Assoziationen hervor (Onlineshop, Ladengeschäft), während das Galerie- und Kontakt-Icon schon als Standard bezeichnet werden können.

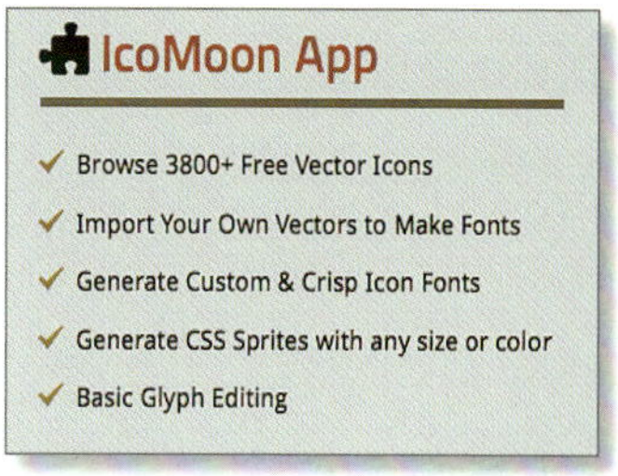

▲ **Abbildung 11.93**
Das bieten wir alles an: einfach abhaken wie bei *icomoon.io*.

Abbildung 11.94 ▸
myownbike.de setzt auf Icons in der Navigation.

Wichtig ist also zu wissen, dass ein Icon immer eine Metapher ist, die erst interpretiert werden muss. Damit ein Icon seine Rolle erfüllen kann, sollte es also möglichst verständlich sein. Es gilt also zunächst zu prüfen, inwieweit die eingesetzten Symbole bekannt sind bzw. bekannt sein müssen, um ihre Bedeutung zu verstehen. Sich bei einem Onlineshop ein neues Icon für den Warenkorb auszudenken, was nicht unmittelbar an einen Einkaufswagen oder zumindest eine Einkaufstasche erinnert, ist kontraproduktiv und verwirrt die User nur unnötig. Seine Kreativität sollte man lieber woanders ausleben.

11.6.2 Aufmerksamkeit steuern und Struktur geben

Sehr gut eignen sich Icons auch als Eyecatcher. Manchmal ist allerdings der Bezug zum Thema nur zu erraten, bzw. die Icons sind so allgemeingültig, dass diese auch für viele andere Themen stehen könnten.

▴ **Abbildung 11.95**
Icons als Eyecatcher bei *thorstenbreyer.de*

Wie schon in Abschnitt 10.2, »Leseverhalten im Web«, gesehen, folgt der Webseiten-Besucher einem bestimmten Lesefluss, der sich z. B. mit Hilfe von Weißraum, Headlines und Bildern lenken lässt. Das gelingt auch mit Icons. Mit ihnen kann man in der Webgestaltung die Aufmerksamkeit auf bestimmte Bereiche lenken.

Abbildung 11.96 ▸
Markante große individuelle Icons bei *cakesweetcake.co.uk* – da kann man gar nicht vorbeischauen.

Dabei können Icons helfen, die Inhalte einer Website zu strukturieren und unterschiedliche Bereiche und Funktionen abzugrenzen – und dies effizienter als (langweiliger) Text.

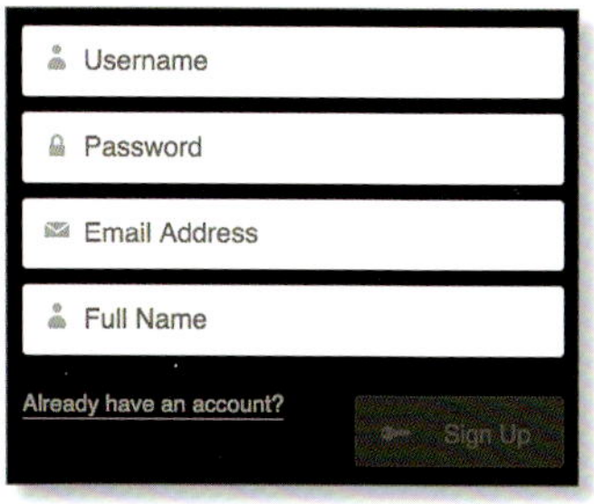

▲ **Abbildung 11.97**
Formularfelder auf den Punkt gebracht helfen dem User wie bei *thenounproject.com/signup*.

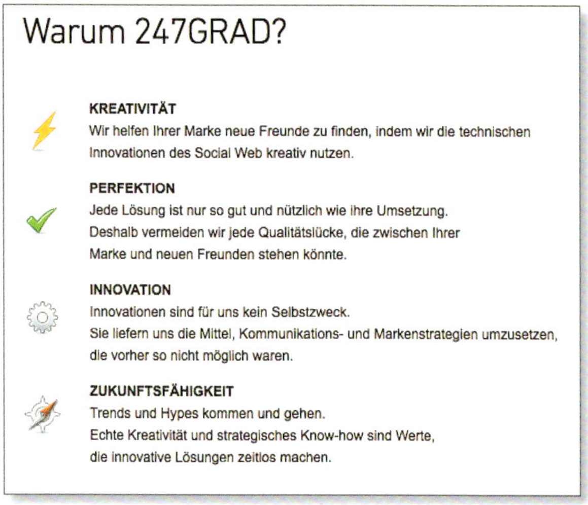

◄ **Abbildung 11.98**
Für jeden neuen Punkt ein neues Icon. Hilft dem Anwender, sich besser zurechtzufinden und die Liste schneller zu erfassen: *247grad.de/about*

Software, Apps, Onlineanwendungen funktionieren ohne den Einsatz von Icons nur sehr eingeschränkt. Menüleisten mit Symbolen erleichtern das Arbeiten enorm und führen den Benutzer im Idealfall intuitiv durch das Programm. Das Arbeiten in Photoshop würde z.B. ohne Symbole in der Werkzeugleiste nur schwerlich funktionieren.

▼ **Abbildung 11.99**
Das Facebook-Interface mit Icons (links) und ohne (rechts)

11.7 Icon-Fonts

In den letzten Jahren sind – zusammen mit den Webfonts – sogenannte *Icon-Fonts* entstanden. Also Schriftarten, die keine Ziffern enthalten, sondern stattdessen eine große Auswahl an Icons –

einfarbige Standard-Icons, die gerne eingesetzt werden, etwa bei Online-User-Interfaces, oder die typischen Social-Network-Icons.

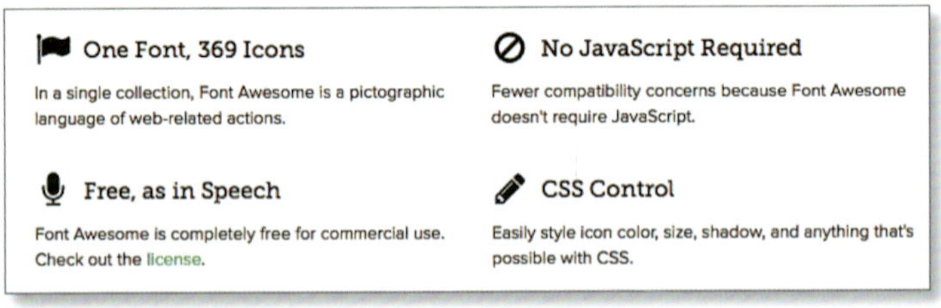

▲ **Abbildung 11.100**
Hier sind keine kleinen Bilder mehr nötig, sondern Icon-Fonts, *fontawesome.io*.

Icon-Fonts
Eine kleine Icon-Fonts-Auswahl:

- *http://fontello.com/*
- *http://fortawesome.github.io/Font-Awesome/*
- *http://genericons.com/*
- *http://zurb.com/playground/foundation-icons*
- *http://weloveiconfonts.com/*
- *http://www.entypo.com/*
- *http://somerandomdude.com/work/open-iconic/*
- *http://fontawesome.io*

So müssen nicht mehr jedes Mal einzelne Bilder im Bildbearbeitungsprogramm abgespeichert werden, sondern sie können recht einfach über CSS eingebunden werden. Dies spart Arbeitszeit und Datenvolumen. Icon-Fonts sind dabei so flexibel, dass sie sich, genau wie »normale« Schriftarten, per CSS beliebig vergrößern und einfärben lassen. So ist ein späteres Anpassen der Größe problemlos möglich und auch der Einsatz bei Retina-Displays. Denn anders als bei Bildern gibt es hier kein Auflösungsproblem.

Die Einsatzmöglichkeiten der Icon-Fonts sind groß: als Social-Media-Icons, große Anführungszeichen bei Zitaten, in User-Interfaces, Eyecatcher als Ergänzung zum Text usw.

Schritt für Schritt: Umsetzung Icon-Fonts

Der Einsatz der Icon-Fonts per HTML und CSS unterscheidet sich etwas von Icon-Fonts zu Icon-Fonts. Exemplarisch die Gestaltung einer Liste mit dem Icon-Fonts *Genericons* (*genericons.com*).

Den Quellcode dieses Beispiels finden Sie auf der Buch-DVD unter BEISPIELMATERIAL • KAPITEL_11 • ICONFONTS. Die Datei heißt »Iconfonts.html«.

1 Font-Einbindung

Zunächst wird der Icon-Fonts per `@font-face`-Befehl eingebunden.

```
<link href="path/to/genericons.css" rel="stylesheet">
```

▲ **Listing 11.3**
Der Icon-Fonts wird eingebunden.

2 Der HTML-Code

Als Nächstes wird die Liste mit HTML normal definiert und bekommt eine Klasse zugewiesen.

```
<ul class="my-checklist">
    <li>Eins</li>
    <li>Zwei</li>
    <li>Drei</li>
    <li>Vier</li>
</ul>
```

◀ **Listing 11.4**
Die Liste wird normal definiert und bekommt eine Klasse zugewiesen.

3 Der CSS-Code

Für die selbst definierte Klasse wird dann ein individuelles Icon als Aufzählungspunkt definiert.

```
.my-checklist {
  list-style-type: none;
}
.my-checklist li:before {
  padding-right: 16px;
  color: #00f;
  content: '\f418';
  display: inline-block;
  -webkit-font-smoothing: antialiased;
  font: normal 20px/1 'Genericons';
  vertical-align: text-top;
}
```

◀ **Listing 11.5**
Mit Hilfe des Pseudoelements `:before` wird das Icon angezeigt.

In der ersten Deklaration wird das Standard-Listen-Icon entfernt. Die zweite Deklaration arbeitet mit dem sogenannten Pseudoelement `:before`, mit dem sich vor einem HTML-Element ein beliebiger Inhalt einfügen lässt. Der Inhalt muss dann mit der Eigenschaft `content` angegeben werden, in diesem Fall ist es ein codiertes Zeichen für das twitter-Icon. Daneben stehen noch einige weitere Angaben, die für ein ordentliches Aussehen sorgen. Entscheidend ist hier vor allem die Angabe der Schriftart `Genericons`, ohne die es nicht funktionieren würde. Fertig!

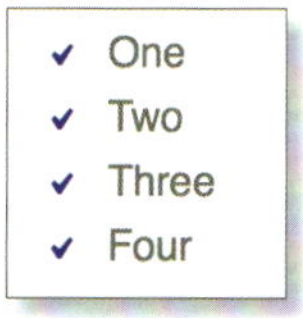

▲ **Abbildung 11.101**
Individuelle Aufzählungspunkte sind mit Genericons einfach umzusetzen.

◀ **Abbildung 11.102**
Schönes Beispiel für den Einsatz von Icon-Fonts in der Navigation: *goldschwarz.at*

11.7.1 Vor- und Nachteile von Icon-Fonts

Die Icon-Fonts sind eine der spannendsten Neuerungen der letzten Jahre. Ihre Flexibilität und ihre Bearbeitungsmöglichkeit ähnlich HTML-Texten bieten einem Webdesigner viele Möglichkeiten:

- Sie sind auflösungsunabhängig, also beliebig skalierbar.
- Sie sind immer gestochen scharf (auch bei Retina-Displays).
- Teilweise lassen sich individuelle Zeichensätze erstellen, in denen nur die benötigten Icons eingebunden werden.
- Icon-Fonts ermöglichen eine leichte und flexible Einbindung.
- Das Angebot an hochwertigen Icon-Fonts ist sehr umfangreich.
- Farben und Größen lassen sich schnell per CSS anpassen (und erlauben ein Gestalten im Browser).
- Nutzung von CSS3-Effekten (Schatten, Rotation, Deckkraft)
- Der Hintergrund von Icon-Fonts ist transparent.
- Icon-Fonts sorgen für geringe Datenmengen und weniger HTTP-Requests (im Vergleich zu mehreren Icons als *.png*-Bildern)
- Die Browserkompatibilität (auch mit älteren Browsern) von Icon-Fonts ist hervorragend.

▲ **Abbildung 11.103**
Klein, groß, größer – Icons wie hier von *fontawesome.io/examples/#larger* lassen sich beliebig skalieren.

Gerade bei Responsive Designs und Retina-Displays spielen die Icon-Fonts ihre ganze Stärke aus aufgrund ihrer Auflösungsunabhängigkeit. Alles hat seine zwei Seiten, auch Icon-Fonts. Die Nachteile sind:

- Es sind nur einfarbige Icons möglich (bzw. mit CSS3 auch Verläufe).
- Fonts mit eigenen individuellen Icons zu erstellen und als Fonts umzuwandeln ist sehr aufwendig
- Einbindung eines zusätzlichen Schriftsatzes, was Speicher beansprucht, vor allem wenn eigentlich nur wenige Icons gebraucht werden. Aber Icons als Bilder beanspruchen natürlich auch Speicher und Ladezeit.
- Man ist auf den Icon-Fonts-eigenen Zeichensatz beschränkt.
- Einige Icon-Fonts kosten Lizenzierungsgebühren.
- Bislang sind Icon-Fonts nur für einfarbige Einsatzzwecke geeignet mit einer beschränkten Auswahl an Zeichen. Wer es also individueller mag, muss wohl doch Bilder nehmen.

▲ **Abbildung 11.104**
Icon-Fonts sind auch eine nette Textergänzung auf Buttons.

11.8 Illustrationen

Illustrationen bieten in der Webgestaltung eine sehr vielseitige Alternative zu fotorealistischen Bildern und anderen Gestaltungselementen. Mit Illustrationen lässt sich ein sehr individueller Stil umsetzen, mit dem man sich von anderen Webseiten gut abgrenzen kann. Die Einsatzmöglichkeiten sind dabei vielfältig: Vom rein dekorativen Charakter bis zu einem inhaltlichen Nutzen mit erklärender oder veranschaulichender Funktion können Illustrationen äußerst variabel im Webdesign verwendet werden. Dabei sind die unterschiedlichen Illustrationsstile so unglaublich vielfältig und einzigartig, dass es kein Wunder ist, wie häufig diese auf Webseiten eingesetzt werden. Der sympathische, kreative und organische Charakter, den Illustrationen ausstrahlen, tut sein Übriges.

▲ **Abbildung 11.105**
Die bunte Welt der Illustrationen, zu finden u.a. bei *theinspirationgrid.com/category/illustration*

11.8.1 Thematische Illustrationen

Thematische Illustrationen sind Illustrationen, die ein thematisches Gesamtbild schaffen, ein übergreifendes Motiv vermitteln oder eine bestimmte Stimmung erzeugen.

◂ **Abbildung 11.106**
Einen ganz eigenen Zeichenstil hat *numero10.ch*.

Bei Webseiten, die auf diese Art der Illustration setzen, wird fast das gesamte Webdesign ausschließlich von den eingesetzten Illustrationen bestimmt. Sie sind kein kleiner netter Bestandteil des Designs, sondern meist das tragende Gestaltungselement: Sie sind das Layout.

Befinden wir uns auf hoher See, mitten in einer Stadt oder auf Erkundungsreise durch die Räumlichkeiten eines Unternehmens? Diese Art der illustrativen Umsetzung führt den User oft an einen anderen Ort, schafft sozusagen eine »eigene Welt«.

Abbildung 11.107 ▸
Eine lange illustrative Welt bei *iutopi.com*

Mit thematischen Illustrationen lässt sich ein sehr hoher Grad an Individualität und Wiedererkennung erzeugen, wie er ansonsten mit anderen Gestaltungsmitteln nur sehr schwer zu erreichen ist. Für klassische Unternehmen mag eine eigene illustrative Welt nur bedingt geeignet sein. Zu spielerisch kreativ wirken diese und sind daher eher beispielsweise für Agenturen interessant.

11.8.2 Dekorative Illustrationen

Bei dekorativen Illustrationen werden die Illustrationen nicht ganz so bedeutungstragend wie bei den beiden oben gezeigten Beispielen eingesetzt. Die Illustrationen fungieren hier eher als thematisch und stilistisch dekoratives Element. Beispiele für dekorative Illustrationen sind häufig Elemente wie Bordüren, Rahmen oder auch Texturen und Muster mit dem (einzigen) Zweck, das Design zu verschönern. Die beiden folgenden Beispiele verdeutlichen dies gut. Sie könnten aber genauso auch für den Flat-Trend (siehe Abschnitt 13.1.3, »Flat-Design«) stehen.

▲ **Abbildung 11.108**
Die Webseite *justinaguilar.com* setzt auch auf dekorative Illustrationen.

▲ **Abbildung 11.109**
Der illustrative Header als hübsche Dekoration bei *alyssabnoel.com*

Maskottchen | Sind Ihnen auf Webseiten auch schon einmal diese kleinen oftmals niedlich ausgestalteten Figuren, die an Menschen oder Tiere und manchmal auch an beides erinnern, aufgefallen? Hierbei handelt es sich um sogenannte *Maskottchen*.

Maskottchen werden eingesetzt, um die Webseite, das Produkt, die Dienstleistung, das Unternehmen oder auch das Event zu einem Charakter zu machen, ganz so, wie es von großen Sportereignissen bekannt ist.

◂ Abbildung 11.110
Mister Aero, das Maskottchen
mister-aero.com

Ähnlich wie ein Porträtbild bekommt die Webseite durch ein Maskottchen ein eigenes Gesicht. Die Assoziationen und die Umsetzungsmöglichkeiten eines Maskottchens sind vielfältig, sollten aber in jedem Fall zur Corporate Identity passen.

11.8.3 Illustrativer Text

Text bzw. Typografie ist ein mächtiges Gestaltungselement, (siehe auch Kapitel 10, »Typografie«). Typografie ist nicht nur ein tolles Gestaltungsmittel, sondern Text lässt sich auch sehr gut illustrativ umsetzen. Große, verspielte, strenge oder ungewöhnliche typografische Elemente sind ein schönes Mittel, um dem Screendesign etwas Individuelles, Handgemachtes und Kreatives zu verleihen.

◂ Abbildung 11.111
Illustrativer Text bei *warchild.org.uk*

11.8.4 Informative Illustrationen (Infografiken)

Die inzwischen berühmt berüchtigten Infografiken sind eines der Haupteinsatzzwecke von Illustrationen. Die Visualisierung von Informationen muss nicht immer die Vereinfachung von komplexen

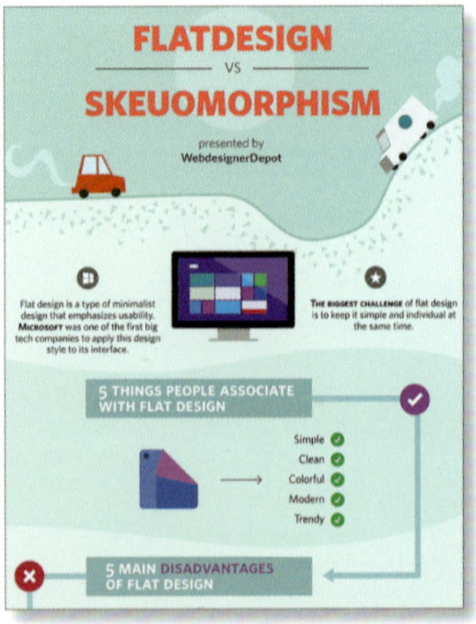

▲ **Abbildung 11.112**
Infografiken werden auch gerne eingesetzt, um bestimmte Webthemen zu illustrieren, wie hier auf *www.webdesignerdepot.com/2013/12/infographic-flat-design-vs-skeuomorphism/*.

Zusammenhängen oder umfangreichen Datenbeständen sein. Oft werden etwas besser ausgearbeitete Icons und Grafiken eingesetzt, die einen bestimmten Sachverhalt näher erläutern sollen.

▲ **Abbildung 11.113**
Eine informative Illustration: *uklizenodoma.cz*

Ein schönes Beispiel zeigt *uklizenodoma.cz.* Hier wird kein fotorealistisches Bildmaterial verwendet, sondern eine gut gemachte informative Illustration eingesetzt, die von aufwendigen 3D-Renderings ergänzt wird.

11.9 Bildbearbeitung

Neben der Motivwahl und -darstellung beeinflussen auch technische Faktoren das Aussehen und die Wirkung eines Bildes. Bildbearbeitungsprogramme bieten eine Vielzahl von Einstellungsmöglichkeiten, die durchaus auch überfordernd wirken können. Ein paar Punkte sollten aber bei jedem Bild überprüft werden:

- **Schärfe**: Ein Foto sollte vor allem scharf sein, so dass das (Haupt-)Motiv gut und detailreich zu erkennen ist. Unscharfe, verschwommene Bilder wirken unprofessionell. Eine Ausnahme sind natürlich gewünschte Effekte mit weich gezeichnetem Motiv.
- **Kontrast**: Das Bild sollte einen ausgewogenen Kontrast haben. Ist der Kontrast zu stark, sehen die hellen Stellen zu weiß und die dunklen zu schwarz aus. Bei einem zu geringen Kontrast erscheint das Bild ausgewaschen bzw. wie mit einem grauen Schleier.
- **Helligkeit**: Ein Foto sollte weder zu hell noch zu dunkel sein. Was selbstverständlich klingt, bleibt in vielen Fällen aber leider doch oft unbeachtet.

Es gibt in der Bildbearbeitung wie in der Gestaltung natürlich immer Gründe, diese Regeln zu brechen, um einen bestimmten Effekt zu erzielen oder eine Bildaussage zu unterstreichen. Das Gleiche gilt auch für den Einsatz all der Bearbeitungsmöglichkeiten und Filter, die moderne Bildbearbeitungsprogramme zur Verfügung stellen. Mit einem Klick sind erstaunlichste Effekte umgesetzt. Wenn es aber keinen triftigen gestalterischen Grund für den Einsatz von Effekten, Filtern und Co. gibt, sollten Sie lieber auf diese verzichten.

11.9.1 Die nicht destruktive Bildbearbeitung

In der Bildbearbeitung wird zwischen *destruktiv* und *nicht destruktiv* unterschieden. Die nicht destruktive Bearbeitung ermöglicht, Änderungen an einem Bild vorzunehmen, ohne die ursprünglichen Bilddaten zu verändern. Wenn es möglich ist, sollte daher immer nicht destruktiv gearbeitet werden.

Adobe Photoshop bietet mehrere Möglichkeiten, nicht destruktiv zu arbeiten. Folgende allgemeine Möglichkeiten stehen zur Verfügung:

- **Einstellungs- und Füllebenen (Korrektur)**: Mit Einstellungs- und Füllebenen können Farb- und Tonwertkorrekturen vorgenommen werden, ohne dabei Pixelwerte zu verändern. Es gibt Einstellungsebenen u.a. für: Helligkeit/Kontrast, Tonwertkorrektur, Gradationskurve, Belichtung, Farbbalance und Farbton/Sättigung.

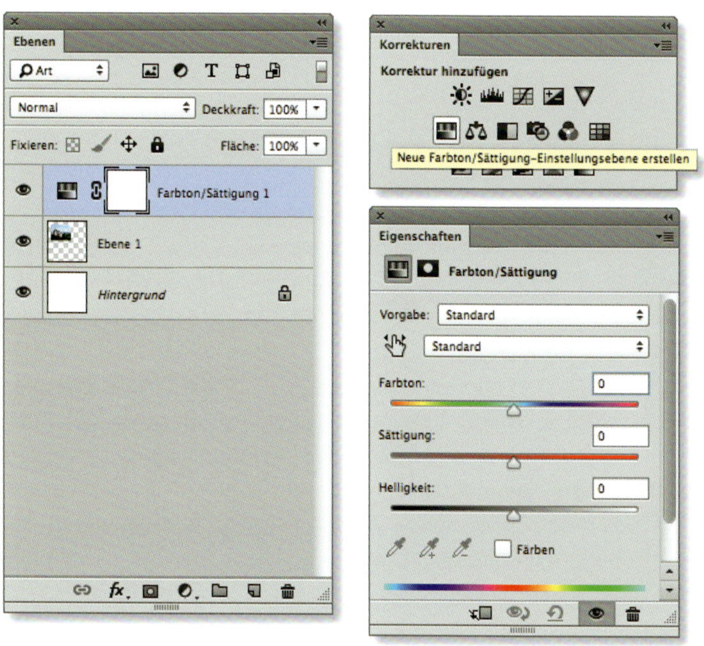

◂ **Abbildung 11.114**
Die Korrekturpalette für die Einstellungsebenen

- **Smartobjekte**: Erlauben nicht destruktives Skalieren, Drehen und Verformen.
- **Smartfilter**: auf Smartobjekte angewendete Smartfilter für nicht destruktive Filtereffekte
- **Ebenen- und Vektormasken**: Bildbereiche ein- und ausblenden, ohne dass die ausgeblendeten Pixel verloren gehen
- **Ebenenstile**: Mit den Ebenenstilen können Ebenen visuelle Eigenschaften zugewiesen und beliebig bearbeitet werden, ohne die Ursprungsebene zu verändern. Es gibt Ebenenstile u. a. für Kontur, Schatten nach innen und außen, Farb-, Verlaufs- und Musterüberlagerung und Schlagschatten.

Abbildung 11.115 ▼
Der Ebenenstil-Dialog

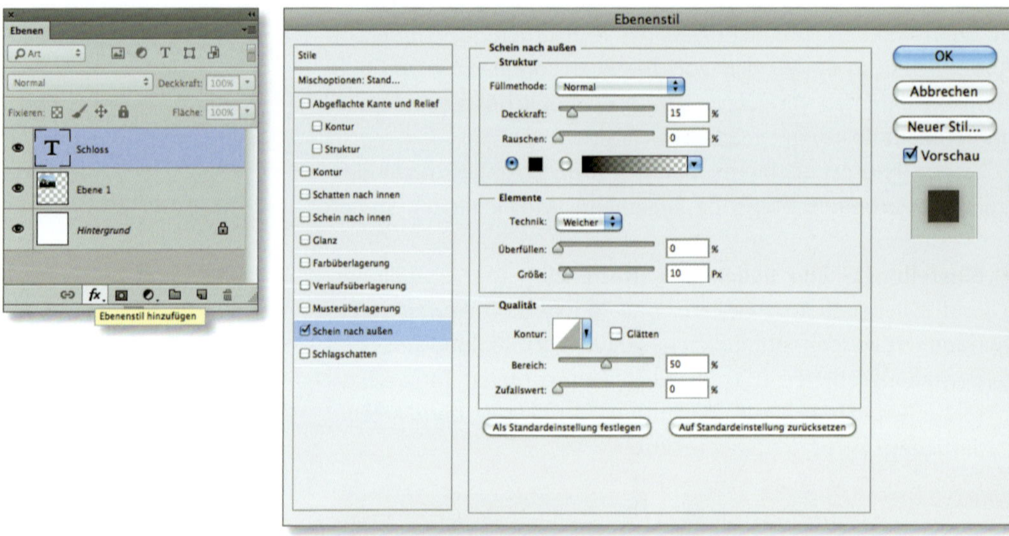

11.10 Bildformate

Selbst die schönsten Bilder sind nur halb so viel wert, wenn sie nicht das richtige Dateiformat haben. Hier kommt es vor allem auf die richtige Mischung aus Qualität und Dateigröße an. Denn allen Geschwindigkeitsentwicklungen zum Trotz ist die Ladezeit von Bildern immer ein wesentlicher Faktor, der bei der Webgestaltung beachtet werden muss, gerade in Zeiten boomender mobiler Geräte. Je kleiner der Speicherbedarf der Bilddatei ist, umso schneller wird diese beim Anwender geladen. Nur sehr ungern wartet dieser sekundenlang auf Bildinhalte, um im ungünstigsten Falle festzustellen, dass ihn diese gar nicht interessieren. Viele Untersuchungen haben gezeigt, dass die Ladezeit für User eines der wichtigsten Kriterien beim Besuch einer Website ist – und auch für Suchmaschinen ist die Ladezeit ein Rankingfaktor. Der benötigte Speicherplatz und die damit verbundene Ladezeit haben zur Folge, dass Bilder auf Internetauftritten sehr gezielt eingesetzt und das Dateiformat bewusst ausgewählt werden sollten.

Werden Bilder aber lediglich als schmückendes Element eingesetzt, von dem keine tiefere Bedeutung ausgeht, sollte ihr Einsatz gut überlegt sein. Ein Screendesign, das aus vielen (und vielleicht noch großformatigen) Bildern aufgebaut ist, lädt entsprechend länger als ein Screendesign, das nur sehr wenige Bilder beinhaltet, die vor allem der Inhaltsvermittlung dienen.

11.10.1 Die Bildgröße

Die Bildgröße sollte nur so groß sein, wie sie auf der Webseite tatsächlich dargestellt werden soll. Auf eine Skalierung der Bilder per HTML sollte verzichtet werden. Eine Bildvergrößerung bedeutet immer auch Qualitätsverlust, und auch auf eine Verkleinerung sollte nach Möglichkeit verzichtet werden, denn der Browser lädt trotzdem die volle Größe herunter. Es wird also weder Speicher noch Ladezeit eingespart.

Daher sollte immer bereits im Vorfeld geschaut und geprüft werden, in welcher tatsächlichen Pixelgröße das Bild benötigt wird. Die verwendeten Bilder sollten dann entsprechend im Bildbearbeitungsprogramm zurechtgeschnitten und abgespeichert werden.

Mobiles Internet oft langsamer als gedacht
In ihrer Werbung versprechen Mobilfunkkonzerne sehr schnelles Internet. Ein Nutzertest der *Süddeutschen Zeitung* hat nun jüngst gezeigt, dass die versprochene Leistung oft nicht erfüllt wird. Gerade die Abdeckung mit der neuen Mobilfunktechnik LTE ist auf Smartphones oder Tablets schlechter als gedacht. Der ganze Bericht: *http://www.sueddeutsche.de/digital/mobilfunk-handynutzer-surfen-oft-viel-langsamer-als-versprochen-1.2178349*

11.10.2 Die Bildkomprimierung

Bilddateien werden in ihrer Dateigröße oft reduziert, um weniger Speicherplatz zu benötigen. Diesen Vorgang nennt man *Kompression*. Die Dateiinformationen werden sozusagen »zusammengepresst«, so dass ein Bild, welches ursprünglich 1 MB (Megabyte) groß war, plötzlich nur noch 300 KB (Kilobyte) Speicherbedarf hat. In Zeiten von Terabyte-Festplatten (1 Terabyte = 1024 GB) klingt ein Einsparpotenzial wie im oberen Beispiel von 700 KB nicht gerade notwendig, für Webseiten ist es dies aber!

Jedes KB, das der Anwender nicht laden muss, ist gut. Oder anders ausgedrückt: Je weniger Speicherbedarf die Webseite und ihre Inhalte haben, umso besser. Trotz DSL gibt es genug Anwender, die langsamere Internetverbindungen haben. Gerade auch mobile Internetverbindungen sind oft nicht sehr schnell. Und bei Webseiten, die viel Traffic haben (also viele Besucher), entlastet weniger Speicherbedarf die Server enorm.

Verlustfrei & verlustbehaftet | Um Bilder zu komprimieren, muss das Bildmaterial teilweise verändert werden. Meistens werden bestimmte Bildbereiche, die durch Algorithmen berechnet werden, zusammengefasst, so dass Speicherplatz gespart wird. Dies bedeutet aber auch fast immer einen Qualitätsverlust bzw. den Verlust von detailreichen Pixelinformationen. Bei der Komprimierung wird unterschieden zwischen einer *verlustbehafteten* Komprimierung und einer *verlustfreien* Komprimierung. Bei der verlustbehafteten werden die Bilddaten optisch verändert, während bei der verlustfreien die Speichermethode angepasst wird und sich dadurch keine optische Veränderung ergibt.

11.10.3 Die Auswahl des richtigen Bildformats

Die Wahl des richtigen Dateiformats hängt von unterschiedlichen Faktoren ab. Um Bilder sinnvoll auf Webseiten einzusetzen, sind nicht nur Kenntnisse der entsprechenden HTML-Einbindung wichtig, sondern natürlich auch der wählbaren Bilddateiformate. Es gibt vor allem vier Dateiformate, die für Bilder auf Webseiten interessant sind: die drei Pixelformate JPG, PNG und GIF sowie das Vektorformat SVG. Im Folgenden ein Überblick über deren Vor- und Nachteile und Einsatzgebiete.

Dateigröße und -qualität im Vergleich
Der Webstandard-Blog hat die drei Bildformate samt Dateigrößen und Qualität miteinander verglichen: *http://webstandard.kulando.de/post/2010/03/08/jpg-gegen-gif-und-png-finde-das-ideale-dateiformat-fuer-bilder*

JPG | Das JPG, manchmal auch JPEG geschrieben, steht für *Joint Photographic Experts Group* und wurde speziell zum Speichern von Fotografien entwickelt. Das JPG dürfte das meistverbreitete Bildformat im Web sein.

Abbildung 11.116 ▸
Die typischen JPG-Artefakte

Das JPG überzeugt durch seinen geringen Speicherplatzbedarf. Dazu lässt sich der Grad der Komprimierung (die sogenannte *Kompressionsrate*) beim JPG einstellen. Je stärker die Komprimierung ist, umso kleiner die Bilddatei, umso schlechter aber auch die Bildqualität. Umgekehrt bedeutet dies aber auch eine geringe Komprimierung und einen hohen Speicherbedarf, dafür aber eine gute Bildqualität. Bei der Komprimierung kommt es zu den sogenannten *Artefakten*, die je nach Kompressionsrate mehr oder we-

niger sichtbar sind. Zudem ist zu beachten, dass das JPG-Format keine Transparenz unterstützt. Leere (transparente) Bereiche der Datei im Bildbearbeitungsprogramm werden beim Abspeichern somit automatisch mit weißer Farbe gefüllt.
Das JPG-Format ist bestens geeignet, um fotorealistische Bilder in guter Qualität anzuzeigen, ohne dass es zu starken Qualitätseinbußen kommt. Bei Illustrationen oder Bildinhalten mit vielen einfarbigen Flächen wird die Kompression schnell sichtbar, und Transparenz kann das JPG gar nicht darstellen.

GIF | Das GIF (*Graphics Interchange Format*) gilt als etwas in die Jahre gekommenes Format, das aber nach wie vor seine Vorteile und seine Bedeutung hat. Das GIF-Format tut sich vor allem mit zwei Vorteilen hervor:

1. Zum einen kann es transparente Bereiche abspeichern.
2. Zum anderen kann das GIF-Format Animationen wiedergeben, also einzelne Bilder, die hintereinander abgespielt werden. Diese sogenannten GIF-Animationen wurden zur Zeit der Tabellen-Layouts gerne eingesetzt. Sich drehende Logos und blinkende Buttons sind typische Beispiele. Auch wenn diese Art der GIF-Animationen eher zurückgegangen ist, spielen GIF-Animationen im Webdesign neuerdings wieder eine größere Rolle (siehe nebenstehender Kasten).

Animated gif revival
Da dachte man, animated GIFs sind endgültig ausgestorben, und dann kommen sie so zurück: *reddit.com/r/cinemagraphs*. Was als Spielerei mit Szenen aus Kinofilmen wieder begann, hat im Webdesign seine Nische als Demonstration von User-Interfaces gefunden. Ein auf- und zuklappendes Menü lässt sich mit einem GIF-Format auf einfache und sehr plastische Weise vermitteln. Der Artikel »Gif and Tell – Demonstrate your amazing user interface ideas with a simple animated GIF« zeigt einige Tools, mit denen sich animierte GIFs gut erstellen lassen: *eng.rightscale.com/2014/08/20/gif-and-tell*

Obwohl die Kompressionsrate des GIF-Formats sehr gut ist, können Bilder nur mit 8 Bit darstellt werden. 8 Bit bedeutet, dass maximal 265 Farben abgespeichert werden können, während das JPG meist als 24-Bit-Bild abgespeichert wird und dadurch bis zu 16,7 Millionen Farben darstellen kann. Mit 8 Bit leiden Bilder mit vielen Details und fotorealistische Bilder natürlich unter dieser Einschränkung bzw. werden dadurch teilweise sogar unansehnlich. Das GIF-Format eignet sich deswegen nur für Bilder mit einem geringen Farbspektrum, wie z. B. Logos, Illustrationen oder Navigationsbilder.

PNG | Das PNG-Format (*Portable Networks Graphics*) ist im Vergleich zu den beiden bereits vorgestellten Formaten ein noch relativ junges Bildformat, welches als Alternative zum GIF entwickelt wurde. Das PNG zeichnet sich durch einen geringen Speicherbedarf, gute Qualität und die Möglichkeit der Transparenz aus. Dazu komprimiert das PNG verlustfrei. Dadurch ist die Bildqualität entsprechend gut, allerdings kann die Dateigröße auch nicht ganz so stark reduziert werden wie beim JPG. Das PNG bietet die Möglichkeit, ein Bild nicht nur mit 24 Bit (PNG-24), sondern auch als 8-Bit-Variante (PNG-8) abzuspeichern. Bei 8 Bit sind wie beim GIF lediglich 256 Farben möglich. Dazu ist die Komprimierung des PNGs besser als die des GIFs.

Das PNG wird vor allem bei Transparenzen eingesetzt, wenn die Bildqualität entsprechend gut sein soll bzw. fotorealistische Motive vorhanden sind.

SVG im Einsatz
Bei der Erstellung und dem Einsatz von SVG-Grafiken sind ein paar Dinge zu beachten.
Im folgenden Blogartikel sind diese Aspekte schön beschrieben: *blog.kulturbanause.de/2014/02/svg-grafiken-erstellen-und-einbinden*

SVG | Das SVG-Format (*Scalable Vector Graphics*) ist das einzige Vektorformat in dieser Reihe und erst seit einer kurzen Zeit vermehrt bei Webseiten im Einsatz. Vektorgrafiken haben einige Vorteile gegenüber Pixelgrafiken: Da sie aus mathematisch exakt beschriebenen Punkten, Linien und Kurven bestehen, sind sie auflösungsunabhängig und daher beliebig skalierbar. Im Vergleich zu Pixelgrafiken, die jeden einzelnen Farbpixel abspeichern müssen, werden hier nur Parameter gespeichert, so dass sie meistens einen sehr geringen Speicherbedarf haben.

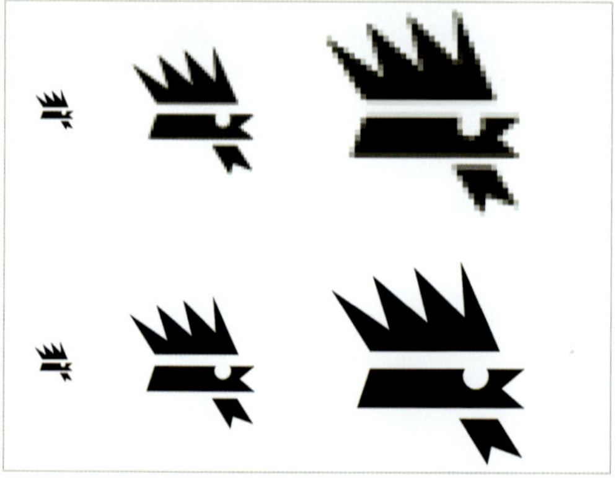

Abbildung 11.117 ▸
Während Pixelgrafiken beim Skalieren »verpixeln« (oben), bleiben Vektorgrafiken gestochen scharf (unten).

Seit HTML5 können SVG-Grafiken auch ohne Plug-in in Webseiten eingebunden werden. Alle modernen Browser (auch ab IE9) können mit ihnen umgehen. Überall da, wo Motive mit einfachen grafischen Inhalten vorkommen, ist das SVG-Format geeignet, z. B. bei Logos, Diagrammen oder (einfachen) Illustrationen.

11.10.4 Für Web speichern

Für Web speichern
Eine umfangreiche Erklärung zum Für Web speichern-Dialog findet sich bei Dr. Web: *http://www.drweb.de/magazin/bilder-mit-photoshop-fur-den-export-ins-web-optimal-aufbereiten/*

Die Wahl des richtigen Bildformats sollte von Fall zu Fall entschieden werden, und die Einsatzzwecke sind nicht in Stein gemeißelt. Möchte man ein Bild abspeichern, sollte in Bildbearbeitungsprogrammen die Für Web speichern-Funktion und nicht die klassische Speichern unter-Funktion genommen werden. Dieser Einstellungsdialog bietet mehr Kontrolle über beispielsweise Qualität, Transparenz und Farben an:

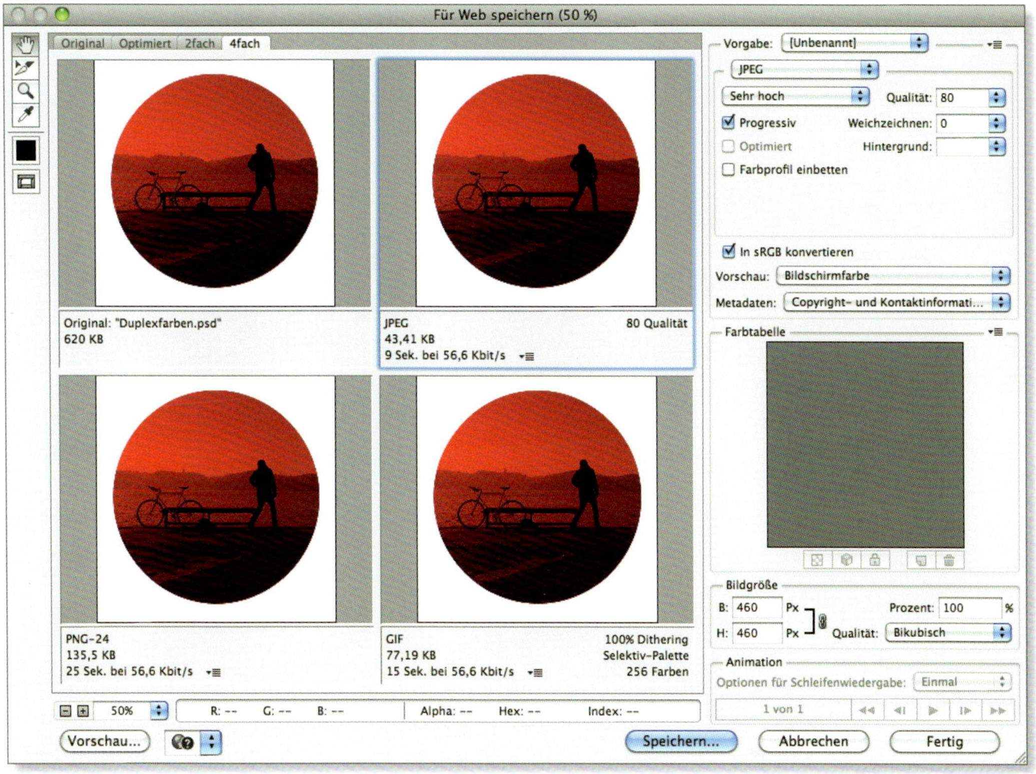

▲ **Abbildung 11.118**
Der umfangreiche Für Web speichern-Einstellungsdialog

Mit der 4-fach-Vorschau lassen sich verschiedene Einstellmöglichkeiten miteinander vergleichen. So lassen sich Qualität und Dateigröße recht schnell optimieren. Sogar die Downloadgeschwindigkeit lässt sich auswählen, um so die geschätzte Ladezeit zu berechnen.

11.10.5 Bildgrößen optimieren

Je kleiner die Dateigrößen, umso besser – solange die Qualität stimmt. Photoshop liefert an sich schon gute Ergebnisse, die vorhandenen Bilddateien lassen sich aber immer noch weiter optimieren, z. B. mit folgenden Tools:

- **ImageOptim**: kostenfreies Programm für den Mac, das sowohl JPG, PNG und GIF komprimiert: *http://imageoptim.com*
- **Radical Image Optimization Tool (RIOT)**: das Gegenstück zu ImageOptim für Windows-Rechner. Kostenfrei downloaden, installieren, los geht's! *http://luci.criosweb.ro/riot*
- **JPEGmini**: speziell für JPG-Bilder, kostenfrei für Mac und Windows erhältlich: *http://jpegmini.com*

11.11 Bilder in HTML und CSS

Die Formel
CSS = Layout
HTML = Inhalt & Struktur
gilt auch bei Bildern!

Bilder lassen sich klassischerweise auf zwei Arten in Webseiten einbinden, per HTML und per CSS. Die bekannte Trennung durch diese beiden Websprachen in Inhalte/Struktur und Design lässt sich so allgemein auch erst einmal auf Bilder übertragen. Bilder, die inhaltlich relevant sind, weil sie bedeutende Informationen transportieren, sollten per HTML eingebunden werden. Bilder, die vor allem der Ästhetik und Optik dienen, sollten per CSS eingebunden werden. Im Einzelfall kann dies natürlich überprüft werden.

11.11.1 Bilder in HTML

Das `img`-Tag wird bekannt sein. Ein zwingendes und einziges Attribut ist die Quelle (`src`), die angibt, wo sich das Bild befindet.

```
<img src="images/logo.jpg">
```

▲ **Listing 11.6**
Das `img`-Element in HTML

Pfad- und Dateiname sind interessante Faktoren für die Suchmaschinenoptimierung, speziell für die Bildersuche (wie z. B. Google Images). Eine eindeutige Benennung ist also sowohl für den Webdesigner, der an der Seite arbeitet, als auch für die Suchmaschinen hilfreich.

Weite & Höhe | Neben der Bildquelle sollten auch die Weite (`width`) und die Höhe (`height`) des Bildes gesetzt werden. Kennt der Browser die Ausmaße des Bildes, kann der Seitenaufbau schneller und für den Anwender angenehmer vonstattengehen. Sind die Abmessungen angegeben, hält der Browser sozusagen den entsprechenden Platz frei. Ist das Bild dann vollständig geladen, kennt der Browser schon die Werte und muss diese nicht erst ermitteln.

```
<img src="images/logo.jpg" width="220" height="80">
```

▲ **Listing 11.7**
Die Weiten- und Höhenangabe eines Bildes

Auffällig wird es erst, wenn die Werte nicht gesetzt sind – und zwar negativ: Die Seite ist fast fertig geladen, man fängt gerade mit dem Lesen an, da »springen« die Inhalte noch einmal um, weil die Bilder nun geladen wurden und entsprechend Platz brauchen, der vorher nicht frei gehalten wurde. Eine schlechte User-Experience ist die Folge.

Bildtitel | Neben dem `alt`-Attribut kann noch das `title`-Attribut definiert werden.

```
<img src="images/logo.jpg" width="220" height="80"
alt="Logo Unternehmen XYZ" title="">
```

▲ **Listing 11.8**
Bildtitel

Fährt man mit dem Cursor über ein HTML-Element mit `title`-Attribut, erscheint eine Art *Tooltip* mit dem `title`-Text. Das `title`-Attribut ist eine zusätzliche Information und keine alternative. Gerade bei den Bildern, die keine Bildunterschrift im Browser anzeigen, kann das `title`-Attribut sehr hilfreich sein.

Das `alt`- und das `title`-Attribut können auch durchaus identisch sein. Das eine wird angezeigt, wenn das Bild nicht zu sehen ist, das andere ergänzt das Bild.

Bilder-SEO
Bilder optimieren für Google – SEO-Tipps: *http://www.tagseo-blog.de/bilder-optimieren-fuer-google-bilder-seo-basics-kompakt*

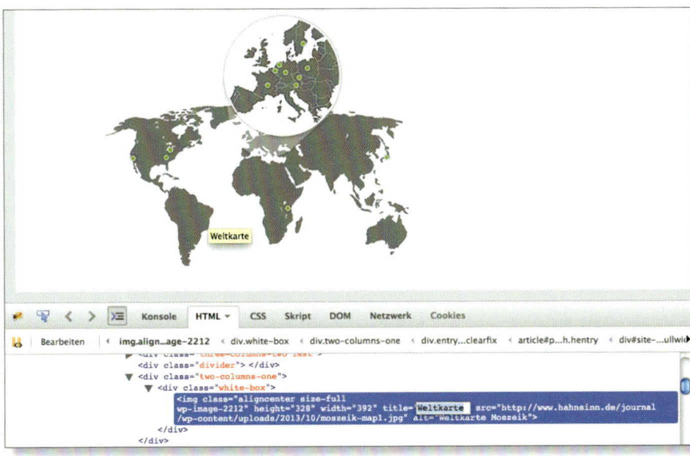

◀ **Abbildung 11.119**
Die Anzeige des Bildtitels beim Überfahren mit der Maus

Alternativer Text | Das `alt`-Attribut sollte auch immer definiert werden. Der alternative Text ist zu sehen, wenn das Bild nicht geladen wird. Dies kann völlig unterschiedliche Gründe haben, die der Webdesigner zum Teil gar nicht beeinflussen kann: Serverprobleme, falsche Pfadangabe, Bilder per Browser deaktiviert oder Benutzung eines Screenreaders. In diesen Fällen wird anstatt des Bildes der `alt`-Text angezeigt (oder vorgelesen). Dieser sollte daher eine kurze Beschreibung des Bildes sein, wie z. B. *Logo Unternehmen XYZ*.

```
<img src="images/logo.jpg" width="220" height="80"
alt="Logo Unternehmen XYZ">
```

▲ **Listing 11.9**
Alternativer Text, der das Bild beschreibt

Der alt-Text hat auch wieder eine Suchmaschinenrelevanz. Eine sinnige Benennung hilft also wieder allen.

Abbildung 11.120 ▸
Wenn das Bild nicht gefunden wird, wird der alternative Text angezeigt.

11.11.2 Bilder in CSS

Bilder per CSS werden mit der Eigenschaft background oder background-image eingebunden.

```
#logo {
 background: url(images/logo.jpg) center top no-repeat;
}
```

▴ **Listing 11.10**
Bild per CSS eingebunden

Neben dem Bildpfad lässt sich noch angeben, ob das Bild (horizontal oder vertikal) gekachelt oder nur einmal dargestellt werden soll, und die Position des Bildes im entsprechenden HTML-Element.

Mehrere Hintergrundbilder | Seit CSS3 ist es möglich, mehrere Hintergrundbilder zu definieren. Diese werden dazu einfach hintereinander als kommagetrennte Liste angegeben genau wie die weiteren Informationen wie Wiederholung und Position.

```
background:
url(images/logo.jpg) left top no-repeat,
url(images/header.jpg) center bottom no-repeat;
```

▴ **Listing 11.11**
Mehrere Bilder per CSS einbinden

Multiple Hintergründe finden sich noch nicht allzu häufig in Webdesigns, obwohl diese selbst der Internet Explorer seit Version 9 darstellen kann.

CSS-Sprites-Tools
Es gibt einige Tools, die einen bei der Arbeit mit CSS-Sprites unterstützen. Eine kleine Auswahl:

- *http://wearekiss.com/spritepad*
- *http://spriteme.org/*
- *http://de.spritegen.website-performance.org/*
- *http://www.spritebox.net/*
- *http://www.spritecow.com/*

CSS-Sprites | Kommen auf der Webseite mehrere einzelne Bilder zum Einsatz, die per CSS eingebunden werden, lohnt es sich, sich über CSS-Sprites Gedanken zu machen. CSS-Sprites bezeichnet eine Technik, die mehrere Grafiken in einer großen zusammenfasst. Mittels background-Eigenschaft wird anschließend den HTML-Elementen dieselbe Grafik zugewiesen, der entsprechende

Ausschnitt erfolgt dann über `background-position`. Dadurch kann die Performance einer Webseite verbessert werden, da nicht mehr viele einzelne Bilder geladen werden müssen, sondern stattdessen nur ein einziges.

◂ **Abbildung 11.121**
Viele kleine Grafiken in einem großen Bild, das sind die CSS-Sprites.

Allerdings ist es erst einmal Aufwand, alle Hintergrundbilder in eine einzelne Bilddatei zu packen und dann die entsprechenden Ausschnitte (Breite, Höhe und Position) zu bestimmen. Hilfreich sind da Tools (siehe Kasten auf Seite 598), die einem einige Arbeit abnehmen.

Ein einfacher Einsatzzweck von CSS-Sprites sind Mouseover-Bilder, z. B. bei Buttons. Um ein hover-Bild zu realisieren, wird der Button per CSS-`background` definiert und das Mouseover-Bild mit dem Pseudoelement `:hover`. Wird für den hover-Zustand ein zweites Bild definiert, dann nimmt der User selbst bei schnellen Internetverbindungen eine kurze Verzögerung, ein kurzes Flackern wahr, da das neue Bild erst geladen werden muss. Mit der Sprite-Technik dagegen ist das zweite Bild bereits Teil einer größeren Gesamtgrafik, die schon geladen wurde. Nur deren Position wird dann noch angepasst.

Die Bedeutung von CSS-Sprites nimmt mit dem größer werdenden Spektrum an unterschiedlichen Endgeräten und Auflösungen ab. Unterschiedliche Sprites würden benötigt, was den Aufwand nicht rentabel macht. Und Techniken wie die Icon-Fonts oder die Möglichkeiten von CSS3 machen viele Grafiken überflüssig.

11.11.3 Responsive Bilder

Webseiten an unterschiedliche Bildschirmgrößen anzupassen ist kein Problem mehr, eigentlich ist es inzwischen fast Standard. Beim Responsive Webdesign geht es auch darum, Ressourcen zu sparen bzw. sinnvoll einzusetzen. Ein großformatiges Bild hat auf einem 15-Zoll-Retina-Display andere Anforderungen als auf einem kleinen Smartphone-Display. Mit der Konsequenz, dass Bilddaten für mobile Browser oftmals unnötig groß sind.

Abbildung 11.122 ▸
Die durchschnittliche Datenmenge von Webseiten nach Inhaltsart. Bilddaten beanspruchen dabei fast Zweidrittel des Speicherplatzes. *httparchive.org/interesting.php*

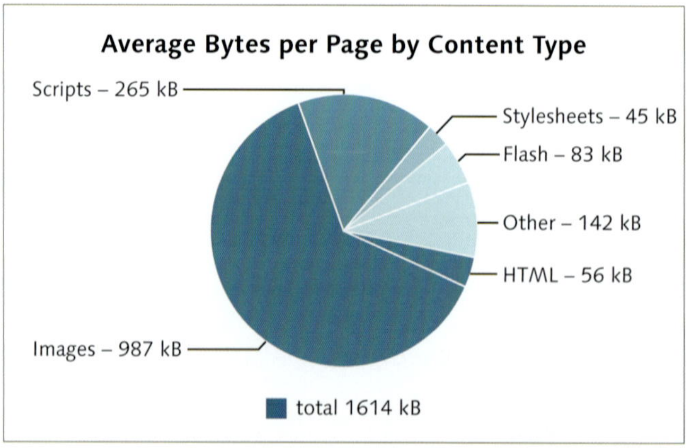

Bilddaten passen sich also (noch) nicht dynamisch an die unterschiedlichen Auflösungen an, sondern eine Bilddatei wird im Normalfall mit einer festen Auflösung generiert. Es gibt zwar die Möglichkeit, Bilder verkleinert darzustellen, es werden dann aber unnötige Datenmengen geladen. Das HTML-Tag `img` ist für responsive Bilder nicht ausgelegt, ein responsives Bildformat gibt es aber aktuell nicht.

Abbildung 11.123 ▸
Der Bedarf an Pixeln zwischen einem Retina-Display und einem Smartphone mit kleinerer Auflösung unterscheidet sich um ein Vielfaches. *twitpic.com/c6kbm3/full*

	Width	Height	Total Pixels	File Size Compressed (k)	File Size Uncompressed (MB)
MacBook Retina	1818	1024	1861632	172	5.33
MacBook	909	512	465408	80	1.33
iPhone Retina	960	541	519360	63	1.49
iPhone	480	271	130080	22	0.37
Blackberry Bold	320	181	57920	12	0.17

Total Pixels Size Increase (%)	3,214%
File Size Compressed (%)	1,433%
File Size Uncompressed (%)	3,211%

Es gibt also (noch) keinen Standard für Responsive Images, auf den man zurückgreifen kann, um Bilder für verschiedene Endgeräte zu optimieren, aber einige unterschiedliche Vorgehensweisen.

»A List Apart« erläutert den Weg zu flexiblen Bildern: http://alistapart.com/article/fluid-images

Flexible Bilder | Die einfachste Methode, um Bilder zumindest an die Auflösungsbreite anzupassen, ist per simplen CSS-Befehl:

```
img {
max-width: 100%;
height: auto;
}
```

◄ **Listing 11.12**
Flexible Bilder per CSS

Das Bild, auch wie hier alle Bilder, bekommt die Eigenschaft der maximalen Breite von 100%. Dadurch werden die Bilder nicht größer, als ihre eigentliche Pixelbreite ist. Und bei kleineren Auflösungen passen sie sich der Browserbreite an und werden entsprechend proportional verkleinert. Zusammen mit *Fluid Grids* (siehe Kapitel 8, »Layout und Raster«) wird diese Methode häufig eingesetzt, um Bilder responsiv zu machen. Die obere Methode setzt dabei voraus, dass das Bild über die volle Breite des umgebenden Containers (Spalte) geht.

Es gibt aber auch Fälle, in denen das Bild kleiner in einer Spalte angezeigt werden soll und von Text umflossen wird. In diesem Fall wird einfach der Wert für `max-width` auf den gewünschten Teilbereich des umschließenden Containers gesetzt:

```
.textbild {
float: left;
max-width: 50%;
padding: 0 5% 3% 0;
}
```

◄ **Listing 11.13**
Eine maximale Breite für das Bild definieren

Bei kleineren Webseiten bzw. Webseiten mit wenigen nicht allzu großen Bildern und überschaubarem Traffic ist diese Methode sicherlich völlig in Ordnung, solange es noch keine sinnige HTML- oder CSS-Lösung gibt.

Hintergrundbilder | Für responsive Hintergrundbilder kann man auf den Einsatz von *Media Queries* zurückgreifen. Folgende Methode erweist sich dabei als nützlich, da sie noch von fast allen mobilen Browsern unterstützt wird:

```
<div class="test5"></div>
```

▲ **Listing 11.14**
Definition eines DIC-Containers als Platzhalter für ein Bild

Background-images
Tim Kadlec hat Media Queries und das Downloadverhalten von `background-image` untersucht: *http://timkadlec.com/2012/04/media-query-asset-downloading-results/*

Und der CSS-Code:

Listing 11.15 ▸
CSS-Anweisung für unterschiedliche Hintergrundbilder je nach Viewport

```
@media all and (min-width: 601px) {
.test5 {
background-image: url("img/test5-desktop.png");
}
}
@media all and (max-width: 600px) {
.test5 {
background-image: url("img/test5-mobile.png");
}
}
```

Je nach Auflösung werden hier unterschiedliche Bilder geladen. Was natürlich auch bedeutet, dass erst zuvor unterschiedliche Bilder erstellt werden müssen.

Neben diesen beiden oberen im doppelten Sinne »einfachen« Lösungen gibt es noch jede Menge »kreativer« Methoden, die alle bestimmte Probleme lösen, aber keine ist die ideale Lösung für alle Fälle.

Installation von Adaptive Images
Die Installation und Einrichtung von Adaptive Images ausreichend erklärt: *http://adaptive-images.com/details.htm*

Adaptive Images | Eine beliebte Methode sind *Adaptive Images*, die mit Hilfe von PHP und JavaScript automatisch kleinere Bildformate erstellen, also Bildauflösung und Dateigröße anpassen.

▴ **Abbildung 11.124**
Die unterschiedlichen Dateigrößen der reduzierten Bilder von *adaptive-images.com*

Um mit Adaptive Images zu arbeiten, muss eine Javascript-Datei eingebunden und müssen die ».htacces« und eine PHP-Datei angepasst werden. Dies setzt also zumindest Grundkenntnisse in diesen Sprachen voraus, ist dann aber schnell eingerichtet.

Fazit | Die Möglichkeiten und deren Vorteile unterscheiden sich stark, und ihr Einsatz hängt vom jeweiligen Ziel ab. Eine

Entscheidungshilfe findet sich bei *CSS Tricks*: *css-tricks.com/which-responsive-images-solution-should-you-use*.

Auch in den kommenden Jahren wird das Thema Responsive Images ein spannendes bleiben. Denn neben der Bildauflösung und Dateigröße gibt es auch Optimierungsbedarf bei vielen Bildausschnitten.

11.11.4 Retina-Displays

Apple war auch hier Vorreiter und hat die sogenannten Retina-Displays vor einigen Jahren auf den Markt gebracht – hochauflösende Bildschirme, die Bilder und Texte gestochen scharf darstellen können. Retina-Displays haben eine viel höhere Pixeldichte als gewöhnliche Monitore. Das einzelne Pixel ist nun so klein, dass das menschliche Auge es nicht mehr wahrnimmt, ähnlich dem einzelnen Druckpunkt bei hochwertigen Printpublikationen. Besonders Schriften und Vektorgrafiken (z.B. SVG, CSS-Grafiken, Icon-Fonts) profitieren durch Retina-Displays, da diese ja auflösungsunabhängig sind. Das Problem sind auch hier die Pixelbilder.

Retina-Displays können auf der gleichen Fläche die vierfache Menge an Pixeln darstellen wie gewöhnliche Monitore. Damit Pixelbilder aber nicht nur ein Viertel des Platzes auf einem Retina-Display einnehmen, werden die Bilder ähnlich groß dargestellt wie auf anderen Monitoren, nur dass dadurch eben Qualität verloren geht. Denn im Grunde werden die Bilder hochskaliert, Unschärfe ist die Folge.

2xScaler
Bei *2xScaler* handelt es sich um eine Photoshop-Erweiterung, die mit einem Klick die Auflösung verdoppelt: *github.com/RayPS/2xScaler*

Ähnlich wie bei den Responsive Images kann man hier mit Media Queries arbeiten, um für unterschiedliche Auflösungen unterschiedliche Bilder anzubieten. Dazu braucht es zwei Varianten eines Bildes, eines in normaler Auflösung und eines optimiert für Retina-Displays. Der Aufwand lohnt sich daher vor allem für inhaltlich wichtige Bilder und nicht unbedingt für jedes Bild, was aber im Einzelfall entschieden werden sollte.

Schritt für Schritt: Layoutgrafiken für Retina-Displays anzeigen

Um Bilder auch in Retina-Qualität anzubieten, müssen von dem gewünschten Bild zwei Versionen erstellt werden, ein »normales« und eines in vierfacher Größe (doppelte Seitenlänge). Als Beispiel soll die Einbindung eines Logos als Hintergrundbild eines Containers dienen.

Das Beispielmaterial für diesen Workshop befindet sich auf der beiligenden Buch-DVD unter Beispielmaterial • Kapitel_11 • Retina-Logo.

Abbildung 11.125 ►
Das »normale« Logo und das retina-optimierte Logo in vierfacher Größe

1 Zwei Bilddateien vorbereiten

In Photoshop wird das Logo als Retina-Version angelegt, also in der Größe der doppelten Seitenlänge. Das spätere Logo ist 250 × 55 Pixel groß, also braucht es als Retina-Version 500 × 110 Pixel. Das Bild wird dann zweimal abgespeichert, einmal in den angelegten Seitenmaßen, und einmal wird die Bildgröße beim Speichern-Dialog angepasst. Anders herum funktioniert es nicht. Das Bild in der kleineren Version anzulegen und beim Abspeichern größer zu skalieren ist zwar möglich, erzeugt aber durch das Skalieren einen Qualitätsverlust.

▼ Abbildung 11.126
Das Logobild wird zweimal in unterschiedlichen Größen abgespeichert.

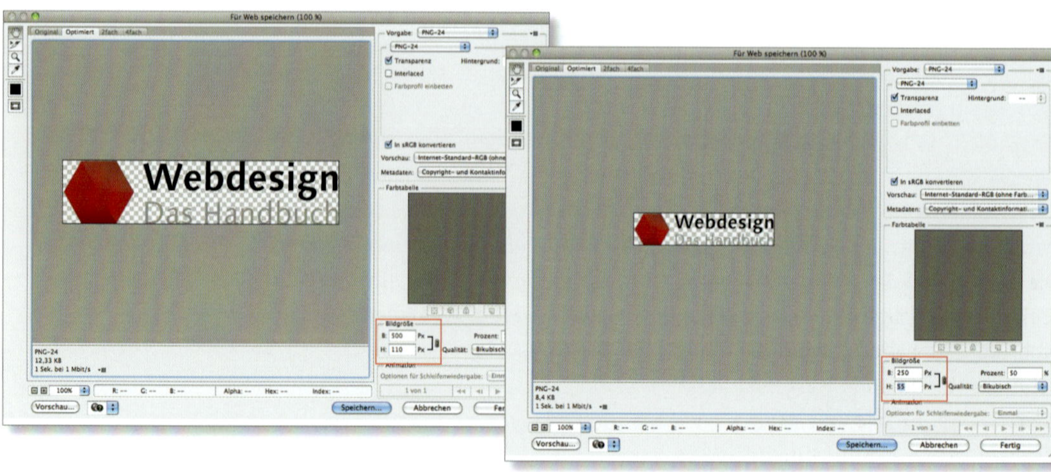

2 Logo-Container in HTML definieren

Zuerst wird ein DIV-Container in HTML angelgt, der keinen weiteren Inhalt bekommt.

```
<div id="logo"></div>
```

▲ Listing 11.16
Definition eines DIV-Containers als Platzhalter

3 Per CSS das Logo zuweisen

Mit Hilfe von CSS bekommt der Container das Logo als Hintergrundbild zugewiesen. Da der Container in HTML keinen Inhalt bekommen hat, weiß er nicht, wie groß er sein soll, bzw. wäre in diesem Fall 0 Pixel hoch und breit. Daher müssen die Höhe und die Weite noch definiert werden:

```
#logo {
background:url(logo.png) no-repeat;
width: 250px;
height: 55px;
}
```

◂ **Listing 11.17**
Hintergrundbild per CSS

4 Das Retina-Logo einbinden

Das retina-optimierte Logo wird unter einem eindeutigen Namen abgespeichert (z. B. »*logo@2x.png*«). Mit Hilfe von Media Queries erfolgt dann die Zuweisung:

```
@media only screen and (-moz-min-device-pixel-ratio:
1.5), only screen and (-o-min-device-pixel-ratio: 3/2),
only screen and (-webkit-min-device-pixel-ratio: 1.5),
only screen and (min-devicepixel-ratio: 1.5),
only screen and (min-devicepixel-ratio: 1.5),
only screen and (min-resolution: 144dpi),
only screen and (min-resolution: 1.5dppx) {
  #logo{
    background: url(logo@2x.png) no-repeat;
    background-size: 500px 110px;
  }
}
```

◂ **Listing 11.18**
Retina-Hintergrundbild-Definition in CSS

Die vielen Media-Queries-Abfragen berücksichtigen die unterschiedlichen Browserbedürfnisse und die unterschiedlichen Pixeldichten. Mit Hilfe von `background-size` wird das Logo auf die gewünschte Darstellungsgröße herunterskaliert. So nimmt es den gleichen Raum wie das »normale« Logo in Anspruch, hat aber eine viel größere Auflösung, ist dadurch also schärfer.

Mit entsprechendem Aufwand kann man also einzelne Layoutgrafiken für Retina-Displays optimieren. Schwieriger wird es bei Bildern im Inhaltsbereich, die per HTML eingebunden sind. Die Problematik haben wir schon bei den Responsive Images gesehen. Aktuell gibt es ohne Scripts (PHP, JavaScript etc.) oder Plug-ins keine Möglichkeit, Bilder abhängig von der Auflösung einzubinden.

Tool-Tipp
»Retina.js« prüft mit einer JavaScript-Datei, ob Bilder in einer hohen Auflösung vorhanden sind, und bindet diese dann ein. Gerade für Bilder im Inhaltsbereich hilfreich: *retinajs.com*

11.12 Weitere Bilder-Tools

Beim Coden einer Webseite kommt es häufig vor, dass die Bilder vom Kunden noch nicht vorhanden sind. Bei Texten wird in solchen Fällen Blindtext genommen. Bei Bildern musste man »früher« mühselig eigene Bilder heraussuchen, abspeichern und einbinden. Inzwischen gibt es aber Dienste, die einem diese lästige Arbeit abnehmen.

Fake images please? | Platzhalterbilder, die sich ganz einfach sowohl in HTML als auch in CSS einbinden lassen:

Listing 11.19 ▸
HTML-Code für Platzhalterbilder

```
<img src="http://fakeimg.pl/300/">
<img src="http://fakeimg.pl/250x100/">
<img src="http://fakeimg.pl/250x100/ff0000/">
<img src="http://fakeimg.pl/350x200/?text=Hello">
```

Es wird ganz normal ein `img`-Tag definiert. An die URL des Dienstes muss dann die Größe des Bildes in Pixelmaßen angegeben werden. Optional lassen sich eine Hintergrundfarbe und sogar Text definieren: *http://fakeimg.pl*

lorempixel | Platzhalterbilder aus richtigen Fotomotiven, bei denen sich die Größen und die gewünschte Richtung der Bildmotive einstellen lassen. Der Bildpfad lässt sich einfach benutzen oder auch ein Bild zum Kopieren generieren. *http://lorempixel.com/*

PlaceIMG | Wohl der einfachste »Platzhalterbildergenerator«: Maße, Bildmotiv auswählen und Code oder Bild generieren lassen: *http://placeimg.com/640/365/nature/grayscale*

Der Bildpfad ist logisch nachvollziehbar und einfach anzupassen. *http://placeimg.com/*

User Interface Faces | Für Designs und User-Interfaces werden immer mal wieder Porträtbilder, ähnlich denen in Social-Networks-Profilen, benötigt. *Uifaces.com* liefert genügend solcher Profilbilder. Einige Einstellungsmöglichkeiten machen diesen Dienst rund: *http://uifaces.com/*

Web Developer Toolbar | Die Developer Toolbar ist ein Plichttool für Webdesigner. Der Reiter BILDER bietet einige spannende Optionen an, z. B.:

- Bilder deaktivieren
- Bilddateigrößen anzeigen
- `alt`-Attribute anzeigen

- Bildinformationen anzeigen (Breite, Höhe, Bildpfad, `alt`-Attribut)
- und noch viele mehr! *https://addons.mozilla.org/de/firefox/addon/web-developer*

BlendMe.in | Eine Photoshop- und Illustrator-Extension, die es erlaubt, direkt aus den beiden Programmen Tausende von Icons und Vektoren zu durchsuchen und diese frei zu nutzen. *http://blendme.in*

11.13 Zusammenfassung Bilder

Ein Bild sagt mehr als tausend Worte, und meistens stimmt das auch. Bilder werden schneller erkannt und besser erinnert als Text. Die Kombination von Bild und Text ist aber am wirkungsvollsten, sofern sie sich ergänzen bzw. beide die gleichen Informationen beinhalten. Text und Bilder, die nicht zusammenpassen, sorgen für Irritationen und erschweren das Verständnis. Gerade für Unternehmen gewinnt die emotionale Ansprache der Zielgruppen immer stärker an Bedeutung. Zur Erzeugung einer Gefühlswelt und Vermittlung emotionaler Konsumerlebnisse sind Bilder geradezu prädestiniert. Es steht gradezu ein unendliches Repertoire an Motiven zur Verfügung.

Bilder sind ein großartiges Gestaltungselement. Besonders auf Webseiten ermöglichen sie eine emotionale Kommunikation, lenken die Aufmerksamkeit, verschönern das Design, vermitteln schnell Inhalte, sorgen für eine angenehme Atmosphäre und ein positives Produktgefühl und erzeugen Glaubwürdigkeit. Kurz: Sie sind vielseitig und unentbehrlich für das Webdesign! Nur eines sollten Bilder nicht: langweilen!

Daher ist es wichtig, *gute* Bilder einzusetzen, die einen Sinn oder eine Funktion haben und nicht aus rein dekorativen Zwecken verwendet werden. Auf Bilder grundsätzlich zu verzichten, weil vieles in der Gestaltung durch CSS3 umgesetzt werden kann, wäre genauso falsch wie der Versuch, fehlende informative Inhalte durch grafisches und bildhaftes Überladen zu ersetzen. Wenn die zu vermittelnden Ziele und Inhalte stehen, dann sollte auch über den Einsatz von Bildern entschieden werden.

Kapitel 12
Navigations- und Interaktionsdesign

Das Design der Webseite wurde durchdacht und gestaltet, und die Inhalte wurden akribisch geschrieben und auf einzelne Seiten in einer logischen Struktur aufgeteilt. Das ist aber alles nichts, wenn der Besucher mit der Seite nicht gut interagieren kann. Die Navigation macht die Inhalte erst erreichbar, und die Gestaltung der Navigation sorgt dafür, dass der Anwender sie finden und möglichst intuitiv bedienen kann. Und eine gute Formulargestaltung hilft ihm, mit der Seite zu kommunizieren.

12.1 Die Gestaltung der Hauptnavigation

Die Hauptnavigation ist eines der, wenn nicht sogar das wichtigste inhaltliche Gestaltungselement einer Webseite. Ausnahmen wie One Pager, deren Inhalte auch durch Scrollen erreichbar sind, lassen wir dabei außen vor. Die Hauptnavigation ist auf jeden Fall das wichtigste Interaktionselement. Ohne sie ist kein effizientes »Durchkommen« durch die Webseite möglich. Sie hilft dem Anwender aber nicht nur, von einer Seite zur anderen zu kommen, sie bietet ihm auch Orientierung: Wo bin ich hier? Was gibt es hier? Wo kann ich hingehen? Um die Antworten auf diese Fragen schnell geben zu können, sollten Sie bei der Konzeption der Hauptnavigation einige Punkte beachten. Dazu gehört die visuelle Gestaltung – etwa die hierarchische Ordnung und die Position der Navigation – ebenso wie die inhaltliche Gestaltung – etwa die Auswahl der Navigationspunkte, deren Benennung und Reihenfolge.

Dabei soll die Hauptnavigation auch auf einen Blick die thematische Bedeutung der Webseite und das Inhaltsspektrum anzeigen, muss aber auch die Erwartungen der Anwender und bestimmte Konventionen beachten.

▲ **Abbildung 12.1**
Die klassische Navigation einer Agentur: rechts vom Logo, horizontal, typische Navigationspunkte wie »Über uns«, »Leistungen« und »Projekte (*gruenstreifen-design.de*)

Beim Design und der Wiedererkennbarkeit einer Webseite denkt man oft an Logo, Farben, Schriften, Bilder etc. Die Benutzbarkeit der Webseite – die Nutzungserfahrung – wird aber zu einem Großteil durch die Navigation geprägt (siehe dazu Abschnitt 3.11, »Usability im Webdesign«, und Abschnitt 3.12, »User Experience«). Eine schlechte Navigation verhindert, dass die Anwender die gesuchten Informationen finden. Kunden können nicht einkaufen, was sie nicht finden. Finden Kunden die Informationen nicht, kommen sie nicht wieder. Finden Kunden die Informationen nicht, rufen sie an, schreiben E-Mails, sorgen also für Support-Aufwand. Die (Haupt-)Navigation spielt deshalb in der Webgestaltung eine Schlüsselrolle.

12.1.1 Position

Designer sind gerne kreativ. Aber Webdesigner sollten vor allem Dienstleister sein, also vor allem »Dienst« am Anwender leisten. Der Anwender, der (zum ersten Mal) auf eine Webseite kommt, will sich kurz orientieren. Die Hauptnavigation hilft ihm entscheidend dabei. Um ihm die Orientierung zu erleichtern, sollte die Hauptnavigation frühzeitig im Design erscheinen und klar erkennbar sein. Neben dem Logo und den ersten Headlines, Teasern und Bildern ist die Hauptnavigation entscheidend für den ersten Eindruck und die Orientierung das Anwenders auf der Seite zuständig.

Gleichzeitig hat der Anwender, selbst wenn er selten surft, schon gewisse Erfahrungen gesammelt. Er hat gelernt, wo die einzelnen Elemente einer Webseite sich üblicherweise befinden. Diese Positionierungskonventionen (siehe Abschnitt 8.5, »Layouts gestalten«) führen dazu, dass er bestimmte Elemente an bestimmten Positionen erwartet und dort dann sucht. Findet er sie dort, kann er sich auf die eigentlichen Inhalte konzentrieren, findet er sie nicht, muss er weitersuchen, und das kostet Zeit. Im Laufe der Entwicklung des Webdesigns haben sich im Wesentlichen zwei oder drei typische Positionierungen der Hauptnavigation herausgebildet.

Horizontale Hauptnavigation | Ganz allgemein befindet sich die Hauptnavigation immer im oberen Bereich der Webseite, sodass sie sichtbar ist, ohne zu scrollen. Fast immer ist die Navigation horizontal ausgerichtet, die einzelnen Navigationspunkte stehen also nebeneinander – ebenso wie unsere Leserichtung. Dies erleichtert das schnelle Überfliegen der Punkte und deren geistige Aufnahme. Der Klassiker ist die Positionierung der Hauptnavigation linksbündig ausgerichtet unterhalb des Logos.

▲ **Abbildung 12.2**
Schnell zu erkennen: die Hauptnavigation unterhalb des Logos, horizontal ausgerichtet, wie bei *tresorfabrik.com*

Dies ist eine Standardpositionierung, bei der man nicht viel falsch machen kann, da sie auf den meisten Webseiten zum Einsatz kommt. Dies spiegelt auch die Hierarchie wider. Zuerst kommt das Logo ❶ als Wiedererkennungs- und Differenzierungsmerkmal, und danach folgt sofort die Hauptnavigation ❷ als Orientierungselement. Gleichzeitig lässt diese Anordnung im rechten oberen Bereich Raum für andere Elemente wie die Metanavigation. Stattdessen kann, wie auf *tresorfabrik.com* (Abbildung 12.2), dort auch einfach nur Weißraum ❸ wirken.

Eine andere typische horizontale Positionierung der Hauptnavigation ist rechtsbündig neben dem Logo am Raster ausgerichtet. Gerade wenn keine Metanavigation existiert, ist im rechten Bereich oft genug Platz für eine Hauptnavigation vorhanden. Dafür muss der Platz rechts vom Logo aber groß genug sein, bzw. die Navigation darf nicht zu breit sein. Diese Art der Anordnung spart in der Vertikalen Platz, der eigentliche Inhalt kann also früher erscheinen, da die Navigation unterhalb des Logos keinen Platz mehr wegnimmt.

▲ **Abbildung 12.3**
Die Hauptnavigation neben dem Logo rechtsbündig ausgerichtet – wie bei *employour.de*

In letzter Zeit sind die Positionierungen der Hauptnavigation etwas freier geworden – oberhalb, neben oder unterhalb des Logos, links-, rechtsbündig oder zentriert. Alles ist denkbar, solange die Hauptnavigation erkennbar ist. Durch das Responsive Webdesign wird die Hauptnavigation inzwischen auch immer häufiger selbst bei größeren Bildschirmauflösungen (dazu später mehr) hinter einem Icon »versteckt«. Man könnte es fast als kleinen »Navigationstrend« bezeichnen.

▲ **Abbildung 12.4**
Wenn genug Platz vorhanden ist, ist auch eine Positionierung oberhalb des Logos denkbar, etwa wie bei *boat-mag.com*.

Ob Sie diesem Trend folgen, sollten Sie sich aber gut überlegen. Denn allzu benutzerfreundlich ist es nicht, das Menü auszublenden, wenn eigentlich ausreichend Platz zur Anzeige vorhanden wäre.

◂ **Abbildung 12.5**
Ein zentriertes Design samt zentrierter Hauptnavigation sieht edel aus – wie etwa bei *juliakostreva.com*.

Vertikale Hauptnavigation | Seltener als die horizontale Hauptnavigation kommt die vertikale vor. Dies hat auch seine Gründe. Die Punkte lassen sich dann etwas langsamer aufnehmen als in der horizontalen Navigation. Und der Platz, den eine vertikale Hauptnavigation einnimmt, fehlt dann für die Inhalte. Meistens ist daher eher die Subnavigation untereinander angeordnet.

◂ **Abbildung 12.6**
Eine typische vertikale Anordnung: eine linke Seitenleiste mit Logo, Hauptnavigation und Metanavigation bei *pooliestudios.com*

Das »Platzproblem« bei der vertikalen Navigation hat sich in den letzten Jahren stark relativiert. Durch responsive Designs lässt sich die Anordnung bzw. der Platz flexibel verwalten. So können Screendesigns mit vertikaler Navigation für Spannung sorgen, gerade weil sie etwas anders sind.

Die Positionierung der Hauptnavigation muss ein Konsens aus Layout, Konvention und gewünschter Wirkung sein. Auch hier kann ein bewusster Bruch der Konventionen für Spannung und Aufmerksamkeit sorgen. Allerdings sollten Sie immer im Hinterkopf behalten, dass der Anwender ohne eine einfach bedienbare Navigation nicht durch die Seite navigieren kann. »Kreative« Platzierungen, Effekte und Gestaltungen sind also mit Vorsicht zu genießen. Die oberen Bildbeispiele haben aber gezeigt, dass selbst klassische Positionierungen nicht langweilig oder eintönig sein müssen.

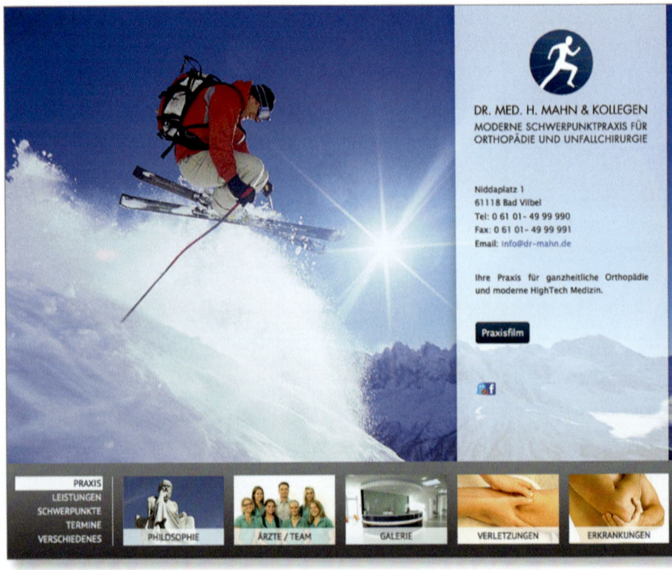

Abbildung 12.7 ▸
Eine Navigation kann auch am unteren Rand platziert und trotzdem gut bedienbar sein, wie bei *dr-mahn.de*.

12.1.2 Umsetzung

Links auf andere Webseiten oder innerhalb der eigenen Webseite werden mit dem HTML-Element `a` (a wie *anchor*, englisch für Anker) umgesetzt. Das `a`-Element wird daher auch bei Navigationen aller Art verwendet. Alles, was zwischen öffnendem und schließendem `a`-Element steht, gehört zum Link. Das können neben Text auch Bilder oder sonstige Medien sein.

Den Quellcode »sensitiv.html« für dieses Bespiel finden Sie auf der beiliegenden Buch-DVD unter BEISPIELMATERIAL • KAPITEL_12.

Sensitiver Bereich | Der *sensitive Bereich* eines Links ist so groß wie sein Inhalt – bei Textlinks ist er also so groß wie der Text. Hier kann es gerade in Navigationen hilfreich sein, wenn dieser sensitive Bereich vergrößert wird, damit der Anwender leichter den Link aktivieren kann. Mithilfe des Innenabstands (`padding`) lässt er sich vergrößern.

Abbildung 12.8 ▸
Ein Text ohne (links) und mit (rechts) Innenabstand und somit vergrößerter sensitiver Fläche

Der Anwender kann so leichter den Link auswählen, er muss nicht zwangsläufig die Maus über das Wort bewegen und kann dieses damit besser lesen. Das ist gerade bei Navigationen mit kleineren

Textgrößen eine sehr benutzerfreundliche Anwendung, von der nicht nur Benutzer mit motorischen Einschränkungen profitieren.

▲ **Abbildung 12.9**
Bei *triplstitched.com* bekommen die Navigationslinks viel Innenabstand und lassen sich so angenehmer auswählen.

Pseudoklassen | Übliche CSS-Selektoren beziehen sich auf HTML-Elemente aufgrund deren Benennung. Pseudoklassen sind spezielle CSS-Selektoren, die ein HTML-Element aufgrund eines bestimmten Zustands ansprechen oder weil es sich an einer bestimmten Stelle befindet. Dazu gehören die Pseudoklassen für Verweise, also Links.

Pseudoklasse	Erklärung	Beispiel
`:link`	Link zu einem noch nicht besuchten Ziel. Wird meistens weggelassen und nur als `a{}` definiert.	`a:link{text-decoration:none}`
`:visited`	Link zu einem schon besuchten Ziel. Wird selten eingesetzt, kann aber hilfreich sein, weil der Anwender schon sieht, welche Links oder Seiten er schon angeklickt oder besucht hat.	`a:visited{color:#444}`
`:hover`	Link, der mit dem Mauszeiger berührt wird (Mouseover)	`a:hover{text-decoration:underline}`
`:active`	Link, der aktuell angeklickt wird	`a:active{color:#f0f}`

▲ **Tabelle 12.1**
Pseudoklassen für Links

▲ **Abbildung 12.10**
Die Navigation von *eilab.de*: Zwei »normale« grüne Links, die aktuelle Seite in fettem Schriftschnitt und der `hover`-Zustand in Dunkelgrau

»hover«-Zustand
Mit der Pseudoklasse `:hover` lassen sich tolle Effekte erzielen. Nicht nur Links lassen sich so besser kenntlich machen, die Klasse lässt sich auch für andere HTML-Elemente einsetzen. Zum Beispiel können Tabellenzellen beim Berühren mit der Maus hervorgehoben werden, um besser sichtbar zu sein. Auf Geräten mit Touchscreens ist allerdings Vorsicht geboten: Hier schlägt die »Hover-Falle« zu. Denn hier gibt es kein `:hover`. Wichtige Inhalte sollten daher auch ohne `:hover` erreichbar sein (dazu später mehr).

Drei Zustände für Links sind wichtig, um den Nutzer bei der Bedienung zu unterstützen. Dazu gehören der »normale« Linkzustand, der eindeutig signalisiert »Ich bin ein Link, mich kann man klicken«, und der `hover`-Zustand, der dem Anwender beim Berühren des Links neben einer Veränderung des Mauszeigers noch ein optisches Signal gibt. Und wenn der Anwender auf einer Unterseite ist, sollte in der Navigation außerdem noch die aktuelle Seite optisch kenntlich gemacht werden. Dies geht NICHT mit der Pseudoklasse `:active`, die nur bei einem Klick aktiviert wird. Um die aktuelle Seite im Menü hervorzuheben, braucht der entsprechende Menüpunkt eine eigene ID oder Klasse per CSS, mit der er formatiert wird.

▲ **Abbildung 12.11**
Für Fortgeschrittene: *tympanus.net/Development/CreativeLinkEffects* präsentiert nette kleine `hover`-Effekte mit der neuen CSS3-Eigenschaft `transform`.

Den Quellcode »navigation-mit-listen.html« für dieses Bespiel finden Sie auf der beiliegenden Buch-DVD unter BEISPIELMATERIAL • KAPITEL_12.

Navigation mit Listen | Navigationen sind im Grunde eine Ansammlung mehrerer Links, die neben- oder untereinander dargestellt werden. Man könnte sie auch als *Auflistung* von Links bezeichnen. Daher werden Navigationen in HTML häufig mit Listen umgesetzt:

```
<nav>
<ul>
<li><a href="#">Über</a></li>
<li><a href="#">Projekte</a></li>
<li><a href="#">Leistungen</a></li>
<li><a href="#">Kontakt</a></li>
</ul>
</nav>
```

▲ **Listing 12.1**
Navigation, umgesetzt mit Listenpunkten

▲ **Abbildung 12.12**
Navigationspunkte als unformatierte Liste

Das `nav`-Element wurde geschaffen, um Navigationsleisten semantisch korrekt auszuzeichnen. Innerhalb des neuen HTML5-Elements `<nav>` wird eine Liste definiert. Innerhalb der einzelnen Listenpunkte stehen die Verweise. Das Ergebnis ist eine (langweilige) Listendarstellung (siehe Abbildung 12.12). Mit etwas CSS werden die Punkte nebeneinander und optisch ansprechender formatiert:

```
li {
  display:inline;
   list-style: none;
   margin: 0 20px;
}
a {
  font-size: 20px;
  line-height: 40px;
  padding: 10px 25px;
}
a:hover {
  color:#f0f;
}
```

◂ **Listing 12.2**
Die CSS-Definitionen der Navigation

Mit `display:inline` werden die Listenpunkten von Block- in Inline-Elemente umgewandelt, sodass sie nebeneinanderstehen. `list-style:none` entfernt den typischen Aufzählungspunkt. `margin` sorgt für Abstand zwischen den Punkten – ebenso wie `padding`, nur dass dadurch der Innenabstand des Links und damit ja die sensitive Fläche vergrößert wird. `padding` plus `margin` sorgen für den Gesamtabstand zwischen den Linktexten. Der Rest ist dann optische Ausgestaltung der Navigation.

◂ **Abbildung 12.13**
Die Listenpunkte nebeneinander

12.1.3 Gestaltung

Bei der Gestaltung der Hauptnavigation gibt es mehrere Aspekte zu beachten. Sie sollte leicht erkennbar sein. Zudem sollte der Anwender nicht lange nach ihr suchen müssen. Sowohl die Position als auch das Design sollten deutlich zeigen: »Hier bin ich, die Hauptnavigation«. Sie sollte auch klarmachen, dass sie ein inhaltlich sehr bedeutsames Element auf der Seite ist, das wichtigste Navigationselement. Sie kann – oder besser: sie muss – sich daher vom Rest des Designs abheben.

Hier spielen das Gesetz der Geschlossenheit und das Gesetz der Nähe eine große Rolle (siehe dazu Kapitel 6, »Gestaltungsgrundlagen«).

Der Abstand zwischen den einzelnen Links sollte groß genug sein, damit diese als einzelne Links erkennbar sind. Mehr als ein Leerzeichen ist da hilfreich. Andererseits sollte der Abstand nicht so groß sein, damit sie noch als zusammengehörig empfunden werden.

Wichtig ist, dass sich die Gestaltung auch vom Rest des Designs absetzt, um die besondere Stellung als Hauptnavigation zu unterstreichen. Dies ist durch eine andere bzw. besondere Farbe oder Schriftformatierung (Größe, Art, Schnitt) genauso möglich wie einfach durch eine klare optische Trennung. *zeichenundwunder.de* (Abbildung 12.14) setzt zum Beispiel auf eine schlichte Gestaltung der Navigationspunkte. Die optische Kennzeichnung als Hauptnavigation erfolgt durch viel Weißraum und die Positionierung oben rechts. Auch bei *yuii.de* (Abbildung 12.15) sind die Navigationspunkte eher dezent gehalten, hier setzt sich die Navigation durch einen farbigen Balken vom Rest ab.

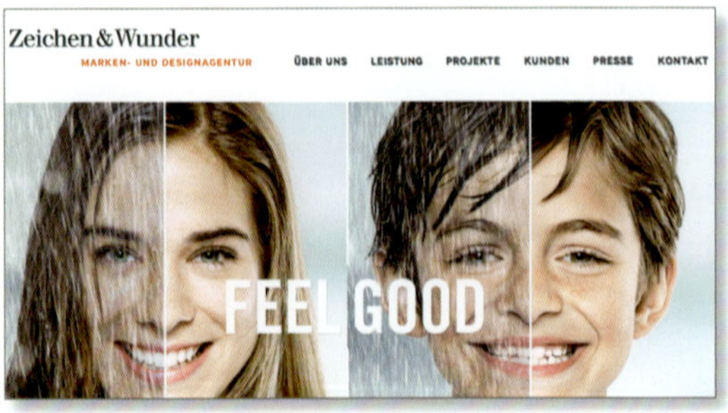

▲ Abbildung 12.14
Bei *zeichenundwunder.de* erfolgt die optische Kennzeichnung als Hauptnavigation durch viel Weißraum und die Positionierung oben rechts.

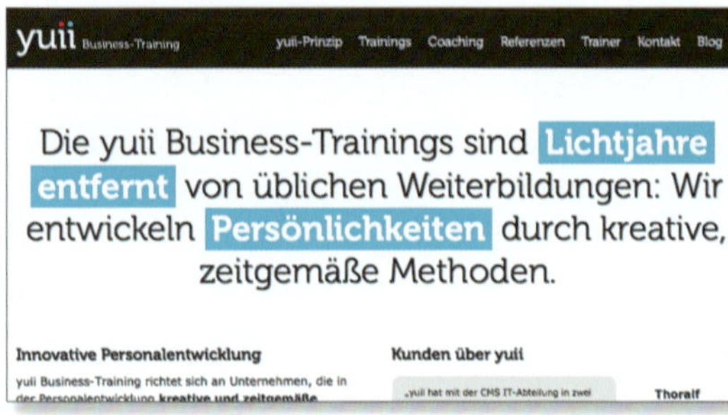

▲ Abbildung 12.15
Bei *yuii.de* sind die Navigationspunkte eher dezent gehalten, ein farbiger Balken setzt die Navigation vom Rest ab.

Der Einsatz von entsprechend viel Weißraum ist gerade bei Webseiten, die ausreichend Platz haben, ein beliebtes Gestaltungsmittel. Alternativ sind farbige Flächen oder Linien als Trennmittel gut geeignet.

12.1.4 Dropdown-Menü

Ein Dropdown-Menü bietet einen größeren Überblick und erleichtert das schnelle Navigieren auf Unterseiten. Beim `hover` eines Hauptpunkts öffnet sich eine Liste mit den Unterseiten, die so direkt ausgewählt werden können. Ohne ein Dropdown-Menü müsste der Anwender erst auf den Hauptpunkt klicken, es müsste sich die Hauptseite öffnen und dann eine Subnavigation die weiteren Punkte anzeigen. Der Anwender weiß in so einem Fall vorher also nicht, ob es sich für ihn überhaupt lohnt bzw. sich hier die gesuchten Informationen befinden, da er die Unterseiten nicht kennt. Und, falls eine gewünschte Unterseite vorhanden ist, musste er länger warten und einmal mehr klicken als mit einem Dropdown-Menü.

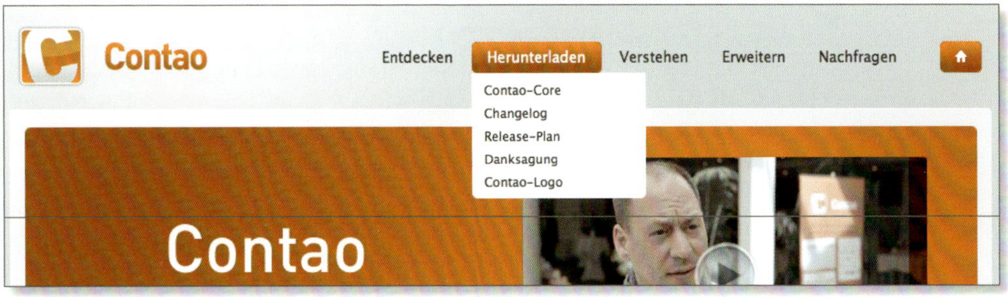

▲ **Abbildung 12.16**
Ein simples Dropdown-Menü bei *contao.org*. Sobald sich die Maus über einem Hauptpunkt befindet, klappt ein Submenü auf.

Mithilfe von CSS und dem `hover`-Zustand lässt sich ganz einfach ein Dropdown-Menü erzeugen. Dazu werden Aufzählungslisten in HTML ineinander verschachtelt:

Den Quellcode »drop-down-menue.html« und »drop-down-menue-2.html« für dieses Beispiel finden Sie auf der beiliegenden Buch-DVD unter BEISPIELMATERIAL • KAPITEL_12.

```
<nav>
    <ul>
      <li>
        <a href="#">Über uns</a>
      </li>
      <li>
        <a href="#">Projekte</a>
        <ul>
          <li><a href="#">Screendesign</a></li>
          <li><a href="#">Programmierung</a></li>
          <li><a href="#">Apps</a></li>
        </ul>
      </li>
      <li >
        <a href="#">Leistungen</a>
        <ul>
          <li><a href="#">Beratung</a></li>
          <li><a href="#">Konzeption</a></li>
          <li><a href="#">Design</a></li>
          <li><a href="#">Technik</a></li>
        </ul>
      </li>
      <li>
        <a href="#">Kontakt</a>
      </li>
    </ul>
</nav>
```

▲ **Listing 12.3**
Verschachtelte Listen für ein Dropdown-Menü

Per CSS werden dann die verschachtelten Listen (`nav ul li ul`) zuerst ausgeblendet (`display:none`), und beim Überfahren (`hover`) eines Hauptpunkts (`nav ul li:hover`) wird die verschachtelte Liste (`nav ul li:hover ul`) wieder eingeblendet (`display:block`):

Listing 12.4 ▸
CSS-Anweisungen für das Dropdown-Menü

```
nav ul li {
  list-style: none;
  display:inline;
  position: relative;
}
nav ul li a {
  text-decoration: none;
  padding: 10px 30px;
}
nav ul li a:hover {
  color: #f0f;
}
nav ul li:hover ul {
  display: block;
}
nav ul li ul {
  display: none;
  position: absolute;
  padding:0px;
  top:25px;
  left: 0;
}
nav ul li ul li {
  display: inline;
}
nav ul li ul li a {
  display: block;
}
```

▴ Abbildung 12.17
Verschachtelte Listen als Ausgangsbasis für ein Dropdown-Menü

Fertig ist ein einfaches Dropdown-Menü. Über die Besonderheiten auf Tablets und Smartphones erfahren Sie ab Seite 634 mehr. Noch etwas mehr CSS dazu, und schon sieht das Menü auch ansprechender aus:

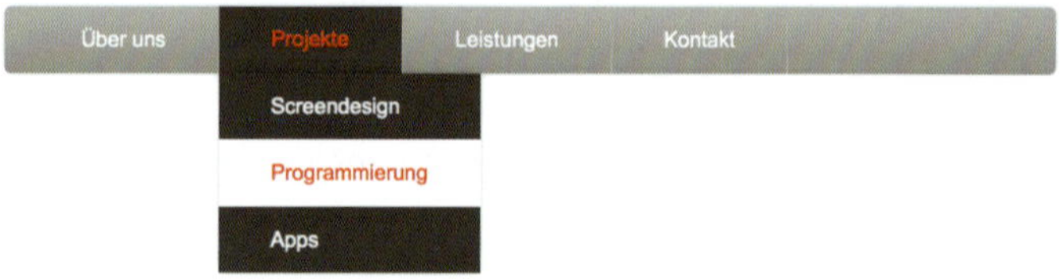

Abbildung 12.18 ▸
Dank CSS-Formatierung mit Verläufen, Schatteneffekten und entsprechender Farbgebung sieht das Dropdown-Menü ansprechender aus.

12.1.5 Mega-Dropdown-Menü

Bei größeren Webseiten mit umfangreicheren Navigationsstrukturen mag ein einfaches Dropdown-Menü wie oben nicht mehr ausreichen. Lange Dropdown-Listen und weitere Navigationsebenen lassen sich schwer bedienen. Die sogenannten *Mega-Dropdowns* zeigen mehrere Optionen auf einen Blick. Sie enthalten mehr Informationen und bieten dadurch einen besseren Überblick. Sie sind die Weiterentwicklung der einfachen Dropdown-Menüs.

Mega-Dropdown und User Experience
Ein Mega-Dropdown nimmt eine große Fläche des Bildschirms ein und präsentiert viele Informationen. Die Optik und die Abgrenzung von den anderen Inhalten spielen für die User Experience eine große Rolle.

Mega-Dropdowns können mehrere Navigationsebenen darstellen und Inhalte gruppieren. Während bei klassischen einfachen Dropdown-Menüs die einzelnen Unterpunkte jeweils gleich aussehen, lässt sich bei den Mega-Dropdowns eine individuelle Gestaltung umsetzen. Typografische oder farbliche Kennzeichnung oder der Einsatz von Icons sind denkbar, um visuelle Hierarchien zu schaffen und ein schnelleres Überfliegen zu ermöglichen. *Porsche.com/germany* (siehe Abbildung 12.19) bietet zum Beispiel ein sauber ausgearbeitetes Mega-Dropdown. Die großzügige Darstellung hat eine angemessene Informationstiefe, die sich nach und nach aufbaut. Abgerundet wird das Ganze durch kleine Effekte wie das dezente Abdunkeln des Inhalts.

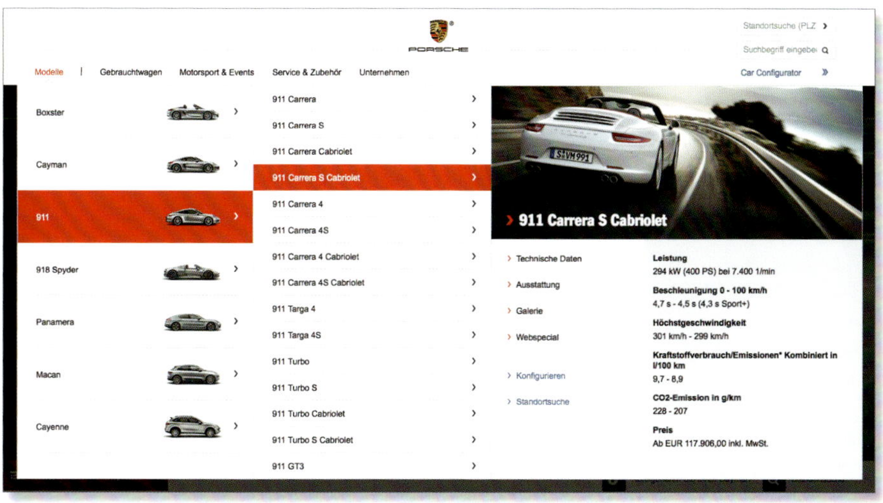

▲ **Abbildung 12.19**
Auch *porsche.com/germany* bietet ein sauber ausgearbeitetes Mega-Dropdown.

Leichte Animationen wie das Ein- und Ausblenden des Menüs können das Nutzungserlebnis verbessern. Das große Menü ist dann nicht auf einen Schlag da, sondern wird weich eingeblendet. Zu viele Effekte oder ein zu langsames Einblenden können aber schnell zum gegenteiligen Effekt führen. Ein ruckeliges Einblenden, längeres Warten, weil die Skripte erst geladen werden müssen, oder unnütze optische Spielereien beeinträchtigen die Bedienung eher, als sie zu unterstützen.

Mega-Dropdowns können auf größeren Bildschirmen und bei Bedienung mit einer Maus ein tolles Navigationsinstrument sein. Anders sieht das schon auf kleineren Bildschirmauflösungen und beim Fehlen einer Maus aus. Die Umsetzung responsiver Menüs folgt im Kapitel mobile Navigation. Die Zugänglichkeit von Mega-Dropdowns etwa mit Screenreadern ist dagegen schon schwieriger. Um die Bedienung aber auch in solchen Fällen zu sichern, gibt es ein jQuery-Plugin namens *Accessible Mega Menu*, das dafür sorgt, dass das Mega-Dropdown auch mit Tastatur oder Screenreader bedienbar bleibt: *adobe-accessibility.github.io/Accessible-Mega-Menu.*

12.1.6 Kreative Navigationen

▲ **Abbildung 12.20**
Diese Icons sind mittlerweile bekannt. Und wer nichts mit ihnen anzufangen weiß, der wird sie auch nicht brauchen.

Die in den vorangegangenen Abschnitten besprochenen und gezeigten Navigationen sind die üblichen Navigationsgestaltungen. Mehrere Textlinks mit der gleichen optischen Formatierung stehen nebeneinander. Je nach Design kann es aber sinnvoll sein, die Hauptnavigation etwas individueller zu gestalten.

Navigation mit Icons | Symbole und Icons können unsere Wahrnehmung erleichtern. Im Straßenverkehr (Schilder) werden sie genauso eingesetzt wie Benutzeroberflächen von Computer-Programmen (Drucken-Symbol etc.). Es geht eigentlich jeweils um das gleiche Ziel: eine schnelle Bedienung, bei der man nicht groß nachdenken muss. Dazu müssen sich die Symbole und deren Bedeutung aber eingeprägt haben. Ein Warenkorb-Symbol wird meistens schnell verstanden, weil dessen Bedeutung durch entsprechende Erfahrungen gelernt wurde.

Zum Weiterlesen
Mehr über den Einsatz und die Gestaltung von Icons erfahren Sie in Abschnitt 11.6, »Icons«.

Icons als Unterstützung in der Navigation einzusetzen kann dafür sorgen, dass der Anwender einen schnelleren Überblick bekommt. Bilder lassen sich schneller erfassen und verstehen als Texte. Icons können der Hauptnavigation auch mehr visuelles Gewicht geben als reiner Text. Der Einstieg in die Navigation fällt damit leichter.

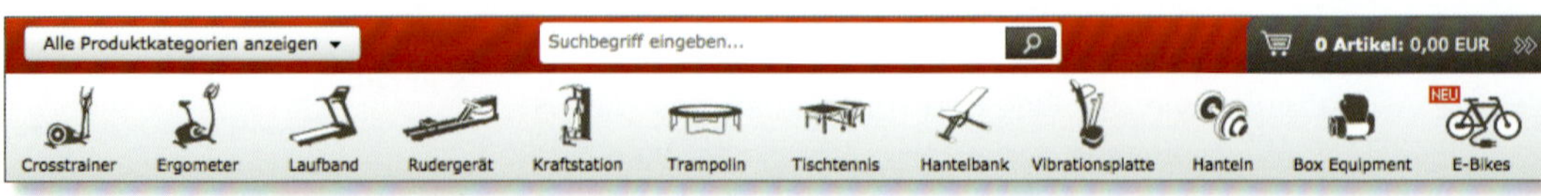

▲ **Abbildung 12.21**
Manche Icons mögen hilfreich sein. Aber die Elemente von »Box Equipment« erkennt man fast gar nicht *(sport-tiedje.de)*.

Damit die Icons aber für einen besseren Überblick und Bedienung sorgen, müssen sie auf den ersten Blick verständlich sein. Wenn sie »nur« schmückendes Beiwerk sind, stören sie in der Navigation eher, weil sie vom Inhalt (dem Textlink) ablenken.

▲ **Abbildung 12.22**
Die Icons sind größtenteils verständlich. Das Problem ist: Einmal angefangen, muss man die Icons auch durchziehen. Aber dann finden Sie mal ein Icon für »Sonstiges«! (*urlaubspiraten.de*)

Nicht nur in der Hauptnavigation lassen sich Icons einsetzen, auch in Dropdown-Menüs, in der Metanavigation oder im Inhaltsbereich können sie hilfreiche Dienste leisten. Sie sollten dabei weniger schmückenden Charakter haben, als Inhalte schneller auffindbar zu machen und die Bedienung zu unterstützen.

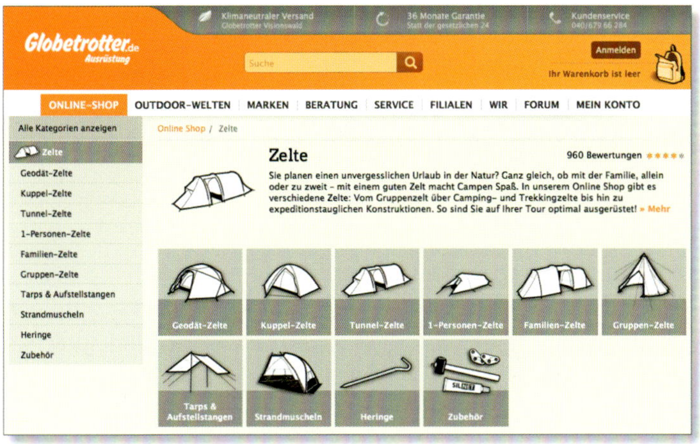

◀ **Abbildung 12.23**
Gerade wenn die einzelnen Produktgruppen bzw. deren Benennung nicht jedem verständlich sind, können kleine Illustrationen als Ergänzung sehr hilfreich sein, wie hier bei *globetrotter.de/zelte*.

Farbige Navigationspunkte | Ein Informationsleitsystem, das auf Farben beruht, kommt recht häufig vor und wird zum Beispiel gerne in größeren Gebäuden (etwa Flughäfen, Bahnhöfen etc.) eingesetzt. Farben erleichtern die Wiedererkennung und Orientierung.

◀ **Abbildung 12.24**
Wie bei Hochschulen üblich, hat auch die Karlshochschule (*karlshochschule.de)* ein umfangreiches Informationsangebot. Mit Farben lässt sich dieses gut strukturieren.

Bei komplexeren Webseiten können Farben Informationsgruppen zusammenfassen und so für eine bessere Übersicht sorgen. Typischerweise werden die Hauptpunkte unterschiedlich eingefärbt und vererben dann ihre Farbgebung an ihre Unterseiten.

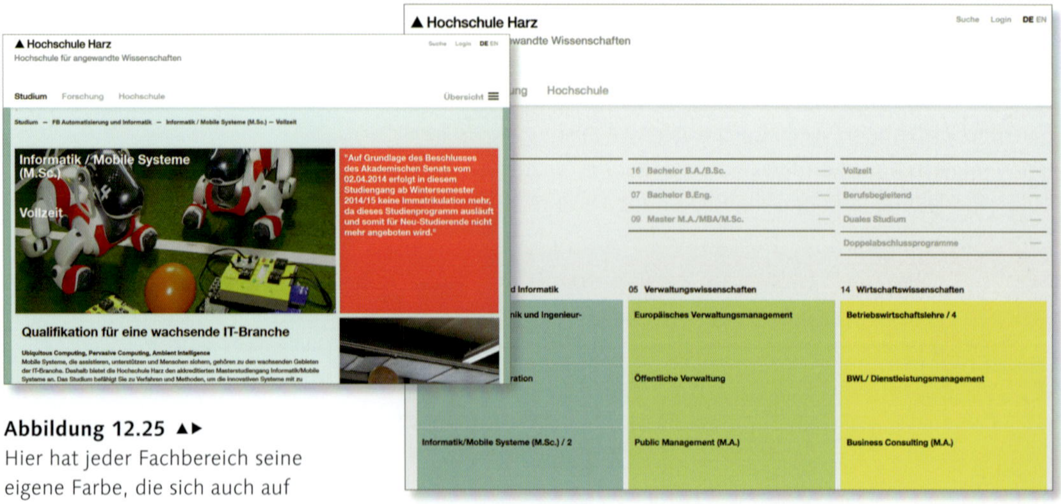

Abbildung 12.25 ▲▶
Hier hat jeder Fachbereich seine eigene Farbe, die sich auch auf den Unterseiten im Hintergrund fortsetzt (*hs-harz.de/studium*).

Bilder als Navigation | Bilder haben eine große Wirkung auf den Betrachter. Sie ziehen unsere Aufmerksamkeit an und sprechen uns emotional an. Bilder in der Navigation oder Bilder als Navigation verstärken damit deren Wirkung enorm. Auf *bespoke.eu* (Abbildung 12.26) fügt sich die ohnehin schon sehr individuelle Gestaltung mit Bildern als Navigationspunkten gut ins Gesamt-Layout ein.

Abbildung 12.26 ▶
Eine individuelle Gestaltung, die sich auch in der Navigation zeigt: *bespoke.eu*

Mit Bildern wird die Hauptnavigation noch stärker ein Gestaltungselement und lässt sich kreativer in das Gesamtkonzept einfügen. Früher waren auch noch häufiger komplette virtuelle Szenarien zu bewundern, die in den letzten Jahren doch stark zurückgingen.

▲ **Abbildung 12.27**
Eine eigene Welt, bei der die Navigation Teil der Gesamtkomposition ist (*ozconsignments.com*)

Vertikale Navigation | Auch wenn die Hauptnavigation meistens horizontal unter oder neben dem Logo platziert wird, gibt es immer wieder Webseiten, die eine vertikale Ausrichtung wählen. Vor allem bei sehr vielen Navigationspunkten oder wenn die Benennung sehr lang ist, lohnt sich diese Art der Gestaltung, da es bei einer horizontalen Gestaltung schnell eng werden kann.

▲ **Abbildung 12.28**
Hier könnte es nebeneinander eng werden, daher gibt es bei *btv.at* die vertikale Navigationsanordnung.

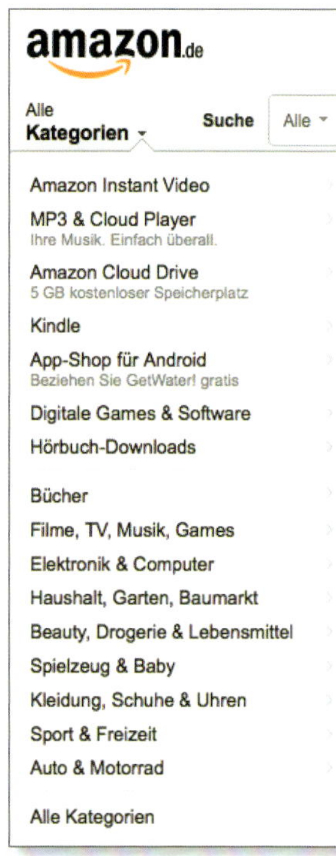

▲ **Abbildung 12.29**
Bei *amazon.de* gibt es sehr viele und größtenteils sehr lange Navigationspunkte. Daher ist eine vertikale Anordnung sinnvoller als eine horizontale.

Auch bei Webseiten, die auf einem Content-Management- oder Shop-System beruhen, kann eine vertikale Anordnung sinnvoll sein, wenn damit zu rechnen ist, dass Anzahl und Benennung der Navigationspunkte möglichst flexibel gehalten werden sollen. Mit einer vertikalen Gliederung stößt man auch bei zukünftigen Erweiterungen nicht so schnell an die Grenzen. Klar ist aber auch, dass dadurch ein großer Teil des Inhaltsbereichs von der Navigation belegt ist. Für den eigentlichen Inhalt steht dann weniger Platz zur Verfügung.

Typografische Spielereien | Auch durch die typografische Ausgestaltung der Navigationspunkte lässt sich eine individuelle Note hinzufügen.

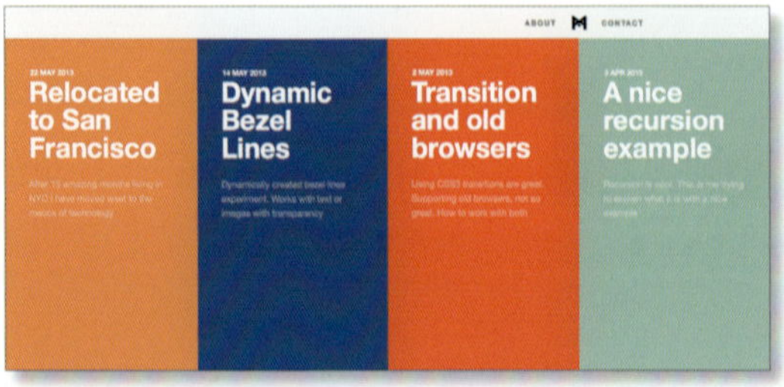

▲ **Abbildung 12.30**
Bei *minimalmonkey.com* sind markante typografische Navigationspunkte der Inhalt.

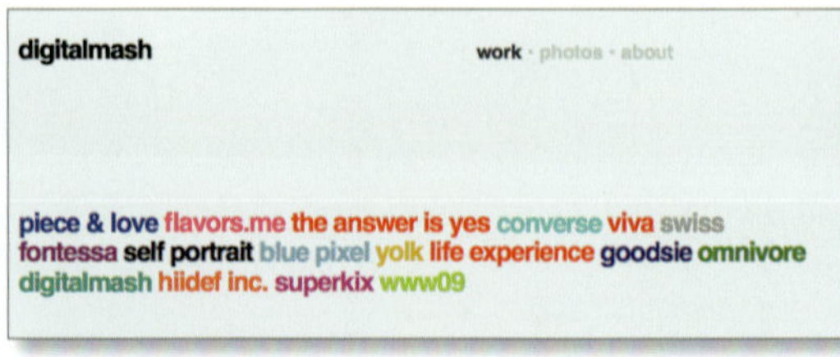

▲ **Abbildung 12.31**
Jeder Navigationspunkt in einer anderen Farbe, dazu noch ein netter hover-Effekt. Das ergibt eine kleine kreative Note bei *digitalmash.com*.

Gerade die typografische Gestaltung hat in den letzten Jahren enorm an Bedeutung gewonnen, nicht zuletzt durch die Möglichkeit, Webfonts (siehe Kapitel 10, »Typografie«) einzubinden. Als Alternative zu Bildern und/oder Grafiken bieten sie vielfältige Möglichkeiten, kreativ zu werden.

iHover
iHover nennt sich eine Sammlung mit netten CSS3-Effekten, die ganz einfach eingesetzt werden können: *gudh.github.io/ihover/dist*.

Besondere »hover«-Effekte | Nicht nur mit der Gestaltung der Navigation und der Navigationspunkte lässt sich kreativ arbeiten, auch mit dem Mouseover-Zustand (Pseudoklasse hover) können Sie einiges anstellen. Sicherlich sind in den wenigsten Fällen auffällige hover-Effekte geeignet. Aber gezielt eingesetzt, können sie die Bedienung erleichtern, die User Experience erhöhen und ganz allgemein für Aufmerksamkeit sorgen.

Abbildung 12.32 ▶
Die Inhalte liegen wie Blätter übereinander. Beim Mouseover ändert sich die Hintergrundfarbe, beim Klick fahren einzelne Seiten beiseite (*marianne-brandt-wettbewerb.de*).

12.1.7 Feste Navigation

In Zeiten von *Parallax Scrolling* und *Infinite Scrolling* (siehe Kapitel 13, »Webdesignstile und -trends«) hat sich auf einigen Webseiten eine fixe Navigation etabliert, die am oberen Browserrand fest stehenbleibt. Normalerweise scrollt die Navigation mit und verschwindet so recht schnell aus dem Blickfeld des Anwenders. Damit dieser aber doch immer Zugriff auf die Navigation hat und sich nicht mitten auf der Seite neu orientieren muss oder wieder lange hochscrollen darf, gibt es die Möglichkeit, diese fest zu fixieren.

◂ **Abbildung 12.33**
Bei *meandmyselfportfolio.co.uk* bleibt die Navigation oben rechts stehen, und die Inhalte scrollen vorbei.

▴ **Abbildung 12.34**
Gerade bei sehr langen Seiten wie dem One-pager von *mediaparker.com* bietet sich eine fixe Navigation an.

Meistens, aber nicht immer, ist die Navigation am oberen Rand fix. Bei einigen Seiten steht sie auch an der linken oder rechten Seite, und der Inhalt scrollt neben ihr vorbei.

Schritt für Schritt: Eine fixe Navigation mit HTML und CSS

Eine fixe Navigation selbst unzusetzen ist gar nicht so schwer, wie der folgende Workshop zeigen soll.

Den Quellcode »fixed-navigation.html« für dieses Bespiel finden Sie auf der beiliegenden Buch-DVD unter BEISPIELMATERIAL • KAPITEL_12.

1 Navigation definieren

Dazu definieren wir zunächst in HTML eine Navigation mit Listenpunkten:

Listing 12.5 ▶
HTML-Liste für die Navigation

```
<nav>
<ul>
<li><a href="#">Über</a></li>
<li><a href="#">Projekte</a></li>
<li><a href="#">Leistungen</a></li>
<li><a href="#">Kontakt</a></li>
</ul>
</nav>
```

2 Fließtext einbinden

Darunter soll jede Menge Fließtext platziert werden, der die Seite einfach sehr lang machen soll, um den Effekt später im Browser auch zu sehen (im Folgenden leicht abgekürzt):

Listing 12.6 ▶
Der Inhaltsbereich in HTML

```
<div class="wrapper">
<p>Weit hinten, hinter den Wortbergen, fern der Länder
Vokalien und Konsonantien, leben die Blindtexte.
...
...
...
</p>
</div>
```

3 Feste Positionierung zuweisen

Das Entscheidende ist, im CSS der Navigation die feste Positionierung zuzuweisen:

Listing 12.7 ▶
Fixe Positionierung der Navigation mit CSS

```
nav {
background: #a4a1a1;
position: fixed;
width: 100%;
top:0;
}
```

Normalerweise erstreckt sich der Navigationscontainer über die volle Breite. Durch die `position`-Angabe ist er nur noch so breit wie sein Inhalt. Mit der Weitenangabe sorgen wir dafür, dass er sich wieder über die volle Browserbreite erstreckt. Die `top`-Angabe brauchen wir, damit der Container immer fest am oberen Rand hängt. Wichtig ist dann noch, den Inhalten einen ausreichend großen Abstand zum oberen Rand zu geben, damit sie nicht von der fixen Navigation überlagert werden:

Listing 12.8 ▶
Abstand des Inhaltsbereichs nach oben

```
.wrapper {
margin: 100px auto 0;
}
```

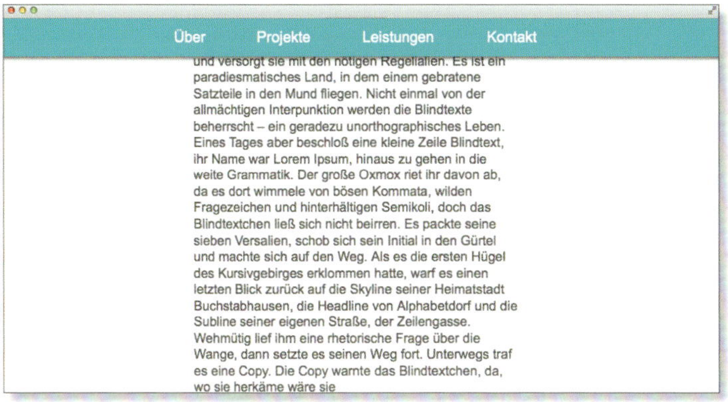

◄ Abbildung 12.35
Eine Navigation, die fix am oberen Browserrand steht, ist recht einfach mit CSS umzusetzen.

Die weiteren Angaben dienen der optischen Formatierung und sind wie alle anderen Beispiele des Buches auf der beiliegenden DVD zu finden.

Versteckte Navigation | Durch die mobilen Endgeräte sind neue Anforderungen an das Webdesign aufgekommen, unter anderem an die Darstellung der Navigation. Diese wird auf kleineren Bildschirmen häufig ausgeblendet und erst mit Klick auf ein Icon oder einen Text komplett eingeblendet. Dieses Prinzip nutzen einige Webseiten auch bei höheren Auflösungen.

Zum Weiterlesen
Mehr über die versteckte Navigation erfahren Sie im Abschnitt 12.5, »Navigation auf mobilen Endgeräten – responsive Navigation«.

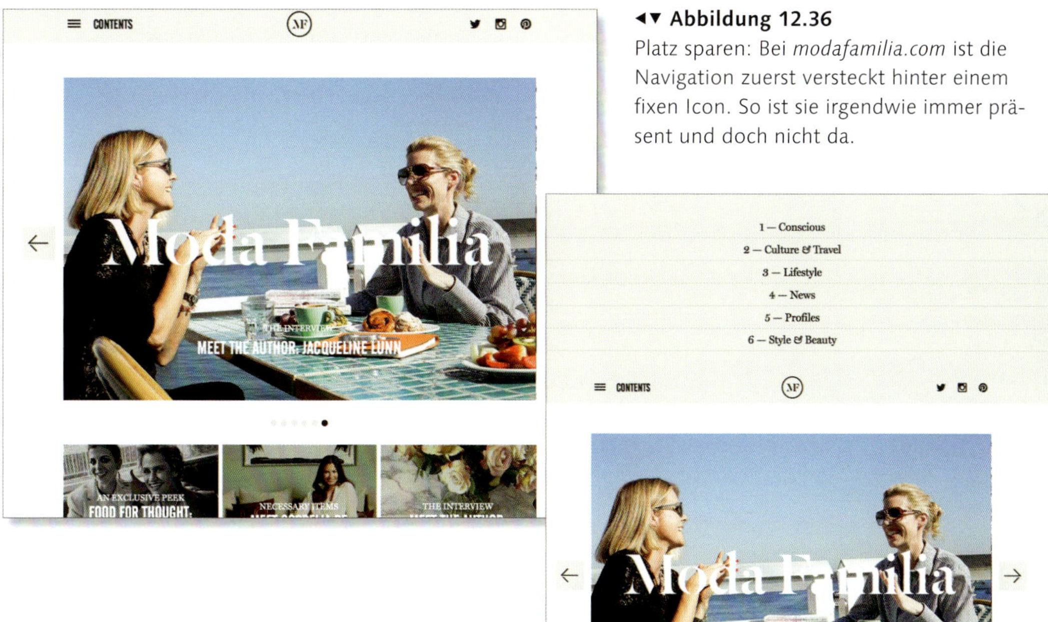

◄▼ Abbildung 12.36
Platz sparen: Bei *modafamilia.com* ist die Navigation zuerst versteckt hinter einem fixen Icon. So ist sie irgendwie immer präsent und doch nicht da.

Durch das Verstecken der Navigation lässt sich im Design natürlich viel Platz sparen. Gerade bei größeren bzw. umfangreichen

Navigationstexten kann dies eine gute Lösung sein. Das Hauptaugenmerk liegt dann schneller auf dem eigentlichen Inhalt. Andererseits kann sich der Anwender nicht so schnell einen Gesamtüberblick über die Seiten und ihre Unterseiten verschaffen. Er muss immer erst einmal klicken, bevor er die einzelnen Navigationspunkte zu sehen bekommt. Dies kann ziemlich lästig sein. Sie müssen also abwägen, ob der Vorteil der Konzentration auf den Inhalt die mangelnde Übersicht durch nicht sichtbare Navigationspunkte überwiegt.

Gut gelöst wurde die versteckte Navigation bei *strafverteidigerhamburg.com* (Abbildung 12.37). Hier zeigt sich das versteckte Menü schon beim Überfahren mit der Maus – ein netter Effekt bei einem umfangreichen Menü.

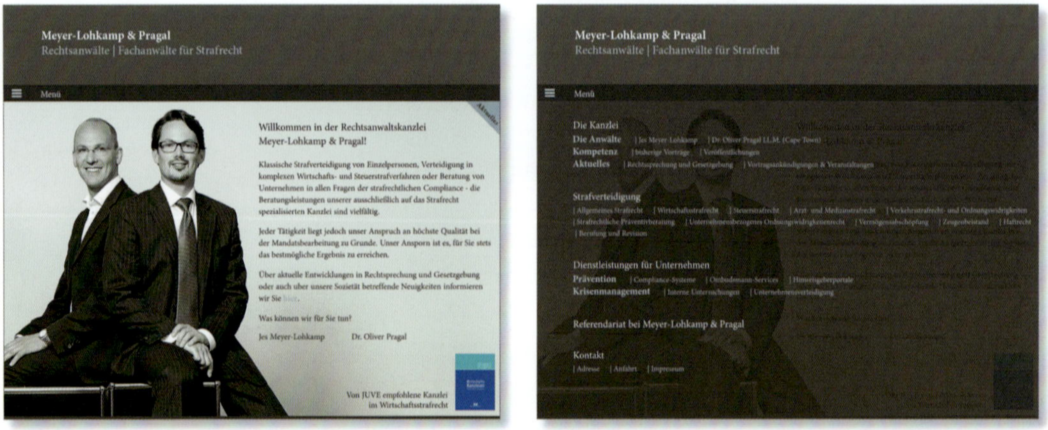

Abbildung 12.37 ▼
Bei *strafverteidigerhamburg.com* zeigt sich das versteckte Menü schon beim Überfahren mit der Maus.

12.2 Die Gestaltung der Subnavigation

Die Subnavigation stellt die Unterpunkte der Webseite in einem eigenen Bereich dar. Auf den einzelnen Unterseiten einer Webseite zeigt sie damit, in welchem inhaltlichen und strukturellen Umfeld sich die aktuelle Seite befindet.

Die Subnavigation ist also ein wichtiges Navigationsinstrument. Sie bietet einen detaillierten Überblick über die Navigationsstruktur und ermöglicht einen schnelleren Einstieg in die thematisch ähnliche Unterseite, ohne den Weg über ein eventuell vorhandenes Dropdown-Menü zu gehen. Klassischerweise gibt es zwei mögliche Positionierungen der Subnavigation: direkt unterhalb einer horizontalen Hauptnavigation oder – und häufiger anzutreffen – unterhalb des Kopfbereichs der Webseite im linken, manchmal auch im rechten Inhaltsbereich.

▲ Abbildung 12.38
Sinn und Zweck einer Subnavigation: auch die tieferen Strukturebenen darstellen wie bei *euramobil.de*

▲ **Abbildung 12.39**
Klassische Aufteilung: oben die horizontale Hauptnavigation und im linken Bereich die Subnavigation (*lean-maritime.de*)

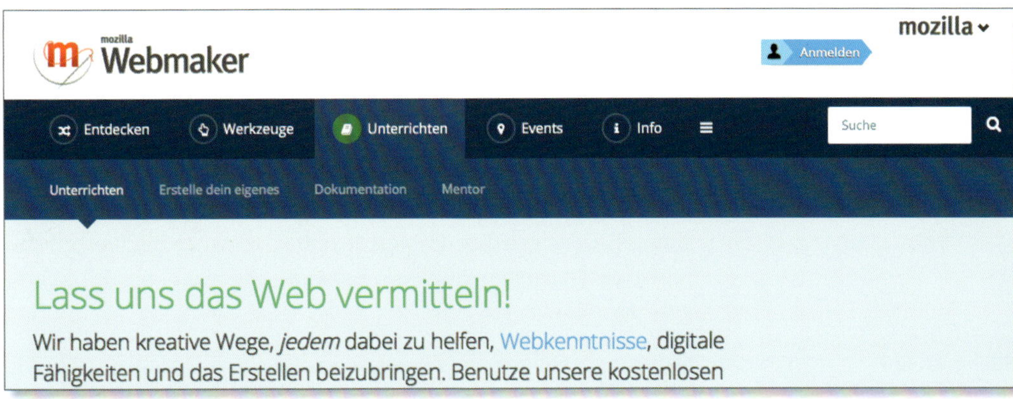

▲ **Abbildung 12.40**
Bei *webmaker.org* gibt es noch die klassische Tab-Navigation. Direkt unter der Hauptnavigation steht die Subnavigation. Sie ist farblich dem aktiven Hauptpunkt zugeordnet.

Um die Bereiche Subnavigation und Inhalt klar zu trennen, wird gerne Weißraum eingesetzt, was aber bei geringen Platzmöglichkeiten in der Breite nicht immer möglich ist. Alternativ sind Trennstriche, leichte Schatten oder ein farbiger Hintergrund gute Lösungen.

12.3 Die Gestaltung der Metanavigation

Die Metanavigation ist in den letzten Jahren zu einem wichtigen Navigationselement geworden. Inhalte, die wichtig für die Seite sind, aber für die in der Hauptnavigation kein Platz ist bzw. die nicht zwingend gefunden werden müssen, werden in die Metanavigation »ausgelagert«. Der Begriff *Serviceinhalte* wird gerne dafür verwendet.

Abbildung 12.41 ▲
Ganz dezent in der rechten oberen Ecke: die Metanavigation exemplarisch bei *hootsuite.com*

Bei wenigen Webseiten taucht die Metanavigation im Footer auf, bei den meisten aber im Kopfbereich. Während die linke Seite des Headers für das Logo vorgesehen ist, steht sie fast immer in der oberen rechten Ecke. Bestimmte Inhalte wie »Kontakt«, »Impressum« oder die Suche werden hier vom Anwender schon automatisch vermutet.

Da die Metanavigation etwas weniger bedeutend ist als die Hauptnavigation, was nicht heißt, dass ihre Inhalte unbedeutend sind, ist sie eigentlich immer dezenter gestaltet als diese. Häufig ist sie in kleiner dunkler (Schwarz oder Dunkelgrau) Schrift gesetzt.

Abbildung 12.42 ►
Selbst wenn die Hauptnavigation einmal ganz oben platziert ist, in der rechten Ecke findet sich immer noch ein Platz, wie bei *gls.de*.

Die Metanavigation wird selten durch visuelle Effekte wie Farbflächen, Trennlinien oder Ähnliches abgesetzt. Die dezente Textgestaltung reicht in den meisten Fällen aus, um zu signalisieren, dass es sich um eine Metanavigation handelt.

12.4 Die Gestaltung der Footer-Navigation

Der Footer schließt die Seite inhaltlich und optisch ab. Während früher ein dezenter Copyright-Hinweis, vielleicht noch mit einem Link zum Impressum, das höchste der Gefühle war, hat sich der Footer inzwischen zu einem vollwertigen Navigationsmitglied entwickelt. Es gibt sogar Webseiten, die gönnen sich einen »Mega-Footer«. Irgendwo dazwischen liegt wohl die Wahrheit.

Ist der Anwender schon bis zum Footer-Bereich heruntergescrollt, ist es sinnvoll, ihn dort auch »abzuholen« – also ihn nicht wieder hoch bis zur Hauptnavigation scrollen zu lassen oder vielleicht nur einen »Back-to-Top«-Link anzubieten, was zwar schon gut und wichtig ist, sondern ihm ein weiteres Informationsangebot in Form nützlicher Links zu unterbreiten.

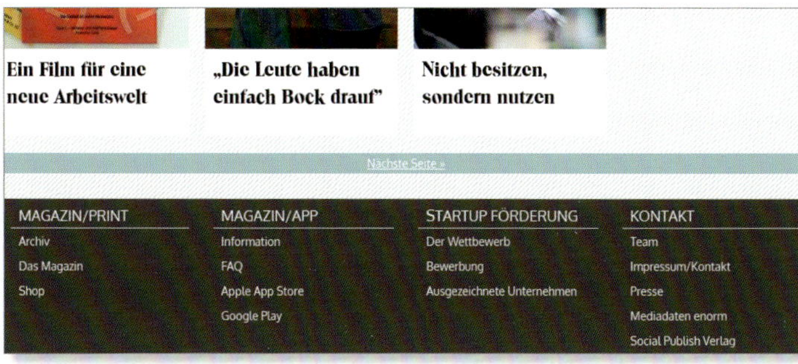

◄ **Abbildung 12.43**
Viele weiterführende Links in einem eigenen farbigen Kasten, die Footer-Navigation beim *enorm-magazin.de*

Die Varianten sind dabei sehr breit gefächert. Dies kann eine Wiederholung der Haupt- und/oder Metanavigation genauso sein wie weitere Unterseiten, die nochmals speziell ausgewählt wurden. Auf jeden Fall werden Inhalte präsentiert, die optisch mehr oder weniger klar vom eigentlichen Inhaltsbereich getrennt sind. Manchmal wird ein einfacher Trennstrich eingesetzt, oft aber auch klarere Trennungen wie markante Farbflächen.

▲ **Abbildung 12.44**
Bei *closed.com* reicht der Abstand, um den Footer kenntlich zu machen. Auf den Unterseiten kommt dann eine dünne Trennlinie dazu.

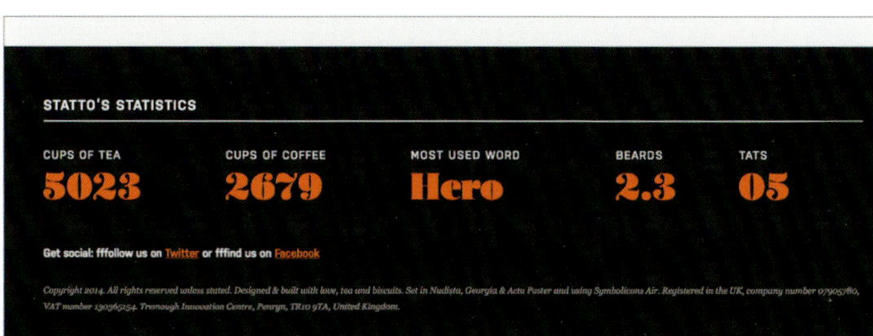

▲ **Abbildung 12.45**
Eine originelle Statistik am Ende der Seite, dazu noch gerne genommene Social-Media-Links, alles in einer getrennten Farbfläche bei *fffunction.co*

Den Quellcode »to-top-link.html« für dieses Beispiel finden Sie auf der beiliegenden Buch-DVD unter BEISPIELMATERIAL • KAPITEL_12.

»Go-to-Top«-Link | Gerade bei sehr langen Inhalten wird am Ende der Seite gerne ein Link oder Button angeboten, bei dessen Aktivierung die Seite wieder ganz nach oben scrollt. Dieser »To-Top«-Link soll das (mühsame) selbstständige Scrollen nach oben ersetzen und dem Anwender damit die Bedienung der Seite erleichtern. Die Umsetzung eines »Nach-oben«-Links ist recht simpel und lässt sich mit den internen HTML-Ankern erreichen. Es ist sozusagen ein Link innerhalb einer Seite. Anstatt auf eine andere HTML-Seite zu verweisen, wird auf eine CSS-ID angesprochen:

```
<a href="#oben">Nach Oben</a>
```

▲ **Listing 12.9**
Definition eines HTML-Anker-Links

Im `href`-Attribut steht der Name der ID, zu dem die Anzeige springen soll. Zu Beginn der Seite wird die Ziel-ID definiert:

```
<div class="wrapper" id="oben">
```

▲ **Listing 12.10**
Definition des Ziel-Ankers

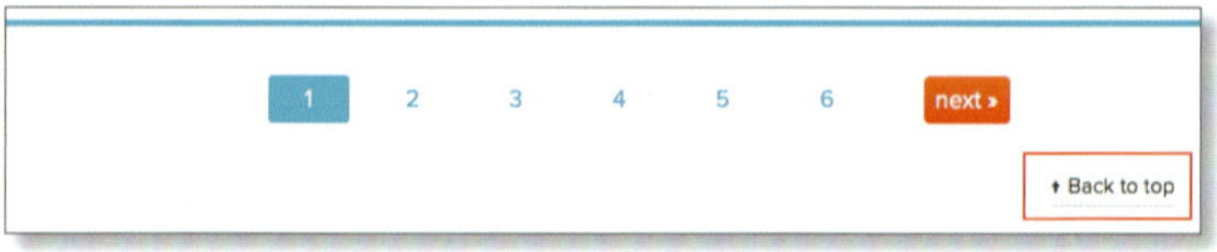

Abbildung 12.46 ▸
Der »Back-to-Top«-Button bei *smashingmagazine.com*. Er ist dank Icon und Text gut erkennbar.

12.5 Navigation auf mobilen Endgeräten – responsive Navigation

So deutlich und eindeutig die Darstellung der Hauptnavigation im Normalfall ist, so komplex ist die Darstellung bei Geräten mit kleinen Bildschirmauflösungen. Der geringe zur Verfügung stehende Platz schränkt zwangsläufig die Möglichkeiten ein. Dazu kommt noch die etwas andere Art der Benutzung. Ohne Maus, dafür mit einem Touchscreen und die Bedienung per Finger – `hover`-Zustände sind so nicht möglich und sehr kleine Linktexte schwer anzuklicken. Würde neben dem Logo die Hauptnavigation vollständig angezeigt, bliebe häufig kein Platz mehr für Inhalte auf dem ersten Screen. Auch auf Unterseiten würde der Anwender vor lauter Navigationspunkten vielleicht gar nicht merken, dass neue Inhalte geladen wurden.

Erinnern wir uns an den Grundsatz »Content first« – die Inhalte kommen als Erstes, auch in der Wahrnehmung der Webseite.

Smooth Scrolling
Der Sprung nach oben ist sehr ruckartig, daher wird oft eine sanftere Variante mithilfe von jQuery eingesetzt. Die Seite springt dann nicht nach oben, sondern scrollt automatisch schnell nach oben. So merkt der Anwender besser, was da genau passiert, und verliert nicht den Überblick. Ein einfaches Beispiel für ein Smooth Scrolling finden Sie bei: *s-tricks.com/snippets/jquery/smooth-scrolling*.

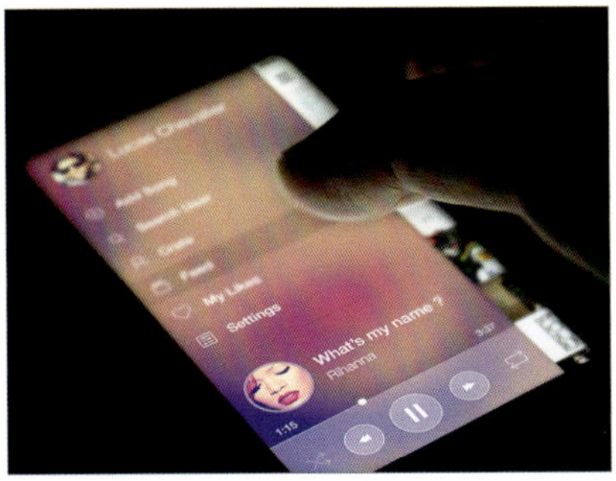

▲ **Abbildung 12.47**
Kleiner Bildschirm, große Finger. Nicht immer lassen sich Links auf mobilen Endgeräten einfach auswählen (*inspirationmobile.tumblr.com*).

Linkgröße
Ein Link oder Button ist auf einem kleinen Touchscreen oft schwierig zu treffen. Dank `padding` lässt sich die sensitive Fläche vergrößern. Die großen Touchscreen-Hersteller geben bezüglich der Minimalgröße eines Buttons unterschiedliche Empfehlungen. Bei Apple sind es 44 Pixel, bei Microsoft 34 und bei Nokia gar nur 28 Pixel. Ein lesenswerter Artikel im Smashing Magazine spricht dagegen von 72 Pixeln, die ein erwachsener Durchschnittsdaumen einnimmt, mit der Konsequenz, dass Buttons dieser Größe entsprechen sollten, um gut bedienbar zu sein. Mehr Infos dazu unter folgendem Link: *smashingmagazine.com/2012/02/21/finger-friendly-design-ideal-mobile-touchscreen-target-sizes*.

Die Anwender kommen nicht wegen der Navigation, die ist Mittel zum Zweck, sondern um die Inhalte zu konsumieren. Daher sollten auch bei sehr kleinen Auflösungen die ersten Inhalte zu sehen sein, und die Navigation sollte sich zurücknehmen, indem die Navigationspunkte beispielsweise erst einmal versteckt sind und erst bei Bedarf eingeblendet werden. Es gibt verschiedene Navigationskonzepte für mobile Geräte, also kleinere Bildschirmauflösungen, die alle ihre Vor-und Nachteile haben. Hier müssen Sie individuell entscheiden, welche für das aktuelle Projekt oder die aktuelle Navigationsstruktur die sinnvollste ist.

12.5.1 Top-Nav – alles so lassen

Wohl die einfachste Art der responsiven Umsetzung: einfach nichts machen – oder zumindest nicht viel. Daher ist sie auch auf vielen Webseiten zu finden. Bei relativ wenigen Menüpunkten kann dies auch gut funktionieren. Die Menüpunkte bleiben, wie bei größeren Auflösungen, weiterhin nebeneinander platziert oder rücken in eine zweite Zeile.

▼ **Abbildung 12.48**
Bei *trentwalton.com* passiert mit der Navigation nicht viel. Die Schrift wird etwas kleiner, die Abstände auch. In diesem Fall ist das auch völlig ausreichend.

Insgesamt sollten Sie darauf achten, dass der Abstand zwischen den einzelnen Punkten und den Zeilen groß genug bleibt, um einzelne Punkte mit den Fingern gut auswählen zu können. So sind keine größeren CSS-Anpassungen und schon gar nicht irgendwelche JavaScript-Lösungen notwendig. Der Vorteil, dass die Navigationspunkte bei dieser Methode gleich sichtbar sind, kann sich schnell ins Gegenteil verkehren. Mehrere Menüzeilen verdecken eben auch mehr Inhalt. Und wird das Menü später einmal erweitert, schrumpft der Anzeigenbereich für den Inhalt immer weiter. Für einfache Navigationsstrukturen, also mit wenigen Menüpunkten, ist diese Lösung unter Umständen gut geeignet. Vor allem die im Vergleich zu den anderen Methoden einfache Umsetzung mag dafürsprechen. Wichtig ist eben, dass nicht zu viel Platz eingenommen wird, die Menüpunkte aber trotzdem gut auswählbar bleiben.

Abbildung 12.49 ▼
Hier wird es grenzwertig. Bei *forefathersgroup.com* nehmen vier Navigationspunkte einen Großteil des Startscreens ein.

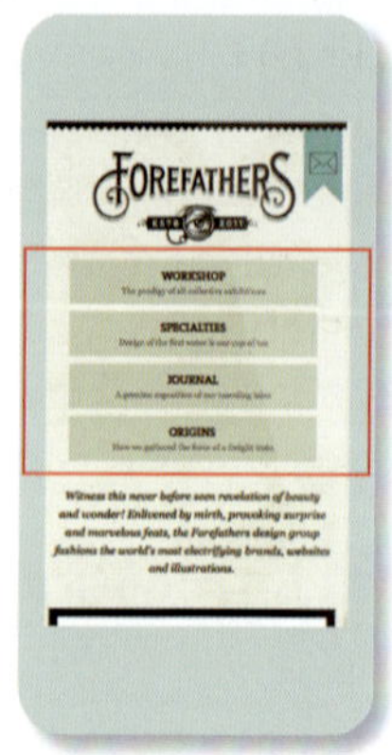

Schritt für Schritt: Umsetzung einer einfachen responsiven Navigation

Den Quellcode »simple-responsive-navigation.html« für dieses Bespiel finden Sie auf der beiliegenden Buch-DVD unter BEISPIELMATERIAL • KAPITEL_12.

Als kleines einführendes Beispiel in die responsive Navigation stehen die Menüpunkte zuerst am rechten Rand.

1 CSS-Anweisungen für breitere Viewports

Die Navigation wird rechts ausgerichtet, und die Listenpunkte werden mit ausreichend Abstand nebeneinandergesetzt.

Listing 12.11 ▶
Die Navigation in der normalen Ansicht

```
nav{
  float: right;
  margin: 20px 0 0;
}
nav ul li {
  display:inline;
```

```
    list-style: none;
    margin: 0 20px;
}
nav ul li a {
   font-size: 20px;
   line-height: 40px;
   padding: 5px 10px;
   text-decoration: none;
   color: #ff1b05;
}
nav ul li a:hover{
   color:#333;
}
```

Desktop first
Das gezeigte Bespiel folgt dem Ansatz *Desktop first*. Zuerst wird also die Navigation für größere Bildschirme (wie bei Desktop-Computern) gestaltet und dann (nach und nach) für kleinere Viewports angepasst. Das alternative Vorgehen *Mobile first* würde zuerst die Anzeige für kleinere Auflösungen definieren und dann mit einer Media-Queries-Abfrage einer Mindestweite (`min-width`) die Anzeige auf größeren Monitoren steuern.

2 CSS-Anpassungen bei kleineren Auflösungen

Ab einem bestimmten Breakpoint (Browserbreite kleiner als 640 Pixel) wird die Navigation dann zentriert, und die Außenabstände werden verringert, während die Innenabstände vergrößert werden. Dadurch stehen die einzelnen Punkte nicht zu weit auseinander, um Platz zu sparen, gleichzeitig wird die sensitive Fläche vergrößert:

```
@media all and (max-width:640px){
nav {
   text-align: center;
   float: none;
}
nav ul li {
    margin: 0 10px;
}
nav ul li a {
   padding: 10px 20px;
}
}
```

◂ **Listing 12.12**
Die einfache Navigation – bei kleinen Bildschirmen leicht angepasst

▾ **Abbildung 12.50**
Eine einfache reaktionsfähige Navigation. Die Darstellung der Punkte wird leicht angepasst.

12.5.2 Footer-Navigation – ganz ans Ende

Inhalte zuerst, Navigation zuletzt – so könnte das Motto dieser Methode lauten. Im Header ist dann lediglich ein kleiner Hinweis/Link zur Navigation, die am Ende der Seite unterhalb des Contents platziert ist. Dadurch wird im oberen Bereich viel Platz für die eigentlichen Inhalte gewonnen, und dank CSS lässt sich ein einfacher Ankerlink ans Fußende setzen. Hier im Footer kann die Navigation sich dann ausbreiten, wie sie will. Platz ist ja genug vorhanden.

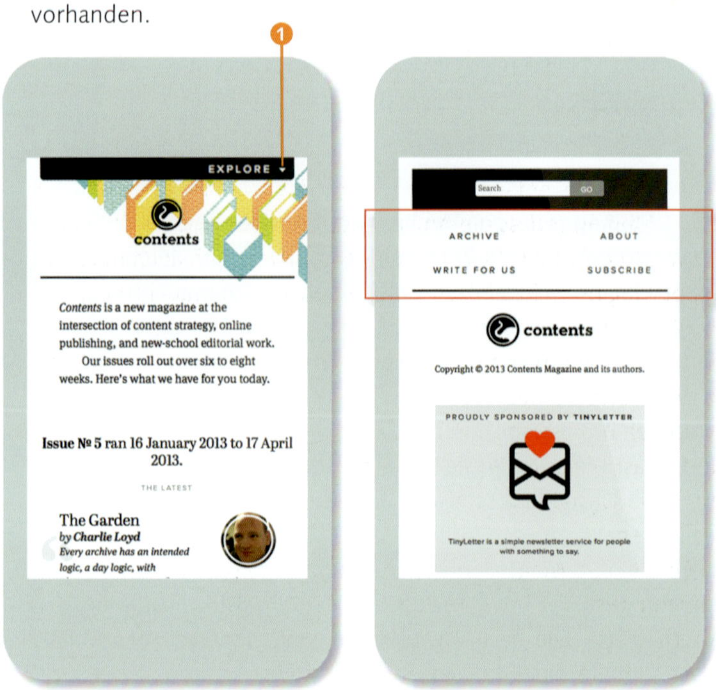

Abbildung 12.51 ▸
Schon die Beschriftung ist nicht selbsterklärend: Ein »explore«-Button führt bei *contentsmagazine.com* ans Ende der Seite, wo vier Navigationspunkte warten.

Was nach einer cleveren Lösung aussieht, dürfte die meisten Anwender in der Praxis aber eher verwirren. Ein Klick auf einen Navigationsbutton ①, und auf einmal findet man sich am Ende der Seite wieder, wenn es der Anwender denn überhaupt richtig registriert – vor allem, weil die Anwender sich durch die gleich folgenden Methoden an eine versteckte Navigation langsam gewöhnt haben, kann dieser Sprung innerhalb der Webseite eher zu einer schlechten User Experience führen.

Das »select«-Menü – einmal auswählen bitte | Die Idee wie in der Footer-Navigation ist ja gar nicht schlecht – eine Navigation, die da, aber nicht voll sichtbar ist, sodass sie erst einmal wenig Platz einnimmt. Eine Möglichkeit ist die Nutzung des HTML-`select`-Elements, das Sie vielleicht schon aus Formularen kennen.

▲ **Abbildung 12.52**
Bei *ciljamis.com* wird aus wenigen Navigationspunkten ein `select`-Menü.

Ein solches `select`-Menü bekommt den Namen »Navigation« oder »Menü«, sodass die Anwender auch wissen, was sich dahinter verbirgt. Es spart Platz im Header und lässt sich auch mit JavaScript-Plugins recht einfach umsetzen. Aber es braucht eben ein Plugin, und das bedeutet mehr Datenverkehr. Der größere Nachteil ist aber die mangelnde visuelle Gestaltungsmöglichkeit. Die Browser und Betriebssysteme stellen das `select`-Menü in ihrem typischen browserspezifischen Design dar, was selten gut aussieht und quasi nie zum restlichen Screendesign der Webseite passt. Auch die Gestaltung von Unterpunkten lässt sich nur notdürftig realisieren.

▲ **Abbildung 12.53**
Unterseiten werden bei `select`-Menüs häufig mit Bindestrichen gekennzeichnet.

Ein `select`-Menü kann eine Lösung sein, da das Menü platzsparend gestaltet ist, es gibt aber in den meisten Fällen bessere Alternativen. Die technische Umsetzung eines `select`-Menüs muss mithilfe eines kleinen Skripts erfolgen. Das jQuery-Plugin TinyNav (*tinynav.viljamis.com*) sorgt für die Umwandlung des normalen Menüs in ein `select`-Menü.

Aktivierung eines »select«-Menüs | Die Installation ist denkbar einfach. Nachdem das JavaScript-Plugin TinyNav geladen wurde, wird Folgendes definiert:

```
<script>
$(function () {
    $("#nav").tinyNav();
});
</script>
```

◂ **Listing 12.13**
Aktivierung der Tiny-Navigation per JavaScript

Ergänzend kommen ein paar Zeilen CSS hinzu, die zuerst die Tiny-Navigation bei normaler Ansicht verbergen und unter einem bestimmten Breakpoint einblenden. Gleichzeitig wird dann die normale Navigation ausgeblendet:

Listing 12.14 ▸
Per CSS wird die Anzeige der Navigationen gesteuert.

```
/* Normale Desktop-Ansicht */
.tinynav { display: none }
/* Ansicht für mobile Geräte */
@media screen and (max-width: 640px) {
.tinynav {
  display: block
}
nav {
  display: none
}
}
```

Das vollständige Tutorial finden Sie unter: *tinynav.viljamis.com*.

12.5.3 Einfaches Toggle-Menü – Ein- und Ausblenden

Eine immer beliebtere Variante als reaktionsfähige Navigation ist das Toggle-Menü. Mithilfe eines kleinen Buttons, der als Schalter fungiert, lässt sich das Menü ein- und ausblenden. Es wird dabei entweder über den Inhalt ausgefahren und überlagert diesen, oder es verschiebt diesen nach unten, um Platz für die Navigation zu machen. Das Menü lässt sich wieder einfahren oder macht dies bei Auswahl eines Navigationspunkts selbstständig.

Abbildung 12.54 ▸
Bei *oliverrussell.com* wird aus dem Menü ein kleines Icon rechts oben (1). Bei Klick fährt dann die Navigation über den Inhalt aus.

Dies ist sicherlich eine der beliebtesten responsiven Navigationsmethoden. Die Navigation ist versteckt, aber einfach zu aktivieren. Bei manchen Webseiten bleibt der Header mit Logo und Navigations-Icon auch fix am oberen Rand stehen (wie im Beispiel *oliverrussell.com*, Abbildung 12.54), sodass die Navigation immer griffbereit ist. Diese Art hat etwas von einem üblichen Dropdown-Menü, nur dass eben zuerst keine Navigationspunkte sichtbar sind. Entscheidend für die Bedienbarkeit dieser Navigationsmethode ist die Verständlichkeit des Icons oder Textes.

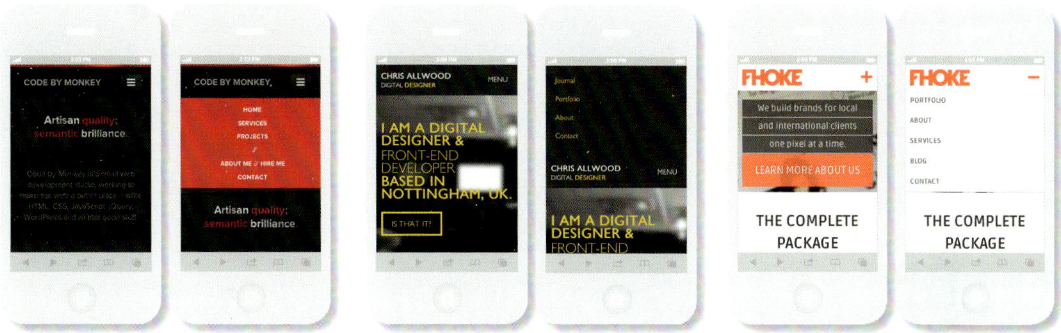

▲ **Abbildung 12.55**
Drei Beispiele, wie individuell Toggle-Menüs aussehen können (*admiretheweb.com/20-responsive-mobile-navigation-inspiration*)

Schritt für Schritt: Ein einfaches Toggle-Menü erstellen

Ein schlichtes, aber effektives Toggle-Menü lässt sich schon mit reinem CSS umsetzen.

1 Den zusätzlichen Button definieren

Zunächst wird in HTML der zusätzliche Button definiert, der später anstelle des Menüs erscheinen soll. Dazu setzen Sie eine Checkbox ein und machen sich später deren Zustand `checked` zunutze:

Den Quellcode »simple-toggle-navigation.html« für dieses Bespiel finden Sie auf der beiliegenden Buch-DVD unter Beispielmaterial • Kapitel_12.

```
<nav>
<label for="toggle-menu">&#9776; Menü</label>
<input id="toggle-menu" type="checkbox">
<ul>
<li><a href='#'>Home</a></li>
<li><a href='#'>Über uns</a></li>
<li><a href='#'>Projekte</a></li>
<li><a href='#'>Leistungen</a></li>
<li><a href='#'>Kontakt</a></li>
</ul>
</nav>
```

◄ **Listing 12.15**
Die Navigation als Liste in HTML und davor eine Checkbox, die bei kleinen Auflösungen erscheinen soll

2 CSS-Definition vornehmen

Dann folgen die CSS-Definitionen. Sie sind hier auf die wichtigsten Eigenschaften beschränkt, den vollständigen Code finden Sie auf der beiliegenden DVD.

Listing 12.16 ▸
Die wichtigsten CSS-Anweisungen, um das Menü ein- und auszublenden

```
nav > input, nav > label {
display: none; /* Label und Checkbox ausblenden*/
}
nav > label {
width: 100%;
}
@media (max-width: 640px) {
nav > label, nav ul li ul {
display: block;
}
nav > ul {
height: 0;
opacity: 0;
clear: both;
-webkit-transition:all .5s ease;
-moz-transition:all .5s ease;
transition:all .5s ease;
}
nav > input:checked + ul {
opacity: 1;
height: auto;
}
}
```

Zuerst werden das Label und die Checkbox ausgeblendet. Bei kleineren Auflösungen (unter 641 Pixeln) werden sie dann wieder eingeblendet, und gleichzeitig wird die Deckkraft der Navigationsliste auf null gesetzt. Sobald die Checkbox aktiviert ist (das wird durch die Pseudoklasse `:checked` überprüft), wird die Navigation wieder eingeblendet. Die restliche Formatierung wird dann noch entsprechend für kleinere Auflösungen angepasst (siehe DVD).

Abbildung 12.56 ▸
Bei kleineren Auflösungen wird nur ein Menülink eingeblendet. Bei einem Klick öffnet sich die Navigation vollständig.

Die Toggle-Methode bietet einige Möglichkeiten in der Gestaltung und der technischem Umsetzung samt Animationseffekten.

Je nach Bedarf kann die CSS- und JavaScript-Umsetzung umfangreicher werden. Aber der Aufwand lohnt sich, gerade im Vergleich zu den anderen Navigationsmethoden. Ein Toggle-Menü kann zu einer besseren User Experience führen. Der Anwender bekommt gleich mehr Inhalte zu sehen, die Navigation stört also erst einmal nicht, ist aber in Reichweite. Das Ein- und Ausblenden oder eventuell sogar ein dezent animiertes Ein- und Ausfahren sorgt für eine angenehme Wahrnehmung und Bedienung.

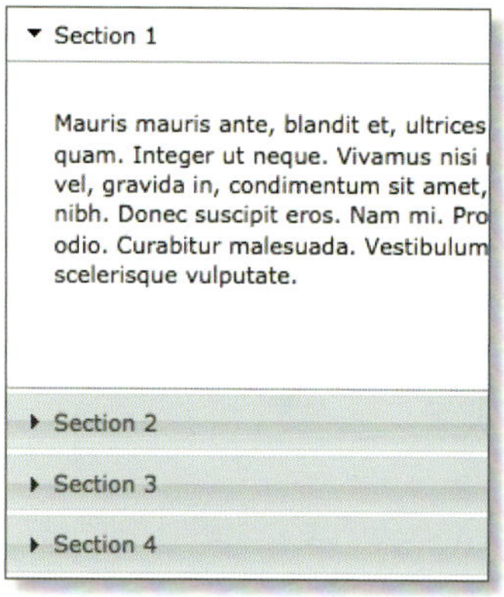

▲ **Abbildung 12.57**
Der Accordion-Effekt blendet per Klick einzelne Bereiche ein und aus (*jqueryui.com/accordion*).

12.5.4 Multi-Toggle

Das Multi-Toggle-Menü ist eine Erweiterung des einfachen Toggle-Menüs. Vor allem bei tieferen Navigationsstrukturen kommen die bisher vorgestellten Methoden an ihre Grenzen. Die Multi-Toggle-Navigation funktioniert im Grunde wie der Accordion-Effekt (siehe Kapitel 14, »Animationen«). Per Mausklick (oder Fingertipp) werden einzelne Bereiche ein- und ausgeblendet. Übertragen auf die Navigation, wählt der Benutzer einen übergeordneten Punkt aus, und die Unterpunkte werden eingeblendet. Die Funktionsweise ähnelt also dem Dropdown-Menü der klassischen Ansicht. Die Anwender können die Oberpunkte scannen, um dann bei Bedarf weitere Unterpunkte auszuwählen.

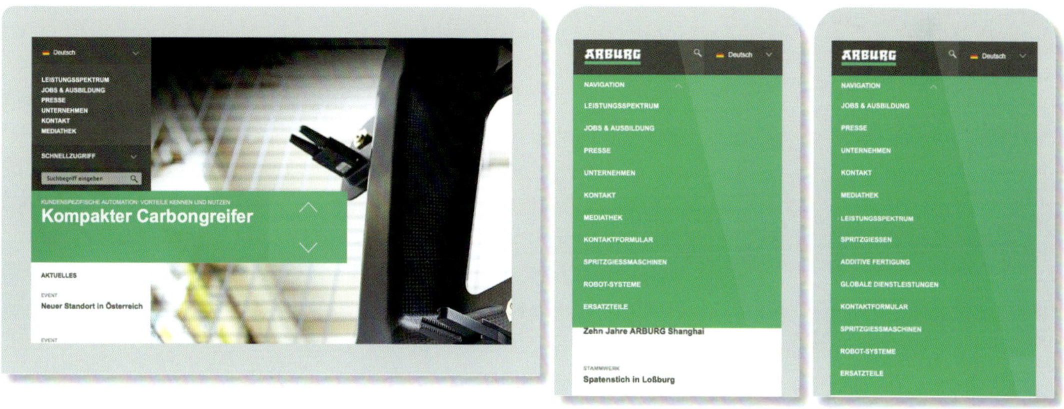

▲ **Abbildung 12.58**
Bei *arburg.com* müssen zuerst die Hauptpunkte angeklickt werden, und auf den sich öffnenden Hauptseiten erscheinen dann die jeweiligen Unterpunkte – sowohl in der Desktop- als auch der mobilen Navigation.

Da Touchscreen-Geräte allerdings keinen `hover`-Zustand kennen, gibt es folgendes Problem: Entweder der Hauptpunkt ist direkt anklickbar, dann können sich aber keine Unterpunkte öffnen, sondern können erst auf der neu geladenen Hauptseite als Subnavigation angezeigt werden. Die Hauptseiten werden dann zu wichtigen »Verteilerseiten«, von denen der Anwender die weiteren Unterseiten erkunden kann. Das bedeutet aber auch immer mehrere Klicks, und außerdem muss jede Seite neu geladen werden.

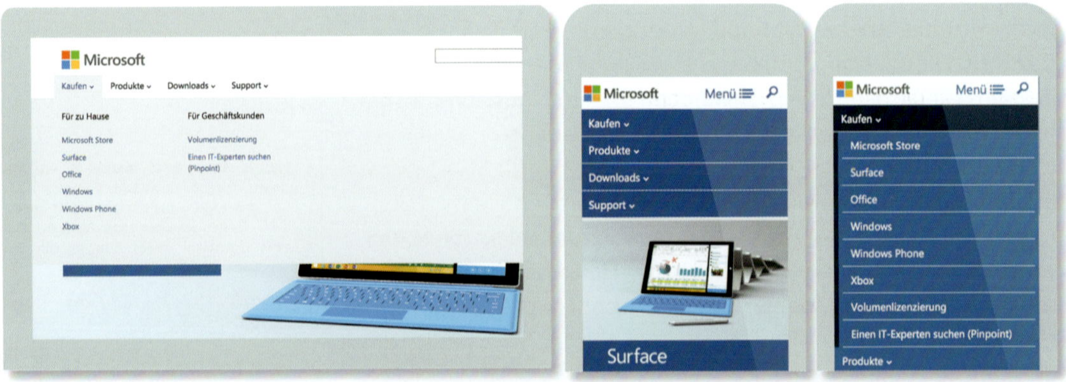

▲ **Abbildung 12.59**
Sowohl in der Desktop-Ansicht als auch auf mobilen Geräten sind bei *microsoft.com* die Hauptpunkte nicht anklickbar, sondern lediglich »Behälter« für die Unterpunkte.

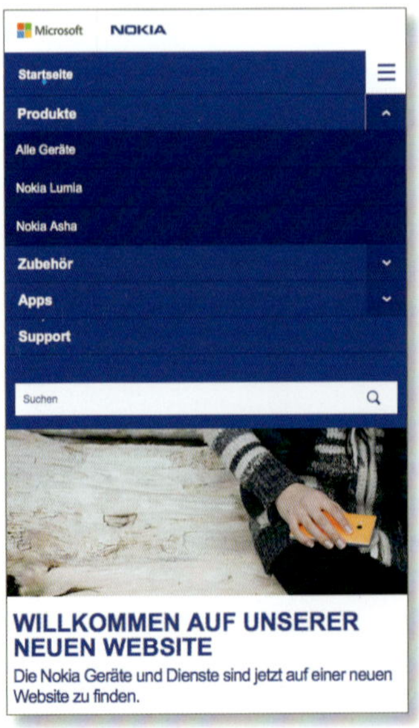

▲ **Abbildung 12.60**
Das Multi-Toggle-Menü bei *nokia.com* setzt auf zweigeteilte Schaltflächen.

Oder ein Klick auf einen Hauptpunkt entspricht dem `hover` in einer normalen Navigation, und die Unterpunkte werden angezeigt. Dann kann der Hauptpunkt allerdings nicht direkt ausgewählt bzw. geladen werden. Dieses Vorgehen kann gut funktionieren, wenn auf den Hauptseiten keine allzu wichtigen Inhalte vorhanden sind, sondern diese auch bei größeren Auflösungen eher als Verteilerseiten für die weiteren Unterseiten funktionieren. Oder aber die Hauptpunkte sind keine Links, sodass sie nicht angeklickt werden können, sondern lediglich als Kategorisierung für die Unterpunkte dienen.

Sollen die Hauptpunkte aber sowohl anklickbar sein als auch die Unterpunkte bei Bedarf angezeigt werden, dann muss es ähnlich gelöst werden wie bei *nokia.com* (siehe Abbildung 12.60). Neben dem Hauptpunkt befindet sich ein Pfeil-Icon, das signalisieren soll, dass sich weitere Menüpunkte »dahinter« verbergen. Der Anwender kann nun den Hauptpunkt auswählen oder sich die Subpunkte anzeigen lassen.

Die Multi-Toggle-Navigation braucht meist die Unterstützung von JavaScript, um auf möglichst vielen Geräten zu funktionieren. Die Umsetzung kann sehr aufwendig werden. Bei umfangreichen Navigationsstrukturen mit vielen Unterebenen stößt die Benutzbarkeit dieser Methode auch schnell an ihre Grenzen.

12.5.5 Off-Canvas-Menü – Rein- und Rausfahren

Diese Variante ist dem (Multi-)Toggle-Menü recht ähnlich. Die Navigation ist zuerst ausgeblendet, und ein Icon oder Menü-Button muss angeklickt werden, um diese sichtbar zu machen. Bei Klick wird hier aber der komplette Inhaltsbereich zur Seite verschoben. Die Navigation, die vorher außerhalb des Darstellungsbereichs lag (also *off canvas*), wird dann in den sichtbaren Bereich verschoben. Abbildung 12.61 zeigt beispielhaft die Funktionsweise eines Off-Canvas-Menüs: Inhalte, meistens die Navigation, liegen außerhalb des sichtbaren Bereichs. Durch Klick auf einen Menü-Button wird das ganze Layout (in diesem Fall nach rechts) verschoben. Meistens bleibt ein kleiner Bereich des Inhalts am rechten Rand stehen, sodass der Anwender nachvollziehen kann, was passiert ist.

◂ **Abbildung 12.61**
Die beispielhafte Funktionsweise eines Off-Canvas-Menüs

Durch das animierte Verschieben merkt der Anwender genau, was da gerade passiert. Die Umsetzung ist daher benutzerfreundlich und sorgt für eine angenehme User Experience. Ein Beispiel dazu: Beim Off-Canvas-Menü von *cosmosdirekt.de* (siehe Abbildung 12.62) liegt die Navigation zunächst links außerhalb des sichtbaren Bereichs. Bei Klick auf den Menü-Button rückt das ganze Layout nach rechts. Bei Auswahl eines Hauptpunkts werden die Unterpunkte angezeigt. Ein kleiner Pfeil bringt den Anwender wieder zu den Hauptpunkten.

▾ **Abbildung 12.62**
Das Off-Canvas-Menü bei *cosmosdirekt.de*

Gerade bei umfangreicheren Menüstrukturen bietet sich das Off-Canvas-Menü an, und die Gestaltungsmöglichkeiten sind sehr groß. Dafür ist aber auch die Umsetzung komplexer. Die Technik dahinter ist nicht nur performanceintensiv und ruckelt daher unter Umständen, sie läuft auch nur auf den modernsten mobilen Endgeräten einwandfrei. Wer diese Technik einsetzen will, sollte sich also auf vermehrte Tests mit unterschiedlichsten Geräten einstellen.

Tutorials und Links für responsive Navigationen
Die oben vorgestellten Navigationsmethoden bieten einen guten Einstieg in eine reaktionsfähige Navigation. Gerade aber die Multi-Toggle- oder die Off-Canvas-Methode verlangen eine tiefere Auseinandersetzung und umfangreichere Umsetzung. Daher finden Sie hier einige hilfreiche Webquellen zur Umsetzung responsiver Navigationen:

- **Adventures in Responsive Navigation** bietet neun unterschiedliche Quellcodes für responsive Navigationen. Verständlich und schnell umsetzbar: *responsivenavigation.net*
- **Responsive Patterns** des bekannten Webdesigners Brad Frost ist eine umfangreiche Sammlung responsiver Elemente, sie enthält unter anderem auch viele unterschiedliche Navigationsmethoden: *bradfrost.github.io/this-is-responsive/patterns.html#navigation*
- **Responsive Design Navigation**: Linksammlung zu vielen weiteren Navigations-Tutorials: *ugurus.com/responsive-design-navigation*
- **Showcases responsiver Webseiten**: Umfangreiche Sammlung responsiver Webseiten mit den unterschiedlichsten Navigationen: *webdesign-showcases.com/category/technical/responsive-mobile*

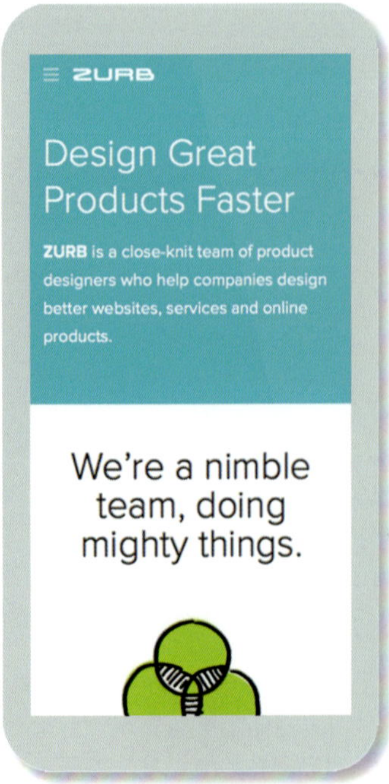

▲ **Abbildung 12.63**
Das »Hamburger Icon«. Bei *zurb.com* ist kaum als Navigationsbutton zu erkennen und könnte schon fast als Teil des Logos interpretiert werden.

12.5.6 Weitere allgemeine Gestaltungstipps für eine mobile Navigation

Mobile Webseiten sind, trotz der verbreiteten Nutzung, zu oft nicht ausreichend benutzerfreundlich oder nicht übersichtlich genug. Das eingeschränkte Display und die Benutzung per Finger erschweren die Bedienung. Der Navigation kommt daher noch einmal eine besondere Bedeutung zu. Während sich Webseiten auf größeren Bildschirmen schnell abscannen lassen, ist dies auf mobilen Geräten nicht möglich. Umso wichtiger, dass hier die Navigation leicht verständlich und einfach bedienbar ist. Neben den oben vorgestellten Navigationsmethoden für mobile Endgeräte gibt es noch einige allgemeingültige Gestaltungstipps, die Sie für alle Methoden beachten sollten.

Leichtes Auffinden der Schaltfläche | Häufig sind die einzelnen Navigationspunkte versteckt, und lediglich ein Button ist sichtbar, der erst bei Klick die komplette Navigation anzeigt. Dieser Button sollte gut sichtbar im oberen Bereich der Webseite positioniert sein und klar als Navigationsbutton erkennbar sein. Als Navigationssymbol hat sich das sogenannte *Hamburger Icon*, manchmal auch als *Sandwich Icon* bezeichnet, durchgesetzt und ist in den meisten Buttons wiederzufinden. Es ist aber bei Weitem noch nicht für die breite Masse so allgemein verständlich, dass Sie es immer bedenkenlos einsetzen können.

◂ **Abbildung 12.64**
Bei *starbucks.com* tritt das Hamburger Icon in Konkurrenz mit einem anderen Icon. Bei *adaptivepath.com* ist es besser abgegrenzt. Wer das Icon aber an sich nicht versteht, wird auch hier nicht weiterkommen.

Wer dafür sorgen möchte, dass wirklich jeder den Navigationsbutton schnell als solchen erkennt, sollte das Icon durch einen Text wie »Menü« oder »Navigation« ergänzen; da Letzteres etwas lang ist, wird gerne »Menü« genommen. Ein gelungenes Beispiel für dieses Vorgehen zeigt Abbildung 12.65.

◂ **Abbildung 12.65**
Bei *ableton.com* (links) zeigt das Wort »Menü«, unterstützt durch einen dezenten Pfeil, klar, worum es geht. Bei *unitedpixelworkers.com* (rechts) heißt es »Navigation« plus Hamburger Icon und ist somit auch selbsterklärend.

Nicht nur die Position des Buttons und sein Icon und/oder Text spielen eine Rolle, auch die visuelle Abgrenzung vom restlichen Inhalt sorgt für die Auffindbarkeit. Durch ausreichend Abstand und klare visuelle Unterscheidbarkeit durch Farben, Formen, Flächen etc. wird der Button auch erkannt.

Schließen durch erneutes Drücken | Bei Auswahl des Navigationsbuttons öffnet sich das Menü. Wird dann ein Punkt ausgewählt, gelangt man zur Unterseite, und das Menü ist wieder hinter einem Button verschwunden. Möchte man aber nach einem Blick auf die Unterpunkte doch lieber weiter auf der aktuellen Seite surfen, sollte sich der Button wieder schließen lassen. Dies sollte mit einem erneuten Klick auf den Button möglich sein.

▲ **Abbildung 12.66**
Bei *ard.de* tauchen die Links zu den Hauptpunkten in der Subnavigation noch einmal auf. Dafür unterscheiden sich die Unterpunkte nicht klar von den Hauptpunkten.

Abbildung 12.67 ▼
Das umfangreiche responsive Menü bei *obi.de*

Untermenüs | Wie Sie bei den Navigationsmethoden Multi-Toggle oder Off-Canvas gesehen haben, lassen sich auch Unterpunkte in einer responsiven Navigation darstellen. Auch hier ist die visuelle Darstellung entscheidend, damit die Anwender verstehen, dass es Unterpunkte gibt. Ein Plus-Button oder ein Pfeil signalisiert dies allgemeinverständlich. Ein Zurück-Button oder Zurück-Pfeil führt wieder eine Ebene zurück.

Oberpunkte können entweder Links zu den Hauptseiten sein oder ein Untermenü öffnen. Beides funktioniert auf mobilen Geräten mit Touchscreen nicht. Um Oberpunkte trotzdem als eigene auswählbare Seite anzubieten, kann im sich öffnenden Untermenü der erste Link zur Seite des Oberpunkts führen. Ein Linktext wie »Startseite XYZ« ist hier hilfreich, wie er beispielsweise auf *ard.de* (Abbildung 12.66) zu finden ist.

Es sollte nicht nur klar erkennbar sein, hinter welchen Hauptpunkten sich Untermenüs verbergen. Bei sich öffnenden Untermenüs muss außerdem deutlich werden, was Haupt- und was Unterpunkte sind. Unterpunkte sollten visuell abgegrenzt werden, etwa durch eine dezentere Farbe, eine leichte Einrückung, eine Hintergrundfarbe oder Ähnliches. Gerade bei umfangreichen Navigationsstrukturen sind die Übersichtlichkeit und Verständlichkeit das A und O, sodass sich die Anwender nicht in der Struktur bzw. auf der Seite verloren fühlen. Am Beispiel der repsonsiven Webseite *obi.de* wird dies deutlich:

Ein großer Button ❶ mit eindeutigem Text und einem Pfeil, der nach unten zeigt, verdeutlicht, dass sich dahinter die Navigation verbirgt. Insgesamt ist der Button aber zu sehr in das Gesamtdesign integriert bzw. setzt sich nicht deutlich genug von den anderen Inhalten ab. Dadurch kann er leichter übersehen werden.

Ist das Menü aufgeklappt, verdeutlich der Pfeil nach oben ❷, dass es sich hier wieder zusammenklappen lässt. Die Pfeile nach rechts ❸ sollen signalisieren, dass hier weitere Unterpunkte folgen. Das kann aber auch zu Missverständnissen führen. Ein Pfeil nach rechts kann auch bedeuten, dass es direkt zu dieser Seite geht. Ein Pfeil nach unten (wie im oberen »Menü«-Button) verdeutlicht oft besser, dass hier weitere Unterpunkte folgen. Die optimale Ausrichtung des Pfeils ist jedoch immer davon abhängig, in welcher Richtung sich die Unterpunkte öffnen. In diesem Fall öffnen sich die Unterpunkte nicht untereinander, sondern nebeneinander. Insofern ist die Richtung der Pfeile passend, kann aber bei der ersten Benutzung leicht irritieren.

Ein »Zurück«-Button mit Pfeil nach Links ❹ macht klar, dass es hier wieder eine Ebene höher geht. Ein fetter Titel ❺ zeigt die aktuelle Seite an. Meistens sind die untergeordneten Seiten und nicht die Oberseite eingerückt, hier ist es anders, warum auch immer. Und ein prominenter Link zur »Übersicht« ❻ – worüber auch immer man diese dann bekommt, erschließt sich aus dem Kontext nicht ganz. Und zu guter Letzt die tiefste Navigationsebene ❼. Ohne ergänzende Pfeile ist klar, dass es ab hier nicht tiefer geht.

Alternative Einstiegswege | Seien wir ehrlich, auf einem Smartphone eine Navigation aufklappen, sich einen Überblick verschaffen, vielleicht noch in aufklappbaren Untermenüs … es gibt schönere Erlebnisse im World Wide Web. Ist die Seite für mobile Endgeräte optimiert und der typische lange Inhaltsschlauch entstanden, lässt es sich angenehm herauf- und herunterscrollen. Gerade deshalb bieten sich alternative Einstiegswege in die Seite an – also Verlinkungen im Inhaltsbereich auf andere Unterseiten der Webseite. Neben einem eventuell einfacheren Zugang zu weiteren Inhalten lassen sich so auch thematisch passende alternative Zugänge anbieten. Die Anwender haben auf diese Weise mehrere Möglichkeiten, die Webseite zu erkunden, und sind nicht nur auf die Navigation als einzige Zugangsmöglichkeit beschränkt.

Seitentitel | Auf den Unterseiten hilft die Anzeige des Titels der aktuellen Seite zur Orientierung enorm weiter. Anstelle des Namens der aktuellen Seite wird natürlich gerne gleich eine inhalt-

▲ **Abbildung 12.68**
Bei *visitengland.com* gibt es neben der Navigation im Inhaltsbereich der Startseite noch jede Menge Links zu unterschiedlichen Unterseiten.

lich passendere Überschrift gewählt, aber als Ergänzung – zumindest dezent – den Seitennamen anzuzeigen gibt Anwendern das Gefühl, an der richtigen Stelle zu sein.

Abbildung 12.69 ▸
Bei *edelstall.de* steht der Seitentitel groß auf jeder Unterseite. Bei *obi.de* mit komplexer Navigationsstruktur hilft eine Breadcrumb, die Übersicht zu behalten.

12.6 Weitere Navigationsmittel

Neben der Haupt-, Sub- und Footer-Navigation gibt es noch weitere Möglichkeiten, dem Anwender die Navigation durch und innerhalb der Seite zu ermöglichen. In den meisten Fällen bietet es sich sogar an, dass der Anwender nicht nur über die Navigation gehen muss, um zu weiteren Inhalten zu gelangen.

12.6.1 Links

Das klassische Navigationsmittel außerhalb der Navigation ist eine interne Verlinkung. Innerhalb des Inhaltsbereichs einer Seite wird eine (meistens thematisch passende) andere Unterseite verlinkt. Gezielt eingesetzt, können Querverlinkungen für den Anwender einen großen Mehrwert bieten.

Links sollen immer als solche erkennbar sein, aber auch nicht visuell aufdringlich sein, sie sind schließlich keine Buttons.

Abbildung 12.70 ▸
Der klassische Weg: Unterstrichene Links sind als solche bei *sketchin.ch* auch in der Headline gut erkennbar.

Es gibt einige Auszeichnungsmöglichkeiten, um Links erkennbar zu machen. Der klassische Weg besteht darin, Links zu unterstreichen. Dies ist durch die Standarddarstellung eines Links (Blau und unterstrichen) bei jedem Anwender im Gedächtnis. Mit unterstrichenen Texten kann man also nichts falsch machen.

12.6.2 Individuelle Linkunterstriche

Der klassische Unterstrich wird per CSS mit `tex-doration:underline` erzeugt, bzw. bei Links erscheint er automatisch. Der so erzeugte Unterstrich ist allerdings sehr markant, da er automatisch in der Textfarbe erscheint, und Unterlängen in den Buchstaben streicht er durch, was nicht so schön aussieht.

▲ **Abbildung 12.71**
Der typische Unterstrich: Nicht schön, aber markant und bekannt, durchkreuzt die Unterlängen der Buchstaben.

Linkunterstrich mit »border« | Mithilfe der `border`-Eigenschaft lässt sich ganz einfach ein eigener Unterstrich erzeugen, der auch viele Gestaltungsoptionen bietet. Dazu wird ein eigener Link definiert:

Den Quellcode »links-buttons.html« für dieses Bespiel finden Sie auf der beiliegenden Buch-DVD unter BEISPIELMATERIAL • KAPITEL_12.

```
<a href="#">Link mit eigenem Strich</a>
```

▲ **Listing 12.17**
Linkdefiniton in HTML

Der Link bekommt folgende CSS-Eigenschaften zugewiesen:

```
a {
  color: #029b63;
  text-decoration: none;
  border-bottom: 1px solid #bdbdbd;
  padding-bottom: 2px;
}
a:hover {
  border-bottom: 2px solid #029b63;
}
```

◄ **Listing 12.18**
Eigener Unterstrich per CSS

◄ **Abbildung 12.72**
Links der Normalzustand und rechts der `hover`-Zustand mit verändertem Unterstrich

Linkunterstrich mit »border-bottom« | Mithilfe der `border-bottom`-Eigenschaft lässt sich eine eigene Linie erzeugen und in Farbe, Dicke und Linientyp individuell definieren. Dazu wird per `text-decoration:none` der normale Unterstrich ausgeblendet. Mit `padding-bottom` wird Innenabstand hinzugefügt. So lässt sich der Abstand zwischen Text und Linie festlegen und bestimmen, dass die Linie die Unterlängen nicht mehr berührt. Beim `hover`-Zustand wird dann nur die Linie angepasst und verstärkt.

Nicht immer sind Unterstriche passend zum restlichen Design, manchmal muss es eine stärkere Betonung sein. Eine gern genommene alternative Auszeichnung ist eine andere Textfarbe. Der Link wird durch die Farbe kenntlich gemacht. Dies ist dann oft eine Highlight-Farbe, die auch in der Navigation vorkommt und so für eine Wiederkennung und Einheitlichkeit sorgt.

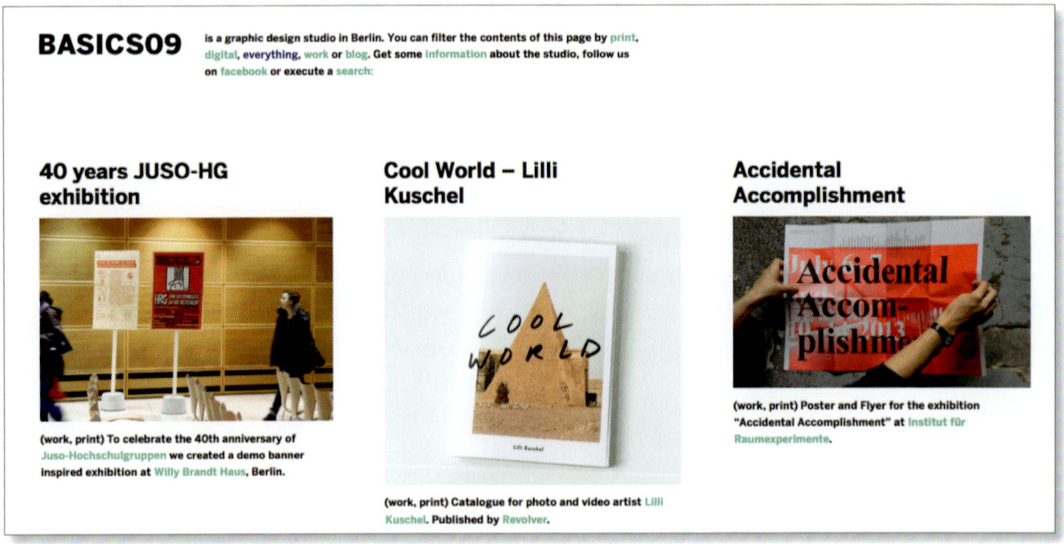

▲ **Abbildung 12.73**
Bei *basics09.de* sind Links farblich markant hervorgehoben.

▲ **Abbildung 12.74**
Gerne werden Links auch ganz dezent gestaltet wie bei *pluto.at*. Sie fügen sich so schöner ins Design ein, sind aber dafür auch schwieriger als Links zu erkennen.

Links typografisch hervorheben | Weitere, eher seltener genutzte Varianten sind ein anderer Schriftschnitt, eine andere Schriftart oder ein farbiger Hintergrund. Hier kann es schnell zu Verwechslungen kommen, ob der so gestaltete Text ein Link ist oder einfach nur besonders ausgezeichnet werden sollte. Diese Irritation sollten Sie vermeiden, da dies zu Frustration beim Anwender führen kann. Ist ein Link beispielsweise mitten im Fließtext »fett« gestaltet, geht der Anwender wohl eher nicht davon aus, dass es sich um einen Link handelt, sondern einfach eine besondere Betonung des Textes vorliegt. Am Ende eines kurzen Textes, etwas abgesetzt und mit dem Wort »Weiterlesen« versehen, wird der Anwender schon eher auch »fetten« Text als Link wahrnehmen. Einerseits entscheidet der inhaltliche Kontext, in dem sich der Link befindet, andererseits aber auch die Gesamtgestaltung der Webseite darüber, ob ein Link als solcher erkannt wird.

Links mit »hover« hervorheben | Um die letzten Zweifel eines Links auszuräumen, gibt es den Mouseover-Zustand. Mithilfe der

Pseudoklasse `hover` lässt sich das Aussehen der Links verändern, sobald die Maus diese berührt. Dies ist für den Anwender neben der Veränderung des Mauscursors ein wichtiges optisches Zeichen, das nicht unterschätzt werden sollte. Die Gestaltungsmöglichkeiten des `hover`-Zustands sind im Grunde die gleichen wie beim normalen Linkzustand. Farb- oder Textanpassungen sind möglich.

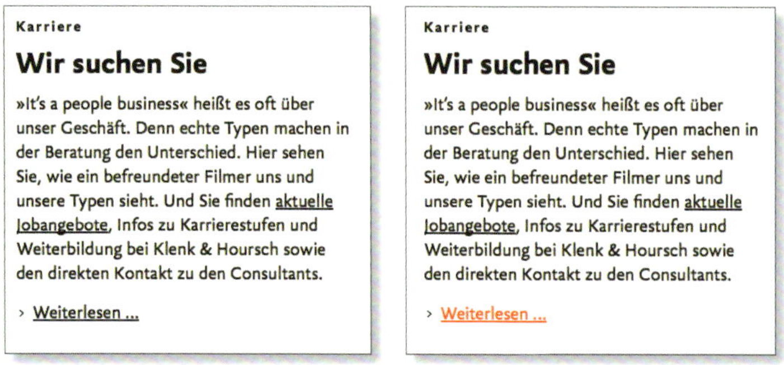

▲ **Abbildung 12.75**
Der Normalzustand ist bei *klenkhoursch.de* durch den Unterstrich klar erkennbar. Beim Mouseover wird der Link markant rot.

Besuchte Links mit »visited« hervorheben | Als weitere hilfreiche Pseudoklasse gibt `visited` den Anwendern einen Überblick über schon besuchte Webseiten. Gerade bei einem umfangreichen Informationsangebot mit vielen Querverlinkungen kann es helfen, die Übersicht zu wahren, wenn schon besuchte Webseiten gekennzeichnet sind. Google geht hier mit gutem Beispiel voran (siehe Abbildung 12.76). In der Praxis wird diese Pseudoklasse allerdings eher selten eingesetzt. Links zu schon besuchten Webseiten sehen dann aus wie »normale« Links.

▼ **Abbildung 12.76**
Bei der Google-Suche ist die Anzeige der schon besuchten (1) bzw. angeklickten Seiten Gold wert.

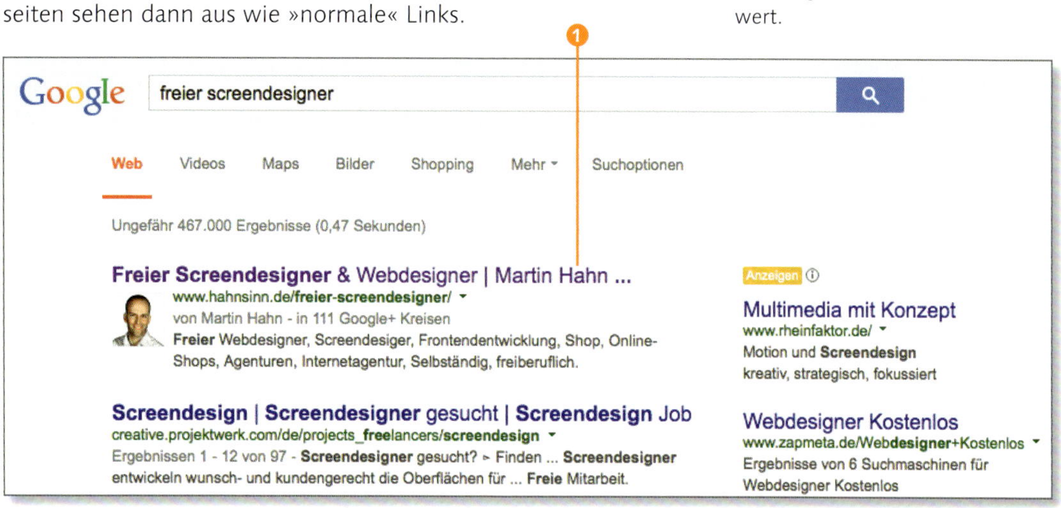

12.6.3 Buttons

Buttons sind so etwas wie die großen Brüder der Textlinks. Markanter, dominanter, aufmerksamkeitsstärker buhlen diese Links darum, angeklickt zu werden. Buttons sollten daher gezielt für bestimmte Links aufgehoben werden, die die besondere Aufmerksamkeit bekommen sollen.

Abbildung 12.77 ▸
Links eine moderne, groß »umrandete« Variante eines Buttons (*webeffectual.com*); rechts daneben eine ausgestaltete Button-Variante von *hs-fresenius.de* und unten bei *ba-fresenius.de* ein ganz schlichter Button

Den Quellcode »links-buttons.html« für dieses Bespiel finden Sie auf der beiliegenden Buch-DVD unter BEISPIELMATERIAL • KAPITEL_12.

Unter *Button* wird meistens eine markant gestaltete Schaltfläche verstanden. Durch den Flat-Designtrend gibt es aber auch immer öfter Buttons, die einfarbig sind und nur durch ihre schiere Größe Aufmerksamkeit erregen.

Einen Flat-Button mit CSS umsetzen (Beispiel 1) | Einen Button im Flat-Stil umzusetzen ist gar nicht schwer. Mit ein wenig CSS lassen sich schnell modern wirkende Buttons erstellen.

Listing 12.19 ▸
Das CSS für einen Button im Flat-Stil mit Rahmen

```
/* Mein Button 1 */
.btn-1 {
  border: 3px solid #7021e7;
  color: #7021e7;
    padding: 25px 80px;
}
```

```
.btn-1:hover, .btn-1:active {
  color: #fff;
  background: #7021e7;
  -webkit-transition: all 0.3s;
  -moz-transition: all 0.3s;
  transition: all 0.3s;
}
```

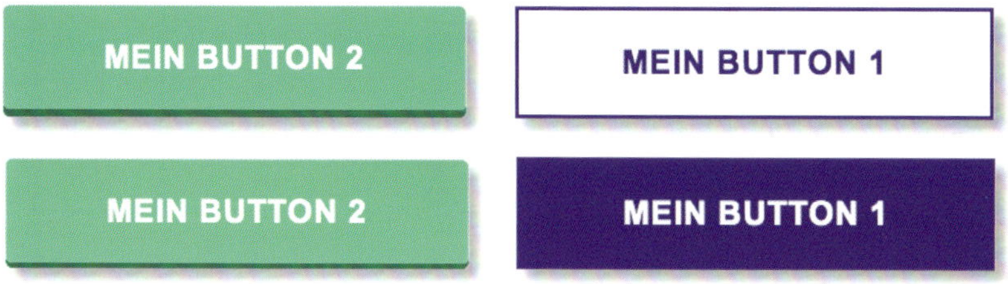

▲ **Abbildung 12.78**
Die Flat-Buttons der beiden Tutorials mit `hover`-Zustand

Der Button bekommt einen größeren Innenabstand und einen dickeren Rahmen, mehr nicht. Im Mouseover-Zustand invertiert die Text-Hintergrund-Kombination. Die Eigenschaft `transition` sorgt für einen dezenten weichen Übergang.

Einen Flat-Button mit CSS umsetzen (Beispiel 2) | Hier sehen Sie ein CSS-Beispiel für einen Button im Flat-Stil mit vollflächiger Farbe und einem Schatten:

◄ **Listing 12.20**
Das CSS für einen Button im Flat-Stil mit vollflächiger Farbe und einem Schatten

```
/* Mein Button 2 */
.btn-2 {
  background: #4fd8bf;
  color: #fff;
  box-shadow: 0 6px #0b7f6a;
  border-radius: 5px;
}
.btn-2:hover {
  box-shadow: 0 4px #0b7f6a;
  top: 2px;
  color: #fff;
}
.btn-2:active {
  box-shadow: 0 0 #0b7f6a;
  top: 6px;
  color: #0b7f6a;
}
```

Noch mehr »hover«-Effekte
Weitere interessante Button-Stile und hover-Effekte finden Sie unter *tympanus.net/Development/CreativeButtons*.

Der Flat-Stil drückt sich durch seine Einfachheit, einfarbige Farbflächen und das Fehlen grafischer Effekte aus. So bekommt der Button nur eine Hintergrundfarbe, eine Textfarbe, einen Schatten nach unten, und die Ecken werden abgerundet, fertig. Auf der beiliegenden DVD ist der Button noch weiter ausgestaltet und bekommt einen hover- und active-Zustand. Ebenso ist ein weiterer moderner Button im Flat-Stil vorhanden.

Einen Verlaufsbutton gestalten | Grafisch ausgestaltete Buttons wurden bis vor Kurzem noch mit einem Grafikprogramm erstellt, ausgeschnitten, und die Grafik wurde dann per HTML oder CSS eingebunden. Änderungen waren dementsprechend mühsam, und der Aufwand bei vielen Buttons war immens. Dank CSS3 gibt es einige Gestaltungsmöglichkeiten, die den Umweg über ein Grafikprogramm vermeiden.

Abbildung 12.79 ▸
Links der normale Zustand des grafischen Buttons und rechts der hover-Zustand

Listing 12.21 ▸
Der CSS-Quellcode eines grafischen Buttons

```
.button {
background: #ff3019; /* Old browsers */
background: -moz-linear-gradient(top, #ff3019 0%,
#cf0404 100%); /* FF3.6+ */
background: -webkit-gradient(linear, left top, left bot-
tom, color-stop(0%,#ff3019), color-stop(100%,#cf0404));
/* Chrome,Safari4+ */
background: -webkit-linear-gradient(top, #ff3019
0%,#cf0404 100%); /* Chrome10+,Safari5.1+ */
background: -o-linear-gradient(top, #ff3019 0%,#cf0404
100%); /* Opera 11.10+ */
background: -ms-linear-gradient(top, #ff3019 0%,#cf0404
100%); /* IE10+ */
background: linear-gradient(to bottom, #ff3019
0%,#cf0404 100%); /* W3C */
filter: progid:DXImageTransform.Microsoft.gradient(
startColorstr='#ff3019', endColorstr='#cf0404',Gra-
dientType=0 ); /* IE6-9 */
display: inline-block;
padding: 10px 20px;
color: #fff;
text-decoration: none;
border-radius: 8px;
-webkit-box-shadow: 0 0 10px 0 rgba(0,0,0,0.3);
```

```
box-shadow: 0 0 10px 0 rgba(0,0,0,0.3);
text-shadow: 0 1px 1px rgba(0,0,0,0.6);
border: 1px solid rgba(199,34,0,1);
cursor: pointer;
background-color: #e22092;
}
.button:hover{
color: #fff;
background: #ff3019; /* Old browsers */
background: -moz-linear-gradient(top, #cf0404 0%,
#ff3019 100%); /* FF3.6+ */
background: -webkit-gradient(linear, left top, left bot-
tom, color-stop(0%,#cf0404), color-stop(100%,#ff3019));
/* Chrome,Safari4+ */
background: -webkit-linear-gradient(top, #cf0404
0%,#ff3019 100%); /* Chrome10+,Safari5.1+ */
background: -o-linear-gradient(top, #cf0404 0%,#ff3019
100%); /* Opera 11.10+ */
background: -ms-linear-gradient(top, #cf0404 0%,#ff3019
100%); /* IE10+ */
background: linear-gradient(to bottom, #cf0404
0%,#ff3019 100%); /* W3C */
filter: progid:DXImageTransform.Microsoft.gradient(
startColorstr='#cf0404', endColorstr='#ff3019',Gra-
dientType=0 ); /* IE6-9 */
-webkit-box-shadow: 0 0 10px 0 rgba(0,0,0,0);
box-shadow: 0 0 10px 0 rgba(0,0,0,0);
}
```

Ultimate CSS Gradient Generator
Der Ultimate CSS Gradient Generator ist ein nützliches Tool, um Farbverläufe mit passendem CSS-Code zu erstellen. Sie finden ihn unter: *colorzilla.com/gradient-editor*.

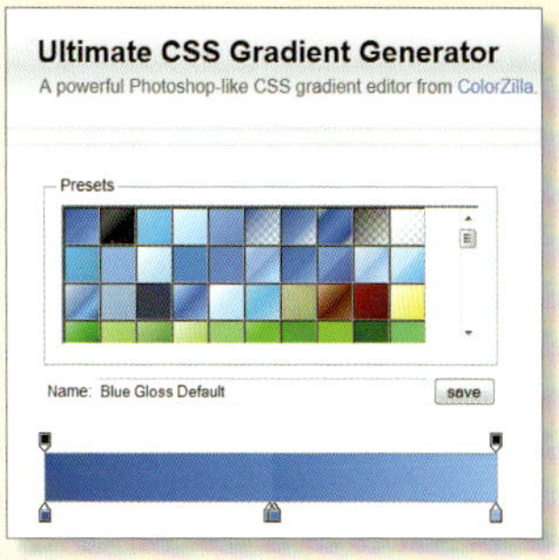

▲ Abbildung 12.80
Der Ultimate CSS Gradient Generator

Der Farbverlauf wurde mit dem *Ultimate CSS Gradient Generator* (*colorzilla.com/gradient-editor*) erstellt. Das ist ein intuitives Tool, das ähnlich wie ein Grafikprogramm funktioniert und gleich den CSS-Code samt der Fallbacks für verschiedene Browser ausliefert. Im Normalzustand geht der Verlauf von oben heller nach unten dunkler, sodass ein plastischer Effekt entsteht, als ob der Button leicht gewölbt wäre. Im `hover`-Zustand werden die Verlaufsfarben umgedreht, sodass die dunklere Farbe oben ist und der Button einen »eingedrückten« Eindruck macht. Dazu kommen die Abrundung der Ecken, ein leichter Schatten für den Text, damit dieser besser lesbar ist, und ein Schatten um den gesamten Button, der den plastischen Eindruck verstärkt. Im `hover`-Zustand wird dieser Schatten ausgeblendet.

▲ Abbildung 12.81
Bei *onehub.com* ist der optische Unterschied zwischen einem Call-to-Action-Button (»Try for Free«) und einem normalen Textlink (»view features«) gut erkennbar.

Der Call-to-Action-Button | Eine »Weiterentwicklung« der Buttons ist der sogenannte *Call-to-Action*-Button, der den Betrachter animieren soll, etwas zu tun – klar, ihn anzuklicken. Aber viele Links und Buttons sind ein Angebot an den Anwender. Sie bieten weitere Inhalte auf weiteren Unterseiten an. Ein Call-to-Action-Button ist im Grunde kein *Angebot*, sondern eine *Aufforderung*. Das kann »Kauf mich«, »Leg mich in den Warenkorb«, »Melde dich an«, »Downloade«, »Bestelle den Newsletter« etc. sein.

▲ **Abbildung 12.82**
Was für ein Button: großes Icon, kleines Icon, großer Text, kleiner Text und ein Verlauf. Wer den nicht anklickt, ist selbst schuld (*mozilla.org/de/firefox/new*).

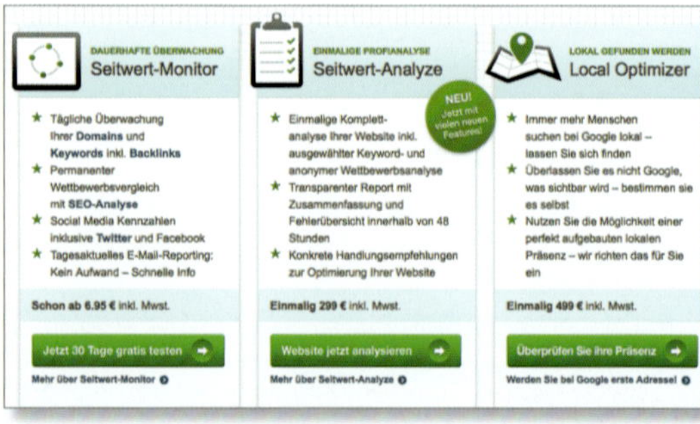

▲ **Abbildung 12.83**
Markante Call-to-Action-Buttons bei *seitwert.de*

Diese Art von Buttons ist häufig noch weiter ausgestaltet als »normale« Buttons. Ergänzender Text oder Icons sind beliebte Gestaltungselemente, die einen großen Call-to-Action-Button erst zu dem machen, was er ist.

12.6.4 Die Suchfeld-Navigation

Gerade bei umfangreicheren Webseiten ist die Suchfunktion ein hilfreiches Navigationsmittel, das die Anwender auch gerne benutzen. Bevor sich der Anwender lange durch die Navigationsstruktur »kämpft«, ist die Suche nur einen Klick entfernt. In Onlineshops ist eine Suchfunktion Standard. Anstatt erst die Kategorien zu studieren, lassen sich Produkte damit schneller finden. Eine Suchfunktion impliziert aber immer auch, dass viele Inhalte vorhanden sind. Bei kleineren Unternehmenswebseiten ist dies selten der Fall, und dann wirkt ein Suchfeld übertrieben bzw. schürt falsche Erwartungen.

Positionierung | Ein Suchfeld steht eigentlich immer oben rechts im Kopfbereich der Webseite. Diese Positionierung hat sich beim Anwender so eingeprägt – mit verursacht durch die vielen CM- und Shop-Systeme, die die Suchfelder eben genau da oben platziert haben. Wer das Suchfeld zwar anbieten, aber nicht ganz so prominent platzieren möchte, stellt die Suchmaske, wenn vorhanden, in eine Seitenleiste oder in die Fußleiste.

Aufbau | Eine Suchfunktion ist im Normalfall sehr einfach aufgebaut: ein Eingabefeld und ein Such-Button, häufig in Form einer Lupe. Klingt so einfach, ist es in der Praxis aber nicht immer. Mehr Formular- oder andere inhaltliche Elemente sollten rund um die Suchmaske auch nicht erscheinen, da sie unnötig ablenken. Manchmal gibt es eine erweiterte Suche mit verschiedenen Auswahlboxen etc. Für die Anwender ist dies aber eher störend als hilfreich.

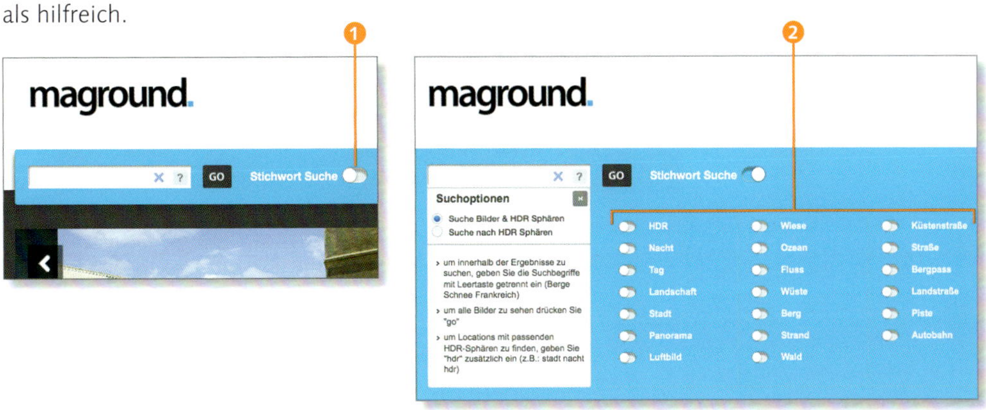

▲ **Abbildung 12.84**
Bei *maground.com* gibt es ein typisches Suchfeld, dazu eine interessante, aber nicht unbedingt intuitive Stichwortsuche ①, die weitere Auswahlmöglichkeiten ② eröffnet.

Da es ein wichtiges Navigationsinstrument ist, sollte das Suchfeld gut sichtbar sein und sich vom restlichen Design eindeutig abheben, sodass die Anwender es beim Scannen der Seite schnell erkennen. Häufig wird das Suchfeld samt Button komplett angezeigt, es gibt aber die Option, dieses hinter einem Button zu verbergen und erst bei Bedarf komplett einzublenden. Durch diese Methode spart man natürlich Platz, und das Eingabefeld lenkt nicht von anderen Inhalten ab. Meistens ist es dann so realisiert, dass schon beim Mouseover über den Button die komplette Suchmaske erscheint. Dies ist intuitiv bedienbar, und die meisten Anwender sollten es verstehen.

▼ **Abbildung 12.85**
Ein Mouseover allein reicht leider nicht. Erst ein Klick auf die Lupe öffnet das Suchfeld bei *wpde.org*.

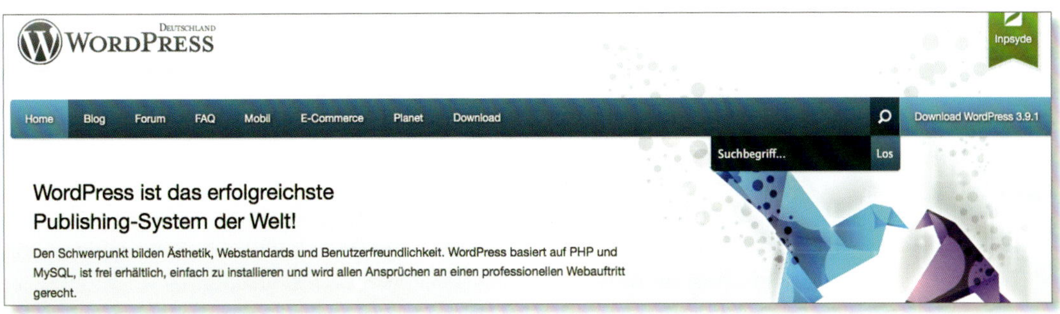

Das Eingabefeld | Das Eingabefeld sollte klar als solches erkennbar und der eingegebene Text gut lesbar sein. Es gibt Webseiten, da wirkt das Suchfeld wie ein notwendiges Übel, und die einzelnen Felder werden dementsprechend klein gestaltet. Aber Text im Eingabefeld, der 10 Pixel klein in grauer Schrift dargestellt ist, dient nicht der Sache.

Abbildung 12.86 ▸
Winzig klein in der Ecke. Bei *deutschland.de* ist der Eingabetext nur für gute Augen lesbar.

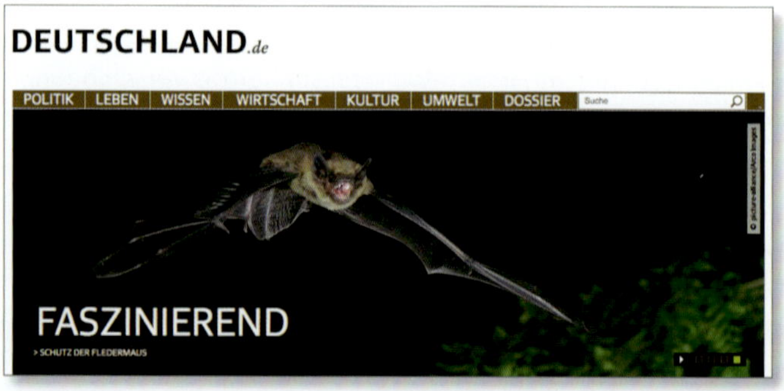

In den meisten Eingabefeldern ist schon Text vorgeschrieben. Viele Suchfelder haben keinen Titel mehr, sondern sind inzwischen so selbsterklärend, dass sie darauf verzichten können. Um die Bedeutung der Suchmaske im Allgemeinen und des Eingabefeldes im Besonderen trotzdem klarzumachen, werden Begriffe wie »Suche«, »Suchbegriff eingeben« oder Ähnliches verwendet.

Abbildung 12.87 ▸
bidvoy.net hilft, indem verschiedene Beispielsuchtexte (1) abwechselnd im Eingabefeld präsentiert werden und ein kurzer Ergänzungstext unter dem Suchfeld erscheint.

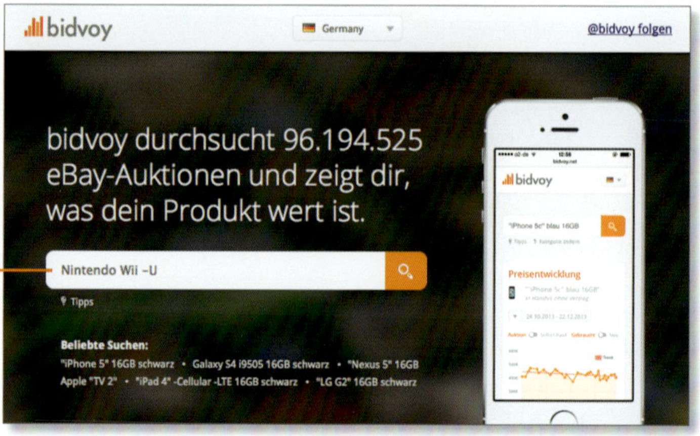

Klickt der Anwender in das Eingabefeld, kann er den Text überschreiben. Ungünstig ist es, wenn er den Text erst mühsam markieren und löschen muss. Die Schrift des Eingabefeldes sollte also nicht zu klein sein und das Feld nicht zu kurz. Etwa ab 15 Zeichen aufwärts sind schon hilfreich, damit der Anwender seinen geschriebenen Text auch komplett lesen kann.

Hier ein Beispiel für einen vorgegebenen Platzhaltertext:

```
<input type="search" placeholder="Suchbegriff eingeben
...">
```

▲ **Listing 12.22**
Ein Sucheingabefeld mit Platzhaltertext

Die ganze hohe Kunst eines Eingabefeldes ist eine Autovervollständigung bzw. Vorschlagsliste. Anhand der ersten Buchstaben werden in Echtzeit mögliche Suchbegriffe extrahiert und angezeigt. Dies kann zu einer enormen Erleichterung der Eingabe führen und erhöht die User Experience.

Zu viele Vorschläge
Bei der Autovervollständigung bzw. der Vorschlagsliste sollten Sie darauf achten, dass je nach Suchwort nicht zu viele Vorschläge angezeigt werden. Sonst wird das Prinzip der Vorschläge, die eine Hilfe für den Anwender darstellen sollen, ins Gegenteil verkehrt.

Submit-Button | Der Submit-Button ist bei einem Formular der Button, der das ausgefüllte Formular abschickt. Eine Suchmaske ist ein kleines Formular mit Eingabefeld und eben dem Submit-Button.

Der Submit-Button sollte eindeutig als markanter Button erkennbar sein. Bei vielen Suchmasken hat sich das Icon einer Lupe durchgesetzt. Dies ist sicherlich verständlich als Zeichen für eine Suchmaske, ob aber alle Anwender immer gleich verstehen, dass die Lupe auch ein Submit-Button ist, darf bezweifelt werden bzw. hängt wohl entscheidend von seiner Gestaltung ab. Lupen, die wie auffällige Buttons aussehen, animieren eher zum Klicken als dezente kleine Icons.

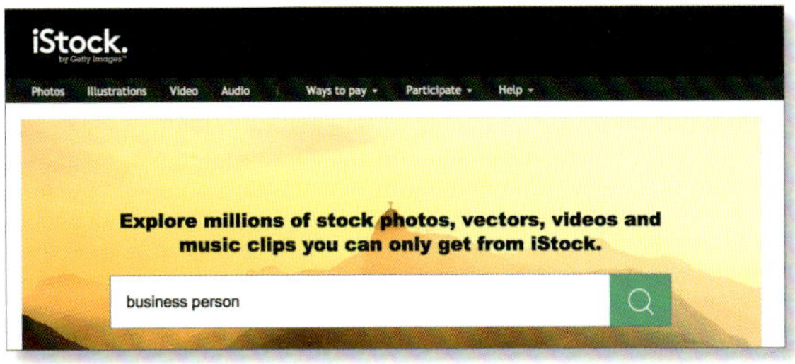

◂ **Abbildung 12.88**
Die typische Such-Lupe wie bei *istockphoto.com*

Anstelle einer Lupe erscheinen auch ab und zu Begriffe wie »Go« oder »Suchen« auf dem Button. Während Ersteres sehr international klingt und sicherlich nicht für alle Zielgruppen geeignet ist, dürfte das Wort »Suchen« eindeutig sein.

▾ **Abbildung 12.89**
photocase.de erklärt im Eingabetext, wofür das Feld gut ist – »Nach Fotos suchen«, und der Submit-Button heißt sehr anschaulich »Suchen«.

Anstelle des Submit-Buttons funktioniert zur Auslösung der Suche auch die [↵]-Taste. Viele Anwender nutzen diese schon intuitiv, und sie wird eigentlich auch immer von Formularen unterstützt. Kritisch ist es nur andersherum – nämlich gar keinen Submit-Button anzubieten und davon auszugehen, dass die Anwender wissen, dass sie die [↵]-Taste drücken müssen. Davon sollten Sie besser nicht ausgehen und daher immer einen Submit-Button (und wenn es eben doch nur eine kleine Lupe ist) anbieten.

Abbildung 12.90 ▸
Ein dezentes Suchfeld ① und kein Submit-Button. Die Suche steht beim *enorm-magazin.de* nicht im Vordergrund.

12.6.5 Weitere Navigationselemente

Es gibt noch einige weitere »kleinere« Navigationselemente, mit denen Sie sich zumindest kurz auseinandersetzen sollten.

Breadcrumb | Bei Webseiten größeren Umfangs und mit tiefer Navigationsstruktur hat sich die Anzeige einer *Breadcrumb* bewährt. Der Brotkrumenpfad zeigt die Position der aktuellen Seite innerhalb der Navigationsstruktur an. Auf *rapha.cc* sieht das beispielsweise wie folgt aus:

Abbildung 12.91 ▾
So klein und unscheinbar und trotzdem immer präsent – die Breadcrumb ② bei *rapha.cc*

So bekommt der Anwender einen besseren Überblick, wo er sich innerhalb der Webseite befindet. Anwender, die über eine Suchmaschine gekommen sind oder die interne Webseiten-Suche benutzt haben, landen häufig auf Unterseiten und können sich so auch anhand der Breadcrumb orientieren. Zusätzlich besteht durch die Breadcrumb die Möglichkeit, direkt zu höheren Navigationsebenen zu springen.

▲ **Abbildung 12.92**
Irgendwo zwischen Hauptnavigation und den Inhalten steht die Breadcrumb ❸, auch bei *eckball.de*.

Die Breadcrumb befindet sich meistens zwischen dem Inhaltsbereich und dem Kopfbereich bzw. der Hauptnavigation. Da sie »nur« eine hilfreiche Zusatzinfo ist, ist sie meistens sehr dezent gestaltet – das heißt, es wird eine recht kleine Schriftgröße und manchmal auch noch eine helle(re) Textfarbe verwendet.

Schlagwortliste/Tag-Cloud | Eine »Schlagwortwolke« macht überall da Sinn, wo Inhalte verschlagwortet, also mithilfe von Begriffen indexiert wurden. Dies könnten zum Beispiel eine Galerie von Webseiten, ein Fotoarchiv, Produkte in einem Onlineshop oder die Artikel in einem Blog sein. Die Schlagworte bieten eine weitere Möglichkeit der Orientierung und der Suche von bestimmten Produkten oder Beispielen.

Bei manchen Webseiten gibt es noch eine Unterscheidung in Kategorien und Schlagworte (engl. *Tags*). Eine einfache Auflistung der Schlagworte ist dann genauso möglich wie eine Tag-Cloud. Diese visualisiert gleichzeitig die Häufigkeit der einzelnen Schlagworte: je größer, desto häufiger. Dies bietet gleich einen Überblick über die Schwerpunkte der Webseite.

▲ **Abbildung 12.93**
Bei *ganzohr.org* sind die einzelnen Artikel verschlagwortet, und die Tag-Cloud steht klassischerweise in der Seitenleiste.

Sprachauswahl | Bei mehrsprachigen Webseiten sollte es einen Sprachwähler geben, um dem Anwender die Möglichkeit des Sprachwechsels zu geben. Natürlich ist es schön, wenn die Webseite beim Laden (aufgrund der IP) den aktuellen Standort des Anwenders erkennt und gleich die passende Sprache anzeigt, aber zum einen ist dies nicht immer so, und zum anderen muss es nicht immer die gewünschte Sprache des Anwenders sein.

Ein Sprachwechsler befindet sich fast immer im rechten oberen Bereich der Webseite, meist in der Nähe oder innerhalb der Metanavigation. Entweder werden Länderflaggen als Synonym für die Sprache benutzt, die jeweilige Sprache als Wort oder beides zusammen.

Abbildung 12.94 ▲
Der Sprachwähler ❶ bei *eura-mobil.de* als Dropdown-Menü. Zur besseren Verständlichkeit sind die Sprachen sowohl als Länderflagge als auch als Text vorhanden.

Es ist sinnvoll, die Wörter in den jeweiligen Sprachen zu schreiben, also besser »Deutsch« als »German« zu wählen. Denn wer eine bestimmte Sprache auswählen möchte, wird dies in »seiner« Sprache besser verstehen. Bei wenigen auswählbaren Sprachen werden diese häufig direkt angezeigt, bei mehreren gibt es häufig ein Dropdown-Menü, damit die Texte oder Grafiken nicht so viel Platz einnehmen.

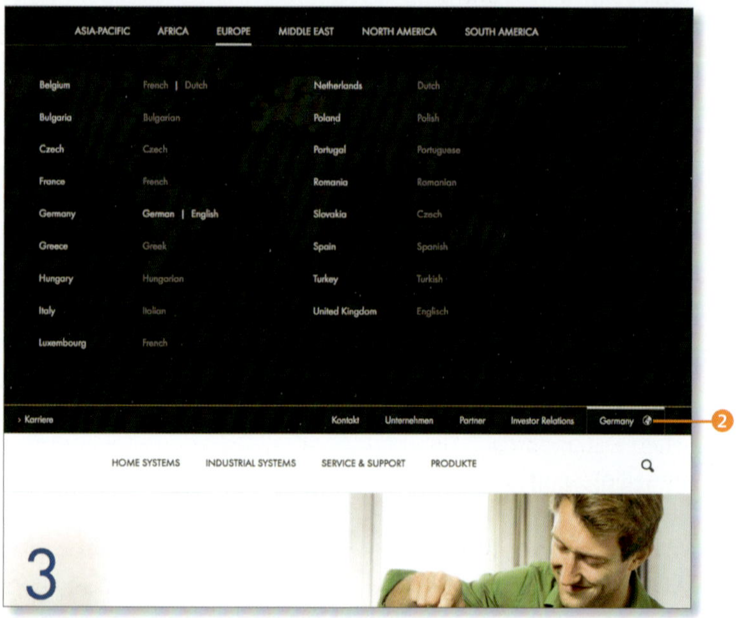

▲ Abbildung 12.95
Nicht direkt ein Sprachwähler ❷: Dieses umfangreiche »Dropdown-«-Menü bei *sma.de* leitet zu den einzelnen Länder-Webseiten weiter.

Sitemap | Eine *Sitemap* bietet kompakt auf einer Unterseite einen Überblick über alle Einzelseiten der Webseite. Die meisten CM- und Shop-Systeme sind in der Lage, eine Sitemap automatisch zu erstellen, sodass nicht zu viel Handarbeit notwendig ist. Aber wird ein Sitemap-Link in der Meta- oder Footer-Navigation untergebracht, ist er vorhanden und hilft dem einen oder anderen Anwender bei seiner Suche.

Auch für Suchmaschinen ist eine Sitemap interessant, bzw. allein für sie lohnt sich schon die Einrichtung. Anhand einer aktuellen Sitemap können Suchmaschinen die einzelnen Seiten schneller indizieren, als wenn sie (verschlungenen) Pfaden folgen müssen.

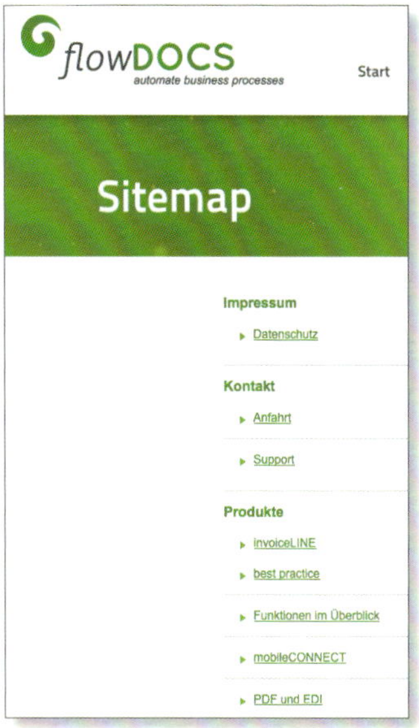

▲ **Abbildung 12.96**
Die Sitemap bei *flowdocs.de* bietet einen schnellen Überblick.

12.7 Formulare

Eine Besonderheit der Interaktion der Anwender mit einer Webseite sind die Formulare. Das Suchfeld haben wir weiter oben ja schon besprochen. Darüber hinaus gibt es Kontaktformulare, Newsletter-Bestellformulare, Registrierungsformulare, Login-Formulare, Bestellformulare in Onlineshops etc. Sie alle haben eines gemeinsam: Der Anwender muss bestimmte Daten eingeben, sie abschicken (einen Button drücken), die Daten werden überprüft, und der Anwender bekommt eine Rückmeldung. Die Gestaltung der Formulare entscheidet hauptsächlich darüber, ob der Anwender überhaupt anfängt, Daten einzugeben, und – wenn ja – ob er die Aktion erfolgreich zu Ende bringen wird.

Der Anwender stellt eine Art »Kosten-Nutzen-Rechnung« auf. Er wägt ab, ob sich der Aufwand lohnt, das Formular auszufüllen. Er überprüft, wie groß der Nutzen ist, den er davon hat. Die Abbruchquoten während des Bestellvorgangs in Onlineshops zeigen, dass das Ausfüllen eines Formulars den Anwender so sehr frustrieren kann, dass er seinen Einkauf nicht zu Ende bringt. Das ist so, als ob Sie im Ladengeschäft schon an der Kasse stehen, und während die Verkäuferin Ihre Sachen einpackt und alle möglichen Daten abfragt, Sie doch lieber abbrechen und den Laden ohne Einkauf verlassen.

12.7.1 Die Komponenten eines Formulars

Ein typisches Formular besteht aus folgenden Elementen: den *Labels* ❶ (siehe Seite 666), das sind die Feldbezeichner der folgenden *Eingabefelder* ❷, oft auch *Input-Felder* genannt. Label und Inputfeld gehören zusammen und sollten auch visuell als zusammengehörig wahrgenommen werden. In die Eingabefelder kann der Anwender Text schreiben. Bei Pflichtfeldern muss er etwas hineinschreiben, wenn es weitergehen soll. Eingabefelder können neben Textfeldern auch Checkboxen oder die sogenannten *Radio-Boxen* (nur eine darf ausgewählt sein) sein.

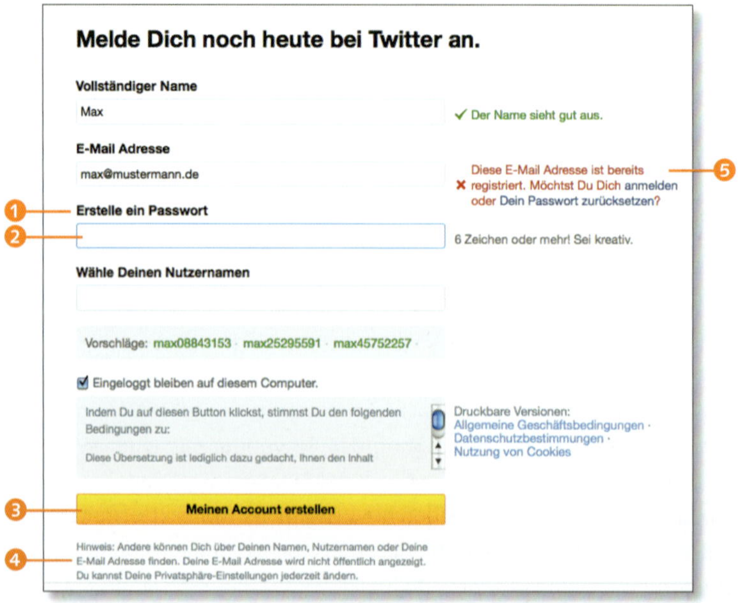

Abbildung 12.97 ▸
Das Registrierungsformular bei *twitter.com* mit den typischen Formularelementen

Dann gibt es *Links* ❸, meistens in Form von Buttons, die eine Aktion ausführen – meistens das Absenden des Formulars (über den Submit-Button). Manchmal gibt es auch einen Reset-Button, der alle Eingaben wieder zurücksetzt. Umfangreiche Formulare werden auch gerne mal auf mehrere Seiten bzw. Schritte aufgeteilt, dann stehen Weiter- und Zurück-Buttons zur Verfügung.

Je nach Notwendigkeit stehen ergänzende Erklärungstexte ❹ bei einzelnen Feldern oder unter dem kompletten Formular. Diese helfen dem Anwender beim Ausfüllen, indem sie beispielsweise erklären, was genau in einzelne Felder geschrieben werden soll oder warum das Unternehmen bestimmte Daten braucht.

Nach der Ausführung einer Aktion (Klick eines Buttons) können Rückmeldungen ❺ erfolgen (meistens Fehlermeldungen). Das können nicht oder falsch ausgefüllte Felder sein. Am Ende erfolgt die Überprüfung (Validation) der Daten – wenn diese erfolgreich ist, kann das Formular versandt werden.

Bei der Gestaltung des Formulars, also der Positionierung der einzelnen Elemente und deren Formatierung, geht es immer darum, ob und wie gut der Anwender das Formular ausfüllen kann. Je benutzerfreundlicher die Gestaltung ist, desto eher wird das Formular erfolgreich ausgefüllt. Und das ist ja im Sinne des Webseiten-Betreibers.

12.7.2 Eingabefelder

Je weniger der Anwender ausfüllen muss, umso besser. Zum einen wirkt ein umfangreiches Formular abschreckend (»Das soll ich alles ausfüllen?«). Und zum anderen sind Anwender sensibel, was die Preisgabe ihrer persönlichen Daten angeht. Bei Formularen sollte das Motto herrschen »So viel wie nötig, so wenig wie möglich«. Eine Newsletter-Bestellung bräuchte im Grunde nicht mehr als ein einziges Feld (für die E-Mail-Adresse). Label und dazugehöriges Inputfeld sollten nahe beieinanderstehen. Entweder steht das Label direkt oberhalb des Feldes oder links daneben – eine rechtsbündige Ausrichtung hat sich dabei als etwas besser erkennbar als eine linksbündige Ausrichtung erwiesen. Das Label sollte markant und deutlich sein, meistens reicht schon ein fetter Schriftschnitt. Die Labels dienen nämlich auch als Sprunganker, wenn das Auge das Formular abscannt.

Die Felder und der Eingabetext sollten groß genug sein, damit sie gut erkennbar sind. Ähnlich wie bei den Schriftgrößen für den Fließtext sind 14 bis 16 Pixel inzwischen fast Standard. Die Breiten der Eingabefelder sollten den erwarteten Eingaben entsprechen. Ein Straßenname braucht mehr Platz als eine Postleitzahl.

▲ **Abbildung 12.98**
Nur die E-Mail-Adresse oder Ihre Login-Daten für Facebook – mehr brauchen Sie bei *rdio.com* für eine Newsletter-Bestellung nicht.

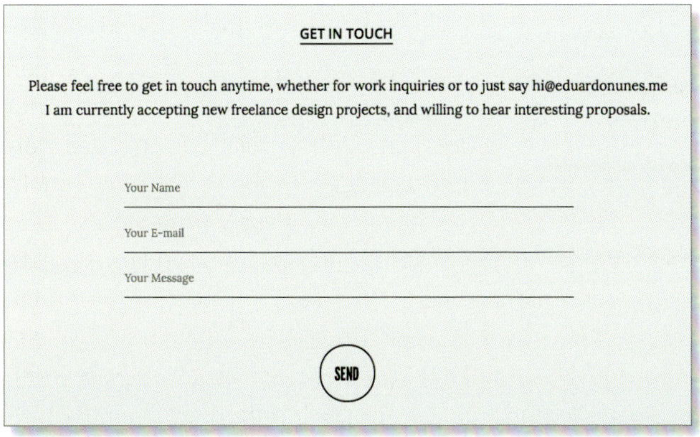

▲ **Abbildung 12.99**
Sieht stylisch aus, und bei so wenig Feldern lässt sich das Formular auch noch gut bedienen (*eduardonunes.me*).

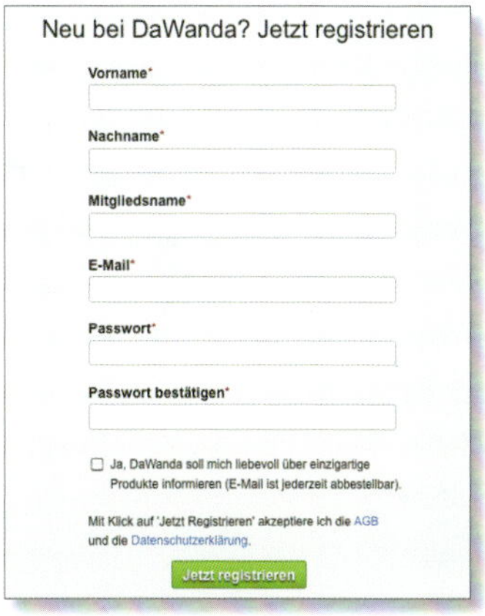

▲ **Abbildung 12.100**
Klare, übersichtliche Anordnung der Labels und Eingabefelder bei *dawanda.com*

Pflichtfelder sollten als solche kenntlich gemacht sein. Meistens wird ein kleines Sternchen (*) hinter das Label gesetzt, und am Ende des Formulars steht (im Kleingedruckten) der Hinweis »Pflichtfeld – bitte ausfüllen«.

Die Reihenfolge macht's. Überlegen Sie sich gut, in welcher Reihenfolge einzelne Felder erscheinen sollen. Fragen Sie persönliche und sehr aufwendige Daten besser erst am Ende ab. Je mehr er schon ausgefüllt hat, desto eher wird der Anwender auch bis zum Ende dabeibleiben. Beim Anfrageformular für eine Krankenversicherung etwa sollten Daten über Krankheiten, behandelnde Ärzte und Ähnliches erst zum Ende hin kommen. Werden diese

Daten zuerst abgefragt, wird vermutlich kein Anwender weitermachen, weil solche Angaben eher unangenehm sind.

12.7.3 Rückmeldungen

Dank clientseitiger Formularüberprüfungen mithilfe von JavaScript und AJAX lassen sich die Anwenderangaben direkt nach dem Ausfüllen ein erstes Mal überprüfen. Erfüllt die angegebene E-Mail-Adresse alle Bedingungen, die sie erfüllen muss (@-Zeichen etc.)?, ist das Alter mindestens 18 Jahre? etc. Dies lässt sich schon validieren, bevor der Anwender den Submit-Button drückt. Dadurch wird die Bedienbarkeit enorm verbessert, wenn zeitnah ein Feedback erfolgt und nicht erst dann, wenn der Anwender denkt, er sei eigentlich fertig (beim Absenden).

Abbildung 12.101 ▸
Bei *twitter.com* wird gleich das Passwort bewertet und der gewünschte Nutzername direkt validiert.

Es gibt sogar Formulare, die ein positives Feedback geben. Ein grünes Häkchen ❶ und ❷ für eine richtige E-Mail-Adresse motiviert doch ganz anders, als wenn man immer nur Negatives liest (»Falsche E-Mail-Adresse«).

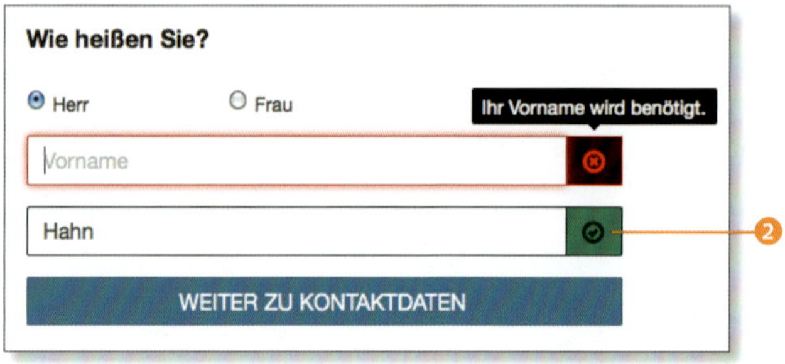

Abbildung 12.102 ▸
Gut gemacht: Bei *outfittery.de* bekommt man nicht nur die Fehlermeldung samt Hinweis direkt am richtigen Eingabefeld, auch richtige Eingaben werden optisch bestätigt.

12.7.4 Validierung

Hat der Anwender alle (Pflicht)felder ausgefüllt und den Submit-Button gedrückt, erfolgt eine serverseitige Überprüfung (zum Beispiel mittels PHP). JavaScript lässt sich vom Anwender im Browser ausschalten, daher sollte dies nur zur ersten Rückmeldung genutzt werden. Wurde alles zur Zufriedenheit ausgefüllt, folgt ein kurzer Dank. Wurden Felder noch nicht korrekt ausgefüllt, erscheint eine Fehlermeldung. Schlecht ist es, wenn diese sich auf einer neuen Seite öffnet und der Anwender per Browser-Zurück-Button wieder zum Formular muss. Und aus Usability-Sicht Selbstmord ist es, wenn dann alle schon eingegebenen Daten verschwunden sind und der Anwender von vorne anfangen darf.

Besser ist es, wenn die Fehlermeldungen innerhalb des Formulars erscheinen – und zwar an den Stellen, an denen Fehler aufgetreten sind, zum Beispiel ein roter Hinweistext, der erklärt, was besser zu machen ist, und dazu das Eingabefeld (rot) umrandet, sodass der Anwender gleich weiß, wo er nachbessern darf, oder ein Fehlertext, der nicht nur lautet »Dies ist ein Pflichtfeld«, sondern erklärt, was genau falsch ist. »Die E-Mail-Adresse enthält kein @-Zeichen« ist da um einiges hilfreicher.

12.7.5 Die User Experience bei Formularen

Das Nutzungserlebnis kann sich stark von Formular zu Formular unterscheiden und nicht zuletzt den Ausschlag geben, ob der Anwender bis zum Ende erfolgreich das Formular ausfüllt.

Eine Ausfüllhilfe kann eine enorme Erleichterung sein. Per AJAX werden die Daten beim Schreiben nachgeladen – ähnlich der Google-Suche, die beim Tippen Vorschläge macht. Dies kann zum Beispiel bei Städtenamen oder beim öffentlichen Nahverkehr mit Haltestellennamen sinnvoll sein. Diese sind oft nicht nur umständlich zu tippen, sondern teilweise auch gar nicht vollständig bekannt.

Zum Weiterlesen
Weitere hilfreiche Infos zum Nutzungserlebnis erhalten Sie im Kapitel 3, »Konzeption und Strategie«.

▼ Abbildung 12.103
Nach Eingabe der ersten Buchstaben werden bei *lufthansa.de* Vorschläge eingeblendet. Das erspart Zeit und Nerven.

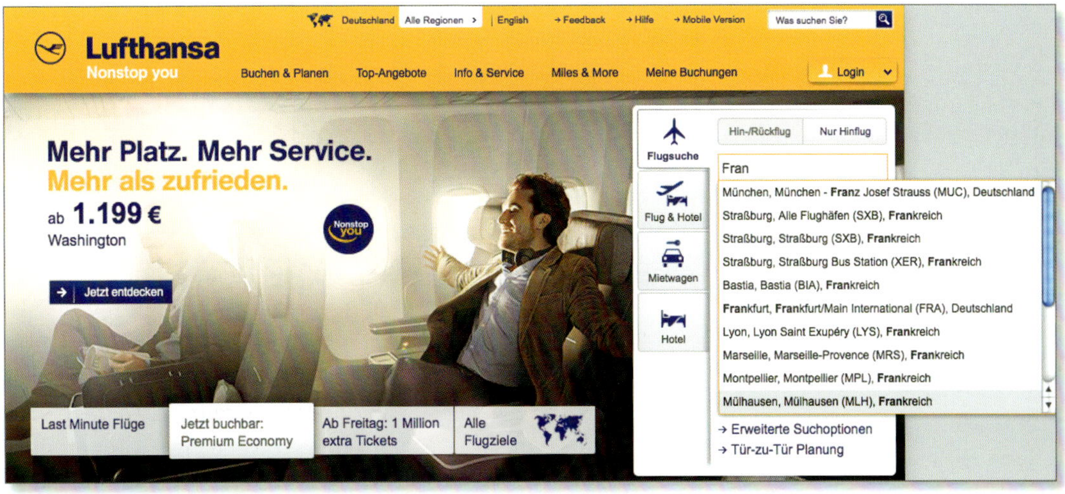

▲ **Abbildung 12.104**
Zur Abwehr von Spam haben manche Formulare eine Sicherheitsabfrage (oft auch Captcha genannt). Bei *11freunde.de* gibt es nicht die nervigen Buchstabensalate, sondern Abfragen, die Fußballbegeisterte ansprechen.

Erklären Sie, warum das Ausfüllen des Formulars für den Anwender sinnvoll sein könnte. Einfach nur zu schreiben »Hier Newsletter bestellen« klingt langweilig und wenig überzeugend. Wenn der Anwender aber erfährt, was in den Newslettern auf ihn wartet und welche Vorteile er davon hat, ist er eher dazu bereit, das Formular auszufüllen.

Eventuell sollte auch erklärt werden, warum bestimmte Daten benötigt werden (wie *Check24.de* es macht ①). Anwender sind sehr sensibel mit ihren persönlichen Angaben. Wer Konto- oder Kreditkartennummern verlangt, sollte einen Hinweis zur Sicherheit der Daten mitliefern.

▲ **Abbildung 12.105**
check24.de erklärt, warum bestimmte Daten bei Versicherungen abgefragt werden und welchen Einfluss die Daten auf den Preis haben. Usability und User Experience sind in diesem Formular ganz hoch.

Eventuell müssen auch bestimmte Felder erklärt werden. Anwender, die ein bestimmtes Leistungspaket buchen möchten, können in einer Checkbox mit »Paket S«, »Paket M« und »Paket XL« vielleicht wenig anfangen, auch wenn es die Produktnamen sind. Eine kurzes Infofenster oder ein Tooltip kann hier sehr hilfreich sein.

12.7.6 Formulare mit HTML5

Mit HTML5 wurden einige neue Attribute eingeführt, die die Benutzerfreundlichkeit von Formularen entscheidend verbessern. So können bestimmte Anwendereingaben schon direkt während der Eingabe überprüft werden.

Hier finden Sie einen Überblick über die wichtigsten der neuen Formularattribute:

Attribut	Beschreibung	Codebeispiel
required	Pflichtfeld	<input type="text" name="name" required>
autocomplete	Speichern der Benutzereingabe in individuelle Formularfelder. Kann aktiviert (on) oder deaktiviert (off) werden.	<input type="text" name="nachname" autocomplete="off">
disabled	Deaktiviert ein Eingabefeld.	<select name="land" disabled>
autofocus	Legt ein Eingabefeld fest, das beim Laden der Seite den Fokus erhält.	<input type="tel" autofocus>
placeholder	Platzhaltertext, der im Eingabefeld erscheint, bis der Anwender Daten eintippt	<input type="text" name="nachname" placeholder="Nachname" required>
title	Zusatzinformationen, die wie beim Mouseover über einem Feld erscheinen	<input type="text" name="vorname" placeholder="Vorname" required title="Dies ist ein Pflichtfeld.">
pattern	Regulärer Ausdruck, mit dem die Eingaben beschränkt bzw. überprüft werden. Mehr Infos dazu erhalten Sie unter der URL *html5pattern.com*.	<input name="postcode" type="text" pattern="[0-9]{5}">

▲ **Tabelle 12.2**
Die wichtigsten Formularattribute

Neben den Attributen sind auch noch einige neue HTML-Elemente dazugekommen. Hier die wichtigsten im Überblick:

Element	Beschreibung	Codebeispiel
search	Eingabefeld für einen Suchtext	<input type="search">
url	Feld, das eine Eingabe im Format *http://domainname.de* verlangt	<input type="url">
tel	Bietet zwar keine direkte Validierung aufgrund der Unterschiedlichkeit/Komplexität von Telefonnummern. Auf Smartphones wird aber ein Ziffernblock bei der Eingabe angezeigt.	<input type="tel">
date	Stellvertretend für eine Reihe zeitbezogener Eingabefelder wie Uhrzeit, Monat, Kalenderwoche etc.	<input type="date">
color	Angabe der Farbe im Format #ff00cc. Manche Browser zeigen einen Farbwähler an.	<input type="color">

▲ **Tabelle 12.3**
HTML-Elemente für Formulare

Den Quellcode »formular.html« für dieses Bespiel finden Sie auf der beiliegenden Buch-DVD unter BEISPIELMATERIAL • KAPITEL_12 • HTML5-FORMULAR.

Auf der DVD finden Sie das Beispielformular »formular.html« mit den verschiedenen neuen Attributen und einigen neuen Formularelementen zum Antesten und Ausprobieren.

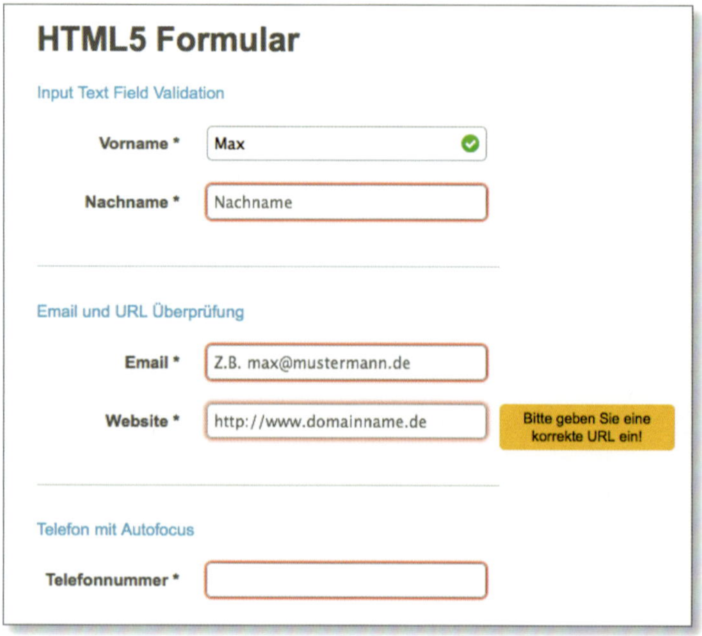

Abbildung 12.106 ▸
Das Beispiel-Formular der DVD mit Validierung und Fehlermeldungen

Kapitel 13
Webdesignstile und -trends

In Mode, Kunst, Kultur und Design gibt es Trends und Stile, manche kommen und gehen, manche kommen wieder, andere bleiben. Auch im Webdesign sind in den letzten Jahren einige Gestaltungs- und Techniktrends gekommen und gegangen und einige auch geblieben.

13.1 Die Webdesignstile

Im Laufe der letzten Jahre haben sich einige Webdesignstile entwickelt, die immer wieder gerne von Webdesignern umgesetzt werden. Als *Stil* wird dabei ein Erscheinungsbild bezeichnet, das sich über die gesamte Webseite zieht. Also nicht nur einzelne Elemente sind stilprägend gestaltet, sondern alle Gestaltungselemente folgen diesem Stil. Webdesignstile sind auch immer von äußeren Einflüssen wie der Alltagskultur und den jeweils aktuell vorherrschenden Designstilen in anderen Bereichen wie im Produkt-, Mode- und Grafikdesign beeinflusst. Aber auch die technischen Möglichkeiten der Grafikprogramme und Websprachen wie HTML, CSS und JavaScript haben Auswirkungen auf die Stile.

Responsive Webdesign – ein Trend?
In vielen Webdesign-Blogs werden regelmäßig aktuelle Webdesigntrends präsentiert. Und seit Jahren sind Techniken wie Responsive Webdesign, HTML5, CSS3 und jQuery mit dabei. Wohl vor allem aus dem Grund, dass diese Schlagwörter die Leserschaft fast magisch anziehen. Denn diese sind keine gegenwärtige Erscheinung, die schon bald wieder vorbei sein wird. Sie sind (schon seit Jahren) fester Bestandteil einer guten Webseite und werden dies noch Jahre, wahrscheinlich sogar eher Jahrzehnte, bleiben.

13.1.1 Frühere Webdesignstile

In alten Zeiten sahen Webseiten wie eine öde Landschaft aus – es waren HTML-geprägte Texte mit »wilden« Bildern, die für Buttons, Verläufe und Hintergründe eingesetzt wurden.

CSS erweiterte die Gestaltungsmöglichkeiten enorm. So mussten Links nicht mehr blau und unterstrichen aussehen, und auch von den Tabellen-Layouts konnte man sich verabschieden. Die Möglichkeiten der Grafikprogramme zeigten sich dann in Grafiken, die eine enorme Dreidimensionalität vortäuschen sollten. Die technischen Möglichkeiten wurden gerne auch eingesetzt und ausgenutzt. Der Wildwuchs an Flash-Webseiten mit bewegten Buttons, Sounds und sonstigen verspielten (also oftmals unnötigen) Animationen zeugt davon.

▲ **Abbildung 13.1**
Oha, so sahen Webseiten einmal aus. Funky Flash – diese Webseiten hatten kein Aufmerksamkeitsdefizitsyndrom zu befürchten.

Mit der generellen Professionalisierung des Internets, also der enormen Verbreitung, der besseren Ausbildung aller am Erstellungsprozess Beteiligten und der allgemein besseren Planung bzw. Konzeption von Webseiten wurde auch das Design professioneller. Weniger der grafische Effekt und die Ausnutzung des Machbaren standen dabei im Vordergrund, sondern der Zweck, den das Webdesign zu erfüllen hat (siehe Kapitel 1, »Prinzipien des modernen Webdesigns«).

Apple als Designvorbild

Die Produkte von Apple waren in vielerlei Hinsicht Innovationen und Vorbilder. Nicht nur im Produktdesign schaffte es Apple, neue Stile zu kreieren und damit Trends zu prägen, auch Apples Einfluss auf das Webdesign ist unbestritten. Ein klares minimalistisches Design zeichnet die Apple-Webseite schon seit über 15 Jahren aus. Auch der Einsatz von dezenten Verläufen, um eine erkennbare, aber nicht zu sehr ausgeprägte Haptik zu erreichen, ging vor allem von Apple aus. Eine Reise durch 15 Jahre Apple-Webdesign finden Sie unter *thetechblock.com/15-years-apples-homepage*.

▲ **Abbildung 13.2**
Die Entwicklung der Apple-Webseite von links nach rechts: 1998, 2000 und 2012

Das Web 2.0 | Als ersten großen Webdesignstil der letzten Jahre kann man wohl das *Web 2.0-Design* bezeichnen. Der Beginn der frühen 2000er Jahre war der Anfang des Webs, wie wir es heute kennen. Nach dem Einbruch aufgrund der Dot.com-Krise nahm das Internet einen neuen Anlauf. Das »Mitmach«-Web entwickelte sich mit allerlei sozialen Netzwerken und Start-ups, die wirtschaftlich arbeiteten – es war eine Art kommerzielles Wiederaufleben des Webs. Damit einhergehend, entstand ein Look, die Screendesigns wurden klarer, es wurden weniger Grafiken für Verzierungen eingesetzt. Webseiten wurden zentriert im Browser dargestellt, weil die Monitorauflösungen wuchsen und die vormals vor allem linksbündigen Webseiten einen großen rechten Rand erzeugten.

Das Web 2.0 heute
Das typische Web 2.0-Design ist heute sicherlich in seiner Reinform kaum noch gefragt, und einige Elemente werden nicht mehr eingesetzt, viele Elemente haben aber auch heute noch Bestand, zumindest in einer ähnlichen Umsetzung.

▲ **Abbildung 13.3**
Kommen so in freier Wildbahn nur noch selten vor: Web 2.0-Designs wie bei *vorname.com*.

Insgesamt wirkten Web 2.0-Desings lebendiger, markanter und oft auch verspielter. Sie setzen auf den Einsatz intensiver Farbtöne bzw. kräftiger Farbverläufe. Inhaltsbereiche wurden durch klare Farbkontraste optisch eindeutiger voneinander getrennt. Vor allem der Kopfbereich wurde gerne separiert dargestellt. Dazu wurde die Typografie größer und markanter gestaltet, und der Einsatz großer Icons kam in Mode. Farbverläufe, ergänzt durch Schatteneffekte und Reflexionen, sorgten für das Gefühl eines haptischen Erlebnisses.

Ein Screendesign, das diese Web 2.0-Gestaltungselemente vollständig einsetzt, ist heutzutage nur noch selten zu finden.

Viele Gestaltungselemente haben aber überlebt und die nachfolgenden Designstile mit beeinflusst. Der großflächige Einsatz von markanten Farben, große Typografie, große Icons und das Gefühl von Haptik sind seit dem Web 2.0 geblieben und werden auch in heute beliebten Webdesignstilen (siehe folgende Abschnitte) noch gerne eingesetzt.

13.1.2 Skeuomorphismus

Diese Stilbezeichnung ist ein Zungenbrecher. Bei dieser Stilrichtung wird die Benutzeroberfläche möglichst realistisch wie bekannte Gegenstände dargestellt, um so einen vertrauten Eindruck zu schaffen und für eine intuitive Bedienung zu sorgen.

▲ **Abbildung 13.4**
Beim Skeuomorphismus werden Benutzeroberflächen so gestaltet, dass sie dreidimensional und extrem haptisch wirken.

iPhone und Skeuomorphismus
Entscheidend geprägt wurde der Skeuomorphismus durch das User Interface der Apple-Produkte, allen voran des iPhones.

Es ist sozusagen die Darstellung eines analogen Gegenstands in digitaler Form. Hier wird viel Wert auf ein haptisches und realistisches Aussehen gelegt. Der Darstellung von Holz, Metall, Kunststoff und Leder sind unzählige Photoshop-Tutorials gewidmet. Um dieses Gefühl der Echtheit zu vermitteln, müssen kleine Details und Texturen fein (und aufwendig) ausgearbeitet werden. So entstanden realistische Designs mit vielen liebevollen Details, die oft kleine Welten erschufen. Die eingesetzten Metaphern entsprechen dem Pendant in der realen analogen Welt (siehe Abbildung 13.4, Taschenrechner und Bücherregal), sodass gleich ein Gefühl der Vertrautheit entsteht. Die Details und Texturen verschaffen dem Design auch eine Persönlichkeit, eine »Seele«.

◂ **Abbildung 13.5**
Erzeugt ein sehr haptisches Gefühl und arbeitet mit vielen kleinen Details: *sickdesigner.com*.

◂ **Abbildung 13.6**
Liebevoll gestaltetes skeuomorphisches Webdesign auf *lamaddalena.pl*.

Die Erstellung eines solch realistisch wirkenden Designs erfordert aber auch viel Gestaltungsaufwand. Die Ausarbeitung der Grafiken muss im Bildbearbeitungsprogramm erfolgen und kann nicht durch CSS ersetzt werden. Durch den Einsatz vieler Grafiken wachsen die Datenmengen der Webseiten an. Der Skeuomorphismus ist eine Stilrichtung, die Ende der Nullerjahre begann, in den letzten Jahren aber wieder an Bedeutung verloren hat.

13.1.3 Flat-Design

Seit wenigen Jahren ist das Flat-Design stilprägend. Man könnte fast sagen, dass dieser Designstil genau das Gegenteil des Skeuomorphismus ist – in seiner reinen Erscheinung fehlen jegliche Haptik und Oberflächenstruktur.

▲ **Abbildung 13.7**
Der Wandel vom Skeuomorphismus zum Flat-Design exemplarisch am Safari-Icon von Apples iOS-Betriebssystem

Während viele Jahre Apple auch im Web Designtrends seinen Stempel aufdrückte, fiel der große Konkurrent Microsoft nicht gerade durch attraktive Designs auf. Das änderte sich mit der Veröffentlichung des neuen Betriebssystems Windows 8. Für Touchscreens wurde eine Benutzeroberfläche in Kachelform mit kräftigen Farben gestaltet und auf allzu viele haptische Elemente verzichtet. Ein neuer Designstil war geboren – tatsächlich von Microsoft. Was anfangs noch *Metro UI* oder *Modern UI* hieß, setzte sich im Laufe der Zeit als *Flat-Design* durch.

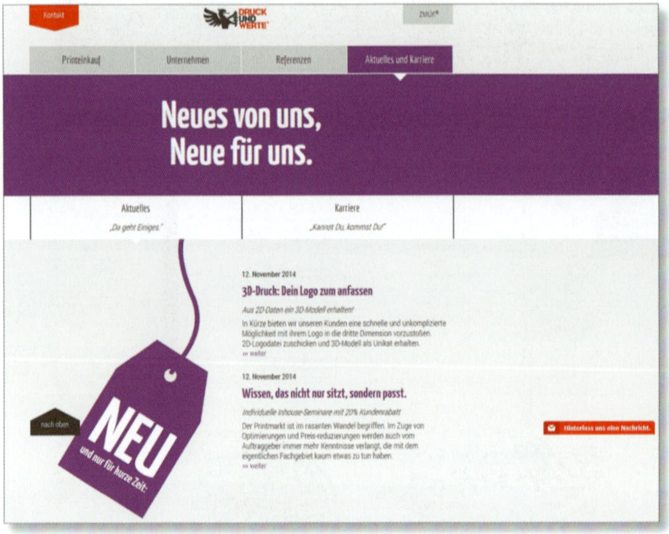

Abbildung 13.8 ▶
So sehen Webseiten heute oft aus: Flat-Design wie bei *druckundwerte.de*.

Flat-Design zeichnet sich vor allem durch ein flaches Design aus, das den Gegentrend zum extrem haptischen Aussehen bildet. Kräftige Farbflächen, markante Typografie, die auf serifenlose schlanke Schriftarten setzt, einfarbige Icons und ein klares Gestaltungsraster sind die Kennzeichen des Flat-Designs.

Abbildung 13.9 ▼
Ich packe meinen Flat-Koffer und nehme mit: kräftige Farben, einfarbige Flächen, dezente Illustrationen, feine Schriftarten, stark abstrahierte Icons …

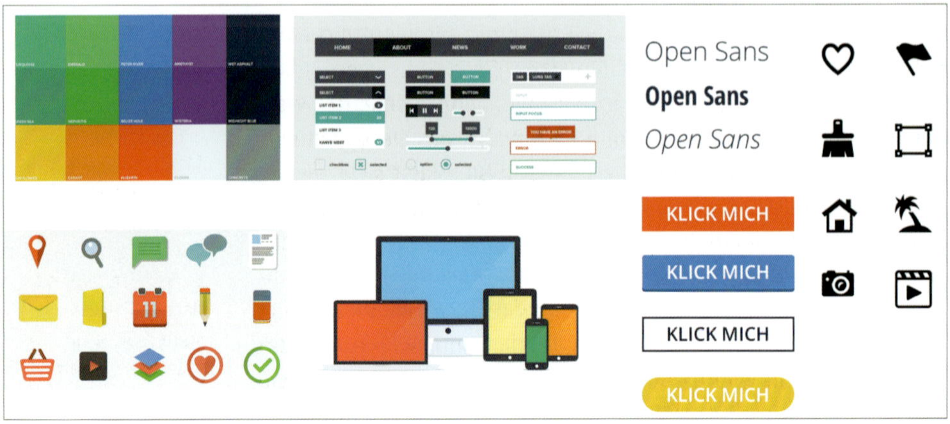

Im Jahre 2014 ist das Flat-Design auf seinem vorläufigen Höhepunkt angekommen. Schaut man sich die Webseiten der Webdesigngalerien an, trifft man vor allem auf Flat-Designs oder zumindest Designs, die viele Elemente davon einsetzen. Vergleicht man das Flat-Design mit dem Web 2.0-Design, dann sind sicherlich einige Gemeinsamkeiten feststellbar. Der große Unterschied liegt darin, dass im Flat-Design alles reduzierter und klarer ist – weniger Verläufe, weniger verspielte Gestaltungselemente, stattdessen einfachere und unmittelbarere Grafiken.

Flat-Links
Da ist der Name Programm: »Ultimate Guide to Flat Website Design« liefert jede Menge Quellen zu Ressourcen mit Flat-Designs: *hongkiat.com/blog/flat-design-resources*. Eine Sammlung an Webseiten im Flat-Design liefert *fltdsgn.com*.

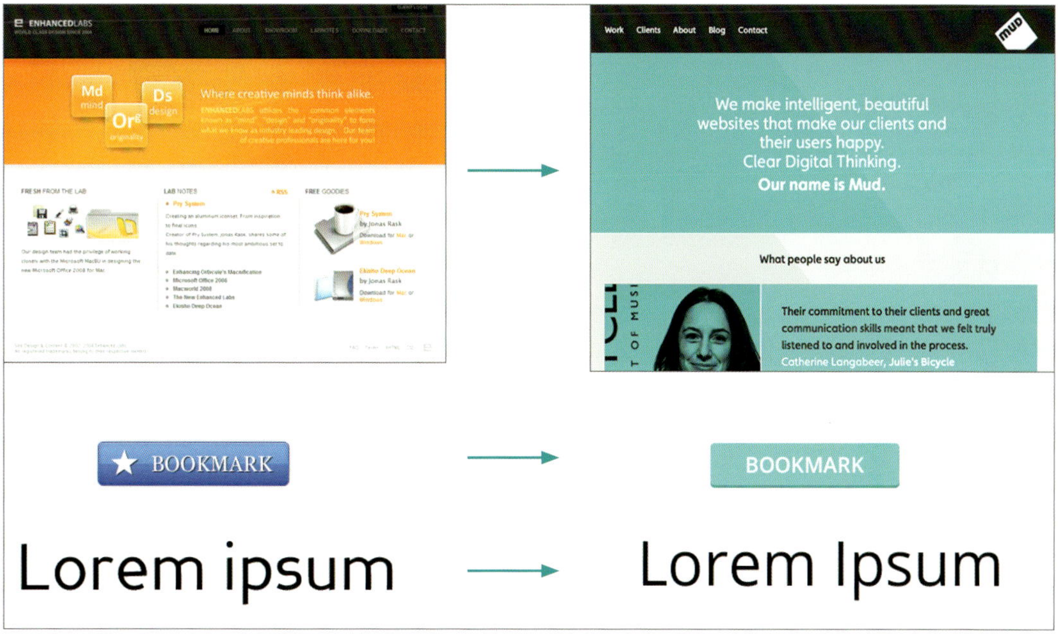

▲ **Abbildung 13.10**
So groß sind die Unterschiede gar nicht, es ist nur alles etwas flacher geworden. Vom Web 2.0- (links) zum Flat-Design (rechts).

Die Reduzierung der Gestaltung hat auch technische Vorteile, da sich viele Elemente allein mithilfe von CSS(3) umsetzen lassen und häufig auf aufwendige Grafiken bzw. Bilder verzichtet werden kann. Die Seiten laden dadurch schneller, das Design ist einfacher abzuändern, ein Responsive Webdesign lässt sich besser/einfacher erstellen, weil keine Grafiken angepasst werden müssen, und das Design lenkt nicht unnötig von den eigentlich wichtigen Elemente – den Inhalten – ab.

Allerdings führt die manchmal schon zwanghaft wirkende Reduzierung dazu, dass Elemente nicht eindeutig erkennbar sind: Buttons, die eine ebenso einfarbige Fläche haben wie viele andere Elemente auf der Webseite, werden nicht mehr unmittel-

Flat-Problem
Auch wenn die Beliebtheit des Flat-Designs noch so groß ist: Flat-Design heißt nicht automatisch besonders benutzerfreundliches Design. Zu oft ist nicht eindeutig, was ein Link oder Button ist. Wenn Sie sich für flaches Design entscheiden, sollten Sie eindeutig kenntlich machen, was anklickbar ist und was nicht.

bar als anklickbare Elemente wahrgenommen. Inzwischen sehen sich viele Designs durch den übermäßigen Einsatz von Flat-Elementen in unzähligen Webseiten zu ähnlich. Webdesigns werden dadurch austauschbar und langweilig. Der übermäßige Einsatz an kräftigen Farbtönen und Icons, die immer gleichen dünnen Schriften (wie beispielsweise die Open Sans) führen nicht nur zur Beliebigkeit, sondern oft auch zu fehlender bzw. falscher Hierarchie. Es stehen eher die markanten einfarbigen Hintergrundflächen im Mittelpunkt als die wesentlichen Inhalte.

▲ **Abbildung 13.11**
Hier ist der große Kampf zwischen Flat-Design und Skeuomorphismus wunderbar in Szene gesetzt worden (*flatvsrealism.com*).

13.1.4 Minimalismus

Der Flat-Stil nahm eine Entwicklung auf, die es schon länger im Design gibt: die Reduzierung auf das Wesentliche. Beginnend in den 20er Jahren des letzten Jahrhunderts als Bauhaus-Stil, setzte es sich im Produktdesign fort, das häufig unter dem Motto *Form follows Function* stand. In verschiedenen Bereichen der Kunst, Architektur und des Designs existieren minimalistische Grundprinzipien. Auch in unserer Konsumgesellschaft gibt es den Trend zu einem stark reduzierten Konsumverhalten und einer Vereinfachung des Lebensstils. Und im Webdesign entwickelte sich daraus eben die Stilrichtung des Minimalismus.

Der dahinterliegende Grundgedanke ist, alle grafischen Elemente, die für die Funktion des Designs nicht zwingend notwendig sind, wegzulassen – die Reduzierung auf das Wesentliche ohne dekorative Elemente. Als Ergebnis sollen die wesentlichen Inhalte besser zur Geltung kommen, weil es keine ablenkenden Faktoren gibt.

Minimalistische Webdesigns zeichnen sich vor allem durch die Reduzierung auf die wesentlichen Gestaltungselemente zusammen mit einem Einsatz von viel Weißraum (Leerraum) aus, so wie *cactusformac.com* und *pluto.at* (Abbildung 13.12). So kann die visuelle Hierarchie der Inhalte sehr gut deutlich gemacht werden, und die Aufmerksamkeit wird nicht abgelenkt. Dazu kommt ein stark reduziertes Farbsystem. Meistens werden viel Weiß und Schwarz (oder Dunkelgrau) eingesetzt, manchmal noch ergänzt durch eine einzige Akzentfarbe (zum Beispiel für die Links), die dann aber auch durchaus kräftig sein kann.

Zum Nachlesen
Weitere Informationen zur visuellen Hierarchie finden Sie in Kapitel 6, »Gestaltungsgrundlagen«.

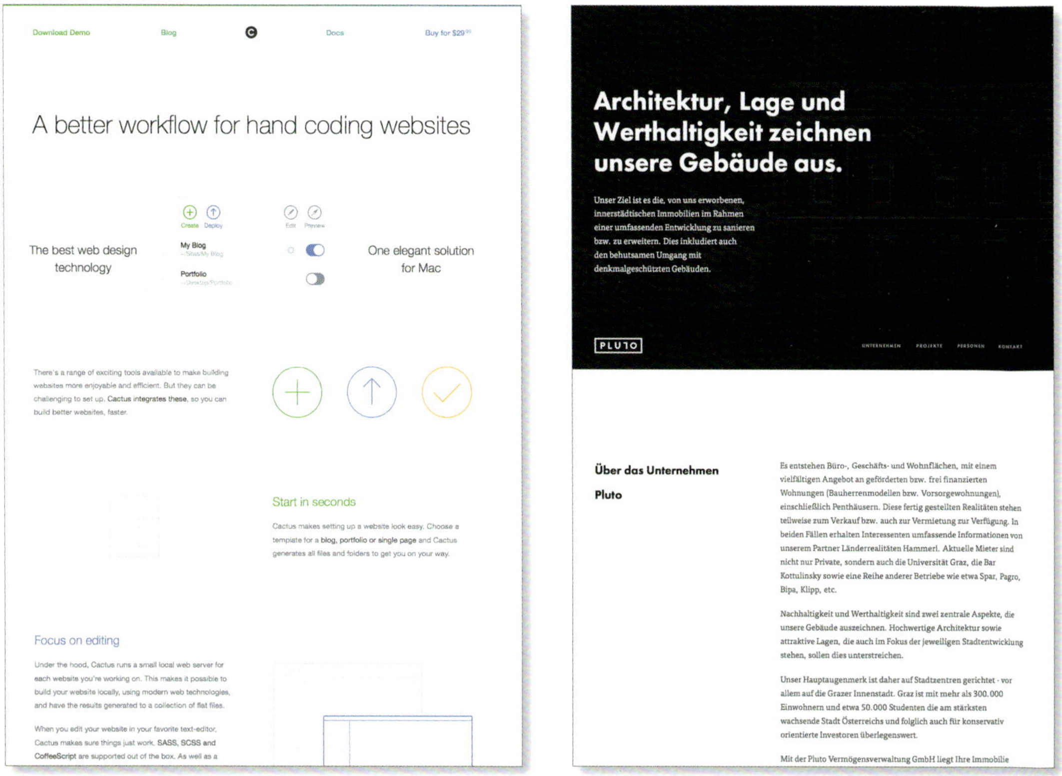

▲ **Abbildung 13.12**
Viel Weißraum, wenige Bilder, viel Typografie, minimalistische Webdesigns von *cactusformac.com* und *pluto.at*

Der typografischen Gestaltung kommt in solch einem Stil eine besondere Bedeutung zu, da sie oftmals die gestalterische Hauptrolle spielt. Und häufig ist auch ein klares Rastersystem erkennbar, so wie es bei *r-ny.com* (Abbildung 13.14 auf Seite 682) der Fall ist – entweder, weil andere Gestaltungselemente fehlen, die das Raster aufbrechen könnten, oder auch weil es bewusst eingesetzt wird, um die Einfachheit zu betonen.

▲ **Abbildung 13.13**
In minimalistischen Designs ist die typografische Gestaltung besonders wichtig – etwa wie bei *vcgworld.com*.

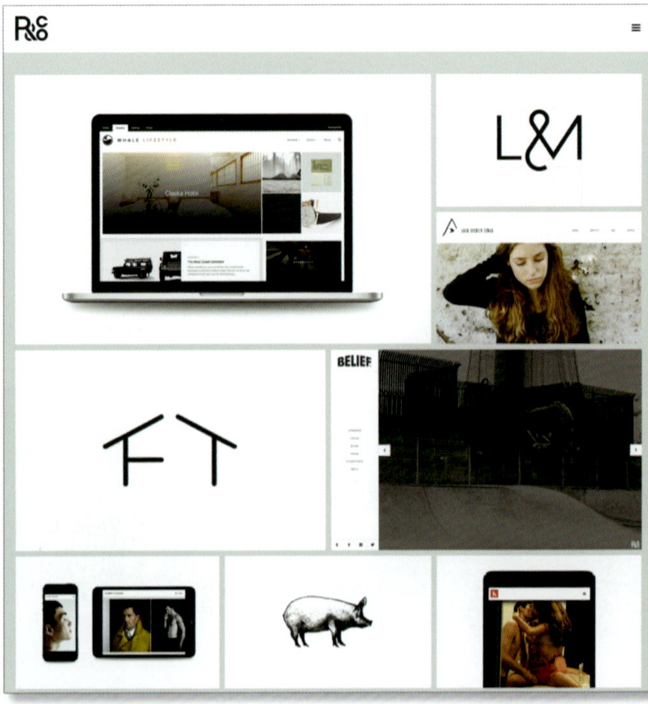

▲ **Abbildung 13.14**
Häufig setzen minimalistische Webdesigns auf ein klares Raster, so wie bei *r-ny.com*.

Was einfach klingt, ist in der Praxis aber durchaus schwierig umzusetzen. Die radikale Reduzierung auf die grundlegenden Dinge setzt gute Kenntnisse der Gestaltungsprinzipien voraus. Denn wo keine ablenkenden dekorativen Elemente vorhanden sind, müssen die wenigen inhaltlichen und funktionalen Elemente umso eindeutiger sein und wirken. Wo der Text keine Unterstützung durch Bilder oder Grafiken erhält, muss die Typografie die gewünschte Bedeutung alleine vermitteln. Schafft sie dies nicht, wirkt das Design nicht minimalistisch, sondern langweilig und nichtssagend. Es ist schwieriger, ein gut funktionierendes minimalistisches Design zu erstellen als ein grafisch überladenes.

Minimalistische Kunden(wünsche)
Ein minimalistisches Design zu erstellen ist nicht weniger zeitaufwendig, nur weil kaum grafische Elemente vorhanden sind. Im Gegenteil, wo sich keine dekorativen Elemente zur Ablenkung finden, müssen die wenigen Elemente noch gewissenhafter und genauer gestaltet werden. Dies relativiert den schon häufig gehörten Kundenwunsch, »ein ganz einfaches Screendesign« zu erstellen. Aus Kundensicht sind minimalistische Screendesigns zwar effektiv, aber oft auch schnell erstellt – das ist jedoch definitiv nicht so.

13.1.5 Typografie

Typografie als Webdesignstil zu bezeichnen mag zunächst etwas merkwürdig klingen, denn die Wahl der Schriften und die typografische Ausgestaltung sind eine fundamentale Grundlage aller Webdesigns. Dennoch hat diese Aussage durchaus ihre Berechtigung: War früher die *typografische Ausgestaltung* allein Printpublikationen vorbehalten, wird diese inzwischen immer stärker auch im Webdesign als Gestaltungselement erkannt.

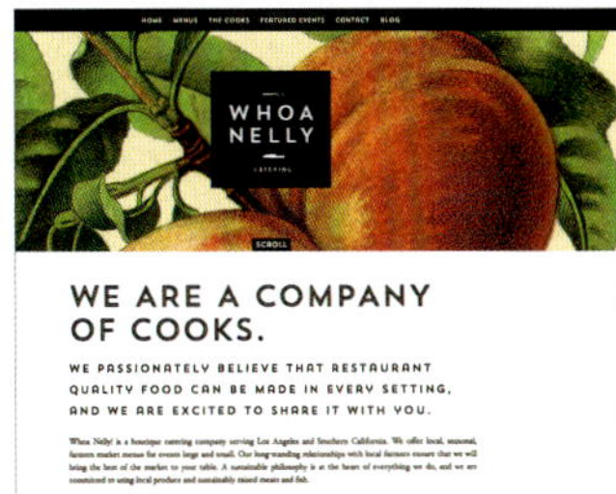

▲ **Abbildung 13.15**
Hier wird mit verschiedenen Schriftarten und typografischer Ausgestaltung gespielt (*whoanellycatering.com*).

◂ **Abbildung 13.16**
Klare und nüchterne Typografie bei *negativelabs.com*.

In den letzten Jahren wurde eine ganze Reihe an spannenden Webseiten gestaltet, bei denen die Typografie im Vordergrund steht. Und nicht nur als Mittel zum Zweck, also die Inhalte entsprechend ihrer Bedeutung darzustellen, sondern vor allem als hauptsächliches oder sogar als einziges Gestaltungselement.

▾ **Abbildung 13.17**
»Bold Typography« nennt sich dieser Designstil – zu Recht (*chrisboddy.co.uk* und *srgint.com*).

Texte werden überproportional groß dargestellt, jede Menge Schriftarten werden bunt gemischt, und spätestens durch die Vielfalt, die die große Auswahl an Webfonts (im Vergleich zu früheren Systemschriften) ermöglicht (siehe Kapitel 10, »Typografie«), wird Typografie zu einem eigenen Webdesignstil. Auch die Konzentration auf die Inhalte (*Content is King*) verlangt nach gezielterer Gestaltung der Texte.

Der Trend zur ausgewählten, durchdachten und kreativen Typografie im Webdesign unterstreicht einen grundlegenden Sachverhalt: Gute typografische Kenntnisse sind heute für einen Webdesigner ein *Muss*, um effektive und ansprechende Webdesigns zu gestalten.

13.1.6 Illustrationen

Illustrative Webseiten sind nicht alleine von und für Illustratoren gemacht, sondern bieten die Möglichkeit, ein verspieltes, künstlerischeres Aussehen zu erschaffen. Für klassische Business-Unternehmen sind sie allerdings weniger geeignet.

Es gibt viele unterschiedliche Stile von Illustrationen, und so unterschiedlich ist auch der Stil illustrativer Webseiten, die vom Comic-Stil über eher abstrakte Grafiken bis zu handgezeichneten Grafiken reichen. Nicht alle Webseiten setzen dabei komplett auf illustrative Elemente, sondern manche setzen diese nur gezielt ein. Mit illustrativen Elementen lässt sich eine Unverwechselbarkeit erzeugen, die mit kaum einem anderen grafischen Element so möglich wäre. Mit ihnen lässt sich ein persönliches, sehr individuelles Design erstellen, deshalb wird es häufig für Portfolios von Designern oder Agenturen eingesetzt.

▼ Abbildung 13.18
So unterschiedlich können illustrative Webseiten sein: *fixate.it* und *ipolecat.com*.

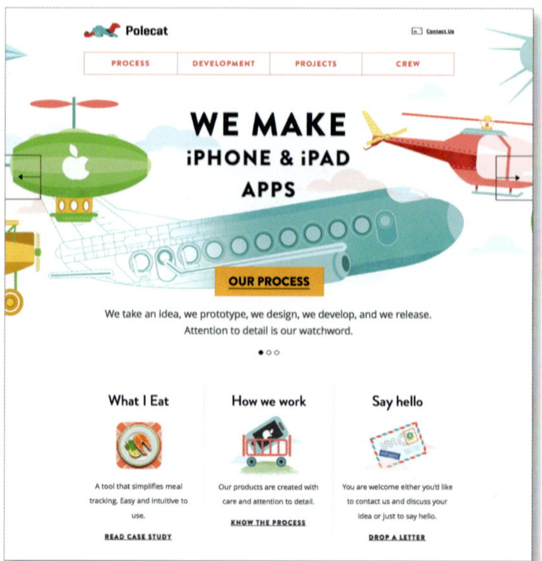

13.1.7 Der Vintage- oder auch Retro-Stil

Der Retro-Stil kann im Grunde ähnlich wie der illustrative Stil eine sehr individuelle, persönliche Wirkung entfalten – nur mit dem Unterschied, dass er auf Alt getrimmt ist. *Vintage* (altehrwürdig) oder *Retro* (rückwärts) wird dieser Stil genannt, früher (und manchmal auch heute noch) wurde er auch als *Grunge-Stil* bezeichnet. Er nimmt die Mode auf, dass nostalgische Dinge an die »guten alten Zeiten« erinnern, und setzt mit einem verbraucht und benutzt wirkenden Look einen bewussten Gegentrend zum Neuen und Makellosen.

Vintage- und Retro-Webseiten
Eine umfangreiche Liste an Vintage- und Retro-Webseiten finden Sie hier: *webdesign-showcases.com/category/design/retro-grunge-vintage*

◂ **Abbildung 13.19**
Typische Vintage-Seite: Viele Texturen, verspielte Schriften, Brauntöne, und alles wirkt irgendwie abgenutzt (*forefathersgroup.com*).

Texturen, Schriften und grafische Elemente sind im Vintage-Stil fein ausgearbeitet, wofür ein entsprechender Zeitaufwand notwendig ist. Häufig werden auch Illustrationen eingesetzt, kommen fotorealistische Bilder vor, werden diese entsprechend bearbeitet, sodass sie alt wirken. Die Farben bei Retro-Webseiten sind meistens Beige- und Brauntöne, oft kombiniert mit warmen Orange- oder Rottönen. Die Farbe Braun wird meistens mit Altem und Traditionellem assoziiert. Braun steht auch für Holz und Natur. Zusammen mit Orange und Rot wird so ein warmes Gefühl vermittelt, das Behaglichkeit und Gemütlichkeit erzeugt.

Vintage-Produkte
Für Produkte, die entweder schon gebraucht sind oder ein nostalgisches Gefühl wecken sollen, ist der Vintage-Look eine Möglichkeit der Umsetzung. Modelleisenbahnen haben viel mit Nostalgie zu tun, daher setzt *hag.ch* auf ein Retro-Design.

▴ **Abbildung 13.20**
hag.ch setzt im Webdesign auf Nostalgie.

◂ **Abbildung 13.21**
Vintage-Look kann auch frisch aussehen wie bei *dillydelitulsa.com* und muss nicht immer düster und dunkel sein.

Als Schriftarten kommen häufig Handschriften zum Einsatz oder auch »abgenutzt« wirkende, die jeweils die persönliche Anmutung der Seite unterstreichen. Ergänzt wird das Design häufig durch Serifenschriften, die eher klassisch wirken. Es gibt aber auch genügend Beispiele, bei denen viele unterschiedliche Schriftarten bunt gemischt werden.

Alles gleich modern – der typische Theme-Look
Es gibt viele Anbieter von Webdesign-Templates (gerne auch *Themes* genannt). Für wenig Geld (ganz grob zwischen 10 und 40 Euro) bekommt man hier moderne Webdesigns geliefert, die zwar nicht immer hundertprozentig zum aktuellen Projekt passen, aber die sich im Kosten-Nutzen-Verhältnis nicht unterbieten lassen. Das Ergebnis dieser Theme-Anbieter ist aber, das man vermehrt auf Webseiten trifft, die gleich oder zumindest sehr ähnlich aussehen.

Die Seiten sehen unbestritten modern aus, aber zu oft geht auch jegliche Individualität verloren. Anwender wollen nicht nur moderne, gut aussehende Webseiten, auf denen sie einfach navigieren können. Klar, das ist Grundvoraussetzung. Anwender wollen darüber hinaus auch die Persönlichkeit des Webseitenbetreibers erfassen. Persönlichkeit verkauft und sorgt für eine eindeutige Unterscheidung von der Konkurrenz. So sollten Templates eher als Anregung gesehen werden, um eventuell einzelne Elemente für das eigene Design zu übernehmen, oder als Basis, um darauf aufbauend ein individuelles Design zu erstellen.

13.1.8 Fazit

Zum Nachlesen
Weitere Infos zu Moodboards und Style Tiles erhalten Sie in Abschnitt 7.2, »Der Gestaltungsprozess«.

Bei der Neugestaltung einer Webseite können die Stile zu Beginn hilfreich sein, um die »Ausrichtung« des Designs festzulegen. Für ein Moodboard oder Style Tile können sie nützliche Anregungen liefern. Bei der Ausgestaltung geht es aber selten darum, einem Stil bedingungslos zu folgen, sondern eher zu schauen, welche Elemente eines Stils für das eigene Design hilfreich sein können. So sind aktuell Flat-Designs modern und angesagt und werden daher gerne von Webdesignern umgesetzt – oft so gnadenlos, dass es bei manchen Webseiten unpassend wirkt. Stile, Trends oder Effekte einzusetzen, weil sie gerade Mode sind, ist der falsche Weg. Zu identifizieren, welche Elemente zur gewünschten Aussage passen, und diese dann zu adaptieren ist der richtige Weg.

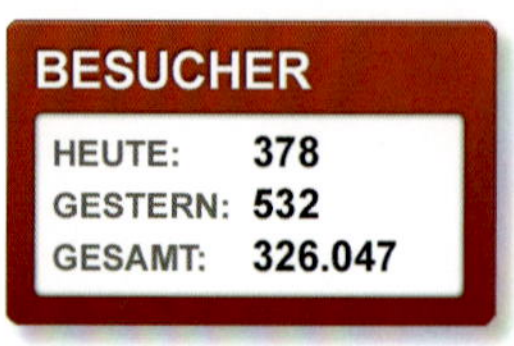

▲ **Abbildung 13.22**
Der öffentliche Besucherzähler durfte früher auf keiner Seite fehlen. Heute wird nur noch im Hintergrund mitgezählt.

Am Ende soll ein Webdesign nicht für einen bestimmten Stil stehen, sondern das Unternehmen repräsentieren, die Zielgruppe ansprechen und diese durch die Webseite leiten. Die einzelnen grafischen Elemente der einzelnen Stile können dabei unterstützend eingesetzt werden.

Material Design
Apple brachte uns Skeuomorphismus, Microsoft Flat-Design, und nun kommt der nächste große digitale Global Player. »Material Design« nennt sich die neue Designsprache von Google, die den Look für die (künftigen) Google-Benutzeroberflächen vorgibt. Das Design sieht dem Flat-Stil sehr ähnlich, aber die entscheidende Komponente ist die Z-Achse. Klassische Designs und User Interfaces sind zweidimensional gestaltet (also X- und Y-Achse). Google bringt den dreidimensionalen Faktor dazu. Es geht also darum, die Elemente zu animieren, zu überlagern, ein- und auszublenden. Es ist davon auszugehen, dass diese Entwicklung auch das Webdesign der nächsten Jahre bestimmen wird, gerade weil mobile Geräte wie Smartphones und Tablets immer vorherrschender werden.

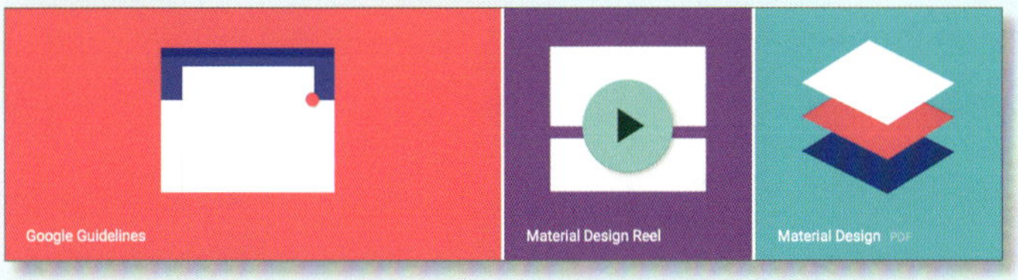

▲ **Abbildung 13.23**
Es gibt umfangreiche Guidelines zu Googles Material Design.

Es geht darum, wie sich Elemente bewegen, verschieben, animieren lassen, um den Anwendern eine positive User Experience zu gewährleisten. In diesem Bereich steckt das Webdesign noch in den Kinderschuhen. Google hat die Richtung vorgegeben: *google.com/design*.

13.2 Webdesigntrends

Neben den »großen« Designstilen gab und gibt es jede Menge kleinerer Entwicklungen, die eher punktuell das Design betreffen und nicht gleich alle grafischen Elemente einer Webseite betreffen. Erinnern Sie sich noch an animierte Logo-GIFs? Oder an Flash-Intro-Seiten? In den Weiten des Webs wird man sicherlich noch entsprechende Exemplare finden, aber nur auf Webseiten, die seit 15 Jahren keinen Relaunch mehr erlebt haben. Im Folgenden habe ich einige aktuelle Webdesigntrends zusammengetragen, die zurzeit gerne eingesetzt werden. Manche werden schon seit Jahren verwendet, andere sind recht neu. Einige werden noch Jahre bleiben, andere schon bald wieder durch neue Trends abgelöst werden.

▲ **Abbildung 13.24**
Auch Muffins können im One Pager nett verpackt sein. Und das ist nur ein Ausschnitt der Seite *muffin-manufaktur-berlin.de*.

13.2.1 Scrollen

Das Scrollen gehört zu Webseiten dazu – zumindest das vertikale. In letzter Zeit haben sich, auch dank entsprechender Java-

Script-Plugins, einige Techniken etabliert, die das Scrollen verändern und zu einem »Erlebnis« machen möchten. Nicht alle Möglichkeiten dienen dabei aber immer der besseren Bedienbarkeit.

One Pager | *One Pager*, manchmal auch *Single Pager* genannt, sind eine einzige Seite ohne weitere Unterseiten. Die Idee dahinter ist, dem Anwender kompakt auf einer Seite alle wichtigen Infos zur Verfügung zu stellen. »Lästiges« Navigieren von Seite zu Seite fällt damit weg.

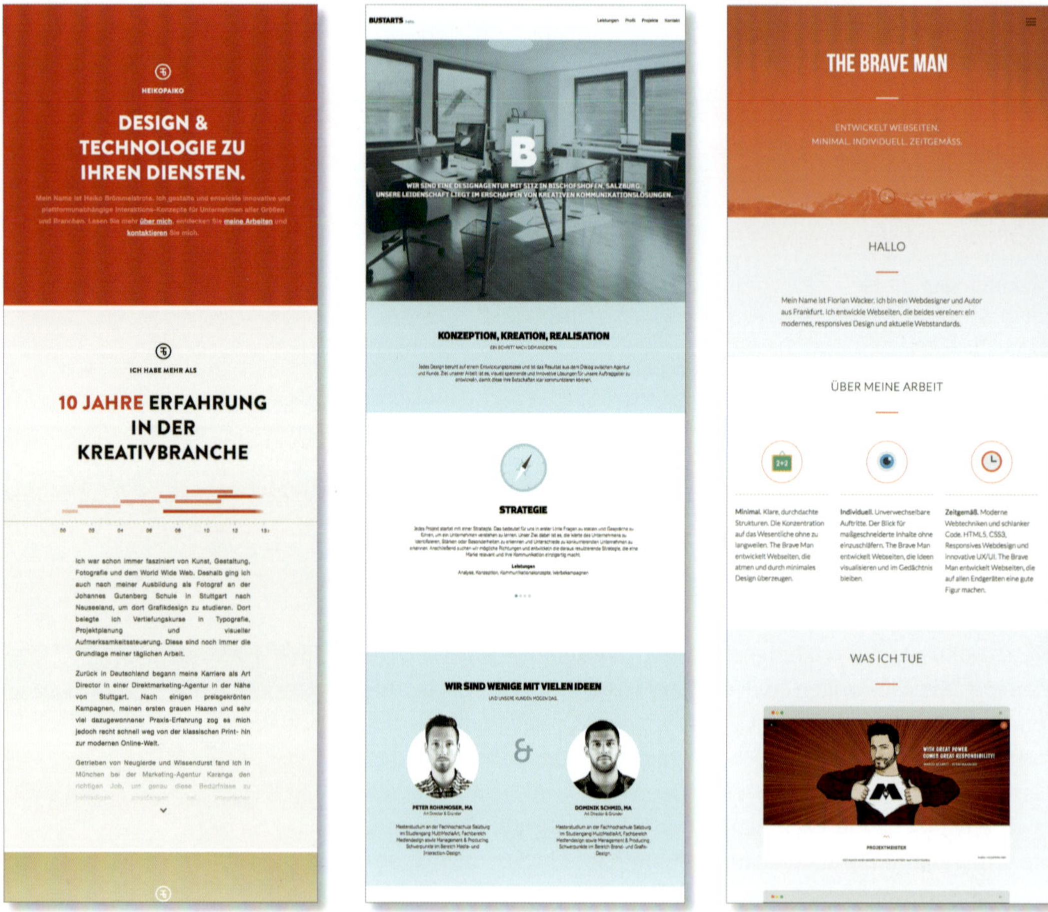

▲ **Abbildung 13.25**
Auch Webdesigner setzen gerne auf lange Portfolio-Seiten, wie *heikopaiko.com*, *bustarts.at* und *thebraveman.de*.

»Lieber scrollen als klicken« könnte das Motto lauten. Wobei klar ist, dass es sich nicht für alle Seitentypen eignet. Nur Webseiten mit einem überschaubaren Inhaltsbedarf kommen für einen One Pager infrage, sehr umfangreiche Projekte mit eigentlich vielen

Unterseiten eher nicht. Das bedeutet jedoch nicht, dass ein One Pager automatisch sehr wenige Informationen bereithält. Durch Slider, Tabs und Accordions (siehe Kapitel 14, »Animationen«) lassen sich auch viele Informationen geschickt »verstecken« und erst bei Bedarf einblenden. Eine umfangreiche Sammlung von mehreren tausend One Pagern bietet *onepagelove.com*.

Scroll-Effekte und Parallax | Lange Seiten mögen angenehm sein, weil der Anwender nicht scrollen muss, sie werden aufgrund der Inhaltsmenge aber auch schnell langweilig. So fanden Entwickler ein neues Betätigungsfeld und schrieben jede Menge Animationsskripte, um das Scrollen zu einem »Erlebnis« zu machen. Inhalte werden nun eingefadet, gezoomt, gedreht, vergrößert, Hintergrundfarben geändert etc.

Ein beliebtes jQuery-Plugin ist *ScrollMagic*, das viele Funktionen anbietet und einfach einsetzbar ist (*janpaepke.github.io/ScrollMagic*). Das Spannende an diesen Animationen ist, dass sie erst dann einsetzen, wenn der User bis zu den entsprechenden Inhalten gescrollt ist. So erscheinen die Inhalte nach und nach gekonnt effektvoll.

Einsatz von Effekten
Effekte können einer Seite zweifellos das »gewisse Etwas« verleihen. Zu viele Effekte lenken aber von den Inhalten ab und verursachen vermehrt Datenvolumen. Behalten Sie das immer im Hinterkopf, und setzen Sie Effekte daher mit Bedacht ein.

◂ **Abbildung 13.26**
Wer Parallax mag, wird an dieser Seite seine Freude haben: *madwell.com*.

Eine sehr beliebte Technik, die aber aufgrund des verbreiteten Einsatzes auch viele nicht mehr sehen können, ist das sogenannte *Parallax*. Hier bewegen sich zwei oder mehrere Objekte beim Scrollen unterschiedlich schnell, sodass der Eindruck von Dreidimensionalität entsteht.

Weitere Inspiration
Weitere spannende Scroll- und Storytelling-Webseiten:

- *lostworldsfairs.com/atlantis*
- *janploch.de*
- *bagigia.com*
- *titanic.q-music.be*
- *intacto10years.com*

Scrollen und Storytelling | Eine Weiterführung des effektvollen Scrollens ist das Geschichtenerzählen durch und beim Scrollen. Hier fliegen nicht nur einzelne Elemente durch die Gegend oder werden irgendwie spannend animiert eingeblendet. Dem Content-Trend Storytelling folgend, werden richtige kleine (und manchmal sogar große) Geschichten beim Scrollen erzählt. Ein schönes Beispiel für diesen Trend ist die Seite *360langstrasse.srf.ch* (Abbildung 13.27), die von *awwwards.com* als Webseite des Jahres 2011 ausgezeichnet wurde.

▲ **Abbildung 13.27**
Interaktiv die Langstrasse in Zürich entdecken – ein echtes Storytelling-Scroll-Erlebnis auf *360langstrasse.srf.ch*

Zum Nachlesen
Ein Tutorial zur Erstellung einer fixen Navigation finden Sie im Kapitel 12, »Navigations- und Interaktionsdesign«. Der Workshop heißt »Eine fixe Navigation mit HTML und CSS« und ist auf Seite 627 zu finden.

Fixe Navigation | Auf fixe Navigationen bin ich ja bereits in Kapitel 12, »Navigations- und Interaktionsdesign«, eingegangen. Normalerweise scrollt der Header und damit die gesamt Navigation mit und verschwindet so recht schnell aus dem Sichtfeld des Users. Das passiert jedoch nicht, wenn die Navigation fix am oberen Rand stehenbleibt. Eine Methode, die mithilfe der CSS-Zuweisung `position: fixed` recht einfach umgesetzt werden kann und in letzter Zeit wieder in Mode gekommen ist. Der Vorteil liegt auf der Hand, der Anwender kann jederzeit ohne lästiges Scrollen über das Menü navigieren. Ob es dafür allerdings wirklich ständig präsent sein muss, ist die Frage. Der Anwender ist es gewohnt, wieder nach oben zu scrollen, es bedeutet also nicht wirklich eine Einschränkung der User Experience, wenn die Navigation NICHT fix ist – es sei denn, der Anwender muss sehr lange scrollen, um wieder nach oben zur Navigation zu kommen. Kennt er keine Abkürzungen (Tastatur-, Maus- oder Touchpad-Zeichen), ist das bei sehr langen Seiten eher mühsam. Bei One Pagern mag eine fixe Navigation ein hilfreiches Element sein. Bei vielen anderen, eher kurzen Seiten ist sie es jedoch nicht wirklich.

Fixed Responsive Navigation
Eine schöne Komplettlösung bietet *github.com/adtile/fixed-nav*. Dabei handelt es sich um eine responsive fixe Navigation, die ein smoothes Scrollen zu den einzelnen Menüpunkten des One Pagers erlaubt.

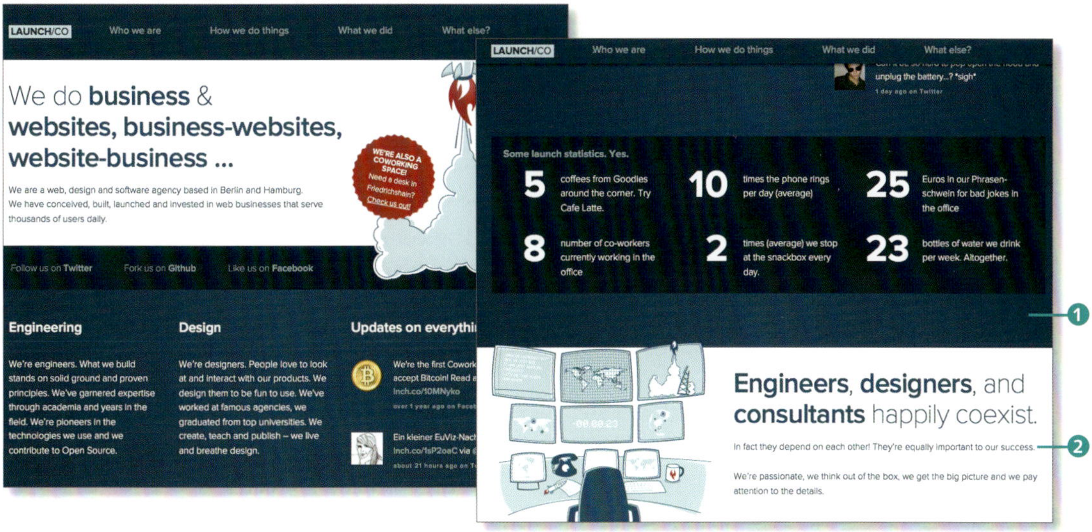

▲ Abbildung 13.28
Bei einem One Pager wie *launch-co.com* ist eine fixe Navigation hilfreich. Allerdings ist die Trennung zwischen Navigation **1** und Inhalt **2** nicht immer eindeutig (siehe rechter Screenshot).

Wenn eine fixe Navigation eingesetzt wird, dann sollte sich diese klar vom Inhalt abheben, auch beim und nach dem Scrollen. Sie sollte nicht stören bzw. den Leser irritieren, weil der Übergang zwischen Navigation und Inhalt nicht sofort ersichtlich ist. Da eine fixe Navigation natürlich auch immer Platz für die eigentlichen Inhalte wegnimmt, sollte diese so klein wie möglich gehalten werden. Bei geringen Auflösungen sollte unter Umständen dann eher komplett darauf verzichtet werden. Es muss aber im Einzelfall getestet werden, wie weit die Navigation die Bedienung erleichtert oder einfach nur Platz wegnimmt.

▲ Abbildung 13.29
Mehrere Trends vereint *neue-abteilung.com*. Ein großes Header-Bild, darunter die Navigation, die erst beim Scrollen oben fix wird (siehe rechter Screen).

Meistens steht die Navigation unterhalb des Logos, sodass der Kopfbereich der Seite relativ viel Platz einnimmt – zumindest zu viel Platz, um diesen komplett fix zu setzen. Als Lösung hat sich die Technik etabliert, dass mithilfe von JavaScript die Navigation erst dann fix wird, wenn sie beim Scrollen den oberen Browserrand erreicht. Es gibt auch immer wieder Webseiten, die die Navigation gleich komplett unterhalb eines größeren Teaser-Bereichs setzen und dann beim Scrollen oben fixieren.

▲ **Abbildung 13.30**
Das will eigentlich keiner sehen – horizontale Scrollbalken ...

Horizontales Scrollen | In Kapitel 8, »Layout und Raster«, drehte sich vieles um Seitenlängen und die Vermeidung eines horizontalen Scrollbalkens, da dies so etwas wie ein Beleg für unsaubere Arbeit ist. In Zeiten responsiver Webdesigns gibt es keinen Grund mehr für einen horizontalen Scrollbalken. Regeln haben aber ihre Ausnahmen. Und die sind da, wo horizontales Scrollen nicht auf schlechter Umsetzung beruht, sondern als Stilmittel eingesetzt wird. Da, wo eine innovativere Art der Benutzerführung und Inhaltspräsentation gewünscht wird.

▲ **Abbildung 13.31**
Das Portfolio von *jamesjoyce.co.uk* ist ein typischer Anwendungsfall für eine horizontale Anordnung.

Für die meisten klassischen Unternehmenswebseiten oder auch Shops ist eine horizontale Präsentation sicherlich ungeeignet, aber zum Beispiel bei Portfolios wird diese Methode gerne eingesetzt. Referenzen bzw. Projektbilder werden neben- statt untereinander präsentiert. Fotografen nutzen dies gerne, um Bilder in einer Art Slideshow nebeneinander zu präsentieren, es entsteht ein richtiges »Fotoband«. Seit vielen Jahren schon wird diese Art eines horizontalen Layouts gerne gezielt eingesetzt.

Horizontales Scrollen ist eher eine Nischenumsetzung für Webseiten, die bewusst einen anderen Weg gehen wollen und auf eine individuelle, innovative Umsetzung setzen. Die Zielgruppe sollte allerdings ausreichend »Spieltrieb« haben, diese Art des Scrollens zu entdecken, und vor allem sollte solch eine Webseite besonders gut auf ihre Benutzerfreundlichkeit getestet

Inspiration horizontales Scrollen
Über 200 Beispiele von Webseiten, die auf horizontales Scrollen setzen: *webdesign-showcases.com/category/technical/horizontal*

werden. Dazu gehören zum Beispiel die Darstellung auf verschiedenen Endgeräten und das Navigationskonzept.

Endless Scrolling | Eigentlich ist eine Seite ja irgendwann zu Ende, beim »unendlichen Scrollen« (im englischen *Endless Scrolling* oder *Infinite Scrolling* genannt) aber werden, sobald man das eigentliche Seitenende erreicht hat, weitere Inhalte nachgeladen. Mit dem Ergebnis, dass es sehr lange dauern kann, bis ein Seitenende erreicht wird (je nach Umfang der Inhalte). Diese Methode mag für jegliche Art von Galerieseiten, bei denen vor allem Bilder präsentiert werden, hilfreich sein, weil man eben nur scrollen und nicht auf irgendeine Art von »Nächste-Seite«-Link klicken muss. Für so ziemlich jede andere Art von Inhalten aber ist diese Navigationsmethode uninteressant, da kontraproduktiv. Denn am Ende sitzt man vor einer ewig langen Seite. Stellen Sie sich vor, Sie möchten sich ein bestimmtes Bild merken, als Lesezeichen markieren oder es später einmal wiederfinden. Das würde wieder ewig langes Scrollen bedeuten ...

13.2.2 Grafische Effekte

Große Bilder oder Videos | Große Bilder oder Videos für das Webdesign einzusetzen ist ein Gestaltungsmittel, das es schon länger gibt. Seit die Monitorauflösungen höher geworden sind, ist der umgebende Block (siehe Kapitel 8, »Layout und Raster«) links und rechts neben dem eigentlichen Inhalt eine weitere Option als Gestaltungsmittel. Großflächige Fotos werden dabei gerne in den Hintergrund einer Webseite gesetzt. Mit Bildern lassen sich schnell und viele Informationen vermitteln, und der erste Eindruck lässt sich gut beeinflussen.

◂ **Abbildung 13.32**
Großflächige Bilder als Portfolio-Präsentation wie bei *wright-feldhusen.com*

Abbildung 13.33 ▸
Auch dies ist ein Trend, Bilder nicht über den vollen Hintergrund, aber doch zumindest großflächig im Header einzusetzen, so wie bei *wemakepdx.com*.

Großflächige Bilder werden aber nicht allein von Fotografen oder Designern als markante Portfolio-Präsentation eingesetzt, auch klassische Unternehmen nutzen dieses Stilmittel inzwischen gerne. Mit Bildern lässt sich eine enorme Wiedererkennung erreichen und die Persönlichkeit der Website unterstreichen. Bei sehr hohen Monitorauflösungen entfalten die Bilder dann ihre volle Wirkung. Anders sieht es bei kleineren Auflösungen oder gar Smartphones aus. Soll der Inhalt nicht völlig in den Hintergrund treten, dann sind vom großflächigen Bild nur noch kleine Ausschnitte sichtbar – wenn überhaupt. Das Webdesign sollte also nicht allein auf die Wirkung des großen Bildes aufbauen.

Abbildung 13.34 ▸
Bilder im Hintergrund können den Inhalt ergänzen, aber auch unnötig ablenken. *arburg.com* hat den Hintergrund daher etwas abgedunkelt.

So schön und für den ersten Eindruck hilfreich große Bilder auch sein mögen, es besteht immer die Gefahr, dass sie vom eigentlichen Inhalt, also den Texten, zu sehr ablenken. Das Auge fixiert immer zuerst Bilder. Der Grat zwischen ästhetischem Ausdruck und Ablenkung ist sehr schmal.

Eine wesentlich dynamischere Möglichkeit ist der Einsatz eines Videos als Hintergrund. Durch das neue HTML5-Video-Element ist es sehr einfach geworden, Videos einzusetzen (siehe Kapitel 14, »Animationen«). Im Grunde wird die Wirkung, die Bilder verursachen, verstärkt. Die emotionale Aussage ist bei Bewegtbildern größer, genauso der Aufmerksamkeitseffekt. Gleichzeitig liegt die Konzentration stärker auf dem Video und weniger auf den anderen Inhalten, und die Datenmenge steigt auch an, ebenso die benötigte Rechenleistung. Da, wo Geschichten erzählt werden sollen, sind Videos eine tolle Gelegenheit. Bei Onlineshops, die sicherlich auch von tollen Geschichten profitieren würden, aber auch mobil schnell geladen sein sollen, sind Videos eher ungeeignet.

Große Bilder auf mobilen Geräten
Gerade bei mobilen Geräten stellt der Einsatz von großen Bildern und Videos eine Herausforderung dar. Einerseits sollen die Datenmengen möglichst klein gehalten werden, andererseits stellt sich die Frage, wo man bei sehr kleinen Auflösungen großflächige Hintergrundbilder überhaupt platzieren kann.

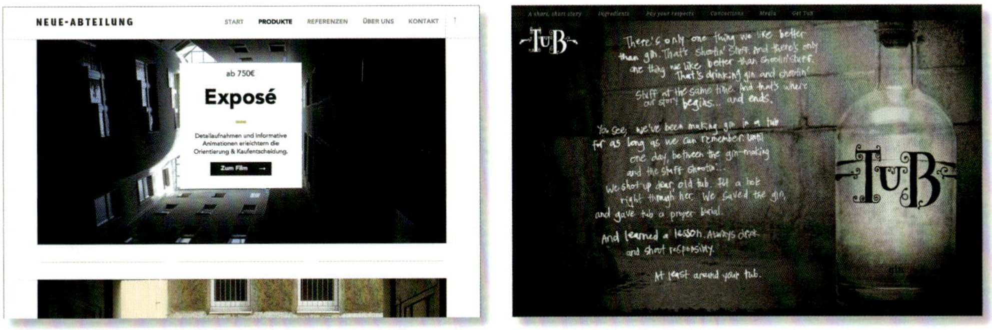

▲ **Abbildung 13.35**
Das Agentur-Logo flackert im Wind bei *cobblehilldigital.com* und ist eher eine nette Verzierung. *tubgin.com* erzählt die Geschichte ihres Gins mit Video und Musik.

Preloader | Ja, richtig gelesen, *Preloader*. Die sind nicht mit den Flash-Webseiten, auf denen sie aufgrund der Datenmengen auch gebraucht wurden, untergegangen, sondern haben sich nur versteckt und sind leise und unauffällig im Windschatten der unzähligen jQuery- und JavaScript-Effekte aus ihren Höhlen hervorgekrochen. Es handelt sich also nicht mehr um Flash-Preloader, sondern um JavaScript-Preloader, was die Sache nur bedingt besser macht.

Ein Preloader hat nur dann Sinn, wenn die Datenmengen so groß sind, dass man die Wartezeit des Anwenders verkürzen muss bzw. ihm deutlich machen möchte, wie lange das Warten

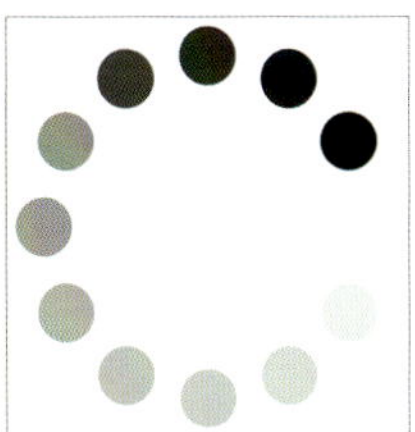

▲ **Abbildung 13.36**
Keiner weiß, wie viele Stunden wir schon vor dieser Grafik zugebracht haben – dem Preloader.

und Laden noch dauern wird bzw. wie weit die Ladezeit bereits fortgeschritten ist. Und genau hier wird es kritisch. Zu einer guten Webseite gehört auch gute Performance, das heißt, die Webseite sollte möglichst schnell geladen werden. Bilder, Videos und Skripte treiben die Datenmengen aber schnell in die Höhe. Also verzichten Sie lieber auf den einen oder anderen Effekt, optimieren Sie Videos und Bilder (siehe Kapitel 11, »Bilder und Grafiken«), und überprüfen Sie deren Einsatz, ebenso wie die Skripte, genauestens auf Notwendigkeit. Denn immer besser als ein Preloader ist eine schnell geladene Seite.

13.2.3 Transparenz

Alle Objekte werden im Browser mit voller Deckkraft dargestellt. In einem Bildbearbeitungsprogramm wie Photoshop lässt sich dagegen schon seit Ewigkeiten die Deckkraft einzelner Ebenen anpassen (siehe Abbildung 13.37).

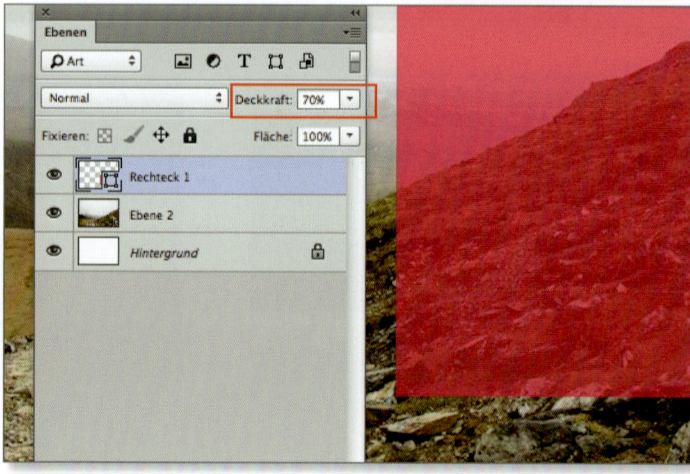

▲ **Abbildung 13.37**
Anpassung der Ebenen-Deckkraft in Photoshop

Mit CSS3 ist es nun auch möglich, HTML-Elemente transparent zu machen, ohne den Umweg über ein Bildbearbeitungsprogramm zu gehen und einzelne Elemente als halbtransparente PNG-Bilder abzuspeichern (weitere Informationen zu diesem Bildformat in Abschnitt 11.10, »Bildformate«). Farbkästen, Bilder und Texte können so mehr oder weniger transparent angezeigt werden. Halbtransparente Flächen sind ein angenehmes Gestaltungselement im Webdesign, wie *bullhead.metricintent.com* in Abbildung 13.38 zeigt. Hier bleibt das im Hintergrund vollformatig eingesetzte Bild weiterhin gut erkennbar.

◂ Abbildung 13.38
Die halbtransparente Fläche lässt das Hintergrundbild erkennen, die Lesbarkeit leidet aber natürlich bei *bullhead.metricintent.com*.

Die CSS-Eigenschaft `opacity` wird von allen modernen Browsern interpretiert. Die Werte gehen von `0` = unsichtbar bis `1` = vollständig sichtbar. Achtung: Zwischenwerte werden nicht wie im Deutschen mit Komma geschrieben, sondern mit einem Punkt, also z. B. `0.7` und **nicht** `0,7`.

```
#container {
opacity:0.5;
}
```

◂ Listing 13.1
Reduzierung der Deckkraft

Möchte man auf Nummer sicher gehen, dass die Transparenz auch in älteren Browserversionen dargestellt wird, sollte man folgenden Code verwenden:

```
#container {
-webkit-opacity:0.5;
-moz-opacity:0.5;
filter:alpha(opacity=50); /* IE8 und früher */
opacity:0.5;
}
```

◂ Listing 13.2
Reduzierung der Deckkraft browserübergreifend

Ein Nachteil ist, dass mit `opacity` die Eigenschaft an die Kind-Elemente weitervererbt wird. Eventuelle Texte, die im Container liegen, werden dadurch auch durchsichtig. Bei den Kind-Elementen `opacity` auf 100% zu stellen wäre auch keine Lösung, da der »Eltern«-Wert davon unbeeinflusst bliebe. Man könnte eventuelle Kind-Elemente höchstens außerhalb des Eltern-Elements platzieren und dann mit absoluter Positionierung wieder auf die transparente Fläche bringen ... mühselig!

RGBA und durchsichtiger Hintergrund | Die Transparenz eines Elements lässt sich auch mit dem sogenannten Alpha-Kanal einstellen, der einigen vielleicht aus der Bildbearbeitung bekannt ist. Dazu wird die rgb-Definition um den Alpha-Wert erweitert:

Listing 13.3 ▸
Deckkraft über den Alpha-Kanal verändern

```
#container {
background-color: rgba(255,0,0,0.3);
}
```

Der letzte Wert gibt die Deckkraft wieder von 0 (unsichtbar) bis 1 (vollständig sichtbar) an. Der Vorteil im obigen Beispiel ist jetzt, dass nur die Hintergrundfarbe transparent wird, aber nicht die Inhalte des Containers.

Als Fallback für Browser, die rgba nicht verstehen, kann die Definition folgendermaßen aussehen:

Listing 13.4 ▸
Deckkraft-Einstellung mit Fallback

```
#container {
background-color: rgba(255,0,0); /* Fallback */
background-color: rgba(255,0,0,0.3);
}
```

Transparente Elemente werden auf Websites gerne für Suchfelder eingesetzt. Auch *marmosetmusic.com* setzt den transparenten Effekt, wobei hier das Suchfeld gleichzeitig auch als Headline eingesetzt wird.

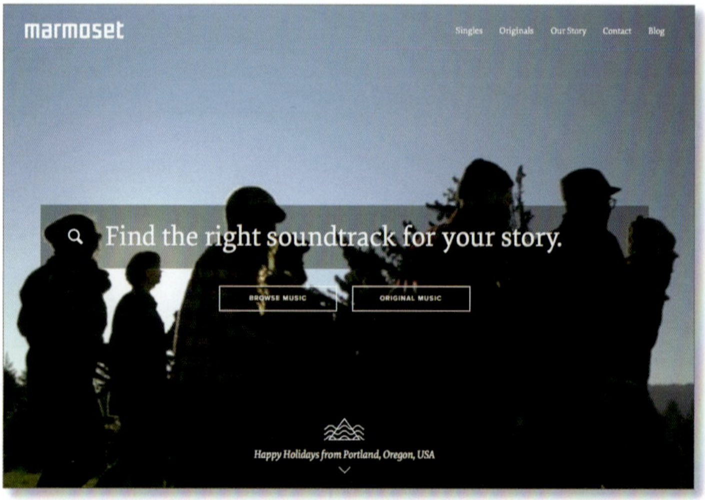

Abbildung 13.39 ▸
Headline und Suchfeld in einem, dazu noch passend transparent: *marmosetmusic.com*

Insgesamt wirkt eine transparente Fläche nicht so dominant, als wenn sie mit voller Deckkraft erscheinen würde. Mit Transparenz kann das Element aber unter Umständen besser in seine »Umgebung« eingegliedert werden, weil es sich nicht so »hartkantig« absetzt.

iOS7-Farben und -Verläufe | Die mobilen Betriebssysteme sind häufig Vorreiter in Sachen Designtrends. So prägte Windows 8 den Flat-Trend. Apples iOS 7 wurde aufgrund des bunten und eigentlich so gar nicht zum bisherigen Apple-Stil passenden Aussehens von vielen hart kritisiert. Bunte kräftige Farben, dazu jede Menge Farbverläufe und sehr dünne Schriften – so neu ist die Designidee nicht (außer für Apple) und spiegelt damit bisherige Trends wider.

iOS7-Rezeption im Internet
Auch wenn es kaum Webseiten gibt, die vollständig im iOS7-Design umgesetzt sind, allein die unzähligen Blog-Artikel und Redesigns sind wahre PR-Geschenke für Apple. Hier ein Beispiel: *webdesignerdepot.com/2013/07/designers-have-spoken-redesigning-ios-7*.

◂ **Abbildung 13.40**
So sieht sie aus, Apples bunte iOS7-Designwelt.

Rahmen | Rahmen begrenzen etwas und können Halt geben. Der Trend zum Rahmen im Webdesign betrifft vor allem zwei Aspekte. Zum einen wird die gesamte Webseite eingerahmt. Manchmal dezent, manchmal in kräftigen Farben, fast immer aber als dicker Rahmen. Dies kann der Webseite Halt geben und die Begrenzung zum Browserrand deutlicher herausstellen. In Zeiten sehr hoher Monitorauflösungen ist das ein durchaus interessantes Gestaltungselement, das durch Farbe und Dicke des Rahmens die Gesamtwahrnehmung der Gestaltung beeinflussen kann.

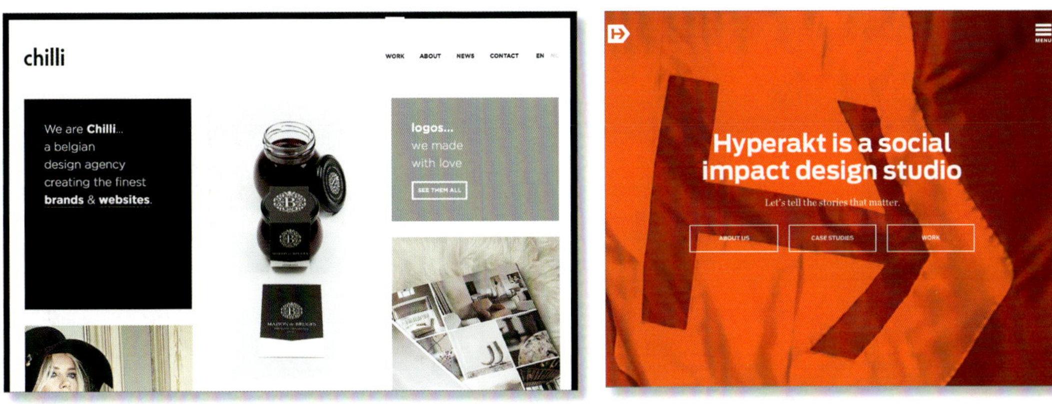

▴ **Abbildung 13.41**
Rahmen sind trendy – eine dicke Umrandung wie bei *chilli.be* (links) oder als Buttonrahmen wie bei *hyperakt.com* (rechts).

Mit der Vereinfachung des Designs durch Flat- und minimalistische Stile sind aus markant dreidimensional gestalteten Buttons dezente Linkflächen geworden. Im Flat-Design werden diese

Weitere Inspiration
Weitere Webseiten mit einer Umrandung listet folgender Artikel auf: *bittbox.com/inspiration/32-inspiring-websites-with-borders*.

gerne einfarbig gestaltet. Alternativ wird immer häufiger die Umrandung des Linktextes eingesetzt. Diese reine Umrandung ohne flächige Hintergrundfarbe nimmt sich noch weiter zurück und erscheint als dezenter Button. Um aber nicht völlig unterzugehen, was ein Button ja eigentlich nicht sollte, ist der (Innen-)Abstand zwischen Text und Rahmen entsprechend großzügig gehalten.

Header-Bild und Text auf Bild | Wie weiter oben dargestellt, sind große Bilder als Hintergrund sehr angesagt (siehe Seite 693). Aber auch großflächige Header-Bilder werden gerne und häufig eingesetzt. Die Möglichkeit, mit Bildern den Betrachter emotional anzusprechen und eine hohe Aufmerksamkeit zu erreichen, ist verlockend. Bei Webseiten, die beispielsweise konkrete Produkte präsentieren können, ist die Motivwahl einfach. Bei eher abstrakten Leistungen wird es schwieriger. Manche helfen sich noch mit Teamfotos oder Bildern ihrer Räumlichkeiten (siehe Abschnitt 11.4, »Motive & Bildstimmung«). Und wenn da keine geeigneten vorhanden sind? Dann werden gerne Landschaften, Schreibtische, iPhones oder Ähnliches eingesetzt. Das mag zwar beliebig sein, sieht aber häufig gut aus …

Abbildung 13.42 ▲▶
Hier kann sich der Gestalter austoben. Großes Header-Bild samt Typografie, *circle.com*, *aino.com* und *overclothing.com*.

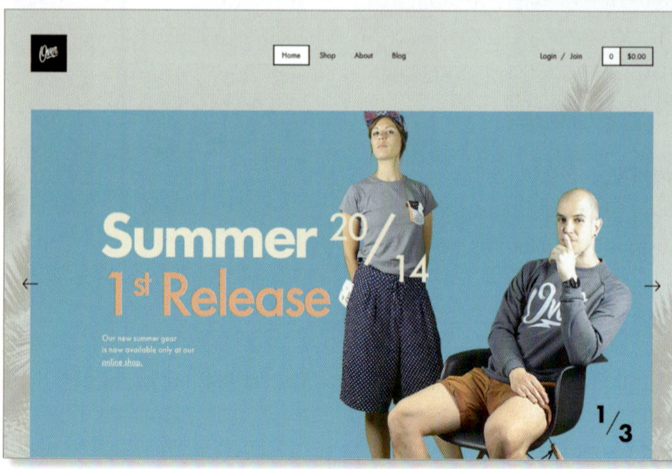

Und da ein großes Header-Bild viel Platz einnimmt, wird der erste Text der Webseite direkt darauf platziert. Überschrift, Subline, dazu ein, zwei Buttons. Gekonnt gestaltet, ergibt sich so ein Header, der wie ein kleines Magazincover aussehen kann.

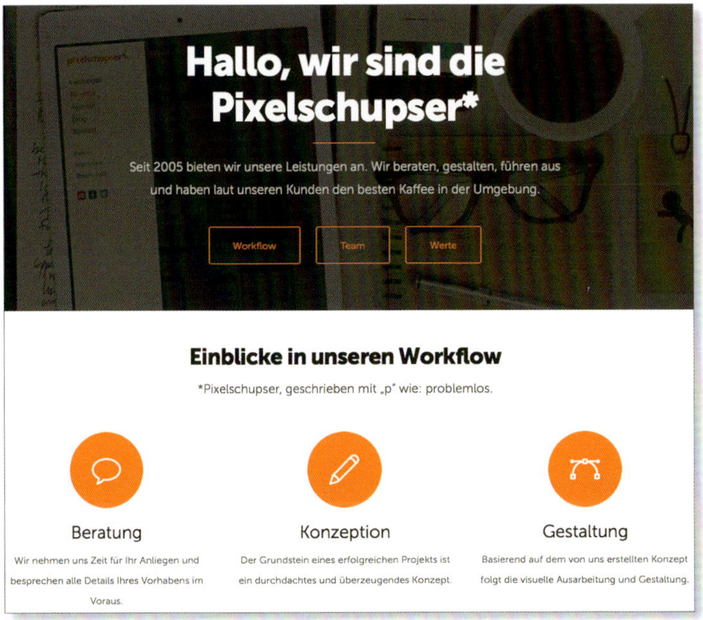

◀ **Abbildung 13.43**
pixelschupser-nw.de zeigt einen klassischen Aufbau: ein großes Header-Bild mit Text und darunter drei Icons.

Drei Icons | Ein großes Header-Bild samt Überschrift und Call-to-Action-Buttons, und dann? Dann kommen drei Icons mit einem kurzen erklärenden Text. Zumindest bei sehr vielen Webseiten. Gerade bei Agenturen und (Web)Designern fehlen für oft eher abstrakte Leistungen konkrete Motive. Damit Gestaltung nicht so leer aussieht, wird hier gerne auf Icons zurückgegriffen. Diese dienen als Eyecatcher, denn ansonsten wäre nach einem sehr aufmerksamkeitsstarken Header-Bild nur noch eine Textwüste übrig. Was an sich nichts machen würde, würde man diesen Text typografisch ansprechend gestalten. Einfacher ist es aber, ein paar Icons zu nehmen, die oft das Problem haben, beliebig oder nicht eindeutig zu sein. Andererseits geht es »nur« um einen kleinen optischen Aufhänger. Ob man dafür – wie so viele – drei kleine Icons braucht, muss jeder für sich entscheiden.

Und sonst noch … | Kreise, Linien, Illustrationen, Ribbons, Badgets, Schatten, diagonale Elemente, weichgezeichnete Bilder, dezente Farben, kräftige Farben – das ist alles schon einmal da gewesen und wird bestimmt auch irgendwann als (neuer) Trend wiederkommen. Selten geht es darum, einem Trend nur hinterherzulaufen. Aber solche Trends können natürlich nützliche Gestaltungselemente liefern, die Sie in Ihre eigenen Webdesigns einbauen können. Um zu wissen, was noch Trend und nicht schon wieder veraltet ist, müssen Sie die Augen offen halten und vor allem regelmäßig die vielen Webdesigngalerien (oder zumindest ein paar davon) verfolgen. Eine Übersicht guter Webdesigngalerien erhalten Sie in Kapitel 16, »Tipps, Tricks und Tools«.

Kapitel 14

Animationen

Animationen sind für Webseiten ein wenig wie das Salz in der Suppe. Der geschickte Einsatz von Animationen und Effekten gibt einer Webseite das gewisse Etwas, zu viel ist störend, irritierend, »schmeckt einfach nicht«. Bei zu wenig davon kann es jedoch auch schnell langweilig werden. In diesem Kapitel geht es um den wohldosierten Einsatz von Animationen mithilfe von CSS und JavaScript/jQuery.

14.1 Animationen mit CSS

Die größte Interaktivität, die CSS jahrelang liefern konnte, war der `hover`-»Effekt, also die unterschiedliche Darstellung eines Elements bei einem Mouseover. Dieser ruckartige Wechsel, sobald die Maus das Element berührte, wurde hauptsächlich eingesetzt, um Links deutlicher hervorzuheben. Diese Animationen mit `:hover` wirkten wie ein An-/Aus-Schalter. Der `hover`-Effekt tut damit zwar seinen Dienst, aber die Bedürfnisse sind gestiegen, und die technischen Möglichkeiten haben sich verbessert.

14.1.1 »hover«-Effekte mit CSS3-Transitions

Mit CSS3 ist es nun möglich, Elemente auch zu animieren. Dies kann die Aufmerksamkeit stärker auf bestimmte Elemente lenken und außerdem die User Experience (siehe Kapitel 3, »Konzeption und Strategie«) verbessern.

Mit den sogenannten *CSS3-Transitions* lassen sich einfache Animationen realisieren. Über einen festgelegt Zeitraum wird der Zustand eines Elements verändert. So lassen sich beispielsweise weiche Übergange auch ohne den Einsatz von JavaScript oder Flash realisieren. Alle modernen Browser bis auf den Internet Explorer 9 unterstützen die `transition`-Eigenschaft. Um die Animation mit Transitions zu beeinflussen, stehen verschiedene CSS3-Eigenschaften zur Verfügung:

Transitions-Eigenschaften
Es sind gut 40 Eigenschaften, die sich mit CSS-Transitions verändern lassen, von `background-color` über `opacity` bis `z-index`. Der W3C bietet einen Überblick: *w3.org/TR/css3-transitions/#animatable-css*. Der animierte Wechsel von `display:none` zu `display:block` funktioniert allerdings nicht.

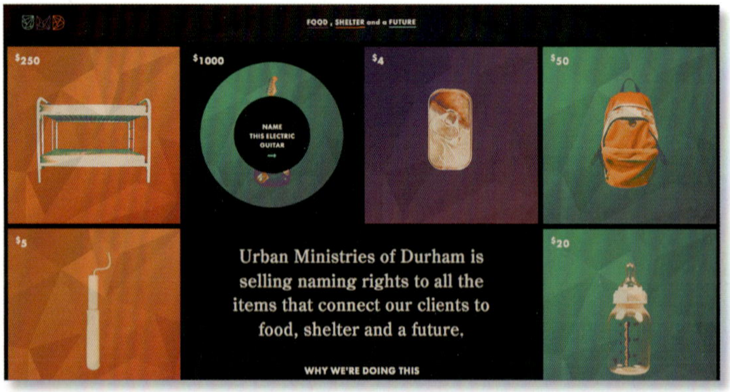

Abbildung 14.1 ▸
Ein netter Mouseover-Effekt – aus Quadraten werden Kreise bei *namesforchange.org*.

CSS3-Eigenschaft	Bedeutung
`transition-property` (Pflichtangabe)	Angabe der Eigenschaft(en), die verändert werden soll(en). `all` bezieht sich auf alle animierfähigen Eigenschaften.
`transition-duration` (Pflichtangabe)	Angabe der Dauer für den Übergang (kann in Millisekunden oder Sekunden angegeben werden).
`transition-delay`	Angabe einer Verzögerung, bis der Übergang einsetzt (in Millisekunden oder Sekunden). Wird in der Praxis seltener eingesetzt, da der Anwender sofort merken soll, dass eine Animation stattfindet.
`transition`	Kurzschreibweise, mit der alle Werte in einer Anweisung geschrieben werden können
`transition-timing-function`	Veränderung des zeitlichen Ablaufs des Übergangs. Folgende Schlüsselwörter sind möglich: `linear` – gleichförmiger Übergang (wie er auch ohne diese Angabe erfolgen würde) `ease` – normaler Anfang, normales Ende, dafür in der Mitte beschleunigt `ease-in` – langsamer Anfang, schnell am Ende `ease-out` – schneller Anfang, langsam am Ende `ease-in-out` – langsamer Anfang, langsames Ende, in der Mitte schneller `cubic-bezier` – Feintuning in Form einer definierten mathematischen Bézier-Kurve

▴ **Tabelle 14.1**
Die CSS3-Transitions-Eigenschaften

Ein typischer Anwendungsfall für CSS3-Transitions sind Buttons und Navigationspunkte. Anstelle eines normalen ruckartigen Übergangs bekommen diese so einen weichen Übergang, was für den Betrachter angenehmer wirkt. Die allgemeine Definition sieht folgendermaßen aus:

Listing 14.1 ▸
Allgemeine `transition`-Definition

```
.element {
transition: [transition-property] [transition-duration]
[transition-timing-function] [transition-delay];
}
```

Um für einen Button einen weicheren Übergang zu definieren, könnten die Angaben wie folgt aussehen:

```
a{
background-color: #00a0db;
transition: background-color 0.75s ease;
}
a:hover{
background-color: #00374f;
}
```

◂ **Listing 14.2**
transition-Definition für eine Änderung der Hintergrundfarbe

Anstatt alle Eigenschaften einzeln aufzulisten, können sie auch in einer Kurzschrift zusammengefasst werden. Dabei werden im Element (hier der Link) der Ausgangswert (die Hintergrundfarbe) und die Art des Übergangs (die Transition) definiert. Im hover-Zustand wird dann der Endwert definiert. Zwischen Ausgangs- und Endwert verläuft dann die Animation. In der Transition muss dann entsprechend angegeben werden, welche Eigenschaft (hier also background-color) verändert werden soll.

Auf der Buch-DVD finden Sie als Transition-Beispiel die Datei »CSS3-transitions.html«. Sie ist unter BEISPIELMATERIAL • KAPITEL_14 zu finden.

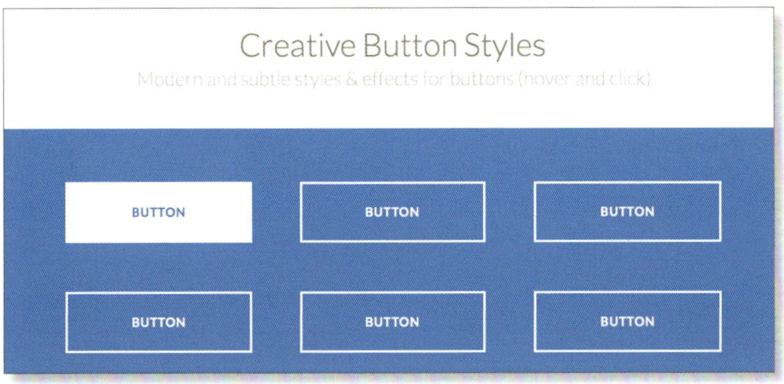

▴ **Abbildung 14.2**
Das Webdesign-Blog codrops bietet immer wieder tolle Codebeispiele. So auch hier für nette Button-Animationen: *tympanus.net/Development/CreativeButtons*.

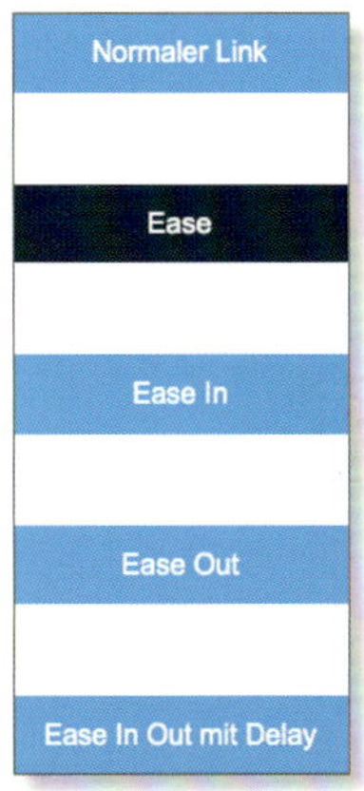

▴ **Abbildung 14.3**
Verschiedene Beispiele für Transitions

Manche Browserversionen unterstützen CSS-Eigenschaften schon, bevor sie Standard werden. Um diese Eigenschaften als Webdesigner einzusetzen, gibt es die Browserpräfixe. Für die transition-Eigenschaft sehen die Präfixe folgendermaßen aus:

```
-webkit-transition: background-color 0.75s ease;
-moz-transition: background-color 0.75s ease;
-ms-transition: background-color 0.75s ease;
-o-transition: background-color 0.75s ease;
transition: background-color 0.75s ease;
```

◂ **Listing 14.3**
Die transition-Eigenschaft mit allen Browserpräfixen

Browser-Unterstützung
caniuse.com/#search=transition zeigt, welche Browser unterstützt werden und für welche Präfixe eingesetzt werden sollten.

Das sieht nach sehr viel Schreibarbeit aus. Die Kontrolle bei caniuse (*caniuse.com/#search=transition*) zeigt, dass das Präfix `-webkit` ausreicht, um ältere Browser anzusprechen.

```
-webkit-transition: background-color 0.75s ease;
transition: background-color 0.75s ease;
```

▲ **Listing 14.4**
Die `transition`-Eigenschaft mit dem notwendigen Browserpräfix

Should i prefix?
Ein Präfix einzusetzen ist eher lästig. Die Webseite *shouldiprefix.com* gibt einen Überblick, welche neuen CSS-Eigenschaften Präfixe brauchen, und liefert diese dann gleich mit.

Wichtig ist vor allem zu sehen, dass Internet Explorer vor Version 10 die `transition`-Eigenschaften NICHT unterstützen. In unserem kleinen Beispiel hätte das nur die Konsequenz, dass der Button eben nicht weich animiert dargestellt würde, sondern wie ein normaler Link mit `hover`-Zustand, was vertretbar wäre. Animationen sollten also in diesem Fall keine allzu wichtigen Inhalte transportieren, die für Anwender älterer IE-Versionen nicht sichtbar wären.

Die CSS-Transitions werden bei allen Arten von Mouseover-Zuständen eingesetzt – in der Navigation, um das Dropdown-Menü (siehe Abschnitt 12.1.4, »Dropdown-Menü«) einzublenden, bei Links und Buttons sowie bei Teasern, vor allem bei Bild-Teasern, um Text beim Mouseover anzuzeigen.

Abbildung 14.4 ▶
typehype.com ist voller dezenter `transition`-Animationen – hier sehen Sie zum Beispiel ein Dropdown-Menü (oben) und Teaser-Bilder (unten).

Schritt für Schritt: Bilder-»hover«-Effekte

Gerne werden (Bilder-)Teaser bei einem Mouserover animiert. Eine leicht animierte Veränderung zeigt dem Anwender optisch noch besser, dass dies ein Link ist, und verbessert das Nutzungserlebnis. Es gibt verschiedene Möglichkeiten, Elemente zu animieren. Weiter unten werden noch weitere vorgestellt, in diesem Tutorial werden wir uns auf Transitions konzentrieren.

Auf der Buch-DVD finden Sie die beiden Beispiel in der Datei »CSS3-teaser-hover.html« unter BEISPIELMATERIAL • KAPITEL_14.

1 HTML-Struktur

Zuerst bauen wir eine HTML-Struktur auf. Ein verlinktes Bild kommt in einen div-Container:

```
<div class="teaser" id="teaser-1">
<a href="#"><img src="http://lorempixel.com/300/300/
business/" alt="Teaser-Text 1"></a>
</div>
```

▲ Listing 14.5
Die HTML-Struktur mit einem div-Container

▲ Abbildung 14.5
Zwei Kreis-Teaser mit animiertem Mouseover-Effekt

Über die Klasse und ID könnten wir den Container formatieren und animieren.

2 CSS-Struktur

Etwas verkürzt, ist die CSS-Formatierung hier auf die wichtigsten Eigenschaften konzentriert. Als Beispiel wählen wir eine Vergrößerung des Bildes, bei der eher hereingezoomt wird und die Ausmaße des Bildes nicht verändert werden.

Zuerst wird der Container definiert. Dazu gehört neben der Größe und der Formtierung als Kreis die Eigenschaft overflow:hidden. Diese verhindert, dass die Bilder über den Container hinausragen, selbst wenn sie größer sind als der Container:

```
.teaser{
margin-bottom: 40px;
border-radius: 50%;
width: 300px;
height: 300px;
overflow: hidden;
}
```

◀ Listing 14.3
Ecken abrunden mit border-radius

Dann wird das Bild formatiert und bekommt feste Maße (Höhe und Breite), damit klar ist, was animiert werden soll, und dazu die transition-Einstellungen.

Listing 14.6 ▸
Mit `transition` einen weichen Übergang erstellen.

```
#teaser-1 img {
height: 300px;
width: 300px;
-webkit-transition: all 1s ease;
-moz-transition: all 1s ease;
-o-transition: all 1s ease;
-ms-transition: all 1s ease;
transition: all 1s ease;
}
```

Und als `hover`-Effekt werden dann nur die Maße des Bildes per CSS verändert:

Listing 14.7 ▸
Definition des `hover`-Zustands

```
#teaser-1 img:hover {
width: 350px;
height: 350px;
}
```

Fertig ist der kleine Mouseover-Effekt. Auf der DVD befindet sich der komplette Quellcode samt einem weiteren Beispiel mit horizontaler Bildverschiebung.

14.1.2 CSS3-Transform – Verzerren, Skalieren und Drehen

Mit der CSS3-Eigenschaft `transform` lassen sich Elemente in der Lage und Form verändern. Zusammen mit `transition` können so Animationen und Effekte umgesetzt werden, die vorher nur mit Flash oder JavaScript möglich waren.

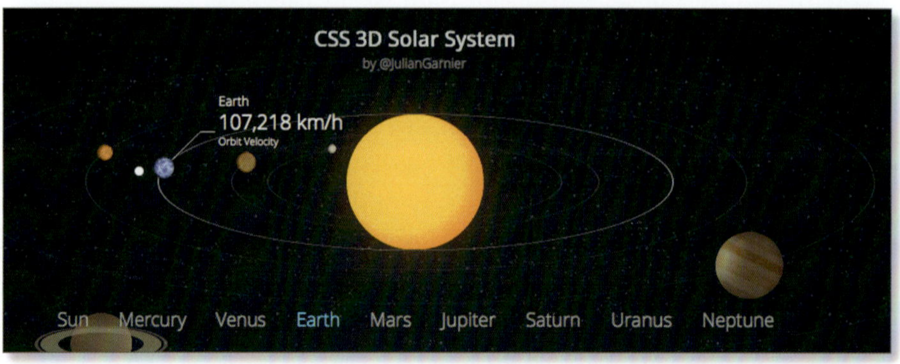

Abbildung 14.6 ▲
Ein kleiner interaktive Guide durch unser Sonnensystem dank CSS3: *codepen.io/juliangarnier/pen/idhuG*

Wird ein HTML-Element per `transform` verändert, bleibt es trotzdem im HTML-Fluss. Es kann aber passieren (zum Beispiel beim Skalieren), dass es sich mit anderen überlagert, ähnlich der relativen und absoluten Positionierung. Der verfügbare Raum und die umgebenden Elemente sollten also für ein transformiertes

Element mit eingeplant werden. Wichtig ist noch die Unterscheidung in 2-D- und 3-D-Transforms.

2-D-Transforms | Die 2-D-Transforms werden von modernen Browsern unterstützt. 3-D-Transforms unterstützt der Internet Explorer 10 nur teilweise, und ältere IE-Versionen tun das überhaupt nicht. Zur Unterstützung älterer Browserversionen sollten Sie die Vendor-Präfixe einsetzen:

Auf der Buch-DVD finden Sie die verschiedenen Transform-Beispiele »CSS3-transforms.html« unter BEISPIELMATERIAL • KAPITEL_14.

```
-ms-transform: rotate(30deg); /* IE < 10*/
-webkit-transform: rotate(30deg); /* chrome und safari*/
-moz-transform: rotate(30deg); /* firefox */
-o-transform: rotate(30deg); /* opera */
transform: rotate(30deg); /* explorer > 9 */
```

▲ **Listing 14.8**
CSS3-Transform mit Präfixen

Nach der `transform`-Eigenschaft wird die Funktion mit den Werten in Klammern angegeben. Mehrere Transforms werden direkt hintereinander – durch ein Leerzeichen getrennt – angegeben:

```
transform:rotate(-15deg) scale(1.5);
```

▲ **Listing 14.9**
Mehrere Transforms in einer CSS-Deklaration

▲ **Abbildung 14.7**
Sie finden verschiedene Transform-Beispiele auf der DVD.

Auch negative Werte sind hier möglich. Im oberen Beispiel wird das Bild dann entgegen dem Uhrzeigersinn gedreht. Folgende 2-D-`transform`-Eigenschaften sind möglich:

2-D-»transform«-Eigenschaft	Bedeutung	Beispiel
`rotate` (Drehen)	Dreht das Objekt. Werte von 0° bis 360°.	`transform: rotate(30deg)`
`scale` (Vergrößern)	Skaliert das Objekt. Mit einem Wert proportional, bei zwei Länge und Breite. 1 bedeutet 100 %. 2 vergrößert um 200, und 0.5 verkleinert um 50 %.	`transform: scale(1.5)`
`skew` (Verzerren)	Verzerrt das Objekt mit Werten von 0 bis 180deg, bzw. –180deg. Ein Wert gemeinsam für x- und y-Achse oder zwei getrennt	`transform: skew(15deg, -15deg)`
`translate` (Verschieben)	Verschiebt das Element um n Pixel nach rechts und unten, bei negativen Werten nach links und oben.	`transform: rotate(30deg)`

▲ **Tabelle 14.2**
Überblick über die HTML5-2-D-Transforms-Elemente

Abbildung 14.8 ▸
Wow, CSS-Transitions und -Transforms im Einsatz bei: *bevisionare.com*

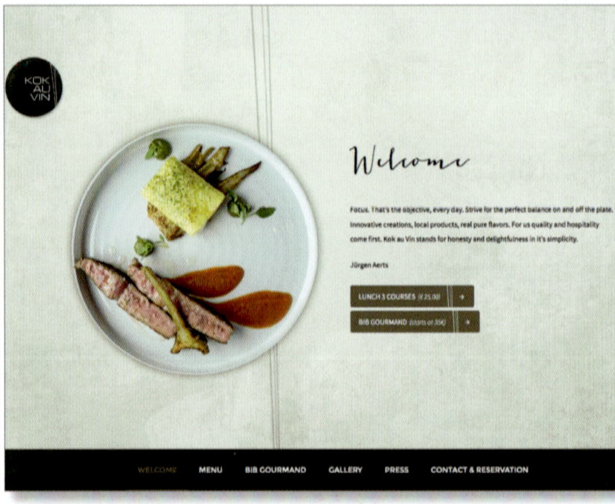

Abbildung 14.9 ▸
Noch einmal Wow: Auch *kok-au-vin.be* setzt auf CSS-Transitions und -Transforms.

Auf der Buch-DVD finden Sie das Transform-Beispiel »CSS3-transforms.html« unter BEISPIELMATERIAL • KAPITEL_14.

3-D-Transforms und Keyframe-Animationen | 3-D mit CSS? Ja, das geht tatsächlich, und vermutlich werden einige ganz feuchte Hände dabei bekommen. Die Möglichkeiten sind aber natürlich keineswegs mit üblichen 3-D-Programmen zu vergleichen, auch können keine 3-D-Objekte aus anderen Programmen eingebunden werden. In Bezug zu einem Fluchtpunkt können die Elemente in einem dreidimensionalen Koordinatensystem ausgerichtet und verzerrt werden. Die Seite *mediaevent.de/css/transform.html* gibt Ihnen einen tieferen Einblick.

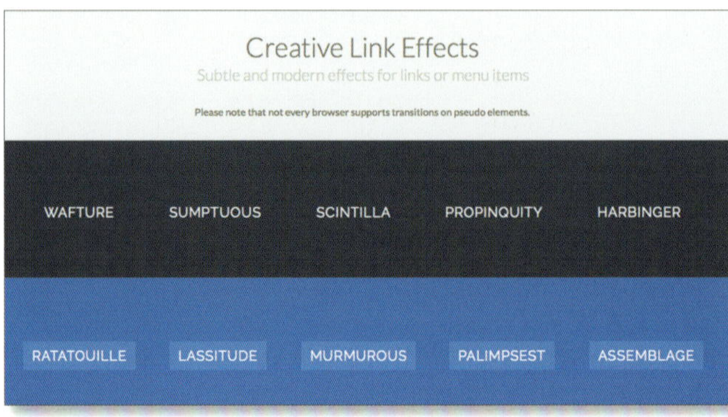

Abbildung 14.10 ▸
Für Buttons, Links und Navigationspunkte gut geeignet sind die »Creative Link Effects« (*tympanus.net/Development/CreativeLinkEffects*).

Und dann gibt es noch die Möglichkeit der Keyframe-Animation, wie man es von Flash oder Videoschnittprogrammen gewohnt ist. Während eine Transition-Animation genau zwei Keyframes hat (einen Ausgangs- und einen Endpunkt), lassen sich mit CSS-Animationen beliebig viele Schlüsselbilder einfügen. Die Animation läuft dann von Schlüsselbild zu Schlüsselbild, und es kann noch festgelegt werden, ob sie sich am Ende wiederholen soll, zurücklaufen soll oder einfach zu Ende ist.

Die beiden Blog-Beiträge *the-art-of-web.com/css/3d-transforms* und *pepe-juergens.de/2013/02/css3-keyframe-animation* erklären das Keyframe-Prinzip ausführlicher mit vielen praktischen Beispielen. Die Animation-Keyframe-Eigenschaft ist sehr mächtig. Von kleinen Animationen für Buttons über Bilder-Slideshows bis zu komplexen Trickfilmen ist damit vieles möglich.

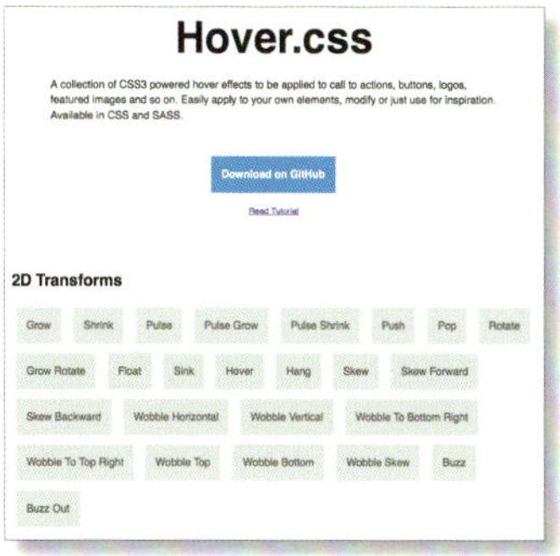

▲ Abbildung 14.11
Hover.css bietet viele `hover`-Effekte als Vorlage (*ianlunn.github.io/Hover*).

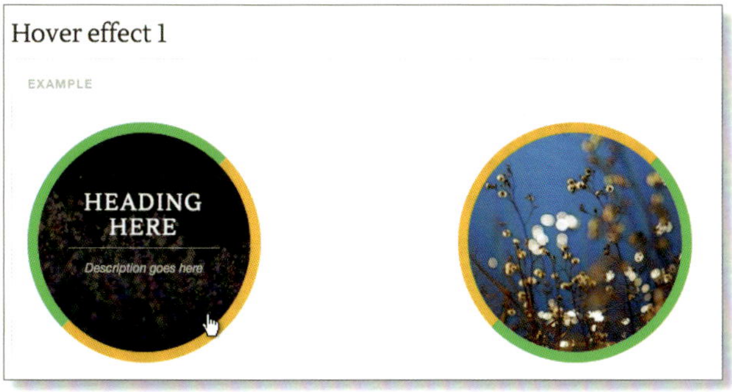

▲ Abbildung 14.12
Das »CSS3 Hover Effects Pack« liefert jede Menge interessante `hover`-Effekte zum Lernen, Ausprobieren und Übernehmen (*gudh.github.io/ihover/dist/index.html*).

Unterstützung von 3-D-Transforms und Keyframe-Animations
Aufgrund der noch geringen Unterstützung in vielen üblichen Browsern sind die 3-D-Transforms und Keyframe-Animations noch nicht so weit verbreitet. Aber es kann davon ausgegangen werden, dass sie in den nächsten Jahren an Bedeutung gewinnen werden und wir noch einige spannende Einsatzgebiete kennenlernen werden.

14.2 Animationen und Interaktivität mit JavaScript

JavaScript ist eine Skriptsprache, die eigens dafür entwickelt wurde, HTML-Entwicklern erweiterte Möglichkeiten zu geben. JavaScript kann auf Benutzeraktionen reagieren, Inhalte verändern, austauschen und nachladen.

Im Gegensatz zu Programmiersprachen wie PHP wird JavaScript erst im Browser des Anwenders ausgeführt, sodass dieser JavaScript auch deaktivieren kann. In den frühen Jahren des Webdesigns war DTHML (dynamisches HTML) ein gängiger Begriff und meinte die Veränderung/Erweiterung der Seite durch JavaScript zusammen mit HTML. Ähnlich wie mit der Autorensoftware Flash wurde DHTML (zu) oft genutzt, um Effekte und Animationen umzusetzen, deren Nutzen für den Anwender nicht

Verwendung von JavaScript
Kommt JavaScript auf Ihrer eigenen Webseite zum Einsatz und ist kaum verzichtbar, dann sollten Sie dieses Skript einbinden, das dem User erklärt, wie er JavaScript in seinem Browser aktivieren kann: *enable-javascript.com/de*.

klar erkennbar war und diesen bei der Bedienung auch eher störten. Dazu kam, dass DHTML oft nicht browserübergreifend kompatibel bzw. Kompatibilität nur sehr aufwendig zu erreichen war. So verlor JavaScript über die Jahre wieder an Bedeutung.

14.2.1 JavaScript-Bibliotheken

JavaScript-Bibliotheken
Zu den bekanntesten und beliebtesten JavaScript-Bibliotheken gehören nebenjQuery:

- MooTools
- Prototype
- AngularJS
- script_aculo_us
- YUI
- Dojo

Mitte der Nullerjahre erlebte JavaScript ein Comeback. Techniken wie AJAX und verschiedene JavaScript-Bibliotheken führten dazu, dass JavaScript heute wieder ganz selbstverständlich zur Webentwicklung dazugehört. Um nicht immer wieder den gleichen Code schreiben zu müssen, zu testen und erneut zu debuggen (Fehler entdecken und verbessern), wurden Programmier-Bibliotheken entwickelt. So muss das Rad beim Programmieren nicht immer wieder neu erfunden werden, sondern man kann auf vorhandene und ausreichend getestete Funktionen zurückgreifen, die auch mit den unterschiedlichen Browsern kompatibel sind.

Die verbreitetste JavaScript-Bibliothek ist wohl *jQuery*, die 2006 veröffentlicht wurde. Es gibt aber noch einige andere (siehe Kasten). Mit jQuery lassen sich einer Webseite recht einfach zahlreiche Funktionen hinzufügen. Inzwischen gibt es auch jede Menge Erweiterungen, sogenannte *Plugins*, die den Funktionsumfang noch einmal vergrößern bzw. ein großes Repertoire an nützlichen Funktionen bereitstellen. Typische Anwendungsfälle von jQuery sind Slider, Bildergalerien (Lightbox) und Formularüberprüfungen.

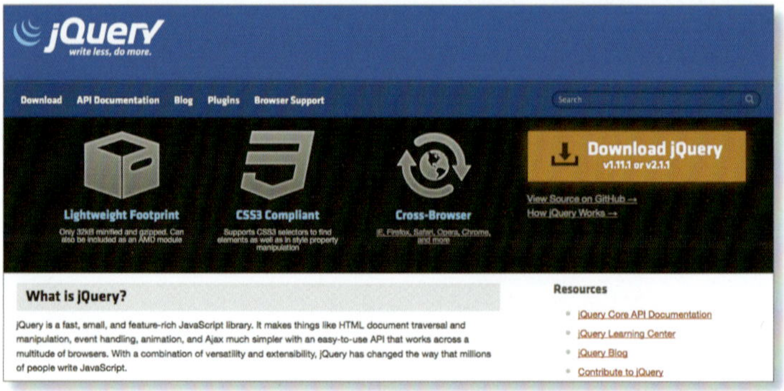

Abbildung 14.13 ▸
Bei *jquery.com* gibt es alle Infos zu jQuery und die Download-Möglichkeit.

Wer einzelne Bibliotheken einsetzen will, kann diese auf den einzelnen Webseiten downloaden, in seinem Projekt einbinden und hochladen. Alternativ bietet Google die Option, die Bibliotheken direkt von Google einzubinden. Das nennt sich dann »Google Hosted Libraries – Developer's Guide« und findet sich unter *developers.google.com/speed/libraries/devguide*.

Im head-Bereich der Webseite sollte dann exemplarisch folgender Code eingesetzt werden:

```
<script src="http:// ajax.googleapis.com/ajax/libs/
jquery/1.11.1/jquery.min.js"></script>
```

▲ **Listing 14.10**
jQuery-Einbindung über Google

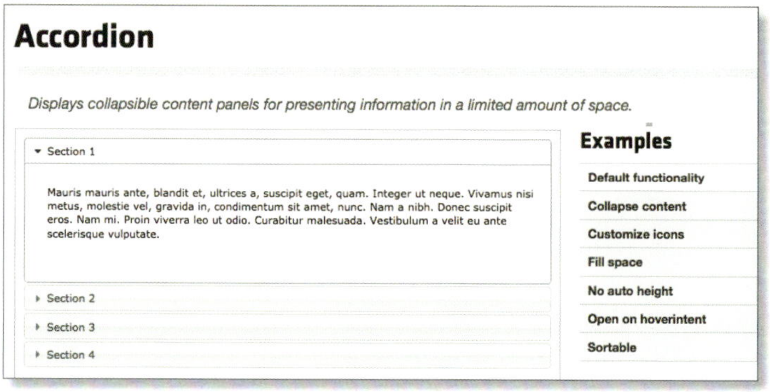

◀ **Abbildung 14.14**
So sieht das typische jQuery-User-Interface aus. Es ist dezent in Grautönen gehalten.

14.3 Interaktive Elemente

Im Folgenden werfen wir einen Blick auf einzelne interaktive, animierte Elemente und besprechen deren Besonderheiten.

14.3.1 Bildergalerie

Die *Lightbox* ist die »Mutter« aller Bildergalerien. Einfach anzuwenden, flexibel, und responsiv: *lokeshdhakar.com/projects/lightbox2*. Als Alternative bietet sich die *Fancybox* an: *fancybox.net*.

Bilder sagen mehr als tausend Worte, daher werden diese gerne auch auf Webseiten eingesetzt. Um Details auf einem Foto wahrzunehmen, muss es auf dem Bildschirm entsprechend groß dargestellt werden, was viel Platz beansprucht. Spätestens bei mehreren Bildern ist dies ungünstig, weil kaum noch andere Inhalte zu erkennen sind. So hat sich das Prinzip der »Thumbnails« durchgesetzt, das sind kleine Vorschaubildchen, die beim Anklicken ein großes Foto anzeigen. Während früher dadurch häufig eine neue Seite mit dem großen Bild geladen wurde, öffnen sich diese durch entsprechende Plugins direkt über den Vorschaubildern.

Der Hintergrund der Seite wird dabei meistens leicht abgedunkelt, sodass die großen Bilder im Mittelpunkt stehen und nicht durch die Gestaltung »drum herum« beeinflusst werden.

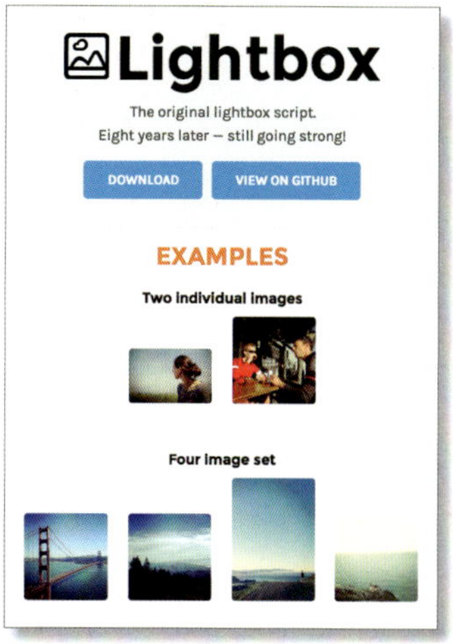

▲ **Abbildung 14.15**
Das Lightbox-Plugin für Bildergalerien

Die Bildergalerie-Plugins haben meistens schon ausreichende Funktionen wie Schließen-, Vor- und Zurück-Buttons, und die neueren Versionen sind meistens auch schon responsiv.

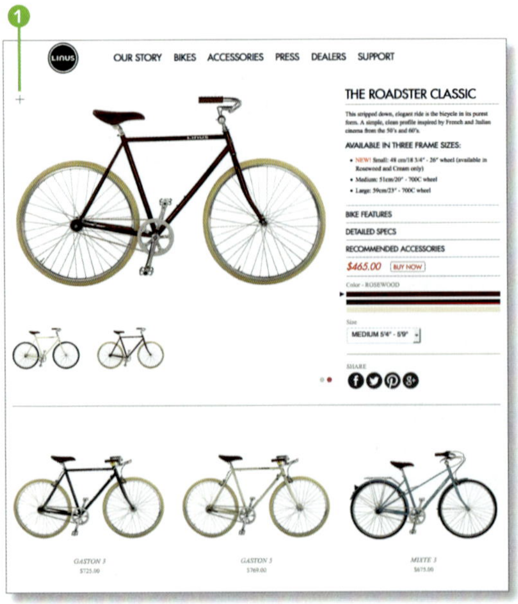

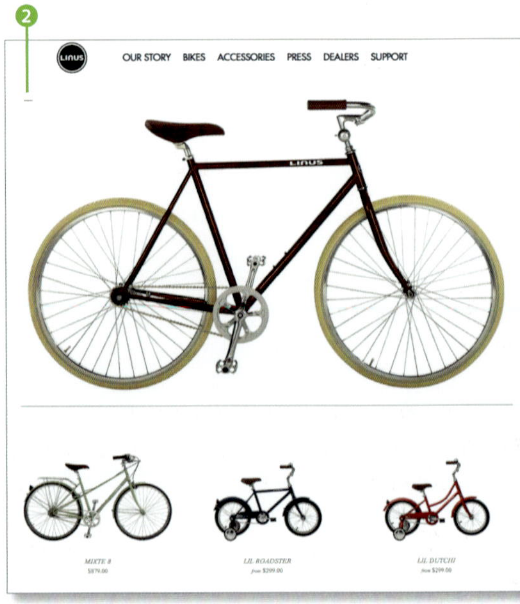

▲ Abbildung 14.16
Beim Klick auf das Fahrrad vergrößert es sich und verdeckt die Beschreibung. Netter Effekt, das Vergrößern- (+) ❶ und Verkleinern-Icon (–) ❷ könnten aber etwas markanter bzw. auffälliger sein (*linusbike.com*).

14.3.2 Tabs

Die Arbeit mit Tabs, im Deutschen oft auch »Reiter« genannt, ist aus der analogen Büroablage bekannt und hat sich im Webdesign in verschiedenen Bereichen etabliert. Auch in den Browsern werden mehrere Seiten in Form von Tabs angezeigt.

Eine klassische Anwendung ist der Einsatz von Tabs in der Navigation. Wie aus Abbildung 14.17 hervorgeht, ist der aktive Menüpunkt in der Hintergrundfarbe des Inhaltsbereichs eingefärbt. Die anderen Menüpunkte haben eine dunklere Hintergrundfarbe und wirken somit optisch, als würden sie hinter dem Inhaltsbereich liegen. Das ist eine einfache und effektive Wirkungsweise. So ist der aktive Punkt sowohl klar hervorgehoben als auch seine Verbindung zum Inhalt offensichtlich.

Diese Tab-Navigation war früher häufig im Einsatz, wird inzwischen aber immer seltener verwendet. Vermutlich hat dies einerseits mit Gestaltungstrends zu tun, und Tabs sind aktuell nicht »trendy«. Andererseits lassen sich Tab-Navigationen für responsive Layouts schlecht umsetzen bzw. beibehalten. Auf kleineren Bildschirmen stehen die Navigationspunkte häufig untereinander und sind selten zusammen mit dem Inhalt sichtbar, sodass der »Gleiche-Hintergrund-Effekt« nicht mehr gegeben ist.

▲ **Abbildung 14.17**
Bei *chocri.de* wurde die Navigation in Form von Tabs umgesetzt.

Ein anderer spannender Einsatzzweck von Tabs liegt im Inhaltsbereich. Hier stellt er eine Art Navigation innerhalb einer Seite dar – man könnte es fast als iFrame bezeichnen (funktional, nicht technisch), aber der Begriff ist eher negativ besetzt. Tabs im Inhalt haben den Vorteil, dass eventuell benötigte Inhalte nicht erst nachgeladen oder auf einer anderen Seite angezeigt werden, sondern sich hinter mehreren Tabs »verstecken« und erst bei Bedarf angezeigt werden.

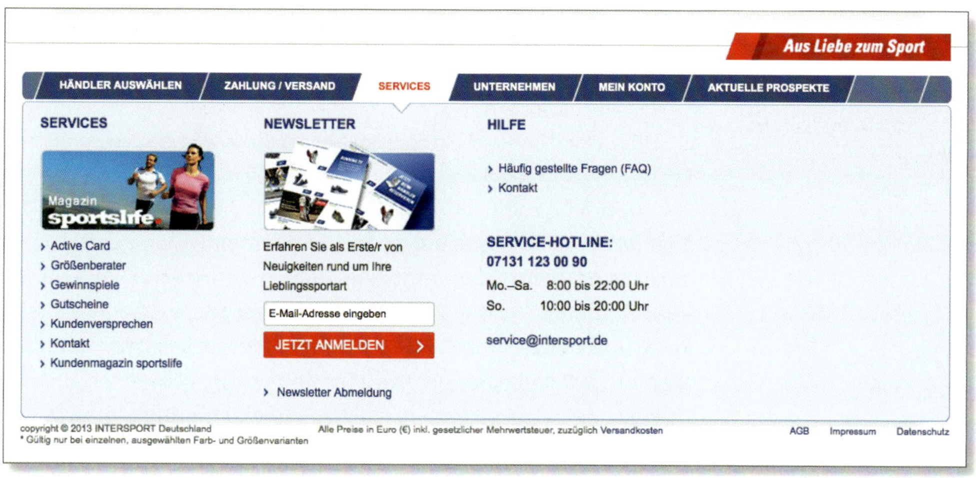

▲ **Abbildung 14.18**
Shops setzen Tabs gerne ein, um Inhalte kompakt darstellen zu können. Häufig bei den Produktbeschreibungen. *intersport.de* dagegen nutzt Tabs in der Fußleiste.

In der Profildarstellung im Business-Netzwerk XING (siehe Abbildung 14.19 auf Seite 716) wird der Nutzen von Inhalts-Tabs deutlich. Anstatt alle Inhalte auf einer ewig langen Seite untereinander oder auf unterschiedlichen Seiten anzuzeigen, werden die einzelnen Inhalte erst bei Bedarf angezeigt. Im linken Bereich ist die Tab-Navigation und im rechten Bereich sind die jeweiligen Inhalte. Überall da, wo viele Informationen auf einem begrenzten Raum angezeigt werden sollen oder müssen, bieten sich Tabs an. Wichtig ist dabei, dass die Gestaltung der Tab-Überschriften eindeutig gestaltet ist und der Anwender weiß, dass er hier klicken kann. Im Beispiel des XING-Profils wirken die einzelnen Tab-Punkte wie eine Navigation aufgrund der Icons, des eigenen linken Bereichs und des ausreichenden Abstands zwischen den einzelnen Punkten. Zusammen mit dem dezent grau eingefärbten Hintergrund ist die Bedeutung der Punkte für den Benutzer klar.

Abbildung 14.19 ▸
Die Profildarstellung wurde bei *xing.com* mit Tabs umgesetzt.

Der Tab-Effekt wird meistens mit Animationen umgesetzt. Die Inhalte kommen dabei entweder seitlich herein»geflogen«, oder sie werden aus- und eingeblendet. Dies verbessert die Wahrnehmung von neuen Inhalten gegenüber einem ruckartigen Wechsel. Werden gleichzeitig die »alten« Tab-Inhalte ausgeblendet und die »neuen« eingeblendet, ist für den Anwender eindeutiger, was genau passiert. Bei einem Wechsel auf eine andere Unterseite verschwindet ja auch die komplette Seite, und die neuen Inhalte werden geladen und nach einem kurzen Moment angezeigt. So merkt der Anwender, dass etwas passiert.

Nach dem Gesetz der Gleichzeitigkeit (siehe Kapitel 6, »Gestaltungsgrundlagen«) nimmt der Anwender Objekte, die sich gleichzeitig bewegen oder verändern, als zusammengehörig wahr. Bei Tabs zeigen also die Inhalte, die sich gleichzeitig aus- und einblenden, welchen Bereich die Tabs umfassen. Bei einem ruckartigen Wechsel besteht die Gefahr, dass der Anwender den Wechsel nicht richtig mitbekommt oder nicht merkt, welche Inhalte verändert wurden.

Für den Anwender können Tabs auch die User Experience deutlich erhöhen. Inhalte werden schneller angezeigt (als wenn sie erst auf einer neuen Seite geladen werden müssten), man kann schneller zwischen den Tabs navigieren. So lassen sich beispielsweise verschiedene Produkte und Preise schnell vergleichen, und man gewinnt einen besseren Überblick, als wenn die Informationen in einer Liste untereinanderstehen würden.

Tabs-Hilfestellung
Mit Tabulous.js lassen sich Tabs einfach umsetzen und mit netten Effekten versehen, leider nur nicht responsiv. *git.aaronlumsden.com/tabulous.js*

Tabs und die Suchmaschine | Mit Tabs lassen sich mehr Informationen auf der Seite präsentieren, als man dies wohl ohne Tabs machen würde. Dies kann natürlich auch clever genutzt werden, um in Tabs suchmaschinenoptimierte Texte zu »verstecken«, die eben vor allem für Suchmaschinen und weniger für die Leser gedacht sind. So weit, so pfiffig, der Schuss kann aber auch schnell nach hinten losgehen. Angenommen, ein Leser kommt aufgrund seiner Suche nach einem bestimmten Schlüsselwort über die Suchmaschinen auf die Seite. Dieses Schlüsselwort befindet sich aber im letzten von sechs Tabs, dann wird er lange nach dem Inhalt suchen können. Vermutlich wird er kaum so hartnäckig sein – bleibt also nur zu hoffen, dass ihn die anderen Inhalte schon glücklich gemacht haben.

14.3.3 Accordion

Recht ähnlich wie bei den Tabs verhält es sich bei Accordions (im Deutschen Akkordeon, der Name leitet sich von dem Musikinstrument ab, das auseinandergezogen und zusammengeschoben wird). Auch hier können viele Informationen zuerst verdeckt und nur bei Bedarf angezeigt werden. Die einzelnen Accordion-Listen sind üblicherweise untereinander angeordnet und werden einzeln nach einem Klick eingeblendet.

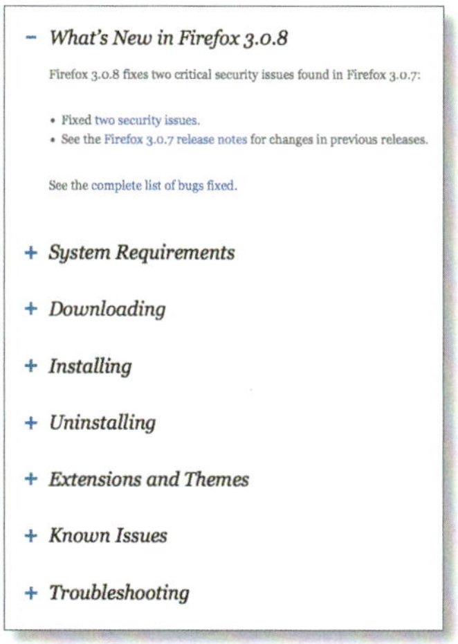

▲ **Abbildung 14.20**
Typisches Accordion bei FAQs. Bei *mozilla.org* ist es recht individuell gestaltet.

Typischerweise sind die einzelnen Textblöcke im Accordion ausgeblendet, und höchstens das erste ist zu Beginn sichtbar. So lassen sich größere Informationsblöcke auf einem begrenzten Raum einsetzen. Ein Einsatzbeispiel für Accordions sind die FAQs. Häufig werden hier nur die Fragen angezeigt und die Antworten erst einmal nicht. So kann der Anwender die für ihn relevanten Fragen viel schneller finden, weil er nicht noch alle Textantworten überfliegen muss. Beim Klick auf eine Frage öffnet sich die dazu passende Antwort. Eine Galerie der schönsten Accordions finden Sie unter *accordiongallery.com*.

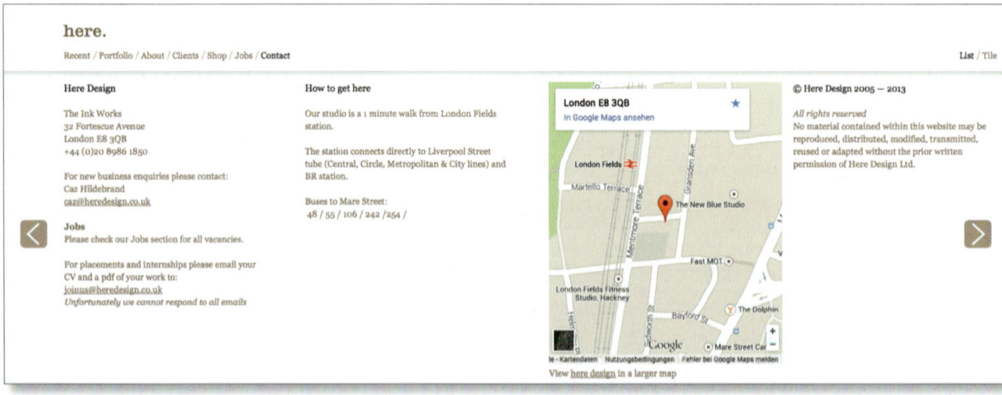

Abbildung 14.21 ▲
Auch das geht. Ein Accordion als Präsentationsfläche für den kompletten Seiteninhalt wie bei *heredesign.co.uk*.

Ähnlich wie die Tabs sind Accordions meistens animiert. Die Textblöcke werden ein- und ausgeblendet bzw. herein- und herausgefahren. Ein ruckartiger Wechsel sähe nicht nur »unschön« aus, sondern würde auch mehr verwirren.

Accordions sind wie die Tabs ein gutes Mittel, um nicht gleich alle Inhalte zu einem bestimmten Thema oder Bereich anzeigen zu müssen. Während bei den Tabs die einzelnen Oberthemen nebeneinanderstehen, sind sie im Accordion untereinander angeordnet und können daher länger sein. Für längere Texte, wie etwa ausformulierte Fragen, kommen daher eigentlich nur Accordions infrage und keine Tabs. Bei Übersichten, z. B. über das Leistungsspektrum einer Agentur, können Tabs hilfreicher sein. Kurze Stichpunkte als Tab-Überschrift und dazu längere Textblöcke, eventuell noch mit Bildern, stehen so immer an der gleichen Stelle. Eine Galerie der schönsten Accordions finden Sie unter *accordiongallery.com*.

Easy Responsive Tabs to Accordion
Das Plugin »Easy Responsive Tabs to Accordion« macht aus Tabs ein Accordion. Das kann bei kleineren Auflösungen sehr hilfreich sein: *github.com/samsono/Easy-Responsive-Tabs-to-Accordion*

14.3.4 Content-Slider

Slider (auch gerne Carousels genannt) sind ein beliebtes Mittel, ähnlich Tabs und Accordion, um bestimmte Inhalte nicht gleichzeitig anzuzeigen, sondern erst nach und nach verfügbar zu machen. Häufig rotieren Slider automatisch. Im Inhaltsbereich ist es aber besser, dass erst auf einen Klick des Benutzers die nächsten Inhalte sichtbar werden.

Wichtig ist, dass durch Thumbnails oder Texte ersichtlich ist, welche weiteren Inhalte den Anwender erwarten. Denn nur wenige Anwender klicken auf Pfeile, um weitere Inhalte angezeigt zu bekommen, von denen sie gar nicht wissen, was genau sie da erwartet und ob es für sie interessant ist. Das kann man natürlich grundsätzlich von jeder einzelnen Webseite sagen, dass man nicht genau weiß, ob hilfreiche Informationen auf den Nutzer warten. Aber Anwender scrollen lieber weiter, als sich durch allzu lange Slider durchzuklicken.

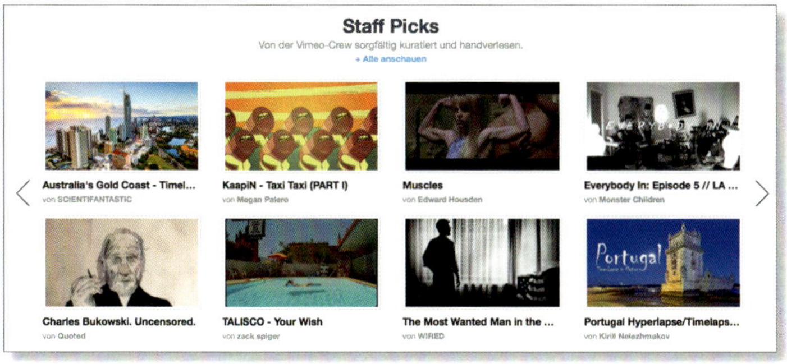

◂ **Abbildung 14.22**
Die Video-Thumbnails bei *vimeo.com* verraten nicht allzu viel, insofern dient der Content-Slider hier nur dem weiteren zwanglosen Surfen.

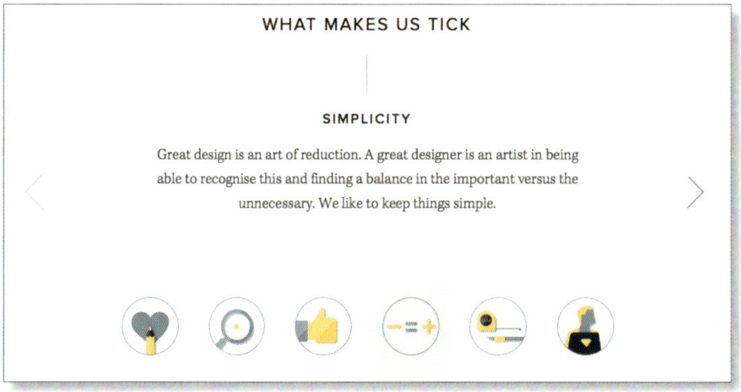

▴ **Abbildung 14.23**
Sieht nett aus, aber warum soll man hier klicken? Um zu sehen, was sich hinter nicht aussagekräftigen Icons verbirgt? (*madebyhangar.com*)

Content-Slider sind ähnlich wie Tabs gut, wenn eindeutig ist, was sich hinter den einzelnen Slides verbirgt, sodass der Anwender sich diese auch gezielt anschauen kann und sich nicht auf gut Glück durch eine Pfeilnavigation durchklicken muss.

14.3.5 Header-Slideshow

Eine Besonderheit des Sliders sind die Header-Slider, die in den letzten Jahren auf keiner neuen Webseite fehlen durften, deren Einsatz aber zum Glück wieder zurückgeht. Selbst rotierende Header-Slider sind eine Unsitte und in den wenigsten Webprojekten sinnvoll. Sie sind nutzlos, weil kaum ein Anwender sich den oberen Bereich der Startseite in Ruhe anschaut und wartet, bis die einzelnen Slides durchgefahren sind. Sie sind nutzlos, weil kaum ein Anwender die Slider selbst weiterklickt. Vor allem, wenn er nicht weiß, was ihn in den nächsten Slides erwartet. Er wird sich

Header-Slideshows
Header-Slideshows sind oftmals ein Zeichen für fehlende konzeptionelle Vorarbeit und Schwächen in der Schwerpunktsetzung: »Produkt X muss auf die Startseite, das ist neu im Angebot«, »Leistung Y auch, das ist unser Aushängeschild«, »Wir sollten unsere Unternehmensphilosophie groß erwähnen«. Header-Slidershows sind dann das Resultat eines solch »kopflosen« Vorgehens.

über die Navigation und die anderen Inhalte der Webseite anders orientieren.

Abbildung 14.24 ▸
Wer soll da noch folgen? Alle zwei Sekunden fliegt ein neues Bild mit Spruch hinein (*julie-lavergne.com*).

Nutzen einer Slideshow im Header
Eine Slideshow im Header bringt sicherlich viele Infos auf begrenztem Raum unter, gleichzeitig müssen aber mehr Skripte geladen werden, und die Anwender schauen sich kaum alle Slides an. Im Gegenteil – oft werden diese schon ignoriert, animierte Banner lassen grüßen. Wo Slider noch Sinn haben? Zum Beispiel immer dann, wenn es um die reinen Bilder geht, die alternativ zu einer Bildergalerie präsentiert werden.

Anstelle eines Sliders sollte zu Beginn der Startseite lieber die Hauptaussage der Webseite erfolgen. Dies setzt eben Schwerpunktbildung voraus – was ja nicht zwangsläufig bedeutet, dass alle anderen Inhalte unwichtig sind, sondern im Folgenden auch passend präsentiert werden können.

Vermutlich war es lange Zeit auch einfach trendy, einen Slider auf der Startseite zu haben. Animationen und Effekte ziehen die Aufmerksamkeit auch so schön auf sich. Zwangsläufig effektiv sind sie deswegen aber nicht. Der einzige sinnvolle Einsatz eines Header-Sliders, der mir spontan einfallen würde, wäre auf Fotografen-Portfolios. Dort kommt er ja auch regelmäßig zum Einsatz. Nette Fotografen-Bilder sliden gemütlich durch. Zusammen mit Thumbnails, sodass man auch gezielt einzelne Fotografien ansteuern kann, wäre es dann perfekt.

14.3.6 Modalboxen

Eine Modalbox (oder auch *Modal Window* genannt) ist eine Dialogbox, die sich ähnlich wie die Lightbox-Bildergalerie (siehe Seite 713) über die Webseite »legt«. In diesem Dialogfenster werden dann aber nicht nur Bildinhalte angezeigt, sondern es wird auch interagiert. Dies ist vergleichbar mit den Modalboxen im Betriebssystem.

Während Popups wegen ihres »Missbrauchs« zu Werbezecken negativ belastet sind, vereinfachen Modalboxen die Interaktion zwischen Anwender und Webseite – wenn sie gut eingesetzt sind. Modalboxen machen vor allem dann Sinn, wenn sich der

Anwender ihnen vollständig widmen soll und die anderen Inhalte für den Moment unwichtig sind. Dies können Fehlermeldungen oder Warnhinweise sein (zum Beispiel bei einem unvollständig ausgefüllten Formularfeld). Dies kann eine Bestätigung sein (zum Beispiel einer Anmeldung oder Buchung). Dies kann aber auch eine wichtige Information sein (zum Beispiel eine Änderung des Datenschutzes für registrierte Benutzer).

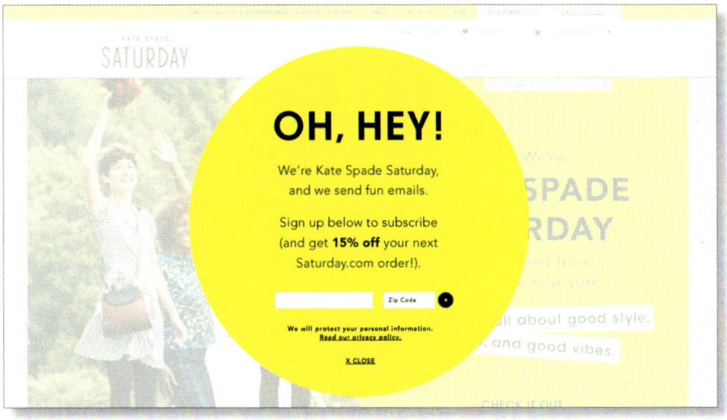

▲ **Abbildung 14.25**
Dieses Modalfenster hat mehr mit Werbung zu tun – im Falle von *saturday.com* für den eigenen Newsletter.

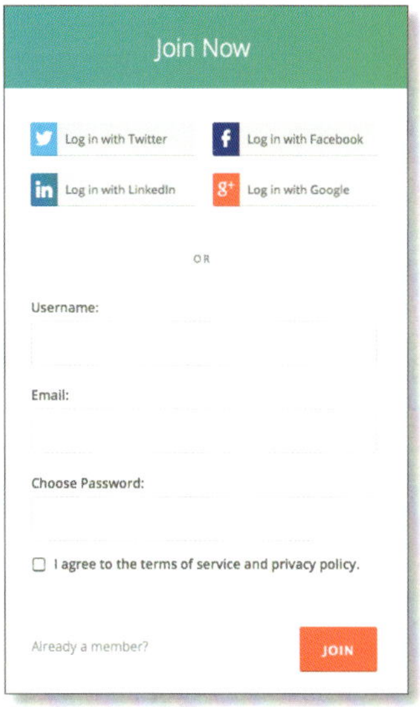

▲ **Abbildung 14.26**
Der Login bei *gibbon.co* öffnet sich in einem Modalfenster.

Ein Modalfenster verdunkelt oder hellt den eigentlichen Webseiten-Inhalt (wie in Abbildung 14.25) auf und legt ein kleines »Fenster« darüber. In diesem Dialogfenster muss der Anwender entweder ein Formular ausfüllen oder einen Button/Link anklicken – und wenn es der Schließen-Button ist. Vorher kommt er nicht zu den eigentlichen Inhalten zurück. Bei einem Dialogfenster wie einem Login ist das angenehm und erhöht die User Experience, da der Anwender nicht auf eine neue Seite geleitet wird, die erst geladen werden muss, sondern auf der aktuellen Seite bleibt, und das Dialogfenster wird nur angezeigt bzw. nachgeladen.

Störend sind Dialogfenster, die nicht zwingend im aktuellen Benutzungsprozess notwendig sind. Inzwischen gibt es einige Webseiten, die ihre Newsletter in dieser Form sehr aktiv bewerben – und zwar gleich auf der Startseite. Bevor der Anwender überhaupt anfangen kann, sich zu orientieren, erwartet ihn ein Newsletter-Dialogfenster. Der Anwender muss an diesem Dialog »vorbei«. Auch wenn er kein Interesse an einem Newsletter hat, muss er das Fenster »wegklicken«. Das bedeutet, er wird abgelenkt, muss den Schließen-Button suchen und … sich ärgern. Sicher, im günstigsten Fall hat man einen neuen Newsletter-Abonnenten, aber ich würde wetten, dass auf einen neuen Abonnenten viele genervte Anwender kommen.

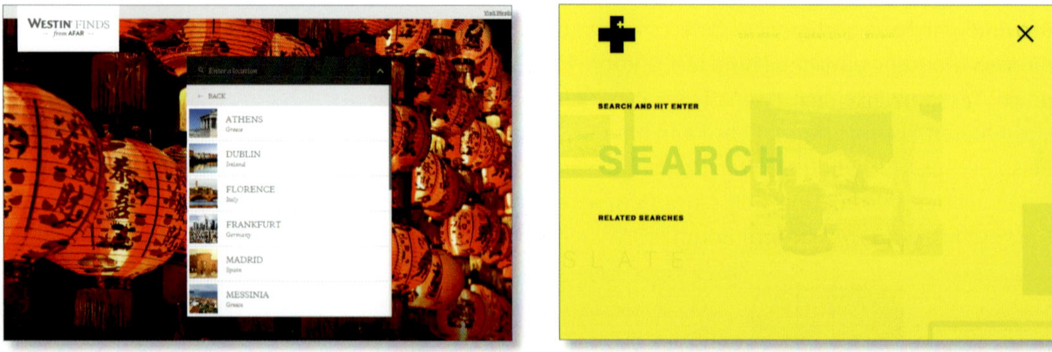

▲ **Abbildung 14.27**
Auch so lassen sich Dialogfenster einsetzen: Bei *westinfinds.com* als Navigationselement und bei *conduitstudio.com* als bildschirmfüllende Suche.

14.3.7 Tooltip

Tooltips sind eine gute Methode, um bei Bedarf zu einem Element noch weitere Informationen zu liefern. Ein Tooltip ist dabei so etwas wie eine kleine Dialogbox, die sich direkt auf oder neben dem Element öffnet, auf das es sich bezieht. Ein Tooltip öffnet sich erst beim Mouseover oder bei Klick auf ein Element.

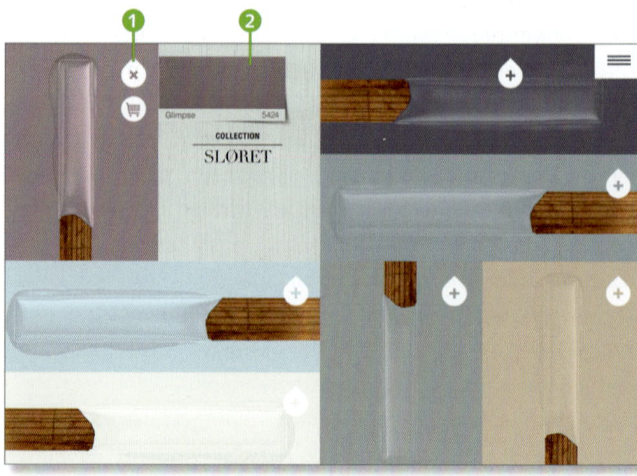

Abbildung 14.28 ▸
Die aufklappbaren ① Tooltips bei *paperandpaint.dk* liefern weitere Informationen ② zu den Produkten.

Tooltips gezielt einsetzen
Gezielt eingesetzt, können Tooltips weitere Informationen liefern oder die Bedienung (wie bei Formularen) vereinfachen.

Tooltips können zu einer detaillierten Erklärung oder zur Hilfestellung eingesetzt werden. Dabei kann man zwischen zwei Arten unterschieden. Zunächst gibt es Tooltips, die offensichtlich sind und die der Anwender bewusst anwählen kann. In Abbildung 14.28 wird dies deutlich. Häufig sind die Tooltips mit einem Plus-Zeichen und in einer Art Kreisform gestaltet. Damit wird signalisiert »Hier gibt es mehr zu erfahren«. Der Anwender kann bei Bedarf zu einzelnen Bereichen genauere Informationen erhalten. Dies hat auch den Vorteil, dass die Informationen nicht kontinuierlich und gleichzeitig eingeblendet sein müssen, sondern erst auf Wunsch angezeigt werden. Der Betrachter wird also nicht durch zu viel Text »erschlagen«, das Produktbild kann so besser wirken.

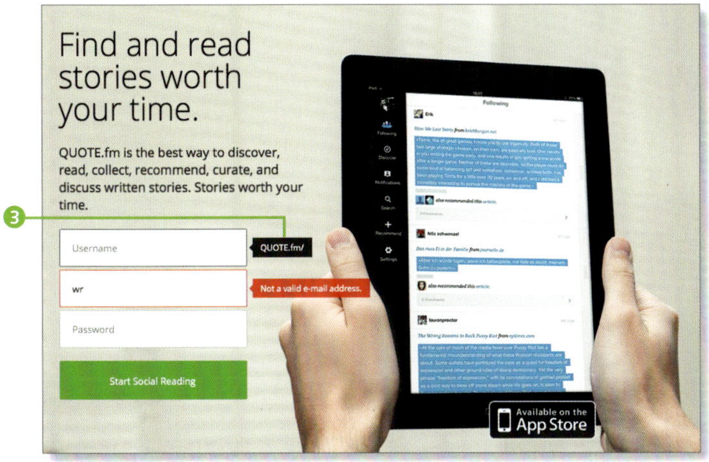

◂ **Abbildung 14.29**
Kleine Hilfestellung bei *quote.fm* 3

Und dann gibt es noch die Tooltips, die eher überraschend erscheinen, die der Anwender also nicht bewusst anwählt. Sie sind oft kleine Hilfestellungen, die beispielsweise wie in Abbildung 14.29 den Anwender beim Ausfüllen von Formularfeldern unterstützen. Sie tragen zu einer höheren User Experience bei. Ungünstig ist es allerdings, wenn nicht klar ersichtlich ist, dass es zu den einzelnen Aufzählungspunkten jeweils noch einen ergänzenden Tooltip gibt. Mehr durch Zufall beim »Überfahren« mit der Maus bemerkt es der Anwender – oder eben nicht. Dann hat es seinen Zeck verfehlt. Ein kleines Icon als Hilfestellung kann da schon Wunder wirken. Ein kleines Fragezeichen-Icon, das direkt neben den einzelnen Punkten erscheint, würde dem Anwender zum Beispiel deutlich zeigen, dass es hier noch weitere Informationen gibt.

Tooltips und Mobilität
Auf mobilen Endgeräten bzw. Touchscreens sind Tooltips mit Vorsicht zu genießen: Touchscreens kennen keinen `hover`-Zustand, das heißt, dem Anwender muss klar sein, dass er hier klicken kann. Und auf kleineren Bildschirmen ist der Platz eingeschränkt, sodass ein die Inhalte überlagernder Tooltip schnell stört – vor allem, wenn nicht eindeutig ist, wie er wieder verschwinden kann.

14.3.8 Weitere Animationen und Effekte

Neben den hier vorgestellten Animationen und Effekten gibt es noch unzählige weitere »kleinere«, die regelmäßig auf Webseiten zum Einsatz kommen. Die Scroll-Effekte, die seit einigen Jahren häufig zum Einsatz kommen, sind dafür exemplarisch. Im Kapitel 13, »Webdesignstile und -trends«, werden diese ausführlich vorgestellt und erläutert.

Inspirationen mit animierten Webseiten finden Sie unter *siteinspire.com/websites?categories=184* und *patterntap.com/?terms=animation*. Eine umfangreiche Sammlung an jQuery-Plugins steht auf *unheap.com* zur Verfügung.

Abbildung 14.30 ▸
Netter Effekt: Die Uhr dreht sich beim Scrollen (*eone-time.com*).

14.4 Audiovisuelle Elemente

Bewegte Bilder und Ton können noch weitere Sinne ansprechen als statische Bilder und reiner Text, und so noch aufmerksamkeitsstärker sein, weitere Informationen vermitteln und vor allem emotionaler wirken.

14.4.1 Das HTML5-Videoelement

Dank der immer leistungsstärkeren Internetverbindungen und neuer Techniken ist es einfacher geworden, (hochauflösende) Videos in Webseiten einzubinden. Dies geht inzwischen sogar so weit, dass Videos auch schon browserformatfüllend eingesetzt werden. War es bis vor wenigen Jahren noch Flash vorbehalten, Videos und Sound in Webseiten verfügbar zu machen, so sind Webdesigner und Anwender heute nicht mehr auf das Flash-Plugin angewiesen. Flash wurde zwar gerne für Animationen und multimediale Inhalte und Effekte eingesetzt, aber die Notwendigkeit eines Plugins, die Inkompatibilität mit einigen mobilen Endgeräten und die – zumindest teilweise – Unzugänglichkeit machen den Verzicht auf Flash vertret- und nachvollziehbar.

Abbildung 14.31 ▸
Zwischen vielen Bildern beginnt ganz dezent ein Video beim Scrollen, angenehm zurückhaltend und persönlich umgesetzt (*martinasperl.at*).

HTML5 bietet eine Möglichkeit, Videos unkompliziert ohne zusätzliche Browser-Plugins einzusetzen. Hier der Quellcode dazu:

```
<video height="480" width="640">
<source src="movie.mp4" type="video/mp4" />
<source src="movie.ogv" type="video/ogg" />
<p>Dieser Browser unterstützt das HTML5-Videoelement leider
nicht.</p>
</video>
```

▲ **Listing 14.11**
Videoeinbindung mit HTML5

Browserkompatibilität unterschiedlicher Video- und Audioformate
Eine detaillierte Übersicht über die Browserkompatibilität mit den unterschiedlichen Video- und Audioformaten finden Sie unter: *developer.mozilla.org/en-US/docs/Web/HTML/Supported_media_formats*.

Die Browser unterstützen unterschiedliche Videoformate, sodass mehrere Varianten des Videos eingebunden werden sollten. Die Browser suchen sich dann die für sie passenden aus. Im `video`-Element lassen sich verschiedene Angaben vornehmen – Sie können zum Beispiel die Kontrollelemente ein- oder ausblenden, das Video automatisch starten lassen, es loopen oder die Ladeeigenschaften festlegen:

Attribut	Beschreibung	Beispiel
`src`	URL der Videodatei	`<source src="film.mp4" type="video/mp4" />`
`autoplay`	Die Wiedergabe startet automatisch nachdem ausreichend Inhalt geladen wurde.	`<video autoplay ... >`
`controls`	Die Steuerelemente (Play, Pause, Stop, Lautstärke etc.) werden angezeigt.	`<video controls ... >`
`loop`	Das Video wird wiederholt, sobald es fertig abgespielt wurde.	`<video loop ... >`
`height`	Höhe des Videoplayers in Pixeln	`<video height="320" ... >`
`width`	Breite des Videoplayers in Pixeln	`<video width="480" ... >`
`preload`	Angabe, wie das Video geladen werden soll. `auto` – das komplette Video wird beim Aufruf der Seite geladen, `metadata` – nur die Metadaten werden vorgeladen, `none` – nichts wird vorgeladen.	`<video preload="auto" ... >`
`poster`	Bild-URL, die angezeigt wird, bis das Video startet bzw. geladen ist	`<video poster="start.jpg" ... >`
`muted`	Stellt den Videoton aus.	`<video muted ... >`

▲ **Tabelle 14.3**
Überblick über die HTML5-Videoattribute

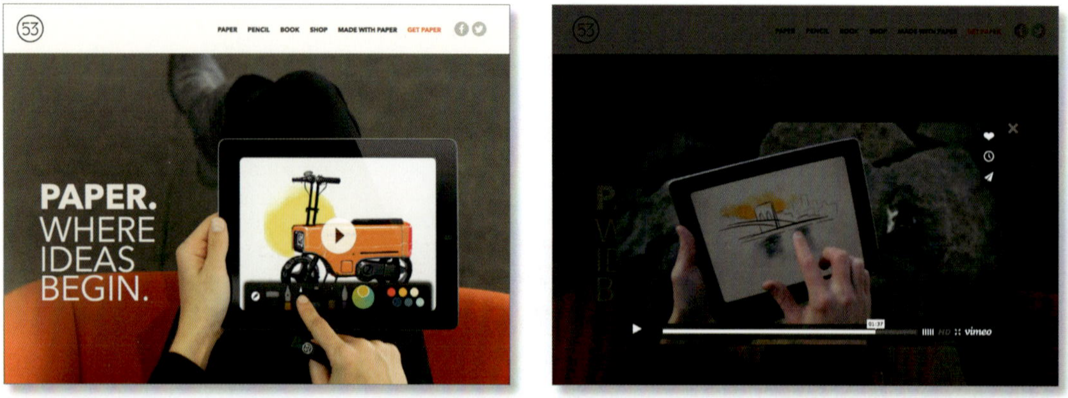

▲ **Abbildung 14.32**
Bei *fiftythree.com/paper* gibt es ein Erklärvideo, das sich über die Seite legt (rechte Abbildung).

Durch die vereinfachte Einbindung von Videos sind in letzter Zeit verschiedene Einsatzzwecke entstanden. Wie in Abbildung 14.32 werden Videos gerne zur Vermittlung von Informationen eingesetzt. Erklärvideos erläutern beispielsweise die Funktionsweise oder Möglichkeiten einer App. Die Informationsvermittlung per Video ist für den Anwender oft entspannter, als sich erst Texte durchzulesen und Bilder dazu anzuschauen. Die audiovisuelle Vermittlung ist oft effektiver. Gleichzeitig bekommt der Anwender einen guten Überblick in kompakter Form. Die emotionale Wirkung von bewegten Bildern tut ihr Übriges dazu. Die Umsetzung erfolgt häufig in einem »Overlay«. Ähnlich wie in einer Lightbox-Bildergalerie (siehe Abschnitt 14.3.1, »Bildergalerie«) öffnet sich das Video über der Seite, und der Rest dunkelt sich ab.

Ein anderes Einsatzgebiet ist die Vermittlung von Emotionen durch Videos. Hier geht es mehr um eine vermittelte Stimmung als um Informationen. Teilweise laufen diese auch großflächig im Hintergrund der Seite ab. Sie starten häufig schon von alleine direkt beim Aufrufen der Seite und bei großflächigem Einsatz meistens ohne (nervigen) Ton.

Abbildung 14.33 ▶
Romantisches Kerzenflackern bei *thebathory.com*

Videos können sehr gut eine persönliche, authentische Atmosphäre herstellen. Die Menschen hinter der Webseite und dem Unternehmen können mit bewegten Bildern (und Ton) sehr schön präsentiert und greifbarer werden, und der Anwender erhält einen Einblick in das Unternehmen.

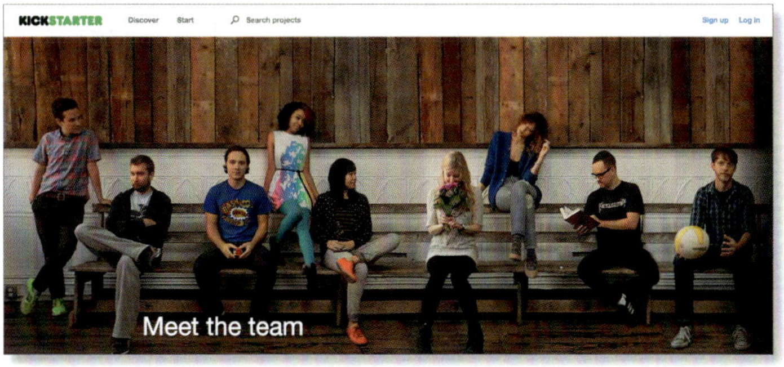

◂ **Abbildung 14.34**
Da sitzen sie und warten. Nette Teamvorstellung per Video bei *kickstarter.com/team*.

14.4.2 Das HTML5-Audioelement

Die Einbindung von Audiodateien folgt demselben Prinzip wie bei den Videos. Das HTML5-Audioelement sorgt für eine einfache Einbindung:

```
<audio>
<source src="musik.ogg" type="audio/ogg">
<source src="musik.mp3" type="audio/mpeg">
<p>Dieser Browser unterstützt das HTML5-Audioelement leider
nicht.</p>
</audio>
```

◂ **Listing 14.12**
Audioeinbindung mit HTML5

Für die Browserkompatibilität sollten zwei Audioformate (MP3 und OGG) eingebunden werden. Das einleitende `audio`-Element kann dabei durch folgende Attribute ergänzt werden:

- `controls` – Die Steuerelemente des Browsers (Play/Pause, Position/Lautstärke) sollen angezeigt werden.
- `autobuffer` – Die Audiodatei soll direkt geladen werden, also nicht erst bei Klick auf den Play-Button.
- `autoplay` – Der Inhalt soll sofort abgespielt werden, sobald genug geladen ist.
- `loop` – Der Inhalt soll sich wiederholen.

Kapitel 15

Websitetypen

Verschiedene Arten von Webseiten haben unterschiedliche Ziele. Unterschiedliche Ziele brauchen unterschiedliche Inhalte, Designs und Layouts. In diesem Kapitel werden die Besonderheiten und Details – inhaltlich, technisch wie optisch – der einzelnen Websitetypen erläutert.

15.1 Corporate Website

Vor lauter sozialen Netzwerken samt Unternehmensprofilen oder Fanpages, die man in diesen betreiben kann, gerät die eigentliche Unternehmenswebseite manchmal etwas ins Hintertreffen. Völlig zu Unrecht, denn die *Corporate Website* ist der zentrale Bestandteil der Online-Marketing-Strategie eines Unternehmens.

▲ **Abbildung 15.1**
Die Corporate Website im Mittelpunkt der Online-Marketing-Maßnahmen

Ziele einer Corporate Website
Eine Unternehmenswebseite kann sehr unterschiedliche Ziele verfolgen, die zu Projektbeginn definiert werden sollten. Beispiele für mögliche Ziele einer Corporate Website könnten sein:

- Selbstdarstellung
- Kunden finden
- Leistungen und Produkte präsentieren
- Einblick ins Unternehmen geben
- Community aufbauen
- Service anbieten
- aktuelle Informationen präsentieren
- Mehrwert durch weiterführende Infos zu Produkten erzeugen

So bedeutend die Corporate Website ist, so wenig findet diese in der medialen Berichterstattung – etwa in Blogs oder Fachzeitschriften – Beachtung. Dabei ist die Unternehmenswebseite so etwas wie die digitale Visitenkarte eines Unternehmens. Auch all die sozialen Profile und Aktivitäten eines Unternehmens werden im Endeffekt immer wieder auf die Webseite verweisen. Es gibt immer wieder Stimmen, die den Abgesang auf die Corporate Website singen und beispielsweise eine Fanpage bei Facebook als die zentrale Unternehmenspräsenz propagieren. Zukunftsweisend soll dieser Ratschlag sein, weil die Bedeutung der sozialen Netzwerke weiter steigen wird und inzwischen kaum ein Internet-Anwender dort nicht vertreten ist. Informationen und Empfehlungen gewinnt er vermehrt aus dem Umfeld seines sozialen Netzwerks.

So wichtig die Präsenz in den sozialen Netzwerken auch sein mag, die eigene Unternehmenswebseite zu vernachlässigen ist mittelfristig ein Eigentor. Im Vergleich zu Social-Media-Profilen ist der Gestaltungsspielraum auf der eigenen Webseite ungleich höher – und zwar sowohl in optischer, technischer, inhaltlicher als auch in funktionaler Hinsicht.

Eine eigene Webseite bedeutet, die Selbstdarstellung in der eigenen Hand zu haben, zumindest hier steuern zu können und dafür viel mehr Spielraum zur Verfügung zu haben. Die Corporate Website kann so etwas wie ein Anker oder der Ursprung für alle weiteren Online-Aktivitäten sein. Von hier aus lassen sich alle anderen Profile verlinken oder sogar teilweise einbauen (Facebook- oder Twitter-Streams). Umgekehrt verweisen die sozialen Profile auf die eigene Webseite.

Abbildung 15.2 ▸
Der Global Player Daimler unterhält einige Social-Media-Kanäle, die alle auf der Corporate Website präsentiert werden: *daimler.com/socialmedia/de*.

15.1.1 Die Corporate Website als Türöffner

Die Corporate Website bietet die Möglichkeit, für die unterschiedlichsten Zielgruppen passende Inhalte anzubieten. Interessenten, Bestandskunden, Journalisten, Bewerber, Geschäftspartner etc. haben unterschiedliche Bedürfnisse (siehe Abschnitt 3.7, »Zielgruppenanalyse«) und erwarten unterschiedliche Inhalte. Erst die eigene Webseite erlaubt es, Informationen bereitzustellen, die ausreichend in die Breite und Tiefe gehen und vor allem einen Mehrwert bieten – also etwa nicht nur Produkteigenschaften aufzulisten, die sich sowieso schon in jedem Onlineshop nachlesen lassen, sondern weiterführende Informationen zu vermitteln – zum Beispiel mithilfe von FAQs, Referenzen, Anwendungsgebiete etc. Die Möglichkeiten sind hier vielfältig.

Werden dem Besucher Inhalte angeboten, die im Idealfall seine Erwartungen übertreffen, steigt die Wahrscheinlichkeit, dass er wiederkommt und dass er die Inhalte teilt (in sozialen Netzwerken). Die Bedeutung guter Inhalte ist nicht neu, aber aktuell in der Marketing-Welt ein großes Thema. Und auch für die Suchmaschinenoptimierung sind spannende Inhalte wichtig.

»Eine Unternehmenswebseite darf vieles, nur langweilen sollte sie nicht. Sonst sind die Besucher gleich wieder weg.«

Der persönliche, individuelle Charakter eines Unternehmens lässt sich durch eine Corporate Website sehr gut vermitteln. Authentische Bilder und Videos vermitteln Nähe und geben einen Einblick in das Unternehmen, ebenso wie Mitarbeiterportraits. News, regelmäßige Berichte von Veranstaltungen, Blog-Artikel etc. können Anreize fürs Wiederkommen bieten und eben den gewissen Mehrwert bieten, der einen Unterschied zur Konkurrenz macht.

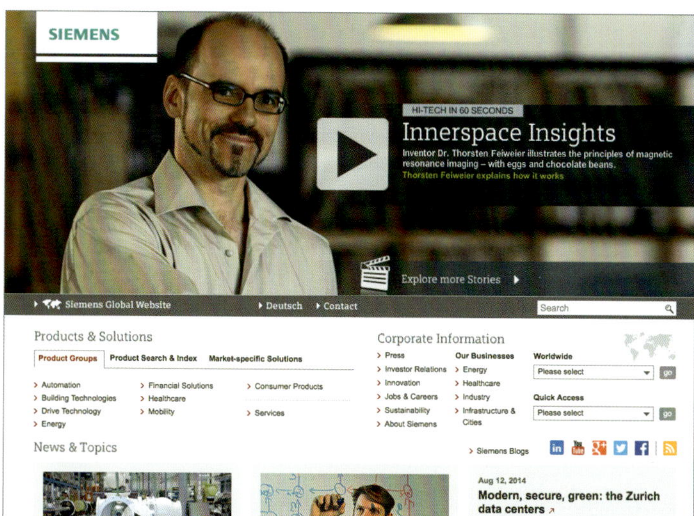

◂ **Abbildung 15.3**
siemens.com präsentiert auf der Startseite Videos von unterschiedlichsten Mitarbeitern, die einen Einblick in ihre Arbeit geben. Das schafft emotionale Nähe.

Die wichtigste Seite einer Corporate Website ist die Startseite (auch *Homepage* genannt). Die Startseite sollte dem Besucher gleich zeigen, wo er hier ist, was er erwarten darf und was das Unternehmen für ihn tun kann (siehe Kapitel 8, »Layout und Raster«).

15.1.2 Analyse einer Corporate Website

Exemplarisch sind in Abbildung 15.4 die Startseiten der Corporate Websites der beiden Global Player Unilever und BP dargestellt. Eine Wiedererkennung ist vor allem durch die Logos und die Corporate-Design-Farben gegeben. Bei BP dürfte die Wiedererkennung größer sein, da dieses Unternehmen durch entsprechende Werbemaßnahmen bekannter ist. Bei Unilever sind eher deren einzelne Marken wie Langnese, Knorr oder Rama bekannt.

▼ Abbildung 15.4
Die Startseiten von *unilever.de* und *bp.de*

Typisch ist bei beiden Seiten der recht ähnliche Aufbau mit ähnlichen Inhaltstypen. Im Header stehen jeweils links das Logo ❶, eine horizontale Hauptnavigation und im rechten oberen Bereich die Metanavigation samt Suchfeld. Im folgenden großen Teaser-Bereich ❷ findet sich ein Teaser-Slider, der unterschiedliche Themen und News präsentiert. Im Teaser stehen eine große Headline samt Subline ❸ und ein Call-to-Action-Button ❹. Das ist der klassische Teaser-Slider-Aufbau – so bekannt wie unspektakulär. Danach folgen jeweils viele kleine Info-Boxen. BP präsentiert noch mehrere News-Teaser ❺. Beide teasern Pressemeldungen ❻ und Download-Möglichkeiten ❼ an. Hier zeigt sich die Herausforderung der Ansprache verschiedener Zielgruppen bei einer Corporate Website. Pressemeldungen dürften vor allem für Journalisten interessant sein und weniger für potenzielle Endkunden. Unilever bietet dann noch weitere alternative Einstiegsmöglichkeiten in die Seite an ❽. Diese beiden Beispiele stehen exemplarisch für viele andere Corporate-Website-Startseiten.

Je nach Online-Marketing-Strategie kann es natürlich auch passieren, dass Besucher zuerst auf einer Unterseite landen (durch die Suche über eine Suchmaschine oder Verlinkungen in sozialen Netzwerken). Je nachdem, wie intensiv man unterschiedliche Vermarktungsmaßnahmen umsetzt, sind also auch Unterseiten der Einstieg in eine Corporate Website. Nicht selten gelangt der Besucher im Laufe der weiteren Webseiten-»Erkundung« aber auch auf die Startseite.

»Identifizierung, Wiedererkennung und Differenzierung sind die gewünschten Ergebnisse des Branding-Prozesses einer Corporate Website.«

15.1.3 Das Website-Branding

So oder so – wichtig ist, dass der Besucher gleich merkt, wo er ist. Dafür ist das sogenannte *Branding* verantwortlich, also die Wiedererkennung des Unternehmens, der Marke, anhand bestimmter optischer Merkmale. Wird das Branding auf das Design reduziert, könnte man auch vom *Corporate Design* sprechen. Ist dem Anwender dieses schon bekannt (was bei Großunternehmen wie in Abbildung 15.4, BP, oft schon durch entsprechende Werbemaßnahmen der Fall ist), dann entsteht Vertrautheit, und der Besucher weiß, dass er auf der richtigen Seite ist. Bei Webseiten, deren Unternehmensdesign dem Besucher noch nicht so bekannt ist, muss das Design dafür sorgen, die gewünschte Botschaft zu vermitteln. Logo, Farben, Bilder und Typografie vermitteln in Sekundenbruchteilen einen ersten Eindruck.

Konvention vor Kreativität
Wird eine Corporate Website zu »kreativ« umgesetzt, besteht die Gefahr der Verwirrung. Die Website wird »unbenutzbar«. Ein einfaches traditionelles Design ist besser als ein innovatives Design, das nicht benutzerfreundlich ist.

Eine bedeutende Rolle kommt in der Erstellung einer Corporate Website neben dem Design der inhaltlichen Gliederung (siehe Kapitel 5, »Informationsarchitektur«) zu. Den Besuchern müssen Informationen angeboten werden, die ihren Bedürfnissen entsprechen, und diese sollten sie möglichst schnell finden können. Auch eine Suchmöglichkeit, die dem Anwender das komfortable Durchsuchen der Seiteninhalte ermöglicht.

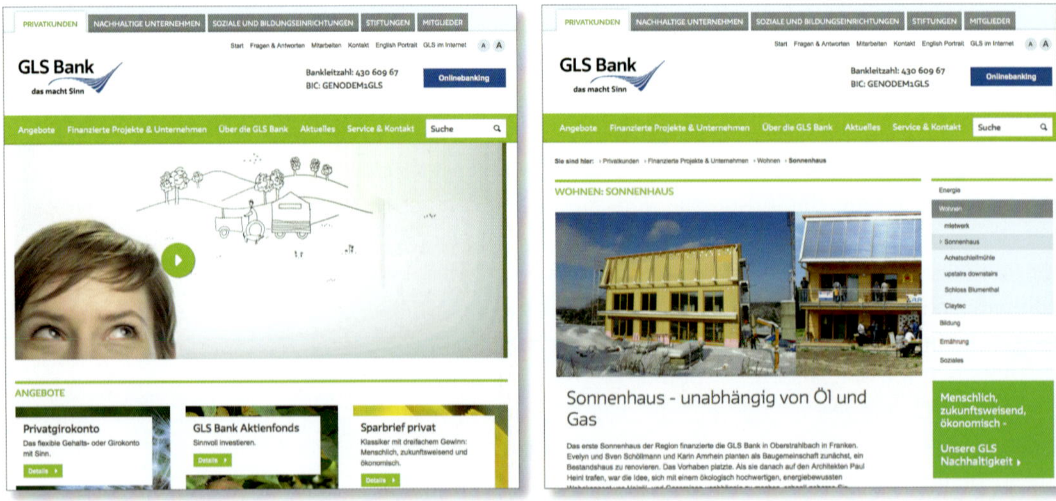

▲ **Abbildung 15.5**
Start- und Unterseiten sind bei *gls.de* aus einem Guss.

15.2 Portfolio

Die eigene Website ist ein Aushängeschild
Die berühmte Ausrede, der Schuster habe die schlechtesten Schuhe, finde ich eher bedauerlich. Gehe ich in ein Bekleidungsgeschäft, sehen die Verkäufer nicht zerlumpt aus. Der Verkäufer von hochklassigen Limousinen fährt selbst nicht in einer uralten Rostlaube vor.

Eine Portfolio-Seite ist das Aushängeschild eines Selbstständigen oder einer Agentur. Hier werden die besten Projekte vorgestellt, und Interessenten bekommen einen Einblick in die angebotenen Leistungen und Arbeitsweisen.

Was so einfach klingt, wird für den einzelnen Designer, Developer oder wer auch immer gerade sein Portfolio erstellen will, schnell eine Qual. Es steht kein Kunde dahinter, dessen Erwartungen und Vorgaben die Seite gerecht werden muss. Dieses Fehlen an klaren Rahmenbedingungen fördert oft genug nicht die Kreativität, sondern blockiert eher durch zu viel Freiraum.

15.2.1 Der Ausdruck von Persönlichkeit

Einerseits soll die Seite etwas außergewöhnlich Individuelles sein, und es gibt sehr wenige Projekte, bei denen man sich so kreativ »austoben« kann wie beim eigenen Portfolio. Andererseits sollen potenzielle Kunden angesprochen und überzeugt werden. Der Grat zwischen kreativer Innovation und langweilig klassischem Portfolio ist sehr schmal.

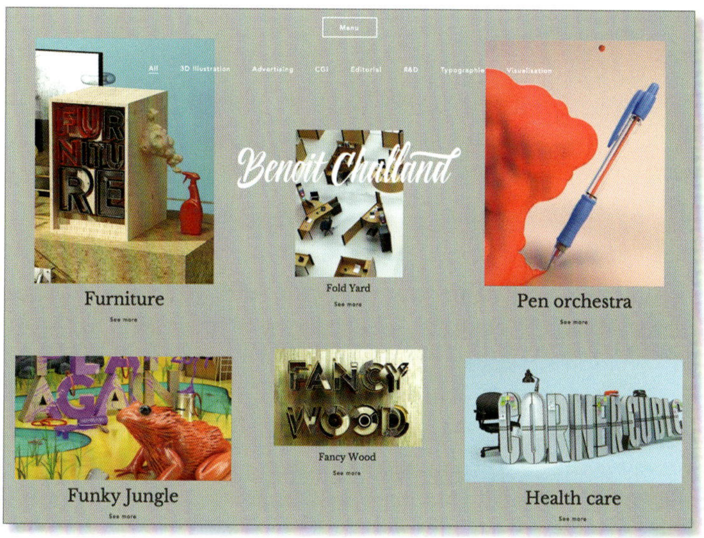

◂▴ Abbildung 15.6
Dreimal das typische Portfolio-Raster. Durch die Animationseffekte vermitteln die Seiten aber ein sehr individuelles Nutzungserlebnis (*danielfuhrerdesign.com*, *carlphilippebrenner.com* und *benoitchalland.com*).

Anders als bei klassischen Unternehmenswebsites steht beim Portfolio vor allem das »Ich« des Selbstständigen im Vordergrund. Die Persönlichkeit sollte daher herausgestellt werden – textlich, bildlich und/oder gestalterisch. Daher kommt auch die Entwicklung, das »Ich« als Marke zu etablieren. In einer konsumistischen Gesellschaft muss sich auch der Arbeitende als Ware möglichst interessant machen und seine Dienstleistung möglichst meistbietend verkaufen. Unterstützt durch die Entwicklungen der sozialen

Netzwerke, ist das persönlich authentische Auftreten eine Chance und Notwendigkeit zugleich. Die »Personality« eines Selbstständigen entscheidet mit über Erfolg oder Misserfolg. Das Portfolio soll diese authentische Persönlichkeit möglichst gut vermitteln.

Abbildung 15.7 ▸
Sie stehen mit ihrem Namen und zeigen dafür auch ihr Gesicht: *marcbriefer.ch* (oben) und *andreamann.com* (unten).

15.2.2 Präsentation der eigenen Arbeit

Neben dem Ausdruck der Selbstständigen- (oder auch Agentur-) Persönlichkeit ist die Präsentation der Referenzen, also der bisherigen Arbeiten, das eigentliche Herzstück eines Portfolios – gerade für Webdesigner und Agenturen. Diese sollten gebührend präsentiert werden. Mal kann da ein Bild ausreichend sein, mal ist eine ausführliche Beschreibung des Projekts – samt Aufgabenstellung und Umsetzung – hilfreicher. Auf jeden Fall vermitteln die präsentierten Arbeiten dem potenziellen Kunden die Qualität der Arbeit, und er bekommt einen Eindruck davon, welches Ergebnis er bei seinem Projekt erwarten darf.

Projektdetails
Folgende Informationen können bei der Präsentation einzelner Projekte interessant sein: Aufgabenstellung, Projektablauf, Kundenbeschreibung, eigene Leistungen, Herangehensweise, Umsetzung, sonstige Besonderheiten oder Projektbilder von den ersten Skizzen bis zum fertigen Ergebnis.

Der Aufbau, die Struktur der Seite, die Inhalte, die Texte, die Bildbearbeitung, die Präsentation seiner Arbeiten und seiner Leistungen geben dem Interessierten einen ersten Eindruck. Stimmt dieser nicht oder gibt es erst gar kein Portfolio, mag dies im Einzelfall vielleicht unerheblich sein, weil die Kundengewinnung über andere Kanäle erfolgt. Aber in den meisten Fällen spielt das Portfolio eine große Rolle bei der Entscheidungsfindung eines potenziellen Kunden. Logisch – wonach soll er sonst auch urteilen? Er kann sich vielleicht noch auf mündliche Empfehlungen oder den persönlichen Kontakt mit dem Webdesigner verlassen. Gibt es diesen aber nicht – viele Interessierte kommen beispielsweise über die Suchmaschinen –, dann müssen andere Entscheidungskriterien her, wie eben das Portfolio.

Die Präsentation der eigenen Arbeiten erfolgt meistens auf einem recht ähnlichen Weg. Es gibt eine Unterseite (die dann häufig passenderweise »Projekte, »Portfolio« oder »Referenzen« heißt), auf der dann die gesammelten Werke kurz vorgestellt werden – manchmal nur mit einem Thumbnail, ergänzt durch eine kurze Erklärung (Kundenname und Art der Leistung). Häufig gibt es dann zu jedem Projekt noch eine Unterseite, auf der das Projekt mit mehreren Bildern und einer detaillierten Projektbeschreibung ausführlicher dargestellt wird. Manchmal werden auch nur Thumbnails gezeigt, was für viele Projekte etwas unzureichend sein mag, einfach weil sie dem Betrachter über die Umsetzung und den eigenen Anteil zu wenige Informationen liefern.

Das eigene Portfolio ...
... sollte persönlich, übersichtlich, individuell und klar sein. Es sollte aktuell sein und die besten Arbeiten präsentieren. Qualität geht vor Quantität: Zeigen Sie lieber fünf gute Arbeiten als zwanzig mittelmäßige. Dazu ein persönlicher Ton in der Ich-Sprache, der zeigt, dass eine reale Person dahintersteckt, außerdem vielleicht noch Testimonials, die die eigene gute Arbeit »neutral« bestätigen. Natürlich muss auch die Möglichkeit einer einfachen Kontaktaufnahme bestehen.

▲ **Abbildung 15.8**
Eine typische Portfolio-Struktur: Übersichtsseite mit Thumbnails (links) und Projektseite mit großen Bildern (rechts) wie bei *mikemcquade.com*

Die klassische zweite Portfolio-Variante ist so etwas wie eine One-Pager-Projektseite. Hier werden so wie bei *hochburg.net* und *warrebuysse.be/en* (siehe Abbildung 15.9) alle (also zumindest die besten) Arbeiten mit mehreren und/oder größeren Bildern und mehr Text untereinander dargestellt. Hier muss der Betrachter eben mehr scrollen, sich dafür aber nicht von Projekt zu Projekt klicken.

Abbildung 15.9 ▸
Portfolios werden auch gerne als One Pager umgesetzt, wie bei *hochburg.net* und *warrebuysse.be/en*.

Es gibt kein Standardlösung, sondern jeder muss die für seine Arbeiten und für sein Portfolio passende Projektpräsentation für sich finden. Ich selbst hatte meine Projekte auch lange auf einzelnen Unterseiten samt Projektstartseite strukturiert, stellte dann aber per Besucheranalyse fest, dass auf die Unterseiten nur sehr wenige der Besucher kamen. Inzwischen zeige ich eine Auswahl der Projekte wieder nur auf einer einzigen, dafür recht langen Seite. So haben die Besucher schneller einen Überblick über meine Arbeiten und müssen sich nicht durch viele Projekte mit ebenso vielen Bildern und Erklärungstexten (die sich vermutlich sowieso niemand durchliest) klicken. Was in meinem Fall erfolgversprechend war, muss aber nicht allgemeingültig sein.

15.3 Shop

Bei Onlineshops hängt der Erfolg unmittelbar an der Webseite. Ein Onlineshop soll verkaufen, während beispielsweise eine Corporate Website oder ein Portfolio der Image-Generierung oder dem Service dient.

Als Analogie kann man einen Onlineshop mit einem Ladengeschäft in der Fußgängerzone vergleichen. Sie betreten den Laden und müssen sich orientieren. Einige Produkte stehen gleich am Eingang bereit, eventuell zeigen Hinweisschilder, wo welche Produktbereiche zu finden sind. Sie können Verkäufer fragen oder einfach ein bisschen herumlaufen und sich umschauen. Die Umsetzung vieler Onlineshops würde in der realen Welt so aussehen: Sie betreten den Laden, eine riesige Reihe an Wegweisern steht herum (die Navigation), anhand deren Benennung Sie aber auch nicht genau erkennen können, was sich alles dahinter verbirgt. Überall stehen Angebotsschilder herum oder hängen von der Decke, die Sie unnötig ablenken und Ihnen die Sicht auf die eigentlichen Produkte und Wegweiser nehmen. Als letzte Lösung wollen Sie einen Verkäufer fragen, aber es findet sich keiner (kein Suchformular). So präsentieren sich leider viele Onlineshops – reizüberflutete Konsumenten sind das Ergebnis.

Die Herausforderung eines Shops besteht darin, dem Besucher einerseits Orientierung zu bieten, also eine Informationsüberflutung zu verhindern und ihm zu helfen, die gesuchten Produkte schnell zu finden. Andererseits will man den Besucher mit Angeboten locken und besondere Produkte (Schnäppchen, Neuigkeiten, Bestseller etc.) herausstellen. Dies ist sicherlich ein Spagat. Der individuell beste Weg muss unter Umständen über Webseiten-Analyse-Tools ermittelt werden.

◂ **Abbildung 15.10**
Schlicht, übersichtlich, die einzelnen Produkte stehen im Mittelpunkt. Auch so können Shops aussehen, wie bei *abbyseymour.com*.

15.3.1 Vertrauen schaffen

Ein sehr wichtiges Kriterium, wenn nicht das wichtigste, beim Online-Verkauf ist Vertrauen. Haben die Besucher dieses nicht, werden sie kaum zu Käufern. Um vertrauenswürdig zu erscheinen, sollte ein Shop professionell wirken. Dazu gehört zuerst ein professionelles Design. Dieses sorgt für einen angenehmen ersten Eindruck, erzeugt die passende Shop-Atmosphäre (Look & Feel), bietet den richtigen Überblick und eine Struktur.

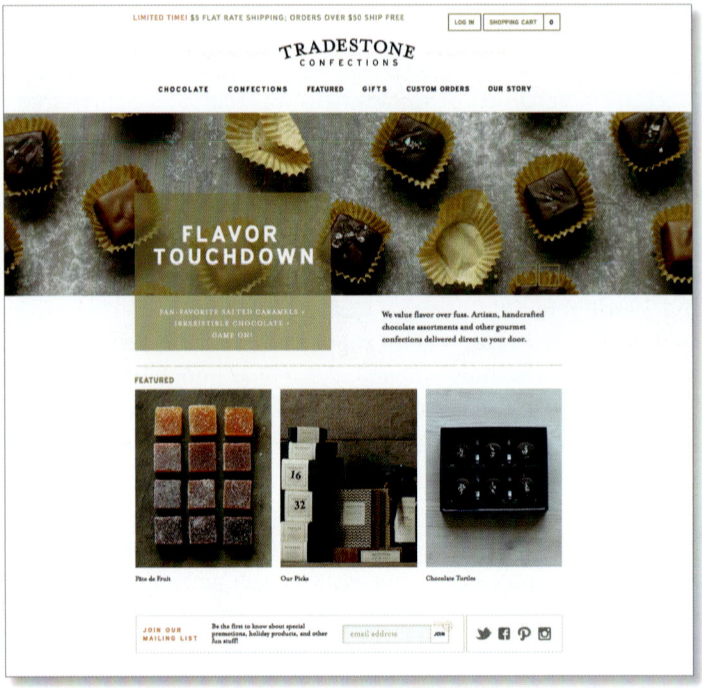

Abbildung 15.11 ▸ So lecker kann Confiserie sein, der Shop von *tradestoneconfections.com*.

Der Confiserie-Shop in Abbildung 15.11 wirkt auf den ersten Blick nicht wie der klassische Shop, fast schon wie eine Corporate Website oder eine Produktseite. Die Produktpräsentation steht im Mittelpunkt. Man könnte fast sagen, zuerst wird Appetit gemacht. Große ästhetische Produktbilder, viel Weißraum und eine abgestimmte Typografie sorgen für ein ansprechendes Look & Feel. Aufgeräumt, elegant und großzügig wirkt die Seite und vermittelt damit Professionalität und erzeugt Vertrauen.

Wie genau Professionalität aussehen sollte, ist von Shop zu Shop unterschiedlich. Dies ist sehr von den angebotenen Produkten, deren Preisen und der Angebotstiefe und -breite abhängig. Ein minimalistisch gestalteter Shop mag für wenige sehr hochwertige und -preisige Produkte gut geeignet sein. Für einen techniklastigen Shop mit vielen Sparangeboten mag eine kräftige

Farbgebung wie bei *conrad.de* die richtige Wahl sein (siehe Abbildung 15.12), bei einem Shop mit Kinderartikeln ist dafür eine buntere Farbauswahl passend (wie bei *tausendkind.de*).

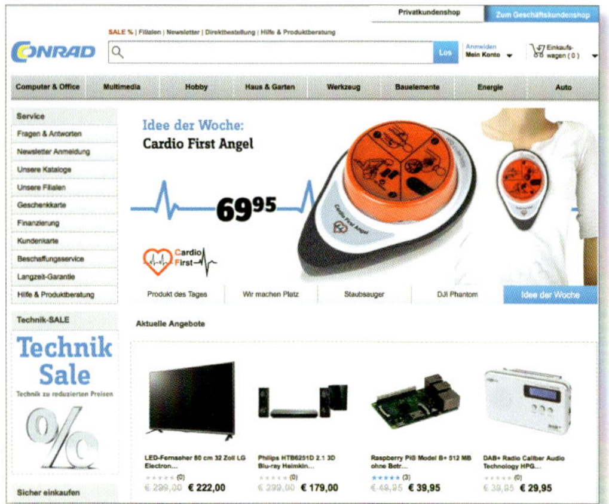

▲ **Abbildung 15.12**
Kindermode wird häufig farbig präsentiert, Technikprodukte dagegen erscheinen kühl und klar, *tausendkind.de* und *conrad.de*.

Vertrauen wird neben dem Design auch durch eine gute Usability, ein responsives Design und durch die sogenannten »vertrauensbildenden Maßnahmen« erzeugt. Dazu gehören beispielsweise die prominente Platzierung wichtiger und bekannter Gütesiegel (zum Beispiel »Trusted Shop« ② oder *internet-guetesiegel.de*). Positive Kundenbewertungen, die Möglichkeit der gängigen und beliebten Zahlungsverfahren wie PayPal oder ClickandBuy, Garantien und Rückgaberecht sowie einfache und eindeutige Kontaktinformationen ergänzen diese Maßnahmen.

◀ **Abbildung 15.13**
Mit dem Shop-Usability-Award 2014 ① ausgezeichnet: *tennis-point.de*

In der Praxis lassen sich diese vertrauensbildenden Maßnahmen zum Beispiel am oben abgebildeten Shop *tennis-point.de* nachvollziehen (siehe Abbildung 15.13). Dieser hat den Shop-Usability-Award 2014 bekommen (*shop-usability-award.de/2014-award*) – unter anderem für seine intuitive und leichte Bedienung. Gleichzeitig zeigt der Shop auch, was Vertrauensbildung ausmacht. Ein professionelles modernes Design und dazu jede Menge Siegel wie »Trusted Shop« oder »Google-zertifizierter Händler«. Versprechen wie »100 Tage Geld zurück« oder »Versand kostenlos« geben dem Käufer Sicherheit. Und dann noch das »offensive« Angebot an Kontaktmöglichkeiten. Telefonnummer und E-Mail sind nicht irgendwo versteckt, damit ja keiner auf die Idee kommt, Kontakt aufzunehmen, sondern prominent platziert. Auch solche Serviceangebote erwecken Vertrauen. Wenn Sie also weitere hilfreiche Shop-Anregungen suchen, werden Sie bei *shop-usability-award.de/#der-award* noch einige finden.

Abbildung 15.14 ▸ Vertrauensbildende Shop-Maßnahmen: Bewertungen, vielfältige Zahlungsmöglichkeiten, Zertifizierungen und Logos bekannter Marken

Shop-Zielgruppen und deren Bedürfnisse

Bei der Konzeption eines Shops müssen – eigentlich wie bei allen Webprojekten, hier aber noch einmal besonders – die Zielgruppen und deren Bedürfnisse und Erwartungen analysiert und Persona-Beschreibungen erstellt werden (siehe Kapitel 3, »Konzeption und Strategie«). An zwei typischen Shop-Besuchern will ich dieses verdeutlichen: dem »Sucher« und dem »Stöberer«.

- Der **Sucher** kommt auf eine Shop-Seite und sucht ein bestimmtes Produkt. Die Breite des Sortiments und besondere Angebote interessieren ihn nicht. Er will möglichst schnell zu dem gesuchten Produkt kommen – entweder über die Navigation oder über die Suche. Beide Möglichkeiten sollten ihm das Finden möglichst schnell und einfach ermöglichen. Seine Intention besteht also im direkten Weg zu seinem Produkt.
- Dem gegenüber steht der **Stöberer**, der eher auf »Entdeckungsreise« im Shop geht. Einfach mal schauen, was so angeboten wird, vielleicht ein Schnäppchen finden oder interessante Produkte entdecken. Der Stöberer will sich eher inspirieren lassen und hat selten vorher ein bestimmtes Produkt im Fokus.

Die sicherlich in ihrer Reinform so selten vorkommenden Zielgruppen verdeutlichen die unterschiedlichen Intentionen der Besucher, die bei der Umsetzung zu beachten sind und auch während des Betriebs durch Analyse-Tools und Umfragen kontrolliert werden sollten.

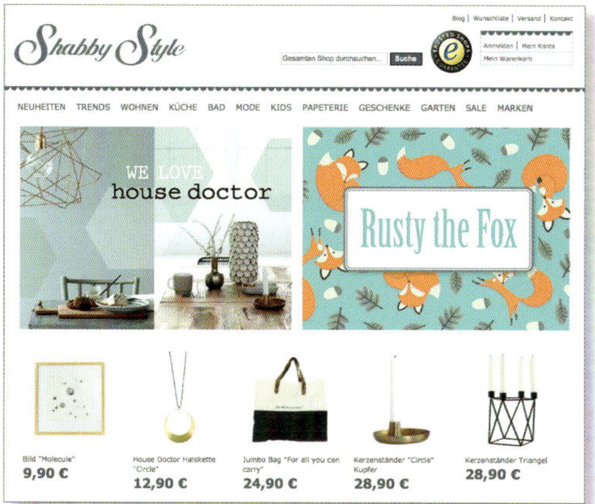

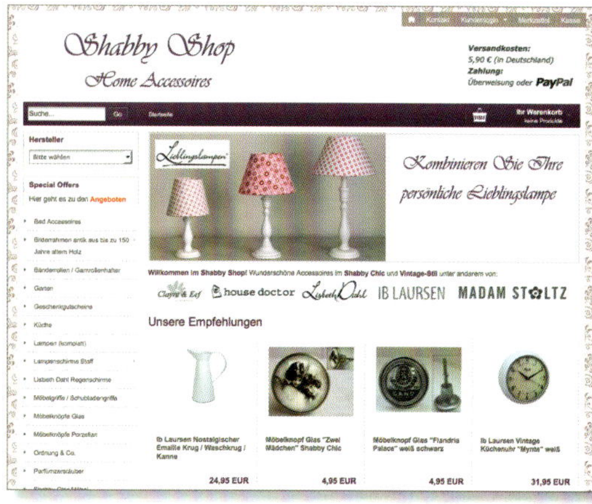

▲ **Abbildung 15.15**
Bei *shabby-style.de* (links) findet der Stöberer viele Anregungen, dagegen ist *shabby-shop.de* (rechts) eher für den Sucher geeignet.

15.3.2 Konkurrenz und Shop-Vielfalt

Viele Shops haben das Problem, sich mit unzähligen anderen zu messen, die die gleichen Produkte anbieten. Soll nicht allein der Preis darüber entscheiden, wo der Kunde letztlich kauft, müssen die oben angesprochenen vertrauensbildende Maßnahmen ergriffen werden, ein professionelles Design vorhanden sein und der Shop ein Alleinstellungsmerkmal finden. Der Shop sollte dem Besucher einen (oder mehrere) gute Gründe liefern, warum er hier einkaufen sollte. Dies kann auch ganz unterschwellig geschehen – etwa durch eine gute User Experience oder einen besonderen Service.

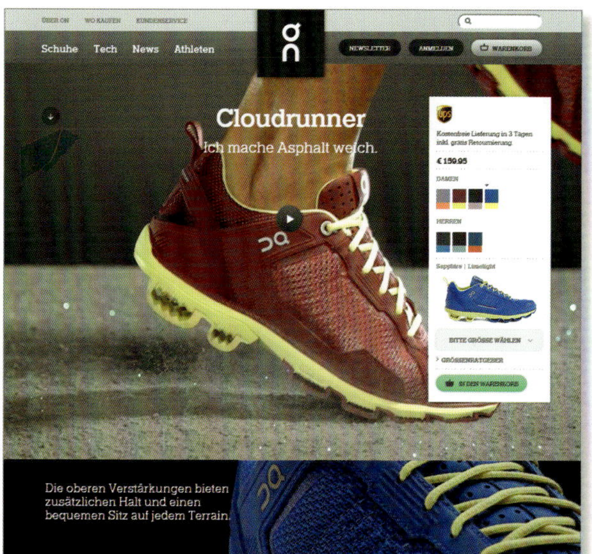

◀ **Abbildung 15.16**
So erlebnisreich können Produktseiten in Shops sein (*on-running.com*).

Schaut man sich die üblichen Produktdetailseiten klassischer Shops an, fällt auf, dass sich diese zu sehr gleichen. Sie sehen nach den typischen Shop-Templates aus. Einzig die Farben und vielleicht noch die angepasste Typografie unterscheiden sich. Immerhin, aber oft nicht ausreichend, um eine wirkliche Differenzierung zum Wettbewerb herzustellen. Es geht aber auch anders. Individuelle Produktdetailseiten, die einen Mehrwert liefern, erhöhen das Nutzungserlebnis. Zum Beispiel können dies Produktfotos aus verschiedenen Blickwinkeln sein, Benutzerbewertungen, Serviceinhalte (wie Lieferzeiten), Produktvideos etc.

15.4 Blog

Definition Blog
Ein *Blog* ist eine Webseite, bei der regelmäßig Artikel veröffentlicht werden. Häufig drehen sich Blogs um ein spezielles Thema (zum Beispiel Suchmaschinenoptimierung), manchmal sind sie aber ganz allgemein (etwa zur Thematik »Online-Marketing«. Die Blog-Artikel werden typischerweise als chronologisch abwärts sortierte Liste präsentiert.

Blogs sind ein fester Bestandteil des World Wide Webs und gerade für Medienschaffende gibt es viele lesenswerte Blogs in den unterschiedlichsten inhaltlichen Ausrichtungen (siehe Kapitel 16, »Tipps, Tricks und Tools«). Befrage ich aber bei meinen Schulungen Medien-Studenten nach Blogs, fällt den meisten zuerst eine digitale Form eines Tagebuchs (geschrieben von Jugendlichen) ein, ab und zu noch durch die Bemerkung ergänzt, Blogs seien ja tot. Ich würde das Gegenteil behaupten, noch nie waren Blogs so lebendig. Blog ist dabei nicht gleich Blog. Es gibt viele Arten von Blogs, die vor allem inhaltlich gruppiert werden. Im Folgenden möchte ich vor allem auf zwei Arten genauer eingehen: die Corporate Blogs und die Info-Blogs.

▲ **Abbildung 15.17**
Ein Blog kann für jedes Unternehmen einen Gewinn darstellen. Das hat auch Jack Wolfskin erkannt (*blog.jack-wolfskin.com/ch/Home.aspx*).

15.4.1 Das Corporate Blog

Ein *Corporate Blog* ist das Blog eines Unternehmens, das sich als Kommunikationsinstrument in den letzten Jahren in Deutschland etabliert hat. Als »Gegentrend« zu den Profilen in sozialen Netzwerken veröffentlichen Unternehmen immer häufiger auch News, Informationen, Serviceinhalte und Einblicke ins Arbeitsleben des Unternehmens oder einzelner Mitarbeiter in einem eigenen Blog. Der Vorteil liegt auf der Hand. Die Inhalte und die Plattform gehören dem Unternehmen, das ist bei sozialen Netzwerken häufig anders. Ein Blog kann auch die Corporate Website aufwerten und ist für die Suchmaschinenoptimierung ein sehr geeignetes Mittel. Bis sich ein Blog allerdings auszahlt, braucht man viel Ausdauer und regelmäßige Artikel. Die Gestaltung eines Corporate Blogs orientiert sich meistens an der Corporate Website bzw. dem Corporate Design – was absolut nachvollziehbar ist, da ein Blog ja eine Assoziation zum Unternehmen herstellen soll.

Webdesign-Blogs
Natürlich gibt es auch zum Thema Webdesign unzählige Blogs. Eine Auflistung an lesenswerten Blogs finden Sie im Kapitel »Tipps, Tricks und Tools« ab Seite 755.

15.4.2 Das Info-Blog

Die *Info-Blogs* (oder Fach-Blogs) setzen sich mit einem speziellen Thema oder einer bestimmten Branche auseinander. So gibt es unzählige Blogs über Webdesign, manche ganz allgemein, andere speziell über bestimmte Themen wie etwa Photoshop. Bei den Info-Blogs steht kein Unternehmen dahinter, sondern die Blogs sind sozusagen das Unternehmen oder, vielleicht besser formuliert, das Produkt. Ein Info-Blog sollte also so gestaltet sein, dass es eine klare Wiedererkennbarkeit und Differenzierung erreicht.

▼ Abbildung 15.18
Vor allem die Farbwahl sorgt für ein klares optisches Profil (*blog.spoongraphics.co.uk* (links) und *davidhellmann.com/blog* (rechts)).

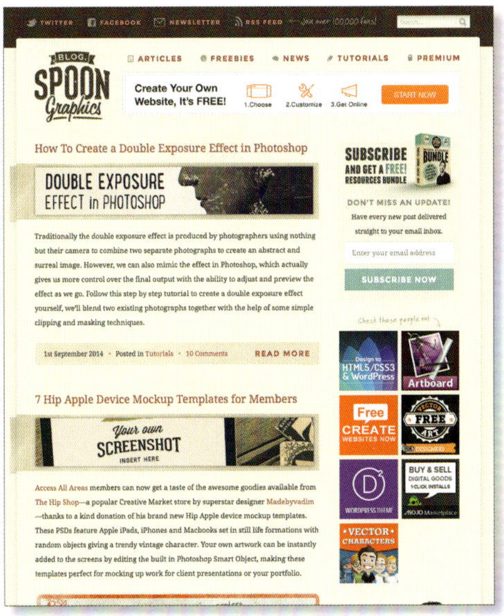

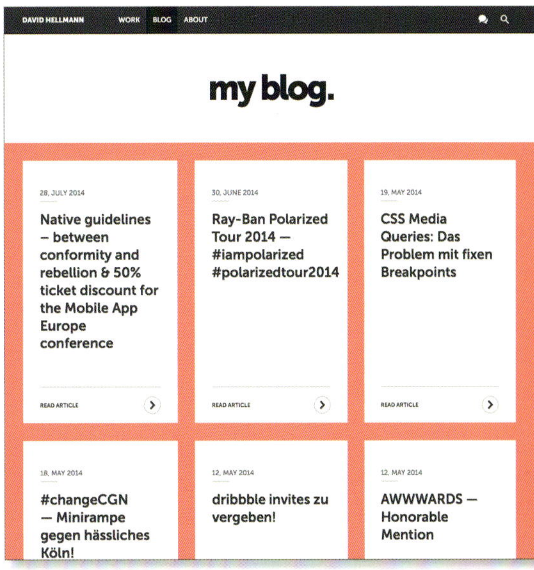

Meistens wird ein klares optisches Profil durch die Wahl der Farben oder Farbkombinationen erreicht. Unterstützt wird dies noch durch die Wahl der Typografie, der Bilder und des Layouts.

15.4.3 Aufbau eines Blogs

Der Grundaufbau von Blogs ähnelt sich sehr (siehe Abbildung 15.19). Der Anwender ist diesen Aufbau gewohnt und findet sich daher schnell zurecht. In einer Seitenleiste werden häufig zusätzliche Informationen und weitere Navigationsmöglichkeiten angeboten (siehe untenstehenden Kasten).

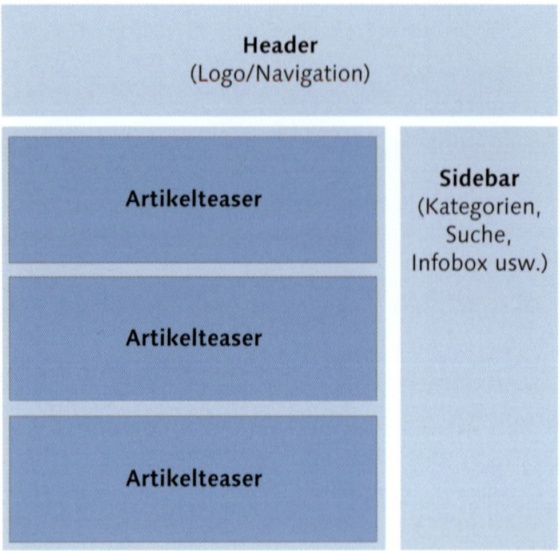

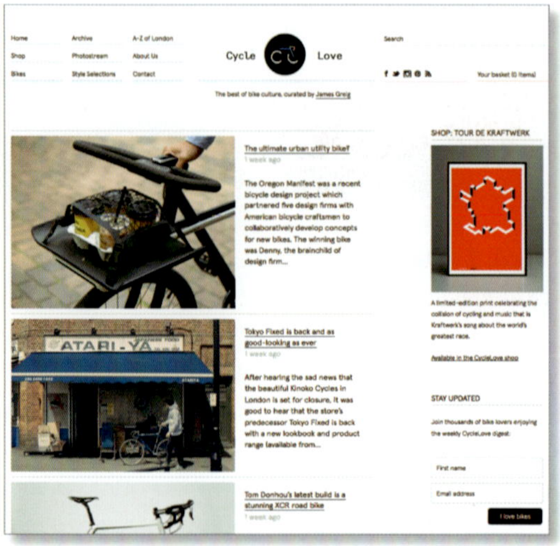

Abbildung 15.19 ▼
Es gibt eine typische Blog-Struktur (links), die bei den meisten Blog-Systemen so schon vorgegeben wird. Auch *cyclelove.net* setzt darauf.

Wer aus diesem Blog-Layout-Einerlei ausbricht, hat aber gute Chancen, seinem Design (und damit der äußeren Wahrnehmung) Individualität zu verleihen. So gibt es – aufgrund des dahintersteckenden Aufwands leider viel zu selten – Blogs, bei denen jeder Artikel extra ein eigenes Layout und Design bekommt – passend zum Inhalt des Artikels. Außerdem gibt es Blogs, bei denen die Startseite nicht nur aus einer Auflistung der letzten zehn Artikel besteht, sondern die die bisherigen Artikel auf unterschiedlichen Wegen anpreisen: meistgelesene Artikel, bestbewertete Artikel, Artikel aus bestimmten Kategorien oder einfach Artikel, die dem Autor besonders am Herzen liegen.

Eines der wenigen optischen Gestaltungsmittel eines Blog-Artikels sind die Artikelbilder. Damit sind die Bilder gemeint, die einen Artikel einleiten bzw. bei einer Übersicht als Thumbnail angezeigt werden. Bei vielen Themen lassen sich nur schwer Bilder finden, weil diese sehr abstrakte Themen beinhalten oder zumindest keine gegenständlichen Objekte.

Die Blog-Sidebar
Die Seitenleiste eines Blogs bietet die Möglichkeit, weiterführende Informationen oder Navigationsmöglichkeiten zu präsentieren, zum Beispiel: Infos über das Blog, Autoren, einen Social Stream (die letzten Tweets, Instagram-Bilder etc.), Such- oder Newsletter-Formulare, Werbebanner, Blogroll oder alternative Navigationsmöglichkeiten wie eine Auflistung der Kategorien, Tags, ähnliche Artikel, beliebteste oder aktuellste Artikel, ein Artikelarchiv etc.

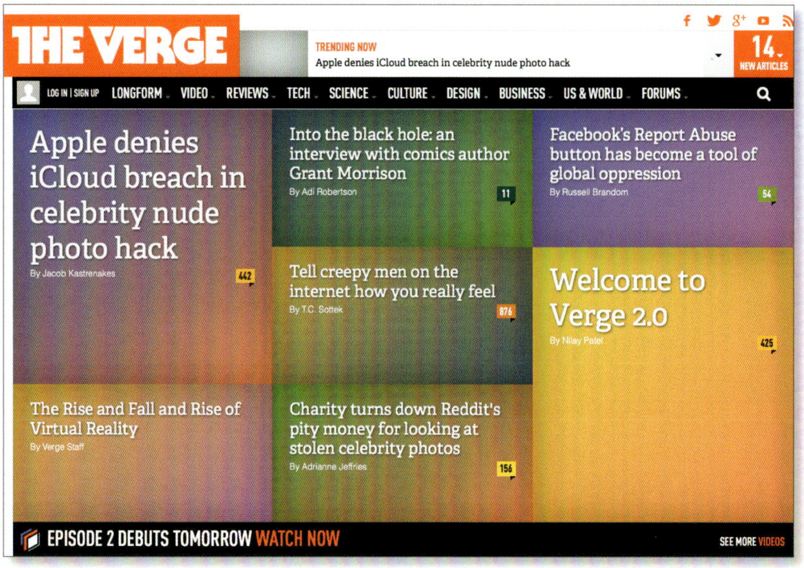

◂ Abbildung 15.20
theverge.com bricht mit der klassischen Blog-Struktur und -navigation.

So wird in Blogs gerne auf Stockphotos zurückgegriffen, was dann zu austauschbaren Bildern führt. Dazu kommt noch, dass bei den meisten Blogs keine durchgängige Bilderwelt erkennbar ist. Die Artikelbilder wirken eher wie ein Sammelsurium an Stockbildern, frei verfügbaren Fotos und selbst geschossenen oder gestalteten Bildern. Ein konsistentes Design sieht anders aus. Eine individuelle Bilderwelt zu entwickeln bietet die große Chance, dem Blog eine hohe Wiedererkennbarkeit und Individualität zu verschaffen. Dies erfordert sicherlich mehr Aufwand – sowohl in der Konzeption zu Beginn als auch in der Umsetzung bei den einzelnen Artikelbildern. Aufwand und Ertrag müssen also im Einzelfall abgewogen werden.

Zum Nachlesen
Auf die Stockphoto-Problematik bin ich bereits ausführlich in Abschnitt 11.4.1 ‚»Austauschbare Bilderwelten«, eingegangen.

▾ Abbildung 15.21
Minimalistische individuelle Bilder bei *frenchcuisse.com*. *moodyguy.net* hat neben quadratischen sehr individuelle Bildformate.

15.5 Landing Page

Eine *Landing Page* ist eine eigene, oft nur aus einer einzigen Seite bestehende Webseite, die nach dem Klick auf einen Werbebanner oder einen Suchmaschineneintrag angezeigt wird. In der Landing Page wird auf das Angebot/Thema des Banners oder die Stichwörter der Suchmaschinenergebnisse näher eingegangen. Anders als bei einer Corporate Website kann man mit einer Landing Page viel intensiver auf ein spezielles Angebot und die Zielgruppe eingehen. Entscheidender Bestandteil einer jeden Landing Page ist ein »Response-Element«, das eine Aktion des Besuchers erwartet, wie etwa ein Anfrageformular, die Bestellung eines Newsletters oder den Kauf eines Produkts.

Landing Pages sind kleine Verkaufsseiten, die sowohl innerhalb eines größeren Webauftritts (zum Beispiel der Corporate Website) als auch allein mit eigener Domain erscheinen können. Sie sind zielgerichteter als klassische Webseiten ausgerichtet, da sie sich mit nur einem Thema beschäftigen und dieses dem Besucher schmackhaft machen können.

15.5.1 Aufbau einer Landing Page

Bei der beispielhaften Suche nach dem Begriff »Girokonto« führten die ersten Suchtreffer fast ausnahmslos auf Landing Pages von Banken, die eine Unterseite innerhalb ihrer Corporate Website speziell auf diesen Suchbegriff abgestimmt haben. Exemplarisch steht die Girokonto-Landing-Page der »DKB«:

Abbildung 15.22 ▸ Die Girokonto-Landing Page der DKB, *dkb.de/girokonto*

Abbildung 15.22 zeigt die verschiedenen Elemente, die eine Landing Page auszeichnen. Das Logo und der Claim ❶ zeigen sofort, bei welchem Anbieter der Besucher gelandet ist. Zusammen mit dem durchgängigen Gestaltungsschema sind sie wichtige Elemente des Corporate Designs und damit der Identifizierung und Wiedererkennung. Danach folgt eine große Überschrift ❷, die die Kernaussage vermittelt. Oft wird diese noch durch eine Subline und/oder Fließtext ergänzt.

Dazu kommen vertrauensbildende Maßnahmen ❻, die gerade bei einem Finanzprodukt und bei Dienstleistungen, bei denen sich ein reales Produkt abbilden lässt, wichtig sind. Das können Gütesiegel, Testergebnisse oder manchmal auch einfach nur Logos von sehr bekannten Unternehmen/Marken sein (zum Beispiel das DHL-Logo bei Versandmöglichkeiten).

Dann folgen die textlichen Inhalte ❸, in diesem Fall in Tabs angeordnet. Hier wird das Angebot detaillierter beschrieben. Abgerundet wird das Ganze von einem Call-to-Action-Button ❹, der den Anwender zu einer direkten Handlung auffordert. Es folgen stichpunktartig die Vorteile des Angebots. Diese stehen auch gerne vor den textlichen Erklärungen, damit sie mehr ins Gewicht fallen. Grüne Häkchen ❺ vermitteln ein gutes Gefühl und verdeutlichen schnell die Inklusivleistungen.

Je nach beworbenem Produkt oder Dienstleistung und verfügbaren Inhalten erscheinen häufig noch Testimonials, Referenzen, Produktbilder oder Videos in einer Landing Page. Auch die Landing Pages anderer Banken zeigen beim Suchwort »Girokonto« einen sehr ähnlichen Aufbau:

▲ Abbildung 15.23
Auch die Girokonto-Landing-Page von ING-DiBa ist ähnlich aufgebaut (*ing-diba.de/girokonto*).

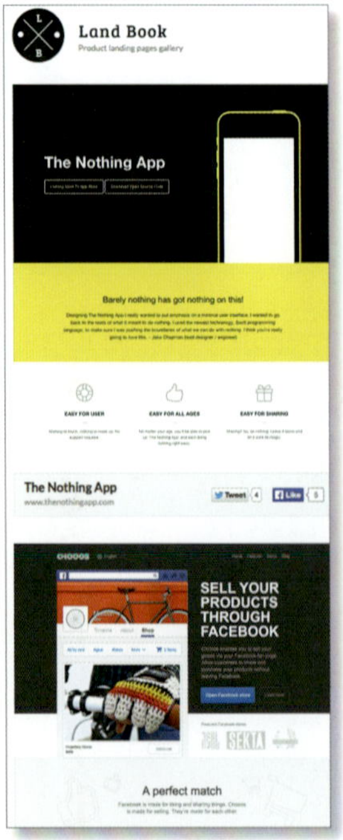

▲ Abbildung 15.24
land-book.com ist eine umfangreiche Sammlung an Landing Pages.

Der Erfolg einer Landing Page hängt von der sogenannten *Konversionsrate* ab, also davon, wie viele Besucher eine bestimmte Aktion ausgeführt haben, zum Beispiel einen Newsletter bestellt und dafür ihre E-Mail-Adresse eingetragen haben. Es gibt einige Kriterien, die zu einer höheren Konversion beitragen können. Aber im Einzelfall muss jede Landing Page aufs Neue getestet werden, was häufig mit sogenannten *A/B-Tests* erfolgt.

15.6 Microsite

Eine *Microsite* ist eine kleine Webseite, die nur aus wenigen Unterseiten besteht. Eine Microsite behandelt meistens ein Thema detaillierter und ist damit häufig eine Ergänzung zur Corporate Website. Beispiele sind die Präsentation eines bestimmten Produkts oder einer Veranstaltung, die sich mit einer Microsite viel individueller darstellen lassen als im Rahmen der Unternehmenswebseite, die vielen Produkten und Themen gerecht werden muss.

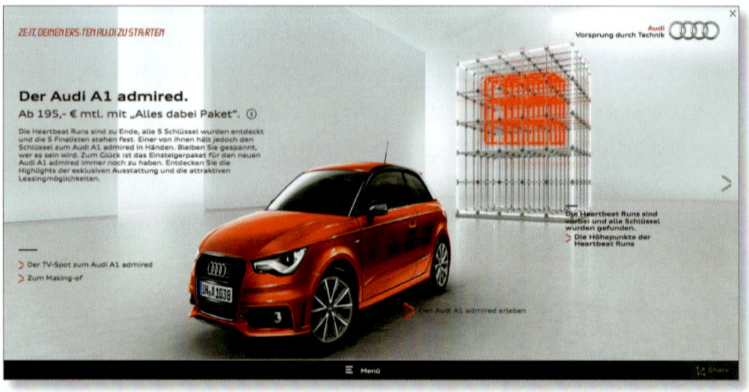

Abbildung 15.25 ▶
Um ein einzelnes Automodell noch gezielter zu präsentieren, gibt es eine eigene Microsite neben der Produktvorstellung auf der Corporate Website (*microsites-secure.audi.com/a1admired/index.html*).

Microsites haben oft ihre eigene Domain und sind in der Gestaltung auch nicht zwingend an die Unternehmenswebseite gebunden, sondern richten sich eher nach den Anforderungen ihres Themas. Mit Microsites lässt sich also inhaltlich und optisch ein Thema besser darstellen als innerhalb einer Corporate Website. Gleichzeitig kann die Zielgruppenansprache gezielter erfolgen und die Suchmaschinenoptimierung verbessern. Eine Microsite zu erstellen bedeutet natürlich einen erhöhten Aufwand. Eventuell sind die User sogar verwirrter, wenn sie auf eine andere Seite als die Unternehmensseite geführt werden. So muss im Einzelfall gut abgewogen werden, ob sich der Aufwand lohnt, denn auch die Suchmaschinenoptimierung beginnt für eine neue Seite bei null. Eventuell kann eine Landing Page oder eine besonders gestaltete Unterseite innerhalb der Corporate Website die bessere Lösung darstellen.

15.7 Web-Apps

Ein gutes mobiles Design und eine gute mobile Usability stellen besondere Herausforderungen dar. Während Tablets inzwischen in Sachen Auflösung mit Net- und Notebooks mithalten können, haben Smartphones kleinere Bildschirme. Selbst wenn die Auflösung bei ihnen hoch ist, erfolgt die Bedienung oft nur mit einem oder zwei Fingern – also weit weg vom Zehn-Finger-Schreiben wie auf einer eigenen Tastatur. Anklickbare Elemente sollten daher auch mit einem Daumen gut zu erreichen sein. Es wird empfohlen, für die Button-Größe mindesten zwischen 40 und 50 Pixel zu wählen. Notfalls muss nicht der Button oder Link so groß sein, sondern nur die sensitive Fläche. Und auch der Abstand zwischen Buttons sollte ausreichen, um nicht aus Versehen den falschen Button auszuwählen.

Bei der Gestaltung einer App ist es hilfreich, auf bekannte Design-Patterns zurückzugreifen – also schon bewährte Gestaltungslösungen, die der Anwender von vielen anderen Apps her kennt und deren Bedienung er gewohnt ist. Das sogenannte *Hamburger Icon* als Icon für die Navigation oder der Zurück-Button, um eine Seite zurückzugehen, sind solche allgemein bekannten Patterns.

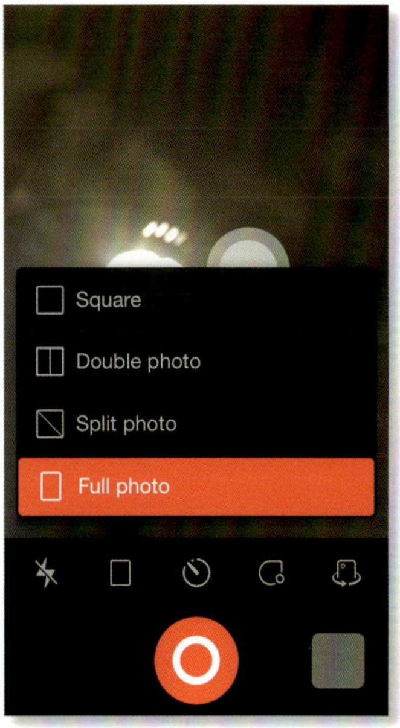

▲ **Abbildung 15.26**
Kleine Buttons sind oft schwierig zu treffen.

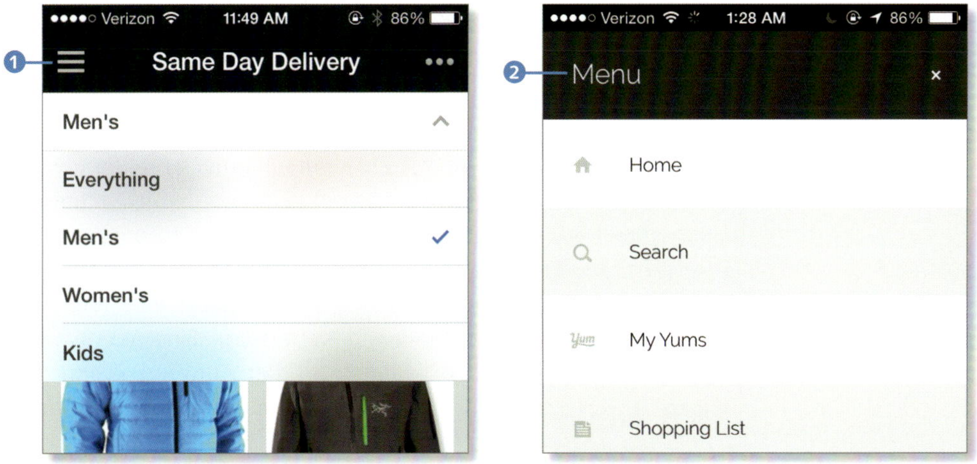

▲ **Abbildung 15.27**
Das Hamburger Icon ❶ als Navigationssymbol wird häufig eingesetzt (links), verständlicher ist (ergänzend) das Wort »Menu« ❷ (rechts).

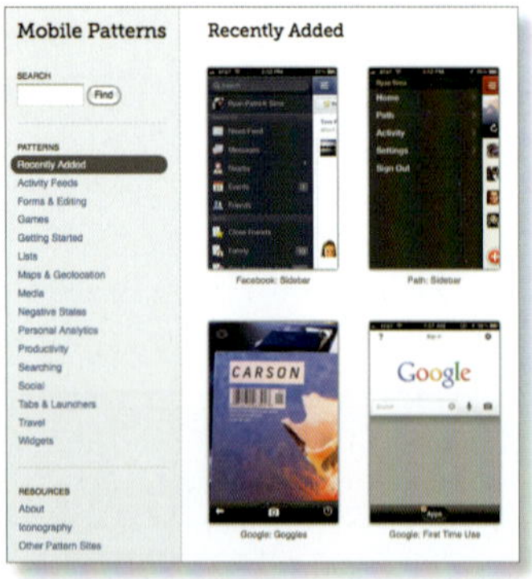

▲ **Abbildung 15.28**
Anregungen für App-Designs gibt es bei *mobilepatterns.com* und *pttrns.com*.

Der zur Verfügung stehen Platz ist bei Apps im Vergleich zu Webseiten auf klassischen Monitoren stark eingeschränkt und lässt sich mit responsiven Webseiten für Smartphones oder Tablets vergleichen (siehe Kapitel 4, »Responsive Webdesign«). Hier ist es umso wichtiger, dass die Informationen gut ausgewählt und gestaltet werden und eine klare Hierarchie erkennbar ist. Als Beispiel sei die Navigation genannt. Es ist selten möglich, die komplette Navigation auf jeder Seite zu präsentieren. Alternative Navigationsmethoden müssen her. Man kann dies ähnlich wie bei einer responsiven Navigation lösen (siehe Kapitel 12, »Navigations- und Interaktionsdesign«) oder eine eigene Navigationsseite verwenden (zum Beispiel den Startbildschirm), auf der alle Navigationspunkte aufgelistet sind und zu der man mithilfe eines Links/Icons schnell zurückkehren kann.

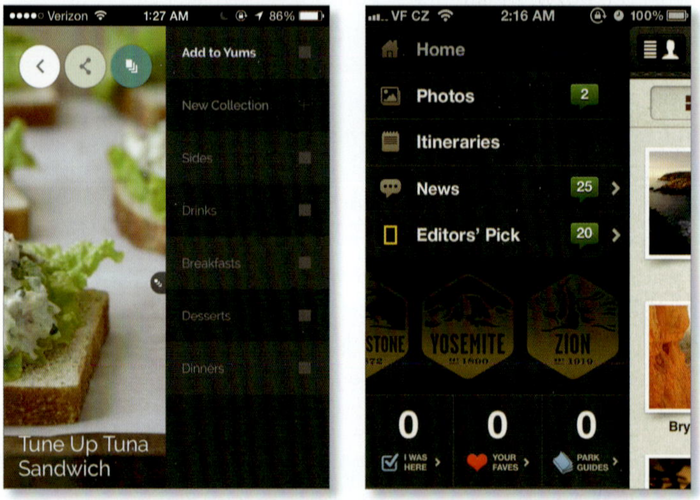

Abbildung 15.29 ▶
Neben dem »normalen« Toggeln der Navigation ist die Canvas-Navigation sehr verbreitet, bei der sich die Navigation von der Seite »einschiebt«.

Gerade wenn eine App für ein Unternehmen entwickelt wird, ist es unter Umständen hilfreich, eine App-Design-Guideline zu erstellen, um das konsistente Aussehen innerhalb der App und zwischen verschiedenen Apps sicherzustellen. Apple hat seine umfangreichen Designrichtlinien online zur freien Verfügung gestellt. Wer also Apps für iOS entwerfen will, sollte hier einen tieferen Blick riskieren: *developer.apple.com/library/ios/design*.

15.8 Newsletter

E-Mail-Newsletter haben nicht den besten Ruf, zu sehr erinnern sie an Spam-Mails. Zu Unrecht. E-Mail-Newsletter von Unternehmen können für beide Seiten, Versender und Empfänger, Vorteile haben. Newsletter sind eine Push-Technologie, der Empfänger bekommt diese nur, wenn er vorher explizit zugestimmt bzw. diese mithilfe des sogenannten *Double Opt-In* (siehe nebenstehenden Kasten) bestellt hat. Mit anderen Worten: Der Empfänger möchte diese auch bekommen – anders, als viele andere Werbemaßnahmen, die dem Empfänger aufgedrückt werden, wie zum Beispiel Werbebanner (die sogenannte *Pull-Technologie*). Er bekommt also Informationen, die er möchte und die ihm weiterhelfen können, bzw. besondere Angebote geliefert.

Der Absender hat die Möglichkeit, mit Newslettern viel für die Kundenbindung zu tun und Interessierte von sich zu überzeugen – mit Angeboten und hilfreichen Informationen. Je nachdem, ob und welche Newsletter-Software dahintersteckt, kann der Versender die Adressaten persönlich ansprechen und individuelle Angebote bzw. Inhalte ausliefern. Dazu lässt sich genau ablesen, ob, wann und mit welchem Browser der Newsletter angeschaut wurde.

Zweimal Bestätigen: der Double Opt-In
Der Begriff kommt aus dem Englischen (to opt (for something) = sich für etwas entscheiden). Der Eintrag in eine Newsletter-Abonnentenliste durch ein Formular muss noch in einem zweiten Schritt (double) bestätigt werden. Er erfolgt meistens durch eine E-Mail-Nachricht, die einen Link enthält, der aufgerufen werden muss. So wird Missbrauch verhindert, und rechtlich ist der Newsletter-Anbieter dann auf der sicheren Seite.

▲ **Abbildung 15.30**
Gut gestaltete Newsletter sind keine Textwüsten mehr, sondern sehen eher aus wie kleine Webseiten.

Dank HTML lassen sich auch Newsletter ordentlich gestalten und die Inhalte individuell anordnen. Die E-Mail-Clients verstehen inzwischen auch schon viele CSS-Eigenschaften, leider aber nicht alle (zum Beispiel Outlook 2007) die für die Platzierung so wichtigen `float`- und `position`-Definitionen. So kommt bei Newslettern eine Technik zum Einsatz, die viele schon vergessen oder verdrängt hatten, die Tabellen-Designs. Was bei Webseiten zu Recht verpönt ist, ist bei Newslettern Mittel zum Zweck.

Newsletter-Galerien
Haufenweise E-Mail-Newsletter finden Sie unter anderem bei:

- *inspiration.mailchimp.com*
- *htmlemaildesigns.com*
- *email-gallery.com*

Lesetipp
Den lesenswerten Blog-Artikel »HTML E-Mail Newsletter cross-client-konform erstellen« finden Sie bei: *maddesigns.de/html-newsletter-1030.html*.

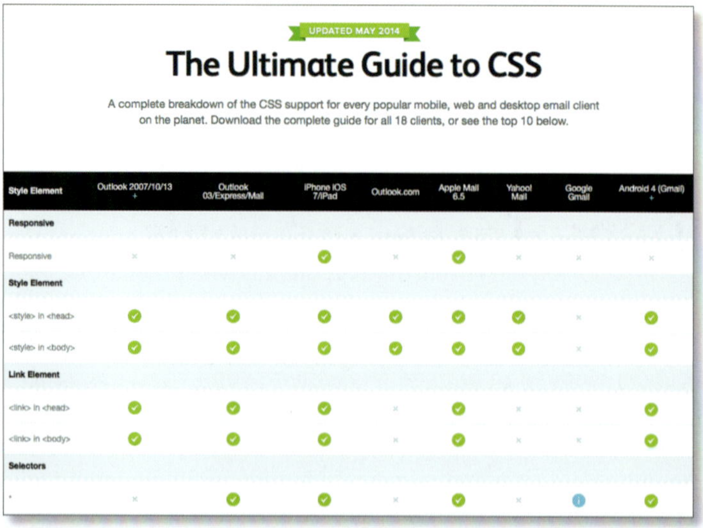

Style Element	Outlook 2007/10/13 +	Outlook 03/Express/Mail	iPhone iOS 7/iPad	Outlook.com	Apple Mail 6.5	Yahoo! Mail	Google Gmail	Android 4 (Gmail) +
Responsive								
Responsive	×	×	✓	×	✓	×	×	×
Style Element								
<style> in <head>	✓	✓	✓	✓	✓	✓	×	✓
<style> in <body>	✓	✓	✓	✓	✓	✓	×	✓
Link Element								
<link> in <head>	✓	✓	✓	×	✓	×	×	✓
<link> in <body>	✓	✓	✓	×	✓	×	×	✓
Selectors								
*	×	✓	✓	×	✓	×	i	✓

▲ **Abbildung 15.31**
Eine Übersicht, welcher E-Mail-Client welche CSS-Eigenschaften unterstützt, finden Sie bei *campaignmonitor.com/css*.

Responsive Mailing
Da die E-Mail-Abfrage inzwischen vermehrt von mobilen Endgeräten wie Smartphones und Tablets erfolgt, sind responsive Mailings immer gefragter. Das Prinzip ist dasselbe wie bei Webseiten. Mit Media Queries lassen sich verschiedene CSS-Eigenschaften an unterschiedliche Darstellungsbreiten knüpfen. Vorlagen für responsive E-Mail-Newsletter gibt es bei: *zurb.com/playground/responsive-email-templates* und *.de/frontend/responsive_e-mail_templates.php*

Bilder in Newslettern können das HTML-CSS-Design natürlich verschönern, sollten aufgrund der Datenmenge allerdings bewusst und zurückhaltend eingesetzt werden. Manche Clients zeigen Bilder in E-Mails auch nicht gleich an, sondern müssen per Button-Klick explizit nachgeladen werden. Daher sollten Bilder auf jeden Fall einen Alternativtext (also ein `alt`-Attribut) bekommen. Gestalterisch sind bei Newslettern keine weiteren Grenzen gesetzt. Ähnlich wie bei Webseiten sollten Texte gut lesbar sein, und das Layout sollte auf dem Corporate Design des Unternehmens beruhen. So wird eine Wiedererkennung erreicht und beim Betrachter Vertrauen geweckt.

Bilder, Quellcode und Inhalte sollten möglichst optimiert sein, sodass die Datenmenge möglichst gering ist. Keiner wartet gerne auf lange E-Mail-Downloads, schon gar nicht mobil.

Kapitel 16
Tipps, Tricks und Tools

Am Ende dieses Buches erhalten Sie noch paar Anregungen, die man als eine Art »Qualitätsmanagement« bezeichnen könnte. Außerdem werden noch einige Aspekte erwähnt, die bei Webprojekten gerne vergessen werden.

16.1 Wichtiger »Kleinkram«

»Kleinkram« klingt abwertend, gemeint sind aber durchaus wichtige Aspekte, die zu oft nicht umgesetzt werden – sei es aus Vergesslichkeit, Unwissenheit oder Zeitmangel am Ende eines Projekts.

16.1.1 Zum Ausdrucken – Print-Stylesheet

Bei der ausführlichen und gründlichen Entwicklung der Stylesheets für alle Gestaltungs-, Browser- und Auflösungsfälle wird ein Medium gern übersehen: der Drucker. Nicht wenige Anwender drucken, aus welchen Gründen auch immer, eine Webseite aus. Meistens sind die Textinformationen der Grund, es können aber auch einmal Karten oder Bilder sein.

Ein Print-Stylesheet sorgt dafür, dass nicht die komplette Webseite samt Header, Navigationen, Seitenleisten und Footer ausgedruckt wird – unter Umständen noch großflächig farbig und mit vielen Schmuckgrafiken. Ein Print-Stylesheet ermöglicht eine für den Druck geeignete Formatierung.

Es gibt verschiedene Möglichkeiten, die Print-Anweisungen einzubinden. Die üblichste und empfehlenswerteste ist die Einbindung einer eigenen Print-CSS-Datei:

```
<link rel="stylesheet" href="print.css" media="print">
```

▲ **Listing 16.1**
Einbindung eines externen Print-Stylesheets

Das Entscheidende ist hier die Angabe `media="print"`, damit die Browser wissen, wann sie die CSS-Angaben einzusetzen haben.

Alternativ lassen sich die CSS-Anweisungen aber auch innerhalb einer schon vorhandenen CSS-Datei vornehmen. Mit Media Queries wird das Medium angegeben:

```
@media print {
/* Print-Anweisungen */
}
```

▲ **Listing 16.2**
Media Queries für CSS-Print-Anweisungen

▲ **Abbildung 16.1**
Ohne Print-Stylesheet wird aus der Webseite (links) ein Druckerzeugnis (rechts), das nicht schön aussieht und zu viel Papier verbraucht.

Spannend ist nun die Frage, was alles im Print-Stylesheet angepasst werden soll. Dazu müssen Sie sich überlegen, welche Elemente im Ausdruck erscheinen sollen, oder anders formuliert: Gibt es Elemente, die nicht mit ausgedruckt werden sollen? Dafür kämen beispielsweise die Navigationen, Seitenleisten, Header-Bilder und der Footer infrage. Sie können sich der Thematik auch nähern, indem Sie sich überlegen, warum der Anwender die Seite ausdrucken will. Welche Informationen/Inhalte will er ausgedruckt haben? Der Rest muss nicht gedruckt werden, weil er nur unnötig Papier und Druckertinte verbraucht.

Zusätzlich können noch Inhalte mit ausgedruckt werden, die für den Webseiten-Betreiber wichtig sind, wie beispielsweise das Logo. Der Anwender braucht dieses nicht unbedingt. Aber wel-

ches Unternehmen möchte schon seine Webseiten-Inhalte ohne entsprechendes »Branding« ausgedruckt sehen?
Unerwünschte Inhalte auszublenden lässt sich ganz einfach realisieren, indem zwischen die Print-Media-Queries-Anweisung folgende Angaben gesetzt werden:

```
header, nav, sidebar, footer {
display: none;
}
```

◂ **Listing 16.3**
Ausblendung beim Druck nicht benötigter Elemente/Inhalte

Wenn die Inhalte ausgewählt sind, geht es an die »Umformatierung« der Elemente. Werden keine speziellen Print-Anweisungen gegeben, wird die Seite samt Inhalten komplett ausgedruckt und die Formatierung beibehalten oder die Browserformatierung eingesetzt. Beides führt selten zum gewünschten Aussehen auf Papier. Schriftgröße, -art und vor allem Schriftfarbe müssen angepasst werden. Gedrucktes liest sich schwarz auf weiß am besten. So müssen beispielsweise Headline oder Links auf Papier nicht zwingend farbig sein, auch dies verbraucht nur unnötig Tinte. Und bei Schwarz-Weiß-Druckern werden diese automatisch in Grau umgewandelt.

Texte, die auf farbigen Hintergründen oder Bildern liegen und dazu vielleicht noch weiß sind, müssen umformatiert werden. So könnte eine exemplarische Formatierung folgendermaßen aussehen:

```
h1 {
font: 12pt Georgia, "Times New Roman", Times, serif;
line-height: 1.3;
color:#000;
}
```

◂ **Listing 16.4**
Formatierung einer Überschrift für den Druck

Hier wird die Schriftgröße angepasst, als Einheit ist Point gewählt, wie man es auch aus dem Druckbereich kennt, denn es werden ja keine Pixel gedruckt, sondern Druckpunkte. 12 Punkt ist dabei eine übliche Größe für den Fließtext. Genau wie die anderen Schriftgrößen (für Überschriften etc.) muss diese im Einzelfall abgestimmt werden. Als Schriftart wird eine Serifenschrift angegeben, die bei Drucksachen (im Normalfall) einfacher zu lesen ist – also anders als auf dem Bildschirm, wo serifenlose Schriften, gerade bei kleineren Schriftgrößen, besser geeignet sind (siehe Kapitel 10, »Typografie«). Auch hier sollte eine zur Webseite und dem Unternehmensdesign passende Schriftart ausgewählt werden. Normalerweise wird die Schriftart so beibehalten, wie sie auch auf der Webseite eingesetzt wird, es sei denn, sie ist auf

Tipps zu Print-Stylesheets
Weitere hilfreiche Tipps zu Print-Stylesheets finden Sie in dem Artikel *smashingmagazine.com/2011/11/24/how-to-set-up-a-print-style-sheet*.

Papier schlecht lesbar. Die Anpassung des Zeilenabstands und der Textfarbe machen die Überschriftenformatierung rund.

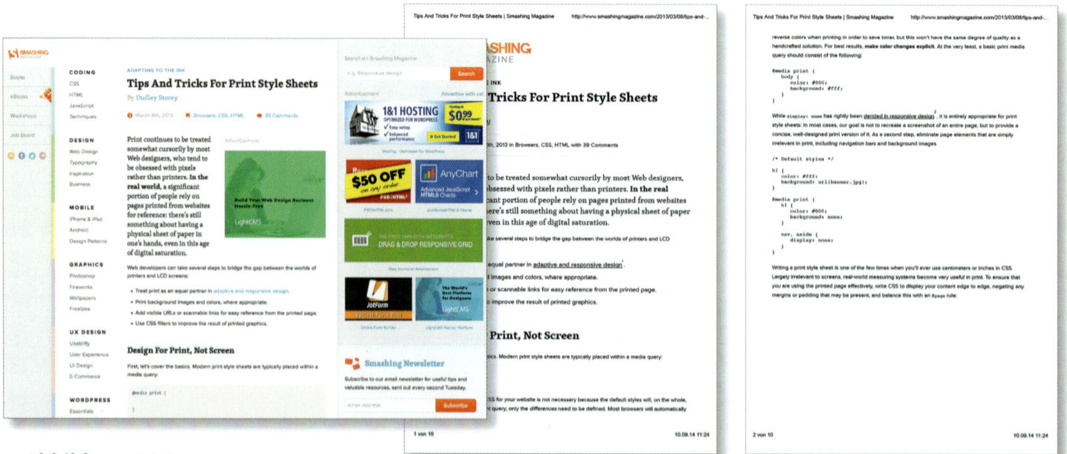

▲ **Abbildung 16.2**
Das *smashingmagazine.com* zeigt, wie es geht: Aus der bunten, mit vielen Inhalten geschmückten Webseite (links) wird ein auf das Wesentliche reduzierter Ausdruck (rechts).

Eine wichtige Anpassung der Print-Stylesheets betrifft die Links. Beim Ausdruck der Seite erscheinen diese normalerweise in der Linkformatierung (also zum Beispiel unterstrichen oder andersfarbig). Das ist bei einer ausgedruckten Seite nicht sehr hilfreich. Mithilfe der CSS-Pseudoklasse `:after` lassen sich die Linkziele beim Ausdrucken anzeigen. Dazu muss folgender Code in der Print-Stylesheet-Definition ergänzt werden:

```
a:after {
content: " [" attr(href) "]";
}
```

▲ **Listing 16.5**
Hyperlinks druckfreundlich ausgeben

Die Anweisung bewirkt, das hinter jedem Link (`:after`) Inhalt hinzugefügt wird. Am Anfang und Ende stehen in Anführungszeichen eckige Klammern, um das Linkziel (`attr(href)`) optisch abzugrenzen.

Eventuell sollte der CSS-Selektor noch angepasst werden, damit beispielsweise nur Links im Inhaltsbereich so ausgegeben werden. Sie können natürlich auch noch weitere CSS-Formatierungen vornehmen. Manche verändern auch das Aussehen des Linkziels und machen die URL kleiner (`font-size`) oder passen die Farbe an (`color`).

16.1.2 Das Webseiten-Symbol – Favicon

Das *Favicon* (Favoriten-Symbol) ist ein kleines Icon (16 × 16 oder 32 × 32 Pixel), das in der Adresszeile und den Tabs des Browsers und in der Lesezeichenliste neben dem Webseiten-Titel angezeigt wird. Damit hat es eine große optische Bedeutung, denn wir orientieren uns gerne an optischen Reizen, und Bilder (und dazu gehören Icons) nehmen wir schneller und einfacher wahr als Text (wie etwa den Seitentitel) (siehe Kapitel 11, »Bilder und Grafiken«).

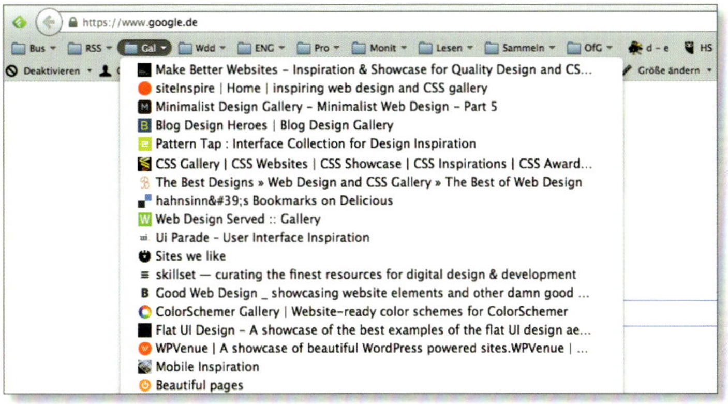

▲ **Abbildung 16.3**
Was wäre die Lesezeichenliste nur ohne die Favicons? Auf jeden Fall um einiges unübersichtlicher.

Touch-Icon
Wer damit rechnet, dass Smartphone-Benutzer die Webseite so gut finden, dass sie diese direkt auf ihrem Home-Screen speichern, kann dafür ein eigenes Icon anlegen. Allein für Apple-Produkte gibt es unterschiedliche Größen, die sich bei iOS 8 gerade wieder geändert haben. Einen guten Überblick über die mobilen Betriebssysteme und deren Größen liefert die Seite: *favicons.info/apple-touch-icon.html*. Ist kein Touch-Icon vorhanden, wird standardmäßig ein Screenshot der Webseite angezeigt.

Es gibt unzählige Favicon-Generatoren im Internet wie zum Beispiel *xiconeditor.com*, die Ihnen die Arbeit erleichtern. Ähnlich wie in Bildbearbeitungsprogrammen kann man mit einem Pinsel die Pixel einzeln füllen oder auch Grafiken/Bilder wie beispielsweise das Unternehmenslogo hochladen und automatisch auf die passende Größe herunterrechnen lassen.

Die klassische Einbindung eines Favicon sieht so aus:

```
<link rel="icon" type="image/x-icon" href="/favicon.ico">
```

◀ **Listing 16.6**
Einbindung eines Favicons

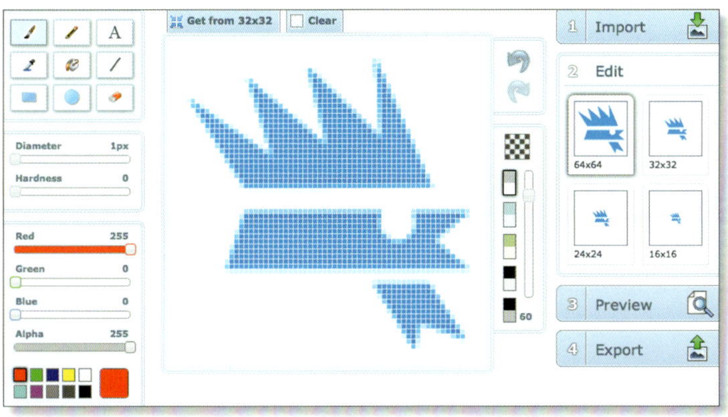

◀ **Abbildung 16.4**
Der »X-Icon Editor« bietet umfangreiche Bearbeitungsmöglichkeiten zur Favicon-Erstellung an (*xiconeditor.com*).

16.1.3 Webseite nicht gefunden – die 404-Meldung

Es kann immer einmal passieren, dass der Anwender versucht, eine Seite aufzurufen, die es gar nicht gibt. Sei es, weil er sich vertippt hat oder weil die Seite inzwischen verschwunden bzw. unter einem anderen Dateinamen erreichbar ist.

Wer also statt »https://www.galileo-press.de/webdesign_3509« versehentlich »*https://www.galileo-press.de/webdesign_3508*« im Browser eingibt, landet nicht bei der Galileo-Seite zu diesem Buch, sondern bekommt eine Art »Fehlermeldung«:

▲ **Abbildung 16.5**
Anstelle einer irritierenden Fehlermeldung bietet Galileo Press Hilfe an, wenn die angeforderte Seite nicht gefunden werden kann.

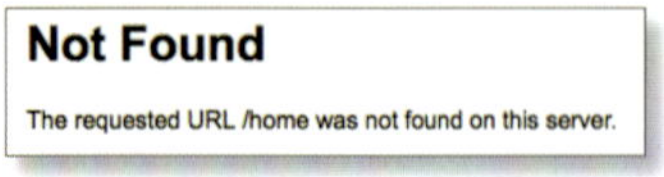

▲ **Abbildung 16.6**
Das sieht nicht gut aus! Und mit dieser Meldung kann der normale Anwender nicht viel anfangen.

Wird keine eigene Fehlerseite angelegt, gibt der Server eine Meldung aus, die wesentlich »unschöner« aussieht und den normalen Anwender eher irritieren dürfte (siehe Abbildung 16.6).

Es gibt die Möglichkeit, eigene Fehlerseiten zu erstellen. Der Fall, dass die aufgerufene Seite nicht gefunden werden kann, wird als *404-Error-Seite* bezeichnet. Es gibt noch weitere Fehlermeldungen, wie beispielsweise nicht autorisierten Zugriff auf eine Seite (weil sie passwortgeschützt ist), aber die häufigste Meldung ist die 404-Seite. Content-Management-Systeme haben eine solche Seite meistens schon von Haus aus im Gepäck, bei allen anderen Webseiten lohnt es sich, eine eigene anzulegen. Dazu erstellen Sie eine eigene HTML-Datei (zum Beispiel *fehler-404.html*).

Um diese zu aktivieren, sodass sie bei nicht gefundenen Dateien automatisch angezeigt wird, müssen Sie in der *.htaccess*-Datei (die Konfigurationsdatei für die Webseite auf dem Server) Folgendes eingeben:

```
ErrorDocument 404 /fehler-404.html
```

▲ **Listing 16.7**
Definition der Fehlermeldungsdatei in der .htaccess

VORSICHT bei der .htaccess
Eine .htaccess-Datei kann sehr hilfreiche Dienste leisten (Umleitungen, Verzeichnisschutz, lesefreundliche URLs etc.). Aber VORSICHT: Änderungen an der .htaccess-Datei sollten gut bedacht sein und notfalls nur von Experten durchgeführt werden. Denn zu schnell ist die eigene Seite zerschossen bzw. nicht mehr erreichbar.

Eventuell müssen Sie den Pfad zur HTML-Datei entsprechend anpassen. Dass Fehlermeldungen nicht langweilig aussehen müssen, sondern unter Umständen sogar witzig, zeigen diese Beispiele:

▲ **Abbildung 16.7**
Fehlermeldung mit einem Augenzwinkern bei *aufmontage.de* und *lego.com*.

Ergänzend und hilfreich (schließlich hat sich der Anwender verirrt und versucht, sich wieder neu zu orientieren) können neben einer netten Gestaltung samt eigener Fehlermeldung noch weitere Navigationsmöglichkeiten sein. Ein Suchformular, ein Link zur Startseite und das Anteasern von anderen interessanten Inhalten bieten dem Anwender gleich Surfoptionen an.

16.2 Code-Feintuning

Guter Code ist optimierter Code. Er wird entsprechend seiner Bedeutung eingesetzt und enthält keine überflüssigen Angaben.

16.2.1 Responsibility

Zu einem aufgeklärten Menschen gehört ein verantwortungsvoller Umgang mit den Ressourcen der Erde. Zu einem guten Webdesigner gehört auch ein verantwortungsvoller Umgang mit den (Web-)Ressourcen. Unübersichtlicher und überflüssiger Code verschwenden genau diese Ressource an Zeit (und damit Geld) und Performance der Webseite (und damit auch wieder Zeit und Geld).

Tipps für guten und verantwortungsvollen Code
Auf der Seite *coderesponsibly.org* geben zehn international bekannte Webdeveloper zehn Tipps für guten und verantwortungsvollen Code.

16.2.2 Performance

Je schneller eine Webseite lädt, desto besser die Benutzerfreundlichkeit, desto mehr Besucher, desto mehr Umsatz und desto weniger Betriebskosten. Jeder kennt dieses nervige Gefühl, auf eine ladende Webseite zu warten. Jede Sekunde ist zu viel. Verschiedene Studien haben sich mit der Wartezeit/Ladezeit beschäftigt.

Länger als drei, höchstens vier Sekunden sollte eine Seite nicht laden. Als Webseiten-Betreiber gibt es Einflussfaktoren, die man nicht oder nur bedingt beeinflussen kann, wie zum Beispiel die Serverleistung und die Datenverbindung. Aber man kann einiges dafür tun, dass das Datenvolumen der Seite möglichst gering ist. Klar, eine Seite, die viele großformatige Bilder benötigt, wird mehr Daten beanspruchen als eine minimalistische, eher typografische Seite.

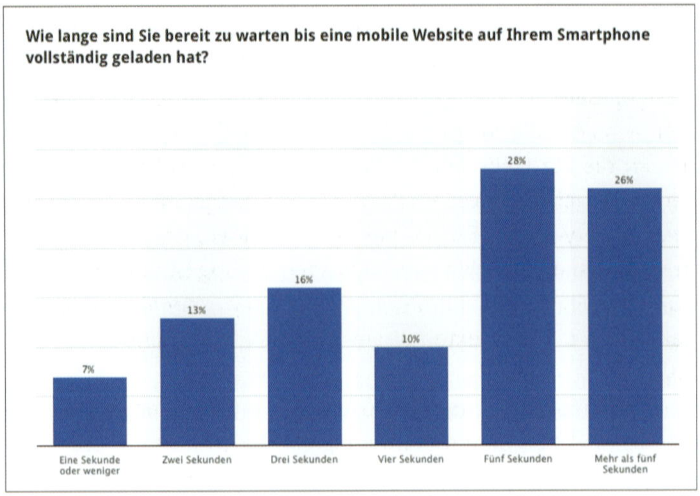

Abbildung 16.8 ▸
Knapp die Hälfte der Nutzer wartet beim Surfen mit dem Smartphone nicht länger als vier Sekunden auf eine Webseite (*de.statista.com/statistik/daten/studie/202650/umfrage/wartezeit-bis-zum-verlassen-einer-mobilen-website*).

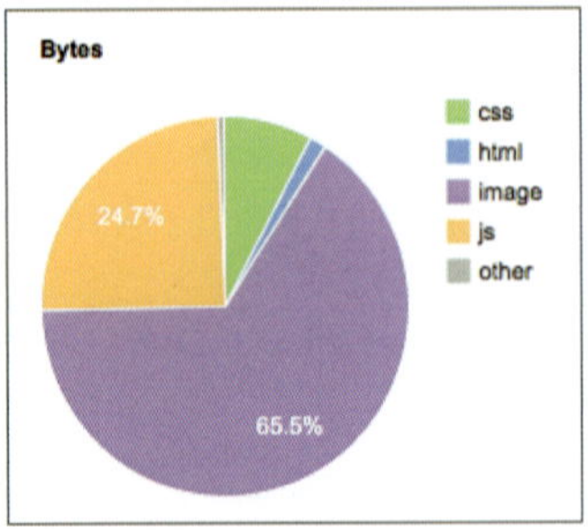

▴ Abbildung 16.9
Ein Performance-Test mit *webpagetest.org* zeigt unter anderem die Verteilung der Datenmengen an, wie hier für die Webseite *galileo-press.de*.

Um die Ladezeiten gering zu halten, sollten die eingesetzten Dateien weitestgehend möglichst klein sein. Abbildung 16.9 zeigt die Verteilung der Datenmengen für einzelne Datentypen anhand einer Beispiel-Webseite an. Das Diagramm steht exemplarisch für viele andere Seiten, denn einen Großteil des Datenumfangs benötigen die Bilder, dann folgen die JavaScript-Dateien, und einen sehr geringen Umfang haben die Websprachen CSS und HTML. Bei einer Optimierung sollten also zuerst die Bilddateien betrachtet werden. Dies fängt mit der Auswahl des richtigen Bildformats an (siehe Abschnitt 11.10, »Bildformate«). Wo es geht, sollte auch auf Bilder verzichtet werden. Das bedeutet nicht, möglichst gar keine Bilder in seinen Designs zu benutzen, sondern Sie sollten eher die Möglichkeiten von CSS3-Effekten (Schatten, Verläufe usw.) und Iconfonts gezielt einsetzen. Es gibt verschiedene Tools, um den Datenbedarf von Bildern auch nach dem Abspeichern aus Photoshop (oder anderen Grafikprogrammen) noch weiter zu verkleinern. In Kapitel 11, »Bilder und Grafiken«, stelle ich Ihnen einige davon vor.

Um den zweiten großen Datenverursacher, die JavaScript-Dateien, zu optimieren, gilt es, besonders darauf zu achten, ob JavaScript wirklich nötig ist. Oft genug wird es für mehr oder weniger nette Animationseffekte eingesetzt. Der so beliebte Header-Slider (siehe Kapitel 14, »Animationen«) ist dafür ein gutes Beispiel. Sein Mehrwert hält sich häufig in Grenzen, die benötigten Skripte und Bilder verursachen aber eine enorme Datenübertragung. Mit dem Ergebnis, dass der Nutzer lange warten muss, um Inhalte (den Slider) angezeigt zu bekommen, die er gar nicht sehen will.

Ladezeit beeinflusst das Ranking
Die Ladezeit einer Webseite ist übrigens auch kein ganz unwesentlicher Ranking-Faktor für Google.

Also überprüfen Sie nicht nur jedes Skript frühzeitig auf seine Notwendigkeit (das beginnt schon bei der Konzeption und dem Design), sondern checken Sie auch auf jeder einzelnen Seite, ob hier wirklich alle Skripte notwendig sind. Ein Slider-Skript, das nur für die Startseite benötigt wird, muss nicht auf allen anderen Seiten mitgeladen werden. Bei der Einbindung zum Beispiel mehrerer jQuery-Plugin-Skripte passiert es schnell, dass auch jQuery mehrmals eingebunden wird, was aber unnötig ist und eben auch nur doppelte Daten lädt. Zu oft wird auch jQuery eingesetzt und geladen, wo sich Effekte mit ein paar Zeilen JavaScript umsetzen ließen.

JavaScript-Dateien selbst lassen sich oft auch noch optimieren, etwa durch eine Minimierung des Quellcodes. Dieser wird komprimiert, das heißt, alle Kommentare werden entfernt und die eigentlichen Funktionen kompakt hintereinandergeschrieben, dies spart zumindest einige wenige Bytes an Daten. Aber Achtung: Die Original-JavaScript-Datei sollten Sie für eventuelle spätere Änderungen besser auch behalten.

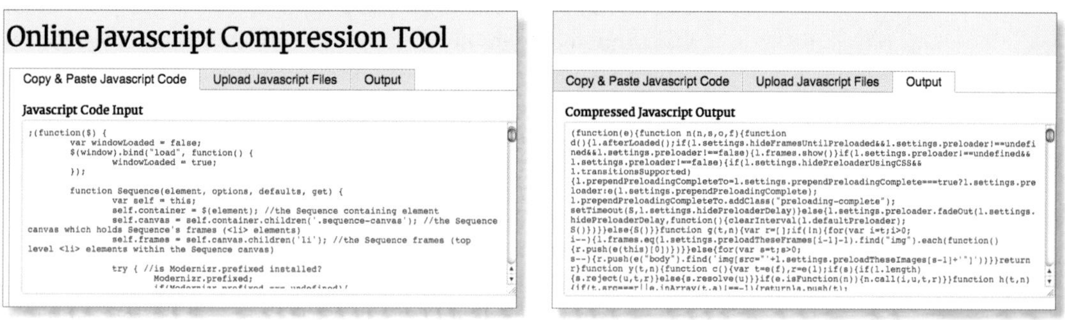

▲ **Abbildung 16.10**
Links das Original-JavaScript und rechts die komprimierte Variante, erstellt mit dem Tool *jscompress.com*

Es gibt verschiedene Tools, die das Komprimieren von Quellcode ermöglichen. Dazu gehören zum Beispiel *jscompress.com* und *floern.com/tools/codecompressor*, der auch HTML- und CSS-Dateien komprimieren kann.

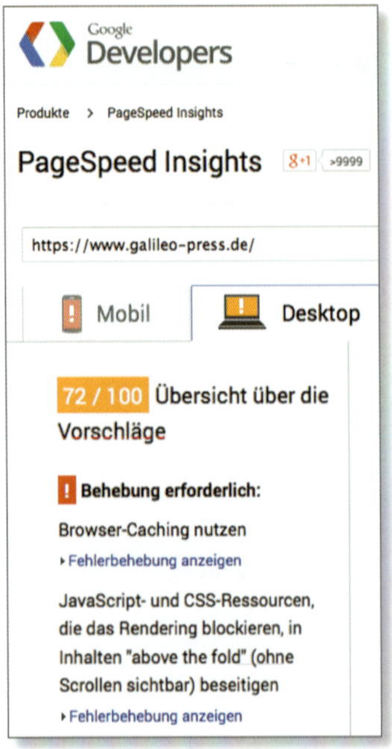

▲ **Abbildung 16.11**
Die Google PageSpeed Insights liefern einiges hilfreiche Tipps: *developers.google.com/speed/pagespeed/insights*.

Zusammenfassend und ergänzend hier noch ein paar Tipps zur Performance-Optimierung:

- Wählen Sie das richtiges Bildformat.
- Setzen Sie CSS-Sprites ein.
- Reduzieren Sie Bildgrößen (mit entsprechenden Tools).
- Geben Sie Breite und Höhe der Bilder in HTML an.
- Reduzieren Sie HTTP-Requests: Fassen Sie CSS- und JavaScript-Dateien, wo möglich, zusammen.
- Optimieren Sie den Quellcode (mit entsprechenden Tools).
- Setzen Sie besser externe CSS- und JavaScript-Dateien ein, als Inline-CSS bzw. Inline-JavaScript zu verwenden.
- Laden Sie CSS im Header und JavaScript im Footer (damit das CSS vor dem Ausführen der JavaScript-Dateien geladen ist).
- Prüfen Sie Bilder und vor allem auch Skripte von Anfang an auf ihre Notwendigkeit.

Welche Optimierungsmöglichkeiten Sie im Einzelfall einsetzen, hängt sicherlich auch vom Aufwand und dem zu erwartenden Performance-Gewinn ab. Es gibt noch einige hilfreiche Tools, mit denen sich Webseiten überprüfen lassen und die Ihnen nützliche Anregungen liefern können: *tools.pingdom.com*, *webpagetest.org* und *developers.google.com/speed/pagespeed/insights*.

16.2.3 Testen und Debuggen

»That worked perfectly when I developed it« Wenn alles nichts mehr hilft, bietet diese Seite Lösungen: programmerexcuses.com

Zu den Aufgaben eines Webdesigners gehört das regelmäßige Testen der Seite auf verschiedenen Endgeräten und Browsern. Ziel ist es nicht, dass die Webseite in allen Browsern exakt gleich aussieht, sondern dass sie in allen Browsern gut bedienbar ist und ein gutes Nutzungserlebnis liefert. Das Debuggen, also das Finden und Korrigieren von Fehlern, gehört selten zu den angenehmen Aufgaben, aber es muss sein, um keine Nutzer unnötig zu vergraulen oder gar zu verlieren.

Erste Anlaufstelle für die Kontrolle des eigenen Codes sind die W3C-Validatoren: *validator.w3.org* und *jigsaw.w3.org/css-validator*. Einige Browser bieten auch schon von Hause aus »Entwickler-Tools« an, mit denen sich einiges über die einzelnen Elemente der Webseite herausfinden lässt. Als zusätzliche Tools empfehlen sich vor allem der Firebug (*getfirebug.com*), die Web Developer Toolbar (*spederick.com/work/web-developer* und für den IE *microsoft.com/en-us/download/details.aspx?id=18359*) und YSlow (*developer.yahoo.com/yslow*).

HTML- und CSS-Unterstützung
In mehreren Kapiteln dieses Buches wird ein Tool vorgestellt, das Auskunft darüber gibt, welche HTML- und CSS-Elemente in welchen Browserversionen unterstützt werden. Und da es so hilfreich ist, hier noch einmal der Link: *caniuse.com*.

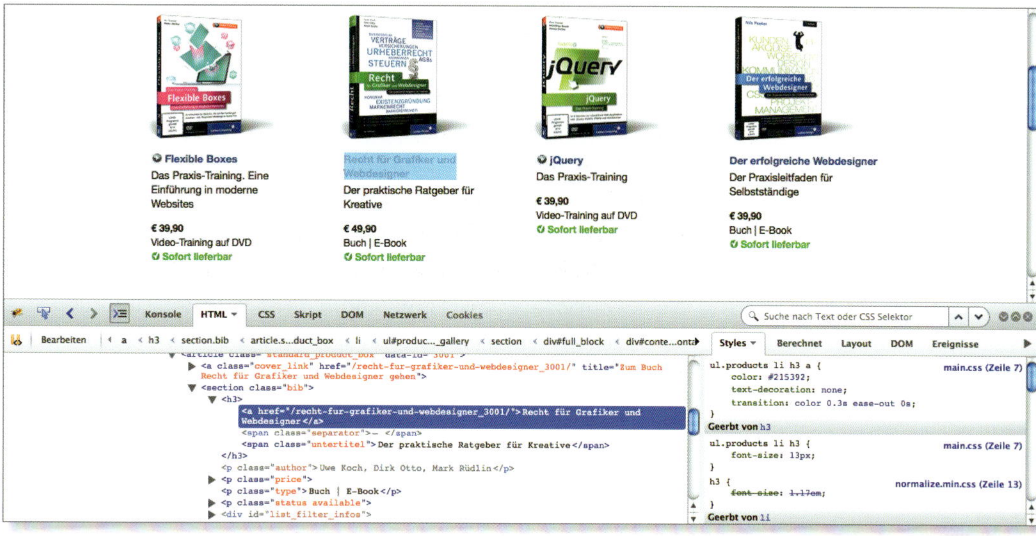

▲ Abbildung 16.12
HTML und CSS voll im Blick mit dem Firebug

Sowohl Firefox als auch Chrome verfügen inzwischen über »On-Board«-Mittel, um Seiten auf ihr responsives Verhalten zu testen.

In Firefox gehen Sie dazu über das Menü Extras • Web-Entwickler • Bildschirmgrössen testen.

In Chrome wählen Sie Anzeigen • Entwickler • Entwickler-tools und klicken dann auf das kleine Smartphone-Icon Toggle Device Mode.

Um Seiten in unterschiedlichen Browsern und Browserversionen zu testen, bieten sich *browsershots.org* und *browserstack.com/screenshots* an. Bei *opendevicelab.com* finden sich Locations, die unterschiedliche Endgeräte zum Test bereitstellen. Mit *wave.webaim.org* lässt sich die Accessibility überprüfen. Und zum Testen der Responsivität eignen sich *browserstack.com/responsive*, *mattkersley.com/responsive* oder *quirktools.com/screenfly*.

▼ Abbildung 16.13
Eine hilfreiche Checkliste für alle möglichen Development-Fragestellungen bietet *webdevchecklist.com*.

16.3 In Kontakt bleiben

Wer in der Online-Branche arbeitet und sich nicht regelmäßig weiterbildet, dürfte nicht mehr allzu lange in der Branche tätig sein. Die regelmäßige Weiterbildung gehört zu den Pflichten eines Webdesigners.

16.3.1 Weiterbildung

Die technische Entwicklung steht nicht still, im Gegenteil, sie vollzieht sich ziemlich schnell. Webdesigner oder Webentwickler sind keine Berufe, die einmal erlernt und bis zum Ende des Berufslebens mit dem Ausbildungswissen ausgeführt werden können. Die Bereitschaft und die Neugier, sich täglich mit neuen Themen auseinanderzusetzen und einzuarbeiten, sind zwingende Voraussetzungen, um in dieser Branche Fuß zu fassen.

Weiterbildung für Webdesigner geschieht dabei seltener durch den Besuch von Weiterbildungsveranstaltungen, sondern passiert oft »ganz nebenbei« durch das Lesen von Blogs und Fachartikeln oder das Bearbeiten von Tutorials, die Recherche bei Problemen am aktuellen Webseiten-Projekt etc. Ab und zu kauft man sich auch ein Buch (wie dieses hier) oder eine Lern-/Tutorial-DVD.

Wer denkt, er weiß schon alles, liegt garantiert falsch. Je mehr man sich mit einzelnen Themengebieten auseinandersetzt oder auch mal über den eigenen Webdesign- und Entwicklungstellerrand hinausschaut (zum Beispiel in Richtung Online-Marketing oder auch Psychologie und Soziologie, die für Webdesigner auch interessante Aspekte bieten), desto mehr wird man feststellen, dass es Themen gibt, von denen man keine (oder nur wenig) Ahnung hat. Setzt man sich aber, zumindest rudimentär, mit anderen oder neuen Themengebieten auseinander, kann man dann umso besser die eigene Arbeit einordnen und in einem größeren Zusammenhang sehen.

Das Schöne an unserer Branche ist, dass es viele Menschen gibt, die ihr Wissen teilen – häufig sogar kostenlos in Form von eigenen Blogs (dazu auf Seite 767 mehr). Aber auch an anderen Orten, sozusagen im echten Leben, tauschen sich Webdesigner aus, wo sich dann auch die Gelegenheit ergibt, Kontakte zu knüpfen.

16.3.2 Netzwerk

Kontakte schaden nur dem, der keine hat, heißt es so schön. Kontakte zu anderen Webdesignern und Online- (oder generell Medien-)schaffenden sind immer für beide Seiten hilfreich. Zum Austausch, Ratgeben, zur Weitervermittlung oder zur Zusammenarbeit. Viele Jobs und Projekte werden in der Online-Branche nicht etwa durch Stellenanzeigen vergeben (was für Webdesigner sowieso sehr altmodisch klingt), sondern durch persönliche Netzwerke. Man kennt einen, der einen kennt.

Um Kontakte zu knüpfen und sich ein eigenes Netzwerk aufzubauen, gibt es vielfältige Möglichkeiten. Im Offline-Leben bieten sich die vielen Konferenzen, Barcamps, Webmontage und die sogenannten *Nutzergruppen* (häufig auch *User Groups* genannt) an.

In der digitalen Welt kann man Kontakte durch aktive Beteiligung in Webdesignforen oder -Blogs bekommen. Auch ein eigenes Blog bietet eine gute Möglichkeit zur Kontaktaufnahme mit seinen Lesern und durch Verlinkung anderer Blogs.

Überblick von Barcamps und Webmontagen
Einen Überblick über Barcamps erhalten Sie bei *barcamps.net* und für die Webmontage unter *webmontag.de*.

16.3.3 Lesenswert

Es gibt unglaublich viele Blogs, Webmagazine und sonstige spannende Seiten da draußen, sodass ich Ihnen hier nur eine kleine (und sicherlich auch subjektive) Auswahl vorstellen kann. Aber diese sind zumindest »handgeprüft« und dienen mir (vielleicht nicht täglich, aber regelmäßig) als Orte der Hilfe, Inspiration, Weiterbildung und manchmal auch einfach nur zum Zeitvertreib. Ich habe versucht, die Seiten nach Themen zu ordnen, wobei es sicherlich einige Seiten gibt, die zu mehreren Themengebieten passen würden, ich sie aber der Übersicht halber nur zu einem zugeordnet habe.

So, liebe Leser, jetzt wünsche ich Ihnen viel Spaß beim Weiterlernen und -lesen nach diesem Buch. Vielleicht trifft man sich ja irgendwann zum Austausch und Kennenlernen. Zur Sicherheit habe ich nebenstehend meine digitalen Orte aufgelistet, wenn Sie möchten, können Sie gerne »netzwerken«.

Netzwerken mit dem Autor
Und hier finden Sie mich zum Netzwerken:

- *hahnsinn.de/blog*
- *twitter.de/hahnsinn*
- *xing.com/profile/Martin_Hahn2*
- *de.slideshare.net/hahnsinn*

Webdesign- und Development-Blogs | Hier finden Sie eine (subjektive) Auswahl an lesenswerten Webdesign-Blogs, die mit regelmäßigen Inhalten und Tutorials zu allen möglichen Themen rund um die Themen Webdesign, Development, Frontend, Screendesign, Usability, User Experience etc. glänzen:

- *http://speckyboy.com/*
- *http://line25.com/*
- *http://webdesignledger.com/*
- *http://www.webdesignerdepot.com/*
- *http://www.hongkiat.com/blog/*
- *http://designmodo.com/*
- *http://blog.karachicorner.com/*
- *http://www.drweb.de/*
- *http://t3n.de/*

- *http://blog.spoongraphics.co.uk/*
- *http://www.smashingapps.com/*
- *http://www.instantshift.com/*
- *http://www.onextrapixel.com/*
- *http://webdesign.tutsplus.com/*
- *http://www.awwwards.com/blog/*
- *http://blog.kulturbanause.de/*
- *http://tympanus.net/codrops/*
- *http://www.smashingmagazine.com/*
- *http://sixrevisions.com/*
- *http://www.webappers.com/*
- *http://uxmovement.com/*
- *http://uxmag.com/*
- *http://mag.splashnology.com/*

Design-Blogs | Hier folgt eine kurze Auswahl an Blogs, die regelmäßig inspirierende Designs aus allen möglichen Bereichen (Screendesign, Grafikdesign, Typografie etc.) präsentieren:

- *http://designspiration.net/*
- *http://abduzeedo.com/*
- *http://ffffound.com/*
- *http://thedesigninspiration.com/*
- *http://www.fubiz.net/*
- *http://typography-daily.com/*
- *http://www.creativebloq.com/*
- *http://www.designmadeingermany.de/*
- *http://graphicdesignjunction.com/*
- *http://design.tutsplus.com/*

Literaturempfehlungen | Schließlich finden Sie hier eine Auflistung an Büchern, die die Themen dieses Buches hilfreich ergänzen können:

William Lidwell: *Design. Die 100 Prinzipien für erfolgreiche Gestaltung*. Stiebner, 2004.
ISBN 9783830712954

Wolfram Nagel: *Multiscreen Experience Design. Prinzipien, Muster und Faktoren für die Strategieentwicklung und Konzeption digitaler Services für verschiedene Endgeräte. Digiparden, 2013.*
ISBN 9783981587203

Jakob Nielsen u. Hoa Loranger: *Web Usability.* Addison-Wesley, 2008.
ISBN 9783827327635

Steve Krug: *Don't make me think! Web Usability. Das intuitive Web.* Mitp, 2006.
ISBN 9783826615955

Jakob Nielsen: *Mobile Usability. Für iPhone, iPad, Android, Kindle.* Mitp, 2013.
ISBN 9783826695032

Jesse James Garrett: *Die Elemente der User Experience. Anwenderzentriertes (Web-)Design. Addison-Wesley*, 2011.
ISBN 9783827331168

Jeff Gothelf u. Josh Seiden: *Lean UX. Applying Lean Principles to Improve User Experience.* O'Reilly, 2013.
ISBN 9781449311650

Steve Krug: *Don't Make Me Think, Revisited. A Common Sense Approach to Web Usability.* New Riders, 2013.
ISBN 9780321965516

Christian Kuhn: *UX Design für Tablets. Eine Anleitung für User Experience, Design und Webentwicklung.* Entwickler.Press, 2013.
ISBN 9783868020878

Christian Moser: *User Experience Design. Mit erlebniszentrierter Softwareentwicklung zu Produkten, die begeistern.* Springer, 2012.
ISBN 9783642133626

Andrea Ertel u. Kai Laborenz: *Responsive Webdesign. Anpassungsfähige Websites programmieren und gestalten.* Galileo Press, 2013.
ISBN 9783836225823

Christoph Zillgens: *Responsive Webdesign. Reaktionsfähige Websites gestalten und umsetzen.* Hanser Verlag, 2012.
ISBN 9783446430150

Heiko Stiegert: *Modernes Webdesign mit CSS. Schritt für Schritt zur perfekten Website.* Galileo Press, 2011.
ISBN 9783836216661

Donna Spencer: *A Practical Guide to Information Architecture*. Five Simple Steps, 2011.
ASIN B004WH4OF4

Miriam Löffler: *Think Content! Content-Strategie, Content-Marketing, Texten fürs Web*. Galileo Press, 2014.
ISBN 9783836220064

Klaus Schmidbauer u. Eberhard Knödler-Bunte: *Das Kommunikationskonzept. Konzepte entwickeln und präsentieren*. Talpa, 2004.
ISBN 9783937894003

Nils Pooker: *Der erfolgreiche Webdesigner. Der Praxisleitfaden für Selbstständige*. Galileo Press, 2011.
ISBN 9783836215299

Video-Trainings | Hilfreiche Video-Trainings, die die Inhalte dieses Buchs ebenfalls gut ergänzen:

Peter Müller: *Flexible Boxes. Das Praxis-Training. Eine Einführung in moderne Websites*. Galileo Press, 2014.
ISBN 9783836228541

Jonas Hellwig: *Webdesign mit Photoshop: Moderne Websites perfekt gestalten*. Galileo Press,
ISBN 9783836219099

Die DVD zum Buch

Auf der DVD zum Buch finden Sie alles, was Sie zum Durcharbeiten des Buchs benötigen: alle Beispieldateien und Video-Lektionen zum modernen Webdesign. Die DVD gliedert sich in drei Ordner:

- Beispielmaterial
- Software
- Video-Lektionen

Beispielmaterial

In diesem Ordner finden Sie, sortiert nach den Kapiteln alle Beispiel- und Übungsdateien des Buchs. Meist handelt es sich dabei um HTML-, CSS- oder PSD-Dateien. Im Buch wird in der Regel an den entsprechenden Stellen über ein Icon in der Randspalte darauf hingewiesen.

Wenn Sie dieses Icon in der Randspalte des Buchs sehen, finden Sie Beispielmaterial auf der Buch-DVD.

Software

In diesem Ordner finden Sie eine ganze Palette an Tools, die Ihnen das Leben als Webdesigner einfacher machen. Der Ordner gliedert sich in folgende Unterordner:

- **Browser**
  In diesem Ordner finden Sie die zur Drucklegung des Buchs jeweils aktuelle Softwareversion folgender Browser: Firefox, Chrome, Opera und Safari. Mit dem Tool, das Sie im Ordner IETester finden, lassen sich mehrere Versionen des IE installieren.
- **Editoren**
  Hier finden Sie eine bunte Mischung an wichtigen Web-Editoren, die Sie bei Ihrer täglichen Arbeit unterstützen werden. Folgende Editoren sind hier zu finden:

- CodeKit
- Espresso
- NotePad ++
- PSPad
- Sublime Text
- TextMate

- **Organisation**
  Die Software EverNote unterstützt Sie dabei, Ihre Notizen, Grafiken und ToDo-Listen zu organisieren und Herr der virtuellen Zettelwirtschaft zu werden.
- **Wireframes**
  OmniGraffle ist für Mac-User ein sehr hilfreiches Werkzeug zur Organisation und Aufbereitung von Daten in übersichtliche Diagramme, Charts und Mindmaps. Es eignet sich auch sehr gut zur Erstellung von Wireframes.

Video-Lektionen

In diesem Ordner finden Sie ein attraktives Special: Als Ergänzung zum Buch möchten wir Ihnen einige Lehrfilme zum Thema modernes Webdesign zur Verfügung stellen. So haben Sie die Möglichkeit, dieses neue Lernmedium kennenzulernen und gleichzeitig Ihr Wissen zu vertiefen.

Um das Video-Training zu starten, legen Sie bitte die DVD-ROM in das DVD-Laufwerk Ihres Rechners ein. Führen Sie im Ordner VIDEO-LEKTIONEN die Anwendungsdatei »start-win.exe« (Windows) bzw. »start-mac.app« (Mac) mit einem Doppelklick aus. Das Video-Training sollte nun starten. Bitte vergessen Sie nicht, die Lautsprecher zu aktivieren oder gegebenenfalls die Lautstärke zu erhöhen. Sollten Sie Probleme mit der Leistung Ihres Rechners feststellen, können Sie alternativ die Datei »start.html« aufrufen.

Die Lektionen stammen aus dem Video-Training »Modernes Webdesign mit Jonas Hellwig« (ISBN 978-3-8362-3027-8):

Kapitel 1: Gestaltungsraster und Prototypen

1.1 Responsive Gestaltungsraster ausarbeiten (18:18 Min.)
1.2 Das Box-Modell von CSS (06:25 Min.)
1.3 Frameworks und Code-Vorlagen (07:50 Min.)

Kapitel 2: Typografie im Webdesign

2.1 Schrifteffekte mit CSS3 (11:26 Min.)
2.2 Anpassungsfähige Typografie (08:03 Min.)
2.3 Webfont-Icons verwenden (10:25 Min.)

Kapitel 3: SVG- und Web-Grafiken ausgeben

3.1 SVG-Grafiken verwenden (06:24 Min.)
3.2 Farbraum und Dateiformat (06:01 Min.)
3.3 Der Photoshop-Generator (12:16 Min.)

Index

C

D

E

F

G

H

I

J

K

L

M

N

O

P

Q

R

S

T

U

V

W

X

Y

Z

Björn Rohles

Grundkurs Gutes Webdesign

Alles, was Sie über Gestaltung im Web wissen sollten

In diesem Buch erlernen Sie die Gestaltungsgrundlagen für gutes Webdesign – vom Layout über Farben und Schrift bis hin zu Grafiken, Bildern und Icons. So wird aus einer einfachen Website ein echter Hingucker. Inkl. HTML5, CSS3 und Responsive Webdesign.

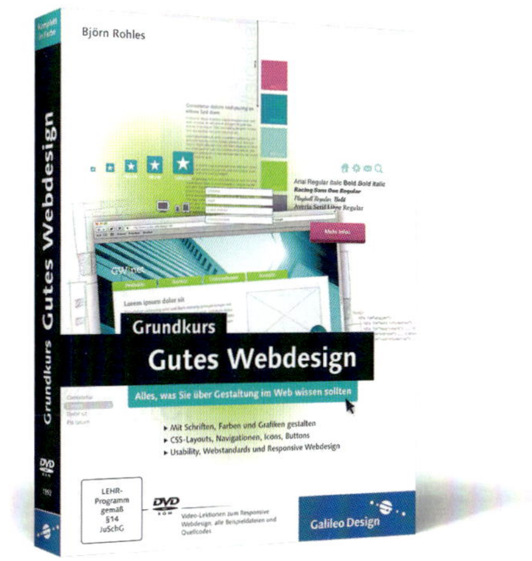

424 Seiten, broschiert, in Farbe,
mit DVD, 24,90 Euro
ISBN 978-3-8362-1992-1
erschienen Juni 2013
www.galileo-press.de/3236

Nils Pooker

Der erfolgreiche Webdesigner

Der Praxisleitfaden für Selbstständige

Sie möchten wissen, wie Sie als Webdesigner noch erfolgreicher werden können? Nils Pooker hält in diesem Buch die passenden Antworten parat. Er vermittelt praxiserprobte Strategien und Lösungen zu allen Themen, die bei der täglichen Arbeit eines Webdesigners eine Rolle spielen.

641 Seiten, gebunden, mit DVD,
39,90 Euro
ISBN 978-3-8362-1529-9
2. Auflage 2011
www.galileo-press.de/2287

Galileo Press

Alexander Hetzel

WordPress 4

Das umfassende Handbuch

Umfassend, bewährt, für Einsteiger und Profis: das ist unser WordPress-Handbuch. Hier finden Sie alles – von der Installation bis hin zur Anpassung und Konfiguration Ihrer Website oder Ihres Blogs. Inkl. Theme-Entwicklung, Einbindung von Social-Media-Diensten und SEO sowie einer Einführung in HTML und CSS.

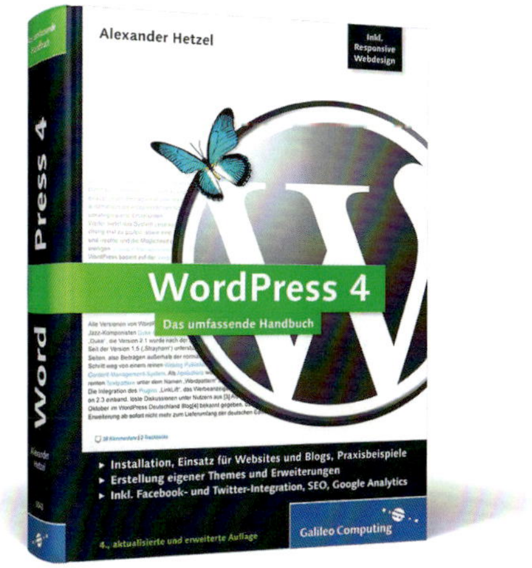

938 Seiten, gebunden, 39,90 Euro
ISBN 978-3-8362-3042-1
4. Auflage 2015
www.galileo-press.de/3704

Anne Grabs, Karim-Patrick Bannour, Elisabeth Vogl

Follow me!

Erfolgreiches Social Media Marketing mit Facebook, Twitter und Co.

Der bewährte Begleiter für Ihre Social-Media-Aktivitäten in neuer Auflage. Was ist Social Media? Wie gehen Sie damit um? Welche Schritte müssen in welcher Reihenfolge erfolgen? Welche Gefahren drohen und wie können Sie diese Gefahren minimieren? Diese Fragen und viele mehr beantwortet Ihnen »Follow me!«.

539 Seiten, broschiert, in Farbe, 29,90 Euro
ISBN 978-3-8362-2902-9
3. Auflage 2014
www.galileo-press.de/3621

Galileo Press

Wir hoffen sehr, dass Ihnen dieses Buch gefallen hat. Bitte teilen Sie uns doch Ihre Meinung mit. Eine E-Mail mit Ihrem Lob oder Tadel senden Sie direkt an die Lektorin des Buches: *ariane.boerder@galileo-press.de*. Im Falle einer Reklamation steht Ihnen gerne unser Leserservice zur Verfügung: *service@galileo-press.de*. Informationen über Rezensions- und Schulungsexemplare erhalten sie von: *ralf.kaulisch@galileo-press.de*.

Informationen zum Verlag und weitere Kontaktmöglichkeiten finden Sie auf unserer Verlags-website *www.galileo-press.de*. Dort können Sie sich auch umfassend und aus erster Hand über unser aktuelles Verlagsprogramm informieren und alle unsere Bücher versandkostenfrei bestellen.

An diesem Buch haben viele mitgewirkt, insbesondere:

Lektorat Ariane Börder
Korrektorat Annette Lennartz, Bonn; Marita Böhm, München; Alexandra Müller, Olfen
Herstellung Melanie Zinsler
Layout Vera Brauner, Maxi Beithe
Einbandgestaltung Janina Conrady
Coverbilder iStockphoto: 18474054 © Simone Becchetti
Satz SatzPro, Krefeld
Druck und Bindung Himmer, Augsburg

Dieses Buch wurde gesetzt aus der Linotype Syntax (9,25 pt/13 pt) in Adobe InDesign CS6. Gedruckt wurde es auf mattgestrichenem Bilderdruckpapier (115 g/m²).

Der Name Galileo Press geht auf den italienischen Mathematiker und Philosophen Galileo Galilei (1564–1642) zurück. Er gilt als Gründungsfigur der neuzeitlichen Wissenschaft und wurde berühmt als Verfechter des modernen, heliozentrischen Weltbilds. Legendär ist sein Ausspruch *Eppur si muove* (Und sie bewegt sich doch). Das Emblem von Galileo Press ist der Jupiter, umkreist von den vier Galileischen Monden. Galilei entdeckte die nach ihm benannten Monde 1610.

Bibliografische Information der Deutschen Nationalbibliothek:
Die Deutsche Nationalbibliothek verzeichnet diese Publikation in der Deutschen National-bibliografie; detaillierte bibliografische Daten sind im Internet über *http://dnb.d-nb.de* abrufbar.

ISBN 978-3-8362-2692-9

1. Auflage 2015